실용적 접근 방식의

경영학원론

Management: A Practical Introduction 10th Edition

1 2 3 4 5 6 7 8 9 10 HA 20 22

Original: Management: A Practical Introduction 10th Edition © 2022
By Angelo Kinicki, Denise Breaux Soignet
ISBN 978-1-26-073516-1

This authorized Korean translation edition is jointly published by McGraw-Hill Education Korea, Ltd. and Hanbit Academy. This edition is authorized for sale in the Republic of Korea.

This book is exclusively distributed by Hanbit Academy.

When ordering this title, please use ISBN 979-11-5664-599-3 (93320)

Printed in Korea

10th Edition

실용적 접근 방식의

경영학원론

Angelo Kinicki, Denise Breaux Soignet 지음
김안드레아 옮김

MANAGEMENT
A PRACTICAL INTRODUCTION

Mc Graw Hill

한빛아카데미
Hanbit Academy, Inc.

지은이 안젤로 키니키(Angelo Kinicki)

애리조나 주립 대학교(Arizona State University) 캐리 경영대학(W.P. Carey School of Business)의 매지니먼트 전공 명예 교수이며, 2005년부터 2015년까지 리더십 분과의 웨더업/오버비(the Weatherup/Overby) 학과장을 역임하였다. 켄트 주립 대학교(Kent State University)에서 경영학 박사학위를 취득한 1982년에 애리조나 주립 대학교에 임용되었고, 2016년 캐리 경영대학 교직원 명예의 전당에 이름을 올렸다.

지은이 드니스 브로 스와네(Denise Breaux Soignet)

아칸소 주립 대학교(University of Arkansas) 샘 월튼 경영대학(Sam M. Walton College of Business) 매니지먼트 전공의 강의 전담 부교수이자 타이슨 신념과 영성 센터(Tyson Center for Faith and Spirituality) 디렉터이다. 드니스는 플로리다 주립 대학교(Florida State University)에서 경영학 박사 학위를 받고 2010년에 아칸소 주립 대학교에 임용되었다. 훌륭한 강의 및 포용과 다양성을 증진시킨 공로를 인정받아 다수의 상을 받았다.

옮긴이 김안드레아

미국 럿거스 대학교(Rutgers University)에서 인적자원(Human Resource)과 노사관계(Industrial Relations) 분야의 박사학위를 취득하고 현재 성균관대학교에 재직 중이다. 주요 연구 분야는 인적자본과 인적자원관리 제도의 전략적 활용, 종업원 참여지향적인 경영, 기업의 친환경 성과와 직원의 자발적 친환경 행동, 그리고 리더십과 협업, 가십, 외로움 등의 조직행동론 주제들을 포함한다. 지금까지 20여 편의 논문을 Journal of Management, Personnel Psychology, Journal of Organizational Behavior, Journal of Business Ethics, Human Resource Management, Human Resource Management Journal 등 국제 저명 학술지에 게재해왔다. 성균관대학교에서 연구성과 최우수 교원에게 주어지는 SKKU Young Fellowship과 SKKU Excellence in Research를 2020년에 수상했고, 학부 과정과 MBA 과정에서 우수 강의상을 수차례 받았으며, 미국 경영학회(Academy of Management)가 주최한 2009년도 연례학술대회에서 HR 분과의 최우수 논문상을 받았다. 국내 최고 권위 학술지인 경영학연구, 인사조직연구, 조직과 인사관리연구에서 편집위원을 역임하였고, 한국인사조직학회, 한국인사관리학회 등에서 상임이사로 활동하였다.

실용적 접근 방식의 **경영학원론** **10판**

초판발행 2022년 06월 30일

지은이 Angelo Kinicki, Denise Breaux Soignet / **옮긴이** 김안드레아 / **펴낸이** 전태호
펴낸곳 한빛아카데미(주) / **주소** 서울시 서대문구 연희로2길 62 한빛아카데미(주) 2층
전화 02-336-7112 / **팩스** 02-336-7199
등록 2013년 1월 14일 제2017-000063호 / **ISBN** 979-11-5664-599-3 93320

책임편집 김현용 / **기획** 권오상 / **편집** 김성훈
디자인 표지 이아란 / **내지** 이아란 / **전산편집** 인투 / **제작** 박성우, 김정우
영업 김태진, 김성삼, 이정훈, 임현기, 이성훈, 김주성 / **영업기획** 길진철, 김호철, 주희

이 책에 대한 의견이나 오탈자 및 잘못된 내용에 대한 수정 정보는 아래 이메일로 알려주십시오.
잘못된 책은 구입하신 서점에서 교환해 드립니다. 책값은 뒤표지에 표시되어 있습니다.
홈페이지 www.hanbit.co.kr / 이메일 question@hanbit.co.kr

지은이 소개

안젤로 키니키

안젤로 키니키(Angelo Kinicki)는 애리조나 주립 대학교(Arizona State University)의 캐리 경영대학(W.P. Carey School of Business)의 매지니먼트 전공 명예 교수이며, 2005년부터 2015년까지 리더십 분과의 웨더업/오버비(the Weatherup/Overby) 학과장을 역임하였다. 켄트 주립 대학교(Kent State University)에서 경영학 박사학위를 취득한 1982년에 애리조나 주립대학에 임용되었고, 2016년 캐리 경영대학 교직원 명예의 전당에 가입되었으며, 현재 켄트 주립 대학교에서는 학장이 선정한 학자이기도 하다.

안젤로는 애리조나 주립 대학교의 명성 있는 MBA 및 박사과정에서 강의하는 동안 여섯 차례 우수 강의상을 수상하였다. 또한, 여러 차례 우수 연구상을 수상하였고, 4개 학술지에서 편집위원으로 활동하였다. 안젤로가 현재 연구하고 있는 분야는 리더들 간의 역동적인 관계, 조직 문화, 조직 변화, 그리고 개인 집단 조직 성과이다. 안젤로는 다양한 학술지와 학술대회 논문집에 95편이 넘는 논문을 게재해왔고, 전 세계 수백 개의 대학에서 사용 중인 8권의 교재(개정판 포함 32권)의 공동 저자이기도 하다. 또한, 2018년에는 전체 16,289명의 학자 가운데 상위 100명의 가장 영향력 있는 조직행동론 저자(상위 0.6%) 중 한 명으로 인정받았다.

안젤로는 국제적인 컨설턴트로 왕성하게 활동 중이며, 조직의 효과성과 수익성 향상을 목표로 조직 변화를 추진하기 위해 최고 경영진들과 함께 일하는 경영 컨설팅사인 키니키 앤드 어쏘시에이츠(Kinicki and Associates, Inc.)에서 책임 컨설턴트로 근무 중이다. 그의 전문 분야는 전략과 운영 계획을 수립하는 세션 진행, 조직과 업무 부서가 직면한 문제의 원인 진단, 조직 문화 조정, 성과관리 시스템 실행, 성과평가 시스템의 설계 및 실행, 직원 태도 진단을 위한 설문조사 개발과 실시, 그리고 경영진과 임원 교육 프로그램 진행이다. 그는 전 세계 많은 기업이 사용하는 360도 리더십 피드백 도구인 성과관리 리더십 설문(Performance Management Leadership Survey: PMLS)을 개발하였다.

드니스 브로 스와네

드니스 브로 스와네(Denise Breaux Soignet)는 아칸소 주립 대학교(University of Arkansas) 샘 월튼 경영대학(Sam M. Walton College of Business) 매니지먼트 전공의 강의 전담 부교수이자 타이슨 신념과 영성 센터(Tyson Center for Faith and Spirituality) 디렉터이다. 드니스는 플로리다 주립 대학교(Florida State University)에서 경영학 박사 학위를 받고 2010년에 아칸소 주립 대학교에 임용되었다. 훌륭한 강의 및 포용과 다양성을 증진시킨 공로를 인정받아 다수의 상을 받았다. 학부와 MBA 과정에서 적극적인 학습(active learning)을 강조하면서 다수의 교과목을 온라인과 대면 방식으로 강의해왔다. 그리고, 역기능적인 직장 행동, 포용과 다양성, 리더십, 사회적 지능, 직무 스트레스에 관해 연구하면서 다양한 저명 학술지에 논문을 게재해왔다.

드니스는 HR 전문가 자격증을 받았고, 다양한 공기업과 사기업에서 대인 간 문제의 원인 진단, 상사와 부하직원의 관계의 질을 강화하기 위한 관리 방안 실행, 종교적인 포용과 인내 진단, 조직 학습과 개발 프로그램의 설계 및 제공과 같은 컨설팅을 제공해왔다. 특히, 가금류 생산에서 발생하는 독특한 대인 관련 문제를 해결하는 데 전문성을 갖고 있고, 이 업계의 몇몇 대기업에서 관리자나 기술자에게 수년간 컨설팅을 제공해왔다.

이 책의 특징

경영학원론 10판은 이론의 실용적이고 적절한 적용을 통해 일상생활에서 필요한 경영 관련 스킬을 학생들이 향상시킬 수 있도록 돕기 위해 학생 중심의 접근법을 바탕으로 최근에 제시된 공유가치 창조 및 지속가능한 개발과 같은 새로운 내용을 포함했고 학생들의 커리어 준비를 위한 섹션도 대폭 강화하였다.

이 책은 대부분의 매니지먼트 전공의 교강사들이 다루는 계획, 조직, 리드, 통제의 원칙과 학생들이 성공하기 위해 알아야 할 커리어 준비, 고객, 세계화, 다양성, 윤리, 소셜 미디어, 기업가정신, 팀, 혁신, 인공 지능, 빅데이터, 개인–조직 적합성과 같은 주제들도 포함한다.

커리어 준비에 초점

오늘날 많은 회사가 원하는 스킬을 갖춘 대졸 취업준비생을 찾는 데 어려움을 겪는다고 한다. 회사들은 학생의 커리어 준비에 대학이 더 많은 노력을 기울이기를 바란다. 10판은 이러한 회사의 바람을 충족시키기 위해 커리어 준비 섹션을 개정하고 확대했다. 1장에서 커리어 준비의 필요성과 중요성 및 과정을 설명하는 섹션을 포함했고, 여기서 커리어 준비 모형과 회사가 원하는 역량의 목록을 제시한다. 각 장의 마지막 섹션에 "커리어 준비 실천"을 마련하여 특정 역량을 강화시킬 수 있는 실용적인 조언을 학생들에게 제공하고 각 장에서 학습한 내용과 해당 역량이 어떻게 관련이 있는지도 설명한다.

학습에 대한 학생 중심의 접근

학생들의 관심을 유지하기 위해 정보를 분류할 때 학습이 향상된다는 신경 과학 연구의 결과를 바탕으로 이 책을 구성하고 집필하였다. 학생들이 각 장의 주제를 쉽게 이해하여 적용할 수 있도록 학습 분량을 적절하게 배분하였다. 학생들의 시각적 감성과 시간 제약, 학습 스타일 등을 고려하여 다양한 색상의 사용과 제목 및 그림 등을 통해 늘어난 책의 분량을 효율적으로 구성하였다.

각 장의 처음에는 학습 목표가 제시되고, 학습하게 될 내용을 요약해준다. 학습 목표별로 섹션이 구분되고 각 섹션의 목표와 내용에 대한 개요를 제공한다.

가독성과 학습 강화

연구 결과에 따르면, 풍부한 상상력과 이야기를 말하는(story–telling) 방식으로 작성된 정보가 학생들의 기억에 더 오래 남는다고 한다. 이 책은 학생들의 삶과 관련 있는 내용의 짧은 사례를 다수 제공하고 생각해볼 수 있는 질문도 제시하는데 수업 시간에 학생들과의 토론을 위해 사용될 수 있다.

실용성 강조

학생들이 관심을 두고 학습하려는 동기를 가질 수 있도록 학생들과 관련된 다수의 최신 사례와 그림을 포함했다. 예를 들어, 2020년 발발한 코로나바이러스 팬데믹 동안 어떻게 경영학원론의 이론들이 조직에 적용되었는지에 관한 많은 사례를 소개했다. 그리고, 조직에 기여하는 다양한 사람들에 관한 많은 사례도 추가하였다. 이를 통해, 학생들은 학습한 내용을 더 잘 상기시킬 수 있다.

이 책은 학생들이 앞으로 수강하게 될 교과목을 위한 좋은 자료가 될 것이다. 경영학원론의 기본적인 개념들과 함께 다양한 실용적인 조언도 제공한다. 〈전문가의 조언〉은 학생들에게 직장 생활 중 마주하게 될 이슈에 대한 실용적이고 흥미로운 조언을 제공한다. 〈사례로 본 경영학원론〉은 관련 개념을 활용하여 조직의 실제 문제를 해결해볼 기회를 학생들에게 제공한다. 이를 통해, 특히 비판적 사고와 문제 해결 역량을 강화시킬 수 있다. 〈법적 · 윤리적 과제〉는 경영자와 조직이 직면한 실제 윤리적인 문제를 해결해 볼 수 있는 기회를 학생들에게 제공한다. 역시 이 사례도 윤리적인 문제와 관련된 비판적 사고와 문제 해결 역량을 강화시킨다.

옮긴이 머리말

경영학원론은 전 세계 모든 경영대학에 개설된 핵심 교과목이고, 경영학을 전공하는 학생들이 저학년 때 수강하는 기초 과목이다. 학생들은 경영학원론을 통해 4년 동안 학습하게 될 다양한 교과목에 대한 기본적인 이해를 얻을 수 있다. 경영학원론이 경영학을 전공하는 학생들의 대학 생활에서 차지하는 중요성을 생각해볼 때, 이 책의 다음과 같은 장점과 특징들은 학생들의 학습 의욕을 고취시킬 것으로 기대된다.

첫째, 이 책은 학습한 내용이 실제로 학생들의 삶에 유익해야 함을 강조한다. 따라서, 미래의 직장인이나 관리자 또는 리더가 될 독자들에게 다양한 실용적인 정보를 제공한다. 예를 들어, 성공 전략이나 〈전문가의 조언〉과 같은 코너들은 직무 전문성과 커리어의 발전을 위해 필요한 방법을 제시한다. 특히, 이러한 내용은 해당 장의 주요 학습 내용과 관련 있으므로, 독자들은 학습한 내용의 중요성을 인식하고 현실에서 학습한 내용을 활용할 수 있는 방법을 이해할 수 있게 된다.

둘째, 본 교재는 학습한 내용을 실제로 응용해볼 다양한 기회를 학생들에게 제공한다. 최신 사례들을 통해 주요 이론과 개념들이 실제로 기업에 어떻게 적용되고 있는지를 설명한다. 장마다 전반적으로 짧은 사례들이 자주 소개되고 중반과 마지막에서는 긴 사례가 제시되는데, 이를 통해 독자들은 단순히 새로운 지식을 알게 된 것을 넘어서서 실제 경영 현장에서 발생하는 여러 현상이 어떤 이론이나 개념으로 설명될 수 있는지까지 이해할 수 있게 된다.

셋째, 본 교재는 기업의 이윤 추구와 사회적 책임 이행 사이에서 균형된 관점을 학생들에게 심어준다. 각 장의 마지막에서 제시되는 〈법적 · 윤리적 과제〉는 윤리적인 딜레마에 관한 실제 사례를 소개하고 독자들에게 문제 해결을 위해 어떠한 조치를 취할지 묻는다. 이를 통해, 독자들은 학습한 내용을 윤리적인 측면에서 올바르게 활용할 수 있는 안목을 갖출 수 있고, ESG와 시민의식을 강조하는 오늘날의 기업들이 원하는 인재상에 다가갈 수 있다.

마지막으로, 본 교재는 과학적으로 검증된 신뢰할 수 있는 정보를 제공한다. 저자의 개인적인 견해나 주관적인 주장이 아닌 학계나 전문 기관에서 수집하고 분석한 조사 및 연구 결과에서 도출된 여러 가지 통계 자료와 검증된 지식은 학습한 내용에 대한 객관적인 이해를 높여주는데, 이는 빅데이터 시대에 요구되는 데이터를 기반으로 결정을 내리고 직무를 수행할 수 있는 자세를 학생들에게 함양시킬 수 있다.

본 교재가 우리나라에 소개될 수 있도록 애쓰신 한빛아카데미에 감사를 드리며, 많은 교강사분과 독자분들이 이 책이 지닌 가치와 유익함을 공감할 수 있기를 바란다. 끝으로, 번역을 위해 도움을 준 이지수 학생에게 감사의 말을 전한다.

옮긴이 김안드레아

차례

PART 03 계획

PART 04 조직

PART 06
통제

부록 PDF

※ 학습 모듈은 'https://hanbit.co.kr/src/4599'에서 내려받을 수 있습니다.

성공 전략

전문가의 조언

사례로 본 경영학원론

법적 · 윤리적 과제

PART 01

도입

CHAPTER 01
경영자

학습 목표

1. 경영자가 되면 얻는 보상을 이해한다.
2. 경영의 네 가지 주요 기능을 설명한다.
3. 경영의 수준과 분야를 설명한다.
4. 경영자가 해야 할 역할을 확인한다.
5. 경영자에게 필요한 스킬을 설명한다.
6. 경영자가 해결해야 할 일곱 가지 과제를 파악한다.
7. 커리어 준비에 필요한 핵심 역량, 지식, 소프트 스킬, 태도 및 기타 특징들을 이해하고 개발 방법을 설명한다.
8. 커리어를 준비할 수 있는 과정을 설명한다.

▶ 미리보기

1장에서는 경영자가 기대할 수 있는 보상, 혜택, 권한에 관하여 살펴보고, 경영의 네 가지 주요 기능인 계획, 조직, 리드, 통제에 대해서 알아본다. 또한 경영의 수준과 분야를 고려하여 경영자가 수행해야 하는 세 가지 역할을 살펴보고, 경영자가 갖춰야 할 세 가지 스킬과 오늘날 경영자가 직면하고 있는 일곱 가지 과제에 대해서도 알아본다. 마지막으로, 커리어를 준비하는 과정에 대한 '커리어 코너'로 마무리한다.

성공 전략

성공적인 대학 생활을 위한 경영 스킬 활용 방법

이 책의 목표는 학습자들에게 실용적인 도움을 주는 것이다. 그래서, 모든 장을 시작할 때 〈성공 전략〉 코너를 통해 해당 장의 주제를 개인의 삶과 커리어에 적용할 수 있는 실용적인 조언을 제안한다. 예를들어, 1장에서는 '팀워크를 향상시키는 방법'에 대해 설명한다. 팀워크는 채용 담당자가 대학 졸업자를 채용할 때 기대하는 중요한 스킬 중 하나이다.

경영의 기능

1장에서는 경영의 네 가지 기능인 계획, 조직, 리드, 통제에 대해 살펴본다. 이는 업무를 수행하는 과정에서 모든 경영자에게 필수로 요구되는 활동이다. 이러한 네 가지 기능은 대학생의 팀 과제에도 적용할 수 있다.

경영의 기능을 학교 과제에 적용

프린스턴 대학교(Princeton University)의 하계 비즈니스 프로그램에 참여한 학생들이 예가 된다. 팀으로 구성된 학생들에게 스타트업 아이디어를 위한 발표 준비와 자금 조달 방안에 대한 계획 수립을 위해 10주라는 시간이 주어졌다. 그중 한 팀은 뉴저지주의 트렌턴(Trenton)에 사는 다섯 명의 여학생을 대상으로 방과 후 시범 프로그램을 4주간 운영하였으며, 1년 기준으로 40명의 여학생들이 참여할 수 있도록 프로그램 확장을 위해 총 32만 4천 달러를 요청했다. 그들의 아이디어는 방과 후 시범 프로그램을 통해 더 많은 젊은 여성들이 고등학교를 졸업한 후 지역 사회 전체에 긍정적인 영향을 미칠 수 있도록 돕겠다는 것이었다. 해당 팀은 시범 프로그램과 예산, 일정, 커리큘럼을 계획했고, 그들이 모집한 여학생들을 위한 4주간의 활동을 조직했다. 그들은 매일 이벤트를 만들어 프로젝트에 참여한 여학생들을 리드했고, 사전 및 사후 조사 기법을 사용하여 그들의 성과를 통제(측정)하였다. 다시 말해, 그들은 목표를 달성하기 위해 경영의 네 가지 기능을 함께 사용한 것이다.

학교 수업의 팀 과제에서 계획 및 통제를 어떻게 더 효과적으로 활용할 수 있을지에 대해 한번 생각해 보자. 아마 세부 작업 일정을 작성하여 팀 구성원들에게 배분한 다음(계획), 마감일까지의 진행 상황을 측정하는 체크 포인트 날짜를 파악할 것이다(통제). 또는 시간, 도서관 자료, 개인의 전문 지식 및 외부 전문가와 같은 자원들을 원하는 대로 최대한 활용할 수 있는 방법을 찾은 다음(조직), 진행 상황을 측정하는 체크 포인트를 활용하여 동료 팀원들이 최선을 다하도록 동기를 부여할 수 있다(리드). 이러한 필수 경영 스킬을 사용하여 얻을 수 있는 경험은 이후 학업과 커리어 전반에 걸쳐 많은 도움이 될 것이다.

경영의 기능을 개인의 삶에 적용

경영 기능을 활용하여 10km 마라톤을 달릴 수 있는 방법에 대해 생각해 보자. 계획 단계에는 구글 또는 아웃룩 캘린더에 적어 놓은 운동 날짜와 시간, 장거리 달리기에 대비한 에너지 공급원에 대한 거리 및 아이디어가 포함된다. 그런 다음, 장거리 달리기를 대비한 시간, 의류, 지원 네트워크, 영양 계획 등의 자원이 준비되어 있는지를 확인할 것이다(조직 단계). 운동을 하는 중간중간 함께 달려줄 친구가 있는 것이 중요하다고 느낄 수도 있다(리드 단계). 그렇지 않으면, 어떤 사람들은 책임 있는 파트너가 매주 달린 시간과 거리를 검토해 주는 것이 동기 부여의 원동력이 된다고 느낄 수도 있을 것이다(통제 단계).

SECTION

01 경영의 의미

경영이란 조직의 목표를 효율적이고 효과적으로 추구하는 것이다. 특정 목표를 달성하기 위해 함께 일하는 조직 또는 사람들은 승수 효과로 인해 경영자를 가치 있게 여긴다. 좋은 경영자는 혼자서 달성할 수 있는 결과를 훨씬 넘어서 조직 전체에 영향을 미치게 된다. 최고 경영자(CEO)와 중소기업의 대표가 높은 급여와 많은 혜택을 받는 것처럼 경영자는 많은 보수를 받는다.

학습 목표

경영자가 되면 얻는 보상을 이해한다.

2014년 1월, 메리 바라(Mary Barra)가 미국 디트로이트(Detroit)주에 본사를 둔 제너럴 모터스(General Motors: GM)의 경영권을 잡았을 때, 그녀는 전 세계 자동차 제조업계 최초의 여성 CEO가 되었다. 또한 그녀는 포춘(Fortune)이 매년 미국의 500대 기업을 선정하는 'Fortune 500'의 22번째 여성 CEO로 선정되기도 하였다. 선정된 다른 대기업의 여성 CEO로는 허쉬(Hershey)의 미셸 벅(Michele Buck), 오라클(Oracle)의 사프라 카츠(Safra Catz), 액센추어(Accenture)의 줄리 스위트(Julie Sweet) 등이 있다.

GM의 40년 경력 베테랑 메리 바라는 어떤 사람일까? 그녀는 '누구도 싫어할 수 없는' 사람으로 칭송되며 GM에 반드시 필요한 '차분한 안정감'을 가져다주는 인물로 인정받고 있다. CEO 자리를 놓고 경쟁했지만 여전히 그녀와 함께 일하기로 결정한 최고 경영진을 포함하여, 다른 사람들과 관계를 맺고 동기 부여하는 능력은 바로 사람을 다루는 수많은 스킬 중 주목해야 할 부분이다.

리더로 성장하는 과정

디트로이트(Detroit)주 교외에서 성장한 바라는 18세에 GM의 공장 현장 인턴으로 입사하였으며, 현재는 케터링 대학교(Kettering University)인 제너럴 모터스 인스티튜트(General Motors Institute)에서 전기 공학 학위를 취득한 후, GM의 폰티악(Pontiac) 부서에서 플랜트 기술자(plant engineer)가 되었다. 그녀의 재능을 발견한 GM은 그녀에게 스탠퍼드 대학교(Stanford University) 장학금을 주었고, 그곳에서 경영학 석사 학위를 받았다. 그 후 그녀는 한 직급씩 승진하기 시작했다. 처음에는 CEO의 비서로, 다음에는 회사의 HR 책임자로 일하게 되었다. 이는 과거 자동차 사업 분야를 포함한 여러 분야에서 여성 임원들이 흔히 도달할 수 있는 가장 높은 직책이었다. 2011년 그녀가 GM의 150억 달러 규모의 차량 개발을 운영하도록 승진하였을 때, 그녀는 CEO 자리를 노릴 수 있는 결정적인 기회를 잡게 되었다. 또한 2016년에 이사회 의장을 맡기도 하였다.

새로운 업무에 도전

원동력. 제너럴 모터스의 CEO 메리 바라의 눈에 띄는 한 가지 특징은 자동차에 대한 그녀의 확고한 열정이다. 그녀는 현재 어떤 차를 운전하고 있는지, 그것이 GM의 제품 라인 중 무엇을 보여 주는지에 대해 신나게 설명할 수 있다고 한다.

바라가 자동차 산업, 특히 GM에서 많은 경험을 한 것이 과연 도움이 되었는가? 의심할 여지없이 분명 도움이 되었을 것이다. 하지만, 커리어 성장에는 또 다른 핵심 요소가 존재한다. 바로 위험을 감수하는 능력이다. 아마존닷컴(Amazon.com)의 창립자인 제프 베이조스(Jeff Bezos)는 1990년대에 월스트리트 헤지 펀드 매니저로서 높은 수익성을 기록하고 있었을 당시에 인터넷이 최근 1년간 2,300% 성장했다는 사실을 알게 되었다. 높은 보너스와 안정적인 직장을 뒤로하고 베이조스는 차고에서 일하면서 자신이 아마존(Amazon)이라 이름 붙인 신생 기업으로의 위험한 도약을 자처했다. 그는 이에 대해 "혁명적인 사건이 될 '인터넷'이라는 것에 참여하지 않으면 진심으로 후회할 것이라 믿었다."라고 말하며 이와 같은 결정을 내리는 것이 무척 쉬운 일이었음을 단언했다. 베이조스는 현재 자신의 회사를 세계에서 가장 큰 전자 상거래 허브로 만들었으며, 다른 여러 사업과 자선 단체도 운영하고 있다. 또한 현재 세계에서 가장 부유한 사람 중 한 명이다.

경영 기법

경영 아이디어의 한 선구자는 경영이 "사람을 통해 일을 처리하는 기법"이라고 말한다. 일을 처리하는 것이고, 사람을 통해서 하는 것이다. 따라서 경영자는 과업 지향적이고 성과 지향적이며 관계 지향적이다. 특정 목표를 달성하기 위해 함께 일하는 사람들의 집단인 조직을 운영한다. 보다 공식적으로 정의하면, 경영은 (1) 조직의 자원을 계획, 조직, 리드, 통제함으로써 (2) 사람들의 업무를 통합하고 (3) 조직의 목표를 더욱 효율적이고 효과적으로 추구하는 것이다.

효율적이고 효과적이라는 단어는 무언가를 올바르게 한다는 것을 의미한다.

- **효율성–수단.** 효율성은 조직의 목표를 달성하는 수단이다. 효율적이라는 것은 사람, 자금, 원재료 등의 자원을 현명하고 비용 효율적으로 사용하는 것을 의미한다.
- **효과성–목적.** 효과성은 조직의 목적과 목표를 고려한다. 효과적이라는 것은 결과를 달성하고 올바른 결정을 내리고 성공적으로 수행하여 조직의 목표를 달성하는 것을 의미한다.

뛰어난 경영자는 효율성과 효과성을 모두 달성하려고 한다. 그러나 종종 조직은 효율적이지만 효과적이지 못한 잘못된 방향성을 추구하기도 한다. 전 미군 사령관이자 아프가니스탄 연합군의 사령관이었던 미 육군 장교 스탠리 맥크리스털(Stanley McChrystal)은 오늘날 조직에서는 효과성이 더 중요하다고 주장한다.

효과성 vs. 효율성: 증가하는 육류 수요에 대한 해법

최신 자료에 따르면 작물 재배에 적합한 땅의 70%가 현재 축산업에 사용되고 있다고 한다. 만약 이 수치가 높다고 느껴진다면 전문가들이 지구의 인구가 90억에서 100억에 이르기 때문에 2050년에는 육류 제품에 대한 수요가 70% 증가할 것임을 예측한 점에 대해서도 한번 고려해 보자. 젊은 세대 소비자들이 보다 건강한 영양 공급원과 전통적인 가축 생산에 대한 지속 가능한 대안에 대해 명확한 선호를 보이는 것을 포함하여 변화하는 인구의 요구를 충족하기 위해 식품 산업은 또 어떻게 변화해야 할까?

전 세계적으로 최소 30개의 스타트업은 이에 대한 해답을 가지고 있다. 모사 미트(Mosa Meat), 핀리스 푸드(Finless Foods), 멤피스 미트(Memphis Meats), 슈퍼미트(SuperMeat), 퓨처 미트 테크놀로지스(Future Meat Technologies)와 같은 회사의 과학자들은 살아있는 동물에서 채취한 줄기세포 샘플을 활용하여 실험실에서 육류를 기르고 있다. 웃을 일이 아니다. 해당 결과물들은 '배양된 육류(cultured meat)', '순수 육류(clean meat)', '실험실에서 길러진 육류(lab-grown meat)'라는 이름으로 통용되고 있으며, 이는 잠재적으로 더 건강하고 저렴하며 지속 가능한 식품 공급원이 될 수 있다.

이 회사들은 이미 억만장자인 빌 게이츠(Bill Gates)와 리처드 브랜슨(Richard Branson), 업계 거물인 카길(Cargill)과 타이슨 푸드(Tyson Foods)의 투자를 받았다. 이스라엘에 기반을 둔 퓨처 미트 테크놀로지스는 생산 공장 건설을 위해 2019년에 1억 4천만 달러의 자금을 모금했으며, 같은 이유로 멤피스 미트는 2020년에 1억 6,100만 달러를 모금했다. 일부 분석가들은 2030년까지 배양육 시장의 규모를 850억 달러로 예상하며 실험실에서 만들어낸 육류 제품 중 1~2개 정도는 슈퍼마켓 진열대에 올라올 가능성이 있다고 보았다.

이 문제를 효과성과 효율성의 측면에서 한번 살펴보자.

효과성. 배양육에 대한 아이디어는 많은 소비자들에게 부자연스럽고 심지어 반감을 느끼게 한다는 자료가 있다. 이 제품이 실행 가능한 해결책을 제시하기에 충분한 사회적 수용을 얻을 수 있을까? 배양육 생산자들이 성공하려면 분명 소비자가 구매하고 먹을 수 있는 식품을 공급해야 한다.

줄기세포로 만들어진 스테이크라는 생각이 완전히 없어지지 않는 사람들에게는 또 다른 걱정거리가 있다. 예를 들어, 소비자들은 실험실 제작 육류가 그들이 평소에 먹던 사육 고기와 동일한 맛을 낼지에 대해 회의적일 것이다. 샌프란시스코에서 열린 멤피스 미트 행사의 맛 테스터들은 이 회사의 실험실에서 배양한 닭고기 제품을 다시 먹을 의향이 있다고 말했으며 "치킨 맛과 매우 비슷하다."라고 말했다. 그런데도 많은 사람들은 배양육이 전통적인 사육 고기의 맛과 질감을 재현할 수 없을 것이라 걱정한다.

예측하지 못한 부정적인 건강 결과에 대한 두려움도 존재한다. 네덜란드 마스트리히트 대학교(Maastricht University)의 연구원들에 따르면 실험실에서 육류를 배양하면 항생제가 필요하지 않고 과학자들이 콜레스테롤 및 지방 수치와 같은 것들을 제어할 수 있어 기존 육류보다 더 건강한 대안이 될 수 있다고 한다. 그러나 많은 소비자들은 아직 위험을 감수할 준비가 되어 있지 않다.

효율성. 배양육 스타트업들은 증가하는 육류 수요에 대해 보다 환경친화적인 해답을 제공한다고 주장한다. 예를 들어, 일부 연구 결과에 따르면 소 한 마리의 줄기세포를 이용해서 1억 7,500만 개의 쿼터 파운드 햄버거를 생산할 수 있다고 말한다(현재 같은 양의 육류를 생산하기 위해서는 약 4만 4천 마리의 소가 필요하다). 또한 퓨처 미트 테크놀로지스와 모사 미트는 그들의 생산 공정이 가축을 기를 때보다 땅과 물을 각각 99%와 96% 적게 사용한다고 말한다.

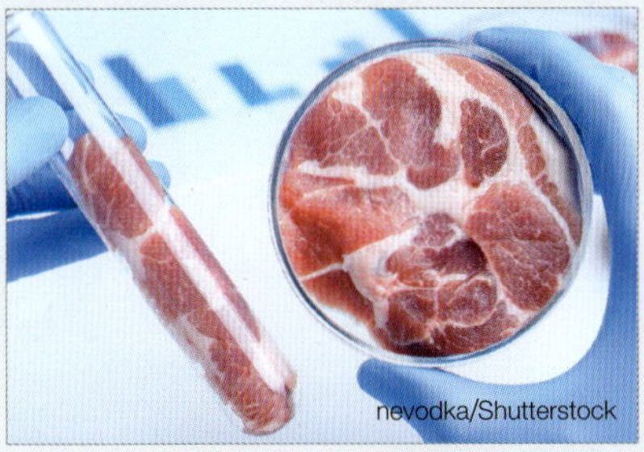

배양육. 과학자들은 배양육을 통해 식량 수요 증가에 대응할 수 있는 방법을 찾았는가? 소의 줄기세포로 만든 버거를 먹겠는가?

그러나 일부 전문가들은 배양육을 기르면 기후 변화를 촉진할 수 있다고 믿는다. 옥스퍼드 대학교(University of Oxford)의 선임 환경 연구원 마르코 스프링만(Marco Springmann)은 "에너지 배출량이 너무 높기 때문에 배양육은 환경적인 측면에서 어떠한 것도 해결하지 못한다."라고 말하며 "육류 실험실에 막대한 돈이 투자되고 있지만, 해당 제품들은 여전히 닭고기의 약 5배, 식물성 가공육의 약 10배 높은 탄소 발자국을 남기고 있다."라고 덧붙였다. 과학자들은 생산 시설이 가동될 때까지 배양육의 실제 탄소 발자국을 평가할 수 없지만, 일부 연구 결과에 따르면 높은 수준의 이산화탄소 오염 가능성을 지닌다고 한다. 배양육으로 인한 이산화탄소는 수백 년 동안 대기에 남아 있지만 가축 사육에 의한 메탄은 약 12년이 지나면 없어진다는 점에서 과연 환경적으로 이점이 있는지 질문을 던진다.

또한 배양육 제품이 저렴할 것인지에 대한 의문도 있다. 2013년에 실험실에서 만든 햄버거 고기 1파운드에는 120만 달러가 들었지만, 공정 및 기술 발전으로 비용은 계속 절감되었다. 2018년에는 멤피스 미트의 다진 쇠고기 1파운드가 약 2,400달러로 떨어졌고, 2019년 말에는 퓨처 미트가 닭고기 1파운드와 쇠고기 1파운드를 각각 150달러와 200달러에 생산할 수 있게 되었다.

사회적 수용성과 환경적 영향, 비용에 이르기까지 이러한 문제들을 둘러싼 기초 자료들은 혼재되어 있다. 배양육이 대량 판매 시장에 출시되고 더 많은 자료가 제공될 때까지 이러한 문제들에 대해서는 정확한 해답을 찾기 어려울 것이다.

당신의 생각은?

배양육 회사들은 그들의 목표를 달성하는 데 있어 효과적이라 생각하는가? 그들의 공정이 전통적인 가축 사육 방식보다 더 효율적이라고 생각하는가?

경영자의 중요성

몇몇 과학적 발견이나 예술 작품과 같이 역사에 길이 남을 위대한 업적은 개별적으로 일하는 개인의 결과물이었다. 그러나 경영자가 됨으로써 자신의 재능과 능력을 활용할 수 있었던 사람들은 이보다 훨씬 더 많은 것을 성취해냈다. 예를 들어, 미국 건축가 협회(American Institute

승수 효과. 중국의 만리장성은 수십만 명의 노동자에 의해 수천 년에 걸쳐 건설되었다. 그러한 노력을 조율하는 데 필요한 경영에 대해 생각해 보자.

of Architects)가 선정한 세계 10대 경이로운 건축물 중에는 한 사람이 개인적으로 지은 것은 단 하나도 없다. 일부는 개인의 비전을 반영하기는 했지만 이는 모두 '경영'의 결과물이었다(이 경이로운 건축물들은 중국의 만리장성, 피라미드, 마추픽추, 아크로폴리스, 콜로세움, 타지마할, 에펠탑, 브루클린 대교, 엠파이어 스테이트 빌딩, 펜실베이니아의 프랭크 로이드 라이트의 낙수당이다).

뛰어난 경영자는 가치를 창출한다. 그 이유는 경영자는 승수 효과(multiplier effect)의 영향을 받기 때문이다. 경영자가 조직에 미칠 수 있는 영향력은 한 사람이 홀로 행동하여 얻을 수 있는 결과를 훨씬 넘어선다. 따라서 영업 사원과 같이 혼자 일하는 사람들은 많은 일을 성취하고 부수적으로 매우 좋은 생활을 할 수 있지만, 그의 상사는 더 많은 성과를 낼 것이며 2~7배 더 많은 수입을 올릴 수 있게 된다. 그리고 의심의 여지없이 경영자는 훨씬 더 많은 영향력을 미칠 것이다.

경영자를 위한 보상

경영학을 공부하여 경영자가 되고 싶은가? 특출한 관리 실무자가 되는 데 도움이 되는 기법과 개념을 배우려고 노력 중인가? 시간 관리, 대인 관계 기술, 대인 관계 및 전자 커뮤니케이션의 통달, 조직하고 계획할 수 있는 능력을 포함한 경영 역량은 일반 직원과 관리자 모두에 필수적이다.

경영학을 공부하면 얻는 보상 학생들은 다양한 이유로 경영학 원론을 수강하게 된다. 물론 대다수의 학생들은 향후 경영 관련 직무를 생각하고 있지만, 몇몇은 필수 선수 과목이나 선택 과목으로 수강하게 된다. 다른 학생들은 컴퓨터 과학, 교육, 의료 등 기술 또는 비영리 분야로 진출하여 향후 사람들을 관리 · 감독하는 것과 무관하게 일하기도 한다.

다음은 경영학을 공부함으로써 얻을 수 있는 몇 가지 결과이다.

- **조직 운영에 조직 외부의 견해를 반영할 수 있다.** 우리 모두는 다양한 종류의 조직과 지속적으로 상호 작용을 하고 있기 때문에 조직의 업무 방식과 조직 구성원의 의사 결정 방식을 이해하면 도움이 된다. 예를 들어, 고객이나 투자자와 같은 조직 외부의 이해관계자들을 감안하여 조직을 운영하는 스킬을 얻을 수 있다.

- **상사와 관계를 맺는 방법을 알 수 있다.** 대다수의 사람들은 조직에서 일하게 되고 상사가 존재하기 때문에 경영을 공부하면 상사에게서 받는 압박감에 가장 잘 대응할 수 있는 방법을 이해할 수 있다.

- **동료들과 원활하게 교류할 수 있다.** 도입된 경영 정책은 동료들의 행동 방식에 영향을 미치게 된다. 경영을 공부하면 팀과 팀워크, 문화적 차이, 갈등과 스트레스, 동료 직원들과 함께 일하는 데 도움이 되는 협상 및 커뮤니케이션 스킬에 대해 이해할 수 있다.

- **커리어를 관리할 수 있다.** 이 책을 포함하여 일반적으로 경영학 교과목들은 성격, 감정, 가치, 지각, 욕구 및 목표와 같은 자신에 대한 통찰력을 실현할 기회를 제공한다. 이 책은 자기 관리, 경청, 변화에 대한 대응, 스트레스 관리, 집단 사고 방지 및 조직 정치 대처와 같은 분야에서 스킬을 구축할 수 있도록 돕는다.

- **연봉을 높일 수 있다.** 경영자는 다른 근로자들에 비해 대개 좋은 보상을 받는다. 하위 직급 경영자는 연간 3만 3,000달러에서 8만 7,000달러 사이의 연봉을 받고, 중간 수준의 경영자의 경우는 4만 5,000달러에서 14만 6,000달러의 연봉을 받는다(미국 경영자 급여 예시 참고, www.bls.gov/ooh/management/home.html). 또한 경영자가 되면 건강 보험부터 스톡옵션과 대형 사무실까지 다양한 종류의 부가적 혜택과 지위에 따른 보상이 있다. 이러한 권한들은 높은 직급으로 올라갈수록 더 많이 따라오게 된다.

경영자가 되면 얻는 보상 많은 젊은이들은 돈을 버는 것뿐만 아니라 변화를 주길 원한다. '우리는 왜 일하는가(Why We Work)'의 저자인 스워스모어(Swarthmore) 대학교의 심리학 교수 배리 슈워츠(Barry Schwartz)는 "우리는 돈보다 중시하는 것이 있다. 도전적이고 매력적인 일을 원하며, 하는 일에 대해 어느 정도의 재량권과 통제권을 행사할 수 있고, 배우고 성장할 기회를 제공하는 일을 선호한다."라고 주장했다. 경영자에게는 돈과 지위 외에도 다음과 같은 보상이 주어진다.

3명의 기계공들이 더 나은 제품을 생산하기 위해 몇 가지 경영 스킬을 활용하고 있다. 가운데 있는 사람이 조언하고 있다.

- **자신과 직원들이 성취감을 느끼게 한다.** 목표를 성공적으로 달성할 때마다 개인적인 만족감뿐만 아니라 이를 달성하는 데 도움을 준 모든 직원 또한 만족감을 얻을 수 있다.

- **자신의 능력을 향상시키고 더 많이 성취할 수 있다.** 조직에서의 승진은 개인의 능력을 향상시키고 재능과 스킬에 도전하며 성취의 범위를 확대시킨다.

- **성공적인 제품이나 서비스가 업적이 된다.** 개인이 제공하는 모든 제품 또는 서비스(예를 들어, 본인이 직접 지은 에펠탑 또는 엠파이어 스테이트 빌딩)는 본인 업적에 대한 기념비가 된다.

- **멘토가 되어 다른 사람들을 도울 수 있다.** 설문 조사 결과에 따르면, 멘토(직장에 처음 온 사람에게 조언을 제공하는 경험 많은 리더)가 있었던 경영진의 75%는 관계가 커리어 발전에 중요한 역할을 했다고 말했다.

SECTION

02 경영의 네 가지 주요 기능

경영에는 계획, 조직, 리드, 통제의 네 가지 기능이 있다.

학습 목표

경영의 네 가지 주요 기능을 설명한다.

경영자는 일을 수행하기 위해, 즉 소속된 조직의 목표를 달성하기 위해 무엇을 해야 하는가? 그들은 계획(planning), 조직(organizing), 리드(leading), 통제(controlling)의 네 가지 기능을 수행한다(앞 글자만 딴 'POLC'가 암기에 도움이 될 것이다). 그림 1.1에서 볼 수 있듯이, 이러한 모든 기능은 서로 영향을 주고 받으며 동시에 수행된다.

그림 1.1 경영의 네 가지 기능

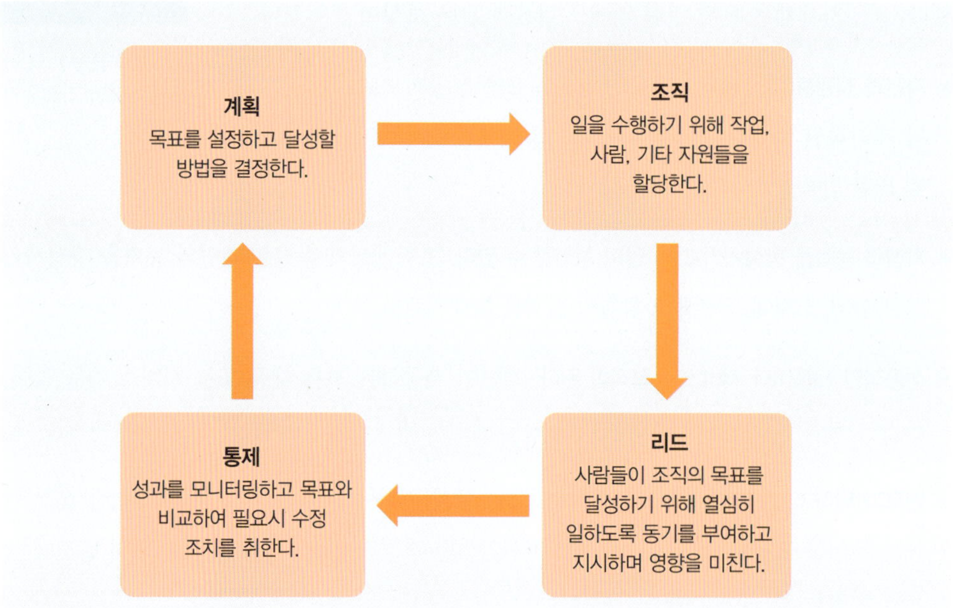

경영 과정은 매우 다양할 수 있지만 네 가지 기능은 필수적이다. 실제로 이 책의 목차에 나와 있듯이 총 4개의 부분으로 구성되어 있다.

계획: Part 03에서 학습

계획(planning)이란 목표를 설정하고 이를 달성하기 위한 방법을 결정하는 것이다. 대학은 학생 교육을 목적으로 설립되었으며, 현재의 경영자 또는 행정가는 이를 달성하기 위한 최선의 방법을 생각해야 한다. 어떠한 학위 프로그램을 제공해야 하는가? 대학은 기숙사를 제공해야 하는가 하지 말아야 하는가? 어떠한 학생들을 모집하고 입학시켜야 하는가? 어떠한 교수를 임용해야 하는가?

조직: Part 04에서 학습

조직(organizing)은 일을 수행하기 위한 작업, 사람, 자원을 마련하는 것이다. 대학 경영자는 수행할 작업, 보고 체계 등을 결정해야 한다. 해당 기관은 분과가 있는 학교의 형태로 구성되어 학과장이 학장에게 보고하고 학장은 부총장에게 보고해야 할까? 대학은 계약직 강사보다 정규직 강사를 더 많이 임용해야 할까?

리드: Part 05에서 학습

리드(leading)란 조직의 목표를 달성하기 위해 사람들이 열심히 일하도록 동기를 부여하고 지시하며 영향을 미치는 것을 의미한다. 물론 대학에서 리더십은 총장(영리 단체에서는 CEO 역할)에서부터 시작된다. 총장은 대학의 목표를 실현하기 위해 교수진, 교직원, 학생, 동문, 부유한 기부자 및 주변 지역 사회 주민들을 고취시켜야 한다. 예상할 수 있듯이, 이러한 집단들은 종종 요구 사항이 서로 다르므로 리더십의 필수적인 부분은 갈등을 해결하는 것이다.

통제: Part 06에서 학습

통제(controlling)는 성과 모니터링, 목표와의 비교, 필요시 수정 조치를 취하는 것이다. 대학은 5년 전보다 간호학을 전공하는 학생이 줄어들었다는 사실을 인지하고 있는가? 이는 취업 시장의 변화, 강의의 질이나 제공한 교과목의 종류와 관련 있는가? 간호학과의 신입생 모집에 대한 노력이 부족한가? 학과의 예산을 줄여야 할까?

SECTION

03 경영의 수준과 분야

조직 내에는 최고 경영자, 중간 관리자, 일선 관리자, 팀 리더와 같은 네 가지 수준의 경영자가 존재한다. 경영자는 일반 관리자일 수도 있고, 연구 개발(R&D), 마케팅, 재무, 생산 또는 HR과 같은 하나의 조직 활동을 담당하는 기능 관리자일 수도 있다. 경영자는 영리, 비영리 또는 상호공제 조직에서 일할 수도 있다.

학습 목표

경영의 수준과 분야를 설명한다.

저명한 경영 이론가 피터 드러커(Peter Drucker)는 미래의 직장이 마치 교향악단과 비슷할 것이라고 말한다. 소위 지식 근로자라고 불리는 전문 기술을 보유한 근로자들을 콘서트 뮤지션에 비유할 수 있다. 그렇다면 경영자는 지휘자가 되는 셈이다.

드러커의 비유에 의하면, 뮤지션은 특정 음악(즉, 작업 프로젝트)의 일부에서만 연주하며, 사용하는 악기에 따라 여러 섹션(팀)으로 나뉘게 된다. 지휘자의 역할은 각각의 악기를 뮤지션들보다 더 잘 연주하는 것이 아니라 해당 부분에서 가장 효과적인 연주를 할 수 있도록 뮤지션을 지휘하는 것이다.

이 모형은 한 명의 리더가 맨 위에 있고 그 아래에 층별로 경영자들이 존재하는 전통적인 피라미드형 조직과는 다르다. 피라미드형 조직에서는 각 경영자가 최고 경영자에게 보고하고 자신의 업무를 보여 주어야 한다(이는 8장에서 논의할 '성과 책임'과 관련이 있다). 따라서 이 전통적인 피라미드 조직을 먼저 살펴볼 필요가 있다.

전통적인 경영의 수준과 분야

샌들과 반바지를 입은 젊은이들로 구성된 실리콘밸리의 새로운 기술 스타트업 회사는 매우 작고 느슨한 조직으로 오직 1~2명의 구성원만이 관리자라고 할 수 있다. 반대로, GM과 같은 대기업의 경우에는 수천 명의 경영자가 수천 가지의 다른 일을 하고 있는데, 그림 1.2의 피라미드처럼 수준과 분야별로 나타난다.

그림 1.2 경영의 수준와 분야

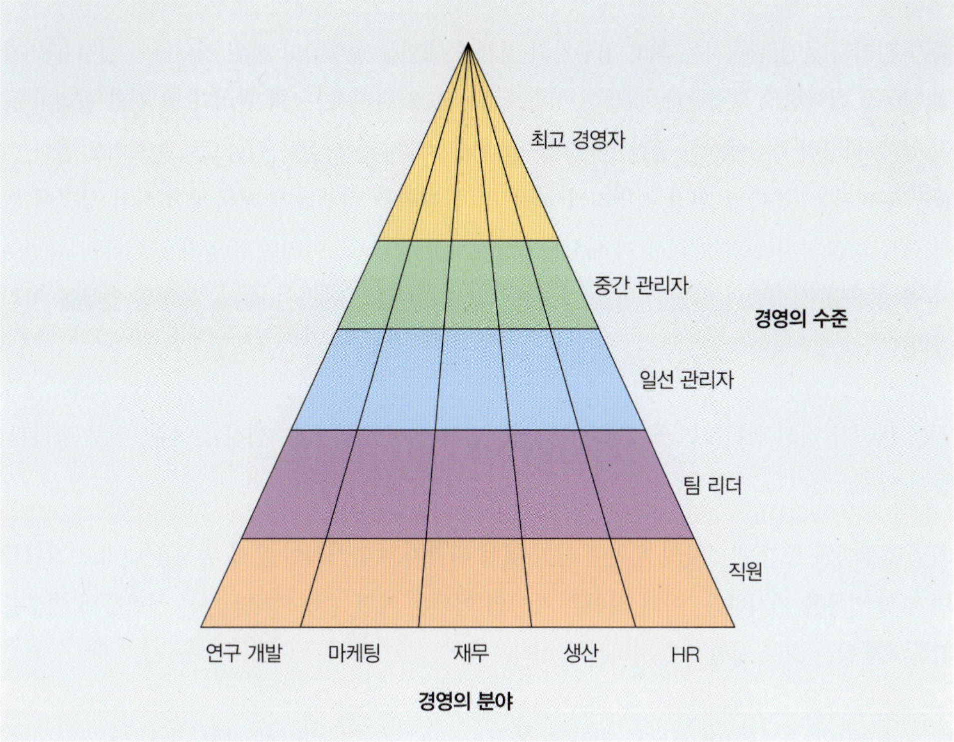

경영의 네 가지 수준

경영자는 최고, 중간, 일선 관리자 그리고 팀 리더의 네 가지 수준으로 분류할 수 있다. 경영자가 아닌 직원들은 조직 피라미드의 토대를 의미한다.

최고 경영자 최고 경영자는 보통 CEO, 최고 운영 책임자(chief operation office: COO), 사장, 수석 부사장과 같은 직함을 갖는다.

현재는 은퇴한 록히드 마틴(Lockheed Martin)의 CEO 메릴린 휴슨(Marillyn Hewson), 루카스필름(Lucasfilm)의 사장 캐슬린 케네디(Kathleen Kennedy), 애플(Apple)의 CEO 팀 쿡(Tim Cook) 등 과거 포춘지 전면을 장식했던 사람들처럼 몇몇 최고 경영자는 일종의 스타이다.

최고 경영자는 조직의 전반적인 방향에 대해 장기적인 결정을 내리고 조직의 목표, 정책 및 전략을 수립한다. 그들은 조직의 외부 환경 및 장기적인 기회와 문제에 많은 관심을 기울이고, 이를 처리할 수 있는 전략을 고안해야 한다. 따라서 최고 경영자는 미래 지향적이고 전략적이어야 하며, 불확실하고 경쟁이 치열한 상황에 대처할 수 있어야 한다.

이러한 사람들은 경영 피라미드의 최정상에 서 있다. 그러나 피라미드의 본질은 더 높이 올라갈수록 자리가 더 적어진다는 것이다. 따라서 대부분의 피라미드 등반가는 정점에 도달하지 못한다. 그렇다고 해서 아예 시도조차 하지 말아야 한다는 의미는 아니다. 사실, 처음 시작했던 곳보다 더 작은 다른 조직의 피라미드 정상에 올라 그 결과에 더 행복할 수도 있다.

성공적인 최고 경영자. 1992년 마이크로소프트(Microsoft)에 입사한 인도 태생의 사티아 나델라(Satya Nadella)는 2014년 초에 한 기술 회사의 CEO가 되어 클라우드 컴퓨팅으로의 전환에 기여했다. 2019년 그의 순자산은 3억 2천만 달러를 넘었다.

중간 관리자 중간 관리자는 최고 경영자의 정책과 계획을 실행하고 하위 경영자인 일선 관리자의 활동을 감독하고 조정한다. 그들의 직함으로는 공장 관리자, 구역 관리자 및 지역 관리자 등이 있다. 비영리 조직에서는 중간 관리자를 클리닉 디렉터 등과 같은 직함으로 부르기도 한다.
중간 관리자는 CEO와 최고 경영자가 세운 전략 계획을 실행하기 때문에 조직의 성공에 있어 매우 중요하다(전략 계획에 대해서는 6장에서 학습). 즉, 이러한 경영자는 컴퓨터 화면이나 음성 응답 시스템이 아닌 사람을 다루는 '인간적인 접촉(high-touch)' 유형의 업무를 처리한다.

일선 관리자 일선 관리자의 직무명은 부서장, 감독관(사무 감독관, 생산 감독관, 연구 감독관) 등이 있다.

최고 경영자와 중간 관리자의 계획에 따라 일선 관리자는 단기적인 운영 결정을 내리고 직원들의 일상 업무를 지시한다. 이때 직원은 자신의 업무는 직접 수행하지만 다른 사람들의 업무를 감독하지 않는 모든 사람을 통칭하는 말이다.

팀 리더 팀워크는 조직의 성공을 위한 필수 요소이다. 조직은 다양한 관점, 지식, 기술이 필요하기 때문에 한 사람만으로는 수행할 수 없는 업무를 위해 팀을 활용한다. 팀 리더는 팀의 목표를 달성할 수 있도록 팀원의 활동을 촉진한다. 즉, 팀 리더는 팀원들이 성공하는 데 필요한 모든 것을 갖추고 있는지 확인해야 한다.
하버드 비즈니스 리뷰(Harvard Business Review)에 발표된 최근 연구 결과에 따르면, 가장 성공적인 팀은 네 가지 핵심 요소(확고한 방향, 견고한 구조, 충분한 지원, 공유된 마인드셋)를 가지고 있으며, 팀 리더는 이러한 요소에 긍정적인 영향을 미칠 수 있는 특별한 위치에 있다고 한다. 효과적인 팀 구축은 13장에서 학습한다.

직원 직원은 혼자 작업하거나 다양한 팀에서 다른 사람들과 함께 일한다. 공식적으로 다른 사람들을 감독하거나 관리하지 않으며 회사 인력의 대부분을 차지한다.

기능 관리자와 일반 관리자

조직 피라미드를 수평으로 분할하면 관리 수준을 나타낼 수 있다. 그림 1.2에서와 같이 조직의 부서 또는 기능 분야를 나타내기 위해서는 피라미드를 수직으로도 분할할 수 있다.

영리를 목적으로 하는 기술 회사의 기능 분야에는 연구 개발, 마케팅, 재무, 생산 및 HR 등이 포함된다. 비영리 목적의 대학에서는 교수진, 학생 지원, 재정, 시설 유지 보수, 행정이 포함된다. 부서의 이름이 무엇이든 조직은 기능 관리자와 일반 관리자에 의해 운영된다.

기능 관리자 만일 직함이 생산 부사장, 재무 이사 또는 HR 관리자라면 기능 관리자이다. 기능 관리자는 단 하나의 분야만을 담당한다. 구글은 오가닉 및 소프트라인(Organic and Softlines) 이사, 마케팅, 모바일 및 웨어러블 하드웨어 부사장, 경험 디자인 책임자와 같은 특이한 기능 관리 직책으로 주목받는다. 얼티밋 소프트웨어(Ultimate Software)에서는 새로운 기술 수석 설계자(Chief Architect) 및 아이덴티티 액세스(identity access) 관리팀 리더와 같은 특이한 기능 직함도 있다.

일반 관리자 100명으로 구성된 소규모 조직에서 부사장은 생산, 재무, HR 등의 여러 기능을 총괄적으로 담당하는 일반 관리자일 수 있다. 일반 관리자는 이렇게 여러 분야들을 담당한다.

피라미드의 맨 위에 있는 일반 관리자는 블룸버그 비즈니스위크(Bloomberg Businessweek), 포춘(Fortune), 포브스(Forbes) 및 인크(Inc)와 같은 잡지의 기사 주제로 등장하는 사람들이다. 여기에는 대기업의 CEO, 캠벨 수프(Campbell Soup)의 마크 클로즈(Mark Clouse)나 아마존닷컴(Amazon.com)의 제프 베이조스(Jeff Bezos)뿐만 아니라 소규모 기업의 CEO, 온라인 미용 제품 소매업 체인 글로시에(Glossier)를 설립한 에밀리 와이즈(Emily Weiss) 등이 포함된다. 그러나 모든 일반 관리자가 영리 조직에 속하는 것은 아니다.

수잔 솔로몬(Susan L. Solomon)은 비영리 뉴욕 줄기세포 재단(New York Stem Cell Foundation: NYSCF)의 CEO이다. 1형 당뇨병 진단을 받은 10살 소년의 부모로서 솔로몬은 해당 질병에 대해 알아보기 위해 폭넓은 독서를 통해 줄기세포가 당뇨병에 대한 이해와 치료에 변화를 가져올 수 있다고 생각하게 되었다. 이를 계기로 그녀는 2005년 자신의 아파트에서 NYSCF 연구 재단을 공동 설립하였다. CEO로서 솔로몬은 1억 5천만 달러를 모금하는 데 기여하였고, 이를 통해 NYSCF는 줄기세포 연구에 전념하는 가장 큰 비영리 단체 중 하나로 성장하였으며, 전임 과학자 45명을 고용하고 전 세계 75명의 과학자들에게 연구비를 지원하였다. 그녀는 법률 분야에서 커리어를 시작하여 이후 비즈니스 및 금융 분야로 진출하였으며 온라인 경매 회사인 소더비스닷컴(Sothebys.com)에서 근무했었다.

비영리 단체의 일반 관리자. 비영리 단체 NYSCF의 CEO인 솔로몬은 상당한 기금을 모금하고 재단의 연구 과학자들의 활동을 지휘한다.

조직의 세 가지 유형과 경영자의 역할

조직은 목적에 따라 영리, 비영리, 상호공제의 세 가지로 분류된다.

1. **영리 조직.** 영리 또는 사업을 목적으로 하는 조직은 제품이나 서비스를 제공하여 돈이나 이윤을 창출하기 위해 조직된다. 현재 미국에는 약 3,600개의 상장 기업이 존재한다. 이는 1996년의 7,600개에 비해서는 절반에도 못 미치는 수치이다.

2. **비영리 조직.** 비영리 조직의 경영자는 종종 행정가라고도 불린다. 비영리 단체의 목적은 이윤을 창출하는 것이 아니라 특정 고객을 위한 서비스를 제공하는 것이다. 그 예로는 병원, 대학 및 사회 복지 기관(구세군과 적십자)이 있다. 국립 자선 통계 센터(National Center for Charitable Statistics: NCCS)에 따르면, 미국에는 현재 총 140만 개 이상의 비영리 단체가 등록되어 있다고 한다. 여기에는 공공 자선 단체, 민간 재단 및 상공 회의소, 공제 단체 및 시민 연맹을 포함한 기타 유형의 비영리 단체가 포함된다.

3. **상호공제 조직.** 상호공제 조직은 정당, 농장 협동조합, 노동조합, 무역 협회 및 동호회와 같은 자발적 모임이며, 주목적은 회원들의 이익을 증진하는 것이다. 이러한 조직은 미국에만 9,500개가 넘게 존재한다.

조직의 유형에 따른 경영 방식의 차이

경영자가 된다면 조직의 유형에 관계없이 동일하게 일을 진행할 것인가? 일반적으로 〈섹션 02〉에서 설명한 경영의 네 가지 기능(계획, 조직, 리드, 통제)을 수행하게 된다.

그러나 가장 큰 차이점은 영리 조직에서의 성공의 척도는 얼마나 많은 이윤(혹은 손실)을 창출하느냐에 달려 있는 반면, 다른 두 가지 유형의 조직에서는 소득과 지출도 물론 매우 중요한 문제로 여겨지지만, 일반적으로 해당 조직이 제공하는 서비스의 효과성이 성공의 척도로 여겨진다는 것이다. 대학 경영자의 경우에는 졸업생 수, 경찰서장이라면 예방 또는 해결된 범죄의 수 등이 예가 된다.

SECTION

04 경영자의 역할

경영자는 장시간 일하는 경향이 있으며 늘 바쁜 시간을 보낸다. 그들은 다른 사람들과 끊임없이 소통하는 것이 특징이며, 완벽한 시간 관리 스킬이 필요하다. 경영학자 헨리 민츠버그에 따르면, 경영자는 대인, 정보, 결정이라는 세 가지 역할을 수행한다고 한다. 대인 역할에는 최고위자, 리더 및 연락 담당자로서의 역할이 포함된다. 정보 역할은 감시자, 배포자 및 대변인으로서의 역할이 포함되며, 결정 역할은 기업가, 분쟁 조정자, 자원 배분자 및 협상자로서의 역할이 포함된다.

성공적인 경영자가 되기 위해서는 분명 여러 가지 역할을 수행해야 하며 다양한 스킬들을 연습해야 한다. 이번 섹션에서는 경영자의 역할을 알아보고 다음 섹션에서는 주요 경영 스킬에 대해 살펴본다.

학습 목표

경영자가 해야 할 역할을 확인한다.

경영자의 역할과 시간 관리

경영학자 헨리 민츠버그(Henry Mintzberg)는 1960년대 후반에 자신의 정체를 숨기고 일주일 동안 5명의 CEO를 따라다니며 그들의 직장 생활을 기록하였다. 그가 관찰한 것은 다음과 같다.

- 업무 중 쉴 시간이 없다.
- 아침에 사무실에 들어서는 순간부터 퇴근할 때까지 이메일(하루 평균 36건), 전화 통화(하루 평균 5통), 회의(평균 8회)가 매 순간을 차지했다.

Olivier Lantzendörffer/Getty Images

멀티태스킹. 여러 활동을 번갈아 가면서 수행하는 것은 경영자에게는 매우 일반적이다. 그렇기 때문에 많은 경영자는 스마트폰을 활용하여 일정을 관리한다. 흥미롭게도 우리 중 많은 사람들은 멀티태스킹을 하지만, 연구에 따르면 이를 잘하는 사람은 드물다고 한다. 일반적으로 멀티태스킹은 생산성을 저하시킨다.

이러한 발견은 역사적인 가치가 있지만, 시대가 변하면서 오늘날의 현실은 반영하지 못할 수도 있다. 2명의 경영학자 마이클 포터(Michael Porter)와 니틴 노리아(Nitin Nohria)는 대기업 CEO 27명이 3개월 동안 매일 시간을 어떻게 보내는지 조사하여 민츠버그의 연구를 발전시켰다.

다음은 경영자를 꿈꾸는 사람들에게 중요한 포터와 노리아의 연구 결과에 대한 핵심 내용 요약과 함께 민츠버그의 연구 결과와 비교한 내용을 설명한다.

1. **경영자는 항상 일하고 사람들이 끊임없이 찾아온다.** 오늘날의 경영자는 주중 평균 9.7시간을 일했다. 진정으로 '휴식'을 취할 수 있는 시간은 거의 없었다. 대부분이 주말이나 휴가 중

에도 몇 시간씩 일했기 때문이다. 한 연구 결과에 따르면, 오늘날의 경영자는 주당 62.5시간을 근무한다고 한다.

여기에 경영자가 다른 사람들의 요구를 충족시키기 위해 60시간 이상의 시간 중 전부는 아니더라도 대부분의 시간을 보냈다는 사실을 덧붙이면 경영이 얼마나 힘든 일인지 분명해진다. CEO의 시간이 필요한 일들은 끝이 없었다. 내부 구성원(직속 보고자, 고위 간부, 하급 관리자 및 직원)과 외부 구성원(공급자, 변호사, 서비스 제공자, 미디어 및 자선 단체) 모두 CEO의 시간을 차지하기 위해 지속적으로 경쟁했다.

몇 년 전 민츠버그의 연구 결과와 거의 비슷하지만 약간의 차이가 있다. 민츠버그는 일반적으로 긴 시간 일하며 주당 50시간이 대부분이고 최대 90시간을 넘는 것은 전례 없는 일이라고 말하였다. 심지어 점심시간에도 구성원들을 대하는 일로 인해 '진정한 휴식'을 취할 수 없다는 점을 발견하였다.

2. **경영자는 일하는 시간의 대부분을 다른 사람과 소통하는 데 보낸다.** 연구 결과에 따르면, CEO는 업무 시간의 100%를 어떠한 형태로든 다른 사람과 의사소통하는 데 사용했다. 그들의 업무 시간 전부를 소통하는 데 사용한다는 것이다. 대면 상호 작용이 경영자의 업무 시간의 61%를 차지했으며 전자기기를 통한 소통은 24%를 차지했다. 경영자는 나머지 15%의 시간을 전화 통화 및 이메일 읽기와 답장에 사용했다. 또한 의사소통의 대부분은 회의 중에 이루어졌다. 포터와 노리아는 리더들이 주당 평균 37회의 회의에 참석한다고 결론내렸다.

   이러한 결과를 민츠버그의 연구 결과와 비교한다면, 지속적인 의사소통은 여전히 경영자의 일반적인 역할임을 확인할 수 있다. 오늘날과 마찬가지로 1960년대의 경영자는 회의와 의사소통을 하는 데 많은 시간을 보냈다. 달라진 것은 오늘날의 경영자가 활용할 수 있는 의사소통 방법과 이로 인해 이미 까다로운 업무가 더욱 복잡해지는 것이다. 한때 경영자의 일과 중 상당 부분을 차지했던 전화 소통은 이메일, 문자 메시지, 소셜 미디어로 대체되었다. 실제로 미국 경영 협회(American Management Association)의 수장 에드 라일리(Ed Reilly)는 이메일과 문자 메시지 등을 통해 사람들은 결국 중요한 것보다는 긴급한 것부터 집중하게 된다고 말한다.

   서면 및 구두 의사소통 능력은 커리어를 준비하는 데 있어서 가장 중요한 능력 중 하나이다. 이는 경영자뿐만 아니라 모든 업무에서 필수적이다. 〈섹션 07〉에서는 이 부분에 대해 자세히 살펴볼 것이다.

3. **경영자는 목적에 따른 철저한 시간 관리가 요구된다.** 경영은 언제나 산더미 같은 일을 처리하는 것을 의미한다. 여기에는 여러 부서, 지역, 의사 결정, 프로젝트 및 사람에 대해 책임지며, 한번에 여러 가지 일을 처리하고, 여러 장소에 존재할 필요성을 느끼는 것이다. 끊

임없는 주변의 방해와 업무 중단을 처리하는 것도 포함된다.

포터와 노리아는 연구를 통해 CEO의 대부분이 명확하고 꼼꼼한 순서에 따라 일을 처리한다는 것을 발견했다. 또한 CEO들이 대부분의 업무를 처리하면서 직속 참모진(그들의 고위 경영진 팀)에 크게 의존한다는 사실을 발견했다. 가장 효과적인 CEO는 포터와 노리아가 새롭게 정의한 '광범위한 통합 메카니즘(broad integrating mechanism)'을 활용하여 조직의 다른 사람들이 CEO가 부재하는 경우에도 올바른 결정을 내릴 수 있도록 하였다. 여기에는 전략, 직원 개발, 관계 및 조직 문화가 포함되며, 메커니즘이 존재함으로 인해 경영자는 더 중요한 작업을 위한 시간을 확보할 수 있게 되었다.

오늘날 경영자의 근무 시간은 1960년대와 비교할 때 어떨까? 민츠버그는 방금 다룬 것과 동일하게 세분화, 간결함, 다양성이 근무 시간의 특징이라고 보았다. 여기서 9분 동안 작업을, 저기서 6분 동안 전화를 하게 되고, 10분 동안은 비공식적인 회의가, 15분 동안은 사무 작업이 이어진다. 민츠버그가 관찰한 경영 활동의 약 1/10만이 1시간 이상 걸리는 작업들이었다. 민츠버그는 "여유 시간이 생겼을 때 언제나 부하 직원들이 재빨리 빼앗았다."라고 설명하였다.

경영진의 근무시간은 '방해로 가득한 하루'이며 GM의 메리 바라를 포함한 많은 경영자는 방해받지 않고 일할 수 있는 짧지만 조용한 시간을 활용하기 위해 가끔 오전 6시까지 사무실로 출근하기도 한다. 12장에서 학습할 내용처럼 일과 가정생활 또는 일과 삶 사이에서 균형을 찾는 것은 지속적인 고민거리이다.

포터와 노리아의 연구 결과와 민츠버그의 연구 결과를 보면 경영자가 업무 시간 동안 방해받고 집중력과 주의를 쉽게 잃는다는 것은 분명하다. 마음챙김의 실천은 이러한 경향을 극복하는 데 도움이 될 것이다(〈전문가의 조언〉 참고).

전문가의 조언 **마음챙김**

마음챙김은 반응하거나 판단하지 않고 현재 일어나는 일에만 완전히 집중하는 상태를 의미한다. 이것이 바쁜 경영자가 기르기에는 비현실적인 특성이라 생각된다면, 당면한 작업이나 대화에만 집중하는 방법을 배우는 것이 실제로 더 많은 일을 수행하는 데 있어 매우 귀중한 방법이 될 수 있다는 점을 이해할 필요가 있다. 한번에 한 가지에 집중하면 이를 완벽하게 마무리할 수 있고, 다른 일은 제쳐두고 산만한 생각으로 방해 받지않고 나아갈 준비를 할 수 있다. 반면, 멀티태스킹은 주의를 분산시키고 실제 작업 속도를 늦추게 된다.

마음챙김 능력을 향상시키는 가장 효과적인 방법 중 하나는 명상이다. 명상은 불안과 우울증을 완화하고 수면 상태를 개선하는 것으로 알려져 있다. 명상은 말 그대로 뇌를 재충전할 수 있을 뿐만 아니라 습관적으로 생긴 파괴적인 사고 패턴을 깨는 능력을 강화할 수도 있다. 명상이 기억력을 향상시키는 데 도움이 된다는 연구 결과도 있다.

이 모든 것은 누구에게나 도움이 되는 정신적 특성이다.

마음챙김 교육을 제공하는 회사로는 아메리칸 익스프레스(American Express), 포드(Ford), 링트인(LinkedIn), 제너럴 밀스(General Mills), 인텔(Intel), 골드만 삭스(Goldman Sachs), 애플(Apple), 나이키(Nike) 및 타깃(Target) 등이 있다. 제너럴 밀스의 연구 결과에 따르면, 7주 동안 진행된 프로그램 이후 80%의 관리자들은 더 나은 결정을 내리게 되었으며 거의 90%에 이르는 관리자들은 더 나은 경청자가 되었다. 이제 많은 기업들은 마음챙김이 더 큰 자기 인식으로 이어지며 이는 자신의 감정을 더 잘 관리하고 다른 사람들의 우려에 더 효과적으로 대응할 수 있는 더욱 강인한 리더를 만든다고 믿는다.

그랜드티턴(Grand Teton)의 스네이크(Snake) 강

경영자의 세 가지 역할

민츠버그는 자신의 관찰과 다른 연구들을 통해 경영자가 대인, 정보, 결정의 세 가지 광범위한 역할들을 수행한다고 결론지었다(CEO의 역할에 대한 포터와 노리아의 설명은 민츠버그와 일치한다).

1. **대인 역할** 대인 역할에서 경영자는 작업 단위 내외부의 사람들과 상호 작용을 한다. 세 가지 대인 역할로는 최고 책임자, 리더, 연락 활동이 포함된다.

2. **정보 역할** 민츠버그는 경영자 업무에서 가장 중요한 부분은 정보를 다루는 것이라 보았다. 정확한 정보는 현명한 결정을 내리는 데 필수적이기 때문이다. 감시자, 배포자, 대변인의 세 가지 정보 역할에서 경영자는 조직 내외부의 사람들에게서 정보를 받고 그들과 소통하게 된다.

   구글의 CEO 순다르 피차이(Sundar Pichai)는 회사 전체의 '타운 홀' 회의를 기획하였는데, 일부 직원들이 자신의 이름과 관심사가 외부 웹 사이트에 유출되어 온라인에서 괴롭힘을 당했다고 밝히면서 갑작스럽게 취소되었다. 긴장되는 상황에서 해당 회의의 취소를 알리는 피차이의 메모는 명확하면서도 침착한 소통을 이끌어 내야 했다. 메모를 통해 그는 직원들의 안전에 대한 우려를 설명하고 "사람들이 자유롭게 이야기하며 부담을 느끼지 않는" 소규모 포럼을 여러 개 기획하겠다고 약속했다. 피차이는 나아가 직원들의 의견과 고민들에 대해 들을 수 있었던 개인적인 회의와 이메일에 감사를 표했다. 그는 구글 직원들에게 "훌륭한 제품 개발에 대한 열망"이 그들을 하나로 만들고 그 목표를 달성하려는 노력에 대한 자신의 기대감을 전달하면서 메모를 마무리하였다.

3. 결정 역할 결정 역할에서 경영자는 정보를 사용하여 문제를 해결하거나 기회에 활용하기 위한 결정을 내린다. 네 가지 결정 역할로는 기업가, 분쟁 조정자, 자원 배분자, 협상자가 있다. 표 1.1은 해당 역할들을 보여 준다.

표 1.1 경영자의 세 가지 역할: 대인, 정보, 결정

역할 구분	세부 역할	설명
대인 역할	최고 책임자	최고 책임자 역할에는 방문자에게 회사를 소개하고 직원 생일 파티에 참석하며 부하 직원에게 윤리 지침을 제시하는 것 등이 포함된다. 다시 말해, 조직을 대표하는 상징적인 업무를 수행한다.
	리더	리더 역할에서는 부하의 성공과 실패가 리더와 직결되기 때문에 부하 직원의 행동에 대한 책임을 지게 된다.
	연락	연락 역할에서는 정치인처럼 행동하여 조직의 목표를 달성하는 데 도움이 될 동맹을 형성하기 위해 내부 부서나 조직 외부의 다른 사람들과 협력한다.
정보 역할	감시자	감시자 역할에서는 신문 기사를 통해 정보를 수집하든 복도에서 만나는 부하 직원과의 대화 속 단편적인 내용을 통해 정보를 수집하든 유용한 정보에 대해 지속적으로 주의를 기울여야 한다.
	배포자	직원들이 무슨 일이 일어나고 있는지 전혀 모른다고 불평한다면 상사가 배포자 역할에 실패했음을 의미한다. 경영자는 이메일 및 회의를 통해 직원들에게 중요한 정보를 지속적으로 공유해야 한다.
	대변인	조직의 활동에 대해 외부 사람들에게 가장 좋은 모습을 보여 주어야 한다.
결정 역할	기업가	경영자는 변화와 혁신을 유지(시작)하고 장려하는 기업가가 되어야 한다.
	분쟁 조정자	제품 결함에서 국제 통화 위기에 이르기까지 예상치 못한 문제를 해결하려면 분쟁 조정자가 되어야 한다.
	자원 배분자	시간과 돈 등이 충분하지 않기 때문에 자원 배분자가 되어 자원 활용에 대한 우선순위를 결정해야 한다.
	협상자	경영자가 된다는 것은 목표를 달성하기 위해 조직 내부 및 외부의 다른 사람들과 협력하는 지속적인 협상자가 되는 것이다.

SECTION

05 경영자에게 필요한 스킬

훌륭한 경영자는 세 가지 핵심 스킬을 개발하기 위해 노력해야 한다. 첫 번째 스킬은 특정 작업을 수행할 수 있는 능력이다. 두 번째는 개념적이고 분석적으로 생각할 수 있는 능력이다. 세 번째는 사람들과 원활하게 상호 작용할 수 있는 능력이다.

학습 목표

경영자에게 필요한 스킬을 설명한다.

1970년대 중반, 로버트 카츠(Robert Katz)는 교육 및 경험을 통해 경영자가 전문적, 개념적, 대인적인 측면에서 세 가지 주요 스킬들을 습득한다는 사실을 발견했다.

특정 업무에 대한 전문 스킬

전문 스킬은 전문 분야에서 일하는 데 필요한 직무별 지식으로 구성된다. 필요한 스킬을 보유하는 것은 처음으로 전문직에서 종사하게 된 직원과 일선 관리자에게 가장 중요하다.

메리 바라는 전기 공학 학사 학위와 경영학 석사 학위를 보유하고 있으며, CEO의 간부 비서, 중형 자동차 엔지니어링 책임자, GM의 디트로이트–햄트랙(Detroit–Hamtramck) 공장 관리자 및 HR 관리자 등 다양한 커리어를 보유하고 있다. 그 후 2011년, GM의 전 세계적인 대규모 제품 개발의 책임자가 되었다. 그녀는 "대부분의 관료제 형태를 평등하게 바꿈으로써… 값비싼 글로벌 차량 플랫폼의 수를 줄이고 새로운 모델을 더 빠르고 저렴한 비용으로 출시함으로써 혼돈에 질서를 가져왔다."라고 한다.

그녀의 전임자는 그녀를 자신의 커리어 중 만난 "가장 재능 있는 임원 중 한 명"이라 표현한다. 그녀는 재무 운영 부서에서 승진한 다른 자동차 회사 CEO들에게서는 찾아볼 수 없는 자동차에 대한 엔지니어의 열정을 보여 준다. 실제로 한 사람은 "메리 바라가 종종 회사의 테스트 트랙에서 차량을 직접 고속으로 주행하는 것을 볼 수 있다."라고 말했다.

분석적으로 생각하는 개념 스킬

개념 스킬은 분석적으로 사고하고 조직 전체를 시각화하여 각 부분이 함께 작동하는 방식을 이해하는 능력으로 이루어진다. 특히, 모호하지만 광범위한 영향을 미칠 수 있는 문제를 다뤄야 하는 최고 경영자의 경우에는 개념 스킬이 더 중요해진다. 오늘날 자동차 회사의 최고 경영자는 자동화(자율 주행) 자동차, 전기 자동차, 우버 및 리프트와 같은 신생 기업의 새로운 비즈니스 모델과 같은 몇 가지 급진적인 트렌드에 잘 대응해야 한다.

GM의 한 임원은 메리 바라에 대해 "그녀를 새로운 자리로 보내면 기초를 다지고 무엇이 중요하고 무엇이 중요하지 않은지를 이해하고 실행하는 데 탁월한 능력을 발휘한다."라고 말한다. 메리 바라는 자신의 경영 방식에 대해 이렇게 말한다. "문제는 무시해도 사라지지 않는다. 오히려 커질 뿐이다. 나의 경험상 적절한 사람을 모으고 계획을 세우고 모든 문제에 정면으로 부딪쳐 해결하는 것이 훨씬 낫다."

GM에서 일하는 동안 승진하는 모든 과정에서 메리 바라는 상황을 분석하고 일을 단순화하였다. 예를 들어, 그녀는 제품 개발 작업에서 다양한 모델에 대해 동일한 부품을 사용하며 디자인 작업을 간소화하였다. 또한 고객들의 차량에 대한 요구 사항이 무엇인지 자세히 알아보기 위해 엔지니어들이 자동차 대리점에서 일하게 하였다. CEO로 승진했을 때 그녀는 GM이 결함이 있는 점화 스위치에 대해 규제 당국과 소비자들을 오도한 것을 인정해야 하는 안전 관련 위기의 한가운데 섰고, 9억 달러의 벌금을 지불하기로 동의하였다.

세 가지 스킬. 메리 바라는 GM이 전기 및 자율 주행 차량에 대해 오리온(Orion) 공장에 3억 달러를 투자할 것이라 발표하였다. 바라는 GM이라는 복잡한 조직에서 훌륭한 경영자가 되기 위한 기술적, 개념적, 대인적 측면에서의 세 가지 스킬을 모두 지니고 있다.

이제 그녀는 더 큰 문제를 다루고 있으며, GM을 보다 민첩하고 진보적인 회사로 만들기 위해 노력하고 있다. "우리는 업계가 혼란을 겪고 있다는 것을 알고 있다."라고 메리 바라는 말한다. 100년이 된 이 회사는 커넥티드 카 기술과 새로운 전기 및 하이브리드 차량 분야에서 업계를 선도하고 있으며, 승차 공유 서비스인 리프트(Lyft)에 투자하여 도심 거주자들이 자율 주행 자동차를 사용하여 돌아다니는 미래를 준비하고 있다.

다른 사람과 원활하게 교류하는 대인 스킬

숙달하기에 가장 어려운 스킬일지도 모르는 대인 스킬은 다른 사람들과 협력하여 일을 수행하는 능력이다. 특히, 오늘날의 조직에 있어 가장 중요한 부분인 팀원들과 함께 작업을 수행하는 능력을 의미한다. 집단과 팀에 관해서는 13장에서 자세히 살펴볼 것이다. 종종 이런 스킬은 '소프트 스킬'로 간주된다. 소프트 스킬이란 모든 직급의 임직원들이 성공하는 데 꼭 필요한 대인 관계적인 '사람' 관련 스킬이다. 〈섹션 07〉에서 살펴볼 소프트 스킬을 개발하기 위해 평생 노력해야 한다.

GM에서 근무하는 40년 이상의 긴 시간 동안 바라는 매우 강력한 소프트 스킬을 보여 주었다. 그녀의 이전 상사는 바라가 GM의 팀 중심 경영에 있어 매우 중요한 "사람들과의 능력"을 지니고 있다고 말한다. "그녀는 GM 내에서 긴급한 문제에 대해 브레인스토밍하기 위해 직원들을 모아 논의하는 합의 도출자로 알려져 있다."라고 혹자는 말한다. 또 다른 이는 그녀를 "매우 똑똑하지만 겸손하며 다가가기 쉬운 사람"이라 표현하며 "협력적이지만 종종 책임을 질 줄 아는 사람이자 변화를 두려워하지 않는 사람"이라고 말했다. 그녀는 수많은 변화 중 '다양한 견해, 다양한 배경, 다양한 경험'을 가진 사람들을 채용할 것을 강조하며, 회사의 악명 높은 기업 문화를 재편하고, GM을 애플이나 구글과 동일 선상으로 이끌기 위해 노력하였다.

경영자에게 중요한 특성

GM의 메리 바라는 분명 뛰어난 경영자, 특히 최고 경영자로서 갖춰야 할 자질들을 구체적으로 보여 준다. 한 CEO 채용 담당자는 "회사를 경영하는 스타일이 예전과 다르다. 기업은 독재자, 왕 혹은 황제를 원하지 않는다."라고 말한다. 명령을 내리는 사람 대신 질문을 하고 직원들이 직접 의사 결정 및 권력 공유에 참여할 수 있게 하는 임원을 원한다.

기업이 최고 경영자들에게 요구하는 주요 특징은 다음과 같다.

- 다른 사람들에게 동기 부여하고 몰입시키는 능력
- 의사소통 능력
- 해외 근무 경험
- 전 세계 출장을 소화하고 매일 거의 모든 시간을 일할 수 있는 높은 에너지 수준

SECTION

06 경영자가 해결해야 할 일곱 가지 과제

경영자는 다음의 일곱 가지 과제에 직면한다. 경쟁 우위를 유지하고 경쟁자들보다 앞서 나가기 위한 경영을 해야 한다. '뉴 노멀'에 대처할 수 있는 기술 발전을 위한 경영을 해야 한다. 미래는 과거를 닮지 않을 것이기 때문에 포용성과 다양성을 위한 경영을 해야 한다. 세계화를 위한 경영을 해야 한다. 윤리적 표준을 따르며 건전한 환경 정책을 실행하기 위해 지속 가능한 발전을 위한 경영을 해야 한다. 마지막으로, 자신의 행복과 삶의 목표를 달성하기 위한 경영을 해야 한다.

과제 #1: 경쟁 우위를 위한 경영

학습 목표

경영자가 해결해야 할 일곱 가지 과제를 파악한다.

경쟁 우위는 조직이 경쟁자보다 더 효과적으로 상품이나 서비스를 생산하여 성과를 낼 수 있는 능력을 의미한다. 다시 말해, 조직은 (1) 고객 대응, (2) 혁신, (3) 품질, (4) 효율성의 네 가지 영역에서 앞서 나가야 한다.

1. 고객 대응 비즈니스의 첫 번째 법칙은 고객을 관리하는 것이다. 구매자, 클라이언트, 소비자, 쇼핑객, 사용자, 후원자, 손님, 투자자 등 고객이 없으면 조직은 조만간 존재하지 않게 될 것이다. 비영리 조직은 조직의 존재를 정당화하는 시민, 회원, 학생, 환자, 유권자, 요금 납부자 등으로 불리는 '고객'에게 제대로 대응해야 한다.

2. 혁신 새롭거나 더 나은 상품이나 서비스를 제공하는 방법을 찾는 것이 혁신이다. 영리 조직이든 비영리 조직이든 어떤 조직도 현실에 안주할 수 없다. 특히 경쟁자가 창의적인 아이디어를 내놓으면 더욱 그렇다. '혁신 아니면 죽음'은 모든 경영자가 새겨야 할 중요한 격언이다. 혁신은 10장에서 학습한다.

3. 품질 조직이 어떤 산업에 존재하는 유일한 조직이라면 고객은 다른 대안이 없기에 특출한 제품이나 서비스가 아니더라도 이를 선택해야 할 것이다(특정 도시의 항공편을 거의 독점하는 일부 항공사가 예). 다른 조직이 해당 산업에 들어와 더 나은 품질의 제품과 서비스를 제공하면 기존 회사는 뒤처질 것이다.

4. 효율성 한 세대 이전의 조직들은 직원들에게 근무 시간에 따른 보상을 제공했다. 그러나 오늘날에는 효율성을 더욱 강조한다. 회사는 가능한 적은 수의 직원(및 원자재)을 활용하여 가능한 빨리 상품이나 서비스를 생산하기 위해 노력한다. 직원의 비중을 낮추는 전략이 궁극적으로 역효과(필수 경험과 스킬, 심지어는 고객의 이탈)를 초래할 수 있지만, 직원이 너무 많은 조직

은 더 작고 민첩한 경쟁자와 경쟁하지 못할 수 있다. 예를 들어, 오늘날 많은 기업들이 기간제 근무자들에게 많이 의존하는 이유가 여기에 있다.

과제 #2: 기술적인 선도를 위한 경영

기술 발전을 위한 경영의 과제는 사람들의 확고한 관심이 필요하다. 인공 지능(artificial intelligence: AI), 로봇 공학, 자율 주행 자동차, 3D 프린터, 사물 인터넷 등을 포함한 모든 산업에서의 전례 없는 속도, 범위 및 기술 혁신의 영향을 고려할 때 4차 산업 혁명은 이미 빠르게 진행 중이다.

이 책에서 논의하는 기술 발전의 의미는 다음과 같다.

- **전자 상거래.** 미국 소비자들은 2019년 온라인 소비에 5,500억 달러 이상을 사용했으며, 이는 전체 소매 지출의 11%가량을 차지한다. 2023년에는 지출이 9,700억 달러에 이를 것으로 예상된다. 전자 상거래보다 더 중요한 것은 기술 발전으로 인해 전자 비즈니스가 성장했다는 점이다. 인터넷 활용은 사업 운영의 모든 측면을 용이하게 한다. 인터넷은 통신 비용을 엄청나게 낮추기 때문에 정보 흐름에 크게 의존하는 모든 활동에 근본적인 변화를 가져올 수 있다. 포레스터 연구소(Forrester Research)는 그 결과 '분열'이 새로운 표준이 되었다고 말한다.

- **전자 의사소통.** 오늘날의 경영자는 모바일 장치를 활용해 영향력 있는 메시지를 작성하고 전 세계 전문가 집단들을 이끌며 동기를 부여하는 전자 의사소통의 달인들이다. 정보 기술 응용 스킬은 정보 기술을 효과적으로 사용하고 지속적으로 새로운 응용 프로그램을 배울 수 있는 능력을 의미하는데, 앞으로는 이 스킬에 탁월한 사람이 되어야 한다.

- **데이터 기반 의사 결정.** 디지털 세상은 이해할 수 없는 속도로 성장하고 있다. 웹 호스팅 서비스 100TB에 따르면, 데이터의 양이 너무 방대하기 때문에 인간이 마음대로 이를 정량화할 수 없다고 한다. 인터넷은 엄청난 양의 정보를 모아 즉시 우리에게 제공한다. 이는 클라우드 컴퓨팅과 거대하고 상호 연결된 데이터베이스를 통해 가능하다. 클라우드 컴퓨팅은 회사의 주요 사이트(클라우드)에서 멀리 떨어진 곳에 위치한 거대한 컴퓨터 모음에 소프트웨어와 데이터를 저장하는 것이고, 데이터베이스는 컴퓨터화된 상호 연관 파일들의 모음이다. 이로 인해 기존 데이터베이스 관리 시스템이 처리할 수 없을 정도로 방대한 데이터 저장소를 의미하는 빅데이터 현상이 발생한다. 이로 인해 매우 정교한 분석 소프트웨어와 슈퍼컴퓨터의 필요성이 대두되었다.

소비자 직접 서비스(D-to-C) 유전학 테스트 회사가 빅데이터를 활용하여 의료 산업을 혁신하는 방법

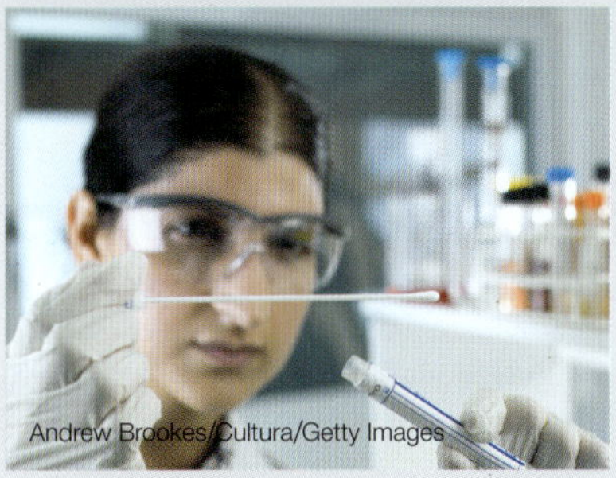

소비자 직접 서비스(Direct-to-consumer: D-to-C). DNA 검사는 그 어느 때보다도 간단하고 저렴해졌다. 현재까지 2천만 명 이상의 사람들이 23앤미나 앤세스트리와 같은 회사들을 통해 검사받았다.

앤세스트리(Ancestry)와 23앤미(23andme)는 유전자 검사 키트를 소비자에게 직접 판매하는 기업이다. 이러한 회사들은 정교한 데이터 분석과 유전형질 분석(genotyping)이라는 기능을 사용하여 풍부한 계보 데이터를 기반으로 사용자의 민족, 가족 혈통, 잠재적 친척, 출신 지역, 유전된 특성 및 선호도와 같은 흥미로운 사실들을 파악한다.

최근까지 일반인들은 이러한 게놈에 대한 얕은 분석에 거의 접근할 수 없었다. 하지만, 지난 10년간 유전자 염기 서열 분석 비용이 99% 감소하고 분석 정보가 발전함에 따라 소비자들이 이러한 정보에 빠르고 저렴하게 다가갈 수 있는 통로가 열렸고, 이는 작은 타액 샘플과 200달러 미만의 돈만 있으면 분석하는 데 몇 주도 채 걸리지 않는다.

데이터 분석을 통한 균열. 하지만, DNA는 계보학을 뛰어넘는 엄청난 잠재력을 가진다. 예를 들어, 유전학자들은 유전적 변이와 질병 사이의 수천 가지 연관성을 발견했다. 다시 말해, 이는 DNA가 심각한 질병에 걸릴 가능성이 있는지의 여부와 특정 치료에 반응할 가능성이 있는지의 여부 등을 알려줄 가능성이 있음을 의미한다. 보험 회사가 가장 심각한 종류의 질환이나 고위험 환자군을 제외한 모든 사람에 대한 유전자 검사를 승인하지 못하도록 엄청난 비용을 책정하였기 때문에 대부분의 사람들은 평생을 살면서 유전 정보에 대해 알아볼 기회가 없다. 그러나 여전히 우리가 반응적 치료 방식에서 예방적 치료 방식으로 사고를 바꾸더라도 건강 관리와 관련된 미래가 얼마나 변화할지는 상상하기 어렵다.

유전자 검사가 의료 산업에 균열을 일으키고 더 많은 지식과 영향력을 소비자의 손으로 옮기는 과정에 있어서 생략된 연결 고리의 역할을 할 수 있을까? 23앤미나 앤세스트리와 같은 회사들은 확실히 그럴 수 있다고 생각하며, 두 회사 모두 대규모 데이터 셋에서 이러한 잠재력을 활용하기 위해 노력하고 있다(두 회사는 총합 2,000만 명 이상의 DNA를 보유하고 있다).

23앤미는 2015년 미국 식품 의약국(Food and Drug Administration: FDA)의 승인을 받아 의사 처방 없이 소비자에게 직접적으로 건강 관련 유전자 보고를 제공할 수 있는 '백의의 벽(wall of the white coat)'을 뚫었다. 현재 23앤미는 이와 같은 옵션을 제공하는 유일한 소비자 유전학 검사 회사이다. 보고서는 혈전 및 고콜레스테롤에 대한 사용자의 성향뿐만 아니라 알츠하이머 및 파킨슨병과 같은 질환의 유전적 위험성에 대한 정보를 제공한다. 사용자는 자신과 자녀들이 유방암 및 낭포성 섬유증과 같은 질환에 걸릴 가능성을 높이는 유전적 돌연변이를 가지고 있는지에 대해서도 알 수 있다. 앤세스트리는 2019년 건강 관련 유전자 보고를 추가로 제공하기로 하였지만, 사용자들은 이를 얻기 위해 의사의 허가를 받아야 한다.

이 회사들은 의료 패러다임을 바꾸기 위한 또 다른 시도로 의료 연구를 이용하였다. 둘 다 유전학과 질환 사이의 새로운 연관성을 발견하기 위해 의학자 및 제약 업계 큰 손들과 데이터를 공유한다. 23앤미는 다양한 질환을 앓고 있는 환자를 위한 새로운 약물 치료 옵션을 개발하기 위해 내부 약물 개발 부서를 신설했다. 글락소스미스클라인

(GlaxoSmithKline: GSK)은 최근 2년 동안 신약을 개발하고 테스트하려는 목적으로 23앤미와의 독점 파트너십을 위해 3억 달러를 투자했다.

윤리적 문제. 소비자 유전학 테스트가 인기를 얻으면서 개인 정보 보호 문제가 대두되었다. 최근 페이스북(Facebook)과 퍼스트 어메리칸(First American)과 같은 회사들의 데이터 침해 사건은 데이터베이스가 아무리 잘 보호되어 있더라도 악의적이거나 예상치 못한 유출에 취약하다는 사실을 분명히 보여 준다. 사용자가 포기 및 동의 양식에 서명하고 데이터 사용 및 저장 방법을 일부 제어할 수 있지만, 각 사용자의 유전 정보가 취약한 상태에 있다는 문제는 여전히 남아 있다.

더 나아가서, 앤세스트리와 23앤미에 저장된 유전 정보는 법 집행 기관이 범죄 수사에 이용할 수도 있다. 소환장과 가해자의 DNA 없이도 법의학 전문가들이 가해자를 식별할 수 있다는 것이다. 2018년 골든 스테이트(Golden State)의 살인범 죠셉 드앤젤로(Joseph DeAngelo)의 신원 확인 및 체포 사건처럼 이제는 용의자와 가까운 가족의 DNA 샘플만 있으면 된다.

개인 정보 보호 문제는 군대에서도 대두된다. 미 국방부는 최근 군인들에게 소비자 직접 서비스(D-to-C) DNA 검사를 하지 말 것을 경고하는 성명을 발표했다. 미 국방부는 이 정보가 보안 위험을 초래하고 미래에 은밀한 작전을 불가능하게 할 가능성을 고려하였다.

DNA 테스트의 미래. 소비자 직접 서비스(D-to-C) 유전학 테스트를 지지하는 사람들은 23앤미나 앤세스트리와 같은 회사의 '의료 서비스 민주화'를 칭찬하며 소비자들의 개인 정보보다 이러한 서비스들이 제공하는 정보들이 더 중요하다고 본다. 그럼에도 2019년에는 소비자 DNA 테스트 판매가 현저히 감소하였으며, 일부 전문가들은 이를 최근 데이터 유출에 대한 불안감과 세간의 이목을 이끌었던 미제 사건에서의 범죄자 식별의 증가와 연관 있다고 보았다. 그러나 해당 회사들은 확대된 제품군과 새로운 파트너십을 제공하며 앞으로 나아가고 있다. 그 예로, 23앤미의 CEO 앤 워치스키(Anne Wojcicki)는 유전자 데이터를 활용하여 사용자에게 맞춤식 건강 교육과 훈련을 제공하는 코칭 분야로의 진출을 고려하고 있다.

소비자들은 앤세스트리 및 23앤미와 같은 생명 공학 회사들이 의료 산업과 소비자들의 의료 서비스 접근에 변화를 가져올 중요한 역할을 할 것이라고 확신한다.

당신의 생각은?

소비자 직접 서비스(D-to-C) 유전학 검사 회사들이 기존 의료 옵션에 비해 상당한 경쟁 우위를 확보하고 이를 유지할 것으로 예상하는가? 만약 그렇다면 어떻게 가능하다고 생각하는가? 소비자 유전학 테스트는 미래의 데이터 분석에 어떠한 역할을 할 것 같은가?

- **인공 지능.** 인공 지능은 로봇, 자연어 처리, 패턴 인식 및 이와 유사한 기술로 표현되는 인간의 추론 및 감각을 시뮬레이션하는 컴퓨터 시스템을 만드는 분야이다. 일부 사람들은 더욱 정교해지는 로봇들이 외과 의사, 작가, 변호사, 항공기 조종사 등과 같이 이전에는 자동화하기에 너무 복잡했던 직무들을 인공 지능 기술로 대체할 것이라고 우려한다. 그러나 다른 사

람들은 조금 더 낙관적인 관점을 가지고 있으며, 잃게 될 것보다 기술을 통해 만들어 낼 것들에 초점을 맞춰야 한다고 주장한다. 일자리가 없어지는 것이 아니라 변하는 것이며 회사와 직원들이 적응할 수 있을 만큼 느리게 변한다고 말한다.

- **조직 변화.** 조직과 직원은 더 이상 시공간에 얽매이지 않는다. '가상' 조직은 다음과 같은 기능을 포함하며 작업 수행 방식에 대해 다양한 옵션을 제공한다. 1. 다양한 정보 기술을 활용하여 집이나 다른 장소에서 원격근무를 할 수 있다. 2. 컴퓨터, 비디오 및 오디오 링크를 활용한 화상 회의를 실시하고 여러 장소에 있는 사람들이 서로 보고 듣고 대화할 수 있다. 3. 이워크벤치(eWorkbench)와 같은 프로그램을 통해 관리자가 직원의 목표를 설정 및 기록하고 피드백을 제공할 수 있는 다양한 기능을 디지털 방식으로 제공하고 추적할 수 있다. 4. 프로젝트를 제시간에 완료하기 위해 인력, 비용, 자원 할당을 계획하고 일정을 수립하는 프로젝트 관리 소프트웨어 프로그램을 활용하여 프로젝트를 관리할 수 있다.

- **지식 관리 및 협업 컴퓨팅.** 방금 살펴본 상호 작용의 형태에서는 경영자와 직원이 더 유연하게 행동해야 하며 지식 관리(조직 전체에서 지식과 정보의 공유를 늘리기 위한 시스템)가 더욱 강조될 것이다. 또한 협업 컴퓨팅은 사람들이 최첨단 컴퓨터 소프트웨어 및 하드웨어를 통해 더 잘 협력할 수 있도록 도와준다. 예를 들어, 병원에서는 환자의 이력, 의사의 지시, 실험 결과, 처방 정보, 청구와 같은 다양한 기능을 단일 정보 시스템에 통합하여 관리한다. 또한 환자가 시스템에 직접 접속하여 진료를 예약하고 의사에게 질문하고 재처방을 요청할 수 있다.

과제 #3: 포용과 다양성을 위한 경영

2018년에는 미국 인구 중 4,400만 명이 다른 나라에서 태어난 사람들이었으며 인구의 13.7%를 차지했다. 이 수치는 2025년에 5천만 명(인구의 14.6%)을 초과하고 2060년에는 미국 인구의 17%에 이를 것으로 예상된다.

2020년과 2060년 사이에는 아프리카계 미국인, 아시아인, 히스패닉계 사람들이 증가할 것이며 비히스패닉계 백인의 비율은 크게 감소할 것으로 예상된다.

또한 향후 몇 년 동안 일반 인구와 노동 인구에서 여성, 이민자, 노인 구성의 변화가 있을 것이다. 예를 들어, 2030년에는 미국 거주자 5명 중 1명이 65세 이상 인구일 것이며 이 연령대는 2060년에 9,750만 명으로 증가하여 2014년(4,100만 명)의 두 배가 될 것으로 예상된다.

일부 학자들은 11장에서 학습할 내용과 같이 직원의 다양성이 조직에 긍정적으로 기여한다고 생각한다. 따라서 경영자가 앞으로 수행해야 할 과제는 성별, 연령, 인종, 민족 및 성적 지향성이 다양한 직원들의 회사에 대한 기여도를 극대화하는 것이다.

국경을 넘는 버거 사업. 2012년 나이지리아 라고스(Lagos)에 문을 연 자니 로켓(Johnny Rockets) 햄버거 매장의 관리자는 정통 미국 스타일의 맛을 내기 위해 양파, 버섯, 아이스버그 양상추 등의 토핑을 구하는 것이 어렵다는 것을 알게 되었다. 이로 인해 싱글 패티버거는 14달러에 출시되었다.

과제 #4: 세계화를 위한 경영

러시아인들에게 "어떻게 지내요?"라고 물으면 단순히 "잘 지내요."가 아니라 그들이 실제로 어떻게 느끼는지에 대한 진실한 이야기를 들을 수 있다고 한다. 또한 캄보디아인이나 미얀마인을 만나 "식사하셨어요?"라고 질문받으면 이것은 단순히 "안녕하세요."라는 의미이니까 점심 식사를 같이 하자는 의미로 착각해서는 안 된다.

요점은 언어적 표현과 몸짓은 전 세계 모든 사람에게 같은 의미로 받아들여지지 않는다는 것이다. 이러한 차이점을 이해하지 못하면 시장에서 조직을 경영하는 것이 힘들 수 있다.

과제 #5: 윤리적인 표준을 위한 경영

영업이나 생산 등 여러 목표를 달성해야 한다는 압박을 받고 있는 경영자는 윤리적 딜레마에 직면할 수 있다. 만약 당신이 직원이라면 회사가 제품의 데이터를 고의로 조작한다는 사실을 발견했을 때 어떻게 할 것인가? 다음에서 설명할 예시를 통해 생각해 보자.

> **폭스바겐의 예:** 2015년, 미국에서 판매된 약 1,100만 대의 폭스바겐 자동차는 도로 위에서 배기가스 제어를 비활성화하는 소프트웨어가 설치되어 있어 법적으로 허용하는 것보다 몇 배나 많은 양의 배기가스가 배출된 것으로 드러났다. 배기가스를 제어하면 광고했던 것에 비해 연비가 감소되고, 소비자들은 불만을 표할 것이다. 해당 차량은 EPA 표준 준수 관련 테스트 시행 시 내재된 컴퓨터 시스템이 진행 중인 테스트를 감지하고 배기가스 제어 장치를 다시 작동시켜 차량의 실제 환경 비용을 숨겼다. 이와 같은 스캔들로 인한 벌금 및 기타 비용은 330억 달러 이상으로 예상되었으며 일부 임원들은 사임했고 몇 명은 징역형을 선고받았다.

경쟁이 치열한 국제 시장에서 까다로운 고객들을 만족시키기 위해 무엇을 할 수 있는가? 폭풍이 점점 심해지고 해수면이 상승하고 있는 기후 변화의 시대에 환경에 해를 끼치는 회사 정책을 피하기 위해 '친환경 조치'를 취해야 할 책임이 기업에 있다.

윤리적 행동은 단순히 좋은 것에서만 그치는 것이 아니다. 이는 모든 산업에서 준수해야 할 필수 원칙이며, 권력을 지닌 위치에 있을 때 더욱 요구되는 원칙이다. 리더와 경영자는 조직의 비윤리적 행동에 직접 관여하지 않았더라도 책임을 지게 된다. 이것은 휴스턴 애스트로스(Houston Astros) 야구단의 사례에서 확인할 수 있다.

> **휴스턴 애스트로스의 예:** 2020년 초 휴스턴 애스트로스는 조사 결과 선수들과 직원들이 2017년과 2018년 야구 시즌 동안 카메라를 이용하여 상대팀의 사인을 훔치기 위해 공모한 것으로 밝혀진 후 단장이었던 제프 루나우(Jeff Luhnow)와 감독이었던 에이 제이

힌치(A. J. Hinch)를 해고했다. 로버트 맨프레드(Robert Manfred) 경찰국장은 루나우와 힌치가 해당 계획에 직접 관여하지 않았음을 인정했지만, 맨프레드는 고위 관리자들이 이러한 유형의 행동을 뿌리 뽑지 못한 문화를 만든 것에 대한 책임이 있다고 강조했다.

최근 사건들은 사람들이 삶의 모든 영역에서 윤리적 기준을 준수해야 한다는 사실을 깨닫지 못했을 때의 심각한 결과들을 보여 준다. 윤리적 과실은 분명히 재정적 피해뿐만 아니라 더 큰 피해를 입힐 가능성이 있다. 권력을 지닌 위치에 있다면 어떻게 행동할 것인가? 3장을 포함하여 이 책 전체에서는 윤리를 고려하여 다음의 〈전문가의 조언〉에 대해 생각해 볼 수 있는 몇 가지 유익한 조언을 제공한다.

전문가의 조언 **부정행위의 유혹 속에서도 올바르게 행동하기**

압박감은 사람들이 부정행위를 저지르게 만든다. 기술로 부정행위를 저지르는 것이 쉬워짐에 따라 더 많이 저지를 수도 있다. 300명의 대학생을 대상으로 한 최근 연구 결과에 따르면, 10명 중 9명은 부정행위 경험이 있다고 밝혔으며, 일부는 자신들의 교수들도 예전에 부정행위를 저질렀을 것이라고 말했다.

부정행위가 괜찮다고 믿는다고 해서 그것이 옳다는 의미는 물론 아니며 냉정한 비즈니스 관점에서 봤을 때 본인이나 회사에 심지어 효과적이지도 않다. 예를 들어, 입사 지원서나 이력서에 거짓말을 하면 해고될 수 있다.

윤리적으로 행동하는 방법 학습. 경영계의 범법 행위에 대해 우려하는 몇몇 기업 윤리 연구자들은 최근 한 웹 사이트 'www.ethicalsystems.org'를 만들었다. 해당 웹 사이트의 목적 중 하나는 "도덕적 결정에 직면했을 때 우리가 행동할 것이라고 생각하는 방식과 실제로 행동하는 방식이 다른 경우가 매우 많다."라는 문제를 조사하는 것이라고 한다. 기업 윤리는 원래 윤리적 행동이 올바른 일이라는 철학에서부터 시작되었다. 현재 연구는 심리적으로 더 현실적인 접근법을 개발하고 사람들을 올바른 행동으로 이끌 수 있는 방법을 알아내기 위해 사람들이 그들의 방식으로 행동하는 이유를 밝히고 있다. 이 책은 윤리적 방향성을 개발하는 데 도움을 주기 위해 모든 장의 마지막에 〈법적 · 윤리적 과제〉에 관한 사례를 소개한다.

올바른 일 vs. 좋아하는 일. 주어진 상황에서 어떻게 행동할 것이지 예측할 때 "'우리는 공정해야 하고 관대해야 하며 가치를 주장해야 한다.' 등의 '~해야 한다.'가 자신을 지배한다."라고 기업 윤리 교수인 앤 텐브룬셀(Ann E. Tenbrunsel)은 설명한다. "하지만, 행동할 때가 되면 바보처럼 보이고 싶지 않고 벌을 받고 싶지 않다 등의 '~하고 싶다'가 지배하게 된다."라고 한다. 따라서 부정행위와 같이 잘못된 일이 발생하는 것을 보고 실제로 이에 대해 무엇인가를 하려는 시도를 할 순 있지만 어떻게 해야 할지를 알지 못할 수도 있다. 그 순간을 놓치게 되면 이후 스스로에게 괜찮다고 말하게 된다.

과제 #6: 지속가능한 발전을 위한 경영

경제는 여러 세대에 걸쳐 번영해 왔지만, 이러한 발전은 환경에 돌이킬 수 없는 피해를 주고, 삼림 벌채, 물 부족, 토양 오염 등의 문제를 야기했다.

2015년, UN(United Nations) 산하 193개 회원국 모두가 미래 경제 계획의 청사진 역할을 하는 17개의 지속가능 발전 목표(Sustainable Development Goals: SDGs)를 채택하였다. 지속가능 발전은 현재의 필요를 충족하는 동시에 미래 세대가 그들의 필요를 충족할 수 있도록 하는 데 초점을 둔다. UN의 지속가능 발전 목표에는 제로 헝거(zero hunger), 양질의 노동 및 경제 성장, 저렴하고 청정한 에너지, 책임 있는 소비 및 생산 등이 포함된다.

지속가능 발전에 대한 UN의 접근 방식의 독특한 측면은 기업이 사회와 조직의 손익 모두에 상호 이익이 되는 전략을 추구하도록 장려한다는 점이다. 기업들은 이 사실을 빠르게 인식했고 2016년에는 노스페이스(The North Face), 레고(LEGO), 킴벌리-클락(Kimberly-Clark), 비자(Visa) 등이 이미 하나 이상의 구체적인 기속가능 발전 목표를 달성하기 위한 전략을 수립하였다.

최근에는 세계에서 가장 존경받고 수익성도 높은 기업들인 액센츄어(Accenture), 세일즈포스(Salesforce), 애플(Apple), IBM, 페덱스(FedEx), 코카콜라(Coca-Cola), 아마존(Amazon) 등의 CEO들이 함께 모여 지속가능 발전에 대해 논의했다. 해당 리더들은 약 200개의 미국 주요 기업의 CEO들로 구성된 공공정책 옹호 단체인 비즈니스 라운드테이블(Business Roundtable)의 회원들이다. 2019년에 이 단체는 기업의 목적에 대한 성명을 발표했다. 이 성명은 1997년 이후 처음으로 주주를 최고 우선순위에서 제외하였다. 대신 환경 보존과 광범위한 경제적 기회의 가치를 강조했으며, 무엇보다도 "사업 전반에 걸쳐 지속가능한 제도들을 수용하며 환경을 보호"하기로 약속하였다.

지속가능 발전 목표를 달성하기 위한 노력. 지속가능 발전 목표 충족에 대한 대만의 진행 상황을 설명하는 세미나에 참석한 교수, 대사 및 참가자 그룹

UN은 지속가능 발전 목표 달성을 위한 여러 학문 분야가 결합된 접근법을 요구했다. UN은 지속 가능한 미래가 도시, 조직, 교육 기관, 정부 및 개인이 함께 모여 국제 문제를 공동으로 해결하는 데 달려있다고 강조한다. 지속가능 발전은 분명 오늘날 기업이 직면한 중요한 문제이다. 별책 부록인 〈학습 모듈 1〉에서는 이러한 문제에 대해 자세히 논의할 것이다.

과제 #7: 행복과 의미를 위한 경영

행복한 삶과 의미 있는 삶 중 무엇을 택하겠는가? 둘 다 추천한다.

한 연구 결과는 "행복은 주는 사람보다는 받는 사람과 관련이 있는 반면 의미는 받는 사람보다는 주는 사람과 관련 있다."는 것을 알려주었다. 행복은 원하는 것을 얻고 욕구를 성취하는 것이다. 의미는 "자신보다 더 크다고 믿는 것에 소속되어 봉사하는 것"을 의미한다. 한 연구 결과에 따르면, 삶에 대한 의미는 더 나은 건강, 일과 삶의 만족, 성과와 긍정적으로 관련이 있었다. 삶에 의미를 부여하기 위해 이 책이 제시하는 세 가지 방안은 다음과 같다.

1. **좋아하는 일을 파악하자.** 좋아하는 활동을 많이 하거나 이러한 활동을 직무 역할에 포함시킬 수 있는 방안에 대해 고민해 보자. 세인트 주드 아동 연구 병원(St. Jude Children's Research Hospital)의 직원들은 좋은 예가 된다. 그들은 병원에서 치료받는 아이들을 위해 돈을 모금할 수 있기 때문에 세인트 주드 마라톤에 참가하는 것을 무척이나 좋아한다. 암을 극복한 한 직원은 "이는 매년 나에게 또 다른 기부 기회가 되어 다른 수많은 아이들이 자신의 생일을 축하할 수 있도록 돕는다."라고 말한다.

2. **일상생활과 직장 생활에서 타고난 강점을 발휘하자.** 이를 위해서는 회사가 원하는 다양한 역량에 대해 자신을 진단해 봐야 한다. 다음 섹션에서는 이러한 역량을 이해하고 강점을 진단하는 방법에 대해 알아본다.

3. **다른 사람을 돕자.** 한 연구 결과에 따르면, 사람들은 타인을 돕는 데서 의미를 찾게 된다고 한다. 2019년 포춘지에서 두 번째로 일하기 좋은 기업으로 선정된 세일즈포스(Salesforce)는 "비영리 단체 및 교육자에게 자사 기술을 구독할 수 있도록 하고 직원들에게 매년 자원봉사를 할 수 있는 휴가를 7일 제공하며 지금까지 총 1억 3,700만 달러 이상을 기부했다."

직장에서 의미 찾기. 일부 조직에서는 직원들에게 자원봉사에 대한 유급 휴가를 제공한다.

SECTION

07 커리어 준비

회사는 일할 수 있는 준비가 되어 있는 대학 졸업자를 채용하길 원한다. 이번 섹션에서는 커리어 준비를 위한 모형을 설명하고 커리어를 잘 준비하기 위한 조언을 제공한다.

학습 목표

커리어 준비에 필요한 핵심 역량, 지식, 소프트 스킬, 태도 및 기타 특징들을 이해하고 개발 방법을 설명한다.

미국 전역 218개 대학의 약 5만 3,000명의 학부생들을 대상으로 2019년 가장 일하고 싶은 회사를 조사했다. 상위 10위는 (1) 구글, (2) 제이피 모건 체이스(JPMorgan Chase), (3) 아마존(Amazon), (4) 애플(Apple), (5) 골드만 삭스(Goldman Sachs), (6) 월트 디즈니 컴퍼니(The Walt Disney Company), (7), 나이키(Nike), (8) 딜로이트(Deloitte), (9) 넷플릭스(Netflix), (10) 언스트앤영(Ernst & Young: EY)이었다. 이러한 회사들에서 일하고 싶은가? 그렇다면 커리어가 준비되어 있어야 한다.

그림 1.3 **커리어 준비 상태에 대한 회사와 대학 졸업생들 사이의 인식 차이**

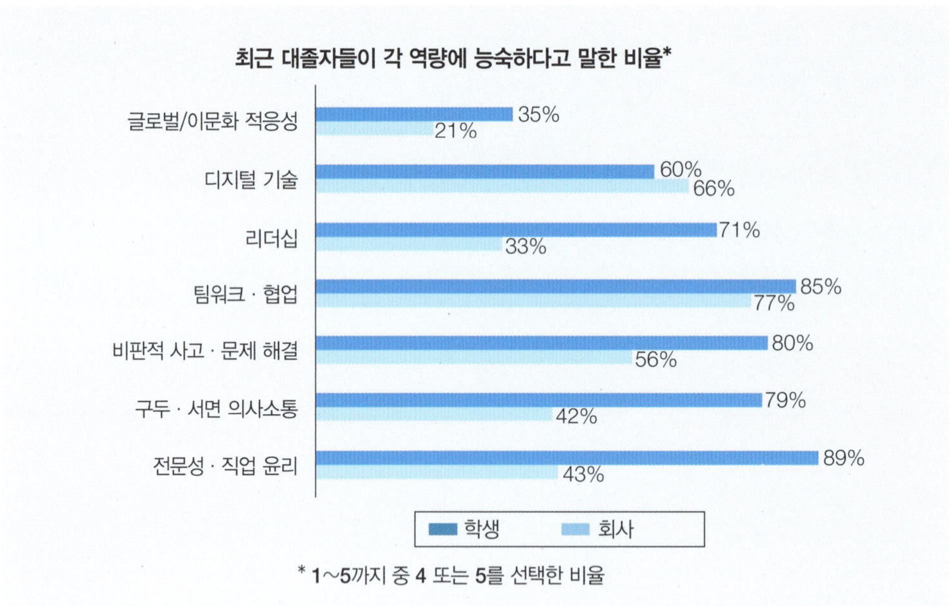

출처: National Association of Colleges and Employers, "Are College Graduates 'Career Ready'?" February 19, 2018, https://www.naceweb.org/career- readiness/competencies/are- college-graduates-career-ready/. Data derived from NACE's "Job Outlook 2018" and "The Class of 2017 Student Survey Report."

커리어 준비 상태는 회사가 원하는 지식, 스킬, 속성을 보유한 정도를 나타낸다. 최근 대학생과 회사를 대상으로 한 설문 조사에 따르면, 학생에게 요구하는 준비 상태의 정도에는 큰 차이가 있었다. 그림 1.3은 201개의 회사와 4,213명의 졸업생을 대상으로 한 연구의 핵심 결과를 보여 준다. 대부분의 학생들은 일곱 가지 중 여섯 가지 스킬에 대해 준비되어 있다고 평가했지만, 대부분의 회사들은 학생들이 오직 세 가지 스킬 정도만 준비가 잘 되어 있다고 평가하였다. 격차가 가장 큰 세 가지는 회사가 매우 중요하게 여기는 전문성 · 직업 윤리, 리더십, 구두 · 서면 커뮤니케이션 스킬이었다. 다른 연구에서도 유사하게 회사가 대학생들의 대인 관계 스킬에서 큰 차이점을 보인다고 설명하였다.

좋은 소식은 기업이 현실적인 자기 인식을 가진 사람을 채용하는 것을 선호하기 때문에 이러한 격차의 존재를 인정하는 것만으로도 잠재적인 고용주들에게 깊은 인상을 심어줄 수 있다는 것이다. 이것은 커리어 전반에 걸쳐 강점과 약점에 대한 정보를 얻을 필요성을 강조한다.

고용주가 이러한 분야에서 당신에게 더 많은 것을 기대한다는 것을 인식하는 것은 적어도 두 가지 이유로 가치가 있다.

1. **배우고자 하는 동기가 부여될 것이다.** 인간 행동에 대한 연구에 따르면, 사람들은 필요를 느끼지 않는 한 개인 개발에 시간을 투자하지 않는다. 커리어 준비 상태에 대한 과장된 인식은 준비 상태를 향상시킬 수 있는 요소들을 개발하도록 동기를 부여하지 않는다. 현실적인 인식이 배우고 발전하려는 동기를 높인다. 또한 커리어 전반에 걸쳐 지속해야 하는 학습을 연습할 수 있다. 대학 학위를 통해 얻은 지식은 5년 만에 쓸모없어진다는 사실에 놀랄 수도 있다. 이는 급변하는 직업의 특성 때문이며 졸업 후 없어지는 일시적인 것이 아니라 평생 과정으로 커리어 준비 상태에 접근해야 함을 의미하기도 한다. '미래의 업무 스킬(Future Work Skill) 2020' 보고서의 저자는 "개인이 필요한 스킬을 지속적으로 재평가하고 이를 개발하고 갱신하는 데 적합한 자원을 신속하게 모을 필요가 있다. 미래의 근로자는 적응력이 있는 평생 학습자가 되어야 한다."라고 말한다.
2. **에너지를 어디에 집중할지 알게 될 것이다.** 다음 섹션에서 다루겠지만 커리어를 준비하기 위해 갖춰야 할 역량들은 상당히 많고 일부 역량은 다른 역량보다 개인의 커리어 경로와 더 관련이 있을 수 있다. 여러 커리어에 관한 연구(그림 1.3에 제시된 NACE 자료 포함)의 결과를 비교하면 회사가 공통적으로 필수라고 평가한 몇 가지 역량들을 발견할 수 있다. 이를 핵심 역량이라고 한다. 전반적으로 조직은 이러한 기본 역량들을 보유한 직원을 채용한다.

커리어 준비 모형과 이를 개인의 삶에 적용할 수 있는 방법에 대해 알아보자.

커리어 준비 모형

직무, 직종, 산업 전반에 걸쳐 필수적인 역량들의 집합인 핵심 역량부터 준비해야 한다. 네 가지 추가적인 역량 범주(지식, 소프트 스킬, 태도, 기타 특징)는 커리어 준비 상태를 완성한다(그림 1.4 참조). 모형의 각 구성 요소들을 자세히 살펴보자.

그림 1.4 **커리어 준비 모형**

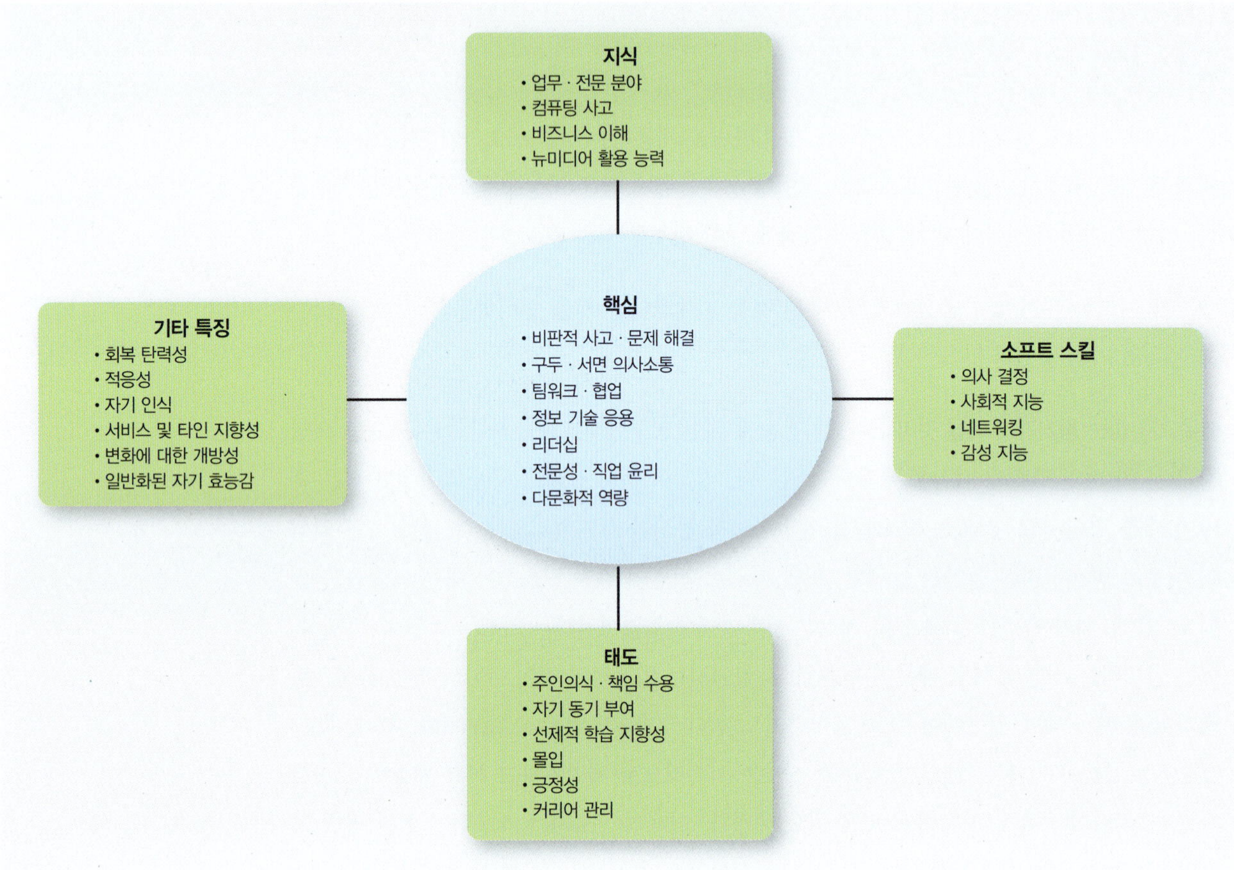

핵심 역량 모형의 중심부에 있는 일곱 가지 역량은 어떠한 커리어 경로를 추구하든 성공을 위해 꼭 필요하다. 커뮤니케이션 및 리더십 능력, 대인 능력 및 정보 기술 능력과 같은 것에 대한 요구는 2030년까지 미국과 유럽의 모든 산업에서 크게 증가할 것으로 예상된다. 그럼에도 회사는 이러한 능력 중 상당수를 오늘날 노동 시장에서 찾기 힘들다고 말한다. 월스트리트 저널(Wall Street Journal)의 기자 케이트 데이빗슨(Kate Davidson)은 "명확하게 커뮤니케이션하고 주도적으로 행동하며, 문제를 해결하고 동료들과 어울릴 수 있는 지원자를 찾는 것이 점점 어려워지고 있다."라고 결론지었다. 이는 역량 수준을 높이기 위해 노력하는 데 충분한 장려책이라 생각한다. 이러한 역량들을 향상시키기 위한 노력은 취업 시장에서 큰 이점으로 이어질 수 있다.

지식 일반적으로 '하드 스킬'이라 불리는 지식 범주의 스킬에는 지원자가 보유하기를 기대하는 기본 지식이 포함된다. 회사는 업무를 수행하는 동안 학문적이고 실무적인 지식을 적용할 수 있는 능력을 개발시켜 준다. 학점 평균은 이러한 유형의 지식에 대한 현재 수준을 평가하는 한 가지 방법이다. 고용주가 원하는 다른 유형의 지식에는 컴퓨팅 사고, 비즈니스 이해 및 뉴미디어 활용 능력이 포함된다(표 1.2 참고).

표 1.2 커리어 준비 상태에 필요한 역량 설명

범주	역량	설명
핵심	비판적 사고 · 문제 해결	상황을 분석하고, 결정을 내리고, 문제를 해결하기 위한 올바른 논증. 창의적으로 문제를 해결하면서 질적 · 양적 정보를 모두 습득 · 해석 · 분석하는 능력.
	구두 · 서면 커뮤니케이션	다양한 사람들에게 자신의 생각, 아이디어, 메시지를 구두 · 서면의 형태로 효과적으로 표현할 수 있는 능력. 대중 연설 스킬, 이메일, 편지 및 보고서를 작성 · 편집할 수 있는 능력.
	팀워크 · 협업	다양한 사람들과 효과적으로 협력 관계를 구축하여 일하고 팀 안에서 일하며 대인 갈등을 관리할 수 있는 능력.
	정보 기술 응용	정보통신 기술을 효과적으로 사용하고 필요시 새로운 애플리케이션을 학습.
	리더십	공동의 목표를 달성하도록 집단에 영향을 미치는 스킬. 타인에게 동기를 부여하고, 타인을 코치하고, 개발할 수 있는 능력.
	전문성 · 직업 윤리	시간 엄수 및 관리, 적절한 복장 및 외모와 같은 책임감과 긍정적인 업무 습관, 나아가 직무 기술서에 적힌 것을 넘어서거나 도움을 요청하려는 의지. 진실성, 윤리적 행동, 공익을 위한 관심 표출.
	다문화적 역량	문화별 차이에 대한 인식, 인종, 연령, 성별, 종교에 대한 존중, 다양한 사람들과 소통할 수 있는 개방성과 포용성.
지식	업무 · 전문 분야	조직 및 개인의 목표와 과제를 추구하기 위해 학문적 · 실무적인 지식을 적용할 수 있는 능력.
	컴퓨팅 사고	숫자를 사용하여 추상적인 개념을 추출하고 데이터 기반 추론을 수행하는 능력. 빅데이터를 분석하고 해석하는 능력.
	비즈니스 이해	회사의 비즈니스 및 전략과 이해관계자들의 요구 사항에 대한 이해, 개인의 업무가 조직 성과에 어떻게 기여하는지를 이해할 수 있는 능력.
	뉴미디어 활용 능력	뉴미디어 양식을 개발 · 평가 · 사용하고 설득력 있는 커뮤니케이션을 위해 이러한 미디어를 활용할 수 있는 능력. 최신 미디어 트렌드를 인지하고 조직의 이익을 위해 활용할 수 있는 능력.
소프트 스킬	의사 결정	최적의 결과를 도출하는 해결책을 알아보고 선택하기 위해 정보를 수집 · 처리 · 분석하는 능력.
	사회적 지능	타인의 감정과 생각을 인식하고 이해하며, 이 정보들을 활용하여 긍정적인 관계와 유익한 교류를 촉진하는 능력.
	네트워킹	강력하고 광범위한 전문적인 네트워크 관계를 구축하고 유지하는 능력.
	감성 지능	자신과 타인의 감정을 관찰하고, 감정을 구별하고, 이 정보를 활용하여 생각과 행동을 이끄는 능력.
태도	주인의식 · 책임 수용	행동에 대한 책임을 기꺼이 받아들이는 것.
	자기 동기 부여	지속적인 지휘, 지시, 칭찬 없이도 생산적으로 일할 수 있는 능력. 좋은 업무 습관을 수립하여 유지하는 능력, 조직 목표 및 개인 개발에 대한 지속적인 집중.
	선제적 학습 지향성	자기 개발을 위해 지식, 소프트 스킬, 기타 특징들을 배우고 향상시키려는 의지.

범주	역량	설명
태도	몰입	타인을 도와주고 개인 및 회사의 목표 달성을 위해 적극적으로 노력하는 것.
	긍정성	발전을 위한 피드백을 받아들이고, 새로운 아이디어를 시도하고 제안하며, 직장에서 긍정적인 태도를 유지하려는 의지.
	커리어 관리	커리어를 미리 관리하고 전문성 개발을 위한 기회를 확인할 수 있는 능력.
기타 특징	회복 탄력성	역경에서 벗어날 수 있으며 도전에 직면했을 때 동기를 유지할 수 있는 능력.
	적응성	변화하는 상황에 적응할 수 있는 능력과 의지.
	자기 인식	특정 업무 및 상황과 관련하여 자신의 강점과 약점을 정확하게 이해하고, 자기 개발 계획을 수립하여 이를 실행할 수 있는 능력.
	서비스 · 타인 지향성	다른 사람의 니즈를 자기 이익보다 우선시하려는 의지.
	변화에 대한 개방성	변화에 직면했을 때의 유연성, 변화를 도전으로 보는 관점, 새로운 아이디어, 과정이나 지침을 적용하려는 의지.
	일반화된 자기 효능감	다양한 상황에서 맡은 일을 해낼 수 있는 능력에 대한 자신감.

출처: "Career Readiness Defined," 2019, https://www.naceweb.org/career-readiness/competencies/career-readiness-defined; Alison Doyle, "Hard Skills vs. Soft Skill: What's the Difference? The Balance Careers, February 4, 2019, https://www.thebalancecareers.com/hard-skills-vs-soft-skills-2063780; Ashita Bhagra and Dinesh Kumar Sharma, "Changing Paradigm of Employability Skills in the Global Business World: A Review," IUP Journal of Soft Skills, 2018, pp. 7-24; and Fatima Suleman, "The Employability Skills of Higher Education Graduates: Insights into Conceptual Frameworks and Methodological Options," Higher Education, 2018, pp. 263-278.

소프트 스킬 앞에서 소프트 스킬을 직장에서의 성공에 필요한 인간관계 혹은 '대인' 스킬로 정의했다. 이것은 지식이나 전문 스킬이 아니다. 기업이 일상적인 작업을 아웃소싱하고 자동화함에 따라 소프트 스킬은 점점 중요해지고 있다. 예를 들어, 글로벌 인재 동향에 대한 최근 링트인(Linkedin)의 설문 조사에 따르면, 인재 전문가의 92%가 채용 결정을 내릴 때 소프트 스킬이 하드 스킬만큼 혹은 보다 더 중요하다고 생각했다. 또한 89%는 누군가를 '잘못된 채용'으로 생각하는 것이 일반적으로 소프트 스킬의 부족 때문이라고 답했다. 표 1.2에 설명된 네 가지 소프트 스킬에 초점을 맞추면 커리어 준비 상태를 높일 수 있다. 이 책을 통해 각각에 대해 많이 알게 될 것이다.

태도 태도는 특정 대상, 사람 또는 사건에 대한 신념과 느낌이다. 구체적으로, 태도란 주어진 대상에 대해 학습된 경향성으로 정의된다. 태도에 관해서는 11장에서 자세히 살펴볼 것이다.

표 1.2는 채용 담당자가 선호하는 신입 사원의 여섯 가지 태도를 보여 준다. 모두 긍정적이고 적극적인 것에 초점을 둔다. 사람들은 타인이 행동하고 말하는 것을 관찰함으로써 태도를 지각한다. 예를 들어, 주인의식이나 책임감을 가지는 것은 채용 담당자가 선호하는 주요 태도이다. 이는 자신의 행동에 대한 책임을 받아들이는 정도를 반영한다. 이러한 태도가 직원의 조직 몰입, 직무 만족, 업무 몰입과 긍정적으로 관련 있기 때문에 채용 담당자들이 이와 같은 태도를 원한다고 생각한다. 주인의식은 또한 직원의 이직 의도를 감소시킨다. 이러한 태도를 보여 주면 면접에서 더 좋은 인상을 남길 수 있다.

기타 특징 이는 다른 사람들에게 긍정적인 인상을 불러일으키고 개인 및 업무 관련 변화에 효과적으로 적응하는 데 도움이 되는 다양한 개인의 특징들이 포함된다. 전문성 · 직업 윤리 및 회복 탄력성을 생각해 보자. 커리어 탐색 및 교육 소프트웨어 회사인 패스소스(PathSource)의 공동 창립자이자 CEO인 애런 미셸(Aaron Michel)은 전문성 · 직업 윤리가 "취업 시장에서 과대평가될 수 없다."라고 생각한다. 그는 "제시간에 출근하고 책임감 있게 행동하는 것만으로도 강렬한 인상을 남길 수 있다."라고 결론지었다.

회복 탄력성이란 역경에서 벗어나고 도전에 직면했을 때 자기 자신을 유지할 수 있는 능력이다. 한 연구 결과에 따르면, 성공한 사람들의 핵심 특성 중 하나이다. 하이즈먼 트로피(Heisman Trophy) 수상자 조 버로우(Joe Burrow)는 대학 축구 커리어에서 회복 탄력성을 보여 주었다. 꿈의 학교인 네브래스카 대학교(University of Nebraska)에서 지명받지 못해서 두 시즌 동안 오하이오 주립 대학교(Ohio State University)의 벤치에 앉아 있었던 버로우는 엄지손가락이 부러지는 부상을 당하고 2018 시즌을 시작할 기회를 빼앗겼다. 그는 꿈을 포기하는 대신 루이지애나 주립 대학교(Louisiana State University: LSU)로 전학하여 끈기와 헌신으로 LSU 타이거스(Tigers)를 2020 내셔널 챔피언십으로 이끌었다. 버로우는 자신의 성공 과정을 설명하면서 "역경은 다음 단계에서 성공할 수 있는 선수를 만드는 핵심 요소이다. 그러한 역경을 겪은 것에 대해 영원히 감사할 것이다."라고 말했다. 이러한 유형의 인지적 재구성은 회복 탄력성을 위한 핵심이다.

역경 극복. LSU 감독 에드 오레건(Ed Orgeron)(왼쪽)과 팀 동료 그랜트 델핏(Grant Delpit)(7번), 패트릭 퀸(Patrick Queen)(8번)과 함께 찍힌 조이 버로우(Joe Burrow)(9번)는 대학 미식축구 커리어 동안 엄청난 회복 탄력성을 보여 주었고 2020 내셔널 챔피언십에서 우승으로 이어졌다.

커리어를 준비하는 방법

커리어를 준비하는 여섯 가지 방법은 다음과 같다. (1) 자기 인식, (2) 교육을 통한 학습, (3) 목표 역량을 지닌 롤모델 찾기, (4) 실무를 통한 학습, (5) 학생 단체 및 조직 경험, (6) 실험이다.

1. **자기 인식** 강점과 발전 기회를 정확하게 평가하는 데 필요한 자료 또는 정보를 수집하는 방법이 있다.
   - 학우, 동료, 관리자, 교사 및 가족에게 진실되고 구체적인 피드백을 요청해 보자. 신뢰할 수 있는 사람을 찾아보자.

2. **교육을 통한 학습** 평생 학습을 지속하려면 선제적 학습 지향성이 필요하다. 표 1.2에 정의된 바와 같이 선제적 학습 지향성은 자기 개발을 추구하기 위해 지식, 소프트 스킬, 기타 특징들을 배우고 개선하려는 의지이다. 이와 같은 지향성은 다음을 통해 새로운 스킬을 배울 기회를 만든다.
   - 대학에서 수업을 듣거나 시간 관리 혹은 커뮤니케이션과 같은 역량에 초점을 맞춘 교육

세미나에 참석한다.

- 교육 영상 및 다큐멘터리를 시청한다.
- 발전을 위한 아이디어를 다룬 책, 잡지, 연구 기사를 읽는다.
- 인터넷이나 아마존에서 평판이 좋은 자료를 검색한다.

3. 목표 역량을 지닌 롤모델 찾기 주변 사람들에게서 배우기 위해 다음과 같이 할 수 있다.

- 필요한 스킬이나 특성을 지닌 롤모델이나 멘토를 확인한 다음 인터뷰를 진행한다. 그들이 능력을 어떻게 사용하는지 배우려고 노력한다.
- 목표 역량을 보유한 사람들을 관찰하고 그들의 행동에서 배운다.
- 새로운 행동을 시도한 다음 멘토, 코치 또는 동료와 결과를 논의한다.

4. 실무를 통한 학습 다음과 같은 행동을 할 수 있다.

- 목표 역량 중 하나를 사용해야 하는 새로운 과제를 찾는다.
- 회의에서 경영진 역할을 해본다.
- 다른 직원의 코치 역할을 해본다.
- 팀 리더 또는 프로젝트 관리자의 역할을 해본다.
- 발표 및 회의를 진행한다.
- 특별 프로젝트 혹은 위원회를 위해 자원봉사를 한다.
- 새로운 스킬과 경험을 얻기 위해 사내 다른 직무로 이동한다.

5. 학생 단체 및 조직 경험 다음의 활동들은 유익하게 작용할 것이다.

- 학생 단체에 가입하고 리더 직책을 맡는다.
- 토스트마스터스(Toastmasters)와 같은 학생 단체에 가입하고 네트워크를 형성한다.
- 개발 중인 스킬을 연습할 수 있는 조직에서 자원봉사를 한다.
- 인턴십, 연구 프로젝트, 교육 봉사 또는 협동조합에 등록한다. 인턴십은 일반적으로 한 학기 또는 여름 동안 지속되며 유급 또는 무급의 형태일 수도 있다. 협동조합은 일반적으로 3개월에서 12개월 동안 지속되는 유급 정규직이다.
- 전문가 또는 시민 단체에서 발표한다.
- 종교, 시민 혹은 지역 사회단체에서 자원봉사를 한다.

6. 실험 소프트 스킬을 개발하려면 새로운 지식이나 정보를 이용해야 한다. 다음과 같은 것을 시도해 보자.

- 습득하고 싶은 새로운 행동을 파악한 다음 연습한다. 예를 들어, 리더십을 향상시키고 싶다면 학교나 직장에서 다음 팀 회의를 진행하기 위해 자원해 보자. 14장에서 학습할 영향력 스킬을 사용하여 연습해 보자.
- 커리어 일지를 작성해 보자. 발전을 위한 노력의 세부 사항을 기록하고 성공과 실수로부터 배운다. 자신의 강점과 개선 사항에 대한 이야기를 수집한 다음 면접에서 활용한다.

서로 돕기

이 책의 최우선적인 두 가지 목표는 (1) 독자들이 행복하고 의미 있는 삶을 영위할 수 있도록 돕고 (2) 경영 원리를 배움으로써 커리어를 준비할 수 있도록 돕는 것이다. 이를 위해, 이 책은 각 장에서 〈커리어 준비 실천〉에 대해 다룬다. 각 장에서 배운 내용을 통해 커리어를 준비할 수 있도록 돕는다.

SECTION

08 커리어 준비 실천

이번 섹션에서는 커리어를 준비하는 4단계 과정을 살펴본다.

학습 목표

커리어를 준비할 수 있는 과정을 설명한다.

이번 섹션의 목표는 학습한 내용을 커리어 준비에 적용하는 데 도움을 주는 것이다. 성공을 위한 세 가지 비결은 다음과 같다.

1. 커리어를 관리하는 것은 본인의 책임이다. 다른 사람에게 의지하면 안 된다.
2. 개인적 성찰, 동기 부여, 헌신 및 실험은 필수적이다.
3. 성공은 과정을 따름으로써 이루어진다. 과정은 원하는 결과를 얻기 위해 따르는 일련의 작업 또는 단계를 의미한다.

커리어 준비하기

그림 1.5는 커리어를 준비하는 4단계를 보여 준다.

1단계 표 1.2의 필요한 역량들을 검토하고 학교, 직장 또는 교외 활동에서 현재 성과에 영향을 미치는 2~3개를 선택하는 것이다. 그런 다음 이러한 역량에 대한 스킬 수준을 평가해야 한다.

2단계 1장에서 학습한 내용을 활용하여 목표로 삼고 있는 역량을 개발하는 방법에 대해 고민해야 한다. 예를 들어, 현재의 목표 역량이 계획, 조직, 리드, 통제의 네 가지 기능과 관련이 있다면, 관련 자료를 읽으면서 배운 내용을 반영하고 논의된 아이디어, 개념 또는 제안을 적용할 수 있는 방법에 대해 생각해 보자.

3단계 목표 역량을 개발하기 위한 작은 단계들을 실험하는 것이다.

4단계 작은 단계들을 실험하는 중에 발생한 일들을 평가하는 것이다. 무엇이 옳고 그른지에 대한 성찰을 수반한다. 성공만큼이나 실패에서도 많은 것을 배울 수 있다.

그림 1.5는 의지가 커리어를 준비할 때 가장 중요함을 보여 준다. 미래를 만들고 자신을 이끌어가는 것이 자기 자신임을 강조한다.

그림 1.5 커리어 준비 상태 관리 과정

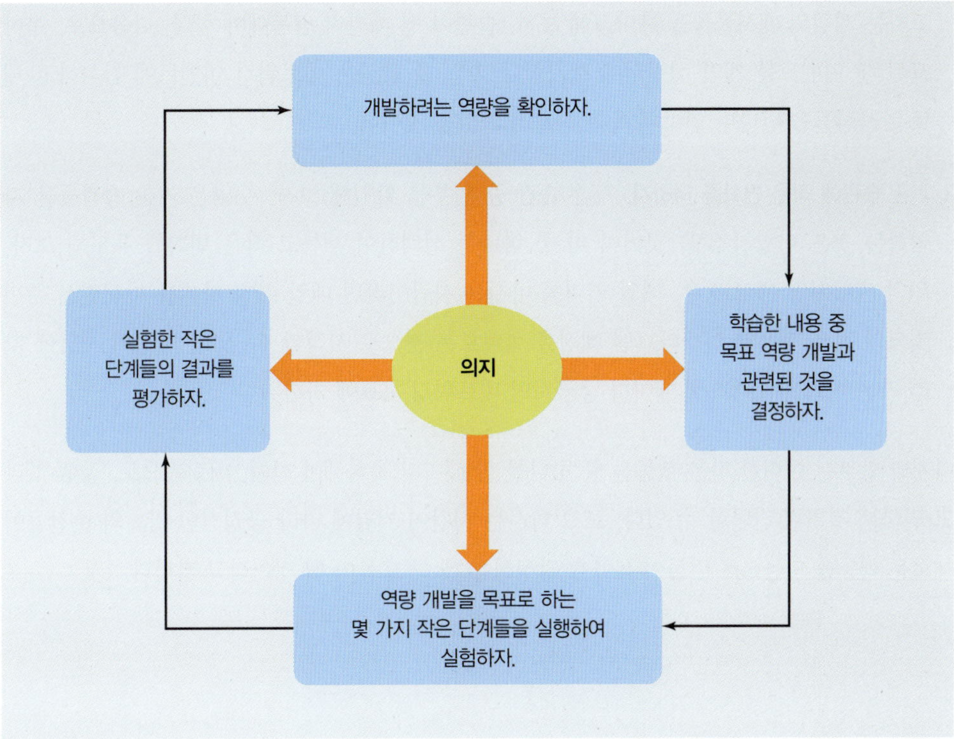

출처: Kinicki and Associates, Inc., 2022

습관으로 만들자

우리는 경험을 통해 자기 개선이 어렵고 종종 실망스러운 과정이 될 수 있음을 알고 있다. 자신에 대해 무언가를 바꾸려고 시도한 적이 있는 사람 역시 이를 알고 있다.

스탠퍼드 대학교(Stanford University)의 행동 과학자인 포그(B. J. Fogg) 박사는 성공적으로 행동을 바꾸는 비결은 습관을 만드는 데 있다고 말한다. 포그 박사의 3단계 과정을 통해 커리어 준비를 습관으로 만들자.

1. **달성하고자 하는 특정 사항을 확인하자.** 나를 흥분시키는 것을 찾아야 한다. 포그 박사는 추구하는 목표가 진정으로 달성하고 싶은 것이라면 자연스럽게 동기 부여가 될 것이라고 말한다. 네트워킹 역량을 향상시키고 싶다고 가정해 보자. 방대한 인맥을 마음껏 활용하는 것이 어떤 기분일지를 상상해 본다면 도움이 될 것이다.

2. **실현할 수 있는 아주 간단하고 작은 변화를 파악하자.** 포그 박사는 일련의 작고 간단한 변화를 통해 원하는 결과를 향한 점진적인 진전을 계획해야 한다고 말한다. 사소한 변화는 쉬우므로

계속 유지할 가능성이 높다. 네트워킹을 더 잘하고 싶고 궁극적인 목표가 전문가 3명의 연락처를 목록에 추가하는 것이라면 결국 이 목표를 달성할 수 있는 아주 작은 단계를 파악하는 것에서부터 시작해야 한다. 첫 번째 작은 변화는 매일 현지 젊은 전문가 인스타그램 계정을 보는 것만큼이나 간단할 수 있다. 이를 습관으로 만들고 나서 예정된 네트워킹 이벤트를 광고하는 계정의 게시물들을 북마크해 보자. 습관이 될 때까지 반복해야 한다. 다음으로, 북마크된 새 이벤트를 개인 캘린더에 추가한다. 어느새 당신은 네트워킹 이벤트에 참석하고 새로운 사람들을 만나며 연락처 목록을 늘리고 있을 것이다.

3. **기존 습관에 작은 변화를 더하자.** 기존 습관 중 일부를 확인해 보자. 수많은 기존 습관들을 파악하는 것은 어렵지 않을 것이며 이 중 하나를 선택하여 새롭고 작은 변화를 유도해 보자. 위의 네트워킹 예의 경우, 매일 커피를 마시는 사람이라면 매일 아침 라떼를 마시면서 주변 지역의 젊은 전문가 인스타그램 계정을 살펴보는 것으로 시작할 수 있다. 시간이 지남에 따라 작은 변화들이 계속될 때마다 궁극적인 네트워킹 목표에 가까워질 것이다.

마지막 당부는 이러한 작은 행동들 중 하나를 할 때마다 축하해야 한다. 머릿속으로 "잘했어"라고 말하는 것처럼 간단할 수 있다. 포그 박사는 시간이 지남에 따라 긍정적인 강화의 순간들이 새로운 행동을 자동으로 만들어 목표를 달성하는 데 큰 도움이 될 것이라고 말한다.

주요 용어

개념 스킬	소프트 스킬	지식 관리
결정 역할	의미성	최고 경영자
경영	인공 지능	클라우드 컴퓨팅
경쟁 우위	일반 관리자	태도
계획	일선 관리자	통제
과정	재택근무	팀 리더
기능 관리자	전문 스킬	프로젝트 관리 소프트웨어
대인 스킬	전자 비즈니스	핵심 역량
대인 역할	전자 상거래	혁신
리드	정보 역할	협업 컴퓨팅
마음 챙김	정보 기술 응용 스킬	화상 회의
멘토	조직	회복 탄력성
빅데이터	중간 관리자	효과성
선제적 학습 지향성	지속가능한 발전	효율성

핵심 정리

01 경영의 의미

• 경영이란 현명하고 비용 효율적인 자원 활용을 통해 효율적으로 조직 목표를 추구하고 조직의 자원을 계획, 조직, 리드, 통제함으로써 효과적으로 조직의 목표를 달성하는 것이다.

02 경영의 네 가지 주요 기능

• 경영은 계획, 조직, 리드, 통제의 네 가지 기능으로 구성된다.

03 경영의 수준과 분야

• 조직 내에는 최고 경영자, 중간 관리자, 일선 관리자, 팀 리더의 네 가지 수준의 경영자가 있다.
• 조직에는 영리, 비영리, 상호공제의 세 가지 유형이 있으며 각각의 목적이 모두 다르다.

04 경영자의 역할

• 포터와 노리아는 경영자가 (1) 항상 일하고 늘 주변사람들이 필요로 하며, (2) 직장에서의 대부분의 시간을 다른 사람과 의사소통하는 데 사용하고, (3) 목적에 맞게 시간 관리를 철저히 한다는 사실을 발견했다.
• 민츠버그는 경영자가 (1) 대인 역할(최고 책임자, 리더, 연락 담당자), (2) 정보 역할(감시자, 배포자, 대변인), (3) 결정 역할(기업가, 분쟁 조정자, 자원 배분자, 협상자)과 같은 세 가지 역할을 수행한다고 결론 내렸다.

05 경영자에게 필요한 스킬

• 경영자가 갖춰야 할 세 가지 스킬은 전문 스킬, 개념 스킬, 대인 스킬이며 각각은 다른 능력을 사용한다.

06 경영자가 해결해야 할 일곱 가지 과제

• 경영자는 (1) 경쟁 우위, (2) 기술적인 선도, (3) 포용과 다양성, (4) 세계화, (5) 윤리적인 표준, (6) 지속가능한 발전, (7) 행복과 의미의 일곱 가지 과제를 해결해야 한다.

07 커리어 준비

• 커리어 준비는 회사가 원하는 역량을 보유하고 있는 정도를 의미한다.

- 조사 결과 회사가 선호하는 27개의 역량이 밝혀졌다(표 1.2 참조).
- (1) 자기 인식, (2) 교육을 통한 학습, (3) 목표 역량을 지닌 롤모델 찾기, (4) 실무를 통한 학습, (5) 학생 단체 및 조직 경험, (6) 실험의 여섯 가지 방법을 통해 커리어를 준비할 수 있다.

08 커리어 준비 실천

- 커리어 준비 상태를 관리하기 위한 4단계 과정은 (1) 개발하고자 하는 역량을 확인, (2) 목표 역량 개발과 관련된 결정, (3) 역량 개발을 위한 몇 가지 작은 단계들을 실험, (4) 실험해 본 작은 단계들의 결과를 평가하는 것이다.
- 커리어 준비 상태를 관리하기 위해서는 본인의 의지가 필요하다.
- (1) 달성하고자 하는 특정 사항을 확인, (2) 실현할 수 있는 아주 간단하고 작은 변화를 파악, (3) 기존 습관에 작은 변화를 추가하는 세 가지 단계를 통해 커리어를 준비하는 습관을 만들 수 있다.

핵심 질문

01 효율성과 효과성의 차이는 무엇인가?

02 경영은 어떻게 정의되는가?

03 경영의 네 가지 기능은 무엇인가?

04 네 가지 수준의 경영자의 차이점은 무엇인가?

05 포터와 노리아의 연구 결과는 경영자의 일과에 대한 세 가지 중요한 발견을 제시하였다. 세 가지는 무엇이며 민츠버그의 기존 연구 결과와 어떻게 다른가?

06 경영자가 갖춰야 할 세 가지 스킬은 무엇인가?

07 경영자가 해결해야 할 일곱 가지 과제는 무엇인가?

패스트 패션 – 포에버 21

장도원–장진숙 대표

장도원과 장진숙은 1982년에 한국에서 미국으로 건너갔다. 남편은 기름 주유와 서빙을 하고 부인은 미용사로 일하면서 3년 동안 열심히 일했고, 1984년에는 저축한 11,000달러로 LA에서 소매 의류 매장 하나를 구매했다. 2014년까지 그들은 억만장자가 되어 세계에서 가장 유명한 패션 소매업체 중 하나인 포에버 21(Forever 21)을 운영하게 되었다.

빠른 성장

포에버 21은 패스트 패션의 선구자였다. 유행하는 의류를 빠르고 저렴하게 생산 및 판매하여 가장 최신 스타일을 다양한 소비자들이 저렴하고 쉽게 이용할 수 있게 하였다. 패스트 패션은 저렴하고 고객은 품질에 대한 기대를 거의 하지 않는다. 대신 리얼리티 TV나 인플루언서의 소셜 미디어 계정에 처음 등장하는 트렌드를 몇 주 또는 며칠 이내에 소비자의 손에 최신 스타일로 전달하는 것이 중요했다.

포에버 21은 엄청난 성공을 거두었고 회사는 매우 빠른 속도로 성장했다. 한때 미국에는 500개 정도의 포에버 21 매장이 있었고 전 세계적으로는 800개가 넘었다.

통제 문제

경영진의 핵심층은 장 씨 부부와 딸 에스더(Esther)와 린다(Linda) 그리고 절친한 친구 부부인 알렉스 옥(Alex Ok)과 성은 김 옥(Seong Eun Kim Ok)으로 구성되었다. 수년 동안 소수의 친한 사람들만 이 그룹을 들어오고 떠났으며, 일부 고위 경영진은 장 씨 부부 중 한 사람과 단 한번도 이메일이나 대화를 해 본적이 없다고 말했다. 소규모 팀은 회사의 나머지 부분과 크게 분리되어 운영되었으며 모든 결정은 장 씨 부부를 거쳐야만 했다.

이러한 결정들로 부실한 계획과 잘못된 경영에 대한 이야기가 수면 위로 떠오르면서 최근 몇 년 동안 면밀한 조사가 이루어졌다. 내부자들은 장 씨 부부가 품목을 승인할 때까지 기다리는 동안 날린 시간을 보충하기 위해 값비싼 야간 배송비로 배송하는 동안 창고에서 재고가 정체되는 것을 목격했을 때를 회상했다. 또한 회사가 적합한 수입 허가서를 취득하지 않았기 때문에 신발과 화장품 등의 수송품들이 세관에 압수되는 등 해외 사업에서 비용을 많이 쓰는 실수가 있었다고 말하는 사람들도 있었다. 이러한 재고들의 대부분은 쓰레기통에 쌓이게 되었다.

장 씨 부부에게 시장 동향, 전년도 매출액, 재고 조사 등 여러 자료를 제시했지만 관련 자료를 고려하지 않고 후속 결정을 내리는 듯하였다. 주로 장 씨 부부의 직감에 의존했다. 이로 인해 일부 상품의 재고는 너무 많이 쌓였지만 일부 상품의 재고는 또 너무 부족했다. 또한 현지 날씨나 규범, 고객에게 적합하지 않은 의류들이 해외 매장에 가득 차게 되었다. 장 씨 부부가 최근 몇 년 동안 회사의 공정, 시스템 또는 공급망을 크게 변경했다는 증거는 찾기가 어려웠다.

2016년까지 장 씨 부부와 딸들은 적어도 2,000만 달러를 기업 이름으로 대출받았으며, 필리핀에 있는 회사에서 1,800만 달러를 추가로 빌렸다. 해외 매장은 수익을 내지 못했으며 일부 매장을 조용히 폐쇄하고 다른 매장들은 축소하기 시작했다.

몰락

소매업은 지난 30년 동안 극적으로 변화하였다. 1986년 젊은 성인의 쇼핑 경험은 오늘날의 Z세대와 젊은 밀레니얼 세대에서는 찾아볼 수 없다. 자료에 따르면, 18~24세 인구 통계(포에버 21의 목표 시장)는 온라인 쇼핑에 대해 지속적으로 높은 선호도를 나타낸다. 또한 젊은 소비자들은 기업의 사회적 책임에 중요한 가치를 둔다. 포에버 21은 물리적 확장에 혈안이 되었지만, 자라(Zara)와 같은 경쟁자들은 지속가능한 의류 상품을 출시하였고 최신의 온라인 쇼핑 경험 제공을 위해 노력했다. 아소스(ASOS)나 리볼브(Revolve)와 같은 신생기업들은 물리적인 매장이라는 아이디어를 완전히 포기했다. 소매 공간의 부담 없이 이러한 기업들은 거의 즉각적으로 트렌드에 반응하고 빠른 시간 안에 새로운 패션을 고객의 손에 쥐여줄 수 있었다. 포에버 21은 이러한 환경에서 경쟁력을 유지하기가 점점 어려워졌다.

향후 전망

포에버 21은 2019년 9월 '챕터 11(Chapter 11)' 파산보호를 신청했다. 신청에 따르면, 장 씨 부부는 회사 지분의 99%를, 알렉스 옥은 1%를 소유하고 있었다.

챕터 11 파산보호 신청은 회생할 기회를 준다. 포에버 21은 LA 본사 및 유통 센터와 함께 수백 개의 매장을 팔아서 임대료 지불에 대한 공제액으로 1억 달러 이상을 협상했다. 유럽과 아시아에서 사업을 포기하고 대신 수익성이 더 높은 멕시코와 라틴아메리카 시장에 집중할 계획이었다.

일부 전문가들은 채권단과 협상하면서 장 씨 부부가 지분 양도를 계속 거부하는 것이 궁극적으로 회사의 몰락으로 이어질 것이라 우려했다. 다른 사람들은 포에버 21이 폭풍을 극복할 수 있을 것이라 확신했다. 2020년 2월, 장 씨 부부는 회사의 소매점과 전자 상거래를 8,100만 달러에 판매하는 계약을 체결했다. 2020년 5월까지 남아 있는 포에버 21 셸 코퍼레이션(Shell Corporation: 주식의 공개매입 대상이 될만한 약소 회사)은 할부금이나 법적 수수료를 충당할 자금이 거의 남아 있지 않았다. 패션 분석가 아누샤 코우티게인(Anusha Couttigane)이 말했듯이 포에버 21의 사례는 '혁신과 변화를 수용하는 데 느린 소매업체를 위한 경고'의 역할을 한다.

토론 문제

문제 해결 관점

1. 포에버 21의 고객과 채권자의 관점에서 해당 사례의 근본적인 문제는 무엇인가?
2. 포에버 21은 왜 지금의 상황에 이르게 되었다고 생각하는가?
3. 포에버 21의 고위 경영진은 어떻게 사업을 운영했어야 했나?

적용하기

1. 포에버 21은 효율성과 효과성의 원칙 중 어떤 것에 더욱 집중하여 운영했는가? 근거를 들어 이유를 설명해 보자.
2. 경영자가 해결해야 할 일곱 가지 과제 중 장 씨 부부가 간과한 것은 무엇인가? 장 씨 부부는 그것들을 어떻게 처리했는가?
3. 경영자에게 필요한 세 가지 스킬 중 장 씨 부부에게 가장 부족한 것은 무엇인가?
4. 장 씨 부부는 어떠한 역량들을 보여 주었는가? 어떤 역량이 장씨 부부의 사업 성공에 가장 크게 기여했는가?

법적 · 윤리적 과제

보고 연기

직원 태도 설문 조사를 작성하여 모든 직원에게 배포하고 결과를 해석하기 위해 국영 기업의 부사장이 당신을 고용했다고 가정해 보자. 당신은 해당 부사장을 10년 넘게 알았고 그녀를 위해 여러 차례 일하기도 했다. 그녀는 당신을 신뢰하고 좋아하며 당신 역시 그녀를 신뢰하고 좋아한다. 당신은 이제 작업을 완료했으며 결과와 해석을 부사장의 경영진에게 발표할 준비도 마쳤다. 부사장은 결과에 따른 변화를 계획하고 있기 때문에 결과에 대한 솔직한 해석을 원한다고 말했다. 이를 바탕으로 당신의 보고서는 해결해야 할 몇 가지 명확한 강점과 약점에 대해 다루고 있다. 예를 들어, 직원들은 자신이 너무 무리하게 일하고 있으며, 경영진은 좋은 고객 서비스에 관심이 없다고 느끼고 있었다. 회의에서 당신은 15명의 경영자들에게 이 결과와 해석을 발표하게 된다. 또한 당신은 경영자의 대부분을 5년 동안 알고 지냈다.

파워포인트 슬라이드, 유인물 및 구체적 권고안을 준비해서 발표를 위해 도착하였다. 슬라이드가 컴퓨터에 로딩되고 대부분의 참석자들이 도착했다. 그들은 커피를 마시며 당신의 발표를 듣는 것이 얼마나 기대되는지에 대해 이야기하고 있으며, 당신 역시 당신이 파악한 것을 공유할 수 있어 기쁜 상태이다. 그러나 발표가 시작되기 10분 전에 부사장이 당신을 회의실 밖으로 부른 다음 발표에 대해 하고 싶은 이야기가 있다고 말한다. 다른 사무실로 가 문을 닫은 뒤 부사장은 자신의 상사가 예고 없이 발표에 참석하기로 결정했다고 말한다. 그녀는 그가 당신의 보고서에서 다룰 부정적인 부분에 대한 정보만을 얻기 위해 참석을 결정했다고 말한다. 그는 현재 부사장을 마음에 들어 하지 않으며 자신의 친구 중 한 명을 그 자리에 앉히고 싶어한다. 계획대로 결과를 제시하면 부사장에게 심각한 문제를 일으키게 될 것이다. 이를 알고 부사장은 발표를 연기할 수 있는 방법을 찾아 달라고 요청한다. 당신에게는 결정을 내릴 수 있는 시간이 10분 주어졌다.

문제 해결

어떻게 행동할 것 같은가?

1. 계획대로 발표를 진행한다.
2. 발표를 진행하지만 부정적인 결과에 대해서는 언급하지 않는다.
3. 회의실로 돌아가 배우자가 집에서 사고를 당했다고 알리고 즉시 회의를 중단한다. 참석자들에게 해당 메시지를 방금 받았으며 부사장에게 연락하여 새로 회의 일정을 잡을 것이라고 말한다.
4. 다른 안이 있다면 설명해 보자.

CHAPTER 02

경영 이론

학습 목표

1. 경영 이론의 발전과정을 설명한다.
2. 경영의 고전 이론들을 이해한다.
3. 경영의 행동주의적 관점을 이해한다.
4. 문제 해결에 대한 계량적 접근법을 설명한다.
5. 시스템 관점의 핵심 내용을 파악한다.
6. 상황론적 관점의 주요 내용을 설명한다.
7. 경영자가 학습 조직, 고성과 작업 제도 그리고 공유 가치 및 지속가능한 개발을 실현하는 방법을 이해한다.
8. 비즈니스를 이해하는 능력을 향상시키는 방법을 이해한다.

▶ 미리보기

2장에서는 경영에 고전 이론, 행동주의적 관점, 계량적 접근법, 시스템 관점, 상황론적 관점, 몇 가지 최신 추가 관점들을 살펴본다. 그리고 커리어 준비를 위해 비즈니스를 이해하는 방법을 살펴본다.

선호하는 업무 환경을 파악하는 방법

2장을 읽다 보면 어떤 경영자는 직원들을 능력 있고 창의적이며, 책임감을 가지고 일하며, 배우고자 하는 동기가 있는 사람이라 가정하는 것을 알 수 있다. 이러한 경영자는 Y이론 경영을 실천하고 있는 것이다. 이는 직원들이 저항하고, 의지가 없고, 어떤 일을 성취하기 위해서 감시와 통제가 필요하다고 믿는 X이론과는 대조된다. Y이론은 직원들에 대한 낙관적인 관점이며, 최근에는 실제 우리 사회에서 볼 수 있는 사람 중심 조직을 탄생시키기도 하였다.

사람 중심 조직

사람 중심 조직은 사람이 본질적으로 선하고 신뢰할 수 있으며 생산적이라고 보는 Y이론의 견해를 따른다. Y이론은 사람들이 다양성을 존중하고 행복을 가치 있게 여기는 분위기 속에서 독립적으로 행동할 수 있을 때 비로소 빛을 발한다고 말한다. 조직은 Z세대라 불리는 1996년 이후에 태어난 직원들의 행복과 직무 만족에 관심이 크다. 예를 들어, 펩시(Pepsi), 존슨앤존슨(Johnson & Johnson)과 같은 기업들은 Z세대 컨설턴트를 고용하여 이 세대의 요구 사항을 더 잘 이해하게 되었다. 포브스(Forbes)지는 "기업이 사람 중심이 되면 인재 확보 전쟁에서 경쟁력을 확보할 수 있다."라고 설명했다. 핵심은 경영자가 회사의 긍정적인 내부 문화를 경쟁 우위로 보는 것이다.

e-러닝 회사인 트리하우스(Treehouse)가 실험한 두 가지 혁신인 주 4일 근무제와 경영자가 거의 없는 조직에서는 평소 익숙했던 관리감독이나 규칙이 줄어들어 일을 수행하는 방법을 스스로 결정해야 하는 책임이 주어질 수 있다. 물론 이러한 문화에서 성공하려면 자기 주도적이어야 하고 스스로 동기 부여해야 한다.

사람 중심 조직에 취업하는 방법

직원들에 대해 낙관적인 관점을 지닌 Y이론의 견해를 취하는 사람 중심 조직에 얼마나 잘 적응할 수 있는지 생각해 봐야 한다. 이를 위해서 목표를 설정하고 시간과 예산에 맞춰 목표를 달성하는 방법을 찾아야 한다. 훌륭한 정리와 시간 관리 스킬, 조직의 더 큰 목표에 기여하려는 의지와 능력을 갖춰야 한다.

상장 기업이자 다국적 소프트웨어 회사인 시트릭스(Citrix)는 사람 중심 조직의 좋은 예이다. 이 회사는 무료 음식 및 탁아 서비스와 같은 복리 후생을 제공할 뿐만 아니라 특별한 디지털 방식으로 직원들이 업무와 연결될 수 있도록 한다. 예를 들어, 시트릭스는 지능형 업무 공간을 구축하였고, 인공 지능을 활용하여 직원들에게 필요한 것이 무엇인지를 학습한다. 시트릭스의 부사장이자 최고 HR 책임자인 도나 킴멜(Donna Kimmel)에게 있어 사람 중심이란 "문화, 기술, 공간이 결합되는"이다.

SECTION

01 현대 경영 이론의 탄생 배경

이번 섹션에서는 피터 드러커의 네 가지 기본 경영 원리와 경영의 역사에 대해 살펴본다. 또한 경영 이론을 학습하는 여섯 가지 이유에 대해서도 알아본다.

학습 목표

경영 이론의 발전 과정을 설명한다.

피터 드러커(Peter Drucker)는 "미래를 예측하는 가장 좋은 방법은 미래를 만드는 것"이라고 말했다. 경영의 역사를 이해하면 다른 사람들의 경영 스타일을 이해하고, 향후 자신이 적용하려는 스타일을 결정하는 데 도움이 될 것이다. 경영의 역사를 잘 파악하면 다양한 경영 관점과 기법을 활용하여 다른 사람들을 관리하는 능력을 향상시킬 수 있다.

진정한 학습자. 70년 경력의 피터 드러커(Peter Drucker)는 35권 이상의 책과 수많은 저서를 출간했고, 미국 대통령 자유 훈장을 받았으며, 자신의 경영 아이디어로 록 스타만큼의 지위를 얻었다. 지속적으로 지식을 확장해 나간 진정한 학습자인 피터 드러커는 새로운 경험이 새로운 아이디어와 모험을 육성하는 데 중요하다는 점을 파악한 것이다.

현대 경영 이론의 창시

'초우량 기업의 조건(In Search of Excellence)' 저자인 톰 피터스(Tom Peters)는 피터 드러커를 "현대 경영의 창시자이자 발명가"라고 설명한다. 비즈니스 닷컴(Business.com)은 피터 드러커의 경영 이론이 "미국 기업이 세워진 기반을 형성"한다고 설명한다.

경제학과 국제법을 전공한 오스트리아인 드러커는 1937년 미국으로 건너가 영국 신문 특파원으로 일한 뒤 대학교수가 되었다. 1954년에는 '경영의 실제(The Practice of Management)'라는 책을 출판하여 경영이 20세기의 주요 사회 혁신 중 하나이며 의학이나 법률과 같은 분야와 동등하게 인식되어야 한다는 견해를 밝혔다.

드러커는 자신의 저서들을 통해 조직과 경영의 기초가 되는 생각을 소개했다.

- 직원을 자산으로 여겨야 한다.
- 기업은 인간 공동체이다.
- '고객 없는 비즈니스'는 존재하지 않는다.
- 제도화된 경영 제도는 카리스마 있는 리더보다 더 중요하다.

이 책을 통해 접할 수 있는 많은 개념(분권화, 목표관리제, 지식 근로자)은 드러커의 저서가 다루는 내용과 직접적인 관련이 있다(웹만스 예시 참조). 드러커의 합리적 접근법은 2장의 섹션 04에서 학습할 증거 기반 경영으로 인해 오늘날 막을 내리게 된다.

드러커의 원칙을 적용한 웩만스 푸드 마켓

드러커의 원칙은 웩만스(Wegmans) 슈퍼마켓 체인을 포함하여 오늘날 많은 주요 비즈니스에서 찾아볼 수 있다. 웩만스는 100개 이상의 지점을 보유하고 있으며, 22년 연속 포춘(Fortune)지의 '가장 일하기 좋은 기업'에 선정되기도 하였다. 또한 전현직 직원의 94%가 직장 평가 사이트인 글래스도어(Glassdoor)에서 웩만스를 지지했다.

슈퍼마켓 체인이 직원들을 자산으로 인식한다는 점에서 직원들은 웩만스에 열광한다. 웩만스는 매년 직원 장학금, 요리 기술 자격증, 경영 연수 및 리더십 개발 프로그램, 기타 다양한 사업에 5천만 달러 이상을 투자한다. 직원들은 집에서 편하게 온라인 교육 세미나 및 워크샵에 참석할 수 있다. 웩만스는 "누구나 커리어를 쌓으면서 자신의 일을 좋아할 수 있는 곳"이라고 말한다.

웩만스는 직원에 대한 투자가 고객 만족을 통해 상당한 이익을 가져온다는 점을 알게 되었다. 웩만스는 직원들이 높은 수준으로 성장하도록 동기를 부여하는 사람 중심의 공동체이다. 일하기 좋은 직장(Great Place to Work) 연구소의 CEO 마이클 부시(Michael Bush)는 "웩만스는 직원들이 배우고 성장할 수 있는 환경을 제공함으로써 직원들이 자신의 커리어를 자랑스러워하게 만들고, 고객들도 이러한 점에서 웩만스를 좋아한다."라고 말한다.

2018 템킨 고객경험 평가(Temkin Experience Ratings)는 웩만스의 고객들이 웩만스를 미국 슈퍼마켓 중 최고의 고객 경험을 제공하는 업체 1위로 뽑을 만큼 이곳을 사랑한다고 말한다. 해당 조사는 웩만스를 평가한 1만 명의 소비자와 20개 산업 분야의 317개 회사를 대상으로 진행됐다. 웩만스의 고위 경영진은 이 같은 결과가 모두 직원들 덕분이라 말한다. 회사의 사장이자 CEO인 콜린 웨그먼(Colleen Wegman)은 "우리는 이러한 결과가 매우 자랑스러우며, 우리는 모두 함께 일하고 서로 돕기 때문에 이와 같은 결과를 얻은 것"이라고 말한다.

당신의 생각은?

웩만스는 계속해서 미국 전역에 점포를 확장하고 있다. 웩만스가 발전하면서 직원과 고객에 대한 초점을 유지하기 위해서는 어떠한 노력을 기울여야 할까? 설명해 보자.

경영 이론을 학습해야 하는 여섯 가지 이유

경영학 교수인 클레이튼 크리스텐슨(Clayton Christensen)과 마이클 레이너(Michael Raynor)는 "이론은 실무적이지 않다는 의미의 '이론적'이라는 단어와 관련이 있기 때문에 경영자들로부터 외면을 당한다. 하지만, 이론은 실무적으로 유용하다."라고 말한다.

모든 상황에 적합한 한 가지 이론은 없기 때문에 어떤 방식이 가장 효과적인지를 알아보기 위해 다양한 이론들을 학습해야 한다.

이론적 관점을 학습해야 하는 여섯 가지 이유는 다음과 같다.

1. 크리스텐슨과 레이너는 "믿을 만한 이론들은 현재를 해석하고 현재 일어나고 있는 일과 그 이유를 이해하는 데 도움이 된다."라고 말한다. 역사를 이해하는 것은 옳든 그르든 간에 일부 제도가 여전히 선호되는 이유를 이해하는 데 도움을 준다.

2. 좋은 이론들은 예측에 도움을 주며 이를 통해 행동을 이끄는 일련의 원칙 개발을 가능하게 한다. 예를 들어, 수요와 공급 이론은 수요가 많고 공급이 적을 때 가격이 올라가는 것을 주장한다. 코로나 사태 이전인 2020년 자격을 갖춘 구직자들이 부족해서 기업들은 직원들에게 더 높은 임금을 지급해야만 했다.

3. 새로운 상황에 직면했을 때 유용하게 사용할 수 있는 아이디어를 제공한다. 예를 들어, 11장에서 학습할 직원 몰입 관련 이론들은 경영자들에게 직원 몰입을 극대화하는 방법에 대한 아이디어를 제공한다. 보상이 직원의 성과를 좌우한다는 생각과는 달리, 관련 이론들은 조직이 직원 개발과 인정 그리고 경영진과 직원 간의 신뢰를 도모하는 조직 문화를 조성할 때 직원 몰입이 발생한다고 주장한다.

4. 최고 경영자가 추구하는 회사의 초점을 이해하는 데 도움이 된다.

5. 이론을 학습하면 조직이나 자신에게 영향을 미칠 수 있는 조직 외부에서 발생하는 사건에 대해 이해할 수 있다.

6. 한계에 도전하도록 하는 목표 설정, 성과 기반 보상과 승진, 결과 모니터링과 특정 경영 제도들이 왜 많은 기업에서 성공적이었는지를 이해하는 데 도움이 된다.

경영 이론의 진화

2장에서는 가장 오래된 경영 이론부터 가장 최신의 경영 이론까지 살펴본다(그림 2.1 참조). 2장의 각 섹션에서 이러한 이론적 관점들을 차례로 알아본다.

그림 2.1 **경영 이론의 발전**

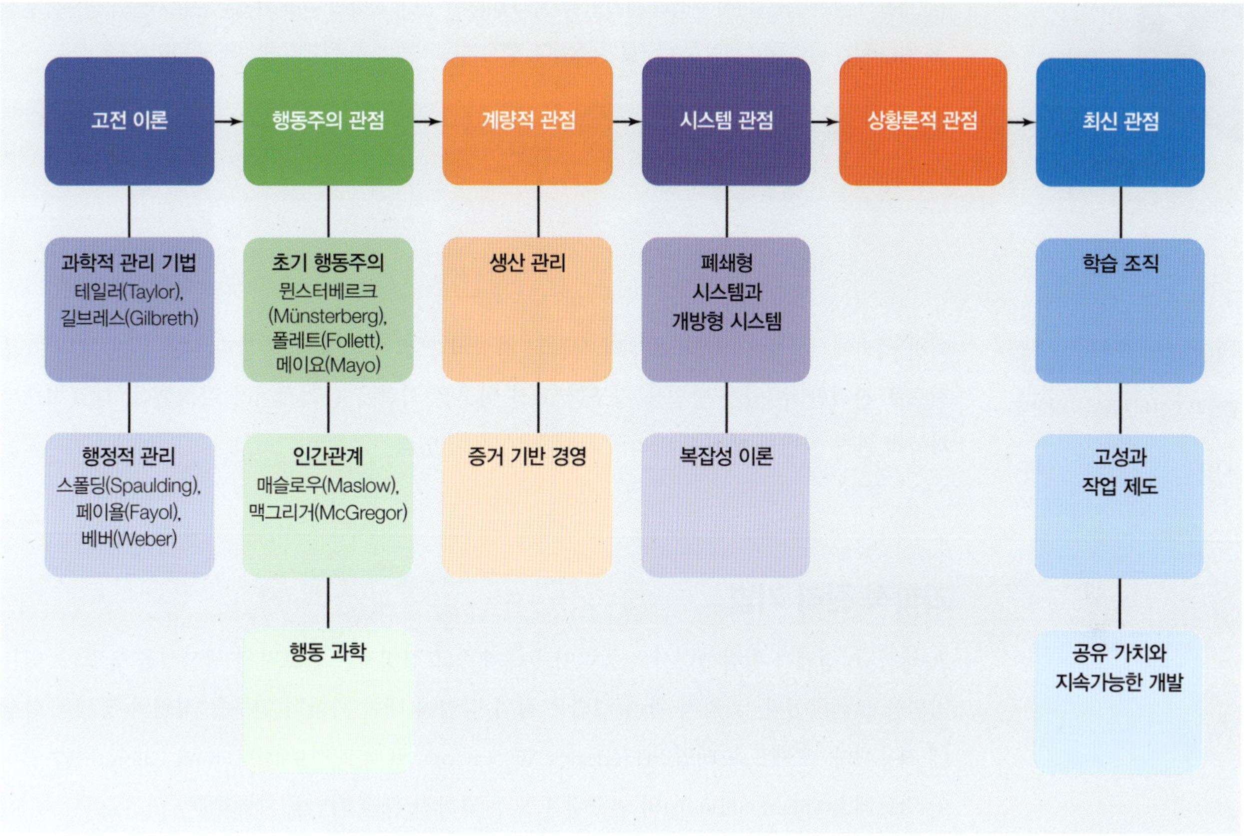

SECTION

02 고전 이론

이번 섹션에서는 작업을 보다 효율적으로 관리하는 방법을 강조한 고전 이론들을 알아본다. 고전 이론에는 (a) 과학적 관리 기법과 (b) 행정적 관리의 두 가지 이론이 있다. 과학적 관리 기법은 근로자들의 생산성 향상을 위한 작업 방법들의 과학적 연구를 강조했다. 행정적 관리는 조직 전체의 관리와 관련이 있다.

학습 목표

경영의 고전 이론들을 이해한다.

이번 섹션에서는 1900년대 초부터 시작된 경영의 고전 이론에 대해 살펴본다. 일을 보다 효율적으로 관리할 수 있는 방법을 강조한 고전 이론은 사람을 합리적이라 가정했다. 대표적으로 과학적 관리 기법과 행정적 관리의 두 가지 이론이 있다.

과학적 관리 기법

20세기 초 경제가 확장하면서 노동력이 부족해졌고 경영자는 근로자의 생산성을 높일 수 있는 방법을 모색하였다. 과학적 관리 기법은 작업 방법에 대한 과학적 연구를 직원의 생산성 향상에 적용했다. 프레드릭 테일러(Frederick W. Taylor), 프랭크 길브레스(Frank Gilbreth)와 릴리안 길브레스(Lillian Gilbreth)의 연구팀은 모두 과학적 관리 기법을 개척했다.

프레드릭 테일러와 과학적 관리 기법의 네 가지 원칙 '과학적 관리 기법의 아버지'로 알려진 테일러는 필라델피아 출신의 엔지니어로, 경영자가 네 가지 원칙을 적용함으로써 직원의 생산성을 향상시킬 수 있다고 주장했다.

1. 업무의 각 부분을 과학적으로 연구하여 평가한다(기존의 경험 법칙을 사용하지 않음). 이는 직무에 대한 현실적인 성과 목표를 세울 수 있다.
2. 업무에 적합한 능력을 가진 직원을 신중하게 선발한다.
3. 적절한 작업 방법으로 업무를 수행할 수 있도록 직원들에게 교육과 보상을 제공한다.
4. 작업 방법을 계획하고 직원들이 직무를 수행하는 방법을 용이하게 만들도록 과학적 관리법을 사용한다.

프레드릭 테일러. 과학적 관리 기법의 아버지라 불리는 테일러는 1911년 '경영의 원칙(The Principles of Management)'을 출판했다.

테일러는 동작 연구에 기반하여 각 직원들의 직무를 기본적인 물리적 동작으로 분류한 다음 가장 성과가 좋은 동료의 방법을 사용하도록 직원들을 교육했다. 그는 회사가 더 효율적인 직원들에게 더 높은 임금을 지급하는 차등 시간급 시스템을 도입할 것을 제안했다. 또한 직원들의 성과 목표를 설정할 것을 주장하였다.

테일러에 주목해야 하는 이유: '테일러리즘(Taylorism)'은 생산성이 높은 소수의 인원을 제외하고는 모두 일자리를 잃게 되리라 우려했던 노동자들에게 상당한 저항을 받았다. 사실 테일러는 생산량이 늘면 더 이상 노사가 다투지 않아도 되는 지점까지 이윤이 증가함으로써 두 집단 모두에게 이익이 될 것이라 믿었다. 과학적 관리 기법의 원칙이 올바르게 사용된다면 생산성 향상을 가져올 수 있으며, 동작 연구 및 차등 보상과 같은 혁신은 오늘날에도 사용되고 있다.

프랭크 길브레스와 릴리언 길브레스의 산업 공학 '서블리그(therblig)'라는 단어에 대해 들어본 적이 있는가? 서블리그는 프랭크 길브레스가 만든 합성어로, 길브레스(Gilbreth)에서 't'와 'h'의 자리를 바꾼 뒤 철자를 거꾸로 뒤집어 만들어졌다. 이 단어는 근로자가 수행할 수 있는 17가지 기본 동작 중 하나를 나타낸다. 프랭크와 그의 아내 릴리언은 벽돌공의 직무와 같은 분야에서 서블리그를 발견함으로써 불필요한 동작을 제거하고 작업자의 피로를 줄여 생산성을 향상시킬 수 있었다.

길브레스 부부는 12명의 자녀들을 양육하면서 경험했던 효율성 향상에 관한 아이디어를 이후 저서, 두 편의 영화, '12명의 웬수들(Cheaper by the Dozen)'이라는 TV 시트콤에 적용하였고 큰 인기를 끌게 되었다. 길브레스 부부는 영화 카메라를 사용하여 직무의 특정 부분들을 개별적으로 촬영하는 등 테일러의 동작 연구를 확장하였다.

릴리언 길브레스는 자신의 권리를 스스로 개척해 나갔다. 그녀는 산업 심리학 박사 학위를 받은 최초의 여성이자 산업 공학 협회 회원이 된 최초의 여성이기도 하다. 그녀는 또한 과학적 관리 기법에 많이 이바지하였으며 직장 커뮤니케이션, 비금전적 보상 프로그램, 경영 교육을 개선하는 방법을 찾는 데 집중하였다.

길브레스 부부에 주목해야 하는 이유: 길브레스 부부의 연구는 직장에서의 물리적 움직임과 직원의 효율성 간의 관계에 관한 연구를 더욱 발전시켰기 때문에 중요하다. 오늘날 테슬라(Tesla)나 GM과 같은 회사들은 효율성을 높이기 위해 물리적 생산 프로세스를 자동화하는데 여기에는 길브레스 부부의 경영 원칙이 활용된다.

길레스 부부와 12명의 자녀 중 11명. 산업 공학자로서 길브레스 부부는 불필요한 동작을 제거하고 작업자의 피로를 줄여 생산성을 향상시키는 데 도움이 될 수 있는 시간 및 동작 연구를 개척하였다.

행정적 관리

과학적 관리 기법은 개인의 직무와 관련이 있는 반면, 행정적 관리는 조직 전체를 관리하는 것과 관련이 있다. 찰스 클린턴 스폴딩(Charles Clinton Spaulding), 헨리 페이욜(Henri Fayol), 막스 베버(Max Weber) 등이 행정적 관리를 발전시켰다.

찰스 클린턴 스폴딩과 경영의 '필수 요소' 스폴딩은 농부의 아들로 13명의 형제자매가 있었다. 그는 어렸을 때 아버지가 했던 분야에서 일했던 경험과 이후 노스캐롤라이나 뮤추얼 생명보험(North Carolina Mutual Life Insurance Company)에서 근무했던 경험을 바탕으로 여덟 가지 경영의 '필수 요소'를 제안하였다. 그는 '아프리카계 미국인 경영의 아버지'로 인정받았으며, 1927년에는 피츠버그 코우리어(Pittsburgh Courier) 주간 신문에 자신의 기사를 실었다.

스폴딩에 주목해야 하는 이유: 스폴딩의 '필수 요소'는 과학적 관리 기법의 과업 지향성을 넘어 사람과 조직을 효과적으로 관리하는 데 필요한 관점을 확장하였다. 그는 권한의 필요성, 분업, 적절한 자본, 적절한 예산, 협업 및 팀워크와 같은 고려 사항들이 조직의 원활한 운영을 위해 필수적이라 주장하였다. 또한 수익 창출에 집중함과 동시에 '조직 및 지역 사회의 삶'을 풍요롭게 해야 할 필요성을 강조한 최초의 경영 실무자 중 한 명이기도 하다.

헨리 페이욜과 경영의 기능 페이욜은 관리 행동을 최초로 연구한 사람은 아니지만 이를 체계화한 첫 번째 사람이었다. 프랑스 엔지니어이자 기업가인 그는 그의 저서인 '일반 및 산업 관리론(General and Industrial Management)'이 1930년 영어로 번역되면서 미국 기업에 이름을 알리기 시작하였다.

페이욜에 주목해야 하는 이유: 페이욜은 경영의 주요 기능(계획, 조직, 리드, 통제 및 조정)을 처음으로 파악하였다. 이 중 앞의 4개는 일반 및 산업 관리론뿐만 아니라 다른 경영 서적들을 위한 개념적 틀로 인식되었다.

막스 베버와 관료주의의 합리성 오늘날 관료주의는 비인간성, 경직성, 형식주의(red tape) 등의 부정적인 결과들을 초래한다. 그러나 독일의 사회학자 막스 베버에게 관료주의는 논리 원칙에 기반한 합리적이고 효율적이며 이상적인 조직이었다. 19세기 후반 베버가 살았던 독일에서는 많은 사람들이 능력이 아닌 사회적 지위 때문에 권위 있는 위치(특히 정부 기관)에서 일하였다. 베버는 그 결과 그들이 효과적으로 일을 수행하지 못했다고 주장했다.

그는 성과가 높은 조직은 다음과 같은 다섯 가지 긍정적인 관료주의적 특징을 지녀야 한다고 생각했다.

1. 명확한 권위 계층
2. 공식적인 규칙과 절차
3. 복잡한 직무는 전문가가 하는 명확한 분업
4. 사람에 대한 고려가 없는 비인간성
5. 가치를 기반으로 한 커리어

베버에 주목해야 하는 이유: 베버의 책은 1947년까지는 영어로 번역되지 않았지만 코카콜라(Coca-Cola Company)와 같은 대기업의 구조에 있어 지대한 영향을 미쳤다.

고전 이론의 문제점

고전 이론의 문제점은 기계적이라는 것이다. 즉, 인간 욕구의 중요성을 고려하지 않고 인간을 그저 기계의 톱니바퀴로 보는 경향이 있었다. 이러한 문제점을 지적하면서 행동주의 이론이 탄생하였다.

고전 이론에 주목해야 하는 이유: 고전 이론의 본질은 작업 활동을 합리적인 접근법을 통해 처리할 수 있다는 것이며 과학적 방식, 시간 및 동작 연구, 직무 전문화를 통해 생산성을 높일 수 있다는 것이다. 실제로 과학적 관리 기법은 패스트푸드 레스토랑 및 제조업과 같은 산업의 중심에 있으며 오늘날에도 여전히 사용되고 있다. 이는 맥도날드를 방문하거나 자동차 제조 공장의 사진을 볼 때마다 확인할 수 있다. 또한 고전 이론은 목표관리제(management by objective)와 같은 혁신으로도 이어졌다.

과학적 관리 기법. 사진 속 제조 공장에서 볼 수 있듯이 자동차 제조 업체는 제조 과정을 구체적인 작업들로 세분화하였다. 이 과정은 과학적 관리 기법 학파들의 영향을 보여 준다.

SECTION

03 행동주의 관점

행동주의 관점은 인간의 행동을 이해하고 직원들의 성취를 향한 동기 부여의 중요성을 강조했다. 행동주의 관점은 (1) 초기 행동주의, (2) 인간관계 운동, (3) 행동 과학의 3단계로 발전했다.

학습 목표

경영의 행동주의 관점을 이해한다.

초기 행동주의

휴고 뮌스터베르크(Hugo Münsterberg), 메리 파커 폴렛(Mary Parker Follett), 엘튼 메이요(Elton Mayo)는 행동주의 이론의 선구자들이다.

휴고 뮌스터베르크 및 심리학의 최초 산업 적용 '산업 심리학(industrial psychology)의 아버지'라 불리는 독일 태생의 휴고 뮌스터베르크는 심리학과 의학 박사 학위를 받았으며 1892년에는 하버드 대학교 교수가 되었다. 뮌스터베르크는 심리학자들이 세 가지 방법으로 산업에 기여할 수 있다고 주장했다.

1. 직무를 연구하여 특정 직무에 가장 적합한 사람을 선발한다.
2. 직원이 최선을 다해 일하는 심리적 조건을 파악한다.
3. 직원이 경영진을 따르게 만드는 관리 전략을 고안한다.

뮌스터베르크에 주목해야 하는 이유: 그의 아이디어는 직장에서의 인간 행동을 연구하는 산업 심리학 분야를 탄생시켰고, 오늘날에도 여전히 이를 대학에서 가르치고 있다.

메리 파커 폴레트 및 직원-경영자 간의 권력 공유 매사추세츠의 사회 복지사이자 사회 철학자인 메리 파커 폴레트는 1933년 사망 이후 공민학과 사회학 분야의 여성 선구자로 찬사를 받았다. 폴레트는 명령을 내리는 경영자와 명령을 수행하는 직원 간의 일반적인 계층 구조는 따르되, 경영자와 직원이 협력하여 작업하는 보다 민주적인 조직이 되어야 한다고 주장하였다. 다음은 그녀가 주장한 내용 중 가장 중요한 부분들이다.

1. 조직은 경영자와 부하(하급자) 직원들이 조화롭게 협력하는 '공동체'로 운영되어야 한다.
2. 갈등은 경영자들과 직원들이 불화에 대해 이야기하고 양쪽 모두를 만족시킬 수 있는 해결책을 찾으면서 해결되어야 한다. 폴레트는 이 과정을 '통합(integration)'이라고 부른다.

3. 작업 프로세스는 조력자 역할을 해야 하는 경영자가 아닌 관련 지식이 있는 직원이 관리해야 한다.

폴레트에 주목해야 하는 이유: 다양한 아이디어를 바탕으로 폴레트는 공동 프로젝트를 위해 여러 부서의 구성원들이 함께 작업하는 '여러 부서가 관련된 팀(interdepartmental team)', '자율경영팀(self-managed team)', '권한 부여(empowerment)' 등과 같은 개념들을 제안했다.

엘튼 메이요와 '호손 효과' 직원들이 특별한 관심을 받고 있다고 느끼면 생산성이 향상될 것이라 생각하는가? 이것은 1920년대 후반 하버드 연구팀이 내린 결론이다.

작업 공간의 조명 수준이 작업자의 생산성에 어떠한 영향을 미치는지를 연구하는 호손 연구는 시카고 근처에 위치한 웨스턴 일렉트릭(Western Electric)의 호손 공장에서 시작되었다. 후속 실험에서는 임금 수준, 휴식 기간, 근무 시간과 같은 여러 변수를 변경하며 시행되었다. 작업자의 성과는 다양했지만 시간이 지나면서 향상되는 경향을 보여서 메이요와 그의 동료들은 호손 효과로 알려진 가설을 세웠다. 즉 직원들이 관심을 더 받고 경영자가 그들의 복지에 관심을 기울이고, 관리자가 특별한 관심을 준다고 느끼면 더욱 열심히 일하게 된다는 가설을 세우게 되었다.

그러나 이후의 연구자들은 기존 연구자들이 간과한 환기 및 조명에서의 차이 혹은 부적절한 후속 조치와 같은 연구 결함을 발견하게 되었다. 비평가들은 이외에도 작업자들이 특정 교육 방법이나 사회 혁신 때문이 아니라 단지 더 많은 관심을 받았다는 이유만으로 생산성이 향상되었다는 점이 의심스럽다고 지적했다.

호손 연구에 주목해야 하는 이유: 궁극적으로 호손 연구는 연구 설계가 형편없고 결론을 뒷받침할 충분한 실증 자료가 없다는 점에서 잘못되었다. 그럼에도 '사회적 인간(사회적 존재)'의 중요성과 좋은 대인 관계를 지닌 경영자가 작업자들의 생산성 향상에 어떻게 기여할 수 있는지에 대한 관심을 끌었고, 1950년대와 1960년대의 인간관계 운동으로 이어졌다.

엘튼 메이요. 엘튼 메이요와 그의 팀은 1920년대에 시카고 근처에 있는 웨스턴 일렉트릭(Western Electric)의 호손 공장에서 연구를 실시하였다.

인간관계 운동

아브라함 매슬로우(Abraham Maslow)와 더글러스 맥그리거(Douglas McGregor)는 더 나은 인간관계가 직원들의 생산성을 높일 수 있다고 주장한 인간관계 운동에 기여한 이론가들이다.

아브라함 매슬로우의 욕구단계설 브랜다이스 대학교의 심리학과장이자 심리학자인 매슬로우는 자신의 환자들이 잠재력을 최대한 발휘하기 전에 충족되어야 하는 타고난 욕구가 있음을 관찰했다. 이러한 관찰을 바탕으로 1943년에 욕구단계설(생리적 요구, 안전의 욕구, 애정의 욕구, 존중의 욕구, 자아실현의 욕구)을 제안했다. 인본주의자인 매슬로우는 직원들이 자아실현에 대한 욕구가 있다고 말했다.

매슬로우의 욕구단계설은 12장에서 자세히 학습할 것이다. 2장에서는 매슬로우에 주목해야 하는 이유와 그의 연구가 동기 부여 이론에 어떠한 영향을 미쳤는지만 살펴본다.

더글러스 맥그리거와 X이론 대 Y이론 한 때 오하이오주에 있는 안티옥 대학교에서 대학 총장을 역임했던 더글러스 맥그리거는 경영자가 직원들에게 호감을 받으려고 노력하는 것만으로는 충분하지 않으며, 직원들을 대하는 자신의 태도를 인식할 줄도 알아야 한다는 것을 깨달았다. 맥그리거는 1960년 출판한 책에서 이러한 태도를 'X' 또는 'Y'라 볼 수 있다고 제안하였다. 이는 사람 중심 조직에 대해 다루었던 2장의 앞부분에서 자세히 설명했다.

X이론은 직원들에 대한 비관적이고 부정적인 관점을 나타낸다. 이러한 관점에서 직원들은 무책임하고, 변화에 저항하며, 야망이 부족하고, 일하기를 싫어하며, 스스로 이끌기보다는 이끌어지기를 선호한다고 가정한다.

Y이론은 직원들이 책임을 받아들일 줄 알고, 자기 주도와 자기 통제가 가능하며, 상상력이 풍부하고, 창의적이라 믿는 낙관적이고 긍정적인 관점이다.

X이론 · Y이론에 주목해야 하는 이유: X이론 · Y이론의 핵심은 자신의 신념이 행동에 어떠한 영향을 미치는지에 대해 경영자들에게 설명할 때 도움이 된다는 것이다. 예를 들어, X이론 경영자는 직원들이 본질적으로 게으르다고 믿기 때문에 세세하게 관리할 가능성이 높고 이는 직원들의 불만으로 이어진다.

매슬로우와 맥그리거의 이론은 모두 직무 만족도가 높을수록 직원들의 성과가 높아진다는 생각을 담고 있다.

행동주의 과학으로 발전

인간관계 운동은 과학적 관리 기법의 단점과 한계를 개선하였지만, 이러한 낙관론은 실무에 적용하기에는 지나치게 단순하였다. 오늘날 인간관계 관점은 경영에 대한 행동주의 과학으로 발전하였다. 행동주의 과학은 경영자들에게 실무적으로 유용한 인간 행동에 대한 이론을 개발하기 위해 과학적으로 연구를 실시한다. 심리학, 사회학, 인류학, 경제학은 주요 행동주의 과학 분야들이다.

개방형 사무실과 생산성

오픈 플랜식 작업 공간. 대부분의 미국 직장들은 개방형 사무실에서 일하는 데 효과가 있는지는 여전히 알려지지 않았다.

오늘날 사무실의 약 70%는 개방형(open floor plan) 공간 구조이다. 경영자들과 직원들은 완전히 개방된 사무실 안에서 함께 책상과 테이블을 공유한다.

한 보고서에 따르면, 이 개념은 1950년대에 '소통과 아이디어의 흐름을 촉진'하려는 목적으로 처음 도입되었다고 한다. 또 다른 목표는 (이런 공간의 건축 비용이 적기 때문에) 비용을 절감하고 생산성을 높이는 것이었다. 열린 공간이 협업을 장려할 뿐 아니라 모든 사람이 지켜본다는 점에서 일하는 시간의 낭비를 최소화할 수 있다는 것이었다. 그러나 실제로 개방형 사무실은 효과가 있을까? 가장 최근의 연구 결과들은 기껏해야 효과가 있을 수도 없을 수도 있다고 제시한다.

소음은 열린 작업 공간에 있어 가장 큰 방해 요소 중 하나이다. 벽이 없는 넓은 방에서 사람들이 적극적으로 협업하거나 사교활동을 할 때 이들의 대화소리를 무시하기는 쉽지 않고 심지어 열린 공간이라 소리가 증폭될 수도 있다. 전화 벨소리와 바탕 화면에서 울리는 경고음, 점심을 먹거나 개인적인 전화 통화를 하는 소리도 마찬가지이다. 일부 직원들은 감정적으로 자신을 고립시키거나 회의를 위한 공간을 개인 사무실로 사용하고 심지어는 반복적으로 병가를 내거나 재택근무를 함으로써 지속적인 산만함과 과도한 자극으로 인한 스트레스에 반응한다. 헤드폰은 방해 요소인 소음을 차단할 뿐만 아니라 '지금 방해하지 마세요.'라는 메시지를 보내는 가장 일반적인 방법이다. 이 모든 증거는 벽 없이 일하는 것이 더 자주, 더 생산적으로, 더 창의적으로 함께 일할 수 있도록 장려한다는 주장에 반한다. 예를 들어, 최근 연구 결과에 따르면, 개방형 사무실은 대면 상호 작용을 약 70% 감소시켰다.

'시각적 소음'도 주의를 산만하게 한다. 월스트리트 저널의 한 기사에 따르면, "직원들의 시야 가장자리에서 발생하는 활동이나 움직임을 의미하는 시각적 소음은 직원들의 집중력을 저하시키고 분석적 사고나 창의성을 방해할 수 있다."라고 한다. 예를 들어, 근처에 모여 있는 동료들을 보고 그들이 어떠한 이야기를 하는지 궁금해하지 않거나 동료가 눈에 띄게 지속적으로 지각할 때 집중력을 유지하는 것은 매우 어렵다.

300개의 서로 다른 사무실에서 근무하는 4만 명 이상의 미국 근로자들을 대상으로 한 연구에 의하면, 오픈 플랜식 사무실을 통해 예상되는 이점보다 소음과 사생활 보호 부족으로 인한 단점이 더 크다는 것이 밝혀졌다. 한 연구에 따르면, 개방형 사무실은 이메일 사용을 67%가량 증가시킨다. 많은 기업들이 개방형 사무실에 대한 계획을 효과적으로 설계하지 못한 것일 수도 있다. 한 연구팀은 대기업 직원 2천 명 이상의 좌석 배치에 대한 연구를 진행하였다. 연구 결과에 따르면, 한 사람의 업무 성과의 10%는 근처에 있는 사람에 영향을 미치게 된다고 한다. 성과를 향상하고 싶다면 좋은 성과를 내는 사람 근처에 책상을 두어야 한다. 연구원들은 '전략적 좌석 배치도'가 2천 명의 직원들이 일하는 조직의 생산성을 향상하여 연간 100만 달러의 수익을 올릴 수 있다고 예상했다.

당신의 생각은?

어떤 종류의 사무실 배치에서 가장 효과적으로 일할 수 있으며 그 이유는 무엇인가?

SECTION

04 계량적 관점

계량적 관점은 통계와 컴퓨터 시뮬레이션과 같은 계량 기법을 경영 실무에 적용하는 것이다. 계량 경영의 두 가지 방식은 생산 관리와 증거 기반 경영이다.

학습 목표

문제 해결에 대한 계량적 접근법을 설명한다.

제2차 세계 대전 중 영국 본토 항공전(Battle of Britain)에서 영국의 왕립 공군 전투기 조종사와 항공기 중 일부는 독일군의 압도적인 군사 개입에 성공적으로 저항할 수 있었다. 이유는 무엇이었을까? 군사 지도자들이 제한된 항공기를 가장 효과적으로 할당할 수 있는 방법으로 수학과 통계를 활용하였기 때문이다.

1941년 미국이 전쟁에 참전했을 때 그들은 영국 모델을 사용하여 운영 연구(operations research: OR)팀을 구성하였고 이를 통해 군대, 잠수함, 군인, 장비를 가장 효과적으로 활용할 수 있는 방법을 결정했다. 예를 들어, OR 기술은 적 군함을 탐색하는 항공기가 비행해야 하는 최적의 패턴을 설정하는 데 사용되었다.

OR 기술은 통계와 컴퓨터 시뮬레이션과 같은 계량 기술을 경영에 적용하는 계량 경영으로 발전했다. 계량 경영의 두 가지 방식은 생산 관리와 증거 기반 경영이다. 오늘날 군대에서는 이와 같은 기술을 계속 사용하지만 1940년대와는 상당히 다르다. 예를 들어, 육군의 홍보팀은 데이터 분석과 소셜 미디어를 활용하여 미래의 Z세대 군인을 모집한다. 알렉스 핑크(Alex Fink) 준장은 "디지털 공간에서 수행하는 모든 것이 통합되어 하이퍼타겟팅을 할 수 있게 됨에 따라 우리의 메시지를 우리가 관심 있는 사람들에게 보다 잘 전달할 수 있게 되었다."라고 말한다.

계량 경영의 활용. 오클랜드 애슬레틱스의 마커스 세미엔(Marcus Semien, 10번)이 홈런을 친 이후 주릭슨 프로파(Jurickson Profar, 23번)와 환호하고 있다. 팀의 경기 통계 분석 결과는 이러한 유형의 세리머니가 뉴욕 양키스와 같은 자금력 있는 팀들과의 경쟁에 필요하다고 제시하였고, 그래서 선수들은 실천한다.

계량 경영은 군대와 기업뿐만 아니라 스포츠 프랜차이즈에서도 활용된다. 예를 들어, 오클랜드 애슬레틱스(Oakland Athletics) 야구팀은 경기의 통계를 평가하여 저평가된 선수를 파악하기 위해 계량 경영을 사용하였다. 오클랜드 애슬레틱스의 야구 운영 담당 부사장인 빌리 빈(Billy Beane)은 오늘날 그 어느 때보다도 숫자가 팀의 전략 결정에 영향을 미친다고 말한다. 빈은 "단지 진화하는 과정일 뿐"이라고 덧붙였다. NBA(National Basketball Association)는 게임 일정 수립, 드래프트 추첨 설정 시 계량 경영을 사용한다. NBA의 농구 전략 및 분석 담당 수석 부사장인 에반 워쉬(Evan Wasch)는 증거 기반 경영이 큰 변화를 만들기 위한 작은 변화의 시작이라고 말한다.

생산 관리

생산 관리(operation management)는 조직의 제품이나 서비스의 생산 및 제공을 보다 효과적으로 관리하는 데 중점을 둔다. 생산 관리는 회사의 일상적인 운영에서 경영자가 작업 및 직무 교육을 예정하고 위임하는 과정에서의 모든 직무 및 활동, 고객 요구에 맞는 생산 계획, 고객이 원하는 서비스 및 제공 방법 설계, 회사 시설물들을 설계 및 배치, 최적의 제품 재고 수준을 선택하여 비용을 낮추고 이월 주문을 줄이는 것을 의미한다. 생산 관리는 생산성과 효율성을 높이는 방법과 제품과 서비스 부문 둘 다에서 최고의 품질을 달성하는 방법에 대한 경영자의 결정을 관리한다. 생산 관리의 또 다른 핵심 기능은 공급망을 관리하는 것이다. 공급망은 제품을 만드는 과정으로, 물리적 제품이나 서비스를 위한 기술의 원자재를 설계 및 확보하는 것부터 고객의 손에 배달하는 과정까지 관리하는 것이고, 때로는 폐기 또는 재활용을 책임지는 과정까지를 포함한다.

생산 관리에 주목해야 하는 이유: 생산 관리는 자원의 합리적인 관리와 상품 및 서비스의 분배를 통해 비즈니스 운영이 효율적이고 효과적일 수 있도록 보장한다.

증거 기반 경영

증거 기반 경영(evidence-based management)은 최상의 증거를 기반으로 한 원칙을 조직의 제도에 담아 의사 결정 과정에 합리성을 가져온다.

스탠퍼드 대학교의 경영학자인 제프리 페퍼(Jeffrey Pfeffer)와 로버트 슈튼(Robert Sutton)은 증거 기반 경영의 대표적인 지지자이다. 그들은 증거 기반 경영이 "효과가 없을 수도 있다는 냉엄한 사실을 직시하고, 경영에 대한 수많은 통념을 구성하는 위험한 반쪽짜리 진실을 이해하고, 지당한 충고를 지나쳐버리게 하는 완전히 터무니없는 생각들을 거부하는 것은 조직의 성과를 높일 수 있다."라는 확신에 기반한다고 주장한다. 증거 기반 경영은 7장에서 자세히 학습한다.

전문가의 조언 **빅데이터를 활용한 증거 기반 경영**

빅데이터는 이름에서 알 수 있듯이 데이터를 분석하기 위한 새로운 방법이 개발될 정도로 방대하고 복잡한 데이터의 집합을 의미한다. 기업과 정부는 빅데이터가 제공할 수 있는 정보를 위한 애플리케이션을 찾을 수 있지만, 대량의 데이터를 활용하고 분석하는 것은 여전히 조직의 당면 과제이다. 실제로 포브스는 기업의 95%가 비정형 데이터를 관리해야 한다고 추정하였다. 카이저 퍼머넌트(Kaiser Permanente), 스타벅스(Starbucks), 아마존(Amazon)은 이미 빅데이터를 대대적으로 사용하고 있는 기업 중 일부분일 뿐이다.

예를 들어, 제약 회사는 환자에게서 수집한 데이터를 활용하여 다양한 질병을 연구하고 더 나은 치료법을 찾으려고 한다. 채용 관련 검색 엔진은 데이터베이스를 활용하여 직장에서 요구되는 스킬, 가장 경쟁이 치열한 시장 등을 파악한다. 인텔(Intel)은 자동차끼리 서로 통신할 수 있는 기술을 개발하여 운전자에게 앞, 뒤, 양쪽에 있는 3대의 자동차를 동시에 확인할 수 있도록 하였다. 정부는 빅데이터를 응용하여 농업 관리, 교통 안전, 빈곤 감소 등의 분야에서 활용하고 있다.

개인정보 보호는 빅데이터 사용자가 지속적으로 직면하게 되는 문제이다. 혹자는 "데이터의 투명성과 윤리적 사용은 매우 중요하다. 기업은 투명성을 유지하고 소비자가 본인이 제공하는 데이터와 그 목적을 이해할 수 있도록 최선을 다해야 한다. 빅데이터 생태계는 점점 더 복잡해지고 있다. 고객들은 솔직하고 신뢰를 쌓는 기업을 중요하게 여길 것이다."라고 말한다.

SECTION

05 시스템 관점

시스템 관점에서는 조직을 투입, 산출, 변환 과정, 피드백으로 구성된 개방형 혹은 폐쇄형 시스템으로 간주한다. 시스템 관점은 매우 복잡하고 혼란스러운 시스템에서 질서와 규칙이 어떻게 발생하는지에 대해 연구하는 복잡성 이론으로 발전하였다.

오늘날의 비즈니스를 둘러싼 복잡성을 더 잘 이해하려면 조직을 별개의 상호 관련성을 지닌 부분으로 세분화해서 파악해야 한다. 이는 경영의 시스템 관점을 통해 가능하다.

학습 목표

시스템 관점의 핵심 내용을 파악한다.

시스템 관점

손에 있는 27개의 뼈나 대영제국의 군주제는 모두 시스템이다. 시스템은 공통 목적을 달성하기 위해 함께 작동하는 상호 관련된 부분들의 집합이다. 경영자가 목표를 달성하기 위해 조직의 여러 부분이 어떻게 결합되는지 이해하지 못하면 문제를 진단하고 효과적인 해결책을 도출할 수 없을 것이다.

시스템 관점은 조직을 상호 관련성을 지닌 부분들의 시스템으로 간주한다. 이 관점을 통해서 (1) 전체 시스템을 구성하는 하위 시스템의 집합과 (2) 더 큰 환경의 일부로서 조직을 바라볼 수 있다. 예를 들어, 대학은 학과, 직원, 학생 등의 집합으로 구성된다. 대학은 또한 부모, 동문, 입법자, 지역 주민 등에게 대응해야 하는 교육 환경 내의 하위 시스템이기도 하다.

시스템의 네 가지 요소

시스템 관점과 관련된 용어는 다양한 종류의 조직을 이해하는 방법을 제공하기 때문에 알아 두면 유용하다. 시스템의 네 가지 요소는 다음과 같다.

1. **투입**은 조직의 제품이나 서비스를 생산하는 데 필요한 사람, 자금, 정보, 장비, 재료를 의미한다. 시스템에 들어가는 것은 무엇이든 투입으로 여겨진다.
2. **변환 프로세스**는 투입을 산출로 변환하는 데 적용되는 경영, 내부 프로세스, 기술에 대한 조직의 역량을 의미한다. 조직의 핵심 활동은 투입을 산출로 변환하는 것이다.

3. **산출**은 조직이 생산한 제품, 서비스, 이익, 손실, 직원 만족 등을 의미한다. 시스템에서 나오는 것은 무엇이든 산출로 여겨진다.

4. **피드백**은 투입에 영향을 미치는 산출에 대한 환경의 반응과 관련된 정보이다. 고객이 제품을 구입하고 있는가, 안 하고 있는가? 이런 정보가 바로 피드백이다.

그림 2.2는 시스템의 네 가지 요소를 자세히 보여 준다.

그림 2.2 **시스템의 네 가지 요소**

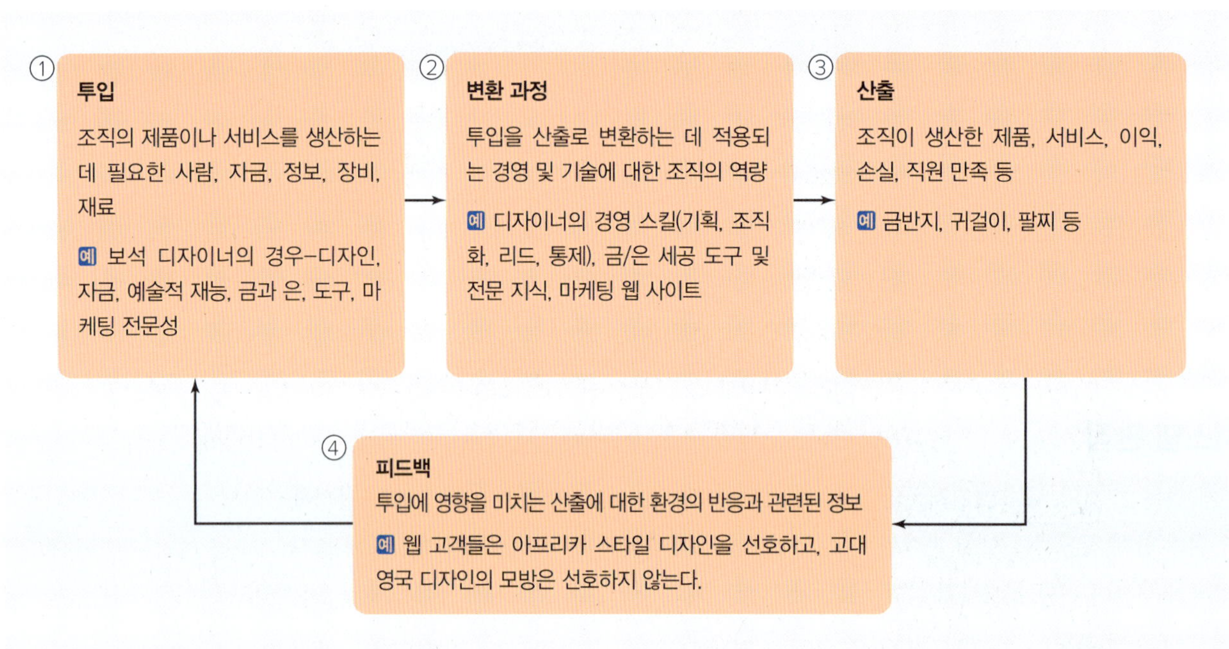

폐쇄형 시스템, 개방형 시스템 그리고 시너지 폐쇄형 시스템은 주변 환경과 거의 상호 작용을 하지 않는다. 다시 말해, 외부에서 피드백을 거의 받지 못한다. 고전 관점에서는 종종 조직을 폐쇄형 시스템으로 간주했다. 분석을 목적으로 하여 조직을 단순화하는 과학적 관리 기법 관점도 마찬가지이다. 그러나 주변 환경에서의 피드백을 무시하는 조직들은 모두 엄청난 실패를 경험하게 될 수 있다.

개방형 시스템은 주변 환경과 지속적으로 상호 작용을 한다. 오늘날 거의 모든 조직은 적어도 어느 정도까지는 폐쇄형이 아닌 개방형 시스템의 형태를 갖추고 있다. 개방형 시스템은 시너지 효과를 일으킬 수 있다. 시너지(synergy)란 기타리스트, 드러머, 베이시스트가 혼자 연주할 때보다 함께 연주할 때 더 나은 연주를 할 수 있는 것처럼 2개 이상의 힘이 결합될 때 개별 효과의 합보다 더 큰 효과를 만들 수 있는 것을 의미한다. 또 다른 예로는 카피라이터, 아트 디렉터, 사진작가가 함께하여 각 환경에서의 다양한 환경을 나타내는 잡지 광고로 만들어 내는 것이다.

복잡성 이론 시스템 관점은 매우 복잡하고 혼란스러운 시스템에서 질서와 규칙이 어떻게 발생하는지에 대해 연구하는 복잡성 이론(complexity theory)의 발전으로 이어졌다. 복잡성 이론은 복잡한 시스템이 간단한 특정 규칙에 의해 서로 상호 작용하는 부분들의 네트워크로 이루어져 있다고 인식한다. 전략 경영 및 조직 연구에서 활용되는 이 분야는 비교적 단순하고 부분적으로 연결된 구조로 간주되는 조직이 환경에 적응하는 방법을 이해하려고 한다.

시스템 관점(특히 개방형 시스템의 개념)에 주목해야 하는 이유: 역사적으로 폐쇄형 시스템을 통해 개발되고 피드백 부족으로 실패했던 1959년식 포드 에드셀(Ford Edsel)과 같은 제품들이 많다. 개방형 시스템은 조직 내외부의 다양한 피드백을 강조하므로, 오랜 실수를 수정하고 새로운 실수를 피하기 위한 지속적인 학습 프로세스를 낳는다.

시스템 이론을 활용하여 경쟁력을 유지하는 U.S. 스틸

U.S. 스틸(U.S. Steel)은 1901년에 10억 달러의 시장 가치를 달성한 최초의 미국 기업이었다. 한 세기가 지난 2019년에는 주가가 25%나 하락한 수익성이 가장 낮은 철강 제조업체 중 하나가 되었다. 이는 철강 수요를 감소시키는 미·중 무역 전쟁으로 인해 글로벌 제조업 활동이 둔화하면서 발생한 결과이다. 도널드 트럼프 대통령은 U.S. 스틸과 국내 경쟁사를 보호하기 위해 2018년 철강 수입에 대해 25%의 관세를 부과했지만 이러한 관세는 철강의 주요 최종 소비자인 자동차 산업에도 큰 타격을 입히고 말았다. U.S 스틸 또한 대기 오염 배출을 허용하는 여러 소송에 직면하게 되었다. 2019년 12월에 집단 소송 중 하나를 850만 달러에 해결했다.

U.S. 스틸의 CEO 데이비드 버릿(David Burritt)은 회사가 오늘날의 글로벌 환경을 따라가기 위해서 기반 시설에 상당한 투자를 해야 한다고 주장한다. 수십 년 동안 사용한 장비를 개조하고 교체하는 데 수십억 달러를 지출했다. 회사 대변인은 "우리는 지역 사회에 긍정적으로 기여하면서도 안전 및 환경 성과의 핵심 가치에 끊임없이 부합할 수 있도록 핵심 자산에 투자하고 있다."라고 말했다.

데이비드 버릿은 회사가 변화하는 환경에 보다 잘 적응하기 위해서는 기존의 방식을 버리고 변화를 도입해야 한다고 주장한다. 이와 같은 환경에는 철강 가격 하락과 더욱 엄격해진 대기 오염 규제 등이 포함된다. 데이비드 버릿은 기반 시설에 대한 투자가 회사의 모든 기능에 있어 긍정적인 영향을 미치길 바란다. 그는 "이 투자는 모두를 위한 것"이라고 말한다.

당신의 생각은?

U.S 스틸은 시스템의 네 가지 요소로 인해 어떤 영향을 받았는가?

SECTION

06 상황론적 관점

상황론적 관점은 경영자의 접근법이 개인 및 주변 환경에 따라 달라져야 한다는 점을 강조한다.

학습 목표

상황론적 관점의 주요 내용을 설명한다.

테일러, 스폴딩, 페이욜이 제시한 고전 관점은 그들의 접근법이 보편적으로 적용될 수 있다고 가정하였다. 다시 말해, 조직을 경영하는 '최선의 방법'이라고 가정한 것이다. 상황론적 관점(contingency viewpoint)은 경영자가 어떤 상황에서는 일반적인 규칙을 위반함으로써 더 나은 결과를 얻을 수 있다는 사실을 발견했을 때부터 대두되기 시작하였다. 상황론적 관점은 경영자의 접근법이 개인 및 주변 환경에 의해 달라져야 한다는 점을 강조한다.

상황론의 미학과 단순성은 최선의 경영 방법이 존재하지 않는다는 명제에 있다. 오히려 효과적인 경영을 위해서는 특정 상황에 가장 적합한 이론이나 도구를 사용해야 한다고 주장한다. HSBC의 전 CEO 존 플린트(John Flint)의 예를 생각해 보자. 그는 은행의 환경적 불확실성과 디지털 과제에 적합한 의사 결정을 내리지 못해 2019년 해고되었다. 또한 은행 이사회가 필요로 하는 만큼의 빠른 결정을 내리지도 못하였다. 플린트가 상황론적 관점을 통해 "이와 같은 특정한 상황에서 활용할 수 있는 최선의 방법은 무엇인가?"라고 질문했다면 그는 더욱 성공적이었을지도 모른다.

이와 같은 개념은 공부할 때에도 적용된다. 대학에서 수강하는 모든 과목을 같은 방식으로 공부하는가? 아마 아닐 것이다. 이번 학기에 해부학 및 재무 관련 수업을 수강한다고 한번 가정해 보자. 해부학 과목의 시험을 통과하기 위해서는 신체의 여러 부분과 기능을 암기해야 할 것이다. 반대로, 재무 관련 수업에서는 이와 같이 암기하는 기술이 크게 효과적이지 않다. 재무에서는 돈의 시간적 가치와 같은 개념을 숙달하기 위해 계산해야 하기 때문이다. 따라서 이러한 경우에는 연습 문제를 풀면서 공부해야 더 좋은 성적을 얻을 수 있을 것이다. 핵심은 배우는 내용과 일치하는 학습 방법을 사용해야 각각의 수업에서 더 높은 성적을 얻게 된다는 것이다.

상황론적 관점에 주목해야 하는 이유: 상황론적 관점은 사례별로 문제를 해결하고 특정 상황이나 딜레마에 대한 구체적인 해결책을 제공하기 때문에 지금까지 논의했던 관점 중 가장 실용적일 것이다.

부모들을 통해 자녀 고객층을 확보하는 제조업체

전국의 부모들은 자녀들이 대학에 다니면서 지불해야 하는 돈에 대해 점점 더 걱정하고 있으며, 대학 졸업자들은 경쟁적인 취업 시장에서 첫 직장을 얻는 것에 대해 걱정하고 있다. 미국 제조업체들은 약 47만 개의 빈자리를 채울 방법에 대해 걱정하고 있다.

역사적으로 제조업 관련 직업들은 언제나 매력적이고 안정적이라 여겨져 왔다. 제조업 회사들은 젊은 인재들이 공장 내에서 최고 경영진으로 승진할 기회도 제공했다. 하지만, 이제 더 이상 그렇지 않다. 아마도 제조업 직무가 구인 및 복리 후생이라는 부문에서 하이테크 대기업인 아마존, 구글, 페이스북이 내세우는 '멋있는 요소'들을 지니고 있지 않기 때문일 것이다. 실제로 한 연구에 따르면, 미국의 10대 중 52%가 제조업 관련 커리어에 거의 혹은 전혀 관심이 없는 것으로 나타났다. 이러한 상황에 직면한 제조업 회사들은 채용에 있어서 상황론적 접근법을 취해야 한다.

일부 미국 제조업 회사들은 취업을 희망하는 청소년들의 부모에게 연락하는 것을 포함하여 중요하고 보수가 좋은 직무에 종사할 근로자를 모집하기 위해 창의적인 방법을 강구하고 있다. 콜로라도(Colorado)주의 한 경제 개발 관리자는 "부모는 이 과정의 일부"라고 말한다.

콜라라도에 위치해 있는 한 엔진 부품 제조업체는 고등학생 자녀를 둔 약 200명의 부모들을 대상으로 공장에서 '부모의 밤' 행사를 개최했다. 회사의 운영 부사장(및 평생 직원)은 "우리는 정말 부모들에게 주목하려고 한다. 부모는 자녀에게 영향력이 있다. 우리는 4년제 대학 학위 말고도 다른 대안이 있다는 것을 보여 주려고 한다."라고 전했다. 미쉐린(Michelin)의 채용 담당자는 사우스캐롤라이나주(South Carolina) 그린빌(Greenville)의 상공 회의소에서 최근 주최한 '취업의 밤' 행사에서 학부모를 대상으로 현지 대학의 2년제 기술 프로그램 등록금을 지불하면서 자녀를 기간제 직원으로 채용할 의사가 있다고 제안하였다. 이 프로그램의 졸업생들은 미쉐린의 정규직으로 전환될 수 있으며, 초봉은 약 5만 5천 달러로 많은 혜택이 주어지는 것이다.

당신의 생각은?

미국 제조업체가 부모들을 대상으로 이렇게 어필하는 것에는 어떠한 문제점이 있는가? 채용 문제를 해결하는 데 도움이 될 수 있는 또 다른 상황론적 접근법으로는 무엇이 있을까?

SECTION

07 최신 관점

경영 이론의 세 가지 최신 관점에는 학습 조직, 고성과 작업 제도 그리고 공유 가치와 지속가능한 개발이 있다. 학습 조직은 지식을 적극적으로 창조, 획득, 전달하고 새로운 지식을 반영할 수 있도록 행동을 수정할 수 있다. 고성과 작업 제도는 HR 시스템의 효과적인 실행이 필요하다. 공유 가치와 지속가능한 개발은 단기 이익을 넘어선 비즈니스 수행에 따른 환경 및 사회적 비용에 초점을 맞춘다.

학습 목표

경영자가 학습 조직, 고성과 작업 제도 그리고 공유 가치와 지속가능한 개발을 실현하는 방법을 이해한다.

경영 이론은 오늘날 기업들이 당면하고 있는 문제를 해결하기 위해 끊임없이 진화하고 있다. 오늘날의 접근법 세 가지는 학습 조직, 고성과 작업 제도 그리고 공유 가치와 지속가능한 개발이다.

학습 조직

지금까지 설명한 이론, 관점, 방식에서 터득할 수 있는 교훈은 끊임없이 배워야 한다는 것이다. 학습을 포용하는 사람은 조직을 더 똑똑하게 만들고 조직의 성장에 기여하기 때문에 경영자는 학습 조직을 구축해야 한다. 경영자의 핵심 과제는 직원들의 학습 능력을 향상시켜 소위 학습 조직(learning organization)이라 일컫는 지식과 가치를 공유하는 문화를 조성하는 것이다. 미래의 경영자들을 위한 학습 조직의 이점은 현재 가장 중심인 밀레니얼 세대들이 직장에서 학습할 기회를 환영할 뿐만 아니라 적극적으로 기대한다는 점이다.

학습 조직이라는 용어를 만든 매사추세츠 공과 대학교의 피터 센게(Peter Senge) 교수는 학습 조직이 "사람들이 진정으로 원하는 결과를 창출하기 위해 지속적으로 능력을 확장하고 새롭고 광범위한 사고 패턴을 키우며 집단적 열망에 자유로우며 사람들이 지속적으로 함께하는 법을 배우는 곳"이라고 말한다.

Photodisc/Getty Images

학습 조직은 전구와 같다. 가치를 창출하기 이전에 켜져야 한다.

학습 조직은 조직 내에서 지식을 적극적으로 창조, 획득, 전달하고 새로운 지식을 반영하도록 행동을 수정할 수 있는 조직을 의미한다. 학습 조직의 3요소는 다음과 같다.

1. **지식의 창조와 획득.** 학습 조직에서 경영자는 학습의 전제 조건인 새로운 아이디어와 정보를 적극적으로 조직에 주입하려고 한다. 지속적으로 외부 환경을 관찰하고 필요한 경우 새로운 인재와 전문 지식을 유입하며 직원 교육 및 개발에 상당한 자원을 투입함으로써 지식을 획득한다. 또한 조직 내에서 학습 문화를 유지하려고 노력한다. 학습 문화는 (무지함을 느끼게 만드는 것과 같은) 부정적인 결과 없이 질문을 장려하고 의견 차이를 존중할 때 조직이 발전

할 수 있다고 직원들을 인식시킨다.

2. **지식의 전달.** 경영자는 조직 전체에 지식을 전달하기 위해 적극적으로 노력하여 직원 간의 정보 및 아이디어 공유에 대한 장벽을 줄여야 한다. 한 컨설턴트는 경영자들을 위해 다음과 같은 세 가지 전략을 제시한다. (1) 성공 스토리와 극복했던 과제를 공유한다. (2) 동료와 직원에게서 서로 배우도록 준비시킨다. (3) 회사의 학습 목표를 비즈니스 목표와 일치시킨다. 경영자는 직원의 학습을 돕기 위해 새로운 기술을 시도하는 것을 두려워해서는 안 된다. 예를 들어, 월마트(Walmart)는 가상 현실을 활용하여 직원 관리 및 고객 서비스 스킬을 교육하고 있다.

3. **행동 수정.** 학습 조직이 결과 지향적이지 않다면 아무것도 아닌 셈이 된다. 경영자는 우선 학습 또는 교육 기회가 실제로 직원이나 조직의 요구를 충족하는지를 파악해야 한다. 학습과 성과 향상 사이의 관계와 개선점들이 측정되는 방식은 직원들에게도 분명하게 전달되어야 한다. 다음으로, 직원들이 새로운 스킬이나 정보를 적용하는지 또는 경영진의 코칭이나 격려가 더 많이 필요한지 파악하기 위해 공식 및 비공식 학습 경험에 대한 설문 조사와 같은 조치가 있어야 한다.

가상 학습. 뉴저지의 한 월마트 점포의 어시스턴트 매니저인 지넬 바스(Jeanelle Bass)는 교육 세션 중 가상 현실 고글을 착용한다. 이 기술을 활용하여 실제로 고객을 만나기 이전에 직원의 고객 서비스 스킬을 개발할 수 있도록 한다.

고성과 작업 제도

고성과 작업 제도(high-performance work practices)에 대한 주목은 행동주의 및 시스템 관점에서 확장되었으며, 제프 페퍼(Jeff Pfeffer)와 제임스 콜린스(James Collins)가 수행한 연구를 기반으로 성장하였다. 스탠퍼드 대학교의 교수인 페퍼와 컨설턴트가 된 스탠퍼드 대학교의 교수였던 콜린스는 직원이 조직의 가장 중요한 자산이며 경영진은 최고의 인재를 모집, 개발, 동기 부여하는 데 집중해야 한다고 주장하였다. 이 관점에 따르면, 경영진의 임무는 직원 개발과 전반적인 행복을 촉진하는 인적 자원(human resource: HR) 제도를 만드는 것이다. 이러한 제도는 직원들의 능력, 동기 부여 그리고 회사에 기여할 기회를 향상시키는 데 초점을 맞추고 고성과 인력을 효과적으로 모집, 선발, 개발, 유지하는 조직의 능력을 향상시키기 때문에 고성과 작업 제도라 불린다.

고성과 작업 제도는 다음과 같은 능력 강화, 동기 부여 강화, 기회 강화 제도를 포함한다.

- **능력 강화 제도:** 공식적인 선발 시험, 구조화된 면접, 교육 기회
- **동기 부여 강화 제도:** 개인 및 집단의 성과에 따른 보상 제공, 공식적인 성과 평가 시스템 및 성과 기반 승진 시스템
- **기회 강화 제도:** 공식적인 참여 과정, 지속적인 의사소통 및 정보 공유 제도, 업무 관련 의사결정을 내리는 자율성을 통한 직원 참여

관련 연구 결과에 따르면, 고성과 작업 제도는 이직률과 결근율을 낮추고 직원들의 몰입과 역

할 외 행동을 촉진하는 것으로 나타났다. 또한 고성과 작업 제도는 조직 성과, 재무 성과, 효율성 및 창의성을 향상시키는 것으로 나타났다.

이와 같은 오늘날의 접근법에 대해 꼭 기억해야 할 한 가지 결론이 있다. 그것은 바로 한 가지 유형의 고성과 작업 제도로는 충분하지 않다는 것이다. 경영자는 능력 강화, 동기 부여 강화 그리고 기회 강화 제도들을 하나의 전체 HR 시스템에 통합함으로써 최상의 결과를 얻을 수 있다. 9장에서 고성과 작업 제도에 대해 더 자세히 학습한다.

다음 사례를 통해 고성과 작업 제도가 실제로 어떻게 활용되는지 이해해 보자.

고성과 작업 제도의 예

엔터프라이즈 렌트카

미국의 가장 큰 렌트카 회사인 엔터프라이즈(Enterprise) 최고의 인재를 채용해야 하는 중요성에 대해 잘 알고 있다. 이 회사는 우수한 대인 관계 스킬을 지녔다고 판단되는 '사람들을 좋아하는 사람'들을 채용하기 위해 선택적 채용을 성공적으로 활용한다. 특히, 엔터프라이즈는 팀으로 일하는 것의 중요성을 더 잘 이해하는 대학생들에게 관심을 가졌고, 전직 운동선수나 사교 클럽 멤버들을 주목해 왔다.

홀푸즈

고품질의 제품들로 유명한 아마존 소유의 슈퍼마켓 체인인 홀푸즈(Whole foods)는 직원들에게도 고품질의 보상을 제공한다. 이 회사는 인건비 예산이 부족해도 직원들에게 성과에 따른 보너스를 지급한다. 또한 홀푸즈는 회사의 성공을 공유할 수 있도록 2019년부터 직원 스톡옵션을 재도입하였다.

리츠 칼튼 호텔

30개 국에 100개 이상의 지점을 두고 있는 리츠 칼튼(Ritz-Calton) 호텔 체인은 고품질의 고객 서비스로 유명하다. 고객 서비스에 대한 경영진의 접근법에는 직원들에게 의사 결정의 자율성을 제공하는 것도 포함된다. 예를 들어, 리츠 칼튼은 웹 사이트에 직원들이 스스로 '고객을 위한 독특하고 기억에 남는 개인적인 경험을 제공'할 수 있는 권한을 부여한다. 리츠 칼튼 호텔의 직원들에게는 고객에게 이익이 될 것이라 여겨지고 호텔의 미션을 유지하는 경우에는 최대 2천 5백 달러까지 사용할 수 있는 권한이 주어진다.

공유 가치와 지속가능한 개발

뉴욕에서 열린 2019 패션 위크에는 화려함만이 있었던 것이 아니다. 디올(Dior), 루이비통(Louis Vuitton), 버버리(Burberry)와 같은 상징적인 브랜드는 지속가능성 캠페인에 주목하였다. 오래된 직물로 새 옷을 만드는 것이든, 면, 양모 및 삼베 생산을 위해 책임 있는 토지 관리를 실행하는 것이든, 패션 업계에서는 지구를 위해 올바른 일을 하는 것이 비즈니스적으로 합리적이라는 공감대가 형성되고 있다. 이러한 공감대는 패션 업계에서만 일어나는 일이 아니다.

공유 가치(shared value)와 지속가능한 개발(sustainable development)은 단기적인 이익을 넘어 비즈니스 수행에 따른 환경 및 사회적 비용에 초점을 맞춘다. 지속가능이라는 용어는 1972년 전 세계의 정치인, 과학자, 경제학자 및 비즈니스 리더를 포함하는 비영리 단체인 로마 클럽(Club of Rome)에서 처음으로 사용되었다. 과학자 데니스 메도우스(Dennis Meadows)와 도넬라 메도우스(Donella Meadows)는 이 용어를 활용하여 세계가 갑작스럽고 통제할 수 없는 붕괴를 일으키지 않고 사람들의 기본 요구 사항을 충족할 수 있는 '글로벌 평형 상태(state of global equilibrium)'에 대해 설명하였다. 1장에서 학습한 바와 같이, 지속가능한 개발은 미래 세대가 자신의 필요를 충족시킬 수 있는 능력을 훼손하지 않으면서도 현재의 필요를 충족하는 데 중점을 둔다.

하버드 대학교 교수인 마이클 포터(Michael Porter)는 1995년에 지속가능성이 "제품의 총비용을 낮추거나 가치를 향상시키는 혁신을 촉진할 수 있다… 기업의 경쟁력을 높이는 것"이라고 말했다. 결국 공유 가치와 지속가능한 개발은 비즈니스와 지속가능성이 교차하는 지점인 것이다. 주주뿐만 아니라 이해관계자들을 위한 가치 창출에 주력하는 조직은 자신과 미래 사회 구성원에게 보상을 제공할 수 있는 위치에 있다. 포터의 발언 이후 수십 년 동안 점점 더 많은 조직들이 경쟁 우위로 지속가능성에 초점을 맞추기 시작하였다. 그러나 2017년에는 경영진의 90%가 지속가능성을 중요하게 여겼지만, 기업의 60%만이 지속가능성 전략을 마련하고 있는 것으로 밝혀졌다.

기업은 지속가능성 전략, 정책, 계획을 책임질 수 있는 최고 지속가능성 책임자, 기업 책임 부사장, 환경 프로그램 관리자와 같은 경영 직책을 새롭게 만들었다. 공유 가치와 지속가능한 개발은 지속가능성 목표를 지원하기 위해 직원을 채용해온 기업들에서 입증된 바와 같이 다양한 산업에서 널리 퍼져 있다. 여기에는 콜러(Kohler), GE 헬스케어(GE Healthcare), 랜즈엔드(Lands' End)가 포함된다.

친환경 혁신. 일부 경영자는 지속가능한 제도들을 통해 실제로 회사를 더욱 경쟁력 있게 만들 수 있지만 비용이 많이 든다고 생각한다.

공유 가치와 지속가능한 개발에 대해서는 〈학습 모듈 1〉에서 더욱 자세하게 학습한다.

책임 있는 경영 교육

공유 가치와 지속가능한 개발의 중요성이 커짐에 따라 UN에서는 이와 관련된 문제에 대해 다루기 시작하였다. 2007년 UN은 글로벌 콤팩트 정상 회의에서 책임 경영 교육 원칙(Principles for Responsible Management Education: PRME)을 처음 도입하였다. PRME의 미션은 "지속가능한 개발 목표(Sustainable Development Goals: SDG)에 대한 인식을 높이고 미래의 책임 있는 비즈니스 리더를 육성하면서 전 세계적으로 비즈니스 및 경영 교육, 연구 및 리더십 사고(thought leadership)를 변화시키는 것"이었다. 빈곤부터 기후 행동, 양성평등에 이르기까지 총 17개의 SDG가 있다. UN의 193개 회원국은 모두 2030년까지 SDG를 이룰 수 있는 계획을 채택하였다.

PRME는 학교 및 기업과 협력하여 비즈니스 교육에서 SDG를 개발한다. 학교는 UN의 계획에 참여하고 SDG를 달성하는 데 필요한 스킬을 자신들의 커리큘럼에 적용할 수 있다. 또한 PRME는 지속가능성 사고방식, 스킬 및 능력을 갖춘 인재를 모집하는 기업을 지원한다. 주목할 만한 PRME 산업 파트너로는 딜로이트(Deloitte)와 베르텔스만 스티프퉁(Bertelsmann Stiftung)이 있다.

PRME Principles for Responsible Management Education
an initiative of the

현재와 미래의 경영자 개발에 관여하는 고등 교육 기관으로서 우리의 능력 및 미션에 부합하는 원칙부터 시작하여 기관 내에서 다음 원칙을 수행하려는 우리의 의지에 대해 선언한다. 모든 이해관계자에게 진행 상황을 보고하고 이러한 원칙과 관련된 효과적인 제도를 다른 교육 기관과 교환할 것이다.

원칙1 | 목적

우리는 기업과 사회 전반에 걸쳐 지속가능한 가치를 지닌 미래 세대가 되고, 포괄적이며 지속가능한 국제 경제를 위해 일할 수 있도록 학생들의 능력을 개발할 것이다.

원칙2 | 가치

우리는 UN 글로벌 콤팩트와 같은 국제적인 새로운 시도에서 보인 글로벌 사회적 책임의 가치에 학술 활동, 커리큘럼, 조직 제도를 통합할 것이다.

원칙3 | 방법

책임 있는 리더십을 위해 효과적인 학습 경험을 할 수 있는 교육 체계, 자료, 과정, 환경을 만들 것이다.

원칙4 | 연구

우리는 지속가능한 사회적, 환경적, 경제적 가치 창출에 있어 기업의 역할, 역학, 영향에 대한 이해를 높이는 개념 및 실증 연구에 참여할 것이다.

원칙5 | 협력 관계

우리는 비즈니스 기업의 경영자와 상호 작용하여 사회적 책임과 환경적 책임을 충족하는 데 있어 과제에 대한 지식을 확장하고 이를 해결하기 위한 효과적인 공동의 접근법을 모색할 것이다.

원칙6 | 대화

우리는 교육자, 학생, 기업, 정부, 소비자, 미디어, 시민 사회단체, 기타 이해관계자들이 국제적이고 사회적인 책임 및 지속가능성과 관련된 중요한 문제에 대해 대화와 토론을 하도록 촉진하고 지원할 것이다.

여섯 가지 PRME 원칙

출처: "About the Sustainable Development Goals," The United Nations, https://www.un.org/sustainabledevelopment/sustainable-development-goals/.

SECTION

08 커리어 준비 실천

이번 섹션에서는 취업 면접을 위해 사전에 회사에 대해 조사해야 하는 주요 내용들을 살펴본다.

학습 목표

비즈니스를 이해하는 능력을 향상시키는 방법을 설명한다.

그림 2.3은 1장에서 다루었던 커리어 준비 상태 모형을 보여 준다. 경영의 역사에 관해 다루었던 내용들이 커리어 준비 상태와 어떤 관련이 있을까? 비즈니스를 이해하는 지식 역량에 적용하는 것과는 어떠한 관련이 있을까? 지식 역량은 1장의 표 1.2에서 회사의 비즈니스 및 전략과 이해관계자의 요구를 이해하는 정도로 정의하였다.

채용 담당자들은 수업 과제를 할 때와 마찬가지로 지원자들이 회사에 대해 어느 정도 조사하기를 기대한다. 그들은 지원자들이 셜록 홈즈처럼 행동하고 이것저것 염탐하기를 원한다. 이는 지원자와 미래의 고용주 모두에게 이점이며, 둘 사이의 적합성 수준을 파악하는 데 도움이 된다. 결과적으로 알맞은 적합성은 보다 긍정적인 업무 수행, 이직률 감소, 업무 관련 스트레스의 감소와 관련이 있다. 또한 회사에 대해 조사함으로써 더욱 매력적인 지원자로 보이게 된다. 이는 회사에 대한 지원자의 관심을 나타내고 채용 담당자들은 비즈니스를 배우기 위해 시간을 할애했다는 사실에 감명을 받을 것이다. 또한 회사가 원하는 행동인 현명한 질문을 할 수 있도록 도움을 준다.

그렇다면 비즈니스를 이해하고 있다는 것을 입증하기 위해서 무엇이 필요할까? 다음과 같은 여덟 가지를 조사한 뒤 면접에 참여하기를 추천한다.

1. **회사의 미션과 비전 성명서.** 미션과 비전 성명서는 회사가 존재하는 이유와 시간이 지남에 따라 이루거나 달성하고자 하는 바를 알려준다. 이를 통해, 회사가 추구하는 바를 지지하고 그 여정의 일부가 되고 싶은지에 대해 생각해 보아야 한다. 만약 그렇다면, 그 회사에 분명 잘 맞을 것이다. 이것이 중요하게 여겨지는 이유는 직원들이 회사에 적합하다고 느낄수록 생산성이 높아지고 이직률이 감소하기 때문이다. 예를 들어, 야외 활동을 좋아한다면 홀푸즈에서 일하는 것보다는 스포츠 용품, 캠핑 장비, 아웃도어 의류 등을 판매하는 REI(Recreational Equipment, Inc.)에 잘 맞을 것이다.

그림 2.3 **커리어 준비 모형**

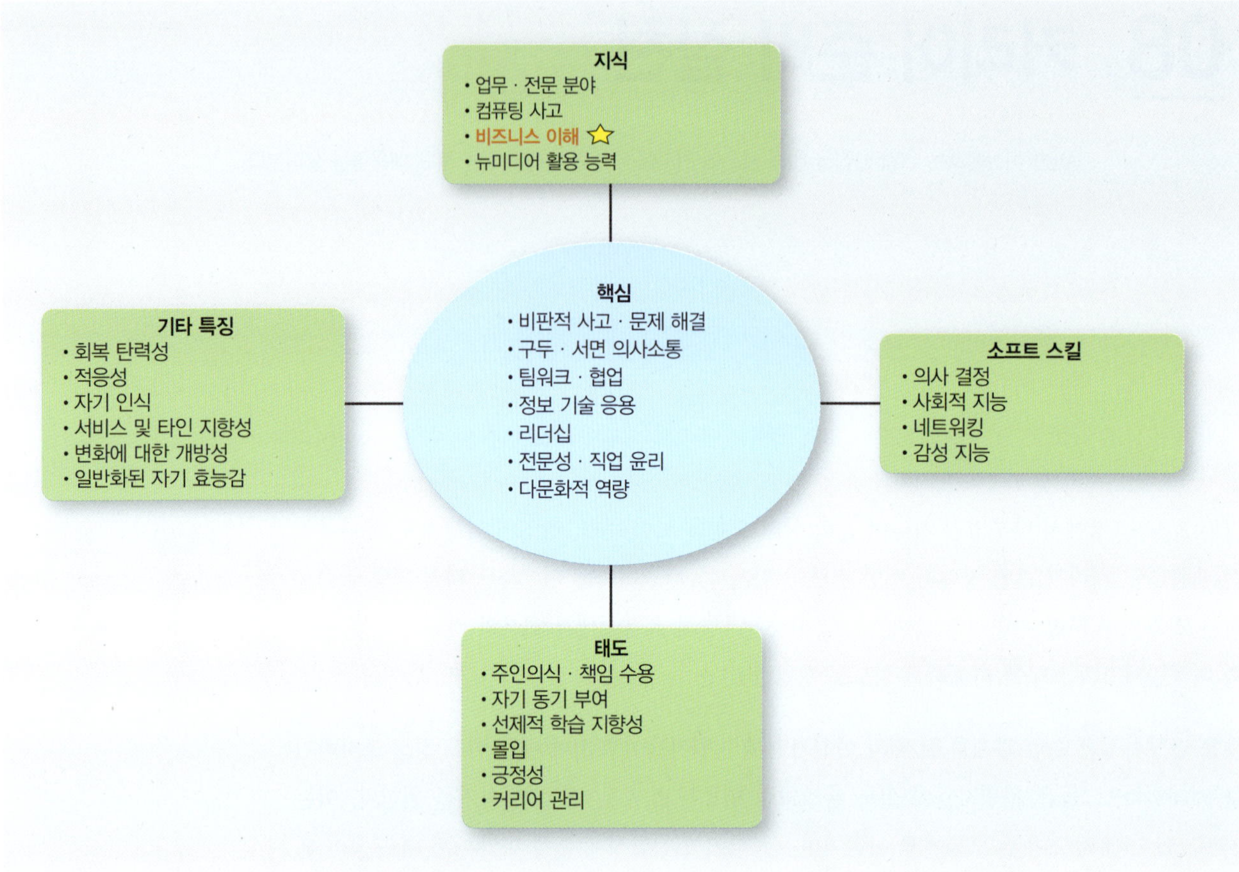

2. **회사의 핵심 가치와 문화.** 조직이 지지하는 가치는 해당 조직 문화의 기초가 된다. 회사의 웹사이트를 조사하면 이와 관련된 단서들을 찾을 수 있다. 회사가 중시하는 가치들에 대해 조사해 보자. 이러한 가치들은 회사에 대해 무엇을 말해 주는가? 다음으로, 회사가 직원을 대하는 방식에 대해 알려주는 내용을 찾아야 한다. 예를 들어, 회사가 직원들에게 권한을 부여하고 직원 개발을 지원하는가? 온라인에 게시된 사진을 통해 알 수 있는 것들을 파악해야 한다. 예를 들어, 사람이 아닌 제품 사진들로만 가득하다면 회사가 제품에 큰 관심을 가지고 있다는 것이다.

3. **회사의 역사.** 회사는 언제 설립되었는가? 설립자가 중시하는 가치와 그 배경은 무엇인가? 회사가 수년에 걸쳐 어떻게 진화, 성장 혹은 변화했는지에 대해 알아보아야 한다.

4. **핵심 조직 구성원.** 면접 중에 이와 관련된 지식을 보여 주는 것은 매우 중요하다. 회사에서 누가 중요한 직책을 맡고 있는가? 그들의 배경은 무엇인가? 회사 '정보' 페이지와 최고 경영진의 약력을 읽으면 이를 파악할 수 있다. 또한 링크드인(Linkedin)에서 검색해 보거나 트위터(Twitter)에 쓴 글을 보고 그들을 파악할 수 있다.

5. **면접관.** 핵심 조직 구성원 외에도 면접을 진행할 가능성이 높은 사람들, 특히 직급이 높은 사람들의 이름과 직함을 알아보아야 한다. 면접관의 직함과 책무를 파악하는 것은 그들의 역할에 대한 존중을 나타내는 방식으로 질문에 더 잘 대답하는 데 도움이 될 것이다.

6. **회사의 제품, 서비스, 고객.** 사람들이 해당 회사의 제품과 서비스에 대해 어떻게 평가하는가? 회사의 제품 및 서비스에 대한 리뷰나 의견을 찾아보면서 이를 파악할 수 있다. 회사의 제품과 서비스를 직접 사용해 보는 것도 도움될 것이다. 이는 경험에서 비롯된 대답을 할 수 있기 때문이다. 또한 면접관에게 회사의 제품 및 서비스에 기여할 수 있는 세 가지 구체적인 방법을 설명하여 회사에 대한 조사를 마쳤다는 것을 보여 주어야 한다.

7. **회사의 근황 및 성과.** 회사에 대한 최신 뉴스 기사를 검색하고 웹 사이트를 통해 회사의 성과 목록을 확인해야 한다. 이러한 정보가 회사에 대해 무엇을 드러내는지 주목하고 회사의 미션, 비전, 가치, 조직 문화에 대해 조사한 내용과 일치하는지를 파악해야 한다. 불일치한다는 것은 매우 위험한 신호이다.

8. **전 · 현직원들의 의견.** 회사에서 근무하고 있는 지인과 이야기를 나누어 보아야 한다. 그곳에서 일하는 것에 대한 의견과 경영진 및 기업 정책에 대해 어떻게 생각하는지를 물어보자. 글래스도어(Glassdoor)와 같은 웹 사이트를 검색하여 급여 수준 및 회사 리뷰와 같은 내부 정보를 찾아볼 수 있다.

Kraska/Shutterstock

비즈니스를 이해하려면 조사를 해야 한다. 이를 위해서는 시간과 관심이 필요하다.

이러한 활동들은 커리어 준비 상태와 원하는 직무를 얻을 기회를 증가시킬 것이다. 또한 회사에서 일하는 데 관심이 있거나 열정이 있음을 보여 주기도 한다. 이는 회사에 대해 사전 조사한 지원자와 그렇지 않은 지원자를 구분할 것이다. 구직 활동 시 다른 지원자들보다 눈에 띄는 것이 중요하다. 더 중요한 것은 비즈니스를 이해하는 것이 회사에 적합한 지원자인지를 판단하는 데 도움이 된다는 것이다.

주요 용어

개방형 시스템	생산 관리	피드백
고성과 작업 제도	시너지	하위 시스템
고전 관점	시스템	학습 조직
공급망	시스템 관점	행동주의 과학
과학적 관리 기법	인간관계 운동	행동주의 관점
변환 과정	계량 경영	행정적 관리
복잡성 이론	증거 기반 경영	호손 효과
산출	투입	
상황론적 관점	폐쇄형 시스템	

핵심 정리

01 현대 경영 이론의 탄생 배경

- 주요 경영 이론에는 고전 이론, 행동주의적 관점, 계량적 관점이 있다. 보다 최신 이론으로는 시스템 관점, 상황론적 관점, 학습 조직, 고성과 작업 제도, 공유 가치와 지속가능한 개발이 있다.
- 이론적 관점을 학습해야 하는 이유는 현재를 이해하고, 직원의 행동을 이끄는 원칙을 이해하고, 새로운 상황에 직면했을 때 도움이 되는 아이디어를 얻을 수 있고, 최고 경영자가 추구하는 것을 이해하고, 조직 외부의 사건을 이해하고, 특정 경영 제도들이 효과적인 이유를 이해하는 데 도움이 되기 때문이다.

02 고전 이론

- 작업을 보다 효율적으로 관리할 수 있는 방법을 찾을 것을 강조한 고전 이론에는 과학적 관리 기법과 행정적 관리 두 가지가 있다.
- 과학적 관리 기법은 직원들의 생산성 향상을 위해 작업 방법을 과학적으로 연구할 것을 강조했다. 경영에 적용할 수 있는 네 가지 원칙을 제시한 프레드릭 테일러와 직무를 물리적 동작으로 구분하여 연구했던 릴리언 길브레스와 프랭크 길브레스 부부는 과학적 관리 기법의 선구자들이다.
- 행정적 관리는 조직 전체를 경영하는 것과 관련이 있다. '아프리카계 미국인 경영의 아버지'라 불리는 찰스 클린턴 스폴딩 경영의 주요 기능(계획, 조직, 리드, 통제)을 파악한 헨리 페이욜 성과가 좋은 조직의 다섯 가지 관료주의적 특성을 파악한 막스 베버는 모두 행정적 관리의 선구자들이다.

03 행동주의 관점: 행동주의, 인간관계 그리고 행동 과학

- 행동주의 관점은 인간의 행동을 이해하고 직원들의 성취를 위해 동기를 부여할 것을 강조했다. 이는 (1) 초기 행동주의, (2) 인간관계 운동, (3) 행동주의 과학으로 발전했다.
- 초기 행동주의에는 3명의 선구자들이 있다. (1) 휴고 뮌스터베르크는 심리학자들이 직무를 연구하고 직원들이 최선을 다 할 수 있는 심리적 조건을 파악함으로써 산업에 기여할 수 있다고 제안하였다. (2) 메리 파커 폴렛은 조직이 직원과 경영자가 함께 일하는 만큼 민주적이어야 한다고 주장했다. (3) 엘튼 메이요는 호손 효과라는 가설을 세웠는데, 이는 직원이 경영자의 관심을 받게 되면 더 열심히 일한다는 내용이었다.
- 인간관계 운동은 경영자와 직원 간의 더 나은 관계가 직원들의 생산성을 향상한다고 주장하였다. 욕구단계설을 제안한 아브라함 매슬로우와 X이론(직원에 대한 경영자의 비관적인 관점)과 Y이론(직원에 대한 경영자의 긍정적인 관점)을 제안한 더글러스 맥그리거는 인간관계 운동의 선구자들이다.
- 행동주의 과학은 경영자에게 실무적으로 유용한 인간 행동에 대한 이론을 개발하기 위해 과학적으로 연구한다.

04 계량적 관점

- 계량적 관점은 경영에 계량 기법을 적용하는 것이다.
- 두 가지 방식은 (1) 조직의 제품 또는 서비스의 생산 및 제공을 보다 효과적으로 관리하는 데 초점을 둔 생산 관리와 (2) 최고의 증거에 기반한 원칙을 조직 제도로 변환하여 의사 결정 과정에서 합리성을 가져오는 증거 기반 경영이다.

05 시스템 관점

- 시스템 관점은 조직을 공통의 목적을 달성하기 위해 함께 작동하는 상호 관련된 부품 또는 하위 시스템들의 집합이라 간주한다. 시스템은 투입, 산출, 변환 프로세스, 피드백의 네 가지 요소로 구성된다.
- 하나의 시스템은 폐쇄되어 주변 환경과 거의 상호 작용하지 않거나 개방되어 지속적으로 상호 작용할 수 있다.

06 상황론적 관점

- 상황론적 관점은 경영 방식이 개인 및 주변 환경에 적합해야 함을 주장한다.

07 최신 접근법

- 학습 조직이란 스스로 적극적으로 지식을 창조, 획득, 전달하여 새로운 지식을 반영할 수 있도록 행동을 수정하는 것을 의미한다.
- 고성과 작업 제도는 성과가 좋은 인력을 효과적으로 모집, 선발, 개발, 유지하는 조직의 능력을 향상시킨다.
- 공유 가치와 지속가능한 개발은 단기적인 이익을 넘어서 비즈니스 수행에 따른 환경 및 사회적 비용에 초점을 맞춘다.

08 커리어 준비 실천

- 비즈니스 이해 능력을 향상시킬 수 있는 여덟 가지 활동은 다음과 같다. (1) 회사의 미션 및 비전 성명서를 조사한다. (2) 회사의 핵심 가치와 문화를 파악한다. (3) 회사의 역사를 알아본다. (4) 핵심 조직 구성원을 파악한다. (5) 누구와 면접을 보는지 파악한다. (6) 회사의 제품, 서비스, 고객을 확인한다. (7) 회사의 근황과 성과에 대해 알아본다. (8) 전 · 현직원들과 이야기를 나눈다.

핵심 질문

01 경영 이론에는 어떤 관점과 접근법들이 있는가?

02 경영 이론을 학습해야 하는 이유는 무엇인가?

03 과학적 관리 기법의 핵심 내용은 무엇인가?

04 행동주의 관점의 핵심 내용은 무엇인가?

05 시스템의 네 가지 요소는 무엇인가?

06 상황론적 관점의 핵심 내용은 무엇인가?

07 증거 기반 경영의 핵심 내용은 무엇인가?

08 공유 가치와 지속가능한 개발의 관점을 적용해야 하는 이유는 무엇인가?

09 학습 조직에서 경영자의 세 가지 역할은 무엇인가?

비건 가죽

옷은 환경을 파괴한다. 미국인들이 최신 트렌드를 추구할 때 매년 수백만 톤의 낡은 옷들은 매립지나 소각장으로 보내진다. 폐기된 것을 대체하기 위한 옷들은 공기와 물을 화학 물질로 오염시키면서 새로 만들어진다. 이러한 화학 물질들은 먹이 사슬을 오염시키고 인류의 온실가스의 10%를 차지한다.

오늘날의 패션 소비자들은 그 어느 때보다 현명하며 이러한 위험에 주목하고 있다. 포브스에 따르면, 전문직 여성들은 옷의 품질 그 이상으로 전체적인 생산 공정과 제품의 사후 처리에도 주목하고 있다. 닐슨(Nielsen)이 실시한 한 연구에 따르면, 밀레니얼 세대의 73%가 지속가능한 의류 브랜드에 더 많은 비용을 지불할 의향이 있다고 한다. 이러한 수요는 완전히 지속가능한 새로운 패션 브랜드 시장으로 이어졌다. '지속가능한 패션'을 구글에 검색해 보면 기업들이 패션 산업의 지속가능성 문제를 해결하기 위해 노력하고 있다는 2억 8천만 건 이상의 검색 결과를 얻을 수 있다.

새로운 종류의 가죽

패션 산업의 지속가능성에 대한 비판의 상당 부분은 가죽에 집중되고 있다. 가죽은 동물 가죽을 무두질하여 착용할 수 있는 형태로 만든다. 대부분의 무두질 물질은 크롬염으로 만들어지는데, 제혁소가 가죽 제조 공정에서 사용할 때 독성을 지닐 수 있다. 그 결과, 태닝제는 재활용이나 재사용이 어려운 유해 화합물로 분류되며, 이러한 폐기물은 수거하기도 어렵다. 제혁소 독성 부산물의 양은 엄청나다. 제혁소가 가장 많이 있는 인도의 예를 들어보자. 인도의 칸푸르(Kanpur)시는 매일 최대 4천만 리터(천만 갤런 이상)의 제혁소 폐수를 만든다. 폐수는 지역 농지를 훼손하여 초목을 죽이고 도시의 식수로 유입된다. 이로 인해 지역 주민들은 피부 질환, 실명, 위장 질환을 겪고 있으며, 심각한 심신 장애를 가진 아이들을 낳고 있다.

가죽 산업에 대한 비판은 환경 문제에만 국한되지 않는다. 가죽 제조 과정과 관련하여 동물 권리에도 심각한 문제가 발생한다. 가죽은 산업형 농장에서 생산되며 대부분 자연 채광이 없는 곳에서 동물을 기른다. 또한 동물들은 밀집된 곳에서 사육되기 때문에 많은 동물들의 이빨, 뿔, 꼬리 등이 제거된다.

인조 또는 합성 가죽으로도 알려진 비건(Vegan) 가죽은 전통적인 가죽 제조 과정에서 발생하는 이와 같은 문제들을 해결하기 위해 개발되었다. 비건 가죽은 대부분 동물 부산물을 사용하지 않고 플라스틱 재질로 만들어진다. 핸드백, 벨트, 지갑, 재킷, 신발 및 일반적으로 가죽을 사용하는 기타 모든 용도에서 기존 가죽 대신에 사용할 수 있다.

비건 가죽은 환경 문제를 해결할 수 있을 뿐만 아니라, 대체적으로 전통적인 가죽보다 저렴하고 유지 관리가 쉽기 때문에 미국에서 점점 인기를 얻고 있다. 온라인을 통해 구매할 수 있는 비건 가죽 제품은 2018부터 2019년까지 54% 증가하였다. 점점 많은 자동차 제조업체가 자동차 인테리어에 인조 가족을 사용함에 따라 자동차 산업의 인조 가죽에 대한 수요도 증가하고 있다. 블룸버그 비즈니스위크(Bloomberg Businessweek)는 비건 가죽에 대한 전 세계 수요가 7%씩 증가하여 2025년에는 450억 달러에 이를 것이라 보고하였다.

비판에 직면한 한 선구자

비건 가죽 시장은 오늘날에 이르러 성장하고 있지만, 이미 2001년부터 이러한 유형의 제품들은 한 선구자에 의해 개발되어 왔다. 비틀즈의 전설인 폴 매카트니(Paul McCartney) 경의 딸인 스텔라 매카트니(Stella McCartney)는 뉴욕, 런던, 할리우드, 파리, 밀라노, 도쿄와 같은 지역에서 비건 가죽 매장 51개를 운영하고 있다. 매카트니의 컬렉션은 77개국의 파트너 전문점 및 백화점에서 확인할 수 있다. 또한 그녀는 온라인 마켓을 통해 100개국으로 제품을 배송한다.

매카트니의 사업은 성장하고 있을지 모르지만 비건 가죽은 더욱 면밀한 조사 대상이 되었다. 이러한 유형의 가죽, 폴리우레탄 및 폴리 염화 비닐을 만드는 데 사용되는 플라스틱은 석유와 같은 화석 연료로 제조되기 때문에 심각한 환경 오염을 초래한다. 코베테르(Coveteur)에 따르면, 석유는 "유독하고 지구에 끔찍한 영향을 미치며 기후 변화를 촉진"한다. 또한 그린피스(Greenpeace)는 폴리 염화 비닐을 "환경에 있어 가장 유해한 단일 유형의 플라스틱"으로 분류하였다. 이러한 비판으로 인해 매카트니는 자신의 제품에 사용된 플라스틱이 "걱정이 없는 것은 아니다."라고 인정하였다.

비건 가죽의 해로운 영향은 생산 과정에서 끝나지 않는다. 플라스틱 가죽은 전통적인 가죽보다 수명이 짧아서 소비자들은 비건 가죽 벨트, 신발 및 기타 의류를 오랫동안 지속되는 '수제' 가죽 제품보다 더 빨리 폐기하게 된다. 더욱이 비건 가죽은 쓰레기를 버리면 물에서 분해되는 데 수백 년이 걸릴 수 있다. 반면에 전통적인 가죽은 생분해된다. 노턴 앤 선즈(Norton & Sons) 재단사의 광고 제작 감독이자 재료 전문가인 패트릭 그랜트(Patrick Grant)는 매카트니와 같은 디자이너들로 인해 미세 플라스틱이 수로에 유입되고 있다고 이야기한다. "18년 전 그녀는 사람들에게 가죽 대신 폴리우레탄으로 바꾸라고 말했는데, 이제는 사람이 아닌 물고기가 폴리우레탄을 몸속에 지니게 되었다."라고 말한다.

진짜 가죽의 지속가능성

매카트니의 제품 라인은 환경 운동가들의 회의론에 직면했을 뿐만 아니라 전통적인 가죽 제조 공정에서 친환경적인 변화를 유발하였다. 독창적 가죽 기술 전문가인 레이첼 가우드(Rachel Garwood)는 현대적인 무두질로 인해 천연 가죽이 더 환경 친화적이라고 말한다. 예를 들어, 점점 더 많은 제혁소들이 식물성 무두질을 사용하고 있으며 이는 전통적인 방법보다 훨씬 덜 유해하다. 가우드는 "화학 회사와 제혁업자가 가죽 제조 분야의 청정 기술과 윤리 준수를 위해 브랜드와 긴밀히 협력하고 있다."라고 말한다.

다른 가죽 회사들은 환경 보호를 위해 실험실을 사용하고 있다. 예를 들어, 모던 메도우(Modern Meadow)는 바이오 가공 기술(biofabrication)이 세포, DNA, 단백질로 직물을 만드는 방법이라고 설명하면서 자사를 '바이오 가공 기술' 회사라 홍보하였다. 모던 메도우의 실험실에서 만들어진 가죽은 동물과 사람의 피부를 구성하는 단백질인 콜라겐으로 구성된다. 모던 메도우의 제품은 외관, 촉감, 착용감이 가죽에 가까우며, 콜라겐으로 만들어졌기 때문에 틀림없이 진품일 수밖에 없다. 나아가, 바이오 가공 기술은 가죽 생산 및 분해 문제의 일부를 완화하였다.

매카트니는 가죽과 관련된 논쟁뿐만 아니라 다른 직물에 대한 우리도 해결하기 위해 계속해서 혁신하고 있다. 파리에서 열린 '2020 S/S 패션쇼'에서 그녀는 세계 최초로 '모피 없는' 모피를 선보였다. 이 혁신적인 소재는 플라스틱이 아닌 식물성 섬유와 재활용 폴리에스테르를 사용한다. 매카트니는 경쟁 플라스틱 브랜드보다 에너지를 30%, 온실가스를 63% 적게 사용한다고 주장한다. 모피 없는 모피는 수명이 다하면 재활용할 수 있기 때문에 매립되지 않는다.

환경 운동가들은 과연 만족할 것인가?

토론 문제

문제 해결 관점

1. 스텔라 매카트니의 관점에서 해당 사례의 근본적인 문제점은 무엇인가?
2. 이 문제의 주요 원인은 무엇인가?

적용하기

1. 시스템의 네 가지 요소를 활용하여 매카트니의 환경 문제에 대한 해결책을 찾고 근거를 들어 설명해 보자.
2. 증거 기반 경영은 매카트니의 제품이 기존 가죽보다 친환경적이라는 주장을 뒷받침하는가?
3. 매카트니는 공유 가치와 지속가능한 개발을 효과적으로 사용하는 리더의 예인가? 이유는 무엇인가?

순종하지 않는 직원

당신은 보험 업계의 한 회사의 부사장이며 5명의 관리자들을 감독하고 있다. 5명의 관리자들은 부서에서 일하는 다수의 직원들을 감독한다. 당신의 회사는 매출 성장 목표를 달성하는 데 어려움을 겪고 있으며, 당신의 상사인 사업본부장이 계획을 수립하기 위해 당신과 동료들을 회의에 소집하였다.

정리해고에 대한 이야기가 나오고 모든 부사장이 예산을 삭감하기로 동의하면서 회의는 불안한 방향으로 흘러가게 된다. 이는 당신과 동료들이 컨설턴트를 고용하거나 직원들을 교육시키기 위해 외부로 보낼 수 없음을 의미한다. 또한 인건비를 30만 달러까지 줄여야 한다. 이는 다시 말해 직원을 해고해야 함을 의미한다. 당신은 이러한 결정에 대해 당신이 감독하는 관리자들에게 정보를 전달하고 해고할 사람들의 목록을 작성하도록 요청하였다. 또한 당신은 성과가 정리해고의 대상자를 결정하는 데 핵심 기준이 되어야 한다고 말하였다.

2주 후, 당신이 감독하는 관리자 중 한 명이 걱정스러운 표정으로 사무실을 방문한다. 그는 당신이 감독 중인 다른 관리자 중 한 명인 짐(Jim)이 방금 본인이 담당하는 팀과의 팀 빌딩 세션을 이끌어 줄 컨설턴트를 다른 주에서 고용했다고 말한다. 이것은 상당한 출장비가 들었고 컨설턴트 비용은 예산을 훨씬 초과하였다. 또한 짐이 비용을 절감해야 하는 상황에서 팀 빌딩 출장을 진행한 것에 대해 다른 직원들이 불공평함을 토로하였다. 해고가 임박한 상황에서 팀 빌딩에 돈을 사용하는 것도 일관성 없는 태도였다.

짐을 제외한 모든 관리자는 정리해고와 관련된 직원들의 목록을 제출하였다. 당신은 왜 그가 그 일을 안 하는지 이해할 수 없다.

짐의 행동은 비용 절감에 대한 합의에 위반하는 행위이며, 당신은 그가 해고할 직원 명단을 제출하지 않은 것에 매우 화가 났다. 당신은 이러한 불복종에 대해 아직 그와 이야기해 보지 않았지만 앞으로 어떻게 해야 할지 고민하고 있다.

문제 해결

어떻게 행동할 것 같은가?

1. 짐을 만나 그의 행동에 대해 짚고 넘어간다. 더 이상의 불복종 행위는 해고로 이어질 것이라고 말한다. 해당 사건에 대해 큰 문제를 일으키지 않기 위해 HR 파일 문서에는 기록하지 않는다.
2. 짐을 해고 대상자에 포함시킨다. 회사는 퇴직금을 지불해야 하지만 회사를 상대로 소송을 제기할 가능성을 낮춘다.
3. HR 담당자에게 연락하여 짐을 해고할 수 있는 합법적인 방법에 대해 논의한다. 짐은 컨설턴트를 고용함으로써 명령에 불복종했고 해고자 명단을 제출하지 않음으로써 무책임하게 행동하였다. HR 팀이 동의한다면 짐을 해고할 것이다.
4. 짐을 저성과자 역량 향상 교육(performance improvement plan)에 등록시키고 질책한다. 이러한 계획은 향후 업무 수행을 위해 필요한 변화의 세부사항을 간략하게 설명하고 잘못된 결정을 보완할 기회를 제공한다.
5. 다른 안이 있다면 설명해 보자.

PART 02

경영 환경

CHAPTER 03

경영 환경과 윤리적 책임

학습 목표

1. 사람, 지구, 이익의 트리플 바텀 라인의 중요성을 설명한다.
2. 조직 내부의 주요 이해관계자들을 파악한다.
3. 조직 외부의 주요 이해관계자들을 파악한다.
4. 경영에 있어 윤리와 가치의 중요성을 설명한다.
5. 조직의 사회적 책임에 대한 개념과 역할을 설명한다.
6. 윤리적이며 사회적으로 책임 있는 조직의 기업 지배 구조를 설명한다.
7. 전문성과 직업 윤리를 개발하는 방법을 설명한다.

▶ 미리보기

사람, 지구, 이익의 세 가지 목표는 비즈니스의 성공에 대한 새로운 기준을 나타낸다. 이는 경영자가 만들어야 하는 새로운 세상과 내부 및 외부 이해관계자들을 포함하여 경영자에게 주어진 책임을 정의하는 데 도움이 된다. 3장에서는 경영자의 윤리적 · 사회적 책임과 기업 지배 구조의 중요성을 살펴보고, 전문성과 직업 윤리를 개발할 수 있는 방법을 알아본다.

성공 전략

비윤리적인 행동에 대응하는 방법

직원들의 50% 이상은 직장 내에서 비윤리적인 행동을 목격한 적이 있다고 말한다. 이는 직장 내에서 윤리를 위반하는 상황이 흔하며 커리어 중 비윤리적인 근무 환경을 접하게 될 가능성이 높다는 것을 의미한다.

안타깝게도 직장 내에서 비윤리적인 행동을 목격한 직원들의 1/3 이상은 자신의 목소리를 내는 것은 중요하지 않다고 생각하거나, 심지어는 옳은 일을 위해 나서는 것이 자신에게 문제를 일으킬까 두려워 아무 신고도 하지 않는다. 옳은 일을 하기 위해서는 용기가 필요하다. 룰루레몬(Lululemon), 앤 테일러(Ann Taylor), 코치(Coach), 네슬레(Nestlé USA), 도요타(Toyota), 킴벌리클라크(Kimberly-Clark) 등의 회사의 최근 채용 공고는 조직에서 용기를 낼 수 있는 직원들을 적극적으로 모집하고 있다.

용기 있는 행동이란 보복, 반감 또는 거절과 같이 개인에게 심각한 위험을 초래할 수 있음에도 불구하고 가치 있는 명분이라는 이름으로 의도적이고 고의적인 행동을 취하고 이를 지속하는 것을 의미한다. 직장 내에서 용감하게 행동할 수 있는 능력을 개발하는 방법은 다음과 같다.

위험이 적은 환경에서 연습하자.

임원 코치인 피터 브레그먼(Peter Bregman)은 두려워하는 일을 더 잘할 수 있는 가장 좋은 방법은 위험이 적은 환경에서 연습하는 것이라고 말한다. 스타벅스에서 어떤 음료가 제일 좋은지 등 일상적인 것에 대해 친한 친구와 토론하며 연습해 보자.

브레그먼은 연습할 때 발생하는 모든 불편함을 스스로 느끼라고 강조한다. 업무 상황에서 자신의 스킬을 적용하게 되었을 때 기존에 연습했던 경험이 있어 이러한 감정에 놀라거나 짓눌리지 않을 것이라고 말한다.

어려운 상황에 대비하자.

연구자인 데브라 코머(Debra Comer)와 레슬리 세케르카(Leslie Sekerka)는 추운 날 외출을 준비하는 것처럼 용감하게 행동할 수 있도록 준비할 것을 제안한다. 고난을 인내하려는 의지는 용감하게 행동하는 것의 일부이다. 용기는 일회성 개입이 아닌 일련의 용감한 행동을 요구하며, 이를 위해서는 순조롭거나 완벽하게 진행되지 않을 길고 불편한 여정에 대비해야 한다. 또한 저항하며 반대하는 조직의 반응에 직면하게 될 경우에 대해서도 계획을 세워야 한다.

용기 있는 행동 후 자기 조절을 실행하자.

어려운 여정을 예상하는 것이 겨울을 위한 따뜻하고 포근한 겹겹의 옷과 같은 역할을 한다면, 용기 있는 행동 후에 자기 조절을 하는 것은 속에서부터 따뜻하게 해 주고 잠시 휴식을 취한 후 눈 속으로 다시 나갈 힘을 주는 한 잔의 뜨거운 코코아나 수프와 유사하다. 다시 말해, 자기 조절 기법은 지칠 때마다 기운을 돋우고 상사나 조직의 반감에 직면했을 때 확신을 가지고 행동할 수 있는 에너지를 강화한다.

코머와 세케르카는 세 가지 자기 조절 실천을 추천한다.

- **자기 가치 확인** – 조직 내 다른 사람들이 반감을 표할 때 계속해서 진행할 수 있는 한 가지 방법은 과거의 성과를 떠올리는 것이다. 이는 지금까지의 삶에서 무엇이든 될 수 있다. 밀린 학교 과제를 모두 끝낸 것일 수도 있고, 어렸을 적 철자법 대회, 수영 대회 또는 토론 대회와 같은 경쟁에서 1위를 차지했던 것일 수도 있다. 성공을 떠올리는 것은 긍정적인 감정을 불러일으키고 다른 사람들이 당신의 도전에 저항할 때도 용기 있게 행동하도록 도와준다.
- **자기 연민** – 자기 자신을 강화하는 또 다른 방법은 조직의 지원 부족에 집중하지 말고, 경험에서 배울 수 있는 것에 집중하는 것이다. 부정적인 감정에 사로잡히게 하거나 미션을 포기하도록 하는 유혹을 피해야 한다. 대신, 같은 일을 경험한 친구를 대하는 방식처럼 자기 자신에게도 친절하게 대해야 한다. 자신이 '올바른' 일을 했으며 어떠한 좌절에도 적응할 수 있고 용감한 길로 앞서 나가갈 수 있음을 스스로에게 계속 상기시켜야 한다.
- **사회적 지원** – 용감한 행동을 지속하기 어려울 때는 나를 지지하는 사람들과 경험을 공유하자. 이러한 사람들은 동료, 조직 내 다른 사람, 친구나 가족일 수 있다. 기꺼이 나의 이야기를 경청하며 조언하고 격려한다는 것은 이미 내가 옳은 일을 하고 있다는 믿음을 입증해 주며 더욱 강해질 수 있도록 도와줄 것이다.

SECTION

01 비즈니스의 목적

많은 기업들이 사람, 지구, 이익을 나타내는 트리플 바텀 라인을 새로운 성공의 기준으로 고려하기 시작하였다. 물질적인 성공보다는 의미를 찾는 것에 더 관심 있는 젊은 직원들에게 많은 호응을 얻고 있다.

학습 목표

사람, 지구, 이익의 트리플 바텀 라인의 중요성을 설명한다.

사람, 지구 그리고 이익의 트리플 바텀 라인

지멘스(Siemens)의 CEO 바바라 험프턴(Barbara Humpton)은 최근 워싱턴 포스트 라이브 팟캐스트에서 "사회를 위한 가치를 창출하지 않는 회사가 존재해야 하는가?"라는 질문을 던졌다. 바바라 험프턴의 관점에서 돈을 번다는 것은 비즈니스의 목표 중 하나일 뿐이다. 또 다른 목표는 '트리플 바텀 라인(triple bottom line)' 중 두 가지 요소인 사회적 · 환경적 의식을 발전시키는 것이다. 사람(people), 지구(planet), 이익(profit)을 의미하는 트리플 바텀 라인은 조직의 사회적 · 환경적 · 재무적 성과를 측정한다. 이러한 기업 성과의 관점에서 조직은 직원과 더 넓은 공동체(사람)에 대한 책임을 가지고, 지속가능한 개발(지구)에 전념한다. 기업의 성과에는 오염 비용, 직원의 이직 및 재무적인 계산(이익)이 포함되며, 오늘날 많은 소비자들은 기업의 이러한 성과에 큰 관심을 가진다. 이러한 영역에서의 성공은 사회적 책임을 지는 프로그램을 실행하는 회사의 성과를 체계적으로 평가하는 사회 감사를 통해 측정될 수 있으며, 이 평가는 대부분 미리 정의된 목표에 기반한다.

지멘스는 트리플 바텀 라인을 지지한다. CEO인 바바라 험프턴은 2019 콩코르디아 정상 회담에서 사회를 위한 가치 창출을 위해 지멘스가 하고 있는 일에 대해 설명했다.

예를 들어, 미시간주의 트래버스시티에 있는 굿보울(The Good Bowl)은 사회적 책임을 다하는 미션으로 유명하다. 작은 베트남 레스토랑인 굿보울은 주문 받은 음식 하나당 1달러를 자선 단체에 기부하며, 고객은 어떠한 지역, 국가 및 자선 단체에 기부할 것인지 선택할 수 있다. 이 레스토랑은 2018년에 영업을 시작한 지 1년 만에 3만 달러 이상을 기부했다. 하와이에 있는 보석 회사 너들인더러프(Nurdle in the Rough)는 모든 제품을 해양 플라스틱과 재활용된 은으로 만든다. 소유주인 캣 크래빌(Kat Crabill)은 회사 수익의 10%를 하와이 야생동물 기금(Hawaii Wildlife Fund)에 기부한다. 그러나 트리플 바텀 라인은 소규모 회사에서만 시행되는 것이 아니다. 딜로이트(Deloitte) 글로벌의 CEO인 푸닛 렌전(Punit Renjen)은 "본질적으로 기업은 기업가 정신, 운영 능력 그리고 세계를 변화시키는 데 기여할 수 있는 능력 있는 인재를 보유하고 싶어 한다."라고 말한다. 예를 들어, 파타고니아(Patagonia)는 2018년 감면된 법인세 중 1,000만 달러를 환경 단체에 기부했다. 또한 사회적 미션을 관리하는 한 임원에 따르면, 벤앤제리스 아이스크림(Ben & Jerry's ice cream)은 세계적으로 유명한 기업 유니레버(Unilever)를 인수한 후 더 큰 영향력을 행사할 수 있었다고 한다. 새로운 CEO인 매튜 맥카시(Matthew McCarthy)는 아이스크림 브랜드의 사회적 영향력을 2배로 늘리겠다고 약속했기 때문이다.

젊은 직원들의 의미 추구

밀레니얼 세대들(1981년에서 1996년 사이 출생)과 Z세대들(1997년 이후 출생)은 트리플 바텀 라인에 큰 관심을 가진다. 이러한 젊은 직원들은 현재 미국 노동 인구의 1/3 이상을 차지하며 2029년까지 58%를 차지할 것이다.

1장에서는 경영자의 가장 큰 과제 중 하나가 행복한 삶 또는 의미 있는 삶을 위해 노력하든 둘 다를 위해 노력하든, 결론적으로 개인의 성공을 달성하기 위해 노력하는 것이라 설명하였다. 젊은 직원들도 이와 별반 다르지 않으며, 함께 일하고 기여하고 있는 조직에서 더 많은 것을 얻을 수 있기를 기대한다. 이러한 세대들은 이전 세대보다 더 큰 개인의 가치를 창출하는 의미 있는 직무 및 제품을 원한다. 밀레니얼 세대와 Z세대를 대상으로 한 딜로이트의 연구에 따르면, 응답자의 49%만이 비즈니스 리더들이 일반적으로 윤리적인 행동에 몰입한다고 답했으며, 55%만이 비즈니스가 전 세계에 긍정적인 영향을 미친다고 생각했다. 60% 이상은 대부분의 회사가 "돈을 벌고자 하는 것 이상의 야망을 가지지 않는다."라고 믿었다. 젊은 직원들은 물질적인 소유보다는 경험을 얻는 것을 더욱 중시했으며, 이는 기업이 소비자들을 대상으로 마케팅을 하고 직원들을 모집하는 방식에 영향을 미칠 것이다. 젊은 직원들은 일과 삶의 균형도 매우 중시하였다.

3장에서는 의미 있는 삶을 위한 두 가지 요소를 살펴본다.

- 경영 환경(조직 내외부 이해관계자들)에 대한 이해
- 경영자의 윤리적 · 사회적 책임

SECTION

02 조직 내부의 이해관계자

경영자는 조직 내부와 외부 두 가지 환경 속에서 조직을 운영하며, 이러한 환경은 조직의 활동에 의해 이해관계가 영향을 받는 사람들인 이해관계자들로 구성된다. 내부 환경은 직원, 소유주, 이사회로 구성된다.

학습 목표

조직 내부의 주요 이해관계자들을 파악한다.

주주와 임원만 회사에 책임이 있는가? 아니면 다른 집단도 그 책임이 동일하게 적용되는가?

조직에 대한 이해관계가 있는 모든 사람을 나타내기 위해서는 '주주'보다 더 포괄적인 용어가 필요하다. '이해관계자(stakeholder)'는 조직의 활동에 의해 이해관계에 영향을 받는 사람들을 나타내는 가장 적절한 단어이다.

내부 및 외부 이해관계자

경영자는 다양한 이해관계자들로 구성된 두 가지 경영 환경 안에서 조직을 운영한다(그림 3.1 참조). 이번 섹션에서는 내부 이해관계자들에 초점을 둔다.

내부 이해관계자

규모에 관계없이 조직 내에는 조직의 운영 방식에 대한 이해관계와 조직의 미래를 형성하는 힘을 가진 사람들이 있다. 이러한 내부 이해관계자는 직원, 소유주, 이사회로 구성된다.

직원 경영자로서 직원들과 지속적으로 갈등을 겪게 된다면 조직을 제대로 운영할 수 있겠는가? 이런 갈등은 회사의 성과를 저하시켜 모든 사람의 이해관계를 해칠 수 있다. 오늘날 많은 미래 지향적인 조직에서는 직원들을 가장 중요한 자원인 '인재'로 여긴다.

힐튼(Hilton)의 사장이자 CEO인 크리스토퍼 나세타(Christopher Nassetta)는 "우리는 사람을 위한 비즈니스를 한다. 우리 팀의 재능과 열정을 바탕으로 고객들에게 색다른 경험을 제공하는 비즈니스를 한다. 모두를 위한 뛰어난 직장 문화를 만들기 위해 끊임없이 노력한다."라고 말한다. 힐튼은 포춘의 2020년 '일하기 좋은 100대 기업'에서 1위를 차지했다. 최근 일하기 좋은 100대 기업(100 Best Companies to Work for) 설문에서 입증된 바와 같이 힐튼은 호텔 체인

그림 3.1 조직의 환경

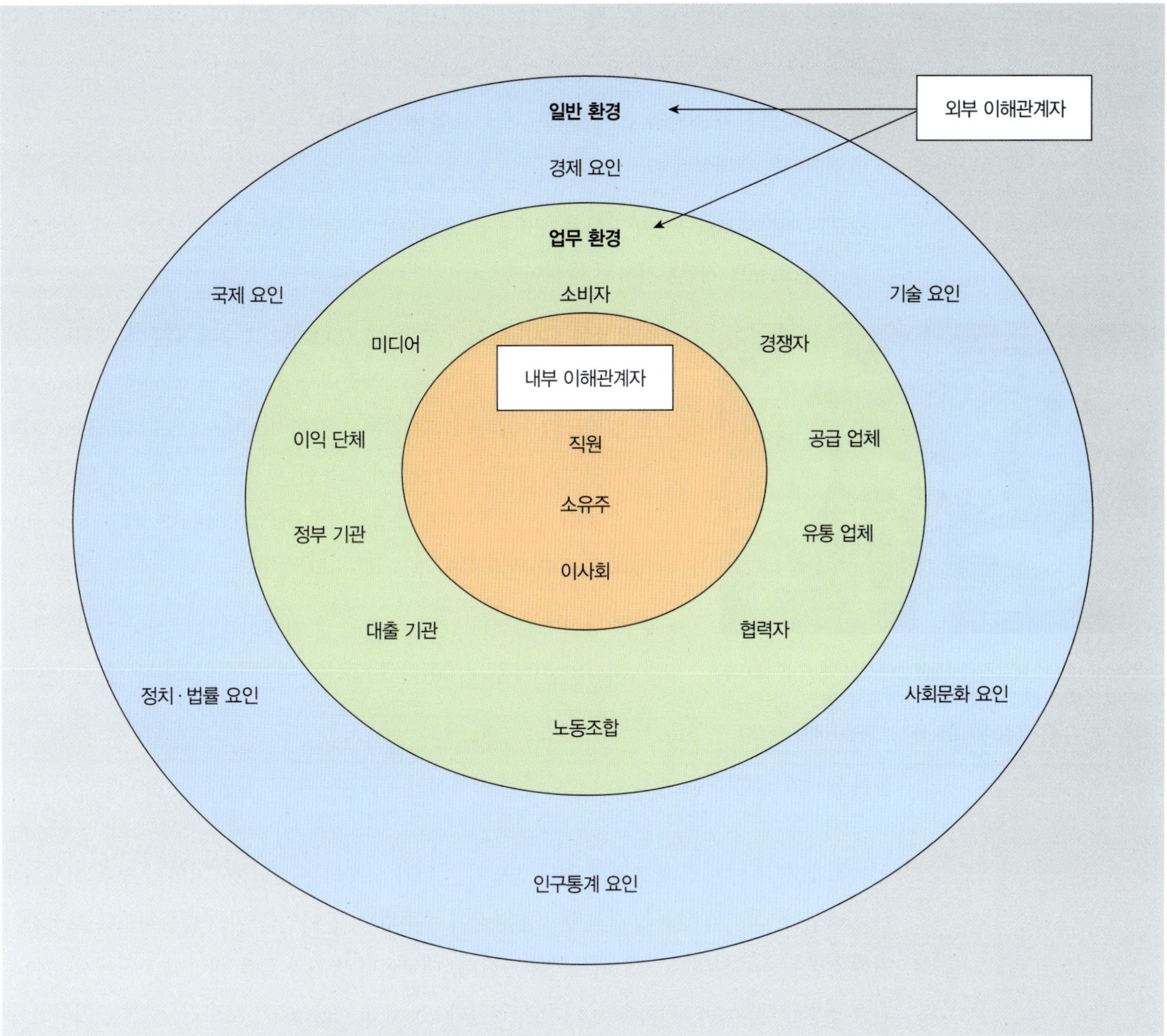

출처: Diverse Teams at Work by Lee Gardenswartz. Published by the Society for Human Resource Management.

직원들에게 최고의 대우를 한다. 해당 설문 조사에 따르면, 힐튼의 직원 중 96%가 힐튼은 일하기 좋은 곳이고, 97%가 입사할 때 환영받는 기분을 느낄 수 있었으며, 96%가 다른 사람들에게 힐튼에서 일하는 것이 자랑스럽다고 응답했다.

1장(경영자의 과제 #3)에서 살펴본 것처럼, 미래의 미국 노동 인력은 평소 익숙하게 접했던 것보다 훨씬 다양한 성별, 나이, 인종, 민족, 성적 지향성을 지닌 직원들로 구성될 것이다. 11장에서는 이에 대해 더 자세히 학습한다.

소유주 조직의 소유주들은 월마트(Walmart)의 주주들과 같이 조직을 법적 재산으로 주장할 수 있는 모든 사람들을 의미한다. 소유권에는 다음과 같은 다섯 가지 주요 유형들이 있다.

- **개인 사업:** 당신이 영리를 목적으로 하는 사회에서 1인 그래픽 디자인 회사를 혼자 운영하는 경우 소유주는 바로 당신이 된다. 이는 개인 사업을 의미하며, 현재 미국에는 1,700만 개 이상의 개인 사업이 존재한다.
- **합명회사:** 당신이 처남과 함께 인터넷 스타트업을 운영하고 두 사람이 모두 소유주라면 이는 합명회사의 형태이다.
- **소규모 개인투자자:** 당신이 자동차 대리점을 운영하는 가족 구성원이고 가족 모두가 소유주라면 이는 소규모 개인투자자의 형태이다.

퍼블릭스(Publix) 매장 관리자들이 함께 모여 이야기를 나눈 후 파이팅을 외치고 있다. 퍼블릭스가 직원 소유 형태의 미국 슈퍼마켓이라는 점에서 매장 직원들의 동기는 더욱 강화될 수 있다.

- **직원 소유 회사:** 당신이 연간 15,000배럴의 수제 맥주를 생산하는 애리조나주 투손 소재 바리오 양조회사(Barrio Brewing Company) 혹은 일리노이주 알톤 소재 알톤 철강회사(Alton Steel Company)처럼 절반 이상의 지분을 직원들이 소유한 회사에서 일한다면 당신은 공동 소유주 중 한 명이며 종업원지주제(Employee Stock Ownership Plan: ESOP)의 일부이다.
- **주주:** 당신이 GM과 같이 뉴욕 증권 거래소에서 주식이 상장되어 있는 회사의 주식을 구입했다면 당신은 수천 명의 소유주 중 한 명이자 주주이다.

물론 앞서 언급한 모든 예시에서 소유주의 명목적인 목표는 수익을 창출하는 것이다.

이사회 영리 또는 비영리 조직의 최고 경영자는 누가 고용하는 것일까? 기업의 경우 이사회에서 고용한다. 회사의 활동을 감독하고 경영진이 주주의 최대 이익을 위해 행동하도록 보장하기 위해 선출된 사람들의 집단을 이사회라 칭한다. 대학이나 병원과 같은 비영리 조직에서는 이사회를 평의원회(board of trustees)나 집행위원회(board of regents)라 부르기도 한다. 이사회 구성원들은 조직의 전반적인 전략적 목표를 설정하고 최고 경영진의 주요 결정과 급여를 승인하는 데 매우 중요한 역할을 한다.

대기업의 이사회는 8명 정도로 구성된다. 이들 중 일부인 사내 이사들은 회사의 최고 경영진 중 한 명일 수 있다. 나머지 구성원인 사외 이사들은 회사 외부에서 선출한다. 예를 들어, 페이스북(Facebook)의 이사회에는 내부자인 CEO 마크 저커버그(Mark Zuckerberg)와 COO 셰릴 샌드버그(Sheryl Sandberg)뿐만 아니라 페이팔(PayPal), 드롭박스(Dropbox), 제너럴 캐털리스트(General Catalyst) 등 외부 회사의 임원들도 포함된다.

이사회는 기업 전략 및 임원에 대한 보상을 결정하는 데 중요한 역할을 한다. 한 연구에 따르면 좋은 이사회를 보유한 회사는 "CEO에게 운에 따라 높은 보상을 지급하지 않는다."라고 한다. 성실한 이사회는 또한 자기 잇속만 차리는 CEO가 기업의 이익을 탐내는 것을 막는다. 일부 전문가들은 이사회 내의 균형을 갖춘 성별 구성이 '좋은' 이사회가 되기 위한 특징이라 말한다.

크레디트 스위스(Credit Suisse)의 최근 연구에 따르면, 이사회의 여성 구성원 수와 주가 및 수익 간에는 '강력한 상관관계'가 있었다. 또 다른 연구에 따르면, 성별 다양성이 높은 이사회일수록 부정행위를 저지를 가능성이 낮았다. S&P에 등록된 회사의 이사회에서 여성은 약 25% 정도만 차지하는데 이는 앞으로 분명 개선되어야 할 것이다.

섹션 06 '기업 지배 구조'에서 이사에 대해 더 많이 학습할 것이다.

SECTION

03 조직 외부의 이해관계자

조직의 외부 환경은 업무 환경과 일반 환경으로 구분된다. 업무 환경은 고객, 경쟁자, 공급 업체, 유통 업체, 전략적 제휴 업체, 근로자 단체, 지역 사회, 금융 기관, 정부 규제 기관, 특별 이익 단체로 구성된다. 일반 환경은 경제, 기술, 사회 문화, 인구 통계, 정치 · 법률 · 국제 요인으로 구성된다.

학습 목표

조직 외부의 주요 이해관계자들을 파악한다.

이번 섹션에서는 조직의 영향을 받는 조직 외부 환경의 사람 또는 집단인 외부 이해관계자로 구성된 외부 환경에 대해 살펴본다. 외부 환경은 다음과 같이 두 가지로 구성된다.

- 업무 환경
- 일반 환경

업무 환경

업무 환경은 조직과 주기적으로 상호 작용을 하는 10개의 집단으로 구성되는데 고객, 경쟁자, 공급 업체, 유통 업체, 전략적 제휴 업체, 직원 조직, 지역 사회, 금융 기관, 정부 규제 기관, 특별 이익 단체가 해당된다.

고객 앞서 다루었던 내용처럼 (비영리 단체 포함) 비즈니스의 첫 번째 법칙은 고객을 신경 쓰는 것이다. 고객은 조직의 제품이나 서비스를 사용하기 위해 비용을 지불하는 사람들이다. 대부분의 항공사, 은행, 케이블과 위성 서비스 제공 업체의 고객은 제대로 이루어지지 않는 고객 관계에 대해 불만을 느낀다. 그 이유 중 하나는 이러한 회사 중 상당수가 경쟁업체가 거의 존재하지 않아 고객 만족도를 신경 쓸 이유가 없기 때문이다. 페이스북(Facebook), 위워크(WeWork), 퍼시픽 가스 & 일렉트릭(Pacific Gas & Electric: PG&E), 보잉(Boeing), 프론티어 커뮤니케이션(Frontier Communication), 웰스파고(Wells Fargo), 쥴(Juul) 등은 '미국에서 가장 싫은 기업'들이다. 이런 회사들을 싫어하는 이유로 가장 많이 언급되는 내용은 페이스북의 데이터 문제, 위워크의 전임 CEO의 의심스러운 비즈니스 결정, PG&E의 캘리포니아 안전 규정 무시, 보잉의 장비 오작동 무시 등 윤리적인 문제이다.

경쟁자 경쟁자란 재능 있는 직원이나 원자재와 같이 고객이나 자원을 두고 경쟁하는 사람이나 조직을 의미한다. 그렇다면 과연 경쟁자가 존재하지 않는 곳에서 일할 수 있을까? 앞서 언급한 미국이 가장 싫어하는 기업들 중 일부는 경쟁자가 거의 없지만, 모든 조직은 아직 나타나지 않았더라도 가능성 있는 경쟁자들을 모두 찾아내야 한다.

아마존의 예: 급격한 디지털 혁신은 최근 몇 년간 식품 소매업계의 치열한 경쟁을 자극시켰다. 전자 상거래 소매업체인 아마존(Amazon)은 월마트, 타겟, 인스타카트 및 지역 슈퍼마켓과 경쟁하면서 프라임 회원들에게 무료로 제공 중인 아마존 프레쉬(Amazon Fresh) 식료품 배달 서비스를 빠르게 확장해 나가고 있다. 또한 아마존은 'just walk out technology(지하철 개찰구처럼 생긴 출입구에 스마트폰으로 QR코드를 찍고 들어가서 물건을 고르고 다시 개찰구를 통과해 나오면 계산되는 방식)'를 지원하는 장치가 부착된 카트, 카메라 및 기타 소프트웨어에 의존하며 계산원이 없는 식료품점(Amazon Go) 사업을 시작하였다.

공급 업체 공급 업체는 다른 조직에 공급품(즉, 원자재, 서비스, 장비, 노동력, 에너지)을 제공하는 사람이나 조직을 의미한다. 기업은 제품 개선 및 혁신을 위해 공급 업체에 도움을 요청할 수 있다.

베르너 패들의 예: 베르너 패들(Werner Paddle)은 탄소 섬유 강화 플라스틱으로 수제 카약 패들을 만든다. 이 회사는 부품을 구성하는 탄소 섬유가 아닌 제품의 외관 개선에 우선순위를 두기 위해 공급 업체인 카소 플라스틱(KASO Plastics)에 도움을 요청했다. 카소는 항공기 제조업체인 보잉과 협력하여 보잉 787 드림라이너의 폐품을 회수하는 RTP 컴퍼니(RTP Company)에서 만든 재활용 재료에 대해 조사하였다. 그 결과 추가 비용 없이 베르너가 원했던 미적 기준을 갖춘 '패들 블레이드(paddle blade)'가 탄생했으며, 환경을 의식하는 고객들에게 어필할 수 있는 재활용 콘텐츠도 포함되어 있다.

Larry Clouse/Shutterstock

베르너 패들. 카약 선수인 딜런 맥키니(Dylan McKinney)는 세계에서 가장 경쟁이 치열한 급류 타기 경주 중 하나인 제21회 연례 그린 레이스에서 베르너 패들을 사용하였다.

유통 업체 유통 업체는 다른 조직이 제품과 서비스를 고객에게 판매하도록 돕는 사람이나 조직을 나타낸다. 예를 들어, 잡지 출판사는 직접 잡지 판매대에서 잡지를 판매하지 않는다. 대신 유통업자나 도매업자들을 거쳐 잡지를 판매하다. 리조(Lizzo) 또는 빌리 에일리쉬(Billie Eilish)의 콘서트 티켓은 콘서트홀에서 직접 판매할 수도 있지만, 티켓마스터(Ticketmaster), 라이브네이션(LiveNation), 스텁허브(StubHub)와 같은 유통 업체를 통해서도 판매된다.

일부 산업(영화관 및 잡지 등)에서는 경쟁이 많지 않고 유통 업체가 제품의 최종 가격에 있어 상당한 권한을 가지기 때문에 유통 업체가 매우 중요하다. 하지만, 최근 인터넷의 대중화로 인해 휴대 전화 제조업체들은 '중개업자(유통 업체)' 없이 고객에게 직접 판매하기도 한다.

전략적 제휴 업체 제휴 기업은 전략적 이점을 실현하기 위해 다른 조직(심지어 경쟁 조직도 포함)과 자주 상호 작용을 한다. 전략적 제휴 업체라는 용어는 이익을 얻기 위해 힘을 합친 두 조직 간의 관계를 나타낸다. 전략적 제휴를 통해 기업은 비용과 위험을 공유하고 새로운 기술, 지식, 자본, 시장에 접근할 수 있다.

> **AES와 구글의 예:** 재생 가능한 에너지원으로서의 바람과 햇빛에 신뢰할 수 없다는 사람들의 관점은 전 세계적으로 청정 에너지를 공급하려는 노력을 좌절시키는 주요 요인이었다. AES는 최근 풍력 및 태양광 발전의 광범위한 확장을 촉진하기 위해 구글(Google)과 10년 동안의 전략적 제휴를 체결했다. 이는 구글 클라우드 플랫폼을 활용하여 대규모 재생 가능 에너지 도입을 관리할 수 있는 스마트 그리드를 설계하는 것이다. 사장이자 CEO인 안드레스 글루스키(Andrés Gluski)에 따르면, AES는 "세계에서 가장 큰 재생 에너지 해결책 제공 업체이자 개발자 중 하나"이다. 그는 "두 회사의 역량, 설치 공간, 경험의 공유로 더 우수하고 효율적인 에너지 해결책을 제공할 수 있을 것"이라고 설명하였다.

직원 조직 전미 자동차 노동조합(United Auto Workers)이나 전미 트럭 운전사 조합(Teamsters Union)과 같은 노동조합은 임금(wage)을 받는 노동자를 대표하는 경향이 있고, 미국 교육 협회(National Education Association)나 미국 신문 협회(The Newspaper Guild)와 같은 전문 협회는 봉급(salary)을 받는 근로자를 대표하는 경향이 있다.

최근 몇 년 동안 노동조합에 가입한 미국 노동력의 비율은 (1950년대 35%에서 2019년 10.3%로) 꾸준히 감소했다. 대조적으로, 유럽 연합에서는 노동자의 23%가 노동조합에 가입되어 있으며, 핀란드의 74%에서 프랑스와 리투아니아의 8%까지 다양하다.

지역 사회 지역 사회는 분명 중요한 이해관계자이다. 어떤 회사가 어떤 지역에 들어올 때뿐만 아니라 어떤 회사가 어떤 지역을 떠날 때도 공무원들은 이를 대체할 새로운 산업을 찾기 위해 안간힘을 쓴다. 학교와 지방 자치 단체는 조세 기반을 위해 회사에 의존한다. 가계와 상인은 생계를 위해 해당 회사의 직원 급여에 의존한다. 회사는 다양한 지역에 있는 지역 사회의 요구를 이해하고 충족시키는 데 시간과 자원을 투자해야 이로운 결과들을 얻을 수 있게 된다.

지역 사회가 새로운 일자리를 대가로 회사에 세금 감면을 제공하고 회사가 일자리를 제공하지 못하는 경우 이를 철회할 권리가 있는가? 또한 기업들은 세금 감면을 위해 이러한 요구를 받아들여야 하는가? 다음의 예를 통해 두 번째 질문에 대해 자세히 살펴보자.

지역 사회가 아마존에 제공하는 세금 우대 조치

아마존스피어스(Amazon Sphere)는 미국 시애틀의 벨타운(Belltown)에 있다.

아마존은 오하이오주에서 가장 큰 고용주 중 하나가 되었으며, 2019년 여름에는 오하이오주에 2개의 새로운 주문 처리 센터를 열어 주 전체의 아마존 주문 처리 센터 수를 최대 6개까지 늘릴 예정이라고 발표했다. 2016년부터 아마존은 오하이오주에 있는 시설에 대해 1,580만 달러 이상의 세금 공제를 받았다. 또한 아크론시는 아마존이 해당 시에 시설을 짓는 대가로 30년 동안 약 1,700만 달러의 세금 환급을 약속했다.

아마존의 세금 혜택은 오하이오주에만 국한되지 않는다. 실제로 아마존은 2019년 미국 전역의 유통 센터에서 받은 세금 혜택으로 최소 1억 7,190만 달러를 절약했다. 워싱턴 D.C.의 수석 정책 분석가인 아담 미셸(Adam Michel)은 "이러한 세금 혜택은 기업이 어떠한 주에 들어서고 나가는 것을 결정하는 데 중요한 고려 사항"이라고 말한다. 그는 "회사들이 다른 곳을 선택할 수 있는 대안이 있기 때문에 많은 지방 정부가 회사들을 자기 지역으로 유인하기 위해 달콤한 거래를 제안해야 하는 부담감을 느낀다."라고 덧붙였다.

지역 경제에 미치는 영향

아마존이나 다른 대기업들이 특정 지역에 창고와 유통 센터를 건설하도록 유인하기 위해 세금 혜택을 제공해야 한다고 주장하는 사람들에 따르면, 새로운 물리적 시설 건설이 분명 큰 경제적 이점을 가져온다고 한다. 아마존은 오하이오주에 있는 6개 시설을 통해 11,000개 이상의 일자리를 창출할 수 있다고 예상한다. 또한 일리노이주에서 2010년부터 지금까지 40억 달러 이상의 투자가 이루어졌다고 한다.

하지만, 모든 사람들이 세금 혜택이 일자리 창출과 지역 경제 활성화에 크게 기여한다고 동의하는 것은 아니다. 그리고 아마존이 뉴욕의 두 번째 본사를 철수하기로 한 악명 높은 결정(이는 34억 달러의 세금 혜택과 보조금을 의미)을 함에 따라, 최소 7개 주의 51명의 의원들은 세금 혜택을 불법화 하기 위한 법안을 마련하고 있다.

일부 경제학자들은 지역으로 들어오는 기업에 막대한 세금 우대 정책을 제공하는 것이 학교, 주택, 교통 시스템과 같이 더 중요한 요소들이 필요한 자원을 빼앗는 것이라 경고했다. 뿐만 아니라 이러한 시스템은 대규모로 유입되는 아마존 직원들을 수용하기 위한 개선에 많은 비용이 소모되기 때문에 결국 기존 기업과 개인 납세자들이 이 비용을 부담할 수밖에 없게 된다.

캘리포니아 산호세는 아마존의 두 번째 본사를 두고 경쟁하는 도시 중 하나였지만, 샘 리카르도(Sam Liccardo) 시장은 거대 전자 상거래 기업이 들어오더라도 절대 세금 혜택을 주지 않을 것이라고 단언했다. 여러 연구에 따르면 세금 혜택의 대가로 기업이 약속했던 지역 사회에 대한 기여를 제공하지 못하는 경우가 많았으며, 이는 고용 성장과 지역 경제에 큰 해를 끼치는 것으로 나타났다.

당신의 결정은?

아마존과 같은 대기업의 세금 감면 혜택이 지역 사회에 도움이 된다고 생각하는가? 이러한 회사들은 새로운 시설을 지을 때마다 세금 감면을 계속 받아야 할까? 이유는 무엇인가?

금융 기관 소기업을 시작하고 싶은가? 일반적으로 금융기관(은행, 저축 및 대출, 신용 조합)은 신생 기업에 대한 대출은 꺼려하지만, 신용 기록이 좋거나 주택과 같은 재산을 담보로 한다면 대출해 준다. 또한 벤처 캐피탈의 도움을 받을 수도 있다. 벤처 캐피탈은 위험도는 높지만 장기적으로 성장 잠재력을 지녔다고 판단되는 신생 기업 및 중소기업의 소유권 지분을 대가로 투자자가 자금을 투자하는 것을 의미한다.

우량 고객조차도 대출받기 어려웠던 금융 위기 동안 처음으로 크라우드 펀딩이라는 새로운 종류의 자금이 등장했다. 이는 웹 사이트를 활용하여 많은 사람들(크라우드, crowd)에게서 각각 적은 돈을 모아 프로젝트 또는 벤처 자금을 모금하는 것이다. 이는 킥스타터(Kickstarter)와 같은 웹 사이트에서 주로 진행된다. 크라우드 펀딩에 관해서는 10장에서 자세히 학습한다.

기존 회사들은 수익이 감소하는 상황을 극복하거나 자금을 확대하기 위해 종종 대출이 필요하며 상업 은행, 투자 은행, 보험 회사와 같은 대출 기관을 활용한다.

정부 규제 기관 앞서 언급한 집단들은 분명 조직 활동의 영향을 받기 때문에 조직의 외부 이해관계자로 분류된다. 그렇다면 정부 규제 기관(조직을 운영할 수 있는 기본 규칙을 수립하는 규제 기관)이 이해관계자로 간주되는 이유는 무엇일까?

여기서는 사업을 이행할 수 있는 조건을 규정하거나 금지할 수 있는 법적 권한을 지닌 기관이나 위원회 등이 포함된다. 그리고 지방 및 주 규제 기관 또는 (국제 무역 및 표준화 노력을 감독하는 세계 무역 기구와 같은) 외국 정부 및 국제기관이 포함될 수 있다.

이와 같은 정부 규제 기관들은 조직의 활동에 영향을 미칠 뿐만 아니라 조직의 영향을 받기 때문에 이해관계자로 분류된다. 예를 들어, 미연방항공국(Federal Aviation Agency: FAA)은 공중 충돌을 방지하기 위해 비행기가 서로 얼마나 멀리 떨어져 비행해야 하는지를 규정한다. 그러나 항공사가 특정 노선에 더 많은 항공편을 추가하려는 경우 이는 FAA의 책임이기 때문에 FAA에서는 더 많은 항공 관제관과 레이더 장치의 추가 설치를 고려해야 한다.

FAA의 예: 최근 몇 년 동안 FAA는 150만 개가 넘는 드론 사용을 규제하는 중책을 감당해야 했다. 새로운 규정은 더욱 정교한 식별 및 추적 시스템을 구현하고, 드론이 비행할 수 있는 위치를 엄격히 제한하며, 모든 드론 사용자가 항공 지식 및 안전 시험을 통과하도록 요구한다.

특별 이익 단체 특별 이익 단체는 구성원들이 특정 문제에 영향력을 행사하려는 집단으로, 이 중 일부는 실제로 회사에 영향을 미칠 수 있다. 그 예로는 동물보호단체(People for the Ethical Treatment of Animals), 음주 운전을 반대하는 어머니 모임(Mothers Against Drunk Driving), 전미 여성 기구(National Organization for Women), 미국 총기 협회(National Rifle Association) 등이 있다.

특별 이익 단체는 의원 선거 캠페인에 자금을 지원하고 공무원에게 편지를 쓰는 활동을 하거나 시위행진을 조직하여 정치적 영향력을 행사한다. 2019년 16세의 그레타 툰버그(Greta Thunberg)가 사상 최대의 기후 문제 관련 시위행진에서 전 세계 수백만 명의 학생, 노동조합 및 노동자들을 이끌었던 것이 예가 된다. 또한 일부 단체는 눈에 띄는 시각적인 집회를 열기도 한다. 버지니아주 의사당 근처에 모인 수천 명의 사람들이 군용 장비를 착용하고 권총과 소총을 든 채 총기 소유에 대한 권리를 옹호하기 위해 모인 것이 바로 그 예이다.

기후 변화 관련 시위행진. 환경 운동가 그레타 툰버그가 워싱턴 D.C.의 백악관 밖에서 기후 시위자들을 상대로 연설을 하고 있다.

총기 소지 권리를 위한 집회. 주 의사당에서 총기 소지를 제한하는 법에 반대하는 버지니아 시민들. 이 법안은 일부 지역에서 총기 소지를 금지하고 소유자의 신원 조사를 요구하는 내용을 담고 있다.

일반 환경

업무 환경을 넘어서는 일반 환경 또는 거시 환경도 존재한다.

일반 환경에는 경제, 기술, 사회 문화, 인구 통계, 정치 · 법률, 국제 요인이 포함된다.

일반 환경의 요인들은 장기적인 계획과 결정에 영향을 미칠 수 있기 때문에 경영자는 멀리 보며 이를 예의 주시해야 한다.

경제 요인 경제 요인은 실업, 금리, 무역 수지 등 조직의 성과에 영향을 미칠 수 있는 일반적인 경제 상황과 추세 등으로 구성된다. 이는 세계, 지역, 국가 모두에 영향을 미치며, 금융 위기 여파, 코로나 팬데믹에서 나타났듯이 어떠한 조직도 통제하기 힘들다.

- **실업.** 실업률이 증가하는 추세인가? 그렇다면 이는 채용할 수 있는 구직자가 증가했지만 지출할 돈이 있는 고객이 줄어들었음을 의미한다. 반면 실업률이 감소하면 (종종 더 많은 임금과 혜택을 제공함으로써) 최고의 인재를 놓고 경쟁해야 하지만 소비자들의 지출은 증가하게 된다. 미국의 실업률은 2019년 3.5%(50년 만에 최저)를 기록했으며, 코로나 팬데믹 동안 금융 위기 이후 최고 수준의 실업률을 기록했다.

- **금리.** 금리 상승은 새로운 상점을 열거나 새로운 공장을 짓기 위해 돈을 빌리려면 더 많은 비용이 드는 것을 의미한다. 연방준비제도(Federal Reserve)가 금리를 낮추면 중소기업들은 더

많이 성장할 기회를 얻게 된다.

- **무역 수지.** 무역 수지는 한 국가의 수입과 수출의 금전적 가치의 차이를 나타낸다. 수출보다 수입이 많으면 무역 적자가 발생하고, 수출이 수입을 초과하면 무역 흑자가 발생한다. 흑자라는 단어는 긍정적으로 들리고 적자라는 단어는 부정적으로 들리지만, 일반적으로 경제학자들은 무역 흑자를 본질적으로 좋은 것으로 여기지 않으며, 반대로 무역 적자를 본질적으로 나쁜 것으로 여기지도 않는다.

앞에서 언급한 세 가지 경제 요인 및 기타 경제 요인들은 조직에 큰 영향을 미치며, 경영자는 이를 각각 개별적인 지표가 아닌 하나로 고려하는 것이 매우 중요하다. 예를 들어, 고용주가 무역 분쟁, 경기 침체, 임금 인상을 어렵게 하는 기타 요인들을 두려워할 경우 실업률이 낮더라도 즉각적인 임금 인상을 기대하기는 어려울 수 있다.

기술 요인 기술 요인은 자원을 제품이나 서비스로 만드는 방법의 새로운 발전을 의미한다. 제품을 제조하고 서비스를 제공하는 방식은 최근 몇 년 동안 극적인 변화를 겪었으며, 기술력이 향상됨에 따라 앞으로도 계속 발전할 것이다. 7장에서 학습할 인공 지능과 같은 기술 요인들은 인간이 업무 공간에서 상호 작용하는 방식뿐만 아니라 필수적인 대인 상호 작용의 정도와 유형을 재정의하였다.

- **기술과 근무 방식.** 유연한 근무 방식은 젊은 직원들에게 매우 중요하다. 밀레니얼 세대와 Z세대는 기술과 함께 자랐으며, 생산성과 혁신이 항상 사무실에서의 대면 상호 작용이 필요한 것은 아니라고 생각한다. 실제로 원격 근무는 많은 조직에서 인재들이 더 이상 지리적 경계에 의해 제한되지 않는다는 것을 의미한다. 헤일로 탑 아이스크림(Halo Top ice cream)은 회사 사무실 없이 2013년 23만 달러에서 2018년 1억 달러로 매출 증가를 이루어 냈다. 회사의 모든 정규직 직원은 원격으로 근무하고 있으며 '슬랙 앱(Slack app)'을 사용하여 소통한다.

- **기술과 자동화.** 기술 혁신은 직장에서 요구되는 스킬의 유형을 계속해서 변화시키고 있으며, 고용주들은 변화에 필요한 다양한 스킬을 지닌 직원들을 찾을 수 있어야 한다. 기술 변화는 새로운 개념은 아니지만 전문가들은 자동화가 기술 변화를 전례 없는 속도로 이끌 것이라 예측한다. 로봇 공학과 인공 지능의 급속한 발전은 앞으로 육체 노동 및 기본적인 인지 스킬을 요구하는 경우는 줄고 고차원적 인지 처리, 전문적 스킬 및 소프트 스킬을 요구하는 경우가 증가할 것임을 의미한다.

다음 예를 통해 기술이 우리 삶을 어떻게 변화시켰는지 자세히 알아보자.

기술의 부정적인 측면

기술에 대한 중요한 사실은 서비스를 제공하고 받는 방법, 여행하는 방법, 예술을 경험하는 방법, 건강 관리 방법, 정보에 접근하는 방법 등에 급격한 변화를 가져올 것이라는 점이다.

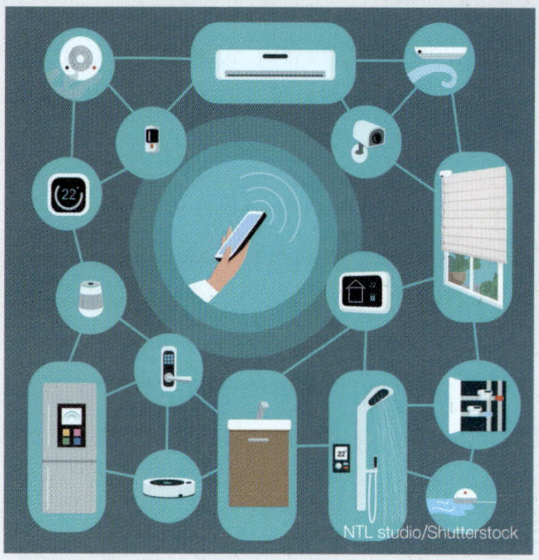

연결성과 취약성. 스마트폰을 통해 모든 기기를 제어할 수 있는 편리함에 대해 생각해 보자. 이러한 종류의 연결성은 데이터의 취약성에 대해 걱정하게 만드는가?

사물 인터넷. 사물 인터넷(Internet of Things: IoT)은 자동차, 냉장고, 가정용 보안 시스템, 온도 조절 시스템, 의료 기기, 전구, 심지어 어린이 장난감과 같이 스마트 기기라 일컫는 일상적인 기기들을 의미한다. IoT는 디지털 방식으로 연결되며 이를 통해서 데이터를 수신하고 공유할 수 있다. IoT는 과연 어떻게 작동할까? 예를 들어, IoT 냉장고는 저온 압축 주스가 부족하다는 것을 인지하고 슈퍼마켓에 주문하고 은행에 비용을 지불하도록 지시할 수 있다. 한 보고서는 2025년에는 이러한 장치가 전 세계에 750억 개 이상에 이를 것이라 설명했으며, 또 다른 보고서는 이 문장을 읽을 때쯤이면 미국에 6천만 개 이상의 '스마트' 홈이 있을 것으로 예측한다. 기업들도 이 기술을 채택하고 있으며 현재 최소 25%의 기업들이 스마트 기기를 사용하고 있다.

IoT를 통해서 일상생활과 직장 생활의 여러 측면을 디지털화 된 방식으로 제어할 수 있다. 즉, 우리가 살고 일하는 방식에 급격한 변화를 가져온 것이다. 그러나 이는 보안 및 개인 정보 보호의 측면에서는 큰 문제이며, 스마트 기기는 규제 기관이 따라잡을 수 있는 것보다 훨씬 더 빠른 속도로 가정과 기업에서 확산되고 있다. 다음은 IoT와 관련된 몇 가지 핵심 문제이다.

- **취약성.** 스마트 기기의 세상에서는 모든 것이 연결되어 있다. 예를 들어, '스마트' 혈당 측정기는 사용자의 휴대전화로 실시간 건강 데이터를 전송하며, 다양한 건강 앱을 이용하여 데이터를 수집하고 저장하며 사용한 정보를 통해 당뇨병 및 기타 질환이 있는 사람들이 건강에 문제가 발생할 경우 이를 알릴 수 있다. 이와 같은 연결성은 흥미롭게 보일지 몰라도 스마트 기술을 기존 컴퓨터보다 데이터 해킹에 더 취약하게 만든다. 혹자는 "당신의 스마트 초인종을 해킹하여 당신의 은행 계좌에까지 접속할 수 있다."라고 말한다.
- **정보 수집 동의.** 데이터가 불법 해킹으로부터 보호받는다고 하더라도 당신이 데이터 접속에 권한을 부여한 사람들의 경우에는 어떠할까? 새로운 스마트 기기를 등록하기 위해 앱을 다운로드 할 때마다 긴 '이용 약관'을 읽거나 훑어본 다음 '동의' 버튼을 누르게 된다. 데이터 보안 및 개인 정보 보호 강화를 위해 이러한 앱 내에서 다양한 권한을 설정했을 수도 있다. 하지만, 동의한 내용들을 전부 파악하고 있는가? 당신의 데이터에 누가 접근할 수 있는지 정말 알고 있는가? 한 연구에 따르면, 1,300개 이상의 안드로이드 앱이 사용자가 권한을 거부한 이후에도 사용자에 대한 데이터를 수집한다고 한다. 일부 스마트 기기를 통해 당신이 집에서 하는 모든 이야기를 타인이 들을 수 있다는 사실을 생각해 보면 이는 매우 중요한 문제일 수밖에 없다.

- **데이터 사용 목적.** 아마존의 링(Ring) 초인종은 현관문 주변에서 움직임이 감지되거나 누군가 초인종을 울릴 때마다 알려준다. 링 초인종은 밤낮으로 영상을 녹화하며 문 앞에 서 있는 사람과 대화를 할 수 있는 기능도 갖추고 있다. 하지만, 아마존이 500개 이상의 경찰서와 협력하여 경찰이 조사를 위해 영상을 요청하는 경우 자동으로 링 초인종을 통해 사용자들에게 요청 메시지를 보낼 수 있다는 사실을 알고 있었는가? 많은 시민 단체들은 아마존과 경찰 간의 협력 관계를 철회할 것을 요청하는 공동 서한을 발표했으며, 감시 상태의 생성과 경찰의 데이터 오용의 가능성에 대한 우려를 표했다. 아마존은 이제 고객이 링 초인종으로 녹화된 영상을 요청하는 경찰 알림 수신을 거부할 수 있도록 설정하였다.

블록체인을 통한 보안. 암호화된 디지털 원장 시스템인 블록체인은 곧 IoT의 일부가 될 것이라고 많은 사람들이 예상한다. 블록체인은 취약한 중앙 집중 형태를 갖춘 클라우드 서버의 필요성을 제거함으로써 IoT에 등록된 개인 데이터의 보안을 크게 향상시킬 수 있는 잠재력을 갖고 있다.

당신의 생각은?

IoT가 긍정적인 기술적 변화라 생각하는가? 그 이유는 무엇인가? 앞으로 사용자들의 데이터를 더 잘 보호하기 위해서는 어떻게 해야 할까?

사회문화 요인 사회문화 요인은 조직이나 산업에 영향을 미칠 수 있는 국가, 사회 또는 문화의 인간관계나 가치를 기반으로 한 영향이나 추세를 의미한다. 다음은 밀레니얼 세대와 Z세대가 사회문화 요인으로 영향을 받은 산업의 예이다.

- **자동차.** 자동차 소유 비용, 환경 문제 및 승차 공유 서비스의 보편화로 인해 젊은 세대들은 기존 세대들보다 자동차 소유에 대한 관심이 줄어들었다. BMW와 다임러(Daimler)와 같은 자동차 제조업체들은 승차 공유 서비스와 협력하여 이에 대응할 수 있는 방법을 강구하였다.
- **관광.** 젊은 직원들은 여행 산업에 활력을 불어넣을 주자들이다. 특히, 생태 관광(ecotourism), 즉 지속가능하고 환경을 고려하는 여행이 증가하고 있으며, 한 연구에 따르면 밀레니얼 세대의 41%가 생태 관광 휴가를 예약하고 싶어 하는 것으로 나타났다.
- **결혼식.** 밀레니얼 세대와 Z세대는 어린 나이에 결혼해야 한다는 전통적인 사회적 압박을 경험하고 있지 않으며, 대부분의 사람들은 늦은 나이에 결혼할 것으로 예상된다. 혼수 리스트도 변화하고 있으며 여행과 같은 선물이 접시나 유리잔보다 인기를 끌고 있다.

마리화나 흡연은 또 다른 사회문화 요인이다. 현재 미국의 33개 주에서는 의학적인 이유로, 11개 주와 워싱턴 D.C.(그림 3.2 참조)에서는 오락용으로 마리화나가 합법화되어 있으며 미국 성인의 약 2/3가 합법화를 지지하고 있다.

문화가 생활 방식의 변화, 특히 건강에 대한 접근 방식의 변화를 가져왔을 때 산업 전체가 흔들리기도 하였다. 홍역, 백일해, 유행성 이하선염과 같은 일부 살인적인 질병들은 백신 반대 운동으로 인해 다시 등장하고 있다. 하버드에서 실시한 한 연구는 2030년에는 미국 인구의 거의 절반이 비만일 것이라 예측했으며 비만율이 증가하고 있다고 밝혔다. 의료 전문가와 조직은 비만 치료와 관련된 의료 비용 상승에 대해 우려하고 있다. 비만인들의 의료비는 정상 체중의 사람들보다 1,429달러 더 높을 것으로 예상된다.

그림 3.2 마리화나가 합법인 미국 주

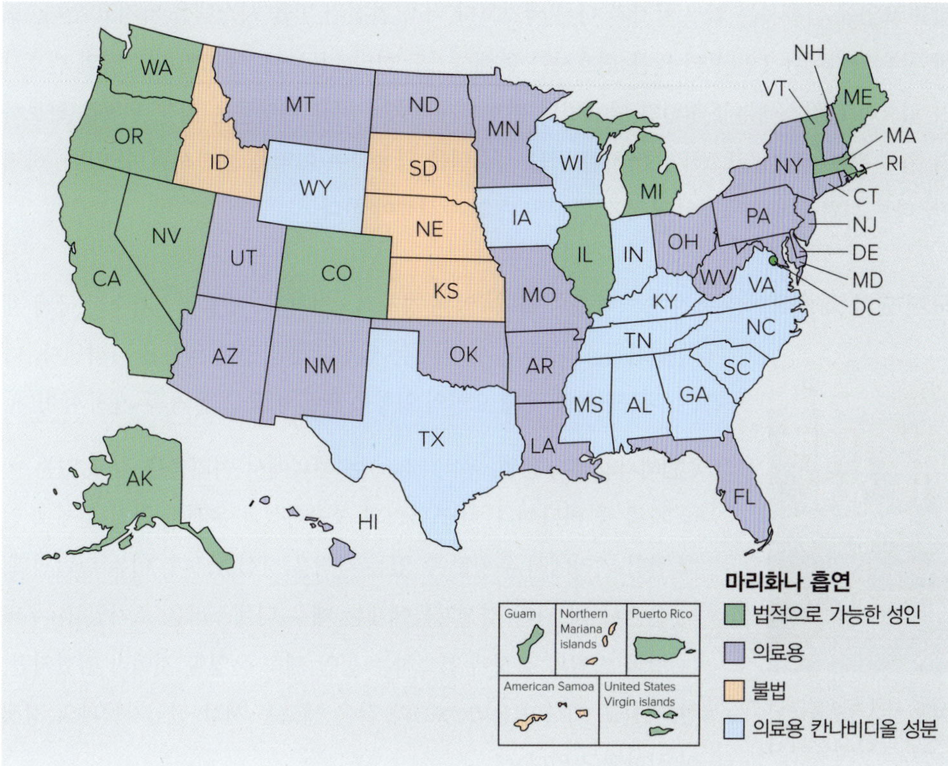

출처: "State Medical Marijuana Laws," National Conference of State Legislatures, October 16, 2019, https://www.ncsl.org/ research/health/state-medical-marijuana-laws.aspx.

인구통계 요인 인구통계는 고대 그리스어 '사람(demos)'에서 파생되었으며 인구와 관련된 통계에 대해 다룬다. 연령, 성별, 인종, 성적 취향, 직업, 소득, 가족 규모 등은 특정 집단을 측정하는 데 사용되는 인구통계 특징이다. 인구통계 요인은 연령, 성별 또는 민족과 같은 인구 특징의 변화로 인해 조직에 미치게 되는 영향을 의미한다.

1장에서는 다가오는 인종 및 민족의 다양성 변화에 대한 몇 가지 사례들을 살펴보았다. 최근에는 다른 변화들도 나타나고 있다. 다른 인종 간 결혼이 증가하고 있으며, 출생률은 32년 만에 가장 낮았고, 이혼율은 감소했다. 동성 결혼에 대한 지지는 꾸준히 증가하는 추세이며, 최근 연구에 따르면 동거하는 동성 커플의 대다수가 현재 결혼까지 한 것으로 나타났다. 현재 많은 기업들은 인력의 다양성 증가를 지원하기 위해 최고 다양성 책임자를 두고 있다. 다양성과 관련된 문제는 9장에서 자세히 살펴본다.

정치 · 법률 요인 정치 · 법률 요인은 정치가 법률을 형성하는 방식과 법률이 조직에 기회를 부여하거나 위협을 가하는 방식의 변화를 나타낸다. 미국에서 현재 가장 지배적인 정치적 견해는

1장 및 앞으로 다루는 〈학습 모듈 1〉에서 설명하는 바와 같이 정부가 환경 및 지속가능한 개발 문제를 다루는 방식에 반영된다. 예를 들어, 정부는 민족주의와 고립주의라는 주제를 쫓아야 하는가? 공공 토지에서 석탄 채굴은 허용되어야 하는가? 공적 자금은 기후 변화와 해양 온난화에 어떻게 사용되어야 할까?

법률 요인에 관해서는 일부 국가가 다른 국가보다 더욱 발전된 법률 시스템을 가지고 있다. 또한 일부 국가에는 1인당 더 많은 변호사가 존재하기도 한다(미국에는 300명 당 1명의 변호사가 있으며 프랑스에는 1,400명 당 1명의 변호사가 존재). 미국 기업들은 경쟁 우위를 확보하기 위해 경쟁자들을 고소하는 것처럼 법률 시스템을 활용하여 이익을 증진시킬 수 있다. 하지만, 다른 사람들에게 똑같이 당하지 않도록 예의 주시해야 한다.

국제 요인 국제 요인은 조직에 영향을 미칠 수 있는 경제적 · 정치적 · 법률적 · 기술적 국제 체제의 변화를 의미한다. 이 범주는 엄청나게 다양한 영향을 나타낸다. 다음은 주목해야 할 국제 요인의 영향을 받은 미국 기업의 두 가지 예이다.

우버는 런던에서 비우호적인 세력을 만났다. 사진 속 인물은 런던에서 우버 운영을 반대하는 항의에 동참한 약 8,000명의 런던 블랙 캡(London Black Cab) 운전자들 중 한 명이다.

- **런던에서의 우버 운영.** 우버(Uber)는 해외에서 어려움을 겪고 있는 미국 기업 중 하나이다. 비즈니스의 불규칙성과 운전자 안전 문제로 인해 런던 거리에서 운행될 수 있는 자격을 상실했으며, 이는 런던의 택시 운전사 및 기타 경쟁자들에게는 매우 다행스러운 조치였다. 우버는 영국 법원의 결정에 항소하는 동안 계속 운영할 것이라 밝혔지만, 현재 인도 회사인 올라(Ola)와 같은 새로운 시장 진입자들과의 경쟁이 심화되고 있다.
- **사우디아라비아에서의 아마존.** 아마존의 CEO 제프 베조스(Jeff Bezos)와 사우디 왕세자 모하메드 빈 살만(Mohammed bin Salman)은 상호 간의 이익을 가져올 수 있는 비즈니스 거래를 위해 일하면서 친구가 되었다. 아마존은 사우디아라비아에 대규모 데이터 센터를 설립하여 중동에서 입지를 구축하고 왕세자는 더 많은 외국인 투자를 유치하였다. 두 사람은 왓츠앱(WhatsApp)을 통해 의사소통했으며 최근 포렌식 분석에 따르면 빈 살만의 계정은 2018년에 베조스의 휴대 전화에 스파이웨어를 심어 6GB 이상의 데이터를 빼간 것으로 밝혀졌다. 관계자들은 빈 살만이 베조스가 현재 소유하고 있는 워싱턴 포스트(Washington Post)에서 자신과 사우디아라비아가 언론인 자말 카쇼기(Jamal Khashoggi) 살해와 관련 있다는 기사를 발표한 후 베조스를 대적할 용도의 정보를 찾은 것이 아니냐고 추측하고 있다.

마음에 새겨야 할 또 다른 점은 다른 국가 및 문화를 다룰 때 유연성이 반드시 필요하다는 것이다. 질문을 하거나 요청하지 않은 의견을 표현하는 것과 같은 미국 직원들에게 습관적인 행동들은 이러한 행동들을 부담스러워 하는 해외의 새로운 상황에 맞게 조정될 필요가 있다. 동시에 뇌물 수수 및 선물 제공과 같은 윤리적으로 비난받아야 하는 행동은 서로 다른 문화에서 서로 다른 의미를 지닐 수 있다. 이는 상대하고 있는 국가에 대해 최대한 많이 배우는 것만큼 더 좋은 것이 없다는 것을 입증하는 한 예이다.

SECTION

04 경영자에게 요구되는 윤리적 책임

경영자는 윤리와 가치를 구성하는 요소, 윤리적 딜레마에 대한 네 가지 접근법 및 조직이 윤리를 촉진할 수 있는 방법에 대해 인지해야 한다.

학습 목표

경영에 있어 윤리와 가치의 중요성을 설명한다.

1장에서 언급했듯이 경영자의 주요 과제 중 하나는 윤리 기준을 관리하는 것이다. 비즈니스에서의 윤리적 갈등은 대부분 경제적 성과와 사회적 성과 사이에서 결정해야 할 때 발생하는데 이를 윤리적 딜레마라고 한다. 윤리적 딜레마는 비윤리적이거나 심지어는 불법이더라도 개인 또는 조직에 기여할 수 있는 행동이라면 추구해야 하는지에 대해 고민하는 상황이다. 예를 들어, 매사추세츠 공과 대학교(Massachusetts Institute of Technology: MIT)는 20년 동안 억만장자인 제프리 엡스타인(Jeffrey Epstein)에게 80만 달러의 기부금을 받은 것이 드러났다.

엡스타인이 2019년 성매매 혐의로 기소되었을 때 MIT 총장 라파엘 레이프(L. Rafael Reif)는 대학은 그 기부금을 쓰지 않고 성폭력 피해자들을 위한 자선 단체에 80만 달러 전부를 기부할 것이라 밝혔다. 폭스바겐(Volkswagen)과 관련된 다음 사례를 살펴보자.

테스트를 통과하지 못한 폭스바겐

미국 환경보건국(Environmental Protection Agency: EPA)은 혼란스러운 결과를 얻은 연구자들의 조언을 토대로, 2014년 폭스바겐이 미국에서 판매된 50만 대 이상의 디젤 승용차에 의도적으로 부정 소프트웨어를 설치했다는 사실을 발견했다. 이 소프트웨어는 차량의 컴퓨터가 유해 배기가스 테스트가 작동 중인지 감지할 수 있도록 하였으며, 이 소프트웨어가 작동할 경우 (연기 및 폐암과 직결되는) 질소 산화물(nitrogen oxide: NOx)을 인위적으로 감소시키는 주행 모드로 전환하여 차량이 테스트를 통과할 수 있도록 하였다. 도로로 돌아오면 컴퓨터는 다시 주행 모드를 조정하여 회사에서 선전하는 동력과 주행 거리를 운전자들이 경험할 수 있도록 했으며, 이 과정에서 일부 자동차들은 법적 허용량의 40배 이상을 배출하였다. 이는 전 세계적으로 판매된 폭스바겐의 다른 자동차 천만 대 이상에서도 발견되었다.

어떻게 유명하고 성공적인 회사가 "진정한 비즈니스 불법 행위"를 저지를 수 있는가? 질소 산화물에 대한 보다 엄격한 통제는 1999년에 본격적으로 시행되었다. 이러한 통제를 충족할 수 있는 방법에는 두 가지가 있었는데, 폭스바겐은 비용이 더 많이 드는 자동차 내부 재설계가 아닌 다른 방법을 택했다. 이는 올바른 비즈니스 결정처럼 보였으나 부작용으로 폭스바겐의 새로운 질소 산화물 제어 장치는 회사가 광고하는 연비를 크게 감소시켰다. 배기가스 테스트를 위조하기 위해 자동차를 조작하려고 결정한 것은 이 시점이었다.

불법 행위에 대한 목소리. 그린피스의 회원들이 런던 왕립사법재판소 앞에서 폭스바겐의 부정행위를 규탄하는 팻말을 들고 있다.

최악의 결과. 폭스바겐은 배기가스 스캔들로 인해 수십억 달러의 벌금과 위약금을 물어야 했으며, 여러 징역형 죄목들을 얻게 되었고, 해마다 계속해서 소송에 시달리게 되었다. 폭스바겐의 비윤리적 의사 결정이 여러 국가에 초래한 결과는 다음과 같다.

- **미국.** 폭스바겐에 대한 미국 정부의 소송으로 회사는 330억 달러의 벌금과 배상금을 지불했으며 민형사상의 처벌을 받게 되었다. 8명의 고위 간부들은 범죄 혐의로 기소되었으며 2명은 징역형을 선고받았다.
- **독일.** 독일에 지불해야 하는 벌금은 총 12억 달러였으며 2019년 독일 검찰은 폭스바겐의 CEO 헤르베르트 디스(Herbert Diess), 한스 디터(Hans Dieter) 회장, 전임 CEO 마틴 빈터콘(Martin Winterkorn)을 2015년 스캔들에 대한 뉴스를 투자자들에게 숨기기 위한 시장 조작 혐의로 기소하였다. 2020년 1월 14일 폭스바겐은 자사가 기록적인 연간 매출을 달성했다고 발표한 날, 독일 검찰이 스캔들 관련 사기죄로 경영진 6명이 기소했다는 소식을 접하게 되었다.
- **캐나다.** 2020년 1월, 캐나다 검찰은 폭스바겐에게 2억 5,830만 달러의 벌금을 지불하라고 명령하였다.

당신의 결정은?

폭스바겐 경영진이 직면한 근본적인 윤리적 딜레마는 무엇인가? 폭스바겐이 경제적 성과와 사회적 성과 간의 균형을 얼마나 잘 관리하고 있다고 생각하는가? 어떻게 나아질 수 있는가?

최근 1,001명의 임원 및 채용 담당자들을 대상으로 한 조사에 따르면, 윤리적 딜레마를 해결하는 것은 매우 중요한 스킬이다. 응답자의 77%는 윤리적 판단과 윤리적 의사 결정이 대졸 취업자들에게 요구되는 스킬 중 하나라고 말했다. 안타깝게도, 설문 조사에 참여한 임원 및 채용 담당자들 중 오직 43%만이 대학생들이 이 두 가지 스킬을 발휘할 준비가 되어 있다고 생각했다. 이 스킬을 개발할 수 있도록 이 책은 각 장의 마지막에 〈윤리적 · 법적 딜레마〉 문제를 해결할 수 있는 사례를 제공한다.

윤리와 가치의 정의

윤리 준수 이니셔티브(Ethics & Compliance Initiative: ECI)의 보고서에 따르면, 설문 조사에 참여한 미국 근로자들의 47%가 직장에서 윤리적인 위법 행위를 목격한 것으로 나타났다. 안타깝게도 응답자의 63%는 이러한 행동들이 경영 권한을 가진 사람들이 저지른 것이라 답했다. 사람들은 대부분 '윤리'와 '가치'가 무엇을 의미하는지 알고 있다고 생각한다.

윤리 윤리는 행동에 영향을 미치는 옳고 그름의 기준이다. 이러한 기준은 국가와 문화에 따라 다를 수 있다. 윤리적 행동은 일반적인 기준에 따라 '그른' 것이 아닌 '옳은' 것으로 받아들여지는 행동을 의미한다.

때로는 어떤 것이 옳고 어떤 것이 그른지 판단하기가 어렵다. ECI가 제작한 18개국 18,000명 이상의 직원들을 대상으로 한 설문 조사는 윤리적 위법 행위로 간주되는 가장 일반적인 직장에서의 여섯 가지 행동들을 파악함으로써 이 문제를 명확히 하는 데 도움을 주었다(그림 3.3 참조).

1. **이해관계 상충.** 이해관계 상충은 본인 혹은 가족이나 친구에게 이익이 될 가능성이 있어 본인이 대표하는 조직을 위한 최선의 결정을 내리지 못할 때 발생한다. 이해관계의 상충은 종종 한 조직의 직원이 다른 조직에서 뇌물을 받을 수 있는지 여부와 관련이 있다.

그림 3.3 직장내 비윤리적 행동에 대한 글로벌 비율의 평균

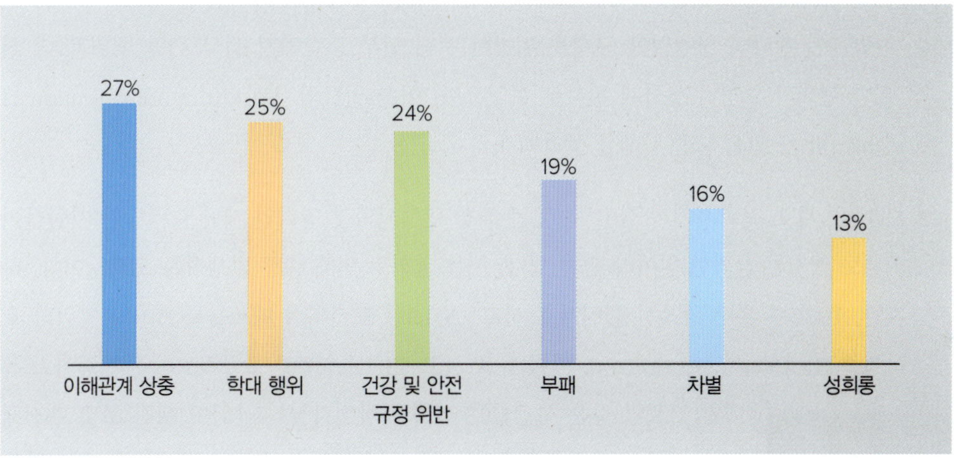

출처: Ethics & Compliance Initiative, "2019 Global Business Ethics Survey: Workplace Misconduct and Reporting—a Global Look," 2019, https://43wli92bfqd 835mbif2ms9qz-wpengine .netdna-ssl.com/wp-content/ uploads/Global-Business-Ethics- Survey-2019-Third-Report-1.pdf.

제약 업계의 예: 제약 회사가 특정 약물을 처방하기 위해 의사에게 돈을 지불하는 것은 불법이다. 그러나 의사는 상담과 강연에 대해서는 합법적으로 돈을 받을 수 있다. 비영리 단체인 프로퍼블리카(ProPublica)가 2014년부터 2018년까지 실시한 연구에 따르면, 2,500명의 의사들이 이런 방식으로 제약 및 의료 기기 회사에서 각각 최소 50만 달러를 받았고 700명 이상의 의사들이 최소 100만 달러를 벌었다고 한다. 이 같은 행동은 약물 판매에 영향을 미치는 비윤리적인 행동인가? 해당 의사들은 뇌물을 받고 있는 것인가, 아니면 단순히 의학 지식을 공유함으로써 공정한 보상을 받는 것인가? 합법적인 사업 관계와 이해관계의 상충의 차이를 구분하기 어려운 경우는 많이 있다.

2. **학대 행위.** 학대 행위란 다른 사람을 위협하거나 겁을 주며 적대적인 업무 환경을 만드는 데 일조하는 행위를 나타낸다. 비인격적인 감독(abusive supervision)은 직장에서 발생하는 학대 행위의 한 예로, 이는 관리자가 부하 직원들에게 언어적 혹은 비언어적 적대감을 반복적으로 보일 때 발생한다. 비인격적 감독에는 관리자와 부하 직원 간의 신체적 접촉은 포함되지 않으며, 공개적으로 부하 직원에게 굴욕감이나 모욕감을 주고 고함을 지르며 무시하는 행동이 여기에 해당된다.

   비인격적 감독의 예로는 괴롭힘, 뒷담화, 험담 등이 있으며, 반복적으로 사람들을 '패자', '바보', '쓸모없는'이라 부르는 것도 여기에 포함된다. 이러한 유형의 행동들은 직원의 자존감, 참여, 직무 만족, 성과를 저하시키고 비생산적인 행동으로 이어진다. 직원이 이렇게 비인격적인 감독을 하는 관리자에게 보복하는 한 가지 방법으로는 회사의 자산을 훔치는 것이 있다. 14장에서는 비인격적 감독에 대해 더 자세히 살펴본다.

3. **안전 규정 위반.** 직무에 따라 안전하고 건강한 행동을 규정하는 규칙이 다르다. 예를 들어, 병원에서는 직원들이 손을 깨끗이 자주 씻어야 한다. 건설 현장에서는 안전모, 고글, 안전화를 반드시 착용해야 한다. 전문가들은 사고와 부상의 주요 원인을 시간이 지나면서 건강 및 안전 규정을 위반해도 된다는 과신이라 입을 모아 이야기한다. 우주 왕복선 챌린저호 사고와 그 이후 발생한 수많은 사고에 대해 연구한 유명한 사회학자 다이앤 본(Diane Vaughan)은 사람들이 결과와 상관없이 규칙을 위반하는 데 너무 둔감해져 결국 위반 행위를 더 이상 위반 행위라 느끼지 못하게 된다고 보았으며, 이를 일탈의 정상화(the normalization of deviance)라 칭했다. 다음 사례를 살펴보자.

   - **치명적인 사고.** 교과서에서 접할 수 있는 직장 내에서의 치명적인 재난은 악랄한 사람들이 고의로 저지른 끔찍한 일이라 믿기 쉽다. 이는 영화로 인해 종종 발생하는 오해들이다. 하지만, 1986년 우주 왕복선 챌린저호 사고, 2010년 브리티쉬 패트롤륨(BP)의 딥워터 호라이즌(BP Deepwater Horizon) 기름 유출 사고, 2018년 퀸튼 오클라호마주 천연가스 폭발 사고와 같은 사건들은 실제로 작업자들이 균열이 생긴 로켓 추진체나 시끄러운 경고음 등에 너무 익숙해졌기 때문에 발생했다. 작업자들은 이를 무시하며 안전 위반 항목에 등록하지 않았다. 심리학자이자 사고 조사자인 시드니 데커(Sidney Dekker)는 인터뷰에서 "대형 사고는 주로 수십 가지의 작은 요인에서 발생한 결과이다. 직원들과 경영자의 잘못된 가정, 작고 미묘한 결함이 있는 결정, 일상적인 기계적 또는 디지털 결함 등이 그 예이다. 개별적으로, 이러한 업무들은 일선에서 일하는 사람들에게 딱히 특별할 것이 없다. 그저 또 다른 하나의 일상 업무였을 뿐이다. 이 도미노가 어떻게 무너지는지는 사고가 발생한 이후에야 알 수 있다."라고 말했다.

안전 규정 위반이 퀸튼의 천연가스 폭발을 야기하였다. 레드 마운틴 에너지(Red Mountain Energy), 패터슨-UTI 에너지(Patterson-UTI Energy) 및 내셔널 오일웰 바르코(National Oilwell Varco)를 상대로 제기된 소송에서 법원은 피해자 5명 중 2명의 가족에게 각각 1천만 달러를 배상하라는 판결을 내렸다.

4. **부패.** 부패는 어떤 개인이 자신의 이익을 위해 조직에서 위임받은 힘을 사용할 때 발생한다.

부패 방지법이 많이 존재하지만, 뇌물 수수와 같은 부패 행위는 여전히 전 세계적으로 중요한 문제이다. 하버드 비즈니스 리뷰의 최근 보고서에 따르면, 부패는 연간 세계 경제의 최대 2조 달러에 이르는 것으로 나타났다. 저자인 라비 벤카테산(Ravi Venkatesan)과 레슬리 밴턴(Leslie Benton)은 기업 부패가 전 세계적으로 만연하고 있으며, 적극적으로 이에 맞서 싸우는 기업만이 경쟁 우위를 점유할 수 있다고 보고했다. 에티스피어 인스티튜트(Ethisphere Institute)에서 실시한 연구에 따르면, 강력한 부패 방지 프로그램을 갖춘 상장 기업은 5년 동안 경쟁사보다 10.5%에서 14.4% 더 높은 성과를 거둘 수 있는 것으로 나타났다.

5. **차별.** 성별, 국적, 인종, 종교, 연령 또는 성적 지향성을 포함하여 보호받아야 할 직원들의 지위 계층을 바탕으로 고용 결정을 내리는 것은 대부분의 경우 차별을 포함한다. 보호받을 계층에 속하는 것이 '진정 직업 자격(bona fide occupational qualification)'이라 알려진, 직무 성과와 직접적으로 관련 있을 때와 같은 몇 가지 예외가 있지만, 대부분의 경우에는 하나 이상의 보호 계층에 속해 있는 구성원들의 자격은 직무 성과와 큰 관련이 없으며, 채용, 해고, 임금 인상이나 승진과 같은 결정을 내리는 데 이용되어서도 안 된다.

   평등고용기회위원회(Equal Employment Opportunity Commission: EEOC)와 그 협력 기관은 매년 10만 건 이상의 직장 차별 사건을 처리하지만 근로자의 18%만이 도움을 받는다. 또한 2010년부터 2017년 사이의 EEOC 자료에 따르면, 이러한 차별에 대해 불만을 제기한 근로자들의 40%가 회사에서 보복을 당했다고 한다.

6. **성희롱.** 성희롱에는 다양한 형태가 있다. 여기에는 자발적인 의지로 상사와 성행위를 하려는 부하 직원의 결정 역시 포함된다. 또한 성희롱에는 불편한 직장 환경을 조성하는 원치 않는 모든 성적인 행동이 포함된다. 이는 반복적인 요청이나 제안, 모욕적인 발언 및 신체적 괴롭힘의 형태로 나타날 수 있다.

   한 연구에 따르면, 성희롱은 종종 보고되지 않는다고 한다. 외과 수련생에 대한 최근 연구에 따르면, 응답자의 약 50%가 훈련 중에 한번 이상 성희롱을 당한 적이 있다고 밝혔다. 여성 수련생의 경우에는 70% 이상이었다. 하지만, 성희롱을 신고한 사람은 7.6%에 불과했다. 보고가 적은 이유로는 아무 조치가 취해지지 않거나 보복을 당할 것이라는 두려움 등이 있었다.

차별과 성희롱에 관해서는 9장에서 더 자세히 학습한다.

가치 윤리적 딜레마는 종종 조직의 가치 체계, 즉 조직 내 가치의 패턴 때문에 발생한다. 가치란 "가족 배경이 아닌 능력에 따라 채용하는 것이 공정하다."라는 믿음과 같이 개인의 행동을 결정하는 데 도움이 되는 비교적 영구적이고 깊이 있는 기본 신념과 태도를 의미한다. 가치와 가치 체계는 윤리와 윤리적 행동의 토대가 된다.

조직은 상충할 수 있는 두 가지 중요한 가치 체계를 지닌다. (1) 재무 성과를 강조하는 가치 체계와 (2) 고용 관계에서 결속과 연대를 강조하는 가치 체계이다.

많은 사람들은 근무 시간 동안 개인적인 이유로 인터넷을 검색한다. 과연 이런 행동은 문제가 될까? 직장에서 인터넷 서핑을 하고 있는 사진 속 여성이 가치 충돌을 겪고 있다고 생각하는가?

가설적인의 예: 한 자동차 영업소가 회계 법인을 통해 장부를 감사하기 위해 회계사를 섭외하였고, 몇 주 동안 자동차 영업사원들과 함께 일하면서 응집과 결속을 다질 수 있었다. 하지만, 회계사가 10시간으로 예상했던 작업이 실제로 15시간이 소요됐을 때, 영업소 직원들이 "당신이 말했던 것보다 더 많은 시간에 대한 비용을 청구했다."라고 말했을 수 있고, 그래서 회계 법인의 상사에게는 그냥 10시간으로 보고할 수도 있다. 이러한 행동은 해당 회계사를 돋보이게 만들고 고객들을 행복하게 만들어서 사회적 응집력을 향상시킨다. 하지만, 회계 법인은 알아채지 못하고 재무 성과에 손실을 입게 된다. 이런 종류의 가치 체계 갈등은 종종 발생한다.

윤리적인 딜레마를 해결하는 네 가지 방법

윤리적 행동에 대한 사람들의 결정을 안내하는 네 가지 접근법은 다음과 같다.

공리주의적 접근법 공리주의적 접근법은 최대 다수의 최대 행복을 목표로 한다. 경영자는 종종 '최대 다수의 최대 행복'을 정의할 때 효율성 및 이익과 같은 재무적 성과를 활용하는 공리주의적 접근법을 취하기도 한다.

따라서 공리주의적 '비용–편익' 분석은 수천 명의 직원을 해고하는 것이 단기간 내에 회사의 수익을 개선할 수 있으며, 주주들에게 즉각적인 이익을 제공할 수 있음을 보여 준다. 그러나 이 접근법의 문제점은 직원들의 사기를 저하시키고 경험과 스킬을 갖춘 직원의 손실로 이어진다는 것이다. 경험과 스킬은 돈으로 환산하여 계산할 수 없다.

개인주의적 접근법 개인주의적 접근법은 사람들이 자신의 장기적인 이익을 최우선시하는 것을 윤리적 행동이라 규정한다. 각 개인이 이익을 추구하는 것은 궁극적으로 모든 사람의 이익으로 이어지게 된다. 이때 개인주의적 접근법은 다른 사람들이 본인에게 장기적인 피해를 주는 것을 막기 위해 단기적으로는 윤리적으로 행동할 것이라는 점을 가정한다.

그러나 이 접근법의 결점은 한 사람의 단기적인 이익이 장기적인 관점에서 모든 사람에게 이롭지 않을 수 있다는 것이다. 컬럼비아(Columbia) 강과 스네이크(Snake) 강 주변에 댐 8개를 설치하여 물 부족으로 인한 영향을 완화하고, 밀 수출 과정도 개선하고, 식량원에 대한 접근을 강화할 수 있었다. 하지만, 수온 상승과 댐 설치로 회유로가 차단된 물고기의 개체 수가 감소하게 되었는데, 태평양 북서부에서 퓨젯 만 치누크(Puget sound Chinook)와 킹(King) 연어 가 멸종되었다.

도덕적 권리 접근법 도덕적 권리 접근법은 윤리적 행동이 미국 헌법의 권리장전(U.S. Constitution's Bill of Rights)에서 다루는 인간의 기본 권리에 대한 존중에서 비롯된다고 본다. 사람들은 생명, 자유, 사생활, 건강, 안전에 대한 권리나 적법한 절차를 거부하는 것이 비윤리적인 행동이라는 데 동의한다. 따라서 대부분의 사람들은 적절한 보상이나 휴식이 없는 주 7일 근무를 비난하는 것처럼 불법적으로 미국에 불려와 사실상 노예가 된 이민자들의 상황을 쉽게 비난할 수 있을 것이다.

그러나 고용주와 직원의 권리처럼 권리가 충돌할 때 문제가 발생하게 된다. 직원들의 사생활은 보장되어야 하는가? 사실 고용주가 비즈니스 전화를 듣고 모든 비언어적인 개인 간의 의사소통을 감시하는 것은 합법이다.

정의적 접근법 정의적 접근법에서는 공정성과 형평성에 대한 공정한 기준을 존중하는 것에서 윤리적 행동이 규정된다. 여기서 고려해야 할 한 가지는 승진이나 성희롱 사건을 담당하는 조직의 정책이 성별, 연령, 성적 취향 등에 관계없이 공정하게 관리되는지 여부이다.

공정성은 때론 뜨거운 쟁점이 될 수 있다. 예를 들어, 많은 직원들은 (회사의 실적이 좋지 않은 경우에도) CEO가 자신들보다 수백 배나 많은 급여와 보너스를 받았을 때 분개하게 된다. 이는 그들이 '황금 낙하산(golden parachute)' 혹은 사치스러울 정도의 퇴직금이나 특전을 받게 될 때도 마찬가지이다.

화이트 컬러 범죄, 사베인스–옥슬리법 그리고 윤리 교육

21세기 초 미국에서는 엔론(Enron), 월드컴(WorldCom), 타이코(Tyco) 및 아델피아(Adelphia)와 같은 기업들의 스캔들이 연속적으로 발생했으며, 이 기업들의 최고 경영자는 다양한 사기 죄목으로 형을 살게 되었다. 경영진의 사기 행각에 대중들은 분노했고, 그 결과 의회는 사베인스–옥슬리법(Sarbanes–Oxely Act)을 통과시켰다. 과연 그 법이 수많은 비즈니스 스캔들을 멈출 수 있었을까? 그렇지 않다.

회사 기밀 정보를 사용하는 사람들이 회사 주식을 불법적으로 거래하는 내부자 거래가 연일 헤드라인을 장식하였다. 연방 정부는 월스트리트 내부자 거래에 대해 6년간 엄중한 단속을 하였고 87건이 유죄 선고를 받았다(이 중 14건은 기각되거나 패소했으며 1건은 무죄 선고를 받았다).

최근 뉴스에서 다룬 다음 두 가지 화이트 컬러 범죄에 관한 사례를 살펴보자.

> **애플의 예:** 2019년 애플(Apple)의 내부자 거래 방지 담당 변호사인 진 레보프(Gene Levoff)는 내부 재무 정보를 이용해 주식 거래를 하여 내부자 거래 혐의로 기소되었다. 그는 거래를 통해 총 22만 5,000달러의 이익을 창출하고 약 37만 7,000달러의 손실을 회피했다.

인시스 테라퓨틱스의 예: 창립자 존 카푸어(John Kapoor)를 포함하여 인시스 테라퓨틱스(Insys Therapeutics)의 여러 경영진은 뇌물 및 사기 계획에 가담했다는 이유로 징역형을 선고받았다. 인시스는 다른 마약으로는 더 이상 통증이 완화되지 않는 말기 암 환자만 사용할 수 있도록 FDA 승인을 받은 서브시스(Subsys)라는 강력한 아편양제제(opioid) 약물을 제조하는 회사였다. 연방 조사에 따르면, 7,000명 이상의 환자들이 약물 과다 복용 후 사망한 것으로 나타났다. 이들은 모두 의사에게 서브시스를 처방 받았지만 이 중 암 환자는 한 명도 없었다. FDA 승인 없이 약물을 처방하는 것이 불법은 아니지만, 아편양제제의 경우 엄격하게 규제되기 때문에 FDA 승인이 없는 서브시스 처방에는 보험이 적용되지 않는다. 대신 인시스는 의사들에게 뇌물을 주어 값비싼 약물을 처방하게 만든 다음, 자체 환급 센터로 처방전을 보내게 한 뒤 서브시스를 목적으로 얻은 보험 승인 횟수에 따라 직원에게 비용을 지급했다.

유죄 선고를 받은 카푸어 인시스 테라퓨틱스의 설립자 존 카푸어가 2019년 재판 당시 보스턴에 위치해 있는 연방 법원 건물에서 나오는 모습이다.

사베인스–옥슬리법 SarbOx 혹은 SOX의 축약된 형태로도 쓰이는 2020년에 제정된 사베인스–옥슬리법은 상장 기업들에게 적절한 재무 기록을 보관할 것을 요구하고 해당 규정 위반 시 최대 25년의 징역형을 선고할 수 있다. 증권 거래위원회(Securities and Exchange Commission: SEC)가 관리하는 사베인스–옥슬리법은 회사의 최고 경영자(chief executive officer: CEO)와 최고 재무 책임자(chief financial officer: CFO)가 조직의 재무 보고서에 이상이 없음을 직접 증명하도록 요구하며 개인 대출 혹은 신용 한도를 받는 것을 금지한다. 나아가, 기업 이익과 관련된 재무제표를 수정하는 과정에서 필요한 경우 조직에 보너스 및 스톡옵션을 상환할 것을 요구한다. 또한 감사 위원회를 위한 절차와 지침을 수립해야 한다.

컴스코어의 예: 최근 증권 거래위원회는 미디어 분석 회사인 컴스코어(Comscore)와 전임 CEO인 서지 매타(Serge Matta)가 회사 매출을 5천만 달러로 부풀리고 대중과 투자자들에게 회사 실적을 오도했다는 점을 들어 벌금을 부과하였다. 컴스코어와 서지 매타는 향후 이와 같은 위반 행위를 반복하지 않을 것에 동의하며 각각 500만 달러와 70만 달러의 벌금을 내면서 사건이 마무리되었다. 또한 서지 매타는 상여금 보상 및 주식 매도로 얻은 210만 달러를 컴스코어에 상환해야 하며, 10년간 상장 기업의 이사나 임원직을 맡지 못하게 되었다.

도덕 발달 수준에 관한 콜버그 이론 미국의 비즈니스 역사는 금 시장을 개척하려는 철도 재벌(1872년 크레딧 모빌리에르[Crédit Mobilier] 스캔들)부터 노인 고객들을 상대로 사기행각을 벌이는 25세 은행 고객 서비스 담당자에 이르기까지 불법 행위로 가득 차 있다. 사베인스–옥슬리법과 같은 법안들 조차도 이러한 행위들을 모두 막을 수 없었다. 현재 많은 대학에서 더 많은 윤리 교육을 시행할 것을 요구하는 것이 그렇게 놀라운 일도 아니다.

캘리포니아 주립 대학교 노스리지 캠퍼스(California State University, Northridge)의 경영 및 경제 대학 학장 프레드 에반스(Fred J. Evans)는 "학교는 경영진의 행동을 어느 정도 책임져야 한다."라고 말한다.

버지니아 대학교(University of Virginia) 다든(Darden) 경영 대학의 매리 젠틸(Mary Gentile) 교수는 '가치 있는 것에 목소리 내기(Giving Voice to Values: GVV)'라는 경영 대학 윤리 커리큘럼을 개발했다. GVV 프로그램은 조직의 문제가 반드시 가치 부족에서 비롯되는 것이 아니라 기존 가치를 성공적으로 표현하고 행동으로 옮기는 방법에 대한 교육의 부족 때문이라는 점을 가정한다. 이 프로그램은 사람들에게 자신의 가치를 표명할 기회를 제공함으로써 직장에서 비윤리적인 상황이 발생할 경우에 더 잘 대비할 수 있도록 한다. GVV는 지금까지 수백 개의 경영 대학과 조직에서 실행되었다. 좋은 소식은 더 많은 경영 대학원에서 윤리를 가르치기 위해 커리큘럼을 수정하고 있다는 것이다. 나쁜 소식은 교육 수준 전반에 있어 여전히 많은 학생들이 부정행위를 저지르고 있다는 것이다.

자신의 이익을 늘리기 위해 누군가를 속이거나 거짓말을 해본 적이 있는가? 직장 내 부정행위란 직원들이 다른 방법으로는 얻을 수 없는 이득이나 혜택을 얻게 되는 비윤리적인 행동을 의미한다. 부정행위는 대학생들 사이에서도 만연해 있다. 3만 명의 학생들을 대상으로 한 설문조사에 따르면, 약 61%가 부정행위를 한 적이 있다고 인정했으며, 16.5%는 부정행위를 저지른 것에 후회하지 않는다고 답했다.

부정행위는 직장에서도 발생한다. 조지아주 순찰대는 최근 교육 커리큘럼의 일환인 시험에서 부정행위를 저지른 것으로 밝혀진 30명의 경찰관들을 해고했다.

물론 학생들의 도덕 발달 수준은 대학에 들어가기 훨씬 전부터 성격과 훈육을 통해 잘 확립될 수도 있고 일부는 다른 사람들보다 더 높은 발달 수준을 지니고 있을 수도 있다. 심리학자 로렌스 콜버그(Laurence Kohlberg)는 개인 도덕 발달의 전인습적(preconventional), 인습적(conventional) 그리고 탈인습적(postconventional) 수준을 제시하였다.

- **1단계, 전인습적 수준–규칙을 따른다.** 이 수준을 달성한 사람들은 불편한 결과를 피하기 위해 규칙을 따르고 권위에 순종하는 경향이 있다. 1단계의 경영자는 독재적이거나 강압적인 면모를 보이며 직원들이 그저 맹목적으로 복종하기를 기대한다.
- **2단계, 인습적 수준–다른 사람들의 기대에 부응하기 위해 노력한다.** 도덕 발달 수준이 2단계에 도달한 사람들은 순응적이기는 하지만 맹종하지는 않으며 일반적으로 다른 사람들의 기대에 부응하기 위해 노력한다. 2단계의 경영자는 격려와 협력을 중시하고 집단 및 팀 지향적인 면모를 보인다. 대부분의 경영자는 2단계에 있다.
- **3단계, 탈인습적 수준–내적 가치에 따라 행동한다.** 도덕 발달 수준 중 가장 위에 있는 3단계의 경영자는 자신의 가치와 기준을 따르는 독립적인 영혼들로서, 직원들의 요구 사항에 주목하고 자신을 위해 일하는 직원들에게 권한을 부여하여 이끌려고 노력한다. 미국 경영자의 약 1/5만이 이 수준에 도달했다고 한다.

조직이 윤리를 향상시킬 수 있는 방법

윤리는 일회적인 현상에서 그치는 것이 아니라 일상적인 일로 자리 잡아야 한다. 이것이 바로 많은 미국 대기업에서 윤리적 행위를 최우선 과제로 삼는 최고 윤리 책임자를 두는 이유이다.

조직이 업무에 대한 높은 윤리적 기준을 장려할 수 있는 몇 가지 방법은 다음과 같다.

강력한 윤리적 분위기 조성 첫 번째 단계는 윤리적 분위기를 조성하는 것이다. 윤리적 분위기는 작업 환경이 얼마나 윤리적 행동을 하도록 지원하는지에 대한 직원들의 지각을 나타낸다. 이러한 분위기는 '이곳에서 일이 수행되는 방식'에 대한 직원들의 공통된 느낌을 나타낸다. 경영자는 윤리적 행동의 빈도에 중대한 영향을 미치며, 이것이 직원 성과와 회사의 수익성으로 이어지기 때문에 윤리적 분위기를 조성하는 것은 중요하다. 경영자는 매일 사용되는 정책, 절차, 제도를 통해 윤리적 분위기를 조성할 수 있다.

채용 시 윤리 고려 회사는 지원자들의 이력서와 추천서를 통해 정직하지 못하고 무책임한 직원들을 가려내려고 한다. 또한 일부는 잠재적으로 부정직한 사람들을 식별하기 위해 성격 및 진실성(integrity) 검사를 실시한다. 가장 최근에는 인공 지능 기술을 활용하여 직원 심사를 간소화한다. 예를 들어, 로봇은 지원자의 소셜 미디어 계정을 신속하게 분석할 수 있고, 알고리즘은 면접 영상에서 내용, 감정적 단서, 목소리 톤, 기질에 대한 정보를 확인할 수 있다. 전문가들은 타당성, 개인정보 보호, 동등한 고용 기회를 위해 인공 지능을 활용한 많은 심사 도구들에 추가적인 개선이 필요하다고 말한다.

윤리 강령 및 교육 프로그램 제정 윤리 강령(code of ethics)은 조직의 행동을 이끄는 공식적으로 문서화된 일련의 윤리 기준들을 의미한다. 대부분의 강령은 고객, 공급 업체, 경쟁자 및 기타 이해관계자들을 대하는 방법에 대한 지침을 제공한다. 윤리 강령의 목적은 모든 직원에 대한 최고 경영진의 기대치를 명확하게 밝히는 것이다. 대부분의 강령은 회계 명세서 및 기타 기록을 위조하도록 하는 뇌물, 리베이트, 기업 자산 남용, 이해관계 충돌 및 '장부 조작'을 금한다. 이 밖에도 윤리 강령은 주로 정치적 기여, 다양성, 기업 정보 보안에 관해 다룬다.

인적 자원 관리 협회(Society for Human Resource Management)에 따르면, 미국 기업의 81%가 윤리 교육을 제공하고 있으며, 66%는 직원 평가 기준으로 윤리적 행동을 포함하고 있다.

내부 고발자 보호 단순히 나쁜 행동을 처벌하는 것만으로는 충분하지 않다. 경영자는 내부 고발자를 격려하여 (혹은 적어도 낙담하지 않게 하여) 윤리적 행동에 대해 보상해야 한다.

내부 고발자는 직원 혹은 외부 컨설턴트가 될 수 있으며, 안전 위반, 낭비, 부패, 고객을 상대로 금액을 과하게 청구하는 것과 같은 위법 행위를 대중에게 알린다. 예를 들어, 산업 안전 보건청(Occupational Safety and Health Administration: OSHA)을 만들었던 법률은 직원과 그

대리인이 심각한 위협을 느끼거나 고용주가 OSHA 기준을 따르지 않을 경우 항의를 제기하고 OSHA 감사를 요청할 수 있는 권리에 대해 규정하고 있다. 어떤 경우에는 내부 고발자들이 보상을 받을 수도 있다. 미국 국세청(Internal Revenue Service)은 고액 사건일 경우에는 정보 제공자에게 최대 30%의 보상을 지급할 수 있는 권한이 있다.

금융 위기 이후 내부 고발은 증가하고 있으며 증권 거래위원회에는 현재 연간 5,000건이 넘는 내부 고발이 접수되고 있다. 내부 고발자들은 앞에 나서면서 때로는 직무에 위협을 받게 되기 때문에 보호받을 자격이 있다. 연방법은 조직이 내부 고발자에게 보복하는 것을 금하고 있으며, 증권 거래위원회는 이를 위반하는 회사에 대해 엄중한 처벌을 내릴 권한을 가진다. 하지만, 사회적 거부, 언어적 학대, 강등, 해고와 같은 내부 고발자들에 대한 보복은 여전히 빈번하게 발생하고 있다.

다각적인 접근법 활용 앞에서 제시한 네 가지 방법은 성격과 같은 개인 요소뿐만 아니라 훈련, 보상 정책, 조직 분위기와 같은 조직 요인을 모두 다루기 때문에 조직이 윤리적 행동을 장려해야 하는 이유를 강조한다. 실제로 비윤리적 행동은 직원들의 성격과 업무 환경에서 비롯된다는 증거가 많이 존재한다. 요컨대, 상한 사과를 걸러내는 것만으로는 충분하지 않다. 사과를 담는 통이 불량이라면 이것 역시 고쳐서 썩지 않도록 미연에 방지해야 한다.

SECTION

05 경영자에게 요구되는 사회적 책임

경영자는 사회적 책임을 지지하거나 반대하는 관점과 선을 행하는 것이 조직에 재무적으로 도움이 되는 것을 인식해야 한다.

학습 목표

조직의 사회적 책임에 대한 개념과 역할을 설명한다.

과연 돈이 비즈니스의 전부인가? 이는 앞서 논의했던 트리플 바텀 라인의 기저에 존재하는 우려점이다. 봄바스(Bombas)에게 이익이란 양말과 같은 단순한 생필품조차 없는 노숙자를 돕는 더 고귀한 목적과 균형을 이루어야 하는 것이다. 봄바스는 2013년에 설립되었으며 샤크 탱크(Shark Tank) 쇼에서 백만장자 투자자인 데이몬드 존(Daymond John)과 계약을 체결한 이후 더욱 성장하였다. 소비자가 양말 한 켤레를 구매할 때마다 노숙자 쉼터에 한 켤레씩 기부된다는 단순한 아이디어로, 이 회사는 탐스(TOMS)와 같은 회사에서 처음 시작한 '하나 사면 하나 기부(buy-one, give-one)' 모형으로 큰 성공을 거두었다. 봄바스의 직원들은 매주 양말을 나눠주고 노숙자 쉼터에서 음식을 제공하는 등 자원봉사를 한다.

사회에 환원하는 봄바스. 공동 창립자이자 CEO인 데이비드 히스(David Heath, 오른쪽)는 로스앤젤레스 미션(Los Angeles Mission)에서 양말을 나눠주고 있다. 봄바스는 보호소에 백만 개의 양말을 기부하기로 약속했다.

윤리적 책임이 개인적으로 훌륭한 개인 시민이 되는 것이라면 사회적 책임은 훌륭한 조직 시민(organizational citizen)이 되는 것이다. 보다 공식적으로 사회적 책임은 조직뿐만 아니라 사회의 이익에 도움이 되는 행동을 실천하는 경영자의 의무이다. 개인을 넘어 조직까지 보편화될 때 사회적 책임은 기업의 사회적 책임(corporate social responsibility: CSR)이라고 불린다. 이는 기업이 법을 준수하고 수익을 창출하는 것 이상으로 나아가야 함을 의미한다. 기업의 사회적 책임이 다루는 분야는 환경, 자선 활동, 윤리적 노동 제도 등이 있다.

기업의 사회적 책임

조지아 대학교(University of Georgia)의 경영학자 아치 캐롤(Archie B. Carroll)에 따르면, 기업의 사회적 책임은 기업의 의무 피라미드의 꼭대기에 위치하며, 경제적 · 법적 · 윤리적 의무 역시 여기에 포함된다고 한다. 혹자는 회사의 첫 번째이자 유일한 의무가 이익을 얻는 것이라 주장한다. 그러나 캐롤은 글로벌 경제에서 조직의 책임은 다음과 같은 우선순위를 가져야 한다고 제안한다. 이때 이익은 피라미드의 기반이 되는 가장 기본적인 요소(피라미드의 토대)이며, 기업 시민 의식(corporate citizenship)은 피라미드의 가장 최상위에 위치하게 된다.

- 현지 국가의 기대치에 부응하는 훌륭한 글로벌 기업 시민이 되어야 한다.
- 현지 국가 및 글로벌 표준을 고려한 윤리적인 제도를 갖춰야 한다.
- 현지 국가의 법률과 국제법을 준수해야 한다.
- 국제 비즈니스에 대한 기대치에 부응하는 수익을 내야 한다.

이러한 우선순위는 피라미드 양쪽에 제시되어 있다(그림 3.4 참조).

그림 3.4 **글로벌 기업의 사회적 책임 피라미드**

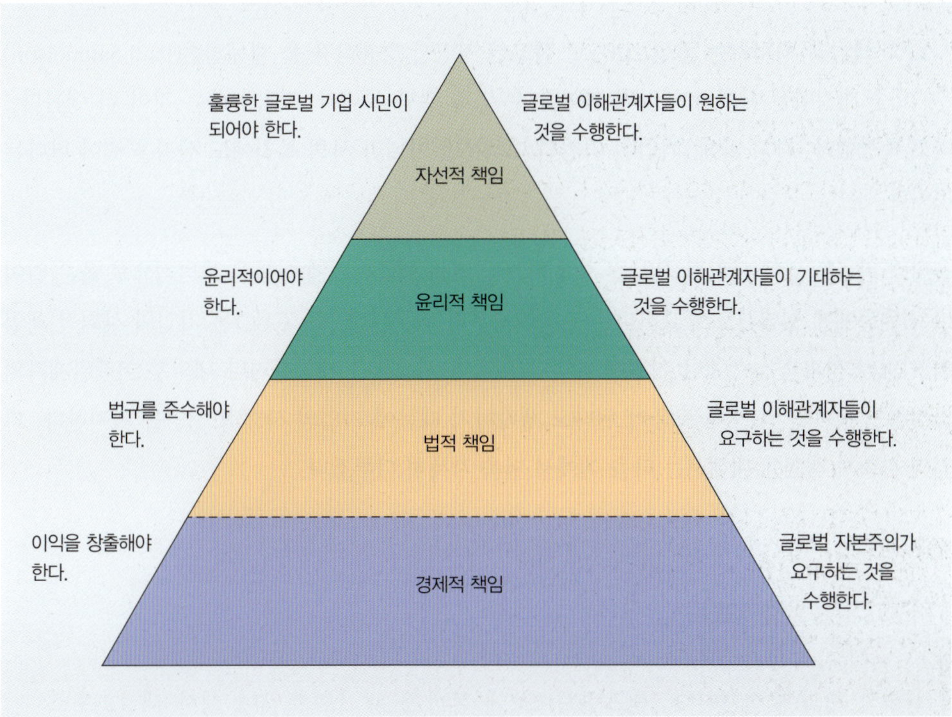

출처: A. Carroll, "Managing Ethically and Global Stakeholders: A Present and Future Challenge," Academy of Management Executive, May 2004, p. 116.

사회적 책임을 반대하는 관점과 지지하는 관점

과거 치열한 자본주의에서는 사회적 책임이 거의 고려되지 않았다. 기업의 가장 중요한 목표는 가능한 모든 방법을 동원하여 돈을 버는 것이었다. 오늘날 개발도상국의 증가하는 다국적 기업과 함께 미국과 유럽의 영리 기업은 일반적으로 사회에서 받은 것과 함께 사회로 '환원'할 것에 대해서도 강조한다.

그러나 모든 사람이 새롭게 정의된 우선순위에 동의하는 것은 아니다. 두 가지 관점에 대해 살펴보자.

사회적 책임을 반대하는 관점 작고한 자유 시장 경제학자 밀턴 프리드먼(Milton Friedman)은 "기업 임원들이 주주를 위해 가능한 많은 돈을 버는 것 외에 기업의 사회적 책임을 받아들이는 것만큼 자유 사회의 기반 자체를 완전히 훼손할 수 있는 트렌드는 거의 없다."라고 주장했다.

프리드먼은 "비즈니스의 사회적 책임은 수익을 창출하는 것"이라고 주장한다. 다시 말해, 기업이 이익 극대화에 초점을 맞추지 않으면 주의가 분산되며, 제품, 서비스, 주주들에게 혜택을 제공하지 못하게 되고 일자리 창출과 경제 성장 확장에 실패하게 된다. 이는 기업의 존재에 대한 진정한 사회적 정당성에 반하는 행위라 볼 수 있다.

이러한 관점은 세금 부담을 최소화하기 위해 실제 본사는 미국에 두고 역외 조세 도피처에 이름만 있는 본사를 설립하려고 노력하는 기업들을 옹호할 수 있다.

사회적 책임을 지지하는 관점 2009년 작고한 저명한 경제학자 폴 새뮤얼슨(Paul Samuelson)은 "요즘 대기업은 사회적 책임에 관여할 수 있을 뿐만 아니라 그렇게 하는 것이 더 이롭다." 라고 주장했다. 다시 말해, 기업은 기업의 이익뿐만 아니라 사회 복지에도 신경을 써야 한다는 것이다.

윤리적 의무를 넘어 사회적 책임을 져야 하는 근거는 비즈니스에 이롭고 도덕적으로 옳은 일이며 직원들에게 있어서도 중요하다는 믿음에서부터 비롯된다. 즉, CEO는 기업의 사회적 책임이 기업의 성과를 높이거나 기업에 대한 호의적인 시그널을 제공하거나 내외부 이해관계자의 긍정적인 평가를 받는 데 도움이 된다고 생각하기 때문에 기업의 사회적 책임을 지지한다. 기업의 사회적 책임에 대해서는 다음 예에서 더욱 자세히 다루겠다.

세상이 돌아가는 방식을 바꾸고 있는 세일즈포스

기업은 다양한 방식으로 사회적 책임에 접근한다. 샌프란시스코에 본사를 둔 소프트웨어 회사 세일즈포스(Salesforce)의 공동 창립자이자 공동 CEO인 마크 베니오프(Marc Benioff)는 "기업은 단순히 돈을 버는 것 이상을 할 수 있다. 그것은 다른 사람들에게 봉사하는 것이다. 비즈니스를 위한 비즈니스는 세계의 상태를 개선하고 있다."라고 말한다. 다음은 세일즈포스가 다른 사람들에게 서비스를 제공하고 세상을 개선하는 몇 가지 방법들이다.

진실성(integrity)으로 운영. 세일즈포스는 윤리적 사업 제도, 부패 방지, 차별 금지 등을 다른 무엇보다도 우선적으로 지원하는 행동 원칙 및 강령을 채택했다.

1-1-1 자선 기부. 마크 베니오프는 1999년 세일즈포스를 창업했을 당시 강력하지만 단순한 비전의 재단을 설립하였다. 그것은 바로 세일즈포스 자원의 1%, 직원들 시간의 1% 그리고 회사 제품의 1%를 세계 공동체 개선을 위해 기부하는 것이었다. 예를 들어, 2018년에 세일즈포스는 교육 및 노숙 문제를 위해 샌프란시스코 만 지역에 1,800만 달러를 기부했다. 또한 샌프란시스코의 컴퓨터 과학 수업에 여학생들과 유색 인종 학생들의 수강 비율을 엄청

나게 증가시켰다. 현재 컴퓨터 과학 수업에서 여학생은 전체의 47%(25%에서 증가), 아프리카계 미국인, 아메리카 원주민 및 라틴계 학생들은 전체의 35%(8%에서 증가)를 차지한다.

탄소 중립을 향한 여정. 세일즈포스는 제조 또는 채광 작업을 하지 않았지만, 데이터 센터 및 사무실 건물 운영과 직원 출장 시 발생하는 탄소 배출을 줄이기 위해 노력하고 있다. 세일즈포스는 '온실가스 배출 제로'라는 목표를 달성했으며, 이제는 풍력과 같은 재생 가능 에너지원에만 전적으로 의존할 수 있는 방법을 강구하고 있다.

직원 성공 지원. 세일즈포스는 "우리의 목표는 직원들에게 꿈의 직장을 경험하게 하는 것이다. 우리는 세상이 돌아가는 방식을 바꾸겠다는 사명을 가진 열정적인 사람들"이라고 스스로를 표현한다. 세일즈포스 직원들은 매년 자원봉사 활동을 위해 56시간의 유급 휴가를 받고, 회사는 직원 한 명당 연간 최대 5천 달러의 자선 기부금을 제공하며, 직원들은 개인 건강을 위해 매달 100달러를 받게 된다.

지원하는 기업가. 세일즈포스의 CEO 마크 베니오프(오른쪽)가 사운드벤처스(Sound Ventures)의 창립 파트너 애쉬튼 커쳐(Ashton Kutcher)와 함께 사진을 찍고 있다. 매튜 맥커너히(Matthew McConaughey), 멜로디 맥클로스키(Melody McCloskey), 가이 오시리(Guy Oseary) 및 게리 베이너척(Gary Vaynerchuk)은 피치퍼팩츠(PitchPerfect) 스타트업 대회의 심사위원으로 참가했으며 우승자는 레베카 리브먼(Rebecca Liebman)이다. 리브먼이 창업한 런럭스(LearnLux)는 온라인 개인 금융 스킬 교육을 제공하며 그녀는 이번 대회를 통해 사운드벤처스와 베니오프의 투자를 받았다.

당신의 생각은?

기업의 사회적 책임이 이로운 결과를 만든다고 생각하는가? 어떤 종류의 사회적 책임도 이행하지 않지만 수익성이 높고 합법적인 회사의 예로 어떤 회사가 있을까?

기후 변화, 지속가능한 개발 그리고 자연 자본

대부분의 사람들은 기후 변화와 지구 온난화로 인해 증가하고 있는 위험성에 대해 인지하고 있으며, 역사상 처음으로 다수의 미국 성인들이 지구 온난화에 대해 우려하고 있다. 과학자들은 지구 온난화가 "명백히 분명한 비상 상태"이며 중대한 변화 없이는 세계가 "지금까지 경험해 보지 못한 인류 고통"에 직면하게 될 것이라 말한다. 기후 변화는 온도, 강수량, 바람 패턴 및 수십 년 동안 발생하는 이와 유사한 문제들의 주요 변화를 나타낸다. 기후 변화의 한 측면인 지구 온난화는 주로 화석 연료에서 배출되는 탄소와 같은 온실가스의 대기 농도 증가로 인해 지표면 근처의 평균 기온이 상승하는 것을 의미한다.

해양 오염은 화학 물질, 입자, 주거 폐기물, 산업 및 농업 폐기물이 바다로 유입될 때 발생한다. 사진은 스페인의 바다이다. 해양 오염의 대부분은 육지에서 발생한다.

1장에서 다뤘던 지속가능한 개발은 미래 세대가 자신의 필요를 충족시킬 수 있는 능력을 손상시키지 않으면서 현재 세대의 필요를 충족할 수 있는 경제 개발을 의미했다. UN과 많은 학자들은 지속가능한 개발 정책을 알리는 데 꼭 필요한 자연 자본(natural capital)의 중요성을 강조했다. 트리플 바텀 라인의 세 가지 요소인 사람, 지구, 이익 중 지구는 이제 자연 자본이라는 이름으로 알려져 있으며 이는 인간이 의존하는 땅, 공기, 물, 유전적 다양성과 같은 천연자원의 가치이다.

지속가능한 개발 목표에 대해서는 〈학습 모듈 1〉에서 더 자세히 다룰 것이다.

박애주의 약속, "부자로 죽지 않기"

19세기 철강 거물 앤드류 카네기(Andrew Carnegie)는 돈을 버는 것에서 자선 사업으로 관심사를 바꾸고 인류를 위해 자선 기부를 한 후 "부자인 채로 죽는 것은 부끄러운 일이다."라고 말한 것으로 전해진다. 카네기는 무료 도서관 지지자로 유명해졌다.

세계에서 가장 부유한 사람(2019년 순자산 1,100억 달러) 중 한 명인 빌 게이츠는 자신이 공동 설립한 마이크로소프트(Microsoft)의 경영 일선에서 물러난 뒤 빌앤멜린다 게이츠 재단(Bill and Melinda Gates Foundation) 운영에 집중했다. 빌앤멜린다 게이츠 재단은 빌 게이츠와 그의 아내가 건강, 교육, 빈곤 극복에 수십억 달러를 투자하겠다고 약속하며 설립한 재단이다. 게이츠는 페이스북 창시자인 마크 저커버그(Mark Zuckerberg)와 그의 아내 프리실라 찬(Priscilla Chan), 석유 및 가스 금융가 토마스 분 피켄스(T. Boone Pickens), 버크셔 해서웨이(Berkshire Hathaway)의 회장 워런 버핏(Warren Buffett), 초바니 요거트(Chobani yogurt) 창립자 함디 울루카야(Hamdi Ulukaya) 등 22개국 169명의 억만장자들과 협력하였다. 그들은 부의 대부분을 자선 활동에 바치겠다는 약속인 기부 서약에 동의했다. 빌앤멜린다 게이츠 재단은 코로나바이러스 감염증과 관련된 연구 및 대응 노력을 지원하기 위해 최대 1억 달러를 투자할 것을 약속했다.

좋은 사람이 성공하는가?

관련 연구를 검토하여 위 질문에 답해 보면 결론은 윤리적이고 사회적으로 책임 있는 것이 실제로 성공한다는 것이다. 표 3.1은 이를 뒷받침하는 근거에 대해 설명한다.

윤리와 사회적 책임의 중요성에 대해 생각해 본 적이 있는가? 기업의 사회적 책임에 대한 조직의 다짐은 구직 활동 시 고려해야 할 중요한 요소가 될 수 있다.

표 3.1 윤리적·사회적 책임의 결과

	연구 결과
직원	• 밀레니얼 세대와 Z 세대는 경영진이 사회에 기여하기 위해 노력할 때 회사에 남을 가능성이 더 높다. • 밀레니얼 세대와 Z 세대는 다양한 인력 구성과 공정한 채용 제도에 관심이 높다.
대인 관계	• 직원들은 윤리적 상황에 직면했을 경우, 조직이 효과적인 윤리 및 규범 문화를 갖출 때 올바른 일을 할 수 있다는 자신감을 갖게 된다. • 회사가 효과적인 윤리 및 규범 문화를 갖출 때 직원들이 서로에게 보복할 가능성이 낮게 나타났다.
고객	• 고객은 사회적으로 책임 있는 기업에서 구매하는 것을 중요하게 생각한다. • 고객은 사회적으로 책임 있는 기업에서 구매하고 향후 더 많은 소비를 계획한다.
수익	• 책임 있는 기업에 대한 투자는 2019년 기준으로 30조 달러를 넘어섰다. • 양질의 서비스와 윤리적 행동은 장기적인 수익 증대에 필수적이다.
주가	• 주가는 데이터 유출 후 평균 7.27% 하락하며 이는 장기적인 시장 실적 저하와 관련이 있다. • 인포시스의 주가는 2019년 CEO의 비윤리적 행동에 대한 불만 사항을 조사한다고 발표한 후 뉴욕증권거래소에서 12% 이상 하락했다.
이익	• 고객은 더 높은 윤리적 기준을 유지하는 회사에 더 만족하고 충성하며 이는 장기적인 이익 증대로 이어진다. • 미국의 가장 정의로운 기업들(America's Most Just Companies)은 경쟁사보다 6% 높은 자기 자본 수익률을 얻는다.

출처: "The Deloitte Global Millennial Survey 2019," http://www2.deloitte.com/global/en/pages/about-deloitte/articles/ millennialsurvey.html, accessed February 17, 2020; M. Defelice, "What Gen Z Wants at Work Will Blow Your Mind," Forbes, October 31, 2019, https://www .forbes.com/sites/ manondefelice/2019/10/31/what-gen-z-wants-at-work-will-blow-your-mind/#1007d227b8e7; "Increasing Employee Reporting Free From Retaliation," ECI Ethics and Compliance Initiative, https://www.ethics.org/knowledge-center/increasing-employee-reporting-free-from-retaliation/, accessed February 17, 2020; "Consumers Expect the Brands they Support to Be Socially Responsible," October 2, 2019, https://www.businesswire.com/news/ home/20191002005697/en/Consumers-Expert-Brands-Support-Socially-Responsible; A. M. Anderson, "Do Ethics Really Matter to Today's Consumers?" Forbes, August 20, 2019, https://www.forbes.com/sites/theyec/2019/08/20/do-ethics-really-matter-to-todays-consumers/#50a09aeb2d0e; Bloomberg, "Socially Responsible Investments Reach $30.7 Trillion," InvestmentNews, April 1, 2019, https://www.investmentnews.com/socially-responsible-investments reach-30-7-trillion-78882; K. Jiang, J. Hu, Y. Hong, H. Liao, and S. Liu, "Do It Well and Do It Right: The Impact of Services Climate and Ethical Climate on Business Performance and the Boundary Conditions," Journal of Applied Psychology, November 2016, pp. 1553-1568; S. Klebnikov, "Companies with Security Fails Don't See Their Stocks Drop as Much, According to Report," Forbes, November 6, 2019, https://www.forbes.com/sites/ sergeiklebnikov/2019/11/06/companies-with-security-fails-dont-see-their-stocks-drop-as-much-according-to-report/#177a097862e0; N. Varshney, "Infosys Price Plummets as Company Says It's Investigating CEO's 'Unethical Practices'," Benzinga, October 22, 2019, https://www.benzinga.com/ news/19/10/14632952/Infosys-price-plummets-as-company-says-its-investigating-ceos-unethical-practices; K. B. DeTienne, B. R. Agle, C. M. Sands, A. Aleo, and A. Aleo, "Fostering an Ethical Culture on Your Sales Team," Harvard Business Review, June 20, 2019; and "JLL Named One of America's Most JUST Companies for Fourth Year in a Row," Markets Insider, November 12, 2019, https://markets.businessinsider.com/news/stocks/jil-named-one-of-america-s most-just-companies-for-fourth-year-in-a-row-1028682312

SECTION

06 기업 지배 구조

올바른 기업 지배 구조는 윤리적이고 사회적인 책임을 실천하는 조직에 기여할 수 있다. 최고 경영자의 성과 책임, 이사회 구성 및 기업의 사회적 책임 계약은 조직과 이사회가 고려해야 할 중요한 지배 구조의 요소들이다.

학습 목표

윤리적이며 사회적으로 책임 있는 조직의 기업 지배 구조를 설명한다.

엔론(Enron), 월드컴(WorldCom), 타이코(Tyco) 및 아델피아(Adelphia)에서 사기 행각과 파산 신고가 발생하고 임원들이 징역형을 선고받는 동안 이사회에서는 무엇을 했는가? 주주들은 회사가 자신의 이익을 위해 운영되도록 이사들을 선출하지 않았는가? 실제로 엔론과 관련된 스캔들 이후 기업 지배 구조, 즉 어떤 기업을 지배하는 체계에 대한 새로운 관심이 생겼고 이로 인해 기업의 소유주와 기타 이해관계자들의 이익이 보호받게 되었다.

기업 지배 구조와 윤리

기업 지배 구조는 장기 전략, 지속가능한 금융, 정확한 보고 그리고 긍정적인 업무 환경과 같은 중요한 문제들에 대한 것이다. 이 모든 것들은 기업이 내외부 이해관계자와 관계를 맺고 영향을 미치는 방식에 관련 있기 때문에 분명히 윤리와도 관련 있다.

이사회가 윤리에 더 주목하기 시작했으며 최고 경영자가 윤리적 (혹은 비윤리적) 행동에 대해 더 많이 책임지는 것을 중요하게 인식한다는 증거가 있다. 구체적으로 2018년 CEO들이 재무 성과 혹은 이사회 문제보다는 윤리 위반으로 회사에서 더 많이 해임된 사실은 금융 위기 당시 CEO들의 잘못된 행각에도 크게 연연하지 않았던 이사회와 비교해 보았을 때 상황이 거의 180도 달라졌음을 보여 준다. 2008년 최고 경영자 해임의 10%만이 비윤리적 행위로 인한 것이었으며 52%는 재무적 성과 때문이었다.

조직이 윤리에 어떻게 접근하는지는 이사회의 고유한 구성에 따라 다양할 것이다. 기업은 조직이 보다 윤리적으로 성장할 수 있도록 장려할 수 있는 특성을 지닌 이사회를 적극적으로 구축해야 한다. 기업 윤리 학술지(Journal of Business Ethics)에 게재된 한 최근 연구에 따르면, 13개국의 43개 상장 기업을 분석한 결과 엄중한 감독과 감시를 반영한 이사회의 특성이 존재할 때 금융 회사의 윤리적 평판이 긍정적인 것으로 나타났다. 특히, 이사회의 규모가 크고 성별이 더 다양하게 구성되어 있으며 구성원들이 평균적으로 3개 미만의 다른 이사회에서 일하는 회사의 경우 더 나은 윤리적 평판을 얻었다. 논문의 저자들은 이러한 특성이 이사회가 윤리적 문제에 더 민감하게 반응하고 주목할 수 있는 신호라는 이론을 제시했다.

현재는 이사회 구성에 대한 두 가지 추가적 추세에 더 많은 관심을 가진다. 첫째, '독립적인' 이사의 수를 늘리려는 움직임이 있다. 다시 말해, 회사와 고용 관계, 가족 관계 혹은 상업적 제휴가 없을 때보다 객관적인 판단을 내릴 수 있게 된다. 둘째, 이사회는 보다 다양한 배경과 스킬을 가진 구성원들을 선출하기 위해 적극적인 단계들을 밟는다. 최근 연구는 이러한 추세를 뒷받침하며 이사회가 의사 결정의 질을 높이는 방법으로 독특한 관점을 지닌 이사회 구성원들을 선택하는 것이 중요하다고 주장한다.

기업 지배 구조와 사회적 책임

이사회는 CEO와 고위 경영진의 보상 패키지를 계획하는 업무를 담당하며, 현대의 임원 보상은 전통적인 성과 지표를 넘어서서 점차적으로 추가 지표와 연결될 가능성이 높다. 특히, 많은 기업들이 사회적 책임과 임원 보상을 통합한다. 이러한 제도는 기업의 사회적 책임 계약(CSR contracting)이라 불리는데, 이는 임원 보상을 환경 및 사회적 성과와 같은 기업의 사회적 책임 기준과 연결한다.

10년 동안 S&P 회사들을 분석한 최근 연구에 따르면, 기업의 사회적 책임 계약은 점점 더 보편화되고 있으며 이를 채택하는 것은 몇 가지 매우 중요한 조직의 결과와 관련 있다. 이사회가 임원 보상에 기업의 사회적 책임 기준을 포함할 때 기업의 가치, 장기 지향성 그리고 기업의 사회적 책임을 위한 새로운 계획에 대한 몰입이 증가하는 것으로 밝혀졌다. 또한 기업의 사회적 책임 계약은 탄소 배출을 줄이고 '친환경적'인 혁신을 더욱 강력하게 추구하도록 한다. 중요한 것은 임원 보상의 상당 부분이 기업의 사회적 책임 기준과 연계될 때 기업의 사회적 책임 계약이 더욱 효과적이라는 것이다.

이사회 구성과 기업의 사회적 책임을 임원 보상에 포함하는 것이 윤리적이고 사회적으로 책임 있는 조직을 이끄는 중요한 요소라는 점에 동의하는가? 다음의 기업 지배 구조의 실패 사례를 살펴보자.

기업 지배 구조의 '엄청난 실패' 사례인 테라노스

엘리자베스 홈즈(Elizabeth Holmes)는 19살 때 스탠퍼드를 자퇴하고 의료 기술 회사인 테라노스(Theranos)를 설립했다. 테라노스는 혈액 한 방울을 이용해 30개 이상의 실험실 테스트를 진행할 수 있는 기술을 개발했다고 주장하며 90억 달러의 가치를 달성했다. 테라토스는 편리하고 저렴하며 신뢰할 수 있는 혈액 검사를 약속했으며, 이사회는 정부 및 업계 베테랑들로 구성되었다. 또한 스티브 잡스와 섬뜩하게 닮은 매력의 창립자는 7억 달러 이상의 자금을 확보하였고, 테라노스는 월그린스(Walgreens), 캐피탈 블루 크로스(Capital Blue Cross), 세이프웨이(Safeway)와 같은 회사들과 파트너십을 맺었다.

문제는 이 회사가 주장했던 혁신적인 혈액 검사 기술이 실제로는 존재하지 않았다는 것이다. 테라노스는 완전한 제작을 조건으로 설립되었고 자금도 지원받았다. 엘리자베스 홈즈는 회사의 영업 비밀 보호를 핑계로 파트너십을 맺은 회사들에게 자료를 제공하거나 기술의 효과에 대한 정보를 공개하지 않았다. 실제로는 이와 관련된 데이터 자체가 존재하지 않았다. 대부분의 혈액 검사는 회사 자체의 에디슨(Edison) 기술이 아닌 지멘스(Siemens) 장비에서 실행되었고, 테라노스 기기가 시행할 수 있는 소수의 테스트들은 모두 일관성이 없고 부정확한 결과를 산출했다.

엘리자베스 홈즈. 테라노스의 CEO인 엘리자베스 홈즈는 포춘의 가장 영향력 있는 여성 컨퍼런스에서 연설하고 있다. 홈즈도 테라노스도 잘못을 인정하지 않았다.

홈즈와 전임 COO겸 사장인 라메쉬 '써니' 발와니(Ramesh "Sunny" Balwani)는 2018년 6월 사기 혐의로 기소되었으며 이 책이 집필되는 시점에서 공판을 기다리는 중이었다. 두 사람은 무엇보다도 투자자, 의료 전문가 및 환자를 '수년에 걸친 정교한 사기'로 속이려는 계획을 세웠다는 점에서 비난을 받았다.

이사회는 무엇을 했는가? 홈즈와 발와니는 어떻게 그렇게 오랫동안 거짓말할 수 있었는가? 왜 아무도 그들을 책망하지 않았는가? 대규모 사기 행각을 폭로한 공로를 인정받은 취재 기자 존 캐리루(John Carreyrou)는 이 사건을 "미국 자본주의 역사에서 기업 지배 구조가 완전히 실패한 대표적 사례"라고 설명했다. 다음은 테라노스에서 기업 지배 구조가 비참하게 실패했던 방식들이다.

1. 테라노스 이사회는 헨리 키신저(Henry Kissinger) 전 국무 장관, 제임스 매티스(James Mattis) 전 해병대 장관, 전임 웰스파고(Wells Fargo) CEO 딕 코바체비치(Dick Kovacevich) 등 미국의 정치와 재계에 영향력을 행사할 수 있는 인물들로 구성되었다. 또한 구성원 중에는 2명의 전임 상원 의원과 한 명의 면허 소지 의료 전문가도 있었다. 하지만, 이 중 공식적인 감사, 회계 또는 법률 전문가는 없었으며 모두 실험실 테스트 혁신을 평가하기에는 부적합했다. 저널리스트인 제니퍼 레인골드(Jennifer Reingold)는 이사회가 "회사나 기술에 대한 이해가 아니라 규제 및 정부 관계를 위해 형성된 것"이라고 설명했다.

2. 홈즈는 규정과 이사회 구성원들의 신뢰를 부당하게 이용하는 데 능숙했다. 테라노스는 엄격한 FDA 규정을 따르지 않는 '실험실에서 개발한 테스트' 사업을 진행하고 있었다. 홈즈는 테라노스의 혈액 검사 결과가 정확하다는 것을 법적으로 증명할 필요가 없다는 것을 알고 있었고, 이 사실을 이용하여 이사회를 계속 오도하였다. 또한 2명의 내부 고발자들이 홈즈가 정직하지 않았다고 이사회를 상대로 주장했을 때도 홈즈는 이사회가 그녀를 계속 고용하도록 설득한 다음 즉시 자신의 주식 의결권을 배로 늘려 회사 전체 의결권의 99%를 자신에게 부여하였다.

3. 올바른 이사회는 서로 공개적이고 정직하게 대화하며 서로에게 질문을 하고 너무 많은 권한을 가진 리더를 견제한다. 그러나 홈즈는 테라노스의 모든 곳에 스며든 비밀과 편집증의 문화를 조성하였다. 직원들은 각자의 사일로에만 머무르라는 지시를 받았으며, 근무시간 중에도 직무에 대해 서로 소통할 수 없었다. 또한 홈즈는 자신이나 회사의 기술에 동의하지 않거나 의문을 제기하는 직원들을 신속하게 해고했다. 이사회는 이러한 문화 때문에 홈즈에게 책임을 묻는 데 실패했을 수도 있다.

당신의 생각은?

테라노스에 대한 이사회의 성과는 어땠는가? 이 경우 이사회는 어떠한 책임이 있으며 어떠한 점에서 책임을 다하지 못했는가? 좋은 기업 지배 구조는 이러한 사기 행각이 크게 확장되는 것을 어떻게 막을 수 있을까?

SECTION

07 커리어 준비 실천

이번 섹션에서는 전문성과 직업 윤리 의식을 함양시킬 수 있는 방법을 살펴본다.

학습 목표

전문성과 직업 윤리를 개발하는 방법을 설명한다.

그림 3.5는 1장에서 다루었던 커리어 준비 모형이다. 3장에서 학습한 내용은 이 모형에서 전문성 · 직업 윤리와 관련이 있다. 이 역량과 관련이 있는 내용은 '표출된 진실성, 윤리적 행동 그리고 더 큰 이익에 대한 관심'이다(표 1.2 참조).

그림 3.5 **커리어 준비 모형**

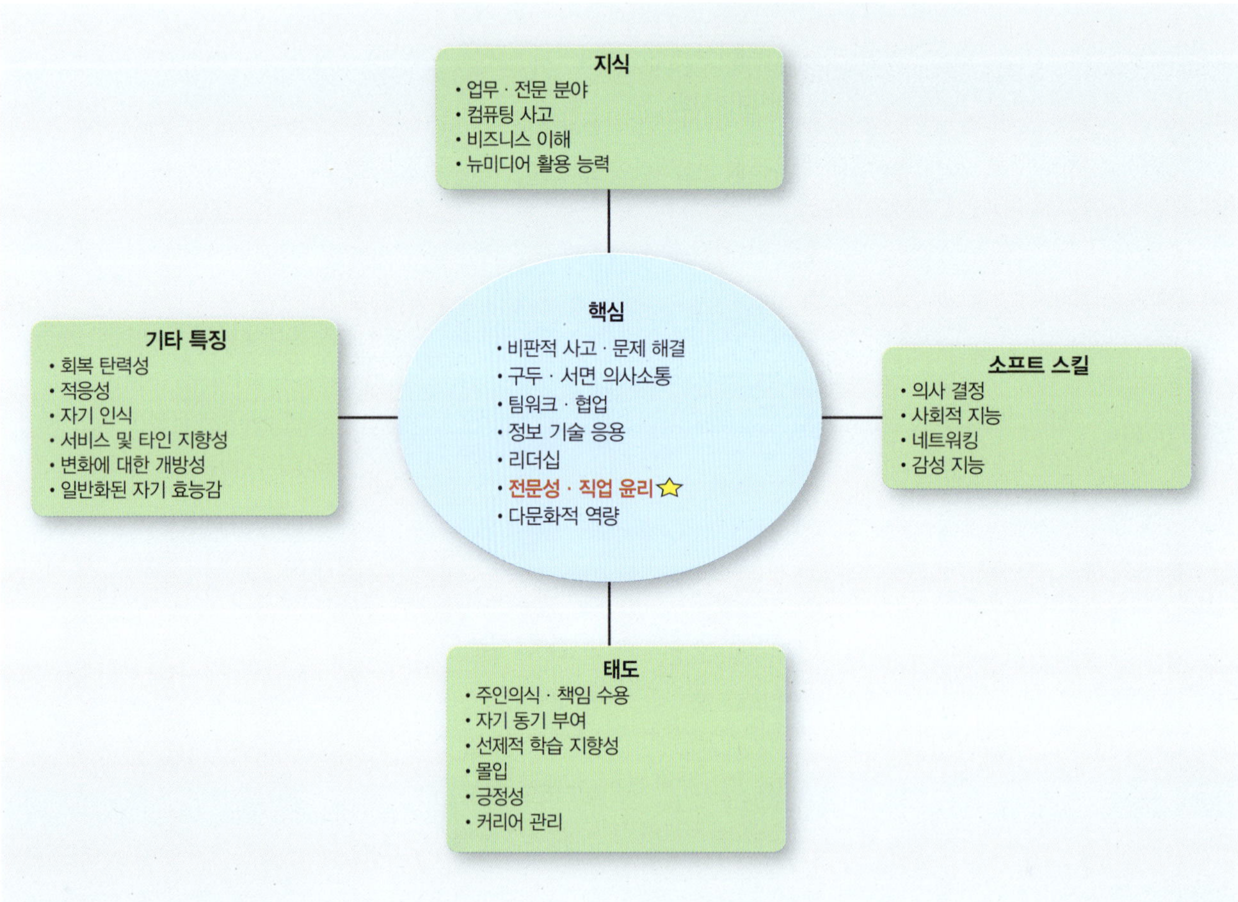

정말로 진실성과 윤리적 행동은 개발할 수 있는 것인가? 비록 이 역량이 변화에 저항하는 가치, 도덕적 관점, 종교적 신념과 같은 안정된 특징에 부분적으로 기반을 두고 있지만 개발은 분명히 가능하다. 이 책의 목표는 삶의 이러한 근본적인 측면을 수정하도록 제시하는 것이 아니다. 오히려 이러한 역량은 진실성, 윤리성, 더 큰 선에 대한 관심을 보이도록 하는 습관을 촉진하는 활동에 참여함으로써 가장 잘 개발된다고 믿는다. 그렇게 하면 면접 중 이야기할 수 있는 전문성과 직업 윤리의 예들을 생각해 낼 수 있게 된다.

보다 정의롭고 보다 윤리적인 것에 집중하자

다음 중 몇 가지를 실천해 보자.

1. **탄소 발자국을 줄이자.** 여기에는 걷거나 대중교통을 더 자주 이용하는 것, 방을 나갈 때 불을 끄는 것, 사용하지 않는 장치의 플러그를 뽑는 것, 물통, 병, 토트백 등을 완전히 못 쓰게 될 때까지 사용하는 것, 채소 섭취를 늘리고 육류 섭취를 줄이는 것, 패스트 패션을 피하는 것, 에어컨 사용을 줄이고 집의 에어컨을 매년 수리하는 것, 더 나아가 주택이 아닌 아파트에 사는 것 등이 포함된다.

2. **자기 자신과 타인에게 긍정적인 감정을 불러일으키자.** 직장 내 상호 작용에 대한 최근 연구에 따르면, 동료에게서 진정한 긍정적인 감정을 느끼기 위해 노력한 직원들은 별로 그러고 싶지는 않지만 '그런 척'한 직원들보다 더 나은 업무 관계를 경험하고 목표를 향한 더 많은 진전을 보이는 것으로 나타났다. 긍정성과 타인을 돕는 것은 또 다른 긍정성과 도움으로 이어지며 나아가 더 큰 선을 향상시키실 수 있다. 심리학자 바바라 프레드릭슨(Barbara Fredrickson)은 "당신과 당신이 도운 사람 사이의 긍정적인 관계를 넘어서 당신의 선행을 목격한 사람들은 영감을 받게 되고, 마음이 고양될 것"이라고 말했다. 긍정적인 감정, 보다 일반적으로는 긍정성의 자기 강화적이고 영속적인 측면은 긍정적인 행동과 태도가 계속되는 과정에서 다른 사람들에게서도 똑같이 생성되며 긍정성의 상승 작용(upward spirals of positivity)으로 이어진다. 기쁨, 감사, 희망, 자부심, 영감, 사랑의 긍정적인 감정을 표현하는 데 주목해 보자. 감사할 일을 한 가지씩 매일 떠올리면서 시작해 보자.

3. **자연 속에서 시간을 보내 보자.** 한 연구에 따르면, 사람들은 자연의 아름다움을 근래에 경험했을 때 타인을 더 많이 돕게 되고 더욱 신뢰받으며 관대해진다고 한다. 이것은 자연에서 보내는 시간과 긍정적인 감정이 관련이 있기 때문에 발생한다. 밖으로 나가 직접 확인해 보자.

4. **적절한 양의 수면을 취하자.** 한 연구에 따르면, 사람들은 수면이 부족할 때 일탈적이고 폭력적이며 비윤리적인 업무 행동에 가담하려는 유혹에 빠질 가능성이 더 높다고 한다. 더 나은 수면을 위해 매일 밤 같은 시간에 잠자리에 들고, 자기 전 최소 30분 전에는 전화, 태블릿, TV 등 전자 화면 보는 것을 피하자.

5. **운동을 많이 하자.** 분명한 건강상의 이점 외에도 운동은 고결함과 자부심 향상에 기여한다. 자부심은 자존감을 높이는 것뿐만 아니라 커리어 준비의 핵심 태도인 책임감 향상에도 영향을 미친다. 체육관이 싫은가? 그렇다면 일주일에 몇 번씩 긴 산책을 해 보자.

6. **사회의 현실을 인식하자.** 넷플릭스(Netflix)에서 모두를 위한 불평등(Inequality for All)과 같은 다큐멘터리를 시청하고 평판이 좋은 평론가들의 책을 읽으면 더 큰 선에 영향을 미치는 사회적 문제에 대한 이해를 높일 수 있다.

7. **약속을 잘 지키자.** 약속과 책무를 이행하지 않는 것은 진실성을 훼손시킨다. 휴대 전화를 사용하여 자신에게 약속 알림을 보내고 상대방을 무시하지 않도록 하자.

8. **진실성이 부족한 사람을 피하자.** 사람들은 당신이 친한 사람들을 바탕으로 당신에 대한 판단을 내린다. 비윤리적이라 알려진 사람과 어울리거나 함께 일하게 되면 긍정적인 이미지에 손상을 입을 수 있다.

윤리적인 소비자 되기

1. **공정 거래 물품들을 구매하자.** 공정 거래 물품들을 구매하면 제품을 만든 사람들이 적절한 임금을 받을 가능성이 높아진다. 낮은 가격은 종종 생산자가 노동자들에게 낮은 임금을 지불하기 때문에 발생한다. '공정무역협회(Fair Trade USA)'(https://www.fairtradecertified.org/)에서 생산자들이 노동자들을 윤리적으로 대우하는 의류, 주류, 가정용품점을 찾아보자.

2. **장바구니를 가지고 다니자.** 식료품을 구매할 때 재사용이 가능한 천이나 천연 섬유로 만들어진 가방을 가져오면 탄소 발자국을 줄일 수 있다.

3. **비윤리적으로 제조되거나 공급된 물품은 구매하지 말자.** 회사가 어디서 어떻게 제품을 만드는지 조사해 보자. 더 많은 비용을 구매하는 데 지불할지 모르지만 더 윤리적인 회사를 지원하기 위해 낮은 가격을 지나쳐 보내는 것은 큰 선을 지원하는 것이 된다.

4. **모조품을 사지 말자.** 저렴한 모조품과 불법적인 상품들은 종종 노동착취 조건에서 만들어진다. 그러한 낮은 가격의 상품들을 포기하면 재정 형편이 곤란해질 수 있지만 더 큰 선에 기여할 수 있게 된다.

주요 용어

가치	도덕적 권리 접근법	이해관계자
가치 체계	무역 수지	인구통계 요인
개인적 접근법	벤처 캐피털	일반 환경
거시 환경	비인격적 감독	자선 활동
경쟁자	사베인스-옥슬리법	자연 자본
경제 요인	사회 감사	전략적 제휴자
고객	사회문화 요인	정부 규제 기관
공급업체	사회적 책임	정의적 접근법
공리주의적 접근법	소유주	정치 · 법률 요인
국제 요인	업무 환경	지구 온난화
기술 요인	유통업체	직장 내 부정행위
기업 지배 구조	윤리	크라우드 펀딩
기업의 사회적 책임	윤리 강령	트리플 바텀 라인
기업의 사회적 책임 계약	윤리적 딜레마	특별 이익 단체
기후 변화	윤리적 분위기	환수
내부 고발자	윤리적 행동	
내부자 거래	이사회	

핵심 정리

01 비즈니스의 목적

- 많은 비즈니스들이 사람, 지구, 이익을 나타내는 트리플 바텀 라인을 새로운 성공의 기준으로 고려하기 시작했다.
- 이러한 영역들에서의 성공은 사회 감사를 통해 측정할 수 있다.
- 트리플 바텀 라인은 재무적 성공보다 의미 있는 일, 일과 삶의 균형에 관심을 갖는 젊은 직원들에게 특히 매력적이다.

02 조직 내부의 이해관계자

- 경영 환경은 조직 내부와 외부의 다양한 이해관계자들로 구성된다.
- 조직 내부 환경은 직원, 소유주, 이사회로 구성된다.

03 조직 외부의 이해관계자

- 외부 환경은 업무 환경과 일반 환경으로 구분된다.
- 업무 환경은 경영자가 다루어야 할 일상 업무들을 제공하는 (1) 고객, (2) 경쟁자, (3) 공급업체, (4) 유통업체, (5) 전략적 제휴업체, (6) 직원 조직, (7) 지역 사회, (8) 금융 기관, (9) 정부 규제 기관, (10) 특별 이익 단체의 10가지 집단으로 구성된다.
- 일반 환경은 (1) 경제 요인, (2) 기술 요인, (3) 사회문화 요인, (4) 인구통계 요인, (5) 정치 · 법률 요인, (6) 국제 요인으로 구성된다.

04 경영자에게 요구되는 윤리적 책임

- 윤리는 행동에 영향을 미치는 옳고 그름의 기준이다. 윤리적 행동은 이러한 기준에 따라 '그른' 것이 아닌 '옳은' 것으로 받아들여지는 행동을 의미한다.
- 윤리적 딜레마는 종종 조직의 가치 체계로 인해 발생한다. 가치란 개인의 행동을 결정하는 데 도움이 되는 상대적으로 영구적이며 깊이 있는 기본 신념과 태도를 의미한다.
- 윤리적 딜레마를 해결하기 위한 방법에는 (1) 공리주의적 접근법, (2) 개인주의적 접근법, (3) 도덕적 권리 접근법, (4) 정의적 접근법이 있다.

- 화이트 칼라 범죄(예: 엔론, 타이코)에 대한 대중들의 분노는 2002년 사베인스-옥슬리법의 제정으로 이어졌다.
- 로렌스 콜버그는 개인 도덕 발달의 (1) 전인습적 수준, (2) 인습적 수준 그리고 (3) 탈인습적 수준을 제안하였다.
- 조직이 높은 윤리적 기준을 수립할 수 있는 방법에는 (1) 강력한 윤리적 분위기 조성, (2) 채용 시 윤리 고려, (3) 윤리 강령 및 교육 프로그램 제정, (4) 윤리적 행동에 대한 보상 제공, (5) 다각적 접근법 활용이 있다.

05 경영자에게 요구되는 사회적 책임

- 사회적 책임은 조직뿐만 아니라 사회의 이익에 도움이 되는 행동을 실천하는 경영자의 의무이다.
- 아치 캐롤은 글로벌 경제에서 조직이 (1) 훌륭한 글로벌 기업 시민이 되어야 하고, (2) 윤리적인 제도를 갖춰야 하며, (3) 법률을 준수하고, (4) 수익을 창출해야 할 책임이 있다고 주장했다.
- 기업의 사회적 책임에는 찬반 양론이 존재한다.
- 사회적 책임의 다른 유형으로는 기후 변화, 지속가능한 개발 그리고 자연 자본에 주목하는 것이 있다.
- 또 다른 측면에서 사회적 책임은 자선 활동이다.
- 윤리적 행동과 사회적 책임은 고객 만족, 직원과 고객의 충성, 수익 증대, 장기 이익 향상이라는 긍정적인 결과로 이어진다.

06 기업 지배 구조

- 기업 지배 구조는 기업 소유주 및 기타 이해관계자들의 이익을 보호하기 위해 기업을 운영하는 체계이다.
- 기업 지배 구조를 활용하여 보다 윤리적이고 사회적으로 책임 있는 조직을 구축하는 방법은 CEO에게 (비)윤리적 행동에 대한 책임을 묻고, 이사회가 조직이 보다 윤리적으로 성장할 수 있도록 장려하는 사람들로 구성되도록 보장하고, 사회적 책임을 임원 보상과 통합하는 것이 있다.

07 커리어 준비 실천

- 진실성, 윤리성 그리고 더 큰 선에 대한 관심을 보이는 습관을 촉진하는 활동에 참여함으로써 전문성 · 직업 윤리의 역량을 개발할 수 있다.

핵심 질문

01 내부 이해관계자와 외부 이해관계자의 차이는 무엇인가?

02 외부 이해관계자 중 업무 환경과 일반 환경의 차이는 무엇인가?

03 업무 환경의 10개 집단 중 가장 중요하다고 생각하는 집단은 무엇이며 그 이유는 무엇인가?

04 일반 환경의 6개 집단 중 가장 중요하지 않다고 생각하는 집단은 무엇이며 그 이유는 무엇인가?

05 윤리적 딜레마를 해결하기 위한 네 가지 방법에 대해 설명해 보자.

06 콜버그의 개인의 도덕 발달 수준에 대해 설명해 보자.

07 조직이 윤리를 도모할 수 있는 다섯 가지 방법은 무엇인가?

08 캐롤의 기업의 사회적 책임 피라미드의 수준들을 설명해 보자. 지속가능성을 달성하려는 노력은 어디에 속하는가?

09 기업 지배 구조란 무엇이며 왜 중요한가? 보다 윤리적이고 사회적으로 책임 있는 조직을 구축하기 위해 좋은 기업 지배 구조를 어떻게 활용할 수 있을까?

대학 입학 부정행위

2019년 3월, 50명의 부유한 부모들이 2011년부터 2019년까지 스탠퍼드(Stanford)와 예일(Yale) 등 명문 대학에 자신의 자녀를 입학시키기 위해 총 2,500만 달러를 지불한 사실을 FBI가 폭로했다고 뉴스는 보도하였다. 펠리시티 허프만(Felicity Huffman)과 로리 로우린(Lori Loughlin)과 같은 유명 연예인들뿐만 아니라 대기업 임원, 변호사, 대학 운동부 코치, 전문 시험 응시자 및 표준화된 시험 전문가들도 여기에 포함되어 있었다.

스캔들의 중심에는 연방에 등록된 501(c)3 자선단체인 키 월드와이드(Key Worldwide) 재단 보호 아래에 이를 주도한 입시 컨설턴트 윌리엄 '릭' 싱어(William "Rick" Singer)가 있었다.

부정 입학 방식

싱어는 여러 전략을 활용해 부모들이 자녀의 명문 대학 입학에 유리한 기회를 형성할 수 있도록 하였다. 그중 하나는 부모들에게 자녀의 학습 장애를 평가할 심리학자를 소개하는 것이었다. 싱어는 부모가 자녀에게 "멍청하게 행동하고… 느리게 행동하고… 영특하지 못하게 행동하라."라고 지시하도록 하였고, 이 진단을 통해 자녀들은 ACT 및 SAT 대학 입학 시험을 위한 개인 실뿐만 아니라 문제 푸는 시간 연장 혹은 무제한적 시간을 제공받게 되었다. 일부 학생들의 경우 이 조치만으로도 시험 점수를 향상시키에 충분했다.

추가 도움을 요청한 부모들은 싱어의 비영리 단체에 시험 하나 당 15,000달러에서 75,000달러 사이의 고액 '자선 기부'를 하여 전문 시험 응시자들이 자녀를 대신해 시험을 치도록 하였다. 현재 대리 시험을 친 사람은 마크 리델(Mark Riddell)로 확인되었다. 학부모들은 시험 관리자인 이고르 디보스키(Igor Dvorskiy)와 니키 윌리엄스(Niki Williams)가 시험당 10,000 달러를 받기 위해 대기 중인 두 센터 중 하나에 방문하였고, 리델이 시험을 대신 치르거나 아이들의 답안을 수정해 주거나 정답을 알려주는 방식으로 부정행위를 저질렀다. 리델 또한 시험당 약 10,000달러를 받았다. 혜택을 받은 많은 아이들은 시험에 부정행위가 있었는지 전혀 알지 못했다고 한다.

다른 방식은 싱어가 학생들을 위한 가짜 운동 프로필을 만든 다음 팀 명단에 오를 수 있도록 대학 코치에게 뇌물을 주는 것이었다. 한 부모는 딸의 예일 대학 입학 보장을 위해 싱어에게 120만 달러를 지불하였다. 싱어는 해당 학생을 위해 가짜 운동 프로필을 만들어 예일 축구 감독인 루돌프 '루디' 메리디스(Rudolph "Rudy" Meredith)에게 보냈고, 입학이 확정되자 메리디스는 40만 달러의 수표를 받았다.

유죄 인정

조사가 진행되는 동안 싱어, 리델, 메리디스는 FBI에 협조하는 증인이 되기로 동의했다. 그들은 부유한 부모들과 대화를 할 때 녹음이 가능한 도청장치를 착용했으며 사기와 관련된 이메일을 FBI에 넘겼다. 세 사람은 유죄를 인정하고 더 관대한 선고를 바라는 대가로 조사에 전적으로 협력하기로 합의했다.

싱어는 사법 방해, 돈세탁, 공갈, 미국을 상대로 사기를 친 혐의에 대해 유죄 선고를 받았다.

배우 펠리시티 허프만은 입학 스캔들에서 선고를 받은 첫 번째 학부모였다. 그녀는 사기에 대한 죄를 인정했고 법원은 그녀에게 징역 14일과 3만 달러의 벌금, 250시간의 지역 사회 봉사를 선고했다. 총 61만 달러의 뇌물을 받은 전 스탠퍼드 대학의 요트 코치 존 반데모어(John Vandemoer)는 공갈죄에 대한 자신의 혐의를 인정했다. 법원은 그에게 징역 1일과 징역 후 2년의 감시를 선고하였고 1만 달러의 벌금도 부과하였다. 부동산 경영자인 토비 맥팔레인(Toby MacFarlane)은 스캔들과 관련된 사람 중 가장 긴 징역형을 선고받았다. 법원은 그가 자신의 아들과 딸이 서던캘리포니아 대학교(University of Southern California: USC)의 운동부에 들어갈 수 있도록 45만 달러를 지불한 것에 대해 징역 6개월, 징역 후 2년의 감시, 지역 사회 봉사 200시간, 벌금 15만 달러를 선고하였다.

책임 소재

그들이 유죄 판결을 받을 것을 감안하더라도 법무부 역사상 가장 큰 대학 입학 스캔들에 대해 과연 싱어와 학부모들, 코치, 관리자들에게만 책임이 있는가? 여기에는 다른 요소들도 큰 부분을 차지한다.

해당 스캔들에 연루된 학부모들은 학생과 학부모 모두를 괴롭히는 대학 입학에 대한 심한 압박감에 대해 언급했다. 실제로 이 압박감에 대한 대응으로 시험 준비 및 과외 산업이 성장하기도 하였다. 대학 학벌과 그 이후의 성공이 실질적으로 관련이 없다는 연구 결과에도 불구하고 많은 부모들은 자녀가 명문대학에서 학위를 받아야만 진정으로 성공할 수 있다고 굳게 믿고 있다. 안타깝게도 학업 성취도에 대한 경쟁은 유치원 때부터 시작되는 경우가 많으며, 점점 더 많은 교사들이 아동 학대와 유사할 정도로 지나치게 구조화되어 있고, 엄격하며, 성적만 중시되는 교육 환경에 남는 대신 교직을 떠나고 있다.

그렇다면 더 광범위한 대학 입학 체계의 경우에는 어떨까? 현재 대학의 입학 기준은 가장 유망하고 가치 있는 학생들을 선별하는 데 유용한가? 한 연구에 따르면, 표준화된 시험 점수는 1학년 성적과 성적을 유지할 수 있는 비율밖에 예측하지 못하지만, 여전히 SAT 및 ACT 점수는 대학 입학을 결정하는 최고의 기준으로 작용하고 있다. 학생들이 선택한 학교에 진학할 수 있는 기회에 영향을 미치는 다른 요인으로는 사립 고등학교 재학 여부, 가족의 사회경제적 지위 그리고 성별이 있다(대학 입학 과정에서 여성들은 종종 차별의 피해자가 되기도 한다).

마틴 루터 킹 고등학교(Martin Luther King High School)의 학생인 미아(Mia M.)는 스캔들에 대해 어떻게 느꼈냐는 질문에 대해 "우리는 어떤 대가를 치르더라도 최고가 되어야 한다는 사고방식을 지니게 되었다. 정직성보다 성적의 가치가 높으며, 진실성보다는 대안이 우선시 되고 있다. 끊임없는 비교는 우리에게 완벽함에 대해 간절해지도록 만든다."라고 답했다. 노스캐롤라이나(North Carolina)주 윌밍튼(Wilmington)의 호거드 고등학교(Hoggard High School) 재학생인 알렉스 리(Alex Lee)는 스캔들에 대해 슬픔을 표하며 "이 상황에 처한 모든 사람이 안타깝게 느껴졌다. 이것이 아이들의 행복을 위한 유일한 방법인 것처럼 느낀 부모들, 전혀 몰랐던 학생들, 나아가 특히 열심히 노력했음에도 여윳돈이 있는 사람들에게 밀려난 학생들 모두에게 유감을 느낀다."라고 말했다.

토론 문제

문제 해결 관점

1. 연방 정부, 부모 그리고 예비 대학생들의 관점에서 보았을 때 해당 사건의 근본적인 문제는 무엇일까?
2. 왜 부모들은 자녀의 대학 입학을 위해 위험한 짓을 하기로 마음먹었을까?
3. 향후 같은 사건이 다시 일어나지 않게 하기 위해 고등 교육 체계와 정부는 어떻게 행동해야 한다고 생각하는가?

적용하기

1. 일반 환경, 특히 경제 요인, 인구통계 요인, 국제 요인, 사회문화 요인이 입학 스캔들에 어떻게 영향을 미쳤다고 생각하는가?
2. 부정행위를 알고 있었던 학생들은 이 상황에 대한 순수한 피해자일까 아니면 비윤리적인 것으로 간주되어야 할까? 윤리적 딜레마를 결정하는 네 가지 접근법 중 하나를 사용하여 질문에 답해 보자.
3. 대학은 입학 부서, 코칭스태프, 기타 의사 결정권자들 사이에서 더 높은 윤리 기준을 촉진하기 위해 무엇을 할 수 있을까?
4. 법정에서 내려진 처벌만으로 비슷한 유형의 사기 행각이 다시 발생하는 것을 막을 수 있다고 생각하는가?
5. 릭 싱어와 사건에 대한 관여 및 조사에 협력하기로 한 그의 결정을 바탕으로 보았을 때 도덕 발달 수준은 어디에 위치하는가?

법적 · 윤리적 과제

학자금 대출 변제 신청

학자금 대출 채무는 2007년부터 2017년 사이에 대학 등록금 및 생활비 상승과 함께 영리 대학의 출석률 증가로 3배 가까이 증가했다. 학자금 대출 채무에 허덕이고 있는 사람들에게는 미국 교육부가 후원하는 '대출자 보호(Borrower Defense)' 혹은 '상환 보호(Defense to Repayment)'라는 잘 알려지지 않은 1994년 프로그램이 하나의 구명 밧줄이었다.

이 프로그램은 정부의 직접 대출 프로그램(direct loan program)으로 대출받은 학생들에게 제공된다. "학생들은 학교가 주법을 위반하여 빚을 갚게 했음을 입증할 경우 기존 빚을 탕감받을 권리가 있으며 상환된 대출금 역시 돌려받을 수 있다."라고 법은 규정한다. 그러나 대출자들은 사기를 증명하기 위해 어떠한 문서가 필요한지 명확하게 알기는 쉽지 않다.

현재까지 약 22만 7천 명의 사람들이 프로그램을 통해 학자금 대출 변제를 신청했다. 교육부는 이미 대략 1억 5천만 달러의 채무 변제에 합의했으며 더 많은 사람들이 변제받을 가능성도 있다고 밝혔다.

최근 벳시 디보스(Betsy DeVos) 교육 장관은 2020년 7월부터 승인된 대출에 대한 대출자 보호 프로그램을 평가하기 위해 보다 엄격한 규정들이 적용될 것이라고 밝혔다. 새로운 규정에 따라 대출자들은 대학이 자신을 속였다는 것을 입증하는 데 훨씬 더 많은 부담감을 갖게 된다. 또한 학생이 졸업하거나 학교를 그만두게 되면 프로그램을 신청할 수 있는 기한은 3년이다. 마지막으로, 해당 프로그램은 학생들이 학위 프로그램을 완료하기 전 학교가 문을 닫게 되면 더 이상 대출자들에게 자동 변제를 제공하지 않는다. 그렇게 되면 각자 대출 취소를 신청해야 한다.

최근 주립 대학을 졸업했다고 가정해 보자. 학사 학위에 필요한 과정을 모두 이수했고 당신의 학업 성적 역시 탁월했다. 지난 2년 동안 매 학기 우등생 명단에 올랐으며 지역 사회의 사회 복지 단체에서 인턴으로 근무한 적도 있다. 당신은 당신이 희망한 심리학과 관련된 분야에서 일하며 졸업 후 몇 년 안에 빚을 다 갚을 수 있기를 바랐다.

다른 학생들과 마찬가지로 당신은 학자금 대출로 학비의 대부분을 지불했다. 졸업 후 3년이 지났지만 당신의 커리어는 당신이 희망했던 대로 흘러가지 않았다. 희망했던 심리학 분야가 아닌 소매 체인에서 저임금으로 일하고 있으며 주말에는 서빙을 하며 생계를 유지하고 있다. 당신은 심리학 분야의 일자리를 얻으려면 대학원 학위가 필요하다는 사실을 몰랐다. 학자금은 아직 갚지 못한 상태이며 최근 대출자 보호 프로그램에 대해 알게 된 상태이다. 당신은 대출자 보호 프로그램을 신청할지 고민 중이다.

문제 해결

어떻게 행동할 것 같은가?

1. 대출 변제를 신청하고 광범위한 법률 용어가 당신의 주립 대학 및 대출에 있어 예외를 적용하길 바란다. 한번 신청해 보는 것이 뭐가 문제가 되는가?
2. 대출 변제를 신청한다. 결국, 당신은 교육받은 것에서 이익을 얻지 못하고 있으며 누군가가 당신에게 좋은 직장을 얻기 위해서는 심리학 대학원 학위가 필요하다고 말했어야 한다.
3. 신청하지 않는다. 당신은 취업을 약속받은 적도 없고 심리학을 전공하기로 한 것은 당신의 결정이었다. 채용 기회가 더 많은 분야를 충분히 선택할 수 있었다.
4. 다른 안이 있다면 설명해 보자.

CHAPTER 04

국제 경영

학습 목표

1. 세계화의 세 가지 결과를 파악한다.
2. 성공적인 글로벌 경영자의 특성을 설명한다.
3. 기업이 국제적으로 확장할 수 있는 방법에 대해 설명한다.
4. 자유 무역의 장벽과 기업이 이를 극복할 수 있는 방법에 대해 설명한다.
5. 문화적 차이를 이해하는 것의 가치를 설명한다.
6. 다문화적 역량을 개발하는 방법을 설명한다.

▶ 미리보기

4장에서는 세계화, 즉 지구촌의 부상과 단일 대규모 시장의 영향, 전 세계의 메가 기업과 미니 기업의 영향에 대해 살펴본다. 또한 성공적인 글로벌 경영자의 특징과 기업이 국제적으로 확장하려는 이유 및 방법에 대해서도 알아본다. 자유 무역의 장벽과 무역을 촉진하는 주요 조직 및 주요 경쟁자에 대해 알아보고, 글로벌 경영자가 경험할 수 있는 문화적 차이에 대해서도 알아본다. 마지막으로, 다문화적 차이를 인식할 수 있는 역량 개발 방법에 대해 학습한다.

성공 전략

성공적인 해외 근무를 준비하는 방법

개인적인 여행이든 출장이든, 해외여행을 하면 다양한 방식으로 문화의 차이를 느낄 수 있다. 이러한 깨달음은 향후 해외에서 직장 생활하는 데 도움이 될 수 있다.

사전 조사

해외에 도착한 다음 새로운 환경의 문화에 익숙해지려고 하면 안 된다. 미리 책과 기사를 읽고 영상을 시청하자. 미리 지리와 교통 시스템을 공부하자. 기존에 방문해 본 사람들과 이야기를 나눠보고, 떠나기 전에 당장 혹은 장차 도움을 받을 수 있는 현지 사람들에게 연락하자. 말하기보다는 더 많이 경청하고 배우자. 다른 사람들의 행동을 따라 해야 한다. 개방적이고 겸손하자.

개방적인 태도

최근 비즈니스 인사이더(Business Insider)와의 인터뷰에서 국제 기술 구인구직 기업 자바티칼(Jobbatical)의 CEO 카롤리 힌릭스(Karoli Hinricks)는 편향된 태도와 관련된 몇 가지 조언을 하였다. 그녀는 "고향에서 볼 수 있는 것과 똑같은 것을 찾으려고 한다면 해외로 나가서는 안 된다."라고 말한다. 또한 "새로운 경험에 마음을 열고 새로운 터전이 당신을 위해 준비한 기이한 일들을 파악할 때 비로소 여정을 통한 창의력 향상과 긍정적 결과를 기대할 수 있다."라고 덧붙였다. 기회를 받아들일 준비를 하고 사소한 문제에 현혹되지 말아야 한다. 긍정적이고 할 수 있다는 태도를 유지하며 작은 일들을 극복할 수 있는 태도를 취하자.

문화 학습

간편한 온라인 검색을 통해 거주하거나 일하게 될 특정 국가 또는 지역에서 예상되는 것들을 파악할 수 있다. 자신을 소개하고 다른 사람들을 소개받는 것, 회의 혹은 그룹에서 말하는 순서, 유머를 사용할 때나 사용하면 안 될 때, 식사 에티켓, 사적인 공간에 대한 규범과 같이 기존에 익숙했던 것과 다를 수 있는 일상적인 행동들에 대한 사회적 관습에 주의해야 한다.

현지 언어 학습

어느 나라에 있든 최소한 '안녕하세요', '부탁드립니다', '감사합니다'와 같은 몇 가지 표현들은 그 나라의 언어로 알아 두어야 한다. 문법과 억양이 완벽하지 않더라도 이를 위해 노력하는 것은 타인과의 관계를 강화하는 데 큰 도움이 될 것이다.

글로벌 행사. 3명의 사업가들이 국제회의에서 담소를 나누는 중이다. 이러한 회의에 참석하게 된다면 다른 나라에서 온 사람들과 어떻게 대화를 시작할 것인가?

현명하게 짐 챙기기

방문할 장소와 참석할 행사에 적합한 복장을 챙기자. 짐을 가볍게 챙기고 언제나 입을 수 있고 관리하기 쉬운 옷을 가져가자.

결제 수단과 여비 준비

현지 국가에서 사용할 수 있는 직불카드와 신용카드 및 해당 지역에서도 보장되는 보험 등 모든 서류가 제대로 준비되어 있는지 확인하자. 해외에서 일하는 것은 관광객으로 가는 것과는 다르다. (항상 여분의 현금을 가지고 있어야 하지만) 예기치 않게 현금이 부족해지는 경우와 같은 비상 상황에 대비하고, 문제를 해결하는 동안 침착하게 행동하고 집중할 수 있도록 도움이 될 만한 계획을 세워야 한다.

SECTION

01 세계화

세계 경제가 보다 상호 의존적인 체제로 나아가는 추세를 의미하는 세계화는 (1) '지구촌'과 전자 상거래의 부상, (2) 세계가 단일 대규모 시장으로 변화하는 추세, (3) 세계적인 메가 기업 및 인터넷이 가능케 한 미니 기업의 부상이라는 세 가지 결과를 초래하였다.

학습 목표

세계화의 세 가지 결과를 파악한다.

세계화와 기업 간 경쟁

2019년에 세계 최대 경제 국가는 미국이었는데 과연 미국이 가장 경쟁력 있는 나라였을까? 세계 경제 포럼(The World Economic Forum)은 미국이 싱가포르 뒤를 이어 2위를 차지했다고 밝혔다(표 4.1. 참고).

세계 경제 포럼은 경쟁력을 "국가의 생산성 수준을 결정하는 일련의 제도, 정책 및 요소"라고 정의한다. 여기에는 국가의 생산성과 장기적 성장에 영향을 미치는 12가지 주제들이 포함된다. 경영자로서 해외 시장에 진출하기로 결정한 경우 생산직 인력을 확보하기 위해 이러한 주제를 이해하는 것은 매우 중요하다. 예를 들어, 금융 시스템이 불안하거나 시장 규모가 점차 작아지는 국가로 비즈니스를 확장하고 싶지는 않을 것이다. 이 같은 2개의 요소들은 국가의 장기적 성장에 영향을 미치기 때문이다.

표 4.1 2019년 국가 경쟁력 순위

1. 싱가포르
2. 미국
3. 홍콩 특별행정구
4. 네덜란드
5. 스위스
6. 일본
7. 독일
8. 스웨덴
9. 영국
10. 덴마크

출처: K. Schwab, "Global Competitiveness Report 2019: How to End a Lost Decade of Productivity Growth," World Economic Forum, 2019, https://www.weforum.org/reports/ how-to-end-a-decade-of-lost-productivity-growth.

세계에서 가장 부유한 나라는 어디일까? 국가에서 생산된 모든 재화와 서비스의 총 가치를 인구 수로 나눈 값인 1인당 국내 총생산 측면에서, 국제 통화 기금이 발표한 2019년 가장 부유한 나라는 카타르였다. 쿠웨이트, 노르웨이, 룩셈부르크, 아일랜드가 뒤를 이었다.

한 국가가 기업 친화적인지 아닌지를 판단할 수 있는 또 다른 지표는 경제적 자유이다. 경제적 자유란 모든 인간이 자신의 노동과 재산을 관리할 수 있는 기본적인 권리를 의미한다. 중화인민공화국에 소속된 홍콩은 경제적 자유 부문에서 1위를 차지했다. 헤리티지 재단(Heritage Foundation)에서 발표한 2019년도 경제자유지수에 따르면 홍콩과 싱가포르는 경제자유지수를 기준으로 '자유로움'으로 간주되며, 캐나다(8위)와 미국은 '대부분 자유로움'으로 분류되었다.

우리는 세계 경제가 보다 상호 의존적인 체제로 나아가는 추세를 의미하는 세계화로 인해 급변하는 세상에 살고 있다. 이후 내용은 주요 변화에 대해 설명한다.

'지구촌'과 전자 상거래의 부상

위대한 문명의 특징은 위대한 통신 체계였다. 초기 통신은 교통을 기반으로 하였다. 로마 제국은 잉카와 같은 다른 고대 문명과 마찬가지로 도로망을 갖추었다. 이후 유럽의 강대국들은 여러 곳에 퍼져 있는 해군 부대를 갖추었다. 19세기에 미국과 캐나다는 대륙 횡단 철도를 건설하여 북미를 통일하였다. 이후 비행기는 대륙 간 이동 시간을 줄였다.

교통에서 통신 교통은 정보의 전자적 교환으로 이어졌다. 1844년부터 전신(telegraph)은 포니 익스프레스(Pony Express)의 짧은 역사를 끝내고 1876년부터 전화기(telephone)와 경쟁을 시작하였다. 1906년에 발명된 증폭 진공관(amplifying vacuum tube)은 상업용 라디오(commercial radio)로 이어졌다. 1925년에 영국에 텔레비전(television)이 처음 등장하였다. 1950년대와 1960년대에 텔레비전은 전 세계적으로 폭발적으로 증가하였고, 철학자 마샬 맥루한(Marshall McLuhan)은 우리 모두가 정보의 세계적인 풀(worldpool) 속에서 희망, 두려움을 공유하는 '지구촌'이라는 개념을 제시하였다. 지구촌은 항공 여행과 전자 매체가 전 세계 사람들끼리 더 쉽게 교류할 수 있게 함으로써 가능해진 시간과 공간의 '축소'를 의미한다.

이후 세상은 더욱 빨라지고 작아졌다. AT&T가 1983년 최초의 이동전화 통신 시스템(cellular communications system)을 출시했을 당시 2000년에는 사용자가 100만 명 미만일 것이라 예상하였다. 그러나 2021년에는 전 세계적으로 약 38억 명이 스마트폰을 사용하고 있다.

인터넷, 웹 그리고 세계 이후 컴퓨터가 전 세계적으로 연결된 '네트워크들의 네트워크(network of networks)'인 인터넷이 등장했다. 오늘날 전 세계 77억 인구 중 약 59%가 인터넷 사용자이다. 웹의 출현으로 컴퓨터 네트워크를 통해 제품 및 서비스를 매매하는 전자 상거래가 발전하였다.

중국의 아마존인 알리바바

미국에서 가장 큰 전자 상거래 사이트인 아마존(Amazon.com)은 1994년 제프 베이조스(Jeffrey Bezos)가 설립했으며, 처음에는 온라인 서점으로 시작하였다. 아마존은 현재 미국의 온라인 소비 지출 1달러당 50센트를 차지할 정도의 상상할 수 없을 정도로 많은 제품과 서비스를 제공한다. 온라인 소매업에서 아마존에 도전하는 기업으로 '중국의 아마존'이라 불리는 알리바바(Alibaba)가 있다. 이 회사는 실제로 온라인에서 판매된 제품 종류를 기준으로 세계에서 가장 크고 빠르게 성장하고 있는 전자 상거래 회사이다.

알리바바는 1999년 소규모 기업들의 온라인 판매 중심지로서 설립되었으며, 선도적인 글로벌 도매 및 소매 시장이자 클라우드 컴퓨팅, 디지털 미디어 및 엔터테인먼트 서비스 제공 업체로 성장하였다. 인터넷 사용자가 8억 명이 넘는 국가에서 이 회사는 '미래의 상거래 인프라'가 되려는 비전을 갖고 있다. 수억 명의 사용자들이 알리바바의 웹 사이트 3곳을 방문하면서 매년 약 7,680억 달러 거래에 참여한다. 이는 아마존(Amazon), 이베이(eBay) 및 제이디닷컴(JD.com, 또 다른 중국 인터넷 소매업체)의 매출 총합을 능가한다. 알리바바는 전자 상거래 사이트 외에도 사용자가 택시 기사, 레스토랑, 공익 기업, 심지어는 임대업자에게 돈을 지불할 수 있는 알리페이(Alipay)라는 결제 앱을 제공한다. 아마존은 또한 포드(Ford)와 제휴하여 자동차 구매자들이 3일간 시승할 수 있는 거대 자판기를 개발했다. 전체 과정은 약 10분 정도 소요되며 시승 후 차량을 구매하고자 하는 고객은 자금 조달이 필요하더라도 현장에서 바로 구매할 수 있다.

알리바바의 설립자 마윈(Jack Ma)은 2018년 회장직에서 물러났다. 전직 영어 교사이자 현재 중국에서 가장 부유한 사람인 마윈은 인생에서 수많은 거절을 경험했다. 그는 거절로 인해 오랫동안 실망하지 않는 것이 중요하다고 말한다. 그는 "사람들은 '아니오'라는 말을 들으면 당연히 기분이 좋지 않다. 잘 자고 일어나 다시 시도해야 한다."라고 말한다.

당신의 생각은?

알리바바는 미국과 같은 초강대국에서는 두각을 나타내지 않고 있다. 이 회사가 중국 시장에만 계속 집중하는 것이 바람직할까? 이유는 무엇인가?

세계 경제

하버드 경영 대학(Harvard Business School)의 로자베스 모스 칸토르(Rosabeth Moss Kantor)는 "우리는 현재 1988년과 1989년에 시작된 일들의 결과를 보고 있다."라고 말한다. 첫 번째는 1980년대 후반 베를린 장벽 붕괴와 함께 찾아온 동유럽 공산주의 종식의 시작이다. 두 번째는 아시아 국가들의 외국 투자자들에 대한 경제 개방이다. 세 번째는 정부가 경제 규제를 완화했던 세계적 추세이다. 이 사건들은 제품, 사람, 돈이 세계 경제, 즉 전 세계로 더 자유롭게 이동할 수 있는 조건을 형성했다. 세계 경제란 여러 개별 국내 시장들이 아닌 단일 시장으로서 상호 작용하는 경제가 세계적으로 증가하는 경향을 뜻한다.

외환 딜러의 화면, CNN 뉴스 보도, 트위터 피드, 문자 메시지 및 기타 기술을 통해 즉각적으로 도착하는 정보로 연결된 세계 경제가 점점 더 긴밀한 연결 관계를 형성하고 있다는 것은 공공연한 사실이다. 세계화의 긍정적인 결과와 부정적인 결과에 대해 생각해 보자.

긍정적인 결과 과거에는 다른 대륙의 사람들과 교류하는 데 큰 어려움이 있었다. 인터넷, 고속 철도 및 기타 혁신은 '거리 마찰(friction of distance)'을 줄여 세계를 축소하고 국경을 없앴다.

의사소통과 정보 공유의 증가로 기술이 더욱 빠르게 발전할 수 있으며, 혁신과 규모의 경제를 통해서는 많은 제품과 서비스를 더 저렴하게 생산할 수 있게 되었다. 사람과 정보만이 전 세계로 빠르게 이동하는 것은 아니다. 전자 송금과 개발 도상국에 대한 투자 능력은 자본에 대한 접근성을 증가시켜 다양한 세계 경제 내에서 더 큰 시장 성장을 가능케 하였다.

또한 일부 산업에서는 외국 기업들의 진출로 지역 경제가 활성화되기도 한다. 예를 들어, 자동차 산업에서 외국 자동차 메가 기업들이 미국에 공장을 건설하여 포드(Ford), GM, 피아트크라이슬러(Fiat Chrysler)를 합친 것보다 더 많은 차량을 미국에서 생산한다. 이로 인해, 미국 공장에서는 수만 개의 제조업 일자리가 창출되었으며, 미국 대리점 및 공급업체와 같은 수백만 개의 간접적인 일자리들도 새롭게 창출되었다.

세계 시장의 탄산음료. 코카콜라(Coca-Cola) 직원이 태국(Thailand) 푸켓(Phuket)에서 트럭의 짐을 내리고 있는 모습이다. 코카콜라는 200개가 넘는 지역에서 제품을 판매한다.

세계 경제는 자동차 제조업체와 같은 메가 기업들에만 좋은 것이 아니라 소규모 기업으로 간주되는 미니 기업들 역시 긍정적인 영향을 미쳤다.

1. **손쉬운 창업.** 누구나 제품이나 서비스를 온라인에 게시하고 이베이, 쇼피파이(Shopify), 포쉬마크(Poshmark), 크레그리스트(Craigslist)와 같은 웹 사이트에서 판매할 수 있게 되었다. 이는 대기업들이 기존에 가지고 있던 유통 및 범위의 경쟁 우위를 완전히 없애버렸다.
2. **신속한 전략 수정.** 작은 회사들은 계획을 더 빨리 변경할 수 있기에 대기업에 비해 시간 측면에서 더 유리하다.

부정적인 결과 잘 알려진 바와 같이, 미국 전역의 일자리 감소는 세계 경제의 부상으로 인한 대규모 영향 중 하나이다. 일부 경제 대국에서 보호주의 정서가 뚜렷하게 증가했는데도 그러한 일자리는 돌아오지 않을 것이다. 그리고 데이터 공유로 인해 발생하는 정보 보안에 대한 잠재적 위험성, 제품이나 부품이 수백에서 수천 마일 떨어진 곳에서 제조됨으로 인해 발생하는 품질 및 표준에 대한 통제력 상실 가능성, 인건비가 낮은 국가로 제조업을 이전하여 발생하는 절감 효과의 일부가 운송비와 같이 숨겨지거나 예상치 못한 비용들로 상쇄되는 위험성이 포함된다. 또한 상호 연결된 세계에서는 한 국가가 다른 국가에 크게 의존하고 있을 때, 한 국가의 경제가 흔들리게 된다면 즉각적인 지역적 혹은 세계적 불안정을 초래할 수 있다.

David Caudery/Future Publishing/Getty Images

수제 맥주. 코스트코(Costco)에서 수제 맥주는 맥주 매출의 30%를 차지한다.

SECTION

02 국제 경영과 글로벌 경영자

국제 경영을 공부하면 외국 고객이나 공급 업체를 상대로 일하거나 자국에 있는 외국 기업 혹은 해외에 있는 자국 기업에서 일하는 데 도움이 된다. 성공적인 글로벌 경영자는 자기 민족 중심적이거나 다중심적이지 않고 지구 중심적이다.

학습 목표

성공적인 글로벌 경영자의 특성을 설명한다.

해밀턴 리쿠르트먼트(Hamilton Recruitment)에 따르면, 해외에서의 근무 경험이 의사소통 스킬 향상, 다른 문화에 대한 통찰력 습득, 개인적인 성장 경험을 포함한 많은 이로운 결과들로 이어진다고 한다. 다음 예시를 통해 해외에서 취업할 수 있는 방법에 대해 알아보자.

해외 취업 전략

1997년과 2012년 사이에 태어났다면 Z세대 구성원들이 원하는 글로벌 관점을 지니고 있을 것이다. 사이트 리서치(Cite Research) 설문 조사에 따르면 Z세대 대학 졸업자의 75%가 해외에서 일할 기회를 제공하는 회사에서 더 일하고 싶어한다고 한다. 나아가, Z세대 대학 졸업자의 대다수는 해외에서 일할 수 있다면 커리어 발전이나 금전적인 이득을 기꺼이 포기할 수 있다고 한다. 만약 해외에서 일하고 싶다면 어떻게 해야 할까?

1. 문화적 인식과 외국어 능력을 기르자. 해외 환경에서 자유롭게 대화를 나눌 수 있는 사람은 모든 회사가 가치있게 여길 것이다. 이에 대해서는 4장 뒷부분에서 자세히 학습한다.
2. 해외에서 일할 때 필요한 스킬 중 하나인 융통성(flexibility)을 갖추자. 브뤼셀(Brussels)에서 근무했던 한 기업 홍보 인턴은 융통성의 필요성에 대해 "나는 유럽과 아시아 전역에서 온 사람들과 팀을 이루고 있었기 때문에 약간의 언어적 장벽 외에도 윤리, 아이디어 및 방법 면에서 잘 맞지 않아 의사소통에 큰 어려움을 겪었다. 해외에서 일하면서 융통성을 발휘하고 나의 분야에서 알고 있는 것을 되돌아보게 하고 어떠한 환경과 고객의 니즈든 이에 맞게 조정할 수 있는 법을 배웠다."라고 말한다.
3. 이미 일을 하고 있는 경우 현재 회사에 해외 직무가 있는지 확인하고 해당 직무의 요건과 역할을 알아보자. 상사의 도움을 받거나, (현재 그 직무에서 일하고 있거나 최근 일을 마치고 돌아온) 다른 회사의 멘토를 찾을 수 있다.
4. 해외에서 일할 기회가 주어지는 회사에서 일하고 있는 사람들과의 네트워크를 구축하고 당신이 바라는 것과 제공할 수 있는 것에 대해 설명한다.

5. 해외에서 한국어를 가르치는 것과 같이 이미 요건을 갖춘 직업들을 살펴본다. 이는 가장 높은 급여를 받을 수 있는 시작점은 아니지만, 외국에서 인맥을 쌓아 기회를 확장하고 경험을 통해 더 성장할 수 있도록 할 것이다.

임원 채용 전문가에 따르면, 해외 경험은 독립성(independence), 지모(resourcefulness) 그리고 기업가 정신(entrepreneurship)을 높여 준다고 한다. 혹자는 "빠르게 움직이고 민첩하며 탐구심이 강한 사람들에게 관심이 있다."라고 말한다. 해외에서 일하고 자립한 사람들은 오늘날 직장에서 가치 있게 여겨지는 스킬인 적응력과 호기심을 갖추고 있는 경향이 있다. 즉, 서로 다른 문화적 환경에서 근무할 수 있는 능력을 의미하는 다문화적 인식이 만들어진 것이다. 이 역량은 전 세계적으로 연결된 세상에 대응하여 향후 10년 동안 더욱 중요해질 것으로 예상된다.

국제 경영을 학습해야 하는 이유

국제 경영은 다국적 기업을 통하든 다국적 조직을 통하든, 해외에 있는 조직 내 또는 그러한 조직과 함께 사업 운영을 감독하는 경영을 의미한다.

다국적 기업 다국적 기업은 여러 국가에서 운영되는 사업 기업이다. 예를 들어, 맥도날드(McDonald's)는 100개국 이상에서 3만 6천 개 이상의 레스토랑을 운영하고 있는 잘 알려진 다국적 기업이다. 미국의 경우, 판매 수익 기준 10대 다국적 기업은 월마트(Wal-Mart Stores), 엑슨모빌(ExxonMobil), 애플(Apple), 버크셔 해서웨이(Berkshire Hathaway), 아마존(Amazon), 유나이티드헬스 그룹(UnitedHealth Group), 매케슨(McKesson), CVS 헬스(CVS Health), AT&T, 아메리소스 버진(AmerisourceBergen)이다. 미국에 진출한 가장 큰 외국 기업은 석유 회사인 시노펙 그룹(SinoPec Group), 로얄 더치셸(Royal Dutch Shell, 네덜란드), 페트로차이나(PetroChina)와 스테이트 그리드(State Grid, 중국 공익사업)였다. 자동차 제조사 폭스바겐(Volkswagen, 독일)과 도요타(Toyota Motor, 일본)도 해당 순위에 있다.

다국적 조직 다국적 조직은 여러 국가에서 운영되는 비영리 조직이다. 세계 보건기구(World Health Organization), 국제 적십자사(International Red Cross), 몰몬교(Church of Latter Day Saints) 등이 있다.

이제, 국제 경영을 학습해야 하는 이유에 대해 살펴보자.

외국 고객이나 파트너와 거래할 수 있다. 한국 기업에서 일하면서 외국 고객을 상대할 수도 있다. 또는, 합작 투자를 위해 외국 기업과 함께 일할 수도 있다. 여러분이 상대하는 사람들은 외국에 있거나 한국을 잠시 방문한 사람들일 수도 있다. 어느 쪽이든 간에 여러분이 알 수 있었던 문화적 측면을 몰라서 거래 기회를 날리는 것은 싫을 것이다.

외국 직원이나 공급 업체와 거래할 수 있다. 한국에 있는 고용주를 위해 외국 공급 업체로부터 중요한 부품, 원자재 혹은 서비스를 구매해야 할 수도 있다. 하지만, 외국의 제도가 여러분이 익숙한 것과 얼마나 다른지 결코 알 수 없다. 예를 들어, 미국의 경우 소프트웨어 개발 직무는 인도, 뉴질랜드, 동유럽 등 해외로 많이 이동했다. 해외 자회사를 보유한 미국 기술 회사 중에는 애플(Apple), 마이크로소프트(Microsoft), 시스코(Cisco), 오라클(Oracle), 알파벳(Alphabet), 인텔(Intel) 등이 있다.

한국에 진출한 외국 기업에서 일할 수 있다. 전자, 제약 혹은 자동차 회사와 같이 한국에서 사업하고 있는 외국 기업에서 일하게 될 수도 있다. 그리고 당신과 관점이 다른 다양한 직책의 경영자들을 대해야 할 것이다. 예를 들어, 상사와 편안하게 의견을 나눌 수 있는 서구 기업의 수평적인 조직 문화는 한국 기업과 크게 다를 것이다.

때로는 우리에게 익숙한 브랜드가 실제로는 외국 기업이 소유하고 있는 경우도 있다. 예를 들어, 현재 외국 기업이 소유하고 있는 정통 미국 브랜드는 벨기에의 인베브(InBev)에 매각된 안호이저부시(Anheuser-Busch), 다국적 대기업 유니레버(Unilever)가 소유한 밴앤제리스(Ben & Jerry's), 캐나다의 레스토랑 브랜드 인터내셔널(Restaurant Brands International)에서 인수한 버거킹(Burger King), 독일 슈퍼마켓 체인 알디(Aldi Nord)의 자회사인 트레이더조(Trader Joe's), 세계 최대 가전 회사인 중국 하이얼(Haier)에서 소유하고 있는 제너럴 일렉트릭(General Electric's)의 가전 사업부, 캐나다 의류 업체인 길단 액티브웨어(Gildan Activewear)가 인수한 아메리칸 어패럴(American Apparel), 일본 소매 그룹 세븐&아이홀딩스(Seven & I Holdings)가 소유한 세븐일레븐(7-Eleven) 등이 있다.

이사회의 글로벌화. 여러 나라에서 온 사업가들이 회의실에 앉아 있다. 기업의 외국 소유권이 증가함에 따라 전 세계 회사의 이사회가 점점 더 다양해지고 있다.

해외에 있는 한국 기업 혹은 외국 기업에서 일할 수 있다. 대부분의 한국 대기업에는 해외 자회사나 사업부가 있다. 반면 방갈로르나 뭄바이에 있는 인도의 대기업과 같이 외국에 있는 외국 기업에서 일할 수도 있다.

글로벌 경영자의 유형

지금 마주한 외국 문화에 대해 잘 이해하지 못하고 있다는 사실을 대수롭지 않게 여길 수도 있다. "그게 무엇이 중요한가? 가장 중요한 것은 일을 마치는 것이다."라고 생각할 수도 있다. 이러한 관점을 지닌 경영자들이 있는 국제적 기업들은 분명 존재한다. 이 같은 경영자는 자기 민족 중심적인(ethnocentric) 유형인데, 이는 글로벌 경영자들에게서 찾아볼 수 있는 세 가지 유형 중 하나이다. 다른 두 가지 유형은 다중심적(polycentric) 유형과 지국 중심적인(geocentric) 유형이다.

자기 민족 중심적 경영자 – 우리가 제일 잘 안다. 영어가 유창한 외국 임원들은 미국인들이 'out of left field(생각지도 않은 곳에서)' 혹은 'Hail Mary pass(마지막 시도)'와 같이 야구, 농구, 축구와 관련된 표현을 끊임없이 사용할 때 무슨 생각을 할까? 자기 민족 중심적 경영자는 본인들의 나라, 문화, 언어 및 행동이 타국의 것보다 모두 우월하다고 믿는다. 자기 민족 중심적 사상가들은 자국의 경영자와 제도를 전 세계 어디로든 수출할 수 있으며, 자국의 것이 타국의 것보다 더 유능하고 신뢰할 수 있다고 믿는 경향이 있다. 종종 자기 민족 중심적 관점은 편견보다는 무지에서 비롯된다. 예를 들어, 다문화적 인식을 지닌 사람들은 자기 민족 중심적 관점을 지닐 가능성이 덜하다. 자기 민족 중심주의는 편협주의(parochialism)로도 불리는데, 이는 사람들이 오로지 자신의 관점을 통해서만 사물을 바라보는 좁은 관점을 의미한다. 자기 민족 중심적 견해는 구매 결정에도 영향을 미친다. 어떤 사람들은 자국에서 만들어진 제품만을 구입한다.

다중심적 경영자 – 그들이 제일 잘 안다. 다중심적 경영자는 해외 지사의 현지 경영자들이 현지 직원들과 제도를 가장 잘 이해하고 있기 때문에 본사는 해외 지사에 전적으로 맡겨야 한다는 견해를 가지고 있다. 따라서 다중심적 경영자의 태도는 자기 민족 중심적 경영자의 태도와 반대된다.

지구 중심적 경영자 – 출처에 상관없이 가장 효과적인 것을 추구한다. 지구 중심적 경영자는 자국과 외국 직원들 및 제도 간에는 차이점과 공통점이 있으며, 이 중 가장 효과적인 기법을 사용해야 한다고 믿는다. 자기 민족 중심적이거나 다중심적 경영자가 되는 것은 분명 더 적은 노력을 요구한다. 하지만, 지구 중심적 경영자가 됨으로써 얻는 보상은 훨씬 클 수 있다.

SECTION

03 기업의 해외 시장 진출 방식

다국적 기업은 공급의 가용성, 새로운 시장, 인건비 절감, 자금 조달, 또는 관세 및 수입 할당량 면제를 위해 확장한다. 세계 시장 진출은 글로벌 아웃소싱, 수입 · 수출 · 연계무역, 라이선싱 · 가맹사업, 합작 투자, 완전 자회사의 다섯 가지 방식으로 추진된다.

학습 목표

기업이 해외 시장에 진출하는 방식을 설명한다.

애플(Apple)의 아이폰은 누가 만드는가? 아이폰은 애플 공급망의 복잡성을 보여 주는 좋은 예이다. 가속도계(accelerometer)는 독일에서 생산되며, 배터리는 중국, 카메라, 나침반 및 LCD 화면은 일본, 자이로스코프(gyroscope)는 스위스, 유리 스크린, 와이파이 칩 및 오디오 칩은 미국에서 생산된다.

중동의 보석. 두바이의 국내 총생산은 2008년 820억 달러에서 2019년 4,250억 달러로 성장했다. 이러한 엄청난 경제 성장으로 인해 아랍 에미리트의 두바이 마리나에 아름다운 고층 빌딩이 많이 들어섰다.

미국 내에서의 성장세가 둔화됨에 따라 넷플릭스(Netflix)는 새로운 비즈니스를 위해 어디로 진출 중인가? 넷플릭스는 현재 전 세계 190개 이상의 국가에서 20개 언어로 콘텐츠를 스트리밍하고 있으며, 미국 구독자보다 더 많은 해외 구독자들을 보유하고 있다.

기업이 국제적으로 확장하는 이유

많은 회사들이 제품이나 서비스를 자국에서만 판매하기로 의도적으로 결정했던 적이 있다. 예를 들어, NEC, 소니(Sony), 히타치(Hitachi)가 일본 소비자들이 소비를 하지 않던 1990년대 경기 침체 당시 일본 시장에서만 제한적으로 활동한 것은 심각한 실수였다. 그러나 미국 경제가 호황을 누리고 외국 경제가 불황이었을 때 일부 미국 은행들은 해외에 대출을 하지 않는 것이 더 나았을지도 모른다. 해외로 진출하거나 진출하지 않는 것은 어느 쪽이든 위험할 수 있다.

그렇다면 기업이 해외 시장으로 진출하는 이유는 무엇일까?

1. **공급의 가용성** 채광 회사, 바나나 재배자, 견목 판매자는 모두 기본 공급품이나 원자재가 있는 곳으로 가야 한다. 예를 들어, 미국의 경우 수년 동안 석유 회사들이 더 많은 석유 공급원을 찾기 위해 해외로 활동을 확장했다.

2. **새로운 시장** 때때로 회사들은 담배 제조업체처럼 국내에서는 제품에 대한 수요가 감소했지만 해외에서는 여전히 수익을 창출할 수 있다는 것을 알게 될 것이다. 또는 코카콜라(Coca-Cola)의 전설적인 CEO 로버트 고이즈에타(Robert Goizueta)의 경영 아래에서 회사가 해외 시장으로 확장하기 위한 혼신의 노력을 다할 수도 있다. 코스트코(Costco)는 국제적으로 성공한 또 다른 미국 회사이다. 중국에서 증가하고 있는 중산층의 이점을 활용한 코스트코는 2019년 8월 상하이에 첫 번째 매장을 오픈하였고 방문객이 너무 많아 안전 문제로 인해 사업을 중단하기도 해야 했다. 아마존(Amazon)은 2017년 오스트레일리아로 확장했으며 2019년에 세 번째 물류 센터를 열었다.

3. **인건비 절감** 미국에서 제조업의 일자리 감소는 미국 기업들이 다른 나라에서 제품을 제조하는 것이 더 저렴한 것을 알게 되었기 때문이다. 예를 들어, 멕시코 국민을 고용하는 대가로 특별한 특권을 갖고 운영할 수 있는 멕시코의 외국계 제조 공장인 마킬라도라(maquiladora)를 사용하는 이유는 가전제품에서 자동차에 이르는 모든 것을 조립하는 데 더 저렴한 노동력을 얻을 수 있기 때문이다. 애플(Apple)은 생산 비용이 중국보다 약 60% 저렴한 인도로 아이폰 생산 기지를 옮겼다. 컴퓨터 프로그래밍과 같은 전문직 또는 서비스직 일자리도 역시 해외로 내보낼 수 있다.

4. **자금 조달** 외국 기업의 자본금이나 외국 정부의 보조금은 기업의 해외 진출을 위한 유인책이다. 국부 펀드는 정부 소유의 투자 형태로 주로 해외 자산에 투자한다. 중국 국부 펀드인 CIC(China Investment Company)는 골드만삭스(Goldman Sachs)와 합작하여 중미산업협력기금(China-U.S. Industrial Cooperation Fund)이라는 합작법인을 설립했다. 해당 합작투자는 미국 기업에 최대 50억 달러를 투자하는 것을 목표로 한다. 그러나 CIC와 중국이 더 많이 해외 투자함에 따라 미국이나 유럽 등 일부 국가와 지역에서는 보호무역주의가 부상하고 있다. 예를 들어, CIC의 주웨이민(Ju Weimin) 총재는 미중 무역 전쟁으로 인해 국부 펀드가 "미국 투자에 더욱 신중을 기하게 되었다."라고 말한다.

5. **관세 및 수입 할당 면제** 국가는 자국 산업을 보호할 목적으로 수입 제품에 관세(수수료)를 부과하거나 (허용되는 제품 수를 제한하는) 수입 할당을 설정한다. 예를 들어, 일본은 미국에서 수입되는 쌀과 같은 농산물에 관세를 부과한다. 이러한 불이익을 피하기 위해 회사는 외국에 자회사를 설립해 제품을 생산할 수도 있다. 예를 들어, 월풀(Whirlpool)은 해외에서 가전제품을 생산하기 위해 자회사를 설립하였다.

기업이 해외로 진출하는 방법

대부분의 기업들은 처음부터 다국적 기업으로 시작하지 않는다. 일반적으로는 최소한의 투자와 최소한의 위험을 감수하면서 점차 해외 시장으로 진출한다(그림 4.1 참조).

다음 그림에서 볼 수 있는 다섯 가지 진출 방법을 살펴보자.

그림 4.1 해외 시장 진출의 다섯 가지 방법

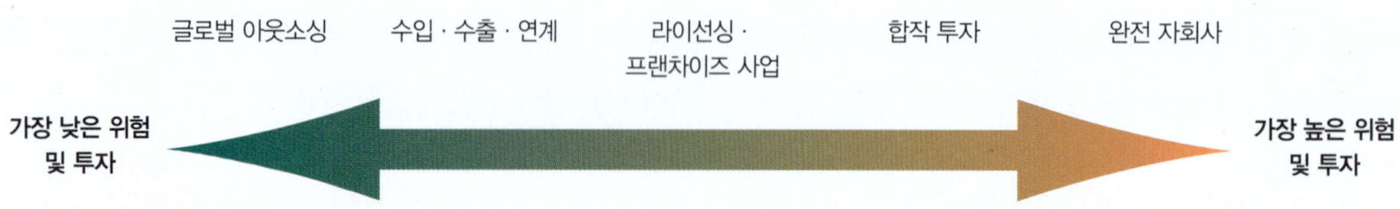

1. **글로벌 아웃소싱** 아웃소싱은 대부분의 회사들이 일반적으로 시도하는 것으로 회사 외부의 공급업체를 통해 제품과 서비스를 제공받는 것을 의미한다. 예를 들어, 항공사는 수많은 항공기의 유지 보수를 다른 회사에 위탁한다. 경영 철학자 피터 드러커(Peter Drucker)는 가까운 장래에 조직이 정보 시스템과 같이 '지원 서비스'로 구성된 모든 작업을 아웃소싱할 수 있다고 예상했다.

   글로벌 아웃소싱은 이와 같은 기법을 자국 밖으로 확장한다. 글로벌 아웃소싱 혹은 오프쇼어링(offshoring)은 노동력, 제품 또는 서비스를 제공받기 위해 자국 이외의 공급업체를 활용하는 것을 의미한다. 글로벌 아웃소싱을 하는 이유는 외국 공급업체가 이탈리아 대리석과 같이 자국에서는 구할 수 없는 자원을 가지고 있을 수 있기 때문이다. 또한 공급업체에는 파키스탄의 방직공과 같이 특별한 전문 지식을 갖춘 사람이 있을 수도 있으며, 오늘날에는 공급업체의 노동력이 선진국의 노동력보다 저렴할 가능성도 더 높다. 경영자로서 해외 첫 출장은 아웃소싱 공급업체 중 한 곳의 생산 라인을 검사하기 위한 것일 수 있다. 아래의 예는 아웃소싱하기 쉬운 직무에 대해 설명한다.

글로벌 아웃소싱되는 대표적인 직무

선진국의 노동자들은 일부 일자리가 베트남, 인도, 필리핀과 같은 저임금 국가로 이전됨으로써 발생할 변화에 대해 우려하고 있다. 기업은 생산 비용을 절감함으로써 고객에게 부과해야 하는 가격을 낮추고자 한다. 예를 들어, 미국의 노동통계국(The U.S. Bureau of Labor Statistics)에 따르면, 오늘날 미국 근로자의 8% 미만이 제조업에 고용되어 있다고 한다. 일하는 성인을 대상으로 한 설문 조사에서 절반 이상이 "직장에서의 변화에 발맞추기 위해 직장 생활 전반에 걸쳐 교육을 받고 새로운 스킬을 개발하는 것은 필수적"이라고 답했으며, 절반 이상이 지난 1년 동안 업무 스킬 향상을 위해 교육을 받은 적이 있다고 한다.

남는 직무의 특성. 노동 통계국조차도 정확하게 예측할 수 없는 경우가 많기 때문에 어떤 직무가 남을지 예측하는 것은 어렵다. 하지만, 앞으로 계속 본국에 남을 직무는 산업에 관계없이 다음과 같은 특성들이 있을 것으로 예상된다.

- **대면(face-to-face).** 현장을 살펴보아야 하는 토목 기사들과 같이 일부 직무는 대면 작업이 필요하다.
- **물리적 접촉(physical contact).** 치과의사, 배관공, 마사지 치료사, 정원사, 목수와 같은 직업은 물리적 접촉이 필요하다.
- **복잡한 패턴(complex patterns).** 몇몇 직무들은 특이한 질병을 진단하는 의사의 능력과 같이 (해외 방사선 전문의가 엑스선을 판독하더라도) 자동화하기 어려운 복잡한 패턴을 인식하는 인간의 능력에 의존한다.

향후 전망. 선진국들이 2008년 금융 위기에서 서서히 회복하고, 학식 있고 영어를 구사할 줄 아는 아웃소싱 직무 근로자들이 있는 많은 개발 도상국의 생활 수준이 높아짐에 따라 국가 간 임금 격차가 줄어들기 시작했다. 이는 콜센터 직원과 같은 일부 서비스 직무가 아웃소싱으로 인해 더 이상 절감이라는 혜택을 보지 못하게 된다면 일자리가 다시 선진국으로 돌아올 수 있음을 시사한다. 하지만, 많은 미국 기업들이 낮은 법인세율과 기타 가능한 장려책을 활용하여 미국으로 일자리를 다시 가져오거나, 외국 기업이 일본과 독일 자동차 제조업체의 뒤를 이어 미국 해안에 생산 공장을 설립할 것인지의 여부를 판단하기에는 아직 너무 이르다. 한편, 일부 근로자들은 값싼 노동력보다는 국내 작업장에서의 고도화된 로봇과 인공 지능의 사용으로 인해 더 큰 위협에 직면하기도 한다.

그러나 한 가지 사실은 분명하다. 교육을 더 많이 받은 사람일수록 경제 변화의 시기에 기반을 유지할 가능성이 더 높아진다. 예를 들어, 2019년 11월 미국 전체 근로자의 실업률은 3.5%였지만, 대학 학위가 있는 경우에는 2.0%에 그쳤다. 또한 돈을 더 많이 벌 수도 있다.

노동 통계국은 2018년 학사 학위를 소지한 미국인의 평균 주당 수입은 1,173 달러인 반면 고등학교 졸업장만 소지한 미국인의 주당 수입은 712달러라고 발표했다.

당신의 생각은?

급변하는 세상에서 안정적인 고용에 대한 희망을 기대할 수 있는 어떤 종류의 직무에 관심이 있는가?

그러나 '리쇼어링(reshoring)'이라는 역추세에 맞춰 일부 기업들은 소비자 트렌드에 보다 빠르고 유연하게 대응하기 위해 생산 시설을 본국으로 이전하고 있다. 리쇼어링 인스티튜트(Reshoring Institute)가 2019년 글로벌 제조업체를 대상으로 설문 조사를 실시한 결과 설문에 응답한 경영진의 절반 이상이 향후 5년 동안 리쇼어링할 것을 계획하거나 고려하고 있는 것으로 나타났다. 대형 바이오제약 회사인 암젠(Amgen)은 2018년 1,600개의 제조업 일자리를 미국으로 재배치할 예정이라고 발표했다. 다우 케미칼(Dow Chemical), 인텔(Intel)과 같은 대형 미국 기업들 역시 2010년과 2018년 사이에 각각 2,900개와 4,000개의 일자리를 미국으로 재배치했다.

2. 수입 · 수출 · 연계 무역 수입 시 기업은 해외에서 제품을 구매하여 국내에서 재판매한다. 예를 들어, 미국 기업인 캐터필러(Caterpillar) 트랙터는 미국뿐만 아니라 멕시코에서도 생산하는데, 멕시코에서 생산된 제품을 수입하여 미국에서 판매한다. 한국의 LG 텔레비전부터 사우디아라비아의 쉐브론(Chevron) 가솔린, 일본의 혼다(Honda) 제설기에 이르기까지 전 세계 사람들이 사용하는 많은 제품들은 수입품이다.

수출 시 기업은 국내에서 제품을 생산하여 해외에 판매한다. 2019년 중국은 세계 수출국 1위였으며 미국은 2위였다(표 4.2 참조). 미국의 최고 수출품은 기계 및 컴퓨터, 광물 연료, 전기 기기, 항공기, 차량이었다.

어떤 국가가 다른 나라의 제품을 수입하고 싶지만 지불할 통화가 부족한 경우에 제품을 수출하는 기업은 제품과 제품을 교환하는 연계 무역에 의존할 수 있다. 예를 들어, 1998년 러시아 루블화의 가치가 폭락했을 당시 일부 제품은 통화보다 더 나은 교환 수단의 역할을 하기도 했다.

3. 라이선싱과 프랜차이즈 사업 라이선싱과 프랜차이즈 사업은 동일한 것의 두 가지 측면이지만, 라이선싱은 주로 제조 회사에서 사용되고 프랜차이즈 사업은 주로 서비스 회사에서 사용된다.

라이선싱의 경우 외국 회사는 첫 번째 회사의 제품이나 서비스를 만들거나 배포하기 위해 수수료를 지불한다. 예를 들어, 듀퐁(DuPont)은 일부 프라이팬에서 발견되는 달라붙지 않는 물질인 테프론(Teflon)을 브라질의 한 회사가 제조하도록 허락할 수 있다. 따라서 라이선스의 제공자인 듀퐁은 외국 회사에서 직접 사업을 수행하기 위해 많은 돈을 투자하지 않고도 돈을 벌 수 있다. 더욱이 라이선스의 받은 브라질 회사는 듀퐁보다 현지 시장을 더 잘 알고 있다.

호텔 프랜차이즈. 아랍에미리트 두바이에 위치한 메리어트(Marriott) 호텔. 메리어트 호텔 프랜차이즈는 약 6,000개의 시설을 보유한 세계에서 세 번째로 큰 호텔 프랜차이즈이다.

표 4.2 **2019년 10대 수출국**

1. 중국
2. 미국
3. 독일
4. 네덜란드
5. 일본
6. 프랑스
7. 대한민국
8. 홍콩
9. 이탈리아
10. 영국

출처: "Top 20 export countries worldwide in 2019," Statista, May 4, 2020, https://www.statista.com/ statistics/264623/leading-export-countries-worldwide/.

프랜차이즈 사업은 외국 회사가 첫 번째 회사의 브랜드 이름과 재료 및 서비스 패키지를 사용하는 대가로 수수료와 이익의 일부를 지불하는 라이선스의 한 형태이다. 예를 들어, 유명 브랜드인 버거킹(Burger King), 허츠(Hertz), 힐튼 호텔(Hilton Hotels)은 모두 잘 알려진 브랜드로 필리핀 기업에 선불 수수료와 이익의 일정 비율을 대가로 필리핀 기업에 브랜드 이름과 (시설 설계, 장비, 레시피, 경영 시스템과 같은) 운영 노하우를 제공할 수 있다.

소위 미국 매장이라 불리는 수많은 프랜차이즈 체인점들이 전 세계 여러 곳에서 문을 열면서 엄청나게 성장하고 있다. 맥도날드(McDonald's)는 '프랜차이즈 다이렉트 2019 보고서(Franchise Direct 2019 report)'에서 1위를 차지했으며, 버거킹, 피자헛(Pizza Hut), 메리어트, KFC가 이 그 뒤를 이었다. 〈학습 모듈 2〉에서는 기업가 정신에 대해 다루면서 프랜차이즈 사업에 대해 학습할 것이다.

4. **합작 투자** (3장에서 학습했던) 전략적 제휴는 한 회사가 단독으로 운영할 때는 얻을 수 없는 전략적 이점을 실현하기 위해 힘을 합친 두 조직을 의미한다. 어떤 기업은 새로운 기업을 시작할 때의 위험과 보상을 공유하기 위해 전략적 제휴라고도 알려진 합작 투자를 외국 기업과 함께 진행할 수 있다. 예를 들어, 2019년 미국 교통부는 외국으로 가는 새로운 노선을 위해 아메리칸 항공(American Airlines)과 콴타스항공(Qantas) 간의 합작 투자를 승인했다. 포드와 인도의 마힌드라(Mahindra)는 2019년 10월 '인도에서 포드 브랜드 차량을 개발하고 전 세계의 고성장 신흥 시장에서 포드 브랜드와 마힌드라 브랜드 차량을 개발 및 판매'하기 위한 합작 투자 계약을 체결했다.

합작 투자는 외국인의 소유권을 금하는 법률이 있는 특정 국가로 어떤 기업이 진출할 수 있는 유일한 방법이기도 하다. 예를 들어, 중국에서는 합작 투자가 외국 자동차를 판매할 수 있는 유일한 방법이다.

5. **완전 자회사** 완전 자회사는 조직이 완전히 소유하고 통제하는 외국 자회사를 의미한다. 외국 자회사는 완전히 구매한 기존 회사일 수도 있다. 예를 들어, 마스터카드(Mastercard)는 2019년 덴마크의 전자 결제 플랫폼인 넷츠(Nets)를 31억 9천만 달러에 인수했다. 그린필드 벤처는 소유 조직이 처음부터 설립한 외국 자회사를 의미한다.

SECTION

04 지역 경제의 협력과 경쟁

자유 무역의 장벽으로는 관세, 수입 할당, 금수 조치 등이 있다. 세계무역기구, 세계은행, 국제통화기금은 국제 무역을 진흥하는 기구이다. 4장에서는 북미자유무역협정과 유럽연합 그리고 환태평양경제동반자협정이라는 세 가지 주요 무역 블록에 대해 학습한다. '브릭스'는 빠르게 성장하고 있는 브라질, 러시아, 인도, 중국, 남아프리카를 일컫는 말이다.

학습 목표

자유 무역의 장벽과 기업이 이를 극복할 수 있는 방법에 대해 설명한다.

국가 간 제품과 서비스의 이동에 있어 정치적 · 경제적 방해가 없는 자유 무역에 대해 알아보자.

국제 무역의 장벽

국가는 외국 경쟁자로부터 자국 산업을 보호하기 위해 종종 (제품 및 서비스의 수입을 제한하기 위해 정부 규제를 사용하는) 무역 보호주의(trade protectionism)를 활용한다. 일자리 보호는 이를 정당화하기 위한 근거 중 하나이다. 실제로 무역 보호주의가 전반적인 무역 분위기에 미치는 영향을 고려한다면 이는 결코 유익한 것으로는 여겨지지 않는다.

국가가 보호주의를 행사하기 위한 방법으로는 관세, 수입 할당, 금수 조치, 무역 제재 등이 있다.

1. **관세** 관세(tariffs)는 주로 수입품에 부과되는 세금 형태의 무역 장벽이다. 예를 들어, 한때 미국은 신발 산업을 보호하기 위해 이탈리아 신발에 관세를 부과했다. 실제로 관세에는 두 가지 유형이 있다. 수입 관세라 불리는 것은 단순히 미국으로 수입되는 모든 석유에 대한 세금과 같이 정부의 자금 마련 목적으로 고안되었다. 주목해야 하는 또 하나의 관세는 보호 관세이다. 보호 관세는 수입품의 가격을 인상하여 국내 제품의 가격을 더 경쟁력 있게 만들기 위해 고안되었다.

   2018년과 2019년 사이에 미국의 트럼프 행정부는 중국 제품에 5,500억 달러 상당의 관세를 부과했으며, 전문가들은 이를 '미중 무역 전쟁'이라 불렀다. 여기에 해당하는 제품은 기저귀부터 평면 TV에 이르기까지 다양했다. 중국은 이에 대한 보복으로 1,850억 달러 규모의 미국산 제품에 대해 관세를 부과했다.

2. **수입 할당** 수입 할당(import quotas)은 수입할 수 있는 제품의 수량을 제한하는 형태의 무역 장벽이다. 관세와 마찬가지로 이는 외국 제품의 가용성을 제한하여 국내 산업을 보호하

기 위한 목적으로 시행된다. 관세 및 수입 할당으로 인해 소비자들은 수입 제품 감소로 인한 가격 인상을 경험하게 된다. 예를 들어, 중국은 17가지 종류의 고철(scrap metal)에 대한 수입 할당을 지정하였다.

할당은 외국 회사가 국내 제품 가격을 낮추기 위해 국내 시장 가격보다 낮은 가격, 심지어는 생산 비용보다도 낮은 가격으로 제품을 수출하는 덤핑(투기)을 방지하기 위해 고안되었다. 2019년 10월, 미국 상무부는 중국산 유리 용기 수입에 대한 덤핑 방지 조사를 시작했다. 상무부는 "특정 중국산 유리 용기가 미국에서 덤핑되고 있는지 여부와 생산자들이 부당한 보조금을 받고 있는지를 파악하고 있다."라고 밝혔다.

3. 무역 제재와 금수 조치 무역 제재(sanctions)는 핵 확산 방지, 테러 및 인도주의적 목적을 포함하여 특정 이유로 다른 국가에 대한 특정 유형의 제품, 서비스 또는 기술에 대한 무역을 금지하는 것이다. 여기에서 주목해야 할 표현은 '특정 유형'이다. 예를 들어, 미국은 1979년 11월에 이란 급진주의자들이 테헤란 주재 미국 대사관에서 미국인 52명을 444일 동안 인질로 붙잡은 이후 이란과 수교를 단절하였으며, 1980년 이란에 첫 번째 무역 제재를 가했다. 레이건 행정부는 1983년에 이란을 테러 지원국으로 선언하며 더 광범위한 제재를 허용하였다. 백악관은 이후 대부분의 행정부에서 중동 국가의 석유 수입과 기타 필수 수출품을 대상으로 이란에 대한 제재를 강화하도록 하였다.

금수 조치(embargoes)는 제품이나 서비스가 금수국에서 수입되거나 수출될 수 없도록 국가 간의 무역을 완전히 금지하는 것을 의미하다. 여기에서 주목해야 할 표현은 '완전한 금지'에서 시사하는 바와 같이 '완전한'이다. 예를 들어, 북한의 대륙간탄도미사일(intercontinental ballistic missiles: ICBM) 시험에 대한 대응으로 트럼프 행정부는 북한에 대한 석유 및 석유 관련 제품의 판매를 완전히 중단하도록 중국에 압력을 가했다. 중국은 북한의 주요 무역 상대국 중 하나이다.

Monty Rakusen/Cultura/Getty Images

미국은 1980년대 한국산 자동차에 대해 수입 할당을 적용했다. 이러한 특정 할당은 사라진 지 오래지만, 미국은 철강, 쇠고기, 유제품을 포함한 많은 제품에 대해 수입 할당을 적용한다.

무역 제재는 금수 조치와는 다르다. 무역 제재는 특정 지역의 무역을 제한하기 때문에 '부분적인 금수 조치'로 볼 수 있다. 예를 들어, 미국은 이란과의 무역 제재를 통해 이란의 핵 프로그램에 도움이 되는 모든 물질의 수출을 금지하지만 식품과 의약품에 대해서는 제재를 가하지 않는다.

국제 무역 진흥 기구

1920년대에 미국의 관세 장벽 제도는 제품과 서비스에 대한 수요를 억제한 만큼 일자리를 보호하지 못했고 결국 일자리 감소로 이어졌으며 나아가 1930년대 경제 대공황의 대규모 실업으로도 이어졌다. 이 교훈은 제2차 세계 대전 이후 전 세계 선진국들은 각자 가장 효율적으로 생산할 수 있는 제품을 모든 국가가 자유롭게 교환할 수 있다면 모든 국가에서 가격이 낮아질 것이라는 사실을 깨닫기 시작했다. 이를 계기로 자유 무역을 위한 장벽이 점차 사라지기 시작했다.

국제 무역을 진흥하기 위해 고안된 세 가지 주요 기구는 세계무역기구(WTO), 세계은행(World Bank), 국제통화기금(IMF)이다. 표 4.3은 각 조직의 배경을 요약하여 설명한다.

표 4.3 국제 무역을 진흥하는 기구

국제 무역을 진흥하는 기구				
주요 조직	목적	설립	회원국 수	뉴스
세계무역기구	무역 협정을 감시하고 집행	1995년 제네바에서 관세 및 무역에 관한 일반 협정을 대체하기 위해	164	2019년 세계무역기구는 디지털 경제에서 데이터의 중요성을 강조하는 오사카 선언을 발표했다.*
세계은행	개발도상국의 교통, 교육, 보건 및 통신 개선을 위한 저금리 대출 제공	2차 세계 대전 이후 유럽 국가들의 재건을 돕기 위해	189	2019년 11월, 세계은행은 2030년까지 학습 빈곤율을 최소 절반으로 줄이기 위한 글로벌 학습 목표를 발표했다. 최근 자료에 따르면, 저소득 및 중간 소득 국가의 어린이 중 53%가 학습 빈곤으로 고통받고 있다고 한다.**
국제통화기금	국가 간의 자금 흐름을 원활하게 지원하도록 설계	1945년	189	2019년 국제통화기금 연구에 따르면 세계는 기후 변화를 막기 위해 향후 10년 동안 막대한 탄소세가 필요하다. 세금은 2030년까지 톤당 75달러이다.***

출처: * "Azevêdo Joins Prime Minister Abe and Other Leaders to Launch 'Osaka Track' on the Digital Economy," WTO, June 28, 2019, https://www.wto .org/english/news_e/news19_e/dgra_28jun19_e.htm.

** "Ending Learning Poverty: A Target to Galvanize Action on Literacy," World Bank, November 8, 2019, https://www.worldbank.org/en/news/immersive-story/2019/11/06/a-learning-target-for-a-learning-revolution.

*** C. Mooney and A. Freedman, "The World Needs a Massive Carbon Tax in Just 10 Years to Limit Climate Change, IMF Say," The Washington Post, October 10, 2019, https://www.washingtonpost.com/climate-environment/2019/10/10/world-needs-massive-carbon-tax-just-years-limit-climate-change-imf-says/.

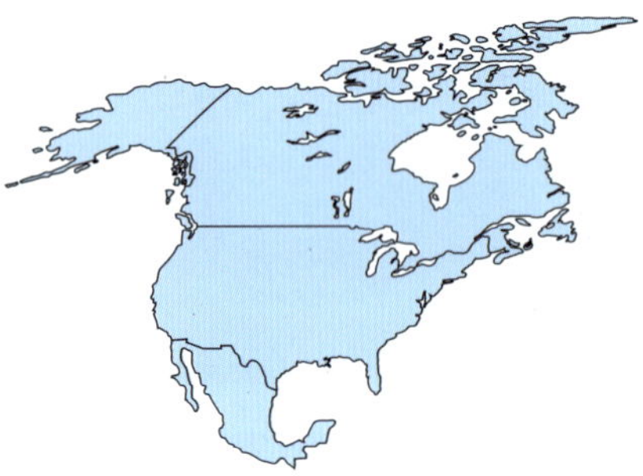

주요 무역 블록

경제 공동체라고도 알려진 무역 블록은 서로에 대한 무역 장벽을 제거하기로 동의한 지리적 지역 내의 국가 집단이다. 여기서 살펴볼 첫 번째 무역 블록은 북미자유무역협정(NAFTA, 현재 USMCA)과 유럽연합(EU)이다.

북미자유무역협정–북미 지역 무역 1994년에 체결된 북미자유무역협정(The North American Free Trade Agreement: NAFTA)은 미국, 캐나다, 멕시코로 구성된 무역 블록으로 4억 4,400만 명을 포함한다. 해당 협정은 세 국가 사이의 관세 및 할당의 99%를 제거하여 북미에서 제품, 서비스, 자본의 자유로운 흐름을 허용한다. 많은 사람들은 이 협정으로 인해 미국이 수천 개의 일자리를 잃게 될 것이라 예측했지만, 일자리를 잃는 동시에 일자리 창출이 이루어졌다. 반면, 북미자유무역협정국 중 임금이 가장 낮은 멕시코가 누릴 수 있었던 혜택은 중국의 저임금 경제가 호황을 누리던 당시 중국으로 모두 넘어갔다. 각 국가 경제의 수많은 다양한 요인을 고려할 때 무역 협정의 모든 실제 효과를 개별적으로 구분하는 것은 어렵다. 하지만, 경제 정책 연구소(Economic Policy Institute)에 따르면, 미국은 전반적으로 저숙련 제조업 일자리를 잃고 자동차와 항공우주 분야에서 일자리를 창출한 것으로 보인다.

미국, 멕시코, 캐나다는 2018년 11월 북미자유무역협정을 재협상하여 미국-멕시코-캐나다 협정(The United States–Mexico–Canada Agreement: USMCA)으로 알려진 새로운 정책의 초안을 작성했다. 새로운 협정에는 디지털 거래, 부패 방지 및 제품 규제 제도 등을 새롭게 다루었다. 의회는 2020년 1월에 USMCA를 승인했으며 그해 말부터 발효되었다.

유럽 연합-유럽 연합의 27개 국가 1957년에 결성된 유럽 연합(The European Union: EU)은 유럽의 27개 무역 상대국들로 구성되어 있으며 약 5억 명의 소비자들을 포함한다.

(국가 간 노동 이동을 포함한) 거의 모든 내부 무역 장벽이 제거되어 유럽 연합은 국경 없는 이웃 국가이자 세계 최대의 자유 시장 중 하나가 되었다. 유럽 연합의 2019년 국내총생산은 약 19조 9천억 달러였다.

최근 많은 중산층 시리아인을 포함하여 전쟁으로 인해 피폐하고 빈곤한 중동과 아프리카의 국가들에서 쏟아져 나오는 수천 명의 난민들의 유입은 유럽의 국경을 가로지르는 자유로운 이동을 줄이거나 심각하게 제한하라는 요구 등 유럽 연합에 더 많은 압력을 가했다. 또한 유럽 연합은 일부 회원국에서 포퓰리즘(populism) 및 민족주의(nationalism) 정서가 현저하게 증가함에 따라 설립 이념에 대한 도전에 직면했다. 2018년 초 독일의 앙겔라 메르켈(Angela Merkel) 총리는 "우리는 민족주의, 포퓰리즘 그리고 많은 국가에서 양극화된 분위기를 경험하고 있다."라고 말했다. 유럽중앙은행(European Central Bank)이 2019년 발표한 연구 결과에 따르면, 이러한 포퓰리즘 및 민족주의 정서에 의해 자극 받게 되는 무역 보호주의는 무역 블록의 성장에 해를 끼칠 수 있다고 한다.

표 4.4는 아시아태평양경제협력체(APEC), 동남아시아 국가 연합(ASEAN), 메르코수르(Mercosur) 및 중미자유무역협정(CAFTA) 등 4개의 다른 무역 블록을 설명한다.

표 4.4 무역 블록

무역 블록	국가	목적
아시아태평양경제협력체(APEC)	미국, 캐나다 및 중국을 포함한 대부분의 태평양 연안에 위치한 환태평양의 21개 국가	아시아 태평양 지역의 경제적 · 정치적 유대를 개선하고 관세 및 기타 무역 장벽을 줄인다.
동남아시아 국가 연합(ASEAN)	6억 1천만 명의 시장으로 구성된 아시아 10개국(브루나이, 캄보디아, 인도네시아, 라오스, 말레이시아, 미얀마[버마], 필리핀, 싱가포르, 태국, 베트남)	회원국 간의 무역 장벽을 줄이기 위해. 중국-동남아시아 국가 연합 자유무역지대는 2010년에 설립되었으며 인구 기준으로 세계 최대의 자유무역지대이다.
메르코수르	5개의 핵심 회원국(아르헨티나, 브라질, 파라과이, 우루과이, [현재는 아닌] 베네수엘라)와 7개의 준회원국(볼리비아, 칠레, 콜롬비아, 에콰도르, 가이아나, 페루, 수리남)이 있는 남미 최대 무역 블록	관세를 75%로 낮추고 완전한 경제 통합을 달성하기 위해. 해당 제휴 국가들은 또한 북미자유무역협정, 유럽연합 및 일본과 무역 협정을 협상하고 있다.
중미자유무역협정(CAFTA-DR)	코스타리카, 도미니카 공화국, 엘살바도르, 과테말라, 온두라스, 니카라과 및 미국	관세 및 자유 무역에 대한 기타 장벽을 줄인다.

출처: Brian Williams

환태평양경제동반자협정–환태평양 11개국 7년에 걸쳐 협상된 환태평양경제동반자협정(The Trans–Pacific Partnership: TPP)은 환태평양 11개국 간의 무역 협정이다. 이는 2016년 2월 4일에 서명되었다. 원래 협정 대상국이었던 미국은 트럼프 행정부 하에 협정에서 탈퇴했다. 나머지 회원국은 호주, 브루나이, 캐나다, 칠레, 일본, 말레이시아, 멕시코, 뉴질랜드, 페루, 싱가포르 및 베트남이다. 미국은 향후 협정에 재가입할 수 있지만 현재로서는 그렇게 할 것으로 예상되지 않는다.

앞으로 환태평양경제동반자협정은 대부분의 관세를 포함하여 무역에 대한 몇 가지 추가 장벽을 제거하고 노동 및 환경 기준과 의약품 특허에 이르기까지 모든 것에 대한 상업 규칙을 새로 제정할 것이다. 세계은행의 연구 결과에 따르면, 일본, 베트남, 말레이시아는 (수출 증가로 인해) 환태평양경제동반자협정으로 큰 경제적 이익을 얻는 반면 북미 국가들은 이로 인해 훨씬 적은 이익을 얻게 된다고 한다.

최혜국 무역 지위

국가들은 무역 블록에 합류하는 것 외에도 특별한 '최혜국' 무역 특권을 서로에게 확대할 것이다. 최혜국 무역 지위는 수입 관세 감면과 같은 유리한 무역 대우를 다른 국가에 부여하는 것을 의미한다. 목적은 양국 기업 간의 더 강하고 안정적인 유대를 촉진하는 것이다.

환율

환율(exchange rate)은 한 지역이나 국가의 통화를 다른 나라의 통화로 교환할 수 있는 비율을 의미한다. 미국인들은 서로 달러로 거래하지만 미국 국경 너머 영국에서는 파운드, 유럽에서는 유로, 멕시코에서는 페소, 중국에서는 위안을 사용해야 한다. 변화하는 경제 상황으로 인해 통화 가치는 서로 연관하여 변동하게 된다. 예를 들어, 미국 달러로 더 많은 상품을 구매하고 때로는 더 적은 제품을 구매할 수 있게 된다.

여러 나라의 화폐. 유엔은 전 세계 195개국에서 사용되는 180개 통화를 인정하고 있다.

해외여행. 미국 국무부에 따르면 매년 발급되는 미국 여권의 수는 지난 몇 년 동안 꾸준히 유지되어 2019년에는 2천만 개 이상에 이르렀다고 한다.

외환 거래

1달러가 £1로 표현되는 영국 1파운드와 동일하게 거래된다고 가정해 보자. 그렇다면, 3파운드인 품목은 3달러에 구매할 수 있을 것이다. 환율이 변하여 1달러가 1.5파운드에 해당하게 되면 3파운드 어치의 품목은 2달러에 구매할 수 있게 될 것이다(이를 파운드에 대한 달러 '강세'라고 표현). 환율이 변하여 1달러로 0.5파운드 어치의 품목만 구매할 수 있게 되면 6파운드 어치의 품목은 12달러에 구매하게 된다(이때 파운드에 대하여 달러는 '약세'라고 표현). 2019년 말에는 달러가 강세를 보이며 1달러는 0.78파운드에 해당한 반면, 2014년에는 약세를 보이며 1달러당 평균 0.59파운드를 기록했다(다시 말해 1파운드가 2014년 4월에는 1.68달러, 2019년 11월에는 1.28달러에 해당하는 것).

환율의 중요성. 언급한 바와 같이, 달러는 강세이고 파운드는 약세이기 때문에 1달러는 0.78파운드에 해당하게 된다. 따라서 런던에 머무는 미국 여행자에게는 가격이 더 저렴할 것이다. 100파운드에 빌리는 호텔 숙박 비용은 2014년 미국 방문자에게는 168달러였지만 2019년 방문자에게는 128달러에 불과했다. 실제로 2014년에서 2019년 사이에 영국에 위치한 미국 회사에서 일하면서 달러로 급여를 받았다면 더 높은 생활 수준을 경험했을 것이다.

도시별 물가. 런던의 생활 수준이 시카고보다 20% 더 높은 것처럼 전 세계 국가와 도시에 따라 물가 역시 차이가 있다. 표 4.5은 2019년 11월 1달러당 0.78파운드(혹은 1파운드당 1.28달러)의 환율의 경우 런던에서 미국 방문자의 구매력이 얼마나 가치가 있는지를(미국 달러 기준으로 www.expatistan.com에서 계산) 보여 준다.

표 4.5 시카고와 런던의 물가 비교

평균 비용 품목	시카고	런던
콜라 2리터	$1.85	$2.42
세트 메뉴(빅맥 혹은 유사한 것)	$8.00	$8.00
가구가 갖춰진 원룸 월세(비싼 지역)	$2,158.00	$3,108.00
가구가 갖춰진 원룸 월세(평균적인 지역)	$1,534.00	$2,543.00
디자이너 청바지 한 켤레	$50.00	$99.00
나이키 혹은 유사한 수준의 운동화	$98.00	$96.00
기름 1리터(1/4갤런)	$0.85	$1.65
영화 티켓 2장	$24.00	$31.00

이를 통해, 환율이 어떻게 작용하고 미국 달러가 실제로 얼마큼의 가치를 갖는지 이해하는 것이 왜 중요한지 알 수 있다.

당신의 생각은?

유로를 사용하는 유럽 연합 국가(예: 독일, 프랑스)를 방문할 계획인가? www.x-rates.com에 접속하여 한국 원과 해당 국가 통화의 환율을 확인해 보자. 그런 다음 www.expatistan.com을 통해 해당 국가의 주요 도시와 거주하고 있는 한국 도시의 비용을 비교해 보자. 여행을 갈 수 있는 충분한 여유가 있는가?

브릭스 국가

브라질(Brazil), 러시아(Russia), 인도(India), 중국(China), 남아프리카 공화국(South Africa)을 21세기 금융 자본의 유망한 시장으로 봤던 한 금융 애널리스트가 브릭스(BRICS)라는 용어를 만들었다(표 4.6 참조).

무역 블록은 아니지만 브릭스는 세계 인구의 40%를 차지하기 때문에 중요하다. 이에 비해, 한국은 세계 인구의 약 0.66%에 불과하다. 인구 규모가 큰 순으로 중국, 인도, 브라질에 대해 살펴보고 현재 세계 최강국인 미국과 비교해 보자.

표 4.6 브릭스 국가의 주요 지표(2018)

	인구	미국 달러(백만) 기준 GDP	1인당 GDP (미국 달러 기준)	성장률
중국	1,395,380,000	$13,368,073M	$9,580	6.6%
인도	1,352,617,328	2,718,732M	2,010	6.8%
브라질	209,469,333	1,867,818M	8,917	1.1%
러시아	146,800,000	1,657,290M	11,289	2.3%
남아프리카 공화국	57,939,000	368,135M	6,354	0.8%
미국과 비교	327,200,000	20,500,000M	54,541	3.1%

출처: Country Economy, "BRICS 2019," https://countryeconomy.com/countries/groups/brics (accessed November 10, 2019); and Trading Economics, "United States GDP per Capita," https://tradingeconomics.com/united-states/gdp-per-capita (accessed November 10, 2019).

중국 중국은 현재 미국에 이어 세계 2위의 경제 규모를 자랑하며 머지않아 제조업의 강점을 바탕으로 세계 최강국이 될 수도 있다. 중산층으로 간주되는 도시 인구가 2000년의 4%에서 30% 이상으로 크게 증가하였다. 맥킨지(McKinsey & Company)의 연구 결과에 따르면, 중국 도시 인구의 76%가 2022년까지 중산층이 될 것으로 예상한다.

인도 중국의 강점이 제조업이라면 인도의 강점은 영어를 구사하는 인구가 많고, 기술 및 과학적 전문성 그리고 '백오피스(back office)' 회계 시스템 및 소프트웨어 엔지니어링과 같은 서비스에서의 명성이다. 서비스, 특히 IT는 인도 국내 총생산의 약 2/3를 차지한다. 인도의 중산층은 현재 전 세계의 8%를 차지하는데 1990년대는 1%였다. 안타깝게도 인도 경제는 중산층의 지출이 적어 현재 어려움을 겪고 있다. 이는 세계에서 가장 빠르게 성장하는 주요 경제국 중 하나의 경제 성장을 감속시켰다.

브라질 농업, 광업, 제조업 및 서비스의 혜택을 받는 세계에서 여덟 번째로 큰 경제 규모를 가진 브라질은 2003년부터 2014년까지 10년 동안 경제적 · 사회적 발전을 이루며 2,900만 명이 빈곤에서 벗어났다. 그러나 2016년에는 세계적인 원자재 가격 하락, 국내 정치 위기, 인플레이션 상승으로 인해 25년 만에 최악의 금융 위기를 경험했다. 최근 한 재무 보고서에 따르면, 남미 최대 경제국인 브라질에 희망이 아직 남아있다고 한다. 2018년 경제 성장률은 플러스였으며 인플레이션은 8.7%에서 3.6%로 감소했다.

SECTION

05 문화적 차이 이해의 중요성

다른 문화를 이해하려고 시도하는 경영자는 국가 문화와 문화적 가치의 중요성 그리고 언어, 대인 공간, 의사소통, 시간 선호, 종교, 법률 및 정치의 안정성에 담긴 문화적 차이를 이해할 필요가 있다.

학습 목표

문화적 차이를 이해하는 것의 가치를 설명한다.

해외에 있든 국내에 있든 문화적 규범과 전통이 매우 다른 사람들과 함께 일하게 될 가능성이 높다. 비즈니스 미팅을 위해 몇 시까지 도착해야 하는지, 방에서 어디에 앉아야 하는지, 자신을 소개하거나 다른 사람에게 누군가를 소개하는 방법, 식당에서 팁을 주는지, 준다면 얼마나 주는지, 심지어 무엇을 먹는지와 다른 사람들과 음식을 나눠 먹는지의 여부는 문화의 영향을 받는 몇 가지 예이다.

문화적 차이는 여러 면에서 기업에 영향을 미친다. 예를 들어, 서구의 개인 위생용품 제조업체는 중국과 기타 아시아 국가에 데오트란트(deodorant) 제품을 소개하기 위해 고된 싸움을 하는 중이다. 사람들이 땀을 흘리는 것을 창피한 것으로 인식하지 않는 것이 그 이유 중 하나이다. 오히려 땀을 흘리는 것이 인간 신진대사의 정상적인 측면으로 여겨진다. "(중국의) 전통적인 관점에서 땀을 흘리는 것은 해독에 도움이 되기 때문에 좋은 것이다."라고 유니레버(Unilever)의 스킨케어 부팀장은 이야기한다. 그는 "카우보이와 권투 선수를 주제로 한 유니레버의 광고 역시 문화적인 이유로 큰 성과를 이루지 못했다."라고 첨언했다. 유니레버의 광고 제작 감독은 "우리가 디자인한 광고들은 서양 유머에 의존했다. 대다수의 중국인들이 이를 이해하지 못한 것이다."라고 말했다.

Jamie Grill/JGI/ Blend Images LLC

팁 문화. 팁 문화는 국가마다 상이하다. 유럽에서는 (이미 청구서에 포함되어 있기 때문에) 팁을 지불하지 않아도 되는 곳부터 최상의 서비스를 위해 약 15%의 팁을 받는 곳까지 다양하다. 동아시아에서는 팁을 지불하는 것이 불쾌하게 여겨질 수 있지만, 일부 중동 국가에서는 이를 의무화하는 법률도 있다.

국가 문화의 중요성

한 국가의 문화는 내집단 사람들 사이에서 공유되는 공통된 신념, 가치, 지식 및 행동 유형의 집합이다. 우리는 주변 사람들과의 일상적인 상호 작용을 통해 어릴 때부터 해당 국가의 문화를 배우기 시작한다. 따라서 한 국가의 문화를 외부에서 바라보게 된다면 무형적으로 보이고 당황스러울 수도 있다. 문화인류학자 에드워드 홀(Edward T. Hall)은 "문화의 많은 부분은 우리의 인식 밖에서 작동하기 때문에 우리는 자주 우리가 무엇을 알고 있는지조차 모른다… 우리는 무의식적으로 무엇을 주의하고 무엇을 주의하지 않아도 되는지, 시간과 공간을 나누는 방법, 걷고 말하는 방법, 신체를 사용하는 방법, 남성 또는 여성으로서 행동하는 방법, 다른 사람과 관계를 맺는 방법, 책임을 지는 방법을 배우게 된다."라고 말한다. 에드워드 홀은 우리가 '마음(mind)'이라고 생각하는 것이 실제로는 내면화된 문화라고 말한다.

따라서 문화는 수많은 뉘앙스로 이루어지기 때문에 낯선 문화를 방문하는 사람들은 불편함과 방향 감각의 상실을 경험하게 된다. 이러한 감정은 일반적으로 "방문한 국가의 문화의 언어적 · 비언어적 의사소통을 이해하지 못하는 것"과 "다른 문화 환경에서의 생활 방식, 생활 조건 및 비즈니스 제도의 차이"를 수용할 수 있는 적응력의 필요성과 관련이 있다.

문화의 차원

상대방이 기대하는 것을 이해하지 못할 때 비즈니스 관계에서는 오해와 잘못된 의사소통이 발생하게 된다. 예를 들어, 북미, 영국, 스칸디나비아, 독일, 스위스는 사람들이 공유하는 의미가 주로 글과 말에서부터 파생되는 저맥락(low context) 문화에 속한다. 반면, 중국, 한국, 일본, 베트남, 맥시코 그리고 대부분의 아랍 문화권은 사람들이 다른 사람들과 의사소통할 때 상황적 단서, 다른 사람의 공식적인 위치, 지위 혹은 가족 관계와 같은 비언어적 단서에 크게 의존하여 의미를 해석하는 고맥락(high context) 문화에 속한다.

문화적 충돌을 피하는 한 가지 방법은 홉스테드(Hofstede) 모형과 글로브(GLOBE) 프로젝트에서 파악한 바와 같이 다양한 문화적 차원을 이해하는 것이다.

홉스테드의 네 가지 문화 차원 30년 전 네덜란드 연구원이자 IBM 심리학자 기르트 홉스테드(Geert Hofstede)는 53개국에 있는 116,000명의 IBM 직원들에게서 데이터를 수집하여 국가 문화를 분류할 수 있는 (1) 개인주의 · 집단주의(individualism · collectivism), (2) 권력 거리(power distance), (3) 불확실성 회피(uncertainty avoidance), (4) 남성성 · 여성성(masculinity · femininity)의 네 가지 문화 차원을 제시했다.

개인주의 · 집단주의는 (미국과 캐나다에서처럼) 스스로 자신을 돌보아야 하는 느슨하게 짜여진 사회적 틀이나 (멕시코와 중국에서처럼) 사람과 조직이 서로를 돌볼 것으로 기대되는 긴밀하게 짜여진 사회적 틀 중 어느 것을 선호하는지를 나타낸다. 권력 거리는 사람들이 사회적인 상황에서 불평등을 받아들이는 정도를 나타낸다(멕시코와 인도에서는 높고, 스웨덴과 호주에서는 낮음). 불확실성 회피는 불확실성과 위험에 대해 사람들이 참을 수 없어 하는 정도를 나타낸다(일본에서는 높고 미국에서는 낮음). 남성성 · 여성성은 성과 지향적인(performance-oriented) 특성을 얼마나 가치 있게 여기는지(남성성: 멕시코에서 높음) 또는 관계 지향적인(relationship-oriented) 특성을 얼마나 수용하는지(여성성: 노르웨이에서 높음)를 나타낸다. 홉스테드 연구에서 한국은 개인보다 집단을 우선시하는 집단주의적 성향이 높고, 사회적으로 신분이 높은 사람들을 인정하는 권력 거리도 상대적으로 높게 나타났다.

홉스테드의 연구는 문화적 차이를 이해하는 데 획기적인 기여를 했는데도 많은 비판을 받았다. 그중 한 가지는 한 국가의 인구를 동질적인 전체로 보았다는 점이다. 미국, 프랑스, 독일과 같은 대부분의 국가는 반드시 국경을 경계로 하지 않는 민족 단위의 집단이다. 또 다른 비판은 홉스테드가 자신의 연구를 전적으로 IBM 직원들만을 대상으로 하여 한 국가의 문화 시스템을 나타냈기 때문에 가장 좋은 지표가 아닐 수도 있다는 것이다.

글로브 프로젝트의 아홉 가지 문화 차원 1993년 펜실베이니아 대학교(University of Pennsylvania)의 교수 로버트 하우스(Robert J. House)가 처음 시작한 글로브(Global Leadership and Organizational Behavior Effectiveness: GLOBE) 프로젝트는 리더십 및 조직 프로세스와 관련된 아홉 가지 문화 차원에 대한 대규모의 지속적인 다문화적 조사이다. 글로브는 홉스테드의 이론과 결과를 확장하여 62개 학회의 150명 이상의 학자들로 이루어진 네트워크로 발전했다. 연구자들의 대부분은 연구 대상인 특정 문화권 출신들이다. 아홉 가지 문화 차원은 다음과 같다.

- **권력 거리–조직과 사회에 권력의 불평등한 분배는 어느 정도여야 하는가?** 권력 거리는 사회 구성원들이 권력의 불평등한 분배를 수용하는 정도를 나타낸다.
- **불확실성 회피–불확실성을 피하기 위해 사람들은 사회적 규범과 규칙에 얼마나 의존하는가?** 불확실성 회피는 사회가 미래에 대한 예측 불가능성을 완화하기 위해 사회적 규범과 절차에 의존하는 정도를 나타낸다.
- **제도적 집단주의–리더는 사회적 단위에 대한 충성도를 얼마나 격려하고 보상해야 하는가?** 제도적 집단주의는 개인의 목표를 추구하는 것과는 대조적으로 집단에 대한 충성심을 격려하고 보상하는 정도를 나타낸다.
- **내집단 집단주의–사람들은 가족이나 조직에 대해 얼마나 자부심과 충성도를 가져야 할까?** 개인주의와 대조적으로 내집단 집단주의는 사람들이 가족, 친한 친구, 직장의 일원이라는 점에서 자부심을 갖는 정도를 나타낸다.
- **양성평등주의–사회는 성 역할의 차이를 얼마나 극대화해야 하는가?** 양성평등주의는 사회가 성차별과 역할 불평등을 최소화해야 한다고 생각하는 정도를 나타낸다.
- **자기 주장–개인은 사회적 관계에 있어 얼마나 대립적이고 지배적이어야 하는가?** 자기 주장은 사회가 사람들이 부드럽고 겸손하게 행동하기보다는 대립적이고 경쟁적으로 행동할 것이라고 예상하는 정도를 나타낸다.
- **미래 지향성–사람들은 미래를 계획하고 미래를 위해 저축함으로써 즉흥적인 만족감을 얼마나 거부할 수 있는가?** 미래 지향성은 계획하고 저축하는 것처럼 사회가 미래에 대한 투자를 장려하는 정도를 나타낸다.
- **성과 지향성–개인은 발전과 우수성에 대한 대가로 얼마나 보상받아야 하는가?** 성과 지향성은 사회

가 성과 향상과 우수성에 대해 구성원들을 격려하고 이들에게 보상을 제공하는 정도를 나타낸다.

- **인도적 지향성–사회는 사람들이 친절하고, 공정하며, 우호적이고, 관대할 때 얼마나 격려하고 보상해야 하는가?** 인도적 지향성은 개인이 이타적이고, 남을 배려하고, 친절하며, 관대하고 공정하도록 권장되는 정도를 나타낸다.

표 4.7은 18,000명의 경영자들에게서 얻은 데이터를 바탕으로 한 글로브 국가들의 프로필이다.

표 4.7 글로브 프로젝트의 문화 차원별 최고 및 최저 순위 국가

차원	가장 높은 국가	가장 낮은 국가
권력 거리	모로코, 아르헨티나, 태국, 스페인, 러시아	덴마크, 네덜란드, 남아프리카공화국(흑인만 해당), 이스라엘, 코스타리카
불확실성 회피	스위스, 스웨덴, 독일(구 서독), 덴마크, 오스트리아	러시아, 헝가리, 볼리비아, 그리스, 베네수엘라
제도적 집단주의	스웨덴, 한국, 일본, 싱가포르, 덴마크	그리스, 헝가리, 독일(구 동독), 아르헨티나, 이탈리아
내집단 집단주의	이란, 인도, 모로코, 중국, 이집트	덴마크, 스웨덴, 뉴질랜드, 네덜란드, 핀란드
양성평등주의	헝가리, 폴란드, 슬로베니아, 덴마크, 스웨덴	한국, 이집트, 모로코, 인도, 중국
자기 주장	독일(구 동독), 오스트리아, 그리스, 미국, 스페인	스웨덴, 뉴질랜드, 스위스, 일본, 쿠웨이트
미래 지향성	싱가포르, 스위스, 네덜란드, 캐나다(영어권), 덴마크	러시아, 아르헨티나, 폴란드, 이탈리아, 쿠웨이트
성과 지향성	싱가포르, 홍콩, 뉴질랜드, 대만, 미국	러시아, 아르헨티나, 그리스, 베네수엘라, 이탈리아
인도적 지향성	필리핀, 아일랜드, 말레이시아, 이집트, 인도네시아	독일(구 서독), 스페인, 프랑스, 싱가포르, 브라질

경쟁 우위 확보를 위한 문화적 성향 인식 글로브의 문화적 차원은 전 세계적으로 많은 문화적 다양성을 보여 주지만 문화적 패턴이 얼마나 다양한지도 보여 준다. 예를 들어, 미국 경영진 표본은 자기 주장과 성과 지향성에서 높은 점수를 얻었다. 이는 미국인들이 밀어붙이고 근면한 성격을 지니고 있다고 널리 인식되는 이유이다. 스위스의 불확실성 회피 및 미래 지향성에 대한 높은 점수는 수 세기에 걸친 정치적 중립성과 세계적으로 유명한 은행 산업을 뒷받침하는 근거이다. 싱가포르는 깨끗하고 안전하며 교육을 잘 받고 열심히 일하는 국민들로 인해 비즈니스하기 좋은 곳으로 알려져 있다. 이는 높은 사회적 집단주의, 미래 지향성, 성과 지향성 점수를 고려했을 때 그다지 놀라운 사실은 아니다. 대조적으로, 러시아의 낮은 미래 지향성과 성과 지향성 점수는 중앙 계획 경제에서 자유 기업 자본주의로의 느린 전환을 예상하게 만든다.

이러한 문화적 차원을 이해하는 것은 경영자, 특히 해외에서 일하는 사람들에게 매우 중요하다. 한 연구 결과에 따르면, 직원들이 성과 피드백과 목표 설정에 반응하는 방식은 집단주의 및 불확실성 회피에 대한 직원들의 입장에 따라 다르다. 또한 직원들의 커리어 주도성(career proactivity)은 글로브의 여러 문화적 차원의 정도에 따라 다르다. 이 모든 것에서 얻을 수 있는 실용적인 교훈은 외국 비즈니스 파트너와 경쟁자의 문화적 성향을 알면 커리어에 도움이 되며 경쟁 우위를 확보할 수 있다는 것이다.

문화적 차이의 기타 요소

문화 간 격차를 해소하는 방법은 이해에서 시작된다. (1) 언어, (2) 대인 공간, (3) 의사소통, (4) 시간 선호, (5) 종교, (6) 법률과 정치의 안정이라는 여섯 가지 요소에 대해 살펴보자.

이러한 문화적 차이는 절대적인 것이 아니라 경향이라는 점에 유의하자. 우리 모두는 우리가 상대하는 사람이 문화적 규칙의 예외일 수 있음을 인지해야 한다. 결국, 고정 관념과 달리 조용하고 공손한 미국인이 있듯이, 말 많고 공격적인 일본인도 있다.

1. **언어** 전 세계적으로는 7,100개 이상의 언어가 존재하며, 중국어와 스페인어가 가장 많이 사용되지만 글로벌 비즈니스에서는 영어를 사용한다.

   문화를 넘어 의사소통할 때는 네 가지 안이 있다. (a) 자신의 언어로 말한다. (b) 통역사를 구한다(이때 해외 파트너보다 당신에게 더 충성심을 보이는 사람을 구하려고 노력하자). (c) 구글 번역기처럼 스마트폰 번역기를 사용한다. (d) 현지 언어를 배운다(단연 최고의 선택일 것이다).

   온라인을 통해서도 언어 능력을 어느 정도 향상시킬 수 있다. 듀오링고(Duolingo)나 멤라이즈(Memrise)와 같은 여러 무료 앱에서는 스페인어, 중국어, 러시아어, 프랑스어, 이탈리아어, 아랍어, 독일어 등 널리 사용되는 여러 언어를 배우고 연습할 기회를 제공한다. 이러한 앱의 대부분은 사용하기 쉽다. (예를 들어, 고등학교에서 공부했던 언어를 복습하거나 완전히 새로운 언어를 시작하는 등의) 시작 단계를 설정할 수 있으며 퀴즈, 플래시카드, 기억 게임 등으로 스스로 시험도 볼 수 있다.

2. **대인 공간** 중동에서는 남자끼리 우정을 나누며 손을 잡는 것이 일반적이며 여기에는 성적인 의미가 전혀 없다.

   다른 사람과 의사소통 할 때 두는 대인 공간의 거리는 문화권에 따라 다르다. 42개국에서 온 약 9,000명을 대상으로 한 글로벌 연구에서는 몇 가지 흥미로운 규칙을 발견할 수 있었다(그림 4.2 참조). 예를 들어, 북미와 북유럽 사람들은 3.1~3.4피트 내에서 비즈니스 대화를 나누는 경향이 있었다. 아시아인의 경우 3.6~4.2피트였다. 42개국의 사회적 거리, 개인적 거리, 친밀한 거리의 대인 공간 평균은 각각 4.43피트, 3피트, 1피트였다.

   흥미롭게도 세계가 대인 공간에 대한 표준을 개발했던 때가 있었다. 예를 들어, 코로나바이러스 전염병 동안 많은 국가에서는 사람들 간의 바이러스 전파를 막기 위해 6피트 간격을 표준으로 채택했다.

그림 4.2 나라별 대인 공간 거리

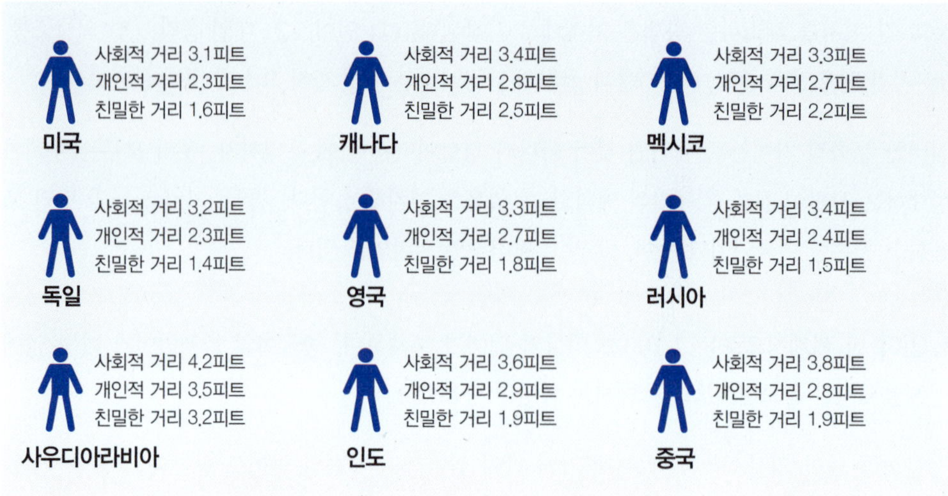

출처: A. Sorokowska, P. Sorokowski, P. Hilpert, K. Cantarero, T. Frackowiak, K. Ahmadi, et al. "Preferred Interpersonal Distances: A Global Comparison," Journal of Cross-Cultural Psychology, March 2017, pp. 577-592.

3. 의사소통 다문화적 의사소통 능력은 외국인이 효과적으로 의사소통 하는 데 중요한 역할을 한다.

4. 시간 선호 시간 선호는 문화권마다 차이가 있다. 예를 들어, 미국인들은 중국에서와는 다른 비즈니스 속도로 움직인다. 미국에서는 '시간은 곧 돈'이며 사람들은 정시에 회의에 참석하고 마감 시간 역시 준수해야 한다. 반면, 중국인들은 의사 결정이 느리고 합의를 도출하기 전에 관계를 먼저 구축하는 것을 선호한다. 협상 중 시간 엄수에 대한 이러한 태도에 미국인들은 짜증나고 시간 낭비라 생각할 수 있다. 특히, 근본적인 이유를 이해하지 못하는 경우에는 더욱 그렇게 느낄 것이다.

인류학자 홀(Hall)은 단색적인(monochromic) 시간과 다중적인(polychronic) 시간을 다음과 같이 구분한다.

- **단색적인 시간 선호.** 이러한 종류의 시간 선호는 적이도 최근까지는 미국의 표준 비즈니스 관행이었다. 다시 말해, 단색적인 시간 선호는 한번에 한 가지 일을 선호하는 것이다. 이러한 지각 하에 시간은 제한적이고, 정확하게 분할되며, 일정에 따라 움직일 것으로 간주된다. 이러한 시간 지각은 누군가와 회의 일정을 잡고 할당된 시간 동안 방문자에게 집중하도록 주의를 기울일 때 발생한다. 실제로 면접에서는 단색적인 시간 선호를 보일 것이다. 면접관의 말에 귀를 기울일 것이며 주의 깊게 메모를 할 수도 있다. 절대 휴대 전화를 받지 않을 것이며 반복적으로 창밖을 응시하지도 않을 것이다.

- **다중적인 시간 선호.** 시간에 대한 이러한 관점은 지중해, 남미, 특히 아랍 문화권에 널리 퍼져있다. 다중적인 시간 선호는 한번에 둘 이상의 일을 선호하는 것이다. 이때 시간은 유연하고 다차원적인 것으로 간주된다. 이와 같은 시간 선호는 사람들이 한번에 여러 가지

일을 성취하려고 하기 때문에 업무 스트레스로 이어질 수 있다. 시간에 대한 이러한 지각은 남미 고객을 찾아가 45분 동안 대기실에 앉아 있는 자신을 발견하고는 그 고객이 동시에 세 명의 다른 사람들을 상대하고 있다는 것을 알게 될 때 발생한다.

단색적인 시간 선호와 다중적인 시간 선호의 구분은 특히 업무에 있어서 매우 중요하다. 예를 들어, 직무는 다중적인 관점을 요구하지만 노동자가 단색적인 관점을 취하게 되는 경우 조직과 사람 사이에서는 갈등이 발생하게 된다. 그 결과 스트레스가 만연하는 작업 환경이 형성된다.

전문가의 조언 **국제회의를 진행하는 방법**

직장 생활에서 회의는 어쩔 수 없는 현실이다. 집에서 비대면 회의를 하든, 해외에서 일하며 사람들을 직접 대면하든, 효과적인 모임을 위해 시간 관리 및 대인 관계 스킬과 함께 문화적 인식 스킬을 사용하게 될 것이다. 명확한 목표를 갖고, 안건을 상정하고, 정시에 시작하여 정시에 끝내고, 모든 사람이 발언하도록 권장하고, 모든 사람이 알 수 있도록 예상되는 후속 조치를 요약하는 표준적인 회의 규칙은 모든 곳에서 항상 적용되지 않을 수 있다. 국제적인 환경에서는 무엇이 달라지며 이를 어떻게 성공적으로 처리할 수 있을까?

1. **연설을 하거나 발표를 할 때와 마찬가지로 청중에 대해 파악하자.** 미리 질문을 하는 것만으로도 알아야 할 대부분의 정보를 파악할 수 있다. 효과적인 회의 참여에 필요한 배경 정보를 모든 사람이 가지고 있는가? 회의에 대한 특정 목표나 안건에 항목을 추가할 사람이 있는가? 참가자들은 의사 결정자인가, 아니면 다른 사람에게 의견을 물어보고 다시 당신에게 연락을 취해야 하는 사람인가?

2. **개인적인 상호 작용에 대한 참여자들의 문화적 규범을 인식하자.** 일부 문화권에서는 다른 사람들에게 소개할 때 허리를 굽혀 인사를 한다. 다른 문화권에서는 악수를 한다. 일본과 중국에서는 명함을 주고받으며 명함을 양손으로 잡고 꼼꼼히 읽는다. 일부 문화권에서는 짧은 시간을 함께 보낸 사람 사이에서도 이름만 부르는 반면, 다른 문화권에서는 무례한 것으로 간주되기도 한다. 좌석 배치 역시 문화적 차이를 고려해야 한다. 일부 집단에서는 테이블 좌석 배치가 사람들의 지위를 나타내는 것으로 아주 중요하게 여겨진다. 팀 회의를 주최하기 전에 그들의 문화적 규범을 더 잘 이해하기 위해 전 세계 팀원들과 개별 온라인 회의를 진행하는 것이 타당할지도 모른다. 그렇게 한다면 다같이 모였을 때 문제가 발생하더라도 그 사람이 불편해 하지 않을 것이다.

3. **특히, 시간에 대한 지각의 문화적 차이를 존중하자.** 예를 들어, 스웨덴에서는 기한을 정하는 것이 허용되며 정시에 도착하는 것은 존경의 표시이다. 일부 남미 문화권에서는 시간이 유동적이며 지각하는 것은 큰 문제로 간주되지 않는다. 중동의 일부 지역에서도 마찬가지다. 또한 시간에 관해 말한다면 시간대를 절대 잊어서는 안 된다. 모든 사람에게 가장 편리한 시간대가 없는 경우 전 세계의 팀 구성원들이 수용할 수 있도록 회의 시간을 바꿔가면서 진행해 보자.

4. **적응할 준비를 하자.** 일부 참가자들은 늦게 혹은 더 일찍 도착할 수 있고, 일부는 손님을 데려올 수도 있고, 일부는 다른 사람들 앞에서 발언하거나 더 높은 지위의 사람이 말하기 전에 말하는 것이 적절하지 않다고 생각할 수

있는 반면 누구는 끼어들 수 있다. 일부 문화권에서는 본론으로 바로 들어가는 것을 무례하게 여기므로 참가자들이 회의 시작 전 잠시 사교 활동을 하게 될 수도 있다. 일부 문화권에서는 다과를 선호하지 않을 수 있지만, 어떤 문화권에서는 다과를 기대하고 다과의 품질을 자유롭게 판단할 수도 있다.

5. **의사 결정 스타일의 차이를 고려하자.** 영국인들은 아직 토론의 여지가 남아있는 것처럼 들릴지 모르지만 실제로는 결정을 내린 것일 수도 있다. 중국인들은 단기적인 선택보다는 장기적인 결정을 선호한다. 스웨덴의 경영자는 토론보다는 타협을 선호하며 인도에서는 결정이 지속될 수 있도록 모든 사람의 의견을 듣는 것을 중요시하기 때문에 결정을 내리는 데 오랜 시간이 걸릴 수 있다.

5. **종교** 두바이의 부유한 무슬림 투자자들이 은행의 금융 상품을 구매하도록 하고 싶은가? 당신의 종교는 가톨릭인가, 개신교인가, 불교인가? 세계에서 가장 인기 있는 종교는 무엇이며 종교는 우리가 대하는 사람들의 직무와 관련된 가치에 어떠한 영향을 미치는가? (그림 4.3 참조)

6. **법률과 정치적 안정성** 해외 진출을 고려하는 모든 기업은 다른 국가의 법률 및 비즈니스 제도를 다루어야 하며, 여기에는 종종 회사 자산에 손실을 초래하거나 해외 사업을 방해할 수 있는 정치적 위험에 대한 계산이 포함된다. 조직이 해외에서 예상할 수 있는 위험으로는 불안정, 몰수, 부패, 노동 학대가 있다.

- **불안정성(instability).** 선진국이라 할지라도 폭동이나 내란과 같은 정치적 불안정성으로 인해 기업이 피해를 볼 수 있다. 이는 2019년 중국 당국이 홍콩의 지역 자치권을 제한하기 위해 움직였던 것에서 확인할 수 있다. 일부 선진국들은 분리독립운동에 의해 존재 자체가 위협받고 있다. 예를 들어, 캐나다의 퀘벡, 영국의 스코틀랜드, 스페인의 카탈로니아는 분리된 독립국을 요구하고 있으며, 이는 사용하고 있는 통화에 변화를 가져올 수 있다.

- **몰수(expropriation).** 몰수는 정부가 국내 또는 국외 기업의 자산을 압류하는 것을 의미한다. 2019년 밴쿠버는 2개의 낙후된 시내 호텔을 1달러에 몰수할 것을 권고했다. 건물 소유주는 각 호텔에 대해 수천만 달러의 제의를 받았지만 시의 몰수 절차 때문에 이를 추진할 수 없다고 주장했다. 이와 같은 소유주의 주장은 여러 국가에서 회사 자산을 압류하는 데 사용하는 평가 방법과 과정에 의문을 갖게 하며 이는 경영자에게 역시 매우 중요한 고려사항이다.

- **부패(corruption).** 몰디다(mordida, 멕시코), 후이루(huilu, 중국), 브자트카(vzyatka, 러시아)는 모두 뇌물을 의미하는 단어이다. 몇몇 나라에서는 뇌물이 용인된다. 부패가 가장 흔한 국가로는 베네수엘라, 아프가니스탄, 남수단, 북한, 예멘, 수단, 소말리아가 있다.

그림 4.3 주요 종교별 추정된 교인 수

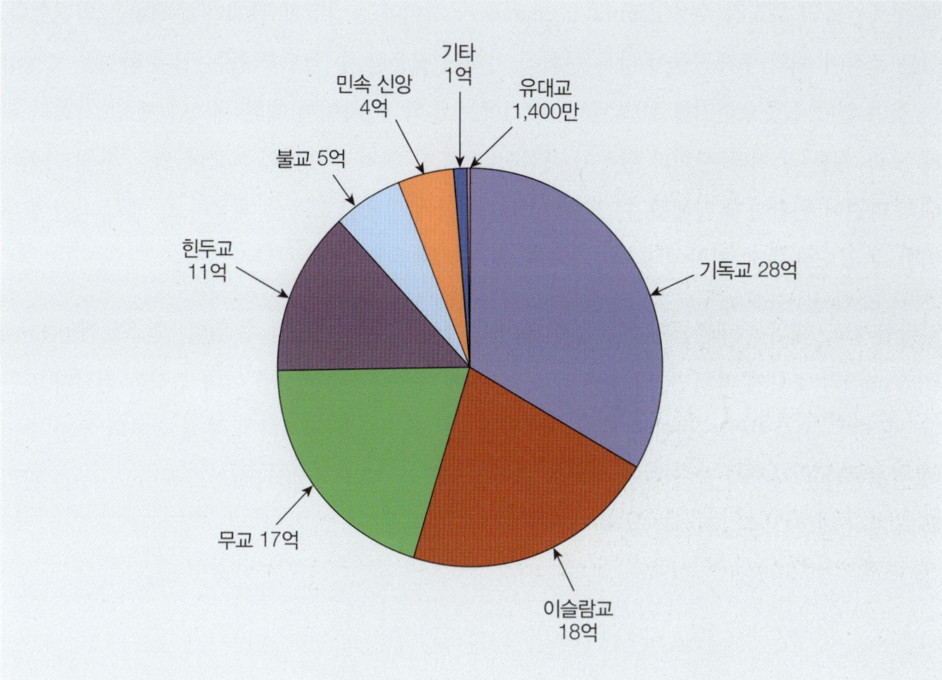

출처: "Major World Religions Populations Pie Chart Statistics List," http://www.age-of-the-sage.org/mysticism/world_ religions_populations.htm, accessed June 8, 2018; https:// www.israelnationalnews.com/ News/News.aspx/221859; http:// www.pewresearch.org/fact-tank/2017/04/07/why-people-with-no-religion-are-projected-todecline-as-a-share-of-the-worlds-population/.

- **노동 학대(labor abuses).** 해외 공급업체는 저렴한 가격을 제안할 수 있지만 캄보디아, 방글라데시, 인도, 미얀마, 파키스탄의 의류 제조업체의 경우처럼 그 과정에서의 작업 조건은 가혹할 수 있다. 휴먼라이츠워치(Human Rights Watch)는 화장실을 가거나 물 마시는 휴식 시간, 식사 시간 등을 제한하고, '생산 시간'이 손실되지 않도록 '교육'은 점심이나 기타 휴식 시간에 실시하는 것이 노동자들의 생산성을 높이는 몇 가지 일반적인 방법이라고 보고했다. 설상가상으로 전 세계적으로 약 2,100만 명이 무급 노동에 시달리고 있다고 한다.

많은 이슬람교도들은 사우디아라비아에 위치한 성지 메카를 향해 기도 매트에 엎드려 하루에 다섯 번씩 기도한다. 이러한 종교적인 관습은 비무슬림 국가의 직장 환경에서는 행하기 어려울 수 있다. 그러나 일부 조직에서는 포용과 개방의 문화를 조성하기 위해 기도를 할 수 있는 공간을 제공하기도 한다.

해외 업무를 맡은 경영자들이 종종 실패하는 이유

해외에서 거주하면서 일하는 사람들을 해외 주재원(expatriate)이라 부른다. 해외 주재원과 그 가족들이 생활하는 데는 많은 비용이 들 수 있다. 예를 들어, 제네바, 브뤼셀, 두바이, 홍콩과 같은 도시에 살기 위해서는 한 달에 5,000에서 6,500달러가 필요하다. 이러한 비용을 위해 보조금을 지급하는 회사는 그만큼의 가치를 얻고 있을까? 꼭 그렇지만은 않다.

해외 주재원들은 해외 파견에 적응하지 못하거나 일상생활 중 다른 문화를 수용하는 데 어려움을 겪어 해외 파견을 일찍 마무리하는 경우가 많다. 이러한 문제를 극복할 수 있는 방법이 있다. 예를 들어, 한 연구에서는 성별 및 직장 경험과 같은 인구통계 요인과 해외 주재원들의 문화적 수용(cultural acceptance) 사이에는 상당한 관계가 존재함을 발견했다. 이는 조직이 해외 주재원들이 다른 문화적 가치에 적응할 수 있도록 돕는 업무 환경을 조성하는 것이 얼마나 중요한지를 보여 준다. 여기에는 문화 간 차이에 대한 세미나 제공, 사회적 관계 구축 촉진 및 기타 사회화 활동이 포함된다. 또한 해외 주재원의 본국에 있는 후원 기관은 해외 파견이 원활하게 진행될 수 있도록 해외 생활에 필요한 교육을 제공하고, 해외 파견에 대비할 수 있도록 해외 지사에 후원자나 멘토를 지정해야 한다.

안타깝게도, 해외 주재원들이 본국으로 돌아갈 때도 문제가 계속될 수 있다. 언스트앤영(Ernst & Young)의 조사에 따르면, 약 40%의 해외 주재원들이 귀국 후 2년 이내 조직을 떠난다고 한다. 또 다른 조사에서는 돌아온 해외 주재원들을 효과적으로 관리하지 못해 회사의 투자 수익이 감소한다는 사실이 밝혀졌다. 이러한 결과들은 모두 귀환 과정(repatriation process)을 관리하는 것이 얼마나 중요한지를 보여 준다.

SECTION

06 커리어 준비 실천

이번 섹션에서는 다양한 문화권에서 다양한 사람들과 함께 일하기 위해 필요한 다문화적 역량을 강화시킬 수 있는 방법을 살펴본다.

학습 목표

다문화적 역량을 개발하는 방법을 설명한다.

해외에서 일할 계획이 없다면 4장이 커리에 준비에 큰 도움이 되지 않을 것 같지만, 그렇게 생각하지 말자. 사람들이 하루 24시간 1주 7일 동안 연결되어 있는 세상에서는 기술의 지속적인 발전으로 문화적 국경 및 지리적 국경이 거의 사라졌다. 한국에서 일하든 해외에서 일하든, 업무 환경의 변화는 개인적인 관계와 직업적인 관계를 발전시키기 위해 문화적 인식을 이해하고 포용하고 사용할 것을 요구한다.

그림 4.4는 1장에서 논의했던 커리어 준비 모형이다. 4장은 이 모형의 지식, 소프트 스킬, 태도, 기타 특징 중 세 가지와 관련 있다. 가장 중요한 것은 다문화적 역량(cross-cultural competency)이며, 나머지 두 가지는 적응성(personal adaptability)과 자기 인식(self-awareness)이다. 적응성은 다양한 사람들과 교류하거나 타국에서 살거나 일할 때 도움이 되기 때문에 중요하다. 자기 인식은 문화적 인식을 높일 때 필수적이다.

이러한 역량은 경험과 신념의 체계에 확고한 뿌리를 두고 있기 때문에 역량을 향상시키려면 노력이 필요하다. 패스트 컴퍼니(Fast Company)의 기고가 중 한 명은 "문화적 영향은 우리에게 너무 깊숙이 박혀 있어 대부분의 사람들은 자신의 행동에서 이를 인식하기 어렵다. 결과적으로 우리는 우리가 하는 많은 행동에서 표현되는 문화 정보나 우리 행동의 대부분이 문화적 환경에 의해 형성된다는 사실을 잘 모른다. 우리는 우리가 하는 일을 당연하다고 생각한다."라고 말한다.

다문화적 역량을 향상시키기 위한 활동은 다음과 같다.

경청하고 관찰하자

새로운 문화적 맥락에서 다른 사람들과 상호 작용할 때 해당 문화권 사람들의 관점을 취하기 위해 노력하자. 경청과 관찰은 이러한 관점을 취할 수 있는 기초가 된다. 행동이나 표현이 이상하거나 혼란스럽게 받아들여진다면 이를 설명할 수 있는 문화적 논리나 가치들을 찾아보자.

그림 4.4 커리어 준비 모형

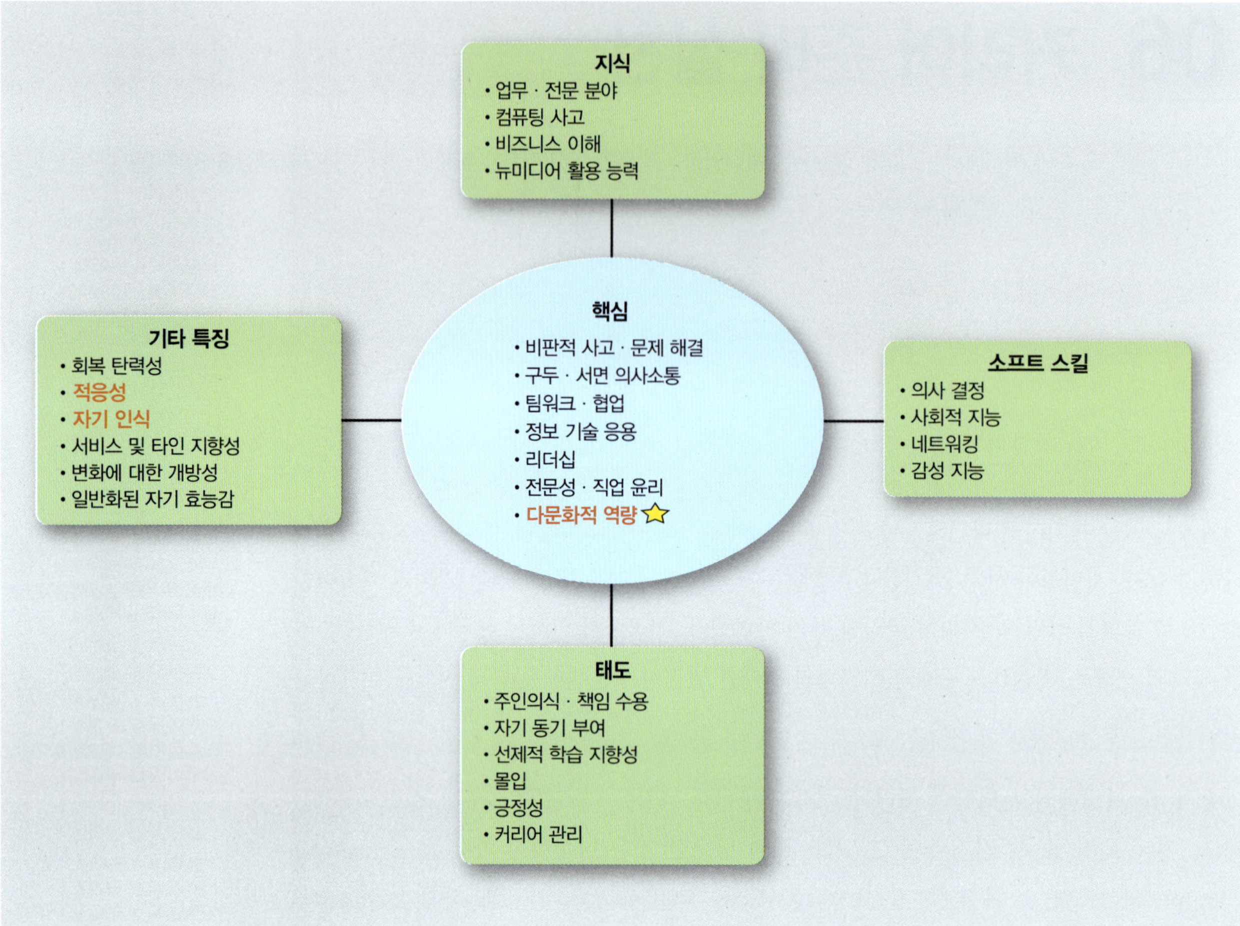

예를 들어, 어떤 교수는 유학생들이 수업 시간에 크게 반문하지 않거나 토론에 적극적으로 참여하지 않는 이유가 학생들이 자신감이 부족하거나 해당 국가의 언어 실력이 부족하기 때문이라고 생각할 수 있다. 이러한 생각이 맞을 수도 있지만, 유학생들의 이러한 행동은 교수에 대한 존경심이 매우 높은 문화적 가치에서부터 기인한 것일 수도 있다. 이러한 다문화적 관점을 이해하면 교수는 유학생들이 수업 내 활동에서 보다 비판적이고 참여적인 관점을 갖도록 격려할 수 있다. 일반적으로, 해당 맥락에 익숙한 사람에게 먼저 자신이 이해한 것이 맞는지 확인하는 것이 좋다.

맥락을 이해하자

맥락은 행동에 영향을 미치는 상황적 · 환경적 특징을 의미한다. 맥락을 이해하면 상대의 행동에 대한 '무엇'과 '왜'를 올바르게 해석할 수 있는 통찰력을 얻을 수 있고, 다른 사람들과 더 효과적으로 의사소통하고 그들에게 영향을 줄 수 있게 된다. 소프트 스킬 개발 전문가인 브루스 툴간(Bruce Tulgan)에 따르면, "낯선 상황에서 그곳의 구조, 규칙, 관습 및 리더를 파악하고 적응하는 법을 배우게 된다면" 상황에 대한 인식을 개발할 수 있다고 한다. 툴간은 상황 인식을 높이기 위해 구조, 규칙, 관습, 리더십에 대한 네 가지 질문에 답해 볼 것을 제안한다.

- 무엇을 아는가?
- 무엇을 모르거나 이해하지 못하는가?
- 무엇을 더 잘 알거나 이해할 필요가 있는가?
- 어떻게 배울 수 있는가? 어떠한 자원이나 지원이 필요한가?

이러한 질문에 답을 해 보면 문화의 맥락적 효과에 대한 통찰력을 높이고 특정 상황에 쉽게 적응할 수 있는 능력을 향상시킬 수 있다.

가장 기본적인 것을 고르자

영어는 일반적으로 두루 쓰이는 비즈니스 언어이다. 영어를 잘하더라도 많은 사람들이 다른 언어를 사용하는 상황에 대비하여 다른 언어를 배우려고 노력하는 것이 바람직하다. 작은 노력에도 존중이 보이고 문화적 감수성(cultural sensitivity)을 키우는 데 도움이 되기 때문이다.

다른 여러 활동을 통해 다문화적 역량을 향상시킬 수 있다. 다음 중 몇 가지를 이루는 것을 목표로 삼아보자.

- 다른 종교의 원리나 가치를 공부한다.
- 사람들을 관찰하고 다른 문화권의 사람들과 교류한다.
- 다른 문화와 관련된 스포츠 행사, 예를 들면 크리켓(cricket), 가라데(karate), 럭비(rugby), 보체(bocce), 페탕크(pétanque)에 참여한다.
- 다른 나라의 전통과 기념일에 대해 알아본다.
- 해외 영화를 시청한다.
- 다른 나라의 요리를 맛본다.
- 다른 나라의 춤에 대한 역사를 배운다.
- 다양한 문화 연사들의 세미나나 연설에 참석한다.
- 다양성을 주제로 한 행사나 축하 행사를 준비한다.
- 정기적으로 세계 뉴스를 시청한다.
- 다른 인종이나 민족의 역사와 연구에 관한 수업을 수강한다.
- 인류학 수업을 수강한다.

주요 용어

고맥락 문화	몰수	유럽 연합
관세	무역 보호주의	자기 민족 중심적 경영자
그린필드 벤처	무역 블록	자유 무역
글로벌 경제	무역 제재	저맥락 문화
글로벌 아웃소싱	문화	전자 상거래
글로브 프로젝트	미국–멕시코–캐나다 협정	지구 중심적 경영자
금수조치	북미자유무역협정	지구촌
다국적 기업	세계화	최혜국
다국적 조직	수입	편협주의
다문화적 인식	수입 할당	프랜차이즈 사업
다중심적 경영자	수출	합작 투자
다중적인 시간 선호	아웃소싱	해외 주재원
단색적인 시간 선호	연계무역	홉스테드 모형
덤핑	오프쇼어링	환율
라이선싱	완전 자회사	환태평양경제동반자협정

핵심 정리

01 세계화

- 세계화는 세계 경제가 보다 상호 의존적인 체제로 나아가는 추세를 의미한다.
- '지구촌(global village)'의 부상은 항공 여행과 전자 매체를 통해 전 세계 사람들이 서로 더 쉽게 소통할 수 있게 됨으로써 가능해진 시간과 공간의 '축소'를 의미한다.
- 글로벌 경제란 여러 개별 국가들의 시장이 단일 시장으로서 상호 작용하는 경향을 의미한다.

02 국제 경영과 글로벌 경영자

- 국제 경영이란 해외 조직 내에서 혹은 해외 조직과의 업무 수행을 감독하는 경영을 의미한다.
- 성공적인 글로벌 경영자는 자기 민족 중심적이거나 다중심적이지 않은 지구 중심적 경영자이다.

03 기업의 해외 시장 진출 방식

- 기업이 국제적으로 확장하는 이유는 (1) 더 저렴하고 풍부한 공급, (2) 새로운 시장, (3) 인건비 절감, (4) 자금 조달, (5) 수입 제품에 대한 관세 및 수입 할당 면제 때문이다.
- 기업이 국제적으로 확장할 수 있는 다섯 가지 방법은 (1) 글로벌 아웃소싱, (2) 수입 · 수출 · 연계 무역, (3) 라이선싱 · 프랜차이즈 사업, (4) 합작 투자, (5) 완전 자회사이다.

04 지역 경제의 협력과 경쟁

- 자유 무역이란 국가 간 제품과 서비스의 이동에 있어 정치적 · 경제적 방해가 없는 것을 의미한다.
- 자유 무역의 세 가지 장벽으로는 관세, 수입 할당, 금수 조치 및 무역 제재가 있다.
- 국제 무역을 진흥하기 위해 고안된 세 가지 주요 기구는 세계무역기구(WTO), 세계은행(World Bank), 국제통화기금(IMF)이 있다.
- 무역 블록은 서로에 대한 무역 장벽을 제거하기로 동의한 지리적 지역 내의 국가 집단이다. 무역 블록의 예로는 (1) 북미자유무역협정(NAFTA)과 미국–멕시코–캐나다 협정(USMCA) 및 (2) 유럽 연합(EU)이 있다.
- 해외 무역을 할 때 경영자는 멕시코의 페소나 유럽의 유로에 대해 미국의 달러가 갖는 연관성과 같이 한 지역이나 국가의 통화

를 다른 지역의 통화로 교환할 수 있는 비율을 의미하는 환율을 고려해야 한다.

- 브릭스(BRICS)는 브라질, 러시아, 인도, 중국, 남아프리카 공화국의 5대 신흥 경제국을 의미한다.

05 문화적 차이 이해의 중요성

- 저맥락 문화에서 공유되는 의미는 주로 글과 말에서부터 파생된다. 고맥락 문화의 사람들은 다른 사람들과 의사소통 할 때 상황적 단서에 크게 의존한다.
- 홉스테드는 국가 문화를 분류할 수 있는 네 가지 문화 차원으로 (1) 개인주의 · 집단주의, (2) 권력거리, (3) 불확실성 회피, (4) 남성성 · 여성성을 제시했다.
- 하우스가 처음 시작한 글로브(GLOBE) 프로젝트는 리더십 및 조직 프로세스와 관련된 (1) 권력 거리, (2) 불확실성 회피, (3) 제도적 집단주의, (4) 내집단 집단주의, (5) 양성평등주의, (6) 자기 주장, (7) 미래 지향성, (8) 성과 지향성, (9) 인도적 지향성, 이상 아홉 가지 문화 차원에 대한 대규모 지속적인 다문화적 연구이다.
- 한 국가의 문화는 내집단 사람들 사이에서 공유되는 공통된 신념, 가치, 지식 및 행동 유형의 집합이다. 낯선 문화를 방문하는 사람들은 불편함과 방향 감각의 상실이라는 문화적 충격을 경험할 수 있다. 다른 문화를 이해하려는 경영자는 (1) 언어, (2) 대인 공간, (3) 의사소통, (4) 시간 선호, (5) 종교, (6) 법률과 정치적 안정성이라는 여섯 가지 기본적인 문화 영역을 고려해야 한다.

06 커리어 준비 실천

- (1) 경청 및 관찰, (2) 맥락 이해, (3) 가장 기본적인 것 선택이라는 세 가지 활동을 통해 다문화적 역량을 개발할 수 있다.

핵심 질문

01 세계화의 세 가지 중요한 측면은 무엇인가?

02 세계화의 긍정적인 결과와 부정적인 결과는 무엇인가?

03 국제 경영을 배워야 하는 이유는 무엇인가?

04 자기 민족 중심적, 다중심적, 지구 중심적 경영자는 어떻게 다른가?

05 기업이 해외로 진출하려는 다섯 가지 이유는 무엇이며 이를 위한 다섯 가지 방법은 무엇인가?

06 국제 무역의 장벽은 무엇인가?

07 국제 무역을 진흥하기 위해 고안된 세 가지 주요 기구의 이름과 해당 기구들의 역할을 설명해 보자.

08 주요 무역 블록들은 무엇이며 브릭스(BRICS) 국가란 무엇인가?

09 '문화'가 의미하는 바를 정의하고 홉스테드(Hofstede) 모형과 글로브(GLOBE) 프로젝트에서 다룬 문화적 차원에 대해 설명해 보자.

10 글로벌 경영자가 국경을 넘는 비즈니스를 수행할 때 고려해야 하는 여섯 가지 주요 문화적 영역에 대해 설명해 보자.

고립된 화웨이

화웨이(Huawei)는 1987년 설립된 중국의 통신 기술 및 스마트 기기 공급업체이다. 화웨이는 약 19만 4천 명의 직원이 일하고 있으며, 전 세계적으로 30억 명이 넘는 사람들에게 서비스를 제공하고 있다. 이 회사는 2018년 2억 대 이상의 스마트폰을 판매하면서 연매출 1,000억 달러를 넘겼다. 화웨이는 세계 1위의 통신 장비 판매업체이자 2위의 스마트폰 제조사라는 타이틀을 가지고 있으며 포춘(Fortune)이 선정한 100대 기업 중 거의 절반이 '디지털 혁신을 위한 파트너'로 화웨이를 선택했었다.

그러나 최근 화웨이는 파트너 기업, 더 나아가서 사실상 거래 국가 전체를 잃고 있다. 2018년 한 해에만 미국, 영국, 호주, 뉴질랜드가 모두 화웨이의 5G 휴대 전화 기술 사용을 금했다. 프랑스와 독일 역시 유사한 금지 조치를 논의하였으며, 캐나다는 미국의 영장으로 화웨이의 최고재무책임자를 체포했다. 미국은 나아가 2019년 5월에 화웨이에 부품을 수송하는 것을 금하였고, 퀄컴(Qualcomm) 및 인텔(Intel)과 같은 회사들은 화웨이로 칩을 수출할 수 없게 되었다. 이와 관련된 금지령은 풀렸지만 화웨이는 이미 다른 공급업체를 구했고 더 이상 미국 회사의 부품이 필요하지 않았다. 이러한 차질은 화웨이의 세계적 확장을 저해하고 화웨이를 중국 시장에 고립시켰다.

글로벌 야망

화웨이는 중국에서 폭발적인 성장을 이루었다. 회사의 매출은 2009년 약 200억 달러에서 2018년 1,000억 달러 이상으로 증가했으며 애플(Apple)보다 더 많은 휴대 전화를 생산했다. BBC는 화웨이의 성장이 "중국의 지속적인 성장을 배경으로 이뤄졌으며… 이는 화웨이가 초기 시장을 구축할 수 있는 거대한 기반을 제공했다."라고 보도했다. 하지만, 중국 시장은 현재 포화 상태이며 화웨이가 성장하려면 새로운 시장으로의 확장이 필요하다. 한 비즈니스 애널리스트는 화웨이가 신제품을 출시할 장소가 유럽이 될 것이라 말했다.

그러나 화웨이의 해외 진출은 현재 발목이 잡힌 상태이다. 비평가들은 통신 기술과 스마트폰 사업에 대한 역풍이 중국 정부와 너무 친하게 지낸 탓이라 비난하였다.

5G를 향해 나아가는 세계

화웨이의 해외 시장 진출과 관련된 문제의 핵심은 5G 기술이다. 먼저, 통신의 새로운 물결에 대해 논의해 보자. 주요 선진국에서 휴대 전화 기술은 대부분 2010년부터 4G 기술(이때 'G'는 세대를 뜻함)을 기반으로 하였다. 각 휴대 전화 세대는 더 빠른 데이터 전송 속도를 보여 주었으며, 그중 5G는 현재 시장에서 가장 빠르고 응답성이 높다. 더 빠른 전송 및 응답으로 우리는 넷플릭스(Netflix) 영화를 더 빠르게 재생할 수 있게 되었고, 스마트 초인종의 감시 영상을 고해상도로 확인할 수 있게 되었으며, 가상 현실 물리 치료도 가능해졌다. 이 기술은 무인 자동차와 같은 혁신도 가능케 했다. 한국의 주요 이동통신사들은 2019년에 5G의 상용화를 시작했고 전국적으로 확장했다.

그러나 5G 기술의 속도와 기능은 세계화된 세계에서 보안 관련 문제를 야기했다. 예를 들어, 중요한 기능과 개인 정보는 5G 플랫폼의 '백도어(backdoor)'를 통해 해킹될 수 있다. 일각에서는 이러한 백도어가 실제로 민간 범죄자들뿐만 아니라 5G 개발자를 통제하는 적대적인 정부에 의해 악용될 수 있다고 우려한다.

중국 정부의 수족

화웨이는 스스로를 직원들이 완전히 소유한 민간 기업이라 주장한다. 실제로 회사 웹 사이트의 영어 버전에는 "정부 기관이나 외부 조직이 화웨이의 지분을 보유하고 있지 않다."라고 구체적으로 언급되어 있다. 하지만, 다른 국가들은 그렇지 않다고 말한다. 이들은 모호한 중국 정보법으로 인해 화웨이가 중국 스마트폰 사용자들의 정보뿐만 아니라 전 세계 화웨이 제품 사용자들의 정보를 중국 정부에 넘길 수 있다고 주장한다. 또한 중국 규정에 따르면 민간 기업은 내부에 중국 공산당 지부를 설치하고 국가 지원 투자를 수락해야 한다. 그 결과 미국 정부는 미국인들이 수입된 화웨이 휴대 전화를 사용해서는 안 된다고 밝혔고, 연방 정부 기관은 화웨이 제품을 구매하는 것을 금지했다. 영국, 뉴질랜드, 호주를 포함한 다른 국가들 역시 5G 모바일 네트워크에서 화웨이 장비를 사용하는 것을 금지했다.

미국과 캐나다는 이란 제재 위반을 포함한 또 다른 무역 관련 문제들에 대해 화웨이를 추적했다. 2018년 12월 1일, 화웨이의 최고재무책임자인 멩완저우(Meng Wanzhou)는 이란의 제재 회피 계획을 은폐한 혐의로 미국과 캐나다 당국에 의해 캐나다에 구금되었다. 중국 정부는 이를 화웨이의 전 세계 진출을 막으려는 시도로 보았다.

모든 국가가 화웨이에 적대적인 것은 아니다. 러시아는 2019년 5G 통신 플랫폼에 화웨이 장비를 사용하기로 결정하였다. 블룸버그(Bloomberg)는 브라질 역시 국가 통신을 위해 화웨이를 고려하고 있다고 보도했다. 이는 근본적으로 북미 및 유럽 국가에 대한 거대한 신흥 경제국들의 대항을 의미한다. 러시아는 또한 칩과 소프트웨어를 생산할 때 화웨이와 합작 투자를 진행하는 것에 관심을 보였다. 합작 투자에는 러시아 정부가 참여할 것이며, 포브스(Forbes)는 이러한 행위를 화웨이와 협력 업체들이 상업적 기업으로 위장한 정부 기관들이라는 서구 국가들의 주장을 뒷받침하는 것이라 말했다.

세계화의 비용

브릭스 국가들만이 화웨이의 국제적 확장을 지원하는 것은 아니다. 프랑스, 독일 등 미국 동맹국들 역시 화웨이의 5G 개발 참여를 아직 금지하지는 않았지만, 화웨이의 독립성을 신뢰해서 그런 것은 아니다. 실제로 유럽 연합은 2019년 10월에 화웨이와 같은 회사의 '통제되지 않은 소프트웨어 업데이트, 기능 조작, 감사 메커니즘을 우회하는 기능 및 백도어'에 대한 경고 보고서를 발행했다. 국가들이 망설이는 이유는 세계화 그리고 화웨이 기술에서 벗어나는 비용과 관련이 있다. 예를 들어, 도이치텔레콤(Deutsche Telekom)과 같은 독일 통신 사업자들은 이미 화웨이 기술에 막대한 투자를 한 상태이다. 중국의 기술은 세계화된 환경으로 인해 보다 싸게 확보할 수 있다. 오히려 이 기술에서 벗어나는 것이 더 큰 비용을 야기한다. 실제로 미국 기업 연구소(American Enterprise Institute)는 유럽인들이 화웨이에서 벗어나는 데 수십억 달러의 비용이 들 것이라 추산하고 있다.

토론 문제

문제 해결 관점

1. 화웨이 CEO의 관점에서 볼 때 이 사례의 근본적인 문제점은 무엇일까?
2. 화웨이가 장애물에 직면했는데도 어떻게 중국 이외의 지역으로 확장할 수 있었는가?

적용하기

1. 글로벌 경제는 어떻게 화웨이에 도움이 되기도 하며 피해를 주기도 하는가?
2. 화웨이의 해외 진출을 주도하고 있는 경영자라고 가정할 때 자기 민족 중심, 다중심, 지구 중심 중 어떠한 유형의 글로벌 경영자가 되고 싶은가?
3. 그림 4.1을 참고했을 때 화웨이는 어떠한 방식을 통해 세계 시장에 진출했는가?
4. 화웨이는 중국에 기반을 두고 있으며 러시아와 브라질로 확장할 계획이다. 중국, 러시아, 브라질은 모두 브릭스 국가들이다. 이러한 확장 계획이 중요한 이유는 무엇인가?
5. 화웨이가 미국 시장에 진출할 수 있게 되었다고 가정해 보자. 글로브(GLOBE)의 연구 결과에 따르면, 미국은 중국보다 권력 거리, 내집단 집단주의, 불확실성 회피에서 낮은 점수를 받았다. 그렇다면, 중국 기업인 화웨이가 미국 시장에 진출할 때 어떻게 제도를 바꾸라고 조언할 것인가?

카타르의 2022년 월드컵 개최

2015년 5월, 국제축구연맹(FIFA) 관계자 일곱 명이 제 65회 FIFA 총회 참석을 준비하던 중 취리히(Zurich)에 위치해 있는 호텔 바우어오락(Hotel Baur au Lac)에서 체포되었다. 이는 현재 비인스포츠(beIN sport)인 알자지라(Al Jazeera)를 포함한 기업과 국제축구연맹 관계자들에 대한 미국의 다년간 조사와 관련이 있었다. 유착 혐의로 회사들은 수익성 있는 방송 및 권위 있는 축구 토너먼트 개최권을 제공받는 대가로 최소 4억 달러의 뇌물을 제공한 혐의를 받고 있다. 스포팅 뉴스 캐나다(Sporting News Canada)에 따르면, 카타르 정부는 국제축구연맹에 4억 8천만 달러를 추가로 제안했다. 이후 전 세계 40명 이상의 공무원, 임원진 및 기업들이 기소되었다. 많은 사람들은 유죄를 인정하고 관대한 처분을 받기 위해 서로에게 불리하게 증언할 것에 동의하였다.

이 스캔들로 인해 2022년 월드컵 개최지인 카타르가 주목받게 되었다. 세계에서 가장 권위 있는 토너먼트의 카타르 선정은 대회를 개최할 시설이 없는 부자 나라를 선택한 사람들과 관련된 의혹들로 수년간 얼룩졌다. 시카고 트리뷴(Chicago Tribune)은 FIFA 경영진에 대한 미국 법원의 1차 재판에서 중계권을 대가로 뇌물을 주고 증언을 위해 검사와 거래를 한 아르헨티나 출신의 마케팅 임원에 대해 보도했다. 해당 임원은 카타르 월드컵 유치를 위해 뇌물을 제공하지는 않았지만 FIFA 회원들에게서 카타르 뇌물과 관련해 들은 적이 있다. 이 임원은 국제축구연맹 회원 중 한 명이 카타르를 선택하는 표를 150만 달러에 팔았으며, 다른 회원이 수천만 달러를 더 받고 표를 판 것에 불만을 표했다고 지적했다. FIFA의 일부 투표 가능 인원들은 부패 스캔들로 기소되었지만 아직 재판을 위해 미국으로 송환되지는 않은 상태이다. 아르헨티나 출신의 또 다른 증인은 남미 축구 연맹 회장들에게 75만 달러와 50만 달러를 지급한 뇌물 장부가 발견되었다고 증언했다. 관련 회장들은 월드컵 개최 투표권은 없었지만 그들이 보낸 돈에는 'Q2022'라는 표시가 있었다.

카타르인들이 FIFA 관계자들에게 뇌물을 제공했다는 주장은 문화적인 것일 수도 있다. 중동의 뇌물 수수는 북미와 유럽보다 지속적으로 더 용납되고 있다. 예를 들어, 국제투명성기구(Transparency International)는 중동에서 "대부분의 국가가 부패와의 전쟁에서 지고 있다."라고 말한다. 중동은 국제투명성기구의 2018 부패 인식지수(2018 Corruption Perceptions Index)에서 100점 만점에 평균 39점을 받았다. 참고로 한국은 57점을 받았다.

중동은 부패와 관련하여 좋은 평판을 받고 있지는 않지만, 국제축구연맹은 카타르에서의 월드컵 개최를 막을 수 있는 근거는 없다고 주장한다. 카타르 또한 부적절하게 행동하거나 대회 개최권을 돈으로 샀다는 점에 대해 계속 부인하는 중이다.

문제 해결

FIFA의 운영자라면 어떤 안을 선택하겠는가?

1. 카타르의 2022년 월드컵 개최권을 박탈한다. 뇌물 수수와 관련된 증거가 분명히 있기 때문에 월드컵의 명성이 더럽혀지면 안 된다.
2. 지금까지 검찰은 카타르인들과 부패 스캔들 사이의 직접적인 관련성을 밝혀내지 못했다. 카타르가 월드컵을 개최하기 위해 기반 시설을 구축하는 동안 개최권을 박탈하게 된다면 수백만 혹은 수십억 달러의 손실과 상당한 수의 일자리 손실로 이어질 것이다. 아무런 조치도 취해서는 안 된다.
3. FIFA는 카타르의 개최권과 관련하여 외부 기관에 조사를 의뢰해야 한다. 이를 바탕으로 2022년도 입찰에 어떤 명령을 내려야 할지 결정해야 한다.
4. 다른 안이 있다면 설명해 보자.

PART 03

계획

CHAPTER 05

경영 계획

학습 목표

1. 전략 경영의 중요성에 대해 설명한다.
2. 미션, 비전, 가치를 비교한다.
3. 목표와 계획의 유형과 목적에 대해 설명한다.
4. 스마트(SMART) 목표 수립과 실행을 설명한다.
5. 계획 · 통제 주기를 설명한다.
6. 선제적 학습 지향성을 개발하는 방법을 설명한다.

▶ 미리보기

5장에서는 계획과 전략에 대해 학습한다. 그리고 계획, 전략, 전략 경영의 정의와 중요성을 알아보고, 미션, 비전, 가치를 포함한 계획의 기본 요소와 계획의 세 가지 유형인 전략적 · 전술적 · 운영적 경영에 대해 학습한다. 나아가, 목표, 운영 계획, 실행 계획뿐만 아니라 스마트(SMART) 목표, 목표에 의한 관리, 목표 정렬, 계획 · 통제 주기에 대해 살펴본다. 마지막으로, 선제적 학습 지향성을 개발할 수 있는 방법을 알아본다.

성공 전략

커리어 준비를 계획하는 방법

커리어를 시작하거나 새로운 커리어로 전환할 때는 목표를 설정하고 계획을 수립할 필요가 있다.

목표 설정과 계획 수립

다음은 커리어를 쌓기 시작할 때 고려해야 할 커리어 관리 과정의 4단계이다.

1. **옵션을 확인하자.** 커리어 준비 스킬 중 자기 인식을 활용하여 자신의 장점, 라이프 스타일, 업무 스타일을 적어보자. 여기에는 기능적 스킬, 다문화적 스킬, 컴퓨팅 스킬, 대인 스킬 등 표 1.2에서 다루었던 역량들에 대한 평가도 포함된다. 이후 네트워킹, 이전 직무, 자원봉사 경험, (학교 동문 및 학생 취업 지원실 등의) 기타 자원을 활용할 수 있는 기회들을 나열해 보자. 이제 지금까지 적은 2개의 목록을 비교하여 커리어를 구축하는 과정에서 집중해야 할 부분을 찾아보자.
2. **목표 분야의 조건을 확인하자.** 비즈니스에 대한 이해는 선택한 분야의 신규 채용, 신입 직원들에게 기대되는 역량, 예상 급여 범위 및 승진 기회, 산업에 대해 알아야 할 지리적 제한 혹은 요구 사항과 같이 중요한 요소들을 파악할 수 있도록 도와준다. 예를 들어, 선택한 분야나 산업이 해당 국가의 특정 지역에 집중되어 있다면 이사할 준비가 되어 있어야 한다.
3. **실행 계획을 세우자.** 1단계와 2단계에서 배운 것을 적용하여 새로운 커리어를 개척하려는 목표를 달성하기 위해 할 수 있는 것들을 나열해 보자. 만약 목표가 스마트(SMART)하다면 목표를 달성할 가능성이 더 높다. 섹션 04에서는 스마트 목표를 정하는 과정에 대해 학습한다. 단계나 목표는 감당할 만한 수준으로 유지해야 하며 이는 3개에서 5개 사이가 적당하다. 우선순위를 정해서 일정을 잡아 계획을 세우자.

   SMART 목표: 구체적이고(Specific), 명확한 기준에 따라 측정 가능하여 진행 상황을 확인할 수 있고(Measurable against clear criteria to show progress), 50% 이상의 확률로 달성 가능하며(Attainable with a chance of 50% or higher), 본인과 관련이 있고(Relevant to you), 완료해야 하는 목표 날짜에 대한 제한이 있는(Time bound with target dates for completion) 목표
4. **진행 상황을 살펴보자.** 5장을 공부하면 목표를 향한 진행 상황을 모니터링하거나 통제하는 것이 계획의 기본임을 알게 될 것이다. 긍정적인 결과든 부정적인 결과든, 노력에 대한 결과를 얻을 때마다 목표를 얼마나 잘 설정했으며 계획이 얼마나 효과적이었는지에 대한 피드백을 제공해 준다. 한 단계가 계획대로 되지 않더라도 포기하지 말자. 긍정적인 태도와 적응 능력에 의존하고 성공할 수 있는 또 다른 기회가 있음을 깨달아야 한다. 탐색 범위를 넓혀 다시 시작해 보자.

SECTION

01 계획과 전략

경영의 네 가지 기능 중 첫 번째 기능은 목표를 설정하고 이를 달성하는 방법을 결정하며 전략과 관련 있는 계획을 수립하는 것이다. 5장에서는 계획, 전략 그리고 전략 경영에 대해 학습한다. 그리고 전략 경영과 전략 계획이 중요한 세 가지 이유를 살펴본다.

학습 목표

전략 경영의 중요성에 대해 설명한다.

1장에서 학습한 바와 같이 경영의 네 가지 기능은 계획, 조직, 리드, 통제이며, 이 기능들은 이 책의 4개 PART로 구성된다. 5장, 6장, 7장에서는 계획과 전략에 대해 학습한다.

계획, 전략 그리고 전략 경영

"신속하게 움직여서 혁신하자."

이는 계획일까 전략일까? 사실 이것은 슬로건이다. 이 문구는 버그(bug)가 있더라도 신제품을 출시하고 문제가 발생했을 때 처리하는 것이 더 중요하다는 것을 암시하는 페이스북(Facebook)이 소프트웨어 개발자들에게 요구한 만트라(mantra)였다. 페이스북은 이 만트라를 버리고 이제 다른 사람들의 도움을 받아 계획을 세우고 있다. CEO인 마크 저커버그(Mark Zuckerberg)는 "… 우리는 외부로 나가 전문가들과 상의를 하며 (일을) 제대로 하고 있는지 확인하기 위해 노력하고 있다."라고 말했다.

5장에서 학습하는 계획과 6장에서 살펴볼 전략 및 전략 경영의 의미를 살펴보자.

불확실성을 헤쳐 나가기. 경영은 뇌우 속에서 운전하는 것과 비슷하다. 운전자가 폭풍우 속에서의 불확실성에 대처해야 하는 것처럼 경영자 역시 시장 상황, 경쟁자의 행동, 공급업체 요구의 불확실성과 모호성에도 자신의 길을 탐색해 나가야 한다.

계획 1장에서 학습한 바와 같이 계획은 목표를 설정하고 이를 달성하는 방법을 결정하는 것을 의미한다. 계획의 다른 정의는 특정 결과를 달성하기 위해 미래의 행동 과정을 공식화하여 불확실성에 대처하는 것이다. 계획은 목표를 달성할 수 있는 방법을 설명하는 문서이다. 계획을 세울 때는 목표를 실현하기 위해 해야 할 일들을 설명하는 행동의 청사진을 만들어야 한다.

계획의 한 가지 중요한 유형은 회사의 목표, 달성 전략, 성공 측정 기준을 설명하는 문서인 사업 계획이다. 사업 계획은 비즈니스의 근간, 즉 기업이 충족시켜야 할 니즈, 비즈니스 운영, 구성 요소와 기능, 예상 수익 및 비용을 설명하는 비즈니스 모형에 대해 다룬다. 또한 진출하려는 산업, 제품 차별성, 고객에게 마케팅하는 방법, 비즈니스 운영 적합성 및 비즈니스 자금 조달 방법에 대해서도 다룬다.

전략 전략 혹은 전략 계획은 조직의 장기적인 목표와 방향을 설정하는 것이다. 이는 조직이 생존이나 번영을 위해 추구해야 할 장기적인 목표 또는 방향에 대한 '경험에서 우러나온 추측'을 나타낸다.

전략의 예로는 '유기적인 비즈니스 성장'이 있다. 이는 "다른 회사를 인수하는 것보다 기존 및 신규 고객으로부터 수익을 늘리는 것"을 의미한다. 그러나 전략은 한번의 선택으로 결정되는 것은 아니다. 일반적으로는 끊임없이 변화하는 비즈니스 상황으로 인해 매년 재고된다.

전략 경영 1940년대 후반, 미국 대기업 대부분은 하나의 아이디어나 제품 라인을 중심으로 조직되었다. 1970년부터 포춘(Fotune) 500대 기업들은 하나 이상의 산업 분야에서 사업을 운영하기 시작했으며 해외로 사업을 확장해 나갔다. 집중과 효율성을 유지하려면 기업이 전략 경영 접근법을 취해야 한다는 것이 분명해졌다.

전략 경영은 조직의 모든 부문의 경영자들이 전략과 전략적 목표의 수립 및 실행에 관여하는 과정을 의미한다. 이는 고위 경영자가 조직의 하위 직급 직원들에게 아이디어를 따르도록 지시하는 것을 의미하지 않는다. 특히, 중간 관리자들은 전략을 이해하고 실행하는 사람들이기 때문에 전략 수립도 도와야 한다.

전략 경영은 조직의 모든 부분의 관리자(최고 경영자, 중간 관리자, 일선 관리자, 팀 리더)가 조직의 목적을 달성하기 위해 전략과 전략적 목표의 수립 및 실행에 참여하는 과정을 의미한다. 따라서 계획에는 (최고 경영진이 수립하는) 전략 계획뿐만 아니라 (중간 관리자가 실행하는) 전술 계획 및 (일선 관리자와 팀 리더가 맡는) 업무 계획 역시 포함된다.

계획 및 전략 경영은 조직의 미션과 비전에서 비롯된다(그림 5.1 참조).

그림 5.1 계획과 전략 경영

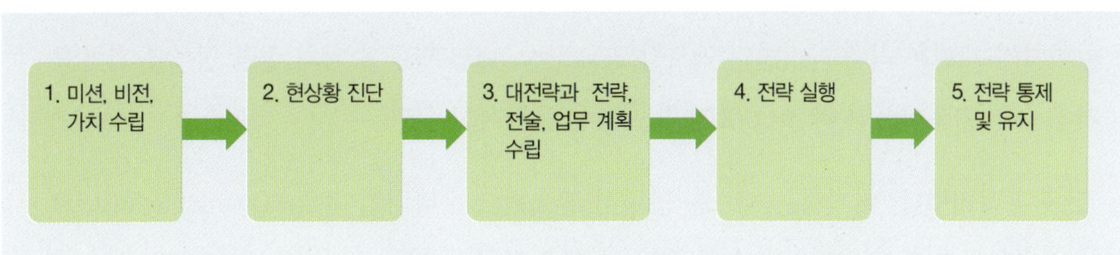

계획과 전략 경영의 중요성

조직이 계획과 전략 경영을 도입해야 하는 세 가지 이유는 다음과 같다. 계획과 전략 경영은 (1) 방향성과 추진력을 제공하고, (2) 새로운 아이디어를 장려하며, 무엇보다도 (3) 지속가능한 경쟁 우위 개발에 도움이 된다.

1. **방향성과 추진력 제공** 일부 경영진은 자신의 전략이 무엇인지 설명조차 못한다. 어떤 직원들은 일상적인 압박에만 지나치게 사로잡혀 조직이 추진력을 잃을 때도 있다. 그러나 계획과 전략 경영은 사람들이 가장 중요한 문제와 선택 및 기회에 집중할 수 있도록 도움을 준다. 버거킹(Burger King)이 이를 보여 주는 가장 좋은 예이다(아래 예 참조).

   많은 직원들이 이 과정에 참여하면 팀워크와 학습을 촉진할 수 있으며, 조직 전체에 대한 몰입을 형성할 수 있다. 8장에서 다룰 내용처럼 전략은 조직의 구조 자체를 결정하기도 한다. 예를 들어, 관리자 계층이 많은 하향식 위계 구조는 전기 및 가스 전력 공공 부문에 적합하며, 관리자 계층이 적고 역할이 유연한 수평 조직은 급변하는 소셜 미디어 스타트업에 적합하다.

   계획이 수립되어 있지 않으면, 경쟁 기업이 더 멀리 내다보고 더 빨리 행동하면서 앞서 나가는 불쾌한 충격을 받을 때까지 경영자는 눈앞에 있는 일에만 집중하게 되고 급한 불을 끄듯 행동하게 된다. 최근에는 기업들이 일부 디지털 혹은 인터넷 트렌드의 위협에 직면하면서 이와 같은 뜻밖의 일들이 계속 발생하고 있다. 아마존(Amazon.com)이 보더스 서점(Borders bookstores)에, 우버(Uber)가 택시 사업에 그랬던 것처럼 말이다.

   물론 잘못된 계획은 조직을 잘못된 방향으로 이끌기도 한다. 잘못된 계획은 일반적으로 미래에 대한 잘못된 가정, 조직의 능력에 대한 잘못된 평가, 비효과적인 집단 역학, 경영 통제를 피드백 메커니즘으로 사용하지 않는 것 등에서 비롯된다.

버거킹의 상황 반전

버거킹(Burger King)은 세계에서 두 번째로 큰 패스트푸드 햄버거 체인으로, 매일 1,100만 명이 넘는 고객들이 버거킹을 방문한다. 수년 동안 버거킹 체인은 최대 라이벌인 맥도날드(McDonald's) 평균 수익의 절반 정도를 기록했다. 맥도날드는 전 세계 버거킹 수의 2배 이상인 약 38,000개의 매장을 운영하고 있다.

최근 버거킹은 2등만 하는 것에 질려버렸다. 버거킹은 새로운 방향이 필요했으며 다니엘 슈워츠(Daniel Schwartz) 회장은 맥도날드와의 격돌을 계획하고 있어 일각에서는 이를 '버거 전쟁'이라고 불렀다. 최근 몇 년 동안 이 레스토랑 체인은 #광대를_믿지_말_것(#NeverTrustAClown, 맥도날드는 캐릭터 광대 Ronald McDonald로 유명함)과 같이 맥도날드를 겨냥한 유머러스한 광고를 출시했다. 버거킹은 기술도 유리하게 활용하고 있다. 2018년 버거킹은 고객이 휴대폰에 버거킹 앱을 다운로드하고 나서 고객이 맥도날드 매장 반경 600피트 이내에서 버거킹 앱을 실행하면 와퍼를 1센트에 구매할 수 있게 했다. 이러한 이벤트는 150만 버거킹 앱 다운로드로 이어졌으며, 2018년 12월 애플 스토어(Apple Store)에서 가장 많이 다운로드 된 앱이 되었다.

버거킹은 혁신적인 앱뿐만 아니라 버거에서도 다른 방향을 추구하고 있다. 2019년 식물성 임파서블 와퍼(Impossible Whoppers)를 출시하였다. 포브스(Forbes) 기자가 이 고기 없는 버거와 고기 있는 버거를 나란히 먹어보며 비교했을 때 차이점을 느끼지 못했을 정도로 둘은 매우 흡사했다. 임파서블 와퍼는 앞으로 7,000개 이상의 미국 버거킹 매장에서 판매될 예정이며, 지금까지 미국 전역에서 식물성 단백질에 대한 가장 큰 족적을 남겼다.

다니엘 슈워츠는 버거킹의 계획에 추진력을 얻기 위해서 중간 관리자들의 지원이 필요하다고 생각했다. 이를 염두에 두고 그는 회사의 마이애미(Miami) 본사에서 간접비를 줄이고, 음식 준비를 간소화했으며, 직영점들을 프랜차이즈에 판매했다. 이렇게 아낀 돈은 회사 주식의 형태로 중간 관리자들에게 제공되었으며, 중간 관리자들은 자신의 지갑에서 직접 회사의 이익을 체감할 수 있게 되었다.

버거킹의 계획은 초기에 어느 정도 성공을 거두었다. 2018년에 맥도날드가 전 세계에 600개의 매장을 오픈했고, 버거킹은 1,000개의 매장을 오픈했다. 또한 맥도날드가 점포당 평균 판매량을 20% 늘렸고, 버거킹은 30%까지 늘렸다.

당신의 생각은?

버거킹의 계획이 지속 가능하다고 생각하는가? 버거킹은 새로운 전략의 실행에 일선 관리자를 어떻게 참여시킬 수 있을까?

2. 새로운 아이디어 장려 어떤 사람들은 계획이 경직성을 조장하고 주변 시야를 차단하며 창의적인 사고와 행동을 방해하는 눈가리개라며 이를 반대한다. 한 비평가는 "미지의 바다에서 미리 정해진 항로에 몸을 맡기는 것이 빙산으로 돌격하는 가장 완벽한 방법"이라고 말한다.

그러나 전략 계획은 새로운 아이디어를 방해하는 것이 아니라 장기적인 성공을 달성하는 데 있어 혁신의 중요성을 강조함으로써 아이디어를 장려하는 데 도움이 된다. 예를 들어, 227개 기술 관련 기업에 대한 최근 한 연구에 따르면, 전략 계획에서 위험 감수를 지원하고 보상한 기업은 높은 수익과 높은 수준의 혁신 활동을 모두 달성하였다고 한다. 같은 맥락에서 경영학자인 게리 하멜(Gary Hamel)은 애플(Apple)과 같은 기업이 '전략 혁신(strategy innovation)'의 정신을 발휘할 수 있었기 때문에 성공할 수 있었다고 말한다. 그는 전략 혁신을 "기존 기업을 방어하는 과감한 새로운 비즈니스 모형"이라고 일컬으며 기존 산업 내에서 경쟁의 기반을 재창조하는 능력이라고 정의했다.

일부 성공적인 혁신가들은 새로운 비즈니스 분야로 이동하는 회사들이며, 특히 엔터테인먼트 분야에서 많이 찾아볼 수 있다. 바비(Barbie), 피셔프라이스(Fisher–Price) 및 핫윌(Hot

Wheels)의 제조사인 마텔(Mattel)의 매출은 2014년 60억 달러에서 2018년 45억 달러로 감소하였다. 이 회사는 사랑받고 있는 브랜드를 바탕으로 영화 제작을 기획 중이며, 현재 톰 행크스(Tom Hanks), 마고 로비(Margot Robbie)와 같은 A급 스타들과 함께 작업한 8개의 영화가 있다. 레드불(Red Bull)도 엔터테인먼트 산업에서 자리를 잡고 있는 중이다. 레드불은 인기 있는 에너지 드링크 제조업체로 현재는 단편 프로그램과 장편 영화를 제작하는 미디어 부문인 레드불 미디어 하우스(Red Bull Media House)를 운영하고 있다.

3. **지속 가능한 경쟁 우위 개발** 전략 경영은 지속 가능한 경쟁 우위를 제공할 수 있다. 경쟁 우위 1장에서 학습한 바와 같이 조직이 경쟁자보다 더 효과적으로 제품이나 서비스를 생산하여 더 나은 성과를 낼 수 있는 능력을 의미한다. 6장에서는 기업이 경쟁 우위를 창출하는 방식에 대해 더 자세히 학습할 것이다. 기업은 가치 있고 희귀하며 모방하기 어려운 제품이나 서비스, 나아가 조직의 강점을 활용할 준비가 되어 있어야 한다는 것을 앞으로 배우게 될 것이다. 오늘날의 글로벌 시장에서 경쟁 우위는 국가마다 다를 수 있다. 우버는 이와 관련된 좋은 예이다.

우버는 미국에서 차량 공유 사업과 관련하여 확실한 경쟁 우위를 지니고 있었으며 현재도 지니고 있다. 하지만, 아프리카의 경우에는 이야기가 다르다. 기존에 택시파이(Taxify)로 알려졌던 볼트(Bolt)는 오토바이 호출을 제공하는 최초의 회사로서 자체적인 경쟁 우위를 확보했었다. 보다보다(boda bodas)라 불리는 오토바이는 더 민첩했기 때문에 혼잡한 거리와 마을을 여행할 때 큰 인기를 끌었다. 볼트의 성공은 우버와 같은 대기업에 비해 더 빠르게 제품을 현지화하는 능력과 관련 있다. 또한 운전자에게 모바일 머니로 비용을 지불함으로써 경쟁 우위를 확보하였다. 모바일 머니는 사람들이 휴대 전화를 사용하여 돈을 받는 즉시 저축할 수 있기 때문에 우간다 및 기타 신흥 경제국에서 인기 있는 기술이다.

SECTION

02 계획의 기초

계획에는 조직의 미션과 비전을 목표로 바꾸는 것이 포함된다. 미션 성명은 조직의 목적을 나타내고, 비전 성명은 미션 성명을 표현한다. 미션 성명과 비전 성명 모두 가치 성명에 표현된 조직의 가치를 나타내야 한다. 이로부터 전략 계획, 전술 계획, 업무 계획이 도출된다.

학습 목표

미션, 비전, 가치를 비교한다.

여러분이 희망을 갖고 있다면 좋은 일이다. 희망이 많을수록 학점이 좋고 제때에 대학을 졸업할 가능성이 높다.

칼럼니스트 엘리자베스 번스타인(Elizabeth Bernstein)은 "희망은 현재보다 미래가 더 나을 것이라는 믿음 그리고 내가 이를 가능하게 할 수 있는 힘이 있다는 믿음"이라고 설명한다. 희망이 있는 사람은 "목표나 소망뿐만 아니라 이를 달성하기 위한 전략과 계획을 실행하려는 동기가 있다."라고 첨언한다.

그림 5.2 **계획을 수립하는 과정**

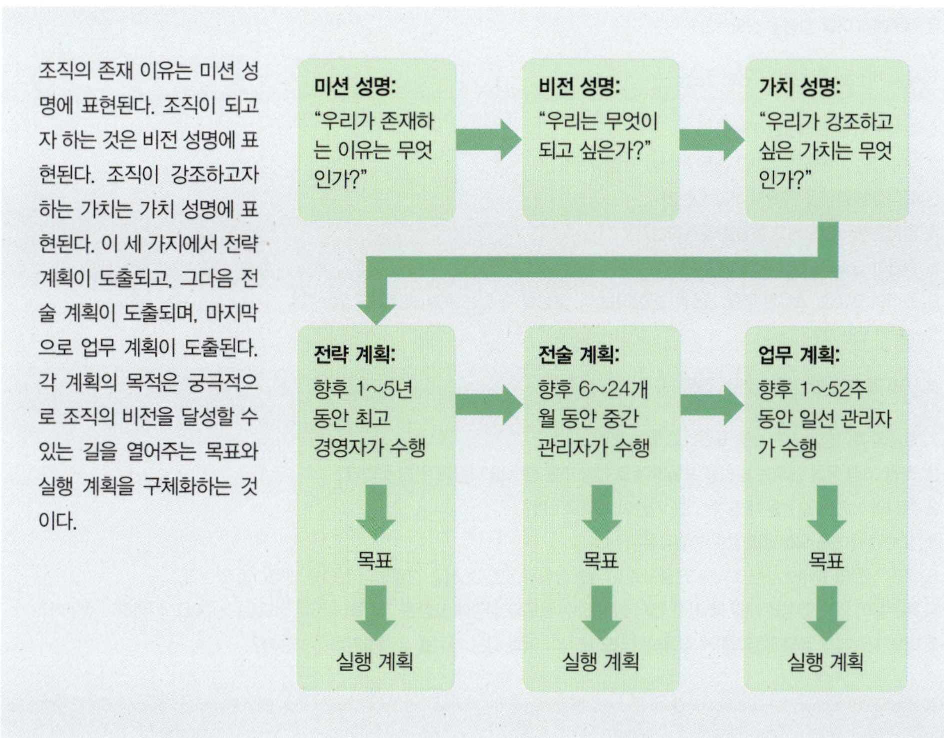

하지만, 이를 위해서는 먼저 자신의 '목표 또는 소망', 즉 목적을 결정해야 한다. 조직 역시 미션(mission)이라 불리는 목적을 결정해야 한다. 또한 경영자는 조직이 나아가고자 하는 방향에 대한 아이디어, 즉 비전(vision)이 있어야 한다. 미션과 비전은 모두 조직의 가치(value)를 표현해야 한다. 앞의 그림은 계획에 대한 접근법을 나타내며, 조직의 미션이 실행 계획으로 어떻게 변환되는지를 보여 준다(그림 5.2 참조).

미션 · 비전 · 가치 성명

계획을 수립하는 과정은 미션 성명("우리의 존재 이유는 무엇인가?"에 대한 답변), 비전 성명("우리가 되고 싶은 것은 무엇인가?"에 대한 답변) 그리고 가치 성명("우리가 강조하고 싶은 가치는 무엇인가?"에 대한 답변)의 세 가지 요소에서 시작된다(표 5.1 참조).

표 5.1 미션·비전·가치 성명

회사의 미션을 확인하기 위한 질문
1. 누가 고객인가? 2. 주요 제품이나 서비스는 무엇인가? 3. 어느 지역에서 경쟁하고 있는가? 4. 기반 기술은 무엇인가? 5. 회사가 전념하는 경제적 목표는 무엇인가? 6. 회사의 기본 신념, 가치, 열망, 철학적 우선순위는 무엇인가? 7. 회사의 주요 강점과 경쟁 우위는 무엇인가? 8. 회사의 공적 책임은 무엇이며 어떤 이미지를 투영하고 싶은가? 9. 직원에게 어떤 입장을 취하는가?
회사의 비전을 확인하기 위한 질문
1. 조직과 시대에 적합한가? 2. 우수성의 기준을 설정하고 높은 이상을 반영하는가? 3. 목적과 방향성을 명확히 하고 있는가? 4. 열정을 불러일으키고 몰입을 장려하는가? 5. 설명이 잘 되어 있고 이해하기 쉬운가? 6. 조직의 고유성, 고유한 역량, 조직이 상징하는 바, 달성할 수 있는 것을 반영하고 있는가? 7. 포부가 있는가?
회사의 가치를 확인하기 위한 질문
1. 회사의 특이성과 세계관을 표현하고 있는가? 2. 직원, 고객 등을 대하는 방법을 포함하여 조직의 모든 행동을 이끌기 위한 것인가? 3. 회사의 어려운 결정을 내릴 수 있는 기반이 까다로운가? 4. 100년 후에도 오늘날과 같이 변함없을까? 5. 모든 직원의 합의보다는 조직을 진정으로 아끼는 창립자, CEO, 최고 경영진의 신념을 반영하고 있는가? 6. 직원들이 의사 결정을 내릴 때 가장 먼저 생각할 수 있도록 성명에 표현된 가치들이 (5개 정도로) 소수이고 기억하기 쉬운가? 7. 어느 시점에서 경쟁에 불리하게 작용하더라도 조직이 이와 같은 가치를 유지하기를 원하는가?

출처: B. Nanus, Visionary Leadership: Creating a Compelling Sense of Direction for Your Organization (San Francisco: Jossey-Bass, 1992), pp. 28-29; "How to Write a Vision Statement," Cleverism, March 2, 2017, https:// www.cleverism.com/write-vision-statement; P. M. Lencioni, "Make Your Values Mean Something," Harvard Business Review, July 2002, pp. 113-117; and A Loehr, "6 Steps to Defining Your Organizational Values," Rework, March 7, 2016, https://www.cornerstoneondemand.com/rework/6-steps-defining-your-organizational-values.

미션 성명–"우리가 존재하는 이유는 무엇인가?" 조직의 미션은 조직의 목적 또는 존재 이유를 나타낸다. 미션을 결정하는 것은 최고 경영진과 이사회의 책임이다. 조직의 목적을 표현하는 미션 성명을 공식화하는 것 역시 이들에게 달려 있다.

피터 드러커(Peter Drucker)는 "조직의 미션과 목적에 대한 명확한 정의만이 분명하고 현실적인 목표를 가능하게 한다."라고 말했다. 영리 조직이든 비영리 조직이든, 미션 성명은 해당 조직이 제공 중이고 앞으로 제공할 제품이나 서비스를 알려준다. 미션 성명은 (예를 들어, 이익을 얻거나 인도주의적 목표를 달성하기 위함 등) 제품이나 서비스를 제공해야 하는 이유를 알려주기도 한다.

비전 성명–"우리는 무엇이 되고 싶은가?" 비전은 조직이 되고자 하는 '무엇'을 설명하는 장기 목표이다. 이는 미래에 대한 명확한 이해와 여기에 도달하기 위해 필요한 행동을 나타낸다. 포춘(Fortune)의 한 기자는 "비전은 당신이 경쟁하고 있는 세계에서 무슨 일이 일어나고 있으며 이에 대해 무엇을 하고 싶은지를 설명해야 한다."라고 말하며 "비전은 결정을 이끌어야 한다." 라고 첨언했다.

연구 결과가 제시한 효과적인 비전 성명의 특징은 다음과 같다.

- **명확성(Clarity):** 직원들은 비전 성명을 이해한다.
- **미래 초점(Future focus):** 비전 성명은 현재 상태가 아닌 미래를 설명한다.
- **추상성(Abstractness)과 도전(Challenge):** 미래는 가설적이고 어렵지만 달성 가능한 것으로 묘사된다.
- **이상주의(Idealism):** 미래의 모습은 매우 바람직한 것으로 묘사된다.

미션 성명을 공식화한 후, 최고 경영자는 조직이 되고자 하는 것과 전략적으로 나아가야 하는 곳을 나타내는 비전 성명을 개발해야 한다.

코카콜라의 미션, 비전, 가치

코카콜라(Coca-Cola Company)는 세계 최대의 음료 회사 중 하나이다. 500개 이상의 브랜드가 있으며, 전 세계적으로 비알코올 음료에 소비되는 4달러 중 거의 1달러가 코카콜라 브랜드이다. 애틀랜타에 본사를 둔 코카콜라는 130년이 넘은 기업이다. 전 세계적으로 약 70만 명의 직원을 두고 있으며, 2018년에는 310억 달러 이상의 매출을 달성했다. 가장 잘 알려진 브랜드로는 코크(Coke), 코크 제로(Coke Zero), 파워에이드(Powerade), 슈웹스(Schweppes), 다사니(Dasani), 미닛 메이드(Minute Maid), 환타(Fanta), 스프라이트(Sprite), 어니스트 티(Honest Tea) 그리고 스마트 워터(Smart Water)가 있다. 코카콜라의 음료 대부분은 저칼로리나 무칼로리 형태로도 제공된다.

회사의 웹 사이트에는 다음과 같은 미션, 비전, 가치가 명시되어 있다.

회사의 미션

회사의 미션은:

- 몸과 마음과 정신에 생기를 채우는 것
- 회사의 브랜드와 행동을 통해 낙관주의와 행복의 순간을 고무하는 것
- 가치를 창출하고 차이를 만드는 것

회사의 비전

회사의 비전을 달성하기 위해 일련의 목표를 개발했으며 탄산음료 제조업체들과 협력하여 다음을 제공할 것이다.

- **사람(people):** 일하기 좋은 환경을 제공함으로써 우리가 최고가 될 수 있도록 서로에게 영감을 준다.
- **제품 목록(portfolio):** 사람들의 욕구와 니즈를 예측하고 충족시키는 음료 브랜드 목록을 전 세계에 제공한다.
- **파트너(partner):** 성공적인 파트너 네트워크를 육성하고 상호 충성을 구축한다.
- **지구(planet):** 지속 가능한 공동체를 구축하고 지원함으로써 변화를 만드는 책임감 있는 글로벌 시민이 된다.
- **이익(profit):** 전반적인 책임을 염두에 두면서 주주들의 장기적인 수익을 극대화한다.
- **생산성(productivity):** 매우 효과적이고 간결하며 빠르게 움직이는 조직이 된다.

가치 실천

회사의 공유 가치는 회사의 행동을 안내하고 이 세상에서 어떻게 행동해야 하는지를 설명한다.

- **리더십(leadership):** 더 나은 미래를 만들기 위해 용기 내자.
- **협업(collaboration):** 집단적 천재성을 활용하자.
- **진실성(integrity):** 솔직하자.
- **책임성(accountability):** 결과를 책임지자.
- **열정(passion):** 마음과 뜻을 다해 몰입하자.
- **다양성(diversity):** 우리의 브랜드처럼 포용적이 되자.
- **품질(quality):** 무엇을 하든 잘하자.

당신의 생각은?

코카콜라의 미션, 비전, 가치에 대해 어떻게 생각하는가? 직원들의 행동과 회사의 행동을 이끌기에 충분히 명확한가? 그 이유는 무엇인가? 이 중 다른 사업에서도 똑같이 적용될 수 있는 것이 있는가? 그 이유는 무엇인가?

Chones/Shutterstock

대량소비. 코카콜라에는 코카콜라 클래식(Coca-Cola Classic), 스프라이트(Sprite) 및 환타(Fanta)를 비롯하여 수백 개의 브랜드가 있다. 회사를 찾는 수백만 명의 고객이 있기 때문에 미션, 비전, 가치 사이의 일치는 직원들에게만 중요한 것이 아니다. 매일 1초에 만 개 이상의 코카콜라 브랜드 음료가 소비된다.

비전 성명은 개인에게도 중요하다. 하버드 대학교(Harvard University)의 교수인 클레이튼 크리스텐슨(Clayton Christensen)은 각자의 삶에 대한 비전 성명을 작성하는 것은 인생을 위한 전략을 개발하는 것과 유사하다고 말한다. 그는 사람들이 개인적인 비전 설명을 추구할 때 더 행복하고 더 의미 있는 삶을 영위한다는 것을 발견했다.

가치 성명–"우리가 강조하고 싶은 가치는 무엇인가?" 3장에서 학습했듯이, 가치란 개인의 행동을 결정하는 데 도움이 되는 상대적으로 영구적이며 깊이 있게 간직된 신념과 태도를 의미한다. 다시 말해, 진실성(integrity), 헌신(dedication), 팀워크(teamwork), 탁월성(excellence), 연민(compassion) 등이 여기에 포함된다. 가치는 조직의 깊은 신념, 최우선 순위 및 핵심 지도 원리(core guiding principle)를 나타낸다.

비전 성명을 작성한 후, 최고 경영자는 가치 성명을 개발해야 한다. 이 성명은 회사가 상징하는 바, 핵심 우선순위, 직원들이 구현하는 가치, 회사의 제품이 세상에 기여하는 바를 설명한다. 전직 임원인 에릭 제이콥슨(Eric Jacobsen)은 "가치 성명은 회사와 직원 스스로 기대하는, 직원의 행동과 회사의 결정 및 행동을 이끄는 깊이 뿌리내린 원칙과 구조가 된다."라고 말하며 "가치 성명이 없다면 회사의 정신 또한 부족할 것"이라고 첨언하였다.

온라인 설문 조사를 개발하는 상장 기업 서베이몽키(SurveyMonkey)는 회사가 고객을 위해 하는 일, 즉 설문 조사를 만들어서 회사의 가치 성명을 만드는 일에 주력하였다. 이 회사는 북미, 유럽 및 아시아 전역에 있는 700명의 직원들을 대상으로 그들이 무엇을 중요하게 생각하는지 설문 조사를 실시한 결과 다음과 같은 가치들을 지지해야 함을 알게 되었다.

- **책임을 진다.**
- **팀을 신뢰한다.**
- **건강을 최우선시한다.**
- **고객의 소리에 귀를 기울인다.**
- **여정을 기념한다.**

이후 CEO 잰더 루리(Zander Lurie)는 위의 다섯 가지 가치가 회사의 미션 및 비전과 일치하는지를 확인했다. 회사의 가치가 직원들의 가치와 일치하도록 직원 피드백을 요청하는 것은 서베이몽키에게 매우 중요했다. 연구 결과에 따르면, 이러한 일관성은 직원의 동기 부여, 직무 만족, 긍정적인 감정, 경영진에게서 공정하게 대우받고 있다는 지각, 조직 시민 행동, 업무 몰입 및 성과와 관련 있다는 점에서 매우 중요하다. 이러한 발견은 가치가 "벽에 적어 놓은 우리의 슬로건을 넘어서야 한다."는 잰더 루리의 결론을 뒷받침한다.

George Diebold/Blend Images LLC

등대는 전략 계획에 대한 훌륭한 은유이다. 등대는 보트의 항해를 지원하고 위험한 지역에 대해 경고한다. 전략 계획은 이와 유사하게 직원과 주주 모두에게 방향을 제공한다. 조직이 달성하고자 하는 것을 정의하고 추구하지 않을 시장이나 기회를 알려준다.

경영의 세 가지 수준별 계획

영감을 주는 명확하게 명시된 미션 성명과 비전 성명은 전체적인 계획 과정에 대한 초점을 제공하고 세 가지 계획으로 이어진다.

- **최고 경영진이 담당하는 전략 계획.** 최고 경영자는 미션과 비전 성명을 활용하여 전략 계획(strategic planning)을 수립해야 한다. 즉, 사용 가능한 자원을 통해 향후 1~5년 동안 조직의 장기 목표가 무엇인지 결정해야 한다. 마이크로소프트(Microsoft)의 공동 창립자인 빌 게이츠(Bill Gates)는 "아무리 좋은 정보를 갖고 있더라도 잘못된 전략은 실패로 이어지기 때문에 효과적인 전략 계획이 조직의 성공에 필수적"이라고 말했다. 전략 계획은 성장과 이익에 대한 일반적인 목표뿐만 아니라 이를 달성할 수 있는 방법 역시 알려준다. 오늘날 세계 경쟁과 정보 기술이 계속해서 시장 상황을 바꾸기 때문에 회사의 전략 계획은 5년보다 더 짧은 1~2년 주기로 수립되어야 한다.

코카콜라의 전략

코카콜라는 최근 기업 전략을 개편하기 위해 몇 가지 사업과 지속가능성 관련 조치를 발표했다. 그중 다섯 가지는 다음과 같다.

1. **더욱 혁신적이면서도 설탕은 더욱 적게.** 코카콜라는 대략 600개의 신제품을 출시했으며, 이 중 1/3은 설탕이 적게 함유되어 있거나 아예 함유되어 있지 않다.
2. **브랜드를 알리고 새로운 시장에 진출하며 브랜드 이미지를 제고한다.** 코카콜라는 자체적인 글로벌 유통 시스템의 강점을 활용하여 165개의 제품을 신규 시장으로 확장했다.
3. **미래를 위한 전략적 투자.** 코카콜라는 커피 제조업체 코스타 리미티드(Costa Limited) 인수를 포함한 여러 인수 합병을 통해 제품 라인을 강화하고 확장했다.
4. **성장을 통한 공유 기회 창출.** 코카콜라는 지구에 기여하는 모습을 보여 주기 시작했다. 예를 들어, 코카콜라는 2030년까지 판매하는 병이나 캔을 모아 재활용하는 데 중점을 두는 폐기물 없는 세상(World Without Waste) 이니셔티브를 발표했다.
5. **데이터 활용.** 코카콜라는 회사 전체가 정보에 기반한 결정을 내릴 수 있도록 다양한 내 · 외부 이해관계자들과 세부 정보 및 지표를 공유하기 위해 "데이터 부록(data appendix)"을 개발했다.

당신의 생각은?

최근 코카콜라는 사업과 지속가능성 보고서를 하나의 전략 문서로 통합하기로 결정했다. 이러한 결정이 이해관계자들에게 시사하는 바는 무엇인가?

- **중간 관리자가 담당하는 전술 계획.** 전략적 우선순위와 정책은 이후 중간 관리자들에게 전달되며, 중간 관리자들은 전술 계획(tactical planning)을 수행한다. 전술 계획이란 주어진 자원을 활용하여 향후 6~24개월 동안 해당 부서나 업무 단위에서 어떠한 일을 할 수 있는지 결정하는 것이다.

- **일선 관리자 및 팀 리더가 담당하는 업무 계획.** 중간 관리자는 이후 이러한 계획을 일선 관리자와 팀 리더들에게 전달하여 이들이 업무 계획을 실행하게 한다. 업무 계획이란 주어진 자원을 활용하여 1~52주 동안 특정 업무를 어떻게 수행할 수 있는지를 결정하는 것이다.

세 가지 유형의 관리자는 그림 5.3에 자세히 설명되어 있다.

그림 5.3 **경영의 세 가지 수준과 계획의 세 가지 유형**

계획은 다소 변동 가능하기 때문에 세 가지 유형의 계획들은 서로 시간적으로 겹칠 때도 있지만, 대체로 다른 시간 범위를 갖는다.

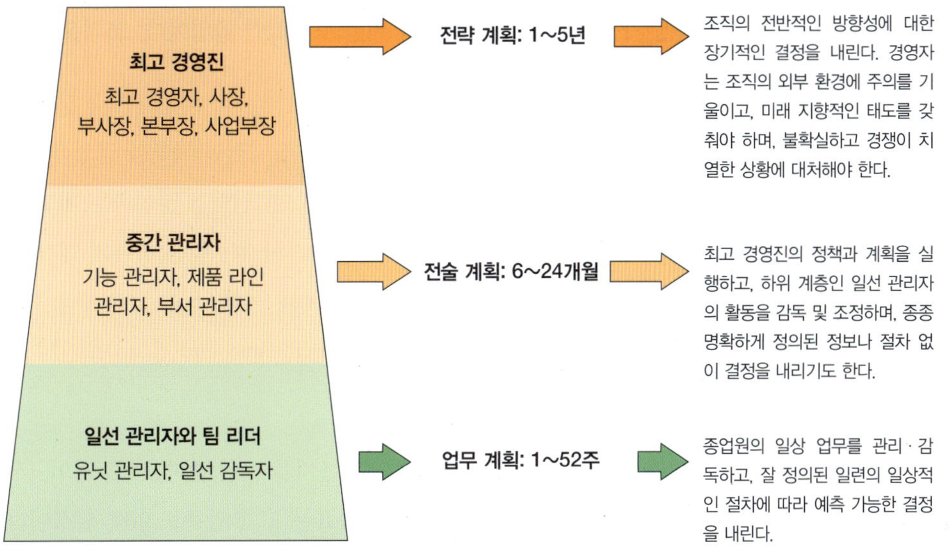

SECTION

03 목표와 계획

계획의 목적은 목표를 설정한 다음 실행 계획을 세우는 것이다. 목표에는 단기 목표와 장기 목표의 두 가지 유형이 있으며, 수단-목적 사슬로 연결되어 있다. 계획은 적절하게 개발하는 것만큼이나 적절하게 실행하는 것이 중요함을 이해해야 한다.

학습 목표

목표와 계획의 유형과 목적에 대해 설명한다.

장기 목표와 단기 목표

목표는 주어진 기간 내에 측정 가능한 결과를 달성하기 위한 구체적인 몰입이다. 조직은 보통 장기적인 목표와 단기적인 목표를 수립한다.

장기적인 목표는 일반적으로 전략적 목표(strategic goal)라 한다. 장기적인 목표를 달성하려면 대체로 1년에서 5년 정도 걸리며, 주로 회사의 전략 계획에서 파악한 전략을 달성하는 데 초점을 맞춘다. 향후 12개월 동안 신규 고객으로부터 수익을 10% 증가시키는 것은 하나의 예가 된다. 단기적인 목표는 때때로 전술적(tactical) 또는 업무(operational) 목표, 또는 단순하게 그냥 목표라 한다. 대체로 12개월에 걸쳐 수행되며, 수단-목적 사슬(means-end chain)로 알려진 위계 구조의 전략적 목표와 연결된다.

수단-목적 사슬은 조직 전체에서 목표가 어떻게 연결되어 있는지를 보여 준다. 예를 들어, 24시간 이내에 고객 문의에 응답하는 것과 같은 낮은 수준의 목표는 고객 만족도 90% 달성이라는 높은 수준의 목표를 달성하기 위한 수단이다.

섹션 04의 뒷부분에서 학습하겠지만 목표는 구체적(Specific)이고 측정 가능하고(Measurable), 달성 가능하며(Attainable), 결과 지향적이고(Results-oriented), 목표 날짜가 있는(Target dates) SMART하게 수립되어야 한다.

운영 계획과 실행 계획

허니웰 인터내셔널(Honeywell International)과 얼라이드시그널(Allied Signal)의 전임 CEO인 래리 보시디(Larry Bossidy)와 유명한 컨설턴트인 램 차란(Ram Charan)은 운영 계획(operating plan)을 "장기 산출물을 단기 목표로 나누는" 계획 또는 목표라 정의했다. 다시 말해, 운영 계획은 전략 계획을 실행 가능한 단기적인 목표 및 실행 계획으로 전환하는 것이다.

실행 계획(action plan)은 명시된 목표를 달성하는 데 필요한 행동 과정을 의미한다. 장기적인 목표이든 단기적인 목표이든, 실행 계획은 목표를 달성하는 데 사용할 전술을 간략하게 설명한다. 각 전술에는 하고자 하는 활동을 완료하기 위한 예상 일정도 포함된다.

사우스웨스트 항공의 목표

사우스웨스트 항공(Southwest Airlines)은 포춘이 선정한 2020년 가장 존경받는 기업 중 11위를 차지했으며, 25년 이상 연속으로 선정되었다. 댈러스(Dallas)에 기반을 둔 이 항공사는 전략적 목표를 꾸준히 달성했으며, 2019년 기준으로 47년 연속 흑자를 기록했다.

장기적인 목표. 직원 몰입, 고객 만족, 수익성은 사우스웨스트 항공이 설립된 이래로 가장 중요한 전략적 목표이다. 직원 몰입은 직원 만족과 웰빙에 초점을 둔 회사의 기업 문화를 바탕으로 조성된다. 회사의 비전과 미션에 대해 설명한 회사 웹 사이트의 핵심 성명에는 직원에 대해 다음과 같이 이야기하고 있다. "우리는 직원들에게 학습과 개인적인 성장을 위한 동등한 기회를 제공하는 안정적인 직무 환경을 위해 최선을 다하고 있다. 사우스웨스트 항공의 효과성 향상을 위해 창의성과 혁신이 장려된다. 무엇보다도 직원들은 모든 사우스웨스트 항공 고객과 외부적으로 공유해야 하는 관심, 존중과 배려를 조직 내에서 동일하게 제공받을 것이다." 2019년 직원들은 46년 연속 시행 중인 사우스웨스트 이익 공유(profit sharing) 제도를 통해 총 6억 6,700만 달러를 받았다.

사우스웨스트 CEO의 목표는 항공사의 수익성을 증진하는 것이며, 수년 동안 (1) 비용과 요금을 낮춰 가격 경쟁력을 강조하고, (2) 우수한 정시 도착률을 보이며 더 많은 항공편을 제공하고, (3) 유쾌한 객실 승무원과 직원들이 승객들을 행복하게 하는 일반적인 전략을 따랐다. 사우스웨스트가 내린 가장 중요한 전략적 결정 중 하나는 교육, 유지 보수 및 운영 비용을 줄이기 위해 단 한 기종의 항공기(보잉 737 745대)만 운영하는 것이었다. 그러나 사우스웨스트가 해당 기종의 항공기만 사용하기로 결정한 것은 최근 발생한 보잉 737 MAX 항공기 이륙 문제를 포함하여 기술적 문제에 더 취약하다는 것을 의미한다(보잉 737 MAX에 대한 논란은 앞으로의 사례에서 계속 확인할 수 있지만, 이로 인해 사우스웨스트의 수익은 2019년에 8억 2,800만 달러 감소했다). 사우스웨스트는 노선과 관련해서도 레거시 항공사(legacy carrier)와 직접적으로 경쟁한다. 레거시 항공사는 이제 주요 도시의 주요 공항과 멕시코, 코스타리카 및 바하마의 일부 지역까지 운항한다.

동일한 기종. 솔트레이크 시티 국제 공항(Salt Lake City International Airport)의 수하물 처리자들이 사우스웨스트 항공기에 수하물을 싣고 있다. 사우스웨스트 항공의 성공 비결 중 하나는 보유하고 있는 모든 항공기가 동일한 기종인 보잉 737이어서 유지 관리 및 교육 비용이 절감된다는 것이다.

단기적인 목표. 비용 절감과 낮은 요금 유지는 사우스웨스트가 전통적으로 고수해왔던 주요 운영 목표였다. 두 번째 운영 목표인 우수한 정시 도착율을 위해 회사는 노쇼로 인해 탑승 절차가 복잡해지지 않도록 (또한 이로 인한 지연이 발생하지 않도록) 발권 전 좌석 예약 정책을 폐지했다. 비즈니스 여행객을 유치하기 위해 사우스웨스트는 예약 정책을 약간 변경하여 '비즈니스 셀렉트(business select)' 요금에 대해 추가 요금을 지불하는 승객들이 맨 앞줄에 탑승할 수 있도록 하였다. 또한 'A 리스트(A-List)' 지정이라 부르는 '고급' 비즈니스 여행객들에게도 보상을 제공한다. 'A 리스트' 여행객들은 자동 체크인이 가능하며 B그룹이 탑승하기 전에 우선 탑승이 가능하다. 또한 정시 출발이 정시 도착으로 이어질 수 있도록 비행기가 탑승 후 정확히 20분 만에 출발할 수 있도록 한다.

사우스웨스트는 새로운 예약 시스템 덕분에 세전 수익을 약 2억 달러로 개선하고, 운영 비용을 계속 절감할 계획이다. 또한 2019년 취항지 목록에 하와이를 새로 추가하였다. CEO 개리 켈리(Gary C. Kelly)는 "8억 2,800만 달러의 운영 수입 감소와 MAX 이륙 문제로 인한 예정된 비행의 상당한 감소를 고려했을 때 2019년 우리의 운영 및 재무 성과는 상당히 놀라운 성과"라고 말했다.

당신의 생각은?

사우스웨스트가 전략적 목표를 계속 달성할 것이라 생각하는가? 그 이유는 무엇인가?

실행의 중요성

계획이 효과적으로 실행되지 않는다면 작성된 계획 문서보다 가치가 없다. 전 미 국무장관이자 합참의장인 콜린 파월(Colin Powell)은 "전략은 실행과 동일하다. 세상의 모든 위대한 아이디어와 비전은 빠르고 효율적으로 실행되지 않으면 가치가 없다."라고 말했다. 2015년 설립된 기술 중심 건설 스타트업인 카테라(Katerra)의 예를 살펴보자. 이 회사는 자동화 기술을 활용하여 기존 건축업자보다 적은 비용과 시간을 들여 건물을 설계하고 건설하려는 계획을 가졌었다. 불행히도 카테라의 경영진은 이와 같은 계획을 실행하지 못했다. 카테라는 약 12개의 프로젝트를 완료하는 데 실패하였고, 실제로 제시간에 제공했던 프로젝트는 한 개에 불과했다. 결국 카테라는 많은 고객을 잃었고 첫 번째 공장을 폐쇄했으며 수백 명의 직원을 해고할 수밖에 없었다.

이와 반대로 잘 실행된 계획은 성장을 촉진하고 경쟁 우위를 창출한다. 학생과 고용주를 연결하는 커리어 서비스 플랫폼인 핸드쉐이크(Handshake)가 예이다. 핸드쉐이크는 이력서, 자기소개서, 성적 증명서와 같은 학생 정보를 모두 한 곳에 저장할 수 있도록 대학과 협력 관계를 맺을 것을 제안했다. 그런 다음 핸드쉐이크는 42만 개 이상의 회사에 이러한 자료에 대한 접근 권한을 제공하여 취업과 인턴십을 알아보는 학생들을 고용할 수 있도록 했다. 핸드쉐이크는 900개 이상의 대학과 협력 관계를 맺은 후 '.edu' 이메일 주소를 가진 모든 학생이 플랫폼에 접근할 수 있도록 하는 계획의 두 번째 단계를 시행했다. 이는 학생들이 협력 기관에 재학 중인지와 상관 없이 제공된다. 핸드쉐이크는 계획을 효과적으로 실행할 수 있는 능력을 통해 현재 커리어 서비스 시장에서 엄청난 우위를 차지하게 되었다.

경제를 건설하다. 목수가 새로운 집의 지붕을 짓고 있다. 건설업은 미국 경제에 크게 기여하는 산업이다. 해당 산업에는 700만 명이 넘는 직원들이 종사하고 있으며 매년 약 1조 3천억 달러 상당의 구조물이 만들어진다.

SECTION

04 목표의 일관성

이번 섹션에서는 구체적이고, 측정 가능하고, 달성 가능하며, 결과 지향적이고, 목표 날짜가 주어진 SMART 목표에 대해 학습한다. 또한 목표 설정 기법, 목표 관리제, 직원 동기 부여를 위한 네 가지 과정에 대해 설명한다. 상위 수준의 목표가 조직 위계의 하위 수준에 있는 목표로 연결되어 일치할 수 있도록 하는 목표 정렬의 개념을 소개한다.

좋은 목표의 다섯 가지 특징은 'SMART'라는 약어로 표현된다.

학습 목표

스마트(SMART) 목표의 수립과 실행을 설명한다.

SMART 목표

SMART 목표는 구체적(Specific)이고, 측정 가능(Measurable)하며, 달성 가능(Attainable)하고, 결과 지향적(Results-Oriented)이며, 목표 날짜(Target Dates)가 있는 목표이다.

구체성 목표는 모호하지 않고 구체적으로 기술되어야 한다. "가능한 많은 비행기가 정시에 도착해야 한다."라는 목표는 너무 일반적이다. 반면, "항공기의 90%가 예정 시각의 15분 이내에 도착해야 한다."라는 목표는 구체적이다.

측정 가능 목표는 가능하면 측정 가능하거나 정량화될 수 있어야 한다(예: 항공기의 90%가 예정된 시간의 15분 이내에 도착해야 한다). 다시 말해, 목표에 도달한 정도를 측정할 수 있는 방법이 있어야 한다.

물론 품질 향상과 관련된 목표처럼 일부 목표는 정확하게 수량화하기 어려울 수 있다. 이런 경우에는 "매주 10건의 후속 전화 통화를 실시하여 고객과의 관계 향상을 위해 노력한다."와 같은 목표로도 충분하다. 얼마나 많은 후속 전화 통화가 이루어졌는지는 수량화가 가능하기 때문이다.

달성 가능 목표는 도전적이어야 하지만, 무엇보다도 현실적이고 달성 가능해야 한다. 사람들이 높은 기준을 충족하기 위해 도전하도록 매우 야심 찬 목표를 설정하는 것이 가장 좋다. 하지만, 언제나 목표는 시간, 장비, 재정이 지원 가능한 범위 내에서 달성 가능해야 한다(그림 5.4 참조).

(예를 들어, "항공편의 절반이 정시에 도착해야 함"과 같이) 목표가 너무 쉽다면 사람들이 많은 노력을 기울이지 않을 것이다. 만일 ("날씨에 관계없이 모든 항공편이 정시에 도착해야 함"과 같이) 목표 달성이 불가능하면 직원들은 시도조차 하지 않을 것이다. 또는 계속된 시도에도 실패가 반복되어 결국 직원들의 결국 사기가 저하될 것이다. 나아가, 직원들은 부정행위에 의존하게 된다. 예를 들어, 재향 군인회(Department of Veterans Affairs)는 재향 군인 병원의 예약 대기 시간을 절반 이상 줄이려는 비현실적인 목표를 설정했었다. 이는 최근 스캔들을 통해 재향 군인 관리자가 통계 자료를 위조한 것으로 밝혀졌다.

결과 지향 (예를 들어, 모든 업무 단위당 5개와 같이) 몇 가지 목표만을 선택해야 한다. 또한 목표는 결과 지향적이어야 하며 조직의 비전을 뒷받침할 수 있어야 한다.

그림 5.4 목표의 난이도와 성과 간의 관계

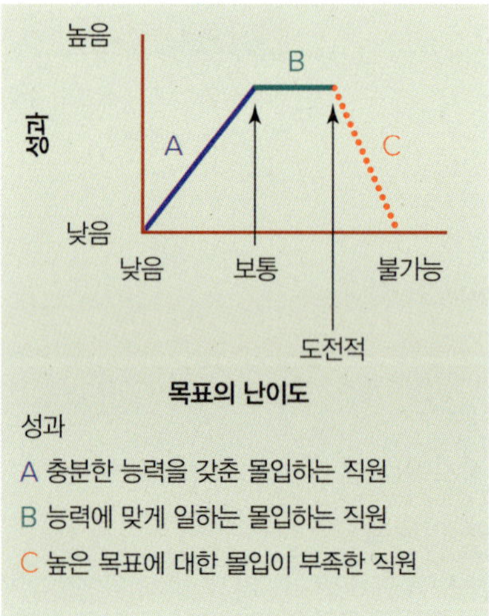

출처: E. A. Locke and G. P. Latham, A Theory of Goal Setting and Task Performance (Englewood Cliffs, NJ: Prentice Hall, 1990).

목표를 설정할 때는 (예를 들어, "출발 전 승객이 좌석에 앉는 시간을 10% 줄이기 위해"처럼) '완료하다', '획득하다', '증가하다'와 같은 행동지향적 동사들과 '~하기 위해'라는 표현을 함께 사용해야 한다.
(예를 들어, "수하물 담당 직원을 기다리게 하기"와 같이) 일부 표현들은 목표를 달성하기 위한 방법에 관한 활동들을 나타내기 때문에 목표 기술서에서 사용해서는 안 된다. '개발하다', '수행하다', '실행하다'와 같은 동사들이 그 예이다.

목표 날짜 목표는 달성해야 하는 마감 날짜가 정해져 있어야 한다. 예를 들어, 항공사가 항공편 정시 도착 10% 개편이라는 목표를 단시간에 달성하기를 기대하는 것은 비현실적이다. 따라서 이 목표를 달성할 목표 날짜(예, 3~6개월)를 설정하면 된다. 이는 하위 관리자와 직원이 시스템과 작업 습관을 개선할 수 있는 충분한 시간을 제공하고 무엇을 해야 하는지 파악할 수 있는 명확한 기간을 알려준다.

목표 관리제

피터 드러커(Peter Drucker)가 1954년 처음 제안한 '목표 관리제(management by objective: MBO)'는 오늘날에도 많은 조직에서 널리 사용되고 있다.

목표 관리제는 (1) 경영자와 직원이 함께 직원을 위한 목표를 설정하고, (2) 경영자가 목표를 실행하기 위한 계획을 개발하고, (3) 경영자와 직원이 직원의 성과를 주기적으로 검토하며, (4) 경영자가 성과를 평가하고 결과에 따라 직원에게 보상을 지급하는 4단계 과정으로 이루어진다. 목표 관리제의 목적은 하위 직급 직원을 통제하기보다는 동기를 부여하는 것이다.

4단계에 대해 본격적으로 논의하기 전에 현재 혹은 과거 회사의 목표 설정 과정이 어땠는지 생각해 보자. 효과적인 목표 설정 과정 없이는 목표에 의한 관리와 목표 정렬이 제대로 이루어지지 않는다.

1. **공동 목표 설정** 직원은 상사와 함께 달성할 목표를 설정하게 된다. 한 연구에 따르면, 상사가 할당한 목표는 직원이 주도적으로 목표를 설정하는 것만큼 효과적이라고 한다. 또한 사람들은 할당된 목표를 바탕으로 자신의 개인적인 목표를 설정하는 경향이 있다. 목표 설정 전문가들은 "목표를 할당하는 것은 개인의 성과에 기여하는 개인적인 성과 목표를 설정하도록 장려한다."라고 언급했다. 이때 SMART 목표에 대해 학습했던 내용들을 떠올리는 것이 중요하다. 경영자는 직원이 목표를 달성할 수 있고 목표를 달성할 수 있는 스킬과 자원을 보유하고 있다고 믿을 때 목표 설정을 더 많이 지원해 준다. 경영자는 대체로 다음 표와 같이 세 가지 유형의 목표를 설정한다(표 5.2 참조).

표 5.2 목표 관리제에서 사용되는 세 가지 유형의 목표: 성과, 행동, 학습

성과 목표
목표를 결과(또는 최종 결과)로 표현한다. 예 "소형 가전제품 판매량 10% 증가", "직원 이직률 15% 감소"
행동 목표
결과를 달성하는 데 필요한 행동으로 목표를 표현한다. 예 "자동차를 구매할 모든 잠재적 고객에게 미소를 띠며 인사를 건네고 도움을 제공", "음식물을 밀봉된 용기에 보관", "5일간의 리더십 트레이닝에 참여", "6월 1일까지 MS 오피스(Microsoft Office) 소프트웨어의 기본 사항을 숙지"
학습 목표
목표를 지식이나 능력의 습득이라는 관점에서 표현한다. 예 "다양성 교육에 참석", "자사의 SUV의 기능이 경쟁업체와 어떻게 다른지 학습"

출처: G. Latham, G. Seijts, and J. Slocum, "The Goal Setting and Goal Orientation Labyrinth: Effective Ways for Increasing Employee Performance," Organizational Dynamics, October– December 2016, pp. 271–277.

5장에서는 커리어 준비를 위해 학습 목표 달성을 촉진하는 선제적 학습 지향성(proactive learning orientation)에 초점을 맞춘다. 선제적 학습 지향성은 개인의 발전을 위해 자신의 지식, 소프트 스킬, 기타 특성들을 파악하고 향상시키려는 열망을 나타낸다. 회사는 이와 같은 태도가 오늘날의 글로벌 경제에서 요구되는 창의성과 혁신을 주도하는 데 도움이 되기 때문에 그 가치를 높게 평가한다. 회사는 또한 "빠르게 변화하는 경영 환경에서 직원들이 커리어 전반에 걸쳐 자신의 스킬을 개선하고 개발해야 하기 때문에" 이 역량을 높게 평가한다.

2. **실행 계획 수립** 목표를 설정했다면 직원들은 이를 달성하기 위한 실행 계획을 준비해야 한다. 실행 계획은 개인과 부서 모두에 대해 준비할 수 있다. 이때 경영진이 실행 계획을 지원할 수 있는 자원을 경영진이 제공하는 것이 중요하다. 자원이 부족하면 목표와 계획은 실패하기 쉽다. 계획의 구현은 목표의 복잡성에 따라 6~18개월이 소요될 수 있다. 실행 계획을 세워서 실천하면 일을 미루는 경우도 줄어든다. 이것이 때때로 문제가 된다면 목표를 더 작고 구체적인 하위 목표로 나눠보자. 그렇다면 문제를 해결할 수 있다.

3. **정기적인 성과 검토** 진행 상황을 검토하기 위해 경영자와 부하 직원은 상당히 자주(필요에 따라 비공식 또는 공식적으로 3개월마다) 만나야 한다. 모든 사람이 목표를 달성하는 데 얼마나 잘하고 있는지 알 수 있도록 자주 의사소통하는 것이 필요하다.

   회의 때마다 경영자는 직원에게 피드백을 제공해야 하며, 새로운 상황을 반영하기 위해 필요 시 목표를 새롭게 설정하거나 수정해야 한다. 성과 향상을 위해 피드백은 필수적이다. 예를 들어, 도장(painting)이나 조경(landscaping) 사업을 담당한다면 날씨 변화, 주요 직원의 퇴사 혹은 고객 소비에 영향을 미치는 경기 침체로 인해 목표를 재고해야 할 수도 있다.

4. **성과 평가와 보상** 성과와 초기 설정했던 목표를 비교하면서 결과를 논의하기 위해 상사와 부하 직원은 6개월 또는 12개월마다 만나야 한다. 이때, 개인의 성격, 감정적 문제 또는 변명이 아닌 오직 결과에 대해서만 다루어야 한다.

   목표 관리제의 목적은 직원에게 동기를 부여하는 것이므로, 목표를 달성한 성과에 대해서는 칭찬, 임금 인상, 보너스, 승진(promotion) 또는 기타 적절한 혜택을 보상해야 한다. 만일 목표 달성에 실패했다면 다음 6개월 또는 12개월 동안의 목표를 재정의하거나 강등(demotion)과 같은 더 강력한 조치를 취함으로써 해결해야 한다. 하지만, 기본적으로 목표 관리제는 학습 과정으로 간주된다. 4단계 이후 목표에 의한 관리 주기가 다시 새롭게 시작된다.

목표 정렬

성공적인 목표 설정을 위해서는 다음과 같은 세 가지가 이루어져야 한다.

1. **최고 경영진과 중간 관리자의 몰입** 한 연구 결과에 따르면, 목표 관리제에 대한 최고 경영진의 몰입이 높을 때 생산성은 평균 56% 증가했고, 몰입도가 낮은 경우 생산성 향상은 6%에 불과했다.

2. **상위 목표를 기반으로 하위 목표 수립** 목표 정렬 과정(cascading process)은 목표가 조직 전체에 걸쳐 계단식일 때 가장 효과적이다. 어떤 연구진에 따르면, 광범위한 접근법은 부서 간 협업과 협력을 장려할 가능성이 더 높다고 한다.

3. **'계단식' 목표 수립** 목표 정렬은 최상위 수준에서 설정한 전략적 목표가 직원의 목표 및 활동을 포함하여 조직 내 하위 수준에서 보다 구체적인 단기적인 목표와 일치 혹은 '정렬'되도록 하는 과정이다. 최고 경영자는 전략적 목표를 설정하고, 전략적 목표는 부서 목표로, 부서 목표는 개인 목표로 전환된다. 정렬식 과정은 모든 사람이 회사의 전반적인 전략적 목표를 지원하는 일련의 목표를 가질 때 마무리된다. 이 과정은 직원들이 자신의 직무가 전반적인 기업의 성공에 어떻게 기여하는지 이해하는 데 도움이 된다.

예 손상된 자동차 수리를 위한 보험금 지불 요청을 처리하는 자동차 보험 회사의 청구 부서 부사장은 "청구 부문에서의 고객 만족도 10% 향상"이라는 주요 목표를 설정할 수 있다. 목표 정렬 과정에서 조직 위계상 부사장 아래에 있는 청구 담당 부사장(Assistant Vice President of Claims)과 복구 담당 이사(Recovery Director)가 동일한 목표를 수용하게 된다. 조직 위계의 하위 수준에 위치한 복구 유닛 관리자는 목표를 자신의 부서에 맞게 보다 구체적으로 조정하여 "청구에 대한 고객 불만 건수를 작년 평균 수치보다 10% 줄인다."와 같은 목표를 수립할 수 있다. 최하위 수준에 있는 개별 복구 전문가들의 목표는 "24시간 이내에 청구에 대한 모든 고객의 전화에 회신한다."가 될 수 있다. 따라서 조직의 모든 하위 목표는 최고 경영진이 지정한 주요 목표와 일치하게 된다.

목표 정렬. 펜실베이니아(Pennsylvania)주 리케츠 글렌 주립공원(Ricketts Glen State Park)의 오논다가 폭포(Onondaga Falls)의 모습이다. 전략적 목표에서 하위 수준의 목표로의 하향식 흐름은 이러한 유형의 계단식 폭포와 유사하다.

마감 기한의 중요성

SMART 목표 중 '(T에 해당하는) 목표 날짜'에서 설명했듯이, 마감 기한은 사업 목표 설정에 필수적이다. 계획 및 목표 설정의 목적이 주어진 기간 내에 주어진 결과를 고객에게 제공하는 것이기 때문에 마감 기한은 개인과 개인을 위해 일하는 사람들 모두에게 동기를 부여하는 요소가 된다.

마감 기한으로 인해 즉각적인 결과에만 너무 집중하여 전반적인 계획을 무시하게 될 수 있다. 마치 학생들이 한 과목의 시험을 준비하는 데 너무 집중하느라 다른 수업의 시험은 신경 쓰지 않는 것과 비슷하다. 그러나 일반적으로 마감 기한은 '큰 그림'을 계속 주시하는 동시에 큰 그림을 실현하는 데 도움이 되는 세부적인 사항에도 주의를 기울일 수 있도록 한다. 마감 기한은 정신을 집중할 수 있도록 해 주기 때문에 일을 미루기보다는 빠른 결정을 내릴 수 있다. 또한 마감 기한은 중요한 것에 집중하도록 해 주기 때문에 (어수선한 책상을 정리하는 것과 같이) 관련 없는 상황을 무시하는 데 도움이 된다. 마감 기한은 피드백을 제공하는 메커니즘을 제공한다.

전문가의 조언 **중소기업을 위한 목표 설정**

목표 설정은 두려운 과정처럼 느껴질 수 있지만, 직원 수가 500명 이하인 중소기업에도 필요하고 도움이 되는 과정이다. 실제로 231개의 소규모 기업을 대상으로 한 연구 조사에서는 목표 설정이 기업의 성과에 긍정적인 영향을 미치는 것으로 나타났다. 특히, 중소기업이 국가 경제 활동과 신규 일자리 창출에서 차지하는 비중을 감안할 때 이와 같은 결과는 매우 중요한 시사점을 지닌다.

오하이오(Ohio)주 최초의 수제 맥주 양조장인 그레이트 레이크 양조 회사(Great Lakes Brewing Company)는 소기업의 목표 설정에 대한 좋은 예이다.

1. **큰 목표를 작은 목표로 세분화.** 그레이트 레이크 양조 회사는 2013년에 5개년 전략 계획을 발표했으며, 사회, 경제 및 환경의 세 가지 '트리플 바텀 라인'에 초점을 맞췄다. 트리플 바텀 라인 중 공정한 보상, 안전 및 직원 복지와 같은 영역에 대해 다룬 사회적 부문에서 안전은(기록이 가능한 사고 비율인) 안전사고 수를 특정 연도의 업계 평균 이하로 유지하는 측정 가능한 목표가 된다.
2. **목표에 대한 진행 상황 추적.** 그레이트 레이크에는 공장의 안전사고 수를 추적하기 위해 정기적으로 모이는 안전위원회가 있다. 예를 들어, 2013년 안전사고 수는 3.05건이었며 2018년에는 2.94건이었다. 이후 회사는 이를 해당 연도의 업계 평균 사고 수와 비교한다(2018년 업계 평균 사고 수는 3.1건). 그레이트 레이크는 사고율이 업계 평균보다 낮으면 목표를 달성하고 있다는 것을 알게 된다.
3. **목표에 주의.** 양조 회사의 경영진은 안전 관련 목표를 달성하기 위해 조치를 취해야 한다는 것을 안다. 예를 들어, 회사는 "안전 프로그램 및 안전한 문화 개발에 더 많은 관심을 기울이기" 위해 2015년에 풀타임 안전 관리자를 고용했다. 또한 안전성을 개선하기 위해 2017년에 화학 물질 보관 정책을 변경하고, 호흡기 보호를 위한 교육과 장비를 제공하는 등의 조취를 취했다.
4. **발생한 차질.** 회사가 개선을 위해 노력한다고 하더라도 안전사고가 항상 감소하지는 않는다. 예를 들어, 사고율은 2017년 0.48건에서 2018년 2.94건으로 크게 증가했다. 이 같은 차질을 바탕으로 회사는 2019년에 안전 관리자를 교체하고 안전 프로그램을 재평가하기로 결정했다.
5. **성공 기념.** 그레이트 레이크는 2018년에 전체 목표의 90% 달성을 축하했다. 이 같은 성과를 인정하며 직원들에게 보너스를 지급했다.

SECTION

05 계획 · 통제 주기

4단계 계획 · 통제 주기는 올바른 방향으로 가고 있는지 확인하기 위한 통제력을 유지시켜 준다.

학습 목표

계획 · 통제 주기를 설명한다.

계획을 세웠다면 올바른 방향으로 진행 중인지 확인하기 위해 과정을 통제해야 한다. 이를 위해 '계획 · 통제 주기'라고 하는 연속적인 피드백 루프를 활용할 수 있다(계획–조직–리드–통제 중 '조직'과 '리드' 단계가 여기에 해당한다). 계획 · 통제 주기에는 다음과 같은 2개의 계획 단계(1과 2)와 2개의 통제 단계(3과 4)가 있다.

(1) 계획을 세운다. (2) 계획을 실행한다. (3) 계획과 결과를 비교하며 방향을 통제한다. (4) (a) 실행 중인 계획의 편차를 수정하거나, (b) 향후 계획을 개선하는 두 가지 방법 중 하나로 시정 조치를 취한다(그림 5.5. 참조).

'계획을 세우고(Plan)', '행동하고(Do)', '평가하고(Check)', '개선한다(Act)'의 PDCA 주기를 학습하는 16장에서도 이 모형을 볼 수 있다.

그림 5.5 계획·통제 주기

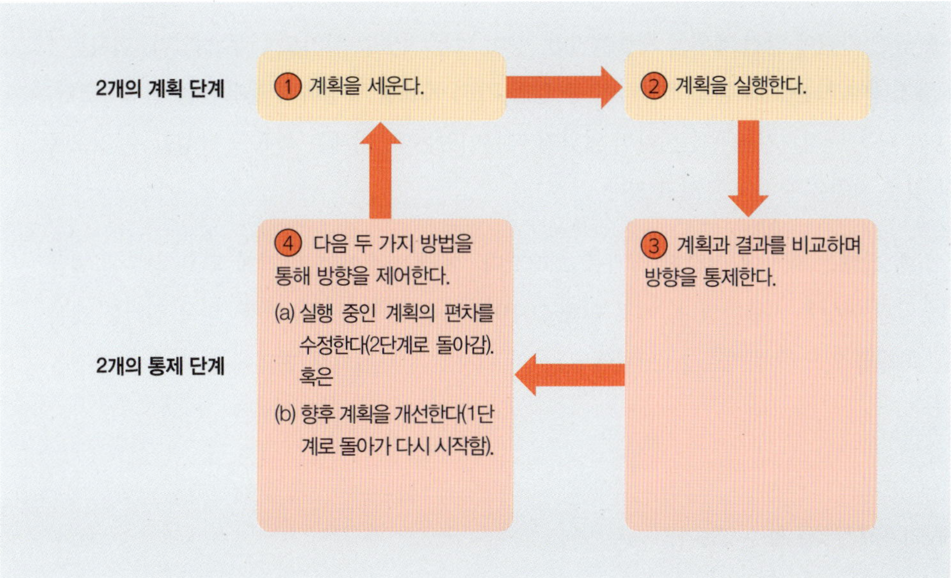

출처: Robert Kreitner, Management, 8th edition.

계획 · 통제 주기 루프는 각 수준의 계획(전략 · 전술 · 업무 계획)별로 존재한다. 주기의 네 번째 단계에서 시정 조치를 취하면 (a) 너무 늦기 전에 프로젝트를 정상 궤도에 올릴 수 있거나 (b) 너무 늦었다면 향후 계획을 개선하기 위한 자료를 제공할 수 있다.

계획 · 통제 주기 관리에 실패한 퍼시픽 가스 & 일렉트릭

캘리포니아(California)주는 2017년과 2019년 사이에 주 역사상 가장 크고 파괴적이며 치명적인 산불로 인해 고통을 받았다. 이 기간에 2,300만 에이커가 불탔고 수백 명이 목숨을 잃었으며 수백억 달러 상당의 피해가 발생했다. 주 수사관들은 약 1,600만 캘리포니아 주민들에게 전기 서비스를 제공하는 공익사업 회사인 퍼시픽 가스 & 일렉트릭(Pacific Gas and Electric Company; PG&E)에 대부분의 책임을 물었다. PG&E의 장비는 최근 몇 년 동안 캘리포니아에서 하루 평균 한번 이상 화재를 일으킨 바가 있다.

불길과 싸우다. 2019년 10월, 캘리포니아주 힐즈버그(Healdsburg)에서 소방관들이 '킨케이드 파이어(Kincade fire)'와 사투를 벌이고 있다. PG&E 장비 결함으로 인해 발생한 화재는 2017년부터 2019년까지 캘리포니아주를 괴롭혔던 수많은 산불 중 하나였다.

PG&E의 고민은 2010년 파이프라인 중 하나가 폭발하여 8명의 사망자가 나오면서부터 시작되었다. 주 규제 기관은 회사에 대한 조사를 시작했으며, 이 과정에서 유지 관리에 업계 안전 표준보다 수백만 달러를 덜 사용했다는 사실을 발견했다. 또한 폭발 전 10년 동안 석유 및 가스 수입에 대한 수금 권한보다 2억 2,400만 달러 이상 수금한 것으로 드러났다. 캘리포니아 전임 공익사업 위원 마이크 플로리오(Mike Florio)는 "PG&E에서는 '이번 분기에 보고할 수 있는 수익은 얼마인가'와 같이 다른 무엇보다도 수익에 매우 중점을 두었다."라고 말한다. PG&E는 2010년 파이프라인 폭발 사고 이후에도 재난을 예방할 수 있는 효과적인 계획을 갖추지 않았다. 주 규제 기관은 PG&E가 2017년까지 종합적인 안전 계획 및 통제 프로세스를 갖추지 못했다는 사실 역시 발견했다.

PG&E는 2019년에서야 주 규제 기관에 안전 계획을 제출했지만, 양이 너무 적었고 시기도 너무 늦었다. 회사는 1년 후 전력선에서 나무를 제거해야 하는 필요성을 포함하여 총 일곱 가지 목표를 달성하지 못했음을 인정하였다. 그 원인은 회사가 몇 년 동안 나무 가지치기를 우선시하지 않았기 때문이었는데, 이제는 목표를 달성할 수 있도록 그 일을 할 수 있는 자격을 갖춘 직원을 구하지 못하고 있다.

PG&E의 효과적인 계획 실행 실패는 회사에 심각한 결과를 초래했다. 여러 소송에 휘말리게 되고 정부에 벌금을 지불하게 되면서 200억 달러 이상을 지출하였다. 이로 인해 2019년 파산 신청을 접수했다. 더욱 심각한 것은 PG&E가 생명을 앗아가는 화재를 일으킨 혐의로 2020년에 84건의 비자발적 과실치사 혐의에 대해 유죄 판결을 받았다는 점이다.

당신의 생각은?

PG&E가 현재 상황에서 벗어나기 위해 무엇을 할 수 있는가?

SECTION

06 커리어 준비 실천

이번 섹션에서는 비판적 사고와 문제 해결 역량을 강화시키기 위해 필요한 선제적 학습 지향성을 살펴본다.

학습 목표

선제적 학습 지향성을 개발하는 방법을 설명한다.

그림 5.6을 살펴보면 계획은 보이지 않는다. 그렇다고 해서 회사가 계획과 관련된 스킬을 중요시하지 않는 것은 아니고, 다른 역량들이 좋은 계획의 기초가 된다. 소프트 스킬 중 비판적 사고(critical thinking) · 문제 해결(problem solving)이 대표적인 예이다.

비판적 사고와 문제 해결 역량이란 상황을 분석하고 결정을 내리고 문제를 해결하는 올바른 논증을 의미한다. 이는 모두 계획과 관련된 중요한 활동이며, 질적 · 양적 정보를 습득, 해석 및 분석할 수 있는 능력이 필요하다. 또한 이 역량 역시 선제적 학습 지향성에 의해 주도된다. 계획, 비판적 사고 및 선제적 학습 지향성 간의 연관성에 대해 더 자세히 살펴보자.

비판적 사고자들은 계획 과정에서 성급하거나 경솔하게 결정을 내리지 않는다. 대신, 이들은 문제에 대한 대안적 해결책을 생각해 보고 열린 마음을 유지한다. 이들은 판단을 내리기 전에 광범위한 정보를 얻고 고려함으로써 열린 마음을 유지한다. 이는 선제적 학습 지향성을 지닐 때 가능하다. 선제적 학습자는 정보와 지식을 추구하여 지식 기반을 확장함으로써 보다 효과적인 계획자가 된다. 좋은 계획은 비판적 사고가 필요하고, 이를 위해 선제적 학습 지향성이 필요하다. 이 같은 과정은 궁극적으로 과업 중심적 지식과 기능적 지식을 확장시켜 준다.

효과적인 계획을 세우기 위해서는 선제적 학습자가 되어야 하고, 업무 이해와 네트워킹 역량도 갖춰야 한다. 우리가 일하는 산업과 시장에서 발생하는 일들을 파악하면 계획할 때 더 폭넓은 정보를 고려할 수 있다. 많은 사람이 시간이 지날수록 소셜 및 전문 네트워크를 최신 상태로 유지하지 못하는데 이는 엄청난 실수이다. 이 같은 네트워크를 사전에 유지하지 못한다는 것은 계획 과정과 커리어 발전에 도움이 될 수 있는 소중한 정보와 연락처를 잃게 되는 것이다. 효과적인 계획은 업계와 소셜 네트워크 속 사람들 사이에서 벌어지는 일들에 관한 최신 정보에 기반한다.

지금까지 살펴봤던 다섯 가지 역량은 그림 5.6에 표시되어 있다. 앞서 논의했던 이번 섹션의 목적을 달성하기 위해 커리어 준비 중 선제적 학습 지향성에 대해 좀 더 알아보자.

그림 5.6 커리어 준비 모형

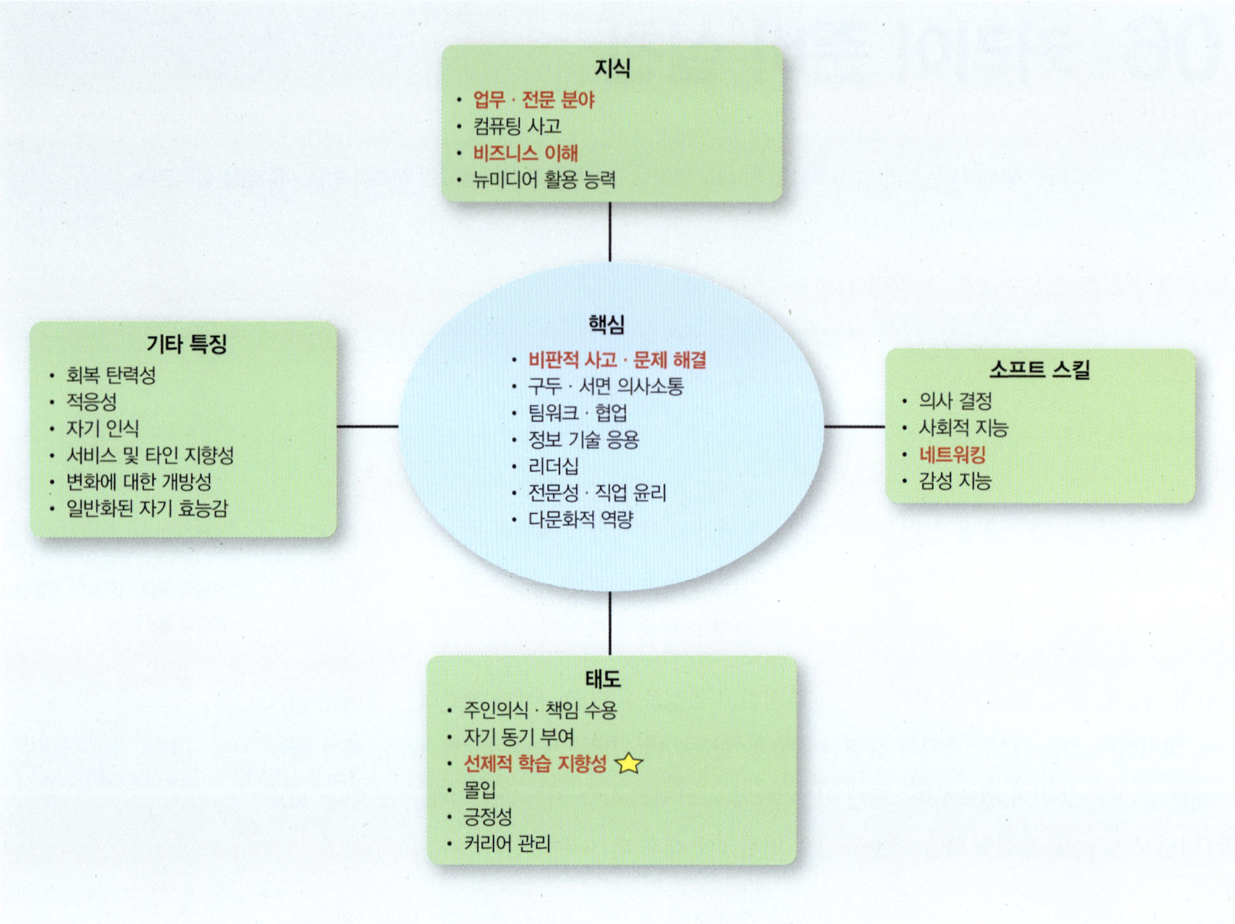

능동성 추구

'의도를 가지고 능동적'으로 행동하는 것은 선제적 학습자가 되기 위한 첫 번째 단계이다. 한 비즈니스 전문가는 "선제적이라는 것은 운과 상황이 아닌 자신의 선택에 의존하는 것을 의미한다. 단순히 결과를 기다리는 것이 아니라 상황을 직접 통제하는 것"이라고 말했다. 능동적인 행동은 다른 사람들을 보다 능동적으로 이끌 수도 있다. 이와 관련하여, 자수성가한 억만장자이자 버진 그룹(Virgin Group)의 설립자인 리처드 브랜슨(Richard Branson)은 "간단히 말하자면 긍정적이고 능동적인 행동은 또 다른 긍정적이고 능동적인 행동의 원동력이 된다."라고 말했다. 다음 네 가지 핵심 제안 사항을 시도해 보면 보다 능동적으로 행동할 수 있다.

1. 문제보다는 해결책에 초점을 두자.
2. 주도적으로 행동하고 자기 자신에 의지하자.
3. 현실적인 목표를 세우고 과도하게 약속을 잡지 말자.
4. 사적인 대화와 공적인 대화에 참여하고 기여하자.

열린 마음 유지와 판단 유보

열린 마음을 유지하고 판단을 유보하는 것은 선제적 학습 지향성을 개발하는 데 필수적이다. 다음 3단계를 학교 과제 혹은 현재 업무에 적용해 보자.

1단계: 학교나 직장에서 현재 담당하고 있는 업무, 프로젝트, 혹은 전념하는 일들을 나열하자.

2단계: 1단계에서 나열한 각 업무 중 열린 마음을 갖고 판단을 유보할 필요가 있는 것을 결정하자.

3단계: 2단계에서 결정한 것에 다음 네 가지 열린 마음 스킬을 적용해 보자.

1. **믿고 있는 것들에 의문을 제기하자.** 대다수의 사람들은 잘못된 믿음과 가정에 근거하여 결정을 내리곤 한다. 다음과 같은 질문들을 통해 자신을 확인할 수 있다. 나의 견해를 뒷받침하는 구체적인 증거는 무엇인가? 내가 가진 지식은 사실에 근거한 것인가 아니면 나의 경험에 근거한 것인가? 나는 왜 더 많은 경험과 지식을 보유한 사람과 논쟁을 벌이고 있는가? 나는 의견을 제시하고 있는가 아니면 의견을 고집하고 있는가? 이러한 질문들에 답해 보고 새로운 정보를 받아들이자.

2. **잠시 멈추고 피드백을 구하자.** 때때로 열린 마음을 갖기 위해서는 다른 사람들과 상황에 대해 자세히 이야기를 나눌 필요가 있다. 다른 사람들이 당신의 의견과 제안에 어떻게 반응하는지 확인해 보자. 당신의 관점에만 사로잡히지 말고 틀렸다면 이를 인정하자. 토론의 목적이 더 나은 계획을 세우고 더 나은 결정을 내리는 것이라면 사람들이 당신의 견해에 동의하든 동의하지 않든 상관없다. 당신의 목표는 더 나은 결정을 내리고 사람들이 성장할 수 있도록 돕는 것이다.

3. **의사소통의 장애물에 주의하자.** 감정적인 반응을 불러일으키는 단어, 개념, 의사소통 스타일을 파악하자. 부정적인 생각을 재구성하고 부정적인 결론을 내리지 않도록 두뇌를 훈련해야 한다. 부정적인 상태에서는 방어적으로 상대방의 말을 경청하지 않게 된다.

4. **과거의 판단과 예측의 정확성을 확인하자.** 판단과 예측이 틀렸었다면 그 이유를 확인하고 향후 이를 조정해 보자.

주요 용어

SMART 목표	미션 성명	업무 목표
가치 성명	비전	장기적인 목표
계획	비전 성명	전략
계획 · 통제 주기	비즈니스 모형	전략 경영
단기적인 목표	사업 계획	전략 계획
목표	수단–목적 사슬	전략적 목표
목표 정렬	실행 계획	전술 계획
목표 관리제	운영 계획	전술적 목표
미션	업무 계획	

핵심 정리

01 계획과 전략

- 계획은 목표를 설정하고 이를 달성하는 방법을 결정하는 것을 의미한다. 계획은 특정 결과를 달성하기 위해 미래의 행동 과정을 공식화하여 불확실성에 대처하는 것이기도 하다.
- 계획은 목표를 달성할 수 있는 방법을 설명하는 문서이다.
- 전략 혹은 전략 계획은 조직의 장기 목표와 방향을 수립하는 것이다.
- 전략 경영은 조직 모든 부분의 경영자가 전략 및 전략적 목표의 수립과 실행에 관여하는 과정을 의미한다.

02 계획의 기초

- 미션 성명은 조직의 존재 이유를 설명한다.
- 비전은 조직이 '무엇'이 되고자 하는지를 설명하는 장기 목표이다.
- 미션과 비전은 모두 조직의 가치를 표현해야 한다. 가치 성명은 회사가 상징하는 바, 핵심 우선순위, 직원들이 구현하는 가치, 회사의 제품이 세상에 기여하는 바를 설명한다.
- 전략 계획에는 최고 경영자들이 사용 가능한 자원을 활용하여 향후 1~5년 동안의 조직의 장기 목표를 결정한다. 전술 계획에서는 관리자들이 향후 6~24개월 동안 주어진 자원을 활용하여 해당 업무 단위가 어떠한 일을 할 수 있는지 결정한다. 업무 계획에서는 관리자들이 1~52주 동안 주어진 자원을 활용하여 특정 업무를 어떻게 수행할 수 있는지를 결정한다.

03 목표와 계획

- 장기적인 목표는 일반적으로 전략적 목표라 한다. 장기적인 목표를 달성하는 데는 대체로 1년에서 5년 정도 걸리며, 주로 회사의 전략 계획에서 파악한 전략적 목표를 달성하는 데 초점을 맞춘다.
- 단기적인 목표는 전술적 또는 업무 목표, 또는 단순하게 그냥 목표라 한다. 대체로 12개월에 걸쳐 수행되며 수단–목적 사슬로 알려진 위계 구조의 전략적 목표와 연결된다.
- 수단–목적 사슬은 조직 전체에서 목표가 어떻게 연결되어 있는지를 보여 준다. 하위 수준의 목표 달성은 상위 수준의 목표 또는 목적을 달성하기 위한 수단으로 여겨진다.
- 전략적 목표는 최고 경영진이 수립하고 책임지며 조직 전체의 목표에 중점을 둔다. 전술적 목표는 중간 관리자가 수립하고 책임지며, 전략적 목표를 달성하는 데 필요한 조치에 중점을 둔다. 업무 목표는 일선 관리자와 팀 리더가 수립하고 책임지며, 전술적 목표 달성과 관련 있다.
- 운영 계획은 장기 산출물을 단기적인 목표로 나누는 것을 의미한다. 운영 계획은 전략적 계획을 실행 가능한 단기 목표 및 실행 계획으로 전환한다.
- 실행 계획은 명시된 목표를 달성하는 데 필요한 행동 과정을 의미한다. 장기적인 목표이든 단기적인 목표이든, 실행 계획은 목표를 달성하는 데 사용할 전술을 간략하게 설명한다. 각 전술에는 하고자 하는 활동을 완료하기 위한 예상 일정도 포함된다.

04 목표의 일관성 증진

- 좋은 목표의 다섯 가지 특징은 'SMART'라는 약어로 표현된다. SMART 목표는 구체적이고 측정 가능하며 달성 가능하고 결과 지향적이며 마감 시한이 있다.
- 목표 관리제는 (1) 경영자와 직원이 함께 직원을 위한 목표를 설정하고, (2) 경영자가 목표를 실행하기 위한 계획을 개발하고, (3) 경영자와 직원이 직원의 성과를 주기적으로 검토하며, (4) 경영자가 성과를 평가하고 결과에 따라 직원에게 보상하는 4단계 과정으로 이루어진다. 목표 관리제의 목적은 하위 직급 직원을 통제하기 보다는 동기를 부여하는 것이다.

05 계획 · 통제 주기

- 계획이 수립되면 경영자는 다음과 같은 2개의 계획 단계(1과 2)와 2개의 통제 단계(3과 4)로 이루어진 계획/통제 주기를 활용하여 통제력을 유지해야 한다. 4단계는 다음과 같다. (1) 계획을 세운다. (2) 계획을 실행한다. (3) 계획과 결과를 비교하며 방향을 통제한다. (4) (a) 실행 중인 계획의 편차를 수정하거나, (b) 향후 계획을 개선하는 두 가지 방법으로 시정 조치를 취하여 방향을 제어한다.

06 커리어 준비 실천

- 계획은 비판적 사고 · 문제 해결, 선제적 학습 지향성, 업무 · 전문 분야 지식, 비즈니스 이해, 네트워킹 등 다양한 커리어 준비 역량이 필요하다.
- 보다 능동적으로 행동하고 열린 마음을 갖추고 판단을 유보함으로써 선제적 학습 지향성 역량을 높일 수 있다.

핵심 질문

01 계획, 전략, 전략 경영이란 무엇인가?

02 계획, 전략, 전략 경영은 왜 중요한가?

03 미션과 비전, 미션 사명과 비전 사명 간의 차이점은 무엇인가?

04 계획의 세 가지 유형은 무엇인가?

05 목표의 두 가지 유형은 무엇인가?

06 SMART 목표란 무엇인가?

07 목표 관리제란 무엇인가?

08 목표 관리제의 성공적인 추진을 위해 필요한 3요소는 무엇인가?

09 계획 · 통제 주기에 대해 설명해 보자.

잘못된 트랙 위에 있는 암트랙

암트랙(Amtrak)으로 더 잘 알려진 내셔널 레일로드 패신저 코퍼레이션(National Railroad Passenger Corporation)은 1971년 운영을 시작했다. 이 철도 회사는 2만 명 이상의 직원이 있으며, 21,400마일이 넘는 트랙에서 미국과 캐나다의 500개 이상의 행선지에 서비스를 제공한다. 암트랙의 고객은 2019년에 3,250만 번의 여행을 했으며, 암트랙은 전년 대비 승객 80만 명 증가라는 기록을 경험했다.

민간 철도의 실패로 의회는 암트랙을 만들었다. 1940년대까지 미국인들이 전국을 여행하는 수단으로 버스, 비행기, 자동차를 더 선호하였기 때문에 철도 여행은 그다지 대중적이지 않았다. 결국 미국 정부는 여객 철도 서비스를 암트랙 산하에 통합했다. 연방 정부는 암트랙의 대주주이며 암트랙의 재정 지원을 보장하지만, 회사는 정부 기관이 아닌 영리 기관으로 운영된다.

수익을 내지 못하는 철도 시스템을 살리기 위한 목적으로 회사가 설립되었지만, 암트랙 자체는 설립 이후 단 한번도 수익을 내지 못했다. 예를 들어, 암트랙은 2017년과 2018년 각각 1억 9,400만 달러와 1억 7,000만 달러의 손실을 기록했다.

미국인들은 계속해서 암트랙이 아닌 다른 교통수단을 선택하고 있지만, 국가보조금으로 암트랙의 파산을 막고 있다.

미국의 유일한 고속 철도 공급업체가 현재 어떠한 상황을 겪고 있는지 살펴보자.

경쟁 우위 확보의 어려움

암트랙의 가장 큰 문제점 중 하나는 가격이다. 예를 들어, 뉴욕시에서 보스턴까지 4시간이 걸리는 암트랙 기차 요금이 1시간밖에 안 걸리는 비행기 요금보다 비싸다. 암트랙의 다른 노선들은 수익성이 없거나 적자를 기록하고 있기 때문에 인기 있는 북동부 노선에는 높은 요금을 부과한다. 버지니아 머큐리(Virginia Mercury)에 따르면, 암트랙이 가격을 인하한다면 더 많은 탑승객이 유입될 것이라고 한다.

암트랙의 또 다른 과제는 미국의 규모이다. 미국은 380만 평방 마일의 땅을 가진 세계에서 네 번째로 큰 나라이다. 캘리포니아주보다도 작은 지역만을 담당하는 일본의 철도 서비스와 비교해 보자. 모든 철로는 유지 보수가 필요하며, 암트랙이 이를 감당하기는 쉽지 않다. 예를 들어, 453마일의 북동부 회랑(Northeast Corridor) 철도 트랙을 양호한 상태로 수리하는 데는 420억 달러가 소요된다.

설상가상으로 암트랙의 철로는 수리가 시급한 유일한 자산이 아니다. 객차의 기대 수명은 25년이지만, 보유하고 있는 객차들의 평균 수명은 30년이 훨씬 넘었다. 또한 철도 서비스를 계속 운영하기 위해 1,000억 달러 이상을 세금으로 지출했던 암트랙의 가장 큰 투자자인 연방 정부는 더 이상 철도 사업에 대규모 투자를 할 마음이 없다.

새로운 계획을 세운 경영진

암트랙은 새로운 전략을 수립하기 위해 2017년 리차드 앤더슨(Richard Anderson)을 CEO로 고용했다. 델타항공(Delta Airlines)의 전임 CEO였던 앤더슨은 50년 만에 처음으로 수익을 창출하기 위해 철도 노선 시스템과 제공하는 서비스를 변경하고 있다.

앤더슨이 마련한 첫 번째 계획은 장거리 기차 노선을 나누어 버스 서비스를 대체하는 것이었다. 예를 들어, 시카고에서 로스앤젤레스로 가는 노선을 변경하여 500마일은 버스 서비스로 대체하려고 한다. 앤더슨은 이러한 유형의 노선이 오늘날 통근자들의 니즈를 충족하지 못한다고 생각한다. 그는 "도로 정체, 인구 증가, 자동차 탄소 발자국과 관련된 문제를 해결하기 위해서는 암트랙이 200~300마일 거리에 위치해 있는 시장과 도시 간 운송에 가장 적합한 해결책이 될 것"이라고 말했다. 수익성이 없는 노선의 개수를 줄이는 것은 운송 업체의 수익에 도움이 될 뿐만 아니라 광범위한 철도 트랙의 유지 및 관리 비용 또한 줄일 수 있다.

앤더슨의 두 번째 계획은 서비스를 일부 축소하는 것이었다. 예를 들어, 암트랙은 지금까지 운영해왔던 예약제 식당차 서비스를 중단하기로 결정했다. 미국 철도 시스템에서 필수적으로 제공했던 예약제 식당차 서비스는 반짝이는 은그릇과 흰색 리넨을 사용했다. 고급 레스토랑 수준의 신선한 음식 역시 기차 주방에서 제공되었다. 하지만, 암트랙은 이제 미리 포장된 식사를 제공하며, 더 이상 식당차에서는 '세심한' 서비스가 제공되지 않는다. 이러한 변화를 통해 연간 약 200만 달러를 절약할 수 있을 것이라 추산하였으며, 기차에 탑승하고 있는 동안 휴대 전화만 바라보며 멋진 공동 테이블에 앉아 있는 데는 관심이 없는 젊은 세대의 탑승객들을 유치하는 데 도움이 될 것이라 예상한다. 암트랙의 고객 서비스 책임자인 피터 윌랜더(Peter Wilander)는 이러한 변화가 "진화의 일부"라고 말한다.

전략 계획에 대한 회의적인 시각

암트랙의 전략 계획은 초기에 성공한 모습을 몇 가지 보여 주고 있다. 암트랙은 2019년에 2,980만 달러의 손실을 기록했는데, 이는 암트랙 역사상 최고의 영업 실적이었다. 암트랙은 2020년에는 더 나아질 것이라 믿고 있었다. 암트랙 이사회 회장 앤쏘니 코시아(Anthony Coscia)는 "2020년에는 실제로 돈을 벌고 회사 역사상 처음으로 흑자를 기록할 것으로 기대한다."라고 말했다.

그러나 비평가들은 앤더슨의 수익성 추구로 인해 암트랙이 서비스 제공에 어려움을 겪고 있다고 말한다. 철도 승객 협회(Rail Passenger Association)의 짐 매튜스(Jim Mathews) 회장은 탑승객들이 식당차가 사라진 것을 안타까워한다고 지적했다. 그는 "그냥 음식을 제공하는 것이 아니라 경험을 제공하는 것"이라고 워싱턴 포스트(Washington Post)를 통해 말했다. 회사에 보조금을 지원하는 정책에 회의적인 의원들조차 매튜스의 우려에 공감한다. 테네시(Tennessee)주의 스티브 코헨(Steve Cohen) 의원은 "근시안적이고 어리석은 일"이라고 비판했다. 코헨 하원의원은 앤더슨이 항공 서비스에서 했던 일을 철도 서비스에서도 반복하고 있다고 생각한다. 코헨 하원의원은 암트랙의 결정이 "델타 항공이 비행기 승객의 편의 시설을 없애고 항공 교통을 버스 여행처럼 만드는 것과 같다."라고 지적한다.

캔자스(Kansas)나 뉴멕시코(New Mexico)와 같이 인구가 적은 주 출신의 의원들 또한 장거리 노선을 줄이려는 앤더슨의 계획을 비판하였다. 캔자스주의 상원의원 제리 모런(Jerry Moran)은 "암트랙이 400마일을 버스 서비스로 대체하지만 여전히 장거리 여객 열차 서비스를 제공할 것이라는 아이디어 자체를 이해할 수 없다."라고 말했다. 제리 모런의 이와 같은 비판은 암트랙의 의회 예산 할당에만 문제가 되는 것이 아니다. 정부는 이 회사가 특정 조치를 취하거나 취하지 않도록 지시할 수 있는 광범위한 재량권을 가지고 있다. 이 경우, 상원은 암트랙이 원래 계획했던 대로 장거리 노선을 운행하도록 명령하였으며 앤더슨의 전략은 결국 산산조각 나고 말았다.

다른 의원들은 회사의 전체 비즈니스 모형을 재평가해야 한다고 생각한다. 오리건(Oregon)주 하원의원 피터 데파지오(Peter DeFazio)는 앤더슨의 이익 중심 철학이 암트랙과 같은 정부 소유의 회사에 부적절하다고 말한다. 데파지오는 "우리가 다루는 문제의 일부는 (암트랙이) 영리회사로서 운영되어야 한다고 말했던 의회의 원안"이라고 설명한다.

앤더슨의 계획은 회사가 수익성의 벼랑 끝까지 오면서 더 지연되고 있다.

토론 문제

문제 해결 관점

1. 암트랙의 CEO 리처드 앤더슨의 관점에서 볼 때 이 상황의 근본적인 문제는 무엇인가?
2. 이 문제의 원인은 무엇인가?
3. 앤더슨의 전략과 계획이 회사에 새로운 전환점이 될 것이라 생각하는가? 그 이유는 무엇인가?

적용하기

1. 그림 5.1을 활용하여 암트랙이 수익을 창출하기 위해 어떻게 변화를 만들고 있는지 설명해 보자.
2. 암트랙의 아이디어에 회의적인 의회가 암트랙의 미션 및 비전 성명 개발에 어떤 영향을 미치는가?
3. 암트랙이 활용할 수 있는 구체적인 전략 · 전술 · 운영 계획에 대해 생각해 보자.
4. 암트랙을 위한 전략적 목표, 전술적 목표, 업무 목표를 생각해 보자. SMART해야 한다. 그런 다음 수단–목적 사슬을 활용하여 세 목표 간에 관계를 설명해 보자.
5. 암트랙이 올바른 방향으로 가고 있는지 확인하기 위한 계획 · 통제 주기를 개발해 보자.

법적 · 윤리적 과제

알츠하이머병 환자와 이익

계획과 전략은 함께 움직이며 이는 회사의 미션과 비전에서 비롯된다. 기업 전략을 추구하는 과정에서 내리게 되는 결정은 궁극적으로 소중한 자원을 활용하는 방법에 대한 선택 역시 포함하기 때문에 매우 어렵기 마련이다. 미국의 거대 제약 회사인 화이자(Pfizer)가 좋은 예이다.

화이자는 2018년 1월 알츠하이머병 치료제에 대한 새로운 연구 개발(research and development: R&D)을 더 이상 추진하지 않기로 결정하였으며 이로 인해 300명이 일자리를 잃었다. 설상가상으로, 알츠하이머라는 신경계 질환을 앓고 있는 약 550만 명의 미국 성인들은 더 이상 가장 큰 제약 회사 중 하나에 의지할 수 없게 되었다. 화이자는 일부 알츠하이머 관련 연구에서 가능성을 보았음에도 낮은 수익성과 제한된 생산 능력 때문에 이와 같은 어려운 결정을 내리게 되었다.

수익성 측면에서 알츠하이머병에 대한 연구는 대부분의 다른 연구 개발보다 비용이 많이 드는 것으로 나타났다. 에든버러 대학교(Edinburgh University)의 한 신경과학자는 BBC 라디오를 통해 "지난 15년 동안 알츠하이머 치료제와 관련된 실험의 99% 이상이 실패했다."라고 전했다. 따라서 투자자들은 제약 회사들이 불안 장애 및 발기 부전 치료와 같이 더 수익성 있는 프로젝트를 추구할 수 있기 때문에 굳이 알츠하이머병과 관련된 연구에는 큰 비용을 지출하지 않아도 된다고 압력을 가하고 있다.

다수의 대규모 연구 개발 프로그램을 동시에 운영하기 어렵기 때문에 문제가 된다. 이로 인해 제약 회사들은 특정 약물에만 집중한다. 화이자의 전임 연구 개발 책임자는 파이낸셜 타임즈(Financial Times)를 통해 "화이자가 가지고 있는 예산으로도 그 정도 규모의 프로그램을 여러 개 실행할 수는 없다… 유전자 치료와 같이 다른 부문의 과학이 폭발적으로 발전하고 아편유사제를 대체할 신약이 절실히 필요할 때 이러한 회사가 몇 번이나 다시 시도할 수 있다고 생각하는가? 골라인이 존재하는 곳은 더 많다."라고 전했다.

회사의 미션 성명에는 "최고의 혁신적인 바이오 제약 회사가 되기 위해"라는 표현이 있다. 그 가치에는 '고객 중심'과 '청렴'이 포함된다. 그러나 최근 화이자가 내린 결정은 이와 같은 미션과 가치에 모순되는 부분이 있다. 알츠하이머 학회는 화이자의 결정이 치매 환자들에게는 "실망스럽고 큰 타격을 안기는 결정"이라고 평가했다.

다른 대형 제약 회사들은 이익과 제한된 생산 능력을 크게 신경 쓰고 있지 않다. 화이자의 경쟁사 중 하나인 일라이 릴리(Eli Lilly)의 가장 진보된 알츠하이머 치료제는 2016년 대규모 실험에서 실패했지만 알츠하이머 치료제 연구 개발을 계속 진행하겠다고 약속했다. 또 다른 미국 경쟁업체인 아스트라제네카(AstraZeneca) 역시 알츠하이머병 퇴치에 전념하고 있다.

문제 해결

여러분이 화이자의 CEO라면 어떻게 할 것인가?

1. 다른 프로젝트에 전념한다. 화이자는 실패로 돌아간 프로젝트에 주주들의 돈을 낭비하지 말아야 한다.
2. 알츠하이머 연구 개발에 계속 자금을 지원한다. 제약 산업의 글로벌 리더인 화이자는 수백만 명의 사람들에게 영향을 미치는 질병에 대한 치료법을 찾아야 할 사회적 책임이 있다. 이는 회사의 미션 성명과 가치에서도 언급되고 있다.
3. 국립보건원(National Institutes of Health)과 같은 기관이 알츠하이머 연구를 계속할 수 있도록 회사 차원에서 기여한다.
4. 다른 안이 있다면 설명해 보자.

CHAPTER 06

전략 경영

학습 목표

1. 전략적 포지셔닝의 세 가지 원칙을 파악한다.
2. 전략 경영 프로세스의 다섯 가지 단계를 설명한다.
3. 경쟁 환경을 진단하는 방법을 설명한다.
4. 기업 수준 전략 수립의 세 가지 방법을 설명한다.
5. 사업 수준 전략을 수립하기 위한 포터와 웰치의 방법에 대해 논의한다.
6. 기능 수준 전략을 수립 · 실행 · 통제하는 방법을 설명한다.
7. 전략적 사고를 강화하는 방법에 대해 설명한다.

▶ 미리보기

6장에서는 전략적 포지셔닝과 세 가지 수준의 전략을 학습한 후 전략 경영 프로세스의 5단계에 대해 살펴본다. 또한 현상황을 진단하기 위한 도구로 활용되는 SWOT 분석, VRIO 예측, 벤치마킹에 대해 알아본다. 그리고 기업 수준 전략을 수립하기 위한 전반적인 전략의 세 가지 유형, BCG 매트릭스 및 다각화 전략을 살펴보고, 사업 수준 전략을 수립하기 위한 포터의 다섯 가지 경쟁 요소와 네 가지 경쟁 전략, 웰치의 전략 수립 방식에 대해 살펴본다. 마지막으로, 기능 수준 전략을 수립하기 위한 전략 실행과 통제의 중요성에 대해 알아보고, 전략적 사고를 개발하는 방법을 살펴본다.

성공 전략

개인 브랜드 전략을 수립하는 방법

조직은 전반적인 경쟁 전략의 일환으로 제품과 서비스에 대해 깊이 기억에 남는 브랜드를 만들고 구축한다. 세계에서 가장 가치 있는 브랜드로는 애플(Apple), 구글(Google), 마이크로소프트(Microsoft), 코카콜라(Coca-Cola), 아마존(Amazon) 등이 있지만, 브랜드가 가치를 갖기 위해 반드시 글로벌할 필요는 없다. 런던에 거주하는 아이 엄마인 맨디 마즐리아(Mandy Mazliah)는 아이들에게 채소를 먹이는 방법을 설명하는 블로그에 스니키 베지(Sneaky Veg)라는 브랜드명을 만들었으며, 블로그가 눈에 잘 뛰도록 로고와 독특한 그래픽 디자인을 만들었다.

'브랜딩(branding)'이라는 용어가 예전에는 비즈니스용으로만 사용되었으나, 요즘에는 소셜 미디어의 발전으로 인해 일반 대중도 관심을 가지고 있다. 실제로 기업의 70%가 채용 과정에서 소셜 미디어를 활용하여 지원자들을 선별하기 때문에 취업을 위해서는 자신의 개인 브랜드를 구축해야 한다.

개인 브랜드의 필요성

딜로이트(Deloitte)의 세무 관리자인 씨제이 도킨스(Ceejay Dawkins)는 대학 졸업자들에게 다음과 같이 조언한다.

"자신의 브랜드를 만들자. 아침에 가장 먼저 출근하는 사람이든, 항상 지적인 질문을 하는 사람이든 간에 자신의 브랜드를 만들어 확고한 평판을 구축하면 커리어 전반에 걸쳐 따라다닐 것이다. 사람들은 그 브랜드를 알게 되고 함께 일하기 원할 것이다."

간단히 말해, 개인 브랜딩은 자신을 세일즈하는 것과 비슷하다. 개인 브랜딩은 이력서, 트위터(Twitter), 링트인(LinkedIn)이나 인스타그램(Instagram) 프로필을 갖는 것 이상을 의미한다. 강력한 개인 브랜드를 통해 여러분을 고용할 수 있는 회사들에게 여러분의 전문 분야와 열정, 업무 경험과 열망에 대해 알릴 수 있기 때문에 회사에게 알리고 싶은 정보를 소셜 미디어를 통해 관리하는 것이 중요하다.

개인 브랜드를 만드는 방법

개인 브랜드의 두 가지 구성 요소는 첫째, 개인의 정체성과 강점이고(이는 SWOT 분석의 일부이며 섹션 03에서 살펴본다), 둘째, 직무 수행 준비 정도이다. 이러한 두 가지 요소를 반영하여 개인 브랜드를 만들면 원하는 일을 얻고 보람 있는 커리어를 쌓을 가능성이 높아진다.

다음 단계들을 통해 개인 브랜드를 만들고 알리자.

1. **브랜드의 핵심 메시지를 파악하자.** 특별한 훈련, 교육, 재능, 스킬, 가족 배경 그리고 극복했던 특별한 도전에 대해 생각해 보자. 5년에서 10년 뒤 자신의 목표는 무엇인가?
2. **개인 브랜딩 진술서를 작성하자.** 개인 브랜딩 진술서는 자신이 누구인지, 무엇을 지지하는지, 무엇을 하고 싶은지를 설명하는 짧은 글이며, 독특한 지식과 전문성 그리고 삶을 강조하자.
3. **소셜 미디어 전략을 개발하자.** 메시지를 전달할 수 있는 가장 적합한 플랫폼을 선택해서(트위터와 링트인은 대상과 목적이 매우 다름) 문체를 다듬고, 게시글, 댓글 또는 블로그에 공유하는 모든 것이 여러분의 브랜드를 훌륭하고 진실되게 나타내게 하자. 회사가 여러분에 대해 보거나 읽는 모든 것이 여러분의 브랜드에 대한 이야기임을 기억하자. 어떤 플랫폼을 사용하든 이름, 프로필, 사진, 이미지가 동일해야 한다. 일관된 프로필을 유지하면 다른 사람들이 여러분을 쉽게 찾을 수 있고 다른 사람들의 마음에 여러분의 모습을 각인시킬 수 있다.
4. **네트워킹을 시작하자.** 졸업할 때까지 기다리지 말고 지금부터 네트워킹을 시작하자. 관심 분야가 동일한 사람들이 모인 그룹에 가입하고 모임에 참석해 보자. 온라인 또는 대면으로 업계의 다른 사람들을 만나는 것은 팀워크 스킬을 연마할 수 있는 훌륭한 협업 기회로 이어진다.

SECTION

01 전략적 포지셔닝과 전략의 수준

전략적 포지셔닝은 회사의 고유한 특성을 유지함으로써 지속가능한 경쟁 우위를 달성하려는 시도이다. 전략적 포지셔닝은 전략이 독특하고 가치 있는 위치를 만드는 일이고, 경쟁 과정에서 절충이 필요하며, 활동 간의 '적합성'을 만든다는 원칙에 기반한다. 전략은 기업, 사업 그리고 기능의 세 가지 수준에서 수립된다.

학습 목표

전략적 포지셔닝의 세 가지 원칙을 파악한다.

하버드 경영 대학원(Harvard Business School)의 전략 교수인 마이클 포터(Michael Porter)는 가장 영향력 있는 경영 대학원 교수 중 한 명이다. 포춘(Fortune)의 기고자인 제프리 콜빈(Geoffrey Colvin)은 그를 "역사상 가장 위대한 전략 전문가"라고 설명했다.

전략경영학회(Strategic Management Society)에서 가장 영향력 있는 살아 있는 전략가로 선정할 만큼 포터는 분명히 경쟁 전략의 선구자이다.

전략적 포지셔닝과 원칙

포터는 전략적 포지셔닝이 회사의 고유한 특징을 유지함으로써 지속가능한 경쟁 우위를 달성하려는 시도라고 말한다. 그는 "전략적 포지셔닝이란 라이벌과 다른 활동을 하거나 비슷한 활동을 다른 방식으로 수행하는 것을 의미한다."라고 말했다.

전략 전문가. 하버드 경영 대학원의 마이클 포터 교수는 기업이 현재 경쟁자, 잠재적인 새로운 경쟁자, 제품이나 서비스에 대한 대체품의 위협, 공급업체와의 협상력, 고객과의 협상력이라는 다섯 가지 요소로부터 영향을 받는다고 주장한다.

전략적 포지셔닝의 세 가지 핵심 원칙은 다음과 같다.

1. **전략은 독특하고 가치 있는 위치를 만드는 일이다.** 전략적 위치는 세 가지 원천에서 나타난다.

- **많은 고객들의 특정 욕구 충족.** 크록스(Crocs)처럼 몇 가지 신발만을 다양한 부류의 사람들에게 판매하여 전략적 위치를 만들 수 있다.
- **특정 고객들의 광범위한 욕구 충족.** 바이 바이 베이비(Buy Buy Baby)처럼 유아용 의류, 유모차 및 관련 제품이 필요한 소수의 사람들에게 판매하여 전략적 위치를 만들 수 있다.
- **많은 고객들의 광범위한 욕구 충족.** 얼리전트 항공(Allegiant Airlines)은 미국 전역에 취항하면서 저렴한 호텔도 운영하는 저가 여행사이다.

2. **전략은 경쟁 과정에서 절충을 요구한다.** 앞서 살펴본 전략적 위치를 만드는 세 가지 방법들을 동시에 추구하는 것은 어렵다. 따라서 기업은 따라야 할 전략뿐만 아니라 따르지 않을 전략 역시 선택해야 한다. 예를 들어, 뉴트로지나(Neutrogena) 비누는 세정제라기보다는 의약품에 더 가깝다고 포터는 말한다. 이러한 좁은 포지셔닝을 통해 회사는 탈취(deodorizing)제 중심의 매출을 포기했는데, 엄청난 규모의 제품을 포기한 것이며, 그에 따라 일부 제조 효율성 또한 포기한 것이다.

3. **전략은 활동 간의 '적합성'을 만든다.** '적합성(fit)'은 기업의 활동이 상호 작용하고 서로 강화시키는 방식과 관련 있다. 예를 들어, 뱅가드 그룹(Vanguard Group)과 같은 뮤추얼 펀드 회사는 저비용 전략을 추구하며, 이와 관련된 모든 활동을 일치시켜 펀드를 소비자에게 직접 판매하고 서비스 목록 회전율을 최소화한다.

   연구 결과에 따르면, 기업 활동 간의 부조화는 성과에 부정적인 영향을 미치는 것으로 나타났다. 콘티넨탈 항공(Continental Airlines)의 오래가지 못한(1993~1995년) 저비용 스핀오프인 콘티넨탈 라이트(Continental Lite)를 예로 들어보자. 콘티넨탈 항공은 사우스웨스트 항공(Southwest Airlines)의 활동 중 일부와 일치시키려 했지만 전부 일치시킨 것은 아니었다. 콘티넨탈 라이트가 실패한 이유는 사우스웨스트에서처럼 모든 요소가 서로 적합성을 이루지 못했기 때문이다.

전략의 수준

전략 경영은 서로를 보완하는 세 가지 수준에서 이루어진다(그림 6.1 참조). 각 수준은 서로 구별되지만 전체적으로는 일치해야 한다. 예를 들어, 한 연구는 사업 수준의 전략이 기업 수준의 전략에 정렬될 때 조직의 경쟁력이 높아지는 것을 보여 주었다.

그림 6.1 전략의 세 가지 수준

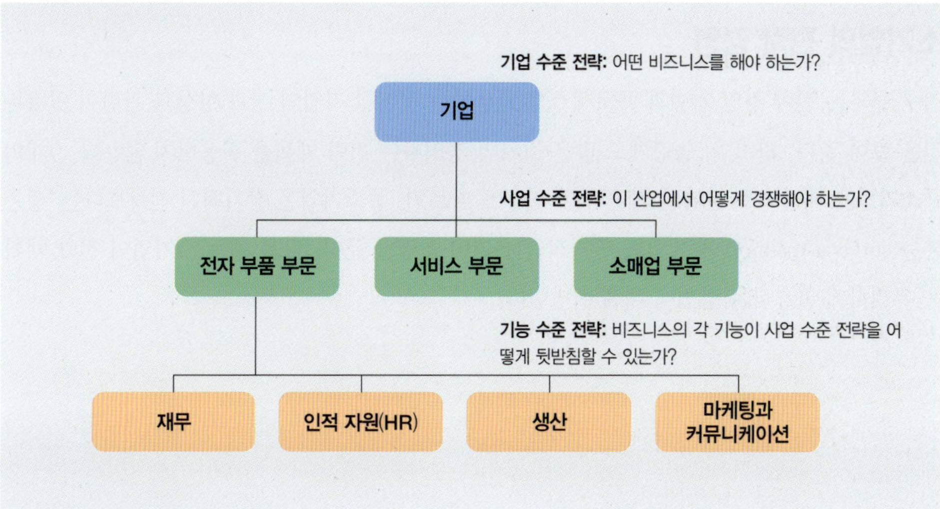

1단계: 기업 수준 전략 기업 수준 전략은 조직 전체에 초점을 맞춘다. 일반적으로는 '씨-스윗(C-Suite: 직함에 C[chief]가 들어가는 직위)'이라고 하는 최고위 경영진이 이 같은 유형의 전략 계획을 수행한다. 분석을 통해 "어떠한 사업을 하고 있는가?" 그리고 "어떤 제품과 서비스를 제공할 것인가?"와 같은 질문에 답하게 된다. 아마존이 홀푸즈(Whole Foods)를 인수한 것과 같이 인수 활동이 여기에 포함된다. 그리고 합작 투자 또한 기업 수준 전략으로 간주되는데, 피아트 크라이슬러(Fiat Chrysler)와 대만의 팍스콘(Foxconn)은 중국에서 전기 자동차와 인터넷 연결 자동차를 만들기 위해 합작 투자 회사를 설립 중이다.

2단계: 사업 수준 전략 사업 수준 전략은 개별 사업 단위 또는 제품 · 서비스 라인에 중점을 둔다. 씨-스윗 아래의 고위 경영진이 일반적으로 사업 수준 전략을 담당한다. 사업 수준 전략에서 고려하는 사항들은 기업 차원에서 내린 결정에서 비롯되며, 마케팅, 신제품 개발, 제품 확장 또는 축소, 시설 확장 또는 축소, 장비, 가격 책정, 직원 개발에 대한 지출 등이 그 예이다. 예를 들어, 던킨(Dunkin')은 식물성 육류 생산업체 비욘드 미트(Beyond Meat)와 협력하여 2019년에 9,000개 이상의 매장에서 비욘드 소시지(Beyond Sausage) 샌드위치를 제공했다. 이 전략은 변화하는 소비자 선호도를 겨냥하는 것을 목표로 했다.

3단계: 기능 수준 전략 기능 수준 전략은 상위 수준 전략들을 뒷받침하기 위해 조직의 각 기능 영역에서 실행하는 계획이다. 기능 관리자는 이 수준에서 계획에 대한 논의를 이끌고 사업 수준 전략의 실행을 지원하는 보다 전술적인 문제에 중점을 둔다. 예를 들어, 비욘드 소시지 샌드위치를 제공하기로 한 던킨의 결정에는 서로 관련 있는 세 가지 기능의 전략이 필요했다. 먼저 마케팅 관리자는 새로운 샌드위치를 마케팅하는 방법을 결정해야 했다. 이후 매장 관리자는 식당에 설치되어 있는 기존 장비로 가장 좋은 제품을 만드는 방법을 결정해야 했다. 마지막으로, 생산 관리자는 식물성 소시지를 각 지역으로 운송하기 위한 물류 방법을 해결해야 했다.

소기업의 전략 경영

연구 결과는 전략 경영 기법과 프로세스를 활용하는 것이 소기업의 성과 향상과 관련이 있다는 것을 보여 준다. 하지만, 놀랍게도 많은 소기업 경영자는 전략 계획을 활용하지 않는다. 9개의 중소기업을 대상으로 진행된 최근의 한 연구에 따르면, 중소기업은 장기적인 전략보다는 '생존 본능(survival instinct)'에 기반한 단기적인 운영에 초점을 둔다. 다음 예는 소기업이 전략 계획을 유리하게 활용하는 방법에 대해 설명한다.

에버노트와 그루브의 성장과 조직 변화를 이끈 전략 계획

에버노트(Evernote)는 약 325명의 직원들이 일하는 캘리포니아 소재의 회사로서, 사람들이 직장과 일상생활에서 필요한 정보를 수집하고 관리하는 데 도움이 되는 앱과 기타 제품을 만든다. 최근 에버노트는 제품에 대한 다양한 새로운 기능을 만드는 데 너무 많은 시간과 에너지를 투자하여 회사가 추구하고자 했던 핵심 목표를 놓칠 뻔했음을 인식하게 되었다. 대부분의 고객은 자신이 선택한 에버노트 제품을 어느 정도 만족했지만, 다양한 제품들을 사용하여 일관되게 만족하는 사람은 없는 것처럼 보였다. 에버노트는 혁신하고 지속적으로 신제품을 출시해야 한다는 기술 산업의 압박감에 굴복하여 사용자 중심이 아닌 기능에 많은 자원을 소비하였던 것이다. 새로운 CEO 이안 스몰(Ian Small)의 목표는 에버노트의 여러 제품 중 일부를 없애고, 기반에 집중함으로써 에버노트의 전략을 핵심 제품과 더 잘 맞추는 것이었다.

핵심 전략에 다시 집중하기를 바라는 또 다른 회사는 같은 목표에 도달하기 위해 다른 방법을 모색하였다. 소규모 비즈니스를 위한 업무 지원 센터 및 온라인 고객 지원 소프트웨어를 개발하는 스타트업인 그루브(Groove)는 50명 미만의 직원을 고용하고 있으며 이들은 모두 원격으로 근무한다. 그루브는 가입자가 증가하면서 플랫폼에서 유통되는 많은 양의 데이터를 전부 플랫폼에서 처리할 수 없게 되었고, 서비스가 중단되는 횟수도 늘어나게 되었다. 이에 대한 대응으로 CEO 알렉스 턴볼(Alex Turnball)은 2016년에 플랫폼을 처음부터 완전히 새로 구축하기로 결정했다. 그러나 그루브는 재설계에 대한 기한을 지키지 못했다. 확장할 수 있는 구조가 갖춰지지 않았고, 직원들은 자신의 직무를 제대로 수행하지 못했으며, 신속하게 따라야 하는 규율조차 없었다. 조직은 처음부터 규모 확장이 불가능한 회사처럼 보였다. 이를 염두에 두고 턴볼은 2018년에 몇 가지 사항을 변경하였다. 적절한 전문가가 적절한 위치에 있도록 그루브의 조직 구조를 수정하였고, 제품 개발을 위한 새로운 루틴과 프로세스를 개발하였으며, 이를 도와줄 수 있는 컨설턴트도 섭외하였다. 그루브의 플랫폼은 고객들의 호평을 받으며 그해 말 새롭게 출시되었다.

당신의 결정은?

에버노트와 그루브가 잠시 전략적 목표를 놓친 이유가 무엇이라 생각하는가? 회사를 재조정하겠다는 각 회사의 CEO들의 계획에 동의하는가 동의하지 않는가? 이유는 무엇인가?

SECTION

02 전략 경영 프로세스

전략 경영 프로세스는 5단계로 구성된다. 첫 번째 단계는 미션 · 비전 · 가치 성명을 수립하는 것이다. 다음으로는 현상황을 진단하여 기업 · 사업 · 기능 수준의 전략을 수립하는 것이다. 이어서, 전략을 실행해야 하며, 마지막으로 전략을 통제해야 한다. 건설적인 조치를 취하기 위해 피드백이 모든 단계에 영향을 미친다.

학습 목표

전략 경영 프로세스의 다섯 가지 단계를 설명한다.

많은 조직들은 대체로 2년마다 전략을 검토하지만, 오늘날에는 주기가 좀 더 짧아져야 할 수도 있다. 기술과 관광 산업처럼 빠르게 변화하는 시장에서는 더욱 그렇다. 그리고 위기는 종종 전략 경영 프로세스의 촉매제 역할을 하기도 한다. 도요타(Toyota)가 좋은 예가 된다.

2020년, 도요타는 차량 충돌 시 작동하지 않는 에어백의 품질 문제를 겪었다. 도요타는 전 세계적으로 340만 대의 차량을 리콜해야 했으며, 안전 규제 기관은 8명의 사망 원인이 에어백 결함 때문인지를 조사하였다. 도요타는 2020년에만 두 번의 에어백 관련 리콜을 진행하였다. 또한 고속 주행 시 엔진 고장으로 이어질 수 있는 연료 펌프 결함으로 인해 약 70만 대의 차량을 리콜하기도 하였다. 전략 경영 프로세스는 CEO인 아키오 도요타(Akio Toyoda)가 이러한 문제를 해결하는 데 도움을 줄 수 있었다.

전략 경영 프로세스의 5단계

그림 6.2에서 볼 수 있듯이, 전략 경영 프로세스는 5단계와 피드백 루프로 이루어진다. 마이크로소프트(Microsoft)의 예를 통해 실제로 기업이 전략을 수정하기 위해 이러한 5단계를 어떻게 추진하는지 이해해 보자.

그림 6.2 전략 경영 프로세스

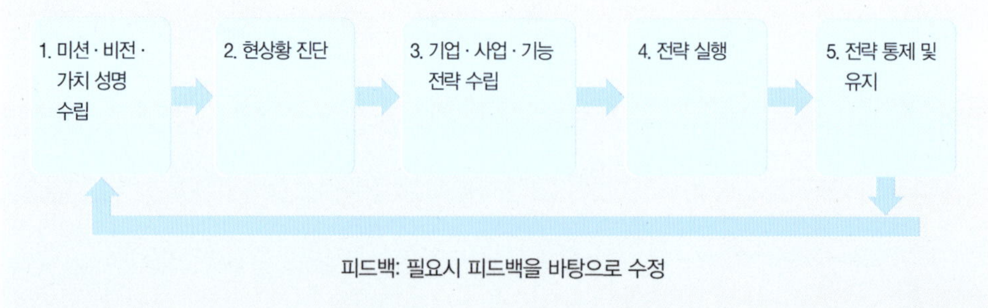

1단계: 미션·비전·가치 성명 수립 5장에서 미션·비전·가치 성명에 대해 학습했었다. 5장에서 살펴본 바와 같이 미션 성명은 조직의 목적이나 존재 이유를 나타낸다. 최근 한 연구 결과에 따르면, 포춘 선정 100대 기업 중 거의 4분의 1이 잘못된 미션 성명을 가지고 있는 것으로 밝혀졌다. 직원들의 관여(involvement)가 높을수록 회사의 재무 성과가 더 좋다는 연구 결과를 감안할 때, 미션 성명 작성 시 직원들을 참여시켜서 이러한 결점을 개선하는 것이 필요하다. 비전 성명은 조직이 되고자 하는 것과 전략적으로 가고자 하는 지점을 나타낸다. 가치 성명은 조직이 상징하는 바, 핵심 우선순위, 직원들이 구현하는 가치, 조직의 제품이 세상에 기여하는 바를 나타낸다. 연구 결과들은 미션 성명에 가치를 명확하게 나타낸 기업들의 성과가 더 좋다는 것을 밝혀냈다.

> **마이크로소프트의 예:** 마이크로소프트는 "전 세계 사람들과 기업들이 잠재력을 최대한 실현"할 수 있도록 지원한다는 비전을 뒷받침할 여러 핵심 가치를 파악했다. 예를 들면, "더 나은 세상을 위해 크고 작은 방식으로 기여할 수 있는" 혁신과 "건전한 사업 관행을 기반으로 안전하고 사적이며 믿을 수 있는 컴퓨팅 경험을 제공"하는 신뢰할 수 있는 컴퓨팅에 대한 필요성이 포함된다.

2단계: 현상황 진단 두 번째 단계는 조직의 현상황 진단을 통해 조직의 현재 위치를 살펴보고 조직의 미션 달성에 있어 효율성과 효과성을 극대화하는 데 도움이 되는 것과 그렇지 않은 것을 확인하는 것이다. 현상황을 진단하기 위해 활용할 수 있는 도구로는 SWOT 분석, VRIO 분석, 예측 그리고 벤치마킹이 있으며 이에 대해서는 섹션 03에서 살펴본다.

> **마이크로소프트의 예:** 마이크로소프트는 현상황의 급진적인 변화를 경험한 기업의 좋은 예이다. 윈도우(Windows) 운영 체제와 오피스(Office) 제품군으로 유명한 마이크로소프트는 2005년 데스크탑 소프트웨어 판매로 수익의 약 80%를 달성했다(데스크탑 소프트웨어는 컴퓨터에 저장된다). 하지만, 2008년에 아마존(Amazon)과 같은 경쟁업체들은 인터넷에서 저장되고 실행되는 소프트웨어인 클라우드 기반 소프트웨어를 출시했다. 클라우드 혁신으로 인해 고객들이 소프트웨어를 온라인으로 제공할 수 있는 새로운 방법을 모색함에 따라 마이크로소프트는 혼란에 빠졌다. 마이크로소프트는 뒤처지지 않기 위해 자원을 신속하게 활용하고 시장에 솔루션을 제공해야 했다.

전략 본부. 워싱턴 주의 레드몬드에 위치한 마이크로소프트 본사는 경영자들이 기업·사업·기능 수준의 전략을 수립하는 곳이다.

3단계: 기업·사업·기능 전략 수립 다음 단계는 광범위한 미션과 비전 성명을 기업 전략에 반영하는 것이다. 기업 전략은 현상황 진단 후 조직이 미션을 어떻게 달성해야 하는지를 설명한다. 세 가지 일반적인 대규모 전략은 앞으로 학습하게 될 성장·안정·방어 전략이다.

마이크로소프트의 예: 마이크로소프트는 성장하면서 시장의 리더로 남기 위해서 진화해야 한다는 것을 인식하였다. 전 CEO였던 스티브 발머(Steve Ballmer)는 2010년 회사가 클라우드 기반 조직이 되는 데 '올인'했다고 말했다. 몇 년 후 CEO로 부임한 사티아 나델라(Satya Nadella)는 회사의 클라우드 기반 플랫폼인 애저(Azure)를 활용하여 마이크로소프트를 위한 모바일 우선(mobile-first) 및 클라우드 우선(cloud-first) 전략을 공식적으로 도입했다.

전략 경영에서는 전략의 대안들을 적절하게 평가하여 전략적 목표를 달성하기 위한 최상의 대안을 선택해야 한다. 전략 수립은 여러 전략 중 최선의 전략을 선택하여 조직의 요구에 가장 적합하도록 변경하는 과정을 의미한다. 전략 수립은 중요하고 향후 1~5년 동안 조직의 장기적인 목표가 무엇인지를 결정하는 전략 계획으로 보다 구체화되어야 하기 때문에 시간이 오래 걸리는 과정이다.

섹션 04와 05에서는 경영자가 기업 수준 전략과 사업 수준 전략을 수립하는 과정에 대해 각각 살펴볼 것이다.

4단계: 전략 실행 전략 실행이란 전략 계획을 실행에 옮기는 것이다. 전략 계획은 조직 내 하위 수준의 계획으로 구체화되어야 한다. 최고 경영자는 조직 구조와 문화 안에서 발생한 장애물을 확인하고, 계획을 실행하는 데 필요한 적합한 사람과 통제 시스템이 활용 가능한지를 확인해야 한다. 전략 실행은 성공에 필수적이고 리더의 관여가 중요하며 경영자에게 가장 큰 도전 과제가 된다.

마이크로소프트의 예: 마이크로소프트는 소프트웨어, 게임, 개인용 컴퓨팅 제품을 포함한 새로운 제품을 제공하기 위한 기반으로 애저 플랫폼을 활용했다. CEO 사티아 나델라는 "우리의 모든 솔루션은 핵심 지능형 클라우드(core intelligent cloud)와 지능형 엣지 플랫폼(intelligent edge platform)을 강화하고 있다."라고 말했다. 마이크로소프트는 빠르게 변화하는 클라우드 시장에서 야망을 더욱 확장하기 위해 조직 구조를 재편했다. 예를 들어, 클라우드 기반 인공 지능은 이제 여러 경영진에게 분할되어 있으며, 윈도우의 우선순위는 낮아졌다. 마이크로소프트는 2013년부터 수십 개의 클라우드 스타트업들도 인수했는데, 이는 아마존이 인수했던 기업 숫자의 거의 2배에 해당된다.

5단계: 전략 통제 및 유지 전략 통제는 전략 실행을 모니터링하고 필요한 경우 조정하는 것을 의미한다. 전략 계획을 문제없이 유지하기 위해 경영자는 진행 상황을 모니터링하고 일이 잘못되기 시작할 때 초기에 신속하게 시정 조치를 취할 수 있는 통제 시스템을 마련해야 한다. 시정 조치는 경영자가 문제를 해결하기 위해 정책을 재고하고, 예산을 재조정하거나, 인력 배치를 개선하기 위해 초기 단계로 되돌아가야 하는 피드백 루프(feedback loop)로 구성된다.

마이크로소프트의 예: 마이크로소프트에는 고객들이 윈도우 운영 시스템과 관련된 문제를 겪을 때 회사에 실시간으로 피드백을 제공할 수 있도록 설계된 소프트웨어 오류 보고 시스템이 있다. 이 시스템을 통해 회사는 오류를 빠르게 파악하고 사용자들에게 해결책을 제공할 수 있다. 피드백은 향후 제품 개발에도 활용된다.

종합해 보면, 마이크로소프트의 전략은 분명 효과가 있었다. 마이크로소프트의 매출은 2018년과 2019년 사이에 14% 증가했다. 이 같은 매출 증가는 39%의 매출 상승을 이룬 마이크로소프트의 상업용 클라우드 사업부(commercial cloud division)에서 비롯되었다. CEO 나델라는 회사의 클라우드 기반 전략이 "대규모 다년 상용 클라우드 계약을 체결하고, 회사 기술의 모든 계층에 걸쳐 성장 중인 모멘텀(momentum)을 증가시키고 있다."라고 설명했다.

6장의 뒷부분에서 전략 경영 프로세스의 단계에 대해 자세하게 살펴볼 것이다.

SECTION

03 현상황 진단

대규모 전략을 개발하기 위해서는 SWOT 분석, VRIO 분석, 예측 그리고 벤치마킹과 같은 도구를 활용하여 데이터를 수집하고 예측해야 한다.

학습 목표

경쟁 환경을 진단하는 방법을 설명한다.

5장과 그림 6.2를 통해 전략 경영 프로세스의 첫 번째 단계가 조직의 미션·비전·가치 성명을 설정하는 것임을 알게 됐다.

전략 경영 프로세스의 두 번째 단계는 현상황을 진단하는 것인데, 조직이 내·외부적으로 어디에 있는지를 살펴봄으로써 잘 운영되고 있는 것과 그렇지 않은 것을 파악하고, 지속가능한 경쟁 우위를 창출하기 위해 무엇을 바꿀 수 있는지 알아보는 것이다. 지속가능한 경쟁 우위는 고객에게 제공하는 가치를 다른 회사에서 따라 할 수 없을 때 생긴다. 현상황을 진단하는 것은 수익이 발생하는 자금 출처, 작업 흐름의 과정, 조직 구조, 고객 만족, 직원 이직 등과 같이 조직이 하는 모든 일에 대해 객관적인 관점을 수립하는 데 도움이 된다.

현상황을 진단하는 도구로는 SWOT 분석, VRIO 분석, 예측, 벤치마킹이 있다.

SWOT 분석

SWOT 분석은 회사가 경쟁 우위를 가졌는지에 대한 이해를 얻을 수 있는 유익한 방법이다. SWOT 분석은 기업의 강점(strength), 약점(weakness), 기회(opportunity), 위협(threat)을 평가하는 상황 분석을 의미한다. 3장에서 조직의 내·외부 환경에 대해 학습했는데(그림 3.1 참조), SWOT 분석은 조직의 내·외부 환경에 대한 현실적인 이해를 제공하여 조직의 미션을 추구하는 전략을 더 잘 수립할 수 있게 해 준다(그림 6.3 참조).

SWOT 분석은 조직 내부의 강점과 약점을 파악하는 내부 환경 분석과 조직 외부의 기회와 위협을 파악하는 외부 환경 분석으로 구성된다. 한 연구 결과에 따르면, 오늘날의 조직들은 18개월 이하의 주기마다 조직 내·외부의 환경을 분석해야 할 필요가 있다고 한다.

그림 6.3 SWOT 분석

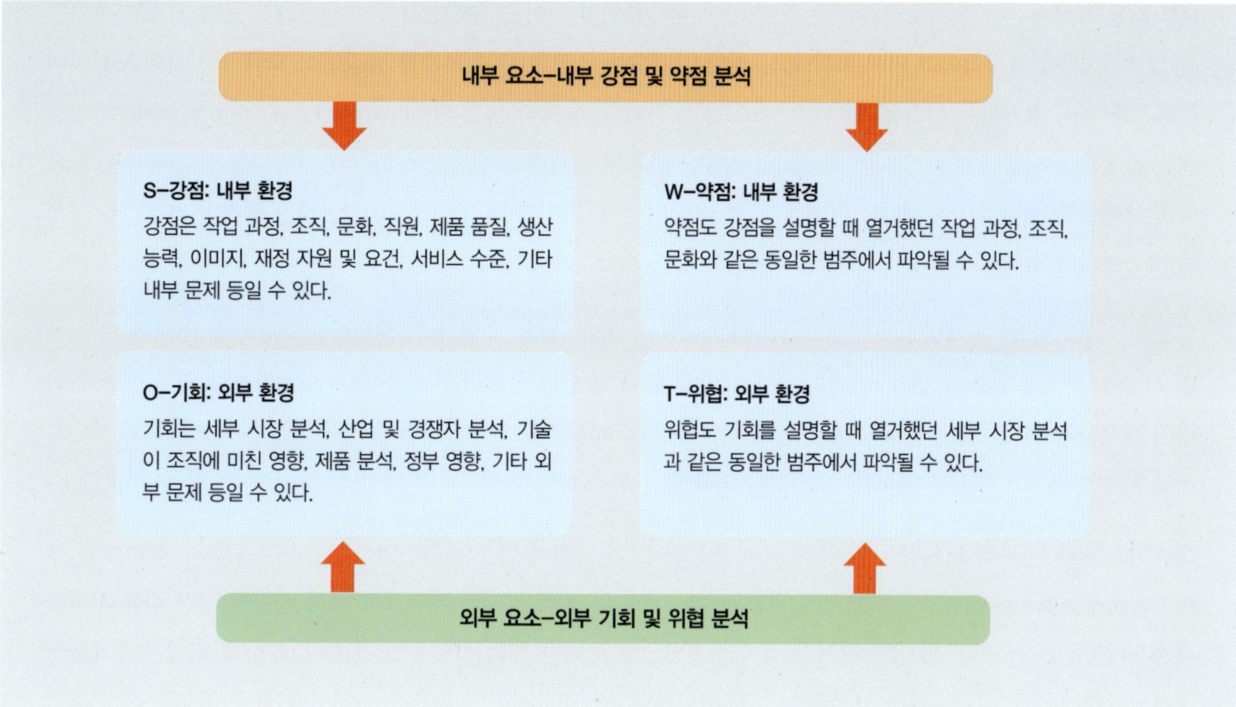

내부 환경: 내부 강점 및 약점 분석 숙련된 인력, 우월한 평판, 강력한 자금 조달 능력 등은 비전을 추구하는 전략을 실행하는 데 있어 조직에 특별한 역량과 경쟁 우위를 제공하는 강점의 예이다. 그리고 더 이상 사용하지 않는 기술, 오래된 시설, 마케팅 활동의 어려움 등은 조직의 약점, 즉 조직이 비전을 추구하는 전략을 실행하는 데 방해가 되는 문제점들의 예가 된다.

외부 환경: 외부 기회 및 위협 분석 약한 경쟁 기업, 신규 시장 진출, 경기 호황 등은 조직이 경쟁 우위 확보를 위해 이용할 수 있는 기회 요소들의 예이다. 그리고 새로운 규제, 자원 부족, 대체 상품 등은 조직의 경쟁 우위 확보를 방해하는 위협 요소들의 예가 된다.

다음의 예는 일본 최대 자동차 제조업체인 도요타에 SWOT 분석을 적용한 사례를 설명한다.

도요타 자동차의 SWOT 분석

도요타(Toyota)는 1937년부터 자동차를 생산하기 시작하여 현재 170개국 이상에서 판매하고 있다. 최상위 시장 중 하나는 북미이고, 다른 하나는 본사가 소재한 일본이다. 고급 브랜드인 렉서스(Lexus)와 함께 도요타는 코롤라(Corolla), 캠리(Camry), 아발론(Avalon), 시에나(Sienna), 레브포(RAV4), 하이랜더(Highlander), 프리우스(Prius) 등의 모델을 판매한다. 도요타는 자동 운전 및 인공 지능에 대규모 투자를 계획하고 있으며, 2019년에는 169억 6천만 달러의 영업 이익을 달성하기도 하였지만, 리콜 및 중국발 코로나 사태로 인해 어려움을 겪게 되었다.

여러분이 만약 도요타의 최고 경영자라면 SWOT 분석을 통해 어떠한 강점, 약점, 기회, 위협을 확인할 수 있을까?

내부 강점 '도요타 방식(Toyota Way)'은 조립 라인에서 회의실에 이르기까지 지속적인 개선과 낭비 최소화의 가치를 강조했다. 이 혁신적이고 많이 따라 하는 철학은 계획에 초점을 두고 문제를 숨김없이 파악하기 위해 노력하며 팀워크를 높이 평가하는 문화를 개발하는 데 도움이 되었다. 도요타 생산 방식(Toyota Production System)이라 불리는 품질과 신뢰성에 대한 회사의 지속적인 집중은 하나의 강력한 브랜드로서 회사의 이미지를 강화해왔다. 도요타의 모델들은 정기적으로 제이디 파워(J.D. Power)의 성능 순위를 매기는데, 2019년에는 캠리와 야리스가 고성능 자동차로 선정되었다.

도요타는 강력한 연구 개발(research and development: R&D)로도 유명하다. 도요타는 7개국에 20개의 연구 개발 시설을 갖추고 있으며, 2019년에는 연구 개발을 위해 약 100억 달러를 지출했다. 도요타보다 연구 개발에 더 많이 지출하는 회사는 폭스바겐(Volkswagen)과 다임러(Daimler)뿐이다. 도요타의 연구 개발은 베스트셀러 하이브리드 차량인 레브포와 같은 혁신을 가져왔다. 또한 현금 보유 상태가 견고하며 엄청난 브랜드 가치를 갖고 있다.

내부 약점 2000년부터 도요타는 (미국의 범죄 조사와 12억 달러의 벌금의 원인이 된) 가속기 고장과 조향 핸들 축관(steering columns) 불안정 및 에어백 결함(faulty airbags) 등의 잠재적 위험으로 인해 널리 알려진 리콜 사태를 겪게 되었다. 2016년과 2018년 사이에 에어백 결함으로 수백만 대의 차량을 또 한번 리콜하게 되면서 문제들이 지속되었다. 6장의 앞부분에서 언급했듯이 2019년에서 2020년 사이에 도요타는 에어백 품질 문제를 계속 겪었고 일부 결함은 사망 사고로 이어질 수도 있었다. 도요타는 이 기간 동안에만 340만 대의 차량을 리콜해야 했다. 일부 애널리스트들은 도요타의 설계 과정이 비효율적이어서 부품 결함이 증가하고 있다고 말한다. 이 같은 리콜은 소비자의 신뢰를 무너뜨리고 회사 매출에도 악영향을 미치고 있다.

외부 기회 앞으로 하이브리드 자동차에 대한 수요는 증가할 것인데, 도요타가 하이브리드 자동차에 투자해왔기 때문에 이익을 얻는 데 도움이 될 것이다. 또한 전 세계 기업들은 다음의 큰 기회로 자율주행차를 예상하고 있다. 심지어 구글(Google)도 자율주행차에 필요한 기술을 개발하기 위해 포드(Ford), 테슬라(Tesla) 및 다른 업체들과 협력 중이다. 도요타도 앞으로 10~20년 동안 자율주행차를 개발할 수 있다고 믿지만, 다른 자동차 회사들처럼 인공 지능 및 자율주행차에 대해 장기적인 관점을 취하는 중이다. 도요타의 수석 부사장인 시게키 토모야마(Shigeki Tomoyama)는 "처음부터 우리는 자율주행차가 시간이 많이 걸리는 일이 될 것으로 생각했다."라고 말했다.

도요타는 신규 시장 진출도 모색하고 있다. 2018년, 50개국 이상이 아프리카 대륙 자유무역협정(African Continental Free Trade Agreement)에 서명한 후 아프리카 국가 간의 무역을 촉진할 기회가 생겼다. 도요타는 2020년 케냐의 물류 스타트업인 센디(Sendy)에 760만 달러를 투자했다. 센디는 동아프리카 국가들을 통해 물건을 더 쉽게 옮길 수 있는 기술을 제공한다.

도요타 야리스 하이브리드

외부 위협 환율 변동은 자주 모든 글로벌 기업에게 위협이며 도요타도 예외는 아니다. 예를 들어, 호주에서 가장 많이 팔리는 자동차인 도요타 하이럭스(HiLux)는 태국 바트 대비 호주 달러의 약세로 매출 감소를 겪었다(도요타는 태국에서 하이럭스를 생산한다). 도요타의 제조 공장 역시 위협에 직면했는데, 코로나바이러스 전염병으로 인해 2020년 중국에서 도요타 공장 12개가 일시적으로 폐쇄됐다.

당신의 생각은?

도요타가 향후 더 잘 활용할 수 있는 내부 강점은 무엇인가? 해결해야 할 가장 중요한 내부 약점은 무엇인가? 도요타는 현재 모든 외부 기회를 활용할 수 있는 상황인가? 어떤 외부 위협을 우선적으로 해결해야 하며 그 이유는 무엇인가?

VRIO 분석

경영자는 회사나 제품이 시장에서 경쟁 우위를 가지고 있는지를 어떻게 판단할까? 연구자들은 이 질문에 답하기 위해 회사의 자원과 능력에 대한 평가가 필수라고 말한다. VRIO 분석은 이를 평가하는 방법 중 하나이며, 세계화되고 경쟁이 치열해진 시장에서 경쟁에 필요한 자원들의 집합을 잘 이해하는 데 도움이 된다.

VRIO(알파벳 순서대로 'V-R-I-O'라 발음)는 가치성(value), 희귀성(rarity), 모방가능성(imitability), 조직화(organization)에 대한 네 가지 질문에 답함으로써 경쟁력 있는 전략의 잠재성을 파악할 수 있도록 자원이나 역량을 분석하는 데 사용되는 틀이다. 네 가지 질문은 그림 6.4에 나와 있다.

VRIO는 가치성, 희귀성, 모방가능성, 조직화에 대한 네 가지 질문을 통해 기업의 경쟁력을 분석하는 도구이다. 각 질문에 예라고 대답하면 자원이나 역량, 다시 말해 비즈니스 아이디어가 경쟁 우위를 가지고 있음을 의미한다(그림 6.4 참조). VRIO의 각 요소를 도요타의 자율주행차 투자에 적용하여 이해해 보자.

가치성: 자원이나 역량이 가치 있는가? 가치성은 회사가 기회를 이용하거나 위협을 무력화할 수 있는 자원이나 역량을 갖고 있는지 여부를 의미한다. 만약 갖고 있다면, 그러한 자원이 회사에 경쟁 우위를 제공하고, 갖고 있지 않다면 경쟁 열위에 놓이게 된다.

> **도요타의 예:** 가치성은 시장 잠재력에서 나온다. 업계 전문가들은 자율주행차의 세계 시장이 2050년에 7조 달러를 넘어설 것으로 추정하고 있으며, 2050년쯤에는 약 3억 대의 자율주행차가 도로 위를 달리고 있을 것이라 말한다. 자율주행차를 생산하는 것은 실제로 가치가 있을 수 있다.

희귀성: 자원이나 역량을 현재 소수의 회사 혹은 우리 회사만이 통제하고 있는가? 만약 그렇다면, 최소한 일시적으로 경쟁 우위를 확보할 수 있다. 만약 그렇지 않다면, 경쟁업체보다 뒤쳐지지는 않기 때문에 최소한 경쟁 우위가 동등하다.

그림 6.4 VRIO 분석

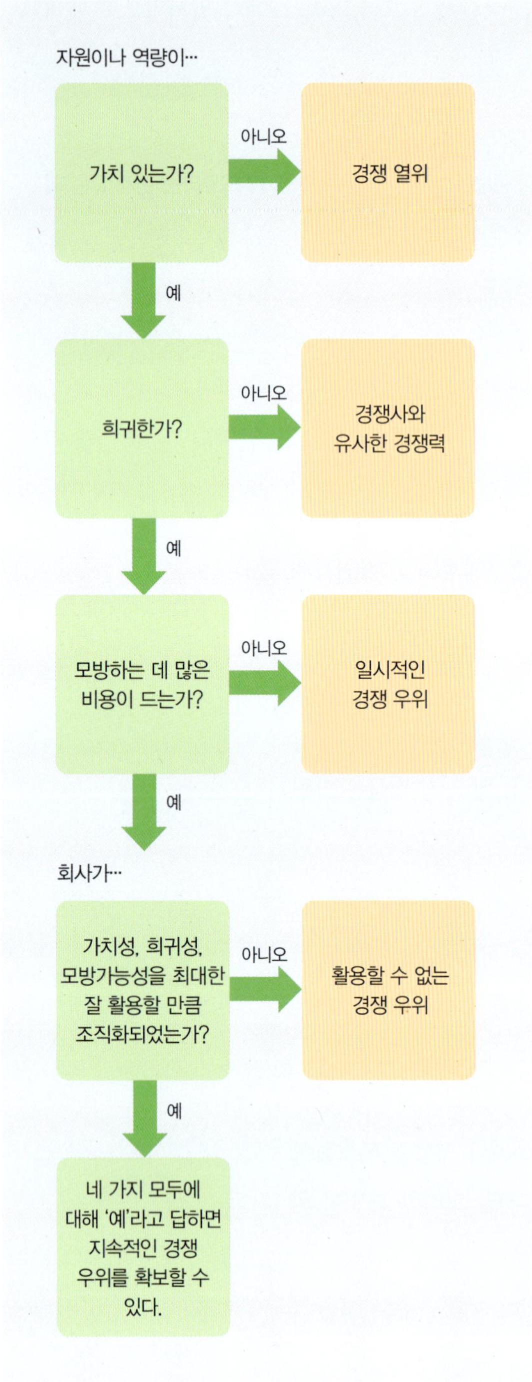

도요타의 예: 현재 40개 이상의 회사가 자율주행차를 개발 중이다. 여기에는 전통적인 자동차 제조업체, 기술 브랜드, 이동통신 회사들이 포함된다. 이를 감안할 때 도요타는 경쟁 우위가 없다.

모방가능성: 다른 기업에서 모방하는 데 많은 비용, 자원, 역량이 필요한가? 만약 그렇다면, 확실히 경쟁 우위를 갖게 된다. 만약 그렇지 않다면, 다른 회사가 큰 비용을 들이지 않고 시장에 진입할 수 있기 때문에 일시적으로만 경쟁 우위를 갖게 된다.

도요타의 예: 자율주행 기술에 투자하기 위해서는 수십억 달러가 필요하다. 실제로 폭스바겐은 자율주행 기술에 542억 달러를 투자해 시장을 주도해 왔다. 도요타는 43억 2천만 달러를 투자하여 현재 업계 4위이다. 도요타의 시장 점유율과 현금은 일시적인 경쟁 우위를 제공한다.

조직화: 회사가 자원이나 역량을 활용할 수 있도록 조직화되었는가? 연구 결과에 따르면, 조직 구조는 기업이 기존 자원과 역량을 확장하고 활용하는 데 도움이 된다고 한다. 가치성, 희소성, 모방가능성의 질문에 '예'로 답했다고 가정했을 때, 회사가 필요한 구조, 문화, 통제 시스템, HR 정책을 갖추고 있고 나아가 원활한 자금 조달이 가능하다면 회사는 앞으로 나아갈 수 있는 충분한 경쟁력을 갖춘 것처럼 보일 것이다. 그렇지 않을 경우에는 일시적인 경쟁 우위만 가지게 된다.

도요타의 예: 도요타는 2020년대 초에 첫 번째 자율주행차를 출시할 계획이지만, 아직 이를 위해서는 할 일이 많이 남아 있다. 가장 중요한 것은 연구 단계에서 생산 단계로 넘어가기 위해 소프트웨어 엔지니어의 고용을 크게 늘려야 한다는 것이다. 엔지니어 고용을 통해 필요한 하드웨어와 소프트웨어를 완전히 개발할 수 있을 뿐만 아니라 기술 비용 또한 절감할 수 있다. 도요타의 고급 개발 연구소(Toyota Research Institute-Advanced Development)의 CEO 제임스 커프너(James Kuffner)는 "연구 프로토타입을 만드는 것을 떠올려 본다면 데모를 만드는 것은 매우 쉽지만, 제품을 만드는 것은 정말 어렵다."라고 말한다. 도요타의 조직화는 현재 경쟁 우위를 제공하지 않는 것 같다.

예측

조직의 강점, 약점, 기회, 위협을 분석한 후 사업 계획 담당자들은 장기 전략 수립을 위한 예측을 실시해야 한다. 예측은 미래에 대한 비전 또는 전망을 의미한다.

물론 많은 사람들이 종종 틀린 예측을 한다. 1950년대에 IBM의 수장이었던 토머스 왓슨(Thomas J. Watson)은 컴퓨터에 대한 수요가 전 세계적으로 다섯 대를 넘지 않을 것으로 추정하였다. 1990년대 후반에 많은 컴퓨터 전문가들은 1999년에서 2000년으로 넘어가면서 컴퓨터 결함(Y2K 버그)이 발생해 정전, 물 문제, 운송 중단, 은행 폐쇄 그리고 훨씬 더 심각한 상황이 일어날 것으로 예측했다.

물론, 먼 미래를 예측할수록 정확해지기 어렵고, 특히 기술에 대한 예측은 더욱 어렵다. 그러나 예측은 계획의 필수적인 부분이며 연구 결과들은 여러 관점을 고려하는 경영자가 한 가지 관점에만 베팅하는 경영자보다 더 나은 예측을 하는 것을 밝혀냈다.

추세 분석 추세 분석(trend analysis)은 과거의 일련의 사건들을 바탕으로 가설적으로 미래를 예측하는 것이다. 가장 기본적인 가정은 현재의 그림이 미래로 투영될 수 있다는 것이다. 과거에 대한 충분한 데이터가 있는 경우 미래가 과거의 투영된 모습이라는 가정은 그릇된 가정은 아니지만, 항상 뜻밖의 결과를 수반할 수 있다. 신뢰할 수 없는 데이터는 잘못된 추세 예측으로 이어진다.

과거 데이터의 패턴을 바탕으로 미래 데이터를 예측하는 시계열 예측(time-series forecast)은 추세 분석의 예이다. 시계열 예측은 장기적인 추세, (경기 주기의 오르내리는 특성과 같은) 순환 패턴 그리고 (휴일 판매와 여름 판매와 같은) 계절적 변동을 예측하는 데 사용된다.

상황 계획 사업 전략을 비효과적으로 만들 수 있는 예기치 않은 환경 변화에 기업들은 취약하다. 시나리오 분석(scenario analysis)이라고도 알려진 상황 계획(contingency planning)은 가설적이지만 발생가능성이 동일한 미래의 상황을 예상하는 것이다.

경영자는 다양한 시나리오에 대한 대안적인 계획들을 세운 다음 당면한 상황에 가장 적합한 계획을 활용하는 방식으로 상황 계획 기법을 활용한다.

애플(Apple)은 상황 계획을 세우지 않아 재무 성과가 감소하게 된 회사 중 하나이다. 애플은 전 세계적으로 판매하는 제품의 대부분을 중국 제조업체에 의존하고 있으면서도 발생할 수 있는 잠재적인 중국 공급망 문제를 처리할 계획을 세우지 않았다. 2020년 코로나바이러스 전염병이 전 세계적으로 대유행하면서 중국에서 필요한 부품들을 조달할 수 없었고, 이로 인해 예측했던 수익을 달성하지 못하게 되었다.

예측하는 의사들. 데보라 벅스(Deborah Birx, 왼쪽) 의사와 앤서니 파우치(Anthony Fauci, 오른쪽) 의사가 2020년 3월 백악관에서 코로나바이러스 감염 예측에 관해 설명하고 있다.

월스트리트 저널(Wall Street Journal)은 "아시아에서 유럽으로 이어지는 조립 라인이 중국에서 만들어진 부품의 신속한 공급에 의존하게 되면서 이러한 문제가 전 세계 공급망으로 확대되고 있다. 애플은 모멘텀을 되찾는 조짐을 보였지만, 코로나 바이러스로 인해 사업에 위협을 받고 있다."라고 결론지었다. 애플의 예에서 핵심은 오늘날의 비즈니스 환경이 빠르게 변화하고 있으며, 점점 더 많은 조직들이 환경의 불확실성에 대응하여 시나리오 계획을 사용한다는 것이다. 다음의 예는 상황 계획이 해외로 진출하려는 기업에 얼마나 중요한지를 보여 준다.

해외 진출 시 상황 계획의 필요성

인도는 세계에서 가장 탐나는 전자 상거래 시장 중 하나이다. 아직 인터넷을 사용하지 않는 사람이 6억 8,500만 명에 달하며, 전문가들은 전자 상거래 매출이 2026년까지 2천억 달러로 증가할 것으로 예상한다. 세계 최대 소매업체 중 하나인 월마트(Walmart)는 이러한 통계를 바탕으로 2018년에 플립카트(Flipkart)를 160억 달러에 인수하기로 결정했다. 플립카트는 의류, 대형 가전제품, 보석을 포함한 80개 이상의 품목에서 8천만 개 이상의 제품을 판매하는 인도 최대의 전자 상거래 시장이다. 2007년에 서비스를 시작한 플립카트는 현재 1억 명의 사용자들을 보유하고 있다.

인도가 전자 상거래 규제를 변경하기 전까지만 해도 전자 상거래 선도 업체를 인수하여 성장 중인 전자 상거래 시장으로 확장하려는 월마트의 계획은 좋은 계획처럼 보였다. 하지만, 월마트가 플립카트를 인수한 지 1년이 지난 시점에 인도 의원들은 외국 기업이 자국 제품을 온라인으로 판매하는 것을 금지하는 법률을 제정했다. 이 법은 인도의 소기업과 월마트, 아마존과 같은 다국적 기업 간의 공정한 경쟁의 장을 마련하기 위해 제정된 것이다. 인도에는 약 1,200만 개의 영세 소매업체들이 있는데, 인도 식료품 유통 부문의 90%를 장악하고 있다. 새로운 법안은 외국 소매업체의 현지 운영에 혼란을 초래하였다. 예를 들어, 월마트는 플립카트 시장에서 수천 개의 제품을 빼야 했다. 새로운 법안은 플립카트 플랫폼을 엄청난 혼란에 빠뜨렸고, 인도에서 월마트의 예상 수익 성장에 제동을 걸었다.

타격을 입은 것은 월마트의 온라인 재고뿐만이 아니었다. 월마트의 이미지 역시 타격을 입게 되었다. 델리에서 가장 큰 도매 시장의 상인들은 "플립카트의 목적은 사업이 아니라 독점과 통제"라고 말한다. 그들은 시장에서 마이크로 "돌아가! 돌아가!"를 연신 외쳤다. 월마트와 같은 기업들에 대적하기 위해 2019년 12월에만 700건의 시위를 벌였다.

모건 스탠리(Morgan Stanley)에 따르면, 인도에서 월마트의 도전은 더 이상 이어 나가기 어려운 상황이라고 한다. 2019년 2월에 월마트가 플립카트를 매각하는 것이 불가능한 일은 아니라고 전했다.

당신의 생각은?

월마트는 인도의 전자 상거래 법률 변화에 더 잘 대비하기 위해 어떻게 상황 계획을 활용할 수 있었을까?

벤치마킹

벤치마킹은 성과가 높은 회사와 자사의 성과를 비교하는 과정이다. 컨설팅 회사인 베인앤컴퍼니(Bain & Company)는 "벤치마킹의 목적은 우수한 성과의 예를 찾고 그 성과를 이끌어 내는 과정과 제도를 이해하는 것이다. 이후 기업은 모방이 아니라 혁신을 통해 이러한 모범 사례를 자체적인 운영에 맞춤화하고 통합함으로써 성과를 개선한다."라고 말한다. 예를 들어, 맥도날드(McDonald's), 버거킹(Burger King), 웬디스(Wendy's)와 같은 드라이브 스루 레스토랑 체인들은 효율성을 극대화하고 비용을 절감하며 수익을 높이기 위해 끊임없이 서로를 관찰하고 벤치마킹한다. 이를 통해 창문 수, 메뉴, 스피커 보드 및 주문 방식 등 드라이브 스루 구성에서 혁신이 이루어졌다.

레스토랑 외에도 다양한 산업 분야에서 벤치마킹이 목표 성과를 향상시키는 가치 있는 도구라는 연구 결과들이 있다. 투자 회사, 지방 정부, 항공사 등이 대표적인 예이다. 예를 들어, 찰스 슈왑(Charles Schwab)은 특정 주식 포트폴리오의 수익률을 경쟁업체와 비교하여 벤치마킹할 수 있다. 도시 역시 마찬가지로 지역, 국가 또는 세계의 다른 도시와 삶의 질을 측정하여 이를 바탕으로 벤치마킹할 수 있다.

드라이브 스루 비교. 콜로라도(Colorado)주 오로라(Aurora)에 위치한 웬디스(Wendy's)의 점심시간 드라이브 스루의 모습이다. 웬디스와 버거킹(Burger King) 고객은 드라이브 스루에서 각각 평균 3분 50초와 3분 55초 동안 기다린다. 맥도날드(McDonald's)의 평균 대기 시간은 4분 44초로 경쟁사들보다 한참 뒤떨어져 있다.

항공 산업은 정기적으로 벤치마킹을 활용하여 성과를 측정한다. 예를 들어, 사우스웨스트 항공(Southwest Airlines)은 정시 출발 및 수하물 분실 통계를 주요 경쟁업체 및 업계 전체와 비교할 수 있다.

그림 6.5는 정시 도착, 수화물 분실 불만 사항, 일반적인 불만 사항 및 전반적인 순위와 같은 기준으로 2019년에 9개의 미국 항공사들을 비교한 결과를 보여 준다.

그림 6.5는 델타 항공(Delta Airlines)이 미국 전체에서 1위를 차지했을 뿐만 아니라 가장 정시에 도착하는 항공사임을 보여 준다. 미국 최대 항공사인 아메리칸 항공(American Airlines)은 종합 순위에서 최하위를 기록했다. 아메리칸 항공의 운영 수석 부사장은 2019년 정비사들과의 노동 쟁의가 실적 부진의 원인이라 말했다.

그림 6.5 2019년 항공사 벤치마크

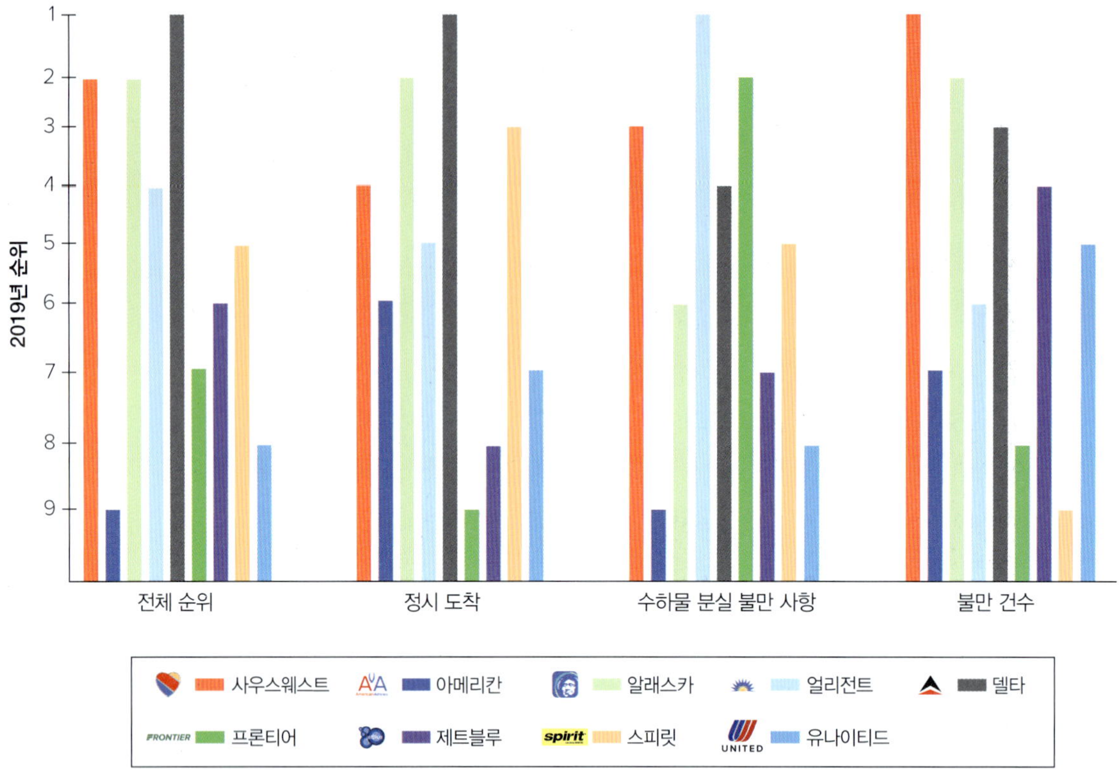

출처: S. McCartney, "The Best and Worst U.S. Airlines of 2019," The Wall Street Journal, January 15, 2020, https://www.wsj.com/articles/ the-best-and-worst-u-s-airlines-of-2019-11579097301?mod=searchresults&page=1&pos=3.

SECTION

04 기업 수준 전략

성장 전략, 안정 전략, 방어 전략은 보편적인 기업 수준의 전략이다. BCG 매트릭스와 다각화 전략은 기업 수준의 전략을 수립하기 위해 사용된다.

전략 경영 프로세스의 두 번째 단계인 현상황 진단 이후에는 기업 수준 전략에 집중해야 한다. 기업 수준 전략을 이해하는 세 가지 방법은 일반적인 대규모 전략, BCG 매트릭스 그리고 다각화 전략이다.

학습 목표

기업 수준 전략 수립의 세 가지 방법을 설명한다.

기업 전략의 세 가지 전반적인 유형

1. **성장 전략** 성장 전략(growth strategy)은 판매 수익, 시장 점유율, 직원 수, 고객 또는 (비영리 단체의 경우) 서비스를 제공하는 클라이언트 수와 같이 확장을 포함하는 대규모 전략이다.

종종 성장 전략은 (e-비즈니스 접근법을 사용하여 정보를 계산적으로 배포하는 경우와 같이) 제품이나 서비스의 혁신을 통해 시장 점유율 또는 이익을 늘리는 혁신 전략의 형태를 보인다. 혁신에 대해서는 10장에서 더 자세하게 학습한다.

룰루레몬의 예: 캐나다 의류 회사 룰루레몬(Lululemon)은 요가에서 영감을 받은 여성 의류 라인으로 1998년에 설립되었다. 최근에는 남성들에게도 어필하며 매출을 높이고 있다. 룰루레몬은 '고객, 홍보대사, 엘리트 운동선수들의 피드백'을 바탕으로 남성복으로 확장하기로 했다고 밝혔다. 2018년 매출(33억 달러)의 20%가 남성 의류라는 것은 의류 업체 룰루레몬의 성장 전략이 성공적이었다는 것을 입증한다. 2019년 남성 의류 매출은 계속해서 30% 이상으로 증가했으며, 회사는 2023년 말까지 남성 의류 사업을 두 배로 늘리는 것을 목표로 하고 있다. 이러한 성장을 통해 룰루레몬의 주가는 2019년에 91% 급등했다.

Prachaya Roekdeethaweesab/Shutterstock

핫한 전략? 타바스코는 앙트레(주요리)에 약간의 흥밋거리를 추가하는 데 관심이 있을 수 있지만, 회사 전략에 큰 변화를 생각하고 있지는 않다.

2. **안정 전략** 안정 전략(stability strategy)은 큰 변화를 거의 또는 전혀 포함하지 않는 대규모 전략이다. 타바스코 소스 제조업체인 매킬레니사(McIlhenny Company)는 이러한 전략을 사용하는 회사의 좋은 예이다. 에드먼드 매킬레니(Edmund McIlhenny)는 1868년에 남부 음식에 '맛과 감동'을 주기 위해 최초로 타바스코

핫소스를 생산했다. 오늘날 타바스코 소스는 25개 언어와 방언으로 표기되어 있으며, 180개국 이상에서 판매되고 있다. 회사는 수십 년 동안 일곱 가지 맛의 제품을 추가했지만, 회사의 전략에는 큰 변화가 없었다.

3. **방어 전략** 방어 전략(defensive strategy) 또는 축소 전략은 조직의 노력을 줄이는 것을 포함하는 대규모 전략이다. 캐나다의 비행기 및 기차 제조업체인 봄바디어(Bombardier)는 방어 전략을 채택하여 상용 제트기 부문을 매각하기로 결정했다. 이 회사는 현재 캐나다 정부 대출에 의존하여 생존하고 있으며, 상용 제트기에 대한 수요 감소와 기차 부문의 제조 문제로 인해 발생한 약 90억 달러의 부채를 줄여야 한다. "봄바디어는 현재 보유한 세 가지 사업 부문으로 살아남을 수 있을까? 그 대답은 '아니오'"라고 퀘벡 경제부 장관인 피에르 피츠기본(Pierre Fitzgibbon)은 말한다.

세 가지 전략의 변형은 표 6.1에 나와 있다.

표 6.1 기업 수준 전략을 실행하는 방법

성장 전략
• 더 많은 구매자를 유인하기 위해 기존 제품이나 서비스를 개선할 수 있다. • 시장 점유율 확대를 위해 홍보 및 마케팅 활동을 늘릴 수 있다. • 유통이나 제조를 담당하는 다른 조직을 인수하여 운영을 확장할 수 있다. • 새로운 제품이나 서비스로 확장할 수 있다. • 유사하거나 상호 보완적인 사업을 인수할 수 있다. • 다른 회사와 합병하여 더 큰 회사를 만들 수 있다.
안정 전략
• (예를 들어, 너무 빠른 성장으로 인해 주민 시 문제나 고객 불만 사항의 증가를 발견했을 경우) 전략을 변경하지 않을 수 있다. • (예를 들어, 회사가 엄청난 속도로 성장하고 있고 정리할 수 있는 기간이 필요하다고 느끼는 경우) 약간의 변화를 주는 전략을 활용할 수 있다.
방어 전략
• 고용을 동결하거나 비용을 줄임으로써 비용을 절감할 수 있다. • 토지, 건물, 재고 등 자산을 매각(청산)할 수 있다. • 제품 라인이나 서비스를 단계적으로 폐지할 수 있다. • 사업 부문 전체 혹은 자회사를 매각하는 것과 같이 사업의 일부를 처분할 수 있다. • 파산을 선언할 수 있다. • 수익성 회복을 위해 구조 조정을 실시할 수 있다.

BCG 매트릭스

보스턴 컨설팅 그룹(Boston Consulting Group: BCG)에서 개발한 BCG 매트릭스는 기업이 (1) 비즈니스 성장률과 (2) 시장 점유율을 기준으로 전략적 사업 단위를 평가하는 전략이다. 비즈니스 성장률은 산업 전체가 얼마나 빠르게 성장하는지를 나타낸다. 시장 점유율은 경쟁업체와 비교한 사업 단위의 시장 점유율을 나타낸다. 회사 포트폴리오의 각 사업부를 평가하는 목적은 회사의 재무 자원을 관리하는 가장 효과적인 방법을 파악하는 것이다. 일반적으로, BCG

매트릭스는 시장 점유율이 낮고 느리게 성장하는 시장보다 시장 점유율이 높고 빠르게 성장하는 시장에서 조직이 좋은 결과를 낼 것이라고 제시한다. 아래에서 이러한 개념들을 더 자세히 살펴보자(그림 6.6 참조).

일반적으로, 캐쉬 카우(cash cow)라 불리는 하나 이상의 성공적이지만 느리게 성장하는 사업 단위에서 얻은 이익을 성장하는 시장에서 강력한 잠재력을 보여 와서 적절하게 자금을 조달해야 하는 스타(star)에 투자하여 기업을 운영해야 한다. 마찬가지로, BCG 매트릭스는 미래에 수익을 창출하지 못할 가능성이 있어서 세밀하게 모니터링해야 하는 위험한 사업 단위인 물음표(question mark)를 파악해야 한다. 마지막 범주인 도그(dog)는 더 이상 성공하기 어려워서 폐쇄하거나 매각해야 하는 사업 단위를 나타낸다.

그림 6.6 BCG 매트릭스

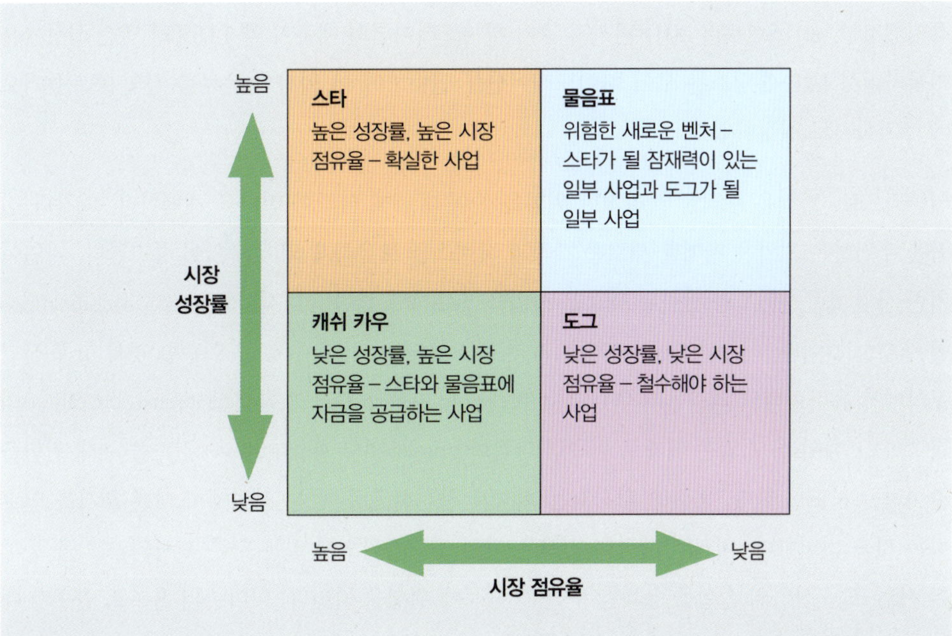

BCG 매트릭스를 활용하여 델(Dell)을 분석해 보자. PC 시장의 전체적인 성장 둔화에도 PC 사업은 계속해서 '캐쉬 카우' 역할을 하며 2018년에 델이 20억 달러의 이익을 거두게 된다. 델은 이 시장에서 시장 점유율이 매우 높다. 다시 말해, 개인용 컴퓨터 부문에서 여전히 상당한 이익을 얻어서 이를 다른 제품, 특히 스타에 투자한다. 델의 혁신적인 초박형(ultrathin) 모니터는 일부 디자인 변경을 거쳤으며, 이를 통해 여전히 성장 중인 시장에서 높은 성장률과 높은 시장 점유율로 스타로 성장할 수 있을 것으로 예상된다. 델의 클라우드 컴퓨팅(cloud computing) 시장 진입은 다른 기업들이 이미 빠르게 진출 중인 시장이기 때문에 물음표로 간주된다. 반면, 델의 스마트폰은 애플(Apple)과 같은 거물급 회사들과 경쟁하기 어려웠다. 한 애널리스트는 델의 제품이 고객들의 욕구와 선호를 충족시키지 못했다고 말했다. 높은 투자와 낮은 수익은 델의 스마트폰을 도그로 만들었다.

BCG 매트릭스의 단점 중 하나는 경영자들이 사업 단위를 잘못 구분하기 쉽다는 것이다. 예를 들면, 여전히 투자가 필요한 캐쉬 카우에 실수로 투자를 보류하거나 아직 번창할 수 있는 사업 단위를 도그 사업이나 도그 제품군으로 치부할 수도 있다.

다각화 전략

아마존(Amazon)이 홀푸즈(Whole Foods)를 인수하고 CVS가 애트나(Aetna)를 인수한 것과 같이 새로운 사업 분야로 이동하는 전략을 다각화 전략이라고 한다. 다른 예는 독일 투자 회사인 JAB 홀딩스(JAB Holdings)가 음료 브랜드인 코어 하이드레이션(Core Hydration)을 인수한 것이다. 코어 하이드레이션은 영양이 강화된 프리미엄 생수와 유기농 과일 음료를 생산한다. 이 회사는 JAB 홀딩스의 큐리그 닥터 페퍼(Keurig Dr Pepper) 사업부와 긴밀한 유통 관계를 유지했지만, 2015년부터 2018년까지 코어 하이드레이션의 매출이 약 115%의 연간 성장률을 기록하면서 JAB 홀딩스는 코어 하이드레이션를 인수하여 이 회사의 음료를 사업 포트폴리오에 추가하기로 결정하였다.

일반적으로, 기업은 수익을 늘리거나 위험을 줄이기 위해 다각화 전략을 채택한다. 다각화 전략을 추진하는 기업은 판매할 새로운 제품과 서비스를 보유하게 되어 수익이 증가한다. 기업이 기존 사업 포트폴리오와 관련된 새로운 사업을 인수하면 관련된 다각화(related diversification)를 실행한 것이다. 디즈니(Disney)가 21세기 폭스(21st Century Fox)를 인수한 것과 항공 산업 분야에서 유나이티드 테크놀러지(United Technologies)와 로크웰 콜린스(Rockwell Collins)의 합병이 그 예이다. 기업은 때때로 비관련 다각화(unrelated diversification) 전략을 취해 위험을 줄이려는 시도를 한다. 비관련 다각화는 회사가 완전히 관련 없는 사업에서 다른 회사를 인수하는 것을 의미한다. 비관련 다각화 전략은 기업 포트폴리오에 있는 다른 회사의 이익을 통해 한 사업 또는 산업의 손실을 상쇄할 수 있기 때문에 위험을 줄인다. 아마존의 홀푸즈 인수가 대표적인 예이다. 홀푸즈 인수를 통해 아마존은 수백 개의 물리적인 매장에 접근할 수 있게 되었고 식품 산업으로의 진출이 견고해졌다.

조직은 수직적 통합(vertical integration)을 통해 다각화 전략을 추구할 수도 있다. 기업은 수직적 통합 과정에서 제품을 만드는 데 필요한 부품을 공급하거나 제품을 유통 및 판매하는 사업들로 확장한다. 수년 동안 할리우드(Hollywood) 스튜디오들은 영화를 제작할 뿐만 아니라 영화를 배급하고 자체 극장을 소유하면서 수직적 통합을 실행했다. 오늘날 애플(Apple)은 애플 TV+를 통해 자체적인 엔터테인먼트 프로그램을 제작 및 배포함으로써 수직적 통합을 실행하고 있다. 스타벅스(Starbucks)도 오랫동안 자체적으로 모든 커피를 구매하고 로스팅한 다음 스타벅스 매장을 통해 판매하는 수직적 통합 방식을 실천했다.

SECTION

05 사업 수준 전략

이번 섹션에서는 포터의 다섯 가지 경쟁 요소를 진단하는 것부터 살펴본다. 회사는 이러한 요소들을 진단하여 네 가지 유형의 경쟁 전략 중 하나를 선택할 수 있다. 이러한 학문적 접근법을 제너럴 일렉트릭의 전 CEO인 잭 웰치가 제안한 실무적인 방식과 비교해 본다. 잭 웰치는 리더가 사업 수준의 전략을 수립할 때 고려해야 할 다섯 가지 핵심 질문을 제시했다.

사업 수준 전략의 수립은 기업 전략에 포함된 세부 사항에서 시작된다. 사업 수준 전략 수립의 전반적인 목표는 기업이 사업을 운영하는 산업에서 어떻게 경쟁하기를 원하는지를 결정하는 것이다.

학습 목표

사업 수준 전략을 수립하기 위한 포터와 웰치의 방법에 대해 논의한다.

포터의 다섯 가지 경쟁 요소

특정 산업 내에서 경쟁력을 결정하는 것은 무엇일까? 전략 경영의 전문가인 마이클 포터는 다양한 사업을 연구한 후 산업 분석 모형을 통해 사업 수준 전략이 기업 환경의 다섯 가지 주요 경쟁 요소에서 결정된다고 제안했다. 다섯 가지 경쟁 요소는 (1) 신규 진입 기업의 위협, (2) 공급자의 교섭력, (3) 구매자의 교섭력, (4) 대체 제품 또는 서비스의 위협, (5) 경쟁 기업들 간의 경쟁이다. 포터의 이론이 스트리밍 서비스 산업에 어떻게 적용되는지 살펴보자.

1. **신규 진입 기업의 위협** 새로운 경쟁 기업들이 등장하여 단기간 내에 업계에 영향을 미치고 기존 기업의 고객들을 빼앗을 수 있다. 예를 들어, 넷플릭스(Netflix)가 오프라인 및 우편 주문 DVD 대여에서 온라인 스트리밍에 초점을 맞춘 사업으로 전환하여 성공을 거두면서 HBO, NBC, CBS와 같은 기존 네트워크들 또한 스트리밍 서비스를 제공하기 시작했다. 나아가 아마존(Amazon), 애플(Apple), 디즈니(Disney) 또한 온라인 스트리밍 시장에 출사표를 던지며 많은 사람들이 '스트리밍 전쟁(streaming wars)'이라 부르는 상황을 만들었다.

2. **공급자의 교섭력** 부품이나 서비스를 얻기 위해 공급업체를 쉽게 바꿀 수 있는 기업도 있지만 그렇지 않은 기업도 있다. 넷플릭스는 콘텐츠를 다양하고 신선하게 유지하기 위해 다양한 영화와 TV 프로그램을 조달해야 한다. 미디어 및 엔터테인먼트 컨텐츠를 생산하는 회사가 제한되어 있기 때문에 이러한 의존도는 공급업체에 더 많은 권한을 제공하기도 한다. 그 결과 넷플릭스는 자체 콘텐츠 제작에 눈을 돌렸다. 자체 제작 콘텐츠는 시청 옵션의 8%

에 불과하지만 구독자가 가장 많이 본 목록을 차지하는 등의 흥행 조짐을 보이고 있다.

3. **구매자의 교섭력** 제품에 대한 정보가 많은 고객일수록 더 나은 협상가가 된다. 넷플릭스는 고객 전환 비용과 관련하여 힘든 싸움에 직면해 있다. 넷플릭스 서비스를 해지하고 경쟁사의 서비스에 가입하는 것이 앱을 다운로드하는 것만큼 쉬워지면 구독자들은 해지 수수료에 대해 걱정할 필요가 없다.

4. **대체 제품 또는 서비스의 위협** 모든 프로그래밍 제공업체와 마찬가지로 넷플릭스도 고객들이 이용 가능한 다른 많은 옵션보다 자사의 제품을 계속 선호하도록 해야 한다. 여기에는 다른 스트리밍 서비스뿐만 아니라 기존 케이블 제공업체와 위성 TV도 포함된다. 고객은 나아가 슬링(Sling)과 유튜브 TV와 같은 할인된 인터넷 텔레비전 서비스에 가입할 수 있다.

스트리밍 전쟁. 넷플릭스, 아마존, HBO, 훌루(Hulu), 디즈니와 같은 회사들은 시청률을 놓고 경쟁하고 있다.

5. **경쟁 기업들 간의 경쟁** 앞서 언급한 네 가지 경쟁 요소는 다섯 번째 요소인 경쟁 기업들 간의 경쟁에 영향을 미친다. '스트리밍 전쟁'에 참여한 온라인 스트리밍 네트워크 간의 증가하는 경쟁과 좋아하는 프로그램을 시청하기 위해 사용할 수 있는 서비스의 수를 생각해 보자. 인터넷은 모든 종류의 기업들 간의 경쟁을 심화시켰다.

포터는 SWOT 분석을 실시하여 이러한 다섯 가지 경쟁 요소를 검토하라고 제안한다. 이를 통해, 다음 섹션에서 학습할 네 가지 경쟁 전략 중 가장 효과적인 전략을 선택하게 된다.

포터의 네 가지 경쟁 전략

본원적(generic) 전략이라고도 불리는 포터의 네 가지 경쟁 전략은 (1) 원가 우위(cost-leadership) 전략, (2) 차별화(differentiation) 전략, (3) 집중화된 원가(cost-focus) 전략, (4) 집중화된 차별화(focused-differentiation) 전략이다. 처음 두 가지 전략은 넓은 시장에 초점을 맞추고, 나머지 두 전략은 좁은 시장에 초점을 맞춘다.

1. **원가 우위 전략** 원가 우위 전략은 제품이나 서비스의 원가를 낮춰서 경쟁 기업보다 제품이나 서비스의 가격을 낮게 유지하고 넓은 시장을 목표로 한다.

   원가 우위 전략은 R&D 관리자들에게 저렴하게 만들 수 있는 제품이나 서비스를 개발하도록 압박하고, 생산 관리자들에게 생산 비용을 절감하도록 압박을 가하며, 마케팅 관리자들에게는 다양한 고객에게 최대한 저렴하게 도달하도록 압박을 가한다.

   원가 우위 전략을 실행하는 기업으로는 타이맥스(Timex), 이케아(IKEA), 에이서(Acer), 월마트(Walmart), 홈디포(Home Depot), 빅(Bic) 등이 있다.

2. 차별화 전략 차별화 전략은 경쟁사보다 독특하고 월등한 가치를 지닌 제품이나 서비스를 제공하고 넓은 시장을 목표로 한다.

제품이 비싸기 때문에 경영자는 R&D, 마케팅 및 고객 서비스에 더 많은 비용을 지출해야 할 수도 있다. 차별화 전략은 리츠칼튼 호텔(Ritz–Carlton)과 렉서스(Lexus)와 같은 기업들이 추구하는 전략이다. 몇몇 연구들은 차별화가 성과를 높일 수 있는 해외 진출과 같은 불확실한 환경에서 중요하다는 것을 발견하였다.

차별화 전략은 또한 경쟁사와 차별화된 브랜드를 만들려는 기업들이 추구한다. 안경류 소매업체 워비 파커(Warby Parker)는 안경과 콘택트렌즈를 '멋지게(cool)' 만들어 차별화 전략을 실천한다. 워비 파커의 상점들은 반짝이는 선반과 낮은 호두나무 테이블 주위를 맴도는 푸른색 작업복을 입은 직원들이 특징이다. 워비 파커의 힙한 '안과 검사실(eye exam suites)'은 진료실이라기보다는 턴테이블 음악 감상실 같은 느낌을 준다.

3. 집중화된 원가 전략 집중화된 원가 전략은 제품이나 서비스의 원가를 낮춰서 경쟁 기업보다 제품이나 서비스의 가격을 낮게 유지하고 좁은 시장을 목표로 한다.

집중화된 원가 전략은 저가 맥주나 담배와 같이 할인점에서 판매되는 저가 제품이나 미국 서부의 테러블 허브스트(Terrible Herbst), 로튼 로비(Rotten Robbie), 매버릭(Maverik) 체인점 같은 지역 주유소에서 종종 사용되는 전략이다. 원래 키오스크 기반의 비디오 대여 업체였던 레드박스(Red Box)는 저렴한 비용으로 주문형 스트리밍 서비스를 추가했다. 그러나 한 애널리스트는 "주로 기존 키오스크 고객들에게 어필할 것이기 때문에 긍정적인 측면은 제한적이다."라고 말한다.

원가를 낮게 유지해야 하는 압박은 원가 우위 전략보다 집중화된 원가 전략에서 훨씬 더 크다.

4. 집중화된 차별화 전략 집중화된 차별화 전략은 경쟁사보다 독특하고 월등한 가치를 가진 제품이나 서비스를 제공하고 좁은 시장을 목표로 한다. 바이킹 크루즈(Viking Cruises)는 집중화된 차별화 전략을 적용한 좋은 예이다.

1997년에 설립된 바이킹 크루즈는 스위스 바젤에 본사를 둔 강 및 해양 크루즈 업체이다. 설립자이자 회장인 토르슈타인 하겐(Torstein Hagen)은 55세 이상의 부유하고 교육을 잘 받은 사람들을 대상으로 서비스를 제공한다. 바이킹 크루즈의 가격은 1,899달러부터 시작하는데, 경쟁업체들은 일반적으로 1인당 399달러를 받는다. 바이킹 크루즈의 가격에는 인터넷, 식사와 술, 일일 기항지 관광이 포함되어 있다. '트래블+레저(Travel+Leisure)'에서 해양 크루즈 라인 부문 4년 연속 1위로 선정된 바이킹 크루즈의 상품들은 1년 전부터 매진되는 경우가 많다.

웰치의 전략 개발 방법

잭 웰치(Jack Welch)는 세계에서 가장 존경받는 CEO 중 한 명이다. CEO로 재직한 21년 동안 웰치는 경영에 대한 혁신적인 접근법으로 제너럴 일렉트릭(General Electric: GE)을 세계에서 가장 존경받고 성공적인 기업으로 탈바꿈시켰다. GE의 매출은 250억 달러에서 1,300억 달러로 증가했으며, 웰치의 주도하에 GE의 시가총액은 30배 이상인 4,000억 달러 이상 증가했다.

전략 개발에 대한 웰치의 접근법은 다소 단순하지만 분명히 효과적이었다. 그는 지속가능한 경쟁 우위를 확보할 수 있는 현명하고 현실적이며 비교적 빠른 방법을 사용해야 한다고 생각했다. 웰치는 GE의 10개 이상의 사업 부문 고위 임원에게 다음 다섯 가지 질문에 답하도록 요청하여 GE의 사업 수준 전략을 수립했다.

현재 경쟁 양상은 어떤 모습인가? 경영자는 업계의 중견 기업부터 신생 기업까지 모든 경쟁 기업의 강점과 약점을 분석해서 알고 있어야 한다(섹션 03에서 학습한 SWOT 분석을 사용). 고객과 구매 습관도 검토해야 한다.

경쟁 기업들의 동향은 어떤가? 강력한 경쟁 기업들은 항상 적극적이다. 경영자는 각 경쟁사가 지난 1년 동안 판도를 바꾸기 위해 무엇을 했는지 알아야 한다. 시장을 변화시킬 신제품, 기술 또는 유통 채널이 있는가?

회사는 그동안 무엇을 했는가? 경영자는 외부 분석 외에도 회사가 경쟁 구도를 바꾸기 위해 무엇을 했는지 분석해야 한다. 활용할 수 있는 인수(acquisition), 신제품 또는 신기술이 있었는가? 핵심 직원의 퇴사나 독점 기술의 이탈과 같은 경쟁 우위의 손실을 모두 확인해야 한다.

가까운 미래의 모습은 어떤가? 경영자는 향후 1년간 가장 걱정되는 것이 무엇인지 파악해야 한다. 경쟁사가 회사에 피해를 줄 수 있는 조치, 예를 들면 경쟁 기업간 인수합병의 가능성을 주시해야 한다. 내부적인 측면에서 경영자는 최고의 인재들이 고무적인 조직 문화뿐만 아니라 경쟁력 있는 급여와 복리 후생으로 좋은 처우를 받고 있는지 확인해야 한다.

회사가 가진 비장의 무기는 무엇인가? 마지막 질문은 경영자가 앞으로 무엇을 하고 싶은지에 대한 질문이다. 여기에는 인수 가능성, 신제품 출시, 더 나은 인재 확보 또는 세계 시장 진출 등이 포함된다. 결국 경영자는 고객들이 전보다 더 그리고 경쟁사보다 우리 회사에 더 충실하도록 만들어야 한다.

SECTION

06 기능 수준 전략

전략 실행은 기능 수준 전략의 실행과 통제를 의미한다. 결과를 얻어 내는 기업의 전반적인 능력은 사람, 전략, 운영의 세 가지 요소에 좌우된다. 성공적인 전략 실행을 위해 경영자는 보편적인 장애물을 극복해야 한다. 마지막으로 결과를 모니터링하고 필요한 경우 수정하기 위해 전략을 통제해야 한다.

학습 목표

기능 수준 전략을 수립 · 실행 · 통제하는 방법을 설명한다.

전략 경영 프로세스의 첫 번째 단계는 조직의 미션과 비전을 설정하는 것이다. 두 번째 단계에서는 현상황을 평가해야 하며, 세 번째 단계에서 조직은 기업 · 사업 · 기능 수준의 전략들을 수립해야 한다. 이번 섹션에서는 네 번째 단계인 전략 실행과 다섯 번째 단계인 전략 통제에 대해 학습한다.

전략 실행

앞에서 전략 실행은 전략 계획을 실천하는 과정이라 설명했다. 기능 전략은 이러한 작업을 수행하는 데 활용된다. 기능 전략은 상위 수준의 전략을 지원하기 위해 조직의 각 기능 영역에서 수행하는 계획이다. 다시 말해, 상위 수준의 기업 및 사업 수준 전략은 하위의 기능 전략으로 연결된다. 이는 조직의 위계에서 상위 수준의 목표가 아래 단계의 목표에 맞춰 전달되고 조정되도록 하는 목표 정렬(goal cascading)과 유사하다(목표 정렬에 대해서는 5장에서 학습). 대표적인 기능 분야에는 마케팅, 재무, HR, 생산, IT, 유통 등이 있다. 대형 슈퍼마켓인 크로거(Kroger)가 어떻게 기능 전략을 수립할 수 있었는지 살펴보자.

> **크로거의 예:** 크로거는 2개의 지점을 자동화하여 혁명을 일으키고 있다. 자동화된 매장에서 고객은 크로거 앱을 통해 미리 쇼핑 목록을 만들 수 있다. 고객이 매장에 도착하면 앱은 선택한 제품이 있는 위치로 안내하고 고객이 접근할 때 제품 디스플레이를 밝힌다. 2개의 매장을 자동화하기로 한 크로거의 결정은 사업 수준 전략이었다. 이러한 사업 결정을 기반으로 한 기능 전략으로는 새로운 자동화 시스템에 대한 매장 직원 교육(HR 기능), 혁신적인 매장에 대한 입소문(마케팅 기능), 모바일 앱 보안(IT 기능) 등이 있다.

그림 6.7은 세 가지 전략적 수준에서 크로거의 자동화 매장 전략을 보여 준다.

그림 6.7 크로거의 전략 실행 사례

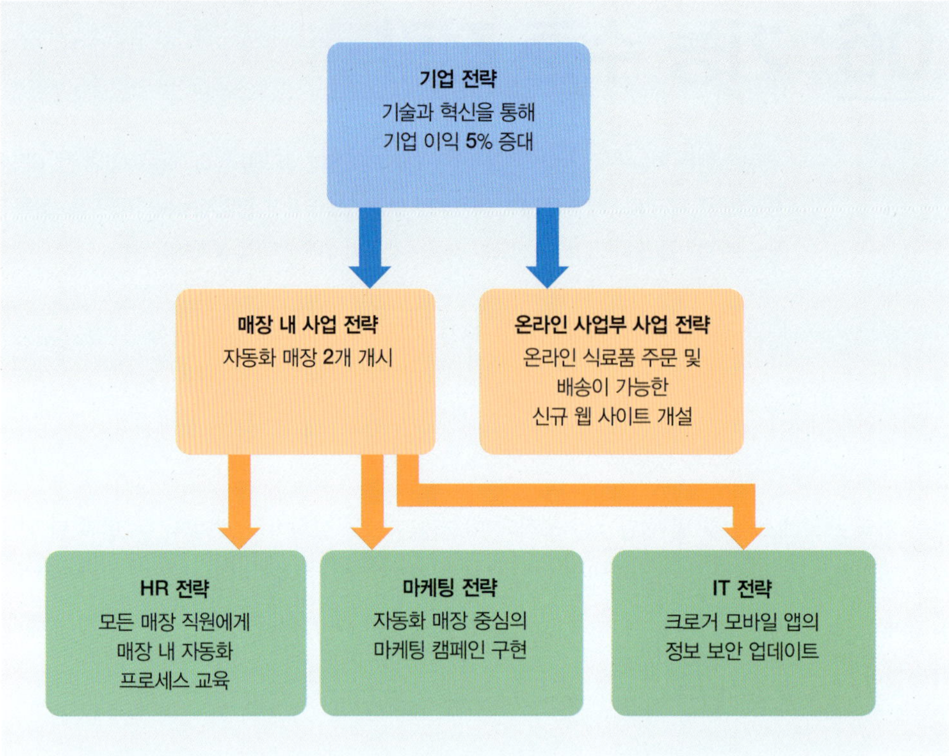

실행

경영진이 기능 수준 전략을 수립했다면, 실행해서 일을 완수해야 한다. 허니웰(Honeywell)로 사명이 변경된 얼라이드시그널(AlliedSignal)의 전 CEO인 래리 보시디(Larry Bossidy)와 고위 경영진의 사업 고문인 램 차란(Ram Charan)은 '실행에 집중하라(Execution: Discipline of Get Things Done)'라는 책의 저자이다. 그들은 실행이 회사 전략의 핵심 부분이라고 강조한다. 실행은 질문, 분석 그리고 후속 조치를 활용하여 전략을 현상황과 연결하고 사람들을 목표에 맞추고 약속했던 결과를 달성하는 것이다.

리더의 실행 능력 부족은 그들의 해고와 직결된다. 보잉(Boeing)은 2019년에 CEO였던 데니스 뮐렌버그(Dennis Muilenburg)를 해고했다. 애널리스트들은 그가 "실천할 수 있는 것보다 더 많은 약속을 하는 실수를 저질렀다."라고 말한다. 737 MAX 항공기의 두 차례 치명적인 충돌 이후 뮐렌버그가 보잉의 복구 전략을 실행하지 못하자 보잉의 주가는 22% 하락했으며, 항공사와 공급업체 모두 재정과 평판에 심각한 피해를 보았다.

보시디와 차란은 조직과 경영자가 실행 능력을 향상시키기 위해 사람, 전략, 운영 안에서 실행을 위한 기반을 구축해야 한다고 설명한다.

사업의 세 가지 핵심 요소

회사의 전반적인 실행 능력은 사람, 전략, 운영의 세 가지 요소를 효과적으로 활용하는 능력에 좌우된다. 모든 일에는 궁극적으로 어느 정도의 인간 상호 작용, 노력 또는 관여가 수반되기 때문에 보시디와 차란은 사람이 가장 중요하다고 말한다. 크로거의 자동화 매장에 대한 계획으로 다시 돌아가서 각각의 3요소에 대해 살펴보자. 그리고 코스트코 홀세일(Costco Wholesale)은 사람, 전략, 운영을 어떻게 활용하는지도 살펴보자.

사람 보시디와 차란은 "사람을 올바르게 관리하지 않으면 사업의 잠재력을 실현할 수 없다."라고 말한다. 그러나 오늘날 대부분의 조직들은 누가 미래의 일을 처리할 수 있는지를 고려하기보다는 현재 사람들이 하고 있는 일을 평가하는 데 초점을 맞춘다. 효과적인 리더는 사람들을 특정 전략적 이정표에 연결하고, 미래의 리더를 개발하고, 비성과자를 상대하며, HR 부서의 미션과 운영을 변화시킴으로써 인재를 평가하려고 한다.

> **크로거의 예:** 크로거는 자동화된 매장을 성공적으로 도입하기 위해 적재적소에 적합한 인력을 배치해야 한다. 이를 위해 자동화 과정을 이해하는 매장 점원을 채용하거나 기존 점원들을 교육하여 성공적으로 직무를 수행할 수 있는 스킬을 갖추도록 해야 한다.
>
> **코스트코의 예:** 코스트코는 인디드(Indeed)가 선정한 일하기 좋은 50대 기업 순위에서 6위, 포춘이 선정한 가장 존경받는 기업 순위에서 9위를 차지했다. 할인 소매 시장의 몇몇 경쟁사와 다르게 코스트코는 후한 급여와 복리 후생을 제공함으로써 시간제 근로자들을 포함하여 재능 있는 직원들을 확보한다.

전략 대부분의 조직에서 개발된 전략은 실행의 '방법'을 고려하지 않는다. 보시디와 차란에 따르면, 좋은 전략 계획은 아홉 가지 질문들에 대해 다룬다(표 6.2 참조). 전략의 실행 가능 여부를 고려할 때 리더는 조직의 역량에 대한 현실적이고 비판적인 시각을 가져야 한다. 비전을 달성할 수 있는 재무, 영업, 제조 분야의 인재가 없다면 성공 가능성은 크게 낮아진다.

> **크로거의 예:** 크로거는 자동화 과정에 대해 직원들을 교육해야 하지만, 그 전에 강사들을 먼저 교육해야 한다. 마케팅 기능 전략을 위해서는 향후 마케팅 담당자들을 교육할 사람들에게 혁신적인 자동화 매장을 소셜 미디어 등에 광고하는 방법을 교육해야 한다.
>
> **코스트코의 예:** 코스트코의 가장 성공적인 전략 중 하나는 제공하는 브랜드 이름과 매장 브랜드 제품에 대한 최상의 거래를 약속하고 제공하는 것이다. 또한 시식을 많이 제공하고, 고객들이 매장 전체에서 쇼핑할 수 있도록 전략적으로 상품을 배치하여 쇼핑이 즐거운 경험이 되도록 만든다.

표 6.2 전략 계획 수립을 위한 질문

1. 외부 환경에 대한 평가는 어떠한가?
2. 기존 고객과 시장을 얼마나 잘 이해하고 있는가?
3. 사업을 수익성 있게 성장시키는 가장 좋은 방법은 무엇이며, 성장을 가로막는 장애물은 무엇인가?
4. 경쟁자는 누구인가?
5. 기업이 전략을 실행할 수 있는가?
6. 장·단기적 과정이 균형을 이루고 있는가?
7. 계획을 실행하기 위한 중요한 이정표들은 무엇인가?
8. 사업이 직면한 핵심 문제는 무엇인가?
9. 어떻게 지속가능한 방식으로 사업의 수익성을 높일 수 있는가?

운영 전략은 조직이 가고자 하는 방향을 정의하고, 사람은 누가 일을 완수할지를 정의한다. 세 번째 핵심 요소인 운영은 사람들이 따라야 할 경로를 제공한다. 5장에서 학습한 바와 같이 운영 계획은 마케팅, 생산, 판매, 수익 등 회사가 관여할 모든 주요 활동을 다룬 다음 이 같은 활동에 대한 단기 목표를 정의하여 사람들이 이를 목표로 삼도록 한다. 생산 관리에 대해서는 16장에서 자세히 살펴볼 것이다.

크로거의 예: 크로거는 자동화된 매장을 원활하게 운영하기 위해 적합한 기술을 도입하고 적절한 기술 지원을 받아야 한다. IT 전략은 도입된 신기술을 올바르게 테스트하고 고객이나 직원이 기술을 사용하는 데 문제가 있는 경우 현장에 있는 기술자의 도움을 받을 수 있는지 등을 의미한다.

코스트코의 예: 코스트코가 회원 수 약 1억 명을 달성한 데는 다 이유가 있다. (고객이 매장 이용료에 대해 소액의 연회비를 지불하는 방식의) 멤버십 제도, 독특한 쇼핑 경험 그리고 엄선된 고품질 제품을 도매가로 제공하여 점점 더 온라인화 되어가는 소매 시장에서도 경쟁력을 유지할 수 있었다.

사람, 전략, 운영을 연계함으로써 경영진은 전략적 비전을 발전시킬 세 가지 핵심 요소를 통제할 수 있게 된다.

실행 장애물

실행이 항상 순조롭게 진행되지는 않으며, 경영자는 여러 가지 이유로 전략 실행에 대한 장애물에 직면하게 된다.

최고 경영진의 장애물 극복 많은 경영진이 열정적으로 비전을 수립한 것과는 대조적으로 실행의 세부 사항을 만드는 것을 지루하게 생각하고 부하 직원에게 떠넘긴다. 더 나아가 많은 조직의 장애물은 조직 문화와 관련 있다. 조직 문화는 조직 내에서 구성원들의 행동을 이끄는 공유된 신념과 가치를 의미한다. 이러한 맥락에서 실행이 효과적으로 진행되려면 조직 문화가 양질의 업무를 적시에 완수하는 목표에 부합해야 한다. 8장에서 경영자가 실행 지향적인 문화를 조성하기 위해 시도할 수 있는 12가지 방법에 대해 학습한다.

연구 결과에 따르면, 조직 문화 외에도 리더십과 조직 구조가 전략 실행에 영향을 미치는 핵심 요소라고 한다. 다음의 〈전문가의 조언〉은 리더십과 조직 문화를 통해 직장에서 실행 중심의 업무 환경을 조성하는 방법에 대해 설명한다.

전문가의 조언 **실행을 촉진하는 업무 환경 조성**

실행의 기본은 (14장에서 학습할) 리더십과 (8장에서 학습할) 조직 문화 간의 일치에 기반한다. 연구 결과에 따르면, 리더는 조직 문화의 결함이 실행에 대한 장애로 이어질 수 있음을 인식하고 이에 따라 유형을 조정할 필요가 있다고 제안한다.

하버드 비즈니스 리뷰(Harvard Business Review: HBR)는 고위 경영자들을 대상으로 다양한 능력의 중요성에 대해 설문 조사를 실시하였으며, 실행은 16개의 능력 중 중요도 1위를 차지했다. 보시디와 차란은 실행을 추진하는 데 필요한 일곱 가지 필수 유형의 리더 행동이 있다고 말한다.

직원 및 비즈니스 이해. 실행하지 않는 회사의 리더는 일반적으로 일상적인 현실과 동떨어져 있다. 리더는 직원들과 비즈니스에 대해 적극적으로 소통해야 한다. 리더는 다른 사람들의 관찰이나 진단, 제안 사항들을 통해 전해 들은 지식에만 의존할 수 없다.

현실주의. 많은 사람들은 현상황을 회피하거나 가리고 실수를 숨기거나 대립을 피하고 싶어한다. 현실주의를 우선시하는 것은 리더 자신이 현실적인 사람이 되고 조직 내 모든 대화의 목표가 현실주의가 되도록 만들면서 시작된다. HBR이 수천 건의 성과 리뷰를 조사한 결과 '명확하고 체계적인' 행동은 실행을 개선한 두드러진 행동 중 하나였다.

명확한 우선순위. 실행하는 리더는 모든 사람이 이해할 수 있는 몇 가지 명확한 우선순위에 중점을 둔다. 목표와 계획이 단순할수록 더 도움이 되며, 지나치게 많은 단계들로 구성되어 있거나 모호하거나 적절한 세부 정보가 부족해서는 안 된다.

결과 확인. 끝까지 해내지 못하는 것은 실행력 저하의 주요 원인이다. 책임 소재를 정하는 것은 조직의 전략에 맞춰 개별 역할을 조정하는 것부터 시작된다. 리더는 임직원이 전략적 목표 달성에 대한 책임을 지기 전에 전략적 목표에서 자신의 역할을 명확히 설명하고 평가할 수 있도록 해야 한다.

직원 보상. 평가 결과에 따라 보상한다. 최고 성과자는 일반 성과자보다 훨씬 더 나은 보상을 받아야 한다.

직원 육성. 코칭은 성과를 향상시킬 수 있는 유용하고 구체적인 피드백을 제공하는 임원의 역할 중 중요한 부분이다. HBR의 성과 검토 설문 조사에 따르면 "훌륭한 실행가로서의 리더는 피드백, 특히 긍정적인 피드백을 제공하는 데 능숙하다."라고 한다.

자아 인식. 리더는 정직한 자기 평가를 바탕으로 '정서적 강인함'을 개발해야 한다. 네 가지 핵심 자질은 진실성, 자기 인식, 자제력, 겸손이다.

직원의 저항 극복 전략 계획을 실행에 옮기는 것은 종종 그 계획이 자신의 영향력이나 생계를 위협한다고 느끼는 사람들의 저항에 부딪힌다. 이러한 저항은 쉽게 계획을 지연시키기 때문에 계획을 신속하게 실행해야 하는 경우에 특히 문제가 된다(일반적으로 지연을 정당화하기 위해 모든 종류의 변명을 사용할 수 있음). 따라서 최고 경영자는 단순히 계획을 발표만 하면 안 되며, 중간 관리자와 일선 관리자가 적극적으로 계획을 수용하게 해야 한다. 연구 결과에 따르면, 개인의 신념이 변화 수용의 주요 장애물 중 하나라고 한다.

최고 경영진이나 특정 부서에서 초기 장애물이 완화되지 않으면 서로 결속되어 극복하기 훨씬 더 어려운 문제를 만들 수 있다는 연구 결과도 있다.

전략 통제 및 유지

전략 경영 프로세스의 마지막 단계는 전략 통제다. 전략 통제는 전략 실행을 모니터링하고 필요한 경우 시정 조치를 취하는 것을 의미한다. 브라이언 베리(Bryan Barry)는 전략 계획을 순조롭게 유지하기 위해 다음을 수행해야 한다고 제안한다.

- **사람들을 참여시키자.** 팀이 성취하고자 하는 목표와 달성 방법을 정할 때 팀원들을 적극적으로 참여시키자.
- **단순하게 유지하자.** 계획을 더 복잡하게 만들 만한 충분한 이유가 없다면 단순하게 유지하자.
- **집중력을 유지하자.** 중요한 일에 계속 집중하자.
- **계속 나아가자.** 미래에 대한 비전을 향해 계속 나아가고, 무엇이 효과가 있는지 파악하게 된다면 계획을 조정하자.

전략 통제는 재정 지출 및 전사적 품질 관리를 모니터링하고 통제하기 위한 예산과 같은 다양한 형태로 나타난다. 16장에서 다양한 통제 메커니즘들을 학습할 것이다.

SECTION

07 커리어 준비 실천

이번 섹션에서는 전략적 사고의 중요성과 전략적 사고를 개발하는 방법을 살펴본다.

학습 목표

전략적 사고를 강화하는 방법에 대해 설명한다.

전략적 사고는 아래에 표시된 커리어 준비 모형의 역량 중 하나는 아니지만, 회사는 지원자들이 전략적 사고 스킬을 갖추길 원한다. 오히려 다른 더 구체적인 역량이 전략적으로 생각하는 능력을 키우기 때문에 명시되어 있지 않은 것이다. 전략적 사고는 "미래에 발생할 수 있는 일을 구체적으로 구상하고 이를 현재 상황에 적용하는 능력"을 의미한다. 전략적으로 생각하는 능력을 향상시킬 수 있는 역량은 비즈니스 이해, 과업중심적 · 기능적 지식, 비판적 사고 · 문제 해결 그리고 의사 결정이다.

전략적 사고의 중요성

졸업 후 바로 전략 기획자로 채용될 가능성은 희박하지만, 전략적 사고 스킬이 중요하지 않다고 생각하면 안 된다. 하버드 비즈니스 리뷰의 한 기고자는 전략적 사고가 "조직의 모든 수준에서 일어날 수 있고 또 일어나야 한다. 이는 모든 직무 기술서에 명시되어 있지 않은 부분 중 하나이다. 이 사실을 무시하면 승진에서 누락될 위험이 있다."라고 말한다. 회사가 신입 사원의 전략적 사고 스킬 보유를 중요하게 여기는 네 가지 이유는 다음과 같다.

1. 전략적으로 사고하기 위해서는 미래를 대비하고 발생할 기회에 대해 기민해야 하며, 회사는 예측하기 어려운 미래의 문제들을 해결할 준비가 된 사람들을 원한다.
2. 큰 그림을 볼 수 있는 능력은 현재의 업무와 전략적 목표를 지원하는 프로젝트를 완료하기 위해 해야 할 업무를 연결하도록 도와준다.
3. 전략적으로 사고하는 사람은 기업과 사회 전반에서 일어나고 있는 일에 주의를 기울이면서 신뢰할 수 있는 정보인지 아닌지를 이해한다. 이러한 역량은 기본적으로 더 많은 지식을 가진 직원으로 만들어 주며, 회사는 이런 사람들을 진정으로 가치 있게 생각한다.
4. 전략적으로 사고하는 사람은 오늘날 글로벌 경제에 맞는 세계관과 방향성을 가질 가능성이 높다.

전략적 사고의 개발

보다 전략적으로 생각할 수 있는 역량을 개발하기 위한 네 가지 주요 활동은 비즈니스 업무 · 전문 분야 지식 확대, 의사 결정 및 비판적 사고와 문제 해결 참여이다(그림 6.8 참조). 이번 섹션에서는 비즈니스 이해와 업무 · 전문 분야 지식에 대해 알아보자.

그림 6.8 **커리어 준비 모형**

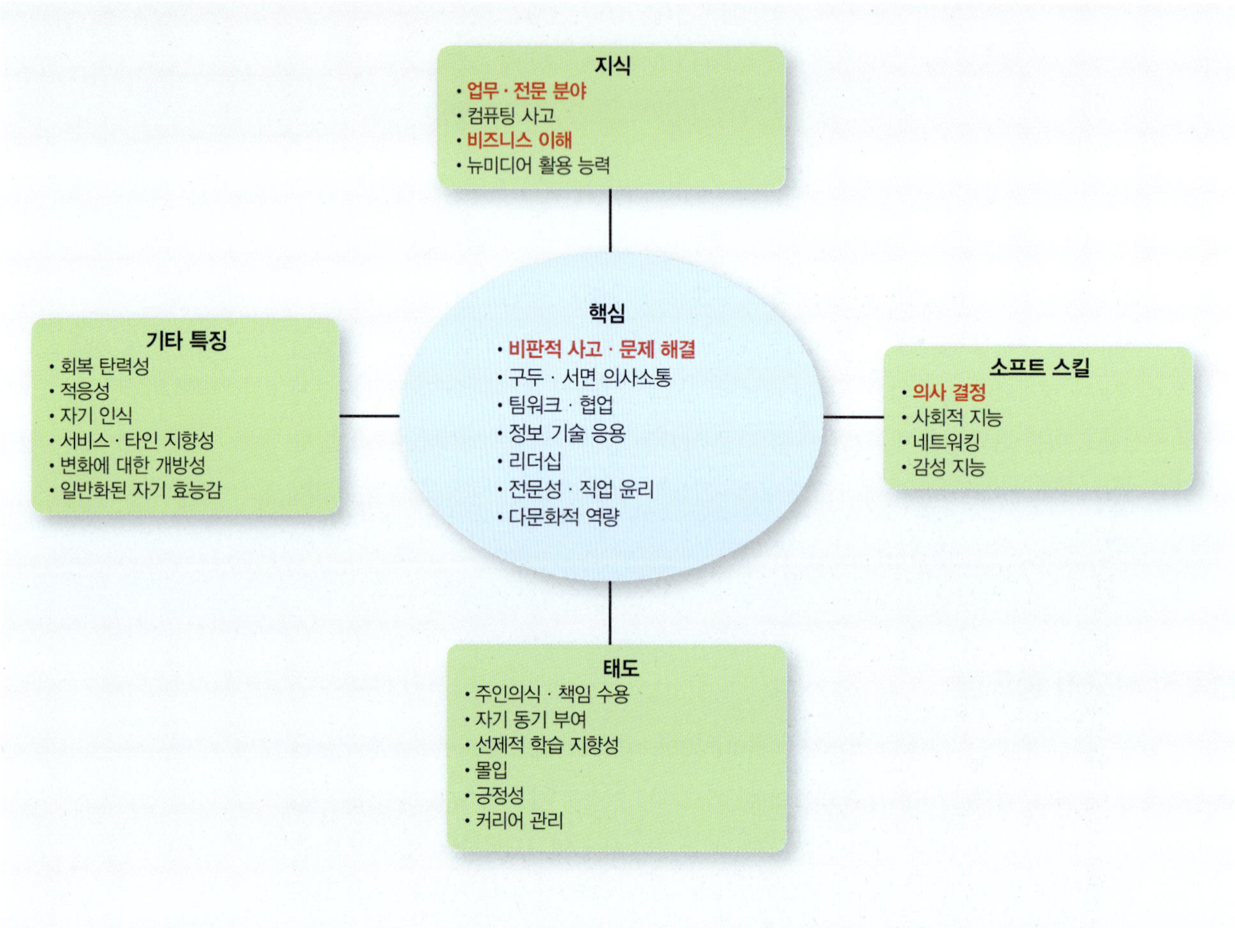

비즈니스 이해 비즈니스 이해는 잠재적 또는 현재 고용주의 비즈니스 및 전략을 이해하는 정도를 의미한다. 회사의 웹 페이지와 연례 보고서를 공부함으로써 얻을 수 있고, 회사에 대한 SWOT 분석을 찾아보거나 직접 수행함으로써 향상시킬 수 있다.

채용이 이루어지면 기존 직원들과 네트워킹을 하고, 경험이 풍부한 직원에게 조언을 적극적으로 요청하고, 직무 순환 프로그램에 참여하며, 부서 간 또는 비즈니스 회의에 가능한 많이 참석하여 지식을 넓힐 수 있다. 비즈니스에 대해 많이 이해할수록 내부적으로 수행하는 업무들을 외부 환경의 변화에 더 잘 맞출 수 있다. 연구 결과에 따르면, 지속적으로 내부 작업과 외부 환경을 일치시킬수록 경쟁업체에 비해 연간 최대 15%의 성장을 더 달성할 수 있다고 한다. 또한 현재 담당 업무와 관련된 산업이나 기타 전문 협회에 가입하는 것 역시 고려해 볼 수 있다.

업무 · 전문 분야 지식의 확대 전략적 사고는 개념, 아이디어, 사람 그리고 사건을 연결하는 것이 필요하다. 아이디어와 경험이 풍부할수록 연결 능력도 좋아진다. 새로운 것을 시도하고, 새로운 장소를 방문하고, 새로운 사람들을 만나고, 새로운 주제를 학습하는 것을 목표로 삼자. 이 모든 활동은 마음을 자극하고 지식의 기반을 확장한다.

일부 전문가들은 전략적 사상가들이 'T'로 표현할 수 있는 지식 기반을 가지고 있다고 말한다. 'T'의 상단은 지식의 폭을 나타내며 아래의 줄기 부분은 주요 전문 분야에 대한 이해의 깊이를 나타낸다. 따라서 새로운 것을 시도하고 학습하는 것 외에도 회사가 속해 있는 산업의 세부적인 측면에 대해 배우는 것이 필요하다. 이때, 관련 컨퍼런스에 참석해서 유용한 정보를 얻고 인맥을 넓히면 좋다.

주요 용어

BCG 매트릭스	집중화된 차별화 전략	시나리오 분석
벤치마킹	예측	안정 전략
사업 수준 전략	기능 수준 전략	전략 통제
상황 계획	성장 전략	전략적 포지셔닝
기업 수준 전략	혁신 전략	전략 수립
집중화된 원가 전략	기회	전략 실행
원가 우위 전략	강점	지속가능한 경쟁 우위
현상황 진단	위협	SWOT 분석
방어 전략	약점	추세 분석
차별화 전략	포터의 네 가지 경쟁 전략	비관련 다각화
다각화	포터의 산업 분석 모형	수직적 통합
실행	관련 다각화	VRIO

핵심 정리

01 전략적 포지셔닝과 전략의 수준

- 전략적 포지셔닝은 전략이 독특하고 가치 있는 위치를 만들고 경쟁 과정에서 절충이 필요하며 활동 간의 '적합성'을 형성하여 상호 작용하고 강화하는 원칙을 기반으로 한다.
- 전략의 세 가지 수준은 기업 수준, 사업 수준, 기능 수준이다.
- 전략 경영은 대기업과 중소기업 모두에 효과를 가져올 수 있다.

02 전략 경영 프로세스

- 전략 경영 프로세스는 5단계와 피드백으로 구성된다.
- 첫 번째 단계는 미션·비전·가치 성명을 설정하는 것이다. 미션 성명은 조직의 목적이나 존재 이유를 나타낸다. 비전 성명은 조직이 되고자 하는 것과 전략적으로 가고자 하는 방향을 설명한다. 가치 성명은 조직이 상징하는 바, 핵심 우선순위, 직원들이 구현하는 가치, 조직의 제품이 세상에 기여하는 바를 설명한다.
- 두 번째 단계는 현상황 진단을 통해 조직의 현재 위치를 살펴보고 조직이 미션을 달성하는 데 있어 효율성과 효과를 극대화하는 데 도움이 되거나 도움이 되지 않는 것을 확인하는 것이다. 현상황을 진단하기 위해 활용할 수 있는 도구로는 SWOT 분석, VRIO 분석, 예측 및 벤치마킹이 있다.
- 세 번째 단계는 기업·사업·기능 수준의 전략을 수립하는 것이다. 이는 회사의 광범위한 미션 및 비전 성명을 기업 전략에 반영하는 것을 의미하며, 현상황 진단 후 조직이 미션을 어떻게 달성해야 하는지를 설명한다. 세 가지 일반적인 대규모 전략은 성장 전략, 안정 전략, 방어 전략이다.
- 네 번째 단계는 전략 실행으로 전략 계획을 실천에 옮기는 것이다.
- 다섯 번째 단계는 전략 통제로 전략 실행을 모니터링하고 조정하는 것이다.
- 시정 조치는 경영자가 문제를 해결하기 위해 정책을 재고하고, 예산을 재조정하거나, 인력 배치를 개선하기 위해 초기 단계로 되돌아가는 피드백으로 구성된다.

03 현상황 진단

- 전략 경영 프로세스의 두 번째 단계는 현상황을 진단하고 조직의 내부 및 외부에서의 위치를 확인하는 것이다. 효과가 있는 것과 그렇지 않은 것을 파악하고 조직의 비전을 달성하는 데 있어 효율성과 효과성을 높이기 위해 무엇을 변경할 수 있는지를 확인한다.
- 현상황을 진단하기 위해 활용할 수 있는 도구로는 SWOT 분석, VRIO 분석, 예측 및 벤치마킹이 있다.

- SWOT 분석에서 강점은 조직에 특별한 경쟁 우위를 제공하는 역량을 의미한다. 약점은 조직이 전략을 실행하는 데 방해가 되는 문제점이다. 기회는 조직이 경쟁 우위로 활용할 수 있는 환경 요인이다. 위협은 조직이 경쟁 우위를 달성하는 데 방해가 되는 환경 요인이다.
- VRIO는 가치성, 희귀성, 모방가능성, 조직화에 대한 네 가지 질문에 답함으로써 경쟁력 있는 전략적 잠재성을 파악할 수 있도록 자원 또는 능력을 분석하는 데 사용되는 틀이다.
- 예측은 현상황을 진단하기 위해 활용되는 도구이다. 예측의 두 가지 유형으로는 (1) 일련의 과거 사건들로 미래를 예측하는 추세 분석과 (2) 발생 가능성이 유사한 여러 상황에 대비하는 상황 계획이 있다.
- 벤치마킹은 회사의 성과를 고성과 조직의 성과와 비교하는 과정이다.

04 기업 수준 전략

- 기업 수준 전략의 세 가지 일반적인 유형으로는 (1) 매출액이나 시장 점유율의 확장과 같은 성장 전략(그리고 제품이나 서비스의 혁신을 통해 시장 점유율이나 이익을 늘리는 성장 전략의 한 가지 유형인 혁신 전략), (2) 큰 변화를 거의 또는 전혀 포함하지 않는 안정 전략, (3) 조직의 노력을 줄이는 것과 관련된 방어 전략이 있다.
- BCG 매트릭스는 기업이 전략적 사업 단위를 평가하는 데 (1) 비즈니스 성장률, (2) 시장 점유율을 활용하는 방법이다. 일반적으로 시장 점유율이 낮고 느리게 성장하는 시장보다 시장 점유율이 높고 빠르게 성장하는 시장에서 조직이 좋은 결과를 창출한다.
- 다각화 전략은 확장 또는 다른 사업으로의 성장을 결정하는 것과 관련이 있다. 다각화 전략에는 관련 다각화와 비관련 다각화 두 가지 유형이 있다.

05 사업 수준 전략 수립

- 사업 수준 전략의 수립은 포터의 다섯 가지 경쟁 요소와 네 가지 유형의 경쟁 전략을 활용한다.
- 포터의 산업 분석 모형은 사업 수준 전략이 기업 환경의 다섯 가지 주요 경쟁 요소에서 비롯됨을 보여 준다. 다섯 가지 경쟁 요소는 (1) 신규 진입 기업의 위협, (2) 공급자의 교섭력, (3) 구매자의 교섭력, (4) 대체 제품 또는 서비스의 위협, (5) 경쟁 기업 간의 경쟁이다.
- 포터의 네 가지 경쟁 전략은 다음과 같다. (1) 원가 우위 전략은 제품이나 서비스의 원가, 즉 가격을 경쟁자보다 낮게 유지하고 넓은 시장을 목표로 한다. (2) 차별화 전략은 경쟁사보다 독특하고 월등한 가치를 가진 제품이나 서비스를 제공하고 넓은 시장을 겨냥한다. (3) 집중화된 원가 전략은 제품이나 서비스의 원가, 즉 가격을 경쟁자보다 낮게 유지하고 좁은 시장을 목표로 한다. (4) 집중화된 차별화 전략은 경쟁사보다 독특하고 월등한 가치를 가진 제품이나 서비스를 제공하고 좁은 시장을 공략한다.
- 사업 수준 전략의 수립을 위해 잭 웰치가 사용한 질문은 다음과 같다. (1) 현재 경쟁 양상은 어떤 모습인가? (2) 경쟁 기업들의 동향은 어떤가? (3) 회사는 그동안 무엇을 했는가? (4) 가까운 미래의 모습은 어떤가? (5) 회사가 가진 비장의 무기는 무엇인가?

06 기능 수준 전략

- 전략 실행은 전략 계획을 실천하는 과정이다.
- 기능 수준 전략은 상위 수준 전략들을 지원하기 위해 조직의 각 기능 영역에서 실행하는 계획이다.
- 실행은 단순한 전술이 아니며 오히려 회사 전략의 핵심이다. 실행은 질문, 분석 및 후속 조치를 활용하여 전략을 현상황과 연결하고 사람들을 목표에 맞춰 조종하며 약속했던 결과를 달성하는 것이다.
- 실행의 세 가지 핵심 요소는 사람, 전략, 운영이다.
- 실행 시 장애물은 최고 경영진부터 하위 직원 모두 발생할 수 있다.
- 전략 통제는 전략의 실행을 모니터링하고 필요시 시정 조치를 취하는 것이다.

07 커리어 준비 실천

- 비즈니스 이해, 업무 · 전문 분야 지식, 비판적 사고 · 문제 해결, 의사 결정 역량은 전략적 사고를 강화한다.

학습 정리

01 전략적 포지셔닝은 무엇이며, 전략적 포지셔닝의 세 가지 원칙은 무엇인가?

02 전략 경영 프로세스의 5단계는 무엇인가?

03 회사의 현상황을 진단하는 데 활용되는 도구는 무엇인가?

04 6장에서 다루었던 도요타의 SWOT 분석을 바탕으로 CEO인 도요타 아키오에게 어떤 조언을 하겠는가?

05 VRIO는 SWOT 분석과 어떻게 다른가?

06 기업 전략의 전반적인 세 가지 유형은 무엇인가?

07 BCG 매트릭스와 다각화 전략을 활용하여 기업 수준 전략을 수립하는 방법에 대해 설명해 보자.

08 포터의 다섯 가지 경쟁 요소는 무엇인가?

09 포터의 네 가지 경쟁 전략에 대해 설명해 보자.

10 사업 수준 전략 개발에 대한 웰치의 방법에 대해 설명해 보자.

11 전략 실행의 세 가지 핵심 요소는 무엇인가?

사례로 본 경영학원론

탄산수 전쟁에서 지고 있는 라크로이

유럽 브랜드인 산펠레그리노(San Pellegrino)와 페리에(Perrier)는 거의 알려지지 않은 한 양조 회사가 맥주 제조 이외의 사업을 하기로 결정할 때까지 수십 년 동안 미국 탄산수 시장을 지배했다. 위스콘신 양조장인 힐레만(Heileman)은 1981년 맥주 라인업에 라크로이 탄산수를 추가로 선보였다. 라크로이(La Croix)는 내셔널 베버리지(National Beverage Corporation)가 해당 브랜드를 구입하여 1990년대에 전국적으로 유통시키기 전까지 중서부에서 가장 인기 있는 브랜드였다.

미국 탄산수 산업은 2015년에 폭발적으로 성장했다. 탄산수 산업은 2015년과 2016년 사이에 16.2% 성장했으며, 라크로이만 해도 거의 73%의 성장률을 달성하였다. 이를 통해, 내셔널 베버리지의 가치는 2016년 20억 달러에서 2017년 41억 달러로 증가했다. 내셔널 베버리지는 적절한 시기에 적절한 제품을 선보였으며, 당시 유명 브랜드의 수익성 있는 인수에 대한 논의도 있었다.

그리고 나서 거품은 터져버렸다. 5년간의 꾸준한 성장 후 내셔널 베버리지의 매출은 2018년과 2019년 사이에 14% 감소했고 이익은 10% 감소했다. 음료 회사의 주가 또한 55% 하락했다. 구겐하임 증권(Guggenheim Securities)의 음료 산업 애널리스트인 로랑 그란데(Laurnet Grandet)는 "라크로이라는 브랜드는 비교적 짧은 기간 동안에 나쁜 상태에서 더 나쁜 상태 그리고 결국 처참한 상태가 되었다."라고 말한다.

라크로이를 괴롭혔던 것이 무엇인지 자세히 살펴보자.

예상치 못한 인기

먼저 라크로이가 어떻게 인기를 얻게 되었는지 알아보자.

1998년에 사람들은 연간 평균 4갤런보다 적은 양의 생수를 마셨다. 탄산음료는 1990년대에 인당 거의 53갤런의 소비량을 달성하며 음료계 왕의 자리를 차지하였다. 2000년대 초 비만 위기가 닥치면서 설탕이 든 탄산음료에 대한 회의론이 증가하게 되었다. 소비자들은 행동 패턴을 바꾸었으며 탄산음료 소비는 급감하였다. 병에 든 생수에 대한 미국인들의 열망은 2015년까지 급증했으며 1인당 연간 소비량은 37갤런이었다.

소비자들이 물을 더 많이 마시게 되면서 증가된 H_20 습관에 따분해지지 않도록 더 다양한 제품을 찾았다. 여기가 바로 라크로이가 20가지 맛으로 경쟁 우위를 창출하기 위해 노력했던 부분이다. 기업이 아닌 '비주류'들은 거만한 유럽식 탄산음료 대신 정통 중서부 음료를 가치 있게 여기는 사람들과 비슷하다. 이런 사람들은 소셜 미디어를 사용하여 소문을 퍼뜨리는 경향이 있으며, 라크로이가 입소문을 통해 즉각적인 브랜드 인지도를 얻었음을 의미한다.

대기업의 탄산수 시장 진출

라크로이는 비교적 빠르게 인기를 끌 수 있었지만, 탄산수를 만드는 것은 특별히 어려운 일이 아니었다. 세계 최대의 탄산음료 제조업체인 코카콜라(Coca Cola)와 펩시(PepsiCo)가 자체 탄산수를 선보이며 라크로이의 시장 지배력에 도전하는 데는 그리 오랜 시간이 걸리지 않았다. 두 기업 모두 대규모 유통 채널과 마케팅 예산이라는 이점이 있어 훨씬 작은 라크로이보다는 확실히 탄산수 시장에서 유리했다. 펩시는 2018년에 자체 향미 탄산수 제품인 '버블리(Bubly)'를 출시했다. 라크로이에 경각심을 주는 것은 버블리가 현재 미국 탄산수 시장의 6% 이상을 차지하고 있다는 점이다.

코카콜라 또한 자체 탄산수 브랜드인 '아하(AHA)'를 개발했다. 코카콜라는 사과와 생강, 딸기와 오이, 라임과 수박과 같은 과감한 풍미 주입과 카페인이 함유된 두 가지 맛을 활용하는 것을 고려하고 있다. 코카콜라는 2017년 멕시코 탄산수 브랜드인 토포 치코(Topo Chico)를 2억 2,000만 달러에 인수하기도 했다. 토포 치코는 수입 탄산수 시장 점유율을 장악하고 있는 미국, 특히 텍사스에서 큰 인기를 끌고 있다.

부적절한 대응

분석가들은 펩시와 코카콜라뿐만 아니라 네슬레(Nestlé)와 폴라(Polar)와 같은 다른 경쟁자들이 부진한 라크로이를 능가하고 있다고 말한다. 라크로이는 경쟁사들처럼 크기를 다양화하는 대신 여전히 6개 또는 12개의 멀티팩 구성으로 제품을 판매한다. 라크로이는 편의점에 쉽게 배치할 수 있는 낱개 상품 또한 제공하지 않는다. "4년 전 라크로이 제품군의 90%가 오늘날 매장에서 볼 수 있는 것과 정확히 동일하다. 새로운 성장 방법을 시도하는 측면에서 라크로이는 지나치게 창의적이거나 공격적인 경향을 보이지 않는다."라고 그란데(Grandet)는 말한다. 고객은 다른 회사의 새로운 제품들로 눈길을 돌렸다.

라크로이의 유통망 역시 경쟁사와 비교하였을 때 취약하다. 대부분의 소매 채널에 대해 매장 직접 배송 네트워크를 사용하지 않고 창고 유통에만 의존한다. 펩시, 네슬레, 폴라 모두 매장 직접 배송 네트워크를 운영하고 있으며, 이를 통해 전용 진열 공간을 확보하였다. 특히, 펩시는 계산대 옆 냉장고에 대한 확고한 통제력을 사용해 버블리를 인기 있는 핵심 탄산음료 브랜드와 함께 배치했다. 애널리스트들은 버블리의 판매가 2021년까지 라크로이를 넘어설 것으로 예상하고 있다.

업계 전문가들은 내셔널 베버리지의 CEO인 닉 카포렐라(Nick Caporella)가 라크로이의 명성을 되찾는 데 필요한 역량을 갖추고 있다고 확신하지는 않는다. 카포렐라는 라크로이의 문제가 잘못된 경영으로 인한 것이라 생각하지 않는다. 그는 실제로 회사의 매출과 이익의 감소를 형편없는 전략보다는 '부당함(injustice)' 탓으로 돌린다. 카포렐라는 2019년에 "브랜드를 관리하는 것은 장애가 있는 사람을 돌보는 것과 크게 다르지 않다."라고 말했다. 애널리스트들은 카포렐라가 전략적인 변화를 거부하는 것을 별로 달가워하지 않는다.

라크로이는 과연 반등할 수 있을까?

토론 문제

문제 해결 관점

1. CEO인 닉 카포렐라의 관점에서 이 사례의 근본적인 문제와 원인은 무엇일까?
2. 라크로이가 다시 명성을 되찾기 위해서는 어떻게 해야 할까? 이유도 설명해 보자.

적용하기

1. 라크로이는 어떻게 활동 간의 '적합성'을 만들 수 있을까?
2. 그림 6.2에 명시된 단계들을 활용하여 라크로이가 사업 방식을 어떻게 변화시켜야 하는지 설명해 보자.
3. 라크로이에 대한 SWOT 분석을 실시해 보자.
4. 라크로이의 탄산수에 대한 VRIO 평가를 실시하고 이 평가를 바탕으로 해결책을 제안해 보자.
5. 라크로이는 성장 전략이나 안정 전략 또는 방어 전략을 사용하고 있는가?
6. 마이클 포터의 네 가지 경쟁 전략 중 라크로이의 전략은 무엇인가?
7. 라크로이는 사업의 세 가지 핵심 과정을 적절하기 실행하기 위해 무엇을 할 수 있는가?

법적·윤리적 과제

은행 계좌를 판매하는 대학

대학은 일반적으로 등록금, 주 세금 및 기부금을 통해 수입을 얻는다. 하지만, 주 세금을 통한 수입이 감소하고 있어 많은 대학에 재정 문제가 발생했다. 많은 미국 대학들이 새로운 수익원으로 학생들에게 은행 계좌를 판매하고 있다. 웰스 파고(Wells Fargo), U.S. Bank 및 기타 금융 기관들은 은행 서비스를 홍보하기 위해 학교들과 여러 계약을 체결했는데, 은행이 캠퍼스를 방문하여 학생들에게 서비스를 제공하고 학교는 학생들이 개설한 신규 계좌 수만큼 은행에서 로열티를 받는다. 월스트리트 저널(Wall Street Journal)에 따르면, 이러한 로열티는 때때로 연간 수십만 달러에 이를 수 있다고 한다.

학교가 돈이 필요한 젊은이들로 구성된 수익성 있는 목표 시장이기 때문에 은행은 학교에 로열티를 기꺼이 지불할 의지가 있다. 학생들은 여행 및 학교 밖 식사와 같이 학업 외 비용을 충당하기에 충분한 돈이 없을 수 있다. 은행은 종종 학생 계좌에 돈이 약간 부족할 때 당좌 대월 보호(overdraft protection)를 제공한다. 이와 같은 보호는 실제로 고비용 대출처럼 작동하며 은행은 부과하는 이자와 수수료를 통해 상당한 수익을 올릴 수 있다. 실제로 소비자금융보호국(Consumer Financial Protection Bureau: CFPB)은 소비자들이 연간 170억 달러의 당좌 대월 수수료를 지불하는 것으로 추산하고 있다. CFPB는 또한 은행과 유료 판촉 계약을 맺은 기관의 48만 2천 명의 대학생들이 계약을 맺지 않은 기관의 83만 9천 명의 학생들에 비해 세 배 이상의 수수료를 지불한 것을 발견하였다.

이러한 전략적 관계를 통해 은행은 학생들에게 특별 계좌를 제공할 수도 있다. 예를 들어, 한 미국 은행의 대변인은 "시장에서 최고의 학생 은행 계좌를 제공함으로써" 학생들과 장기적인 관계를 형성하길 원한다고 말했다. 은행은 매달 수수료가 없는 학생 당좌 예금 계좌를 제공하고 있지만, 학생들은 첫 네 번의 거래 후에도 여전히 당좌 대월 수수료와 해외 은행의 ATM 수수료를 물게 된다.

은행은 학생과 마찬가지로 학교도 이러한 제도를 통해 혜택을 받고 있다고 주장한다. 학교는 은행들이 캠퍼스 행사에서 테이블을 마련하고, 학생들에게 우편물을 통해 제품을 광고하고, 학교가 선호하는 은행으로 알려지도록 허용하는 대가로 자금을 받는다. 월스트리트 저널은 112개의 미국 대학들이 이렇게 2017년에만 약 1,870만 달러를 로열티나 은행 수수료 감면의 형태로 수령한 것을 발견하였다.

소비자 감시 단체들은 학교에서 은행을 홍보하는 대가로 각종 인센티브를 받는 것에 대해 우려를 표하고 있다. 이러한 우려는 은행과 대학의 복잡한 역사로 더욱 확대되고 있다. 2000년대 초반에 일부 재정 지원 사무소는 관리자들에게 뇌물을 제공하는 대출 상품으로 학생들을 유도했다. 다른 몇몇 학교들은 기만적인 제안이나 불법적인 인센티브가 포함된 신용카드를 홍보한 혐의를 받고 있다. 이와 같은 나쁜 행동들을 해결하기 위해 새로운 법안이 통과되었지만, 대부분은 당좌 예금이나 신용 계좌에 대한 내용에 대해서는 다루고 있지 않다.

문제 해결

만약 당신이 대학 총장이라면 어떻게 할 것인가?

1. 개설된 각 계좌에 대해 대학에 인센티브를 제공한다는 계약에 서명한다. 대학과 은행 모두 학생들에게 특별한 혜택을 제공하고 있기 때문에 학교는 계좌 개설에 따른 보상을 받을 수 있다.
2. 학교는 개설된 학생 계좌에 대한 인센티브를 받아서는 안 되지만, 은행이 캠퍼스에 지점을 확대하는 것에 대한 보상은 받아야 한다.
3. 계약에 서명하는 것을 거절한다. 학교는 중립을 지켜야 하며 은행을 홍보해서는 안 된다.
4. 다른 안이 있다면 설명해 보자.

CHAPTER 07

개인과 집단 의사 결정

학습 목표

1. 합리적인 의사 결정과 비합리적인 의사 결정을 비교한다.
2. 합법적이고 윤리적인 결정을 내리는 방법을 설명한다.
3. 증거 기반 경영 및 데이터 분석이 의사 결정에 기여하는 방법을 설명한다.
4. 인공 지능이 의사 결정 과정에서 어떻게 사용되는지 설명한다.
5. 네 가지 의사 결정 스타일을 구분한다.
6. 합리적인 의사 결정의 장애 요소와 이를 극복하는 방법을 파악한다.
7. 집단 의사 결정의 기본 사항을 파악한다.
8. 비판적 사고 · 문제 해결 및 의사 결정과 관련된 역량을 개발하는 방법을 설명한다.

▶ **미리보기**

7장에서는 합리적인 의사 결정과 비합리적인 의사 결정을 살펴본다. 다음으로, 윤리적인 의사 결정, 증거 기반 의사 결정과 자료 분석 그리고 빅데이터의 활용 방법을 알아본다. 그리고 의사 결정의 네 가지 스타일과 열 가지 의사 결정 편향 그리고 집단 의사 결정과 집단 문제 해결 스킬을 살펴본다. 마지막으로, 비판적 사고 · 문제 해결 및 의사 결정 역량을 어떻게 개발할 수 있는지 알아본다.

성공 전략

의사 결정을 잘하는 방법

해머와 네일(Hammer and Nails)의 사장이자 COO인 아론 마이어스(Aaron Meyers)는 "도전하거나 결정을 내릴 때마다 기대에 못 미치는 경우가 있을 수 있지만 괜찮다."라고 한다. 실수할 가능성은 늘 있지만, 그렇다고 해서 결정을 내리는 것을 막을 수 없다. 나아가, 결과에서 배울 수 있으며, 이를 통해 비판적 사고·문제 해결 및 의사 결정 역량을 개발할 수 있다. 그렇다면 과연 좋은 결정을 내리는 방법은 무엇일까? 7장에서는 올바른 의사 결정을 내리기 위한 다양한 이론들을 살펴본다.

열린 자세

만약 상황에 대해 열린 자세가 아니라 선입견을 가지게 된다면, 사실보다는 자신의 편견에 따라 행동할 가능성이 높다. 좋은 결정을 내리기 위해서는 자신의 신념이나 경험에 반하거나 의문을 제기하게 되더라도 모든 유효한 정보를 받아들일 준비가 되어 있어야 한다.

의사소통 스킬을 활용하여 훌륭하고 인내심 있는 경청자가 되기 위해 노력하고, 선제적인 학습 지향성을 통해 새로운 사실과 정보를 수집해야 한다. 또한 서둘러서 결과를 예단해서는 안 된다. 때로는 의사 결정이 잘 되지 않거나 문제가 해결되지 않은 채로 남아 있다고 가정하기 쉽다. 긍정적인 접근법을 사용하는 것만으로도 의사 결정을 개선할 수 있다.

우선순위 부여

때로는 제한된 시간 내에 여러 가지 사안을 결정해야 한다. 효과적으로 다양한 결정을 내리기 위해서는 의사 결정의 우선순위를 정하고 중요한 사항들을 먼저 결정하는 것이 좋다. 이를 위한 4단계는 다음과 같다.

1. 주어진 시간 동안 내려야 할 결정들을 나열하자. 목록이 완성되면 각 결정을 내리는 데 필요한 정보를 파악하자.
2. 복잡성과 규모에 따라 각 사안의 특징을 이해하자. 각 결정이 어떤 사람과 대상에 영향을 미치고, 선택을 내리기 위해서 도구나 정보가 얼마나 많이 필요한지를 알아보자. 파급효과가 크고, 필요한 정보가 많을수록 결정의 규모가 크고 복잡해진다.
3. 결정을 세 가지 종류로 구분하자. 투입해야 할 시간과 주의력 그리고 필요한 정보의 양에 따라 전략적 결정(strategic decision), 중요한 결정(significant decision), 빠른 결정(quick decision)의 세 가지 유형으로 구분하자.
4. 의사 결정의 시기를 정하자. 예를 들어, 직장을 먼저 결정하고, 어떤 자동차를 구매할지 결정할 수 있다.

과정 검토

문제를 해결하고 결정을 내리는 것은 누구나 연습하고 더 발전시킬 수 있는 스킬이다. 결정 과정을 검토하고 잘못된 점들을 찾아보자. 예를 들어, 정보가 너무 적었거나 반대되는 관점을 고려하지 않았을 수 있다. 혹은, 빠르게 결정을 내려야 하는 사안에 대해 너무 많은 시간을 할애하여 막상 전략적 결정이나 중요한 결정에 투자할 시간이 부족했을 수도 있다.

마음챙김 실천

1장에서 마음챙김이 어떠한 판단도 하지 않으면서 의도적으로 현재 순간과 매 순간의 경험이 전개되어 나가는 것에 주의를 기울이는 것이라고 설명하였다. 마음챙김은 편도체(amygdala)의 활성도를 감소시키기 때문에 의사 결정을 향상시킨다. 편도체는 본능적으로 부딪힐지 피해야 할지 판단하고 호르몬을 분비시키는 '투쟁-도피 신경(fight-or-flight neural) 및 호르몬 시스템(hormonal system)'을 작동시키는 알람과 같다. 결론적으로, 편도체의 활성도가 낮으면 감정과 공격성을 감소시키는 동시에 자제력과 사려 깊음을 증가시킨다. 호흡에 집중하는 명상을 연습하면 마음챙김의 실행 능력을 향상시킬 수 있다. 연구 결과에 따르면, 마음챙김은 혁신성, 자기 결정, 내재적 동기 부여, 긍정적인 대인 관계, 갈등 감소, 윤리적인 의사 결정을 촉진한다고 한다.

SECTION

01 합리적인 의사 결정과 비합리적인 의사 결정

대안들을 파악하여 선택하는 과정인 의사 결정은 합리적으로 내릴 수도 있고 비합리적으로 내릴 수도 있다. 합리적인 결정을 내리는 4단계는 (1) 문제나 기회 파악, (2) 대안 마련, (3) 대안 평가 및 해결책 결정, (4) 해결책 실행 및 평가이다. 의사 결정의 비합리적인 모형의 두 가지 예는 (1) 만족화와 (2) 직관이다.

학습 목표

합리적인 의사 결정과 비합리적인 의사 결정을 비교한다.

실리콘 밸리 비즈니스 저널(Silicon Valley Business Journal)의 저자인 마샤 다즈코(Marcia Daszko)는 기업의 고위 경영진이 모든 결정을 내려서는 안 되고, 의사 결정 과정에 직원을 참여시키는 것이 올바른 결정을 내리는 데 더 효과적이라고 말한다.

이번 섹션에서는 합리적으로 결정을 내리는 방법부터 살펴보고, 만족화(satisficing)와 직관(intuition) 같은 비합리적인 의사 결정에 대해 살펴본다. 그리고 직관력을 높일 수 있는 몇 가지 방법도 알아본다.

결정(decision)이란 이용 가능한 대안 중에서 선택하는 것이다. 의사 결정(decision making)은 대안적인 행동 방침을 파악하여 선택하는 과정이다.

회사의 제품이 시장에서 1위를 차지하고 있고 많은 돈을 벌고 있다면 과연 이러한 경영 성과는 이 회사가 훌륭한 의사 결정을 내리고 있다는 것을 의미할까? 스타벅스의 사례를 살펴보자.

초심을 되찾기 위한 스타벅스의 의사 결정

스타벅스의 명예 회장인 하워드 슐츠(Howard Schultz)는 기업이 나아갈 방향을 정립하는 데 있어서 효과적인 전략적 의사 결정의 중요성을 잘 보여 준다.

슐츠는 1982년에 마케팅 이사로 시애틀에 기반을 둔 스타벅스에 합류했다. 당시 스타벅스는 커피 장비를 판매하는 소규모 체인이었다. 약 20년간 슐츠는 스타벅스를 유럽의 커피 하우스처럼 집과 직장 사이의 편안한 '제3의 장소'로 바꾸었으며, 이 곳은 신선한 라떼와 카푸치노를 판매하는 이웃의 느낌이 있는 곳이었다. 허먼 멜빌(Herman Melville)의 소설 '모비 딕(Moby Dick)'에 등장하는 포경선의 1등 항해사 이름을 딴 스타벅스는 2000년에 세계 최대의 특제 커피 소매업체로 성장하였다. 2019년에 260억 달러 이상의 매출과 31,256개의 매장으로 시장을 계속 지배하고 있다.

찾아온 위기

슐츠는 14년 동안 스타벅스의 리더로 일한 후 2000년 CEO 자리에서 내려왔다. 한동안 사업은 계속 번창했지만 스타벅스에 위기를 가져온 2가지 사건이 발생하였다. 첫 번째는 경영진이 매장 분위기와 회사가 중요시하는 가치보다 이윤에 초점을 두고 신제품 개발 대신 기존 제품 라인을 확장하는 데 집중했다. 이를 두고 슐츠는 스타벅스가 "초심을 잃어버렸다."라고 말했다. 두 번째 사건은 2007년 시작된 경기 침체로 인해 부담스러워진 소비자들이 특제 커피를 포기하면서 주가가 폭락한 것이다. 슐츠는 8년간의 공백 끝에 2008년 1월 다시 CEO로 복귀하였다.

재창조의 시작

슐츠는 인터뷰 진행자에게 "나는 회사를 구하기 위해 돌아온 것이 아니다. 그러한 설명 또한 싫다."라고 말했다. 슐츠는 "회사를 지금의 스타벅스로 만든 감정을 되살리기 위해 돌아왔다."라고 첨언했다. 회사의 명성을 회복하기 위해 800개의 미국 매장을 폐쇄하고, 4,000명의 직원을 정리해고 했으며, 최고 경영진 대부분을 해고하는 위험을 감수했다. 사기를 북돋아 주기 위해 허리케인 카트리나로 피해를 본 뉴올리언스로 만 명의 매장 관리자들을 보냈다. 그들은 전략 세션에 참석하는 것과 함께 지역 사회 봉사 활동에 참여하였고, 도시의 일부를 복원하는 데 도움을 주기 위해 수천 시간 동안 자원봉사를 했다. 슐츠는 "카트리나 재해 이후 공동체에 환원하고 사업을 시작하기 전에 회사의 가치와 기본 원칙을 조직에 상기시켜 다시 불을 붙이고 싶었다."라고 말했다.

개선된 성과

슐츠가 돌아온 몇 년 후 회사는 더 나은 운영, 현대화된 기술, 활력을 되찾은 직원 등 몇 가지 혁신의 결과를 얻어냈다. 스타벅스는 새로운 커피 제품을 제공했고, 단순히 뜨거운 커피를 끓인 다음 식히는 것이 아니라 아이스 커피를 위한 콜드브루 공정으로 전환했으며, 라 불랑지(La Boulange) 베이커리 체인점을 인수(이후 폐점)하고, 고객들이 모바일 결제 앱을 통해 커피 값을 지불하는 티바나 '티바(tea bars)'를 개점(이후 폐점)했으며, 심지어는 주류 판매도 시작했다. 2016년 초까지 수익이 지난 10년 동안에 비해 146% 증가했으며 수입 또한 5배 이상 증가했다.

새로운 과제

슐츠는 2017년 4월에 사임했으며 스타벅스의 사장이자 COO인 케빈 존슨(Kevin Johnson)이 그 자리를 대신하였다. 존슨은 몇 가지 과제를 안고 있었다. 예를 들어, 스타벅스는 2020년 중국이 코로나바이러스 팬데믹과 싸우면서 4,300개의 중국 매장 중 절반 이상을 일시적으로 폐쇄하기로 결정했다. 중국에서의 라이벌인 루이싱 커피(Luckin Coffee)가 스타벅스를 제치고 중국 최대 커피 체인점으로 올라섰고, 이는 중국에서 스타벅스가 직면한 가장 큰 도전 과제가 되었다. 존슨은 매장 폐쇄 결정이 스타벅스 직원들의 건강과 웰빙을 보호하기 위한 것이라고 주장하였다. 스타벅스는 또한 2020년까지 모든 매장에서 플라스틱 빨대를 점진적으로 사용하지 않기로 결정했다. 많은 사람들이 환경을 감안한 결정을 지지했지만, 장애인이 빨대를 사용하지 않고는 음료를 편안하게 마실 수 없을 것이라고 주장하는 장애인 옹호자들의 반발에 직면했다.

당신의 생각은?

스타벅스의 CEO 존슨은 새로운 과제를 해결하기 위한 의사 결정을 위해 회사의 과거 결정에서 무엇을 배울 수 있을까?

합리적인 의사 결정

합리적인 의사 결정 모형은 경영자가 어떻게 결정을 내려야 하는지를 설명하며, 경영자의 논리적인 결정이 조직의 최선의 이익을 증진시키는 최적의 수단이라고 가정한다. 그림 7.1은 합리적인 의사 결정을 통해 문제를 해결하는 4단계를 보여 준다.

그림 7.1 합리적인 의사 결정의 4단계

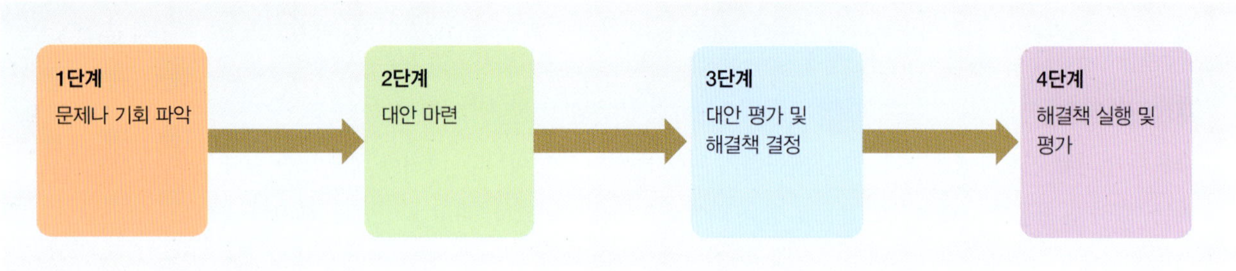

1단계: 문제나 기회 파악

경영자는 고객 불만, 공급업체 와해, 직원 이직, 판매 부족, 경쟁업체 혁신, 직원의 낮은 동기부여, 열악한 품질과 같이 목표 달성을 방해하는 여러 문제나 어려움을 경험하게 된다.

그러나 기존에 세웠던 목표를 뛰어넘을 기회도 종종 발견할 수 있다. 반복되는 일상적인 문제를 극복하고 기존에 수립한 목표보다 실제로 더 잘 할 수 있는 순간을 포착할 수 있는 사람이 바로 선견지명이 있는 경영자이다. 예를 들어, 경쟁업체의 최고 영업 사원이 예기치 않게 퇴사한 경우 이 직원을 채용하여 관련 분야에서 자사 제품을 보다 적극적으로 홍보하게 할 수 있다.

문제에 직면하든 기회에 직면하든 현 상태에서 더욱 바람직한 상태로 상황을 어떻게 바꿀 것인지를 결정해야 한다. 이를 위해, 근본적인 원인을 분석하여 상황을 진단해야 한다.

2단계: 대안 마련

번뜩이는 아이디어를 가진 직원은 회사의 가장 큰 경쟁력 중 하나가 된다. 포브스(Forbes)의 기고자인 아만다 코틀러(Amanda Cotler)에 따르면, 창의적 사고(creative thinking)는 틀에 박힌 방식에서 벗어나 새로운 관점에서 문제를 바라보는 것이며, "가장 중요한 비즈니스 전략"이다.

문제나 기회를 파악하고 원인을 진단한 후에는 대안을 찾아야 한다.

3단계: 대안 평가 및 해결책 결정

3단계에서는 비용과 품질뿐만 아니라 다음과 같은 고려사항에 따라 각 대안을 평가해야 한다. (1) 대안이 윤리적인가? (그렇지 않다면, 재고하지 말자.) (2) 대안이 실현 가능한가? (예를 들어, 시간이 부족하거나, 비용이 많이 들거나, 기술이 없거나, 고객이 거부감을 느낀다면 실현 불가능한 대안이다.) (3) 대안이 궁극적으로 효과적인가? (단지 '충분히 좋은' 결정일 뿐 장기적인 측면에서 최적의 결정이 아닌 경우 다시 생각해 보는 것이 좋을 수 있다.)

섹션 03에서 학습할 빅데이터와 섹션 04에서 학습할 인공 지능을 활용하면 대안을 효율적으로 평가할 수 있다. 최근 연구들은 이러한 기술의 사용이 의사 결정의 질을 향상시키는 것을 발견하였다.

4단계: 해결책 실행 및 평가

실행 성공적인 실행을 위해서는 다음의 두 가지가 필요하다.

- **신중한 계획.** 되돌리기 어려운 행동의 경우 신중한 실행 계획을 세워야 한다. 서면 계획이 필요한 결정도 있다.
- **세심한 배려.** 결정의 영향을 받는 사람들이 변화에 대해 어떻게 느낄지 고려해야 한다. 변화로 인한 불편함, 불안함, 두려움 등이 저항을 유발한다. 따라서 사업 방식이나 업무 배정을 전환하는 동안 직원과 고객에게 선택의 자유를 주는 것이 필요하다.

연구 결과에 따르면, 책임감 있고 근면하며 겸손하고 새로운 경험에 개방적인 사람들이 합리적으로 의사 결정을 내릴 가능성이 높다고 한다.

평가 경제학의 '법칙(law)' 중 하나인 의도하지 않은 결과의 법칙(Law of Unintended Consequences things)처럼, 예측하지 못한 일은 발생하기 마련이다. 따라서 후속 조치를 취하고 모든 결정의 결과를 평가해야 한다. 조치를 취해도 효과가 없다면 다음을 고려하자.

- **더 많은 시간 부여.** 직원이나 고객이 새로운 조치에 익숙해질 수 있도록 충분한 시간을 주어야 한다.
- **소폭 수정.** 조치는 바람직했지만, 단지 '약간의 조정'만 필요할 수도 있다.
- **다른 대안 시도.** 기존 계획이 효과가 없다면 폐기하고 다른 대안을 찾을 수 있다.
- **다시 시작.** 실행 가능한 대안이 없다면 문제나 기회를 파악하는 1단계로 돌아가야 한다.

합리적인 의사 결정 모형의 문제점

합리적인 의사 결정 모형은 경영자가 어떻게 결정을 내려야 하는지를 규범적으로 설명하지만, 경영자가 실제로 어떻게 결정을 내리는지는 설명하지 못한다. 즉, 합리적인 의사 결정 모형은 경영자가 완전한 정보를 갖고 감정을 배제하여 분석한 뒤 조직을 위해 최선의 결정을 내릴 수 있다는 매우 바람직하지만 비현실적인 가정에 기반한다(표 7.1 참조).

표 7.1 **합리적인 의사 결정 모형의 가정**

- 불확실성이 없는 완전한 정보: 모든 대안과 각 대안별 결과에 대한 완전하고 오류 없는 정보를 얻어야 한다.
- 감정이 배제된 논리적인 분석: 편견이나 감정적인 사각지대가 없어 논리적으로 대안을 평가할 수 있으며, 개인적인 선호에 따라 최고에서 최악으로 순위를 매길 수 있다.
- 조직을 위한 최선의 결정: 확신을 갖고 조직에 가장 유익한 최선의 대안을 냉정하게 선택한다.

비합리적인 의사 결정

비합리적인 의사 결정 모형은 경영자가 어떻게 결정을 내리는지를 설명하며, 결정을 내리는 것이 거의 항상 불확실하고 위험하기 때문에 경영자가 최적의 결정을 내리기가 어렵다고 가정한다. 비합리적 의사 결정 모형은 규범적(prescriptive)이라기보다는 기술적(descriptive)이다. 다시 말해, 경영자가 어떻게 결정을 내려야 하는지가 아니라 실제로 어떻게 결정을 내리는지를 설명하는데 만족화와 직관이 여기에 해당된다.

제한된 합리성과 오만에 의한 만족화 노벨상 수상자인 경제학자 허버트 사이먼(Herbert Simon)은 1950년대 경영자가 실제로 어떻게 결정을 내리는지를 연구하였다. 그는 경영자의 합리성이 너무 많은 제한에 묶여 있기 때문에 경영자가 논리적으로 결정을 내릴 수 없다고 주장하였다. 제한된 합리성(bounded rationality)이라는 개념은 복잡성, 시간, 돈, 기타 자원과 인지 능력, 가치, 스킬, 무의식적 반사와 같은 수많은 제약 조건이 의사 결정자의 합리성을 제한한다는 것을 나타낸다 (그림 7.2 참조).

그림 7.2 **합리적인 의사 결정을 방해하는 요소**

- **복잡성:** 해결해야 할 문제가 종종 상상을 초월할 정도로 매우 복잡하다.
- **시간과 돈의 제약:** 관련된 모든 정보를 수집할 시간과 돈이 충분하지 않다.
- **다양한 인지 능력, 가치, 스킬, 습관, 무의식적 반사:** 경영자 개인의 한계와 편향이 판단에 영향을 미친다.
- **불완전한 정보:** 경영자는 대안과 각 대안이 초래할 결과에 대한 불완전하고 단편적인 정보를 가지고 있다.
- **정보 과부하:** 한 사람이 처리하기에는 정보가 너무 많다.
- **다른 우선순위:** 더 중요하게 고려되는 자료로 인해 특정 사실이 무시될 수 있다.
- **상충되는 목표:** 다른 경영자들이 상충되는 목표를 가지고 있다.

연구자들은 제한된 합리성에 영향을 줄 수 있는 또 다른 특성으로 오만(hubris)을 발견했는데, 이는 자부심, 확신, 자신감에 대한 극단적이고 과장된 감각이다. 르노-닛산(Renault-Nissan)의 전 CEO인 카를로스 곤(Carlos Ghosn)은 오만함을 보인 리더의 좋은 예이다. 곤은 1999년 일본 자동차 제조업체 닛산을 인수했으며, 기업 실적은 모두의 기대를 뛰어넘었다. 뉴욕 타임즈(New York Times)에 따르면, 회사의 호전은 그를 유명인사로 만들었고 그로 인해 엄청난 자긍심을 갖게 되었다고 한다. 곤은 다른 일본 CEO들보다 더 많은 연봉을 요구했고, 회사가 개인 비행기와 기타 호화로운 특전으로 그와 그의 가족을 지원하도록 명령했으며, 그의 결정에 대한 언론의 비판적인 관심을 즐겼다. 지나친 과시에 대해 부정적이었던 일본 정부는 곤의 화려한 생활 방식에 주목했다. 검찰이 곤의 재정에 대해 더 깊숙이 파고들었을 때 그들은 곤이 회사의 최선의 이익을 위해 일하는 대신 불법적으로 자신의 주머니에 돈을 챙겼다고 결론지었다.

오만. 카를로스 곤은 일본을 떠나기 전 도쿄 법원에 출두하였다.

곤은 2018년 체포되었지만 재판을 받는 대신 1년 후 일본을 떠나 레바논으로 가기로 결정했다. 그는 스스로를 편견과 질투의 희생자라 말하며 불법적으로 기소를 도피한 것을 정당화하였다. 또한 자신을 기습 체포한 것을 진주만 폭격에 비유하기도 하였다. 연구 결과는 CEO의 오만과 비윤리적 행동, 특히 재정적 의사 결정 사이에 긍정적인 관계가 있음을 밝혀냈다.

제한된 합리성이나 오만과 같은 장애물로 인해 경영자는 항상 최선의 대안을 철저히 찾지는 않는다. 그래서 사이먼은 경영자가 최적이 아닌 만족스러운 수준에서 대안을 찾는다는 만족화 이론을 제시하였다. 연구 결과에 따르면, 새로운 경험에 더 개방적이고 책임감 있으며 일반적으로 호의적인 사람일수록 만족화 모형을 따를 가능성이 낮다. 모든 정보를 바탕으로 모든 대안을 평가할 때까지 결정을 미루는 것보다는 만족화가 좋을 수도 있으나, 홀마크(Hallmark)의 사례에서 알 수 있듯이, 만족할 만한 수준에서 즉각적으로 결정을 내리는 것은 역효과를 가져올 수도 있다.

홀마크의 예: 홀마크 채널(The Hallmark Channel)은 2019년 12월에 결혼 계획 웹 사이트인 졸라(Zola)의 광고 시리즈 6개를 방영했다. 광고 중 하나에는 동성 커플의 키스 장면이 등장하였고, 이에 반 LGBTQ 혐오 단체들은 불만을 제기하여 광고 삭제를 요청하였다. 홀마크의 경영진은 콘텐츠가 "논란의 여지가 있다."라는 이유로 광고를 신속하게 삭제했다. 이러한 움직임은 LGBTQ 공동체와 지지자들의 반발을 불러일으켰다. 명예훼손에 반대하는 게이 레즈비언 연합(Gay & Lesbian Alliance Against Defamation)은 "홀마크 채널이 이처럼 노골적인 방식으로 LGBTQ 가족을 쫓아내기로 한 결정은 차별적이다. 특히, 가족을 위한 프로그램을 제공한다고 주장하는 네트워크에서 나온 것이라는 점에서 위선적이다."라고 주장하였다. 홀마크는 광고가 삭제된 지 하루 만에 결정을 번복했고, (홀마크 채널을 소유한) 홀마크 카드(Hallmark Cards)의 CEO인 마이크 페리(Mike Perry)는 이러한 선택이 '잘못된 것'이라며 이로 인해 받았을 '상처와 실망'에 대해 사과하였다. 페리는 또한 TV 채널의 담당자였던 빌 애보트(Bill Abbott)를 해고했다.

직관 소규모 기업의 경영자는 종종 깊이 있는 마케팅 조사를 할 여유가 없기 때문에 직감, 즉 잠재의식과 본능에 따라 결정을 내린다. 예를 들어, 샤란 파스리차(Sharan Pasricha)는 2012년에 환대(hospitality) 업체인 에니스모어(Ennismore)를 설립하기로 결정했다. 파스리차는 사업을 시작하기로 결정했을 때 이 산업에 대한 경험이 전혀 없어서 직감에 의존했다. 파스리차는 자신의 성공이 직관 덕분이라고 말하며 "마음속 깊은 곳에서 자료가 바꿀 수 없는 무언가를 느껴야 한다."라고 말했다.

"느낌대로 하는 것(Going with your gut)" 또는 직관은 의식적인 생각이나 논리적인 추론을 사용하지 않고 선택하는 것이다. 사람, 상황, 대상 또는 결정 기회에 대한 개인의 명시적이고 암묵적인 지식인 전문 지식에서 비롯된 직관을 전체론적 직감(holistic hunch)이라고 한다. 그리고 감정에 기반한 직관, 즉 어떤 문제에 대한 비자발적 감정적 반응은 자동화된 경험(automated experience)이라고 한다.

연구 결과에 따르면, 자존감과 위험 성향이 높은 사람일수록 직관을 더 많이 사용한다고 한다. 이러한 성격 특성 유무와 상관없이, 직관적인 스킬은 합리적인 분석만큼 중요하고 때로는 더 우월하기 때문에 직관적인 스킬을 개발할 필요가 있다. 다음 사례에서 버진(Virgin)의 CEO인 리처드 브랜슨(Richard Branson) 등이 직관을 사용하는 방법을 살펴보자.

직관 활용의 예

자료와 결과를 오랜 시간 동안 고려한 후가 아니라 문제의 답이 저절로 떠오르는 "아하!"하는 순간 어려운 문제를 해결하는 인식을 통찰(epiphany)이라고 한다. 뇌에서 무언가 클릭되는 순간 정신의 전구가 켜지고 앞으로 나아갈 길이 명확해진다. 통찰은 희귀하지만 통찰로 이어지는 직관은 갈고 닦을 수 있다.

버진 그룹(Virgin Group)의 창업자인 리처드 브랜슨은 유람선, 항공사, 휴대 전화 회사, 우주 관광 등 다양한 사업 라인에 약 70,000명의 직원을 고용하고 있다. 브랜슨은 위험을 계산하고, 다른 사람을 신뢰하며, 중요한 사업 결정을 내릴 때 본능에 의존한다. 그는 기술과 인공 지능의 발전을 높이 평가하면서도 "결정을 내리기 위해 분석에 점점 더 의존함에 따라 인간의 본능을 놓치고 있고 인간의 추론이 간과되고 있다."라고 말했다. 그는 이러한 상황 때문에 사람들이 더 위험을 회피하고 보수적이 된다고 생각한다. 최근 한 연구는 자료도 중요하지만 의사 결정에 있어 직관이 여전히 필요한 부분이라는 브랜슨의 입장을 뒷받침한다.

직관의 활용을 강하게 지지하지만 브랜슨은 자신의 직관이 항상 옳은 것은 아님을 알고 있다. 예를 들어, 버진 그룹은 2000년에 인터넷을 통해 자동차 판매를 시도했다. 사람들은 그 아이디어에 반응하지 않았고 회사는 2005년에 웹 사이트를 폐쇄했다. 브랜슨은 "누구도 처음부터 모든 것을 제대로 하지 못한다… 그래서 우리는 실수에서 배운다."라고 말한다. 결국, 혁신적인 CEO는 "장기적으로 성공하려면 직관을 신뢰하고, 호기심을 유지하며, 항상 사람을 먼저 생각해야 한다."라고 생각한다.

브랜슨만이 직관적인 아이디어의 힘을 활용하는 것은 아니다. 아마존(Amazon)의 시작에 대해 잘 알려진 바와 같이, 창업자인 제프 베조스(Jeff Bezos)는 인터넷이 매년 폭발적으로 성장한다는 것을 듣고 월 스트리트(Wall Street)의 직장 대신 온라인 서점을 시작하는 것이 더 낫겠다는 직관으로 사업을 시작했다.

고(故) 애플의 공동 창업자인 스티브 잡스(Steve Jobs)는 "직관은 지성보다 더 강력한 것"이라고 믿었다. 천재 물리학자 알버트 아인슈타인(Albert Einstein)도 "과학의 모든 위대한 성취는 직관적인 지식에서 시작해야 한다. 이유도 모른 채 내가 옳다고 확신할 때가 있다."라고 말했다.

당신의 생각은?

중요한 결정을 내리거나 큰 문제를 해결하기 위해 직관에 의존해 본 적이 있는가? 어떻게 해결책을 마련하였고, 결과에 대해 얼마나 만족하였는가?

직관을 활용하면 빠르게 의사 결정을 내릴 수 있어 마감일이 촉박할 때 유용하고, 자원이 한정적일 때 도움이 된다. 하지만, 단점은 직감이 타당하다고 다른 사람들을 설득하기 어려울 수 있다. 또한 직관은 섹션 06에서 학습할 내용처럼 합리적인 의사 결정에 영향을 미치는 것과 동일한 편향의 영향을 받는다. 마지막으로, 연구 결과에 따르면 사람들이 구조화된 문제, 즉 세분화되고 순차적으로 접근할 수 있는 문제에 직면할 때 직관이 덜 효과적이라고 한다. 그러나 직관과 합리성은 상호 보완적이기 때문에 경영자는 결정을 내릴 때 직관을 사용할 수 있는 용기가 필요하다. 다음의 〈전문가의 조언〉은 직관을 향상시키는 방법을 알려준다.

전문가의 조언 | 직관을 향상시키는 방법

1. **서두르지 말자.** 많은 리더들은 입수한 정보를 완전히 소화하지 못하기 때문에 성급하게 잘못된 판단을 내리게 된다. 일반적으로 자신의 능력에 대한 과신 때문에 기대하지 않았거나 듣고 싶지 않은 것을 걸러낸다(섹션06에서 과신 편향에 대해 학습). 이를 개선하기 위해서는 대안적인 의견들을 방해할 수 있는 자신의 필터, 방어성 또는 공격성을 인식해야 해야 한다.

2. **적합한 경험에 의존하자.** 경험은 맥락을 제공하며 잠재적인 해결책을 파악하고 문제를 예상할 수 있게 해 준다. 리더는 경험을 통해 에너지와 자원을 어디에 집중할 것인지 결정하기 때문에 과거에 겪었던 것과 유사한 문제를 극복할 수 있다. 그러나 상황에 대한 친숙함은 경험의 기반이 좁지 않은 경우에만 유용한다. 예를 들어, 베트남 시장에 진출할 계획이라면 미국에서 제품을 출시했을 때의 자신의 경험을 활용할 것인가, 아니면 아시아로 진출한 사람의 경험에 의존할 것인가? 답은 아시아에서 특정 제품 경험이 있는 사람에게 의존하는 것이다. 올바른 경험에 의존하면 이 영역을 개선할 수 있다. 즉, 필요한 경우 다른 사람에게 의존해야 한다.

3. **감정을 조절하자.** 열정은 훌륭한 리더십 자질이며 다른 사람들에게 영감을 줄 수 있다. 그러나 억제되지 않은 열정은 극단적이고 공격적으로 보일 수 있기 때문에 결정을 내릴 때 어느 정도의 지적, 정서적 분리(detachment)가 필요하다. 결정에 부정적인 영향을 미칠 수 있는 인지적 편향(cognitive bias)을 제한하는 것 또한 분리에 포함된다. 섹션 06에서는 인지적 편향에 대해 살펴볼 것이다. 예를 들어, 회사가 위기에 처했을 때 CFO와 변호사가 CEO가 되는 것을 흔히 볼 수 있는 이유는 인지적 편향에 저항하는 능력 때문이다. 편향을 인식할 수 있는 과정을 마련하면 지적, 정서적 분리에 도움이 된다. 이러한 과정 중 하나는 선의의 비판자(devil's advocate)를 활용하는 것이다(섹션 07에서 학습).

SECTION

02 윤리적인 의사 결정

의사 결정 트리로 알려진 그래프는 윤리적인 결정을 내리는 데 도움이 된다.

3장에서 자세히 살펴봤듯이, 여러 가지 좋지 못한 사건들로 인해 기업가의 윤리적인 행동에 대한 우려가 점점 증가하고 있다.

학습 목표

합법적이고 윤리적인 결정을 내리는 방법을 설명한다.

기업 윤리의 우울한 기록

PwC(PricewaterhouseCoopers)의 최근 연구에 따르면, 미국 최대 기업에서 CEO가 퇴사하는 가장 큰 이유는 저조한 재무 실적이 아닌 비윤리적인 행동으로 나타났다(그림 7.3 참조). 그림 7.3은 윤리 위반으로 해고된 CEO의 수가 2008년과 2018년 사이에 4배 증가했음을 보여 준다. 예를 들어, CBS, 반즈 엔드 노블(Barnes & Noble), 룰루레몬(Lululemon), 인텔(Intel)의 경영진은 윤리 위반으로 인해 2018년에 해고되거나 강제로 사임했다.

최근 CEO 퇴사 자료는 매우 충격적이다. 윤리적인 의사 결정에 대한 로드맵을 논의하기 전에 왜 이런 일이 일어나는지 생각해 보자.

그림 7.3 CEO의 퇴사 사유

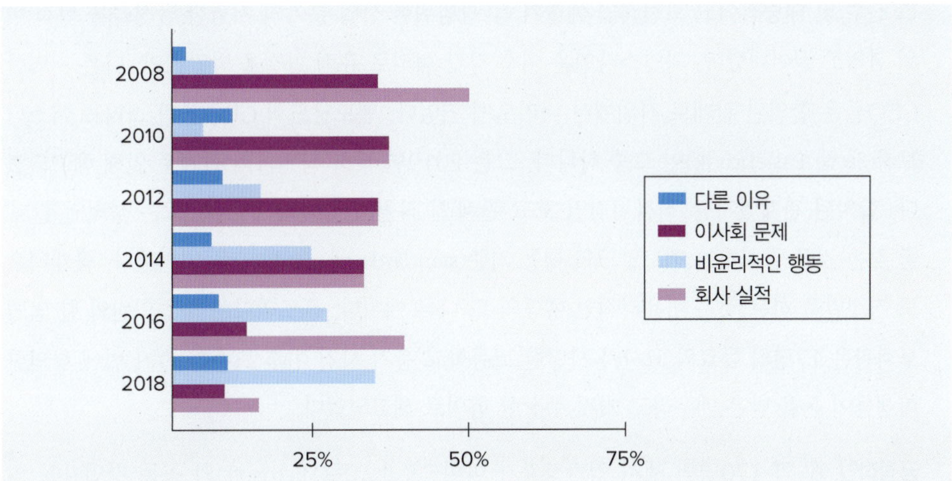

출처: J. Green, "CEOs Fired for Ethical Lapses Hit New High as Complaints Soared," Bloomberg, May 15, 2019, https://www.bloomberg.com/news/ articles/2019-05-15/ceos-fired-for-ethical-lapses-hit-new-high-as-complaints-soared.

윤리적인 과실이 증가하는 원인 하버드 비즈니스 리뷰(Harvard Business Review)는 윤리적인 과실로 인한 CEO 해고가 증가하는 5가지 이유를 (1) 경영진의 잘못된 행동에 대해 엄격해진 대중, (2) 엄격해진 규제, (3) 윤리를 덜 강조하고 법률이 부족한 개발도상국으로의 사업 확장, (4) 디지털 통신으로 인한 해커와 내부 고발자의 위험에 대한 노출 증가, (5) 연중무휴 방송되는 뉴스와 미디어의 확산으로 꼽았다. 또한 최근 한 연구는 비윤리적인 행동은 성과가 낮은 사람보다 높은 사람이 행할 때 더 용인되는 경향이 있음을 발견하였는데, 이는 조직이 윤리보다 성과를 더 선호하는 경향이 있음을 시사한다. 또 다른 연구는 개인 차이가 비윤리적인 행동에 영향을 미친다는 것을 규명하였다. 예를 들어, 연민 어린(compassionate) 사람들은 다른 사람들이 상처를 받거나 창피하지 않도록 하거나 재정적으로 도움을 주기 위해 친사회적(prosocial) 거짓말을 하는 것으로 나타났다. 또한 자존감이 과하게 높은 사람들은 다른 사람들보다 비윤리적인 의사 결정을 내리는 경향이 있는 것으로 나타났다. 윤리적인 의사 결정은 회사가 제품 가격을 책정하는 방식이나 직원이 직장에서 행동하는 방식을 비롯한 여러 문제와 관련이 있다. 몇 가지 예를 살펴보자.

가격 책정의 예: 제약 회사의 가격 결정은 중대한 영향력을 갖는다. 혈압약 제조사인 알렘빅(Alembic)의 예를 살펴보자. 알렘빅의 경쟁업체가 오염으로 인해 혈압 강하제를 회수해야 했을 때 알렘빅은 가격을 320% 이상 인상할 기회를 포착했다. 하지만, 이는 알렘빅만의 결정이 아니었다. 제약 회사들은 2019년에 수천 종의 의약품 가격을 인상해 2018년 가격 인상률을 17%나 초과하였다. 여기에는 알렘빅의 혈압약 등 세 자릿수 가격 인상률을 기록한 약 40여 종이 포함된다. "혁신적인 생명공학 암 치료제든 50년 동안 존재해 온 일반 의약품이든 간에 약물을 만드는 회사가 환자에게 상당한 재정적인 고통을 야기할 정도로 시장을 이용해서는 안 된다."라고 공익 의학 센터(Center for Medicine in the Public Interest)의 회장인 피터 피츠(Peter Pitts)는 말한다.

행동의 예: 미투(#MeToo) 운동은 자신의 이름을 딴 성공적인 할리우드 영화 스튜디오의 설립자인 하비 와인스타인(Harvey Weinstein)을 시작으로 수십 명의 정치인, 기업 임원, 스포츠 선수 및 대중적이고 고전적인 예술가 등 광범위한 산업 분야의 저명한 남성들을 성적 비위 혐의로 끌어내렸다. 와인스타인은 이후 강간 혐의로 유죄 판결을 받았지만, 다른 저명한 CEO들은 합의된 관계로 직위에서 내려오게 되었다. 맥도날드의 CEO였던 스티브 이스터브룩(Steve Eastebrook)이 그중 하나다. 그는 2019년 부하 직원과의 관계로 인해 해고되었다. 합의된 관계였지만 '직간접적인 보고 관계'인 직원이 상사와 '데이트 또는 성적인 관계'를 갖는 것을 금지하는 맥도날드의 행동 기준(standards of conduct)을 위반했다. 공개적으로 거짓말을 하는 것은 비윤리적인 행동의 또 다른 예이다. 플로리다주 하원의원의 한 입법 보좌관은 17명의 동료와 교사가 사망한 고등학교 총격 사건 이후 느슨한 총기 법에 항의한 학생들이 돈을 받은 배우라고 거짓 주장한 혐의로 해고되었다.

Ing. Andrej Kaprinay/Shutterstock

성희롱과 같은 일부 비윤리적인 행동은 고유의 로고를 갖게 되었다.

긍정적인 예: 약 170명의 세계 억만장자가 마이크로소프트(Microsoft)의 공동 창업자인 빌 게이츠(Bill Gates)와 그의 아내 멜린다(Melinda), 초대형 투자자 워렌 버핏(Warren Buffet)

과 함께 자기 돈의 절반 이상을 기부하겠다고 약속했다. 기금은 빈곤 완화, 난민 구호, 재난 구호, 세계 보건, 교육, 여성 및 소녀의 역량 강화, 의료 연구, 예술 및 문화, 사법 개혁 및 환경 지속 가능성과 같은 자선 활동에 사용될 예정이다. 기부 서약에 23개국 30~90세까지 모든 연령대의 억만장자들이 서명했다.

윤리적인 실수에 대한 기업의 대응 윤리적인 문제로 인해 많은 조직에서 올바른 의사 결정을 최우선 의제로 삼았다. 실제로 많은 회사에는 직장 내 윤리 문제, 특히 윤리적인 딜레마 해결에 대해 교육받은 윤리 담당자가 있다. 또한 점점 더 많은 회사에서 직원들에게 일상적인 윤리적 행동이 무엇인지 안내하는 가치 성명을 기획한다. 이러한 가치 성명은 채용, 평가, 보상과 같은 영역에 영향을 미친다. 한 연구 결과는 회사 전체에서 윤리적인 의사 결정을 촉진하기 위해 경영진이 이러한 가치에 대해 직원을 지도하고 롤모델 역할을 해야 함을 제시하였다. 경영자는 자신의 결정이 법률 및 규정을 준수할 뿐만 아니라 윤리적인지 확인할 필요가 있다.

의사 결정 트리

의심할 여지없이 최고 경영진에 대한 가장 큰 압박은 주주 가치를 극대화하고 회사 소유주에게 최고의 투자 수익을 제공하는 것이다. 그러나 주주들에게는 이익이 되지만 직원들에게는 해로운 결정은 과연 비윤리적일까? 하버드 경영 대학(Harvard Business School) 교수인 콘스탄스 배글리(Constance Bagley)는 윤리적인 결정을 내리는 데 도움이 되는 의사 결정 트리(decision tree)를 제안했다. 의사 결정 트리는 의사 결정과 가능한 결과에 대한 그래프이며, 목표를 달성하기 위한 계획을 작성하는 데 사용된다. 의사 결정 트리는 특히 불확실성이 존재할 때 의사 결정을 지원한다. 그림 7.4는 배글리의 윤리적인 의사 결정 트리를 보여 준다.

그림 7.4 윤리적인 의사 결정 트리

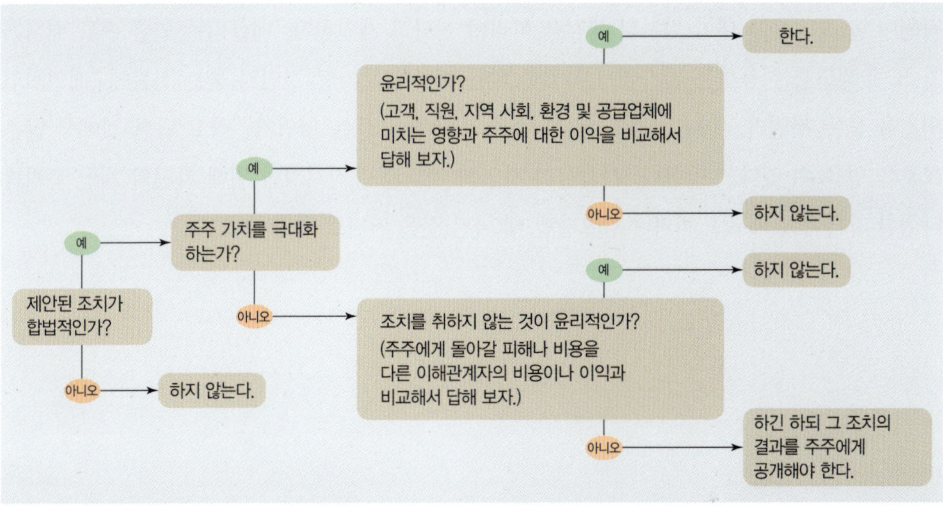

출처: Constance E. Bagley, "The Ethical Leader's Decision Tree," Harvard Business School Publishing Corporation, February 2003, https://hbr.org/2003/02/the-ethical-leaders-decision-tree.

의사 결정이 필요한 제안된 조치에 직면했을 때 경영자는 다음과 같은 질문을 통해 의사 결정 트리를 검토할 수 있다.

1. **제안된 조치가 합법적인가?** 당연한 질문처럼 보일 수 있지만, 배글리는 "기업의 속임수를 보면 일부 경영자에게 다음 사항을 상기시킬 필요가 있다고 제안한다. 해당 조치가 합법적이지 않다면 실행에 옮겨서는 안 된다."라고 말한다.

2. **위의 질문에 '예'라고 답한 경우 제안된 조치가 주주 가치를 극대화하는가?** 해당 조치가 합법적이라면 다음으로는 주주들에게 이익이 될지 여부를 물어야 한다. 대답이 '예'라면 그렇게 해야 할까? 반드시 그런 것은 아니다.

3. **위의 질문에 '예'라고 답한 경우 제안된 조치는 윤리적인가?** 배글리가 지적했듯이 이사와 최고 경영자는 항상 주주 가치를 극대화해야 하는 기업의 법 아래에서 구속을 받는다고 생각할 수 있지만 법원과 입법부는 그렇지 않다고 판결했다. 오히려 그들의 주요 의무는 더 큰 공동체의 이익을 포함하는 "기업의 최선의 이익을 위해" 경영하는 것이다.

   따라서 배글리는 해외 국가에 수익성이 있고 오염을 일으킬 수 있는 공장을 건설하는 것은 주주들에게 이익이 될 수 있지만, 해당 국가와 기업의 관계에 해로울 수 있다고 말한다. 따라서 경영자는 윤리적으로 오염 제어 장비를 추가 설치해야 한다.

4. **위의 질문에 대한 답이 '아니요'인 경우 제안된 조치를 취하지 않는 것이 윤리적일까?** 해당 조치가 주주들에게 직접적인 이익이 되지 않더라도 계속 진행하는 것이 여전히 윤리적일 수 있을까?

   해외 공장을 건설하지 않는 것은 직원이나 고객 등 다른 이해관계자에게 피해를 줄 수 있다. 따라서 윤리적 결론은 오염 제어 장비를 갖춘 공장을 건설함과 동시에 결정의 영향을 주주에게 공개하는 것일 수 있다.

배글리는 기업을 대신해 올바른 윤리적인 결정을 내리기 위한 기본 지침으로 이사회, 경영자, 직원이 옳고 그름에 대한 각자의 생각을 따라야 한다고 제안한다. 배글리는 연금 펀드 매니저가 노예 제도를 허용하는 국가에서 사업을 하는 회사에 투자할 것인지 묻는 질문에 "개인적인 의견을 묻는 것인가, 아니면 펀드 매니저로서의 의견을 묻는 것인가?"라고 답한 것에서 많은 교훈을 얻을 수 있다고 말한다. 사람들이 사업의 이익을 증진시키기 위해 자신의 개인 윤리를 타협할 자격이 있다고 느끼거나 강요당할 때 나쁜 짓을 저지르게 될 수 있다.

SECTION

03 증거 기반 의사 결정과 자료 분석

이번 섹션에서는 증거 기반 경영을 실행하기 위한 7가지 원칙을 살펴본다. 또한 이러한 방식을 의사 결정에 적용하기 어려운 이유도 알아본다. 마지막으로, 직급별로 자료 분석과 빅데이터를 사용하는 방법에 대해 살펴볼 것이다.

학습 목표

증거 기반 경영 및 데이터 분석이 의사 결정에 기여하는 방법을 설명한다.

세계보건기구(World Health Organization: WHO)가 신종 코로나바이러스 감염증(코로나19) 발병에 대해 세계적으로 우려되는 공중보건 비상사태를 선포하였다. 모든 주요 대륙에 걸쳐 수천 명이 바이러스에 감염되었으며 많은 사람들이 목숨을 잃었다. 다국적 기업, 정부 및 소규모 기업은 모두 바이러스 확산 위험을 줄이기 위한 결정을 내렸지만, 모든 어려운 결정들이 최신 건강 정보를 기반으로 내려진 것은 아니었다. 다시 말해, 증거에 기반한 결정을 내린 것이 아니었다.

1장에서 배운 것처럼 커리어 준비에 필요한 27가지 역량이 있다. 이러한 역량 중 4개는 증거 기반 의사 결정과 관련이 있다. (기술을 효과적으로 사용하고 새로운 응용 프로그램을 학습하는) 정보 기술 응용, (숫자를 사용하여 추상적인 개념을 추출하고 데이터 기반 추론을 수행하는) 계산적 사고, (상황을 분석하고, 결정을 내리고, 문제를 해결하는) 비판적 사고 및 문제 해결 그리고 (최적의 결과를 가져올 대안적 해결책을 파악하여 선택하기 위해 정보를 수집 · 처리 · 분석하는) 의사 결정이 증거 기반 의사 결정과 관련이 있는 4가지 역량이다. 의사 결정 과정에서 증거를 사용하려면 계산적 사고와 같은 하드 스킬만 필요하다고 오해하기 쉽다. 물론 오늘날의 데이터 중심 환경에서는 하드 스킬이 중요하기는 하다. 하지만, 고위 경영자가 증거를 활용하여 전략을 세우고, 결정을 내리고, 이해관계자와 소통하고, 증거 기반 의사 결정을 실행하기 위해 중간 및 하위 관리자에게 영향을 미칠 필요가 있기 때문에 유능한 최고 경영자에게는 강력한 소프트 스킬 또한 필요하다는 연구 결과도 있다.

이번 섹션에서는 증거 기반 의사 결정의 기본 사항과 이를 조직 내에서 구현하는 방법에 대해 알아본다. 그런 다음 오늘날 증거 기반 의사 결정의 중심인 빅데이터 및 데이터 분석에 대해 살펴본다. 섹션 04에서는 한 걸음 더 나아가 인공 지능에 대해 학습한다.

증거 기반 의사 결정

스탠퍼드 대학교(Stanford University)의 제프리 페퍼(Jeffrey Pfeffer)와 로버트 서튼(Robert Sutton) 교수는 "너무 많은 회사와 리더가 다른 사람을 따라 하고, 항상 해오던 일을 하며, 실제 효과보다 더 큰 효과를 거둬야 한다는 신념에 따라 결정을 내린다."라고 말한다. "확실한 사실을 직시하지 못하고 경쟁 환경을 헤쳐 나가는 데 도움이 되는 최고의 증거를 사용하지 못한다."라고 첨언하였다. 이 결론을 뒷받침하는 연구에 따르면, 의사 결정의 절반이 목표 달성으로 이어지지 못한 것으로 나타났는데, 리더가 다른 여러 가지 이유로 성급하게 판단하고, 대안을 무시하며, 선호하는 해결책을 강요했기 때문이다. 페퍼와 서튼은 (2장에서 정의한 바와 같이 의사 결정 과정에 합리성을 가져오고 최상의 증거에 기반한 원칙을 조직 제도로 변환하는) 증거 기반 경영을 사용하는 회사가 일반적으로 경쟁에서 승리한다고 제안한다.

일곱 가지 실행 원칙 페퍼와 서튼은 증거 기반 경영을 활용하여 이익을 거두려는 회사를 돕기 위해 일곱 가지 실행 원칙을 제시했다.

1. **조직을 미완성된 프로토타입으로 간주하자.** 리더는 조직이 위험한 새로운 아이디어로 인해 망가지거나 직원 또는 경영진의 저항으로 인해 변경할 수 없는 미완성 프로토타입인 것처럼 생각하고 행동해야 한다.

덴마크 석유 및 천연가스의 예: 덴마크의 최대 에너지 회사인 덴마크 석유 및 천연가스(Danish Oil and Natural Gas)는 2012년 전 세계적인 과잉 생산으로 가스 가격이 90% 폭락하면서 파멸에 직면했다. CEO인 헨릭 폴슨(Henrik Poulsen)은 이에 대해 근본적인 변화가 필요함을 인식했다. 폴슨은 "우리는 우리가 속한 12개의 서로 다른 사업 품목을 살펴보고 자산별로 검토하여 경쟁력이 있는 부분을 확인했다."라고 말한다. 회사의 소규모 사업인 해상 풍력 발전이 상황을 해결하기 위한 잠재적 경로로 떠올랐지만, 풍력 발전 단지 기술(wind farm technology)은 여전히 너무 많은 비용이 들었다. 폴슨은 회사 이름을 전자기(electromagnetism)의 원리를 발견한 전설적인 덴마크 과학자 한스 크리스티안 외르스테드(Hans Christian Ørsted)의 이름을 따서 오스테드(Ørsted)로 변경하기로 결정하고, 비용 절감에 대한 목표를 회사 문화에 불어넣었다. 오스테드는 해상 풍력 발전 비용을 60% 절감하여 수십억 달러의 수익을 창출할 수 있었고, 오늘날 시장 점유율 30%를 차지하는 세계 최대 해상 풍력 회사가 되었다.

Steve Allen/Brand X Pictures/Getty Images

데이터 잭팟. 네바다(Nevada)주 라스베이거스(Las Vegas)에서 슬롯머신을 하고 있는 여성의 모습이다.

2. **과장이 아닌 사실만을 직시하자.** 리더는 차기 생산 제품에 대해 과장된 주장을 해서는 안 되며, 단순히 사용 가능한 자원만을 활용하여 효과적인 결정을 내려야 한다.

카지노의 예: 론 오도넬(Lon O'Donnell)은 MGM 리조트 최초의 기업 슬롯 분석 이사이다. 오도넬의 팀은 데이터를 활용하여 고장이 나서 재생되지 않는 기계와 교체하거나 재배치해야 하는 기계, 가장 인기 있는 기계, 카지노에서 가장 많은 수익을 창출하는 분야를 찾는다. MGM의 가장 큰 경쟁자 중 하나인 시저스 엔터테인먼트

(Caesars Entertainment) 역시 데이터를 유리하게 활용하는데, 게임 플레이어들의 습관과 사람들이 가장 좋아하는 호텔, 스파나 레스토랑 편의 시설을 연구한다.

3. **외부인의 관점에서 조직을 바라보자.** 대부분의 경영자는 자신의 재능과 성공 전망에 대한 과장된 견해로 인해 '만연한 낙관주의(rampant optimism)'에 시달리게 된다. 이로 인해 위험을 경시하고 일이 제대로 되지 않는다는 증거가 있는데도 계속해서 그 길을 가게 된다. 페퍼와 서튼은 "무뚝뚝한 친구, 멘토 또는 상담사가 있으면 더 나은 증거를 보고 그에 따라 행동하는 데 도움이 될 수 있다."라고 제안한다.

4. **증거 중심 경영은 고위 경영진만의 전유물이 아니다.** 최고의 조직은 최고 경영자뿐만 아니라 모든 임직원이 양적 · 질적 데이터를 수집하고 이에 따라 행동하며 다른 사람들과 결과를 공유한다.

5. **실적을 높여야 한다.** 페퍼와 서튼은 "안타깝게도 기존의 아이디어보다 훨씬 열등한 경우에도 새로운 아이디어는 주의를 끌게 된다."라고 말한다. "내용이 얼마나 잘못되었거나 데이터가 얼마나 옳은지와 무관하게 생생하고 흥미진진한 이야기와 사례는 상세하고 엄격하며 분명히 재미없는 데이터보다 더 잘 팔린다."라고 첨언하였다. 증거 기반 접근법을 적용하려면 확실한 증거를 기반하여 생생한 이야기로 경영진의 관심을 끌어야 한다.

6. **다른 모든 방법이 실패하게 된다면 나쁜 습관의 확산을 늦추기 위해 노력하자.** 많은 경영자와 직원들이 비효과적인 것으로 알려진 일을 해야 한다는 압박에 직면한다. 그러므로 "증거 기반 잘못된 행동(evidence-based misbehavior)", 즉 잘못됐다고 생각하는 지시를 무시하거나 실행을 늦추는 것이 필요하다.

7. **사람들이 실패하면 어떻게 되는지 답해 보자.** 페퍼와 서튼은 "실패는 아프고 창피하며 우리는 실패 없이 살고 싶어 한다."라고 말한다. "하지만, 실패 없는 배움은 없다. 세상에서 가장 효과적인 시스템의 특징 중 하나는 문제가 발생했을 때 사람들이 어려운 사실을 직시하고, 무슨 일이 일어났는지, 왜 그런 일이 일어났는지 파악하고, 이러한 사실을 바탕으로 시스템을 개선한다는 것"이라고 첨언한다. 증거 기반 경영의 핵심은 실패가 훌륭한 교훈을 줄 수 있다는 것이다. 즉, 조직은 실수하는 사람들을 '용서하고 기억'해야 하며, 최고의 증거와 확실한 사실을 찾아야 한다.

증거 기반 경영이 어려운 이유 최선의 의도와는 달리 결정에 가장 적합한 증거를 가져오는 것은 어렵다. 이유는 (1) 증거가 너무 많거나, (2) 좋은 증거가 부족하거나, (3) 증거가 제대로 적용되지 않거나, (4) 사람들이 속이거나, (5) 본인이 자신을 속이거나, (6) 해결보다 부작용이 더 크거나, (7) 증거보다 이야기가 더욱더 설득력이 있기 때문이다.

자료 분석의 긍정적인 결과

증거 기반 경영은 가공되지 않은 자료를 분석하여 원자료에 포함된 정보에 대하여 결론을 내리는 과정을 통해 적용된다. 점점 더 전문화된 시스템과 소프트웨어로 자료를 분석한다. 한 가지 예는 투자 고문이 다양한 자료 소스를 사용하여 주식의 위험을 평가하는 포트폴리오 분석이다. 또 다른 예는 과거 자료의 패턴을 기반으로 미래 자료를 예측하는 시계열(time series) 분석이다.

일부 리더와 기업은 탁월한 자료 분석 실무자가 되었다. 예를 들어, 넷플릭스(Netflix)는 고객 행동과 구매력을 파악하기 위해 1억 6,700만 명의 구독자에게서 자료를 수집한다. 해당 정보를 활용하여 구독자 선호도에 따라 영화와 TV 프로그램을 추천한다. 넷플릭스는 추천 시스템이 자사 플랫폼에서 스트리밍되는 콘텐츠의 80% 이상을 차지하기 때문에 고객 유지로 10억 달러 이상을 얻는다고 설명한다. 또한 자료 분석을 통해 맞춤형 마케팅과 신규 오리지널 콘텐츠 제작을 실행하기도 한다.

자료 분석은 의료 산업에도 도움이 될 것으로 기대된다. 의료 전문가는 의료 분야 전반에 걸쳐 전자 의료 기록을 공유할 수 있으므로 의료 과실을 줄이고 환자 치료를 개선하는 데 도움이 된다. 데이터 분석 활용과 관련된 비용상의 이점도 있다. 예를 들어, 맥킨지(McKinsey & Company)의 연구에 따르면, 데이터 툴을 사용하여 의료 효율성과 품질을 향상시키면 전체 의료 비용을 12~17% 절감할 수 있게 된다.

자료는 스포츠에서도 활용된다. 다음의 예는 프로 스포츠팀이 어떻게 자료 분석을 활용하는지 보여 준다.

자료 분석을 통해 우승하는 프로 스포츠팀

야구 팬들은 수십 년 동안 경기별 통계를 분석해 왔는데, 실제로 이러한 활동은 미국 야구 연구 협회(Society for American Baseball Research: SABR)에서 인정하는 컴퓨터를 이용한 야구 자료 분석을 의미하는 세이버메트릭스(sabermetrics)라는 용어가 탄생하게 하였다. 오늘날의 스포츠 자료 분석은 구식 통계에서 벗어나 다양한 스포츠에 영향을 미치고 있다. 그 결과 스포츠 자료 분석 시장은 2024년까지 50억 달러에 이를 것으로 예상된다.

선수의 성공을 나타내는 지표 프로 스포츠에서 분석에 대한 집착은 머니볼 현상의 논리적 결과이다. 브래드 피트(Brad Pitt)가 주연한 영화인 머니볼(Moneyball: Art of Winning Unfair Game)은 마이클 루이스(Michael Lewis)의 책을 각색하였다. 이 책은 당시 메이저리그에서 가장 가난한 팀 중 하나였던 (뉴욕 양키스의 약 3분의 1 규모인) 오클랜드 애슬레틱스(Oakland Athletics)가 자금력이 더 좋은 경쟁자들을 상대로 7년 동안 5번이나 플레이오프에 진출할 수 있었던 방법을 설명하였다. 애슬레틱스는 전통적인 야구 통계의 사용을 피하고 출루율, 장타율 등과 같은 자료에서 선수 성공의 더 나은 지표를 찾아냈다. 창의적인 분석을 통해 애슬레틱스는 제한된 급여 자원을 베테랑 선수의 영입보다는 주로 재능 있는 대학 선수들의 지명에 투자하였다. 팀은 확률을 개선하기 위해 분석에 계속 의존하고 있으며, 휴스턴 애스트로스(Houston Astros)는 자료 분석을 도와줄 NASA 엔지니어를 고용하여 전략을 한 차원 더 높였다.

프로 스포츠에서의 분석 그 이후로 모든 주요 스포츠에서 선수와 전략을 평가하기 위해 자료를 측정하여 분석하였다. 농구에서 자료 분석의 적용은 전미농구협회(National Basketball Association: NBA)의 단골 챔피언인 골든 스테이트 워리어스(Golden State Warriors)와 함께 절정에 이르렀다. 자료를 좋아하는 실리콘 밸리 투자자 그룹은 하위권에서 맴돌던 팀을 4억 5천만 달러(현재 가치는 35억 달러)에 매입하여 전통적인 방식에서 벗어나 팀을 구성한다. 예를 들면, 골대를 채울 수 있는 빅맨 영입보다는 3점슛을 던질 수 있는 선수에 더 집중하였다. 자료 분석 결과에 따르면, 3점슛에 집중했을 때 팀이 이길 가능성이 높아지기 때문이었다.

성공이 확실한 분석. 골든스테이트 워리어스의 스테판 커리(#30, Stephen Curry)가 토론토 랩터스의 오쥐 아누노비(#3, OG Anunoby)를 3점슛으로 제압하고 있다. 자료 분석 결과에 따르면, 3점 슛에 집중하는 것이 팀에 더 유리하다고 한다.

통계를 분석한 경영진은 3점 슈터인 스타 스테판 커리(Stephen Curry)와 클레이 톰슨(Klay Thompson)을 중심으로 팀을 재건하기 시작했고, 리그의 다른 어떤 팀보다 더 높은 3점슛 비율을 만들게 되었다. 워리어스의 대주주인 조 라콥(Joe Lacob)은 "우리는 구조, 계획, 진행 방식 측면에서 다른 모든 팀보다 몇 광년 앞서 있다. 우리는 NBA의 나머지 팀이 오랫동안 이기기 힘들 적수가 될 것이다."라고 말한다. 워리어스는 5년 연속(2015~2019) NBA 결승전에 진출했으며, 2015, 2017, 2018년에는 챔피언십에서 우승했다.

자료 분석은 NFL에도 영향을 미쳤다. 뉴욕 자이언츠(New York Giants)의 단장인 데이브 게틀맨(Dave Gettleman)은 팀의 스카우트 부서를 현대화하기 위해 '컴퓨터 전문가'를 채용했다. 그린베이 패커스(Green Bay Packers)의 전 감독인 마이크 매카시(Mike McCarthy)는 지난 시즌을 집에서 축구 기술 부서 전체를 위한 계획을 세우며 보냈다. 그는 이제 그의 새 팀인 델라스 카우보이스(Dallas Cowboys)에서 해당 부서를 도입해 사용할 것이다. 마지막으로, 애틀랜타 팰컨스(Atlanta Falcons)는 라이벌에 뒤지지 않기 위해 외부 회사를 통해 선수들의 수면 습관과 패턴을 모니터링하여 얼마나 많은 수면을 취하는지에 대한 자료를 수집하고 더 잘 회복하는 방법을 찾는다.

당신의 생각은?

프로 스포츠 팀의 경영진처럼 회사의 경영진과 HR 전문가가 신입 사원을 채용할 때 분석해서 사용할 수 있는 자료는 무엇이 있을까?

빅데이터

프랑스의 지도자였던 나폴레옹 보나파르트(Napoleon Bonaparte)는 "전쟁의 90%는 정보"라고 말했다. 전문가들은 전 세계 정보의 저장량이 매년 61%씩 증가하여 2025년에는 175제타바이트에 이를 것이라고 말한다(1제타바이트는 2,000억 개 이상의 DVD 콘텐츠에 해당). 이로 인해 기존의 데이터베이스 관리 시스템으로는 처리할 수 없을 정도로 방대한 자료를 저장하는 빅데이터(big data)로 알려진 현상이 발생했기 때문에 매우 정교한 분석 소프트웨어와 슈퍼컴퓨터가 필요하다. 빅데이터에는 기업 데이터베이스의 정보뿐만 아니라 웹서핑 자료 추적(web-browsing data trails), 소셜 네트워크 통신, 센서 자료(sensor data), 감시 자료(surveillance data) 등이 포함된다.

자료 전문가인 스콧 베리나토(Scott Berinato)는 "지난 5년 동안 기업은 가장 재능 있는 데이터 과학자들에게 일자리를 마련해 주고, 제타바이트의 자료를 축적하며, 추론 기계를 통해 이를 실행하여 방대한 양의 노이즈에서 신호를 찾기 위해 수십억 달러를 투자했다."라고 말한다. 빅데이터의 개념은 번역 서비스, 소매, 의료, 스포츠와 같은 다양한 산업과의 관계를 변화시켰다. 금융, 제약 및 기타 산업 분야의 약 60개 대기업을 대상으로 한 2018년 설문 조사에서 응답자의 97%가 현재 빅데이터 및 인공 지능(artificial intelligence) 프로젝트에 투자하고 있으며, 73%는 이미 이러한 노력을 통해 측정 가능한 결과를 보았다고 말했다. 빅데이터 분석은 숨겨진 패턴과 알려지지 않은 상관관계 및 기타 유용한 정보를 찾기 위해 다양한 유형의 대용량 자료를 조사하는 과정을 의미한다. 한 연구 결과에 따르면, 빅데이터 분석은 다양한 산업에서 혁신, 효율성, 기업 성과를 지원한다. 빅데이터의 다섯 가지 적용 분야를 살펴보자.

고객 요구 충족 기업은 시장 요구를 충족할 수 있도록 고객이 필요한 것이 무엇인지 이해해야 한다. 자료는 소비자 행동에 대한 의견을 제공하여 이를 지원할 수 있다. 빅데이터를 통해 기업은 트렌드, 과제 및 기회를 파악할 수 있다. 예를 들어, 많은 패스트푸드 레스토랑, 영화관, 놀이동산에 있는 코카콜라(Coca-Cola)의 '프리스타일(freestyle)' 음료 디스펜서를 생각해 보자. 50,000개 이상의 기계가 하루에 1,400만 개의 음료를 판매한다. 터치스크린 프리스타일 기계를 통해 고객은 음료 제공 전에 라임이나 체리와 같은 향을 좋아하는 음료에 추가할 수 있다(100개 이상의 조합 사용 가능). 기계는 고객이 좋아하는 음료를 제공할 수도 있지만 코카콜라에도 귀중한 자료를 제공한다. 예를 들어, 회사는 고객의 선호도를 분석한 결과 점점 더 많은 사람들이 음료에 체리 향을 첨가하고 있음을 발견했다. 이 분석을 바탕으로 코카콜라는 소매점에 새로운 스프라이트 체리(Sprite Cherry) 및 스프라이트 체리 제로(Sprite Cherry Zero) 제품을 출시하기로 결정하였다.

코카콜라의 의사 결정자들은 체리에 대한 수요가 있다는 것을 발견하기 위해 모든 분수 음료 기계 번호를 모두 살펴보지는 않았을 것이다. 대신, 자료를 검토하고 해석하여 얻은 결론을 제시할 수 있는 분석가에게서 의견을 들었을 것이다. 분석 결과를 제시하는 사람들은 수상 경력에 빛나는 소설가일 필요는 없으나, 의사 결정을 내릴 수 있도록 자료를 알기 쉽게 제시함으로써 알고리즘과 경영진 간의 커뮤니케이션 격차를 좁힐 필요가 있다. 빅데이터가 적절하게 제시된다면 온라인 및 오프라인 비즈니스 모두에서 쇼핑 경험을 개인화하고 효율성을 높이며 공급망 비용을 줄이는 데 도움이 될 수 있다. 소매업체인 메이시스는 자료 분석에 의존하여 상품을 창고에서 매장으로 효율적으로 이동시키고, 개학이나 휴가철과 같은 성수기 동안 수요를 충족시키고 있다.

HR 제도 개선 빅데이터는 직원 선발 및 유지와 같은 HR 기능에 영향을 미친다. 지금까지 기업은 일반적으로 경영자의 평가를 기반으로 직원을 파악했는데, 종종 주관적이거나 편향될 수 있다. 이제는 조직 네트워크 분석을 활용하여 인재를 파악해 육성한다. 즉, 자료 분석을 통해 조직 전반에 걸친 직원의 영향력을 측정한다. 일부 회사는 연락을 주고받는 사람과 이메일에 답장을 하는 속도를 포함하여 직원의 이메일 트래픽을 평가하여 직원을 평가한다. 글로벌 컨설팅 회사 딜로이트(Deloitte)의 한 대표는 이러한 분석이 "조직을 엑스 레이(X-ray) 촬영하는 것과 같다."라고 말한다. HR 소프트웨어 제조업체 워크데이(Workday)는 인재를 식별하는 데 도움이 되는 또 다른 자료 기반 도구를 개발했다. 이 피드백 플랫폼을 통해 직원은 프로젝트에 대한 지원이나 문제 탐색을 도와준 동료에게 감사를 전할 수 있다. 이 도구는 기업이 자료를 활용하여 조직 내 다른 직원들이 지침이나 통찰력을 위해 찾는 '지식 브로커(knowledge broker)'를 파악하는 데 도움을 준다.

기업은 직원 유지를 위해 빅데이터를 활용하기도 한다. 예를 들어, 크레디트 스위스(Credit Suisse)는 고성과자들이 조직을 떠난 이유를 찾기 위해 자료 수집 및 분석 시스템을 구현했다. 이 시스템은 직원들이 퇴직 면담 중에 말한 이유와 발견된 패턴을 저장하여 HR 관리자가 향후 퇴사를 방지할 수 있도록 도왔다. 회사의 전무이사이자 글로벌 인재 책임자인 윌리엄 울프(William Wolf)는 "우리는 회사를 떠났거나 떠날 위험이 있는 직원을 붙잡을 수 있을 만한 설득력 있는 종업원 가치 제안(employee value proposition)이 왜 없는지 살펴볼 필요가 있었다."라고 말했다. 회사는 이 시스템을 활용하여 HR 비용에서 연간 약 7천만 달러를 절약했다.

생산 효율성 강화 빅데이터는 제조 효율성에도 도움이 된다. 예를 들어, 세계 최대 소비재 회사 중 하나인 유니레버(Unilever)는 센서가 장착된 기계의 자료를 활용하여 가상 모형을 만든다. 이러한 모형은 제조 시설의 물리적 조건을 추적하고 실제로 구현하기 전에 운영 변경 사항을 테스트할 수 있다. 회사의 수석 엔지니어인 데이브 펜리스(Dave Penrith)는 "마요네즈, 비누, 샴푸와 컨디셔너, 세탁 세제를 만드는 공장에 이러한 모형이 활용된다."라고 말한다. 또한 빅데이터 분석을 통해 실시간 변경을 통해 출력을 최적화하고 자재를 보다 정확하게 사용할 수 있으며, 회사 표준을 충족하지 않는 제품의 낭비를 줄일 수 있다.

건강과 의학의 발전 빅데이터는 의료 산업에 혁명을 일으키고 있다. 게놈 데이터를 사용하여 질병을 보다 정확하게 예측하는 제도인 예측 의학은 인간 게놈 서열(human-genome sequencing) 분석 비용 감소라는 측면에서 주목받고 있다. 2009년 1억 달러에서 2019년 2천 달러로 서열 분석 비용이 줄면서 게놈 자료의 양이 증가하였다. 이 자료를 통해 과학자들은 암과 같은 질병이 어떻게 진행될지 예측할 수 있다. 예를 들어, 유전 자료 분석 기관인 넥스트 바이오(NextBio)는 소아에 가장 흔하게 발병하는 유형의 악성 뇌종양인 수모 세포종(medulloblastoma)과 관련된 자료를 연구하고 있다. 자료 분석을 통해 환자의 생존율을 높이기 위해 새로운 표적 치료법(targeted therapy approach)을 개발할 수 있게 되었다. 연구 결과 넥스트 바이오나 다른 회사의 사례처럼 빅데이터의 효율적인 관리 · 분석 · 해석이 의료 요법과 개인 맞춤 의학에 혁명을 일으킬 수 있는 것으로 밝혀졌다.

상습범 예측. 수갑이 채워진 여성 수감자가 카운티 교도서에서 호송되고 있는 모습이다. 빅데이터 예측을 기반으로 수감자가 석방되는 것에 대해 어떻게 생각하는가?

공공 정책 지원 미국 수감자의 대다수는 일종의 정신 질환을 앓고 있지만, 수감자를 효과적으로 진단하고 돌보는 것은 어려운 일이다. 바로 여기에서 자료 기반 도구의 필요성이 대두되었다. 댈러스(Dallas)에 기반을 둔 기술 및 임상 서비스 회사인 해리스로직(HarrisLogic)은 감옥, 경찰서, 응급 서비스, 사회 복지 서비스, 법원의 자료를 통합하여 예약 후 15분 이내에 정신 질환 수감자를 식별한다. 이 자료는 수감자에게 도움을 제공할 목적으로 수감자의 국선 변호인 및 사건 제공자와 공유된다. 이 소프트웨어를 통해 현재까지 댈러스는 3천만 달러를 절약할 수 있었으며, 수감자들은 필요한 도움을 적시에 받고 있다. 여기서 한발 더 나아가서, 해리스로직은 죄수가 미래에 범죄를 저지를 가능성을 예측하는 프로그램을 시범 운영 중인데, 회사는 누가 6개월 이내에 감옥에 수감될지 72%의 정확도로 예측할 수 있고, 99%의 정확도로 재수감되지 않을지 예측할 수 있다고 말한다.

조직 내 직급별 빅데이터 활용 앞서 언급한 다섯 가지 사례는 빅데이터가 다양한 산업 분야에서 효과적으로 적용되고 있음을 보여 준다. 따라서 조직 내부에서 모든 직급의 직원들이 지속적으로 성공하기 위해 빅데이터 도구를 사용할 수 있도록 교육받을 필요가 있다. 표 7.2는 조직 차원에서 빅데이터의 적용을 설명하고 효과적인 실행에 필요한 역량을 보여 준다.

표 7.2는 조직 계층에서 더 위로 올라갈수록 소프트 스킬이 점점 더 중요해진다는 것을 보여준다. 하위 관리자는 자료 분석 및 보호에 더 중점을 둔다. 여기에는 컴퓨팅 사고 및 정보 기술 적용의 '하드' 스킬이 포함된다. 직급이 올라감에 따라 점점 더 '소프트' 스킬이 요구된다. 최고 경영자가 되면 결정을 내리고 다른 사람들에게 영향을 미치는 데 집중하게 된다. 이를 위해서는 의사 결정, 비판적 사고 · 문제 해결, 구두 · 서면 의사소통 및 리더십 역량을 습득해야 한다. 이는 모두 소프트 스킬이다.

표 7.2 직급별 빅데이터 활용

역할 수준	빅데이터의 활용	요구 역량
하위 직급	• 자료 분석 • 프로젝트 관리 • 자료 보호 • 중간 관리자에게 데이터 제공	• 컴퓨팅 사고 • 정보 기술 응용 • 비판적 사고 · 문제 해결 • 팀워크 · 협업 • 구두 · 서면 의사소통
중간 직급	• 필요한 자료 결정 • 프로젝트 관리 • 경영진에게 자료 제공	• 컴퓨팅 사고력 • 의사 결정 • 비판적 사고 · 문제 해결 • 비즈니스 이해 • 구두 · 서면 의사소통
고위 직급	• 자료 기반 의사 결정 및 전략 수립 • 프로젝트 관리 • 자료 기반 의사 결정을 지원하기 위해 다른 사람들에게 영향을 미침	• 의사 결정 • 비판적 사고 · 문제 해결 • 구두 · 서면 의사소통 • 리더십

조직의 모든 수준의 관리자는 빅데이터를 사용하여 회사 수익에 기여할 수 있지만, 자료는 단순히 수익을 높이는 것 이상을 할 수 있다. 〈학습 모듈 1〉에서는 조직이 공유 가치와 지속 가능한 개발을 지원하기 위해 자원을 사용하는 방법에 대해 학습한다. 빅데이터가 더 나은 사회를 위해 사용될 수 있다고 생각하는가? 아래의 예는 바로 그 일을 하는 조직의 개요를 보여 준다.

지속 가능한 금융을 위한 빅데이터 활용

방코 빌바오 비스카야 아르헨타리아 S.A.(Banco Bilbao Vizcaya Argentaria, S.A: BBVA)는 30개국에 7,744개의 지점을 보유한 세계 최대 금융 기관 중 하나이다. 스페인 은행인 BBVA는 약 127,000명의 직원과 7,500억 달러 이상의 총 자산을 보유하고 있다.

BBVA의 가장 큰 자산 중 하나는 7,800만 고객에 대한 자료이다. 이 은행은 2014년 자료 분석 전담 부서를 만들었고 자료 분석을 향후 핵심 역량으로 인식했다. 이 부서의 목표는 자료 분석 결과를 활용하여 은행과 사회를 위한 가치를 창출하는 것이다. BBVA의 전 CEO이자 설립자인 엘레나 알파로(Elena Alfaro)가 공동 작성한 보고서에 따르면, "자료 분석 전담 부서는 은행과 물리적·구조적으로 분리되어 있어서… 독특한 유형의 인재를 육성 및 유지하고 혁신적인 자료를 통한 수익 향상 프로젝트 및 파트너십을 시작해 장단기 BBVA 수요의 균형을 유지할 수 있도록 도왔다."

이 은행의 자료 분석 전담 부서는 사회적 이익을 위해 자원을 사용하기로 결정했다. 2017년 UN의 글로벌 펄스(Global Pulse) 계획의 일환으로 UN과 힘을 합쳤다. 이 계획은 "디지털 데이터가 인간 복지의 변화를 더 잘 이해하고 정책 대응이 얼마나 잘 작동하는지에 대한 실시간 피드백을 얻을 기회를 제공한다는 인식에 기반하여" 설립되었다. 이 미션은 〈학습 모듈 1〉에서 논의한 UN의 지속가능한 개발 목표(Sustainable Development Goals: SDGs)

를 달성하기 위해 빅데이터를 활용하는 것이다.

BBVA와 UN 간의 협력은 건강, 기후 행동 및 기반 시설의 SDGs에 초점을 맞췄다(학습 모듈 1의 그림 1.2 참조). 특히, BBVA는 거주자 활동 모형을 개발하기 위해 자연 재해 이전과 도중 및 이후에 고객 신용 카드 지불 및 ATM 인출을 분석했다. 이 모형은 미래의 비상 사태에 대비하여 재난 설계자가 사용할 수 있다. 예를 들어, 지방 정부는 이 정보를 사용하여 다음에 재난이 닥쳤을 때 피해를 최소화하고 생명을 보호하기 위한 지원을 계획할 수 있다.

이 모형을 활용하여 분석된 최초의 재해는 2014년 멕시코의 바하 칼리포르니아(Baja California) 주를 강타한 허리케인 오딜(Odile)이다. 이 허리케인은 멕시코의 해당 지역을 강타한 최악의 재해 중 하나였다. 분석의 일환으로 UN 글로벌 펄스는 먼저 자료를 분석해서 대답을 얻어야 하는 질문을 개발했다. 그런 다음, BBVA는 100,000명 이상의 익명의 멕시코 고객의 거래를 분석하여 지표를 제시했다. 한 가지 분석은 오딜이 상륙하기 전날 바하 칼리포르니아 주민들이 지출한 것과 관련된 내용이다. 분석 결과는 소득 수준별로 구분되어 UN에서 가장 가난한 주민들에게 필요한 것이 무엇인지 결정할 수 있었다. 그런 다음, 재난 직전의 지출과 평상시의 평균적인 지출을 비교하였다. UN 글로벌 펄스의 수석 데이터 과학자인 미겔 루엔고-오로즈(Miguel Luengo-Oroz)는 "사람들이 재난에 어떻게 대비하는지에 대한 이러한 유형의 실시간 정량적 데이터는 재난에 가장 취약한 계층의 사람들에게 선제적으로 필요한 물품을 제공하거나 현금을 보내기 위해 사용될 수 있다."라고 말한다.

자료 기반 은행 운영. 허리케인 오딜은 2014년 9월 멕시코의 로스 카보스(Los Cabos)에 심각한 피해를 주었다. 피해는 엄청났지만 이 상황은 연구자들에게 미래의 재난 대응에 도움 되는 귀중한 자료를 제공했다.

SDGs에 대한 BBVA의 자료 기반 대응은 전 세계적인 찬사를 받았다. 환경 연구 및 글로벌 개발을 전문으로 하는 글로벌 연구 기업인 세계자원연구소(World Resources Institute)는 BBVA를 2019년 지속 가능한 금융 부문에서 유럽 상위 5대 은행 중 하나로 선정했다.

당신의 생각은?

조직이 SDGs를 위해 빅데이터를 사용할 수 있는 다른 방법은 무엇이 있고 관련된 문제는 무엇이 있을까?

SECTION

04 인공 지능을 활용한 의사 결정

이번 섹션에서는 세 가지 유형의 인공 지능과 응용 프로그램의 장단점에 대해 학습한다.

이번 섹션에서는 사람의 관여 없이 기계가 자료를 분석하고 자율적인 결정을 내리는 획기적인 기술에 대해 살펴본다. 이러한 기계는 주어진 상황에서 자료를 수집하여 계산하고 확률을 정의하며 프로그래밍된 목표에 따라 근거(reason) 기반 결정을 내리기 때문에 자율적인(autonomous) 장치라고 불린다. 자율 주행 자동차, 의료 분야의 머신 러닝, 우주 탐사선, 첨단 무기 등 자율적인 장치는 다양한 분야에서 활용되고 있다.

학습 목표

의사 결정 과정에서 인공 지능이 어떻게 사용되는지 설명한다.

자율적인 장치는 인간 지능이 필요한 업무를 수행하는 컴퓨터 시스템의 능력, 즉 인공 지능에 의존한다. 컴퓨터 과학자 얀 르쿤(Yann LeCun)은 인공 지능이 인간이 가진 지능의 확장이라고 말한다. 인간의 지능은 정보 기술 적용, 컴퓨팅 사고, 비판적 사고와 문제 해결, 팀워크와 협업, 의사 결정 및 적응성을 포함하여 1장에서 설명한 많은 커리어 준비 역량을 나타낸다(표 1.2 참조).

이번 섹션에서는 다양한 유형의 인공 지능과 각각의 장단점들을 살펴본다.

인공 지능의 유형

인공 지능이 일하는 방식에 혁명을 일으키고 있는 21세기의 기반 기술이라고 생각할 수도 있지만, 인공 지능은 이미 수천 년 전에 논의되었다. 기원전 350년경 아리스토텔레스는 연역적 추론(deductive reasoning)을 사용하여 결론을 내리는 삼단 논법(syllogism)을 제안하였다. 예를 들어, 모든 고양이가 동물이고 모든 동물의 다리가 4개인 경우, 모든 고양이의 다리는 4개이다. 이 예는 오늘날 컴퓨터에서 사용되는 프로세스 또는 규칙 집합인 알고리즘(algorithm)이다. 보다 최근에, 영국 과학자 앨런 튜링(Alan Turing)은 컴퓨터가 등장하기 전인 1950년에 친구들과 체스를 두기 위한 알고리즘을 발명했고 게임에서 졌다.

1956년 여름 다트머스 대학(Dartmouth College)의 인공 지능에 관한 연구 프로젝트는 인공 지능을 연구 분야로 정립한 최초의 계기였다. 그 이후로 주목할 만한 많은 창조물들이 오늘날의 길을 닦았다. 인공 지능은 현재 비즈니스 프로세스 자동화, 자료 분석, 고객 및 직원 참여라는 세 가지 중요한 사업의 구성 요소를 지원한다. 다음의 홈디포(Home Depot) 사례를 통해 자세히 알아보자.

- **자동화된 비즈니스 프로세스.** 인공 지능의 가장 일반적인 유형은 디지털 및 물리적 작업의 자동화이다. 이는 주로 인간처럼 행동하는 로봇 프로세스 자동화(robotic process automation: RPA)를 통해 이루어지는데, RPA는 로봇이 정보를 입력하고 추출하는 것과 같은 역할을 할 때 이루어진다. RPA에서 활용되는 로봇은 영화에서 보던 것과 같은 물리적 로봇이 아니라 소프트웨어 명령을 내리는 서버상의 코드이다. RPA는 이메일 및 콜센터에서 자료 전송, 회사 및 고객 기록 업데이트, 청구 시스템 조정과 같은 관리 및 재무 활동을 자동화하는 데 특히 유용하다. 홈디포 앱에는 음성 기술이 탑재되어 있어 고객이 전화로 통화하는 것만으로 온라인과 2,200개 이상의 매장에서 100만 개 이상의 항목을 검색할 수 있다. 이 앱은 애플(Apple)의 시리(Siri)와 유사하며 대화형 질문과 명령을 이해할 수 있다.

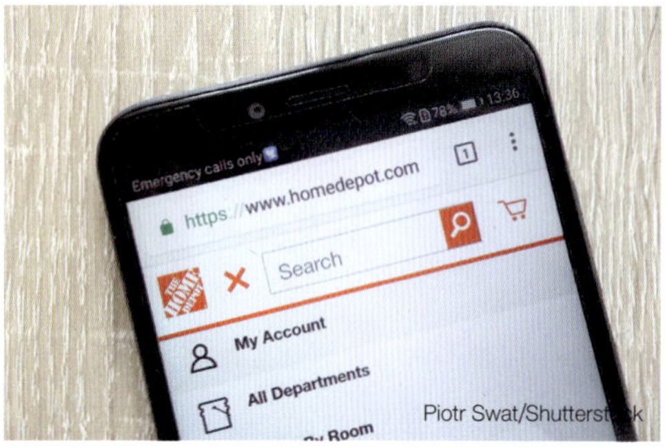

홈디포에는 간소화 된 모바일용 웹 사이트가 있다.

- **자료 분석.** 인공 지능은 방대한 양의 자료에서 패턴을 감지하고 그 의미를 해석하는 데 사용될 수 있다. 예측 분석(predictive analytics)은 "이력 자료와 분석 기술을 기반으로 미래 결과에 대한 예측"을 수행하는 자료 분석 유형이다. 예측 분석은 과거 및 현재 자료를 확인하여 실시간으로 내일 또는 몇 년 후의 추세와 행동을 예측한다. 조직은 예측 분석을 사용하여 특정 고객이 구매할 가능성이 있는 제품을 확인하고, 실시간으로 부정행위를 식별하며, 의료 진단까지 내릴 수 있다. 머신 러닝(machine learning)은 예측 분석의 확장인데, 시스템이나 알고리즘이 자료 패턴과 경험 및 관찰을 기반으로 자동으로 개선된다. 홈디포는 모든 매장 내 계산대와 온라인 거래의 자료를 추적하여 과거 자료를 기반으로 이상한 점들을 파악하는데, 주로 사기, 잘못된 가격 책정, 직원 행동 등이 원인이 된다.

- **고객 및 직원 참여.** 기업은 인공 지능을 사용하여 직원과 고객을 더 밀접하게 참여시킬 수 있다. 챗봇이나 (인간 사용자와의 대화를 시뮬레이션하고 환경에 따라 결정을 내리도록 설계된 프로그램인) 지능형 에이전트를 사용하여 암호 재설정 요청, 기술 지원 질문 및 제품이나 서비스 문제와 같은 작업에 대해 연중무휴 고객 서비스를 제공하는 것 등이 예가 된다. 고객 및 직원 참여는 인공 지능이 이제 막 활용되기 시작한 분야이며 계속 발전 중이다. 페이스북(Facebook)은 메신저 챗봇이 직원 개입 없이는 사용자 요청의 70%를 응답할 수 없다는 것을 발견했다. 홈디포는 3D 증강 현실 도구를 활용하여 고객이 스마트폰으로 집 안의 방을 촬영한 뒤 냉장고나 샹들리에 등의 제품을 실제 크기로 가상 공간에 배치하여 내 집에서는 어떻게 보일지 확인할 수 있다. 홈디포는 다양한 인공 지능 기법을 활용해 경쟁 우위를 확보하고 찬사를 받고 있다. 앱은 기능과 강력한 사용자 경험을 통해 포레스터(Forrester)의 2019년 모바일 앱 순위에서 1위를 차지했다. 표 7.3은 다양한 기업들이 어떻게 인공 지능을 활용하고 있는지 설명한다.

표 7.3 인공 지능을 활용하여 성과를 향상시키는 기업

인공 지능의 유형	회사의 예	업무
자동화된 비즈니스 프로세스	포드(Ford)	협업 로봇(collaborative robots)은 직원들과 협력하여 단 35초 만에 포드 피에스타(Ford Fiesta)의 차체 표면 전체를 연마한다.
	리버티 뮤추얼(Liberty Mutual)	알고리즘이 이력서를 스캔하여 많은 지원자를 선별한다.
자료 분석	웰스 파고(Wells Fargo)	인공 지능이 패턴을 벗어난 행동을 감지하여 의심스러운 구매 및 사기를 감지하기 위해 고객 거래를 감시한다.
	IBM	왓슨 기술(Watson technology)을 통해 유전자 빅데이터를 분석하고 유전적 이상을 보이는 종양 환자의 암 치료 옵션을 결정한다.
고객 및 직원 참여	모건 스탠리(Morgan Stanley)	로보 어드바이저(robo-advisor)는 실시간 시장 정보를 바탕으로 고객 포트폴리오를 분석하고 맞춤형 투자 전략을 제공한다.
	암트랙(Amtrak)	챗봇 '줄리(Julie)'는 5백만 건 이상의 고객 질문에 답변하고 자동으로 열차를 예약한다.

인공 지능의 이점

인공 지능의 얼굴 인식. 일본에서 열린 기자회견에서 얼굴인식 시스템이 관계자를 식별하고 있다. 이러한 시스템은 2020년 도쿄 올림픽을 지원하여 경기장 입장을 간소화하고 안전을 보장했다.

인공 지능은 우리가 알고 있는 세상을 변화시킬 것이다. 인공 지능 애플리케이션이나 머신 러닝 시스템이 많은 업무들을 안전하게 처리할 수 있기 때문에 인간은 노동의 고단함과 업무 시간에서 일부 해방될 수 있다. 또한 인공 지능 기반 얼굴 인식을 통해 간단한 미소로 티켓을 교환할 수 있다. 그리고 혼잡한 도로, 악천후 및 사고에 적응하는 인공 지능 지원 신호등은 자율주행차를 이용한 출퇴근을 용이하게 만들 수 있다.

조직은 경쟁 우위를 확보하기 위해 계속해서 인공 지능을 사용하고 있다. 10개 산업 분야의 1,100개 미국 기업을 대상으로 한 설문 조사에 따르면, 기업은 주로 현재 판매 중인 제품을 개선하고 내부 프로세스를 최적화하며 보다 효과적인 의사 결정을 내리기 위해 인공 지능을 사용하는 것으로 나타났다. 그림 7.5는 설문 조사의 전체 결과를 보여 준다.

인공 지능의 이로운 결과 중 하나는 향상된 의사 결정이다. 기업은 현재 제품을 개선하는 방법, 제공할 신제품 또는 추구할 시장, 운영을 최적화하는 방법에 대한 전략적 결정을 내려야 한다. 한 연구에 따르면, 인공 지능은 이러한 결정의 정확성, 속도 및 신뢰성에 상당한 영향을 미친다. 인공 지능은 또한 조직이 비용을 절약하기 위해 더 나은 일상적인 결정을 내리는 데 도움이 된다. 예를 들어, 제스트 자동화 머신 러닝(Zest Automated Machine Learning: ZAML)은 인공 지능 기반 보험업 플랫폼으로 대출 기관이 수천 개의 다른 데이터 포인트를 사용하여 신용 정보나 이력이 전혀 없는 대출자를 평가할 수 있도록 지원한다. ZAML의 제작사인 제스트 파이낸스(ZestFinance)는 인공 지능 기반 보험 플랫폼을 사용하는 대출 기관은 재정 손실을 연간 23% 줄인다고 보고했다.

그림 7.5 인공 지능의 이점

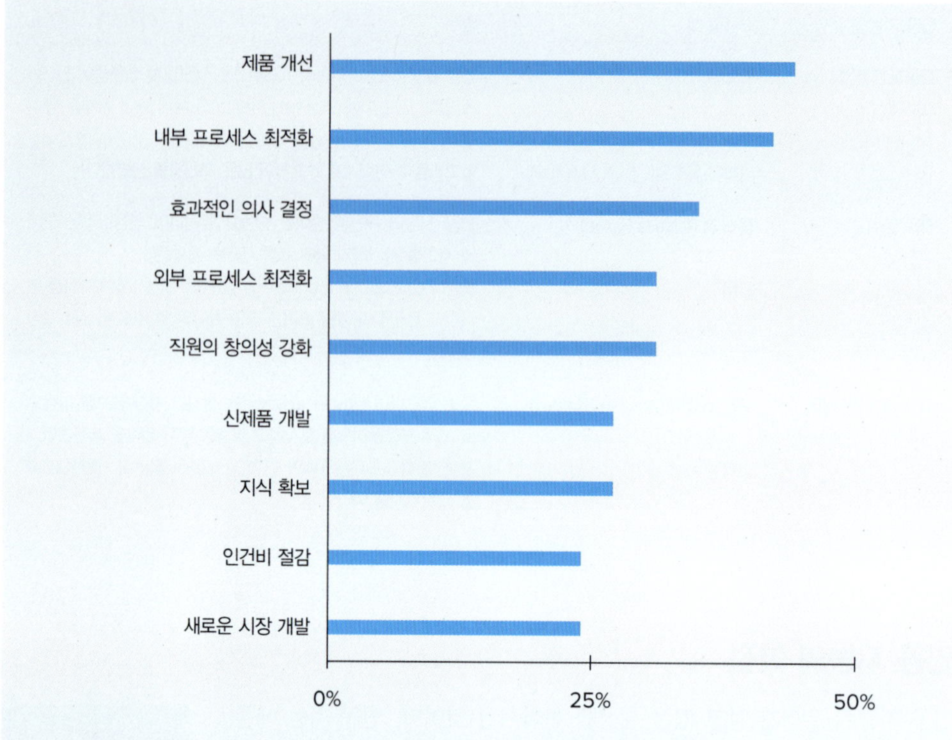

출처: J. Loucks, T. Davenport, and D. Schatsky, "State of AI in the Enterprise, 2nd Edition," Deloitte Insights, October 22, 2018, https://www2.deloitte .com/us/en/insights/focus/cognitive-technologies/state-of-ai-and-intelligent-automation-in-business-survey.html.

인공 지능의 문제점

인공 지능의 이점에 대한 설문 조사에 참여했던 리더들은 인공 지능의 문제점들도 지적했는데, 가장 큰 문제는 실행, 자료, 비용이다. 이러한 과제에 대해 자세히 살펴보자.

- **인공 지능 실행.** 가장 많이 언급된 문제가 바로 인공 지능 실행이다. 전문가들은 기술의 새로움과 부족한 경험 및 현장 학습 때문이라고 말한다. 단순히 데이터 과학자를 확보하는 것만으로는 실행 문제를 해결할 수 없다. 기업은 인공 지능 시스템을 교육시킬 수 있는 유능한 도메인 전문가가 필요하다. 예를 들어, 데이터 과학자는 패턴을 찾기 위해 수천 개의 법적 의견을 샅샅이 조사하도록 인공 지능을 훈련시킬 수 없다. 이를 위해서는 기술 전문 변호사가 교육을 지원해야 한다.

- **자료.** 자료에 접근하여 통합하는 것도 문제로 지적됐다. 섹션 03에서 학습한 바와 같이 회사는 직원들이 신뢰할 수 있고 새로운 자료에 접근할 수 있도록 해야 한다. 이는 분명 쉬운 일이 아니다. 자료를 서로 다른 시스템에 통합해야 하는 경우 인공 지능은 해당 문제를 훨씬 더 복잡하게 만든다. 고객을 돕는 가상 도우미를 한번 떠올려 보자. 고객 정보는 한 시스템에 있고 재무 자료는 다른 시스템에 있을 수 있다. 가상 도우미의 교육 및 구성 자료는 아직 제3의 시스템에 있을 수 있다. 이러한 모든 시스템들은 애초에 다른 시스템과 통합되도록

구축되지 않았지만 통합해야 하는 상황이 발생할 수 있다.

- **비용.** 인공 지능은 결코 돈이 적게 들지 않는다. 웹에프엑스(WebFX)에 따르면, 실제로 기업은 맞춤형 인공 지능 소프트웨어에 6,000~300,000달러 이상을 투자해야 한다. 사전 구축된 챗봇과 같은 타사 인공 지능 소프트웨어가 오히려 더 경제적일 수 있다. 이러한 챗봇조차도 운영하는 데 연간 약 40,000달러의 비용이 든다. 비용은 인공 지능 유형, 사전 구축 또는 사용자 지정 여부, 기간, 인공 지능 유지 관리 방식에 따라 달라진다.

인공 지능의 무기화 인공 지능은 또한 사회에 미칠 수 있는 위험 때문에 비판받고 있다. 가장 노골적인 비평가 중 한 명은 테슬라(Tesla)의 일론 머스크(Elon Musk)이다. 머스크는 인공 지능을 "인류의 문명이 직면한 가장 큰 위험"이라고 말한다. 고인이 된 저명한 물리학자인 스티븐 호킹(Stephen Hawking) 또한 인공 지능을 비판했다. 호킹은 루게릭병을 앓으면서 점차 움직이거나 말하는 능력을 상실했다. 아이러니하게도 호킹은 자신의 목소리를 잃은 후 인공 지능 지원 기술을 사용하여 말할 수 있었다. 그는 새로 발견된 이 목소리를 이용해 "인공 지능은 인류의 문명 역사상 최악의 사건이 될 수 있다."라고 무기화된 인공 지능의 위험성을 경고했다. 예를 들어, 이미 저렴하고 쉽게 구할 수 있는 부품들로 공중에 떠 있는 인공 지능 드론을 만들 수 있다. 단순히 재미를 위한 것이지만 훨씬 더 나쁜 용도로 사용될 수도 있다. 뉴욕 타임즈(New York Times)의 한 기고자는 이를 "자동화된 탐지견(automated bloodhound)"이라고 불렀다. 더 우려되는 점은 미국과 영국의 인공 지능 연구원들의 보고서에서 인공 지능 개발자에게 작업을 널리 공유하지 말라고 경고한 것이다. 이 보고서는 "인공 지능이 악의적으로 사용될 수 있는 방식에 대해서는 지금까지 관심이 적었다."라고 지적한다. 예를 들어, 인공 지능은 어떤 시스템을 보호하기보다 해킹하거나 해킹을 지원할 수 있다. 이 보고서는 또한 자동화된 무기가 개발되어 배치될 가능성과 인공 지능 시스템이 독재적인 방식으로 감시를 확대함으로써 민주주의의 특징인 '진실한 공개 토론(truthful public debate)'을 훼손할 가능성이 있다고 경고한다.

하늘을 나는 인공 지능. 사진 촬영용 드론이 샌프란시스코 부두 위를 날고 있다. 이런 드론이 악의적인 목적으로도 사용될 수 있다.

인공 지능의 인간 대체 엔드 타임즈(End Times)의 저자인 브라이언 월시(Bryan Walsh)는 기계를 인간보다 똑똑하게 만드는 것은 인간의 존재 자체를 위협할 수 있다고 주장한다. "인간이 다른 동물보다 강하고 빠르기 때문에 먹이 사슬의 꼭대기에 올라간 것이 아니다. 인간이 더 똑똑했기 때문에 여기까지 온 것이다."라고 월시는 말한다. 대부분의 전문가들은 로봇으로 인한 종말 시나리오를 예상하지는 않지만, 로봇이 직장에서 인간을 대체할 가능성은 매우 현실적이다. 브루킹스 연구소(Brookings Institution)의 2019년 보고서 중 하나에 따르면, 미국 노동력의 약 25%(3,600만 개 일자리)가 향후 수십 년 동안 인공 지능으로 대체될 수 있다고 한다. 이 보고서는 인간을 기계로 대체하는 것이 가장 효과적인 방법이 아니라는 생각을 뒷받침한다.

1,500개 기업을 조사한 한 연구에 따르면, 기업은 인간과 기계가 함께 일할 때 성과가 가장 많이 향상되는 것으로 나타났다. 이 협업을 통해 인간은 리더십, 팀워크, 창의성 및 사회적 기술을 활용할 수 있고, 기계는 파트너십에 속도, 확장성, 계량 기능을 제공한다. 다음 〈전문가의 조언〉은 기계로 대체되기보다 기계와 협업하는 데 도움이 되는 커리어 준비 스킬들을 알려준다.

전문가의 조언 로봇과 협력하는 데 필요한 스킬

로봇은 예약이나 자격증 검증과 같이 자동화할 수 있는 작업들을 대체하고 있다. 그러나 인간은 여전히 기계가 할 수 없는 많은 일들을 위해 필요하다. 경제학자인 마이클 웹(Michael Webb)은 인공 지능이 많은 업무을 대체하겠지만 모든 업무를 대체하지는 않을 것이며, 직무가 바뀔 것은 확실하다고 말한다. 한 연구에 따르면, 리더십, 커뮤니케이션, 의사 결정과 같은 스킬들을 익히면 인공 지능과 협력 관계를 맺어서 성공할 수 있다고 한다.

비전을 제시하는 리더십. 인공 지능은 극심한 혼란과 빠르고 모호한 변화를 가져올 것이다. 이를 위해, 리더는 적응력이나 변화에 대한 개방성과 같은 역량을 활용해야 한다. 결정을 내리는 데 도움이 된다면 생각을 바꾸는 것을 두려워하지 말자. 필요할 때 새로운 행동 방침에 전념하고, 옳은 길인지를 확인하기보다는 학습에 집중해야 한다. 자신이 가야 할 곳, 해야 하는 것, 해야 하는 이유에 대한 명확성이 팔로워들 사이에서 떨어지기 때문에 혼란의 상황 속에서는 리더의 명확한 비전이 필요하다. 5장에서 학습한 바와 같이 비전은 조직이 원하는 '무엇'을 설명하는 장기적인 목표를 의미한다. 모호한 변화의 시대에 효과적인 비전을 통해 리더는 필요한 조직 변화를 구현하고 팔로워에게 앞으로 나아갈 명확한 길을 제시할 수 있다. 14장에서 효과적인 리더십에 대해 자세히 학습한다.

커뮤니케이션. 섹션 03에서 학습했듯이 기계는 나노초 단위로 복잡한 계산을 할 수 있지만, 인간은 여전히 자신의 발견을 해석하여 다른 사람에게 영향을 미치는 데 사용해야 한다. 이를 위해, 자료를 기반으로 의사 결정자에게 정보를 제공하고 영향을 미칠 수 있는 커뮤니케이션 기술을 개발해야 한다. 디지털 파트너가 계산을 맡을 것이기 때문에 인간은 자신의 아이디어를 경영진에게 제안해야 한다.

윤리적인 의사 결정. 섹션 02에서 학습한 윤리적인 의사 결정 트리는 윤리적인 의사 결정 단계를 규정한다. 전문가들은 이러한 단계들을 기계에 프로그래밍할 수는 있지만, 아직 기계가 이를 수행할 수 없다고 말한다. 윤리를 컴퓨터 코드로 변환하는 것 자체가 어려운 작업이고 개인과 사회에 따라 가치가 다르기 때문에 현재 인공 지능 기술은 윤리적인 의사 결정을 처리하기에는 어려움이 있다. 이는 두 가지 중요한 원칙을 준수하고 보장해야 함을 의미한다. 첫째, 윤리적인 규범과 모순될 수 있는 행동 징후가 있는지 인공 지능의 결정을 검토해야 한다. 여기에는 섹션 06에서 학습할 편향 확인이 포함된다. 둘째, 기계에 제공하는 자료가 왜곡된 결과를 생성하지는 않는지 확인해야 한다.

SECTION

05 의사 결정의 네 가지 스타일

어떻게 정보를 지각하고 반응하는지를 의미하는 의사 결정 스타일은 지시적 · 분석적 · 개념적 · 행동적 유형으로 구분된다.

의사 결정 스타일은 개인이 어떻게 정보를 지각하고 반응하는지를 나타낸다. 한 연구팀은 가치 지향과 모호함 수용이라는 두 가지 차원을 바탕으로 의사 결정 스타일의 유형을 구분했다.

학습 목표

네 가지 의사 결정 스타일을 구분한다.

가치 지향과 모호함 수용

가치 지향(value orientation)은 결정을 내릴 때 업무와 기술적 문제 또는 사람과 사회적 문제에 초점을 맞추는 정도를 반영한다. 예를 들어, 어떤 사람들은 일에 매우 집중하고 사람 문제에는 많은 관심을 기울이지 않는 반면, 다른 사람들은 정반대의 성향을 가지기도 한다.

두 번째 차원은 모호함에 대한 내성(tolerance for ambiguity)과 관련이 있다. 이러한 개인 차이는 개인의 삶에서 구조나 통제에 대한 욕구의 정도를 나타낸다. 어떤 사람들은 삶에서 많은 구조를 원하고 모호한 상황에서 스트레스를 받고 심리적으로 불편해한다(모호함에 대한 낮은 내성). 반대로, 어떤 사람들은 구조가 별로 필요하지 않고 불확실한 상황에서 성공할 수 있다(모호함에 대한 높은 내성). 모호한 상황은 모호함에 대한 높은 내성을 가진 사람들에게 활력을 줄 수 있다.

가치 지향과 모호함 수용의 두 가지 차원을 바탕으로 의사 결정 스타일을 지시적·분석적·개념적·행동적 스타일의 네 가지 유형으로 구분할 수 있다(그림 7.6 참조).

그림 7.6 의사 결정 스타일

1. 지시적 스타일: 사실에 초점을 둔 행동주의 의사 결정자

지시적 스타일의 사람들은 모호함에 대한 내성이 낮고, 결정을 내릴 때 업무와 기술적 문제를 지향한다. 이들은 문제를 해결할 때 효율적이고 논리적이며 실용적이고 체계적이며 행동 지향적이고 결단력이 있으며 사실에 초점을 맞추는 것을 좋아한다. 뉴욕 데일리 뉴스(New York Daily News), 시카고 트리뷴(Chicago Tribune), 볼티모어 선(Baltimore Sun) 신문사의 CEO인 테리 히메네스(Terry Jimenez)가 이런 스타일을 보여 준다. 인쇄 매체에서 디지털 매체로의 이동은 신문이 살아남기 위해 어려운 결정을 내려야 함을 의미하며, 히메네스는 어려운 결정을 내리는 것을 피하지 않았다. 그의 신문사는 2018년에 편집 직원의 절반을 해고했으며, 히메네스는 2020년에 경영진 중 추가 인원 감축을 시작했다.

성공적인 분석가. 우르술라 번스가 스위스(Switzerland)의 다보스(Davos)에서 열린 2018 세계경제포럼(World Economic Forum)에서 연설하고 있다.

2. 분석적 스타일: 다양한 정보와 대안 선택을 선호하는 신중한 의사 결정자

분석적 스타일의 경영자는 모호함에 대해 내성이 훨씬 더 높고, 새롭거나 불확실한 상황에 잘 대응한다. 우르술라 번스(Ursula Burns)는 제록스(Xerox)의 CEO로 재직하는 동안 이러한 스타일을 보여 줬다. 번스는 부하 직원에게 자신의 생각에서 허점을 발견해서 대안을 제시하도록 요청하는 것으로 유명했다. 또한 고문들이 다양한 배경을 가지고 있는지 확인하고 자신에게 다양한 관점을 제공할 수 있도록 했다. 분석적 스타일의 경영자는 지시적 스타일의 경영자보다 더 많은 정보와 대안을 고려하는 것을 좋아한다. 이들은 결정을 내리는 데 더 오래 걸리는 신중한 의사 결정자이지만, 또한 어떤 상황을 과도하게 분석하는 편이다.

3. 개념적 스타일: 장기적인 관점과 직관에 의존하는 의사 결정자

개념적 스타일의 사람들은 모호함에 대해 높은 내성을 갖고, 사람이나 사회적 측면에 초점을 맞추는 경향이 있다. 이들은 문제 해결에 대해 폭넓은 관점을 취하고 많은 선택안과 미래 가능성을 고려하는 것을 좋아한다.

개념적 스타일의 경영자는 장기적인 관점을 채택하고 직관이나 다른 사람과의 토론에 의존하여 정보를 얻는다. 이들은 또한 기꺼이 위험을 감수하고 문제에 대한 창의적인 해결책을 찾는 데 능숙하다. 디즈니(Disney)의 전 CEO 밥 아이거(Bob Iger)는 이러한 스타일을 보여 줬다. 동료들에 따르면, 2005년부터 2020년 2월까지 회사를 이끌었던 아이거는 사업 파트너, 심지어 이전의 적과도 신뢰를 쌓아왔다고 한다. 그는 회사를 발전시키기 위해 위험을 감수하는 것으로도 유명했다. 여기에는 디즈니의 스타워즈(Star Wars) 프랜차이즈 및 21세기 폭스(21st Century Fox) 인수, 다른 국가에 추가 테마파크 건설, 디즈니 플러스(Disney+) 스트리밍 서비스 출시 등이 포함된다. 개념적 스타일의 경영자는 추상적인 도전을 즐기지만, 한 연구 결과에 따르면 구조화된 문제에서 특히 어려움을 겪는 것으로 나타났다.

4. 행동적 스타일: 인간 중심의 의사 결정자

행동적 스타일은 네 가지 유형 중 가장 인간 중심적이다. 이 스타일의 사람들은 다른 사람들과 잘 어울리고 공개적으로 의견을 교환하는 사회적 교류를 즐긴다. 행동적 스타일의 경영자는 지원적이고 제안을 수용하며 따뜻함을 보여 주고 서면 정보보다 구두로 소통하는 것을 선호한다. 알앤알 타이어 익스프레스(RNR Tire Express)의 CEO인 래리 서튼(Larry Sutton)이 좋은 예이다. 서튼은 직원들이 존중받고 가치를 인정받아야 그들이 고객에게 좋은 서비스를 제공할 수 있다고 믿는다. 그는 직원들과 개인적으로 친근하게 소통하며 필요하면 매장의 욕실을 청소하기도 한다. 이러한 스타일의 사람들은 회의를 좋아하지만, 종종 갈등을 회피하고 다른 사람에 대해 지나치게 걱정하는 경향이 있는데, 이로 인해 의사 결정에 대해 우유부단한 방식을 채택하고 거절하는 것을 어려워하기도 한다.

의사 결정 스타일을 파악하는 방법

한 최근 연구에 따르면, 사람들은 일반적으로 두 가지 이상의 의사 결정 스타일을 갖는다고 한다. 대부분의 경영자는 두세 가지 스타일을 가지는 편이고, 모든 상황에 적용되는 최상의 의사 결정 스타일은 없다고 한다. 그리고 의사 결정 스타일은 구매 결정과 리더십 스타일에 영향을 미친다. 의사 결정 스타일에 대한 지식을 활용하면 다음의 세 가지 방식으로 커리어 준비 역량을 높일 수 있다.

자기 인식 자신의 의사 결정 스타일에 대한 인식은 의사 결정자로서 자신의 강점과 약점을 파악하는 데 도움이 된다. 앞서 언급했듯이, 연구 결과는 성격이 의사 결정 성향에도 영향을 미친다는 것을 보여 주었다. 이는 성격을 되돌아 보는 것이 의사 결정 스타일을 이해하는 데 도움이 된다는 것을 의미한다(성격은 11장에서 학습).

영향 의사 결정 스타일을 인식함으로써 다른 사람에게 영향을 미치는 능력을 키울 수 있다. 예를 들어, 분석적인 스타일의 사람을 상대하는 경우 아이디어를 뒷받침할 수 있는 최대한 많은 정보를 제공해야 한다.

갈등 대처 의사 결정 스타일에 대한 지식은 사람들이 동일한 정보를 가지고도 다양한 의사 결정 전략을 사용하여 다른 결정을 내리는 것을 이해할 수 있게 해 준다. 다양한 의사 결정 방식은 직장에서 대인 관계 갈등의 원인이 될 수 있다.

SECTION

06 의사 결정의 열 가지 편향

의사 결정을 왜곡시킬 수 있는 열 가지 편향을 알아보자.

다른 사람이 여러분이 내린 결정의 근거가 무엇이냐고 물어보면 '경험의 법칙(rules of thumb)'에서 답을 찾으려고 할 것이다. 학자들은 이러한 현상을 휴리스틱(heuristics)이라고 부르는데, 이는 의사 결정 과정을 단순화시키는 전략이다. 이번 섹션에서는 휴리스틱에 대해 알아보자.

학습 목표

합리적인 의사 결정의 장애 요소와 이를 극복하는 방법을 파악한다.

의사 결정의 열 가지 편향

사람들이 결정을 내릴 때 주로 경험의 법칙을 사용하지만 그렇다고 해서 이러한 방식이 항상 믿을만한 것은 아니다. 실제로, 올바른 의사 결정을 가로막는 장벽이 되기도 한다. 의사 결정자가 정보를 처리하는 방법에 대한 편향으로는 (1) 가용성(availability), (2) 대표성(representativeness), (3) 확증(confirmation), (4) 매몰 비용(sunk cost), (5) 기준점(anchoring) 및 조정(adjustment), (6) 과신(overconfidence), (7) 사후 과잉 확신(hindsight), (8) 프레이밍(framing), (9) 몰입의 확대(escalation of commitment), (10) 범주적 사고(categorical thinking)가 있다.

가용성 편향 9개월 동안 완벽하게 정시에 출근했는데 최근 2달 동안 교통 체증으로 인해 4일 지각했다면 상사가 급여 인상을 고려할 때 전체 출근 기록을 고려해야 하지 않을까? 그러나 경영자는 최근 행동에 더 많은 비중을 두는 경향이 있다. 그 이유는 가용성 편향, 즉 판단을 내리기 위해 기억에서 쉽게 떠오르는 정보를 사용하기 때문이다.

쉽게 떠올릴 수 있는 정보가 상황에 대한 완전한 그림을 제시하지 못하기 때문에 편향인 것이다. 흔치 않거나 극적인 뉴스를 선호하는 뉴스 매체가 가용성 편향을 유발할 수 있다. 예를 들어, 뉴스를 통해 비행기 추락이나 테러에 대한 보도를 접하게 되면 이런 일이 흔치 않게 발생하지만 마치 우리 주변에서 흔히 일어나는 일인 것처럼 느끼게 된다.

가용성 편향은 빅데이터 시대에 증가할 가능성이 높다. 점점 더 많은 자료가 수집되면서 어떤 결정을 내릴 때 중요한 영향을 미칠 수 있는 사소하지만 관련성이 높은 자료가 포함될 수 있다. 따라서 빅데이터 시대에는 가장 정확한 자료를 바탕으로 결정을 내릴 수 있도록 모든 자료를 최대한 샅샅이 조사하는 노력이 필요하다.

대표성 편향 사람들이 복권을 구매하는 현상은 대표성 편향의 예가 된다. 2019년 미국 파워볼 잭팟(Powerball Jackpot)이 (미국 역사상 세 번째로 큰 복권 당첨금인) 7억 6,800만 달러였을 때 당첨 확률은 2억 9,220만 분의 1이었는데, 사람이 소행성에 부딪힐 확률(190만 분의 1)이 이것보다 훨씬 더 높았다. 그런데 과거의 운이 좋았던 당첨자들의 이야기를 읽거나 들었던 적이 있기 때문에 수백만 명의 사람들이 복권을 산다. 이처럼 작은 표본이나 단일 사건에서부터 일반화시키는 경향이 대표성 편향이다.

어떤 일이 한 번 발생했다고 해서 그런 일이 다시 발생하거나 나에게 그런 일이 발생한다는 것을 의미하는 것은 아니다. 예를 들어, 특정 대학 출신의 뛰어난 영업 사원을 고용한 적이 있다고 해서 항상 그 대학 졸업자가 뛰어난 영업 사원이 되는 것은 아니다. 그러나 경영자는 자주 이런 대표성 편향에 의해 채용 결정을 내린다.

확증 편향 확증 편향은 사람들이 자신의 관점을 뒷받침하는 정보를 찾고 이를 뒷받침하지 않는 자료는 배제하는 경향을 의미한다. 쉽게 피할 수 있다고 느낄 만큼 이러한 편향은 너무나 분명하게 인식되지만, 실제로 사람들은 자주 확증 편향을 경험한다. 특히, 확증 편향은 어떤 관점에 크게 몰입할 때 더욱 크게 나타난다. 심리학자 존 그로홀(John Grohol)은 사람들이 주로 자신의 의견과 신념을 뒷받침하는 증거에 집착하고 그러한 신념에 반하는 모든 것을 무시한다고 말한다. 확증 편향에 빠지지 않으려면 상충되는 설명과 대안적인 관점을 찾고 열린 마음으로 수용하려고 노력해야 한다.

매몰 비용 편향 매몰 비용 편향 또는 오류는 변화가 변화가 필요한 정보가 분명히 있는데도 경영자가 자신이나 다른 사람들이 프로젝트에 이미 지출된 비용을 고려할 때 해당 프로젝트를 포기하기에는 비용이 너무 많이 소모됐다고 결론을 내릴 때 발생한다. 한 연구 결과에 따르면, 경영자가 비윤리적인 것처럼 보일 수 있는 과거의 결정을 정당화해야 할 때, 매몰 비용 편향이 발생할 가능성이 높아진다고 한다.

사람들은 대부분 돈을 낭비하는 것을 싫어한다. 그래서, 이미 막대한 자금이 투입된 것을 정당화하기 위해 어설픈 프로젝트를 계속 추진하기도 한다. 인기 있는 브로드웨이 뮤지컬의 앞줄 좌석에 500달러를 지불했다고 상상해 보자. 공연을 보다 보니 배우들의 연기가 좋지 않고 무대가 제대로 지어져 있지 않으며 음악도 형편없다는 것을 깨닫게 되었다. 하지만, 사람들은 대체로 중간 휴식 시간을 마친 뒤에도 자리에 남아 공연을 끝까지 관람한다.

기준점 및 조정 편향 경영자는 직원의 작년 실적을 검토하고 표준 인상 비율에 따라 급여 인상을 결정한다. 경쟁사가 동일한 스킬에 대해 지불하는 급여 인상과 완전히 일치하지 않는 경우에도 이런 식으로 급여 인상을 결정한다. 이렇게 초기 수치를 기반으로 결정을 내리는 경향을 기준점 및 조정 편향이라고 한다.

초기 수치가 시장의 실제 상황과 비교했을 때 부적절할 수 있다. 기준점 및 조정 편향은 딜러가 제시한 최초의 가격이 협상의 기준이 되는 중고차 판매에서 자주 발생한다. 협상을 통해 딜러가 제시한 최초의 가격보다 낮은 가격을 얻어 내면 구매자 입장에서 이 가격이 합리적으로 보일 수 있지만, 사실 이 가격은 자동차의 실제 가치보다 높을 수 있다. 한 연구 결과에 따르면, 경험에 대한 개방성이 높은 사람일수록 이러한 편향에 더 취약하다고 한다.

과신 편향 의사 결정에 대한 사람들의 주관적인 확신이 객관적인 정확성보다 더 큰 편향이 과신 편향이다. 과신 편향으로 인해 문제가 있는 결정을 내릴 수 있다. 한 최근 연구에 따르면, 이러한 편향을 보이는 사람들은 수익성이 낮은 결정을 내리고 너무 많은 위험을 감수하며 자신의 웰빙을 해치는 경향이 있다고 한다.

과도한 자신감은 혁신을 촉진하기도 하지만 새로운 사업을 실패하게 만드는 주요 원인이 되기도 한다. 스타트업 창업자는 복잡한 결정을 내리거나 실패할 가능성이 있을 때 종종 지나치게 자신감을 갖는 경향이 있다. 과신 편향은 창업자가 특정 분야에 대해 숙련도가 부족할 때도 발생한다. 이러한 편향에 대한 가장 좋은 해결책은 자신의 한계를 아는 것이다. 엔젤 투자가(angel investor)인 론 플래빈(Ron Flavin)은 "자신에게 적절한 스킬이나 지식이 없을 때 적절한 스킬이나 지식을 갖춘 사람을 찾거나 채용해야 한다."라고 말한다.

사후 과잉 확신 편향 사후 과잉 확신 편향은 사람들이 사건을 실제보다 더 예측 가능한 것으로 보는 경향이다. 이는 마치 경기를 모두 본 후 경기 결과가 분명하고 예측 가능하다고 판단할 때 나타나는데, 실제로는 그렇지 않다. 때때로 "알고 있었어(I-knew-it-all-along)" 효과라고 불리는 사후 과잉 확신 편향은 우리가 결정을 되돌아보고 어떤 일을 하기로 결정한 이유를 재구성하려고 할 때 발생한다. 한 최근 연구에 따르면, 나이가 들수록 사후 과잉 확신 편향의 가능성이 증가하지만, 자율성이 높고 자신의 인상 관리에 신경 쓰지 않는 사람일수록 사후 과잉 확신 편향에 빠질 가능성이 낮다고 한다.

프레이밍 편향 프레이밍 편향은 의사 결정자가 상황이나 문제가 제시되는 방식에 영향을 받는 경향이다. 일반적으로 사람들은 긍정적으로 프레이밍된 선택안을 호의적으로 생각한다. 예를 들어, '1개월 동안의 생존율이 90%'(긍정적인 프레임)와 '1개월 안에 사망할 확률이 10%'(부정적인 프레임)라면 어떤 경우에 수술을 받고 싶은가? 관련 연구 결과에 따르면, 사람들은 첫 번째 진술을 선택한다. 프레이밍 편향을 피하려면 선택안을 반대로 프레이밍해 보자.

몰입의 확대 편향 의사 결정자가 부정적인 정보가 있는데도 어떤 프로젝트에 몰입을 확대하는 편향은 자신이 틀렸음을 인정하기 싫어하는 사람들에게서 자주 발생한다.

알버타(Alberta)에서 브리티시 컬럼비아(British Columbia)까지 석유를 운반하는 캐나다 트랜스 마운틴 파이프라인(Canadian Trans Mountain pipeline)의 사례는 몰입의 확대 편향을 잘 보여 준다. 캐나다 정부는 2019년 6월에 약 600마일을 연장하도록 승인했고 예상 비용은 54~74억 달러였다. 1년도 채 되지 않아 확장 비용은 126억 달러로 치솟았지만 프로젝트는 여전히 진행 중이다. "트랜스 마운틴 파이프라인은 시장의 힘을 벗어난 프로젝트로 남아 있다. 이에 대한 논쟁은 오해(misconception)와 선전(propaganda)에 있다."라고 확장에 반대하는 캐나다 국회의원 엘리자베스 메이(Elizabeth May)는 말한다.

연구자들은 몰입의 확대 편향을 줄이기 위해 의사 결정자가 성과에 대한 최소 목표를 설정한 다음 성과 결과를 목표와 비교할 것을 권한다. 또한 경영자는 프로젝트의 여러 핵심 직책을 번갈아 가면서 맡아야 하며, 의사 결정자는 업무에 사심을 버려야 한다. 마지막으로, 의사 결정자는 방식을 바꾸는 것보다 더 많은 시간과 돈, 노력이 필요한 지속성(persistence)의 비용을 인식해야 한다.

범주적 사고 편향 인간의 마음은 엄청난 양의 자료를 받아들인 다음 세상을 이해할 수 있도록 단순화하고 구조화하는 분류 기계이다. 범주적 사고 편향은 의사 결정자가 관찰하거나 추론한 특성을 기반으로 사람이나 정보를 분류하는 경향을 의미한다. 막대기와 뱀을 구별할 수 있는 것이 범주적 사고 편향의 긍정적인 예가 된다.

그러나 이러한 편향은 문제 있는 의사 결정으로 이어질 수도 있다. 검색 기록을 기반으로 사용자에게 정치적 꼬리표를 부여하는 페이스북(Facebook)의 제도에 대해 생각해 보자. 사용자는 '중도', '보수', '진보'로 분류되며 이 정보는 광고주에게 제공된다. 광고주는 이러한 개인 간의 차이가 실제보다 더 크다고 잘못 가정하고 각 그룹에 고도로 맞춤화된 메시지를 전달하게 된다. 이는 결국 차이를 확대하고 분열을 부추길 수 있다.

SECTION

07 집단 의사 결정

집단 의사 결정은 다섯 가지 장점과 네 가지 단점이 있다. 끔찍한 결정으로 이어질 수 있는 집단 사고의 단점에 주의하고, 집단 의사 결정을 내리기 전에 집단 의사 결정의 특성을 고려해야 한다. 또한 집단 문제 해결 기법은 집단 의사 결정의 효과성을 높일 수 있기 때문에 알아 둘 필요가 있다.

경영자는 대체로 그룹이나 팀과 함께 결정을 내린다. 효과적인 경영자가 될 수 있도록 집단 의사 결정의 기본 사항들에 대해 학습해 보자.

학습 목표

집단 의사 결정의 기본 사항을 파악한다.

집단 의사 결정의 장단점

다른 사람들과 상의하여 결정을 내릴 경우 다음과 같은 장단점이 있다.

장점 집단 의사 결정의 장점은 다섯 가지가 있는데, 집단 구성원이 다양할수록 이러한 장점이 잘 나타난다.

- **폭넓은 정보.** 여러 사람이 의사 결정에 참여할 때 더 많은 정보를 검토할 수 있다. 어떤 사람이 관련된 정보를 갖고 있지 않다면 다른 사람이 부족한 정보를 채울 수 있다.
- **다양한 관점.** 여러 사람들의 전문 분야나 경험을 바탕으로 문제를 다양한 관점과 각도에서 살펴볼 수 있다.
- **지적 자극.** 개인이 의사 결정할 때보다 여러 사람이 함께 의사 결정할 때 다양한 의견을 주고받으면서 서로 지적으로 자극을 줄 수 있고 창의적인 생각을 의사 결정에 반영할 수 있다.
- **의사 결정 과정에 대한 명확한 이해.** 여러 사람이 의사 결정 과정에 참여하면 최종 결정을 내리기까지 거쳐왔던 과정 속에서 어떤 의견이 논의됐고 어떤 근거로 최종 결정을 내리게 됐는지와 같은 의사 결정 이면의 여러 사항을 더 잘 이해할 수 있다.
- **실행에 대한 몰입.** 최종 결정에 동의한 집단의 일원은 조치가 성공적으로 실행되도록 몰입한다.

단점 집단 의사 결정의 단점은 구성원이 상호 작용하는 방식의 문제에서 비롯된다.

- **소수의 지배.** 소수의 사람들만이 의사 결정 과정에서 발언을 독점하거나, 권력을 지닌 사람들이 다른 사람들을 협박하여 불균형적인 영향력을 행사하거나, 심지어 거수 결정에서 유리한 결과를 얻기 위해 권력이 적지만 유용한 사람들을 리더가 선택하는 일들이 발생하기도 하는데, 이럴 경우 창의적인 생각을 기대하기 어렵다.

- **집단 사고.** 집단 사고(groupthink)는 집단 구성원들이 만장일치를 위해 동의하려 노력할 때 발생하는데, 정확하게 의사 결정 상황을 진단하지 못하게 하고, 집단의 긍정적인 팀 정신이 오히려 올바른 판단을 내리지 못하도록 작용한다. 집단 사고는 아래에서 더 자세히 살펴본다.

- **만족화.** 사람들은 대체로 회의를 마치고 바로 문제를 해결할 수 있는 방안을 찾기보다는 '충분히 좋은' 결정을 내리고 그것에 만족하는 경향이 있다. 이러한 만족화는 시간이 제한되어 있거나 올바른 종류의 정보가 부족하거나 많은 양의 정보를 처리할 수 없기 때문에 발생한다.

- **목표 전치.** 회의를 하는 주된 이유는 어떤 문제를 해결하기 위함이지만, 경쟁자와의 논쟁에서 이기려고 하는 것과 같은 다른 목적이 대두될 수 있다. 목표 전치(goal displacement)는 바로 주된 목표가 부차적인 목표와 바뀔 때 발생한다. 한 최근 연구에 따르면, 강력한 집단 정체성은 팀들이 서로 협력하지 않고 자기 팀의 목표가 조직의 목표보다 중요시될 수 있을 정도로 집단간의 경쟁을 부추길 수 있다고 한다.

집단 사고

집단 응집성(group cohesiveness)이 항상 좋은 것만은 아니다. 사람들이 서로 친하게 잘 지내는 응집력이 높은 집단이나 팀에서 집단 사고가 발생하면 '틀에서 벗어난(outside the box)' 생각을 할 수 없게 된다. 집단 사고의 저자인 어윈 제니스(Irwin Janis)는 여러 대안을 현실적으로 평가하는 것보다 만장일치(unanimity)를 달성하는 것이 더 중요시된다고 말한다.

집단 사고. 집단은 구성원에게서 다양한 관점, 폭넓은 정보, 지적 자극을 얻을 수 있다. 그러나 집단 사고와 만족화를 경험할 수도 있다.

집단 사고가 발생하면 새로운 정보를 고려하지 않거나 새로운 아이디어를 놓치게 된다. 예를 들어, '하늘을 나는 은행(Flying Bank)'이라는 별명을 얻었던 매우 경쟁력 있었던 스위스에어(Swissair)는 이념과 전략적인 측면에서 일치된 사람들로 이사회를 재구성하였는데, 이로 인해 다양한 전문성과 반대 의견들을 놓치게 되어 결국 재정적으로 붕괴되고 파산 절차를 밟게 되었다.

집단 사고의 증상 집단 사고를 겪고 있는 집단이나 팀을 파악할 수 있는 몇 가지 증상은 다음과 같다.

- **무적의 느낌.** 집단 구성원들은 어떤 것도 잘못되지 않을 것이라는 환상을 가지고 있어 과도한 낙관주의(optimism)와 위험 감수(risk taking)를 경험할 수 있다. 또한 자신의 행동이 옳다고

확신하여 윤리적인 측면을 무시할 수도 있다.

- **합리화.** 비판적인 질문들을 집단이 선호하는 가정들로 합리화시켜서 배척한다.
- **지배자의 전횡.** 어떤 구성원들은 다른 구성원들이 말하려고 하면 말을 끊거나 아이디어 및 관점을 무시하거나 상충되는 의견에 대해 자동적으로 부정적인 입장을 취하기도 한다. 심지어 자신들과 동의하지 않는 사람들을 괴롭히기도 하는데, 한 연구에 따르면 이러한 괴롭힘은 응집성과 집단 의사 결정의 효과성을 저해한다고 한다.
- **만장일치에 대한 환상과 동료 압박.** 만장일치에 대한 환상은 침묵하는 동료들이 동의한 것으로 해석하게 만든다. 또한 동의하지 않는 사람들은 동료 압박으로 인해 집단에 대한 충성심과 관련하여 의심받기도 한다.
- **대중의 지혜.** 집단 사고의 순응에 대한 압박은 서로 다른 아이디어를 가진 구성원들이 자신을 검열하게 만드는 경우가 많다. 대중의 지혜(wisdom of crowds)는 집단 지성(collective wisdom)의 반대말이다.

집단 사고의 예방 제니스와 같은 전문가들은 집단 사고를 치료하는 것보다 예방하는 것이 더 쉽다고 주장하는데, 집단 사고를 예방할 수 있는 다음과 같은 방법들을 제시하였다.

- **비판 허용.** 팀이나 집단의 각 구성원들은 비판적 평가자가 되어야 하며, 반대 의견과 의문을 적극적으로 개진할 수 있어야 한다. 집단 내의 하위 집단 역시 아이디어를 논의하고 토론할 수 있어야 한다. 합의가 이루어지면 모든 사람이 자신의 입장을 재고하여 결점을 확인하도록 해야 한다. 집단의 리더는 먼저 자신의 의견을 숨기고 다른 사람들이 발언하도록 격려할 필요가 있다.
- **다른 관점 허용.** 외부 전문가를 통해 새로운 관점을 도입할 필요가 있다. 동일한 정책 질문을 여러 팀에서 검토해야 한다. 최고 경영진은 결정을 내릴 때 손들어 줄 사람들을 동원해서는 안 되며, 주요 대안이 논의될 때 누군가는 부정적인 모든 요인을 밝히기 위해 의도적으로 반대 입장을 취해야 한다.
- **사전 회의 준비.** 회의 전에 자신의 의견을 심사숙고하지 않으면 가장 많은 사람들이 동의하는 것처럼 보이는 견해에 끌릴 가능성이 더 높아진다. 심사숙고하는 방법 중 하나는 회의 시작 전에 의견을 메모하여 토론 중에 의견을 개진하는 것이다.

집단 의사 결정의 특징

집단의 특성을 이해하면 집단 의사 결정의 효과성을 높일 수 있다.

1. 집단 의사 결정은 많은 시간이 필요하기 때문에 시간이 촉박한 경우 개인이 결정을 내리는 것이 더 나을 수 있다.

2. 집단의 규모가 클수록 의사 결정의 질은 낮아진다. 몇몇 연구에 따르면, 이상적인 집단의 규모는 7~10명이라고 한다. 다수결의 원칙을 적용할 경우 홀수가 좋을 수 있다.

3. 집단은 개인보다 판단과 선택에 대해 더 확신을 갖는 경향이 있는데, 집단 사고와 과신 편향으로 이어질 수 있다.

4. 의사 결정의 정확성은 집단 구성원이 관련 문제에 대해 많이 알고 있을 때 더 높아진다. 집단의 리더가 구성원의 의견을 저울질할 수 있는 권한이 있는 경우에도 의사 결정의 정확성이 높게 나타났다. 집단 구성원이 서로를 알고 있는지 여부에 따라 지식의 종류도 중요하다. 예를 들어, 서로 친한 경우 어떤 구성원이 특별한 정보를 많이 가지고 있으면 더 나은 결정을 내리는 경향이 있다. 하지만, 서로 덜 친한 경우 구성원들이 보편적으로 알고 있는 지식이 있을 때 더 나은 결정을 내리는 경향이 있었다.

합의 도출. 집단 내 협력을 달성하기 위해 노력하면 자신에 대해 더 많은 것을 알 수 있다.

일반적으로 집단 의사 결정은 구성원들이 자유롭고 안전하게 반대 의견을 던질 수 있다고 느낄 때 더 효과적이다. 소수자의 반대(minority dissent)는 집단의 다수가 가정하는 신념, 태도, 생각, 절차 또는 정책에 집단의 소수가 공개적으로 반대할 때 발생한다. 소수자의 반대는 집단의 혁신과 긍정적인 관련이 있다.

집단 문제 해결시 주의 사항

집단 의사 결정은 구성원들이 최종 결정에 합의하는 것이 필요하다. 이를 위해, 구성원 개개인이 우려하는 사항들을 주의 깊게 검토하고 합의안에 동의하거나 앞으로 나아가기 위해 서로 협력해야 한다. 한 경영 전문가는 합의점에 도달하기 위해 다음과 같은 해야 할 일과 하지 말아야 할 일을 제안한다.

- **해야 할 일:** 적극적으로 경청하고, 많은 구성원들을 참여시키고, 주장의 근거를 살펴보고, 사실을 찾아내자.
- **하지 말아야 할 일:** 단순히 관계를 원만하게 유지하고 배를 침몰시키지 않기 위해 쉽게 합의에 도달하는 것을 피해야 한다. 그리고 투표를 통한 합의를 경계해야 하는데, 이는 집단을 승자와 패자로 분열시키고 패자의 악감정을 유발할 수 있기 때문이다.

집단 문제 해결 기법

의사 결정 전문가들이 개발한 대표적인 집단 문제 해결 기법은 (1) 브레인스토밍(brainstorming), (2) 선의의 비판자(devil's advocacy), (3) 변증법(dialectic method), (4) 사후분석(post-mortem)의 네 가지가 있다.

브레인스토밍 브레인스토밍은 집단이 문제를 해결하기 위해 여러 아이디어와 대안을 도출하려고 사용하는 기법이다. 광고 책임자 A. F. 오스본(A. F. Osborn)이 개발한 브레인스토밍은 집단 구성원들이 만나서 해결해야 할 문제를 검토하고 아이디어나 해결책을 작성하여 익명으로 게시판이나 플립 차트에 게시한다. 브레인스토밍은 대안을 비판하거나 아이디어의 순위를 평가하는 데도 사용된다.

오늘날 브레인스토밍은 브레인라이팅(brainwriting)이라고도 불리는 전자 브레인스토밍으로 발전하였는데, 집단 구성원들이 컴퓨터 네트워크를 통해 함께 모여 아이디어와 대안을 만든다. 연구 결과들은 전자 브레인스토밍의 몇 가지 장점들을 규명하였는데, 익명성이 높고 아이디어가 중단 없이 교류되며 팀원들의 표정이나 어조와 같은 사회적 신호(social cue)의 사용이 제한된다.

표 7.4는 제품 디자인 회사인 아이디오(IDEO) 등이 제안한 브레인스토밍의 일곱 가지 규칙을 보여 준다.

표 7.4 브레인스토밍의 일곱 가지 규칙

1. **판단을 미루자.** 아이디어 생성의 초기 단계에서 비판이나 반대를 금지하고 "우리는 그런 식으로 한 적이 없다.", "효과가 없을 것 같다.", "너무 비싸다.", "상사가 절대 동의하지 않을 것이다."와 같은 표현을 사용하지 말자.
2. **아이디어에 아이디어를 쌓자.** 구성원들이 "하지만"을 피하고 "그리고"를 사용하여 다른 사람들의 아이디어를 확장하자.
3. **엉뚱한 아이디어를 장려하자.** 틀에 박히지 않은 사고를 장려하자.
4. **아이디어의 질보다 양을 중시하자.** 구성원들이 새로운 아이디어를 가능한 한 많이 생각하고 기록할 수 있도록 독려하자. 한 연구 결과에 따르면, 최고의 아이디어는 브레인스토밍의 처음 2분 이내에 도출된다고 한다.
5. **시각화하자.** 벽에 걸린 플립 차트 용지, 화이트보드 또는 포스터 보드의 큰 용지에 여러 가지 색상의 펜을 사용하여 기록하자.
6. **한 번에 하나씩 논의하자.** 다른 사람을 방해하지 않고, 다른 사람의 아이디어를 무시하거나 다른 사람에게 무례하게 행동하지 않는 것이 기본 원칙이다.
7. **질문을 브레인스토밍하자.** 답변보다 질문을 만들어 내면 기존의 편향을 더 쉽게 떨쳐 버릴 수 있다.

선의의 비판자 선의의 비판자(devil's advocacy)는 로마 카톨릭 교회의 전통적인 관습에서 이름을 얻었다. 성인추대심사를 위해 누군가의 이름이 추기경단 앞에 오르면, 그 사람이 흠잡을 데 없는 기록을 가졌다는 것을 확인하는 것이 절대적으로 중요하였다. 그래서, 한 개인이 그 사람의 시성에 대한 모든 가능한 반대 의견을 밝혀내고 알리는 선의의 비판자 역할을 맡게 된다. 오늘날의 조직에서 선의의 비판자는 비평가의 역할이 부여된다. 그림 7.7은 이 기법을 실행하는 과정을 보여 주는데, 그림의 왼쪽에 있는 2단계와 3단계가 선의의 비판자의 특징을 보여 준다.

변증법 선의의 비판자와 마찬가지로 변증법(dialectic method)은 고대 그리스까지 거슬러 올라가는 오래된 관습이다. 플라톤과 제자들은 정반대(antitheses)라고 하는 반대 입장을 탐구함으로써 '테제(thesis)'라고 하는 진리를 확인하려고 시도했다. 오늘날 미국 및 기타 지역의 법률 체계는 유죄나 무죄를 입증하기 위해 반대되는 견해를 듣는다. 마찬가지로, 경영자는 결정을 내리기 전에 반대되는 관점에 대해 체계적으로 논의할 필요가 있다. 그림 7.7은 변증법의 과정을 보여 주는데 3단계와 4단계가 변증법의 특징이다.

그림 7.7 선의의 비판자와 변증법의 실행 과정

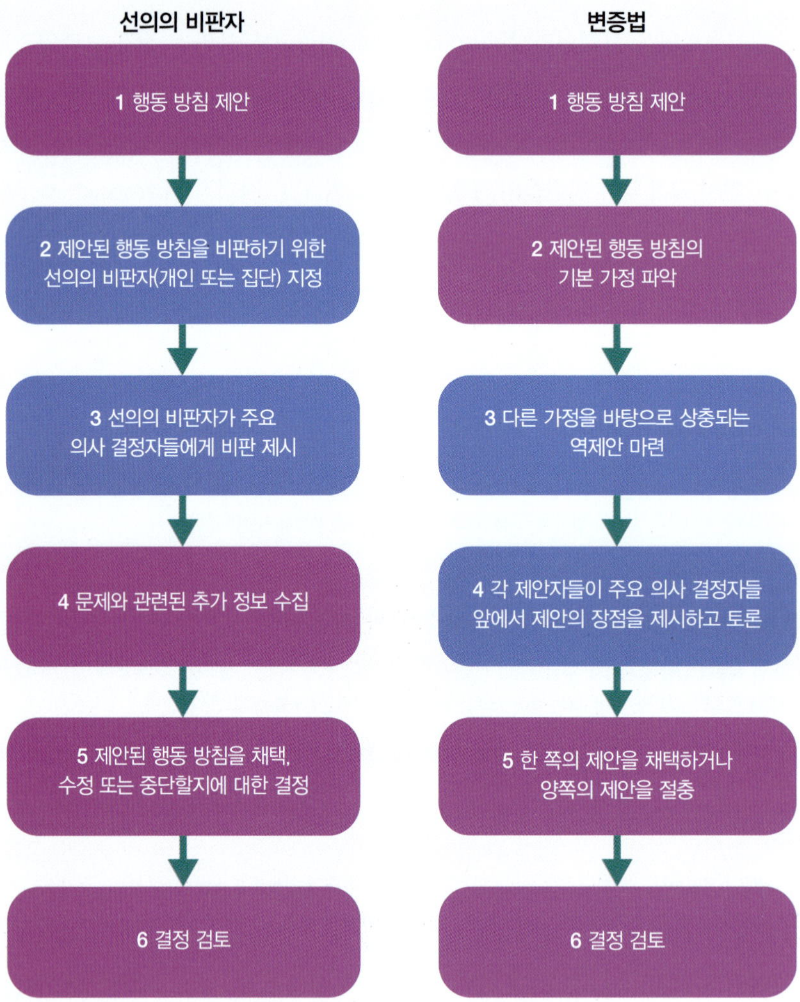

출처: R. A. Castler and R.C. Schwenk, "Agreement and Thinking Alike: Ingredients for Poor Decisions," Academy of Management Executive, February 1990, pp. 72-73.

사후 분석 군대에서 유래된 사후 분석은 이름에서 알 수 있듯이 향후 개선점을 찾기 위해 최근 결정을 재검토하는 것이다. 사후 분석 결과를 꼼꼼히 평가해서 변화를 줄 수 있고 개선할 수 있는 부분이 무엇인지 주목한 후 향후 의사 결정을 위해 이러한 이해나 통찰력들을 기록해 둔다. 사후 분석은 업무 과정을 개선하고, 집단의 응집성을 높여 주며, 팀의 사기를 향상시키는 이로운 결과들을 제공한다.

SECTION

08 커리어 준비 실천

이번 섹션에서는 비판적 사고와 문제 해결 역량을 강화하는 방법을 살펴본다.

학습 목표

비판적 사고·문제 해결 및 의사 결정과 관련된 역량을 개발하는 방법을 설명한다.

비판적 사고와 문제 해결, 의사 결정은 커리어 준비를 위한 중요한 소프트 스킬이고(그림 7.8 참조), 서로 밀접하게 관련이 있다. 표 1.2에 나와 있는 비판적 사고와 문제 해결의 정의를 상기시켜 보자. 상황을 분석하고, 결정을 내리고, 문제를 해결하기 위해 올바른 추론 능력을 발휘해야 한다. 정보를 수집하여 해석하고 분석한 뒤 창의적으로 문제를 해결해야 한다.

이번 섹션에서는 비판적 사고와 문제 해결 그리고 의사 결정에서 효과성을 높이는 방법을 살펴본다. 그리고 취업 면접에서 이러한 스킬을 보여 주는 방법에 대해서도 알아본다.

비판적 사고와 문제 해결 스킬을 향상시키는 방법

원인과 결과 간의 관계를 잘 이해하는 것이 훌륭한 의사 결정 능력이다. 다시 말해, 훌륭한 의사 결정자는 주어진 상황에서 어떤 일이 일어날지 예측할 수 있다. 과거의 경험을 되돌아보고, 의사 결정 방법론을 활용하면 의사 결정 스킬을 향상시킬 수 있다.

과거의 결정을 되돌아보자

졸업 후 직장에서 겪게 될 대부분의 문제들은 생소할 수 있지만, 사용할 수 있는 해결책이 있다. 한 전문가는 사전 제작된 해결책을 "직원들이 주기적으로 반복되는 문제에 잘 대처할 수 있도록 모범 사례를 모아 놓은 표준 운영 절차"라고 정의하였다. 사전 제작된 해결책을 학습하고 적용하면 문제 해결을 위한 더 폭넓은 선택안을 마련할 수 있어 의사 결정 능력이 향상된다. 의사 결정 능력을 향상시키면 예상치 못한 문제를 해결하는 데 도움이 된다. 다음 단계들을 따라 이미 주어진 해결책에 대한 인식을 높여보자.

1. 직장이나 일상생활에서 만난 문제를 성공적으로 해결했던 경험을 떠올리고, 다음 질문에 답해 보자.

- 무엇이 문제였고, 무엇이 원인이었으며, 누가 관련되었는가?
- 해결책은 무엇이었는가?
- 이 해결책을 선택한 이유는 무엇인가?
- 비슷한 문제에 직면했을 때 이 경험에서 얻을 수 있는 교훈은 무엇인가?

2. 직장이나 일상생활에서 만난 문제를 해결하지 못했던 경험을 떠올리고, 동일한 질문에 답해 보자.

3. 아는 사람 중 문제 해결에 능숙한 사람을 떠올려 보자. 이 사람이 해결했던 특정 문제에 초점을 두고 다음 질문에 답해 보자.
   - 무엇이 문제였고, 무엇이 원인이었으며, 누가 관련되었는가?
   - 해결책은 무엇이었는가?
   - 이 사람은 문제를 해결하기 위해 어떤 단계를 밟았는가?
   - 이러한 경험에서 얻은 그리고 비슷한 문제를 만났을 때 적용할 수 있는 교훈은 무엇인가?

그림 7.8 **커리어 준비 모형**

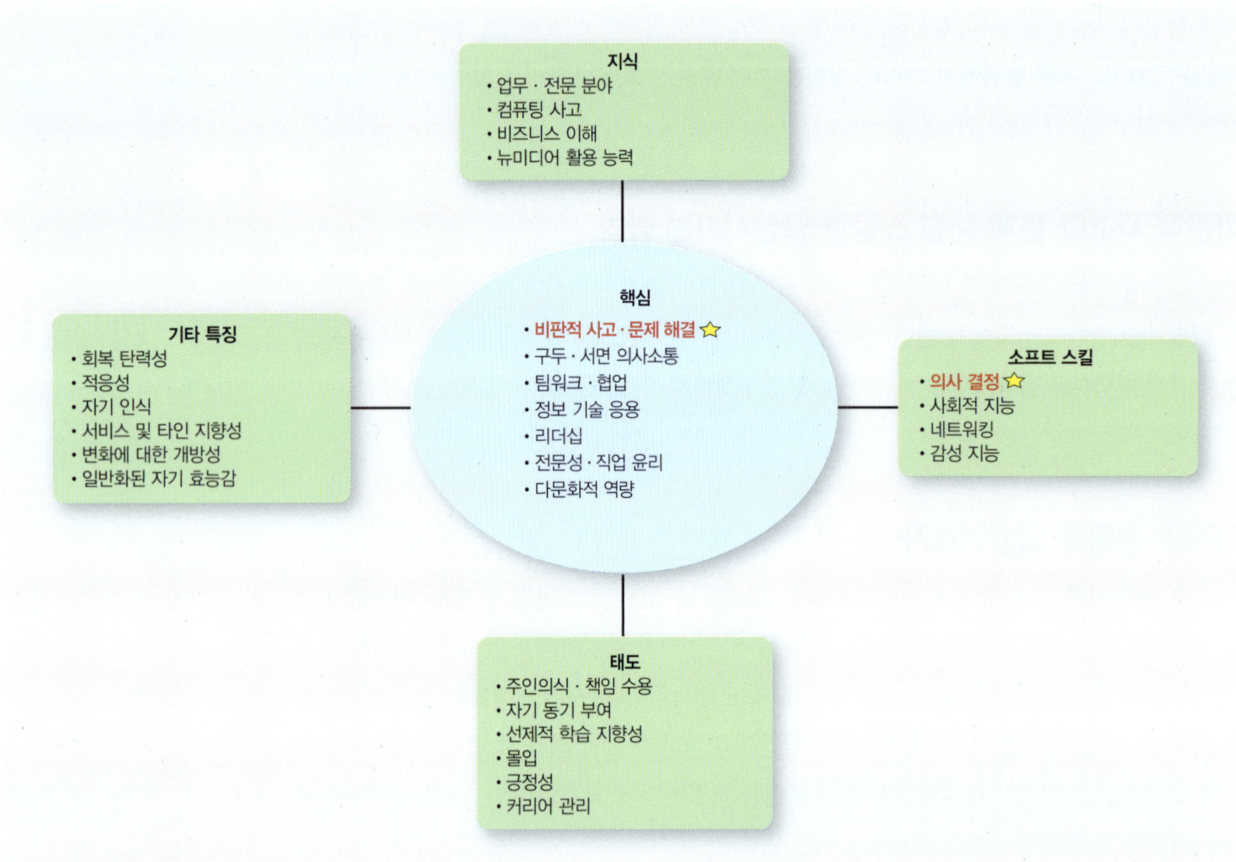

의사 결정 방법론을 마련하자

문제를 해결하는 '올바른' 한 가지 방법은 없다. 이번 장에서 학습한 바와 같이, 사람들은 다양한 의사 결정 스타일을 가지고 있다. 핵심은 본인에게 가장 적합한 과정이나 방법을 확립하는 것이다. 다음의 단계들을 고려해 보자.

1. 상황을 분석하자. 결정을 내려야 하는 이유는 무엇인가? 결정을 미루면 어떻게 될까? 결정에 영향을 받는 사람은 누구인가? 원인과 가능한 해결책을 이해하기 위해 어떤 정보나 자료, 분석 또는 연구 결과들을 고려해야 하는가? 고려해야 할 정치적인 이슈가 있는가?
2. 고려 중인 해결책에 대해 다른 사람들이 어떻게 생각할지 고려하자. 누군가가 그 해결책을 트윗하거나 신문의 1면에 보도되어도 자랑스럽게 여길 수 있는 결정인가?
3. 결정을 내리기 전에 다른 사람들의 조언이나 피드백을 구하자.
4. 여러 해결책별로 비용과 편익 분석을 실시하자. 이익이 비용을 초과하는가? 더 나은 장기적 해결책을 위해 더 많은 단기 비용이 발생해도 괜찮은가?
5. 추구하는 가치와 원칙에 부합하는 결정을 내렸는가? 당신의 가치나 원칙을 반영할 의향이 있는가? 그렇게 했을 때 발생할 문제점을 고려하자.
6. 결정을 내리고 초래된 결과를 살펴보자. 그런 다음 사후 분석을 실시하자.

취업 면접에서 의사 결정과 문제 해결 역량을 보여 주는 방법

커리어를 준비하기 위해 취업 준비 역량을 갖추는 것뿐만 아니라 면접에서 이를 입증할 수 있어야 한다. 커리어 준비 역량 중 일부를 갖추고 있다면 긍정적인 인상을 주기 위한 계획을 세워야 한다. 다음의 행동 기반 질문들에 답해 보면서 갖고 있는 역량을 어떻게 보여 줄지 계획을 세워 보자.

- 결정을 내리는 데 사용하는 과정을 설명해 보자. 이 과정으로 인해 긍정적인 결과를 가져온 구체적인 예를 들어보자.
- 빠른 결정을 내려야 했던 때를 설명해 보자. 어떻게 상황에 접근했으며 어떤 장애물을 만났는가? 필요한 모든 정보가 없는 상태에서 어떻게 이러한 결정을 내리게 되었는가?
- 자료나 확실한 사실에 의존하지 않고 직관적으로 결정한 때를 설명해 보자. 결정의 결과는 무엇이었고 이 경험을 통해 무엇을 배웠는가?

주요 용어

가용성 편향
결정
결정 트리
과신 편향
기준점 및 조정 편향
기회
대표성 편향
자료 분석
로봇 프로세스 자동화
만족화
매몰 비용 편향
머신 러닝
목표 전치
몰입의 확대 편향
문제
범주적 사고 편향
브레인스토밍
비합리적인 의사 결정
빅데이터
사후 과잉 확신 편향
사후 분석
소수자의 반대
예측 분석
오만
의사 결정
의사 결정 스타일
인공 지능
전자 브레인스토밍
제한된 합리성
직관
진단
집단 사고
프레이밍 편향
합리적인 의사 결정
합의
확증 편향
휴리스틱

핵심 정리

01 합리적인 의사 결정과 비합리적인 의사 결정

- 결정이란 가능한 대안 중에서 선택하는 것을 의미한다. 의사 결정은 대안적인 조치들을 파악하여 선택하는 과정이다. 경영자는 합리적으로 결정을 내릴 수도 있고 비합리적으로 결정을 내릴 수도 있다.
- 합리적인 의사 결정 모형은 4단계로 이루어진다. 첫 번째 단계는 문제 또는 기회를 파악하는 것이다. 문제는 목표 달성을 방해하는 어려움을 의미한다. 기회는 기존 목표를 초과할 가능성을 제시하는 상황을 나타낸다. 이는 근본적인 원인을 분석하는 진단과 관련 있다. 두 번째 단계는 대안을 생각하는 것이다. 세 번째 단계는 대안을 평가하고 해결책을 선택하는 것이다. 대안은 비용, 품질, 윤리, 타당성, 효과성에 따라 평가되어야 한다. 마지막 단계는 선택한 해결책을 실행하고 평가하는 것이다.
- 비합리적인 의사 결정 모형에 따르면, 의사 결정이 거의 항상 불확실하고 위험을 수반한다고 가정하기 때문에 경영자가 최적의 결정을 내리는 것은 어렵고 그래서 만족화와 직관에 의존하게 된다.

02 윤리적인 의사 결정

- 부정부패로 인한 위기에 처하지 않기 위해 많은 기업들이 윤리적인 딜레마를 해결하고자 윤리 담당자를 두고 있으며, 직원들에게 바람직한 행동을 안내하기 위한 가치 선언문을 만든다.
- 의사 결정 트리(결정 및 그로 인한 결과에 대한 그래프)는 윤리적인 결정을 내리는 데 도움이 된다. 경영자는 제안된 조치가 합법적인지, 주주 가치를 극대화하기 위한 조치라면 윤리적인지, 제안된 조치를 취하지 않는 것이 윤리적인지 따져봐야 한다.

03 증거 기반 의사 결정과 자료 분석

- 증거 기반 경영은 최상의 증거에 기반하여 원칙을 마련하고 조직 운영에 적용하는 것을 의미한다. 증거 기반 경영은 의사 결정 과정에 합리성을 부여한다.
- 페퍼와 서튼은 기업이 증거 기반 경영을 통해 이익을 창출할 수 있는 일곱 가지 실행 원칙을 제시하였다.
- 의사 결정에 최고의 증거를 적용하기 어려운 이유는(1) 증거가 너무 많고, (2) 좋은 증거가 충분하지 않고, (3) 증거가 잘 적용되지 않고, (4) 사람들이 상대방을 오도하려 하고, (5) 자신을 오

도하려 하고, (6) 해결보다 부작용이 더 크고, (7) 증거보다 이야기가 더 설득력 있기 때문이다.

- 빅데이터를 분석하기 위해 매우 정교한 소프트웨어와 슈퍼컴퓨터가 필요하다. 빅데이터에는 기업 데이터베이스의 정보뿐만 아니라 웹서핑 자료 추적, 소셜 네트워크 통신, 센서 자료, 감시 자료 등이 포함된다.
- 빅데이터 분석은 다양한 유형의 대용량 자료를 조사하여 숨겨진 패턴, 알려지지 않은 상관관계 및 기타 유용한 정보를 찾아내는 과정을 의미한다.

04 인공 지능을 활용한 의사 결정

- 인공 지능은 인간의 지능이 필요한 작업을 수행하는 컴퓨터 시스템의 능력을 뜻한다.
- 인공 지능은 현재 비즈니스 프로세스 자동화, 자료 분석, 고객 및 직원 참여라는 세 가지 중요한 사업의 구성 요소를 지원한다.
- 기업이 인공 지능을 사용하는 주된 목적은 현재 판매 중인 제품을 개선하고 내부 프로세스를 최적화하며 보다 효과적인 의사 결정을 내리기 위함이다. 인공 지능 활용의 어려운 점들은 실행, 자료 문제, 비용이다.

05 의사 결정의 네 가지 스타일

- 의사 결정 스타일은 개인이 정보를 지각하여 반응하는 방식을 나타낸다.
- 의사 결정 스타일은 가치 지향성을 갖는 경향이 있다. 가치 지향성은 결정을 내릴 때 사람이 업무 및 기술적인 문제와 사람 및 사회적 문제 중 하나에 초점을 맞추는 정도를 의미한다. 그리고 의사 결정 스타일은 모호함의 수용 정도, 즉 개인이 자신의 삶에서 구조나 통제에 대한 욕구가 높거나 낮은 정도를 반영한다.
- 가치 지향성과 모호함 수용을 바탕으로 개인의 의사 결정 스타일을 지시적(사실에 초점을 두는 행동주의 의사 결정자), 분석적(다양한 정보와 대안 선택을 선호하는 신중한 의사 결정자), 개념적(장기적인 관점과 직관에 의존하는 의사 결정자), 행동적(인간중심적인 의사 결정자) 스타일로 구분할 수 있다.

06 의사 결정의 열 가지 편향

- (1) 가용성 편향, (2) 대표성 편향, (3) 확증 편향, (4) 매몰 비용 편향, (5) 기준점 및 조정 편향, (6) 과신 편향, (7) 사후 과잉 확신 편향, (8) 프레이밍 편향, (9) 몰입의 확대 편향, (10) 범주적 사고 편향은 의사 결정의 열 가지 편향이다.

07 집단 의사 결정

- 집단 의사 결정은 (1) 폭넓은 정보, (2) 다양한 관점, (3) 지적 자극, (4) 의사 결정 과정에 대한 명확한 이해, (5) 실행에 대한 몰입이라는 다섯 가지 장점이 있다.
- 집단 의사 결정은 (1) 소수의 지배, (2) 집단 사고, (3) 만족화, (4) 목표 전치와 같은 단점도 있다.
- 집단 의사 결정은 (1) 시간이 오래 걸리고, (2) 인원이 많을수록 의사 결정의 질이 저하되며, (3) 판단과 선택에 대해 과도하게 확신하는 경향이 있고, (4) 집단 구성원이 관련 문제에 대해 많이 알고 있을 때 의사 결정의 정확도가 높아지는 특징이 있다.
- 집단 의사 결정은 합의점 도출이 필요한데, 이는 구성원들이 자신의 의견을 표현하고, 최종 결정을 지지하기 위해 의견을 일치시킬 때 발생한다. 구성원들이 안전하게 반대 의견을 던질 수 있도록 소수자의 반대 의견이 허용되어야 한다.
- (1) 브레인스토밍, (2) 선의의 비판자, (3) 변증법, (4) 사후 분석은 집단 문제 해결의 네 가지 주요 기법들이다.

08 커리어 준비 실천

- 커리어를 준비하기 위해 비판적 사고, 문제 해결, 의사 결정 스킬을 갖춰야 한다.
- 과거의 경험을 되돌아보고 의사 결정 방법론을 마련하면 비판적 사고와 문제 해결 스킬을 향상시킬 수 있다.

핵심 질문

01 합리적인 의사 결정의 4단계는 무엇인가?
02 비합리적인 의사 결정의 두 가지 모형은 무엇인가?
03 결정을 내리기 위해 제안된 조치를 평가할 때 경영자가 고려해야 하는 네 가지 윤리적인 질문은 무엇인가?
04 빅데이터란 무엇인가?
05 인공 지능의 유형에 대해 설명해 보자.
06 인공 지능의 장점과 단점은 무엇인가?
07 의사 결정의 네 가지 스타일을 설명해 보자.
08 의사 결정의 열 가지 편향을 설명해 보자.
09 집단 의사 결정의 장점과 단점은 무엇인가?
10 집단 사고의 증상은 무엇인가?

사례로 본 경영학원론

쥴의 성공과 몰락

쥴 랩스(Juul Labs)는 2017년에 설립된 미국 전자 담배 회사로, 전통적인 종이 담배의 대체재인 쥴 전자 담배를 제조한다. 2018년에 큰 인기를 얻었고 회사는 4,000명의 직원과 380억 달러의 가치로 성장하였다. 2019년에는 34억 달러의 매출을 예상하였고 2018년 매출의 약 3배에 해당한다.

그러나 회사의 재정 상태는 2019년에 오히려 나빠졌다. 여러 법률 소송과 규제 조치로 인해 쥴의 성장률이 절반으로 떨어졌으며, 이로 인해 정리해고를 실시하였고, 주가는 25% 하락했다. 쥴이 겪고 있는 문제에 대해 조금 더 자세히 살펴보자.

전자 담배의 부상

로버트 노리스(Robert Norris)는 1950년대 남성들을 담배로 유인하기 위한 말보로(Marlboro) 캠페인의 카우보이 인물인 '말보로 맨'이었다. 이 광고 캠페인은 말보로가 지금도 세계 최고의 담배 브랜드가 되는 데 일조하였다. 비흡연자인 노리스는 이 캠페인이 아이들을 위한 본보기가 되기 때문에 해당 캠페인을 중단하기로 결정했다. 미국은 노리스의 선례를 따랐다. 2018년까지 성인 흡연율은 14% 미만이었고, 1965년의 42%와 비교했을 때 상당히 감소하였다.

쥴은 "담배를 없애 10억 명의 성인 흡연자의 삶을 개선한다."라는 미션을 가지고 카우보이 없이 전자 담배 시장에 뛰어들었다. 사람들이 담배를 혐오하는 이유는 발암물질인 연초(tobacco)를 함유하고 있기 때문이다. 쥴의 배터리 작동식 기화기(battery-operated vaporizer)는 액체 니코틴(nicotine)을 흡연자가 흡입하는 증기로 변환시켜 일반 담배를 피우는 것과 유사한 경험을 제공한다. USB 충전식 장치('담배계의 아이폰'이라고 불림)는 매끄럽고 눈에 띄지 않으며 스냅온(snap-on) 카트리지(cartridge)는 담배보다 가격이 저렴하고 전자 담배를 피는 과정 전체에서 냄새가 남지 않는다. 각 5% 니코틴 카트리지에는 담배 한 갑과 거의 동일한 양의 중독성 니코틴을 포함하고 있다. 나아가 비록 전자 담배에는 연초가 포함되어 있지 않지만, 또 다른 발암물질인 벤젠(benzene)과 산업용 용매인 아세트아미드(acetamide)와 같은 다른 화학물질을 포함하기도 한다. 실제로 미국 질병통제예방센터는 전자 담배가 중증 폐 질환의 원인이 된 사례가 2,000건이 넘는다고 보고하였고 전자 담배 사용자가 발작을 일으킨 사례 또한 127건 이상 조사되었다고 밝혔다.

쥴이 특히 문제가 됐던 것은 흡연이 법적으로 금지된 중고등학생들 사이에서 인기가 높았기 때문이다. 뉴잉글랜드 의학전문지(New England Journal of Medicine)에 따르면, 2019년에 미국 고등학교 3학년 학생 9명 중 1명이 전자 담배를 거의 매일 사용했다고 전했다. 전문가들은 쥴의 인기 요인으로 스타터 키트(starter kit)가 50달러에 불과할 정도로 가격이 저렴하고, 몰래 흡연하기 쉽고, 냄새가 없는 점들을 꼽았다. 게다가, 다양한 맛의 카트리지들도 출시되었다. 질병통제예방센터의 한 조사에 따르면, 청소년의 31%가 "민트, 사탕, 과일 또는 초콜릿과 같은 맛" 때문에 전자 담배를 구매하는 것으로 나타났다.

정밀 조사를 받은 쥴

10대들 사이에서 급증하는 쥴의 인기 때문에 2018년 미국 식품의약국이 역사상 가장 큰 규모로 쥴을 조사하였다. 미국의 샌프란시스코, 인도, 이스라엘 등은 쥴처럼 맛이 나는 전자 담배를 금지하도록 촉구했다. 미국 연방거래위원회는 2018년 전자 담배 제조업체에 대한 조사에 동참하면서 쥴이 의도적으로 미성년자들에게 제품을 판매했다는 혐의를 제기했다.

쥴의 CEO인 K. C. 크로스웨이트(K. C. Crosthwaite)는 강도 높은 정밀 조사에 대해 다양한 결정을 내리면서 대응했다. 우선, 쥴은 많은 향이 첨가된 전자 담배를 온라인과 매장에서 판매하지 않기로 결정했다. 그리고 미국의 모든 방송, 인쇄 및 디지털 제품 광고를 중단시켰다. 크로스웨이트는 "사회의 신뢰를 얻고 규제 당국, 정책 입안자 및 이해관계자 등과 협력하여 미성년자의 흡연을 방지하는 동시에 성인 흡연자에 대한 대안을 제시해 전자 담배의 범주를 재설정해야 한다."라고 말했다. 쥴은 청소년들을 대상으로 한 자사 제품 마케팅을 완강히 부인하고 있는데, 이 주장은 많은 전문가들에게 반향을 불러일으키지는 못했다. 예를 들어, 스탠퍼드 대학교의 의과 대학(Stanford University School of Medicine)의 연구에서는 "쥴의 미션 성명과 그들의 제품이 성인 흡연자만을 위한 것이라는 반복적인 주장은 처음 3년 동안의 마케팅 활동과 일치하지 않았다."라고 밝혔다.

사법 당국과 지방 정부도 쥴의 주장을 받아들이지 않고 있다. 캘리포니아의 연방 검찰은 2019년에 쥴에 대한 범죄 수사에 착수했다. 전국의 여러 학군도 쥴이 공공에 해를 입히고 제품을 허위로 광고했으며 청소년의 건강을 위협했다고 주장하면서 회사를 상대로 소송을 제기했다.

미국 식품의약국이 내린 결정

수많은 조사와 소송과는 별개로, 쥴은 미국에서 제품 판매를 계속 허용해야 하는 이유를 설명하는 신청서를 미국 식품의약국에 제출해야 한다. 신청서는 성인 흡연자들이 쥴을 사용하는 것의 안전상 이점이 10대들이 니코틴에 중독되는 것의 잠재적인 피해보다 더 크다는 것을 증명해야 한다. 이 신청 절차의 일환으로 쥴은 다음을 수행 중이다.

- **증기 기술 협회(vapor technology association: VTA)와의 관계 단절.** 쥴은 여러 문제에 대해 업계 무역 단체와 의견이 일치하지 않아 VTA와 회원 계약을 갱신하지 않을 것이라 발표했다.
- **과학과 연구에 의존.** 쥴은 미국 식품의약국에 자사 제품을 지지하는 110개 이상의 과학 연구를 포함하여 25만 쪽 분량의 자료를 보낼 계획이다. 쥴의 대변인은 "당사의 제품이 흡연자들을 담배와 멀어지게 하는 동시에 미성년자의 사용을 막는 역할을 평가하는 데 필요한 과학과 증거를 미국 식품의약국에 제공하기 위해 신청서를 작성하게 됐다."라고 말했다.
- **인공 지능을 활용한 기화기 개선.** 쥴은 기화기가 니코틴을 얼마나 자주, 얼만큼 흡수하는지 분석하여 니코틴이 아닌 중독성 화학 물질을 줄일 수 있는 제품을 제조하려고 추진 중이다. 새로운 기화기 라인은 스마트폰에 연결되어 머신 러닝을 통해 흡연자의 행동에 따라 니코틴 및 비니코틴 기화 물질의 전달을 조절한다. 새로운 기화기는 관련 기술을 통해 흡연자가 21세 이상인지도 확인한다.

전 국장인 스콧 고틀리브(Scott Gottlieb)를 포함한 일부 전문가들은 쥴의 신청서가 도착해도 받아들여지지 않을 것으로 보고 있다. "쥴이 아이들 손에서 제품을 떨어뜨려 놓을 수 없다는 것은 너무 자명하다. 이 제품은 더 이상 판매되지 않을 수도 있다."라고 고틀리브는 말한다.

토론 문제

문제 해결 관점

1. 쥴의 CEO인 K. C. 크로스웨이트의 입장에서 이 사건의 근본적인 문제는 무엇인가?
2. 쥴의 문제 해결 방식에 대해 어떻게 생각하는가?
3. 미국 식품의약국이 어떠한 결정을 왜 내릴 것이라 생각하는가?

적용하기

1. 합리적인 의사 결정을 활용하는 크로스웨이트의 능력에 대한 몇 가지 장벽은 무엇인가?
2. 가향 전자 담배에 대한 VTA의 지원은 윤리적인가? 그림 7.4를 참고하여 답해 보자.
3. 쥴은 증거 기반 의사 결정을 어떻게 활용하고 있는가?
4. 쥴은 빅데이터를 활용하여 직면한 과제를 어떻게 극복할 수 있는가?
5. 규제 기관 및 사법 당국이 집단 사고로 고통받고 있다고 생각하는가? 이유는 무엇인가?

법적 · 윤리적 과제

반려동물과 도우미동물

반려견은 항공 여행 중 불안이나 다른 심리적 장애로 고통받는 사람들을 돕는다. 수년 동안 항공사 고객은 특정 조건에서 반려동물을 추가 금액 지불없이 기내에 함께 데리고 탈 수 있었다. 항공사는 일반 승객에게 동물이 공공장소에서 올바르게 행동하도록 훈련되었는지 확인하고 동물의 행동에 대한 책임을 주인이 지도록 요구하였다. 고객은 또한 탑승 48시간 전 항공사에 공지하고 수의사의 건강 및 예방 접종 양식과 반려동물에서 받은 혜택을 설명하는 정신 건강 전문가의 진단서를 제출해야 했다. 이러한 정책을 통해 2016년 481,000마리에서 2017년 751,000마리로 항공기 동반 탑승 반려동물이 급증했다.

그런데 이러한 증가는 기내 사고 증가라는 부정적인 결과도 가져왔다. 실제로 항공사들은 2018년에 3,000건 이상의 동물 관련 불만 사항을 접수했다고 보고했으며, 이는 5년 전의 719건에서 월등하게 증가한 수치였다. 유나이티드 항공(United Airlines)의 승무원 노조는 이러한 사고들 중 상당수가 다른 승객들의 알레르기 반응과 반려동물의 공격적인 행동, 물기, 배뇨 및 배변과 같은 바람직하지 않은 행동들을 포함한다고 말했다.

이 사건 사고로 인해 교통부는 새로운 규칙 초안을 작성했다. 해당 규칙들은 이제 도우미동물(service animals)을 "신체적, 감각적, 정신의학적, 지적 또는 다른 정신적 장애를 포함하여 자격을 갖춘 장애를 가진 개인의 이익을 위해 일하거나 업무를 수행하도록 개별적으로 훈련받은 개"로 정의한다. 그리고 정서적 지원, 편안함, 우정을 제공하는 동물들은 반려동물로 간주된다. 이 규정은 오리, 돼지, 이구아나, 공작새와 같은 특이한 동물들의 비행기 탑승을 허용하지 않을 것이다.

항공 업계는 이러한 새로운 규칙을 환영했다. 그러나 사람들은 이 같은 결정을 그다지 지지하지 않았다. 레베카 위쉬(Rebecca Wisch) 변호사는 "반려동물은 정신 질환 및 기타 정신 장애를 가진 사람들에게 정서적 지원과 위안을 제공한다."라고 말했다. 위쉬는 이런 동물들이 새로운 규칙에 따라 요구되는 정서적 장애로 고통받는 사람을 위한 작업을 수행하도록 특별히 훈련받지는 않았다고 주장한다. 한 통계에 따르면, 미국인의 20%가 정신 질환을 앓고 있다고 한다. 이 새로운 정책에 반대하는 사람들은 편안한 상태로 비행의 어려움을 극복할 수 있도록 반려동물이 필요하다고 말한다.

도우미동물은 반려동물과 달리 미국 장애인법의 보호를 받으며 주인이 가는 곳이면 어디든 동행할 수 있다. 안내견은 인증을 받기 위해 지정된 특별한 훈련을 받는다. 예를 들어, 안내견은 시각 장애가 심하거나 시각장애인을 위한 여행 도우미 역할을 하는 세심하게 훈련된 개이다. 하지만, 반려동물은 동일한 훈련 및 인증을 거칠 필요가 없다. 내셔널지오그래픽(National Geographic)은 일부 반려동물 소유자가 일반 반려동물 운송에 대한 항공사의 125달러 이상의 추가 요금을 피하기 위해 악용했다고 보고했다. CBS 뉴스 특파원은 실제로 고양이를 평가하지 않고도 지원 동물 조끼와 함께 제공되는 정신 건강 전문가 진단서를 온라인으로 구입할 수 있었다. 등록은 5분이면 완료되며 비용은 150달러이다.

문제 해결

당신이 항공사 CEO라면 어떻게 하겠는가?

1. 새로운 규정을 실행하지 않는다. 항공사는 도우미견과 마찬가지로 반려동물이 무제한으로 여행할 수 있도록 허용해야 한다. 항공사는 승객들의 반려동물을 구분하지 말아야 한다.
2. 새 규정을 실행해야 한다. 반려동물은 도우미견이 아니므로 다르게 대우해야 한다. 항공사는 비행 중 승객과 직원의 안전을 보장해야 한다.
3. 다른 안이 있다면 설명해 보자.

PART 04
조직

CHAPTER 08

조직 문화와 조직 구조

학습 목표

1. 조직 문화, 조직 구조, HR 제도를 전략에 정렬해야 하는 이유를 설명한다.
2. 조직 문화의 구성 요소와 유형을 설명한다.
3. 조직 문화의 변화 과정을 설명한다.
4. 조직 구조의 기본 요소를 확인하고 조직도에 반영하는 방법을 설명한다.
5. 조직 구조의 여덟 가지 유형을 설명한다.
6. 조직과의 적합성을 높이기 위해 필요한 적응성을 이해한다.

▶ 미리보기

8장은 직원들이 조직의 전략적 목표를 추구할 수 있도록 조직 문화, 조직 구조, HR 제도를 정렬해야 하는 이유에 대해 살펴본다. 그리고 조직 문화의 수준, 조직 문화가 학습되는 방식, 조직 문화의 유형을 알아본다. 나아가, 조직 문화를 변화시키는 데 사용할 수 있는 12가지 메커니즘을 학습한다. 또한 조직의 일곱 가지 기능을 살펴보고 조직도에 반영되는 방법을 알아본다. 마지막으로, 조직 구조의 여덟 가지 유형을 살펴보고, 즉응성을 향상시키는 방법을 알아본다.

성공 전략

새로운 직장에 적응하는 방법

비즈니스 칼럼니스트이자 전 하버드 비즈니스 리뷰(Harvard Business Review) 편집국장인 수지 웰치(Suzy Welch)는 "좋은 인상을 남기고 성공하고 싶다면, '초과' 달성해야 한다." 라고 말한다.

초과 달성(overdeliver)은 단순히 상사가 요청하는 보고서를 작성하는 것뿐만 아니라, 상사에게 정말로 인상적인 것을 제공하기 위해 필요 이상으로 일하는 것을 의미한다. 또한 상사가 당신이 얼마나 열심히 일하고 있는지 알도록 해야 한다. "사람들의 관심을 끌기 위해 당신이 일을 잘한다는 것을 알려야 한다."

새 직장에서 처음 60일 동안 해야 할 일들은 다음과 같다.

첫인상의 힘을 인식하자.

사람들은 처음으로 상호 작용할 때 몇 분 안에 관계가 어떻게 될지 판단한다. 저널리스트이자 작가인 말콤 글래드웰(Malcolm Gladwell)은 "순간 판단은 무엇보다도 엄청나게 빠르다. 순간 판단은 아주 미미한 경험에서 비롯되는 무의식이다."라고 결론지었다. 사회적 지능과 감성 지능을 사용하여 빠른 판단에서 발생할 수 있는 타인의 편견에 대응하자.

일찍 출근해서 늦게까지 일하는 사람들의 행동을 관찰하자.

한 전문가는 "회사 문화의 많은 측면은 미묘하고 간과하기 쉬울 수 있다."라고 말한다. "대신, 모든 것을 관찰하자." 30분 일찍 출근하고 조금 늦게까지 남아서 사람들이 식사하는 장소 등을 관찰하여 사람들이 어떻게 행동하는지를 파악하자.

사람들과 사귀고 조직의 운영 방식에 대해 질문하자.

네트워킹 스킬을 활용하자. 처음 2주 동안 사람들을 만나서 함께 점심을 먹자. 복도를 걸으며 안내원, 우편물 담당 직원, 사무실 관리자와 대화하자. 조직이 어떻게 운영되는지, 사람들이 상사와 어떻게 상호 작용하는지, 기업 문화가 장려하고 권장하는 것과 권장하지 않는 것이 무엇인지에 대해 파악하자. 연구 결과에 따르면, 질문하는 것이 다른 사람들에게 더 유능하게 보이도록 만든다고 한다. 이는 또한 당신의 관계와 성과 향상에 기여한다.

피드백 대신 조언을 구하자.

피드백보다 조언을 구함으로써 조직 내 다른 사람에게서 배울 수 있는 기회를 활용하자. 피드백과 조언의 차이점은 무엇일까? 최근 연구에 따르면, 사람들은 피드백이라는 단어를 과거에 대한 평가와 연관시킨다. 다시 말해, 피드백을 요청하는 것은 지금까지 어떻게 해왔는지에 대한 의견을 얻을 수 있다. 그러나 '조언'이라는 단어를 들으면 사람들은 미래에 대해 생각하게 되며, 조언을 구하는 것이 미래에 더 성공하기 위해 해야 할 일에 대한 실천 가능한 정보를 더 많이 얻을 수 있다는 것을 의미한다. 선제적 학습 지향성은 여기서 도움이 된다. 직무를 배우기 시작할 때 동료에게 조언을 구하는 것을 두려워하지 말자.

초과 달성하자.

신입 사원에 대한 성과 평가는 일반적으로 60일에서 90일 사이에 이루어지기 때문에 상사에게 잠재력을 보여 줄 수 있는 충분한 성과, 가급적이면 큰 성과를 달성해야 한다. 다시 말해서, 웰치가 제안하는 '초과 달성'을 해야 한다.

SECTION

01 전략에 맞추는 조직 문화, 조직 구조, HR 제도

경영의 네 가지 기능 중 두 번째 기능인 조직은 조직 문화와 조직 구조에 대한 이해가 필요하다. 조직 문화는 직장의 구성원들이 공유하는 당연시 되는 암묵적인 가정들을 의미한다. 조직 구조는 누가 무슨 일을 하고 누구에게 보고하는지를 설명한다.

학습 목표

조직 문화, 조직 구조, HR 제도를 전략에 정렬해야 하는 이유를 설명한다.

6장에서 학습한 전략은 조직의 비전을 반영하고 조직의 방향을 설정하는 대규모 실행 계획으로 구성된다. 이번 섹션에서는 전략을 실행하기 위해 올바른 조직 문화, 조직 구조, HR 제도가 필요한 이유를 알아본다.

조직 문화, 조직 구조, HR 제도가 전략 실행을 지원하는 과정

전략 실행은 어렵다. 경영자는 전략을 성공적으로 실행할 수 있는 능력을 항상 최우선 과제로 꼽고 있으며, 전략은 대부분 잘못된 실행으로 인해 실패한다. 전문가들은 아무리 잘 수립한 전략이라도 실패하는 이유는 조직의 일상 활동에 반영되지 않기 때문이라고 말한다. 따라서 기업의 전략을 지원할 수 있도록 기업을 운영하고 자원을 사용해야 한다.

그림 8.1은 조직 성과(즉, 전략 실행 능력)가 조직 문화, 조직 구조, HR 제도의 세 가지 요소의 정렬에 좌우됨을 보여 준다. 리더는 이러한 정렬의 주체이다. 이러한 요인의 정렬은 (13장과 15장에서 학습) 집단 및 사회적 과정, (11장과 12장에서 학습) 개인의 업무 태도와 행동, 최종적으로는 전체 조직 성과에 영향을 미친다.

kyoshino/Getty Images

조직 문화, 조직 구조, HR 제도는 밧줄의 세 가닥에 비유하여 생각해 볼 수 있다. 성공적인 전략 실행을 위해서는 이러한 가닥들이 촘촘하게 짜여져 있어야 한다.

밧줄에 비유하여 조직 문화, 조직 구조, HR 제도가 어떻게 함께 전략을 실행하는지 생각해 보자. 밧줄은 촘촘하게 엮인 수많은 작은 가닥에서 힘을 얻게 된다. 가닥이 풀리고 서로 분리되면 밧줄은 크게 약해지고 쉽게 끊어진다. 조직은 전략적 목표를 달성하기 위해 밀접하게 얽힌 조직 문화, 조직 구조, HR 제도에 의존한다. 이러한 각 요소에 대해 더 자세히 살펴보자.

그림 8.1 조직 문화, 조직 구조, HR 제도가 전략 실행을 지원하는 과정

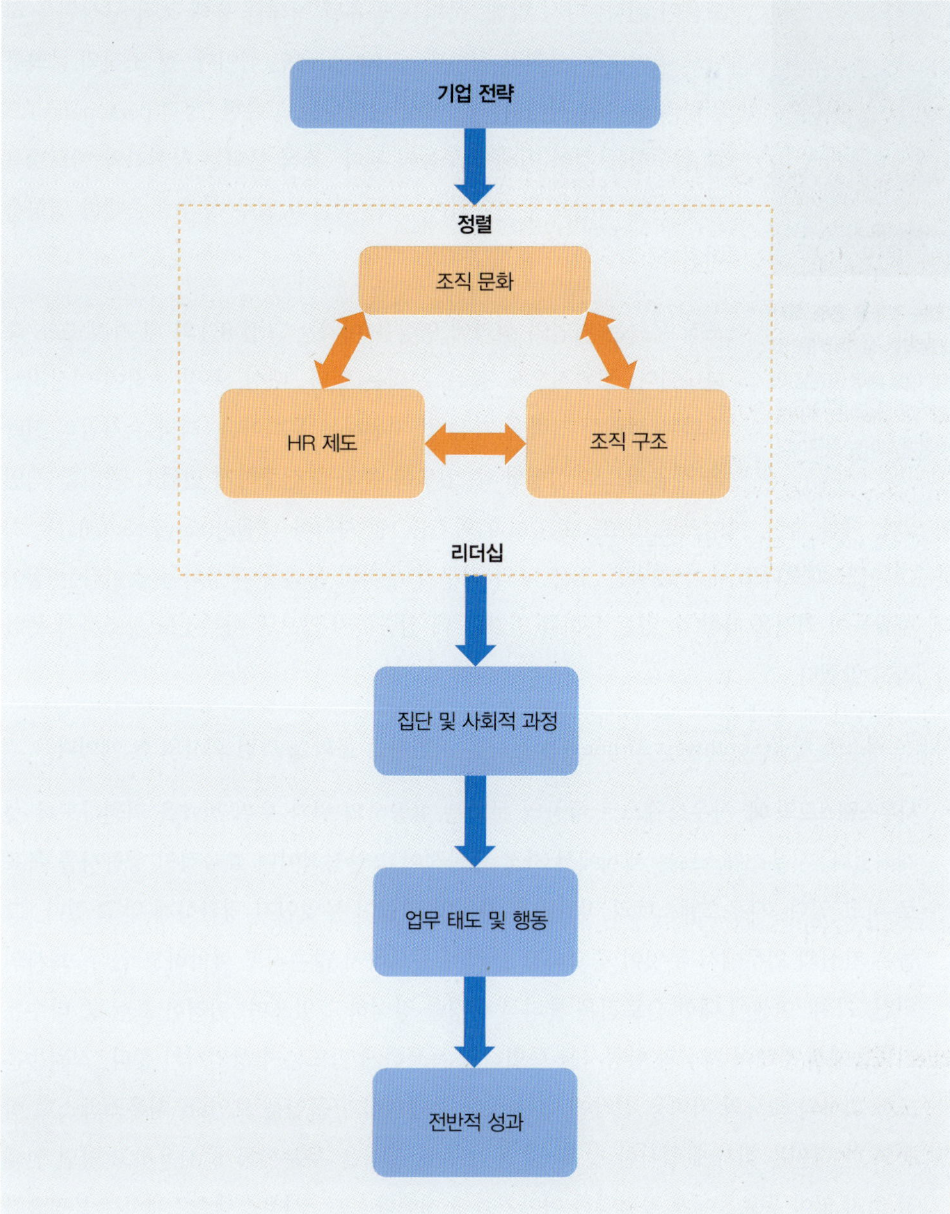

출처: C. Ostroff, A. J. Kinicki, and R. S. Muhammad, "Organizational Culture and Climate," Handbook of Psychology, Volume 12: Industrial and Organizational Psychology, 2nd ed. (Hoboken, NJ: John Wiley & Sons, 2013), Chapter 24, pp. 643-676.

조직 문화 앞서 국제 경영에 관하여 학습한 4장에서는 문화를 "한 집단의 사람들 사이에서 공유된 공통적인 신념, 가치, 지식, 행동의 패턴"으로 정의하였다. 8장에서는 조직 문화라는 특정한 종류의 문화에 대해 알아본다.

조직심리학자 에드가 샤인(Edgar Schein)에 따르면, 때때로 기업 문화라고도 불리는 조직 문화(organzational culture)는 한 집단이 가진 다양한 환경에 대해 어떻게 인식하고 생각하고 반응하는지를 결정하는 일련의 공유되고 인정된 암묵적인 가정으로 정의된다. 조직 문화는 직원

사우스웨스트 항공의 직원들은 주변에 있는 것들을 통해 회사 문화를 떠올리게 된다. 직원들에게 회사 문화를 상기시키는 것에는 회사 벽에 그려진 문구도 포함되는데, 예를 들어 36년간의 조종사 경력에서 은퇴하기 전 마지막 비행기에 탑승하는 루이스 프리먼(Louis Freeman) 기장의 사진 배경에 보이는 문구이다.

들이 조직이 하는 일에 대한 의도와 장기 목표 달성 방법을 이해하는 데 도움이 된다. 다시 말해, 문화는 공유된 이해를 통해 조직 구성원을 하나로 묶어주는 '사회적 접착제(social glue)'인 셈이다. 한 조직의 문화를 일련의 공유된 신념과 가치에서 나타나는 고유한 '성격(personality)'으로 간주하는 것이 이해에 도움이 된다. 조직 문화는 사회화와 멘토링을 통해 신입 사원에게 전달되며, 모든 직급의 업무 성과에 중대한 영향을 미친다.

조직 문화는 기업의 성과에 영향을 미치는 그림 8.1의 세 가지 요소 중 하나이다. 보편적으로 '옳은' 문화는 없다. 대신, 특정 조직에 이상적인 문화는 선택한 전략을 가장 잘 지원하는 문화이다. 리더는 기업의 전략을 성공적으로 실행할 수 있도록 문화를 신중하게 만들고 관리할 책임이 있다. 예를 들어, 마이크로소프트(Microsoft)의 CEO인 사티아 나델라(Satya Nadella)는 최근 "그 어느 때보다도 내가 깨달은 것은 나의 직무가 우리의 문화를 구상하는 것이라는 점이다. 사람들이 최선을 다할 수 있는 문화를 만드는 데 집중하지 않으면 아무것도 창조하지 못한다."라고 말했다.

사우스웨스트 항공(Southwest Airlines)은 전략을 지원하는 문화를 가진 회사의 한 예이다.

> **사우스웨스트의 예:** 사우스웨스트 항공의 문화는 항공사의 원가 우위 전략을 지원하도록 설계되었다. 사우스웨스트는 세계에서 가장 생산적이고 안정적이며 효율적인 항공사를 목표로 하고 있다. 사우스웨스트의 직원들은 자신의 역할이 무엇인지 명확하게 알고 있다. 그들은 자신의 업무에서 무엇이 중요하고 무엇이 중요하지 않은지도 파악하고 있다. 회사의 비전, 가치, 미션에 대한 슬로건은 물리적 환경을 장식하고 있으며, 이러한 표현 중 다수는 직원들에게 무엇이 자신과 항공사를 특별하고 독특하게 만드는지 상기시켜 준다. 직원들은 또한 회사와 회사의 저비용 전략에 대한 강한 주인의식과 몰입을 보인다. 사우스웨스트 항공의 한 직원은 회사에 입사한 첫 몇 달 동안 종이 클립을 '무분별하게' 사용하고 양면 인쇄를 하지 않아 동료들에게 놀림당한 이야기를 소개했다. 그는 사우스웨스트에서는 불필요한 종이 클립조차도 회사가 비용을 최대한 낮게 유지하는 것을 방해하는 것으로 간주하며, 직원들은 항공사가 저비용 전략을 달성하는 데 도움이 되는 역할을 하도록 최선을 다해야 한다는 것을 배웠다고 전했다.

섹션 02와 03에서는 조직 문화에 대해 더욱 자세하게 알아볼 것이다.

조직 구조 조직 구조(organizational structure)는 조직의 목표를 달성하기 위해 함께 일할 수 있도록 조직 구성원들을 조정하고 동기를 부여하는 직무 및 보고 관계의 공식적인 체계이다. 즉, 조직 구조는 누가 누구에게 보고하고 누가 어떤 일을 담당하는가에 관한 것이다.

조직 구조는 기업의 전략 실행 능력에 영향을 미치는 또 다른 요소이다. 항상 최고인 조직 문화가 존재하지 않는 것처럼 다른 조직보다 우월한 조직 구조 또한 존재하지 않는다. 리더는 전략적 목표를 달성하는 데 가장 도움이 되는 방식으로 조직을 구성해야 한다. 잘 설계된 조직 구조는 특정 전략을 실행하는 데 필요한 관계, 태도, 행동을 장려한다.

P&G(Procter & Gamble)는 전략을 지원하는 구조를 가진 회사의 예이다.

P&G의 예: P&G는 바운티(Bounty), 팸퍼스(Pampers), 타이드(Tide), 크레스트(Crest)와 같은 세계에서 가장 잘 알려진 소비자 제품 브랜드를 소유하고 있다. P&G의 목적 중 일부는 "현재와 다음 세대를 위해 전 세계 소비자의 삶을 개선하는 우수한 품질과 가치 있는 제품 및 서비스를 제공하는 것"이다. P&G는 혁신과 차별화를 통한 성장을 추구한다. 특히, 혁신적이고 우수한 품질의 제품을 제공함으로써 시장 점유율을 계속해서 확보하고 있다. P&G는 (1) 패브릭 및 홈 케어, (2) 아동 및 여성 케어, (3) 가족 케어 및 신규 벤처, (4) 그루밍, (5) 헬스 케어, (6) 뷰티 등 6개 부문으로 구성되어 있다. 각 부서의 CEO는 해당 부서의 판매 및 제품에 대한 권한을 갖는다. 이러한 구조는 P&G의 사업부가 대기업에서는 종종 불가능한 속도로 민첩하게 혁신할 수 있게 해 준다.

HR 제도 HR(human resource) 제도는 인력 충원, 평가, 교육 및 개발, 보상을 포함하여 조직이 인적 자원을 관리하기 위해 사용하는 모든 활동을 의미한다. HR 제도는 기업의 전략 실행 능력에 영향을 미치는 세 번째 핵심 요소이다.

HR 제도는 직원들이 조직의 고유한 전략적 목표에 기여하는 데 필요한 스킬, 동기 부여, 기회를 갖도록 하는 데 초점을 둔다.

조직마다 인적 자원을 관리하기 위해 다양한 접근법을 취하며, 리더는 성공적인 전략 실행에 필요한 사회적 과정, 태도, 행동을 촉진할 수 있는 HR 제도를 마련해야 한다. 예를 들어, 혁신 전략을 추구하는 기업에는 위험 감수를 장려하는 보상 제도와 기존 직원을 승진시키는 것보다 새로운 관점을 가진 외부 지원자를 고용하는 것을 우선시하는 채용 제도가 적합하다. 반면에, 효율성을 보상하고 내부 채용과 교육에 우선순위를 두는 제도는 원가 우위 전략을 추구하는 기업에 더 적합하다. 인앤아웃 버거(In-N-Out Burger)는 전략을 지원하는 HR 제도를 가진 대표적인 회사이다.

인앤아웃 버거의 예: 인앤아웃 버거의 미션은 "최고 품질의 제품만을 제공하고 깨끗하고 반짝이는 환경에서 준비하여 따뜻하고 친근하게 고객들에게 제품을 제공한다."이다. 인앤아웃은 적은 메뉴를 갖추고 있으며, 농장의 신선한 식재료를 사용하고, 흠잡을 데 없이 깨끗한 매장을 유지하고, "프랜차이즈 금지" 정책이 있다. 이 모든 것은 고객들이 보기에 좋고 맛있으며 즐거운 분위기에서 제공되는 고품질의 음식을 일관되게 즐길 수 있게 해 준다. 텍사스주 매장에 납품된 샌드위치 빵이 수준에 미치지 못하자 문제가 해결될 때까지 텍사스

인앤아웃 버거의 HR 제도. CEO 린시 스나이더(Lynsi Snyder)가 인앤아웃 버거의 새로운 매장 중 한 곳을 개업하면서 오랜 팀원을 포옹하고 있다. 스나이더는 최근 미국에서 가장 높은 평가를 받은 CEO 중 한 명으로 선정되었으며, 직원들은 고위 경영진이 진정으로 그들을 돌보고 있다고 믿는다.

주 내의 37개 전 지점에서 영업을 중단했을 정도로 인앤아웃은 품질과 고객 만족을 중요하게 생각한다. 인앤아웃의 HR 제도는 패스트푸드 업계의 일반적인 모습과 다르며, 회사가 높은 수준을 유지하기 위해 사용하는 핵심 수단이다. 레스토랑 매니저의 급여는 연간 최대 16만 달러에 이르며, 신입 사원의 급여는 시간당 13달러부터 시작한다. 인앤아웃의 직원 복리 후생으로는 유연한 근무 일정, 401(k) 옵션, 유급 휴가, 무료 식사, 광범위한 교육 기회 등이 있다. 이 같은 HR 제도는 다른 업체와 비교하여 매우 낮은 이직률과 매우 높은 충성도 및 만족도로 이어졌다.

조직 문화, 조직 구조, HR 제도를 정렬하는 리더십 조직 문화, 조직 구조, HR 제도는 독립적으로 작용하지 않고, 서로에게 영향을 미치며 함께 작용하기 때문에 서로 조화를 이룰 수 있도록 정렬시켜야 한다. 훌륭한 리더는 오케스트라의 지휘자와 같다. 리더는 여러 악기의 소리를 의미 있는 전체로 통합하듯이 조직 문화, 조직 구조, HR 제도가 작동하는 방식을 이해하고 이를 활용하여 조직의 광범위한 전략적 목표에 직원을 집중시켜야 한다. UPS는 이러한 관점의 좋은 예이다.

정렬을 위한 리더십. UPS의 CEO 캐럴 토메는 성공적인 전략 실행을 이끄는 핵심 조직 요소를 정렬하는 능력으로 유명하다.

UPS의 예: UPS는 2020년 회사가 새로운 CEO인 캐럴 토메(Carol Tomé)를 임명했을 때 리더십의 중요성을 명확히 이해했다. 홈 디포(Home Depot)의 CFO로 재직하는 동안 토메는 주주 가치를 450% 증가시켜 홈 디포를 미국에서 가장 실적이 좋은 주요 소매 조직 중 하나로 자리매김시켰다. 다수의 UPS 임원들은 UPS의 문화와 구조, 직원 및 전략에 대한 토메의 깊은 지식 때문에 그의 선택에 기대감을 표시했다. 전 UPS의 CEO였던 데이비드 애브니(David Abney)는 "토메가 회사를 이끌 최적의 선택이라는 것을 알고 있으며, 그가 새로운 CEO로 선임된 것이 매우 기쁘다. 그녀는 UPS의 문화와 가치를 이해하고 있고, 전략적 리더이며, 고객 우선적인 사고방식을 가지고 있다."라고 말했다. UPS 선임 독립이사인 윌리엄 존슨(William Johnson)은 "토메는 미국 기업에서 가장 존경받고 재능 있는 리더 중 한명이며, 글로벌 조직에서 성장을 주도하고 주주 가치를 극대화하며 인재를 개발하고 전략적 우선순위를 성공적으로 수행한 검증된 업적이 있다."라고 평가했다.

경영진뿐만 아니라 조직 전체의 리더십은 조직 문화, 조직 구조, HR 제도를 정렬하는 데 있어 필수적이다. 중간 및 일선 관리자는 조직 문화, 조직 구조, HR 제도 간의 연결을 유지하고 이러한 요소를 회사 전략과 연결하는 데 매우 중요한 역할을 한다. 이는 중간 및 일선 관리자들이 현장에 나와 직원들과 정기적으로 대면 작업을 수행하기 때문이다. 이러한 관리자들은 직원의 일상 업무가 광범위한 조직 목표와 어떻게 연결되는지 설명하고, 회사의 우선순위와 전략적 선택 뒤에 있는 논리를 명확하게 알려줘야 한다. 다음의 예를 읽고 조직 문화, 조직 구조, HR 제도를 정렬하여 전략을 지원하는 회사에 대해 이해해 보자.

전략을 지원하기 위해 조직 문화, 조직 구조, HR 제도를 정렬한 파타고니아

파타고니아(Patagonia)는 목적 지향적인 아웃도어 의류 회사이다. 회사의 미션은 "우리의 고향 지구를 구하기 위한 사업을 한다."이다. 회사는 연간 약 10억 달러의 매출을 올리고 있으며, 1985년부터 매출의 1%를 환경을 위해 기부하고 있다. 직원 3,000명 중 91%가 파타고니아를 "일하기 좋은 곳"이라고 묘사하며, 기업 이직률은 4%로 놀라울 정도로 낮다.

파타고니아는 지속 가능한 혁신을 통해 공유 가치를 창출하는 성장 전략을 사용한다. 전 CEO였던 로즈 마르카리오(Rose Marcario)는 "돈도 벌 수 있고, 사업도 번창하고, 세상에 좋은 일도 하는 것은 서로 상충되지 않는다고 생각한다."라고 말했다. 파타고니아의 조직 문화, 조직 구조, HR 제도의 정렬이 파타고니아의 전략을 어떻게 뒷받침하고 있는지 살펴보자.

파타고니아의 문화

파타고니아의 문화는 협동적이고 사회를 의식하고 편안하며 전현직 직원들은 이를 '독특한', '균형', '팀', '보살핌', '환경적' 등의 단어로 표현한다.

파타고니아는 위계 구조를 지양하고, 직원의 몰입, 신뢰, 팀워크를 장려한다. 사무실 환경은 완전히 개방되어 있어 경영자 또한 자신의 사무실을 가지고 있지 않다. 야외 업무 공간, 요가 스튜디오, 회사 자전거, 단체로 휴식을 취하고 협업할 수 있는 공용 공간도 갖추고 있다.

파타고니아의 구조

파타고니아의 조직 구조는 수평적이다. 최고 HR 책임자인 딘 카터(Dean Carter)는 "보고 관계나 전통적인 위계 구조에 대한 존경심이 전혀 없다. 사실, 우리는 종종 가장 좋은 아이디어는 경영자에게서 나오는 것이 아니라 실제로 현장에서 일하는 사람들에게서 나오기 때문에 위계 구조를 깨는 것을 좋아한다."라고 말한다. 회사는 독립적인 사람들을 고용하고, 설립자이자 회장인 이본 쉬나드(Yvon Chouinard)를 포함하여 모든 직원들이 발언하고 조직 내 다른 누구와도 직접 편안하게 이야기할 수 있기를 바란다.

파타고니아의 HR 제도

딘 카터(Dean Carter)는 "파타고니아에서 사람이라는 존재는 채굴과 고갈을 위한 자원이 아니라, 관리해야 하는 필요한 자원이라는 것이 우리의 견해이다. 따라서 앞으로 100년 동안 함께 일할 수 있도록 사람을 관리하고 있다. 100년 후에는 그들의 자녀나 손주들을 고용하게 될지도 모르기 때문에 나는 그들의 아이들을 잘 돌보고 싶다."라고 말한다.

파타고니아의 직원들은 다음과 같은 복리 후생을 받는다.

- 연간 2개월 동안 유급으로 환경 단체 인턴으로 근무할 수 있는 기회
- 사내 보육시설과 유급 육아휴직을 포함한 가족 친화적인 지원
- 평화적인 환경 시위로 체포된 모든 직원에게 지급하는 보석금

- 격주로 3일 연휴 형식의 근무 탄력성과 회사의 '서핑가자 정책(Let My People Go Surfing Flextime Policy)'을 통해 열정을 추구할 수 있는 자유

또한 고용과 성과 관리에 있어 혁신적인 접근법을 취한다. 회사가 적합한 사람을 찾기 위해 공석이 최대 1년 동안 채워지지 않는 경우도 많으며, 최근 회사는 직원들에게 스트레스를 유발하고 불필요한 시간을 빼앗는다는 이유로 기존의 성과 평가 제도를 없앴다. 대신 개별 직원과 관리자의 요구 사항에 따라 맞춤형 개발 HR 도구를 선택할 수 있다. 업데이트된 제도는 농작물을 수확한 후 토양을 고갈시키고 다른 땅으로 옮기는 것보다 더 나은 상태로 유지하자는 재생 농업 원칙을 기반으로 한다.

파타고니아의 리더십

파타고니아는 높은 재무 성과와 낮은 환경적 영향을 동시에 추구하는 것이 쉽지 않다는 것을 알고 있다. 모든 직급의 리더들은 집중력을 유지하고 전략을 지원하기 위해 회사의 자원을 조정하는 데 적극적으로 참여하고 있다.

- 조직의 최고 책임자였던 로즈 마르카리오는 지난 10년 동안 파타고니아의 환경적 · 사회적 몰입을 더욱 강화했다. 마르카리오는 보다 적극적인 정치적 입장을 취하고 파타고니아가 미션의 일부가 될 것이라고 발표했다.
- 이사진과 임원들은 "전략 수립(picking moutains)"에 책임이 있다. 이들의 논의는 전략이 기업의 목적, 미션, 지속 가능한 혁신 전략과 일치하는지 여부와 실행 방법에 중점을 둔다.
- 경영자는 이러한 "전략(moutains)"과 회사의 전략적 우선순위를 중심으로 직원의 업무를 조정하는 데 목적을 둔 멘토, 코치의 역할을 한다.

파타고니아의 정렬. 파타고니아의 조직 문화, 조직 구조, HR 제도는 직원들이 삶을 즐기고 자신과 가족, 서로를 잘 보살피도록 장려한다.

당신의 생각은?

파타고니아의 성공적인 전략 실행의 핵심 동인은 무엇이고, 어떻게 영향을 미쳤는가?

SECTION

02 조직 문화

조직 문화는 관찰 가능한 인공물, 지지하는 가치, 기본 가정의 세 가지 수준으로 나타난다. 조직 문화는 상징, 이야기, 영웅, 의례와 의식, 조직 사회화를 통해 직원들에게 전달된다. 조직 문화는 공동체형 문화, 애드호크래시 문화, 시장형 문화, 위계형 문화의 네 가지 유형으로 분류된다.

학습 목표

조직 문화의 구성 요소와 유형을 설명한다.

"마지막으로 입었던 옷은?", "1부터 10까지의 척도 중에서 당신은 얼마나 이상한가?", "좀비 대재앙이 일어나면 어떻게 할 것인가?", "당신은 부자와 왕 중 무엇이 되고 싶은가?" 세계에서 가장 성공한 CEO들이 즐겨 사용하는 인터뷰 질문 중 일부이다. 취업 준비생에게 이러한 질문들은 이전 직장에서의 성과나 '정답'과 관련이 없는 것처럼 보일 수도 있다. 그러나 블록체인 기반 분석 회사인 밴드왜건(Bandwagon)의 CEO 해럴드 휴스(Harold Hughes)에 따르면, "보다 중요한 것은 추론이다." 겉보기에 엉뚱한 질문에 대답하기 위해 사용하는 설명은 당신이 경험한 것과 당신이 누구이며 어떻게 생각하는지 등 많은 것을 회사에 알려줄 수 있다.

일부 조직 리더는 특이한 면접 질문을 사용하여 개인-조직 적합성을 평가한다. 밴드왜건의 CEO인 해럴드 휴스는 특이한 질문에 대한 답변 뒤에 숨겨진 추론을 들음으로써 면접자들이 어떻게 생각하고 동기를 부여하는지에 대한 이해를 얻는다.

면접관들은 이러한 질문들을 통해 지원자가 조직에 얼마나 잘 적응할 수 있는지를 확인한다. 이것을 개인-조직 적합성(person-organization fit: P-O fit)이라고 하며, 지원자의 성격과 가치가 조직의 분위기 및 문화와 일치하는 정도를 나타낸다. 특정 직업에서 성공하는 데 있어 조직 문화를 이해하고 적응하는 법을 배우는 것이 큰 부분을 차지한다.

조직 문화의 세 가지 수준

조직 문화는 세 가지 수준에서 존재한다.

1. 관찰 가능한 인공물
2. 지지하는 가치
3. 기본 가정

각 수준은 외부 가시성과 변화에 대한 저항의 측면에서 다르며, 각 수준은 다른 수준에 영향을 미친다(수준 1은 가장 가시적이고 변화에 대한 저항이 가장 낮으며, 수준 3은 가장 덜 가시적이고 변화에 대한 저항이 가장 강함). 경영학자들은 종종 빙산에 비유하여 조직 문화를 시각화한다(그림 8.2 참조). 우리가 쉽게 볼 수 있는 부분은 전체의 극히 일부에 불과하다. 빙산의 대부분이 물 속에 있는 것처럼, 조직 문화의 많은 부분이 수면 아래에 있다. 조직 문화를 이해하려면 즉시 평가할 수 있는 부분만이 아니라 전체 문화를 보거나 이해해야 한다. 조직 문화의 각 수준에 대해 살펴보자.

수준 1: 관찰 가능한 인공물 빙산의 꼭대기 부분부터 시작하여 조직 문화를 살펴보자. 그림 8.2는 가장 가시적인 수준에서 조직 문화가 관찰 가능한 인공물(servable artifact)로 표현된다는 것을 보여 준다. 예를 들어, 복장, 수상, 회사에 대한 신화 및 이야기, 의례 및 의식, 장식, 경영자 및 직원들이 보여 주는 가시적 행동과 같은 물리적 표현이 관찰 가능한 인공물에 포함된다.

구스토의 예: 구스토(Gusto)는 미국에 있는 10만 개 이상의 회사에 클라우드 기반 HR 솔루션을 제공하며, "모든 사람, 모든 곳에서 의미 있는" 업무를 수행한다는 미션을 가지고 있다. 공동 설립자인 조시 리브스(Josh Reeves), 애드워드 킴(Edward Kim), 토머 런던(Tomer London)은 사무실이 아늑하고 편안하기를 원해 "신발 금지" 정책을 시행하고 각각의 입구에 신발장을 설치했다. 직원들은 재미있는 양말을 신도록 권장되며, 창립자들은 해당 정책을 통해 구스토 직원들이 회사에서 일하는 동안 집과 같은 편안함을 느낄 수 있다고 말한다. 구스토의 회사 사무실을 방문하기로 결정했다면 신발도 벗어야 한다! 하지만, 걱정할 필요없다. 회사는 당신을 편안하게 해 줄 펑키한 구스토 양말과 스파 샌들을 제공한다.

구스토의 관찰 가능한 인공물. 해당 사진에서 구스토의 여유로운 문화를 관찰할 수 있는 인공물은 몇 개가 있을까? 우선 공동 창립자인 조시 리브스의 양말과 그 옆에 위치한 직원 신발 보관함을 확인해 보자.

관찰 가능한 인공물은 영향을 미치기 가장 쉬운 문화 요인이다. 인공물 변경은 드레스 코드를 변경하거나 벽 장식을 교체하는 것과 같이 간단한 것부터 시작할 수 있다.

그림 8.2 **조직 문화의 수준**

수준 2: 지지하는 가치 그림 8.2에서 볼 수 있듯이 두 번째 수준의 빙산은 첫 번째 수준보다 더 깊고 덜 눈에 띈다. 여기는 조직이 지지하는 가치(espoused value), 즉 회사 설립자나 최고 경영자가 제시할 수 있는 조직이 선호하는 명시적인 가치와 규범이 포함된다. 일반적으로 웹 사이트에서 미션, 비전, 가치 성명을 검색하면 조직이 지지하는 가치에 대한 내용을 찾을 수 있다.

골드만삭스의 예: 기업 이사회의 다양성 부족을 근거로 세계적인 글로벌 투자 은행인 골드만삭스(Goldman Sachs)는 최근 다양한 이사회 구성원이 한 명도 없는 기업의 신규 상장(initial public offering: IPO)을 더 이상 후원하지 않을 것이라고 발표했다. 골드만삭스는 대표성이 낮은 집단의 잠재적 이사회 후보자와 회사를 연결하는 데 도움이 되겠다고 제안하였다. 이 결정은 다양성, 팀워크, 서비스 우수성이라는 골드만삭스의 핵심 가치와 일치한다. CEO 데이비드 솔로몬(David Solomon)에

따르면, "이것은 '어떻게 하면 우리가 옳다고 생각하는 시장을 발전시키는 데 일조할 수 있을까?'라고 우리가 던진 질문에 대한 대답의 예이다."

경영자는 자신이 지지하는 가치가 직원 행동에 직접적인 영향을 미치기를 희망하지만, 직원들은 항상 "말하는 대로 따르지" 않는 경우가 많으며, 조직에서 실제로 표현되는 가치와 규범인 실행 가치(enacted value)에 더 많은 영향을 받는 경우가 많다. 컴캐스트(Comcast)의 예에 대해 생각해 보자.

컴캐스트의 예: 컴캐스트는 고객 청구서에 대한 무단 청구 및 수준 낮은 고객 관리와 같은 문제로 인해 최근 몇 년 동안 미국에서 가장 싫어하는 기업 목록에 지속적으로 올라왔다. 서비스 담당자가 고객에게 욕설을 하고 공격적으로 행동하는 사례도 있었다. 이러한 경험들은 정직, 공정, 존중으로 고객을 대한다는 회사의 기존 가치와 모순되었으며, 2015년 컴캐스트는 그들이 추구하는 가치에 더 잘 부합하기 위해 고객 서비스를 정비하는 것에 대해 진지하게 고민했다. 회사는 서비스 호출 빈도를 줄이는 데 초점을 맞췄고, 현재 고객 문제의 약 80%를 더 빠르고 효율적인 디지털 플랫폼을 통해 처리하고 있다. 또한 고객이 자사 앱을 통해 문제를 해결하고 서비스 방문을 예약할 수 있는 옵션도 추가했다. 이러한 노력으로 컴캐스트는 고객들과 연결되고 문제를 해결하는 데 걸리는 시간을 크게 단축했으며, 2019년에는 미국에서 "가장 싫어하는" 회사 순위에서도 제외되었다.

관찰 가능한 인공물보다 지지하는 가치를 변경하는 것이 더 어렵지만, 지지하는 가치는 기본 가정보다 변경하기 쉽다.

수준 3: 기본 가정 그림 8.2는 조직 문화의 상당 부분이 파악하거나 표현하는 것이 거의 불가능할 정도로 깊은 수준에 존재한다는 것을 보여 준다. 기본 가정(basic assumption)은 조직 문화에서 관찰할 수 없지만 당연하게 여겨지는 핵심적인 가치를 나타낸다. 이 수준의 가치는 직원의 정체성과 결정 행동에 지대한 영향을 미치고, 변경하기가 매우 어렵다. 산업 전문가인 카렌 니오비치 데이비스(Karen Niovitch Davis)는 기본 가정을 확인하지 않고 방치하면 파괴적인 요소가 될 수 있다고 경고한다. 데이비스는 "오래된 가정을 검토하고 해결하지 않으면 완전히 죽어버린다. 기록되지 않은 규칙을 무시해서는 안 된다. 직원들이 당신이 원하는 것이라고 생각해서 선을 넘고 나서 그 사실을 알게 되는 것은 끔찍한 일이다."라고 말한다. 기본 가정을 바꾸기 위한 페이스북(Facebook)의 노력을 살펴보자.

페이스북의 예: 페이스북은 자사 웹 사이트에 (1) 대담함, (2) 영향력에 집중, (3) 빠르게 움직이기, (4) 개방성, (5) 사회적 가치 구축이라는 다섯 가지 핵심 가치를 지지한다고 기술하였다. 그러나 노트르담 대학교(University of Notre Dame)의 기업 윤리 교수 조셉 홀트(Joseph Holt)에 따르면, 회사에 깊숙이 내재된 기본 가정은 (1) 무모하고, (2) 가능한 많은 돈을 버는 데 초점을 맞추고, (3) (데이터 보안과 같은) 경제적 기회를 비경제적 우려보다 무조건 우선시하며, (4) 필요 이상으로 개방적이지 않고, (5) 사람들이 더 가까워지는 것을

단지 작은 이점으로 생각하는 것이었다. 페이스북은 한때 세계 최고의 직장 중 하나로 여겨졌지만, 전직 직원들은 반대 의견을 적극적으로 억제하고 직원들에게 무조건적인 충성도를 보이도록 하거나 커리어에 영구적인 손상을 입을 정도로 압박을 가하며 무엇보다도 회사 문화를 수용하도록 하는 페이스북의 모습을 떠올렸다. 많은 사람들은 페이스북의 기본 가정이 데이터 보안 및 개인 정보 보호에 대한 심각한 우려를 무시하고 은폐하기까지 한 이유라고 생각하고 있다. 페이스북의 기존 세 가지 핵심 가치는 사실 "빨리 움직이고 관습을 깨는 것"이었다는 것을 알고 있었는가? 이와 같은 기업가 정신은 페이스북을 단시간 내에 정상으로 이끈 원동력이었다. 그러나 약 25억 명의 사용자들의 데이터를 보호할 책임이 있는 지금, 어떠한 비용을 치르더라도 성장에 초점을 맞춘 페이스북에 더 이상 적합하지 않으며, 페이스북은 의미 있는 문화적 개선을 위해 아직 계속해서 고군분투하고 있다.

조직 문화를 학습하는 방법

문화는 (1) 상징, (2) 이야기, (3) 영웅, (4) 의례와 의식, (5) 조직 사회화와 같은 방법으로 직원들에게 전달된다.

상징 상징(symbol)은 아이디어나 품질을 나타내는 대상이나 행동을 의미한다. 문화와 관련하여 상징은 조직의 가장 중요한 가치를 전달하는 데 사용되는 인공물이다. 다음은 상징의 두 가지 예이다.

나이키의 예: 나이키(Nike)의 '스우시(swoosh)'는 그리스 승리의 여신인 나이키의 날개를 표현하기 위해 디자인되었다. 또한 사람들이 자연스럽게 긍정과 연관시키는 모양인 체크 표시와도 비슷하다.

인튜이트의 예: 인튜이트(Intuit)의 아이디어는 스콧 쿡(Scott Cook)과 시그네 오스트비(Signe Ostby)의 부엌 식탁에서부터 시작되었다. 그들은 앉아서 수표장의 잔고를 맞출 수 있는 더 나은 방법이 없을까 고민했다. 37년이 지난 지금, 이 식탁 테이블은 인튜이트의 캘리포니아 본사에 눈에 띄게 전시되어 있다.

이야기 이야기(story)는 실화를 바탕으로 한 서술로, 특정한 가치를 강조하기 위해 반복되거나 때로는 미화되기도 한다. 이야기는 조직의 역사에서 일어난 사건들에 대해 구성원들이 말하고 다시 전하는 구전 역사이다. 레버의 예에 대해 생각해 보자.

레버의 예: 레버(Lever)는 메르세데스-벤츠(Mercedes-Benz), 넷플릭스(Netflix), 줌(Zoom), 스포티파이(Spotify)와 같은 회사들이 인력을 키울 수 있도록 지원하는 클라우드 기반 채용 소프트웨어 회사이다. CEO인 사라 남(Sarah Nahm)은 2012년 레버를 설립해 2년 동안 회사의 유일한 여성으로 근무했다. 현재 레버의 130명 이상의 직원 중 50%가 여

성이고, 40%가 백인이 아닌 인종이며, 이사회 또한 상당히 고른 성별 분포를 보인다. 사라 남은 포용적인 문화를 구축하기 위해 노력하면서 몇 년 동안 겪었던 어려움을 회상한다. 영업팀의 다양성을 키워온 그녀는 자신의 경험을 통해 회사의 다른 사람들에게 문화를 이끄는 이야기의 힘을 가르쳤다. 그녀는 "한 여성 회계 담당 임원이 사업을 그만두려고 했다. 우리는 그녀에게 다가가서 어떻게 했으면 좋겠냐고 물었다. 그녀는 마침내 고무적인 성공을 거두었다. 그 경험은 우리에게 다양성(diversity)과 포용(inclusion) 이니셔티브를 시작하는 스토리텔링의 힘을 가르쳐 주었다. 우리가 제일 먼저 한 일은 그녀의 이야기를 들려주는 거였다. 우리는 레버의 모든 채널에 이 이야기를 게시하였다. 유기적으로, 그것은 우리가 인재풀에서 대화하는 지원자들, 레버에 대해 알지 못하는 여성들 그리고 직원들에게 우리의 의도를 알리는 강력한 방법이 되었다." 레버는 포춘이 선정한 최고의 기술 분야 50대 기업 중 하나였다.

이야기를 사용하여 문화를 전달. 레버의 CEO 사라 남과 같은 리더들은 이야기를 신입 사원들에게 조직 문화에 대해 가르치는 강력한 도구로 사용한다.

영웅 영웅(hero)은 조직의 가치를 구현하는 업적이 있는 사람이다. 종종 영웅들은 조직의 이익을 위해 큰 희생을 감수한 사람들이다. 16세 그레타 툰버그(Greta Thunberg)가 전 세계 청소년 기후 변화 운동의 얼굴이 된 경우처럼 영웅은 단일 조직이나 보다 광범위한 사회적 명분으로 등장할 수 있다.

그레타 툰버그의 예: 툰버그는 기후 변화 법안에 대한 통일된 탄원을 위해 전 세계 6백만 명의 사람들이 모인 일주일간의 학교 파업에 영감을 주었다. 그녀는 유엔 기후 행동 정상회의와 미 의회를 포함한 수많은 단체에서 연설했다. 2019년 툰버그는 타임지 최연소 올해의 인물로 선정되었다. 타임지와의 인터뷰에서 "손주들에게 우리가 할 수 있는 모든 것을 했다고 말하고 싶다."라고 말했다.

의례와 의식 의례(rite)와 의식(ritual)은 조직의 삶에서 중요한 행사와 업적을 축하하기 위해 계획되거나 혹은 계획되지 않은 활동과 양식을 의미한다. 의식은 일상적인 움직임을 의미 있고 상징적인 제도로 변화시킨다. 반복적이고 예측 가능한 패턴은 우리를 위로해 주고, 우리가 더 큰 무언가의 일부라는 것을 알려준다. 군부대와 스포츠팀은 전통적으로 의례를 통해 훈장과 상을 수여하는 것의 가치를 알고 있었지만, 많은 회사에도 의례와 의식이 존재한다. 워비 파커(Warby Parker)와 스타벅스(Starbucks)가 대표적인 예이다.

워비 파커의 예: 워비 파커는 모든 신입 사원에게 두 가지를 제공한다. (1) 회사 이름의 두 글자를 따온 책 다르마 범스(Dharma Bums)의 사본과 (2) 워비 파커의 첫 번째 사무실에서 불과 몇 블록 떨어진 곳에 위치한 마틴(Martin)의 수제 프레첼 회사에서 판매하는 신선한 프레첼이다.

스타벅스의 예: 스타벅스는 고객들의 재방문을 위해 실제 매장 배치에 의식의 심리(psychology)를 이용한다. 특히, 모든 스타벅스 매장은 일반적인 흐름과 동일한 대기열 패턴을 가지고 있다. 또한 디지털 플랫폼을 반복적인 원칙으로 디자인한다. 스타벅스 카페를 방문하거나 온라인으로 주문하기 위해 앱을 사용할 때 경험하는 익숙함과 반복은 며칠 후 다시 스타벅스를 주문하기로 결심하는 무의식적인 이유일 수 있다.

조직 사회화 조직 사회화(organizational socialization)는 조직의 구성원이 조직의 가치, 규범, 요구되는 행동을 배우는 과정을 의미한다. 외부 사람에서 조직 내부 구성원으로 전환하는 데는 몇 주 또는 몇 년이 걸릴 수 있으며, 직원들은 이 과정에서 조직에 대한 중요한 관계와 이해를 형성한다. 조직 사회화는 채용되기 전, 처음 채용되었을 때 그리고 채용된 지 얼마 안 되어 그 일에 적응하고 있을 때의 3단계로 진행된다.

첫 번째 단계는 조직에 합류하기 전에 발생한다. 이 단계에서는 커리어 고문, 웹 소스 또는 현재 직원에게서 조직의 요구 사항과 가치 그리고 자신의 요구 사항, 가치관, 스킬이 어떻게 적합한지 배운다. 두 번째 단계는 처음 채용되었을 때 발생한다. 이 단계에서는 조직의 실제 모습과 기대치를 조정하는 방법을 배우기 시작한다. 회사는 ('온보딩'으로 알려진) 다양하고 친숙화 프로그램을 통해 이러한 사회화 과정을 발전시키는 데 도움을 줄 수 있다. 세 번째 단계는 업무 역할에 대해 이해한 후 시작된다. 이 단계에서는 필요한 스킬과 업무를 미세 조정하고 업무 집단의 가치와 규범에 더 잘 적응한다. 회사는 목표 설정, 보상, 직원 피드백, 지속적인 지원 및 과정 완수를 축하하는 행사(예: 졸업)를 통해 이러한 사회화 단계를 진행할 수 있다.

뉴욕 대학교의 예: 뉴욕 대학교(New York University)의 신입 직원들은 입사 후 첫 두 달 동안 직원들을 환영하고 업무 제도와 조직 문화에 대한 신속한 답변을 얻기 위해 버디를 제공받는다. 버디는 자신의 일에 대해 긍정적인 시각을 가져야 하고, 신입 사원의 자신감과 충성도를 높이는 데 도움이 되어야 한다.

조직 문화의 네 가지 유형

경쟁 가치 모형(competing values framework: CVF)은 경영자가 조직 문화를 진단하고 이해할 수 있는 실용적인 방법이다. 1,100개 기업을 대상으로 실시한 광범위한 연구를 통해 검증된 CVF는 조직 문화를 (1) 공동체형, (2) 애드호크라시, (3) 시장형, (4) 위계형의 네 가지 유형으로 분류한다(그림 8.3 참조).

CVF이 제안한 연구에 따르면, 조직의 효과성은 두 가지 차원에 따라 달라진다.

- **수평적 차원 – 내부 또는 외부 초점** 수평적 차원은 조직이 내부 역학 및 직원(내부 초점 및 통합)에 대해 관심과 노력을 집중하는 정도와 외부 환경 및 고객과 주주(외부 초점 및 차별화)에 초점을 맞추는 정도를 나타낸다.

• **수직적 차원 – 유연성 또는 안정성** 수직적 차원은 조직이 중앙집권화된 권한(안정성과 통제)보다 분권화된 의사 결정(유연성과 재량)을 선호하는 정도를 나타낸다.

이러한 두 가지 차원을 결합하면 (1) 공동체형 문화, (2) 애드호크라시 문화, (3) 시장형 문화, (4) 위계형 문화라는 서로 다른 핵심 가치를 기반으로 하는 네 가지 유형의 조직 문화가 형성된다.

각 문화 유형은 특성이 다르고 한 조직에서 한 가지 유형이 두드러지지만, 복수 유형의 혼합이 경쟁 우위를 만든다.

그림 8.3 **경쟁 가치 모형**

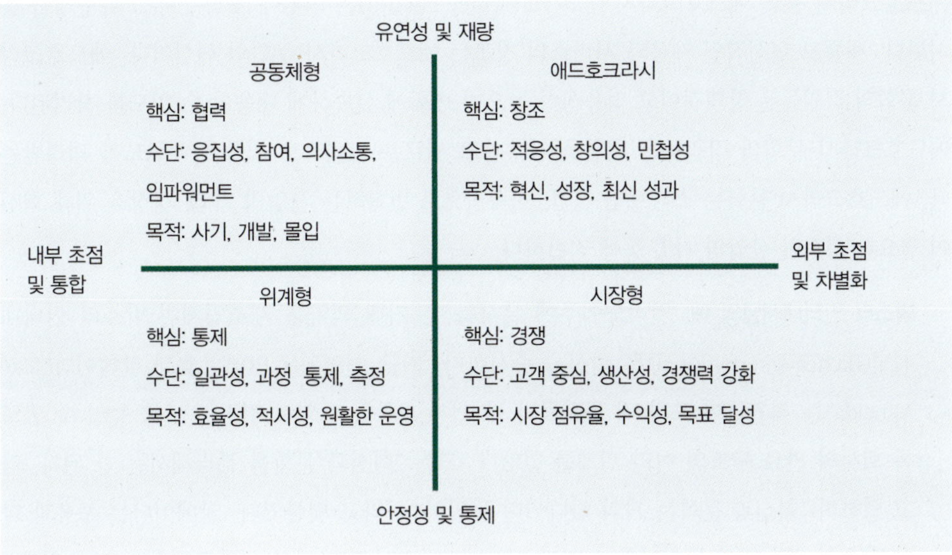

출처: K. S. Cameron, R. E. Quinn, J. Degraff, and A. V. Thakor, Competing Values Leadership (Northampton, MA: Edward Elgar, 2006), p. 32.

공동체형 문화 공동체형 문화(clan culture)는 안정성과 통제보다는 유연성과 내부 초점을 중시한다. 그림 8.3을 통해 공동체형 문화를 가진 조직에서의 직원들은 조직에 대한 강한 정체성과 몰입 그리고 '가족'과 같은 느낌을 갖길 원한다는 것을 확인할 수 있다. 공동체형 문화는 이 같은 목표를 달성하기 위해 협력을 강조한다. 공동체형 문화를 가진 기업은 직원 교육 및 개발에 상당한 자원을 투입하며, 고객을 협업 파트너로 간주한다. 공동체형 문화에서 직원 행동은 공식적인 규칙과 권위 있는 인물보다는 강력한 규범에 따라 결정된다.

웩만스의 예: 웩만스(Wegmans)는 약 5만 명의 직원이 있는 가족 소유의 개인 슈퍼마켓 체인이다. 회사는 다음과 같은 가치를 중시한다.

- 우리는 모든 사람의 웰빙과 성공을 중시한다.
- 우리는 직원들을 존중하고 경청한다.
- 우리는 직원들이 업무를 개선하고 고객과 회사에 이익이 되는 결정을 내릴 수 있도록 권한을 부여한다.

웩만스는 공동체형 문화를 보여 준다. 전직 직원들은 '웩만스 가족'과 같은 표현을 사용하며, 많은 직원들이 커리어 전체를 웩만스 매장에서 보낸다. 회사는 직원 교육 및 개발에 매년 5천만 달러를 지출하고 있으며, 직원의 높은 업무 몰입은 연간 90억 달러 이상의 수익 창출로 이어진다. 웩만스는 포춘이 선정한 '가장 일하기 좋은 기업'에 23년 연속 선정되었으며, 2020년에는 3위에 올랐다. 사장 겸 CEO인 콜린 웨그먼(Colleen Wegman)은 "우리는 '가장 일하기 좋은 기업' 순위에 오를 수 있도록 도와준 헌신적인 직원들에게 매우 감사한다. 우리 직원들은 매일 웩만스에서 쇼핑하고 일하는 것을 정말 특별한 경험으로 만들고 있다."라고 전했다.

애드호크라시 문화 애드호크라시 문화(adhocracy culture)는 외부에 초점을 두고 유연성을 중시한다. 새롭고 혁신적인 제품과 서비스의 창조는 애드호크라시 문화의 핵심이다. 애드호크라시 문화의 직원들은 창의적이고 적응성이 높으며 변화에 신속하게 대응할 수 있도록 장려된다. 애드호크라시 문화의 직원들은 위험을 감수하고 새로운 방법으로 일을 완수하도록 격려받는다. 애드호크라시 문화는 스타트업 기업, 지속적으로 변화하는 산업의 기업, 성장을 위해 혁신이 필요한 성숙한 산업의 기업 등에 적합하다.

박스터 인터내셔널의 예: 일리노이주에 본사를 둔 거대 의약품 제조업체인 박스터 인터내셔널(Baxter International)은 혁신을 중시한다. 최근 선임된 CEO인 호세 알메이다(José Almeida)는 직원들이 조직 내 동료들과 더 쉽게 소통하고 의사 결정 속도를 높일 수 있도록 회사의 관료 구조의 여러 위계를 없앴다. 그는 "혁신과 문화를 분리해서는 안 된다."라고 말하며 "혁신과 문화는 거의 하나이며 동일하다."라고 덧붙였다. 알메이다는 포용과 다양성이 혁신의 핵심 동인이라고 믿고 있으며, 박스터 인터내셔널은 포브스(Forbes)의 "다양성을 이룩한 최고의 회사"와 "여성을 위한 최고의 회사" 순위에 이름을 올렸다. HR 담당 수석 부사장인 진 메이슨(Jeanne Mason)은 "모든 직원이 자신의 진정한 자아에 대해 가치 있고 존중받으며 안전하다고 느끼는 문화를 조성하는 것이 다양성과 포용의 원동력이다. 최고 경영진의 적극적인 몰입을 통해 회사가 다양한 배경의 사람들에게 의미 있는 커리어를 추구할 수 있는 훌륭한 회사가 될 수 있도록 변함없는 노력을 기울이고 있다."라고 말한다.

시장형 문화 시장형 문화(market culture)는 외부 중심적이며 안정성과 통제를 중시한다. 시장형 문화를 가진 회사는 직원의 경쟁적 추진력을 활용하여 돈을 벌고 목표를 달성하며 조직의 시장 점유율을 확보한다. 시장형 문화에서는 직원 개발과 만족보다 고객, 생산성, 성과를 우선시한다. 시장형 문화의 직원들은 열심히 일하고 능동적으로 대응하고 제시간에 양질의 업무를 제공해야 하며 성과를 낸 직원들은 보상받는다.

타이슨 푸드의 예: 타이슨 푸드(Tyson Foods)는 세계 2위의 닭고기, 소고기, 돼지고기 생산업체이며, 2019년에는 매출액 424억 달러를 달성했다. 타이슨 푸드는 실적과 생산성, 수

익성에 중점을 둔 시장형 문화를 갖추고 있으며, 2009년과 2019년 사이 695%의 주주 수익을 달성했다. 뉴욕증권거래소(New York Stock Exchange)에서 열린 최근 행사에서 존 타이슨(John Tyson) 회장과 노엘 화이트(Noel White) CEO는 새로운 시장으로의 확장, 강력하고 다각화된 포트폴리오, 장기적인 성장 전략의 성공적인 실행을 강조했다. 타이슨 푸드는 2019년 4월 식물성 단백질 회사 비욘드미트(Beyond Meat)의 지분 6.5%를 매각하고, 두 달 뒤 자체 브랜드인 '레이즈 앤드 루트(Raise & Root)'를 공개했다. 화이트는 "인프라를 이미 구축해 두었기 때문에 매우 빠르게 확장하는 것은 최소한의 투자이다. 따라서 구매 가격이 얼마인지에 따라 자사가 직접 모든 추가 기능을 개발하는 것이 훨씬 더 실현 가능했다." CFO인 스튜어드 글렌디닝(Steward Glendinning)은 "우리는 많은 돈을 벌어들이고 있으며, 그 돈으로 가장 높은 수익을 창출하는 데 초점을 맞추고 있다."며, "우리는 인수 합병에 대한 체계적인 접근법을 가지고 있고, 자본 비용보다 더 큰 수익에 집중한다."라고 덧붙였다.

위계형 문화 위계형 문화(hierarchy culture)는 내부에 초점을 두며 안정성과 유연성에 대한 통제를 중요시한다. 이런 문화의 기업들은 일정에 따라 회사가 일정 수준의 성과와 효율성을 유지할 수 있도록 다양한 통제 메커니즘을 실행한다. 위계형 문화는 정형화되고 구조화된 업무 환경과 많은 규칙을 가지는 경향이 있다. 이러한 문화는 직원보다 효율성과 표준화에 더 관심을 갖는다.

맥도날드의 예: 맥도날드(McDonald's)는 매일 7천만 명 이상의 고객들에게 서비스를 제공하며, 전 세계 거의 모든 나라에서 운영되고 있다. 맥도날드는 일상화, 표준화, 분업화, 공식적인 책임 계층을 통해 거대한 규모의 조직을 운영 및 관리한다. 맥도날드 직원들은 2019년 11월 권력의 불균형과 회사의 부당한 대우를 이유로 파업에 돌입했다. 직원들은 정당한 임금과 기본적인 존엄성을 요구했다. 최근 한 인터뷰에서 맥도날드 직원들은 매니저들에게 하고 싶은 말을 익명으로 전했다. 그들은 더 나은 교육과 친절한 대우 그리고 경영진의 더 많은 지원을 요청했다. 한 직원은 "직원을 숫자가 아닌 사람처럼 대하라."라고 말했다.

조직 문화의 중요성

많은 사람들은 문화가 (섹션 01에서 논의한 리더십 및 HR 제도와 같은) 조직의 체계를 개선하고 다양한 수준에서 조직의 중요한 결과에 영향을 미침으로써 조직의 장기적 성공을 강력하게 이끈다고 믿고 있으며, 연구 또한 이러한 믿음을 뒷받침한다. 최근 한 연구팀이 38,000명 이상의 조직 단위(조직 전체 또는 다른 조직의 부서)와 616,000명의 직원에 대한 (여러 연구의 데이터를 결합한 통계 절차인) 메타 분석을 통해 이 가설을 검증했다. 결과는 그림 8.4와 같다.

그림 8.4 **조직 문화와 성과의 관계**

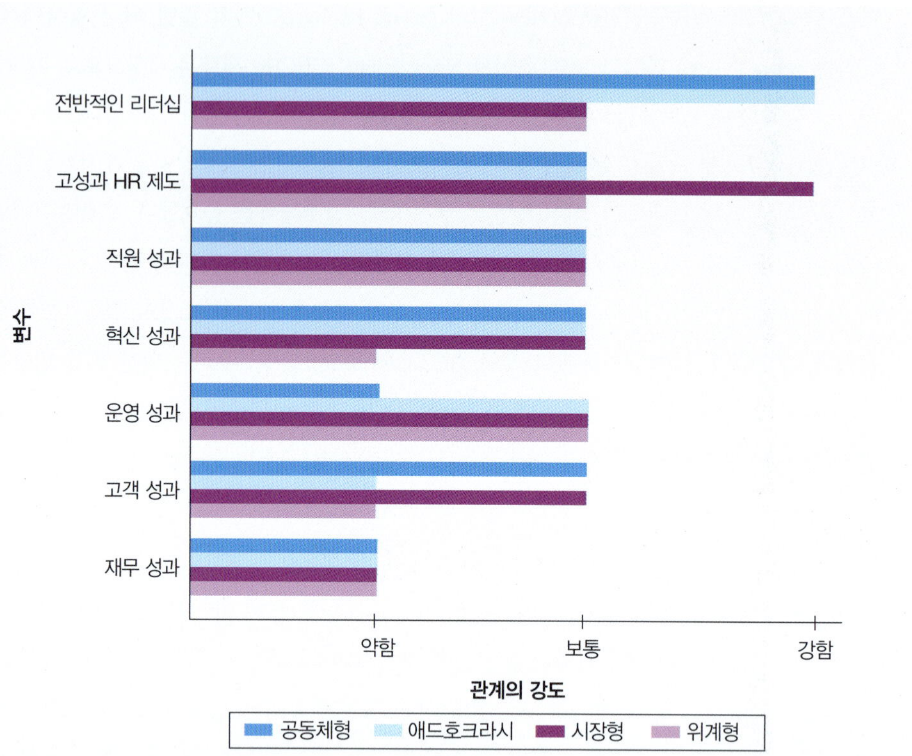

출처: C. A. Hartnell, A. Y. Ou, A. J. Kinicki, D. Choi, and E. P. Karam, "A Meta Analytic Test of Organizational Culture's Association with Elements of an Organization's System and Its Relative Predictive Validity on Organizational Outcomes," Journal of Applied Psychology 104, no. 6 (2019), pp. 832-50.

연구 결과는 조직 문화가 여러 가지 긍정적인 결과와 관련 있음을 보여 준다. 그림 8.4를 더 자세히 살펴보면 다음과 같은 결론을 내릴 수 있다.

- **공동체형 문화와 애드호크라시 문화는 시장형 문화 및 위계형 문화보다 바람직한 리더십 행동과 더 밀접한 관련이 있다.** 그러나 네 가지 문화 유형은 모두 리더십과 다양한 방식으로 관련이 있다. 위계형 문화와 시장형 문화에서는 안정성과 통제를 촉진하는 지시적 리더십 스타일을 직원들이 선호하고, 공동체형 문화와 애드호크라시 문화에서는 내재된 유연성과 재량을 허용하는 리더십을 직원들이 선호한다.

- **시장형 문화는 고성과 HR 제도와 가장 밀접하게 관련 있다.** 네 가지 문화 유형은 모두 다양한 방식으로 고성과 HR 제도와 관련이 있다. 고성과 HR 제도는 직원 능력(예: 선발 및 훈련), 동기 부여(예: 보상 및 커리어 개발) 또는 기회(예: 참여 및 정보 공유)를 향상시키기 위해 체계적으로 도입된 HR 제도의 조합을 나타낸다.

  *여기서 잠시 멈추고 몇 분 동안 이 재미있는 연습으로 비판적 사고 · 문제 해결의 커리어 준비 역량을 연습해 보자. 먼저 경쟁 가치 모형을 스케치하고 사분면에 있는 네 가지 문화 유형의 이름과 특징을 적는다. 그리고 나서, 문화 유형과 세 가지 고성과 HR 제도의 조합 사이의

논리적 관계에 대해 생각해 보자. (예를 들어, 애드호크라시 문화를 가진 조직은 직원들에게 기회를 제공하는 데 초점을 맞춘 고성과 HR 제도를 사용할 것이다. 애드호크라시 문화는 직원들이 혁신적이고 창의적이기를 원하며 혁신과 창의성을 위한 추가적인 두뇌 연료(brain fuel)를 제공하기 위해 협업하거나 새로운 정보를 얻을 수 있는 기회를 증가시킬 것이다.) 다른 문화 유형에 대해서도 이렇게 생각해 보자.

- **직원 성과는 조직 문화의 네 가지 유형과 모두 관련이 있다.** 직원들이 조직에 의해 행복, 몰입, 지원을 느끼는 정도와 중요한 업무 행동을 보여 주는 정도는 문화에 따라 다르다.
- **공동체형 문화, 애드호크라시 문화, 시장형 문화는 위계형 문화보다 혁신과 더 밀접한 관련이 있다.** 위계형 문화에 대해 배웠고 (새롭고 흥미로운 일을 하거나 시장 점유율을 차지하는 것과 반대되는) 안정성과 직원들에 대한 명확한 초점을 고려할 때 이러한 관계는 타당하다. 위계형 문화는 '현상 유지'에 중점을 둘 가능성이 가장 높다.
- **애드호크라시 문화, 시장형 문화, 위계형 문화는 공동체형 문화보다 운영 성과와 더 밀접한 관련이 있다.** 공동체형 문화는 제품이나 서비스의 품질과 같은 운영 성과보다는 직원의 능력에 더 초점을 맞춘다.
- **공동체형 문화와 시장형 문화는 애드호크라시 문화 및 위계형 문화보다 고객 성과와 더 밀접한 관련이 있다.** 애드호크라시 문화와 시장형 문화는 모두 외부에 초점을 두기 때문에 (공동체형과 시장형 문화보다는) 고객 성과와 더 강한 관계를 보인다. 시장형 문화는 시장 점유율을 확보하기 위해 고객에 초점을 두고, 공동체형 문화는 협업적 상호 작용을 통해 관계와 긍정적인 감정을 발전시키며 고객을 이러한 협업의 파트너로 간주한다. 공동체형 문화에서 고객은 조직 내 사람들과 협력적인 교류를 통해 만족감을 얻을 수 있다. 애드호크라시 문화에서 일하는 직원들은 고객을 위해 만드는 재미있고 새롭고 혁신적인 것에 더 집중할 수 있다.
- **조직 문화 유형과 재무 성과 사이에도 관계가 있다.** 하지만, 전반적으로 관계의 정도는 약하다. 이는 조직의 다른 요소와 과정이 기업 성과에 더 강력한 영향을 미칠 수 있음을 의미한다. 이 메타 분석을 수행한 연구자들에 따르면, 고성과 HR 제도가 한 예이다. 연구 결과는 재무 성과가 조직 문화보다는 고성과 HR 제도와 더 강하게 관련이 있음을 보여 주었다.
- **시장형 문화를 가진 기업일수록 더 긍정적인 조직 성과를 달성하는 경향이 있다.** 따라서 경영자는 조직 문화를 조금 더 시장 지향적으로 조성할 필요가 있다.

마지막으로, 그림 8.4에 제시된 연구 결과는 그림 8.1에서 설명한 내용을 뒷받침한다. 특히, 연구자들은 전략적 실행을 지원하기 위해 조직 문화, 조직 구조, HR 제도가 정렬되어야 한다는 것을 발견했다.

개인-직무 적합성 진단

지금까지 조직 문화에 대해 많은 것을 학습했다. 조직 문화의 세 가지 수준, 직원들이 조직 문화를 배우는 다섯 가지 방법, 조직 문화의 네 가지 유형 그리고 조직에서 문화가 중요한 이유에 대해 많이 알게 되었다. 이러한 정보를 이용하여 어떻게 회사와 자신의 개인-조직 적합성을 알아볼 수 있을까? 방법은 다음과 같다.

1. 개인의 가치, 강점, 약점 등을 나열하자. 이것이 개인-조직 적합성을 정확하게 측정하는 가장 좋은 방법이기 때문에 솔직해지도록 노력하자.
2. 시간을 할애하여 현재 회사에서 근무하고 있는 직원들과 대화를 나눠보고 온라인으로 회사를 조사하여 면접을 볼 조직에 대해 학습한 다음 조직의 가치, 강점, 약점 등을 나열하자.
3. 개인의 가치, 강점, 약점과 조직의 가치, 강점, 약점을 비교한 다음 해당 정보를 활용하여 면접관에게 당신이 얼마나 적합한지 설명할 준비를 하자.

개인-조직 적합성을 따져봐야 하는 이유는 다음과 같다. 첫째, 더 나은 적합성은 더 긍정적인 업무 태도, 더 높은 업무 성과, 더 적은 업무 스트레스, 더 낮은 이직으로 이어진다. 둘째, 조직에 합류하기 전에 적합성이 낮다는 사실을 미리 알게 되면 좋아하지 않는 회사에서 시간을 낭비하지 않아도 된다. 마지막으로, 면접관은 개인-조직 적합성에 높은 우선순위를 둔다. 최근 설문 조사에서 채용 담당자의 84%는 조직 문화 적합성이 채용 결정의 가장 중요한 요인 중 하나라고 답했으며, 90%는 과거에 지원자를 떨어뜨린 이유 중 하나가 조직 문화 적합성이었다고 말했다. 다음은 테슬라(Tesla)의 법률 고문의 개인-조직 적합성에 관한 예이다.

테슬라의 예: 데인 부친카스(Dane Butswinkas)는 2019년 2월에 테슬라의 법률 고문으로 일한 지 2개월 만에 사임했다. 부친카스는 과거 테슬라의 외부 고문으로 일했지만 캘리포니아주 팔로알토(Palo Alto)에서 정규직으로 일하기 전까지 자신이 조직 문화에 얼마나 적합하지 않은지를 깨닫지 못했다. 2017년에서 2019년 사이 테슬라가 생산, 서비스, 평판 문제로 곤혹을 겪으면서 50명 이상의 고위 경영진이 테슬라를 떠났다. 부친카스는 테슬라의 법률 고문 자리에서 사임을 한 뒤 워싱턴 D.C.에 위치한 윌리엄스 & 코널리(Williams & Connolly)의 법률 회사에 합류했다.

SECTION

03 조직 문화의 변화 과정

조직 문화를 구축하거나 변화시키려면 (1) 형식적 성명, (2) 구호와 격언, (3) 의례와 의식, (4) 이야기, 전설, 신화, (5) 위기에 대한 대응 방식, (6) 롤모델, 교육, 코칭, (7) 물리적 설계, (8) 보상, (9) 조직 목표와 성과 기준, (10) 측정 가능하고 통제 가능한 행위, (11) 조직 구조, (12) 조직 시스템 및 절차를 고려해야 한다.

학습 목표

조직 문화의 변화 과정을 설명한다.

조직 문화를 변화시키는 것은 본질적으로 구성원들이 조직이 선호하는 가치, 신념, 기대 및 행동에 대해 서로 가르치는 과정이다. 섹션 01에서 소개된 저명한 조직 심리학자이자 조직 문화 전문가인 샤인은 이번 섹션에서 학습하는 조직 문화를 변화시키는 12가지 메커니즘을 제시했다. 12가지 메커니즘은 경영자가 조직 문화를 변화시키기 위해 밀고 당기는 레버와 같다. 조직 문화를 바꾸려면 구석구석 오래된 문화를 털어낼 때까지 오랜 기간 동안 여러 레버를 밀고 당겨야 한다.

조직 문화의 변화. 리프팅 장치의 제어판에서 레버를 밀고 당기는 것과 유사하다.

형식적 성명

선호하는 문화를 조직에 적용하는 한 가지 방법은 조직의 철학, 미션, 비전, 가치에 대한 형식적 성명(formal statement) 그리고 직원 모집, 선발, 사회화에 사용할 자료를 수정하거나 새로 만드는 것이다.

허브스팟의 예: 허브스팟(Hubspot)은 120개 이상의 국가에서 73,000명 이상의 고객을 위해 인바운드 마케팅, 고객 서비스 및 영업 소프트웨어를 개발한다. 공동 창립자이자 CTO인 다르메시 샤(Dharmesh Shah)는 회사의 문화 코드가 허브스팟과 함께 계속 진화하는 "영구적으로 진행 중인 작업"이라고 말한다. 회사의 운영 체제를 의미하는 문화 코드를 현재까지 25번 이상 업데이트했다. 다음은 허브스팟의 문화 코드에서 주목할 몇 가지 부분이다.

- 허브스팟은 HEART를 가진 직원을 채용한다. HEART는 겸손하고(humble), 공감하고(empathetic), 적응성이 높고(adaptable), 주목할 만하고(remarkable), 투명한(transparent) 직원을 나타낸다.
- 문화 코드는 단순히 아는 것이 아니라 임직원이 서로 공유해야 힘을 발휘한다.

문화 코드. 허브스팟의 공동 설립자인 다르메시 샤(Dharmesh Shah)와 브라이언 할리건(Brian Halligan)과 같은 리더들은 조직 문화의 중요한 요소를 전달하기 위해 형식적 성명의 힘에 의존한다. 허브스팟의 문화 코드는 끊임없이 진화하고 있으며, 회사가 추구하는 가치에 대한 강력한 메시지를 전달한다.

- '노 도어(no-door)' 정책에 따라 모든 직급의 임직원에게 다가갈 수 있고, 영향력을 행사할 수 있는 능력은 직급이나 지위와 무관하다.
- 시도하지 않는 것보다 자주 실패하는 것을 선호한다.

※ 허브스팟이 추구하는 전략은 무엇이라고 생각하는가? 허브스팟은 어떤 유형의 조직 문화를 갖고 있는가?

구호와 격언

보다 바람직한 기업 문화를 만드는 또 다른 방법은 회사 언어, 구호(slogan), 격언, 머리글자(acronym)로 기업 문화를 표현하는 것이다.

키코프의 예: 베스 무니(Beth Mooney)가 오하이오주 클리블랜드에 소재한 포춘 500 지역 금융 서비스 기관인 키코프/키뱅크(Keycorp/Keybank)의 CEO로 취임했을 당시 그녀는 자신의 최우선 과제가 금융 위기로 인해 훼손된 회사와 고객 간의 신뢰 관계를 재건해야 하는 것임을 인지하고 있었다. 베스 무니는 "이 산업에서는 신뢰가 가장 중요하다. 사람들은 자신의 재정 건전성과 신체 건강에 관심이 많다. 만약 당신이 심각하게 아프다면 당신을 낫게 하는 방법을 아는 사람들에게 의존한다."라고 말했다. 무니는 9년간의 CEO 재임 후 2020년에 은퇴할 때까지 키코프/키뱅크의 문화를 변화시키고 미국에서 13번째로 큰 은행으로 성장시켰다. 키코프/키뱅크의 웹 사이트에 따르면, 회사의 핵심 가치는 "우리가 성공을 위해 함께 일할 때 회사와 직원을 이끌고 고취시킬 수 있다."이다. 회사가 중시하는 가치는 다음 단어들의 앞 글자들을 딴 TRAIL이다.

금융 위기 이후 신뢰 회복. 전 CEO 베스 무니는 키코프/키뱅크 웹 사이트에 구호와 격언을 사용하여 회사의 핵심 가치와 원하는 문화를 전달했다.

- 팀워크(Teamwork)
- 존중(Respect)
- 책임(Accountability)
- 진실성(Integrity)
- 리더십(Leadership)

※ 키코프/키뱅크가 추구하는 전략은 무엇이라고 생각하는가? 키코프/키뱅크는 어떤 유형의 문화를 갖고 있는가?

의례와 의식

앞서 살펴보았듯이 의례와 의식은 중요한 행사나 업적을 축하하기 위해 계획되거나 혹은 계획되지 않은 활동이나 기념식을 의미한다.

기술 회사의 예: 기술 회사들이 보여 준 혁신적인 의식의 몇 가지 예는 다음과 같다.

- 링트인(LinkedIn)은 엠파이어 스테이트 빌딩 사무실 내부에 숨겨져 있는 주류 밀매점에

서 '동료를 위한 건배(Beers for My Peers)'라는 주간 사교 모임을 통해 직원들이 만나서 다양한 관계를 만들도록 장려한다.

- 플립보드(Flipboard)는 매주 열리는 '모크 어클락(Mock O'Clock)' 모임을 통해 혁신을 촉진한다. 이 모임은 직원들에게 간식이 많이 제공되고 압박이 적은 환경에서 새로운 아이디어의 대략적인 모형을 소개할 기회를 제공한다.
- 핀터레스트(Pinterest)는 직원들이 서로에게 취미와 열정을 알려주는 2일간의 사교 모임을 통해 직원들이 업무와 비업무 활동 모두에 대해 흥미를 가질 수 있게 만들어 준다.

이야기, 전설, 신화

이야기는 조직 내에서 발생한 실제 사건에 대한 설명이며, 조직의 비전과 가치를 직원에게 상징화하는 데 도움이 된다. 어떻게 하면 이야기가 침묵하는 문화를 구성원들이 편하게 자신의 고민을 토로할 수 있는 문화로 바꾸는 강력한 메커니즘이 될 수 있는지 알아보기 위해 다음 예를 살펴보자.

용기내어 자신의 이야기를 전달한 리원량 박사

2019년 12월 30일, 중국 우한의 안과 의사인 리원량(Li Wenliang) 박사는 2002년 사스 발병의 원인이 된 바이러스의 새로운 변종의 출현을 알게 되었다. 그는 동료, 가족, 친구들에게 "신종 코로나바이러스 감염이 확인되었다. 모든 가족과 친척들에게 경계를 늦추지 않도록 알려야 한다."라고 말했다.

경찰은 리원량 박사에게 거짓말을 하고 사회 질서를 어지럽혔음을 인정한다는 문서에 서명하도록 강요하고 불법 행동을 중단하겠다고 약속받음으로써 신속하게 그의 입을 막았다. 그는 9일 후 코로나바이러스에 감염되어 병원에 입원한 뒤, 유명 소셜 미디어 게시물과 뉴스 인터뷰를 통해 병원 침대에서 자신의 이야기를 전달했다.

리원량 박사는 한 기자와의 인터뷰에서 경찰이 내가 소문을 퍼뜨렸다고 비난하며 "나는 분명히 선의로 행동했다. 사랑하는 사람을 잃는 사람이 너무 많아 너무 슬펐다."라고 말했다.

리원량 박사는 2020년 2월 7일 병원에서 사망했다. 중국 시민들은 그의 사망 소식에 소셜 미디어에서 전례 없는 지지를 나타냈는데, 일부 전문가들은 그가 중국의 역사적 전환점이 될 것이라고 생각한다. 홍콩대 언론커뮤니케이션학과 조교수 팡커청(Fang Kecheng)은 "시진핑 집권 이후 네티즌들 사이에서 언론의 자유를

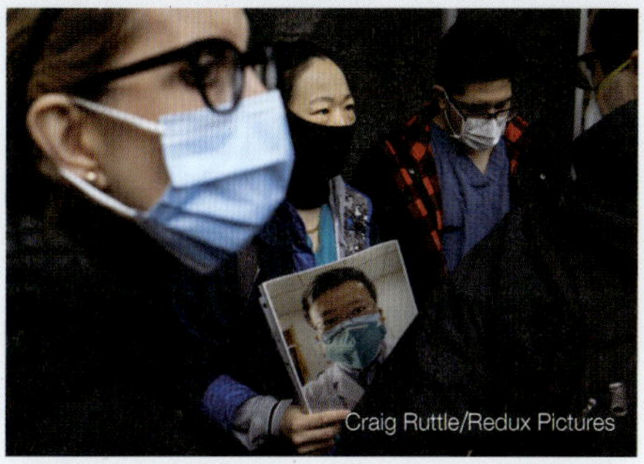

리원량 박사의 이야기는 계속된다. 전 세계의 지지자들은 코로나바이러스를 최초로 알렸던 리원량 박사의 용기를 칭찬했으며, 사진처럼 의료 종사자들은 직장에서 적절한 개인 보호 장비를 얻기 위해 투쟁할 때 그의 이미지를 이용했다.

요구하는 대규모 표현이라고 생각되기 때문에 상당히 경이롭다."라고 말했다.

중국의 공공 집회 금지법에도 불구하고 수백 명의 애도자들이 우한에 모여 리원량 박사를 위한 농성을 진행했다. 전 세계적으로 바이러스에 대해 공개적으로 발언한 최초의 의료 전문가로 인정받고 있는 리원량 박사를 기리기 위해 유사한 집회가 많이 열렸다.

당신의 생각은?

리원량 박사의 사태에 대한 중국 국민들의 반응이 중국의 문화를 어떻게 바꿀 것이라고 생각하는가?

위기에 대한 대응 방식

최고 경영자가 중대한 사건 및 조직 위기에 대응하는 방법은 명확하게 문화적 메시지를 전달한다. 새로운 리더가 위기 상황에서 보여 주는 대응은 이전 리더가 만들었던 문화를 바꾸려는 열망을 보여 줄 수 있다.

Mulugeta Ayene/AP Images; Whitney Curtis/Redux Pictures

새로운 경영자의 위기에 대한 대응은 문화 변화에 대한 메시지를 전달한다. CEO로 임명된 데이비드 칼훈은 많은 사람들이 두 건의 치명적인 737 MAX 추락 사고를 일으켰다고 생각하는 보잉의 조직 문화를 고치겠다고 약속했다. 왼쪽 사진은 보잉 737 MAX 여객기에 탑승한 157명의 목숨을 앗아간 에티오피아 항공 추락 사고의 잔해를 치우는 작업자들의 모습이다.

보잉의 예: 보잉(Boeing)은 346명의 목숨을 앗아간 두 건의 치명적인 추락 사고를 포함하여 737 MAX 항공기의 안전 사고 이후 명성을 회복하기 위해 고군분투했다. 이 항공 우주 회사는 경쟁사인 에어버스(Airbus)를 따라잡기 위해 열심히 노력해왔고 수익을 위해 안전과 품질을 희생한 것처럼 보였다. 한 전직 고위 경영자는 기자들과 만나 "'고품질의 안전한 제품을 만들자'에서 '제시간에 끝내자'로 전환하는 과정에서 일이 발생했다."라고 말했다. 보잉 이사회가 데니스 뮬런버그(Dennis Muilenburg) CEO를 해임한 후 데이비드 칼훈(David Calhoun)은 2020년 1월 CEO를 넘겨받아 737 MAX에 대한 회사의 결정을 비판하는 공개 성명을 발표했다. 또한 보잉이 항공기 생산을 촉진하기 위해 직원들이 미연방항공청(Federal Aviation Administration)에 설계 및 안전 문제를 은폐하게 만드는 "오만한 문화를 제거"해야 한다고 말했다.

※ 보잉이 추구하는 전략은 무엇이라고 생각하는가? 보잉은 어떤 유형의 문화를 갖고 있는가?

롤모델, 교육, 코칭

많은 기업에서는 조직의 가치를 심도 있게 소개하기 위해 체계적인 교육을 실시한다. 또한 직원들에게 롤모델을 알려주는 코칭 또는 멘토링 프로그램을 사용하기도 한다.

에스티 로더의 예: 에스티 로더(Estée Lauder)는 새로운 세대의 소비자들의 관심을 얻기 위해 고군분투하던 CEO 파브리치오 프리다(Fabrizio Frida)는 리버스 멘토링(reverse mentoring) 프로그램을 도입하기로 결정했다. 젊은 직원들은 새로운 기술, 소셜 미디어 인플루언서, 데이터 보안과 같은 주제에 대해 고위 경영진과 함께 일하는 꿈의 공간(Dreamspace)이라는 지식 공유 포털을 만들었다. 이후 회사는 이러한 토론에서 대두된 주요 주제에 대해 격월로 뉴스레터를 배포한다.

※ 에스티 로더가 추구하는 전략은 무엇이라고 생각하는가? 에스티 로더는 어떤 유형의 문화를 갖고 있는가?

물리적 설계

조직은 직원 생산성을 높일 수 있는 최적의 사무실 구조를 찾기 위해 끊임없이 실험한다. 물리적 설계(physical design)는 조직 문화에 대한 강력하고 가시적인 메시지를 전달하기 때문에 중요한 변화 수단이다.

타마라 멜론의 예: 타마라 멜론(Tamara Mellon)은 명품 신발 브랜드인 지미 추(Jimmy Choo)를 공동 설립했으며, 2016년 타마라 멜론 브랜드를 런칭했다. 그녀는 직원들 사이의 물리적 장벽의 수를 줄여서 회사에 큰 변화를 가져왔다. 멜론은 지미추의 팀과 단절된 느낌을 받았으며, 외부에 두 명의 경비원이 있는 고급 사무실에 앉아 있는 것을 즐기지 않았다고 말했다. 회사 사무실에서는 리더들이 팀원과 함께 앉아 경영진을 포함한 모든 사람들이 열린 장소에서 함께 일한다. 그녀는 "이 개방형 평면도의 가장 중요한 결과는 팀 간의 협업이 증가했다는 것이다. 아이디어는 자유롭게 나오고 다양한 팀의 사람들이 서로 의견을 듣고 아이디어를 제안할 수 있다."라고 말한다.

※ 타마라 멜론이 추구하는 전략은 무엇이라고 생각하는가? 타마라 멜론은 어떤 유형의 문화를 갖고 있는가?

보상

보상은 조직이 문화를 포함하거나 변화시키기 위해 사용할 수 있는 가장 강력한 수단 중 하나이다. 사람들은 보상받고 싶은 욕구가 강하고 인센티브는 이러한 욕구를 충족시킨다.

회사의 예: 유엔의 지속가능개발목표와 비즈니스 라운드테이블(Business Roundtable)의 최근 성명에서 입증되었듯이 기업이 자원의 지속가능경영에서 책임을 주도해야 한다는 압박이 증가하고 있다. 이로 인해, 기업은 공유 가치 창출 및 지속 가능한 사업 이니셔티브를 장려하기 위해 보상 구조를 변경하였다. 예를 들면, 다음과 같다.

- 셸(Shell)은 최근 경영진 보상과 단기 탄소 배출 목표를 연계할 것이라고 발표했다.
- 크로락스(Clorox)는 제품의 플라스틱 사용을 줄이고, 동물 실험을 피하고, 탄소 배출량을 줄이기 위해 최근 경영진의 보상과 이러한 목표 달성을 연계시킬 새로운 보상 제도를 마련했다.

조직 목표와 성과 기준

많은 기업은 인력 충원, 선발, 육성, 승진, 해고, 퇴직 등을 위한 조직 목표와 기준을 설정한다. 이는 원하는 조직 문화를 전달하기 위한 지렛대 역할을 한다.

넷플릭스의 예: 넷플릭스(Netflix)는 직원들이 복잡한 규칙 없이도 목표를 달성할 수 있다는 점을 염두에 둔 기업 문화를 갖고 있다. 휴가는 무제한이고, 비용 사용 정책은 "넷플릭스의 최고의 이익을 위해 행동하라."는 문장으로만 구성되어 있다. 회사 설립에 기여한 전 최고 인재 책임자 패티 맥코드(Patty McCord)는 위대한 회사는 "태만하고 게으르고 시간을 낭비하는 사람들을 퇴출시켜야 한다."라고 말했다. 넷플릭스의 관리자들은 부하 직원들을 중 누구와 계속 일하고 싶은지 정기적으로 생각해 보기를 권유 받는다. 이러한 '키퍼 테스트(keeper test)'는 어떤 직원이 고성과자이고 어떤 직원이 퇴직금을 주더라도 다른 조직으로 이직시켜야 하는지를 결정하는 데 도움이 된다.

※ 넷플릭스가 추구하는 전략은 무엇이라고 생각하는가? 넷플릭스는 어떤 유형의 문화를 갖고 있는가?

측정 가능하고 통제 가능한 행위

조직의 리더는 특정 문화를 육성할 수 있는 여러 활동, 과정 또는 결과에 주목하고 측정하고 통제할 수 있다. 직원들에게 성과의 어떤 측면이 회사에 가장 중요한지를 알려주기 때문에 조직 문화의 강력한 신호탄으로 작용한다. 측정 가능하고 통제 가능한 활동도 조직 문화 변화의 중요한 지렛대 역할을 한다.

감시 활동은 직원들에게 회사 문화에 대한 강력한 메시지를 보낸다. 회사가 당신의 인터넷 사용과 직장에서 보낸 시간(분) 또는 화장실에서의 쉬는 시간까지 추적한다면 어떤 느낌이 들 것 같은가? 나아가, 이것이 어떤 문화를 형성한다고 생각하는가?

바클레이즈의 예: 바클레이즈(Barclays)는 직원들의 행동에 세심한 주의를 기울인 이력이 있다. 2017년에는 직원들이 책상에서 보내는 시간을 추적하기 위해 모션 및 열 센서인 아큐파이(OccupEye) 장치를 설치했다. 그 후 2020년에 바클레이즈는 사피엔스(Sapience) 소프트웨어와 파트너십을 맺고 "일상의 노력과 능력을 실시간으로 파악할 수 있는" 인력 분석 기술을 실행했다. 회사 내 익명의 한 직원은 이 시스템이 직원들에게 "쉬지 마라."라고 경고하며 "직원들은 책상에서 일어나거나 점심시간을 충분히 갖거나 화장실에서 휴식을 취하거나 심지어 물을 마시러 일어나는 것도 걱정한다. 우리는 이런 행동들이 근무시간 통계에 미칠 수 있는 영향을 알고 있다."라고 말했다.

※ 바클레이즈가 추구하는 전략은 무엇이라고 생각하는가? 바클레이즈는 어떤 유형의 문화를 갖고 있는가?

조직 구조

그림 8.1을 상기해 보면 조직 구조는 조직의 전략을 성공적으로 실행하는 능력에 영향을 미치는 세 가지 주요 요소 중 하나이다. 자포스(Zappos)의 경영진 역시 이를 알고 있다.

자포스의 예: 2014년에 자포스는 직급 구조를 제거하여 직위와 상사가 없는 협업을 장려하기 위해 홀라크라시(holacracy)라는 조직 구조를 도입했다. 불행히도 직원들은 일을 어떻게 처리해야 할지 더 이상 확신하지 못했고, 이로 인해 회사의 2015년 이직률이 20%에서 30%로 급상승할 정도로 회사는 혼란에 빠졌다. 자포스는 몇 년 동안 새로운 수평적인 계층 구조에 전념했지만, 혼란을 겪은 뒤 이 같은 접근법에서 조금씩 물러나기 시작했다. 자포스의 각 팀은 현재 자체 소규모 사업으로 운영되고 있으며, 팀은 운영 예산을 조달하기 위해 서로의 자원을 구입하고 판매한다. 회사는 이러한 구조가 "실제 시장과 더 유사하도록 내부 체계를 조정하는 것"이라고 말한다.

※ 자포스가 추구하는 전략은 무엇이라고 생각하는가? 자포스는 어떤 유형의 문화를 갖고 있는가?

조직 시스템 및 절차

조직 시스템 및 절차는 조직 내 문화에 포함되는 조직 문화를 변화시키는 지렛대이다. 예를 들어, 기업들은 더 협력적인 문화를 만들고 혁신, 품질, 효율성을 개선하기 위해 적합한 방향으로 업무 시스템과 절차를 개선할 수 있다.

구글의 예: 구글(Google)은 개방성과 투명성을 기반으로 설립되었다. 초기에는 직원들이 창업자인 래리 페이지(Larry Page)와 세르게이 브린(Sergey Brin)과 맥주를 마시며 그들이 원하는 어떤 질문도 할 수 있었다. 회사는 정직한 직원의 의견을 듣는 기회를 확대하고 기업의 규모가 커져도 이러한 문화를 유지하기 위해 열심히 노력하고 있다. 구글은 이러한 비공식적인 대화를 TGIF로 대체했다. TGIF는 회사의 모든 직원들이 구글의 경영진에게 질문할 수 있도록 매주 모이는 모임이다. CEO인 순다르 피차이(Sundar Pichai)는 최근 회의가 훨씬 더 통제되고 "제품과 사업 전략"만 논의할 것이라고 발표하면서 TGIF에 큰 변화를 주었다. 피차이는 이러한 변화의 주된 이유가 "TGIF가 끝난 후 회사 외부로 대화를 유출하려는 시도" 때문이며, "중요한 주제에 대한 솔직한 대화의 장으로 TGIF를 사용하는 취지를 훼손시켰다."라고 말했다.

※ 구글이 추구하는 전략은 무엇이라고 생각하는가? 구글은 어떤 유형의 문화를 갖고 있는가?

다양한 메커니즘을 활용한 조직 문화 변화 추진

이번 섹션의 도입부에서 언급했듯이 조직 문화를 바꾸는 것은 쉬운 일이 아니며 하루아침에 이루어지는 것도 아니다. 한 HR 전문가는 "조직 문화의 많은 동인을 고려하지 않는 것이 대부분의 조직 문화 변화가 실패하는 이유이다. 일부 측면만 바꾸는 추진 계획은 영향을 미치지 않거나 더 나쁘게는 상충되는 메시지를 추가하여 부정적인 영향으로 이어진다. 경영진은 조직 문화를 전체적으로 살펴보고 조정이 필요한 많은 동인들을 고려해야 한다."

조직 문화를 바꾸고 싶다면 다양한 지렛대가 어떻게 함께 작동하는지 그리고 어떻게 서로 지원하거나 상충되는지를 고려해야 한다. 다음 예를 살펴보자.

안전문화를 개선하기 위해 다양한 메커니즘을 사용한 토탈

석유와 가스 산업에서 안전은 가장 중요한 요인이다. 주요 석유 시추 사고를 검토한 연구에 따르면, 조직의 '안전문화'가 치명적인 안전 관리 실패를 초래하는 가장 중요한 요인 중 하나라고 한다. 프랑스의 석유 및 가스 회사인 토탈(Total)은 안전 문화를 혁신하기 위해 다음과 같은 조치들을 취했다.

- **롤모델, 교육, 코칭.** 토탈은 위반행위에 대한 처벌을 시행하기보다는 직원들이 배울 수 있는 기회를 만들어 안전 의식을 높이고 싶었다. 회사는 안전 기준을 명백하게 또는 반복적으로 무시하는 직원들을 처벌하지만, 이때 초점은 주로 학습에 맞춰져 있었다. 예를 들어, 안전사고에 관련된 직원들은 자신의 경험과 학습 방법을 설명하는 영상을 녹화하고 해당 영상을 회사의 다른 사람들과 공유한다.
- **보상.** 회사는 안전기준에 따라 일을 잘하는 직원에게 긍정적인 강화를 강조하는 보상 제도를 실행했다. 이제 모든 직원들은 다른 동료들을 안전 관련 상(safety award)의 후보로 지명할 수 있고, 회사는 1건의 안전 제재마다 8~10명의 안전 롤모델을 지정한다.
- **측정 가능하고 통제 가능한 활동.** 토탈은 안전사고가 발생한 직후 안전사고를 평가하는 전담팀을 만들었다. 이 팀은 사건을 일으킨 특정 요인에 대해 분석한다. 이를 통해, 안전 실패의 이유와 궁극적으로 향후 안전 실패를 예방할 수 있는 방법을 파악한다.
- **조직 구조.** 토탈은 전 사업부의 안전사고 평가 전담 부서를 통합했다. 이러한 구조 조정을 통해 각 부서는 고유한 경험과 전문성을 발휘할 수 있게 되었다. 이러한 집단 간 협업을 통해 확인된 모범 사례를 기반으로 회사는 조직 전체의 안전 프로세스와 절차를 강화했다.
- **조직 시스템 및 절차.** 토탈은 안전사고를 다양한 수준에서 볼 수 있는 시스템을 실행했다. 안전사고가 발생한 경우, 모든 고위 경영진은 몇 시간 이내에 사고를 알려주는 문자를 받는다. 그런 다음 모든 직원이 볼 수 있도록 인트라넷에 사고에 대한 설명을 게시한다. 그 외에도, 사고 개요가 포함된 영상을 공개하기도 한다.

당신의 생각은?

조직 문화를 바꾸려고 할 때 다른 것보다 더 주의해야 할 12가지 요소의 특정 조합이 있다고 생각하는가? 무엇이며 왜 그렇게 생각하는가?

개인-조직 적합성을 잊지 말자

지금까지 조직 문화의 네 가지 유형과 조직 문화를 변화시키는 데 사용할 수 있는 방법을 살펴봤다. 이제는 각자의 개인-조직 적합성에 대해 생각해 볼 차례이다. 개인-조직 적합성은 개인의 성격과 가치관이 조직의 분위기와 문화에 얼마나 부합하는지 반영하며, 업무 태도와 성과에 영향을 미칠 수 있기 때문에 중요하다. 조직 문화를 변화시켜 더 나은 적합성을 만들 수도 있지만, 개인-조직 적합성이 좋지 않은 많은 직원들은 결국 새로운 일자리를 찾게 된다. 이러한 문제를 예방하는 한 가지 방법은 입사 지원 전에 개인-조직 적합성을 검토하는 것이다. 이는 특정 회사가 자신에게 맞는 회사인지 정확한 정보를 바탕으로 결정을 내리는 데 도움이 된다.

SECTION

04 조직 구조

조직은 일곱 가지 주요 기능에 따라 설명된다. 조직도는 특정 조직의 구조를 시각적으로 나타낸다.

학습 목표

조직 구조의 기본 요소를 확인하고 조직도에 반영하는 방법을 설명한다.

1장에서는 조직을 특정한 목적을 달성하기 위해 함께 일하는 사람들의 집단으로 정의했다. 조직의 경영자는 전략적 목표를 달성하기 위해 직원의 직무를 조정하는 방법을 의도적으로 선택하고, 이러한 선택을 통해 조직의 고유한 업무 및 보고 관계 시스템(즉, 조직 구조)을 만든다. 경영자는 조직을 구성할 때 다양한 기능을 선택하게 되는데, 이번 섹션에서는 각 기능에 대해 자세히 다룰 것이다.

Rawpixel Ltd/Getty Images

얼굴 생김새처럼 조직 구조는 다양하다.

만약 당신을 볼 수 없는 사람에게 당신의 얼굴을 묘사한다면, 어떻게 할 것인가? 눈동자와 눈썹 색깔, 피부톤, 광대뼈의 돌출 여부, 코, 입술, 얼굴 전체 모양 등 얼굴 생김새에 따라 자신을 묘사할 가능성이 높다. 몇 가지 특징에 따라 얼굴의 생김새가 달라지기 때문에 이는 누군가의 얼굴을 묘사하는 데 사용할 수 있는 템플릿이다.

조직은 얼굴과 마찬가지로 일련의 기능에 따라 설명될 수 있다. 이번 섹션에서는 조직심리학자 에드가 샤인이 제안한 네 가지 특징에 대해 살펴보고, 많은 전문가들이 동의하는 세 가지 특징을 추가로 알아본다.

조직의 네 가지 특징

샤인은 모든 조직은 네 가지 특징에 따라 설명될 수 있다고 제안했다. (1) 공통 목표, (2) 협력 조정, (3) 분업, (4) 위계 구조에 대해 살펴보자.

공통 목표 목표가 없는 조직은 곧 표류하고 흐트러지기 시작한다. '조직화된' 상태를 유지하기 위해서는 조직의 모든 구성원이 동의하는 존재 이유가 있어야 한다. 공통 목표를 통해 구성원을 통합하고 모든 사람에게 조직의 존재 이유를 이해시킬 수 있다. 모든 사람이 코가 있는 것처럼 모든 조직에는 각자의 목적이 있다. 하지만 모든 코가 똑같지 않은 것처럼 조직 또한 같은 목적을 위해 존재하지 않는다.

협력 조정 공통 목표는 개인의 노력을 집단이나 조직 수준의 노력으로 조정하여 달성된다. 개인이 변화를 만들 수 있는 것은 사실이지만, 모든 것을 혼자 할 수는 없다. 모든 조직은 직원들의 노력을 조정하고 조정하는 방법에 따라 조직을 구분할 수 있다.

조직 문화는 노력을 어떻게 조정할지를 결정하는 중요한 요소이다. 예를 들어, 공동체형 문화에서 조정은 사람과 팀 간의 상호 작용을 통해 가장 잘 이루어지지만, 위계형 문화에서 조정은 경직된 절차와 과정에서 비롯될 수 있다.

분업 분업은 업무 전문화라고도 하며, 어떤 일의 개별 업무를 직원별로 나눠서 수행하도록 하는 방식이다. 어선을 조종하는 2인승 선원을 예로 들면, 한 명은 배를 조종하고 다른 한 명은 그물을 다루는 일을 할 수 있다. 분업을 통해 조직은 복잡한 전체 일을 분담하여 효율성을 높일 수 있다.

위계 구조 권위의 위계 구조, 즉 명령 체계는 어떤 사람이 적절한 시기에 올바른 일을 할 수 있도록 하기 위한 통제 장치이다. 협력을 조정하려면, 경영자는 직원들의 업무를 지시할 권한이 필요하다.

권한은 위계 구조로 배열될 때 가장 효과적이다. 계층이나 권한이 없다면 경영자는 자신의 영역에 있는 모든 사람들과 상의해야 하므로 일을 완수하기 어렵다. 계층 구조를 수평적으로 만드는 새로운 조직에서도 여전히 하나 이상의 직급이 존재한다. 수평 조직은 최고 경영자와 직원 사이에 중간 관리자가 거의 없거나 아예 없는 조직 구조를 의미한다.

마지막으로, 초기 경영학자들이 강조한 원칙은 명령의 일원성이다. 이는 우선순위와 요구가 상충되는 것을 피하기 위해 한 명의 관리자에게만 보고해야 한다는 원칙이다. 그러나 오늘날 컴퓨터 기술과 네트워크의 발전으로 한 사람이 두 명 이상의 관리자와 의사소통하는 것이 합리적인 상황도 있다. 다음 섹션에서 학습할 매트릭스 구조가 예가 된다.

조직의 세 가지 추가 특징

많은 전문가들은 추가로 (5) 통제 범위, (6) 권한, (7) 권한의 분포라는 세 가지 특징을 제시한다.

통제 범위 통제 범위(span of control)는 주어진 관리자에게 직접 보고하는 사람들의 수를 나타낸다. 통제 범위의 유형은 두 가지가 있다(그림 8.5 참조).

그림 8.5 통제 범위와 위계 구조

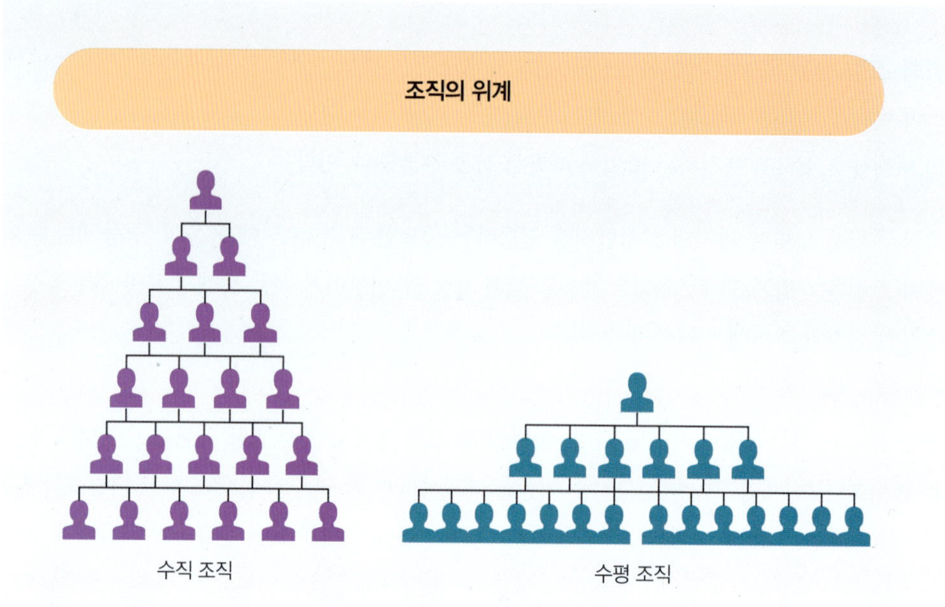

출처: "Organizational Hierarchies," Expert Program Management, 2017, https:// expertprogrammanagement .com/2017/09/span-of-control/.

좁은 통제 범위. 관리자에게 보고하는 사람의 수가 제한되어 있다. 예를 들어, 9명의 부사장이 아닌 3명의 부사장이 한 명의 사장에게 보고하는 것이다. 조직은 통제 범위가 좁을 때 수직적이다. 그림 8.5를 보면 통제 범위가 좁은 수직 조직에서 직속 상사에게 보고하는 직원의 수가 상대적으로 적다는 것을 알 수 있다.

넓은 통제 범위. 관리자에게 보고하는 직원의 수가 많다. 일부 제조 라인 작업장과 같이 감독이 거의 필요하지 않은 경우 일선 관리자는 40명 이상의 부하 직원을 둘 수 있다. 조직은 통제 범위가 넓어서 직급이 많지 않을 때 수평적이다. 그림 8.5에서 볼 수 있듯이, 통제 범위가 넓은 수평 조직에서 직속 상사에게 보고하는 직원의 수가 훨씬 많다. 지금까지는 약 7~10명의 부하 직원이 가장 적합하다고 여겨졌지만, 무엇이 이상적인지에 대해서는 합의가 이루어지지 않았다. 일반적으로 업무가 복잡하거나 윤리적 우려가 높은 경우와 같이 경영자가 부하 직원과 긴밀히 일해야 할 때는 통제 범위가 좁은 것이 좋다. 이는 사장이 소수의 부사장들에게만 보고받는 이유다. 이와는 대조적으로, 부하 직원들에게 유사한 업무를 지시하는 일선 관리자들은 통제 범위가 넓을 수 있다. 오늘날, 린 경영(lean management)이나 직원의 자율성 향상을 강조하는 트렌드는 통제 범위를 넓히려는 시도를 반영한다.

권한 권한(authority)은 결정과 명령을 내리고 자원을 사용할 수 있는 관리적 지위에 내재된 권리를 의미한다. 명령에 불복하면 문책이나 강등, 또는 해고와 같은 결과로 이어질 수 있으며, 부하 직원은 상급 관리자가 적법한 명령권을 갖고 있다는 사실을 받아들여야 한다.

권한에는 성과 책임, 업무 책임 그리고 권한을 위임할 수 있는 능력이 수반된다.

성과 책임. 권한은 성과 책임(accountability)을 요구한다. 관리자는 작업 결과를 차상위 관리자에게 보고하고 정당화해야 한다. 성과 책임이 있다는 것은 할당된 업무를 수행할 책임이 있다는 것이다.

업무 책임. 더 많은 권한에는 더 많은 업무 책임(responsibility)이 따른다. 자동차 조립라인 작업자는 조립라인 관리자에 비해 권한과 책임이 적다. 라인 근로자는 일반적으로 전면유리 설치와 같은 한 가지 특정 과업에 대한 책임이 있는 반면, 관리자는 이에 비해 훨씬 더 업무 책임이 크다.

위임. 위임(delegation)은 관리 권한과 책임을 하위 계층의 관리자와 직원에게 할당하는 것이다. 효율성을 높이기 위해 대부분의 관리자들은 가능한 한 많은 직무를 위임해야 한다. 그러나 많은 관리자들은 위임이 관리의 필수적인 부분이고, 직원의 태도와 생산성, 회사 성과에 긍정적인 영향을 미친다는 사실을 깨닫지 못하고 있다.

다음의 〈전문가의 조언〉을 참고해 보자.

전문가의 조언 **효과적인 위임 방법**

경영자는 권한과 책임을 회사의 하위 직급 직원에게 위임하는 방법을 배워야 한다. 또한 위임은 과로로 인한 피로를 방지하는 데 도움이 된다. 경영자가 자주 일이 밀리고, 항상 일을 집에 가져가고, 부하 직원의 업무를 대신하고, 직원들이 행동하기 전에 승인을 구하는 것을 자주 겪는다면, 이는 분명히 위임이 잘 되지 않은 것이다.

효과적으로 위임할 수 있는 방법은 다음과 같다.

일상적인 업무 및 기술 문제를 위임하자. 항상 일상적인 업무와 일상적인 문서 작업을 위임하고 경영자의 투입이 필요한 업무만 유지하도록 하자. 기술적인 문제가 있을 때는 전문가에게 맡긴다.

직원의 성장을 위해 위임하자. 가능하면 직원들 스스로 문제를 해결하게 하자. 그들이 조직에서 성장할 수 있도록 새로운 것을 시도하게 하자. 경영자의 성공은 직원의 손에 달렸으니 직원들에게 성취의 여지를 주자.

팀원에게 적절하게 위임하자. 위임에는 어느 정도의 위험이 수반된다는 것을 인식하여 직원들의 교육, 재능, 스킬, 동기 부여에 따라 적절하게 위임해야 한다. 먼저 팀원들에게 더 많은 일들을 처리할 수 있는지, 어떤 분야에서 스킬을 높이거나 책임을 업그레이드하고 싶은지 물어보자. 일을 완수하는 데 필요한 도구와 지원을 제공했는지 확인하고, 도움과 질문을 받을 수 있게 하면서 현재 업무를 팀원들에게 맡기자.

기밀 또는 HR 문제를 위임하지 말자. 기밀 사항이나 부하 직원에 대한 평가, 징계 또는 상담 같은 HR 업무는 절대 다른 사람에게 넘기지 말자.

효과적인 위임은 시간, 경험, 연습을 통해 개발할 수 있는 스킬이다. 훌륭한 관리자는 누구에게 무엇을 위임해야 하는지 배우고, 효율성과 효과성을 향상시키기 위해 위임을 사용한다.

긴급한 일을 위임하지 말자. 비상사태는 해결을 위한 시간이 부족하고 조직 내 조정이 필요한 위기이므로 직접 처리하자.

상사의 허락이 없는 한 상사가 지시한 특별한 업무를 위임하지 말자. 특정 회의 참석과 같은 특별한 업무를 상사가 위임한 경우에는 권한이 없는 한 위임하지 말자.

권한의 분포 조직을 설명하는 또 다른 특징은 권한의 분포이다. 조직에서 중요한 결정을 내리는 사람이 누구인지와 관련 있다.

중앙 집권화된 권한. 중앙 집권화된 권한(centralized authority)은 중요한 결정이 상위 경영자에 의해서만 내려지는 것을 의미한다. 매우 작은 회사들은 권한이 중앙 집권화되는 경향이 있고, 거의 모든 조직이 최소한 어느 정도의 권한이 최상위 계층에 집중되어 있다. 중앙 집권화된 권한은 절차가 통일되어 통제하기 쉽기 때문에 효율성이 향상된다.

분권화된 권한. 분권화된 권한(decentralized authority)에서는 중간 관리자와 감독자에 의해 중요한 결정이 내려진다. 여기서 권한은 조직 전체에 위임되어 있다. 분권화된 권한은 의사 결정이 보다 신속하게 이루어지기 때문에 조직의 유연성과 효율성이 향상된다.

조직도

조직도(organizational chart)는 공식적인 권한의 라인과 조직의 공식 직위 또는 업무 전문화를 보여 주는 그림이다(그림 8.6 참조).

조직도는 조직의 기능과 수직적 권한 계층(누가 누구에게 보고하는지) 그리고 수평적 전문화(누가 어떤 작업을 전문적으로 하는지)에 대한 정보를 자세히 보여 준다.

수직적 권한 계층 조직도를 위아래로 훑어보면 수직적 권한 계층, 즉 명령 체계가 보인다. 수직적 계층 구조는 누가 누구와 대화하는지 공식적인 체계를 보여 준다.

수평적 전문화 조직도의 왼쪽과 오른쪽을 보면 수평적 전문화, 다양한 직무 또는 작업 전문화가 나타난다.

이번 섹션에서는 조직의 일곱 가지 특징과 이러한 특징이 조직도에 어떻게 시각적으로 표현되는지 살펴봤다. 다음 섹션에서는 조직 구조의 여덟 가지 유형을 알아본다.

그림 8.6 **조직도의 예(병원)**

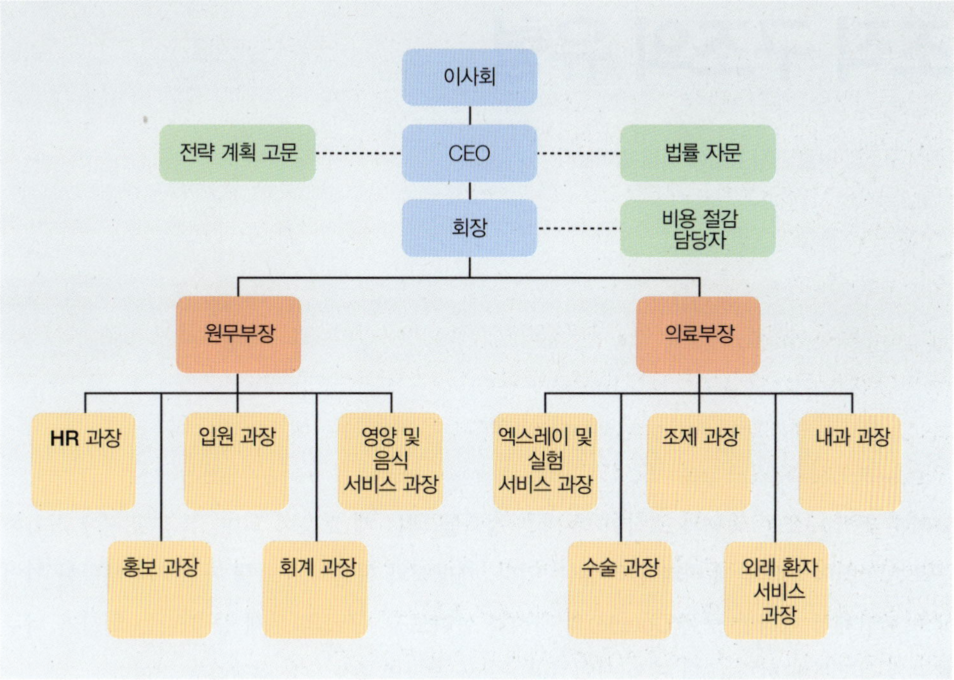

SECTION

05 조직 구조의 유형

조직 구조의 여덟 가지 유형에 대해 알아본다.

학습 목표

조직 구조의 여덟 가지 유형을 설명한다.

올바른 조직 구조는 직원과 조직이 더 나은 성과를 내는 데 도움이 되며, 특정 조직에 적합한 구조는 조직이 발전함에 따라 달라질 수 있다. 개방성과 혁신의 문화를 가진 자유분방한 기업으로 출발해서 성장한 구글(Google)의 사례를 살펴보자. 구글의 문제 중 하나는 회사가 너무 빠르게 성장해서(현재 10만 명 이상의 직원) 의사 결정의 속도가 느려졌다는 것이다.

구글은 기존의 조직 구조를 고수하기보다는 조직 구조, 조직 문화, HR 제도를 현재의 전략적 우선순위와 정렬시켜야 한다는 점을 알게 되었다. 그래서, 다음과 같은 조치를 취했다.

- 2015년 구글은 지주회사인 알파벳(Alphabet Inc.)으로 기업 구조를 개편했다. 알파벳의 목적은 회사의 구조와 의사 결정 과정을 효율화하는 것뿐만 아니라 "투자자들을 위해 회사의 운영에 더 많은 투명성을 가져오는 것"이었다. 이 개편은 검색, 안드로이드, 유튜브, 구글 지도와 같이 구글과 가장 관련이 있는 기존 사업들을 웨이모(Waymo; 자율주행 자동차), 베릴리(Verily; 생물공학 기술), 마카니(Makani; 비행 풍력 발전기)와 같은 혁신 벤처에서 분리시켰다.
- 2017년 알파벳은 모회사의 계열사에 대한 지위를 잘 반영하기 위해 구글을 유한책임회사로 변경했다(유한책임회사 및 기타 법적 구조에 대한 논의는 학습 모듈 2 참조). 이 결정을 통해 알파벳은 다른 계열사에 대한 지배 구조를 개선하고, 계열사의 수익 흐름을 더 잘 파악할 수 있게 됐다. 같은 해, 알파벳은 조직 문화를 바꾸기 위한 조치들을 시행하기 시작했다. 알파벳은 모호함과 변화에 익숙하고 호기심이 많으며 배움과 성장에 열정이 있는 직원을 찾기 위한 적극적인 조치를 취했다.
- 2019년 구글은 여러 구글 제품(예: 안드로이드, 클라우드, 애즈)에 보다 쉽게 비용을 지출할 수 있도록 사업 개발팀을 중앙 집중화했다. 이러한 변화 이전에는 각각의 제품에 투자하고자 하는 회사가 세 개의 개별 개발팀과 함께 일해야 했고, 이는 비효율적이 되어 회사가 사업을 놓치는 원인이 되었다. 구글의 글로벌 파트너십 및 기업 개발 담당 사장은 "새로운 구조를 통해 파트너에게 조정된 모습을 제시할 수 있는 능력이 향상되고, 구글 전체에 걸친 비즈니스와 제품 전략에 기여할 수 있도록 할 것"이라고 말했다.

조직 설계(organizational design)는 조직이 전략을 실행하기 위한 성과 책임과 업무 책임의 최적의 구조를 마련하는 것이다. 이번 섹션에서 학습하는 8개의 조직 구조는 크게 세 가지 범주로 구분된다.

1. 전통적 설계(단순, 기능, 사업부, 매트릭스 구조)
2. 수평적 설계(수평적 구조)
3. 조직 간 경계를 개방하는 설계(중공, 모듈형, 가상 구조)

전통적 설계

전통적인 조직 설계에는 (1) 단순, (2) 기능, (3) 사업부, (4) 매트릭스 구조가 있다. 전통적인 조직 구조는 명확한 부서 경계와 보고 체계를 갖춘 수직적 위계에 의존한다.

단순 구조 단순 구조(simple structure)는 조직이 소유주나 설립자의 욕구와 성격을 반영하기 쉬운, 기업의 초기 창업 단계에서 흔히 볼 수 있다. 구조가 단순한 조직은 권한이 한 사람에게 집중되고 위계 구조가 수평적이고 규칙이 적으며 업무 전문성이 낮다(그림 8.7 참조).

그림 8.7 단순 구조의 예
소유주 아래에 하나의 위계 수준만 존재한다.

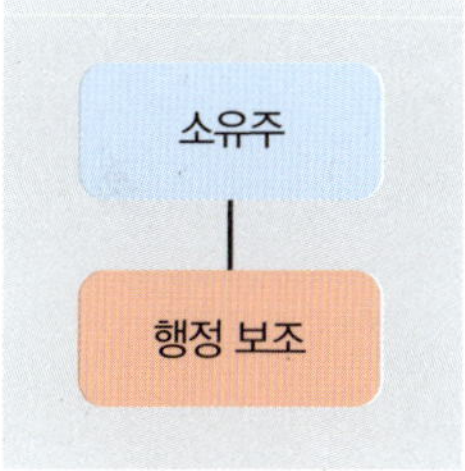

휴렛 패커드(Hewlett-Packard)와 애플 컴퓨터(Apple Computer)는 모두 차고에서 2인 스타트업으로 시작하였으며 나중에 규모를 키워 나갔다.

기능 구조 기능 구조(functional structure)에서는 비슷한 업무 전문성을 가진 사람들이 공식 그룹으로 모인다. 이것은 영리 조직과 비영리 조직 모두에서 볼 수 있는 꽤 흔한 구조이다(그림 8.8 참조).

그림 8.8 기능 구조의 예

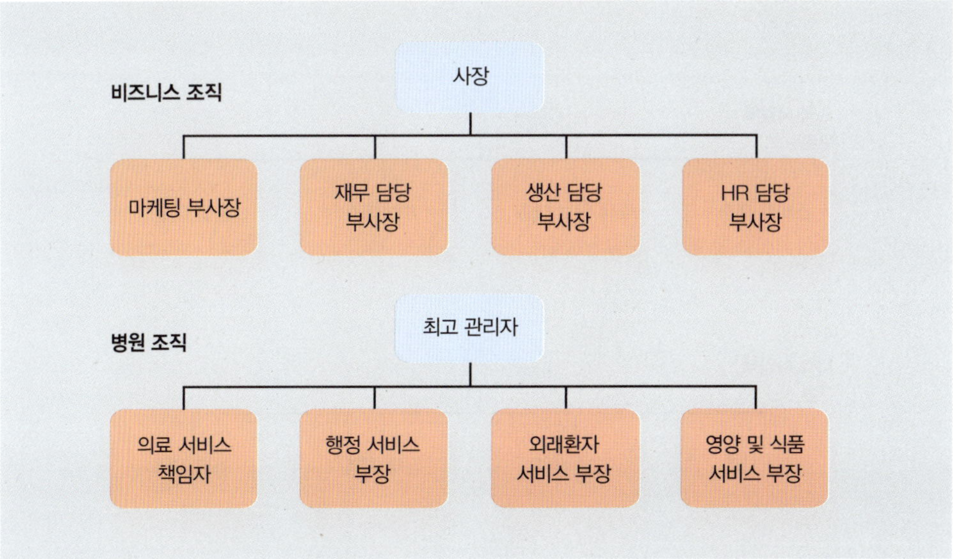

예를 들어, 제조업체는 마케팅 부서, 생산 부서, 재무 부서 등에서 유사한 업무 전문성을 가진 사람들을 그룹으로 묶는 경우가 많다. 비영리 교육 기관은 교수진, 입학, 유지보수 등의 업무 분야에 따라 직원을 그룹화할 수 있다.

사업부 구조 사업부 구조(divisional structure)에서 다양한 업무 전문성을 가진 사람들은 유사한 제품이나 서비스, 고객, 또는 지역별 공식 그룹으로 모인다(그림 8.9 참조).

- **제품 사업부(product division)는 유사한 제품 또는 서비스를 중심으로 활동을 그룹화한다.** 예를 들어, 엑슨 모빌(ExxonMobil)은 (1) 업스트림(탐사 활동), (2) 화학(부틸, 폴리에틸렌 등 처리), (3) 다운스트림(원유 유통), (4) 천연가스 및 전력 마케팅(천연가스 시장 확대)의 네 가지 제품 부문으로 사업을 구성한다.
- **고객 사업부(customer division)는 일반 고객 또는 클라이언트를 중심으로 활동을 그룹화한다.** 예를 들어, 포드 자동차(Ford Motor Co.)는 승용차 딜러, 대형 트럭 운송 고객, 농산품 고객을 위한 별도의 부서가 있다. 저축 및 대부 회사는 소비자 대출, 주택 담보 대출, 기업 대출, 농업 대출을 위한 부서로 구성될 수 있다.
- **지역 사업부(geographic division)는 특정 지역을 중심으로 활동을 그룹화한다.** 예를 들어, 연방준비은행(Federal Reserve Bank)은 미국 전역에 12개의 별도 지역 사업부가 있다. 국세청에도 여러 지역 사업부가 있다.

그림 8.9 사업부 구조의 세 가지 예

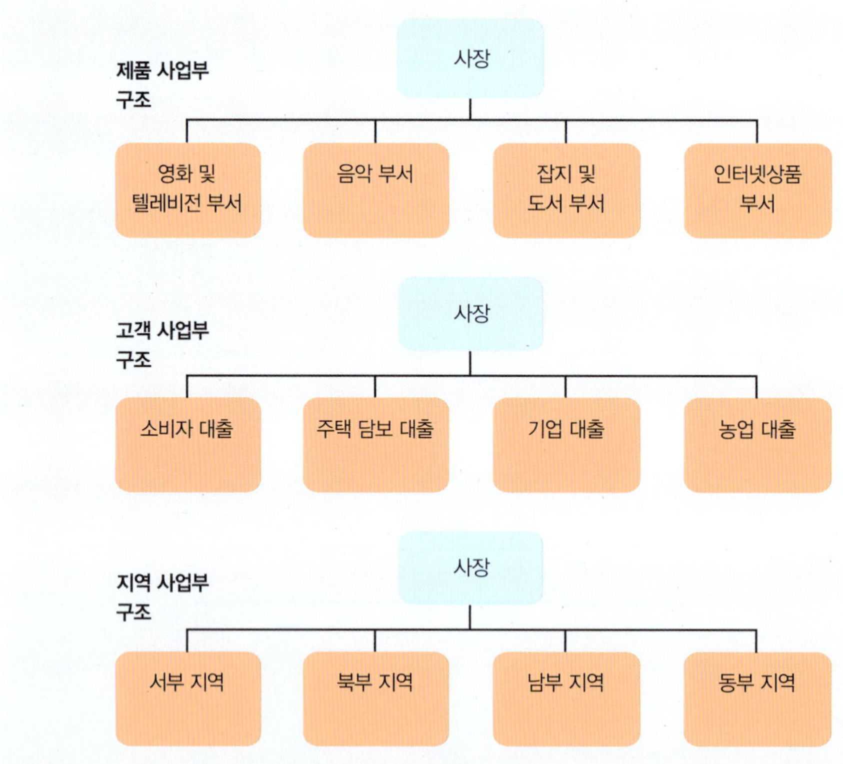

매트릭스 구조 매트릭스 구조(matrix structurre)에서 조직은 기능 구조와 사업부 구조를 결합한 두 개의 명령 구조가 있다. 기능 구조는 일반적으로 변경되지 않으며, 재무, 마케팅, 생산, 연구개발과 같은 조직의 일반적인 부서이다. 사업부 구조는 제품, 브랜드, 고객, 지역에 따라 달라질 수 있다(그림 8.10 참조).

포드 자동차의 예: 기능 구조는 각각의 부사장이 이끄는 엔지니어링, 재무, 생산, 마케팅 부서가 될 수 있으며 보고 구조는 수직적이다. 사업부 구조는 제품(예: 이스케이프[Escape], 머스탱[Mustang], 익스플로러[Explorer], 익스페디션[Expedition])별로 구성되며 각각 프로젝트 관리자가 책임자가 된다. 이러한 보고 구조는 수평적이다. 따라서 마케팅 담당자는 마케팅 부사장과 포드 머스탱의 프로젝트 관리자 모두에게 보고한다. 실제로 포드 자동차는 매트릭스 방식으로 퓨전(Fushion)과 새로운 버전의 머스탱을 생산했다.

그림 8.10 매트릭스 구조

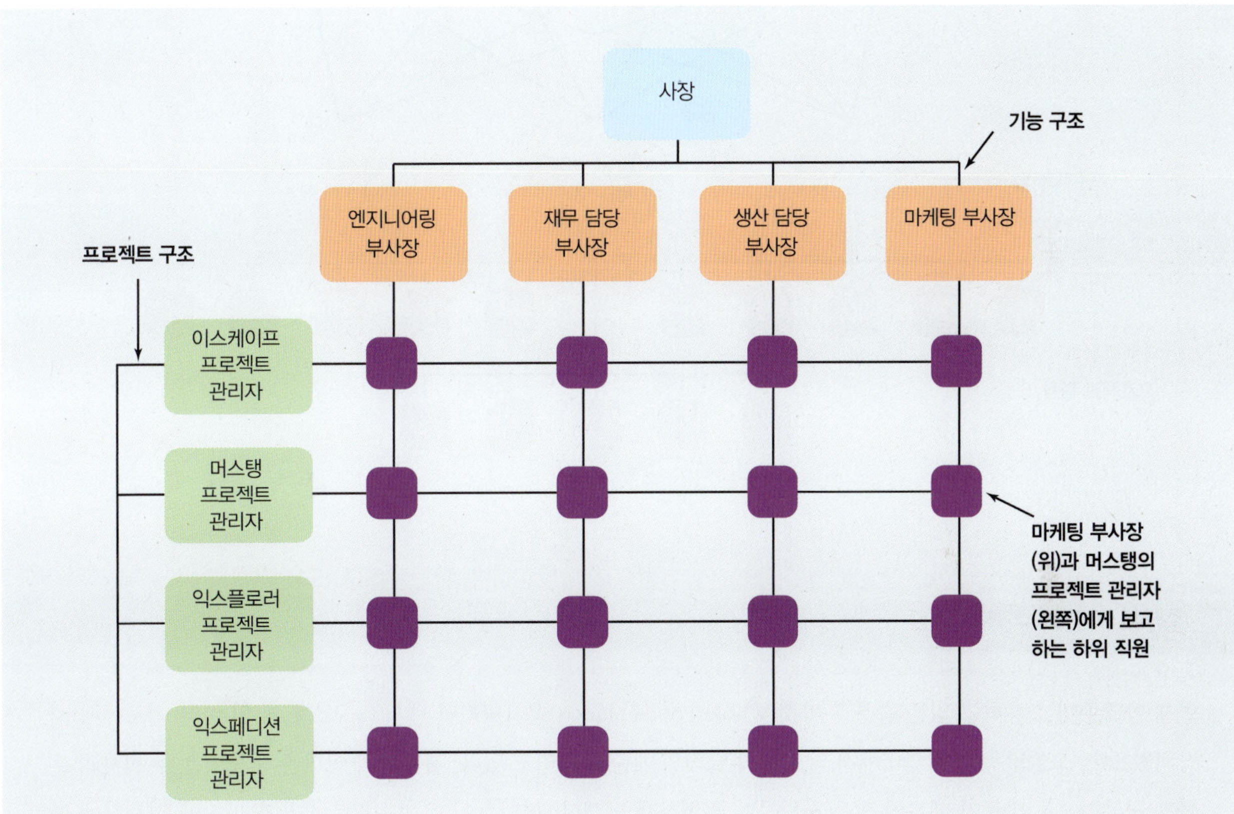

수평적 설계

수평적 설계 범주에는 수평적 구조(horizontal structure)가 포함된다. 팀 기반 설계라고도 불리는 수평적 구조에서 팀 또는 작업 그룹은 임시 또는 영구적으로 내부 경계를 허물어 공동 작업을 개선하고 공유 작업을 수행한다. 예를 들어, 여러 기능 부서의 관리자가 특정 문제를 해결하기 위해 (교차 기능 팀이라 알려진) 팀으로 모이면 부서 간의 장벽이 무너진다. 협소한 부서의 이해관계에 초점을 맞추다 보면 그것들을 하나로 묶은 문제들을 해결하는 공통의 이해관계가 생긴다. 그러나 팀 구성원은 여전히 본연의 기능적 업무를 책임지고 있으며, 기능 부서의 위계 구조에서 상위 관리자에게 공식적으로 보고한다(그림 8.11 참조).

그림 8.11 수평적 구조

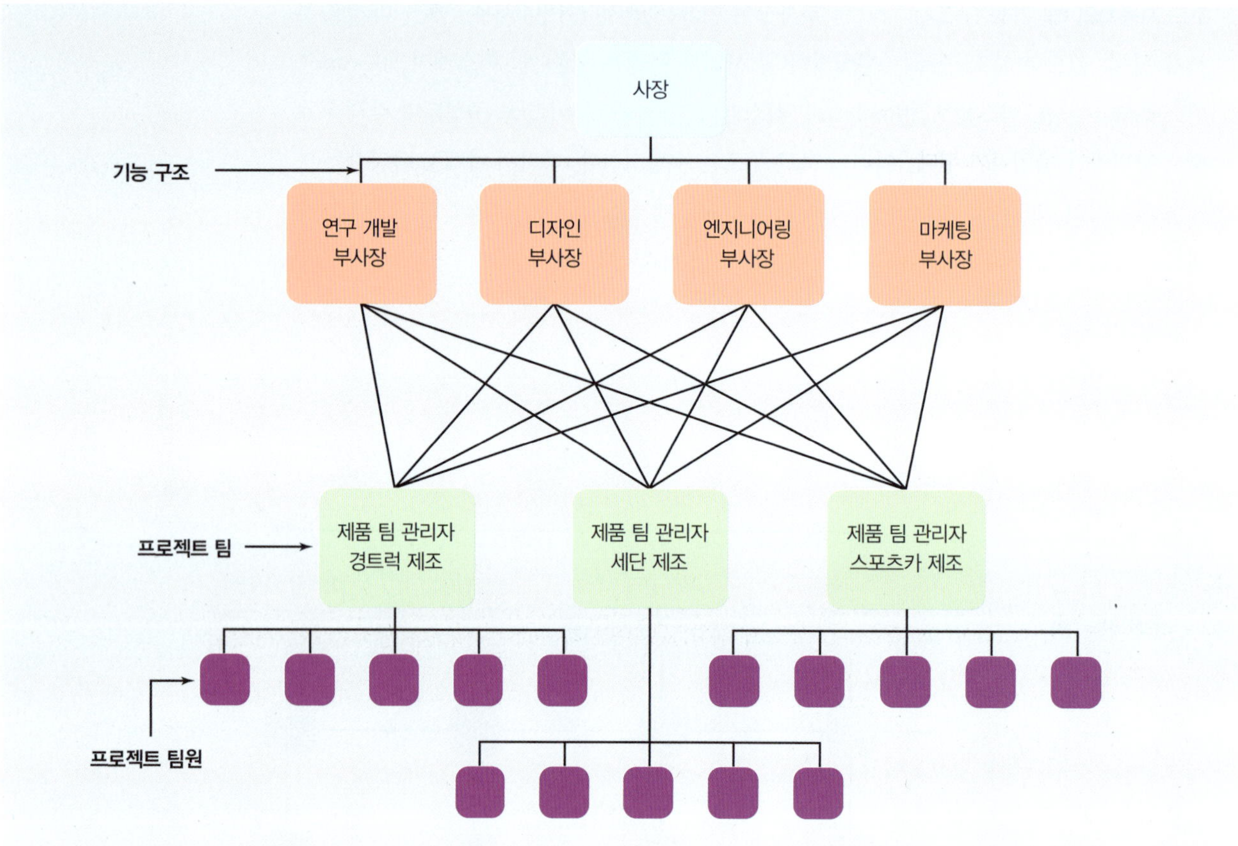

홀푸즈 마켓의 수평적 구조

현재 아마존이 소유하고 있는 홀푸즈 마켓(Whole Foods Market)은 1980년 텍사스 오스틴에 있는 한 점포에서 시작되었으며, 오늘날 북미와 영국에서 약 180억 달러의 매출을 올리고 있다. 홀푸즈와 아마존의 합병은 두 회사의 문화가 근본적으로 다르기 때문에 많은 사람들이 위험하게 느꼈다. 아마존이 우선순위로 홀푸즈 매장에 진출함에 따라 구조적인 변화가 없을 것이라고 상상하기는 어려웠다.

아마존에 인수되기 전 홀푸즈의 조직 구조를 살펴본 뒤 인수 이후의 변화를 살펴보자.

아마존의 인수 이전의 홀푸즈 마켓

홀푸즈의 조직 문화는 협력, 팀워크, 혁신을 기반으로 만들어졌다. 회사의 경영 방식은 위계질서가 아닌 자율 경영 팀의 자율적 수익센터가 중심이었다. 실제로 홀푸즈의 핵심 운영 원칙 중 하나는 모든 일이 팀워크라는 것이었다.

이러한 특징은 홀푸즈의 조직 구조와 잘 맞아떨어져 회사의 차별화 전략을 실행하는 데 일조하였다. 다음은 홀푸즈 조직 구조의 세 가지 주요 특징이다.

- 각 매장은 대략 8개의 자율 경영팀으로 구성되었으며, 각 팀에는 지정된 팀 리더가 있다. 각 매장의 리더들도 팀으로 운영되고 각 지역의 매장 리더들도 팀을 이루어 11개 지역의 이사들이 팀을 이루어 운영했다.
- 개별 매장 수준에서 보상은 개별 성과보다는 팀에 연결되었으며, 성과 측정 및 개별 급여는 모두에게 공개되었다.
- 각 팀은 자신이 담당하는 식품을 개선해야 하는 미션이 있었다. 책임을 다하고 구성원을 채용 및 해고하고 진열대를 비축하는 데 있어 폭넓은 유연성을 부여받았고 지역 소비자들의 변화하는 취향에 대응하는 데 있어 큰 힘을 부여받았다.

아마존의 인수 이후의 홀푸즈 마켓

아마존의 조직 문화는 치열한 경쟁, 육체 노동, 극단적인 모니터링 및 감시가 표준인 문화로 묘사되어 왔다. 이러한 문화는 아마존의 비용 우위 전략을 뒷받침하지만, 인수 이전 홀푸즈의 문화와 잘 맞지 않았다. 다음은 아마존이 홀푸즈 매장에 적용한 몇 가지 구조적인 변화이다.

홀푸즈는 아마존과 합병한 이후 조직 구조와 문화에 큰 변화를 겪었고, 두 회사는 매우 다른 사업 방식을 결합하기 위해 고군분투했다. 사진과 같은 매장을 살펴보면 홀푸즈 매장에서 아마존의 존재와 문화의 일부를 볼 수 있다.

- 새로운 주문-선반 재고 시스템은 직원들이 종종 배달 트럭에서 매장 선반으로 직접 재고를 옮기는 것을 의미한다. 이 시스템의 성과는 규정 준수 점수카드를 통해 모니터링 된다. 이를 준수하지 않는 근로자는 징계를 받고 심지어 해고되기도 한다. 재고가 부족한 선반 문제는 꽤 흔한 문제였다.
- 개별 매장의 개성은 매장 전체에 걸쳐 아마존 이미지로 대체되었으며, 직원들은 프라임 거래에 대형 표지판을 붙이고 샘플 및 디스플레이 위에 추가 간판을 배치하라는 지시를 반복적으로 받는다.
- 아마존은 마케팅, 구매, 조달 업무를 텍사스주 오스틴에 있는 홀푸즈 본사에서 일원화한다.
- 모든 홀푸즈 직원에 대해 15달러 최저 임금을 시행한 후 많은 직원들의 스케줄이 3~5시간 단축되어 임금 인상에 따른 어떠한 증가도 무효화되었다.

당신의 생각은?

홀푸즈 마켓에서 중앙 집권화를 늘리려는 아마존의 노력이 결국 결실을 맺을 것이라고 생각하는가? 아니면 홀푸즈 마켓 매장과 같은 소매업에서는 수평적 구조를 유지하고 그대로의 모습을 유지해야 한다고 생각하는가?

조직 간의 경계를 개방하는 설계

수많은 장벽과 부서를 가진 관료제와는 반대로, 경계가 없는 조직은 정보 기술로 연결된 구성원이 공동 작업을 위해 협력하는 유동적이고 적응성이 뛰어난 조직이다. 협력자에는 동료뿐만 아니라 공급업체, 고객, 심지어 경쟁업체도 포함될 수 있다. 이는 사업의 형태가 끊임없이 변화하고 있으며 사업 관계가 비공식적이라는 것을 의미한다.

조직 설계의 경계 개방 범주에는 중공 구조, 모듈형 구조, 가상 구조가 포함된다.

중공 구조 네트워크 구조라고 불리는 중공 구조(hollow structure)에서 조직은 핵심 기능을 담당하고, 다른 기능을 더 저렴하거나 더 빠르게 수행할 수 있는 공급업체에 아웃소싱한다(그림 8.12 참조). 중공 구조를 가진 회사는 설계나 마케팅과 같은 중요한 핵심 프로세스를 유지하고 HR, 창고 또는 유통과 같은 대부분의 프로세스를 아웃소싱하여 조직을 '중공'으로 만든다.

중공 구조의 회사는 전 세계적으로 광범위하게 운영될 수 있지만, 기본 코어는 작게 유지되어 급여와 간접비를 절감할 수 있다. 모든 것을 하나로 통합하는 수단은 정보 기술이며, 이때 공급업체와의 전략적 제휴 및 계약 체결도 함께 이뤄진다. 3M은 중공 구조 회사의 한 예이다. 이 회사는 제조, 역물류, 전자 카탈로그 관리 등 사업의 여러 측면을 아웃소싱해 왔다.

그림 8.12 중공 구조

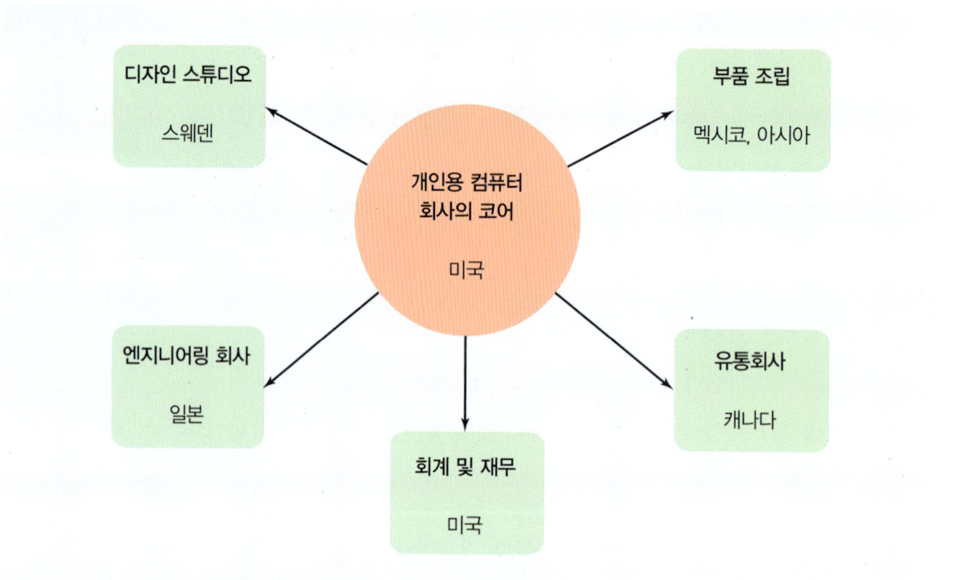

모듈형 구조 모듈형 구조(modular structure)는 조직의 특정 과정 (인력이나 창고 등)을 아웃소싱하는 것보다 제품의 특정 부분을 아웃소싱하는 것을 지향한다는 점에서 중공 구조와 다르다. 모듈형 구조에서 회사는 외부 계약자가 제공한 제품 모음 또는 모듈을 조립한다. 이러한 형태의 조직을 "함께 결합할 수 있는 레고 모음"에 비유한다.

애플의 예: 많은 장치를 제조하는 과정에서 애플(Apple)은 여러 공급업체에서 구성 부품을 조달한 다음 서비스 공급업체를 통해 부품들을 최종 애플 제품으로 조립한다. 예를 들어, 터치스크린 컨트롤러는 미국 매사추세츠주 노우드(Norwood)에 있는 회사에서, (아이폰에서 일부 기능을 실행할 때 '두드리는' 느낌을 주는 기술인) 탭틱 엔진은 일본에서, 메모리 모듈, 전화 케이스 및 세라믹 커패시터(ceramic capacitor)는 중국에서 생산된다. 모듈형 구조는 잠재적인 위험이 있다. 2020년 초 코로나바이러스가 중국을 장악했을 때 많은 공급망이 중국에 있었던 애플은 제조 및 매출에서 큰 타격을 입게 되었다.

가상 구조 한 업계 관계자는 "성장하는 회사를 이끌 수 있는 환상적인 인재들은 있지만, 최고의 사람들은 사방에 흩어져 있고 사생활이 있어 쉽게 본사로 모을 수 없다."라고 말한다. 이로 인한 결과 중 하나는 가상 구조(virtual structure)이다. 가상 구조는 구성원들이 지리적으로 떨어져 있고, 일반적으로 이메일 및 기타 형태의 정보 기술을 사용하여 고객을 위해 함께 일한다.

아티큘레이트 예: 아티큘레이트(articuláte)는 자율성, 생산성, 존중의 가치를 기반으로 구축된 완전한 원격 e-러닝 회사이다. 회사의 엔지니어 중 한 사람에 따르면, "자율성은 '공허한 상태에서 혼자서 일하는 것'을 의미하지 않는다. 실제로 아티큘레이트는 상호 의존도가 높고 협업이 많기 때문에 때때로 팀원들과 함께 할 필요가 있다. 팀원들은 서로가 필요할 때를 결정하고 일정을 맞춘다. 팀의 근무 시간은 유동적이고 유연하며 영향을 미치는 사람들에 의해 결정된다."라고 한다. 이 회사는 151개국의 98,000개 조직에 e-러닝 소프트웨어 솔루션을 제공하고 있다.

SECTION

06 커리어 준비 실천

이번 섹션에서는 개인-조직 적합성을 진단하는 방법과 적응성을 강화하는 방법을 살펴본다.

학습 목표

조직과의 적합성을 높이기 위해 필요한 적응성을 이해한다.

조직과의 적합성을 높이는 데 필요한 적응성을 살펴보자. 그림 8.13은 1장에서 소개한 커리어 준비 모형이다. 조직 문화와 조직 구조는 조직 내부의 중요한 요소이다. 조직 내부 요소는 직원의 행동에 영향을 미치는 상황적 특성이다. 자신이 조직에 적합한지 알고 싶다면 조직 내부 요소를 이해해야 한다. 연구 결과에 따르면, 개인-조직 적합성이 높을수록 더 높은 직무 만족, 성과 및 승진 기회로 이어진다.

그림 8.13은 1장에서 소개한 커리어 준비 모형이다. 조직 문화와 조직 구조는 조직 내부 맥락의 중요한 측면이다. 조직의 내부 맥락은 직원의 행동에 영향을 미치는 상황적 특성을 나타낸다.

자신이 조직에 적합한지 알고 싶다면 조직의 내부 맥락을 이해해야 한다. 연구 결과에 따르면, 높은 수준의 적합성은 궁극적으로 더 높은 직무 만족, 성과, 승진으로 이어지기 때문에 개인-조직 적합성을 파악하는 것이 중요하다.

적응성(조직의 문화가 변할 때 적합성을 유지하는 능력)은 직무 성과에 중요한 영향을 미친다. 최근 연구에 따르면, 변화하는 문화적 규범에 빠르게 적응하는 직원들이 최초 입사했을 때 조직에 잘 맞았던 직원보다 훨씬 더 나은 성과를 낸다고 한다.

이번 섹션에서는 조직의 내부 맥락을 평가하여 비즈니스를 이해하는 커리어 준비 역량을 향상시키고 조직 내부 맥락의 변화에 적응할 수 있도록 적응성을 향상시키는 방법을 알아본다.

그림 8.13 커리어 준비 모형

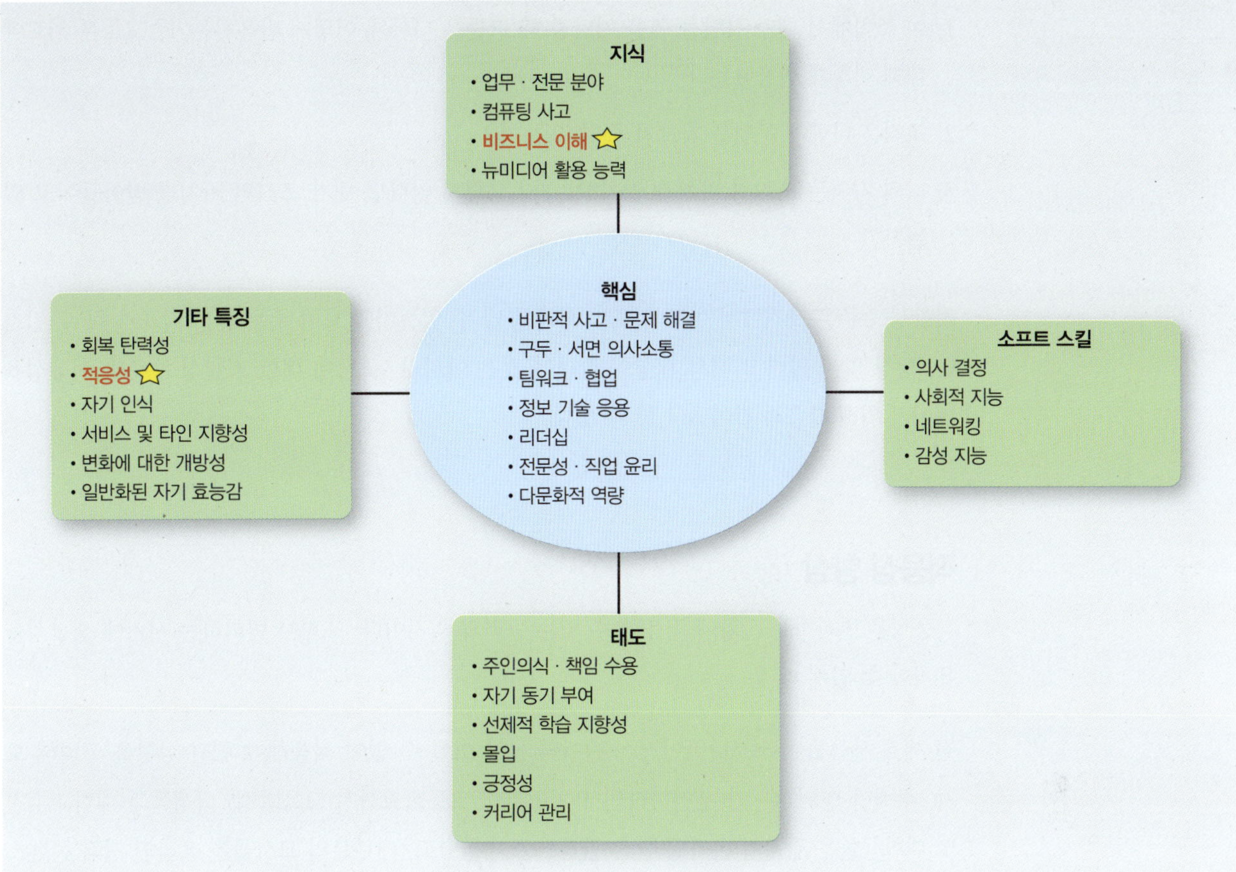

개인-조직 적합성을 진단하는 질문

전문가들이 제안하는 개인-조직 적합성을 알아볼 수 있는 질문은 다음과 같다.

예비 동료에게 물어봐야 할 질문

1. 현재 어떤 프로젝트를 진행하고 있는가?
2. 여기서 이루고자 하는 바는 무엇인가? 방해가 되는 것은 무엇인가?
3. 이 조직에서 어떤 사람들이 성공하는가? 어떤 사람들이 성공하지 못하는가?

예비 상사에게 물어봐야 할 질문

1. 이 회사에서 고용한 사람 중 매우 성공한 사람에 대해 말씀해 주시겠습니까?
2. 이 회사에서 고용한 사람 중 성공하지 못한 사람에 대해 말씀해 주시겠습니까?
3. 나의 첫 성과 면담에서 무엇을 칭찬해 주고 싶으십니까?

자신에게 물어볼 질문

1. 이 조직에서 내가 사람들 옆을 지나갈 때 그들은 나에게 어떻게 반응하는가? 그들은 서로에 대해 어떻게 반응하는가?
2. 조직은 나에게 무엇을 가르쳐 줄 수 있는가?
3. 나의 가치는 조직의 가치와 일치하는가? 그렇지 않다면 내가 조직의 가치를 받아들이고 있는가?

적합성 수준은 조직에서 어느 정도의 성과를 낼 수 있는지를 보여 주는 좋은 지표가 될 수 있지만, 당장 맞지 않다고 해서 세상이 끝나는 것은 아니다. 조직에 대한 적합성 수준과 적응성을 높이기 위해 다음과 같이 노력할 수 있다.

적응성 향상

적응성은 변화하는 상황에 적응할 수 있는 능력과 의지이다. 조직이 변화하는 시기에 생산성을 유지할 수 있게 해 준다.

전 세계 사람들이 코로나바이러스 팬데믹 동안 어쩔 수 없이 적응해야 했던 상황을 고려해 보자. 수백만 명의 K-12(우리나라의 유치원부터 고등학교까지 교육과정) 학생들과 대학교수진 및 대학생들은 갑자기 온라인 학습 환경으로 내몰렸고, 대부분의 교사들은 온라인 강좌 콘텐츠를 제공한 경험이 거의 또는 전혀 없었다. 기업들이 강제로 문을 닫고 더 이상 직원들에게 급여를 지급할 수 없게 되면서 실업이 급증했다. 부모들은 갑자기 홈스쿨 교사가 되었다. 종종 그들은 재택근무와 홈스쿨 교사 사이의 역할에서 줄타기를 해야 했다.

팬데믹 기간의 적응성. 글래스 디스틸러리의 설립자인 이안 맥닐(Ian MacNeil)은 코로나바이러스로 인한 손 소독제 부족 문제를 창의적으로 해결해서 적응성을 보여 주었다.

영업을 유지하도록 허용된 소수의 기업(필수 기업으로 분류된 기업)조차도 비즈니스 모형을 전면적으로 변경해야 했다. 다음은 격리 기간 동안 경영자가 뛰어난 적응성을 보인 기업의 몇 가지 예이다.

호덜리의 예: 정리 전문 회사인 호덜리(Horderly)는 가정용 서비스를 완전한 온라인 모형으로 신속하게 전환하여 코로나바이러스 팬데믹에 적응했다. 3일 안에 회사는 가상 서비스를 구축하고 웹 사이트를 업데이트하여 방문객들에게 가입 방법에 대한 정보를 안내했다.

글래스 디스틸러리의 예: 초기 코로나바이러스 사태 중에 매장 진열대에서 가장 먼저 사라진 품목 중 하나는 손 소독제였으며, 일부 웹 사이트에서는 손 소독제가 개당 최대 100달러에 판매되었다. 글래스 디스틸러리(Glass Distillery)는 공급품과 장비를 사용하여 손 소독제를 생산할 수 있음을 깨달았다. 회사는 하나를 고르고 싶어하는 모든 사람들에게 무료로 작은 병을 제공했으며, 온스당 0.39센트에 패밀리 사이즈의 병을 판매하여 수입원을 유지했다. 시애틀 경찰서는 5갤런을 주문했으며,

지역 식료품 상인들 또한 매장 직원을 위해 대량으로 주문했다.

적응성을 높이기 위해 다음을 시도해 보자.

- **낙관적인 태도를 갖자.** 낙관적인 사람들은 변화를 기회로 본다. 따라서 그들은 직장이나 커리어 변화를 극복해야 할 도전으로 보고 미래의 사건에 대해 긍정적인 기대를 갖으며 적응성에 자신감을 갖는다.
- **선제적 학습 지향성을 갖자.** 선제적 학습 지향성은 변화하는 동안 조직이 원하는 행동을 배우고 시작하는 데 집중할 수 있게 해 준다.
- **더 많은 자원을 사용하자.** 도전에 직면했을 때 문제가 아닌 해결책을 찾자. 7장에서 학습한 사후 분석을 활용하여 결과 개선을 위한 창의적인 아이디어를 찾는 연습을 해 보자. 또한 첫 번째 계획이 작동하지 않을 경우 수행할 수 있는 조치를 파악하는 비상 계획을 만드는 데 도움이 된다.
- **주인의식을 갖고 업무 책임을 수용하자.** 포브스의 한 기고자에 따르면, 적응성이 뛰어난 사람들은 "선제적이기 때문에 외부 영향의 희생자"가 되지 않는다. "새로운 것에 적응하려면 옛 것을 버려야 한다. 적응성이 있는 사람은 원한을 품거나 불필요하게 피하지 않고 흡수하고 이해하며 앞으로 나아간다."라고 말했다.
- **다양한 질문을 통해 관점을 넓히자.** 새롭거나 참신한 질문을 하는 것은 도전에 직면했을 때 시야를 넓히는 데 도움이 된다. 사람들은 대부분 너무 좁은 질문을 하는 경향이 있다. 다음과 같이 시도해 보자. "이 상황에서 놀라운 점은 무엇인가? 이 상황에서 불가능한 옵션은 무엇인가? 내가 무시하고 있는 자료는 무엇인가?"

주요 용어

HR 제도
가상 구조
개인-조직 적합성
경계 없는 조직
공동체형 문화
공통 목표
권한
기능 구조
단순 구조
매트릭스 구조
명령의 일원성
모듈형 구조
분권화된 권한
분업
사업부 구조
상징
성과 책임
수평 조직
수평적 구조
시장형 문화
실행 가치
애드호크라시 문화
업무 책임
영웅
위계 구조
위계형 문화
위임
의례와 의식
이야기
조직
조직 구조
조직 사회화
조직 설계
조직도
조직 문화
중공 구조
중앙 집권화된 권한
지지하는 가치
통제 범위
협력 조정

핵심 정리

01 전략에 맞추는 조기 문화, 조직 구조, HR 제도

- 최고 경영자의 과제는 조직 문화, 조직 구조, HR 제도를 정렬하여 전략을 성공적으로 실행하는 것이다.
- 조직 문화는 한 집단이 가진 다양한 환경에 대해 어떻게 인식하고, 생각하고, 반응하는지를 결정하는 일련의 공유되고 인정된 암묵적인 가정으로 정의된다.
- 조직 구조는 조직의 목표를 달성하기 위해 함께 일할 수 있도록 조직 구성원들을 조정하고 동기를 부여하는 직무 및 보고 관계의 공식적인 체계이다.

02 조직 문화

- 조직 문화는 관찰 가능한 인공물, 지지하는 가치, 기본 가정의 세 가지 수준으로 나타난다.
- 조직 문화는 상징, 이야기, 영웅, 의례와 의식, 조직 사회화를 통해 직원들에게 전달된다.
- 경쟁 가치 모형에 따르면 조직 문화는 (1) 공동체형, (2) 애드호크라시, (3) 시장형, (4) 위계형으로 분류할 수 있다.

03 조직 문화의 변화 과정

- 경영자가 조직 문화를 확립하거나 변화시키기 위해 고려하는 12가지 메커니즘은 (1) 형식적 성명, (2) 구호와 격언, (3) 의례와 의식, (4) 이야기, 전설, 신화, (5) 위기에 대한 대응 방식, (6) 롤모델, 교육, 코칭, (7) 물리적 설계, (8) 보상, (9) 조직 목표와 성과 기준, (10) 측정 가능하고 통제 가능한 행위, (11) 조직 구조 (12) 조직 시스템 및 절차가 있다.
- 조직 문화를 바꾸기 위해서는 여러 수단을 사용해야 한다.

04 조직 구조

- 에드가 샤인이 제시한 조직의 네 가지 특징은 (1) 공통 목표, (2) 협력 조정, (3) 분업, (4) 위계 구조이다.
- 세 가지 추가적인 특징은 (5) 통제 범위, (6) 권한, (7) 권한의 분포가 있다.
- 조직도는 공식적인 권한의 라인과 조직의 공식 직위 또는 작업 전문화를 보여 주는 그림이다.

05 조직 구조의 유형

- (1) 단순 구조, (2) 기능 구조, (3) 사업부 구조, (4) 매트릭스 구조, (5) 수평적 구조, (6) 중공 구조, (7) 모듈형 구조, (8) 가상 구조는 조직 구조의 여덟 가지 유형이다.

06 커리어 준비 실천

- 변화하는 조직에서 개인-조직 적합성을 유지하려면 적응성이 필요하다.
- 동료, 상사, 자신에게 질문하여 특정 맥락에서 자신과 조직 간의 '적합성'을 진단할 수 있다.
- 낙관적이고, 선제적 학습 지향성을 보이고, 더 많은 자원을 사용하고, 주인의식을 갖고 업무 책임을 수용하며, 다양한 질문을 하여 관점을 넓힘으로써 적응성을 향상시킬 수 있다.

핵심 질문

01 조직의 전략을 실행하기 위해 경영자가 정렬해야 하는 세 가지 요소는 무엇인가?

02 조직 문화의 세 가지 수준을 설명해 보자.

03 직원들에게 조직 문화를 이해시키는 다섯 가지 방법은 무엇인가?

04 경쟁 가치 모형에 따라 조직 문화의 네 가지 유형을 설명해 보자.

05 조직 문화를 만들거나 바꾸기 위한 12가지 메커니즘을 설명해 보자.

06 조직의 일곱 가지 특징은 무엇인가?

07 전통적인 조직 설계의 네 가지 조직 구조를 설명해 보자.

08 수평적 조직 구조를 설명해 보자.

09 조직 간의 경계를 개방하는 세 가지 조직 구조를 설명해 보자.

웰스파고의 영업 문화

돈을 어떻게 파는가? 이것은 소매 은행의 근본적인 과제이며 리차드 코바체비치(Richard Kovacevich)는 이에 대한 해결책을 가지고 있었다. 그는 은행을 상점으로, 은행원을 영업 사원으로, 금융 상품을 소비재로 보았다. 델리(deli) 직원이 콤보로 바꾸거나 주문에 디저트를 추가하고 싶은지 묻는 것과 마찬가지로 은행원은 포트폴리오에 신용 카드, 저축 계좌 또는 대출을 추가하도록 권장해야 한다. 코바체비치는 이것을 '교차 판매'라고 불렀으며, 이는 여러 계좌를 가진 고객이 단일 계좌를 가진 고객보다 은행에 훨씬 더 유리하다는 사실에 근거했다. 고객은 몇 개의 계좌를 보유해야 하는가? 1997년 노웨스트(Norwest)의 CEO로 출범한 코바체비치가 제안한 "Going for Gr-Eight" 이니셔티브에 따르면 여덟 개이다. 왜 여덟일까? 코바체비치는 이에 대해 "GREAT와 운율이 맞아서!"라고 말했다.

웰스파고의 영업 관행

노웨스트는 1998년 웰스파고(Wells Fargo)와 합병하여 웰스파고라는 은행명을 유지하였으며, 코바체비치가 회장 겸 CEO로 취임하였다. 그는 수익 증대를 은행의 가장 중요한 목표로 보았고, 교차 판매는 이러한 목표를 달성할 수 있는 방법으로 보았다. 은행원들은 판매 목표 달성에 대해 분기별 보너스로 500~2,000달러를 벌 수 있고, 지역 관리자는 연간 보너스를 최대 20,000달러까지 늘릴 수 있다.

2006년부터 2015년까지 웰스파고의 주식이 67%나 증가한 것에서 알 수 있듯이, 강력한 영업 문화가 웰스파고의 순익을 변화시켰다. 불행히도 이러한 문화에는 어두운 면이 존재하였다. 네브래스카주 링컨에 위치한 웰스파고 지점에서 일하다가 2012년 극심한 영업 압박으로 인해 퇴사한 스티븐 슈로드(Steven Schrodt)는 판매 목표를 달성하지 못한 사람들에게 가족과 친구의 계좌를 개설하도록 권장했던 관리자가 기억났다. 다른 전 직원들은 양로원과 지역 버스 정류장에서 잠재 고객을 찾았다고 한다.

친구, 가족, 낯선 사람에게 사업을 부탁하는 데 지친 은행원들은 더 은밀한 전술을 시도했다. 전직 웰스파고의 직원은 성과가 좋은 동료의 비법을 발견한 날을 회상한다. 한 고객이 주택담보 대출을 신청했는데 결국 20,000달러의 개인 신용 한도를 갖게 되었다. "그리고 나서 나는 그가 모든 대출을 어떻게 하고 있는지 깨달았다. 왜냐하면 그는 기본적으로 동일한 신청서에서 다른 대출 상품에 태그를 붙여 고객들이 문서에 서명할 때 실제로 눈치채지 못하도록 했기 때문이다."

문제는 2009년에 나타나기 시작했다. 이 시기에 리처드 코바체비치는 이미 사임했고, 사장 겸 CEO 자리에는 존 스텀프(John Stumpf)가 선임됐는데, 코바체비치의 영업 문화는 깊숙이 자리 잡은 상태였다. 은행 지점의 소매 판매 관행의 잠재적인 문제를 조사하기 위해 웰스파고는 2012년 내부 대책 위원회를 구성했다. 대책 위원회는 이러한 비윤리적인 행동이 소수의 '불량' 개별 지점 직원 때문이라고 결론지었다. 웰스파고는 이후 2013년에서 2016년 사이에 5,000명 이상의 '불량' 은행원들을 해고했다.

웰스파고의 사기 인정

2016년 9월 통화 감사국, 소비자 금융 보호국, 로스앤젤레스시 검사는 고객 몰래 수백만 개의 은행 계좌를 개설한 웰스파고에 1억 8,500만 달러의 벌금을 부과했다. 은행 측은 사기를 공개적으로 인정했지만, 경영진은 웰스파고가 영업 품질 매뉴얼에 "각 특정 해결책 또는 서비스에 대해" 고객의 동의를 요구하고 은행원이 인센티브 보상을 늘리기 위해 여러 계좌를 개설하는 것을 명시적으로 금지하는 공식 정책이 있다는 점에 주목했다. CEO 스텀프는 월스트리트저널과의 인터뷰에서 "나쁜 일을 할 동기는 없었다."며 "잘못을 저지르고 해고한 1%는 결코 우리 문화를 반영하지도, 다른 대다수의 사람들이 하는 위대한 일을 반영하지도 않는다."라고 덧붙였다. 하지만, 전 직원들은 다른 이야기를 전한다.

2004년에서 2011년 사이에 웰스파고에서 일했던 사람들은 사기가 만연했으며, 경영자들이 이에 크게 연루되어 있다고 말했다. 한 전직 은행원은 창문도 없고 잠긴 방에서 경영자들과 회의 테이블에 앉아 서명하라는 '공식적인 경고'를 받은 것을 회상했다. 그녀의 매니저는 그녀에게 영업 목표를 달성하지 못한 은행원은 해고되고 기록을 영구적으로 남길 것이라고 말했다.

또 다른 스캔들

스텀프는 2016년 10월 웰스파고에서 사임하고 티모시 슬론(Timothy Sloan)이 CEO로 취임했다. 슬론은 즉시 지점들을 '점포'로 표기하는 것을 중단하고, 은행의 인센티브 보상 계획을 재정비하여 초점을 고객 만족으로 전환하고, 영업 목표에 대한 강조를 크게 줄였다. 그는 조직을 재구성하여 은행의 위험 및 HR 기능을 완전히 중앙 집권화하였다. 슬론의 노력에도 불구하고 웰스파고에는 여전히 또 다른 스캔들이 불거지고 있었다.

2016년 초 웰스파고의 경영진은 수십만 명의 자동차 대출 고객들이 불필요한 자동차 보험을 청구 받았다는 사실을 깨닫았다. 내부 보고서에 따르면, 무상 보험 비용으로 인해 270,000명 이상의 고객이 자동차 대출을 연체하고 약 25,000대의 차량이 압류되었다. 보험 파산에 대한 연방 정부의 조사는 웰스파고의 운영에 대한 규정 준수, 통제 및 이사회 감독과 관련된 또 다른 내부 문제를 밝혀냈다. 2017년 10월에 발표된 보고서에서 통화감시국은 (은행의 자동차 대출 부서인) 웰스파고 딜러 서비스의 관리자들이 고객 불만을 무시하고, 계약자를 모니터링하지 않았으며, 적어도 2015년 이후 전개되고 있는 문제에 대한 일반적인 대응 태만에 대해 비난했다.

2017년 7월 웰스파고는 1년 전 자동차 보험 스캔들에 대해 알게 되었다고 공개적으로 인정했다. 흥미롭게도 상원 은행 위원회는 2016년 9월 소매 판매 관행 사기와 관련된 청문회에서 경영진이 "이러한 유형의 사기 행위가 다른 분야에 존재하지 않는다고 확신하는 경우"에 대해서는 문제가 해당 기업의 커뮤니티 뱅킹 부서 개별 직원에게만 국한된다고 주장했다. 셰로드 브라운(Sherrod Brown) 상원 의원은 이후 웰스파고가 2016년 청문회에서 자동차 보험 문제를 공개하지 않은 데 대해 "이 위원회에 순수하고 단순한 거짓말을 했으며 대중에게도 거짓말을 했다."라고 주장했다. 슬론은 소매 판매 관행과 자동차 보험 스캔들 사이에는 근본적인 차이가 있다고 주장해 왔으며, 이는 판매 인센티브에 의해 촉진되었다고 말한다.

여파

2018년 2월 연방준비제도 이사회는 웰스파고의 성장을 제한하고 은행이 스스로 돌아섰다고 생각할 때까지 자산을 축적하는 것을 더 이상 허용하지 않을 것이라고 밝혔다. 두 달 후, 소비자 금융 보호국은 부분적으로 자동차 보험 스캔들과 관련하여 기록적인 10억 달러의 벌금을 부과했다. 2020년 초까지 웰스파고는 2002년에서 2016년 사이에 3백만 개의 사기 계정 생성과 관련된 30억 달러의 벌금을 포함하여 법무부와의 합의에 동의하였다. 법무부는 은행 측이 조사에 협조하고 3년 더 모든 관련법을 준수할 경우 형사 고발을 보류하기로 합의했다. 합의의 일환으로 웰스파고는 신원 도용과 허위 은행 기록 생성이라는 두 가지 범죄 위반 행위를 인정했다.

2020년 초까지 통화 감시국은 은행의 전 임원 8명에게 총 5,900만 달러의 벌금을 부과했다. 스텀프의 벌금 총액 중 1,750만 달러는 통화 감시국이 개인에게 부과한 가장 큰 벌금이었다. 또한 스텀프는 은행 업계에서 무기한 영업 정지를 받았다.

새로운 경영진, 새로운 조직 구조

2019년에는 슬론이 CEO 자리에서 사임하면서 리더십에 변화가 생기게 되었다. 비자(Visa)와 뉴욕 멜론 은행(Bank of New York Mellon)의 전임 CEO였던 찰스 샤프(Charles Scharf)가 새로운 CEO로 취임했으며, 은행을 근본적으로 구조 조정하겠다는 계획을 신속하게 발표했다. 샤프의 조직 개편은 은행의 구조를 5개의 사업 라인으로 분할했으며, 각 라인은 자체 CEO가 감독하고 각 CEO는 샤프에 직접 보고한다.

2020년 3월 하원 금융 서비스 위원회에서 증언한 샤프는 "나는 개인적으로 웰스파고를 고객, 직원, 규제기관, 주주 그리고 우리가 봉사하는 지역사회와 함께 건전한 기반 위에 올려놓기 위해 필요한 일을 할 것이라는 확신을 주고 싶다."라고 말하며 "지금까지 해온 것만으로는 충분하지 않고 앞으로도 계속 발전해 나갈 것"이라고 덧붙였다.

토론 문제

문제 해결 관점

1. 규제 기관의 관점에서 이 사례의 근본적인 문제는 무엇인가?
2. 웰스파고의 경영진이 소매 판매 관행과 자동차 보험 스캔들에서 어떤 역할을 했다고 생각하는가?
3. 규제 당국이 웰스파고 문화의 영구적인 변화를 장려하고 광범위한 은행 산업에서 유사한 문제를 방지하기 위해 무엇을 했어야 했다고 생각하는가?

적용하기

1. 경쟁 가치 모형을 사용하여 CEO 코바체비치와 CEO 슬론이 이끄는 조직 문화의 유형을 설명해 보자.
2. 웰스파고의 새로운 CEO가 은행 문화를 개선하기 위해 문화 변화를 위한 12가지 메커니즘을 어떻게 사용할 수 있는지 설명해 보자.
3. 샤프가 새로운 CEO로 취임하기 전 웰스파고의 조직 구조에 대해 설명해 보자. 그런 다음 CEO가 된 후의 구조에 대해서도 설명해 보자. 변화가 미칠 영향을 포함하여 주요 차이점을 설명해 보자.

법적 · 윤리적 과제

근무 시간 외 사교 활동 참석

개인–조직 적합성은 개인의 성격과 가치관이 조직의 문화 및 분위기와 일치하는 정도를 의미한다. 높은 적합성은 직원과 조직 모두에게 중요하다. 이번 과제에서는 직원들에게 근무 시간 외의 사교 활동을 요구하는 조직 문화를 살펴본다.

왜 회사는 직원들에게 근무 시간 외에 사교 활동을 하도록 요구할까? (1) 직원들 사이에 편안함과 휴식을 촉진하고, (2) 힘든 하루를 보낸 후 스트레스를 해소하도록 돕고, (3) 동료에 대해 더 많이 알게 하고, (4) 팀워크와 단결을 구축하는 등 여러 가지 좋은 이유가 있다. 이러한 모든 이점은 대인 관계를 개선하고 잠재적으로 생산성과 고객 서비스 향상으로도 이어질 수 있다.

그러나 이러한 요청이 자발적이라면 더 적은 수의 사람들이 참여할 것이고 그 혜택은 줄어들 것이다. 사교 활동에 참여하는 사람들은 같은 생각을 하고 공통의 인종과 성별, 취미를 공유할 가능성이 더 높다. 예를 들어, 한 직원은 회사의 내집단을 업무 외 시간에 함께 사냥하고 낚시하는 사람들로 설명했다. 따라서 자발적 요청은 다양성보다는 동질성을 촉진하는 미묘한 방법으로 작용할 수 있다.

더욱이 자발적인 요청은 잠재적으로 사람들이 불평등한 소셜 네트워크를 발달시키는 상황을 조성한다. 사람들은 이러한 모임에서 업무 관련 문제를 논의하기 때문에 참석하는 사람들에게 불공정한 커리어상의 이점이 있을 수 있다. 한 인터뷰에서 광고 임원인 이안 미르멜스타인(Ian Mirmelstein)은 그가 해피 아워에 참석하는 것을 중단한 이후로 커리어적으로 어려움을 겪고 있다고 말했다.

따라서 회사 밖에서 사교 활동을 하는 것을 의무화하는 것이 합리적으로 보인다. 이 결론을 받아들이는 기업도 있다. 자포스(Zappos)는 과거에도 그랬으며 다른 회사들은 오늘날에도 이러한 제도를 이어가고 있다. 그러나 일부 연구 결과에 따르면, 직원들이 원하지 않는 시간에 퇴근 후 행사에 참석하는 등 감정을 속여야 한다고 느낄 때 과음하게 될 가능성이 더 높다고 한다.

한 여성은 기자와 인터뷰에서 자신의 고용주에게 "직원들은 단체 점심 식사와 주 2회 술자리에 추가로 돈과 시간을 써야 한다는 불문율이 있다."라고 말했으며 "출세를 위해서는 이런 사교가 필요했다."라고 덧붙였다. 그녀는 채용 과정에서 이러한 요구 사항에 대해 듣지 못했으며, 현재는 개인–조직 적합성의 결여를 느끼고 있다. 사교 활동 의무화에 대한 그녀의 문제는 학교에서 데리고 와야 할 두 자녀가 있고 점심 식사를 직장에 가져옴으로써 돈을 아끼려고 한다는 것이다. 최근 진행된 한 평가에서 그녀는 "좀 더 팀플레이어가 되어야 한다."는 평가를 받았다고 말했다. 그녀의 피드백 일부는 직장 밖에서 사교 활동이 부족한 것에서 기인한 것이다.

문제 해결

근무 시간 외에 사교 활동을 의무화하는 것에 대해 어떻게 생각하는가?

1. 좋은 생각인 것 같다. 사교 활동은 다양한 직원의 가치와 요구에 맞게 다양할 수 있으므로 다양성을 지원한다.
2. 별로인 것 같다. 직원들은 퇴근 후 자신을 돌봐야 하며 회사는 이를 침해해서는 안 된다. 근무 시간 외의 사교 활동은 자발적이어야 한다.
3. 고용주는 직원이 업무 외 시간을 보내는 방식을 간섭할 자격이 없다고 생각한다. 이는 근무 시간 외의 사교 활동에 대한 자발적 또는 의무적 요구를 원하지 않는다는 것을 의미한다. 사람들이 직장 밖에서 사교 활동을 하기를 원하면 그들이 스스로 이를 행하도록 해야 한다.
4. 다른 안이 있다면 설명해 보자.

CHAPTER 09

인적 자원 관리

학습 목표

1. 전략적인 인적 자원 관리의 중요성을 설명한다.
2. 적합한 사람을 모집하고 채용하는 방법을 설명한다.
3. 보상의 다양한 유형을 설명한다.
4. 다양한 교육 제도를 설명한다.
5. 효과적인 성과 관리 및 피드백 기법을 설명한다.
6. 승진, 전출, 징계, 해고를 이해한다.
7. 노사 간 문제 및 노동조합과 효과적으로 협력하는 방법을 설명한다.
8. 피드백을 잘 수용하기 위한 방법을 이해한다.

▶ 미리보기

9장에서는 인력을 계획 · 모집 · 개발 · 유지하는 인적 자원 관리에 대해 학습한다. 그리고 인적 자원 관리가 전반적인 회사 전략, 조직 문화, 조직 구조와 어떻게 정렬해야 하는지, 전략적 가치를 창출하기 위해 인적 자원 관리 제도를 어떻게 사용하는지, 자격을 갖춘 사람을 어떻게 모집하고 선발할 수 있는지에 대해서 알아본다. 보상, 온보딩, 교육 · 개발, 직원 성과를 관리하고 피드백을 제공하는 방법에 대해서도 살펴본다. 마지막으로, 노동조합의 역할을 알아본 뒤, 피드백을 더 잘 수용하는 방법을 살펴본다.

성공 전략

면접을 준비하는 방법

취업 준비생들은 종종 초기 면접에서 몇 가지 흔한 실수를 한다. 면접 경험이 부족한 사람들이 실수를 줄일 수 있는 방법은 다음과 같다.

가상 면접 준비

인적 자원 관리 협회(Society for Human Resource Management)의 한 연구에 따르면, 고용주의 최소 절반이 대면 인터뷰 일정을 잡기 전에 지원자를 심사하기 위해 화상 면접을 한다. 이는 대면 인터뷰만큼 심층적이지 않을 수 있지만, 회사 방문 초청을 확보하는 첫 번째 단계인 경우가 많다. 가상 면접을 준비하는 방법에는 여러 가지가 있다. 먼저 장비를 미리 테스트해야 한다. 미팅 소프트웨어를 작동하는 방법을 알고 있는지 확인하고, 이 기회를 통해 발생할 수 있는 모든 문제를 해결하자. 다음으로, 가장 좋은 배경, 조명 및 복장을 파악하자. 집이나 사무실에서 전문가처럼 보이고 정돈된 장소를 찾고, 자연광을 활용하고, 카메라에 비치는 내 모습을 보완할 수 있는 옷을 입자. 마지막으로, 방해 요소를 제거해야 한다. 컴퓨터 설정을 열고 당신과 면접관에게 방해가 될 수 있는 이메일, 문자 메시지, 기타 프로그램에 대한 팝업 알림을 끄자.

사전 조사

면접을 보는 회사와 면접관의 이름을 알고 있는가? 무엇을 만들고 무슨 일을 하는지, 면접을 보는 사람의 직책의 직무가 무엇인지 알고 있는가? 경쟁사를 알고 있는가? 어떤 새로운 제품이나 서비스가 제공되고 있는가? 당신의 가장 큰 장점과 구체적인 성과는 무엇인가? 당신의 약점은 무엇인가? 회사 웹사이트와 회사에 대한 최근 언론 기사를 조사하자. 회사의 소셜 미디어를 확인하고, 팔로워와 어떻게 상호 작용하는지 확인하자. 회사가 하는 일에 맞는 자신의 강점을 파악하자. 약점에 대해 질문을 받았을 때, 그 약점을 어떻게 인식하고 제기한 딜레마를 어떻게 극복하고 이를 통해 어떻게 개선되었는지 이야기하자. 답변을 연습하되 답변을 외워서 말하는 것처럼 들릴 정도로 많이 해서는 안 된다.

단정한 옷차림과 시간 엄수

옷은 단정하면서도 전문가처럼 보이게 입어야 한다. 면접 장소를 정확히 알고 있는지 확인하고 가능하면 하루 정도, 면접과 동일한 시간에 면접 장소에 방문하여 정시에 도착하는 데 얼마나 걸리는지 알아보자. 도착하면 안내원에게 정중하게 인사하고, 당신을 맞이하는 모든 사람에게 인사하자. 휴대 전화를 무음으로 설정하고 건물을 떠날 때까지 휴대 전화를 다시 꺼내지 말자.

대답과 질문 연습

면접관에게 질문할 말을 연습하자. 이전 회사나 상사에 대해 부정적인 말을 하지 말자. 오히려 긍정적인 점을 파악하고 경험에서 얻은 것을 전달하자. 면접 후 24시간 이내에 면접관에게 감사의 인사를 전하고, 해당 직책에 대한 관심을 다시 한 번 강조하는 이메일을 철자 오류나 문법 오류 없이 보내자. 면접의 일부를 망쳤다고 생각되면 이메일을 통해 실수를 보완하자.

인상 관리

대부분의 면접은 채용 담당자가 "마지막으로 질문 있으세요?"와 같은 말로 끝난다. 강력한 대답을 준비하면 더욱 기억에 남을 수 있다. 컨설팅 회사 액센추어(Accenture)의 전문가들은 다음 몇 가지를 권장한다. 우선, 미래 지향적이고 성공을 강조하는 질문을 하자. 예를 들어, "향후 5년 동안 이 역할이 어떻게 확장될 것으로 예상하고 있으며, 제가 그 직무에서 성공했는지 여부를 어떻게 판단하십니까?" 마지막으로 그리고 가장 중요한 것은 뽑아 달라고 요청하면서 면접을 마무리하는 것이다. 이는 해당 직무에 대한 진지한 관심의 표현이다.

SECTION

01 전략적 인적 자원 관리

인적 자원 관리는 효과적으로 인력을 계획 · 모집 · 개발 · 유지하기 위해 경영자가 수행하는 활동이다. 전략적 인적 자원 관리는 조직의 인적 자본을 전략적 목표와 일치시키는 정책 및 제도의 시스템을 설계하고 실행하는 과정이다.

학습 목표

전략적인 인적 자원 관리의 중요성을 설명한다.

8장에서는 세 가지 핵심 내부 요소가 조직의 성공적인 전략 실행 능력에 영향을 미친다는 것에 대해 배웠다. 8장에서는 이러한 요소들 중 두 가지인 조직 문화와 조직 구조에 대해 자세히 설명했다. 이제 세 번째 요소인 조직에서 가장 중요한 자산인 사람을 관리하는 데 사용되는 인적 자원(human resources: HR) 제도에 대해 살펴본다. 앞서 정의한 바와 같이 HR 제도는 인력 배치, 성과 관리, 학습 및 개발 프로그램, 보상을 포함하여 조직이 인적 자본을 관리하기 위해 사용하는 모든 활동으로 구성된다.

그림 9.1 HR 제도

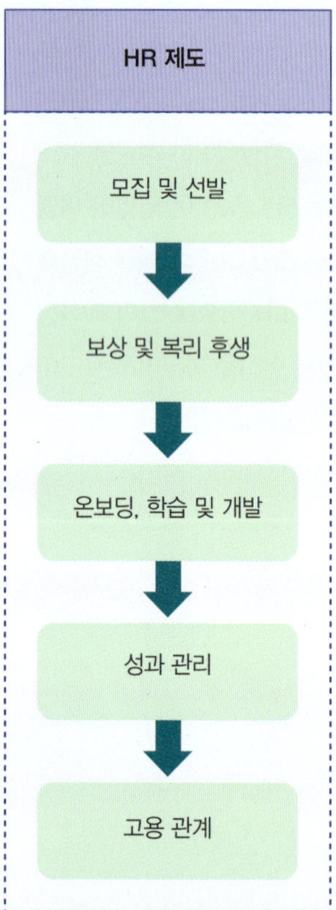

최고의 회사는 직원을 관리하는 방법이 조직의 성공을 결정하는 중요한 요소라는 것을 알고 있다. 예를 들어, 2020년 밀레니얼 세대가 선호하는 상위 5개 직장인 얼티밋 소프트웨어(Ultimate Software), 시스코(Cisco), 에드워드 존스(Edward Jones), 피나클 파이낸셜 파트너(Pinnacle Financial Partners), 킴리 혼(Kimley-Horn)은 모두 독특하고 전략적으로 수립된 채용, 성과 관리, 학습 및 개발, 보상 제도를 통해 직원들에게 상당한 투자를 한다. 또한 최근 연구에 따르면, 직원의 경험을 가장 중요시하는 회사는 S&P 500 주식 시장 지수보다 53~122% 포인트 더 높은 성과를 보이는 것으로 나타났다. 분명히 훌륭한 HR 제도는 경영 성과를 바꿀 수 있다.

이번 섹션에서는 HR 제도가 어떻게 우수한 기업 성과와 경쟁 우위를 창출할 수 있는지 알아본다.

인적 자원 관리

인적 자원 관리(human resource management: HRM)는 채용, 보상, 온보딩, 성과 관리를 포함한 다양한 HR 제도로 구성된다(그림 9.1 참조).

모든 조직은 직원을 관리하기 위해 어느 정도 HR 제도를 사용한다. 예를 들어, 직원이 2~3명에 불과한 가장 작은 영세 기업이라도 누구를 고용할지(채용), 급여를 얼마로 할지(보상) 결정해야 한다. 그러나 34개국 12,000개 이상의 회사를 대상으로 실시된 한 연구에 따르면, 가장 빠르게 성장하고 가장 오래 생존하며 가장 수익성 있고 생산적인 조직들이 사람을 가장 잘 관리한다고 한다.

제너럴 일렉트릭(General Electric)의 전 CEO였던 잭 웰치(Jack Welch)는 "모든 사람을 가치 있게 만드는 것에 대해 항상 생각하고 있지 않다면 기회가 없다."라고 말했다. 실제로 힐튼(Hilton), 얼티밋 소프트웨어(Ultimate Software), 웩만스 푸드 마켓(Wegmans Food Markets), 시스코(Cisco), 워크데이(Workday), 세일즈포스(Salesforce), 에드워드 존스(Edward Jones), 스트리커(Stryker), 아메리칸 익스프레스(American Express), 킴튼 호텔 & 레스토랑(Kimpton Hotels & Restaurants)을 포함하여 포춘이 선정한 2020년 최고의 기업 순위 상위 10위 안에 드는 기업들은 직원을 최우선으로 두는 것이 성공의 밑거름이라고 말한다.

내적 적합성과 외적 적합성

효과적인 HRM은 직원을 최우선으로 생각하는 것을 의미하지만, 기업 전략을 성공적으로 실행하려면 더 많은 노력이 필요하다. 그림 9.2는 HR 제도가 전략의 실행을 추진하는 과정을 개략적으로 나타낸다.

전략적 HRM은 조직의 인적 자본을 전략적 목표와 일치시키는 정책 및 제도의 시스템을 설계하고 실행하는 과정이다. HRM이 사람을 관리하는 것이라면 전략적 HRM은 사람을 통해 경쟁 우위를 창출하는 것이다. 즉, 전략적 HRM은 사람을 조직의 가치 있는 전략적 자산으로 간주한다.

인적 자원에 대한 기업의 접근법은 전체적인 성과를 촉진하는 방식으로 조직에 통합될 때 전략적이 된다. 특히, 그림 9.2에서 볼 수 있듯이 HR 시스템은 두 가지 중요한 유형의 '적합성(fit)'을 달성할 때 전략의 실행을 지원한다.

1. 내적 적합성(internal fit)은 HR 시스템 내의 모든 개별 정책과 제도가 상호 보완적일 때 존재한다. 예를 들어, 직원의 이전 경력이 아닌 성과 잠재력을 기반으로 직원을 채용하는 조직은 폭넓은 학습 및 개발 기회를 제공해야 하며, 성장에 대한 보상을 제공하는 성과 관리 제도를 사용해야 한다.

2. 외적 적합성(external fit)은 HR 시스템이 기업 수준의 전략을 지원하는 조직 문화 및 조직 구조와 일치할 때 존재한다. 예를 들어, 비용 절감과 효율성을 추구하는 회사는 객관적인 직무 성과에 대해 보상하고 목표에 맞는 스킬 교육을 제공하고 직무 성과를 명확하게 정의해야 한다.

그림 9.2 **HR 제도가 전략의 실행을 지원하는 방법**

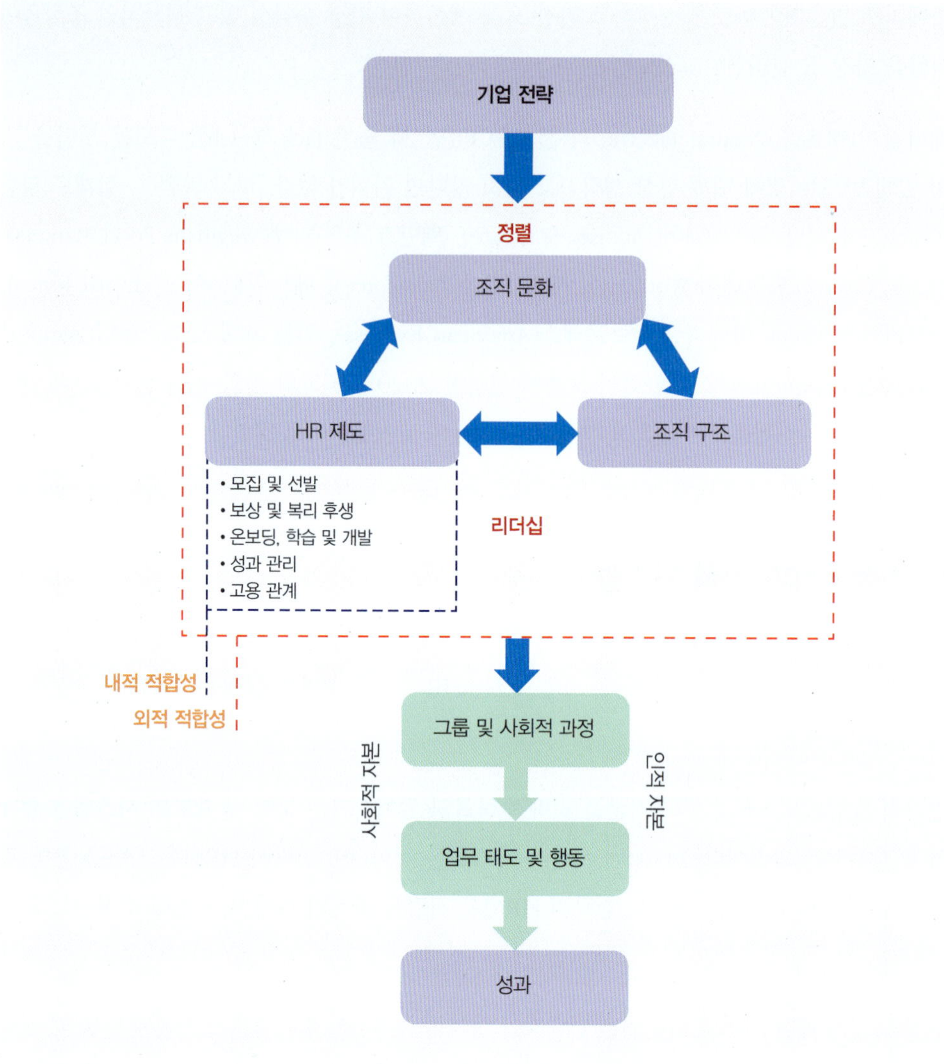

출처: C. Ostroff, A. J. Kinicki, and R. S. Muhammad, "Organizational Culture and Climate," Handbook of Psychology: Volume 12, Industrial and Organizational Psychology, 2nd ed. (Hoboken, NJ: John Wiley & Sons, 2013), Chapter 24, pp. 643–676.

연구 결과에 따르면, 내적 적합성과 외적 적합성을 모두 달성한 HR 시스템은 직원 만족과 회사 성과 등에서 더 나은 결과를 만들어 낸다. 대표적인 예가 바로 에어비앤비(Airbnb)이다.

에어비앤비의 예: 에어비앤비는 어디를 가든지 소속감을 느낄 수 있는 세상을 꿈꾼다. 불행히도 회사는 몇 년 전에 직원들에게 같은 말을 할 수 없다는 것을 깨닫게 되었다. 에어비앤비는 '고객 경험' 부서를 모델로 한 '직원 경험' 부서를 만들었다. 신입 사원들은 일주일간의 온보딩 과정에 함께 참여하기 때문에 직원의 회사 소속감을 높이는 관계가 형성된다. 사무실 공간은 직원들이 집에 있는 것처럼 느낄 수 있도록 설계되었으며, 회사의 '지상 통제(ground control)' 그룹은 직원이 소속감을 느낄 수 있도록 환경을 지속적으로 모니터링하는 임무를 맡고 있다.

전략적 HRM은 기업이 인적 자본과 사회적 자본이라는 두 가지 중요한 무형 자원을 생성하고 활용하는 데 도움이 되기 때문에 기업 전략의 효과적인 실행을 가능하게 한다.

인적 자본과 사회적 자본

그림 9.2는 내적 적합성과 외적 적합성을 갖춘 전략적 HRM이 필요한 인적 자본과 사회적 자본을 만드는 것을 보여 준다.

- **인적 자본(human capital)은 직원의 지식, 경험, 행동의 경제적 또는 생산적 잠재력이다.** 인적 자본은 조직에 가치가 있거나 가치가 있을 수 있는 직원의 모든 역량에서 비롯된다.
- **사회적 자본(social capital)은 강력하고 신뢰할 수 있으며, 협력적인 관계의 경제적 또는 생산적 잠재력이다.** 사회적 자본은 비공식적 인맥과 긴밀한 개인적 관계 모두에 내재된 상호성, 지식, 능력에서 비롯된다.

전략적 HRM은 적절한 인력, 역량, 인맥을 적시 적소에 제공한다. 티 모바일(T-Mobile)에 대한 다음 예를 살펴보자.

고객 서비스 직원에게 전략적 HRM을 적용한 티 모바일

티 모바일은 다른 모든 통신 회사와 차별화하기 위해 노력하면서 자사를 "언캐리어(Un-carrier)"라고 부른다. 특히, 이동통신사와 관련된 일반적인 고객의 '불만 사항'을 제거하는 데 중점을 두고 있다. 티 모바일은 사용자를 계약에 가두지 않고, 유례없는 고객 서비스 경험을 제공할 것을 약속한다. 리즈 매컬리프(Liz McAuliffe)는 2016년 티 모바일 최고 HR 책임자(chief human resource officer: CHRO)에 취임하면서 적합성을 달성하고 회사 전략을 더 잘 실행할 수 있도록 HRM의 혁신이 필요하다는 점을 깨달았다.

당시 티 모바일은 의욕이 없고 업무에 열중하지 않은 직원들로 골치를 앓고 있었다. 맥컬리프는 "어떻게 하면 모든 직원이 개인의 성장과 커리어 성공을 위해 열심히 자신의 역할을 수행할 수 있을까?"라고 자문했다.

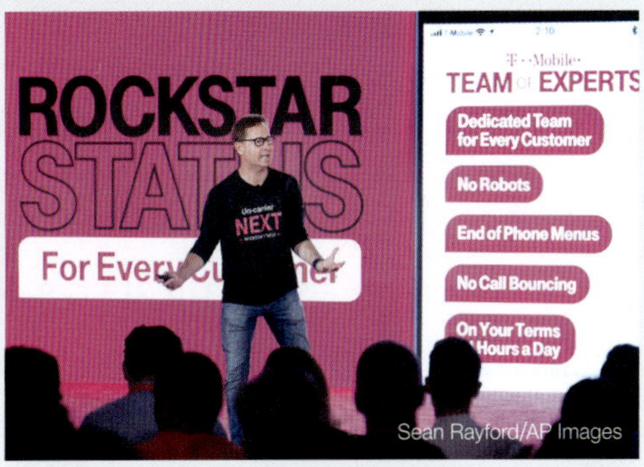

티 모바일의 사장 겸 CEO인 마이크 시버트(Mike Sivert)가 회사 행사에서 전문가 팀을 소개하고 있다. 이 계획은 소규모 직원 그룹이 함께 협력하여 고객의 문제를 해결할 수 있도록 함으로써 고객 서비스 경험을 변화시켰다.

맥컬리프는 HR의 역할을 (HR 비즈니스 파트너에서) '직원 성공 파트너(Employee Success Partners)', (채용 담당자에서) '탤런트 스카우트(Talent Scouts)', (학습 및 개발 컨설턴트에서) '커리어 에이전트(Career Agents)'로 변경했다. 이제 고객 서비스 담당자는 역량을 강화하고 커리어 비전을 넓힐 수 있도록 강화된 교육 및 코칭을 받게 된다. 이를 통해, 연간 이직률이

42%에서 22%로 감소했으며, 직원 결근 또한 25% 가까이 감소했다. 고객 서비스 직원은 상호 보완적인 스킬을 가진 사람들로 구성된 팀에서 일하고, 회사는 팀이 중소기업처럼 행동하고 고객 문제에 대해 사려 깊고 창의적인 해결책을 수립할 수 있도록 지원한다. 티 모바일은 담당자들이 개별 고객의 요구에 맞게 서비스를 맞춤화하는 데 시간을 할애함으로써 직원과 고객의 애로사항을 해소하고 잘못된 빠른 해결의 빈도를 크게 줄였다.

고객 계정당 서비스 호출 횟수는 21% 감소했으며, 회사 역사상 최저 수준의 서비스 비용을 달성했다. 또한 고객 유지 수준이 사상 최고 수준에 달했으며, 고객 만족도와 충성도 또한 급증했다.

당신의 생각은?

티 모바일의 내적 적합성과 외적 적합성을 가장 크게 개선한 구체적인 변화는 무엇이라고 생각하는가?

전략적 HRM에 대한 접근법

그림 9.2는 기업이 전략적 HRM을 '올바른' 상태로 만들 때(즉, 내적 적합성과 외적 적합성을 달성할 때) 기업의 전략을 성공적으로 실행하는 데 필요한 인적 자본과 사회적 자본을 생성할 가능성이 높다는 것을 보여 준다. 최근 연구는 HR 제도의 적절한 구성이 경쟁업체가 이해하고 모방하기 어려운 고유한 조직 역량을 생성한다고 주장한다. 다시 말해, HR 제도는 경쟁 우위를 창출할 수 있다. 카맥스(CarMax)가 한 예이다.

카맥스의 예: 카맥스는 다수의 '최우수 기업' 순위에 꾸준히 오르며, 최근 몇 년 동안 해당 산업에서 선두를 달리고 있다. 한 가지 이유는 회사가 전략적 자원으로서 사람에 초점을 맞추고 있기 때문이다. 카맥스는 시장과 전략 초점이 발전함에 따라 HR 제도를 지속적으로 업데이트하고, 직원의 교차 기능(cross-functional) 스킬을 개발해 왔다. 매장에서 유연한 업무 할당을 위해 직원을 교육하는 전문 관리 개발 프로그램으로 직원을 파악한다. 회사의 내부 웹 사이트는 직원들이 스킬을 쌓을 수 있도록 직무 순환 신청을 장려하고 있다. 다이앤 롱 카프리츠(Diane Long Cafritz) CHRO는 "직원들이 어디에서 어떻게 커리어를 쌓을 수 있는지에 대해 매우 폭넓게 생각한다."라고 말했다. 한 카맥스 직원은 "직무에서 전문적으로 성장할 수 있도록 끊임없이 도전하고 있다."라고 말했다.

올바른 HR 시스템은 어떤 모습일까? 이에 대한 대답은 전략적 HRM에 대한 '최상의' 접근법이 없다는 것이다. 오히려, 회사마다 다른 접근 방식을 통해 이로운 결과를 얻을 수 있다. 그림 9.2에서 알 수 있듯이 리더십은 이 과정에서 중심적인 역할을 한다. 리더는 회사 차원의 전략, 미래의 성과 목표, 예상되는 과제, HR 제도, 조직 구조, 조직 문화가 어떻게 조화를 이루는지에 대한 미묘한 차이를 이해해야 한다. 이러한 지식을 활용하여 다음 세 가지 중요한 질문에 답한다.

1. 회사가 보유한 인적 자본과 사회적 자본은 무엇이며, 이를 가장 잘 활용하는 방법은 무엇인가?
2. 회사가 원하는 곳에 도달하는 데 필요한 인적 자본과 사회적 자본은 무엇인가?
3. 회사는 부족한 인적 자본과 사회적 자본을 어떻게 확보하는가?

모든 회사의 구성은 서로 다르지만, 넓은 수준에서 전략적 HRM의 접근법을 인재 관리와 고성과 작업 시스템의 두 가지 중 하나로 분류할 수 있다. 각각에 대해 차례로 살펴보자.

인재 관리 인재 관리(talent management)는 잠재력이 높은 직원을 조직의 전략적으로 가장 가치 있는 직책과 연결하는 전략적 HRM의 접근법이다. 인재 관리를 활용하는 리더를 할리우드 에이전트로 생각할 수 있다. 그들의 임무는 스타가 될 가능성이 가장 높은 사람들, 즉 '재능을 가진 자'를 파악하여 스킬을 연마시키고 다듬어 오스카 후보 지명과 함께 엄청난 흥행 수익을 올릴 가능성이 가장 높은 역할을 부여하는 것이다. 재무 성과와 경쟁 우위를 창출하는 것 외에도 리더들이 이 엘리트 직원 그룹에 적극적으로 투자하게 되면 세 가지 방식으로 좋은 결과를 얻게 된다.

- **태도:** '스타'로 뽑힌 직원들은 직무 만족, 업무 몰입, 조직 몰입이 향상된다.
- **행동:** 잠재력이 높은 직원은 더 많은 노력, 더 나은 업무 성과, 더 낮은 이직률을 보여 준다.
- **인지:** 조직에서 높이 인정받으면서 더 높은 자기 효능감과 더 높은 성취감을 얻게 된다.

인재 관리는 단기적인 인력 수요를 충족시키는 것이 아니라 기업이 가치를 지속적으로 창출하고 장기적으로 변화하는 시장에 대응하는 방법을 계획할 수 있도록 하는 여러 가지 다양한 인재 파이프라인을 육성하는 데 중점을 둔다. 제네핏(Zenefits)의 사례를 살펴보자.

> **제네핏의 예:** HR 기술 회사인 제네핏은 2020년 초 여러 고위 경영진이 코로나바이러스로 입원했을 때 인재 파이프라인의 가치를 깨달았다. CEO 제이 풀처(Jay Fulcher)는 그들의 승계를 보장하기 위해 회사의 최고 경영진 10인의 회의를 소집했으며, 갑자기 일할 수 없거나 사망할 경우를 대비해 계획을 세웠다. 풀처는 "편안한 대화는 아니었다."라고 말했지만, 회사가 팬데믹의 영향을 극복할 계획을 세우는 것이 중요하다고 말했다.

고성과 작업 시스템 전략적 HRM에 대한 고성과 작업 시스템(high-performance work system: HPWS) 접근법은 조직 전체에 걸쳐 직원의 능력, 동기 부여, 기회를 개선하기 위해 서로 관련 있는 HR 제도들을 활용한다. HPWS는 조직 내 모든 직원의 개별 성과를 체계적으로 향상시킴으로써 전반적인 조직 성과에 영향을 미친다. HPWS에 대한 연구 결과는 HR 제도의 묶음이 개별 HR 제도보다 회사 수준의 결과에 더 강한 영향을 미친다는 것을 보여 준다.

인재 관리 접근법은 특정 개인의 인적 자본과 사회적 자본을 강화하고 활용하는 데 중점을 두었지만, HPWS는 조직의 인적 자본과 사회적 자본의 집합적인 수준을 높이는 데 중점을 둔다.

성과 향상. SAS와 같은 회사에서 수영장, 피트니스 시설 및 야외 활동은 직원을 존중하고 중요시하는 광범위한 HR 시스템의 중요한 부분이다.

SAS에서 HPWS 접근법을 사용하는 방법을 살펴보자.

SAS 예: SAS는 23년 연속 포춘지 100대 최고의 기업 중 하나로 선정되었다. SAS의 커뮤니케이션 리더인 섀넌 히스(Shannon Heath)는 "SAS는 항상 사람들을 잘 대해 주고, 흥미로운 일에 도전하게 하고, 그들의 기여를 존중하면 직원이 회사를 위해 최선을 다할 것이라고 믿어 왔다."라고 말했다. SAS의 사무실은 대학 캠퍼스처럼 느껴지도록 설계되었으며, 자전거 및 산책로, 수영장, 대규모 태양열 패널 네트워크, 스포츠 및 피트니스 시설을 갖추고 있다. SAS의 직원들은 도전적인 과제와 적절하다고 판단되는 프로젝트를 실행할 수 있는 자율성을 부여받는다. 이것은 직원들이 프로젝트에 대해 갖는 개인적인 주인 의식을 증가시키고 또한 창의성과 혁신을 가능하게 한다.

회사에서 인재 관리, HPWS 또는 이 둘의 조합을 사용하든, 궁극적인 목표는 조직 성과를 극대화하는 것이다. 9장의 나머지 섹션에서는 이러한 HR 제도와 전략의 실행을 가능하게 하는 방법들을 살펴본다.

SECTION

02 모집과 채용

직무에 대한 자격을 갖춘 입사 지원자는 조직 내부 또는 외부에서 모집할 수 있다. 지원자의 배경을 검토하고, 면접을 실시하고, 채용 시험 등을 통해 적임자를 선발할 수 있다.

학습 목표

적합한 사람을 모집하고 채용하는 방법을 설명한다.

인적 자원 관리 협회(Society for Human Resource Management: SHRM)는 직무당 모집 및 채용 과정에 36일이 소요되고, 일반적인 조직의 경우 4,129달러가 든다고 추산했다. 이것은 큰 투자처럼 보이는가? 적임자를 성공적으로 모집하고 채용하는 것이 시간과 비용을 많이 투자하는 조직에서도 점점 더 어려워지고 있다. 최근 SHRM이 조사한 HR 전문가의 83%는 증가하는 고급 스킬 직무를 채우기 위해 적격자를 찾는 데 어려움을 겪고 있다고 말했다. 더욱이 전문가들은 기술 발전으로 인해 2~5년 이내에 오늘날 직무 스킬의 많은 부분이 쓸모없게 됨에 따라 오늘날 직무에 필요한 스킬과 직원이 사용할 수 있는 스킬 간의 불일치가 더욱 악화될 것이라고 예상한다.

오늘날의 CEO들은 다른 무엇보다 조직에 필요한 역량을 갖춘 인재를 찾는 것에 어려움을 겪고 있다. 필요한 역량을 갖춘 직원을 찾고자 하는 회사는 올바른 모집 및 채용을 위해 할 수 있는 모든 일을 해야 한다.

모집

모집(recruiting)은 채용 공고에 적격한 지원자를 찾아 채용하는 과정이다. 자격을 갖춘 사람이라는 단어가 핵심이다. 조직의 요구에 가장 적합한 스킬, 능력, 특징을 가진 사람들을 찾고자 한다. 자격을 갖춘 구직자의 수가 숙련된 직무의 수보다 훨씬 적은 오늘날의 노동 시장에서 기업은 지원자의 관심을 유도하기 위해 전략적 접근법을 취해야 한다. 모집의 원천은 다음과 같다.

내부 모집 내부 모집(internal recruiting)은 조직에 이미 고용된 사람들에게 채용 정보를 알리는 것을 의미한다. 조직의 많은 공석은 조직 내부에서 채워지고 있으며, 최근 한 설문 조사에 따르면 인재 전문가의 70%가 조직에서 내부 채용이 점점 더 중요해지는 것으로 나타났다. 기업은 다음과 같은 여러 기법을 사용하여 기존 인력 풀 내에서 잠재적인 지원자를 파악한다.

- **내부 채용 공고:** 조직 내에서 유포되는 공석에 대한 공식 발표
- **비공식 추천:** 특정 직원을 관찰하고 함께 일한 경험이 있는 경영자의 추천
- **직원 프로필:** 개별 직원 역량 및 자격에 대한 정보를 제공

내부 모집은 업무 몰입과 조직 몰입을 높여 직원의 이직을 감소시키는 데 도움이 된다. 또한 직원의 역량을 높이려는 회사에서도 사용된다. AT&T의 예를 살펴보자.

AT&T의 예: AT&T는 내부 모집을 위해 두 가지 시스템을 사용한다. 첫 번째인 개인 학습 경험(Personal Learning Experience: PLE)은 직원의 현재 역량을 분류하고 직원이 회사 내 채용 공고를 검색하여 자신의 스킬과 공석에서 요구하는 스킬 간의 적합성을 평가할 수 있는 직원용 시스템이다. 또한 직원에게 특정 직무 역량을 습득할 수 있는 교육 옵션을 보여 준다. 두 번째 시스템인 나의 커리어 프로파일(myCareer Profile: mCP)은 회사가 기존 풀 내에서 인재를 찾기 위해 사용하는 관리용 시스템이다. 직원은 자격, 스킬, 커리어, 특수 교육 등에 대해 프로필을 작성하고, 관리자는 이 정보를 사용하여 채용 가능성이 있는 후보자를 파악한다.

외부 모집 외부 모집(external recruiting)은 조직 외부에서 입사 지원자를 유치하는 것을 의미한다. 과거에는 구인 공고가 신문, 채용 대행사, 임원 채용 회사, 노동조합 채용장(union hiring hall), 대학 취업 사무실 및 입소문을 통해 이루어졌다. 오늘날 미국 조직의 90% 이상이 모집 활동의 일부를 온라인으로 실시한다. 인기 있는 외부 채용 정보원은 다음과 같다.

- **소셜 미디어:** 오늘날 채용 담당자의 약 80%가 인재를 찾기 위해 링트인(LinkedIn)을 사용하며, 적어도 60%는 페이스북(Facebook)을 사용한다. 인스타그램(Instagram)은 Z세대의 인기에 힘입어 채용 도구로서 주목받고 있다. 현재 채용 담당자의 25%가 인스타그램을 통해 구직자에게 연락하고 있다. 이 수치는 밀레니얼 채용 담당자(35%)와 기술 회사 채용 담당자(63%)의 경우 훨씬 더 높다. 연구 결과에 따르면, 소셜 미디어의 존재만으로도 면접에 초대될 가능성이 훨씬 더 높다.
- **온라인 채용 공고:** 회사는 자체 웹 사이트, 인디드(Indeed), 커리어빌더(CareerBuilder), 글래스도어(Glassdoor)와 같은 구직 웹 사이트, 대학 및 노동조합 웹 사이트에 공석을 광고한다.
- **학교 파트너십:** 채용 담당자는 대학, 직업 학교, 고등학교를 포함한 교육 기관과의 관계를 통해 인재를 모집한다.

자격을 갖춘 직원에 대한 경쟁이 심해지면서 기업은 외부 모집 활동에 창의력을 발휘하게 되었다. 맥도날드(McDonald's)와 골드만삭스(Goldman Sachs)의 예를 살펴보자.

회사의 예: 맥도날드는 스냅챗(Snapchat) 광고에 특수 렌즈를 삽입하여 더 많은 Z세대 지원자에게 다가가려고 했다. 이 렌즈는 맥도날드 유니폼을 입은 사용자를 보여 주고, 짧은 비디오 애플리케이션(또는 Snaplication)을 지역 매장 관리자에게 보낼 수 있는 옵션을 제공했

다. 골드만삭스는 최근 훌루(Hulu), 스포티파이(Spotify), 유튜브(YouTube)에 채용 광고를 게시하는 캠페인을 시작했다.

추천과 부메랑 당신은 아마도 조직 내부의 누군가를 알고 있었기 때문에 훌륭한 직무를 얻을 수 있었던 사람들을 알고 있을 것이다. 직원 추천(employee referral)은 기존 직원의 소셜 네트워크를 활용하여 외부 지원자로 빈 자리를 채운다. 추천은 채용 담당자들 사이에서 인기가 높으며, 조직 내 신규 채용의 거의 50%를 차지한다. 한 전문가에 따르면, 직원 추천은 다음과 같은 이유로 잘 운영된다.

- **재직자는 잠재적 적합성을 잘 판단할 수 있다.** 재직자는 조직 문화에 적응하고 특정 직무를 잘 수행하기 위해 무엇이 필요한지 알고 있기 때문에 자신의 인맥에서 누가 이 자리에 적합한지 결정할 수 있다.
- **재직자는 자신의 평판을 중요하게 생각한다.** 추천한 직원의 업무 성과를 통해 조직 내 평판이 향상되거나 손상될 수 있으므로 추천에 신중을 기한다.

기업이 자격을 갖춘 인재를 찾는 또 다른 방법은 부메랑(boomerang)이다. 즉, 전직 직원이 조직으로 복귀하는 것이다. 부메랑은 종종 개인적인 어려운 일이나 자신의 스킬과 커리어를 발전시킬 수 있는 매력적인 기회 때문에 회사를 떠났던 사람들에게 발생한다. 부메랑은 이미 조직 문화를 이해하고 있고, 온보딩이 거의 또는 전혀 필요하지 않다. 또한 그들을 채용하는 것이 더 저렴하고 시간도 덜 걸린다. 현대 조직들은 이전 직원을 '복귀'시키는 아이디어에 점점 더 개방적이다. 크로노스(Kronos)의 예를 살펴보자.

크로노스의 예: 크로노스는 포춘의 일하기 좋은 100대 기업 순위에 여러 번 선정된 인력 관리 소프트웨어 개발 회사이다. 크로노스가 최고의 인재를 유치하는 데 어려움을 겪었을 때 CEO인 아론 아인(Aron Ain)은 회사 직원의 업무 몰입을 촉진하기 위한 새로운 방식의 필요성을 깨달았다. 회사가 실행한 한 가지 방법은 회사 내부에서든 외부에서든, 직원의 커리어를 지지하는 것이었다. 아인은 "우리는 직원들의 커리어를 소유하지 않는다. 그들이 훌륭한 제안 한다면 우리는 그들의 결정을 지지한다. 물론, 우리는 그들을 붙잡아 두고 우리가 할 수 있는 모든 것을 하고 싶지만, 만약 그들이 떠나기로 결정했고 그들이 높은 성과를 거둔 사람이라면, 우리는 그들이 원하면 언제든 돌아올 수 있는 문이 열려 있다고 알린다."라고 말했다. 아인은 부메랑을 크로노스의 훌륭한 인재의 원천으로 보고 있는데, 부분적으로는 부메랑 직원이 "다른 직장을 경험했고 우리 회사가 제공하는 것을 존중하기 때문에 다른 직원보다 충성도가 높다."라고 말하며 "우리 회사에 새로운 기술과 경험을 가져다준다."라고 덧붙였다.

채용 방식의 효과성 지원자를 모집하는 가장 좋은 방법은 없다. 그림 9.2(및 8장에서 학습한 내용)에서 알 수 있듯이 HR 제도는 조직 문화 및 조직 구조와 일치해야 하며, 이러한 모든 요소는 전략을 지원하도록 신중하게 설계되어야 한다. 이를 특히 잘하는 회사 중 하나가 바로 코스트코(Costco)이다.

> **코스트코의 예:** 세계 3위의 소매업체인 코스트코는 원가 우위와 차별화 전략을 추구하고 내적 적합성과 외적 적합성을 갖춘 HR 제도를 활용한다. 코스트코의 직원들은 다양한 훈련을 받고, 의사 결정을 내릴 수 있는 권한이 있으며, 소매업계에서 가장 높은 급여와 혜택을 누리고 있다. 최근에는 비정규직 근로자에게 유급 육아휴직을 제공하기 시작했다. 또한 대부분의 인재를 내부에서 모집하며, 이것이 직원 이직률이 10% 미만인 주요 요인이다. 이는 업계 평균 이직률이 60~70%라는 점에 비하면 놀라운 수준이다. 코스트코의 공동 창업자인 제임스 시네갈(Jim Sinegal)은 "사람들은 돈보다 다른 많은 이유 때문에 직장에 만족한다."라고 말했다.

적합성을 반영하는 모집 채용은 데이트와 매우 유사하다. 채용 담당자와 구직자는 진지한 약속을 하기 전에 상대방이 좋은 짝이 될 수 있는지 알고 싶어 한다. 8장에서 조직 문화에 대해 학습할 때, 개인-조직 적합성(person organization fit: P-O fit)을 직원의 성격과 가치가 조직의 분위기 및 문화와 일치하는 정도라 설명했다. 여기에서는 직원의 역량과 요구가 특정 직무와 일치하는 정도인 개인-직무 적합성(person job fit: P-J fit)이라는 또 다른 적합성을 살펴본다. 연구 결과에 따르면, 개인-직무 적합성이 높을수록 직무 성과가 향상되고 직무 만족, 조직 몰입 및 직원 유지가 높아진다. 개인-직무 적합성이 낮으면 조직과 직원 모두가 피해를 보게 된다.

채용 담당자들이 구직자의 개인-조직 및 개인-직무 적합성 수준에 대한 평가를 바탕으로 채용을 결정하기 때문에 적합성은 매우 중요하다.

현재 하고 있는 직무가 있다면 해당 직무에 대해 혹은 마지막 직무에 대해 어떻게 생각하는가? 그 직무에 '적합'하다고 느끼는가? 다시 말해, 당신이 그 일을 좋아하고 그 일이 당신의 스킬과 일치하는가? 연구 결과에 따르면, 니즈와 스킬이 직무 요구 사항에 맞을 때 더 행복하고 생산적인 것으로 나타났다.

채용

채용에 적은 인원이 지원하든 1,000명이 지원하든 채용 담당자는 어떤 지원자에게 채용 제안할지 결정하기 위해 체계적인 과정을 거쳐야 한다. 채용(selection)은 지원자를 선별하여 해당 직무에 가장 적합한 지원자를 선정하는 과정이다. 본질적으로 채용은 지원자의 성과, 직무 및 조직과의 적합성, 장기근속 가능성 등에 대한 예측이다.

채용 결정은 백만 달러의 결정을 의미한다고 한다. 왜일까? 한 번 고용한 사람을 해고하기 어려우며, 개인-조직 또는 개인-직무 적합성이 낮은 사람들은 생산성 손실, 직원 태도 불량 및 이직률 측면에서 비용이 많이 들기 때문이다. 이것은 신뢰할 수 있고 효과적이며 법률적으로 문제 없는 기법을 사용하여 적합한 사람을 선택하는 것이 중요함을 강조한다. 이러한 기준에 대해 더 자세히 살펴보자.

법률적으로 타당한 선발 도구란 무엇인가? 법적 변호 가능성(legal defensibility)은 선발 도구가 편견이 없는 방식으로 직무 관련 기준을 측정하는 정도이다. 다시 말해, 채용 수단이 직무 수행과 직접적으로 관련된 요소만 측정해야 하며, 직무와 관련이 없는 요소에 따라 차별해서는 안 된다(섹션 07에서는 평등 고용법에 대해 더 자세히 논의). 채용 기법의 신뢰성과 타당성을 확립하는 것이 기본이 된다.

- **신뢰성(reliability)은 테스트에서 일관된 점수를 산출하는 정도를 나타낸다.** 테스트가 신뢰할 수 있는 경우 측정되는 특징도 동일하게 유지된다는 가정하에 개인의 점수는 시간이 지남에 따라 거의 동일하게 유지된다. 이는 중간고사를 이틀 간격으로 두 번 치르는 것과 비슷하다. 신뢰할 수 있는 중간고사에서 두 경우 모두 매우 유사하게 점수를 얻게 될 것이다.
- **타당성(validity)은 테스트에서 측정하고자 하는 바를 측정하는 정도를 의미한다.** 테스트가 성과를 예측해야 한다면 응시자의 실제 성과는 테스트 점수를 반영해야 한다. 잘못된 채용 테스트를 사용하면 잘못된 채용 결정을 내릴 수 있다. 또한 법원에서 이러한 테스트에 대한 이의를 제기하는 경우 법적 문제가 발생할 수 있다. 타당한 중간고사는 교과서와 강의 중에서 다룬 내용을 측정해야 하며, 그 외의 것은 측정해서는 안 된다.

주요 채용 도구에는 배경 정보, 면접, 채용 검사가 있다.

배경 정보 지원서와 이력서는 학력, 경력, 자격증과 같은 구직자에 대한 기본 배경 정보를 조직에 제공한다. 안타깝게도 많은 배경 정보는 부풀림과 거짓말로 이루어져 있다. 채용 과정에서 배경 정보와 관련된 세 가지 문제에 대해 살펴보자.

1. **지원서 및 이력서는 부정확할 수 있다.** 놀랍게도 79%의 구직자가 지원서와 이력서에 거짓말을 한다(다음 예시 참조). 한 가지 가능한 이유는 구직자들이 실제와 상관없이 이력서의 키워드를 명시된 직무 요구 사항에 맞추려고 하기 때문이다. 다른 이유로는 기술 또는 언어 스킬, 학력, 직무 이력 또는 성과에서의 결함을 숨기려는 시도이다. 허위 기재 또는 거짓말의 이유와 상관없이 입사 지원서나 이력서를 허위로 기재하면 해고될 수 있음을 유의해야 한다. 정직이 최고다.

구직자들이 하는 거짓말

커리어빌더(CareerBuilder)의 CHRO인 로즈메리 해프너(Rosemary Haefner)에 따르면, 구직자들이 이력서에서 가장 자주 하는 거짓말은 학력, 고용 이력, 성과 및 범죄 기록에 대한 것이다. 다음은 해서는 안 될 거짓말에 대한 몇 가지 실제 사례이다.

학력에 대한 거짓말

2018년 샘소나이트(Samsonite)의 CEO인 라메시 타인왈라(Ramesh Tainwala)는 이력서에 경영학 박사 학위를 받았다고 거짓으로 주장했다는 보도가 나오자 사임했다. 타인왈라는 나중에 기자들에게 1990년대에 박사 과정에 등록했지만 학위를 마치지 못했다고 전하면서 "항상 부끄럽다."라고 말했다.

고용 이력에 대한 거짓말

호주 당국은 베로니카 테리올트(Veronica Theriault)가 총리 및 내각의 최고정보책임자 자리에 오르기 위해 이력서에 여러 항목을 조작했다는 사실을 발견한 후 25개월의 징역형을 선고했다. 테리올트는 이전 직업에 대한 정보를 날조했고, 심지어 부서와의 전화 통화에서 (그녀가 참조로 나열한) 'Ms. Best'라는 사람을 추천인으로 사칭하기도 했다. 사람들은 급여 이력, 직함, 프로젝트 성과에 대해서도 거짓말을 한다.

학력과 고용 이력에 대한 거짓말

당시 23세였던 테일러 위네스(Taylor Weyeneth)는 미국 마약통제정책국(U.S. Office of National Drug Control Policy)의 공석이 채워지지 않았을 시기에 비서실장으로 빠르게 승진했다. 그러나 2018년 초 워싱턴 포스트의 조사에서 그가 석사 학위(한 번도 이수한 적이 없음)와 법률사무소 근무에 대한 세 가지 사항을 이력서에 허위로 기재한 사실이 밝혀지자 곧바로 사임했다. 또한 캠페인 자원봉사자 외에는 전문적인 경험이 없었으며, 심지어 자신이 동아리의 회장이라는 것도 거짓이었다.

이력서의 거짓말에 대한 대처법

가장 좋은 선택은 처음부터 사실대로 말하는 것이지만, 화려하게 꾸며진 입사지원서를 제출했다면 문제를 바로잡기 위해 취할 수 있는 조치들이 있다. 해프너는 지원서의 부정직한 부분을 수정하고 이력서와 지원서를 다시 제출할 것을 제안한다. 그녀는 면접관에게 "원본 이력서에서 일부 오류를 발견하고 수정본을 가지고 있다고 말해야 한다."라고 말하지만 "안타깝게도 당신이 거짓말을 한 것을 알게 되면 그들이 당신을 그 자리에 앉히지 않을 가능성이 있기 때문에 철회하는 것 말고는 완전히 안전한 대안이 없다."라고 경고했다. 결론은 거짓말을 하지 말라는 것이다.

당신의 생각은?

대부분의 회사는 이력서 자료를 자기소개서와 비교하고, 추천서를 확인하고, 모교에 전화를 걸고, 배경을 조사하고, 구글에서 은밀히 검색하고, 스킬 테스트를 실시한다. 이러한 내용에 대해 배웠으면서도 이력서에 거짓말을 할 것인가? 그 이유는 무엇인가?

2. **지원서와 이력서가 항상 유용한 정보를 제공하는 것은 아니다.** 오늘날 지원자를 직무에 적합하게 만드는 학력 및 경험 유형은 급격한 기술 변화로 인해 몇 년 후에 거의 쓸모가 없을 수 있으며, 이전 근무 기록과 같은 정보 또한 채용 조직과 관련성이 떨어지게 된다. 이러한 이유로 일부 전문가들은 조직이 채용 과정의 초기 단계에서 지원자의 역량을 평가하기 위해 기본 스킬 테스트에 더 의존할 것을 권장한다. 기업이 스킬 기반 접근법을 위해 이력서를 사용하지 않는 방법에 대한 다음 예를 살펴보자.

   파이메트릭스의 예: 파이메트릭스(Pymetrics)는 기업들이 이력서를 스킬 평가로 대체할 수 있도록 돕는 채용 평가 회사이다. 하버드와 MIT의 신경과학자이면서 공동 창립자이자 CEO인 프리다 폴리(Frida Polli)는 특정 스킬과 능력에 대한 정확한 평가가 존재하지만, 조직에서 이를 적용할 수 있는 확장 가능하거나 실용적인 방법이 없다는 것을 배웠다. 그녀와 그녀의 팀은 이제 테슬라(Tesla), 유니레버(Unilever), 액센츄어(Accenture)와 같은 고객에게 지원자가 특정 역할에서 성공할 가능성을 알려주는 평가 게임을 개발한다. 또한 알고리즘을 사용하여 편향을 지속적으로 확인하고 조정한다.

지원서와 이력서에 제공되는 배경 정보는 지원자의 과거 학력 및 직무 경험을 조직에 알려준다. 파이메트릭스의 공동 설립자이자 CEO인 프리다 폴리는 신경과학을 이용하여 지원자의 타고난 적성과 특정 역할에서 탁월한 잠재력을 측정하는 플랫폼을 개발했다.

3. **배경 조사는 차별로 이어질 수 있다.** 회사는 채용 과정에서 지원자의 이전 고용주 및 추천인에게 연락하여 경력을 확인하고, 지원자가 좋은 성과를 거둘 가능성이 있는지 파악한다. 그러나 배경 조사 중 대화를 통해 의도치 않게 지원자의 개인 정보가 노출되는 경우 문제가 발생할 수 있다. 연령, 장애 여부, 결혼 여부와 같은 기준에 따라 채용 결정을 내리는 것은 법적으로 금지되어 있지만, 이러한 요소 및 기타 관련 요소에 대한 지식은 고용 차별로 이어질 수 있다. 일부 고용주는 관리자가 전 직원에 대해 말할 수 있는 내용을 제한하는 정책을 시행한다. 예를 들어, 일부는 전 직원의 직위와 고용 날짜를 확인하기 위해서 참고인 역할만을 하도록 허용한다. 다른 사람들은 퇴사 이유와 직원의 재고용 여부를 언급하는 참고인 역할만을 허용하기도 한다.

면접 면접은 조직에서 가장 일반적으로 사용되는 직원 채용 기법이다. 면접은 대면, 전화 또는 화상 회의를 통해 이루어질 수 있다.

면접은 비구조화된 면접과 두 가지 유형의 구조화된 면접(상황 및 행동 설명)의 세 가지 형식이 있다.

- **비구조화된 면접(unstructured interview)은 정해진 질문이나 체계적인 채점 절차를 사용하지 않고 지원자에 대한 정보를 수집한다.** 비구조화된 면접은 일반적인 대화처럼 진행되며, 보다 편안한 분위기 속에서 특정 주제를 더 깊이 탐구할 수 있는 이점이 있다. 그러나 수십 년간의 연구 결과에 따르면 비구조화된 면접은 낮은 신뢰성과 타당성, 법적 문제에 대한 높은 민감성을 포함하여 심각한 단점이 있다.

구조화되지 않은 면접을 선택 도구로 사용하는 것의 단점에 대한 강력한 증거가 있음에도 불구하고 많은 기업에서 여전히 손해를 감수하고 이를 사용하고 있다. 시즌 52(Seasons 52) 레스토랑 체인의 사례를 살펴보자.

> **시즌 52의 예:** 2018년 시즌 52(올리브 가든[Olive Garden]을 포함한 다든[Darden] 레스토랑 그룹의 계열사)는 레스토랑 35곳의 채용 과정에서 연령차별을 경험한 40세 이상의 지원자가 제기한 연방 소송을 해결하기 위해 280만 달러를 지불하는 데 동의했다. 불합격자 100여 명은 채용 담당자가 생일, 졸업 날짜, 젊은 동료와 보조를 맞출 수 있는 능력과 관련하여 다양한 차별적인 면접 질문을 했다고 증언했다. 셰릴 마차도(Cheryl Machado)는 그녀의 면접관이 레스토랑이 "젊고, 신선하고, 활기차고, 건강한" 직원들에게 관심이 있다고 말했다고 전했다.

마차도는 "유니폼을 입은 젊은 직원들의 사진을 보여 주며 몸에 꼭 맞는 타이트한 유니폼을 입는 것이 편하냐고 물었다."라고 덧붙였다. 조지 시몬스는 "면접관이 나이를 묻기 전까지는 면접이 순조로웠다."라고 회상했다. 시몬스가 44세라고 말했을 때 면접관은 그에게 "레스토랑이 젊은 사람들을 찾고 있다."라고 말했다. 다든 레스토랑 그룹은 최근 몇 년 동안 외식 업계에서 경쟁력을 유지하기 위해 고군분투했으며, 젊은 소비자에게 어필하기 위해 이미지를 쇄신하는 데 목표를 두었다. 평등 고용 기회 위원회(Equal Employment Opportunity Commission: EEOC)의 변호사인 다니엘 셀처(Daniel Seltzer)는 "젊은 고객들에게 어필하려는 욕구가 '우리는 젊은 근로자들을 고용함으로써 젊은 고객들에게 어필할 것이다'라는 결론에 이르렀다."라고 말했다.

- **구조화된 면접(structured interview)은 각 지원자에게 동일한 질문을 하고 그들의 응답을 표준화된 답변과 비교하는 것이다.** 60년 이상에 걸친 채용 면접 연구에 대한 여러 검토에서 가장 일관된 결과 중 하나는 구조화된 면접이 지원자의 미래 직무 성과를 예측하는 능력에서 비구조화된 면접보다 훨씬 더 우수하다는 것이다.

구조화된 면접에는 상황 면접과 행동 설명 면접의 두 가지 유형이 있다.

1. **상황 면접(situational interview)은 면접관이 지원자에게 가상의 업무 상황에서 어떻게 행동할 것인지 묻는 것이다.** 질문의 예는 다음과 같다. "사무실에서 두 사람이 큰 소리로 말다툼을 하는 것을 본다면 어떻게 대응하나요?", "상사가 당신에게 고위 경영진에게 비밀을 지키라고 요구한다면 어떻게 대답할까요?" 상황 면접의 목표는 지원자가 직무에서 발생할 수 있는 다양한 상황을 효과적으로 처리할 수 있는지 알아보는 것이다.
2. **행동 설명 면접(behavioral-description interview)은 면접관이 지원자의 직무 관련 과거 행동을 알아보는 것이다.** 질문의 예는 다음과 같다. "경쟁 조직에 대해 더 많이 알아야 했을 때의 예를 들어주세요. 어떤 상황이었고 어떤 조치를 취했습니까?" 혹은 "문화적 차이에 대한 이해를 직장에 적용해야 했던 때를 말해 보세요. 상황을 이해한 결과 어떤 조치를 취했습니까?"

채용 검사 채용 검사는 조직이 특정 스킬, 능력, 특성 및 기타 경향을 측정하는 데 사용하는 표준화된 수단을 의미한다.

1. **능력 테스트.** 능력 테스트(ability test)는 지원자의 신체 능력, 힘과 체력, 기계적 능력, 정신 능력, 사무 능력 등을 측정한다. 모든 직무에 이러한 능력이 모두 필요한 것은 아니며, 조직은 직무 성과와 직접적으로 관련된 능력만을 테스트해야 한다. 예를 들어, 지능 또는 인지 능력 테스트는 미래의 경영 성과를 예측하는 데 널리 사용된다. IBM의 슈퍼컴퓨터인 왓슨(Watson)은 최근 연예, 금융, 패션, 마케팅, 의학, 미디어, 정치 등의 산업 분야에서 두각을 나타내는 CEO들의 성격 특성을 분석한 결과 지성이 성공에 필요한 두 가지 주요 특성 중 하나라는 사실을 발견했다(다른 하나는 이타심). 법 집행 기관은 읽기 및 보고서 작성 능력뿐만 아니라 신체 능력을 테스트한다. 남부 캘리포니아 가스 회사(Southern California Gas Company: SoCalGas)는 능력 테스트를 사용하는 회사의 예이다.

   남부 캘리포니아 가스 회사의 예: 공익 기업인 남부 캘리포니아 가스 회사는 신체 능력 테스트를 사용하고 잠재적인 지원자를 위한 테스트 준비 책자를 제공한다. 해당 책자에는 다음과 같은 테스트의 구성 요소 및 측정 방법이 명확하게 나열되어 있으며, 각 구성 요소가 직무 수행과 어떤 관련이 있는지 설명한다. (1) 상완 힘[팔 들어올리기], (2) 복부 근력 및 지구력[윗몸 일으키기 테스트], (3) 몸통 힘[몸통 당김 테스트]이다. 또한 지원자가 테스트를 준비하면서 꾸준하게 자신의 체력을 키울 것을 제안하고 필요한 각 운동의 도표를 제공한다.

2. **성과 테스트.** 성과 테스트(performance test)는 컴퓨터 프로그래머가 특정 프로그래밍 언어에 대한 테스트를 하거나 중간 관리자가 소규모 샘플 프로젝트에서 작업하는 경우와 같이 실제 작업에 대한 성과를 측정한다. 일부 회사는 며칠 동안 경영진 후보자를 여러 평가자가 평가하는 일련의 상호 작용적인 연습에 참여시키는 평가 센터(assessment center)를 사용한다. 평가 센터의 일반적인 활동에는 역할극, 구두 발표, 인바스켓 훈련(in-basket)이 포함된다. 능력 테스트와 평가 센터의 결과가 해당 직무에서 누가 성공할지를 예측하는 상대적 정확도를 조사했던 연구에 따르면, 두 테스트 모두 효과적이기는 했지만, 평가 센터가 능력 테스트보다 더 효과적이었다고 한다.

3. **성격 테스트.** 성격 테스트(personality test)는 자기 효능감, 자존감, 통제 위치, 정서적 안정성, 외향성, 친화성, 성실성, 경험에 대한 개방성과 같은 안정적인 특성을 측정한다. 이러한 특성 중 많은 부분이 오늘날 조직에서 가장 중요한 주제인 커리어 준비와 관련된 역량을 나타낸다. 전문가들은 현재 조직의 최소 20%가 채용 과정에 성격 테스트를 포함하고 있다고 추정한다. 채용 과정에서 성격 테스트를 사용하는 것의 장단점에 대해 살펴보자.

성격 테스트의 장단점

연구 결과에 따르면, 효과적으로 운영된 성격 테스트는 조직이 더 나은 채용 결정을 내리는 데 도움이 된다고 한다. 성격 테스트가 다른 채용 검사와 함께 사용되면 특히 그렇다. 최근 연구 결과에 따르면, (1) 5대 성격 차원, (2) 능력 테스트, (3) 진실성 테스트(다음에서 논의됨)의 조합은 미래의 업무 성과를 잘 예측한다고 한다.

이에 대한 타당성을 뒷받침하는 증거가 있지만, 성격 테스트는 여전히 오해, 오용 및 고용 차별의 가능성이 높다. 성격 테스트 도입을 고려 중인 조직은 다음과 같은 장단점을 신중하게 검토해야 한다.

장점. 채용 시 성격 테스트를 사용하는 것에 대해 찬성하는 사람들은 다음과 같이 말한다.

- 조직에 적합하고 떠날 가능성이 낮으며 우수한 성과를 보이는 지원자를 파악하는 데 도움이 된다.
- 면접관의 무의식적 편견이 채용 결정에 미치는 영향을 제한한다.
- 부정직하거나 일탈과 같은 바람직하지 않은 행동을 하는 경향이 있는 사람들을 걸러낸다.

단점. 채용 시 성격 테스트를 활용하는 것을 반대하는 사람들은 다음과 같이 말한다.

- 결과를 평가하도록 훈련받지 않은 사람들의 주관적인 해석 가능성이 존재한다.
- 테스트를 잘 보려고 노력하는 지원자의 오용에 취약하다.
- 정신 건강과 같은 개인 특징에 대한 정보를 무심코 공개할 경우 사생활 침해 가능성을 제기하기 때문에 차별 가능성이 있다.

U.S. Air National Guard photo by Tech. Sgt. Ryan Campbell

미군은 직장 성격 테스트를 사용한 최초의 미국 조직 중 하나였다. 이 프로그램은 100여 년 전 제1차 세계 대전 당시 전투로 인한 지속적인 정신적 외상을 견뎌낼 수 있는 병사의 능력을 측정하는 것으로 시작됐다.

당신의 생각은?

성격 테스트를 하는 것이 좋을까? 질문에 정직하게 답하는 것이 더 나을 것 같은가, 아니면 직무에 더 적합해 보일 수 있는 응답을 선택하는 것이 더 나은가?

4. **진실성 테스트.** 진실성 테스트(integrity test)는 개인의 정직성, 신뢰성, 신뢰, 의존 가능성, 친사회적 행동과 관련된 태도와 경험을 평가한다. 결과가 나쁜 사람들의 업무 성과가 낮고 절도, 규칙 위반, 방해 행위와 같은 비생산적인 업무 행동에 가담하는 경향이 증가할 수 있다. 명시적인(overt) 진실성 테스트는 종종 지원자가 불법 행위에 가담한 적이 있는지 구체적으로 묻는다. 일반적으로 진실성 테스트는 관리하기 쉽지만 응시자가 잘못된 응답을 제출하는 것 또한 상대적으로 쉽다.

5. **범죄 및 재정적 배경 조사.** 범죄 및 재정적 배경 조사를 수행하는 조직은 일반적으로 이러한 기록에 부정적인 점수를 낮은 신뢰도 또는 나쁜 성격의 지표로 간주한다. 과거의 범죄나 재정 문제가 지원자의 안전 또는 효과적으로 업무를 수행할 수 있는 능력과 관련이 없는 경우에도 법적 또는 재정적 문제의 이력이 있으면 지원자가 취업 제안을 받을 가능성이 훨씬 낮아진다. 직무 관련 결과를 예측하는 범죄 및 재정적 배경 조사의 타당성에 대해서는 많은 논란이 있다. 다음은 채용 과정에서 범죄 및 재정적 배경 조사를 사용하는 것과 관련된 최근 동향이다.

   - '밴더박스(Ban the Box)'는 범죄경력조회와 관련된 직장 내 절차를 바꾸고 있다. 약 20년 전 지원자들의 전과기록에 대한 질문을 채용과정 초기 단계부터 없애자는 운동, 이른바 '밴더박스 운동'이 구체화되었다. 이 운동은 범죄경력이 있는 지원자들이 유죄판결을 받은 뒤 취업과 삶의 재건을 위해 겪는 어려움에 대응해 시작된 운동이다. 20년 후 최소 35개 주와 150개 시 및 카운티 · 교구에서 초기 지원 양식에서 범죄 경력 확인란을 제거하는 법안을 제정했다. 이러한 법에 따라 운영되는 고용주들은 채용 과정 후반부에 여전히 범죄 경력을 조사할 수 있지만, 지지자들은 최초로 채용을 제안한 이후까지 이러한 기록을 알지 못한다면 전과가 있는 사람들을 고용할 가능성이 더 높아질 것으로 기대한다.
   - 재정적 배경과 신용 조회가 인기를 잃고 있다. 신용 점수가 자격 요건, 정직성 또는 직무 수행을 예측한다는 증거는 없지만, 많은 고용주는 지원자의 신용 기록과 점수를 확인하는 것을 좋아한다. 최근 몇 년 동안 최소 11개 주와 3개 도시에서 이러한 제도를 금지하는 법안을 통과시켰지만, 보안 허가를 받는 경우 또는 직책의 재정적 책임으로 인해 법에서 요구하는 경우 여전히 허용하고 있다. 2020년 초 미국 하원은 2020년 종합 신용법(Comprehensive Credit Act of 2020)을 통과시켰다. 이 법안은 고용 시 신용 보고서 사용을 부분적으로 제한함으로써 신용 보고 제도를 부분적으로 개혁하는 것을 목표로 한다.

SECTION

03 보상과 복리 후생

경영자는 임금 또는 급여, 인센티브 및 복리 후생을 포함한 보상을 직원에게 제공한다.

학습 목표

보상의 다양한 유형을 설명한다.

사람들은 월급을 위해서만 일할까? 많은 사람들이 월급을 중요하게 생각하지만, 돈은 보상의 한 형태일 뿐이다.

보상(compensation)은 (1) 임금(wage) 또는 급여(salary), (2) 인센티브, (3) 복리 후생 등 세 부분으로 나뉜다. 어떤 조직에서는 한 부분이 다른 부분보다 더 중요할 수 있다. 예를 들어, 일부 비영리 조직(예: 교육, 정부)에서는 급여가 많지 않을 수 있지만, 건강 및 퇴직 관련 복리 후생이 그보다 클 수 있다. 하이테크 스타트업에서 급여와 복리 후생은 실제로 다소 낮을 수 있지만, 스톡옵션이나 상여금 등 인센티브에서 거액의 보수를 받는다는 약속은 상당히 매력적일 수 있다.

이러한 차이점은 그림 9.2에서 학습한 바와 같다. 다시 말해, 보상과 복리 후생은 전략적 HRM 과정의 한 부분이며, 각 회사는 전략을 실행하는 데 필요한 특정 유형의 직원과 역량을 유치, 동기 부여, 보상 및 유지하는 방식으로 급여 제도를 설계해야 한다. 보상 및 복리 후생 제도는 모집, 채용, 교육과 같은 다른 HR 제도와 조화를 이루도록 내적 적합성이 높아야 한다. 보상 및 복리 후생 제도는 또한 광범위한 전략적 목표를 공동으로 지원하기 위해 조직 문화 및 조직 구조와 일치하도록 외적 적합성을 가질 필요가 있다.

보상의 세 부분을 간단히 살펴보자(직원들에게 동기를 부여하는 방법은 12장에서 학습).

임금 또는 급여

기본급(base pay)은 기본임금 또는 직원이 업무를 수행하는 대가로 지급받는 급여로 구성된다. 특정 직업에 대한 기본급 수준은 특정 산업 및 지역의 일반적인 급여 수준, 경쟁업체가 지급하는 급여 수준, 노조 가입 여부, 잠재적인 고용 위험, 개별 근로자의 경험 및 직급과 같은 다양한 요인에 의해 결정된다.

인센티브

성과가 좋은 직원을 유치하고, 이미 고용된 직원의 생산성을 높이기 위해 많은 조직에서 커미션, 보너스, 이익 공유제(profit sharing), 스톡옵션(stock option)과 같은 인센티브(incentives)를 제공한다. 조직은 직원을 회사 수준의 전략적 목표에 맞추는 데 도움이 되도록 인센티브를 제공할 수 있다. 인센티브에 대해서는 12장에서 자세히 학습한다.

복리 후생

복리 후생(benefits)은 모든 직원의 삶을 풍요롭게 하기 위해 마련된 비금전적 형태의 보상으로, 조직에서 전체 또는 일부를 지급한다. 예를 들면 건강 보험, 치과 보험, 생명 보험, 장애 보호, 퇴직 연금, 휴가, 병가, 컨트리클럽 또는 헬스클럽 회원권, 회사 상품 할인, 상담, 신용 조합, 법률 자문 등이 대표적이다. 최고 경영진은 회사가 다른 회사에 인수되어 해고될 경우 넉넉한 퇴직금인 '거액의 퇴직 보상금(golden parachutes)'을 받을 수도 있다.

복리 후생은 조직의 비용에서 적지 않은 부분을 차지한다. 2019년 12월 민간 부문도 직원 보상을 위해 시간당 평균 34.72달러를 지출했으며, 이 중 임금과 급여가 70.1%를 차지하였고 나머지 29.9%가 복리 후생이었다.

경영자는 젊은 직원들이 이전 세대와 직장 복리 후생을 다르게 생각한다는 점을 인식해야 한다. 자료에 따르면, 밀레니얼 및 Z세대 근로자는 일과 삶의 균형과 업무 유연성에 높은 가치를 부여하고, 이러한 것들을 위해 더 높은 급여를 기꺼이 맞바꿀 의향을 가지고 있다. PwC의 한 최근 연구는 젊은 세대에게 "일은 장소가 아니라 물건이다."라고 결론지었다.

SECTION

04 학습과 개발

조직이 신입 사원의 직무 수행을 돕는 두 가지 방법은 온보딩을 통해 신입 사원을 직무 및 조직에 적합하게 만드는 것과 학습 및 개발을 통해 현재 스킬을 업그레이드시키는 것이다.

학습 목표

다양한 교육 제도를 설명한다.

전략적 HRM 관점에서 온보딩과 학습 및 개발은 조직이 전략적 목표를 달성하는 데 필요한 인적 자본과 사회적 자본을 구축하는 데 도움이 되는 HR 제도이다.

경영자는 온보딩과 학습 및 개발에 대한 접근법이 조직의 최고의 인재를 유지할 수 있는 능력을 좌우할 수 있음을 알아야 한다. 관계 구축에 실패하거나 조직 문화에 적응하지 못하는 신입 사원은 거의 즉시 퇴사할 가능성이 높다. 온보딩과 학습 및 개발 경험은 신입 사원의 잔류에 중요한 영향을 미친다.

온보딩

온보딩(onbooarding)은 기업 정책, 절차, 문화 및 정치에 익숙해지고 직무 역할에 대한 기대와 책임의 명확화를 통해 직원을 새로운 직무와 조직으로 통합하고 전환하도록 설계된 프로그램이다. 이 과정은 직원 사회화(socialization)라고도 한다.

온보딩의 효과 효과적인 온보딩 프로그램은 많은 이점이 있다. 기업이 직원에게 긍정적인 온보딩 경험을 제공하기 위해 적절한 시간과 자원을 투자하면 표 9.1에 나열된 긍정적인 결과를 얻게 된다. 또한 표 9.1은 기업이 직원 온보딩 경험에 적절히 투자하지 않았을 때 어떤 일이 발생하는지도 보여 준다.

안타깝게도 최근 한 연구의 설문에 응답한 직원 중 약 12%만이 자신의 조직이 신입 사원 온보딩을 훌륭하게 수행하고 있다고 강하게 동의했다. 인재 관리 전문가인 앰버 하얏트(Amber Hyatt)에 따르면, 조직은 온보딩 과정을 소홀히 할 때 "상당한 불이익"을 받게 되며, "회사의 문화와 근무 환경에서 무엇을 기대해야 하는지 알고 있는 직원은 회사에서 통용되는 제도에 맞추어 더 나은 결정을 내리게 된다."라고 말했다.

표 9.1 온보딩 경험과 효과

긍정적인 온보딩 경험	부정적인 온보딩 경험
• 몰입도, 직무 만족도, 생산성 향상 • 고객 만족도 향상 • 이직률 감소	• 생산성과 직무 만족도 감소 • 고객 만족도 감소 • 비용과 이직률 증가

출처: C. Caldwell and R. Peters, "New Employee Onboarding—Psychological Contracts and Ethical Perspectives," Journal of Management Development, 2018, pp. 27–39.

온보딩의 모범 사례 조직은 신입 사원을 온보딩하기 위해 다양한 접근 방식을 취한다. 대규모 조직에서 오리엔테이션은 형식적이고 확립된 과정일 수 있다. 소규모 조직에서는 직원들이 대부분의 노력을 스스로 해야 한다는 것을 알게 될 정도로 비공식적일 수 있다. 연구 결과는 최소한 성공적인 온보딩을 위한 다음과 같은 모범 사례를 제시한다.

- **리더를 참여시키자.** 온보딩은 신입 사원을 감독할 사람들이 관여할 때 가장 잘 작동한다. 한 연구에 따르면, 신입 사원은 경영자가 과정 전반에 걸쳐 적극적인 역할을 할 때 온보딩을 성공적이라고 간주할 가능성이 3배 이상 높다. 넷플릭스(Netflix)에서 신입 사원은 회사 경영진과 함께 오리엔테이션을 받는다. 신입 사원도 1분기를 마칠 때까지 회사의 CEO를 만나게 된다.

- **기대치를 명확히 하자.** 신입 사원은 최소한 새 직장에서 필요한 것이 무엇인지, 직무가 어떻게 평가되는지, 직속 동료와 경영자가 누구인지 알아야 한다. 온보딩은 역할 기대치를 명확하게 전달하고, 신입 사원에게 조직과 직무에서 '좋은' 성과가 어떤 것인지 알 수 있도록 해야 한다. 인터넷 마케팅 대행사인 넷피크(Netpeak)는 구조화되고 자동화된 온보딩 '아카데미'를 사용하여 온보딩을 간소화하고 표준화한다. 시험과 퀴즈는 신입 사원이 직무 역할 요구 사항의 모든 측면을 이해할 수 있도록 과정 내 다양한 단계에서 내재되어 있다.

- **조각들을 맞추자.** 대부분의 온보딩 프로그램은 미션, 비전, 연혁을 포함하여 회사에 대한 최소한의 기본적인 설명을 제공한다. 그러나 온보딩은 신입 사원과 그들의 역할이 조직의 더 큰 목적과 어떤 관련이 있는지에 대해 대화를 나누기에 좋은 기회이다. 그림 9.2는 이러한 대화에 도움이 되는 지침이다. 온보딩은 자연스럽게 그 그림에서 서로 강화되는 많은 요소(조직 문화, 조직 구조, 전략)에 대한 논의를 포함한다. 인재 소프트웨어 회사인 프리딕티브 인덱스(Predictive Index)는 온보딩을 사용하여 신입 사원이 일상 업무가 회사 전략과 어떻게 연결되는지 이해하도록 돕는다. 신입 사원이 회사의 구조, 전략 및 인재 관리 방식에 익숙해지도록 온보딩 과정에 주력하고 있다. 신입 사원들도 입사 첫날 사장 겸 CEO와 점심 식사를 한다.

- **시간을 주자.** 온보딩은 때때로 오리엔테이션(서류 작성, 사무실 열쇠 받기 등)과 혼동되기도 한다. 그러나 온보딩은 최대 1년 이상 지속될 수 있는 통합 과정이다. 경영자는 온보딩 과정 절차가 첫날이나 심지어 첫 주에만 발생하는 것이 아니라는 점을 기억해야 한다. 모든 것을

억지로 끌어들이려고 해서는 안 된다. 시간은 충분하며 신입 사원이 압도되지 않고 환영받는다는 느낌을 받을 수 있도록 돕는 데 중점을 두어야 한다. 구글(Google)은 최소 6개월 동안 신입 사원의 직무에 공식 온보딩 활동을 포함하고 있다. 그 기간 동안 경영자는 최소 한 달에 한 번 새 직원과 '체크인' 회의를 해야 한다.

학습 및 개발

회사는 직무 요구 사항과 일치하는 자격 요건을 갖춘 사람을 모집하고 채용하려고 한다. 지금까지 9장에서 배운 내용을 바탕으로 채용이 그렇게 간단한 과정이 아님을 알 수 있다. 오늘날 직장에서 가장 중요한 것은 무엇을 알고 있는 것이 아니라 배우려는 의지와 능력이다.

학습 및 개발 과정 학습 및 개발 과정은 직원이 현재 알고 있는 것과 앞으로 알아야 할 필요가 있는 것 사이의 격차를 메워준다. 여기서 가장 중요한 단어는 '필요'이다. 매일 직장에서 재미있는 새로운 스킬을 배우는 것이 좋을 수 있겠지만, 조직은 시간과 예산의 제약 속에서 운영되기 때문에 경영자는 기업 전략의 성공적인 실행에 학습 및 개발이 가장 큰 영향을 미칠 수 있는 분야를 결정할 필요가 있다. 아래에 표시된 5단계 과정은 경영자가 학습 및 개발 결정을 내릴 때 사용할 수 있는 도구이다(그림 9.3 참조). 학습 및 개발은 일회성 이벤트가 아니라 조직의 지속적인 노력이라는 점을 명심하자.

- **1단계: 진단.** 학습 및 개발의 첫 번째 단계는 조직의 가장 시급한 학습 및 개발의 필요성을 파악하는 것이다. 전략적 HRM에 중점을 둔 조직에서 이 과정은 모두 전략에 관한 것이다. 즉, 경영자는 "전략을 실행하는 데 방해가 되는 요소는 무엇이며, 학습 및 개발 과정이 더 나은 성과를 내는 데 도움이 될 수 있는 부분은 무엇인가?"라는 질문을 해야 한다.
- **2단계: 목표.** 학습 및 개발의 두 번째 단계는 성과 목표를 설정하는 것이다. 여기에서 경영자는 직원들이 이전에는 할 수 없었던 일들이 학습 및 개발 이후에는 무엇을 할 수 있어야 하는지, 이전에는 가지지 못했던 어떤 스킬을 가져야 하는지 등을 결정해야 한다. 간단히 말해서 이 단계에서는 학습 및 개발 이후에 보기를 원하는 구체적인 변화를 파악한다.
- **3단계: 선택.** 학습 및 개발의 세 번째 단계는 학습 및 개발을 제공하는 최상의 방법을 선택하는 것이다. 예를 들어, 이 단계에서는 학습 및 개발이 사내에 행해질지 아니면 아웃소싱될지, 온라인, 대면 또는 혼합 형식으로 진행될지 등에 대해 고민한다.
- **4단계: 실행.** 학습 및 개발의 네 번째 단계는 학습 및 개발을 실제로 진행하는 것이다.
- **5단계: 평가.** 학습 및 개발의 다섯 번째 단계는 학습 및 개발이 목표를 달성했는지 여부를 판단하는 것이다. 만약 목표를 달성하지 못했다면 무엇을 조정해야 할지를 검토한다.

그림 9.3 학습 및 개발 과정의 5단계

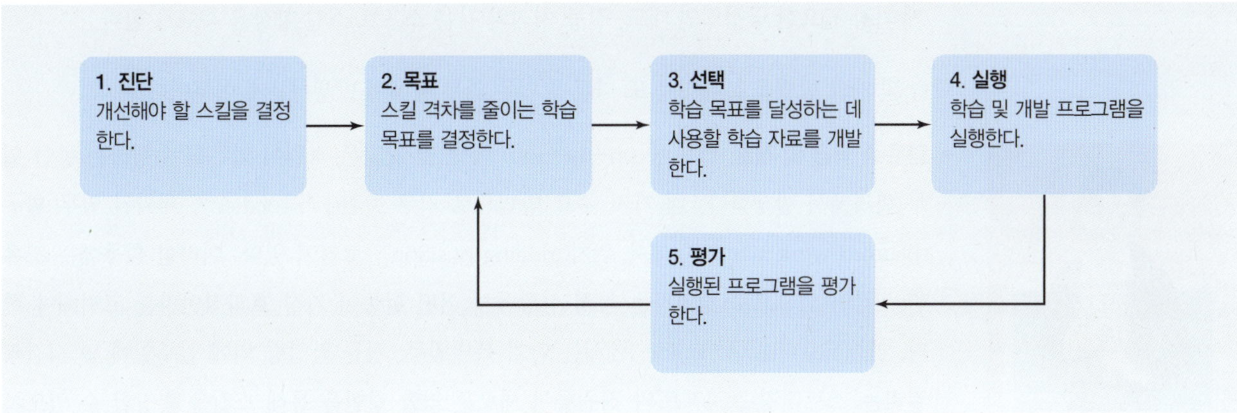

학습 및 개발의 유형 학습 및 개발의 방법에는 여러 가지가 있다. 이들을 구분하는 한 가지 방법은 직원들이 사실 또는 스킬을 배우는 데 도움이 되는지 여부이다.

- **사실에 대한 학습 및 개발.** 작업 규칙이나 법적 문제와 같은 사실을 배울 때는 온라인 과정, 공유 문서 및 전자책이 효과적이다. 블루밍데일스(Bloomingdale's)는 엑소니파이(Axonify)의 e-러닝 플랫폼을 사용하여 마이크로러닝을 통해 현장 안전 기반 학습 기회를 제공했다. 직원들이 (지하철에 앉았거나 약속을 기다리는 동안 등) 편리한 시간에 몇 분 동안 참여할 수 있는 짧은 콘텐츠이다. 10,000명의 블루밍데이즈 직원들은 표준화되고 편리한 학습 도구를 이용할 수 있다.
- **스킬을 위한 학습 및 개발.** 사람들이 네트워킹이나 의사 결정 역량을 개발한다면 역할극, 사례 분석, 가상현실 및 인공 지능과 같은 대화형 기법이 가장 효과적이다. 가상현실은 실제 상황을 시뮬레이션하고 학습의 흥미를 높일 수 있으며, 이를 통해 직원 유지 및 회상 능력을 향상시킬 수 있기 때문에 가치 있다.

많은 직원이 직무에서 중요한 스킬을 배워야 하며, 이는 종종 많은 시행착오를 거친다. 가상현실과 같은 기술은 직원들이 직장에 적용하기 전에 현실적으로 시뮬레이션화된 환경에서 이러한 스킬을 연습하고 개선할 수 있는 기회를 제공한다.

소프트 스킬 개발이 중요하다는 것을 앞서 계속 강조해왔다. (18개국 6,600명 이상의 전문가를 대상으로 한 설문 조사인) 2020년 링트인 인력 학습 보고서(LinkedIn Workforce Learning Report)에 따르면, 소프트 스킬은 점점 더 중요해지고 있다. 하드 스킬은 몇 년이 지나면 관련성을 잃게 되지만, HR 전문가가 2020년 연구에서 가장 높은 순위를 매긴 (리더십, 창의적 문제 해결, 의사소통과 같은) 소프트 스킬은 결코 순위에서 내려오지 않을 것이다. 베스트 웨스턴 호텔(Best Western Hotel) 체인이 직원의 소프트 스킬을 향상시키기 위해 무엇을 하고 있는지 살펴보자.

베스트 웨스턴의 예: 이 회사는 'Mursion' 가상현실 솔루션을 채택하여 직원들의 소프트 스킬을 함양시켰다. 또한 프론트 데스크 직원들의 만족도 증가와 문제 해결 역량 향상이라는 결

과도 얻었다. 베스트 웨스턴의 가상현실 학습 및 개발은 고객 대면 업무를 담당하는 직원에게 가장 필요한 긍정적인 태도, 갈등 처리와 같은 소프트 스킬 향상을 목표로 한다.

학습 및 개발 방법을 분류하는 또 다른 방법은 업무 중에서 발생하는지 여부이다.

일부 조직에서는 애니메이션 코칭 프로그램을 사용하여 직원에게 학습 기회를 제공한다.

- **업무 중 학습 및 개발.** 업무 중(on-the-job) 학습 및 개발은 직원이 업무를 수행하는 동안 업무 환경에서 발생한다. 네 가지 주요 방법으로 직무 순환(job rotation), 계획된 업무 활동(planned work activity), 교육 위치(training position), 코칭이 있다. 이러한 활동에는 고유한 이점이 있으므로 경영자는 특정 상황에서 어떤 활동이 가장 효과적인지를 고려해야 한다. 에스티로더(Estée Lauder)에서는 단기 특별임무, 정규 작업량 외에 일주일에 몇 시간씩 걸리는 '스트레칭 프로젝트'와 직원들이 새로운 역할 경험을 통해 스킬을 확장할 수 있도록 하는 임시 직무 교환 및 직무 공유 준비가 학습 및 개발에 포함되어 있다. IBM은 인공 지능을 사용하여 직원의 프로필, 교육 진행 상황 및 원하는 커리어 경로를 분석한다. 그런 다음 개인의 특정 요구에 대한 학습 및 개발 프로그램이 제공되고, 원하는 행동에 대한 코칭을 제공하는 애니메이션 시뮬레이션 등이 포함될 수 있다.
- **업무 외 학습 및 개발.** 업무 외(off-the-job) 학습 및 개발은 일반적으로 강의실, 화상 회의, 게임, 시뮬레이션, 기타 e-러닝 플랫폼을 통해 이루어지며, 업무를 멈추고 이루어진다. 월마트(Walmart)의 매장 직원들은 가상현실 기술을 통해 자주 발생하지 않는 매장 상황(예: 블랙프라이데이 인파 처리)이나 스킬 향상을 위해 직원이 직접 대면(예: 화난 고객에 대한 대응)하지 않았으면 하는 상황에 대한 학습 기회를 얻는다.

뛰어난 학습 및 개발로 잘 알려진 회사에 대한 다음의 예를 살펴보자.

켈러 윌리엄스 투자개발 회사의 수익을 위한 학습

켈러 윌리엄스(Keller Williams)의 부동산 중개인 시드네 시모어(Cydne Seymour)는 "알기 위해 배우는 것이 아니라 돈을 벌기 위해 배운다."라고 말한다. 켈러 윌리엄스 투자개발 회사는 텍사스주의 오스틴에 본사를 두고 있는 수수료 기반의 글로벌 부동산 프랜차이즈 회사로, 전 세계 1,000개 이상의 지역 사무소에 약 180,000명의 에이전트가 있다. 2014년 이후로 켈러 윌리엄스 투자개발 회사는 프랜차이즈 직원을 교육, 코칭, 개발하는 데 전념하면서 세계에서 가장 큰 투자개발 회사가 되었다. 에이전트를 개발하려는 이러한 추진력은 경쟁자와 차별화할 뿐만 아니라 꾸준한 성장과 성공을 이끈다.

켈러 윌리엄스는 2018년 (HR 전문가를 위한 전문 개발 잡지인) 트레이닝 매거진(Training Magazine)에서 10대 명예의 전당에 올랐다. 이 영예는 매거진의 연간 교육 목록에서 4년 연속 1위를 차지한 전 세계 모든 산업의 회사에 수여된다. 평가 기준은 학습 및 개발을 위한 회사의 총예산, 회사 급여 대비 해당 예산, 프로그램 및 직원 1인당 학습 및 개발 시간 등이 있다.

회사의 학습 및 개발 도구와 자료는 모든 에이전트가 사용할 수 있고, 회사의 최고 학습 책임자에 의해 관리된다. 이는 모든 켈러 윌리엄스 에이전트가 고급·상업용 부동산 및 농장 자산 등 특정 시장에서 전문가가 되도록 돕겠다는 취지이다. 학습 프로그램에는 온라인 멀티미디어 교육을 제공하는 사내 대학교, MAPS 코칭이라는 스킬 구축 프로그램, 수백 개의 현장 및 가상 교육 수업, 연례 가족 모임을 포함한 특별 행사(2019년에는 17,000명의 에이전트가 참석) 등이 있다.

켈러 윌리엄스는 혁신 전략으로 경쟁하고 있으며, 회사는 에이전트와 고객 경험을 최적화하는 데 지속적으로 적극적인 투자를 함으로써 업계 슈퍼스타의 지위를 유지하고 있다. 회사의 공동 창립자이자 회장 겸 CEO인 게리 켈러(Gary Keller)는 "내가 속한 시장이 아니라 내가 향하고 있는 시장에 대해 생각하는 것"이 중요하다고 말한다. 2019년 11월 그는 "이번 분기는 우리 회사 36년 역사상 가장 인상적인 분기였다."며 "우리의 모든 성공은 에이전트들 덕분이다. 우리를 회사로 만드는 것은 그들의 전문 지식과 비즈니스에 대한 열정이다… 특히 스킬 및 교육 분야에서 우리가 나아가야 할 방향을 결정하는 것은 에이전트이다. 우리는 매일 그들을 바라보며 '오늘의 성공이 계속되도록 어떻게 보장할 수 있습니까?'라고 묻는다."라고 덧붙였다.

이 질문에 대한 회사의 최근 답변은 에이전트·구매자 경험을 간소화하기 위해 만들어진 인공 지능 지원 플랫폼인 'KW커맨드(KW Command)'이다. 업계 최고의 기술인 KW커맨드는 부동산 중개인이 가장 자주 직면하는 문제에 대해 효과적인 해결책을 제공하기 위해 고안되었다. 다음은 KW커맨드가 제공하는 해결책과 함께 몇 가지 문제를 제시한다.

- **문제:** 업계에서 확장성과 수익성을 어렵게 만드는 증가하는 기술 비용
  - 해결책: KW커맨드를 포함한 모든 회사 직원을 위한 무료 기술
- **문제:** 이전 기술이 주택 구매·판매 과정에서 여러 단계에 있는 고객을 적절하게 구분하지 못하는 부정확한 전환
  - 해결책: 혁신적인 인공 지능 분석으로 우선순위 극대화. 클라이언트가 KW커넥트(KWConnect)와 상호 작용하면 인공 지능이 패턴을 감지하고 구매 과정에서 클라이언트의 단계에 대한 특정 예측과 클라이언트와 연결하고 난 다음 단계를 예약할 이상적인 시간을 제안하는 메시지를 에이전트에게 전달
- **문제:** 전통적인 부동산 시스템은 우편번호로 구성되고, 구매자는 이웃에 따라 부동산을 찾기 때문에 시장 데이터 및 부동산 목록을 포함한 여러 주요 데이터 포인트의 차선책을 그룹화
  - 해결책: 새로운 기술을 통해 더 이상 작동하지 않는 것을 변경. 데이터가 커뮤니티별로 구성되는 KW커맨드에서 (1) 클라이언트의 요구에 부응하는 에이전트의 능력을 향상시키고 (2) 경쟁 회사에 비해 이점을 생성

당신의 생각은?

켈러 윌리엄스의 직원들과 에이전트들은 1년에 평균 82시간, 한 달에 7시간 정도 정규 학습을 진행한다. 이것이 과도하다고 생각하는가?

투자 가치가 있는 학습 및 개발 앞서 언급한 링트인 2020 인력 학습 보고서에 따르면, 조직에서 커리어를 향상시키기 위해 지속적인 학습 기회를 제공하는 경우 직원의 94%가 조직에 더 오래 머물 의향이 있다고 한다. 이것은 직원들이 기꺼이 배우려는 것을 의미하는 좋은 소식이다. 유명한 비즈니스 이론가이자 네덜란드 경영자인 아리 드 게우스(Arie de Geus)는 "경쟁자보다 빨리 배울 수 있는 능력이 유일한 지속가능한 경쟁 우위일 수 있다."라고 말했다.

SECTION

05 성과 관리

성과 관리는 성과에 대한 기대를 정의하고, 성과를 모니터링하고, 측정 및 평가하는 일련의 과정이다. 성과 관리는 성과 평가를 포함하는 광의의 활동이다. 효과적인 성과 관리는 긍정적인 직원 태도, 더 높은 성과, 더 나은 고객 서비스를 가져온다.

최근 갤럽(Gallup)의 조사에 따르면, 직원의 74%가 도움이 되는 피드백을 받지 못한다고 말했으며, 경영자의 14.5%만이 피드백을 제공하는 것이 효과적이라는 데 강하게 동의한다고 한다. 직무 수행 방식에 대한 피드백은 성과 관리의 일부이다.

학습 목표

효과적인 성과 관리 및 피드백 기법을 설명한다.

성과 관리

이번 섹션의 뒷부분에서 학습할 성과 평가는 단일 이벤트이며, 성과 관리는 잘 수행될 경우 회사 수익성은 물론 직원 성과, 생산성, 동기 부여 및 몰입과 같은 직무 태도를 향상시킬 수 있는 강력하고 지속적인 활동이다.

그림 9.4 **성과 관리의 4단계**

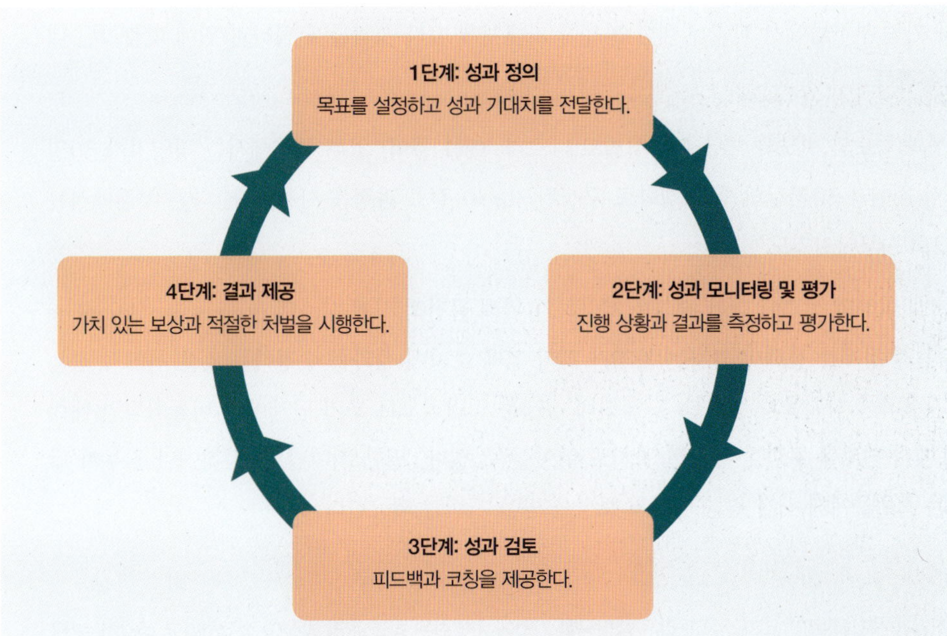

출처: A. J. Kinicki, K. J. L. Jacobson, S. J. Peterson, and G. E. Prussia, "Development and Validation of the Performance Management Behavior Questionnaire," Personnel Psychology, 66 (2013), pp. 1–45.

성과 관리는 성과에 대한 기대를 정의하고, 성과를 모니터링하고, 측정 및 평가하는 일련의 과정을 의미한다. 성과 관리는 (1) 성과 정의, (2) 성과 모니터링 및 평가, (3) 성과 검토, (4) 결과 제공의 4단계로 구성된다(그림 9.4 참조).

다음 예를 통해 리제네론(Regeneron)의 성과 관리 과정에 대해 알아보자.

리제네론의 성과 관리

1988년에 설립된 뉴욕 소재 리제네론(Regeneron)은 8,100명 이상의 직원이 있으며, 세계에서 가장 큰 생명공학 기업 중 하나이다. 리제네론은 일하기 좋은 직장, 혁신 리더, 책임감 있는 직장, 최고의 생명공학 기업으로 수많은 상을 받았다. 포춘은 2020년 미국에서 가장 일하기 좋은 100대 직장 중 하나로 리제네론을 선정했다.

생명공학 분야의 성과 관리는 경영자가 성과를 평가하고 결정해야 하는 방식이 사업부에 따라 상당히 다르기 때문에 까다로울 수 있다. 새로운 치료법을 개발하는 과학자들이 수행한 특정한 측면이 성공적이었는지를 판단하는 데 몇 년이 걸릴 수 있다. 행정 및 상업적 역할을 하는 직원들의 경우에는 일정이 훨씬 짧고 과정이 더 전통적이다.

몇 년 전 당시 리제네론의 인력 개발 총괄 이사였던 미셸 와이츠만-가르시아(Michelle Weitzman-Garcia)는 회사의 독특한 요구 사항을 고려하여 회사의 성과 관리 시스템을 재설계하는 노력을 주도했다. 다음은 리제네론의 성과 관리 과정에 대한 설명이다(그림 9.4에 정의).

1. **성과 정의.** 일반적으로 리제네론의 성과는 (1) 결과(직원이 달성해야 하는 목표) 및 (2) 행동(직원이 취해야 하는 방법)의 두 가지 축에 따라 정의된다. 경영자는 부서마다 직원들에게 결과와 행동이 어떠해야 하는지 정의한다.

2. **성과 모니터링 및 평가.** 정비 전에 리제네론 경영자는 번거로운 12점 평가 척도로 직원 성과를 모니터링하고 평가했다. 현재 경영자의 10% 미만이 성과 관리 과정에서 등급을 사용한다. 대신 (1) 의약품 개발, (2) 제품 공급, (3) 현장 판매, (4) 본사 기능 부서들에서 직원에 대한 고유한 기대치에 따라 성과를 추적하기 위해 맞춤화된 네 가지 형식 중 하나를 사용한다.

3. **성과 검토.** 리제네론의 성과 검토의 빈도와 내용은 부서별로 다르다. 예를 들어, 일부 부서에서는 경영자가 30일마다 자신이 감독하는 각 직원과 30분간의 성과 대화로 구성된 30/30 검토 과정을 사용한다. 다른 부서에서는 성과 검토가 1년에 1~2회 이루어지기도 한다.

4. **결과 제공.** 리제네론은 기대 이하의 성과에 대한 결과를 제공하기 위해 점진적 징계 시스템(progressive discipline system)을 사용한다. 점진적 징계를 통해 경영자는 문제가 되기 전에 초기에 성과를 수정하는 것을 목표로 하는 일련의 단계별 단계를 사용하여 직원들과 협력한다. 점진적 징계는 일반적으로 초기 단계에서 비공식적인 대화로 시작되며, 이후 단계에서 해고를 포함한 심각한 조치로 이어질 수 있다. 또한 뛰어난 개인 기여나 직무가 탁월한 성과로 이어질 때는 직원들에게 시장 평균 이상의 보상을 받을 기회를 제공한다.

당신의 생각은?

리제네론의 성과 관리에 대해 어떻게 생각하는가? 리제네론과 같은 생명공학 기업에 차별화된 성과 관리 방식이 적절하다고 생각하는가?

성과 관리는 중요한 HR 제도이며, 개인, 집단, 조직의 효과성을 향상시키는 강력한 수단이다. 성과 관리에 대한 488개의 학문적 연구를 검토했던 한 최근 연구 결과에 따르면, 효과적인 성과 관리는 전략적 HRM에 강력한 영향을 미친다. 특히, 성과 관리는 사업부 내에서 역량과 동기 부여를 높이고 직무 성과를 회사 수준 전략과 일치시켜 사업부 단위의 인적 자본을 구축한다.

성과 평가

성과 평가 또는 성과 검토는 (1) 직원의 성과를 평가하고 (2) 피드백을 제공하는 관리 과정이다. 경영자와 직원 간의 지속적인 상호 작용 과정인 성과 관리와 달리 성과 평가는 달력의 날짜에 따라 결정되는 경우가 많으며, 때로는 양측이 만족하지 못하는 긴장된 대화로 이어질 수 있다. 경영 전문가 윌리엄 에드워즈 데밍(W. Edwards Deming)은 사람들이 부정적인 부분만 기억하기 때문에 그러한 상호 작용이 실제로 해롭다고 주장했다(2장 참조). 한 연구에 따르면, HR 전문가의 90%가 성과 검토 · 관리 제도에 만족하지 않는다고 말했다. 일부 회사들이 그러한 제도를 중단하기 시작한 것은 놀라운 일이 아니다. 대신 다른 어떤 대책을 세우지 않으면 직원들이 제대로 자신의 일을 하고 있는지에 대한 꼭 필요하고 바람직한 피드백을 받지 못하는 상황이 된다. 성과 평가에 대한 몇 가지 새로운 접근법은 두 가지 중요한 연구 결과를 중심으로 나타났다.

피드백의 빈도 연구 결과에 따르면, 피드백은 자주 제공될 때 더 정확하다. 또한 잦은 피드백을 통해 경영자와 직원은 성과에 대한 핵심 아이디어를 강화할 수 있다. 갭(Gap), 화이자(Pfizer), 시그나(Cigna), 프록터 앤 갬블(Procter & Gamble) 등의 회사들은 경영자와 직원이 더 빨리 '코스 수정'을 하고, 성과 문제가 쌓이는 것을 방지할 수 있도록 평가를 더 자주 하기 시작했다. 어도비(Adobe)의 방식을 살펴보자.

> **어도비의 예:** 어도비는 최근 전통적인 성과 평가 방식을 완전히 포기했다. 성과를 관리하는 것이 가치가 없는 것이 아니라 회사의 평가 방식이 실제로 성과를 개선하는 조치를 취하지 않았기 때문이다. 회사는 이제 성과를 높이고 동기를 부여하기 위해 경영자와 직원 간의 비공식적이며 참여도가 높은 대화를 의미하는 '체크인'을 사용하기 시작했다. 이점은 공식적인 평가보다 과정이 더 평등하고 덜 위협적이며 경영자와 직원의 대화가 더 진실하고 직접적이라는 것이다. 또 다른 이점은 직원에게 더 이상 동료 간 '순위'가 부여되지 않는다는 것이다. 이와 같은 결정은 직원의 순위를 매기는 것이 오늘날의 혁신적인 기업이 의존하는 협력과 협업을 파괴할 수 있다는 그동안의 연구 결과를 반영한다.

피드백의 방향 좋은 피드백은 향후 성과 개선으로 이어진다. 물론, 과거의 행동이 평가되는 것이기 때문에 성과 평가에는 과거의 행동에 대한 논의가 포함되어야 한다. 그러나 연구에 따르면 대화는 미래지향적이어야 한다. 딜로이트(Deloitte)가 성과 평가 제도를 어떻게 개선했는지 살펴보자.

딜로이트의 예: 글로벌 컨설팅 회사인 딜로이트는 2015년 시행 중인 프로세스가 연간 200만 시간에 가까운 노동 시간을 소비하고 있으며, 이 중 직원들과 그들의 미래를 논의하는 데 충분하지 않다는 것을 발견한 후 성과 검토를 재설계하였다. 많은 내부 조사를 거친 후 회사는 세 가지 목표를 중심으로 간소화된 시스템을 고안했다.

1. **성과를 인정하자.** 평가 데이터는 직원에 대한 다양한 보상 및 기타 결정을 내릴 수 있는 정보를 제공해야 한다.
2. **성과를 명확하게 파악하자.** 시스템은 정확하고 편향되지 않은 성과 '스냅샷'을 생성해야 한다. 이는 경영자가 5점 척도를 사용하여 주요 프로젝트가 끝날 때 직원에 대한 네 가지 미래 지향적인 진술에 응답하도록 함으로써 달성된다(예: "내가 아는 이 사람의 활약에 비추어 볼 때 나는 항상 그 사람이 내 팀에 있었으면 좋겠다").
3. **성과를 향상시키자.** 경영자와 팀 구성원 간의 매주 '체크인'을 통해 성과를 향상시킨다. 주간 대화는 성과, 직무 우선순위, 학습 및 개발을 위한 미래 기회에 중점을 둔다.

현재 딜로이트는 성과 관리와 평가 제도에 대한 조사를 계속하고 있으며, 직원들은 정기적인 피드백을 원한다고 보고하였다. 이는 소셜 미디어의 응답 메커니즘에 영향을 받은 것으로 보이고, 오늘날 대부분의 회사들은 갈수록 HR 결정을 위해 보다 유용한 데이터를 얻을 수 있다.

성과 평가의 종류

직원의 성과를 평가하는 방법으로는 객관적으로 평가하는 방법과 주관적으로 평가하는 두 가지 방법이 있다.

객관적인 평가 결과 평가라고도 하는 객관적인 평가(objective appraisal)는 사실을 기반으로 하며, 종종 수치적이다. 이러한 종류의 평가는 직원이 한 달에 판매한 제품 수, 직원을 상대로 제기된 고객 불만 사항, 운반한 화물 마일 등과 같은 사항을 기록한다.

객관적인 평가를 하는 데는 두 가지 이유가 있다.

- **원하는 결과를 측정한다.** 원하는 결과를 객관적으로 측정하면 경영자가 중요하거나 선호하는 결과에 직원을 집중시킬 수 있다. 예를 들어, 영업 사원이 판매한 자동차의 수, 교수의 논문 수, 제조 공장의 결함 수 등이 있다.
- **법적으로 이의를 제기하기 어렵다.** 객관적인 평가는 개인적 편견의 대상이 아니기 때문에 직원들이 연령, 성별 또는 인종 차별과 같은 법적 근거에 따라 이의를 제기하기가 어렵다.

주관적인 평가 객관적인 평가만으로 적절하게 성과를 측정할 수 있는 직무는 많이 없다. 따라서 직원의 (1) 특성 또는 (2) 행동에 대한 경영자의 지각을 기반으로 하는 주관적인 평가(subjective appraisal)가 필요하다.

- **특성 평가.** 특성 평가는 '태도', '주도적', '리더십'과 같은 주관적 속성에 대한 평가이다. 특성 평가는 작성 및 사용이 쉬울 수 있지만, 평가자의 개인적 편견이 평가에 영향을 미칠 수 있기 때문에 타당성이 의심된다.
- **행동 평가.** 행동 평가는 업무 시간에 맞춰 출근하는 것과 같이 성과의 구체적이고 관찰 가능한 측면을 측정하지만, 여전히 다소 주관적이다. 특정 행동의 척도에 따라 직원의 성과 등급을 평가하는 행동 기반 평가 척도(behaviorally anchored rating scale: BARS)가 그 예이다. 예를 들어, 출석에 대한 5점 BARS 등급 척도는 '항상 일찍 출근하고 업무를 완전히 맡을 준비가 되어 있음'에서 '자주 지각하고 출근할 준비가 되어 있지 않음'이 될 수 있다.

평가자

대부분의 성과 평가는 경영자에 의해 이루어지지만, 다른 관점을 더하기 위해 때로는 특정 직원이나 직무에 대해 잘 아는 다른 사람들에 의해 평가 정보가 제공되기도 한다. 성과를 평가하는 사람에 대한 결정은 이 책에서 논의하는 예에서 볼 수 있듯이 회사의 전략적 목표를 뒷받침하기 위해 이루어져야 한다.

동료, 부하 직원, 고객, 자신 동료 및 부하 직원, 고객 그리고 직원 자신에게서 추가적인 성과 정보를 얻을 수 있다.

- **동료 및 부하 직원.** 동료, 부하 직원은 성과의 다른 측면을 볼 수 있다. 이러한 정보는 개발에 유용할 수 있지만 평가에 사용해서는 안 된다(물론 많은 경영자는 부정적인 평가를 두려워하여 자신에 대한 정보 요청을 거부할 것).
- **고객.** 레스토랑 및 호텔과 같은 일부 조직에서는 고객에게 직원에 대한 평가를 요청한다. 출판사는 저자에게 책의 편집, 제작, 마케팅을 얼마나 잘 처리하고 있는지 판단하도록 부탁하기도 한다. 자동차 대리점은 자동차 구매자에게 후속 설문지를 보낼 수 있다.
- **자기 평가.** HR 파일에 기록될 것이라는 사실을 감안하였을 때 직무에서 자신의 성과를 어떻게 평가할 것인가? 아마 자신을 호의적으로 평가하는 쪽으로 치우칠 가능성이 있다. 그럼에도 불구하고 자기 평가는 직원이 평가 과정 전체에 참여하는 데 도움이 되며, 개선이 필요한 영역에 대한 피드백을 더 잘 수용할 수 있다.

전략적 HRM 측면에서 경영자는 평가자를 통해 얻은 이해가 전략의 실행을 개선하여 성과를 개선할 수 있는지에 따라 평가자를 선택해야 한다. 성과 정보의 출처를 포함할 때 회사가 목표를 더 잘 달성할 수 있다면 성과 평가 과정에 해당 평가자를 포함하는 것이 가치가 있을 수 있다. 그러나 경영자는 추가 정보원의 상대적 타당성을 평가하여 정보의 가중치를 결정해야 한다. 의료 분야에서 환자 경험 설문 조사의 예를 살펴보자.

환자 경험 설문 조사의 예: 병원이 의료 서비스 제공에 대해 궁극적으로 받는 비용인 (건강 보험사, 메디케어 등) 병원 보상금은 HCAHPS(Hospital Consumer Assessment of Healthcare Providers and Systems) 환자 경험 설문 조사에서 수집한 환자 만족도 점수와 점점 더 관련이 깊어지고 있다. 많은 의사와 의료 시설의 경우 환자의 리뷰가 치료 품질의 유효한 척도를 나타내는지에 대한 우려가 있다. 예를 들어, 몇몇 연구는 진통제에 대한 환자의 요청을 거부하면 환자의 만족도 점수가 떨어진다는 것을 보여 줬다. 여기서 우려되는 점은 중요한 결과가 이러한 점수에 좌우되는 경우 일부 의료진은 환자의 건강보다는 평가에 가장 유리한 결정을 내리도록 동기를 부여받을 수 있다는 것이다. 최근 5개 주요 병원 협회 그룹에서 HCAHPS 점수의 유효성을 개선하는 권장 사항 목록을 발표했다. 예를 들어, 권고안은 응답률 개선, 조사 항목 개선, 다양한 수준의 건강 문해력을 가진 사람들이 이해할 수 있도록 하는 것과 관련이 있었다.

360도 평가 성과 평가는 동료, 부하 직원, 고객 및 자신에 의해 수행될 수 있다고 했다. 이러한 다수의 평가자가 관여하는 기법이 360도 평가이다.

'원형 극장'에서, 드라마틱한 연극배우들은 관객들에 의해 360도 각도에서 관람된다. 마찬가지로, 직장에서는 모든 각도에서 당신을 지켜보는 많은 사람들이 있다. 360도 피드백 평가 또는 360도 평가를 통해 직원은 경영 상사뿐만 아니라 동료, 부하, 때로는 고객에 의해 평가되기 때문에 이는 여러 관점을 제공한다. 넷플릭스(Netflix)가 성과 평가 과정의 일부로 360도 평가를 사용하는 방법에 대한 다음 예를 살펴보자.

넷플릭스의 예: 넷플릭스는 회사 경영진이 경쟁 우위의 주요 원천으로 간주하는 초경쟁적인 조직 문화로 유명하다. 회사에서 공개적으로 공유하는 '문화 자료'는 "서로에게 매우 솔직함" 및 "매우 유능한 직원만 유지"와 같은 문구로 이 문화의 측면을 설명한다. 직원들은 빠르고 열정적으로 학습하고, 말과 글을 간결하고 명료하게 말하고, 변화에 도전할 수 있어야 한다. 직원 성과를 평가하기 위해 종종 '실시간 360' 점심 및 저녁 회의를 한다. 이러한 회의에서는 회사 임원부터 하위 직원에 이르기까지 참석한 모든 사람이 평가 대상 직원과 직설적이고 정직한 피드백을 공유하도록 권장된다.

일반적으로 직원은 6~12명 사이의 평가자를 선택하고, 평가자들이 익명 양식을 작성한 후 그 결과는 컴퓨터 표로 작성된다. 그런 다음 직원은 경영자와 결과를 검토하고 함께 성과 목표를 위한 장기 계획을 수립하게 된다. 360도 평가는 널리 사용되는 도구이다. 한 보고서에 따르면, 포춘 500대 기업의 85% 이상이 이 방법을 사용한다. 올바르게 관리될 경우 360도 평가는 매우 유용하다. 최근 연구 결과에 따르면, 이러한 형태의 평가가 직원의 혁신적인 행동을 향상시키는 것으로 나타났다. 다음은 360도 평가에 대한 최근 연구 결과에서 제시한 몇 가지 시사점이다.

1. **계속 발전시키자.** 360도 평가는 공식적인 평가가 아니라 직원 육성 정보의 원천으로 활용한다. 평가자에게 자신의 피드백이 이와 같은 목적으로 사용될 것임을 인식하게 하면 건설적인 정보를 제공할 가능성이 높아진다.
2. **많을수록 항상 더 좋은 것은 아니다.** 직원의 성과에 대해 독특하고 전략적으로 가치 있는 정보를 제공할 수 있는 평가자를 선택하는 데 중점을 두어야 한다.
3. **편향을 줄이자.** 360도 평가 지지자들은 종종 이 기법이 편향으로 성과 피드백이 피해를 볼 가능성을 감소시킬 것으로 가정한다. 안타깝게도 평가자가 많을수록 편향의 기회가 많아지는 경우가 많다. 평가자들은 자신의 판단적 편향뿐만 아니라 역할별 능력을 인식하도록 훈련되어야 한다.

여러 출처를 통해 성과 정보를 수집하면 평가받는 사람이 성과에 대한 다차원적 관점을 얻는 데 도움이 될 수 있다.

강제 순위 할당 성과를 높이기 위해 포춘 500대 기업 중 상당수는 강제 순위 할당 또는 '강제적 상대평가화(Rank and Yank)' 제도로 알려진 성과 평가 제도를 사용한다. 강제 순위 성과 평가 제도에서 사업부 내의 모든 직원은 서로에 대해 순위가 매겨지고 성적은 마치 대학에서 학생이 학점을 받는 것처럼 일종의 종 모양의 곡선을 따라 분포된다. 상위 성과자(예: 상위 20%)는 보너스와 승진이 제공되며, 성과가 가장 낮은 사람 (예: 하위 20%)은 경고를 받거나 해고된다.

강제 순위 할당은 우리가 어떻게 다른 사람들과 비교되는지 보는 것에 선천적으로 동기 부여가 된다는 이론에 의존한다. 예를 들어, 펠로톤(Peloton) 사용자들이 가상 사이클링 수업을 들을 때 보게 되는 '리더보드'의 바탕에는 이러한 아이디어가 기초가 된다. 요지는 우리가 다른 사람들과 경쟁할 때 더 열심히 일하고 자신을 더 밀어붙이도록 동기를 부여한다는 것이다. 강제 순위 할당은 수십 년 동안 많은 조직의 초석이었지만, 그 유용성에 대한 전망이 바뀌고 있다. 강제 순위 할당에 대한 GE의 관점이 시간이 지남에 따라 어떻게 변했는지 생각해 보자.

> **GE의 예:** 1980년대에 GE는 경영자가 성과 평가에 따라 직원의 순위를 매기고 하위 10%를 '양크(즉, 해고)' 하도록 요구하는 유명한 '강제 할당식 상대평가'를 개척했다. 이 제도는 GE에서 수십 년 동안 지속되었지만, 최근 몇 년 동안 거의 사라졌다. 회사의 최신 HR 혁신은 PD@GE 앱이다. 이 기술은 직원을 경영자 및 동료와 연결하고 실시간으로 피드백을 찾고 제공할 수 있도록 한다. 직원들이 언제든지 상사와 대면 미팅을 요청할 수 있지만, 대화는 성과 향상이 중심이며 전적으로 앱을 통해 이루어질 수 있다.
>
> 강제 순위 할당 평가 제도가 점점 사라지고 있는 이유는 다음과 같다.

1. **강제 순위 할당은 우수한 직원의 해고로도 이어질 수 있다.** 강제 순위를 지지하는 사람들은 경영자가 성과가 낮은 사람을 파악하여 해고하게 해 주고, 미리 결정된 보상 곡선을 구성하여 최고 성과자에게 보상을 줄 수 있다고 말한다. 하지만, 반대론자들은 그 제도가 결국 재능 없는 사람들뿐만 아니라 재능이 있는 사람들도 해고한다고 주장한다. 법적인 문제도 발생할 수 있다. 포드(Ford)를 상대로 한 최근 소송은 회사가 나이 든 직원을 차별하기 위해 강제 순위를 사용했다고 주장했다.

2. **강제 순위 할당은 성과에 부정적인 영향을 줄 수 있다.** 신경 및 심리학 분야의 최근 연구에 따르면, 긍정적인 피드백이 없는 수치적 평가, 순위 및 공식 평가는 의도한 것과 반대되는 결과, 즉 성과가 저하되는 문화를 조성할 수 있다고 한다. 액센츄어(Accenture)가 순위 시스템을 없앴을 당시 CEO는 "우리는 다른 사람과 당신을 비교하는 것이 아니라 당신의 역할에서 당신을 평가할 것이다. 다른 사람들은 아무 상관이 없다. 당신에 관한 것이어야 한다."라고 말했다.

3. **강제 순위는 현대의 맥락에 덜 적용된다.** 강제 순위 할당 제도는 원래 육체노동자와 공장 노동자의 성과를 측정하기 위해 20세기 초에 고안되었다. 이는 오늘날 근로자의 70% 이상이 서비스 또는 지식 집약적 직무에 고용되어 있는 상황에서 부적절하다.

효과적인 성과 피드백

경영자로서 특히 칭찬보다는 비판을 전달해야 할 때 직원의 성과를 비판하는 것이 편하지 않을 수 있다. 실제로 연구에 따르면, 대부분의 경영자는 의도하지 않게 직원의 성과를 부풀린다. 그럼에도 성과 피드백을 제공하는 것은 경영자의 가장 중요한 업무 중 하나이며, 부정확하거나 지나치게 긍정적인 피드백을 제공하는 것은 직원이나 조직 모두에게 도움이 되지 않는다. 다음은 정확하고 유용한 피드백을 제공하기 위한 제안 사항이다.

- **문제 해결 방식을 취하고 비판을 피하며 직원을 존중하자.** 당신이 함께 일했던 최악의 상사를 떠올려 보자. 상사의 피드백을 제공하는 방법에 어떻게 반응했는가? 개인적으로 받아들여질 수 있는 비판을 피하자.

  예: (개인적이면서 동시에 잘못된 단어를 사용하여 비판하듯이) "시멘트 자루를 잘못 들고 있다."라고 말하는 대신, "허리를 구부리지 않고 무언가를 드는 좋은 방법은 무릎을 구부리는 것이다. 그러면 허리를 보호하는 데 도움이 될 것이다."라고 말해 보자.

- **직원의 현재 성과를 설명하고 원하는 개선 사항을 파악하는 데 있어 구체적이고 직접적이어야 한다.** 부하 직원의 현재 성과를 구체적인 용어로 설명하고 개선할 수 있는 능력 범위 내에서 결과에 집중하자.

  예: "매출 보고서가 항상 늦는다."라고 말하는 대신 "목요일 오후에 전화하는 대신 시간을 내

어 영업 보고서를 작성해 다른 영업 담당자와 함께 금요일에 준비하는 것이 어떨까요?"라고 질문해 보자.

- **직원의 의견을 구한다.** 문제의 원인을 결정할 때 직원의 말을 듣고 해결책을 만드는 데 도움을 받자. 사려 깊고 동정심 많은 사람이 되자.

  예: "매일 오전 9시까지 여기에 도착하는 법을 배워야 한다."라고 말하는 대신 "사람들이 9시에 전화를 걸기 시작할 때 당신의 방송국이 준비될 수 있도록 어떤 변화를 줄 수 있다고 생각하는가?"라고 물어보자.

- **후속 조치.** 직원에게 항상 나중에 확인하여 논의한 시정 조치를 취했는지, 추가 질문이나 투입이 가능한지 확인하자.

  예: "왜 아직도 불완전한 진행 보고서를 제출하는가?"라고 말하는 대신 "다음 진행 보고서를 요청할 시간이 거의 다 되었다. 먼저 초안을 함께 살펴볼까?"라고 말하자.

SECTION

06 승진, 전출, 징계, 해고

경영자는 승진, 전출, 징계, 해고와 같은 직원 교체 조치를 취할 수 있다.

학습 목표

승진, 전출, 징계, 해고를 이해한다.

12장에서는 공정한 대우를 받는 것에 대한 직원의 지각이 직무 만족, 몰입, 생산성, 회사에 남고 싶은 욕구에 필수적이라는 것을 알게 될 것이다. 직장에서 부당한 대우를 받은 적이 있는가? 그때의 기분이 어땠는지 기억하는가? 아마도 화가 났을 것이다. 여기서 요점은 경영자가 승진, 전출, 징계, 해고를 고려할 때 공정한 대우 문제가 중요하다는 것이다.

승진, 전출 및 기타 중요한 커리어 이정표와 관련하여 조직은 직원들이 스스로 책임지기를 기대한다는 점을 명심하자. 한 전문가의 표현처럼 "지금 우리는 DIY 커리어 개발의 시대에 있다." 비아콤CBS(ViacomCBS)의 사업 및 법률 담당 수석 부사장이자 컬럼비아 대학(Columbia University) 졸업생인 카디자 샤리프 드링커드(Khadijah Sharif-Drinkard)의 조언을 고려하자. 특히, 당신의 성취와 열망을 당신의 상사들에게 명확하게 강조함으로써 자신을 옹호하는 법을 배우자. 샤리프 드링커드는 "당신은 실제로 하고 있는 일을 사람들에게 전달할 수 있도록 자신의 목소리를 낼 수 있는 방법을 찾아야 한다."며 "많은 경우 사람들이 반드시 알고 있지 않기 때문"이라고 덧붙였다.

승진, 전출, 징계, 해고를 처리하는 몇 가지 모범 사례를 살펴보자.

승진

승진(promotion)은 (임금 인상이나 보너스를 주는 것과는 별개로) 그 사람의 우수한 성과를 인정하는 가장 확실한 방법이다. 승진에는 공정성, 차별, 타인의 원한이라는 세 가지 주요 관심사가 있다. 각각에 대해 간략하게 살펴보자.

공정성 승진은 공정해야 한다. 한 단계 더 올라가는 것은 그만한 가치가 있어야 한다. 경영자는 친족주의, 정실주의 또는 다른 형태의 편애를 이유로 직원을 승진시켜서는 안 된다.

차별 승진 결정은 성적 지향성, 민족, 성별, 연령, 신체적 능력 또는 다른 보호 계층을 근거로 내려지면 안 된다. 비록 최근의 증거가 이러한 유형의 차별이 발생하는 것을 보여 주지만, 어떤 직무와 관련이 없는 요소(예: 정치적 배경)에 근거하여 승진 결정이 내려져서는 안 된다.

타인의 원한 누군가가 승진하면 다른 누군가는 승진하지 못한 것에 대해 분개할 수 있다. 경영자로서 당신은 그들의 성과와 미래의 기회에 대해 조언해야 할 수도 있다. 사실, 승진에 실패했다면 분노가 쌓이지 않도록 하는 것이 중요하다. 대신, 생각을 모아서 상사에게 어떤 자질이 부족했는지 알아본다. 앞서 언급했듯이, 자신의 지식, 스킬, 능력을 향상시키고 보여 줄 수 있는 방법을 모색하여 본인의 커리어 관리에 대한 책임을 져야 한다.

전출

전출(transfer)은 직원이 유사한 책임을 가진 다른 직무로 이동하는 것을 의미한다. 이는 지리적 위치의 변경을 의미할 수도 있고 그렇지 않을 수도 있다(승진의 일부일 수도 있음).

직원은 다음 네 가지 주요 이유로 전출될 수 있다.

1. 다른 곳에서 자신의 스킬을 사용하여 조직의 문제를 해결하기 위해
2. 다른 직책에 배정되어 경험을 넓히기 위해
3. 새로운 도전을 통해 흥미와 의욕을 유지하기 위해
4. 상사와의 개인적인 차이와 같은 직원 문제를 해결하기 위해

직원들은 새로운 스킬을 배우고 역량을 개발할 기회를 갈망한다는 사실을 기억하자. 전출은 직원들에게 이와 같은 의미 있는 발전을 제공하는 동시에 회사에 이익을 줄 수 있는 한 가지 방법이다. 다음은 조직에서 전출을 사용하는 방법에 대한 몇 가지 예이다.

회사의 예: NFL(National Football League)은 직원이 부서 간 순환 근무할 수 있는 '주니어 순환 프로그램(junior rotational program)'을 제공한다. 직원들은 각 부서에서 6~12개월을 보낼 수 있다. 글로벌 제조 회사인 에머슨(Emerson)은 매년 8~18명의 직원에게 '리더십 엔지니어(Engineer in Leadership)' 프로그램을 통해 미국 지사에서 1년, 해외 지사에서 1년을 보낼 기회를 제공한다. P&G(Procter & Gamble)는 커리어 전반에 걸쳐 경영자들이 다양한 도시와 직무를 순환할 수 있는 것으로 유명하다. 많은 직원이 3~5년에 한 번씩 자신과 가족이 새로운 도시에서 새로운 보금자리를 갖게 될 것이라고 기대한다.

징계와 강등

성과가 좋지 않은 직원은 경고나 질책을 받은 후 징계를 받을 수 있다. 즉, 경찰관이 정직이나 행정 휴가를 받을 때처럼 현장의 정규 업무에서 제외되고 문서 업무나 업무에서 떨어져 있으라는 지시를 받는 경우 일시적으로 직장에서 해고될 수 있다.

또는 강등될 수도 있다. 다시 말해, 중간 관리자가 일선 관리자로 강등될 때와 마찬가지로 현재 책임, 급여 및 필수 조건이 박탈될 수 있다. (때로는 회사 규모가 축소되어 상위 경영진 직위가 줄어들 때 발생할 수 있다.)

강등은 경영자와 직원 모두에게 불편함을 주며, 강등된 직원의 50% 이상이 궁극적으로 직장을 그만두는 것으로 나타났다. 그러나 강등이라고 해서 반드시 직원이 회사에 소중한 자산이 아니라는 것을 의미하지는 않는다. 많은 경우에 그들은 단순히 현재 직무에 적합하지 않으며, 조직의 다른 업무에서 또는 낮은 직급에서 더 많은 시간을 보낸 후에 가치 있는 기여를 할 수 있다. 다음은 강등 과정을 관리하는 몇 가지 팁이다.

1. **편향되지 않고 잘 문서화된 증거에 기반하여 강등 결정을 내려야 한다.** 강등은 조직에서 문서화한 객관적인 사실을 기반으로 해야 한다.
2. **직원을 유지하려는 조직의 의사를 전달한다.** 직원을 유지하고 싶고 다른 직책에 잘 맞을 것이라고 생각한다면, 이것을 설명하고 대체 직무에 적합한 사람이라고 느끼는 강점을 강조한다.
3. **강등으로 이어진 성과 관련 문제에 대해 정직해야 한다.** 직원들은 배우고 개발하기 위해 정직하고 건설적인 피드백이 필요하다.

해고

해고는 일시 해고, 인원 감축, 해임의 세 가지 범주로 나뉜다. 먼저 각 유형의 해고에 대해 논의한 다음, 종종 해고와 함께 진행되는 퇴사 면접, 폄하 금지 계약 및 임의 고용에 대해 설명한다.

일시 해고 일시 해고된다는 표현은 자동차 제조업체가 생산 직원을 유지하는 것을 정당화할 수 있는 충분한 주문이 없을 때와 같이 일시적으로 해고되었으며, 나중에 경제 상황이 개선되면 복직될 수 있음을 암시하는 경향이 있다. 많은 기업이 수익성을 개선하는 데 일시 해고가 필요하다고 언급하지만, 실제로는 일시 해고가 수익성을 개선하지 못한다는 연구 결과가 있다. 경우에 따라 언더아머(Under Armour), 치즈케이크 팩토리(Cheesecake Factory), 베스트 바이(Best Buy), 디즈니(Disney)와 같은 회사들이 2020년 코로나바이러스 팬데믹 기간에 겪은 것처럼 다른 옵션이 없을 수도 있다.

인원 감축 규모 축소는 영구적인 해고이다. 추후 재고용은 없다. 자동차 라인을 중단하거나 파산하는 길에 있는 자동차 제조업체는 생산 직원을 영구적으로 해고할 수 있다. 최근 연구에 따르면, 기업 실적 악화를 바로잡기보다는 투자 분석가의 예상 수익을 충족해야 한다는 압박감 때문에 인원 감축이 더 자주 발생한다고 한다.

해임 해임은 결근, 부적절한 업무 습관, 만족스럽지 않은 업무 성과, 법규 위반 등으로 인해 발생한다. 흥미롭게도 회사가 CEO를 해임한다는 뉴스는 접하기 힘들다. 한 작가가 언급했듯이 CEO는 "해임되지 않는다."는 대신 "다른 기회를 추구하기 위해" 또는 "가족과 더 많은 시간을 보내기 위해" 회사를 떠난다. 그러나 최근 연구에 따르면 직장을 그만두는 CEO의 최대 절반은 해임으로 인해 퇴사하는 것으로 나타났다.

해임에 대한 몇 가지 중요한 사항은 다음과 같다.

1. **해임 사유는 신중하게 기록되어야 한다.** 고용주는 직원이 '잘못된 해임'에 대해 소송을 제기하지 않도록 조치를 취해야 한다.
2. **남아 있는 사람들을 기억해야 한다.** 다른 직원들이 상사, 동료 또는 부하 직원의 해임으로 영향을 받을 수 있다.
3. **해임은 일반적으로 놀라운 일이 아니다.** 대부분의 상사는 갈등을 싫어하며 상사가 당신과 덜 상호 작용하기 시작하면 불길한 예감이 들 수 있다.
4. **어떤 산업 또는 직무 유형은 상대적으로 해임이 흔하다.** 예를 들어, 신생 기업에서는 신입 사원이 빠르게 적응하지 못하면 빠르게 해고된다.

퇴사 면접, 폄하 금지 계약 및 임의 고용 퇴사 면접(exit interview)은 조직의 대표와 퇴사자가 퇴사하는 이유와 조직의 잠재적인 문제에 대해 알아보기 위한 공식적인 대화이다. 조직을 떠나면 퇴사 면접을 기대할 수 있다. 포춘 500대 기업의 91%와 중견 기업의 87%가 퇴사 면접을 한다. 안타깝게도, 연구에 따르면 많은 직원이 상사와의 관계가 좋지 않아 직장을 그만두지만, 직원들은 커리어에 해를 끼칠 수 있는 보복을 두려워하기 때문에 이와 같은 정보를 퇴사 면접에서 정직하게 공유하지 않을 가능성이 높다.

폄하 금지 계약(non-disparagement agreement)은 양 당사자 간의 계약으로 전직 직원이 전 고용주를 비판하는 것을 금지하는 데 자주 사용된다. 일시 해고되거나 퇴출당한 직원은 퇴직금을 받는 대가로 폄하 금지 계약에 서명해야 하는 경우가 많다. 예를 들어, 고용주는 퇴사한 근로자에게 고용된 각 연도의 급여 2주에 상당하는 급여를 지급할 수 있다. #미투(#MeToo) 운동은 폄하 금지 계약과 직장 내 따돌림의 피해자들이 목소리를 내는 것을 막을 수 있다는 사실에 대한 논쟁을 다시 불러일으켰다. 일부 주에서는 성희롱 피해자의 권리를 보호하기 위해 법을 개정하기 시작했다.

임의 고용(employment at will)은 대다수 주에서 고용에 대한 지배적인 원칙이며, 이는 누구든지 어떤 이유로든, 혹은 아무 이유 없이 언제든지 해고될 수 있다는 것을 의미한다. 단, 내부 고발자 및 고용 계약이 있는 사람은 예외이다.

SECTION

07 노사 관계

이번 섹션에서는 근로자들이 자신들을 대표할 노동조합을 얻는 과정과 노동조합과 경영진이 협상하는 방법에 대해 알아본다. 그리고 노조 및 비노조 직장의 유형과 노동권법에 대해 살펴본다. 여기에는 보상, 생계비 조정, 2단계 임금 시스템 및 환원과 같이 노조와 경영진이 협상하는 문제가 포함된다. 마지막으로, 중재와 조정을 알아본다.

학습 목표

노사 간 문제 및 노동조합과 효과적으로 협력하는 방법을 설명한다.

1943년부터 제임스 스미스(James Smith)는 여객 열차 식당의 조리실에서 설거지하는 것에서부터 웨이터로 일하면서까지 시간당 36센트의 임금 외에 팁을 받았다. 그는 최초의 아프리카계 미국인 노동조합인 Brotherhood of Sleeping Car Porters와의 노조 일을 통해 대학에 갈 수 있었으며, 철도 관련 일을 그만두고는 로스앤젤레스시의 토목 기사로 고용되었다. 한 보고서에 따르면, "그의 이야기는 미국의 흑인 중산층을 위한 토대를 구축하는 데 철도 회사와 철도 노조가 수행한 역할을 상징한다." 노조는 또한 미국(및 유럽) 중산층을 전반적으로 성장시키는 데 도움을 주어 조직적이건 아니건 모두에게 혜택을 제공하였다.

노동조합(labor union)은 직무 관련 문제에 대해 경영진과 교섭하여 조합원의 권익을 보호하고 증진하기 위해 결성된 근로자 조직이다. 노동조합 운동은 1950년대에 비해 훨씬 덜 강력하지만(실제로 현재 조합원 수는 사상 최저 수준에 도달했음), 여전히 많은 경제 부문에서 영향력을 행사하고 있다. (표 9.2 참조) 회원 수는 감소하고 있지만, 오늘날 미국 성인의 약 64%가 노조에 대해 호의적인 견해를 가지며, 이는 거의 20년 만에 가장 높은 수치이자 2015년의 50% 미만에서 급격히 증가한 수치이다. 청년들은 기업체(46%)보다 노동조합(68%)에 대해 더 호의적인 견해를 가진다.

표 9.2 오늘날의 미국 노조 운동의 개요

노조 구성원(2019)
• 미국 정규직 근로자의 11.2% – 1945년 35.5%의 최고 수준에서 감소했지만 2016년 이후 약 25만 명 증가
• 민간 부문 근로자의 6.2%(750만 명)
• 공공부문 근로자의 33.6%(710만 명)
• 공공 부문 대부분의 구성원: 교사, 경찰관, 소방관을 포함한 지방 정부(39.4%)
• 민간 부문 대부분의 구성원: 공공사업(23.4%), 운송 및 창고(16.1%), 통신업(14.1%)
• 성별 조합원 비율: 남성(10.8%), 여성(9.7%)
• 인종 및 민족별 조합 가입률: 흑인(11.2%), 백인(10.3%), 아시아계 미국인(8.8%), 히스패닉계 미국인(8.9%)

노조를 구성하는 방법

특정 조직의 근로자들이 노조를 결성하기로 결정하면 먼저 다른 근로자에게 특정 노조를 근로자의 교섭 대리인으로 지정하는 승인 카드에 서명하도록 해야 한다. 근로자의 30% 이상이 카드에 서명한 경우 노조는 사용자에게 공식적인 인정을 요청할 수 있다.

대부분 고용주들은 팀스터스 노조(Teamsters Union), 유나이티드 오토 워커(United Auto Workers), 미국 교원 연맹(American Federation of Teachers)이나 서비스 직원 국제 노조(Service Employees International Union)와 같은 (상급)노조가 자신들의 직장 내 근로자들을 대표할 수 있는 것을 거부하는데, 해당 직장 노조는 이것을 전국노동조합총연맹(National Labor Relations Board: NLRB)에 청원할 수 있다. 그러나 어떤 노동자들은 결코 짐작할 수 없는 조합으로 대표된다. 예를 들어, 사육사들은 주로 운송 노동자들을 조직하는 팀스터(Teamsters)로 대표된다. 캘리포니아 대학교(University of California) 및 버클리(Berkeley)의 대학원생 강사들은 전미 자동차 노조(United Auto Workers)로 대표된다. 전국노동조합총선거는 전국노동조합총연맹에 의해 실시되며, 투표자 중 50% 이상이 노조 결성에 찬성하면 전국노동조합총연맹은 노조를 근로자의 독점 대표자로 인증한다.

노동계약은 노동조합 대표, 조합원, 경영진 간의 신중한 협상을 통해 형성된다. 협상에는 비판적 사고 · 문제 해결 및 구두 · 서문 의사소통의 역량이 필요하다. 협상에서 특히 중요하다고 생각하는 추가적인 커리어 준비 역량은 무엇인가?

노사 협상

노조가 공식 교섭 단위로 인정되면 대표자들은 단체 교섭을 하기 위해 경영자 대표와 만나 임금과 복리 후생, 기타 근로 조건을 협상할 수 있다.

경영진과 합의가 이루어지면 조합 대표는 단체 교섭 결과를 조합원에게 다시 전달하여 비준을 받는다. 조합원은 대표자가 협상한 계약을 수락하거나 거부하기 위해 투표를 진행한다. 찬성 투표를 하면 노동조합과 사측 대표가 노사 협상 계약을 체결하고, 이 계약에서는 계약 기간 동안 노사가 함께 일하기로 합의한 일반적인 분위기와 조건을 정한다.

노조와 경영진이 협상하는 문제

노사가 협의하는 주요 사안은 보상, 직원 복리 후생, 고용 안정, 근무 규칙, 근무 시간, 안전 문제 등이다. 그러나 첫 번째 쟁점은 일반적으로 노조 보안조항과 경영권 문제이다.

노동조합 보안 및 직장 유형 핵심 문제는 다음과 같다. 누가 고용 정책과 업무 할당을 통제하는가 근로자인가 또는 경영진인가? 여기에는 다음과 같은 문제들이 포함된다.

- **노조 보안 조항.** 노동조합 보장의 기본은 노동조합 보장 조항으로, 노조 혜택을 받는 직원들은 조합에 가입하거나 회비를 납부해야 한다는 노사 협정의 일부이다. 과거에는 조합이 주어진 직무에 기존 조합원만 고용한다는 데 동의하는 클로즈드 숍 계약(오늘날은 불법임)을 사측이 동의하도록 함으로써 조합 보안 조항을 공고히 하려고 했다.
- **노조가 있는 작업장과 노조가 없는 작업장의 유형.** 네 가지 기본 유형의 작업장은 클로즈우드 숍(closed shop), 유니온 숍(union shop), 에이전시숍(agency shop), 오픈숍(open shop)이다(표 9.3 참조).
- **노동권법.** 1947년 태프트-하틀리 법(Taft-Hartley Act)에 따라 각 주는 조합 및 에이전시숍을 불법화하는 법안을 통과시킬 수 있다. 그 결과 28개 주가 고용 조건으로 노동조합에 가입하는 것을 금지하는 노동권법(right-to-work law)을 통과시켰다.

표 9.3 네 가지 종류의 작업장 근로 협약

작업장	정의	상태
클로즈드 숍	고용주는 이미 노동조합에 소속되어 있는 직원만을 고용할 수 있다.	불법
유니온 숍	근로자는 채용 시 조합원일 필요는 없으나 정해진 기간 내에 조합에 가입해야 한다.	• 27개 주에서 허용되지 않음(노동권이 있는 주) • 공공 부문 직원은 허용되지 않음
에이전시 숍	근로자는 조합비에 상응하는 금액을 지불해야 하지만 조합에 가입할 의무는 없다.	일부 주에서는 공공 부문 교사에게 적용되지만 다른 주에서는 금지됨
오픈 숍	근로자는 조합에 가입하거나 가입하지 않을 수 있다.	27개 주에서 적용됨(노동권이 있는 주)

이러한 법률을 지지하는 기업 관계자들은 노동자에게 노동조합에 가입하도록 강요하는 것은 그들의 권리를 침해하고, 다른 나라로의 진출을 고려하는 기업들에게 해당 국가를 덜 매력적으로 만든다고 주장한다. 노동조합 찬성론자들은 그러한 법이 있는 주에서는 전반적으로 임금이 낮고, 모든 노동자가 노동조합의 이익을 얻으므로 모든 사람이 강제로 가입해야 한다고 말한다.

노동권이 보장되는 27개의 주는 그림 9.5에서 진한 파란색으로 표시되어 있다.

그림 9.5 노동권법이 있는 주

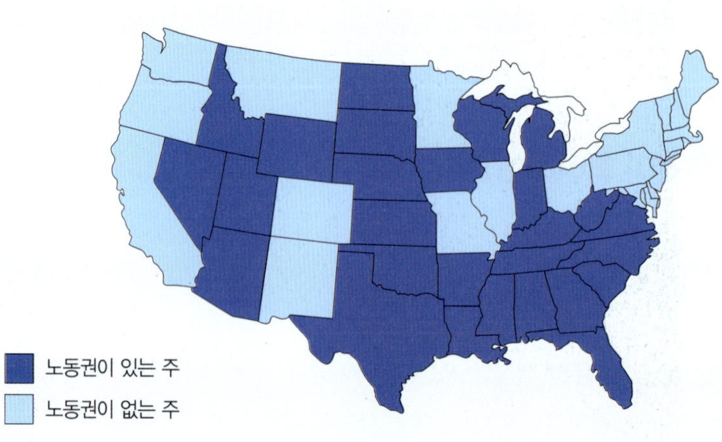

보상 노동조합은 가능한 가장 높은 임금률을 협상하거나 더 나은 복리 후생과 같은 더 나은 근로 조건을 얻기 위해 노력한다. 보상과 관련된 몇 가지 문제는 다음과 같다.

- **임금률.** 협상 대상 임금률(wage rate)에는 초과 근무 수당, 교대 근무에 따른 임금 및 상여금이 포함된다. 과거에는 노동조합이 유사 기업이나 유사 업종에서 유사한 직종에 종사하는 조합원에 대해 유사한 임금률 협상을 시도했다. 해외 경쟁과 국내 규제 완화 압박으로 많은 노조가 신입 사원이 베테랑보다 임금을 적게 받거나 복리 후생을 적게 받는 2단계 임금계약을 협상할 수밖에 없게 됐다. 2011년 자동차 제조업체들이 새로운 일자리를 창출하기 시작했을 때 새로운 노조 고용자들은 자동차 노동자가 이전에 받는 급여(시간당 28달러)의 절반 정도(시간당 14달러)를 제안받았다. 이러한 2단계 임금 체계는 낮은 임금으로 신규 근로자를 고용할 수 있는 고용주에게 매력적일 수 있으며, 임금 인하를 경험하지 않는 베테랑 조합원에게도 이익이 될 수 있다. 그러나 자동차 노동자들 사이에서는 적어도 그러한 계약이 사라질 수 있다. 최근 GM에서 일어난 일에 대해 생각해 보자.

  GM의 예: 2019년 가을 49,000명의 GM 근로자들이 임금과 고용 계약의 기타 측면에 항의하기 위해 40일 동안 파업에 돌입했다. 주요 쟁점 중 하나는 많은 GM 근로자의 급여가 시간당 20달러 미만으로 유지되는 2단계 임금 계약이었다. 파업이 끝나갈 무렵 근로자들은 무엇보다도 앞으로 4년 동안 회사의 모든 하위 직급 근로자에게 시간당 최대 32달러를 지급할 것을 요구하며 이에 대해 합의하였다.

- **생계비 조정.** 생계비는 항상 상승하기 때문에 (적어도 지금까지는) 노동조합은 종종 미국 노동통계국의 소비자물가지수가 측정한 대로 계약 기간 동안 미래의 임금 인상을 생계비 상승과 결부시키는 생계비 조정 조항을 협상하고자 한다. (대안으로는 계약 기간 중 명시된 시기에 임금을 재협상할 수 있는 임금 재개관 조항이 있다. 따라서 10년 계약은 2년마다 재협상 대상이 될 수 있다.)

- **기브백.** 어려운 경제 시기에 회사(또는 공무원 노조의 경우 지방 자치 단체)가 생존을 위해 투쟁할 때 경영진과 노사는 기브백(giveback)을 협상할 수 있으며, 그 대가로 노조는 이전 임금이나 복리 후생을 포기하는 데 합의할 수 있다. 일반적으로 노조는 해고 금지 정책과 같이 고용 안정을 모색한다.

노사 분쟁 해결

단체 교섭 합의와 계약이 양측에 의해 받아들여진 경우에도 해결해야 하는 지속적인 이견이 계속 존재할 수 있다. 때로는 의견 차이로 인해 작업 중단과 파업이 발생하거나 경영진이 직장을 폐쇄할 수 있다. 그러나 갈등은 고충 처리 절차, 조정 또는 중재를 통해 해결할 수 있다.

고충 처리 절차 고충이란 경영진이 노사 협정의 내용을 위반했다는 직원의 불만 사항을 일컫는다. 예를 들어, 직원들은 너무 많은 야근을 요구받거나, 야근에 대한 정당한 몫을 받지 못하거나, 부당하게 승진에서 제외되었다고 느낄 수 있다.

고충 처리 절차는 노조 대표에 의해 처리되는 경우가 많다. 노조 대표는 회사에서 근무하고 직원들에 의해 선출되며, 매일 직원들의 직속 상사들에게 조합원들의 이익을 대변한다. 이 과정이 성공적이지 않을 경우, 고충은 노조의 최고 대표에 전달된 다음 고위 경영진을 상대하는 노조의 고충 처리 위원회로 전달될 수 있다.

고충 처리 절차가 성공적이지 않은 경우 양측은 중재 또는 조정이라는 두 가지 방법 중 하나로 이견을 해결하기로 결정할 수 있다.

중재 중재(mediation)는 중립적인 제3자인 중재자가 분쟁에서 양측의 의견을 경청하고 제안을 한 뒤 해결책에 대해 합의하도록 유도하는 과정이다. 중재자는 변호사나 은퇴한 판사 또는 분쟁조정이나 노동 문제와 같은 다양한 분야의 전문가가 될 수 있다.

조정 조정(arbitration)은 중립적인 제3의 조정자가 분쟁에서 양 당사자의 말을 듣고 당사자가 합의할 결정을 내리는 과정이다. 많은 기업, 하이테크 신생 기업, 일부 영리 대학은 집단소송(고소 내용이 비슷한 다수의 원고들이 함께 기업을 고소하는 경우)을 통해 불만을 해결하지 못하도록 하면서 소비자, 직원, 학생들이 함께하는 사업 수단으로 조정을 적극 수용했다. 그러나 비평가들은 소비자들에게 조정을 요구하고 소송을 방지하는 계약에 서명하도록 강요하는 것은 기업에 유리한 결의안을 편향시키는 효과가 있으며, '사법 제도의 민영화'에 해당한다고 주장한다. 최근 증거들은 다음과 같은 변화를 보여 준다.

조정 청구의 예: 변호사이자 실리콘 밸리의 기업가인 테드 리도우(Ted Lidow)는 지난 몇 년 동안 3억 3천만 명의 컴캐스트(Comcast) 및 AT&T 고객 중 약 30명만이 회사를 조정에 회부했다는 사실을 깨달았을 때 이에 대한 우려를 표했다. 그는 곧 1,000명 이상의 사람들이 조정 청구(고객은 그들의 계약에 동의하는 강제 중재 조항 때문에 이 회사들을 상대로 집단소송을 제기할 수 없음)를 원했지만, 비싼 수수료와 다른 장애물들이 절차를 시작하지 못하도록 방해한다는 것을 알게 되었다. 리도우의 아이디어는 사람들이 조정 과정을 시작할 수 있도록 지원하는 자신의 스타트업, 페어셰이크(FairShake)를 사용하여 수천 명의 고객들이 동시에 조정 청구를 할 수 있도록 지원하는 것이었다. 트래비스 렝크너(Travis Lenkner) 변호사는 그의 로펌인 켈러 렝크너(Keller Lenkner)가 여름 한 시기 동안에 6,000명의 도어대쉬(DoorDash) 직원에게서 조정 소송을 제기했을 때 비슷한 일을 한 적이 있다. 이들 변호사는 기업들이 이런 청구를 한 번에 처리하는 데 필요한 재원조차 턱없이 부족하다고 보고, 압도적으로 많은 조정 청구를 통해 분쟁 해결 방식에 변화가 일어나길 기대하고 있다.

SECTION

08 커리어 준비 실천

이번 섹션에서는 피드백 수용성을 높이기 위한 방법을 살펴본다.

학습 목표

피드백을 잘 수용하기 위한 방법을 이해한다.

저자이자 컨설턴트이자 경영 전문가인 켄 블랜차드(Ken Blanchard) 박사에 따르면, "피드백은 챔피언의 아침 식사"이다. 블랜차드는 피드백이 어떤 노력의 성공에도 필수적이라고 말한다. 그러나 문제는 이런 활동을 지속적으로 하고 있음에도 사람들은 피드백을 주고받는 것에 능숙하지 않다는 것이다.

그림 9.6 **커리어 준비 모형**

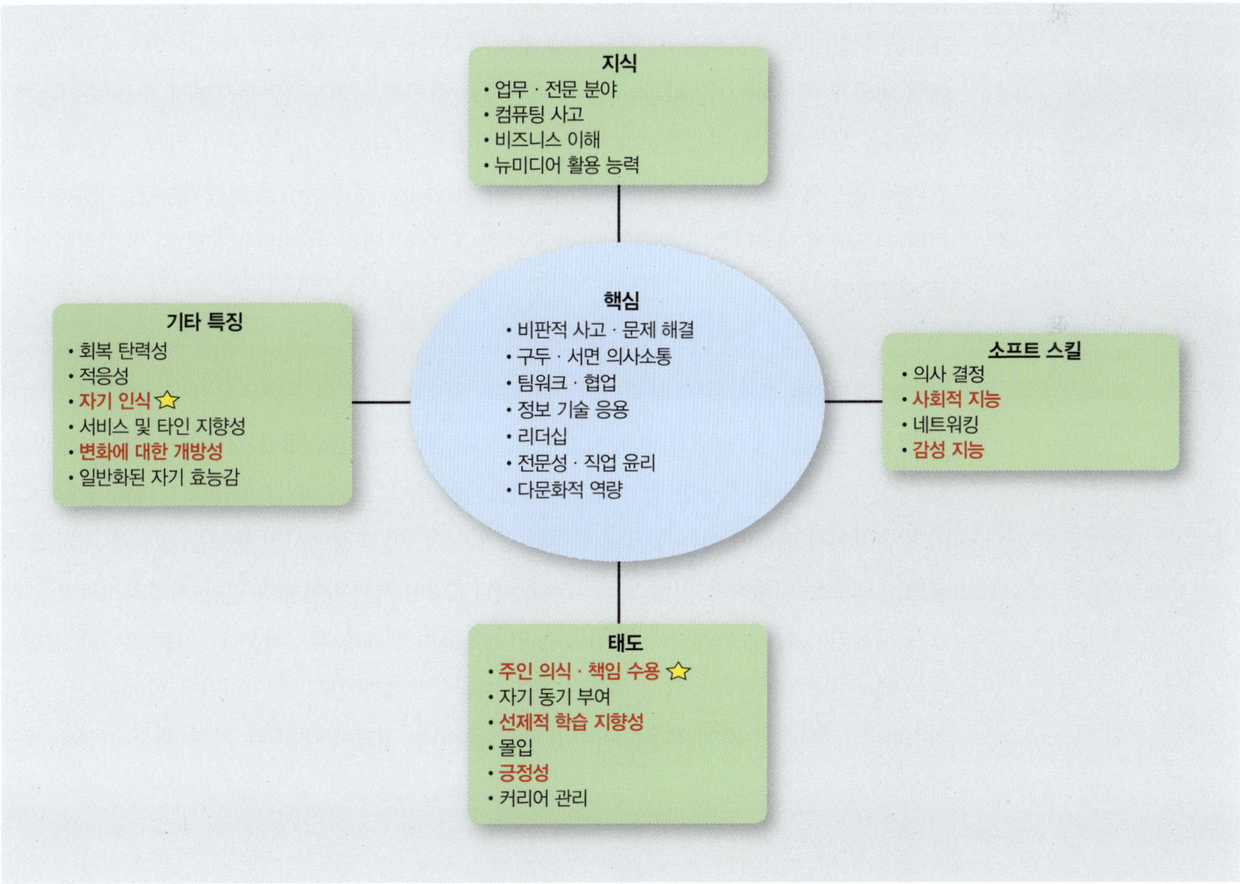

예를 들어, 한 연구팀은 피드백을 받은 후 개인의 성과가 13.3% 감소한 것을 발견했다. 또한 피드백이 긍정적이든 부정적이든 성과는 감소했지만, 긍정적인 피드백의 경우 감소폭이 더 크게 나타났다! 이것은 우리의 두뇌가 부정적인 피드백에 저항하도록 연결되어 있어 이를 설명하거나 완전히 거부하도록 하기 때문에 발생할 수 있다. 뇌는 긍정적인 정보보다 부정적인 정보를 더 빨리 식별하고 위험에서 보호하는 것을 중요하게 생각한다.

이번 섹션은 피드백을 더 잘 수용하는 사람이 되도록 돕는 것에 초점을 맞춘다. 피드백이 어떻게 전달되든, 수신자가 피드백을 받아들이고 어떤 것을 하기로 결정하지 않는 한, 아무 일도 일어나지 않는다.

더 나은 의견 수렴 추구

더 나은 수용자가 되려면 약간의 노력이 필요하다. 이 책의 커리어 준비 모형은 사회적 지능, 감성 지능, 주인 의식 · 책임 수용, 선제적 학습 지향성, 긍정성, 자기 인식, 변화에 대한 개방성이라는 일곱 가지 역량을 적용해야 함을 보여 준다(그림 9.6 참조). 다음 단계를 실행하기 위해서는 이러한 역량을 사용해야 한다.

1단계: 성향 파악 일생 동안 여러 번의 피드백을 받았으며, 아마도 피드백에 반응하는 패턴을 개발했을 것이다. 피드백을 받으면 이에 대해 말다툼을 하는 편인가? 자신을 변호하고 사실에 대해 이의를 제기하는가? 다른 사람을 비난하고 주의를 돌리는가? 웃으면서 화를 숨기는가? 피드백을 무뚝뚝하게 거부했지만 나중에 그 장점을 고려해 보는가? 주인 의식 · 책임을 지는 커리어 준비 역량은 스스로의 행동에 대한 책임이 얼마나 중요한지를 일깨워준다. 이것은 부정적인 피드백에 대응하는 전형적인 방법에 대한 또 다른 커리어 준비 역량인 자기 인식의 가치를 강조한다.

2단계: 경청하는 방법 학습 부정적인 피드백을 받으면 뇌의 생물 활동이 작동한다. 알람 벨처럼 작동하는 편도체는 '위협'을 암시하는데, 이는 결국 비판에 대해 지나치게 경계하게 만들고 경청하는 능력을 차단한다. 부정적인 피드백을 받을 때 주의 깊게 듣고 방해하지 않는 것이 필수적이기 때문에 이는 참으로 안타까운 일이다. 이 과정에서의 목표는 침묵을 지키고 전달되는 내용을 이해하기 위해 노력하는 것이다. NPR 특파원이자 노련한 저널리스트인 셀레스트 헤들리(Celeste Headlee)는 사람들과 인터뷰하며 생계를 유지하는데, 이는 그녀가 경청을 하는 데 (자신이 동의하지 않는 의견을 가진 사람들에게까지도) 많은 시간을 할애한다는 것을 의미한다. 그녀는 여기에 적용할 수 있다고 생각하는 경청에 대한 두 가지 핵심 조언을 제공한다.

1. **항상 배울 것이 있다고 가정하자.** 특히, 부정적인 피드백을 받는 대화에 이러한 방식으로 접근함으로써, 우리는 스스로를 덜 방어적이고 정보에 더 개방적이 되도록 할 수 있다. 이것은 우리가 정보에 동의해야 한다는 의미가 아니라 다른 사람의 관점을 듣고 이해하는 데 열려 있음을 의미한다.

2. **대답하기보다 이해하려는 마음으로 듣자.** 사람들은 단순히 듣고 이해하려고 하는 대신 누군가가 말할 때 어떻게 반응하고 싶은지 생각하는 경향이 있다. 이 과정에서 중요한 정보를 놓치는 경우가 많다.

일단 경청하고 어떤 말을 했는지 완전히 이해했다면, 말한 내용이 사실인지 의견인지 등을 판단하는 데 집중할 수 있다. 결과물이 우수하지 못했다는 것은 의견이다. 대신, 당신의 보고서에 5개의 철자가 틀린 단어가 포함되어 있다는 것은 사실이다. 상호 작용 중에 사실과 의견을 구별하면 더욱 효과적으로 대응할 수 있다. 그 밖에 고려해야 할 다른 사항들은 정보의 정확성과 피드백을 주는 사람의 의도이다. 요점은 당신의 발전과 개선을 돕는 것이 목표인 사람들의 말에 귀를 기울이고 반응하는 것이다.

3단계: 방어 대신 자기 연민 시도 방어성은 사람들이 자신이 공격을 받거나 위협을 받고 있다고 인식할 때 발생한다. 한 신경과학 전문가는 편도체가 "주어진 자극을 잠재적으로 위협적인 것으로 식별하는 감정적 기억에 접근하고 투쟁-도피 생체 행동 반응을 발동시키는 감정적 공포 반응을 유발한다."라고 지적했다. 이것은 폐쇄적이 되거나 아니면 규칙이나 정책을 앞세우면서 분열을 야기하거나 역습을 하는 식의 수동적인 공격성을 보이는 방어적인 청취와 파괴적인 행위로 귀결된다.

자기 연민은 고통이나 실패의 과정에서 자기 비판적이거나 부정적인 감정을 과도하게 동일시하는 대신 자신을 이해하고 친절하며 따뜻하게 대하는 경향으로 정의된다. 자기 연민은 다른 많은 긍정적인 결과 중에서 자아 개념에 위협을 주는 정보 앞에서 덜 방어적인 것과 관련이 있다. 최근 연구에 따르면, 자기 연민은 편도체 활동과도 관련이 있으며, 더 많이 편도체를 개발하는 것이 정신 건강상의 중요한 이점이 있다고 한다.

자신의 가치를 염두에 두면서 자신이 느끼는 것이 무엇이든 스스로 느낄 수 있도록 하는 것을 기억하자. 준비가 되면 "나는 당신이 말하는 것을 확실히 이해하고 싶다. 당신이 느끼는 것이 이것이 맞는가?"라는 질문을 하는 것이 일반적으로 도움이 된다. 이 같은 질문을 하면 편도체가 진정되고 위협적인 메시지에서 더 많은 통찰력을 얻을 수 있게 된다.

4단계: 피드백 요청 피드백이 전달되기를 기다리기보다 피드백을 구하면 감정적 촉발제가 활성화될 가능성이 낮다. 일하는 동안 행동이나 성과에 대한 간단한 정보를 요청할 기회를 찾아보자. 더 적은 양의 정보는 덜 위협적이다. 간단한 방법은 프로젝트에서 잘한 것과 개선할 수 있는 것 한 가지를 누군가에게 물어보는 것이다. 사람들은 대부분 성과 개선에 필요한 모든 정보를 받지 못하며, 이를 변경할 수 있는 한 가지 방법은 피드백을 요청하는 것이다. 연구에 따르면, 명시적으로 성과 피드백을 구하면 성과 등급이 더 높아지기 때문에 이러한 행동에 참여하면 이미지가 향상될 수도 있다.

5단계: 마음챙김 연습 7장에서 정의한 바와 같이 마음챙김은 "순간순간 경험의 전개에 대해 의도적으로, 현재 순간에 그리고 비판단적으로 주의를 기울임으로써 나타나는 인식"이다. 마음챙김은 높은 수준의 희망, 회복 탄력성, 낙관주의, 자기 효능감을 특징으로 하는 심리적 발달의 긍정적인 상태인 심리적 자본을 구축하도록 하며, 더 나은 피드백을 받을 수 있도록 도와준다. 명상은 전반적인 마음챙김의 수준을 높이는 훌륭한 방법이다.

주요 용어

360도 평가
강제 순위 할당
개인-직무 적합성
객관적인 평가
고성과 작업 시스템
고충 처리
구조화된 면접
기본급
기브백
내부 모집
노동권법
노동조합
노조 보안 조항
모집
법적 방어 가능성
보상
복리 후생
부메랑
비구조화된 면접
사회적 자본
상황 면접
성과 관리
성과 평가
신뢰성
심리적 자본
온보딩
외부 모집
인재 관리
인적 자본
인적 자원 관리
전략적 인적 자원 관리
전출
정렬
주관적인 평가
중재
직원 추천
채용
채용 검사
타당성
퇴사 면접
폄하 금지 계약
평가 센터
행동 기반 평가 척도
행동-설명 면접

핵심 정리

01 전략적 인적 자원 관리

- 인적 자원 관리는 효과적으로 인력을 계획 · 모집 · 개발 · 유지하는 과정이다.
- 전략적 인적 자원 관리는 조직의 인적 자본을 전략적 목표와 일치시키는 정책 및 제도의 시스템을 설계하고 실행하는 과정이다.
- 전략적 인적 자원 관리는 (1) 인적 자본과 (2) 사회적 자본을 생성한다.
- 인재 관리 및 고성과 작업 시스템은 전략적 HRM의 두 가지 접근법이다.

02 모집과 채용

- 모집은 채용 공고에 적합한 지원자를 찾고 유치하는 과정이다. 모집에는 내부, 외부 및 하이브리드의 세 가지 방식이 있다.
- 채용은 지원자를 선별하여 적임자를 선발하는 과정이다. 대표적인 채용 도구는 배경 정보, 면접, 채용 검사이다.
- 배경 정보는 지원서, 이력서, 배경 확인을 통해 확인된다.
- 면접은 (1) 비구조화된 면접, (2) 구조화된 상황 면접, (3) 구조화된 행동-설명 면접의 세 가지 형태가 있다.
- 채용 검사는 조직이 특정 스킬, 능력, 특성, 기타 성향을 측정하는 데 사용하는 표준화된 수단이다.

03 보상과 복리 후생

- 보상은 임금 또는 급여, 인센티브, 복리 후생의 세 부분으로 구성된다.
- 임금 또는 급여의 범주에서, 기본급은 기본임금 또는 직원이 직무를 수행하는 대가로 지급받는 급여로 구성된다.
- 인센티브에는 커미션, 보너스, 이익 공유제, 스톡옵션이 포함된다.
- 복리 후생은 건강 보험, 퇴직 연금, 휴가와 같은 추가적인 비금전적 형태의 보상이다.

04 학습과 개발

- 회사는 기업 정책, 절차, 조직 문화 및 정치에 익숙해지고 직무 역할에 대한 기대와 책임의 명확화를 통해 직원을 새로운 직무와 조직으로 통합하고 전환하도록 설계된 온보딩 프로그램을 실시한다.

- 학습 및 개발은 직원이 현재와 미래에 업무를 수행하는 데 필요한 스킬을 교육하는 과정이다.
- 학습 및 개발 과정은 (1) 진단, (2) 목표, (3) 선택, (4) 실행, (5) 평가의 5단계로 구성된다.

05 성과 관리

- 성과 관리는 (1) 성과 정의, (2) 성과 모니터링 및 평가, (3) 성과 검토, (4) 결과 제공의 4단계로 구성된다.
- 성과 평가는 직원의 성과를 평가하고 피드백을 제공하는 것으로 구성된다. 평가는 일반적으로 객관적인 평가와 주관적인 평가라는 두 가지 유형을 갖는다.
- 성과 피드백은 경영자의 업무에서 가장 중요한 부분 중 하나이다.

06 승진, 전출, 징계, 해고

- 경영자는 승진, 전출, 징계, 해고를 관리해야 하며, 이때 직원이 새로운 직원으로 교체되는 경우도 많다.
- 경영자는 승진을 고려할 때 공정성, 차별 금지, 다른 직원의 원한을 고려해야 한다.
- 직원이 유사한 책임을 가진 다른 직무로 이동하는 것을 의미하는 전출은, 조직의 문제를 해결하고, 경영자의 경험을 넓히고, 경영자의 흥미와 의욕을 유지하고 일부 직원의 문제를 해결하기 위해 이루어진다.
- 성과가 좋지 않은 직원은 징계받거나 강등될 수 있다.
- 해고는 일시 해고, 임원 감축, 해임으로 구분된다.
- 퇴사 면접, 폄하 금지 계약, 임의 고용은 해고에서 세 가지 중요한 부분이다.

07 노사 관계

- 노조는 직무 관련 문제에 대해 경영진과 교섭하여 조합원의 권익을 보호하고 증진하기 위해 결성된 근로자 조직이다.
- 노조가 협상하는 문제 중에는 근로자가 노조에 가입하거나 최소한의 회비를 납부해야 한다는 노조 보안 조항이 있다.
- 작업장의 네 가지 유형은 클로즈드 숍(closed shop, 현재는 불법), 유니온 숍(union shop), 에이전시 숍(agency shop), 오픈 숍(open shop)이다.

08 커리어 준비 실천

- 더 나은 피드백 수용자가 되기 위해서는 사회적 지능, 감성 지능, 주인 의식 · 책임 수용, 선제적 학습 지향성, 긍정성, 자기 인식, 변화에 대한 개방성이라는 일곱 가지 역량이 필요하다.
- 더 나은 피드백 수용자가 되기 위한 5단계는 (1) 성향 파악, (2) 경청하는 방법 학습, (3) 방어 대신 자기연민 시도, (4) 피드백 요청, (5) 마음챙김 연습이다.

핵심 질문

01 인적 자원 관리란 무엇이며, 그 목적은 무엇이고 인적 자원 관리의 두 가지 유형의 적합성은 무엇인가?

02 전략적 인적 자원 관리가 조직 문화, 조직 구조, 전략과 어떤 관련이 있는지 설명해 보자.

03 모집의 세 가지 유형은 무엇이며, 세 가지 유형의 채용 도구는 어떻게 작동하는가?

04 보상의 세 가지 유형을 설명해 보자.

05 온보딩, 학습, 개발에 대해 설명해 보자.

06 성과 관리의 4단계는 무엇인가?

07 객관적인 성과 평가와 주관적인 성과 평가의 차이점을 설명하고, 360도 평가와 강제 순위 할당에 대해 설명해 보자.

08 노사 관계의 주요 현안은 무엇인가?

간호사의 채용과 이직

국가 평균보다 훨씬 높은 급여를 받고 지속적인 교육, 전문화 및 커리어 발전을 위한 많은 기회를 제공하는 직업을 한 번 떠올려 보자. 그러한 직업은 일부 사람들이 '환상적'이라고 묘사하는 일정 조정의 유연성과 함께, 당신을 매일 활동적이게 하고 다른 사람들의 삶에 진정한 변화를 만들 수 있게 한다. 이런 직업을 가지고 싶은가? 높은 급여, 평생 학습 기회, 주 3일 근무, 의미 있는 직무는 간호 커리어의 일반적인 측면이다. 그러나 병원에서는 지원자 부족과 매우 높은 이직률로 인해 간호 인력 부족을 지속적으로 보고하고 있다. 신입 간호사(registered nurse: RN)의 이직률은 특히 높은 것으로 나타나며, 자료에 따르면 신입 간호사의 약 17%가 1년 이내에 첫 직장을 그만두는 것으로 밝혀졌다. 커리어와 관련된 모든 긍정적인 측면에도 불구하고 병원은 왜 간호사를 채용하고 유지하는 데 어려움을 겪고 있을까?

보상

간호학은 초봉이 가장 높은 대학 전공자 중 하나로 신입 RN은 연평균 71,000달러를 받는다. 이 급여는 신규 대졸자의 전체 평균 연봉 51,000달러 및 미국 중위 소득 61,000달러와 비교할 때 경쟁력 있는 수치이다. 신입 간호사는 야간 근무 또는 초과 근무를 하거나 순회 간호사로 일할 경우 10만 달러 이상의 연간 수입을 올릴 수 있다.

그러나 많은 신입 간호사는 급여가 업무 책임의 수준과 직업의 육체적 · 정서적 요구를 충분히 보상하지 못한다고 생각한다. 특히 초기 커리어에서 간호사 이직률이 높은 주요 이유 중 하나는 신입 간호사가 직업 수요에 대해 현실적으로 이해하지 못했기 때문이다. 많은 사람들은 좋은 급여가 다른 직업 요소를 상쇄하기에 충분하지 않다는 것을 빠르게 인식하고 있다. 한 간호사의 표현처럼 "간호는 여자들을 위한 것이 아니며, 금전적 이익을 위해 간호를 선택하고, 직업을 사랑하거나 사람들을 사랑해서 간호를 선택한 것이 아니라면 머무를 수 없다."

성별 임금 격차는 간호 직업의 또 다른 보상 문제이다. 여성이 간호사의 88%를 차지하지만, 여성 신입 간호사는 남성 동료보다 연봉이 약 6,000달러 적다. 남성 신입 간호사는 또한 여성 신입 간호사에 비해 더 나은 승진 기회와 이직을 만끽할 수 있다. 소위 '유리 에스컬레이터(유리 천장의 반대)'로 기술되는 효과인데, 여성이 대다수인 직업군에서 여성들은 조직 내 모든 단계를 밟으며 커리어를 보내는 반면 남성들은 바로 최상위까지 올라가게 된다.

고충

간호사가 직장에서 언어적 · 신체적 학대를 경험하는 것은 드문 일이 아니다. 이러한 학대는 의사, 다른 간호사 및 환자라는 세 가지 주요 원인에서 비롯된다.

미국 의학 협회(American Medical Association)는 의사와 간호사가 환자가 필요한 치료를 받을 수 있도록 협력하고 노력을 조정해야 할 윤리적 의무가 있다고 말한다. 이러한 조언과 광범위한 훈련, 스킬 및 간호사가 가지고 있는 지식에도 불구하고, 그들은 의사가 반복적으로 자신의 역량에 의문을 제기하는 환경에서 수술하게 된다. 플로리다주의 마취과 의사인 데이비드 글레너(David Glener) 박사는 소셜 미디어를 통해 "간호사들은 유용하지만 하인으로만 쓸모가 있다."라는 폭언을 남겼다.

따돌림은 동료 사이의 문제이다. 연구에 따르면, 간호사의 40%가 다른 간호사에게 따돌림을 당한 적이 있다고 한다. 간호사 간 따돌림은 따돌림을 경험한 간호사에게만 해로운 것이 아니라 환자 치료에도 해롭다. 한 최고 간호 책임자(CSO)는 "왕따와 환자의 좋지 못한 치료 결과 사이에는 직접적인 연관성이 있다."라고 말하며 "직원들은 강한 성격에 주의가 산만해지거나 왕따로 인해 탈선하여 양질의 치료를 제공하는 데 집중하지 못하게 된다."라고 덧붙였다.

환자는 간호사 학대의 세 번째 원인이다. 간호사 수잔 캐롤(Suzanne Carroll)은 "간호사로서 나는 간호사의 대부분이 직장 생활 중 어느 시점에서 성희롱을 경험했다고 확신한다."라고 말했다. 그 이유는 무엇일까? 최근 인터뷰에서 한 간호사는 환자가 간호사를 학대하도록 허용하고 간호사에게 이를 용인하도록 압력을 가하는 지속적인 문화가 존재한다고 말했다. 그녀는 "시간이 지나면 이런 것들을 예상하게 되는 법을 배우지만, 당신을 지치게 하는 것은 반복되는 학대이다. 너무 익숙해져서 이것이 정상화된다. '환자가 우선이다'라는 끊임없는 메시지는 이러한 상황에서 우리가 어떻게 반응하거나 반응하지 않는지에 기여한다고 생각한다."라고 말했다. 학대는 또한 신체적으로 변할 수 있다. 설문 조사 자료에 따르면, 간호사 4명 중 1명은 환자, 방문객 또는 가족에게 폭행당한 적이 있는 것으로 나타났다.

업무 중 부상

간호사는 빈번하고 심각한 업무 관련 부상을 경험한다. 노동 통계국에 따르면, 간호사들 사이에서 매년 약 25,000건의 부상이 보고되며, 대부분은 환자를 옮기고 들어올리는 일상적인 업무에서 비롯된다고 한다. 간호 학생에게 안전한 리프팅 기법을 가르치는 오랜 전통이 있음에도 수십 년 동안의 자료는 이제 수동으로 환자를 들어올리는 안전한 기법이 없다는 것을 시사한다.

일부 병원에서는 제조 시설에서 무거운 부품을 들어올리는 데 사용되는 것과 유사한 특수 리프팅 장비를 구비하여 간호 인력의 신체적 안전에 투자하기도 했다. 연구에 따르면, 이러한 장치를 운용하면 간호사의 요통을 거의 50%까지 줄일 수 있었다. 한 기사에서는 순수한 부상의 양과 부상을 상당히 줄일 수 있는 방법에 대한 자료가 있는데도 "병원은 여전히 환자를 이동시키는 데 도움이 되는 보조 장치를 충분히 사용하지 않고 있으며, 이것이 미국에서 직업성 근골격계 질환 발생률이 가장 높은 이유 중 하나"라고 말한다.

대응

간호 부서의 인력이 부족하면 환자의 결과와 병원의 수익 모두 어려움을 겪게 된다. 하지만, 간호사들은 병원 관리자들이 자신들의 건강과 안전을 과소평가하고 있다고 생각한다. 그럼에도 환자 치료에 대한 그들의 몰입과 헌신은 지속되며, 이는 2020년 코로나바이러스 팬데믹 기간보다 더 분명했다. 전국의 간호사들은 종종 적절한 개인 보호 장비를 갖추지 못한 채 인력이 부족한 병동에서 힘든 시간을 보냈으며, 매일 자신과 가족을 위험에 빠뜨렸다. 카이저 퍼머넨트 샌디에이고(Kaiser Permanente San Diego)의 응급의학과 보조 책임자인 폴 도렌웬드(Paul Dohrenwend) 박사는 "간호사들은 이 위기의 과소 평가된 영웅이다."라고 말했다. 이어 그는 "이번 일을 이겨내기 위해 노력하는 모든 사람들에게 감사하다. 더 나은 검사와 백신을 개발하는 대형 제약 회사의 과학자들을 칭찬한다. 원격 수업을 개설한 교사와 어려운 사업 결정을 내리는 경영자에게도 감사하다. 모두가 자신의 역할을 하고 있지만, 간호사보다 더 중요한 사람은 없는 것 같다."라고 첨언하였다.

토론 문제

문제 해결 관점

1. 병원 관리자 입장에서 이 사례의 근본적인 문제는 무엇인가?
2. 간호사 부족과 높은 이직률을 높이는 데 병원 관리자는 어떤 역할을 했다고 생각하는가?
3. 간호사 채용과 유지율을 높이기 위해 병원은 무엇을 할 수 있을까?

적용하기

1. 간호사의 이직을 막기 위해 모집 및 채용 과정에서 병원이 무엇을 할 수 있을까?
2. 간호사 이직률을 줄이기 위해 병원은 어떤 유형의 학습과 개발 기회를 제공할 수 있을까?
3. 남성과 여성 간호사에게 보상 및 승진 결정에 있어 동등한 기회를 부여하기 위해 병원은 어떤 조치를 취할 수 있을까?
4. 병원은 업무 관련 간호 상해를 예방하기 위해 장비에 더 많은 돈을 투자할 법적·윤리적 책임이 있는가? 그 이유는 무엇이라 생각하는가?
5. 간호사가 업무상 부당한 대우를 받는 주된 원인은 무엇이라고 생각하며, 이를 줄이기 위해 병원과 간호사가 할 수 있는 일은 무엇이 있을까?
6. 간호사가 직면한 많은 어려움과 직장에서의 안전 부족에도 불구하고 그들은 왜 계속 병원에서 일하고 있다고 생각하는가?

법적 · 윤리적 과제

비경쟁 계약의 합법화

이번 법적 · 윤리적 과제에서는 신입 사원에게 비경쟁 계약에 서명하도록 요청하는 HR 정책에 대해 알아본다. 비경쟁 계약(Noncompete Agreements)은 "한 회사의 근로자가 퇴직한 후 일정 기간 동안 경쟁업체에 취직하거나 창업을 하는 것을 금지하는 고용 조항"이다. 다시 말해, 계약서에 서명한 사람이 경쟁자로 볼 수 있는 다른 회사와 협력하는 것을 금지하고 있는 셈이다. 비경쟁 계약은 직원이 조직을 떠날 때 영업 비밀 및 기타 중요한 정보를 가져와 경쟁자가 경쟁 우위를 확보하는 데 사용할 수 있다는 생각에서 시작되었다.

플로리다주의 민간 보안 업체인 Critical Intervention Services(CIS)는 마이클 케니(Michael Kenny)가 13일 동안 회사의 경비원으로 일하자 그를 비경쟁 계약을 위반한 혐의로 고소했다. 일을 시작한 지 얼마되지 않아 베테랑이자 홀아버지인 케니는 오후 7시부터 오전 7시까지 교대 근무 기간 동안 아이를 돌볼 수 없었다. 케니는 그가 다른 교대조를 요청했을 때 회사가 그에게 할당된 교대조를 일하거나 그만두라고 말했다고 주장한다. CIS는 케니가 "직접 경쟁자뿐만 아니라 기존 CIS 클라이언트를 위해 일하게 되었고" 이제 그가 참여한 교육을 통해 전문 보안 지식을 갖게 되었다고 주장했다.

제시카 벨(Jessica Bell)은 노스캐롤라이나주 롤리에 위치한 시트릭스(Citrix) 소프트웨어 회사에 입사할 때 받은 '서류 더미'에서 비경쟁 계약에 서명했다. 벨은 입사한 지 약 2년 만에 잠재적인 해고 소식을 듣고 다른 회사에서 일자리를 찾기 시작했다. 그녀는 롤리에 영업 사무소를 연 실리콘 밸리에 기반을 둔 기술 회사인 이그나이트(Egnyte)에서 자리를 잡았다. 새 직장에 입사한 몇 주 후 벨과 이그나이트에서 근무하는 6명의 전 시트릭스 직원들은 그들이 비경쟁 조항을 위반하고 있음을 알리는 시트릭스의 편지를 받았다. 이그나이트는 법원이 비경쟁 계약이 너무 광범위하여 시행할 수 없다고 주장하면서 시트릭스를 상대로 소송을 제기했다.

시트릭스는 이그나이트와 7명의 직원을 상대로 이그나이트가 "시트릭스와 불공정한 경쟁을 하기 위해" 전 시트릭스 직원을 고용했다고 주장했다. 이그나이트는 7명의 직원 모두에 대한 법적 비용을 부담할 것을 공언하고 시트릭스의 지적 재산이나 고객을 훔치지 않고 재능을 기반으로 고용했다고 주장했다. 벨은 "나는 이것이 분명히 영향을 미칠 것이라고 생각하지 않았고, 내가 시트릭스를 떠난 후 그들이 내 가족을 부양할 수 있는 나의 능력에 대해 어떠한 통제권이나 권력도 가질 것이라고 생각하지 않았다."라고 말했다. 그녀는 시트릭스의 비경쟁 계약에 서명할 때 동의한 내용에 대한 명백한 오해를 지적했다.

비경쟁 계약과 관련된 소송의 발생률은 2000년 이후 거의 3배 증가했으며, 주마다 합법성이 다르다. 미국 근로자의 약 20%가 이와 관련된 계약에 서명했다. 비경쟁 계약은 심지어 하위 직급까지 확대되었다. 연봉이 40,000달러 미만인 직원의 약 14%가 여기에 묶여 있다.

문제 해결

회사가 직원들에게 경쟁 금지 계약에 서명하도록 강요해야 할까?

1. 물론이다. 모든 회사는 독점 및 기밀 정보를 보호해야 한다.
2. 적정한 선을 지켜야 한다. 특정 직업이나 산업에 대한 제조법, 공식, 영업 비밀 및 지적 재산과 같은 독점 정보를 보호하는 것이 합리적이라는 데 동의한다. 그러나 이것이 샌드위치 가게에서 일하는 것과 같이 모든 직업에 적용되어서는 안 된다.
3. 안 된다. 이는 사람들의 취업을 금지하기 때문에 법에 저촉된다.
4. 다른 안이 있다면 설명해 보자.

CHAPTER 10

조직 변화와 혁신

학습 목표

1. 조직 변화의 주요 내용을 이해한다.
2. 변화의 세 가지 유형, 르윈의 변화 모형과 변화에 대한 시스템 접근법을 설명한다.
3. 조직 개발의 목적을 설명한다.
4. 혁신 방법과 혁신 시스템의 구성 요소를 설명한다.
5. 직원이 변화에 대한 두려움을 극복하도록 도울 수 있는 방법을 설명한다.
6. 변화에 대한 개방성 역량을 높이는 다양한 방법을 이해한다.

▶ **미리보기**

10장에서는 조직 변화의 본질, 조직 외부와 내부의 변화 유발 요인 그리고 반응적 변화와 선제적 변화를 살펴본다. 그리고 조직 개발에 대해 알아보고, 직원의 두려움과 변화에 대한 저항을 관리하는 방법에 대해 학습한다. 마지막으로, 조직 혁신을 촉진하는 방법과 변화에 대한 개방성 역량을 향상시키는 방법을 알아본다.

성공 전략

업무 중 창의성을 제고시키는 방법

창의성은 참신한 아이디어를 만들어 내는 과정이다.

신경과학 연구는 창의적 사고가 뇌의 많은 다양한 영역에 관여하고 있으며, 창의적 과정의 오래된 우뇌 · 좌뇌 이론이 다소 과대평가되어 있음을 보여 준다. 즉, 우리가 어떻게 연결되어 있다고 생각하든, 우리 모두는 사물을 조금 다르게 보는 법을 배움으로써 상상력이 풍부하고 혁신적인 사상가가 될 가능성이 있다.

조직은 항상 창의성이 필요하다. 실제로 최근 링트인 러닝(LinkedIn Learning) 보고서는 오늘날 직장에서 요구되는 가장 중요한 소프트 스킬 1위가 창의성이라고 밝혔다. 선제적인 학습, 긍정적인 접근법, 문제 해결 및 자기 동기 부여와 같은 커리어 준비 역량을 활용하여 자신만의 창의적 능력을 지속적으로 확장하고 개발할 수 있는 재미있고 간단한 방법이 많이 있다. 창의력을 이끄는 네 가지 역량을 높이기 위해 다음 중 몇 가지를 시도해 보자.

선제적 학습

호기심만큼 상상력을 자극하는 것은 없다. 선제적 학습 지향성을 사용하여 일상적인 일이 어떻게 작동하는지, 어디서 왔는지, 왜 왔는지에 대해 두려움 없이 질문하는 습관을 기르자. 한 번에 한두 개의 질문을 선택하고 책, 기사, 컨퍼런스 또는 패널 토론, 무료 또는 저렴한 수업, 팟캐스트 및 TED Talks에서 답변을 찾아보자. 질문 주제는 학업이나 업무와 관련이 없어도 된다. 새로운 스포츠를 배워 보자. 악기를 연주해 보자. 새로운 것을 배우는 한 창의력을 발휘할 수 있게 된다. 기술을 활용하여 십 대 및 청년의 건강을 개선하는 데 전념하는 호프랩(Hope Lab)은 오랫동안 호기심과 혁신의 문화를 유지해 왔다. 그렇게 하는 많은 방법 중 하나는 직원이 요리에서 사진에 이르기까지 모든 외부 강좌를 수강하도록 장려하고 비용을 지원해 주는 것이다.

긍정적인 접근

감사, 희망, 기쁨, 공감과 같은 긍정적인 감정들은 창의적 사고를 구축하는 것으로 나타났다. 약간의 마음챙김으로 이러한 감정을 적극적으로 계발할 수 있다. 예를 들어, 하루에 작은 것이라도 감사한 일을 하나씩 적어서 '감사 일기'를 작성해 보자. 자주 축하하고 시험에서 좋은 성적을 받는 것과 같은 작은 이벤트라도 기념함으로써 기쁨을 위한 능력을 향상시켜 보자. 아니면 소셜 미디어에서 누군가의 생일을 축하하고 넘어가기보다는 전화를 걸거나 커피나 점심을 먹기 위해 잠시 나가 보자. 운동(단순한 자전거 타기나 야외 산책)도 긍정적인 감정을 강화할 수 있다. 긍정적인 접근의 또 다른 측면은 실패를 감수하려는 의지이다. "연구 결과들은 위험을 무릅쓰면 성공할 가능성이 더 높다는 것을 보여 준다. 창조적인 위험 감수자가 되고, 낯설고 예측 불가능한 일에 발을 들여놓으며, 관례적인 경계를 넘어서라."라고 심리 투데이(Psychology Today)의 한 작가는 말한다.

문제 해결

지금 연습할 수 있는 문제를 찾아 창의적 문제 해결 스킬을 연마해 보자. 예를 들어, 체스 게임을 배워 보도록 하자. 반복되는 패턴을 익히면 예측 능력을 강화시킬 수 있다. 아가사 크리스티(Agatha Christie)나 아서 코난 도일 경(Sir Arthur Conan Doyle)과 같은 작가들의 탐정 소설을 읽어 보자. 또는, 십자말풀이 및 기타 연필과 종이 퍼즐을 풀어볼 수도 있다. 이 모든 활동은 연역적 추론과 예측력에 도움이 된다.

자기 동기 부여

마지막으로, 창의성 목표를 설정하는 것은 창의성 수준을 높이고자 하는 동기를 불러일으킨다. 창의성 전문가들은 "개인의 창의성 목표를 자신의 업무 결과물이 창의적이어야 한다는 개인의 기준이나 열망"으로 정의한다. 창의성 목표를 설정하면 작업을 수행하는 창의적인 방법을 찾는 데 관심과 노력을 하게 되고 상사에게 깊은 인상을 줄 수 있다.

SECTION

01 조직 변화

조직 변화는 반응적으로 일어나거나 선제적으로 일어난다. 변화를 유발하는 요인은 조직 외부의 인구통계 특성, 기술의 진보, 주주나 고객과 같은 이해관계자들의 이해, 사회적 · 정치적 압력 그리고 조직 내부의 직원과 경영자 등이 있다.

학습 목표

조직 변화의 주요 내용을 이해한다.

콘페리(Korn Ferry)의 건강 관리 책임자인 톰 지엘라(Tom Giella)는 "기술의 발전이 시장의 혼란을 초래함에 따라 전략적이고 혁신적이며 고객 중심적이며 빠르게 적응할 수 있는 사람들에 대한 열망이 훨씬 더 커졌다."라고 말했다.

변화는 우리 주변에 진정으로 존재하며, 경영자의 업무 중 일부는 변화의 기회를 파악하는 것이다. 경영자는 또한 오늘날 조직의 변화를 주도하는 주요 요인을 이해해야 한다.

근본적인 변화

물리학자 닐스 보어(Niels Bohr)는 "특히 미래를 예측하는 것은 어렵다."라고 말했다.

그러나 경영 이론가 피터 드러커(Peter Drucker)의 말처럼 '이미 일어난 미래'를 확인하고 대비하는 것은 가능하다. 이러한 추세 속에서 밀레니얼 세대는 계속해서 신기술의 얼리어답터가 될 것이다. 여성들은 세계 시장에서 지배적인 힘이 될 것이다. 더 많은 사람들이 농촌에서 도시 지역으로 이동할 것이다. 소셜 네트워크는 변화를 주도하는 전통적인 제도를 대체할 것이다. 소비자는 더 많은 정보를 얻으면서 시장의 힘 균형을 변화시킬 것이다. 신흥 개발도상국 중산층이 전 세계 소비자 지출을 촉진할 것이다. 건강과 웰빙에 대한 지출이 급증할 것이며, 새로운 사업을 시작하는 것이 더 쉬워질 것이다. 틈새시장은 번성할 것이며, 클라우드 컴퓨팅은 오프라인 사무실을 없앨 것이다. 데이터는 경쟁 우위를 위해 매우 중요할 것이며, 스마트 기기(smart machine)는 지금보다 더 똑똑해질 것이다. 그 밖에, 비즈니스의 미래를 구체적으로 형성하는 몇 가지 슈퍼 트렌드가 있다.

1. 시장이 점점 세분화되고 있다.
2. 전문화된 해결책을 제공하는 경쟁업체는 제품을 더 빨리 시장에 출시해야 한다.
3. 일부 기업은 파괴적 혁신(disruptive innovation)에서 살아남지 못할 것이다.

4. 해외 공급업체는 일하는 방식을 바꾸고 있다.

5. 정보가 아닌 지식이 새로운 경쟁 우위가 되고 있다.

시장은 더 세분화되고 더 많은 틈새시장이 출현하고 있다. 한동안 경영자는 대중 시장(mass market), 즉 대중 커뮤니케이션, 대중 행동, 대중 가치에 대해 생각할 수 있었다. 이제는 더욱 더 좁게 목표 고객을 정해서 세분화된 메시지를 전달하는 '탈대중화(demassification)'의 시대가 되었다.

이러한 마케팅 메시지는 인공 지능 기술에 의해 형성되고 개인화될 수 있으며, 이를 통해 봇(bot)은 개별 대상 소비자 또는 소규모 소비자 그룹과 대화에 참여할 수 있다. 일부에서는 이러한 고객 중심 마케팅이 충성 고객을 유도하고 비즈니스를 반복하는 관계를 형성하는 데 도움이 될 수 있다고 제안한다. 컨피규레이터 데이터베이스(configurator database)는 맞춤형 제품을 찾는 소비자에게 인기 있는 허브이다.

컨피규레이터 데이터베이스의 예: 컨피규레이터 데이터베이스는 1,300개 이상의 구성요소(configuator)에 대한 링크를 제공한다. 이 회사는 고객이 개별적인 선호도와 필요에 따라 제품을 설계할 수 있도록 한다. 브랜드는 식품, 반려동물 용품, 의류를 포함한 산업의 주류에서 고급에 이르기까지 다양하다.

- **롤렉스(Rolex)** – 고객은 시계 모델, 재료, 다이얼, 시곗줄을 목록에서 선택하여 고유한 시계를 제작할 수 있다.
- **Xbox 디자인 랩(Xbox Design Lab)** – 게이머들은 컨트롤러 본체, 트리거, 방향 패드, ABXY 버튼 및 기타 옵션을 지정할 수 있다. 각인도 가능하다. 이를 모두 합쳐 10억 개 이상의 가능한 조합이 존재한다.
- **마이 시리얼 믹스(My Cereal Mix)** – 건강을 생각하는 소비자들은 다양한 베이스, 견과류, 씨앗, 말린 과일 및 카카오 닙스와 코코넛 칩과 같은 추가 재료 중에서 선택하여 아침 식사용 시리얼을 만들 수 있다.

더 많은 경쟁자들이 더욱 빠른 시장 출시를 요구하는 타겟 제품을 제공하고 있다. 맥킨지앤컴퍼니(McKinsey & Company)의 수석 외부 고문인 줄리 배시킨(Julie Bashkin)은 맥킨지와 함께 일하는 많은 대기업들이 5년 전에는 관심을 두지 않던 신생 기업들이 이제 새로운 형태로 나오기 때문에 '머리를 얻어맞는(head slap)' 순간을 경험하고 있다고 말했다. 이어 "(그들이) 느닷없이 나타난 것 같고, 자원도 없이 빠르게 움직이는 것 같다. 그리고 성공이라는 짐에 짓눌리지 않는 것 같다."라고 첨언하였다. 이러한 경쟁자 중 일부는 "오늘은 여기 있다가, 내일은 사라진다(here today, gone tomorrow)"는 팝업 스토어와 같이 핼러윈 제품을 판매하는 소매업체는 며칠 또는 몇 개월 안에 시장에 들어오고 나갈 수 있다. 해즈브로(Hasbro)가 이러한 추세에 어떻게 대응했는지 살펴보자.

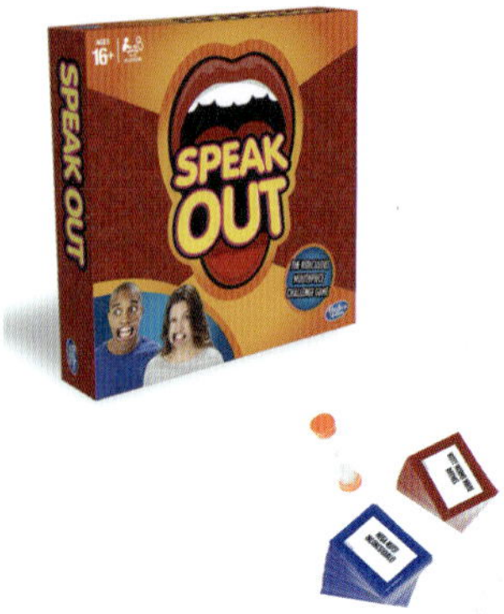

DreamToys/Shutterstock

해즈브로는 바이러스성 인터넷 문제에 대한 대응으로 스피크 아웃을 개발했다. 이 게임은 회사의 퀵 스트라이크팀이 처음 컨셉 작업을 시작한 지 3개월도 채 되지 않아 시장에 출시되었다. 이러한 방식으로 소셜 미디어 트렌드를 활용하려면 시장을 선도하는 기존 기업이 달성하기 어려운 수준의 민첩성이 필요하다.

해즈브로의 예: 해즈브로는 소셜 미디어 트렌드에 대응하여 장난감과 게임을 개발하기 위해 '퀵 스트라이크(Quick Strike)' 팀을 구성했다. 한 예로, 이 팀은 치과용 마우스 가드를 착용하고 단어를 발음하려고 하는 사람들의 인터넷 동영상이 입소문을 타면서 해즈브로의 '스피크 아웃(Speak Out)' 게임을 개발했다. 스피크 아웃은 11주 만에 컨셉 개발부터 출시까지 완료하였다. 존 프라스코티(John Frascotti) 사장 겸 COO는 "이후 우리는 이 접근법을 더 광범위한 조직으로 확대해 나가고 있다."며 "이 모든 것이 더 빠르고 민첩하며 효율적인 제품 출시 과정으로 이어진다."라고 말했다.

일부 전통적인 기업은 급격한 변화에서 살아남지 못할 수 있다. 고인이 된 하버드 경영 대학원 교수인 클레이튼 크리스텐슨(Clayton M. Christensen)은 그의 저서 '혁신가의 딜레마: 새로운 기술이 위대한 기업을 망하게 할 때(The Innovator's Dilemma: When New Technologies Cause Great Firms to Fail)'에서 성공한 기업도 시장을 변화시키는 거대한 기술적 도약에 직면하면 내린 결정마다 잘못될 수 있다고 주장했다.

실제로 그는 기존의 성공적인 회사가 파괴적 혁신이라고 부르는 디지털화와 같은 기술 혁신을 완전히 활용하는 것은 매우 어렵다고 생각했다. '차세대 혁신'을 구축하기 위해 혼란에서 살아남을 수 있는 자원을 보유한 일부 기업은 그렇게 하지 못하는 반면, 다른 기업은 성공적으로 이를 선회할 수 있다. 다음의 사례는 이러한 슈퍼 트렌드의 영향을 받는 영화 산업을 설명한다.

영화 산업의 급진적인 변화

영화 스튜디오와 영화 극장 간의 사업 모형은 한 세기가 넘도록 크게 변하지 않았다. 스튜디오에서 영화를 제작하면 영화관이 일정 기간(보통 몇 개월) 동안 영화를 상영할 독점권을 얻게 된다. 티켓 판매 수익은 일반적으로 각 당사자가 40~60%를 받는 방식으로 두 기업 간에 배분된다.

그러나 최근 몇 년 동안 사람들은 이러한 사업 모형이 여전히 타당한지에 대해 의문을 품기 시작했다. 넷플릭스(Netflix), 훌루(Hulu), 아마존(Amazon)과 같은 스트리밍 플랫폼은 극장 개봉을 아예 건너뛰고 자체 콘텐츠를 제작하고 있으며, 영화관 방문객은 20년 만에 최저 수준으로 떨어졌다.

변화를 막으려는 극장의 시도. AMC, 시네마크(Cinemark), 리갈(Regal)과 같은 극장 사업의 주요 업체는 사업을 유지하고 회복하기 위해 고객 편의 시설에 막대한 투자를 했다. 예를 들어, 영화 관람객은 이제 사전에 좌석을 예약할 수 있으며(몇 분 늦게 도착해도 더 이상 어지러운 앞줄로 밀려나지 않음), 좌석을 뒤로 젖혀 보다 편안하게 영화를 감상할 수 있다. 또한 많은 극장에 풀 바와 레스토랑이 추가되었으며, 로열티 프로그램도 운영 중이다.

이러한 최근 개선 사항은 오늘날의 소비자들이 경험을 찾고 있으며, 비용을 지불할 의향이 있음을 시사하는 연구를 중심으로 이루어졌다. AMC에 따르면, 경험에 대한 투자는 결실을 보기 시작했다. AMC는 2019년 3분기에 티켓 판매가 크게 증가했다고 보고했다. 또한 영화 관람을 포기한 사람들이 다시 생각해 봤다는 것을 암시하는 많은 일화적인 증거도 있다. 월스트리트 저널(Wall Street Journal) 기자는 아내와 5명의 아이들과 '겨울왕국2'를 보기 위해 마지못해 영화관에 갔다고 전하며, "10달러(아이들은 9달러)의 입장권을 내고 아이폰으로 피자와 팝콘을 주문하고 집에서 10마일 떨어진 이메진(Emagine) 극장으로 걸어 들어갔다."라고 말했다. 그 한 번의 방문은 "영화에 대한 사랑을 다시 불러일으키기 위해 필요했다."라고 전했다.

새로운 개발. 극장이 업그레이드에 수백만 달러를 투자하면서 스튜디오는 또 다른 시도를 준비 중이다. 특히, 스튜디오는 영화를 소비자에게 직접 출시할 경우 사업이 동등하게, 또는 그 이상으로 생존할 수 있는지에 대해 의문을 제기했다. 예를 들어, 4인 가족이 극장에서 영화를 보기 위해 그 2배까지 돈을 쓰는 대신 소파에서 새 영화를 보기 위해 30달러에서 50달러를 기꺼이 쓸 것인가?

실제로 영화 스튜디오는 단순히 극장을 줄이고 소비자들에게 직접 판매하는 모형을 채택하면 비용을 최대 50%까지 절감할 수 있다. 그러나 업계 대기업들은 그 가능성을 테스트하는 것을 주저했다. 그러고 나서 코로나바이러스 팬데믹은 우리가 알고 있는 영화 산업을 완전히 바꿀 수 있는 일련의 변화를 일으켰다. 2020년 4월 미국인들은 집에 앉아 영화관이 문을 닫는 바람에 수백만 명의 아이들은 계획대로 새로운 '트롤(Trolls)' 영화를 극장에서 볼 수 없다는 것에 실망했다. 유니버셜(Universal)은 그 기회를 이용해 상황을 살폈고, 48시간 19.99달러의 임대료로 '트롤 월드 투어(Trolls World Tour)'를 스트리밍 플랫폼에 직접 출시했다. 3주 후, 유니버셜은 오리지날 트롤(2016년 개봉)이 극장에서 5개월 동안 벌어들인 돈보다 더 많은 돈을 벌었다.

유니버셜의 CEO인 제프 셸(Jeff Shell)은 "'트롤 월드 투어'의 결과는 우리의 기대를 뛰어넘었고 프리미엄 주문형 비디오(premium video on demand: PVOD)의 실행 가능성을 보여 주었다. 극장이 다시 열리면 두 가지 형식으로 영화를 개봉할 수 있을 것으로 기대한다."라고 전했다. AMC 사장 겸 CEO인 아담 애론(Adam Aron)은 유니버셜이 새로운 편성을 진행한다면 AMC는 더 이상 유니버셜 영화를 극장에서 상영하지 않을 것이라고 재빨리 대응했다.

향후 전망

영화관이 사라질까? 한 칼럼니스트는 영화관이 "만약" 사라진다면의 가정의 문제가 아니라 영화관이 "언제" 사라지는지의 시기의 문제라고 말했다. 혹자는 영화를 보는 여러 방식이 성공적으로 공존할 수 있고, 여전히 영화관에 계속 가고 싶어 할 많은 사람들이 있다고 확신한다.

당신의 생각은?

영화 산업의 급진적 변화에 대해 어떻게 생각하고 전망하는가? 스트리밍 중심으로 변화하는 환경에서 계속 살아남고 싶다면 극장은 어떻게 대응해야 할까?

해외 공급업체가 일하는 방식을 바꾸고 있다. 2장에서 학습했듯이 세계화와 아웃소싱은 전체 산업과 일하는 방식을 변화시키고 있다. 중국, 인도, 멕시코, 필리핀 및 기타 국가에는 절반의 급여로 2배의 노동력을 제공할 수 있는 근로자와 전문직 종사자가 있기 때문에 많은 대기업들이 해당 국가에서 제품을 생산하고 있다. 그래서, 일부 일자리들이 본국에서 사라졌지만 다른 일자리는 더 생산적으로 변했다. 예를 들어, 일부 엔지니어와 영업 사원은 일상적인 업무에서 벗어나 혁신적인 업무와 고객관리에 더 많은 시간을 할애할 수 있게 되었다.

> **우루과이의 예:** 우루과이는 세계에서 가장 큰 소프트웨어 수출국 중 하나이다. '남미의 실리콘 밸리'라고 불리며 우루과이의 수도인 몬테비데오(Montevideo)와 같은 도시에는 IT 기업가와 기술 스타트업이 넘쳐난다. 인재, 인프라, 인센티브의 적합한 조합은 IT 기능을 아웃소싱하려는 기업에 이상적인 선택이다.

그러나 항공우주, 화학 등 수십 개의 산업 분야에서 많은 일자리들이 미국과 같은 선진국으로 이동하고 있다.

> **회사의 예:** 독일 자동차 제조업체 다임러(Daimler)는 앨라배마주 터스칼루사(Tuscaloosa) 카운티에서 수출용 및 내수용 SUV를 생산한다. 이 회사는 이 지역에서 거의 4천 명의 사람들을 직접 고용하고 있으며, 간접적으로 2만 명 이상의 사람들을 고용하고 있다. 이탈리아 회사인 피에트로 피오렌티니(Pietro Fiorentini)는 웨스트 버지니아에서 천연가스 계량 및 압력 조절 장비를 제조한다.

정보가 아닌 지식이 새로운 경쟁 우위의 원천이 되고 있다. 2012년 인텔(Intel)의 한 보고서는 "기술 변화의 쓰나미가 우리를 향해 다가오고 있으며, 이는 세계에 대한 이전의 많은 인식을 씻어버릴 것이다. 우리가 일하는 방식은 이 새로운 현실로 휩쓸려갈 것이며, 지식 근로자는 변화의 주요 주체가 될 위치에 있다."라고 전했다. 지식 근로의 중요성에 대한 이러한 예측은 정확했다. 실제로 맥킨지(McKinsey)의 연구에 따르면, 오늘날의 경제에서 지식 작업이 계속해서 증가하고 있으며, 포레스터(Forrester)의 한 분석가는 최근 공감, 직관, 정신적 민첩성이 필요한 일자리가 2030년까지 약 30만 개 증가할 것이라고 예측했다. 지식 근로에 대해 고려해야 할 두 가지 주요 사항은 다음과 같다.

- **지식 근로의 정의 변화.** 정보 기술이 이전에 인간이 수행했던 작업보다 더 많은 작업을 수행함에 따라 (관련성을 위해 데이터를 분류하는 것과 같은) 첨단 영역에서도 이전에 지식 근로자로 생각되었던 많은 하위 수준의 직원이 이제는 정보 처리에 거의 기여하지 않는 '데이터 작업자'로 인식된다. 일상적인 정보 처리와 달리 지식 근로는 분석적이고 문제 해결과 추상적인 추론으로 구성되며, 숙련된 경영자, 전문가, 영업 사원, 재무 분석가들의 업무가 예가 된다.
- **인공 지능으로 대체되지 않는 지식 근로자.** 자동화의 확산에도 불구하고 지식 근로자의 증가는 가속화되고 있다. 실제로, 비일상적인 인지 업무인 지식 근로에 종사하는 사람들의 수는 이

제 전 세계적으로 10억 명을 넘는다. 한 전문가에 따르면, 인공 지능은 지식 근로를 없애기보다 "노동자들에게 인간만이 할 수 있는 일을 하도록 강요한다."라고 말한다.

노동력을 아웃소싱하는 외국 제조업체나 대형 경쟁업체와의 경쟁에서 기업이 고군분투하는 산업에서는 인공 지능이 지식 근로자의 생산성과 전략적 기여 기회를 증가시켜 일자리를 지킬 수 있다. 캘리포니아에 기반을 둔 가구 마감 회사의 예를 살펴보자.

프로페셔널 피니싱의 예: 프로페셔널 피니싱(Professional Finishing)의 공동 소유주인 돈 화이트(Dawn White)가 회사 시설에 새로운 로봇 팔을 추가할 계획을 발표했을 때 한 직원은 "언제 로봇이 도입되는지 알려 달라. 그때 나는 그냥 그만두겠다."라고 말했다. 그러나 그 직원은 직장을 잃지 않았으며, 다른 직원들 또한 직장을 잃지 않았다. 대신 노동자들의 생산성은 4배나 향상되었고, 많은 사람들이 로봇 조작자와 기술자가 되었다. 로봇은 가구 마감에서 흔히 볼 수 있는 육체적으로 힘든 작업 중 일부를 대신했으며, 인간 직원들이 더 섬세하고 복잡한 작업에 집중할 수 있도록 해 주었다.

프로페셔널 피니싱과 같은 회사의 경우 인공 지능은 노동자들의 일자리를 대체하기보다는 오히려 그들의 성과를 향상시키는 결과를 가져왔다.

반응적 변화와 선제적 변화

대부분의 CEO 공공 부문의 고위 리더들은 근본적으로 다른 방식으로 운영되는 오늘날의 세상에서 점진적인 변화만으로는 더 이상 충분하지 않다는 데 동의한다. 일반적으로 삶이 점점 더 복잡해지고 있으며, 그 복잡성을 관리할 수 있는 조직이 장기적으로 생존할 수 있다.

조직 변화는 보통 두 가지 패턴으로 나타난다.

예상치 못한 문제나 기회에 대한 반응적 대응 경영자는 문제나 기회에 대응하여 변화를 일으키는 데 이는 반응적 변화에 해당한다.

코로나바이러스 팬데믹 동안 일부 종교 단체의 경우처럼 반응적 변화는 저항을 유발할 수 있는데 다음의 예를 참고해 보자(섹션 05에서는 변화에 대한 저항에 대해 학습).

코로나바이러스 팬데믹 동안 종교 단체들의 반응적 변화

공동체로 모이는 것은 많은 종교의 전통적인 특징이다. 그러나 코로나바이러스 팬데믹 동안 주지사가 해당 주에 자택 대피령을 내렸을 때 종교 단체들은 신도들과 함께 새로운 방식으로 종교적인 의식을 진행해야 했다.

팬데믹 기간은 종교적 성일이 많았던 일부 종교들에는 특히 어려운 시기였다. 유대교도들은 부림절(Purim) 및 곧 있을 유월절(Passover)을 기념할 준비를 하고 있었고, 힌두교도들은 한 달 동안의 봄축제(holi festivities)를 준비하고 있었으며, 개신교인들은 부활절을 고대하고 있었다. 이슬람교도들에게는 이슬람교에서 가장 신성한 달인 라마단(Ramadan)이 4월 23일에 시작될 예정이었다.

반응적 변화. 팬데믹 기간에 종교 단체들이 전통에 적용한 변화는 다음과 같다.

- 많은 무슬림 신도들은 격리 중 줌(Zoom)을 통해 친구나 가족들과 함께 매일 라마단 금식을 깨는 원격 이프타르로 모였다.
- 일부 힌두교도들은 #HoliHai2020에 참여하기 위해 라이크(Like) 비디오 공유 플랫폼을 사용했다. 이 캠페인은 힌두교도들이 안전하게 격리된 상태에서 휴대 전화로 '홀리'를 연주하고 축제를 경험할 기회를 주었다.

변화에 대한 저항. 대다수의 종교 단체들이 격리에 적응했지만 일부는 저항했다. 예를 들어, 루이지애나주 센트럴(Central)에 있는 라이프 태버내클(Life Tabernacle)은 교회의 토니 스펠(Tony Spell) 목사는 존 벨 에드워즈(John Bel Edwards) 주지사의 주 전역에 걸친 자택 체류 명령에 협조하지 않고 예배를 강행했다. 생중계된 비디오에서는 그의 신도들 대부분이 이 모임 동안 마스크를 착용하지 않았으며, 사회적 거리 규약을 따르지 않은 모습이 담겨 있었다. 경찰은 스펠이 교회 밖에 서 있는 시위대 중 한 명을 향해 버스를 몰고 간 후 가중 폭행 혐의로 여러 차례 소환장을 발부했고 결국 그를 체포했다. 스펠은 보석으로 석방된 뒤 가택 연금 상태였지만, 심지어 전자발찌를 신도들에게 과시하며 교회에서 예배를 계속했다.

종교 의식은 코로나바이러스에 대응하여 새로운 형태를 띠었다. 전 세계가 바이러스 전파에 대한 우려에 대응함에 따라 안식일 식사, 이프타르 저녁 식사, 홀리 놀이와 같은 전통이 온라인에서 진행되었다.

당신의 생각은?

과거에 갑작스러운 변화에 어떻게 대처했는가? 변화에 대해 저항했는가? 아니면 적응했는가?

예상되는 문제나 기회에 대한 선제적 대응 반응적 변화와 대조적으로, 선제적 변화 또는 계획된 변화는 발생할 수 있거나 예상되는 문제 또는 기회를 예측하여 신중하게 심사숙고하여 변화를 만드는 것이다. 자동화의 증가는 항공우주 제조 산업에 사전 예방적 변화를 불러일으켰다. 에어버스(Airbus)의 예를 살펴보자.

에어버스의 예: 여객기를 제조하는 과정은 시간이 지나도 거의 변하지 않았다. 작업의 상당 부분은 여전히 수작업으로 이뤄지며, 엄격한 안전 기준과 정부 인증 요건은 효율성보다 정밀함이 중요하다는 것을 의미한다. 그러나 에어버스는 최근 증가하는 수요를 충족시키는 동시에 미래를 대비하기 위해 A320 기종을 위한 새로운 시설을 건설했다. 로봇과 원격 조

종 조립 플랫폼은 고정된 크레인이나 조립 라인을 대신하였으며, 작업을 완료하는 데 필요한 인력을 20%나 줄였다. 또한 개방형 배치를 통해 제조 공정의 향후 변화에 대한 최대한의 유연성을 확보하였다.

조직 내 · 외부의 변화 유발 요인

경영자는 조직이 언제 변화해야 하는지 어떻게 알 수 있을까? 답은 명확하지 않지만 조직 외부와 내부에서 변화의 요인을 모니터링하여 단서를 얻을 수 있다(그림 10.1 참조).

그림 10.1 **조직 내·외부의 변화 유발 요인**

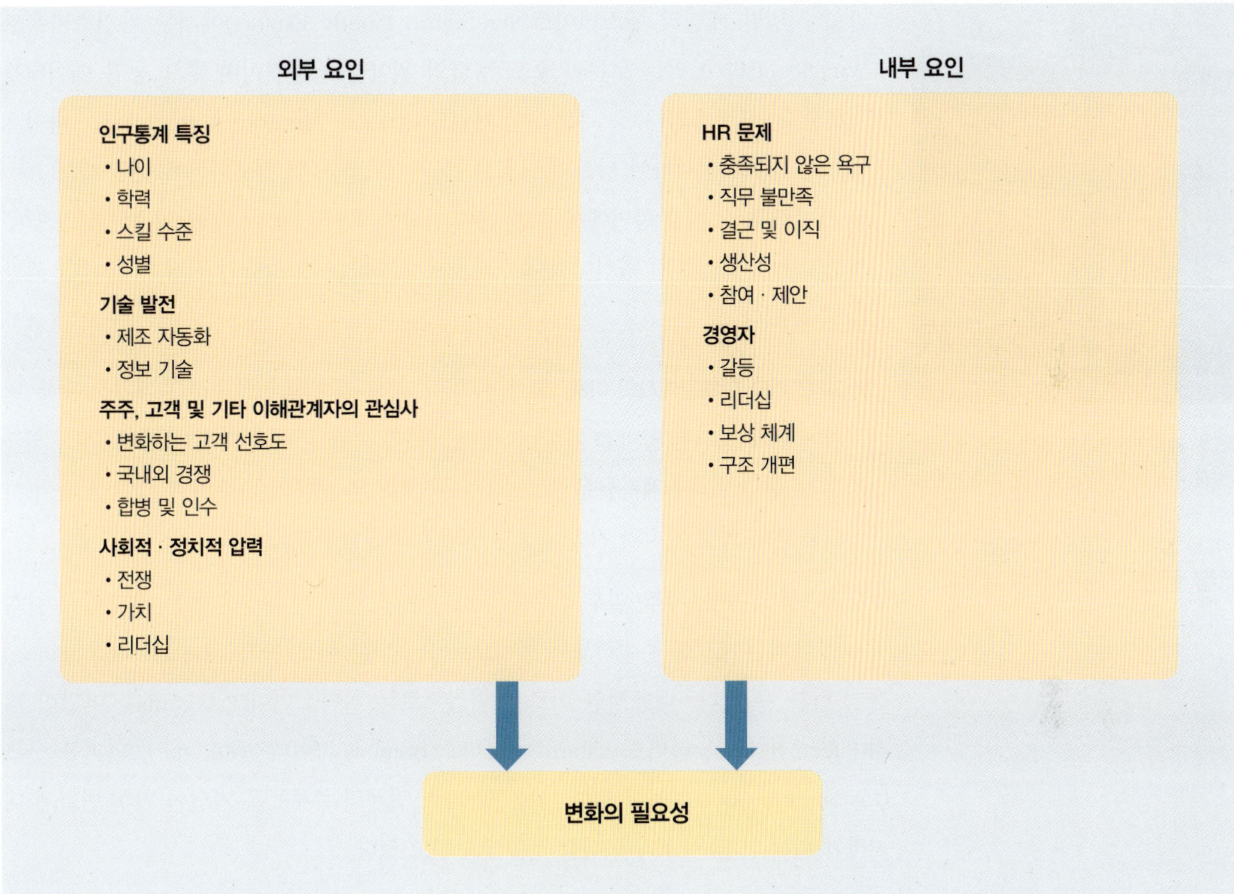

조직 외부 요인 외부 요인은 다음과 같이 네 가지 유형으로 구성된다.

1. **인구통계 특징.** 앞서, 노동력이 더욱 다양해짐에 따라 미국 노동자들 사이에서 발생하는 인구통계 변화에 대해 학습했었다. 예를 들어, 지난 20년 동안 (배우자나 동거인과 함께 사는 가구가 아닌) 부모와 함께 사는 18세에서 34세 사이의 젊은 미국인의 수는 100만 명이 증가했다. 이러한 변화는 소비자들의 소비 행태에 큰 영향을 미친다.

2. **기술 발전.** 기술은 단순히 컴퓨터 관련 기술만을 말하는 것이 아니다. 이는 재료를 투입하여 완제품을 생산하는 공정을 구성하는 모든 기계를 의미한다. IBM의 전 CEO인 지니 로메티(Ginni Rometty)는 최근 "분석과 인공 지능이 모든 산업에서 업무의 속성을 바꾸면서 향후 5~10년 동안 인력의 이동과 그에 따른 심오한 변화가 발생할 것이다."라고 말했다.

   기술이 이미 광범위한 변화를 가져온 산업 중 하나는 와인 제조이다. 최근 기사에 따르면, "인공 지능은 포도밭의 토양 분석부터 소비자가 저녁 식사에 어울리는 올바른 빈티지를 선택하는 방법에 이르기까지 와인 양조의 모든 것을 처리하고 있다."라고 한다.

포도밭 위에 있는 드론은 놀라운 속도로 농업 정보를 수집할 수 있다. 이 같은 기술 발전을 통해 일부 와인 생산자들은 분당 최대 1에이커에 달하는 속도로 포도밭에서 질병 및 기타 문제를 육안으로 검사할 수 있게 되었다.

   와인 양조 산업의 예: 일부 와인 양조업자는 이제 적외선 카메라가 장착된 드론을 사용하여 포도밭의 관개(irrigation)의 필요성, 손상, 질병을 정확히 파악한다. 포르투갈의 시밍턴 패밀리 에스테이트(Symington Family Estates)에서는 바인스카우트(VineScout)라 불리는 로봇이 포도 넝쿨의 위아래로 움직이며 주요 농업 데이터를 기록한다. 프랑스의 샤토 무통 로스차일드(Château Mouton–Rothschild)는 나이오(Naio) 기술과 협력하여 덩굴의 잡초를 뽑고 살포하는 데 사용하는 로봇인 테드(Ted)를 개발했다. 소비자 측면에서 보면 25% 이상이 와인 선택 시 앱에 의존하고 있으며, 특정 소비자에게 어떤 와인이 만족스러울지 예측하는 데 기술이 점점 더 중요한 역할을 하고 있다.

3. **고객, 기타 이해관계자의 이해.** 회사의 주주, 고객 및 광범위한 이해관계자는 모두 변화에 대해 상당한 압박을 가할 수 있다. 〈학습 모듈 1〉에서 학습한 바와 같이, 최근 몇 년 동안 이해관계자들은 기업의 목적과 기업의 의무가 주주의 부 창출을 넘어 사회를 위한 공유 가치와 지속 가능한 개발을 포함하도록 압력을 가하고 있다.

   - **조직 개편을 요구하는 주주.** 일부 주주들은 소비자, 직원 또는 환경을 돕는 것과 같은 사회적으로 유익한 제도를 준수하도록 법적으로 요구되는 이로운 기업(benefit corporation)을 설립할 수 있다. 대표적인 이로운 기업으로는 파타고니아(Patagonia), 아일린 피셔(Eileen Fisher), 올버드(Allbirds), 봄바스(Bombas), 이티크(Ethique), 언퍼블 굿즈(Uncommon Goods) 등이 있다. 석유 및 가스 업계의 주주들은 기업이 기후 변화에 대처하기 위해 더 많은 조치를 취할 것을 요구하고 있다.

     석유 및 가스 산업의 예: 주요 석유 및 가스 회사의 주주들은 최근 투자자 회의에서 기후 변화에 대한 더 많은 조치를 요구했다. 2019년에 BP 주주의 99% 이상이 탄소 배출량에 대한 더 많은 데이터를 공개하고 전략과 파리 기후 협정의 목표 사이의 조정을 공개하도록 요구하는 제안에 찬성했다. 엑손(Exxon) 주주의 41%가 최근 유사한 제안에 찬성표를 던졌다. 애널리스트들은 엑손 주주들이 몇 년 안에 이 수치를 50%까지 늘릴 것으로 보고 있다.

   - **높아지는 고객 요구.** 9장에서 학습한 바와 같이, 젊은 세대는 진정으로 의미 있는 대의를 추

구하는 기업의 제품과 서비스를 구매하려는 경향이 더 크다. 사회적 영향 컨설턴트인 메레디스 퍼거슨(Meredith Ferguson)은 "오늘날의 젊은 소비자들은 단순히 회사가 사회 문제에 대해 어떤 입장을 취하는지를 보고 싶어 하는 것이 아니라 내부에서 외부적으로 그 입장에 대해 행동하기를 원한다."라고 말했다.

(대서양을 위한 브랜드 마케팅 및 인사이트의 수석 이사인) 지나 불라(Gina Bulla)는 2019년 광고 주간 유럽(Advertising Week Europe) 참석자들에게 Z세대 소비자의 독특한 요구에 대응하는 방법에 대해 강의했다.

Z세대의 예: Z세대는 밀레니얼 세대나 X세대만큼의 구매력은 없지만, 기업에 더 많은 것을 요구한다. 한 연구에 따르면, 밈(meme)은 Z세대가 가장 좋아하는 브랜드 액티비즘(brand activism) 중 하나가 되었다. 메릴랜드 대학(University of Maryland)의 암나 키르마니(Amna Kirmani) 박사와 같은 전문가들은 이러한 유형의 부정적인 입소문이 소비자 레버리지의 강력한 형태로 부상하고 있다고 제안한다.

- **중요해지는 이해관계자의 요구.** 〈학습 모듈 1〉에서 설명한 공유 가치 창출(creating shared value: CSV) 모형은 기업이 글로벌 사회 문제를 동시에 해결하고 주주의 부를 극대화하는 방법을 보여 준다. 최근 연구에 따르면, 소비자는 공유 가치를 창출한다고 인식하는 브랜드와 더 깊은 관계를 형성한다.

  투 더 마켓의 예: 제인 모스바처 모리스(Jane Mosbacher Morris)는 기업과 소비자를 보다 윤리적이고 지속 가능한 공급망으로 연결하기 위해 투 더 마켓(To The Market)을 설립했다. 특히, 타겟(Target)과 블루밍데일(Bloomingdale)의 파트너인 모리스는 취약하고 낙후된 지역의 주민들이 만든 액세서리, 가정용품, 의류들을 조달한다.

4. **사회적 · 정치적 압력.** 사회적 사건은 큰 압력을 가할 수 있다. 탄산음료세(soda tax)의 예를 살펴보자.

   탄산음료세의 예: 가당 탄산음료 섭취는 미국 성인의 42% 이상과 2~19세 사이의 어린이 중 약 20%가 비만이 되는 부작용을 낳았고, 제2형 당뇨병(type 2 diabet) 확산의 원인이 되었다. 필라델피아, 보울더, 샌프란시스코, 시애틀, 버클리 등 여러 대도시에서는 탄산음료 회사의 자금 지원을 받는 반대에 맞서 탄산음료 대한 특별세를 이미 통과시켰다. 많은 사람들이 영국을 관심 있게 지켜보고 있다. 영국의 2단계 탄산음료세는 수익을 올리거나 탄산음료 구매를 억제하기 위해 고안된 다른 세제와 달리 탄산음료 제조업체가 세금을 피하기 위해 제품의 설탕 함량을 줄이도록 장려한다. 2단계 탄산음료세는 효과가 있는 것으로 보이며, 찬성론자들은 이제 케이크와 비스킷과 같은 식품에 대해 유사한 세금을 부과할 것을 요구하고 있다.

조직 내부 요인 조직에 영향을 미치는 내부 요인은 낮은 직무 만족과 지속적인 노사 갈등 등이 있으며, HR과 경영자 측면에서 나타난다.

1. **HR 문제.** 높은 결근과 이직률로 나타나는 직무 불만족은 변화가 필요하다는 주요 신호일 수 있다. 회사의 전략에 HR 관리를 맞추는 전략적 인적자원관리 관점에서 보면 인적 자본과 사회적 자본 그리고 이를 생성하는 데 사용되는 HR 제도를 평가할 필요가 있다. 올바른 HR 제도는 조직이 목표를 달성하는 데 필요한 업무 과정과 행동을 유도한다.

   파업의 예: 직원들이 변화를 일으키기 위해 불만을 표출하는 한 가지 방법은 파업이다. 2018년에는 약 485,000명의 노동자가 파업에 참여했는데, 1980년대 이후 가장 높은 수치였다. 여기에는 교사, 호텔 직원, 자동차 직원이 포함됐다. 일부 전문가들은 최근의 파업이 부분적으로는 긱(gig) 경제의 만연에 대한 반작용이라고 생각한다. 근로자들은 종종 한 임시직에서 다른 임시직으로 이동하여 수입을 유지하지만, 그들은 영구적이고 안정적인 고용을 위한 대안을 원하기 시작했다.

2. **경영자의 행동.** 경영자와 직원 또는 회사와 고객 간의 과도한 갈등은 변화가 필요하다는 또 다른 증거이다. 성격이 안 맞는 직원은 이동시키거나, 대인 관계 스킬을 교육시킬 수 있다. 켄 피셔(Ken Fisher)의 예를 살펴보자.

   켄 피셔의 예: 2019년 말, 피셔 인베스트먼트(Fisher Investments)의 설립자인 억만장자 켄 피셔는 자금 관리 회의에서 참석자들에게 부적절한 발언을 했고, 그의 발언이 소셜 미디어를 통해 빠르게 확산되면서 성명을 내고 대중에게 사과하는 일이 벌어졌다.

SECTION

02 조직 변화의 이론

이번 섹션에서는 적응적 변화, 혁신적 변화, 급진적 변화에 대해 학습한다. 또한 르윈의 3단계 변화 모형인 해빙, 변화, 재결빙을 알아보고, 투입, 변화 대상 요소, 산출과 같은 변화에 대한 시스템적 접근법에 대해 살펴본다.

섹션 01에서 학습한 바와 같이, 변화는 문제나 기회가 발생하면 조직은 사후적으로 조정하는 변화를 시도한다. 그리고 예측 가능한 요구에 대해서는 조직이 능동적으로 변화를 계획할 수 있다.

학습 목표

르윈의 변화 모형과 변화에 대한 시스템 접근법을 설명한다.

경영자는 단기적이고 빠른 해결책을 마련해야 한다는 압박을 받을 수 있는데, 이런 해결책은 거의 지속되지 않는다. 경영자는 조직의 능동적인 변화를 효과적으로 관리하고 실행할 수 있도록 체계적인 이론에 의존해야 한다.

변화의 세 가지 유형

조직의 변화는 (1) 복잡성, 비용, 불확실성의 정도와 (2) 직원의 저항을 유발할 가능성에 따라 적응적, 혁신적, 급진적 변화로 구분된다.

적응적 변화 적응적 변화는 익숙한 방식을 다시 도입하는 것, 즉 동일한 조직 내에서 이미 경험한 변화를 실행하는 것이다. 적응적 변화의 특징은 다음과 같다.

- **성공적으로 실행하기가 가장 쉽다.** 이러한 형태의 변화는 복잡성, 비용, 불확실성이 가장 낮고 비용이 가장 적게 든다.
- **직원들에 대한 위협이 가장 적다.** 익숙하기 때문에 적응적 변화에 대한 직원들의 저항은 가장 적다.

적응적 변화는 매우 일반적이며 예측 가능한 계절적 수요 변동으로 인해 종종 발생한다. 두 가지 예는 다음과 같다.

예: 매년 정기 세일 기간 동안 백화점은 영업 사원들에게 평소 일하는 8시간이 아닌 하루 12시간을 근무하도록 요청할 수 있다. 세금 준비 기간 동안 매장의 회계 부서는 근무 시간을 연장할 수 있다.

혁신적 변화 혁신적 변화는 조직에 새로운 방식을 도입하는 것이다. 혁신적 변화의 특징은 다음과 같다.

- **실행하기가 다소 어렵다.** 이러한 형태의 변화는 복잡성과 불확실성이 중간 정도이고, 비용도 어느 정도 든다.
- **직원들에게 다소 위협적이다.** 혁신적 변화는 적응적 변화보다 덜 익숙하기 때문에 직원들 사이에서 두려움과 저항을 유발하기 쉽다.

조직이 다른 조직이 수용한 정책이나 제도를 채택할 때 혁신적 변화가 발생할 수 있지만, 그 기업에는 새로운 변화이다.

예: 백화점이 24시간 영업이라는 새로운 제도를 도입하면서 직원들에게 유연한 일정으로 근무하도록 요구한다면, 이는 적당히 위협적으로 느껴질 수 있다.

급진적 변화 급진적으로 혁신적인 변화는 업계에서 그 어떤 조직도 도입해 본 적이 없는 새로운 제도를 도입하는 것이다. 급진적 변화의 특징은 다음과 같다.

- **실행하기가 매우 어렵다.** 가장 복잡하고 비용이 많이 들고 불확실하다.
- **직원들에게 매우 위협적이다.** 급진적으로 혁신적인 변화는 경영자의 신뢰와 직원들의 고용 안정에 있어 극도로 위협적인 것으로 느껴질 수 있다.

예: 전 세계의 교육자들은 코로나바이러스 팬데믹 동안 갑자기 모든 강의 내용을 비대면으로 제공해야 했을 때 급진적으로 혁신적인 변화를 경험했다. 비대면 강의 제공이 새로운 아이디어는 아니었지만, 대부분의 교수들은 이에 대한 경험이 거의 또는 전혀 없었다. 많은 교육자들은 자신의 일이 영구적으로 변화될 수 있다는 가능성을 매우 위협적으로 받아들였다.

르윈의 변화 모형

조직 변화에 대한 대부분의 이론은 사회 심리학자 커트 르윈(Kurt Lewin)의 획기적인 연구에서 시작되었다. 르윈은 계획된 변경을 시작·관리·안정화하는 방법을 설명하기 위해 해빙, 변화, 재결빙이라는 3단계로 구성된 모형을 개발했다(그림 10.2 참조). 월마트(Walmart)가 매장에 로봇을 도입한 예를 통해 르윈의 변화 모형을 알아보자.

그림 10.2 **르윈의 변화 모형**

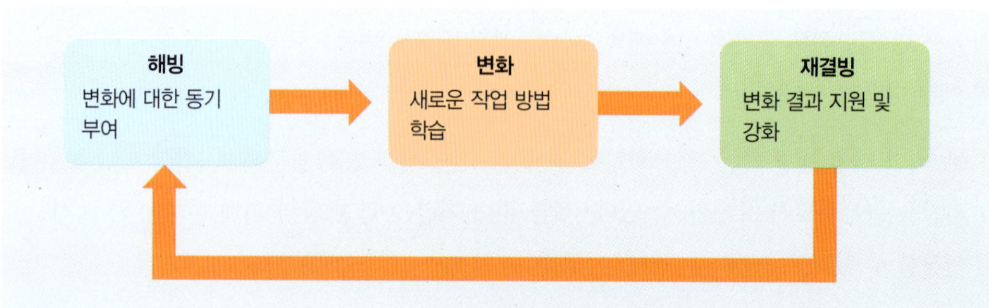

해빙 해빙 단계에서 경영자는 직원에게 변화에 대한 동기를 부여하여 혁신에 저항하는 태도와 행동을 버리도록 유도한다. 이러한 '해빙'이 발생하려면 직원이 기존 방식에 불만을 느껴야 한다. 경영자도 이 단계에서 변화에 대한 저항을 줄여야 한다.

월마트의 예: 소매점 통로를 오르내리며 재고를 확인하고, 잘못 배치된 품목을 파악하고, 가격 문제를 발견하는 자율 장치인 보사 노바(Bossa Nova) 재고 로봇은 현재 최소 1,000개의 월마트 매장에서 운영 중이다. 보사 노바의 공동 설립자이자 최고 기술 책임자인 사르준 스카프(Sarjoun Skaff)는 "일반적으로, 우리는 로봇을 생산성 도구, 즉 현대의 바코드 스캐닝 건과 동등하게 바라본다. 우리는 로봇을 도구 또는 팀의 일부로 간주한다."라고 말한다. 월마트의 혁신 담당 부사장인 존 크레셀리우스(John Crecelius)는 "새로운 기술을 통해 직원은 반복되는 예측 가능한 수동적인 업무에서 벗어날 기회를 얻게 된다."라고 직원들을 어렵지 않게 설득했다고 말했다.

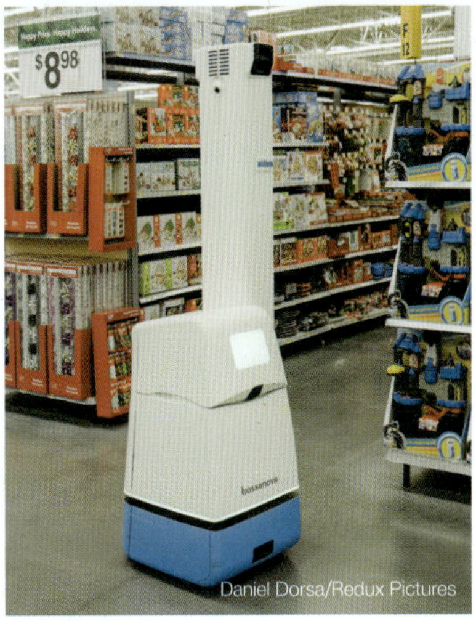

보사 노바 재고 로봇이 월마트 매장의 통로를 배회하고 있다.

변화 변화 단계에서 직원들은 변화를 위한 도구, 즉 새로운 정보, 새로운 관점, 새로운 행동 모형을 제공받아야 한다. 경영자는 벤치마킹 결과, 롤 모델, 멘토, 전문가, 교육을 제공하여 이 부분을 도울 수 있다. 직원들이 선제적 학습 지향성과 변화에 대한 개방성이라는 역량을 가지고 있다면 변화는 받아들여질 가능성이 더 높다.

월마트의 예: 변화 단계에서 월마트는 직원들이 로봇과 함께 일할 수 있도록 직원 교육에 많이 투자했다. 액센츄어(Accenture)의 상무이사 제임스 윌슨(H. James Wilson)은 "월마트는 '상대방을 알아가는' 기간의 중요성을 보여 줬다. 직원은 새로운 인공 지능 동료를 제대로 소개받지 못하면 윤리 위반이라고 느낄 수 있다. 일주일 또는 한 달간의 데모는 직원이 인공 지능의 담당 업무와 작동 방식 등을 이해하는 데 도움이 될 것이다."라고 말했다.

재결빙 재결빙 단계에서 직원들은 변화된 태도와 행동을 일상적인 업무 방식에 반영하기 위한 도움이 필요하다. 경영자는 직원이 새로운 변화를 보여 줄 수 있도록 격려한 다음 추가적인 코칭을 통해 직원이 원하는 변화를 실천하도록 함으로써 도움을 줄 수 있다.

월마트의 예: MIT의 한 보고서에 따르면, 재결빙 단계에서 로봇을 다루는 월마트 직원들은 그 기회를 진심으로 받아들였다고 한다. 보사 노바의 최고 비즈니스 책임자인 마틴 히치(Martin Hitch)는 "이 지루하고 반복적인 선반 스캔 작업을 좋아하는 사람은 아직 한 번도 만난 적이 없다. 직원들은 즉시 이 로봇들의 옹호자가 되었다."라고 말했다. 매장 직원들은 각 로봇에 월마트 이름표를 주기 전 이름 짓기 대회를 한다. 마지막으로, 히치는 직원들이 고객들에게 로봇의 이점에 대해 설명함으로써 로봇을 옹호하기 시작했다고 말했다.

조직 변화에 대한 시스템적 접근

변화는 추가적인 변화를 낳는다. 이것이 시스템 이론의 교훈이다. 예를 들어, 한 집단에서 다른 집단으로 누군가를 승진시키면 두 집단 모두에서 직원 간 상호 작용이 변화할 수 있다(화기애애한 집단에서 논쟁적인 집단으로 또는 그 반대). 팀제를 채택하려면 개인의 성과보다는 팀을 기반으로 보너스를 지급하도록 보상 체계를 변경해야 한다. 변화에 대한 시스템적 접근법은 아무리 작은 변화라도 조직 전체에 파급 효과를 미친다는 것을 전제로 한다.

- 2장에서 학습한 바와 같이 시스템은 공통의 목적을 달성하기 위해 함께 작동하는 일련의 상호 관련된 요소의 합이다. 시스템적 접근법은 무엇이 변화되어야 하는지를 진단하고 변화 노력의 성공 여부를 결정하는 데 사용할 수 있다.
- 변화의 시스템 모형은 (1) 투입, (2) 변화 대상, (3) 산출의 세 부분으로 구성된다(그림 10.3 참조).

그림 10.3 **조직 변화의 시스템 모형**

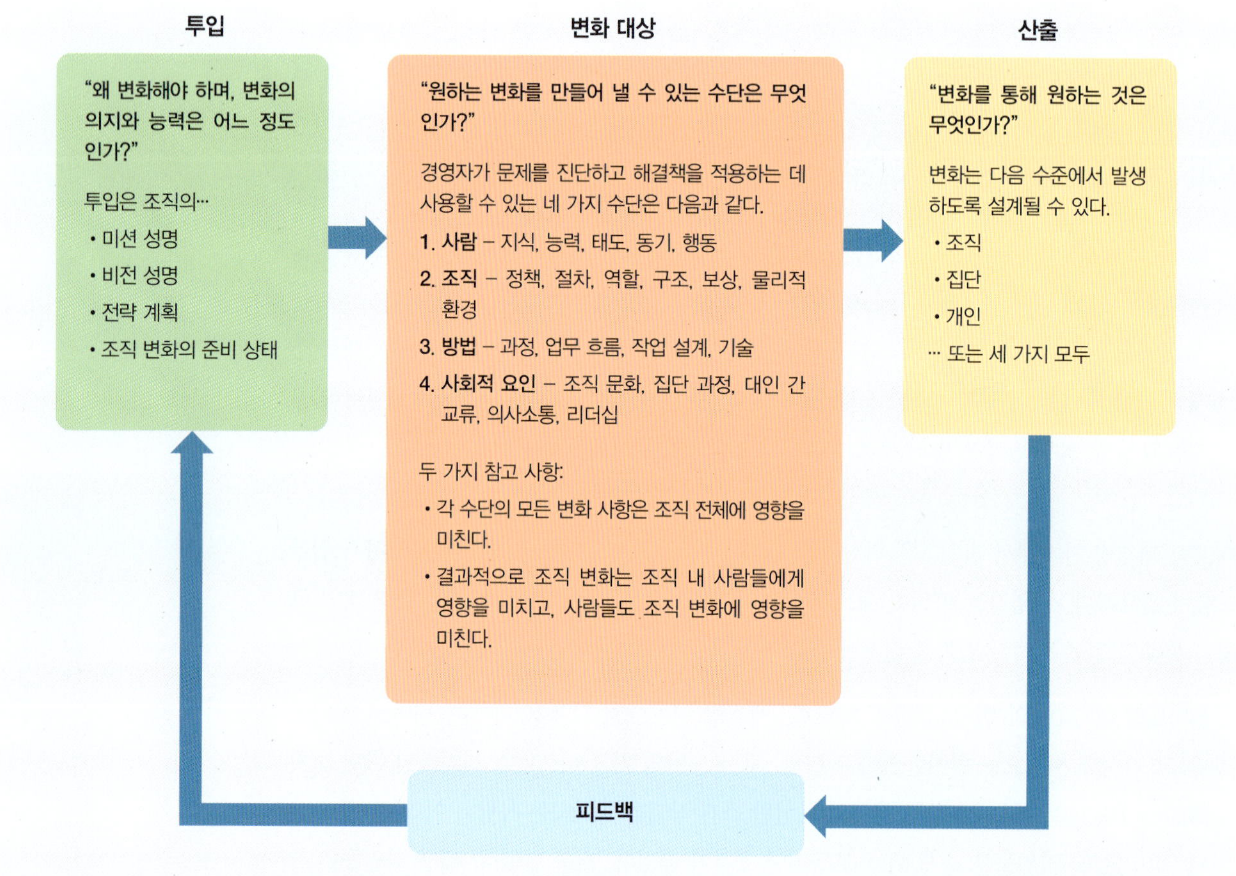

출처: A. Kinicki, Organizational Behavior: A Practical, Problem-Solving Approach (New York: McGraw-Hill Education, 2021), Figure 16.6, p. 648, which was adapted from D. R. Fuqua and D. J. Kurpius, "Conceptual Models in Organizational Consultation," Journal of Counseling and Development, July-August 1993, pp. 602-618; D. A. Nadler and M. L. Tushman, "Organizational Frame Bending: Principles for Managing Reorientation," Academy of Management Executive, August 1989, pp. 194-203.

투입 "왜 변화해야 하는가?" 시스템적 접근법은 항상 변화가 필요한 이유, 즉 해결해야 할 문제가 무엇인지에 대한 질문으로 시작한다. 대답이 무엇이든 시스템적 접근법은 원하는 변경 사항이(앞서 5장에서 논의한) 조직의 미션 성명, 비전 성명, 전략 계획과 일치하는지 확인해야 한다.

두 번째 질문은 "경영진과 직원들이 변화하려는 의지가 있고 변화할 수 있는 능력이 있는가?"이다. 변화에 대한 준비는 필요한 변화의 범위, 변화를 실행하는 의지와 능력에 대한 조직 구성원들의 신념, 태도, 의도로 정의된다. 준비 상태에는 다음과 같은 네 가지 구성 요소가 있다.

1. 회사가 제안된 변화 사항을 강력하게 필요한 정도
2. 최고 경영자들이 변화를 지지하는 정도
3. 직원들이 변화를 추진할 수 있는 능력을 갖춘 정도
4. 직원들이 변화의 결과에 대해 낙관적인 정도

변화 대상 변화 대상은 경영자가 문제를 진단하는 데 사용할 수 있는 네 가지 수단과 해결책을 나타낸다.

그림 10.3에서 볼 수 있듯이 변화의 네 가지 목표 요소(수단)는 다음과 같다.

1. 사람 – 지식, 능력, 태도, 동기, 행동
2. 조직 – 정책, 절차, 역할, 구조, 보상, 물리적 환경
3. 방법 – 과정, 업무 흐름, 직무 설계, 기술
4. 사회적 요인 – 문화, 집단 과정, 대인 관계, 의사소통, 리더십

다음 두 가지를 깨닫는 것이 중요하다.

- **각 대상 요소의 변화 사항은 조직 전체에 영향을 미친다.** 예를 들어, 경영자가 개인의 성과보다 팀 성과를 강화하기 위한 방향으로 조직의 보상 체계를 변경하면 해당 변화는 (사회적 요인 중 하나인) 조직 문화에 영향을 미치게 된다.
- **모든 조직 변화는 궁극적으로 그 안에 있는 사람들에게 영향을 미치며 사람도 조직 변화에 영향을 미친다.** 따라서 경영자가 직원에게 미칠 제안된 변화의 영향을 주의 깊게 고려할 때 조직 변화가 성공할 가능성이 더 높다.

산출 산출은 조직의 전략 계획과 일치해야 하는 원하는 변화 목표를 나타낸다. 결과는 조직, 집단 또는 개인 수준에서(또는 세 가지 수준에서 동시에) 발생할 수 있지만, 변화가 대부분 다양한 대상 요소에 영향을 미치기 때문에 조직 수준에 영향을 미치는 것이 가장 어렵다.

피드백 물론 모든 변화가 제대로 작동하는 것은 아니며, 조직은 변화 과정을 모니터링해야 한

다. 직원 또는 고객 만족도와 같은 산출의 변화 전 상태와 변화가 실행된 후의 상태의 측정 결과를 비교하는 것이 예가 된다.

역장 분석 고려 중인 대부분의 변화 상황에는 변화를 뒷받침하거나 변화에 반대되는 요인들이 존재한다. 역장 분석(force-field analysis)은 제안된 변화를 촉진할 수 있는 요인과 그 변화에 대해 저항할 수 있는 요인을 결정하는 기법이다. 역장 분석은 2단계로 구성된다.

1. 스러스터(thruster)와 카운터 스러스터(counterthruster)를 식별한다. 첫 번째 단계는 스러스터라고 부르는 긍정적인 요인과 카운터 스러스터라고 부르는 부정적인 요인을 구분하는 것이다. 별도로 브레인스토밍한 다음 각 범주에서 상위 3~5개를 선택하는 것이 좋다.
2. 가장 중요한 부정적인 요인을 제거하고 긍정적인 요인을 증가시킨다. 두 번째 단계는 간단하게 들릴 수 있지만 이런 요인들을 파악하는 것은 까다로울 수 있다.

다음의 사례를 통해 역장 분석을 자세히 살펴보자.

바소토 인구를 위한 '지속 가능하고 가뭄에 강한 공동체' 구축

최근의 한 연구는 남아프리카와 그 주변의 바소토 인구에 역장 분석을 적용했다. 연구 결과에 따르면, 바소토족의 80% 이상이 생계를 위해 빗물을 이용한 농업에 의존하고 있었는데, 안타깝게도 이 지역은 가뭄에 극도로 취약했고, 가뭄이 발생하면 엄청난 피해를 보았다. 그래서, 비농업 고용 기회를 창출하여 '지속 가능하고 가뭄에 강한 지역 사회'를 구축하려는 계획이 성공할 수 있을지 연구하였다.

1단계: 스러스터와 카운터 스러스터 식별. 이 연구는 이러한 노력을 가능하게 하는 요인과 방해할 수 있는 요인을 확인했다.

〈스러스터〉

- 현재 강우량 부족
- 토지 황폐화
- 토양 침식
- 높은 실업률
- 현재와 미래의 고용 기회가 필요한 대가족

〈카운터 스러스터〉

- 낮은 교육 수준
- 재난과 발전에 대한 관심 부족

연구자들은 최근 역장 분석을 활용하여 남아프리카와 그 주변의 바소토 인구 사이에서 더 많은 비농업 벤처를 장려하는 계획이 성공할지를 예측했다. 이 지역은 가뭄에 취약하지만 바소토 인구의 75% 이상이 여전히 강우량 농업에 재정적으로 의존하고 있다. 이 정도 규모의 변화를 위해서는 지지 요인이나 반대 요인을 이해하는 것이 중요하다.

2단계: 가장 중요한 부정적인 요인을 제거하고 긍정적인 요인을 증가시킬 것. 연구자들은 다음을 포함하여 변화를 긍정적인 방향으로 옮기기 위한 몇 가지 권장 사항을 제공했다.

1. 교육 지원 – 환경 문제의 중요성을 인식하고 있는 인구 구성원에게 먼저 시작한다.
2. 지역사회 역량 구축 프로젝트 – 리더십 훈련, 직업 및 무역 인증 그리고 스킬을 가르칠 수 있는 모든 지역 기관이 참여하는 역량 개발을 위한 기타 기회를 의미하며, 여기에는 운전 학교, 식당 및 지역 교육 기관이 포함된다.

연구자들은 이러한 목표가 성공적으로 실행된다면 엄청난 긍정적 파급 효과(공유 가치 창출로 인식할 수 있는 것)가 있을 것이라고 믿었다. 예를 들어, 교육 및 역량 강화의 증가는 현재 높은 에이즈(HIV/AIDS) 발병률을 낮추고, 잘못된 토양 관리 기술의 사용을 줄이며, 사회경제적 지위가 낮은 가정들이 에너지를 목재에 과도하게 의존해서 발생하는 삼림 벌채를 줄이고, 바소토 인구를 위한 중요한 기반 시설 및 산업 개발을 장려할 수 있다.

변화의 시스템 모형 변화의 시스템 모형을 적용하는 두 가지 방법은 다음과 같다.

1. **전략 계획 과정을 뒷받침한다.** 경영진이 조직의 비전과 전략적 목표를 파악하면 조직 구성원들은 목표 달성을 지원하기 위한 실행 계획을 개발하면서 변화시켜야 할 요소를 고려할 수 있다.

레고의 예: 레고(Lego)는 2000년대 초반 파산의 문턱에서 2019년 세계 1위 장난감 브랜드로, 2020년에는 세계에서 가장 평판이 좋은 회사로 선정되었다. 레고의 재탄생은 '기업 역사상 가장 큰 전환점'이라 불리게 되었다. 이미지를 재정비하고 회사 이름과 동의어인 작은 플라스틱 벽돌에서 벗어나려는 일련의 시도가 실패한 후 레고의 경영진은 장난감용 벽돌 이외의 다른 사업에 집중하는 것이 올바른 선택이 아님을 깨닫게 되었다. 그래서, 본래의 제품을 중심으로 혁신하는 방법을 찾았고, 궁극적으로 물리적 제품을 무한한 가상 세계와 연결하여 혁신을 이루는 데 성공하였다. 최근 분석에 따르면, 회사의 전 CEO인 비그 크누드스토프(Vig Knudstorp)가 이 같은 재창조를 주도했다고 한다. 변화에 있어 가장 중요했던 요소는 다음과 같았다.

- **조직** 크누드스토프는 레고랜드(Legoland) 공원들을 포함하여 회사에 전문 지식이 거의 없는 사업들을 청산하고, 영화 및 TV 쇼와 같은 새로운 디지털 콘텐츠 구축에 중점을 두었다.
- **방법** 크누드스토프는 외부 전문가의 부가가치 가능성이 높은 영역에 대해 아웃소싱하는 모형으로 전환했다. 한 애널리스트는 "지난 10년 동안 레고가 성공할 수 있었던 이유는… 뛰어난 사람들과의 파트너십 때문이었다. 그들은 아웃소싱하면 돈을 많이 벌지 못할 수도 있지만 제품은 더 좋아질 것으로 믿는다."라고 말했다.
- **인력** 크누드스토프는 조직 내부와 외부의 인력을 활용하여 회사의 변화를 지원했다. 레고 글로벌 인사이트(Lego's Global Insights) 그룹의 전 수석 이사인 앤 플레머트 젠슨(Anne Flemmert Jensen) 박사는 그녀의 팀이 "전 세계를 여행하고 아이들이나 가족들과 이야기

하고 일상생활에 참여하는 모든 시간이" 레고가 발전하는 데 도움을 주었다고 말한다. 크누드스토프는 또한 크라우드소싱(crowdsourcing)을 도입했으며, 회사는 제품 순매출의 1%를 아이디어를 발명한 사람에게 제공한다(크라우드소싱은 섹션 04에서 더 자세히 학습).

2. **조직 문제의 원인을 식별하고 해결책을 제안하는 진단 프레임워크로 활용한다.** 아래의 예를 통해 어떻게 원인을 파악하고 해결책을 도출하는지 이해해 보자.

예: 한 소프트웨어 회사의 CEO는 3개 사업부의 부장들이 서로 협력하지 않는 이유를 알아내고 싶었다. 두 명의 부장들은 잠재 고객에게 400만 달러 프로젝트에 대해 동일한 제안을 제출했다. 고객사는 한 회사에서 동일한 제안을 두 번 받은 것이 어이가 없어서 그 프로젝트를 다른 회사에 의뢰했다. 이 문제를 해결하기 위해 계약을 맺은 외부 컨설턴트는 변화의 각 대상 요소와 관련된 구조화된 질문 문항들을 사용하여 직원들을 인터뷰하였다. 인터뷰 결과 부장들 간 협업 부족의 원인이 보상 제도(조직), 경쟁 문화와 소통 부재(사회적 요인), 업무 흐름의 문제(방법) 등으로 나타났다. 그 컨설턴트는 보상 체계 변경, 조직 구조 개편, 업무 흐름 재설계 등을 해결책으로 제안하였다.

SECTION

03 조직 개발

조직 개발은 성과 개선, 조직 활성화, 합병 후 사후 조치와 같은 변화를 실행하기 위한 일련의 기법이다. 조직 개발의 3단계 과정과 조직 개발 프로그램을 효과적으로 만드는 네 가지 요소에 대해 알아보자.

학습 목표

조직 개발의 목적을 설명한다.

조직 개발(organizational development: OD)은 사람과 조직을 보다 효과적으로 만들도록 계획된 변화를 실행하기 위한 일련의 기법이다. 조직 개발은 특히 변화 과정에 있는 사람들에 초점을 맞춘다.

조직 개발은 변화 관리자(change agent)가 실행하는데, 조직이 오래된 문제를 새로운 방식으로 처리하도록 돕는 촉매 역할을 할 수 있다. 어떤 조직은 실제로 회사가 변화를 주도하고 관리하도록 돕는 조직 개발 전문가를 고용하기도 한다.

변화 관리자, 조직 개발 전문가, 혹은 기타 전문가들은 조직과 의사 결정자들에게 지속적으로 영향을 미치는 대인 관계 및 상황 요인을 모두 이해하기 위해 노력해야 한다.

조직 개발의 목적

조직 개발은 다음 세 가지 문제를 해결하는 데 사용할 수 있다.

개인, 팀, 조직의 성과 향상 갈등은 대부분의 조직에 내재되어 있다. 때때로 조직 개발 전문가는 임원 코치로 가장하여 조직 내에서 관계 또는 기타 문제를 개선하는 방법에 대해 조언할 수 있다.

스타트업의 예: 성공적인 기술 기업가인 제프 월드(Jeff Wald)는 최근 인터뷰에서 "나는 프레드 윌슨(Fred Wilson)을 투자자로 세웠고, 6천만 달러 이상의 자금을 모았으며, 나의 스타트업인 워크마켓(WorkMarket)을 ADP에 매각했지만, 그 전 커리어 초기에는 파산을 경험했으며 우울하기도 했다, 부모님과 함께 다시 이사할 위기에 놓이기도 했다."라고 말했다. 월드의 첫 번째 스타트업인 스핀백(Spinback)은 결국 세일즈포스(Salesforce)에 인수되었지만, 회사에 대한 그의 기억은 대부분 그의 공동 설립자 두 사람 사이의 끊임없는 갈등이 차지하고 있어서 결국 끔찍한 법적 투쟁으로 이어진 것이다. 월드는 나중에 워크마켓의 공동

설립자와도 갈등을 겪었으며, 이러한 유형의 대인 관계 문제는 스타트업 공동체에서 매우 흔하다고 밝혔다. 월드의 이사회는 결국 그에게 코치를 고용하도록 강요했다. 그는 처음에는 이사회의 조언을 비웃었지만, 지금은 그가 비즈니스 실패를 극복하고 더 나은 리더와 동료로 성장할 수 있도록 도와준 아이디어라고 생각한다.

조직 활성화 기술은 엄청난 속도로 변화하며 대부분의 현대 조직들은 생존을 위해 새로운 방식을 채택해야 한다. 조직 개발은 의사소통의 장을 열고 혁신을 촉진하며 스트레스를 처리함으로써 도움이 될 수 있다.

조직 개발은 직원들이 변화에 적응하고 개선된 제도와 기법을 실행하도록 도울 수 있다. 퍼시픽 서프 스쿨 강사들을 위한 조직 개발은 서핑의 저변을 확대하고 서핑을 더 많이 즐기는 것을 가능하게 하였다.

퍼시픽 서프 스쿨의 예: 샌디에이고의 퍼시픽 서프 스쿨(Pacific Surf School)은 강사들의 극도로 냉담한 태도가 문제되었던 적이 있다. 소유주들은 서핑 수업 시간을 더 효율적으로 운영하기 위해 LEI(Lean Enterprise Institute)를 고용하여 강사들에게 린 원칙(인력 효율성을 개선하고 가치를 신속하게 제공하기 위한 5단계)을 업무에 적용하도록 교육하였다. 단기간에 퍼시픽 서프 스쿨은 강좌 수를 50% 늘릴 수 있었고, 학생들은 물 위에서 더 많은 시간을 보낼 수 있게 되었다. 강사들은 또한 서핑 보드 수리와 같은 문제를 처리하는 데 더 많은 시간을 할애하기도 하였다.

합병 후 사후관리 인수합병(M&A)은 불안, 스트레스, 결근, 이직률 증가 및 생산성 감소와 관련이 있다. 미국에서만 2019년에 12,000건 이상의 인수합병 거래가 발생할 정도로 이는 굉장히 흔하다. 스프린트(Sprint)와 T-모바일(T-Mobile)의 직원들이 회사가 합병되기까지 2년을 기다렸을 때 어떠한 심정이었을지를 한번 생각해 보자. 두 회사의 직원들은 인수합병의 결과로 '대규모 해고'를 예측하는 여러 기사들을 접했을 가능성이 높다. 이러한 상황에서 회사는 조직 개발 전문가들에게 다양한 문화, 제품, 절차를 가진 두 회사를 통합하기 위한 도움을 요청하기도 한다.

조직 개발 과정

의사들과 마찬가지로 조직 개발 관리자와 컨설턴트는 의학적(medical-like) 모형이나 증거 기반 경영의 규칙을 따른다. 그들은 진단, 개입, 평가의 과정을 거쳐 마치 아픈 환자를 치료하듯이 조직의 문제에 접근한다.

- 조직의 문제 진단
- 해결 방안 도출
- 문제 해결 과정 및 결과

평가 결과 절차가 효과적으로 작동하지 않는 것으로 나타나면 도출된 결론이 피드백 루프를 통해 진단을 구체화하는 데 적용하고 해당 과정이 다시 시작된다(그림 10.4 참조).

그림 10.4 조직 개발 과정

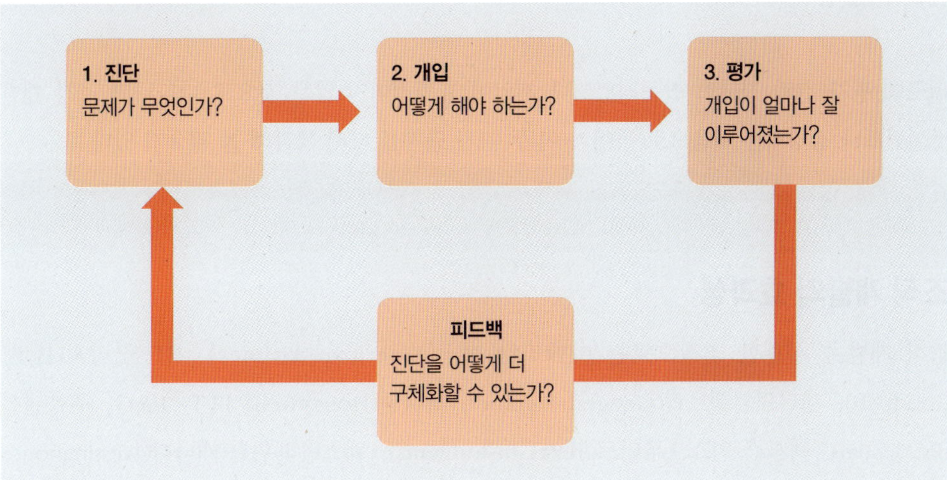

출처: W. L. French and C. H. Bell Jr., Organization Development: Behavioral Interventions for Organizational Improvement (Englewood Cliffs, NJ: Prentice Hall, 1978); E. G Huse and T. G. Cummings, Organizational Development and Change, 3rd ed. (St. Paul: West, 1985).

진단 진단을 수행하기 위해 조직 개발 컨설턴트나 경영자는 질문, 설문 조사, 인터뷰, 회의, 기록 및 직접 관찰 등의 방법을 활용하여 사람들의 태도를 확인하고 문제를 파악한다. 문제는 경영자가 원했던 결과와 실제 결과 사이의 차이로 정의된다. 예를 들어, 목표가 6개월 동안 10파운드를 빼는 것이었는데 5파운드만 감량했다면 문제는 5파운드를 더 빼는 것이 된다.

개입 '치료' 또는 개입은 진단된 문제를 해결하려는 시도이다. 해결안을 실행하기 위한 활동들은 다음과 같다.

- 직원들이 건설적인 문제 해결에 참여하도록 설문 조사 결과를 전달한다.
- 직원의 의사소통 패턴을 관찰하고 직원들에게 개선을 위한 스킬을 교육한다.
- 집단 구성원이 팀으로 기능하는 방법을 배우도록 돕는다.
- 여러 업무 그룹 간의 응집력을 향상시킨다.
- 업무 기술 또는 조직 설계를 개선한다.

코칭은 종종 대인 관계와 리더십을 향상시키기 위해 사용된다. 한 최근 연구에 따르면, 포춘 500대 기업 중 21~40%가 임원 코칭을 사용하고 있으며, 미국 기업만 해도 매년 리더십 개발에 약 1,660억 달러를 지출하고 있는 것으로 나타났다. 연구 결과에 따르면 임원 코칭 및 리더십 개발 프로그램은 리더의 자기 효능감, 변혁적 리더십, 커리어 만족도에 긍정적인 영향을 미친다. 이러한 프로그램에 참여하는 임원의 부하 직원들은 이직 의도가 낮아지고, 리더에 대한 만족도가 높아진다.

평가 조직 개발 프로그램이 좋은 성과를 거두었는지 알아보기 위해 객관적인 평가가 필요하다. 결근, 이직, 고충 및 수익성에 대한 하드 데이터에 답이 있을 수 있으며, 이는 이전 통계와 비교해야 한다. 변화 관리자는 질문, 설문 조사, 인터뷰 등을 사용하여 직원 태도의 변화를 평가할 수 있다.

피드백 평가 결과 진단이 잘못되었거나 개입이 효과적이지 않은 것으로 나타나면 조직 개발 컨설턴트나 경영자는 처음으로 돌아가 이 두 가지 단계를 다시 생각해 볼 필요가 있다.

조직 개발의 효과성

조직 개발을 실행한 조직으로는 아메리칸 항공(American Airlines), BF 굿리치(B.F. Goodrich), 제너럴일렉트릭(General Electric), 허니웰(Honeywell) ITT, P&G, 푸르덴셜(Prudential), 텍사스 인스트루먼트(Texas Instruments), 웨스팅하우스 캐나다(Westinghouse Canada) 등이 있다. 연구 결과에 따르면, 조직 개발은 다음과 같은 상황에서 가장 효과적일 수 있다.

다중 개입 조직 개발 성공 사례들은 여러 개입을 사용하는 경향을 보여 준다. 목표 설정, 피드백, 인정과 보상, 교육, 참여, 도전적인 직무 설계는 직무 성과와 만족도 향상에 긍정적인 결과를 가져왔다.

경영진의 지원 조직 개발은 최고 경영자가 조직 개발 프로그램을 지원하고 변화 과정과 변화 프로그램의 원하는 목표에 진정으로 몰입할 때 성공할 가능성이 높다. 변화 과정 중에 직원 피드백을 사용하는 것은 이러한 경영진의 지원을 입증하는 한 가지 방법이다.

장 · 단기 결과에 맞춰진 목표 변화 프로그램은 장 · 단기 결과를 모두 달성하는 방향으로 추진될 때 효과적이다. 경영자는 변화를 위한 조직 변화가 아니라 긍정적인 결과를 가져오는 변화를 지향해야 한다.

대학을 갓 졸업한 사람들은 다양한 역량들을 갖췄다고 스스로 평가하지만, 회사들은 대다수의 신입 사원들이 이러한 역량을 충분히 갖추지 못하고 있다고 말한다. 한 최근 연구에 따르면, 회사는 특히 신입 사원의 비판적 사고 · 문제 해결, 팀워크, 리더십, 창의성, 적응력과 같은 소프트 스킬의 부족으로 인해 어려움을 겪고 있다고 한다.

조직이 이 문제를 해결하기 위해 사용하는 개입에 대해 알아보자.

커리어 준비 개입

조직은 다양한 측면에서 직원들의 역량 부족 문제를 해결하고 있다.

- 사내 교육 – 최근 연구에서 설문 조사에 응답한 경영진 및 임원의 3분의 1 이상이 소속 조직이 직원 재교육을 이미 시작했거나 재교육 프로그램을 개발하는 중이라고 밝혔다.

  예: 2019년 세일즈포스(Salesforce)는 게임화된 교육 플랫폼인 마이 트레일헤드(myTrailhead)의 맞춤형 버전을 출시했다. 세일즈포스는 라이선스를 구매하고 플랫폼을 자체 교육 요구 사항에 맞게 구성할 수 있으며, 직원들은 다양한 소프트 스킬을 개발하기 위한 배지와 자격증을 얻을 수도 있다.

- 자격증 – 미국의 26,000개 이상의 회사들은 ACT 워크키스(ACT WorkKeys)와 협력하여 조직의 국내 커리어 준비 자격증(National Career Readiness Certificate: NCRC)을 획득한 지원자들을 확보했다.

  예: 글렌 레이븐 커스텀 페브릭스(Glen Raven Custom Fabrics)는 ACT 워크키스와 제휴하여 채용 과정을 개선하고, 숙련된 인재 파이프라인을 구축했다. 회사는 무엇보다도 NCRC를 획득한 직원들로 300개의 직무를 채웠다.

- 협업 – 회사는 취업 준비가 된 인력을 구축하기 위해 대학들과 협업할 가능성이 점점 더 높아지고 있다. 이러한 협력이 중요한 역량을 구축할 수 있는 중요한 방법은 스킬 격차를 해결하도록 특별히 설계된 인턴십 프로그램을 이용하는 것이다.

  예: 인텔(Intel)은 여러 대학의 교수진과 협력하여 오픈 소스 스킬 개발 프로그램을 만든다.

당신의 생각은?

소프트 스킬 중 어느 것이 가장 중요하다고 생각하는가? 해당 스킬의 수준을 얼마만큼 가지고 있다고 생각하는가? 소프트 스킬을 더욱 발전시키기 위해 무엇을 할 수 있을까?

문화의 영향을 받는 조직 개발 조직 개발의 효과성은 문화의 영향을 받는다. 따라서 한 국가에서 효과가 있었던 조직 개발의 개입이 다른 국가의 유사한 상황에 맹목적으로 적용되어서는 안 된다.

SECTION

04 조직 혁신

경영자는 혁신 능력이 장기적인 성공에 영향을 미친다는 데 동의한다. 이번 섹션에서는 조직이 혁신 목표를 달성하는 방식에 대해 알아본다. 그리고 혁신 시스템 구축의 필요성을 살펴본다.

학습 목표

혁신 방법과 혁신 시스템의 구성 요소를 설명한다.

우리는 우리가 살고, 일하고, 노는 방식에 획기적인 변화를 일으키는 기술 발전의 시대에 살고 있다. 조직은 이러한 현실에서 기회이자 위기를 느끼고 있다. 미국인들은 1987년에 소득의 5.9%를 의류에 지출했지만, 최근 몇 년 동안 의류에 대한 지출이 단 3.1%로 감소한 현재, 소매 의류 회사가 직면하게 된 상황을 생각해 보자. 애널리스트인 카일라 마르씨(Kayla Marci)는 "작업복과 일상복의 경계가 점점 모호해지고 있다."라고 말했다. 패션 인스티튜트 오브 테크놀로지(Fashion Institute of Technology)의 숀 그레인 카터(Shawn Grain Carter) 교수는 "차를 마시러 갈 때 주말, 결혼식, 장례식… 무엇을 위해 차려입을 것인가? 베이비 부머는 항상 직업을 위한 옷, 사교를 위한 옷, 특별한 날을 위한 옷을 가지고 있었지만, 요즘 세대는 어디든 운동화를 신고 갈 수 있다."

Dean Drobot/Shutterstock, Djomas/Shutterstock, Pepsco

오늘날의 비즈니스 캐주얼은 직원의 가벼운 아침 운동, 오후 회의 참석, 저녁 사교 행사 참석이 모두 가능하게 해준다.

소매 의류 산업만 예외적으로 혁신이 일어난 것은 아니다. 최근 1,500명의 리더를 대상으로 한 설문 조사 결과에 따르면, 약 79%가 혁신을 회사 성공의 열쇠로 여겼다.

(1장에서 정의한 바에 따르면) 혁신은 기존 문제에 대한 새로운 해결책이 소비자가 기꺼이 비용을 지불할 만큼 가치가 있을 때 발생한다. 이 같은 정의는 혁신이 참신하고 유용해야 함을 강조한다. 이제 혁신과 조직에서 혁신을 촉진하는 방식에 대해 자세히 살펴보자. 조직이 혁신을 지원하기 위해 물리적 환경의 특징을 조정하는 것을 포함하는 혁신 시스템을 만들고 지원할 때 혁신이 일어날 가능성이 더 높다는 것을 알게 될 것이다.

혁신에 대한 접근법

혁신의 대상(type)과 혁신의 초점(focus)에 따라 혁신을 네 가지 유형으로 분류할 수 있다(그림 10.5 참조).

혁신의 대상 경영자는 종종 경쟁이나 고객 피드백에 따라 제공하는 제품이나 서비스를 개선해야 한다. 이러한 대응은 종종 기술 혁신에 해당한다. 또는 경영자는 제품이 만들어지거나 서비스가 제공되는 과정을 개선해야 할 수도 있는데 이는 과정 개선에 해당된다.

보다 구체적으로, 제품 혁신(product innovation)은 제품이나 서비스의 외관 또는 기능 · 성능의 변화 또는 새로운 제품의 창조를 의미한다. W. L. 고어(W. L. Gore)는 최근에 전 CTO가 '스톨 포인트(stall point)'라고 불렀던 것에서 벗어나기 위해 제품 혁신을 모색했다.

그림 10.5 조직 혁신의 방식

혁신의 대상 \ 혁신의 초점	개선	새로운 방향
제품	**애플(Apple) 아이폰** • 2007년 6월에 처음 도입된 이후 11번째 세대(버전)	**무인 자동차** • 주요 자동차 제조사 및 웨이모(Waymo)
과정	**3D 프린팅** • 알코아(Alcoa)의 제조 공정에서 3D 프린팅 사용	**주택 건설** • 패널을 사용하는 주택

W. L. 고어의 예: W. L. 고어 & 어소시에트(W. L. Gore & Associates)를 파타고니아(Patagonia), 더 노스페이스(The North Face), L.L빈(L.L.Bean)과 같은 회사에서 사용하는 방수 직물인 고어 텍스(Gore-Tex)를 제조하는 회사로 생각할 수 있다. 그러나 이 회사의 최신 프로젝트는 아웃도어 의류와는 거리가 멀다. 고어는 현재 수술용 패치에 사용하는 것과 동일한 폴리머를 사용하여 혁신적인 유형의 각막 이식을 개발하고 있다. 해당 소재는 투명도가 적절하고 유연하며 사람의 각막 조직처럼 빛을 굴절시킨다. 이 임플란트는 (1) 불활성이어서 기증자의 신체에서 거부 반응을 일으키지 않으며, (2) 기증자의 안구에 자체적으로 통합되기 때문에 혁신적이다. 고어는 2026년까지 제품을 출시하기를 희망하고 있다.

과정 혁신(process innovation)은 제품이나 서비스를 구상, 제조 또는 유포하는 방식에 변화를 주는 것이다. 맥도날드는 두 가지 과정 혁신을 실험 중이다.

맥도날드의 예: 음식 배달은 2022년까지 760억 달러 규모의 사업이 될 것으로 전망된다. 맥도날드(McDonald's)는 음식을 배달하기 위해 드론을 사용하여 빅맥 세트와 감자튀김을 고객들이 경험할 수 있도록 하고자 한다. 이 회사는 (Uber의 항공 부문인) 우버 엘리베

이트(Uber Elevate)와 협력하고 있으며, 2023년까지 광범위한 실행에 대한 FAA(Federal Aviation Administration) 승인 획득을 희망한다. 맥도날드는 또한 직원들이 고객 서비스에 더 집중할 수 있도록 하기 위해 로봇 튀김기를 실험하고 있다.

혁신의 초점 초점은 혁신의 범위(scope)를 의미한다.

개선 혁신(improvement innovation)은 기존 제품, 서비스 또는 과정을 개선하거나 향상시키는 것이다. 이러한 유형의 혁신은 점진적이며, 한 시점에 상당한 양의 새로운 수익을 창출할 가능성이 낮다. 스티치 픽스(Stitch Fix)는 최근 몇 년 동안 경쟁력을 유지하기 위해 개선 혁신을 사용했다.

스티치 픽스의 예: CEO 카트리나 레이크(Katrina Lake)는 회사의 데이터 분석 기능을 활용하여 개인에게 맞춤화된 고객 경험을 향상시키고 있다. 이제 고객은 매달 5개의 새로운 품목이 포함된 상자를 받는 대신 이미 소유한 품목을 기반으로 추가 품목을 주기적으로 추천하는 회사의 '숍 유어 룩(Shop Your Look)' 하위 서비스를 제공받을 수 있다. 해당 서비스는 이전 구매를 중심으로 고객의 옷장을 계속 채워줌으로써 가치를 더하며, 회사는 충동구매 증가로 이익을 얻을 수 있게 된다.

대조적으로, 새로운 방향의 혁신(new-direction innovation)은 제품, 서비스, 과정 또는 산업에 대해 완전히 새롭거나 다른 접근법을 취한다. 이러한 혁신은 새로운 시장과 고객을 창출하는 데 중점을 두고 있으며, 혁신을 통해 이미 존재하지 않는 것을 발명한다. 오비탈 인사이트(Orbital Insight)가 그 예이다.

오비탈 인사이트의 예: 오비탈 인사이트는 위성 이미지를 사용하여 지구의 활동을 관찰, 포착, 분석한다. 예를 들어, 바쁜 주말 동안 특정 쇼핑센터 주차장에 얼마나 많은 자동차가 드나들었는지 파악하거나 공장의 생산을 모니터링할 수도 있다. 설립자이자 CEO인 제임스 크로포드(James Crawford)는 회사의 분석이 경제 활동에 대한 전통적인 측정보다 더 정확한 데이터를 제공한다고 말했다. 이 기술은 인공 지능에 의해 구동되며, 최근 오비탈 고(Orbital Go)라는 소비자 버전을 출시하여 사용자가 지구에서 일어나는 일에 대한 질문의 답변을 찾아볼 수 있도록 했다.

혁신의 제한 모든 혁신이 좋을까, 아니면 혁신이 선을 넘을 수도 있을까? 기술의 발전으로 인해 한때 불가능했던 일이 가능해짐에 따라 기업이 계속 마주하게 될 질문이다.

나이키의 예: 2018년 가을, 엘리우드 킵초게(Eliud Kipchoge)는 역사상 최초로 마라톤을 2시간 이내에 완주한 사람이 되었다. 다음 날 브리지드 코스게이(Brigid Kosgei)는 여자 세계 기록을 깨고 역사상 가장 빠른 여자가 되었다. 두 주자 모두 최첨단 폼 밑창과 내장된 탄소 섬유 플레

Nattawit Khomsanit/Shutterstock

혁신적인 장비를 통해 운동선수들은 자신의 기록과 성과를 향상시킬 수 있다. 하지만 선수 간 불공정한 경쟁 우위를 유발하는 기술의 사용에 대해 규제가 가능해지고 있다.

이트가 특징인 베이퍼플라이(Vaporfly) 기술이 적용된 나이키(Nike)의 신발을 신고 있었다. 나이키에 따르면, 이 기술은 주자들의 노력을 최소 4% 감소시켰다고 한다. 육상 규제 기관은 앞으로 공식 경기에서 이러한 유형의 기술을 허용할지에 대한 문제를 고민했고, 2020년 세계 육상 경기에서는 궁극적으로 경기용 로드 신발에 허용되는 폼 밑창의 두께와 내장형 플레이트의 수를 모두 제한했다.

혁신 시스템

혁신은 당연하게 일어나지는 않을 것이다. 헌신적인 노력과 자원이 필요하며, 그 과정을 육성하고 지원해야 한다. 이를 위해 조직은 혁신 시스템을 개발해야 하는데, 혁신 시스템은 혁신과 성공적인 혁신 능력에 대한 조직의 선택을 주도하는 상호 강화 구조, 과정 및 제도의 집합이다.

연구와 실제 사례들은 혁신 시스템의 일곱 가지 구성 요소를 제안했다. 혁신 시스템의 구성 요소는 혁신 전략, 리더의 몰입, 혁신적인 문화와 분위기, 필요한 구조와 과정, 필수적인 인적 자본, HR 정책 · 제도 · 절차, 적절한 자원이다(그림 10.6 참조).

혁신 시스템의 구성 요소가 익숙해 보인다면 8장과 9장에서 학습한 내용을 잘 숙지하고 있는 것이다. 특히, 9장에서 조직 문화, 조직 구조, HR 제도를 조정하여 회사의 전략을 지원하게 하는 것이 필요하다는 점을 배웠다. 이러한 중요한 요소들은 조직의 혁신 시스템의 일부로 10장에서도 제시되며, 혁신이 꽃을 피우려면 정렬과 통합이 필요하다. 그림 10.6에서 구성 요소를 양방향 화살표가 연결하는 것은 바로 이런 의미이다.

혁신 전략 많은 기업들은 혁신 전략의 부재로 인해 개선 노력에 실패하곤 한다. 더 혁신적이기 위한 계획에 해당하는 혁신 전략은 기업이 혁신 활동을 사업 전략에 통합할 필요가 있다. 이러한 통합은 경영진이 혁신에 자원을 투자하도록 장려하고 조직 전체에서 직원이 혁신에 몰입하도록 만든다.

레킷 벤키저(Reckitt Benckiser)가 잘 정의된 전략을 사용하여 혁신을 이룩한 방법을 살펴보자.

레킷 벤키저의 예: 레킷 벤키저는 라이솔(Lysol), 울라이트(Woolite), 클리어라실(Clearasil)과 같은 브랜드를 소유한 영국 회사이다. 회사의 혁신 전략은 작고 점진적인 개선이 특징이다. 특히, 레킷 벤키저는 대규모 혁신을 추구하기보다 가장 성공적인 제품을 선택하고 소비자의 문제를 더 잘 해결할 수 있도록 온건한 방식으로 개선하는 데 중점을 둔다. 예를 들어, 회사의 피니시(Finish) 접시 세제 브랜드는 피니시 투인원(Finish 2-in-1)에서 피니시 쓰리인원(Finish 3-in-1), 피니시 올인원(Finish All-in-1)으로 발전했다. 점진적으로 레킷 벤키저는 작지만 가치 있는 개선을 이루었고, 제품을 통한 회사의 매출과 이익은 계속 증가했다.

그림 10.6 **혁신 시스템의 구성 요소**

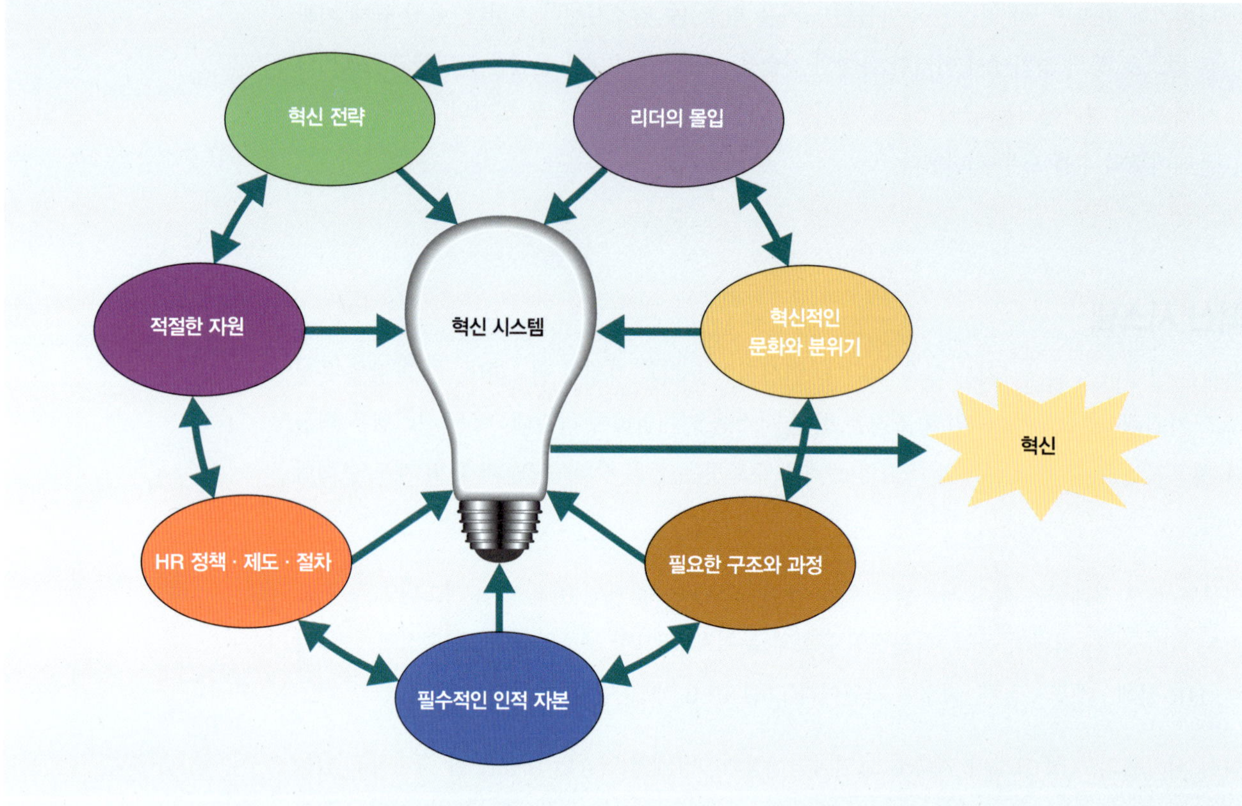

리더의 몰입 다양한 혁신 사례를 살펴보면, 리더들의 진정한 몰입 없이는 전략적 목표를 달성할 수 없다는 사실을 확인할 수 있다. 마스(Mars)의 CEO 그렌트 레이드(Grant Reid)는 혁신을 지원하는 자신의 역할을 잘 인지하고 있다.

> **마스의 예:** "우리는 107년 동안 사업을 해왔다."라고 마스의 CEO 그렌드 레이드(Grant Reid)는 최근 인터뷰를 통해 전했다. 그는 "내 일은 내가 우리를 다음 100년을 위해 준비할 수 있도록 하는 것이다."라고 말한다. 혁신은 이 시대의 기업이 경쟁력을 유지하는 데 필수적이며, 마스는 공급망의 모든 사람들을 위한 공유 가치를 창출하는 방식으로 혁신하기 위해 최선을 다하고 있다. 회사는 지속 가능성 목표를 달성하기 위해 10억 달러의 투자를 약속했다.

혁신적인 문화와 분위기 최근 맥킨지(McKinsey)의 설문 조사 결과에 따르면, 경영진의 90% 이상이 회사의 혁신 성과에 불만을 느끼고 있다고 한다. 여러 요인이 혁신을 가로막는 장벽으로 작용하지만, 주요 장애물 중 하나는 바로 관성(inertia)이다. 〈학습 모듈 1〉에서는 관성을 변화하는 환경에서 경쟁력을 유지하는 데 필요한 전략적 변화에 대한 조직의 저항이라 정의했다. 토이저러스(Toys R Us)는 전자 상거래에 투자하여 실패하고 대신 아마존에서 장난감을 판매하기로 선택했을 때 관성에 시달렸으며, 이는 궁극적으로 아마존의 다른 장난감 판매업체들에 모든 사업을 몰아주었다.

새로운 제품과 아이디어를 만들고자 하는 조직에는 혁신적인 문화와 분위기가 필요하다. 혁신은 실험, 실패, 위험 감수가 필요하며, 모두 조직 문화의 측면들이다.

전설적인 3M의 윌리엄 맥나이트(William McKnight) 회장은 "가장 훌륭하고 힘든 일은 모험과 도전의 정신으로 이루어진다. 그 과정에서 실수할 수도 있다."라고 말한다. 픽사(Pixar)의 사장 에드 캣멀(Ed Catmull)도 비슷한 견해를 갖고 있으며 "실수는 필요악이 아니다. 오히려 전혀 악하지 않다. 실수는 새로운 일을 하는 필연적인 결과이며 가치 있는 것으로 여겨져야 한다."라고 말했다. 미국에서 가장 혁신적인 기업은 어디일까? 표 10.1은 패스트 컴퍼니(Fast Company)가 선정한 가장 혁신적인 회사들을 보여준다.

표 10.1 가장 혁신적인 기업

1. 스냅
2. 마이크로소프트
3. 테슬라
4. 빅히트 엔터테인먼트
5. 해커원
6. 화이트 클로우
7. 쇼피파이
8. 캔바
9. 로블록스
10. 질라인
11. 카이오스 테크놀러지스
12. 비욘드 미트
13. 브라바도
14. 미쇼
15. 스포티파이

필요한 구조와 과정 조직 구조와 내부 과정은 협업, 부서 간 커뮤니케이션, 민첩성을 촉진하여 혁신에 기여한다. 플래그십 파이어니어링(Flagship Pioneering)이 좋은 예가 된다.

플래그십 파이어니어링의 예: 플래그십 파이어니어링은 최첨단 또는 '파이어니어링' 과학을 기반으로 새로운 벤처를 창출한다. 플래그십 파이어니어링은 형식적인 과정을 사용하여 혁신 기회를 평가한다. 탐색은 주요 사회적 문제의 파악으로 시작하여 기존 문헌에 대한 심층 분석으로 이어진다. 팀은 이 단계 전반에 걸쳐 가설을 세우고 과학 분야의 고문들과 함께 작업한다. 해당 단계에서의 핵심 규칙은 실행이 가치를 창출하는 한 모든 아이디어가 인정된다는 것이다. 해당 과정의 후반부에 과학자들은 아이디어의 허점을 드러내기 위해 고안된 실험을 실행하고 직원들은 데이터가 궁극적으로 보여 주는 것을 존중하는 법을 배우게 된다.

조직적 과정은 투입을 산출로 바꾸는 경영, 내부 과정 및 기술에 대한 조직의 기능이다. 과정은 혁신에서 중요한 역할을 한다. 예를 들어, 디자인 및 컨설팅 회사인 아이디오(IDEO)는 기업의 혁신을 지원할 때 독특한 과정을 사용한다(다음의 아이디오의 혁신 방식 참조).

일반적으로 인터넷을 통해 많은 사람들에게 기부를 요청하여 필요한 서비스, 아이디어 또는 콘텐츠를 얻는 방식을 의미하는 크라우드소싱은 혁신을 추구하는 많은 회사들이 사용 중이다.

이네이블 메이커톤의 예: 이네이블 메이커톤(Enable Makeathon)은 글로벌 장애 혁신 허브(Global Disability Innovation Hub)에서 후원하는 대회이다. 해당 대회의 목적은 장애인을 위한 보조 기술의 혁신을 가속화하는 것이다. 2018년 수상작은 청각 장애인을 위한 저가의 디지털 백과사전인 블리테크(Bleetech)였다. 해당 플랫폼을 통해 사용자는 수화로 질문하고 수화로 답변을 받을 수 있다.

아이디오의 혁신 방식

아이디오는 수상 경력에 빛나는 독특하고 존경받는 영향력 있는 글로벌 디자인 회사이다. 이 회사는 미국 주요 도시와 런던, 뮌헨, 상하이, 도쿄에 있는 9개 사무소에 700명 이상의 직원이 있다. 애플(Apple)의 첫 번째 마우스, 사용자에게 단계를 안내하는 심장 제세동기, 티보(TiVo)의 '좋아요-별로예요' 버튼과 같은 혁신적인 제품을 디자인하였다. 최종 사용자 행동에 대한 강렬한 집중은 회사가 하는 모든 일의 기초이며, 디자인 사고의 3단계인 영감, 관념화, 실행에 반영된다.

- **영감.** 아이디오의 전설적인 설립자인 데이비드 캘리(David Kelley)가 정의한 바와 같이 영감(inspiration)은 해결책을 찾는 데 동기를 부여하는 문제 또는 기회를 의미한다.
- **관념화.** 관념화(ideation)는 아이디어를 생성 · 개발 · 검증하는 과정이다.
- **실행.** 마지막 단계인 실행(implementation)은 문제의 해결책을 사람들의 삶과 연결한다.

사용자 행동을 관찰하고 프로토타입으로 작업하는 것은 각 단계의 중요한 측면이다. 이는 아이디오의 다양한 문제 해결 팀이 클라이언트 문제를 정의하고 해결책의 효과성을 측정하는 데 도움이 된다.

디자이너처럼 사고. 제품, 서비스, 과정 및 전략에 대한 회사의 컨설팅 접근법은 인간의 관점에서 바람직한 것과 기술적으로 실현 가능하고 경제적으로 실행 가능한 것을 결합하는 것이다. 또한 디자이너로 훈련받은 사람들이 창의적인 도구를 사용하여 광범위한 문제를 해결할 수 있도록 한다. 목표는 보다 전통적인 문제 해결 방식에서 간과되는 우리 모두의 능력을 활용하는 것이다. 디자이너처럼 사고하는 것은 "직관적이고, 규칙을 인식하고, 기능적일 뿐만 아니라 감정적으로 의미 있는 아이디어를 구성하고, 단어나 상징을 초월한 수단을 통해 자신을 표현하는" 능력에 달려 있다.

Ian Allenden/123RF

아이디오는 매년 식품 산업에서 발생하는 엄청난 양의 식품 폐기물을 줄이는 것을 포함하여 다양한 문제에 디자인 사고 혁신 방식을 성공적으로 적용했다.

혁신적인 해결책을 향한 디자인적 사고. 아이디오의 디자인적 사고는 매우 성공적이어서 현재 많은 비영리 단체들이 활용하고 있다. 예를 들어, 아이디오는 최근 록펠러 재단(Rockefeller Foundation)과 협력하여 음식물 쓰레기 퇴치를 돕고 있다. 해당 프로젝트의 목표는 "매년 13억 톤의 음식물 쓰레기를 줄이는 데 도움이 되고, 음식물 쓰레기를 더 줄이기 위한 설계 원칙과 지원을 식품 업계 관계자에게 제공하는 것"이었다. 협력은 참가자들이 음식물 쓰레기를 줄이기 위한 최신 혁신에 계속 참여할 수 있는 '음식물 쓰레기 연합(Food Waste Alliance)'이라는 온라인 플랫폼과 같은 여러 혁신을 만들어냈다.

당신의 생각은?

아이디오의 매력은 무엇인가? 아이디오의 디자인 사고와 혁신 방식은 혁신 시스템의 일곱 가지 구성 요소(그림 10.6 참조)와 어떻게 관련이 있는가?

필수적인 인적 자본 9장에서는 인적 자본을 개인의 지식과 행동의 생산적 잠재력으로 정의했다. 연구 결과에 따르면, 조직의 혁신에 도움되는 직원의 몇 가지 특징이 있다. 예를 들어, 혁신은 창의성, 창의적 사고 능력, 내재적 동기, 경영자와 직원 간의 관계의 질, 해외 근무 경험과 같은 개인의 특징과 긍정적인 관계가 있다.

해커원의 예: AT&T, 하얏트(Hyatt), 골드만삭스(Goldman Sachs), 캐피탈 원(Capital One)과 같은 회사는 사용자 정보가 최고의 보안 표준에 따라 보호되는지 확인하고 싶을 때 해커원(HackerOne)을 이용한다. 이 회사는 네트워크 보안 시스템을 구축하지 않는다. 대신 숙련된 해커를 고용하여 클라이언트의 기존 시스템의 취약성을 테스트한다. 조직은 악의적인 해커들보다 먼저 보안 취약점을 발견한 선한 해커들에게 보상을 한다.

HR 정책 · 제도 · 절차 HR 정책 · 제도 · 절차는 혁신 시스템의 다른 여섯 가지 구성 요소들과 일관성을 유지하고 다른 구성 요소들을 강화해야 한다. HR과 전반적인 혁신 시스템의 조정에 대한 연구 결과는 다음과 같다.

- 정렬(alignment)은 가치 있는 결과와 관련이 있다. HR을 혁신 시스템의 다른 구성 요소와 조정하는 회사는 혁신적일 가능성이 높고 재무 성과가 더 높다.
- 성과 관리 및 인센티브는 종종 혁신을 촉진하도록 설계되지 않았다. 회사의 성과 관리 및 인센티브 제도는 혁신 문화 및 분위기와 상충한다. 기업은 보상 및 인정을 혁신 관련 목표에 연결해야 한다.

서로 다른 분야의 사람들을 한자리에 모아 브레인스토밍과 교육을 하는 것은 기업이 혁신에 필요한 협업을 촉진할 수 있는 좋은 방법이다. 협업은 의사소통의 기회를 만들고, 따라서 가능성이 희박한 당사자 간의 아이디어를 창출한다. 협업은 또한 위험을 감수할 수 있는 안전한 공간을 제공한다. 경제학자 존 갤브레이스(John Galbraith)는 "위대한 조직에서는 혼자가 옳다는 것보다 다수와 함께 틀리는 것이 훨씬 훨씬 더 안전하다."라고 말했다. 갤브레이스는 혁신을 위해서는 용기와 '올바른' 조직 문화가 필요하다고 말한다.

카멕스의 예: 카맥스(CarMax)는 교차 기능 제품 팀(cross-functional product team)을 통해 혁신을 창출한다. 해당 팀은 7~9명의 팀원으로 구성되며, 각 팀에는 최소 1명의 사용자 경험 전문가, 1명의 제품 관리자, 1명의 수석 개발자 또는 엔지니어가 포함되어야 한다. 나머지 팀원들은 모든 부서에서 올 수 있다. 팀은 2주마다 짧은 시간 동안 작업하고 짧게 진행 상황을 발표한다. 이 일정은 팀이 상당히 빠른 속도로 위험을 감수하고 실수에서 배우도록 권장한다.

적절한 지원 경영자가 혁신을 원한다면 혁신에 자원을 투입해야 한다. 자원에는 사람, 비용, 시간, 에너지, 지식 등이 포함된다.

아마존의 예: 아마존(Amazon)은 최근 2025년까지 직원들의 스킬을 향상시키기 위해 7억 달러를 투자할 것이라고 약속했다. 머신 러닝 대학(Machine Learning University)은 직원이 참여할 수 있는 가능한 이니셔티브 중 하나인데, 이곳은 직원들에게 AI를 만들고 협력하는 데 필요한 스킬을 제공하여 혁신을 장려한다.

SECTION

05 조직 변화의 장애 요인

해당 섹션에서는 변화에 대한 저항의 원인과 직원들이 변화를 두려워하는 이유에 대해 다룬다.

조직 변화에 대한 직원들의 두려움과 저항을 효과적으로 관리하기 위해서는 변화에 대한 저항의 원인과 직원들이 변화에 저항하는 이유를 알아야 한다.

학습 목표

직원이 변화에 대한 두려움을 극복하도록 도울 수 있는 방법을 설명한다.

변화에 대한 저항의 원인

변화에 대한 저항은 확립된 업무 루틴에 대한 실제적 또는 상상적 위협에 대한 감정적 · 행동적 반응이다. 저항은 수동적인 체념처럼 미묘하거나 고의적인 방해 행위만큼 노골적일 수 있다. 변화 전문가들은 저항이 주로 개인 내부에서 발생하는 것이 아니라 변화가 발생하는 맥락의 결과라고 생각한다.

그림 10.7 조직 변화에 대한 저항의 모형

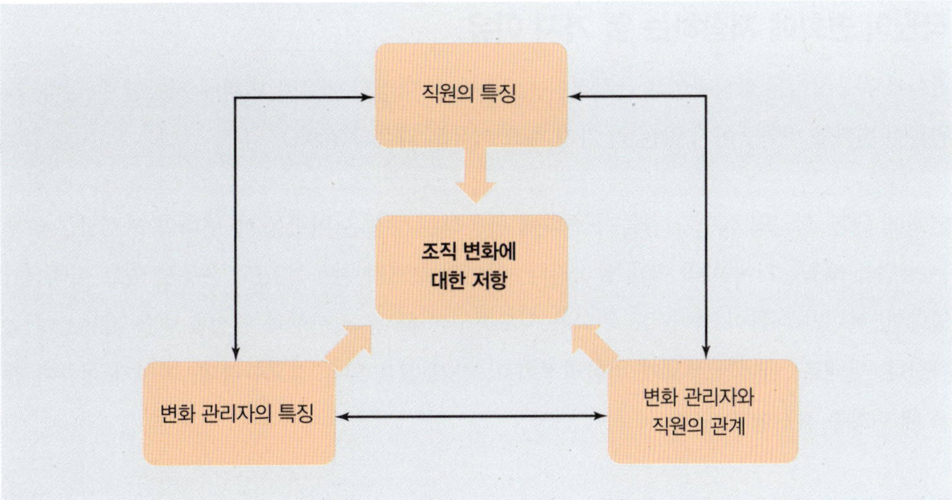

출처: R. Kreitner and A. Kinicki, Organizational Behavior, 9th ed. (Burr Ridge, IL: McGraw-Hill/Irwin, 2010), p. 549.

저항은 세 가지 원인의 상호 작용으로 발생한다(그림 10.7 참조).

1. 직원의 특징
2. 변화 관리자의 특징
3. 변화 관리자와 직원의 관계

예를 들어, 직원의 저항은 부분적으로 변화에 대한 자신의 인식을 기반으로 하며, 이는 변화 관리자가 나타내는 태도와 행동 그리고 변화 관리자와 직원 간의 신뢰 수준에 의해 영향을 받는다.

직원의 특징 직원의 특징은 (11장에서 학습할) 개인 차이, 태도와 행동, 변화에 대한 인식 등이 있다. 다음 섹션에서는 변화에 대한 저항과 관련된 다양한 직원의 특징에 대해 설명할 것이다.

변화 관리자의 특징 조직 변화를 돕는 촉매 역할을 하는 개인인 변화 관리자의 특징은 개인의 차이, 경험, 태도와 행동, 변화에 대한 인식 등이 있다. 변화에 대한 직원의 저항에 기여할 수 있는 이러한 특징에는 리더십 스타일, 성격, 재치, 타이밍 감각, 문화적 전통 또는 집단 관계에 대한 인식, 직원의 관점에 공감하는 능력이 포함된다.

변화 관리자와 직원의 관계 예상할 수 있듯이 변화 관리자와 직원이 서로의 의도를 믿는 신뢰 관계가 있을 때 변화에 대한 저항이 줄어든다. 반면에 불신은 비밀을 조장하여 더 깊은 불신을 낳고 잘 형성된 변화 또한 파멸시킬 수 있다.

직원이 변화에 저항하는 열 가지 이유

변화가 적응적이든 혁신적이든 급진적이든 직원들은 다양한 이유로 변화에 저항할 수 있다. 직원들이 변화를 받아들이지 않는 열 가지 주요 이유는 다음과 같다.

변화에 대한 개인의 성향 사람들이 변화에 반응하는 방식은 어렸을 때 변화와 모호성을 다루는 방법을 배웠는지에 따라 크게 달라진다. 아이의 부모가 참을성 있고 융통성 있고 이해심이 있다면, 아이가 어른이 되어서도 변화를 시도하고 이를 통해 사랑과 인정을 받을 가능성이 높아진다. 반대로, 아이의 부모가 비합리적이고, 하기 싫은 일을 강요한다면, 아이가 어른이 됐을 때 변화를 불신할 수 있다.

미지의 것에 대한 놀라움과 두려움 예를 들어, 공식적인 발표 없이 갑자기 변화가 일어나면 소문이 무성해지고, 영향을 받는 직원은 변화를 두려워하게 될 것이다. 변화 관리자는 변화의 근거를 설명하고, 변화의 의미에 대해 교육하며, 변화에 대한 몰입을 이끌어 내는 것이 중요하다.

불신의 분위기 신뢰는 다른 사람의 의도와 행동에 대한 상호 믿음을 의미한다. 불신은 비밀을 조장하여 더 깊은 불신을 일으키고 잘 계획된 변화조차 실패의 위험에 빠뜨린다. 직원을 신뢰하는 경영자는 변화 과정을 투명하게 참여적으로 만든다. 요컨대, 변화하는 동안 경영자로부터 공정한 대우를 받는다고 느끼는 직원은 저항할 가능성이 낮다.

실패에 대한 두려움 직장에서 위협적인 변화는 직원들이 자신의 능력을 의심하게 만들 수 있다. 자기 의심은 자신감을 약화시키고 개인의 성장과 발전을 방해한다.

고용 안정성 상실 중간 관리직 일자리를 위협하는 기업 구조 조정 중에 자주 발생하는 것처럼 권력 기반을 변경하거나 일자리를 없애겠다고 위협하는 변화는 일반적으로 강력한 저항을 촉발한다.

동료를 위한 사회적 압력 임박한 변화의 직접적인 영향을 받지 않는 사람들도 친구와 동료의 이익을 보호하기 위해 적극적으로 저항할 수 있다.

문화적 전통 또는 집단 관계의 파괴 개인이 전근, 승진 또는 재배치될 때마다 기존의 문화 및 집단 관계가 붕괴될 수 있다.

성격 갈등 변화 관리자의 성격이 저항을 키울 수 있다.

부적절한 시기 적절치 않은 시기에 변화를 도입하면 직원들의 저항이 생길 수 있다. 예를 들어, 조직에 전략적 목표를 보여 주는 것과 같이 경영자가 자신의 가치를 효과적으로 설명할 때 직원은 변화를 더 잘 수용한다.

보상의 부재 예를 들어, 추가 보상 없이 더 오랜 시간 일해야 하는 경우와 같이 제안된 변화 사항에서 긍정적인 보상을 기대할 수 없을 때 직원은 저항할 가능성이 높다.

SECTION

06 커리어 준비 실천

이번 섹션에서는 변화에 대한 개방성을 높일 수 있는 방법을 살펴본다.

학습 목표

변화에 대한 개방성 역량을 높이는 다양한 방법을 이해한다.

변화에 대한 개방성은 중요한 커리어 준비 역량이다. 변화에 대한 개방성은 10장에서 학습한 개념과 가장 관련이 있다. 표 1.2에서는 "변화에 직면했을 때의 유연성, 변화를 도전으로 보는 능력, 새로운 아이디어, 과정 또는 지침을 적용하려는 의지"로 정의되었다. 회사는 지속적으로 경쟁 기업에 대해 참신하거나 혁신적인 방식으로 대응해야 하기 때문에 변화에 대한 개방성이라는 역량이 필요하다. 변화에 대한 개방성은 직원의 지속적인 학습과 직무 만족에 긍정적인 영향을 미치고, 직장에서의 불편함과 퇴직 의도를 줄여 준다. 변화에 대한 개방성은 현재와 커리어 전반에 걸쳐 개발할 가치가 있다. 그렇다면 어떻게 하면 변화에 더 개방적일 수 있을까? 이번 섹션에서는 자기 가치 확인 이론(self-affirmation theory)과 자기 연민이 변화에 대한 개방성을 촉진하는 데 어떻게 도움이 되는지를 살펴본다.

자기 가치 확인 이론

변화에 대한 개방성은 정치, 노동조합의 가치, 이민 정책, #미투(#MeToo) 운동, 성적 지향성과 같은 논쟁의 여지가 있는 주제에 대해 가족, 친구, 동료 등과 대화하는 과정에 영향을 미친다.

자기 가치 확인 이론을 세 부분으로 나눠 살펴보자.

1. **사람들은 전반적으로 긍정적인 자아관을 유지하려는 타고난 욕구가 있다.** 논쟁의 여지가 있는 주제나 행동에 대한 피드백에 대해 폐쇄적인 생각을 하는 이유는 무엇일까? 자기 가치 확인 이론에 따르면, 사람들은 모두는 '글로벌' 또는 전반적인 자기 통합(self-integrity)을 유지하려는 강한 욕망이 있다. 간단히 말해서, 자신을 적절한 방식으로 행동하는 일반적으로 선하고 유덕한 사람으로 보고 싶어 한다는 것을 의미한다.

2. **긍정적인 자아관이 위협받을 때, 사람들은 자기 보호 모드로 전환한다.** 두 명의 저명한 심리학자는 "사람들이 실제 또는 임박한 위협이 감지될 때 보호를 시작하는 '심리적 면역 체계'가 있다." 라고 말한다. 이러한 메커니즘의 목표는 자기 가치를 회복하는 것이다.

그림 10.8 **커리어 준비 모형**

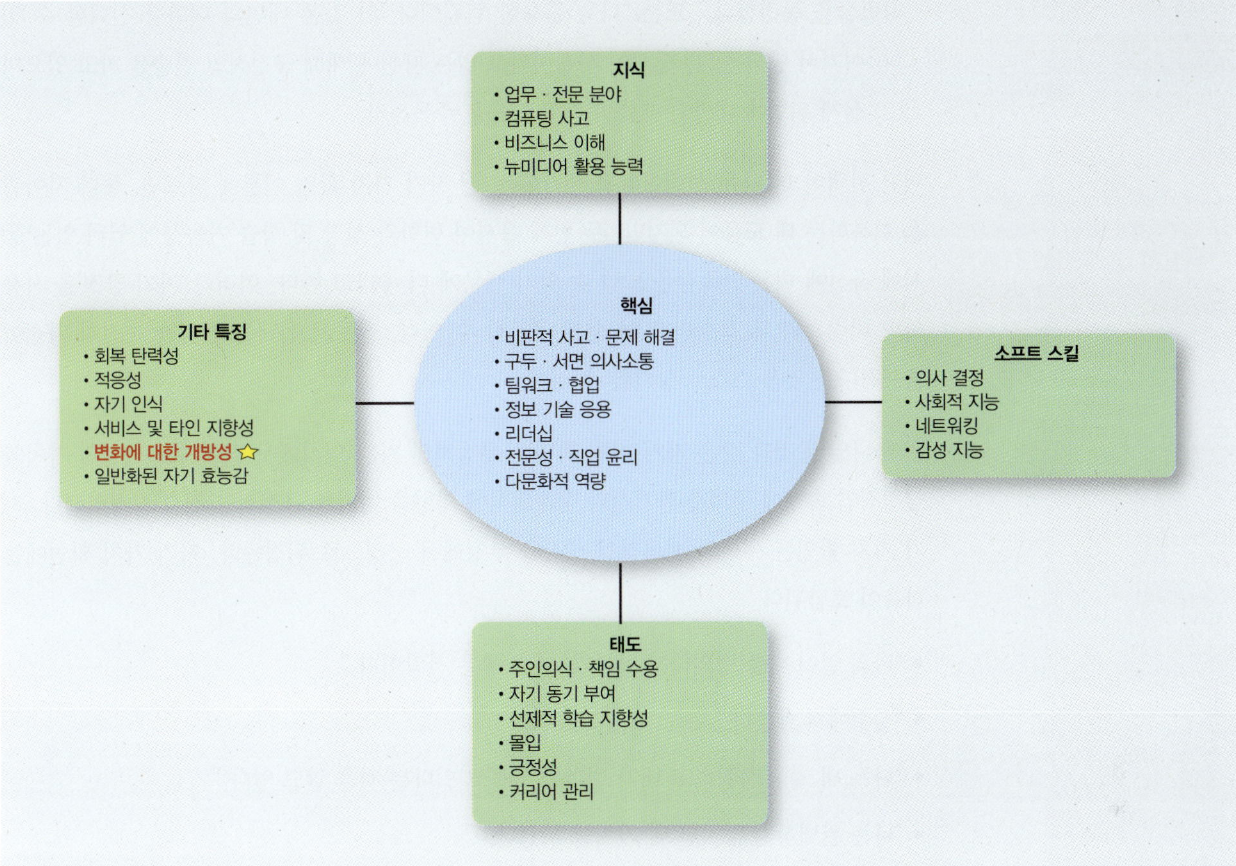

3. **두 가지 방법으로 자아관을 유지할 수 있으며 분명 하나가 확실히 더 나은 선택이다.** 사람들은 자아관(self-view)이 위협을 받을 때, 자연스럽게 그것을 보호하려고 시도한다. 예를 들어, 거짓말이 걸렸다고 가정해 보자. 자신이 부정직하게 행동했다는 것을 깊이 알고 있으면서도 당신의 정신은 자신을 선하고 유덕한 사람으로 여기기 위해 최선을 다할 것이다. 자기 가치 확인 이론의 핵심 내용은 이 상황에서 자신의 견해를 확인하려는 충동과 싸우지 말고, 반대로 그것과 함께하라는 것이다. 특히, 자아관에 대한 위협을 경험할 때, 다음 두 가지 방법 중 하나로 대응할 수 있음을 상기시키자.

- 옵션 1: 위협과 관련된 정보를 거부하여 자아관을 유지한다.

  이는 어떤 모습일까? 위에서 언급한 예의 경우, 아마도 "그들이 감히 나를 거짓말로 고발하다니." 또는 "정말 거짓말이 아니었다. 그것은 단순히 전체 진실의 누락이었다." 또는 "나는 부정직할 수밖에 없었다."가 될 것이다. 여기에서 당신은 여전히 위협에 대해 이야기하고 있으며, 위협과 직접 관련된 진술을 하고 있음을 주목하자. 안타깝게도, 당신은 또한 학습과 성장을 방해하는 방어적이고 폐쇄적인 자세를 취하고 있다.

- 옵션 2: 위협과 관련이 없는 자아관을 확인함으로써 자아관을 유지하고 변화에 대한 개방성을 높인다.

이는 어떤 모습일까? 앞서 언급한 예의 경우, "나는 충성스러운 친구이다.", "나는 다른 사람들을 동정한다." 또는 "나는 훌륭한 팀원이다."와 같은 내면의 대화를 선택할 수 있다. 여기서 당신은 (1) 당신이 사실이라고 믿는 자신에 대해 긍정적인 진술을 하고 있으며 (2) 실제 위협에 대한 주제를 피하고 있음을 주목하자.

어떤 선택이 더 나은 선택이라고 생각하는가? 자기 가치 확인 이론에 따르면, 둘다 자아관을 회복하는 데 도움이 되지만, 두 번째 옵션이 변화와 성장 및 학습 가능성에 열려 있는 동시에 자신에 대한 만족감을 느낄 수 있기 때문에 더 좋다고 한다. 이러한 '자기 긍정'을 사용하면 머릿속의 두 목소리가 더 쉽게 공존할 수 있다. 잘못된 선택을 했지만 여전히 자신이 훌륭하다는 것을 스스로 상기할 수 있다.

위에 나열된 것과 같은 자기 가치 확인은 부정적인 자기 인식에서 멀어지고 자신의 가치와 긍정적인 속성에 주의를 환기시켜 잠재의식에 영향을 미치는 긍정적인 진술로 정의된다. 자기 가치 확인은 우리의 폐쇄적인 생각을 부정에서 긍정으로 뒤집는다. 자기 가치 확인에는 다음이 포함된다.

- "나의 일이 나를 정의하지 않는다. 나는 좋은 사람이다."
- "실수에서 배운다."
- "나는 내 일을 사랑하고 내가 변화를 만들고 있다는 것을 알고 있다."
- "나는 완벽하지 않지만 내 가치를 지킨다."
- "나는 윤리적이다."

개인 또는 직무 관련 변화 사항이나 이민과 같은 논란의 여지가 있는 주제에 대한 의견에 대한 개방성을 높이고 싶다면, 위협을 느끼거나 방어적인 태도를 보일 때 자기 가치 확인을 사용해 보자. 예를 들어, 누군가가 이민에 대한 당신의 견해가 순진하다고 말한다면, "나는 이 주제에 대해 잘 알고 있기 때문에 틀린 것이 아니다."라고 자신에게 말하고 싶은 유혹을 피하도록 하자. 대신 이민 관련 대화나 일반적인 정치와 전혀 관련이 없는 확언을 시도해 보자. 예를 들어, "나는 내 신체 건강에 대한 전념을 자랑스럽게 생각한다." 그리고 변화에 더 개방적이라는 것이 자신의 관점을 바꿔야 한다는 것을 의미하지는 않는다. 이는 단순히 당신이 항상 당신의 관점과 다른 관점을 고려할 용의가 있다는 것을 의미한다.

자기 연민

9장에서는 자기 연민(self-compassion)을 고통이나 실패를 겪을 때 부정적인 감정을 자기 비판하거나 과도하게 동일시하기보다는 자신을 이해하고, 따뜻하고, 친절하게 대하는 경향으로 정의했다. 크리스틴 카터(Christine Carter) 박사는 자기 연민을 '자신에 대한 관대함'으로 정의한다. 다음은 자기 계발에 대한 개방성을 높이기 위해 자기 연민을 사용하는 것에 대해 그녀가 말한 내용이다.

우리는 자신에게 비판적으로 말하면 향상될 것으로 생각하지만, 모든 연구는 자기비판이 성과를 향상시키지 않는다는 것을 절대적으로 확실하게 보여 준다. 그것은 상황에서 배우는 능력을 차단하고 싸우거나 도피하는 것이 유일한 선택인 스트레스 반응을 만들게 된다. 자기비판적일 때 개인적인 성장도 어렵다.

자신에게 지나치게 가혹할 때 신체는 고통을 경험한다. 시간이 지남에 따라 불안, 소진, 우울증과 같은 증상을 경험할 수도 있다. 그러나 자신에 대한 연민이 있을 때 완벽해야 할 필요성을 버리게 되고, 변화에 대한 개방성이나 긍정적 접근법의 커리어 준비 역량을 높이기가 더 쉽다. 심리학자 크리스틴 네프(Kristen Neff)에 따르면, 우리가 "좋은 친구에게 베푸는 것과 같은 친절과 보살핌을 자신에게 줄 수 있다."라고 말한다. 자기 연민은 나쁜 사람이 되는 것과 나쁜 결정을 내리는 것의 차이를 인식하게 함으로써 자기 정체성을 보호한다. 심리학 투데이(Psychology Today)에서 언급했듯이, "자기 연민이 있을 때, 당신은 당신의 가치가 무조건적이라는 것을 이해하게 된다." 이것은 차례로 다른 사람의 피드백을 받아들이고, 자신의 대안적인 관점을 고려하고, 자신의 실수를 인정하고, 다른 사람과 공감하는 것을 더 쉽게 만든다.

더 많은 자기 연민을 추구하기 위해 다음 제안을 시도해 보자.

1. **자신에게 친절하자.** 완벽주의와 자기 판단을 용서와 친절로 바꿔야 한다. 자신의 불완전함을 받아들이고 사랑하는 사람에게 하듯이 자신을 대하자.

2. **혼자가 아님을 기억하자.** 심리 치료사 메간 브루노(Megan Bruneau)는 "느끼는 것은 인간이며, [우리가] 겪는 모든 일을 수백만 명의 다른 사람들도 경험한다. 우리가 공유하는 인간성을 인식할 수 있다면, 우리 중 누구도 완벽하지 않다는 것을 인식할 수 있다면, 우리는 모두 함께 이 안에 있다는 느낌으로 다른 사람들과 더 연결되어 있다고 느낄 수 있다."고 말했다.

3. **마음챙김을 실천하자.** 마음챙김은 판단하지 않고 존재하는 상태이다. 명상은 이러한 상태를 달성하고 변화에 대한 개방성을 저해하는 부정적인 생각을 피하는 데 도움이 된다.

주요 용어

개입
과정 혁신
급진적 변화
기술
반응적 변화
변화 관리자
변화에 대한 저항
선제적 변화
역장 분석
이로운 기업
자기 가치 확인
적응적 변화
제품 혁신
조직 개발
창의성
크라우드소싱
혁신 시스템
혁신 전략
혁신적 변화

핵심 정리

01 조직 변화

- 비즈니스의 미래를 만들어 가는 슈퍼 트렌드는 다음과 같다. (1) 시장은 더 세분화되고 있으며 더 많은 틈새시장 제품으로 나아가고 있다. (2) 더 많은 경쟁자들이 더욱 빠른 시장 출시를 요구하는 타겟 제품을 제공하고 있다. (3) 일부 전통적인 기업은 급격한 변화에서 살아남지 못할 수 있다. (4) 중국, 인도 및 기타 해외 공급업체는 일하는 방식을 바꾸고 있다. (5) 정보가 아닌 지식이 새로운 경쟁 우위의 원천이 되고 있다.
- 조직 변화는 반응적으로 일어나거나 선제적으로 일어난다.
- 변화 유발 요인은 조직 외부의 요인과 조직 내부의 요인으로 구분된다.

02 조직 변화의 이론

- 조직 변화는 적응적이거나 혁신적이거나 급진적일 수 있다.
- 커트 르윈의 변화 모형은 계획된 변화를 시작, 관리, 안정화하는 방법을 설명하기 위해 해빙, 변화, 재결빙의 3단계를 제시했다.
- 변화에 대한 시스템적 접근법은 투입, 변화 대상, 산출, 피드백 루프의 세 부분으로 구성된다.
- 역장 분석은 제안된 변화를 촉진할 수 있는 요인과 이에 대해 저항할 수 있는 요인을 결정하는 기법이다.

03 조직 개발

- 조직 개발은 사람과 조직을 보다 효과적으로 만들기 위해 계획된 변화를 실행하는 일련의 기법이다.
- 조직 개발 과정은 (1) 진단, (2) 개입, (3) 평가의 3단계를 따른다.
- 성공적인 조직 개발의 네 가지 요소는 (1) 다중 개입의 사용, (2) 최고 경영진의 조직 개발 프로그램 지원, (3) 장 · 단기 결과에 맞춰진 목표, (4) 문화와의 적합성이다.

04 조직 혁신

- 혁신은 새롭고 유용한 제품이나 서비스를 만드는 것이다.
- 혁신의 대상과 초점에 따라 혁신을 네 가지 유형으로 구분할 수 있다.
- 혁신은 새로운 제품이나 새로운 과정을 생산할 수 있으며, 개선에서 새로운 방향까지 다른 범위를 가질 수 있다.
- 혁신 시스템의 일곱 가지 구성 요소는 (1) 혁신 전략, (2) 리더의 몰입, (3) 혁신적인 문화와 분위기, (4) 필요한 구조와 과정, (5) 필수적인 인적 자본, (6) 적절한 자원, (7) HR 정책 · 제도 · 절차이다.

05 조직 변화의 장애 요인

- 변화에 대한 저항은 확립된 업무 루틴에 대한 실제적 또는 상상적 위협에 대한 감정적 · 행동적 반응이다.
- 직원들이 변화에 저항하는 열 가지 이유는 (1) 변화에 대한 개인의 성향, (2) 미지의 것에 대한 놀라움과 두려움, (3) 불신의 분위기, (4) 실패에 대한 두려움, (5) 고용 안정성 상실, (6) 동료를 위한 사회적 압력, (7) 문화적 전통 또는 집단 관계의 파괴, (8) 성격 갈등, (9) 부적절한 시기, (10) 보상의 부재이다.

06 커리어 준비 실천

- 변화에 대한 개방성을 향상시키는 두 가지 방법은 자기 가치 확인과 자기 연민이다.

핵심 질문

01 변화가 일어나는 두 가지 유형은 무엇인가?

02 변화를 유발하는 네 가지 외부 요인과 두 가지 내부 요인을 설명해 보자.

03 커트 르윈의 변화 모형은 어떻게 작동하는가?

04 조직 개발의 과정을 설명해 보자.

05 제품 혁신과 과정 혁신의 차이점은 무엇인가?

06 혁신에 대한 네 가지 접근법을 설명해 보자.

07 혁신을 촉진하기 위한 4단계는 무엇인가?

08 변화에 대한 직원의 저항을 유발하는 세 가지 원인을 설명해 보자.

09 직원들이 변화에 저항하는 열 가지 주요 이유는 무엇인가?

카니발 크루즈의 코로나에 대한 대응

2020년 봄 카니발(Carnival) 크루즈의 한 선박에서 코로나바이러스가 발병하였다. 4월 말까지 전염병 발병으로 인해 크루즈에서는 1,500건 이상의 양성 사례가 발생하고 최소 39명이 사망했다. 카니발 경영진의 결정과 행동을 시간순으로 살펴보자.

사건 경과

1월 30일: 카니발의 선박 코스타 스메랄다(Costa Smeralda)가 로마 근처에 정박한다. 한 여성과 배우자가 코로나바이러스일 수 있는 증상으로 아프게 된 후 6,000명의 승객과 1,000명의 승무원 전원이 격리되었다.

2월 1일 오후 11시 21분: 카니발 다이아몬드 프린세스(Carnival Diamond Princess)가 아시아를 항해하고 있을 때, 회사의 위생 공급업체 담당자가 최고 관리 책임자 및 승객 서비스 계정에 이메일을 보내서 최근에 배에 탑승한 한 여성이 코로나바이러스에 대해 양성 반응을 보였다는 것을 알렸다.

2월 2일 오전 11시 33분: 기록에 따르면, 카니발의 최고 의료 책임자인 그랜트 탈링(Grant Tarling)은 '코로나바이러스 사례 확인'이라는 제목으로 홍콩 보건 당국에 이메일을 보내서 감염된 승객의 이름, 나이, 프린세스 마가레트 병원(Princess Margaret Hospital)의 입원실 번호를 알려준다.

2월 2일 오후 6시 44분: 카니발의 사후 진술에 따르면, 이때가 탈링이 코로나바이러스 확진자를 확인하고 인지하게 된 시간이다.

2월 3일 오후 6:00: 다이아몬드 프린세스호의 선장인 겐나로 아르마(Gennaro Arma)가 승객들에게 코로나바이러스에 노출되었을 수 있음을 알린다. 그는 선박에 있는 누구도 질병을 보고하지 않았지만, 호흡 곤란을 보이는 사람과의 밀접 접촉을 피하고 적절한 손 씻기 절차를 따르고 증상을 느끼기 시작하면 선박의 의무실에 연락해야 한다고 덧붙였다. 일부 승객에 따르면, 선원은 계속 사교 활동을 장려하고, 손님들은 바와 뷔페를 즐기고, 사람들은 사우나에서 찜질하고, 저녁 오페라는 계획대로 공연됐다고 한다.

2월 3일 저녁: 다이아몬드 프린세스가 요코하마에 도착한다. 일본 의료 종사자들은 즉시 승객에 대한 건강 검진을 시작한다.

2월 3일: 또한 이날 세계 유람선 입항을 거부하는 국가들의 뉴스 보도가 나오기 시작한다.

2월 4일: 카니발의 대변인은 이날까지 직원들이 대부분의 예정된 활동을 중단했다고 이후 성명을 통해 밝혔다.

2월 5일: 일본 관리자들은 추후 공지가 있을 때까지 승객이 선실에 머물도록 요구하는 선박 전체 검역을 시행한다. 카니발의 CEO 아널드 도널드(Arnold Donald)는 이날 질병에 대한 회사의 대응을 통제했지만 사실 이전부터 정황을 알고 있었다.

2월 27일: 이때까지 다이아몬드 프린세스호에서 확인된 코로나바이러스 확진자는 696명이었다.

3월 4일: 카니발 그랜드 프린세스(Carnival Grand Princess)가 멕시코로 향하던 중 승객들은 그랜트 탈링으로부터 알림을 받게 되는데, CDC가 이 선박과 관련 있을 수 있는 캘리포니아의 코로나바이러스 확진자들을 조사 중이라는 내용이었다. 그랜드 프린세스는 U턴을 하고 다시 캘리포니아로 향한다. 승객들은 선원들이 장갑을 끼고 손 소독제를 배치하고 있음을 알아차렸다. 수영, 카드 게임, 댄스 수업, 콘서트 및 저녁 쇼를 포함하여 배의 이벤트는 계획대로 진행된다.

3월 5일: 그랜드 프린세스 선장 존 스미스(John Smith)가 배의 확성기를 통해 격리를 발표했다. 모든 승객은 무기한으로 객실로 돌아가야 한다. 일부 승객에 따르면, 많은 사람들이 격리 조치를 따르기 전에 뷔페로 갔다고 한다.

3월 8일: CDC는 미국 시민에게 모든 유람선 여행을 피하도록 경고하는 공중 보건 권고를 발표했다.

3월 9일: 그랜드 프린세스호가 캘리포니아주의 오클랜드에 정박하고 즉시 CDC의 통제를 받는다. 그 후 승객들은 선실에 대피하고 헬리콥터가 보급품과 코로나바이러스 검사도구를 선박 갑판으로 나른다.

3월 25일: 1,103건의 검사 중 양성은 103명, 음성은 699명이었고, 나머지는 보류 중이었다. [이날 이후로는 추가 검사 결과를 공개하지 않았다.]

경영진의 대응

많은 사람들이 카니발 선박에 타고 있는 승객들의 격리에 대해 더 빠르고 엄격하게 대응하지 않은 이유를 궁금해했다. 사실, CDC는 여러 가지 이유(예: 승객의 연령 및 건강, 선박 전체의 물리적 근접성, 선원 기숙사 등)로 크루즈에서 바이러스 발생을 억제하기가 특히 어려울 것이라고 수차례 경고했다.

아널드 도널드 CEO는 "공항 터미널, 지하철역, 식당, 극장, 경기장에서의 코로나바이러스 확산 속도와 동일하며 감염률이 더 높다는 증거는 유람선과 아무런 관련이 없다."라고 주장했다. 한때 카니발의 최고 커뮤니케이션 책임자였던 로저 프리젤(Roger Frizzell)은 가족 장례식이 끝난 후 여러 건의 코로나바이러스 사망자가 발생했다고 보도한 버즈피드(Buzzfeed) 기사를 배포하여 회사의 입장을 옹호했다.

카니발의 경영진은 바이러스 발병에 대한 대응에 자부심이 있었다.

반발

카니발의 최고 경험 및 혁신 책임자인 존 파젯(John Padgett)은 기자들에게 회사 경영진이 1월 25일까지 바이러스의 규모를 알고 있었다고 전했다. 파젯은 우한에 있는 이 회사의 제조업체 중 한 곳과 연락을 취했으며, 바이러스에 대한 자세한 내용을 알게 되었다. "아널드와 이야기를 나눌 때 상황을 공유했고, 당시 전 세계에서 무슨 일이 벌어지고 있는지를 누구보다 훨씬 일찍 알고 있었다."라고 그는 말한다. 카니발의 경영진이 발병 기간에 다른 결정을 내렸다면 수많은 승객의 생명과 건강을 살릴 수 있었고, 더 광범위한 확진을 막을 수 있었다. 전염병학자이자 CDC 유람선 태스크포스 책임자인 신디 프레이드먼(Cindy Friedman)은 "이 선박들이 항해를 중단했다면 CDC의 직원들이 지역사회 발병과 지역 공중 보건 당국을 돕는 일에 더욱더 집중할 수 있었을 것이다."라고 말했다.

2020년 7월, 의회는 카니발의 대응을 조사하기 시작했고, 호주 경찰은 회사가 시드니에 선박 중 하나를 정박하기 위해 승객의 건강에 대해 당국에 고의로 거짓말을 했는지를 확인하기 위해 범죄 수사를 진행하였다. 카니발은 또한 여러 개인 및 집단 소송에 직면해 있었다.

토론 문제

문제 해결 관점

1. CDC의 관점에서 이 사례의 근본적인 문제와 원인은 무엇인가?
2. 카니발의 CEO인 아널드 도널드가 개인적으로 책임을 져야 한다고 생각하는가? 왜 그런가?

적용하기

1. 그림 10.1을 사용하여 코로나 발병 기간에 카니발 내부와 외부의 변화 유발 요인들을 설명해 보자.
2. 적응적 변화, 혁신적 변화, 급진적 변화 중 카니발에는 어떤 변화가 왜 필요할까?
3. 르윈의 변화 모형(그림 10.2)을 활용하여 카니발이 조직을 변화시킬 수 있는 방법을 설명해 보자.
4. 역장 분석을 사용하여 발병 기간에 카니발에서 발생하거나 발생하지 않은 변화 사항을 설명해 보자.
5. 조직 개발 과정(그림 10.4)을 활용하여 이 사례의 문제를 해결할 수 있는 방법을 설명해 보자.
6. 카니발 경영진이 변화를 거부하는 구체적인 이유는 무엇인가?

법적 · 윤리적 과제

클리어뷰 기술의 권리 침해

경찰이 용의자를 쉽게 찾을 수 있는 방법이 있다면 법 집행 기관이 이를 가치 있게 여길까? 이것은 한 회사가 인공 지능을 사용하여 사람을 식별할 수 있는 혁신적인 방법을 만들 때 제기됐던 질문이다.

클리어뷰 AI(Clearview AI)는 인터넷에서 거의 30억 장의 사진 데이터베이스를 축적했다. 데이터베이스는 FBI보다 거의 7배 더 크며, 클리어뷰의 기술을 사용하면 간단한 얼굴 스캔으로 데이터베이스에 있는 모든 사람을 거의 즉시 식별할 수 있다. 회사는 모든 사진을 사용자가 공개적으로 공유한 사이트에서 가져온 것이라고 말한다.

다양한 출처에 따르면, 600개의 법 집행 기관을 포함한 수백 개의 회사에서 이미 클리어뷰의 얼굴 스캔 앱을 사용하고 있다. 인디애나주에서는 주 경찰이 클리어뷰를 사용하여 20분 이내에 휴대 전화 비디오에 포착된 총격범을 식별하였다. 노스캐롤라이나주 롤리 경찰국은 데이터베이스에 대한 1년 구독료로 2,500달러를 지불했다고 한다. 다른 사람들은 클리어뷰의 기술이 시민권을 침해할 가능성에 대해 심각한 우려를 표명했다.

유튜브(YouTube), 링트인(LinkedIn), 페이팔(PayPal), 트위터(Twitter), 페이스북(Facebook)은 모두 클리어뷰가 사이트에서 이미지를 퍼가는 것을 금지하는 중단 서한을 보냈다. 의회에서 에드 마키(Ed Markey) 상원의원은 클리어뷰의 설립자에게 편지를 보내 회사가 특정 정보를 공개할 것을 요구했다. 마키는 편지에서 "이 기술이 무기화되는 방법은 방대하고 혼란스럽다. 클리어뷰의 기술을 사용하여 범죄자는 길을 걷고 있는 사람이 어디에서 살고 일하는지 쉽게 찾을 수 있다."라고 밝혔다. 수많은 연구들도 인공 지능 안면 인식 기술이 인종 편향의 영향을 크게 받는다는 것을 밝혀냈다.

여러 단체들이 주 정부의 생체 인식 및 컴퓨터 범죄 법 위반 등의 이유로 클리어뷰를 상대로 집단 소송을 제기했다.

문제 해결

클리어뷰 기술을 계속해서 시장에 내놓을지를 결정하는 판사라면 어떠한 결론을 내리겠는가?

1. 클리어뷰의 편이다. 시민들이 자발적으로 인터넷에 사진을 게시한 경우 클리어뷰는 해당 사진을 찾아 저장할 수 있다.
2. 원고의 편이다. 클리어뷰는 자동으로 인터넷에서 사진을 얻을 권리가 없으며, 법 집행 기관은 편견 문제가 입증된 기술을 사용해서는 안 된다.
3. 누가 옳은지 그른지 잘 모르겠다. 사람들을 범죄자로 잘못 식별하고 고발하는 것을 좋아하지 않지만, 그러한 프로그램이 사회에 미치는 잠재적인 이점도 있다고 생각한다.
4. 다른 안이 있다면 설명해 보자.

PART 05

리드

CHAPTER 11

개인 차이와 행동

학습 목표

1. 채용 과정에서 성격과 개인 특성의 중요성을 이해한다.
2. 가치와 태도가 직원 행동에 미치는 영향을 이해한다.
3. 지각이 판단을 흐리게 하는 방법을 이해한다.
4. 경영자가 직원 태도에 대처하는 방법을 파악한다.
5. 경영자가 알아야 하는 직장 다양성의 경향을 파악한다.
6. 직장 스트레스의 원인과 대처 방법을 이해한다.
7. 긍정성과 감성 지능을 향상시키는 방법을 설명한다.

▶ 미리보기

11장에서는 개인의 차이와 행동을 관리하는 방법을 알아본다. 구체적으로, 성격과 개인의 행동, 가치관, 태도, 행동 그리고 경영자가 알아야 할 구체적인 직무 태도와 행동을 살펴본다. 그리고 지각의 왜곡에 대해 살펴보고 스트레스가 개인에게 어떤 영향을 미치는지 알아본다. 마지막으로, 긍정성과 감성 지능을 향상시키는 방법을 살펴본다.

성공 전략

긍정적인 첫인상을 만드는 방법

지각의 힘은 너무나 잘 알려져 있기 때문에 우리는 다른 사람들이 우리의 첫인상을 긍정적으로 인식하도록 의식적으로 관리하려고 한다. 아래에서 살펴보겠지만, 우리가 통제할 수 없는 다른 사람들의 지각에 미치는 영향 중 일부는 인종, 연령 및 성별에 대한 무의식적 편향, 가장 최근에 발생한 사건이나 사람의 영향을 받는 경향(시간적 오류) 그리고 초기 정보에 가장 큰 비중을 두는 경향(초두 효과)이다. 그리고 확증 편향 때문에 "사람들은 그들이 보기를 기대하는 것을 본다." 그러나 여전히, 누군가의 당신의 첫인상 중 상당 부분은 통제가 가능하다.

긍정적인 첫인상을 만드는 것은 직장 생활이나 사회생활에서 중요하다. 월스트리트저널(Wall Street Journal)의 한 기고자는 "첫인상은 뇌의 감정 처리 중추인 편도체의 본능적 반응을 기반으로 100분의 1초 만에 형성된다."라고 말했다. 연구 결과에 따르면, 좋은 인상을 남길 수 있는 시간은 7~30초이다. 긍정적인 첫인상을 만드는 방법은 다음과 같다.

자기 인식

취업 면접에서 질문하고 답변할 준비를 해야 한다. 이것은 가능한 한 빨리 기여하고자 하는 당신의 열의를 나타낸다. 새로운 동료, 부하 직원, 고객 또는 회사 임원을 만날 때도 동일한 조언이 적용된다. 당신은 당신이 찾고 있는 직업과 관련하여 강점과 약점을 성찰할 필요가 있을 것이다.

바른 표정과 자세

당신의 바디랭귀지는 자신감을 전달하고 다른 사람들도 당신에 대해 자신감을 느끼도록 한다. 턱을 들어 올리고 등을 곧게 펴고 팔이나 다리를 꼬는 것을 피하자. 어깨를 떨구면서 긴장을 풀면 목소리 톤이 개선되어 표현하려는 긍정적인 이미지를 더욱 뒷받침할 수 있다. 미소는 대부분의 사람들이 쉽게 따뜻해질 수 있는 친절하고 개방적인 성격을 나타낸다.

공통의 관심자

자신과 비슷한 사람을 좋아하는 것은 자연스러운 일이다. 스포츠, 음악 또는 여행과 같은 공통의 관심사가 작은 연결 고리가 되어 의사소통할 때 더 긍정적인 관계를 만들 수 있는 유대감을 형성하는 데 도움이 될 수 있다. 그러한 공통점을 찾기 위해 몇 가지 정중하고 개방형 질문을 함으로써 상대방을 향한 관심을 나타낼 수 있다.

우리의 노력에도 불구하고 우리는 때때로 최고의 모습을 보여 주지 못한다. 아마도 면접 질문에 대한 답을 더듬거리거나, 잘못된 옷을 입고 업무 행사에 참석하거나, 새로운 동료들에게 엉뚱한 농담을 할지도 모른다. 끔찍한 재앙으로 여길 필요는 없다. 전문가들은 자신에게 회복할 시간을 조금 준 다음 일어난 일에 대해 설명하고 자신에게 유리한 강력한 증거를 많이 제시한 뒤 두 번째 기회를 요청하여 부정적인 인상을 개선하기 위한 조치를 취하는 것이 좋다고 말한다. 관계를 회복하는 데 시간을 할애할 준비를 하되 포기해서는 안 된다.

SECTION

01 성격과 개인 행동

성격은 정체성을 부여하는 안정적인 심리적 · 행동적 속성으로 구성된다. 이번 섹션에서는 경영자가 직원의 행동을 이해하기 위해 알아야 할 다섯 가지 성격 차원과 특성을 살펴본다.

학습 목표

채용 과정에서 성격과 개인 특성의 중요성을 이해한다.

자신을 어떻게 묘사할 것인가? 외향적? 공격적? 사교적? 예민한? 수동적? 게으른? 조용한? 유전자와 환경의 상호 작용에서 비롯된 특성의 조합은 개인의 성격을 구성한다. 보다 구체적으로, 성격(personality)은 개인에게 자신의 정체성을 부여하는 안정적인 심리적 특성과 행동 속성으로 구성된다. 성격은 사람들이 조직 내에서 지각하고 행동하는 방식에 영향을 미치기 때문에 경영자는 성격을 이해해야 한다.

성격 특성의 5대 차원

성격을 구분하는 다섯 가지 차원은 (1) 외향성, (2) 친화성, (3) 성실성, (4) 정서적 안정성, (5) 경험에 대한 개방성이다.

- **외향성(Extroversion):** 사람이 외향적이고, 말이 많고, 사교적이며, 자기주장이 강한 정도
- **친화성(Agreeableness):** 사람을 신뢰하고, 온화하고, 협조적이고, 마음이 여린 정도
- **성실성(Conscientiousness):** 사람이 믿음직스럽고, 책임감 있고, 성취 지향적이며, 끈기 있는 정도
- **정서적 안정성(Emotional stability):** 사람이 편안하고 안정적이며 걱정이 없는 정도
- **경험에 대한 개방성(Openness to experience):** 사람이 지적이고, 상상력이 풍부하고, 호기심이 많고, 마음이 넓은 정도

인성검사를 포함하는 취업 전 심리 측정 검사는 연간 20억 달러의 가치가 있는 것으로 추정되는 산업으로 성장했다. 이는 원하는 역량을 갖춘 지원자를 선발하려는 고용주의 욕구가 높아짐에 따라 촉진되었다. 몰타의 선도적인 지식 기반 독립 컨설팅 회사인 MISCO의 조앤 본딘(Joanne Bondin) 이사는 "기업은 새로운 사람을 고용할 때 정보에 기반한 결정을 내릴 뿐만 아니라 기존 직원의 성과와 능력, 개발과 성장을 위한 도구를 측정하기 위해 이러한 평가를 적용하고 있다."라고 말한다. 포춘 선정한 500대 기업 중 75% 이상이 채용 과정의 여러 단계에서

이러한 검사를 사용하고 있으며, 이를 통해 성과가 높은 사람을 더 정확하게 예측하려고 한다. 연구 결과는 다음과 같다.

- 성실성은 업무 수행, 리더십 행동, 상사가 평가하는 호감, 회복 탄력성과 같은 중요한 결과와 가장 일관되게 관련 있다.
- 매우 성실한 사람들은 완벽함을 추구하는 완벽주의자일 가능성이 더 높다. 완벽주의는 직무 수행에 부정적인 영향을 미치는 경향이 있기 때문에 이는 단점이 될 수도 있다.
- 외향성은 높은 수준의 동기 부여, 긍정성, 웰빙, 대인 관계의 안정성과 밀접한 관련이 있으며, 이는 높은 업무 성과로 이어질 수 있다.
- 성실성, 친화성, 정서적 안정성이 높은 사람은 일탈할 가능성이 낮다.

현명하게 선택해야 한다. 성격 검사의 가장 일반적인 형태는 자기 보고 방식이다. 이러한 유형의 테스트는 객관식 질문을 통해 참가자가 제공한 정보에 의존한다.

핵심 자기 평가

핵심 자기 평가(core self-evaluation: CSE)는 (1) 자기 효능감, (2) 자존감, (3) 통제의 소재, (4) 정서적 안정성의 네 가지 긍정적인 개인 특성으로 구성된 광범위한 성격 특성을 나타낸다. 이러한 성격 특성은 직원의 업무 태도, 내재적 동기 부여, 창의성, 윤리적 리더십, 성과와 관련이 있기 때문에 중요하다.

자기 효능감 자기 효능감(self-efficacy)은 업무를 수행할 수 있는 개인의 능력에 대한 믿음이다. 이것은 특정 상황에서 지정된 업무를 성공적으로 완료하는 데 필요한 것을 갖추고 있다는 개인적인 믿음이다. 이 특성은 일반화된 자기 효능감(generalized self-efficacy)이라는 더 넓은 동기 부여 특성으로 확장되었다. 일반화된 자기 효능감은 다양한 상황에서 수행할 수 있는 일반적인 능력에 대한 믿음을 나타낸다.

자신의 능력에 대해 자신감이 있는 사람은 성공하는 경향이 있는 반면 실패에 사로잡힌 사람은 그렇지 않은 경향이 있다. 높은 자기 효능감은 학업 성과, 업무 성과, 낮은 소진, 직무 만족, 동기 부여를 포함한 많은 종류의 긍정적인 결과로 이어진다.

경영자에게 시사하는 바는 다음과 같다.

- **자기 효능감에 따라 업무를 할당한다.** 복잡하고 도전적이며 자율적인 직무는 사람들의 자기 효능감에 대한 지각을 향상시키는 경향이 있다. 지루하고 싫증나는 일은 일반적으로 그 반대의 결과를 가져온다.
- **직원의 자기 효능감 및 일반화된 자기 효능감을 개발한다.** 자기 효능감은 키울 수 있는 자질이다. 자기 효능감이 낮은 직원에게는 건설적인 지침과 긍정적인 피드백이 많이 필요하다. 목표 난이도는 개인의 지각된 자기 효능감과 일치해야 하지만, 성과가 향상됨에 따라 목표를 더

할 수 있다! 무언가에 성공할 수 있다는 믿음은 실제로 그것을 잘 수행하는 데 도움이 될 수 있다.

어렵게 할 수도 있다. 작은 성공에도 보상은 필요하다. 멘토링과 롤모델링을 통해 직원의 기대치를 높일 수 있다. 직원의 일반화된 자기 효능감은 우리 삶의 모든 측면에 영향을 미치기 때문에 이를 모니터링하는 것은 중요하다. 예를 들어, 일반화된 자기 효능감이 낮으면 학습된 무력감(learned helplessness), 즉 환경을 통제하는 능력에 대한 믿음이 약해질 수 있다. 반면에 높은 일반화된 자기 효능감은 직무 성과와 만족에 긍정적인 영향을 미친다. 이는 특히 기업가와 심지어 운동선수에게도 해당된다.

자존감 자신이 얼마나 가치 있다고 생각하는가? 이 질문에 대한 답은 당신의 자존감(self-esteem), 다시 말해 사람들이 자신을 좋아하거나 싫어하는 정도인 전반적인 자기 평가의 지표이다. 자존감에 관한 연구 결과들은 다음과 같은 시사점을 제공한다.

- **자존감이 높은 사람.** 자존감이 낮은 사람에 비해 자존감이 높은 사람은 실패에 잘 대처하고 리더가 되기 쉽다. 그들은 또한 우울증을 경험하거나 직장에서 비생산적인 행동에 참여할 가능성이 낮다. 그러나 압력이 가해지는 상황에 직면했을 때 자존감이 높은 사람들은 자기중심적인 것으로 나타났다.
- **자존감이 낮은 사람.** 반대로, 실패에 직면한 자존감이 낮은 사람들은 자신의 약점에 집중하고 주로 부정적인 생각을 하는 것으로 밝혀졌다. 더욱이 그들은 다른 사람들에게 더 많이 의존하고, 그들에게서 더 많이 영향을 받기 쉽고, 독립적인 입장을 취할 가능성이 더 낮다.

자존감이 향상될 수 있을까? 한 연구 결과에 따르면, "낮은 자존감은 자신이 가진 바람직하지 않은 특성보다 바람직한 특성을 생각함으로써 더 높일 수 있다."라고 한다. 경영자가 직원들의 자존감을 높일 수 있는 몇 가지 방법은 다음과 같다(표 11.1 참조).

표 11.1 경영자가 직원의 자존감을 높이는 방법

- 가능할 때마다 긍정적인 피드백을 제공한다.
- 큰 프로젝트를 작은 작업과 과제로 나눈다.
- 직원의 업무 완수 능력에 대한 자신감을 표현한다.
- 직원이 업무를 완료하기 위해 애쓰는 모습을 보일 때마다 코칭을 제공한다.

통제의 소재 1장에서 간략하게 살펴본 것처럼 통제의 소재(locus of control)는 사람들이 자신의 노력을 통해 자신의 운명을 통제한다고 믿는 정도를 나타낸다. 통제의 소재가 내부에 있는 사람들은 자신의 운명을 통제할 수 있다고 생각한다. 통제의 소재가 외부에 있다고 생각하면, 외부의 힘이 자신을 통제한다고 믿는다. 연구 결과에 따르면, 통제의 소재가 내부에 있는 사람들은 덜 불안하고, 더 큰 업무 동기를 가지며, 노력이 성과로 이어진다는 기대를 강하게 갖는다. 경영자는 직원에게 더 많은 자율성을 제공하여 통제의 내재적 소재를 개선할 수 있다.

이러한 결과는 경영자에게 두 가지 중요한 시사점을 제공한다.

- **유형별로 적합한 직무를 배정하자.** 통제의 소재가 내부에 있는 직원은 세세한 관리 · 감독에 저항할 수 있다. 따라서 높은 진취성과 낮은 준수를 요구하는 직무에 배치되어야 한다. 반대로, 통제의 소재가 외부에 있는 직원은 규정 준수를 더 많이 요구하는 고도로 구조화된 업무에 적합하다.
- **유형별로 적합한 보상 제도를 적용하자.** 통제의 소재가 내부에 있는 직원은 자신의 행동이 그 행동의 결과에 직접적인 영향을 미친다는 믿음이 더 클 것이므로, 성과급이나 판매 수수료와 같은 인센티브를 선호하고 더욱더 생산적으로 반응할 가능성이 높다.

정서적 안정성 정서적 안정성은 사람들이 안정감을 느끼고 걱정이 없다고 느끼는 정도와 압박감 속에서 부정적인 감정을 경험할 가능성의 정도를 의미한다. 정서적 안정성이 낮은 사람은 쉽게 불안해하고 세상을 부정적으로 보는 경향이 있는 반면, 정서적 안정성이 높은 사람은 더 나은 업무 성과를 보이는 경향이 있다.

감성 지능

감성 지능(emotional intelligence: EI)은 "감정에 대해 정확한 추론을 수행하는 능력과 사고력을 높이기 위해 감정과 감성 지식을 사용할 수 있는 능력"으로 정의된다. 달리 말하면, 감성 지능은 자신과 다른 사람의 감정을 모니터링하고 이 정보를 자신의 생각과 행동에 반영하는 능력이다. 오늘날 회사는 감성 지능이 높은 직원을 선호한다. 사람들은 감성 지능이 행복이나 더 높은 성과와 관련 있다고 생각한다. 실제로 커리어 빌더(CareerBuilder)는 고용주의 71%가 IQ보다 직원의 감성 지능을 중요시한다는 사실을 발견했다.

감성 지능에 대한 연구 결과 최근 연구는 감성 지능 개발의 중요성을 강조하지만, 높은 기대치를 완전히 확인하지는 못한다. 감성 지능은 (1) 더 나은 사회적 관계 및 웰빙, (2) 직무 만족, (3) 감정조절 능력, (4) 성실성과 자기 효능감, (5) 조직시민행동, (6) 성과와 어느 정도 관련 있었다. 흥미롭게도, 감성 지능은 상사의 성과 평가 결과와는 관련이 없었다. 감성 지능의 특성을 대중화한 심리학자인 다니엘 골맨(Daniel Goleman)은 감성 지능이 자기 인식, 자기 관리, 사회적 인식, 관계 관리의 네 가지 요소로 구성된다고 제시했다(표 11.2 참조).

표 11.2 감성 지능의 요소

특성	설명	관련 커리어 준비 역량
자기 인식	가장 필수적인 특성. 자신의 감정을 읽고 기분을 정확하게 측정하여 다른 사람에게 어떤 영향을 미치는지 알 수 있는 능력이다.	• 자기 인식
자기 관리	감정을 통제하고 신뢰할 수 있고 적응 가능한 방식으로 정직하고 성실하게 행동하는 능력이다.	• 회복 탄력성 • 적응성
사회적 인식	다른 사람을 향한 자신의 관심을 보여 줄 수 있는 공감과 직관이 포함되므로 자신의 감정과 행동이 다른 사람에게 미치는 영향을 예리하게 이해할 수 있다.	• 다문화적 역량 • 사회적 지능
관계 관리	명확하고 설득력 있게 의사소통하고 갈등을 해소하며 강력한 개인적 유대를 구축하는 능력이다.	• 구두 · 서면 의사소통 • 팀워크 · 협업 • 네트워킹 • 몰입 • 서비스 및 타인 지향성

감성 지능을 높이는 방법 표 11.2는 감성 지능의 기본 요소가 1장에서 소개한 커리어 준비 역량과 관련이 있음을 보여 준다. 감성 지능을 향상시키기 위해 관련 역량을 강화할 필요가 있다.

감성 지능의 일부는 쉽게 바뀌지 않는 안정적인 특성과 관련 있지만, 공감을 사용하는 것과 같은 다른 측면들도 개발될 수 있다. 감성 지능 향상을 위한 두 가지 제안은 다음과 같다.

- 자신의 감성 지능 수준을 인식해야 한다.
- 다음 단계는 개선이 필요한 감성 지능 측면에 대해 알아봐야 한다. 예를 들어, 공감 능력을 향상시키기 위해 주제에 관한 기사를 찾고 그들의 추천을 실행해 보자. 그러한 기사 중 하나는 (1) 다른 사람들이 자신이 의사소통하는 내용에 대해 어떻게 느끼는지 이해하려고 노력하고 (2) 사람들이 교류를 통해 원하는 것이 무엇인지 이해함으로써 의사소통의 공감 능력이 향상된다고 제안한다. 다음 〈전문가의 조언〉은 감성 지능의 핵심 요소인 공감을 개발하기 위해 기술이 어떻게 사용되는지 보여 준다.

전문가의 조언 **기술을 통한 공감 능력 개발**

감성 지능은 지원자가 가질 수 있는 가장 중요한 역량 중 하나이며, 감성 지능의 핵심 구성 요소이다. 공감한다는 것은 다른 사람의 관점과 감정을 이해하고 심지어 경험하는 것을 의미한다. 공감은 성과를 높이고 몰입을 늘리며 관계 구축에 도움이 되고 이직률을 낮추고 고객 서비스를 개선하고 팀워크를 촉진한다.

많은 전문가는 감성 지능이 개발 가능하다고 믿는다. 그러나 지금까지는 주로 "자신의 감정에 대해 이해하라." 또는 "다른 사람의 입장이 되어보라."와 같은 일반적인 조언 뿐이었다. 새로운 기술은 감성 지능을 높이기 위한 보다 몰입적이고 현실적인 방법을 제공한다. 두 가지 유형을 살펴보자.

가상 현실 기반 공감 교육

공감 능력이 뛰어난 직원은 공감 능력이 떨어지는 직원보다 더 높은 수준의 고객 서비스를 제공하고 더 협력적이며 더 많은 매출을 창출한다. 기업 교육 회사인 스위트 러쉬(SweetRush)는 기업 경영자들이 하위 직급 직원과 같은 느낌을 경험할 수 있도록 가상 호텔을 개발했다. 이 경험을 통해 경영자는 프론트 데스크에서 일하거나 객실 청소를 하는 동료들에게 더 공감할 수 있는 동기를 부여할 수 있을 것으로 생각했다. 스위트 러쉬의 최고 제작 책임자인 존 카를로스 로자노(John Carlos Lozano)는 "경영진은 직원들의 일이 어떤 것인지 이해하지 못하지만, 매일 매일 그 사람들을 위해 결정을 내리고 있다."라고 말했다.

건강 관리 인재 회사인 릴리아스(Relias)도 가상 현실을 사용하여 직원의 공감 능력을 개발한다. 회사는 치매 환자 간병인을 위한 공감 강좌를 개설했다. 이 강좌를 통해 간병인들은 인지 능력이 제한된 사람과 도전적인 가상 경험을 할 수 있다. 릴리아스의 콘텐츠 개발 부사장인 다나 토마스(Dana Thomas)는 이번 교육이 간병인과 감독자 모두에게 긍정적인 영향을 미친다고 말한다.

앱 기반 공감 교육

트랜슬레이터(Translator) 앱은 직원들이 '공감 근육(empathy muscle)'을 키울 수 있도록 돕고자 한다. 사용자는 신원 프로필을 만들기 위해 성별, 성적 지향성, 인종 등의 개인 정보를 제공한다. 그런 다음 앱은 오디오 연습, 시뮬레이션 및 게임을 포함한 수업을 설계하여 사용자에게 자신과 다른 정체성에 대해 가르친다. 예를 들어, 백인 남성 근로자는 이사회에서 유색 인종 여성이 되는 기분을 경험할 수 있다. 여기에는 '자기(honey)'라고 불리는 것과 다른 사람들이 그녀를 비서로 생각하여 커피를 사달라고 요청하는 것이 포함된다. 트랜슬레이터의 CEO인 나탈리 이건(Natalie Egan)은 "사람들의 태도와 행동이 많이 변한 것이 놀랍다."라고 말한다.

Random App of Kindness(RAKi)는 사용자의 공감 특정 측면을 향상시키기 위해 설계된 9개의 미니게임으로 구성된 무료 앱이다. 여기에는 감정 인식, 반응 억제, 다른 사람의 욕구에 대한 배려가 포함된다. 이 앱은 대면 상황에서 공감을 높이기 위해 기존에 사용됐던 개입을 받아 쉽게 접근할 수 있는 스마트폰 게임으로 변환한다.

SECTION

02 가치, 태도, 행동

이번 섹션에서는 개인의 가치와 태도를 알아보고, 이러한 요소들이 사람들의 행동과 판단에 어떻게 영향을 미치는지 살펴본다.

학습 목표

가치와 태도가 직원 행동에 미치는 영향을 이해한다.

회사의 연례 보고서나 기업 커뮤니케이션 부서의 안내 책자를 보면 회사의 공식적인 측면인 목표, 정책, 위계, 구조를 파악할 수 있다.

회사에 대해 형식적인 측면만 알고 있다면 효과적인 리더십을 발휘할 수 있을까? 비공식적인 측면인 가치, 태도, 성격, 지각, 갈등, 문화 등을 이해해야 효과적인 리더십을 발휘할 수 있다(그림 11.1 참조).

그림 11.1 조직의 공식적인 측면과 비공식적인 측면

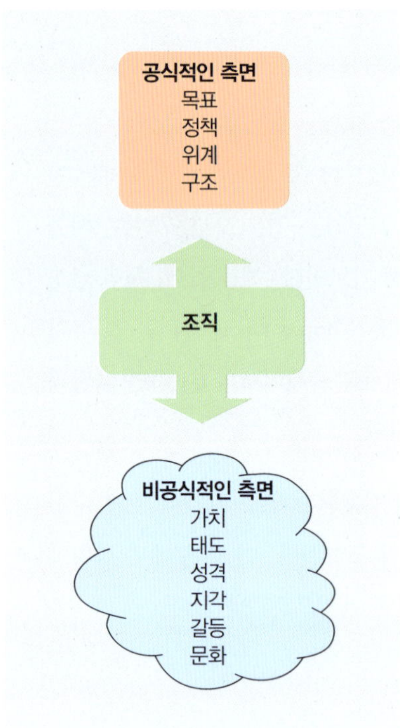

조직 행동

비공식적인 측면은 직장에서 사람들을 더 잘 이해하고 관리하기 위한 방법을 연구하는 조직 행동(organizational behavior: OB) 분야의 초점이다. 특히, OB는 경영자가 직장 내 행동을 설명할 뿐만 아니라 예측할 수 있도록 돕는다. 이는 경영자가 직원을 더 잘 이끌고 생산적으로 일하도록 동기를 부여하게 한다. OB의 두 가지 영역을 살펴보자.

- **개인 행동.** 11장의 주제이다. 11장에서는 가치, 태도, 성격, 지각, 학습과 같은 요소를 살펴본다.
- **집단 행동.** 11장 이후의 장들, 특히 규범, 역할, 팀에 대해 학습하는 13장의 주제이다.

가치

가치(value)는 모든 상황에 걸쳐 사람의 생각과 행동을 이끄는 추상적 이상이다. 평생의 행동 패턴은 사람들이 10대 초반까지 상당히 잘 설정된 가치관에 따라 결정된다. 그러나 그 후에는 삶을 변화시키는 중대한 사건으로 인해 가치가 다시 형성될 수 있다. 여기에는 아이를 갖는 것, 사업 실패를 겪는 것, 사랑하는 사람의 죽음을 경험하는 것, 전쟁, 또는 심각한 건강 위협에서 살아남는 것이 포함된다.

경영자는 가치가 직장에서 사람이 행동하는 방식의 근간이 되는 이상을 나타낸다는 것을 알아야 한다. 타인을 위한 배려, 자기 계발, 독립, 안정 등의 이상은 직장에서 공통의 가치이다. 직원의 가치를 이해하면 직원을 의미 있는 프로젝트에 배정하고 업무 활동과 개인 가치 간의 충돌을 피할 수 있다.

태도

가치는 모든 사물, 사람 또는 사건을 지향하는 추상적인 이상이다. 가치는 시간이 지남에 따라 그리고 관련 상황에 따라 일관된 경향이 있다.

대조적으로, 태도(attitude)는 특정한 사물, 사람 또는 사건에 대한 신념과 감정이다. 보다 구체적으로, 태도는 주어진 대상에 대한 학습된 성향으로 정의된다. 태도는 우리의 행동에 직접적인 영향을 미치기 때문에 태도의 구성 요소를 이해하는 것이 중요하다.

예: 직무 만족은 성과와 다소 관련이 있으며, 직원 이직률과 밀접한 관련이 있다. 행복하지 않은 근로자는 높은 성과를 보여 줄 가능성이 낮고, 행복한 근로자는 퇴직할 가능성이 낮다. 이것이 경영자가 직원의 태도를 추적하고 원인을 이해하는 것이 중요한 이유이다. 예를 들어, 직원 성과 관리 소프트웨어 제조업체인 15파이브(15Five)에서 실시한 설문 조사에 따르면, Z세대는 직장에서 행복하기 위해 급여와 휴가 시간 이상의 것을 찾는 것으로 나타났다. 이러한 개인들은 자신의 일과 개인 생활을 모두 소중히 여기는 양심적인 경영자와 매주 회의하기를 원한다. 실제로 Z세대의 75%가 경영자와 1:1로 개인 상담을 요청한 적이 있다. 이러한 예정된 주간 회의가 없는 직원들은 신뢰, 의사소통, 전반적인 정신적 웰빙의 부족을 경험했다.

Pressmaster/Shutterstock

경영자가 직원들에게 개인적인 조언을 제공해야 한다고 생각하는가? 직장에서 누군가가 본인이 겪고 있는 개인적인 문제에 대한 생각을 묻는다면 어떻게 하겠는가?

태도의 세 가지 구성 요소 태도는 정서, 인지, 행동으로 구성된다.

- **정서적 요소.** 태도의 정서적 요소는 상황에 대한 느낌이나 감정으로 구성된다. 식당에서 휴대 전화로 통화할 때 큰 소리로 말하는 사람들에 대해 어떻게 생각하는가? 짜증이 나거나 화가 나면 부정적인 감정이나 영향을 표현하는 것이다(무관심하면 태도가 중립적).
- **인지적 요소.** 태도의 인지적 요소는 상황에 대한 신념과 지식으로 구성된다. 식당에서 휴대 전화로 통화하는 사람들에 대해 어떻게 생각하는가? 그들이 하는 행동은 사려 깊지 못하거나, 받아들일 수 없고, 심지어는 존경스럽기까지 한 것일까(그들이 생산적임을 보여 주기 때문에)? 당신의 대답은 상황에 대한 당신의 신념이나 생각을 반영한다.

- **행동적 요소.** 의도적 요소라고도 하는 태도의 행동적 요소는 상황에 대해 행동을 의도하거나 예상하는 방법이다. 옆 테이블에서 휴대 전화로 큰 소리로 말하는 사람이 있다면 어떻게 하겠는가? 당신의 행동은 부정적이거나 긍정적인 감정(정서적), 부정적이거나 긍정적인 신념(인지적), 어떤 일을 하려는 의도 또는 결여(행동)를 반영할 수 있다.

세 가지 구성 요소는 모두 종종 특정 시간에 나타나는 경우가 많다. 예를 들어, 회사에 전화를 걸었지만 연결되지 않는 전화 트리 메뉴(고객 서비스를 위해서는 1 …을 누르십시오.)만 연결된다면 짜증이 나서 다음과 같이 말할지도 모른다.

- "돌아가기 싫어한다." [정서적 요소 – 감정]
- "회사는 고객을 응대할 줄 모른다." [인지적 요소 – 지각]
- "다시는 전화하지 않겠다." [행동적 요소 – 의도]

긍정성은 고용주가 원하는 커리어 준비 역량 중 하나이다. 1장에서는 이러한 태도를 "발전적 피드백을 수용하고, 새로운 아이디어를 시도하고 제안하며, 직장에서 긍정적인 태도를 유지하려는 의지"라고 정의했다. 연구 결과에 따르면, 긍정적인 상사는 직원의 긍정적인 행동을 촉진할 가능성이 더 높다. 직장이나 학교에서 긍정적이지 않은 사람들은 주변 사람들의 도움을 덜 받게 된다. 그들은 또한 낮은 수준의 성과, 조직시민행동, 창의성을 보여 준다.

인지 부조화 당신이 가장 원하지 않는 것 중 하나는 아마도 위선으로 비난받는 것이다. 대부분의 사람들과 마찬가지로 당신도 태도와 행동 간에 일관성을 유지하고 싶어할 것이다.

그러나 강하게 견고한 태도가 그와 모순되는 냉혹한 현실에 부딪친다면 어떻게 될까? 혈액을 포함한 체액과의 접촉으로 인해 감염될 수 있다고 생각되는 에이즈에 걸리는 것을 매우 걱정하고 있다고 가정해 보자. 그런 다음 당신은 제3세계 국가에서 생명을 위협하는 자동차 사고를 당했고 수술과 혈액은행에서 (에이즈에 걸렸을 가능성이 있는) 낯선 사람의 혈액을 수혈하는 것이 필요하다. 당신은 에이즈 감염에 대한 당신의 신념과 일관성을 유지하기 위해 수혈을 거부할 것인가?

1957년 사회 심리학자 레온 페스팅거(Leon Festinger)는 인지적 태도와 양립할 수 없는 행동 사이에서 경험하는 심리적 불편함을 설명하기 위해 인지 부조화(cognitive dissonance)라는 개념을 제안했다. 사람들은 불일치를 불편해하기 때문에 페스팅거는 불일치의 '부조화' 또는 긴장을 줄이기 위해 노력할 것이라고 이론화했다. 그가 제안한 불편함을 처리하는 방법은 다음 세 가지 요소에 달려 있다.

- **중요성.** 부조화를 만드는 요소들이 얼마나 중요한가? 대부분의 사람들은 인생에서 약간의 모호함은 참을 수 있다. 예를 들어, 많은 운전자들은 법을 준수하는 시민이라고 공언하더라도 속도 제한을 준수하는 것이 그다지 중요하지 않다고 생각한다. 사람들은 튀긴 음식이 궁극적으로 심장병의 원인이 될 수 있지만 튀긴 음식을 먹는다.

- **통제.** 부조화를 일으키는 문제를 어느 정도 통제할 수 있는가? 배심원은 사형에 투표하는 것이 마음에 들지 않지만, 사건에서 법을 따를 수밖에 없다고 생각할 수 있다.
- **보상.** 부조화에는 어떤 보상이 달려 있는가? 어떤 아이디어에 감정적으로나 재정적으로 많은 투자를 했다면 새로운 증거 앞에서 오래된 아이디어에 집착하기 쉽다. 특정 용의자가 살인을 저질렀다는 것을 입증하기 위해 20년을 일한 경찰관이라면 그 시간이 지나도 모순되는 증거를 잘 받아들이지 못할 것이다.

다음의 〈전문가의 조언〉은 페스팅거가 인지 부조화를 줄이기 위해 제안한 세 가지 주요 방법의 예를 제공한다.

전문가의 조언 **인지 재구성을 통한 인지 부조화 극복**

대학생들은 밝고 지적이며 자유와 책임 간에 균형이 있어야 한다는 압박감을 많이 느낀다. 그러나 많은 사람들은 이 모든 것을 함께 유지하려고 할 때 높은 수준의 스트레스를 경험하기도 한다. 불안, 우울증, 인지 장애와 같은 종종 보이지 않는 추가적인 스트레스 요인과 난독증, 주의력 결핍 과잉 행동 장애(ADHD)와 같은 학습 장애로 어려움을 겪는 사람들에게 대학 생활은 완전히 부담스럽게 느껴질 수 있다. 이러한 경험에 종종 동반되는 부정적인 생각, 감정, 내면의 대화는 스트레스를 더 가중시킬 수 있으며, 학생들이 대학에서 성공하는 능력에 영향을 미칠 수 있다.

대학에서 높은 성과와 높은 스트레스로 인해 경험하는 인지 부조화를 어떻게 줄일 수 있을까? 인지 재구성(cognitive reframing)이라는 치료 기술을 사용하여 부정적인 생각을 파악하고, 그러한 생각에 도전하며, 이를 수정할 수 있다. 파괴적인 생각을 재구성하는 법을 배우는 것은 더 큰 평화와 통제감을 촉진하여 스트레스를 낮추는 데 도움이 되는 중요한 스킬이다. 인지 재구성은 또한 혁신을 촉진한다.

자신에게 조언하자

버진그룹(Virgin Group)의 CEO인 리처드 브랜슨(Richard Branson)은 고등학교 시절 난독증을 앓아 자퇴했다. 이제 브랜슨은 사람들이 난독증을 자신의 삶에 긍정적인 영향으로 재구성하도록 돕는 것을 목표로 하는 글로벌 자선단체인 Made By Dyslexia의 일부이다. 자수성가한 억만장자인 브랜슨은 인지적 차이로 어려움을 겪고 있는 사람들에게 자신이 직면한 문제는 결점이 아니라 자산과 고유한 능력이라고 설명하는 편지를 어린 시절의 자신에게 편지로 쓸 것을 제안한다. 브랜슨은 십 대의 자신에게 보낸 편지에서 "창의적이고 더 크게 생각하기 위해 대안적 사고 방식을 사용하라."고 말한다.

자신에게 몇 가지 질문을 해보자

생각을 재구성하는 또 다른 유용한 기법은 인지 재구성의 ABCDE라고도 한다. 스트레스나 보이지 않는 어려움으로 인해 대학 생활이 어렵게 느껴지면 다음 5단계 과정을 사용해 보자.

A. 사건이나 문제의 이름을 지정하자.

나는 일주일에 네 번의 시험을 치르고 성적은 나에게 중요하다. 모든 시험에서 높은 점수를 받기 위해 공부의 어려움을 어떻게 극복해야 할지 모르겠다.

B. 사건이나 문제에 대한 자신의 믿음을 나열하자.

이 모든 시험을 공부할 시간이 충분하지 않다. 한두 과목만 공부하는 데 집중하고 나머지 과목은 저조한 성적을 받아들일 수도 있고, 4개의 과목 시험에서 모두 통과할 수 있을 만큼만 공부해야 한다.

C. 믿음의 결과를 확인하자.

4과목 모두에서 원하는 성적을 얻지 못하고 학점도 떨어지게 될 것이다. 이것은 좋은 직업을 구하기 위한 능력을 떨어뜨릴 수 있다.

D. 초기 생각과 신념에 대한 반론을 만들자. 비관적인 생각은 일반적으로 과민반응이기 때문에 정확하지 않거나 왜곡된 생각을 바로잡는 것이 필요하다.

나는 모든 시험을 잘 보고 공부할 수 있는 창의적인 방법을 생각해 본 적이 없다. 나는 4과목 모두에 대한 철저한 학습 가이드를 모을 수는 없지만, 수업을 같이 듣는 다른 사람들도 또한 같은 처지라는 것을 알고 있으며, 우리는 시험을 공부하기 위해 학습 자료를 모아 스터디할 수도 있다. 또한 교수들에게 공부할 내용을 좁히는 데 조언을 구할 수도 있다. 최악의 시나리오는 4과목 시험 모두에서 A를 받지 못하고 이 경험을 통해 앞으로 시험을 더 일찍 준비하는 방법을 배우는 것이다. 시험 성적이 나쁘다고 해서 졸업 후 높은 최종 학점을 받거나 좋은 직장을 구할 수 없는 것은 아니다.

E. 그 순간에 당신이 얼마나 활력이 넘치고 힘을 얻었는지 설명하자.

나는 이 시험에서 내가 할 수 있는 한 최선을 다할 의욕이 있다. 대학에 입학해 여기까지 왔다. 계속해서 성공적인 학생이 되어 훌륭한 커리어를 쌓지 못할 이유가 없다.

이러한 질문은 파괴적인 사고 패턴을 파악하고, 비현실적인 것을 무력화시키며, 스트레스를 유발하는 것들에 대한 해결책을 찾는 데 도움이 될 것이다.

행동

가치와 태도는 일반적으로 조화를 이루지만 항상 그런 것은 아니다. 예를 들어, 경영자는 도움이 되는 행동에는 긍정적인 가치를 두지만, 비윤리적인 동료를 돕는 데에는 부정적인 태도를 가질 수 있다. 그러나 가치와 태도는 함께 사람들의 직장 내 행동, 즉 행동과 판단에 영향을 미친다.

SECTION

03 지각과 개인 행동

지각 4단계 과정은 고정 관념, 암묵적 편향, 후광 효과, 최신 효과, 인과적 귀인으로 인해 왜곡될 수 있고 판단은 자기 충족적 예언의 영향을 받을 수 있다.

학습 목표

지각이 판단을 흐리게 하는 방법을 이해한다.

흡연자가 담뱃갑에 적힌 경고 때문에 금연하고 싶을까?

한 연구 결과는 흡연의 부정적인 영향에 대한 매우 적나라한 그래픽 이미지가 흡연자의 금연 의도에 가장 큰 영향을 미친다는 사실을 발견했다. 이는 지각이 행동에 영향을 미치는 것을 보여 주는 사례가 된다.

지각의 4단계

지각(perception)은 주변 환경을 해석하고 이해하는 과정이다. 지각의 과정은 복잡하지만 4단계로 요약할 수 있다(그림 11.2 참조).

그림 11.2 **지각의 4단계**

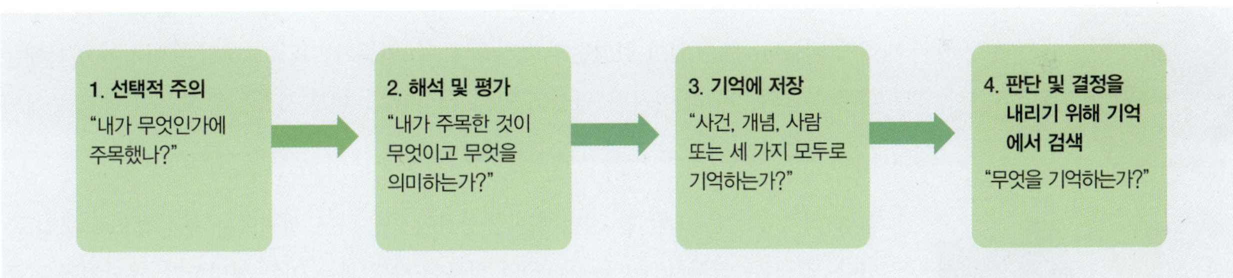

이 책에서는 지각의 이론적 단계보다는 지각이 어떻게 왜곡되는지에 더 주목한다. 왜냐하면 이것은 경영자의 판단과 직무에 상당한 영향을 미치기 때문이다. 지각의 4단계 중 어느 단계에서든 오해나 판단 오류가 발생할 수 있다. 지각 오류는 자신과 타인 및 조직에 손해를 끼칠 수 있는 실수로 이어질 수 있다.

지각 왜곡의 다섯 가지 유형

지각에는 다양한 유형의 왜곡이 있지만 이번 섹션에서는 (1) 고정 관념, (2) 암묵적 편향, (3) 후광 효과, (4) 최신 효과, (5) 인과적 귀인에 대해 살펴본다.

고정 관념 당신이 키가 큰 아프리카계 미국인 남성이라면 사람들이 당신에게 농구 선수에 대해 언급하는가? 당신이 아일랜드계 혈통이라면 사람들이 당신이 술을 많이 마신다고 믿는가? 당신이 유대인이라면 사람들이 당신의 돈을 좇는다고 생각하는가? 당신이 여성이라면 사람들은 당신이 당연하게 육아를 맡고 있다고 생각하는가? 이것들은 모두 고정 관념이다. 고정 관념(stereotyping)은 개인이 속한 그룹의 전형이라고 믿는 특성을 개인에게 귀속시키는 경향이다. 고정 관념은 하나의 그룹에만 연결될 필요는 없다. 때때로 우리는 여러 고정 관념을 서로 연결하여 고정 관념이 더 좋아지거나 나빠지게 한다. 예를 들어, 누군가가 아프리카계 미국인과 여성에 대해 부정적인 고정 관념을 가지고 있다면, 그 사람은 아프리카계 미국인 여성에게 더 나쁜 특성을 부여할 수 있다. 반면에 연결은 고정 관념의 부정적인 영향을 완화할 수도 있다. 예를 들어, 누군가가 여성에 대해 부정적인 고정 관념을 갖고 있지만, 아시아인에 대한 긍정적인 고정 관념을 갖고 있다면, 그 사람은 아시아 여성을 부정적으로 인식하지 않을 수도 있다.

경영자로서 우려해야 하는 고정 관념의 주요 영역은 (1) 성 역할 고정 관념, (2) 연령 고정 관념 및 (3) 인종 · 민족 고정 관념이다(섹션 05에서 학습하는 장애인도 고정 관념의 대상이 되기 쉬움).

성 역할 고정 관념. 성 역할 고정 관념은 남성과 여성이 특성과 능력이 다르기 때문에 서로 다른 역할에 특히 적합하다는 믿음이다. 예를 들어, 기술 산업의 초기에는 컴퓨터 프로그래밍이 비서 업무와 동등하게 여겨졌다. 이는 프로그래머가 일반적으로 여성임을 의미했다. 하지만, 분야가 복잡해짐에 따라 숙련도가 더 높고 급여도 더 많이 받는 근로자가 더 필요하게 되었다. 무슨 일이 있었는지 예상해 볼 수 있는가? 프로그래밍은 여성이 하기에는 너무 상급의 일이라 여겨져 '남성의 일'로 격상됐다. 일부 사람들은 오늘날 남성 중심의 기술 산업이 이러한 고정 관념의 결과라고 믿는다.

The Advertising Archives/Alamy Stock Photo

비서 고정 관념. 1950년대 IBM 전기 타자기의 잡지 광고이다. 광고에는 "그게 내 일이야."라고 말하는 여성이 등장한다. 1950년대에는 여성이 비서가 되어야 한다는 것을 암시하는 이러한 유형의 광고가 일반적이었다.

특정 성격 특성은 또한 한 성별에는 긍정적이지만 다른 성별에는 부정적으로 보일 수 있다. 최근 퓨 리서치(Pew Research)의 설문 조사 결과는 이를 설명한다. 응답자들은 중요한 리더십 특성인 '강력한'이라는 용어를 남성을 설명할 때는 긍정적으로, 여성을 설명할 때는 압도적으로 부정적으로 보았다. 반면에 '연민'과 '보살핌'은 여성에게는 긍정적인 특성으로 나타났지만, 남성에게는 더 부정적인 특성으로 나타났다. 또 다른 최근 연구에 따르면, 전형적인 여성 특성(따뜻함, 감수성, 감성)을 보이는 기업가는 남성 특성(강인함, 공격성, 독단성)을 나타내는 기업가에 비해 벤처 캐피탈리스트가 제안을 수락할 가능성이 낮았다. 이는 아이디어의 발표 내용이 같더라도 마찬가지였다.

연구 결과들은 다음과 같은 시사점을 제시한다.

- 여성은 남성보다 성별에 따른 학대를 더 많이 인식했으며, 소수 인종은 백인보다 인종에 따른 학대를 더 많이 인식했다. 그러나 긍정적인 점은 성별과 인종 차이에 대한 인식이 시간이 지남에 따라 감소했다는 것이다.
- 주주들은 조직의 성과와 상관없이 남성 CEO보다 여성 CEO의 행동을 비판하는 경향이 더 높았다. 그들은 또한 여성 CEO에게 회사를 경영하는 방법에 대해 설명할 가능성이 더 높았다.
- 남성의 유머는 여성의 유머보다 더 기능적이고 덜 파괴적인 것으로 인식되었다.
- 여성은 남성과 같은 성과를 내더라도 승진이나 권위 있는 직책에 선발될 가능성이 낮았다.
- 덜 매력적인 여성 리더는 매력적인 여성보다 더 진실하다고 판단되었다. 결과적으로 매력적인 여성은 팔로워에게서 높은 수준의 충성도, 조직 몰입, 성과, 조직시민행동을 이끌어 내는 것이 더 어렵다는 것을 나타낸다. 남성은 일반적으로 지각된 매력과 관계없이 이 같은 문제를 겪지 않았다.

연령 고정 관념. 부정확한 고정 관념의 또 다른 예는 고령 근로자들이 새로운 스킬을 습득할 수 없고, 업무에 몰입하지 않으며, 일과 삶의 균형을 갖지 못한다는 믿음이다. 최근 연구는 이러한 모든 부정적인 믿음을 반박했지만, 45세에서 74세 사이의 사람 중 3분의 2는 여전히 연령 관련 차별을 경험하고 있다. 이번 조사 결과는 2025년까지 미국 전체 근로자의 25%가 55세 이상이 될 것으로 전망하고, 트랜스아메리카 은퇴연구센터(TransAmerica Center for Retire Studies)는 미국 베이비붐 세대의 절반 이상이 65세 이상의 나이에도 일할 계획이며, 미국 노동 통계국(US Bureau of Labor Statistics)에 따르면 65~75세 이상 근로자의 노동력은 2024년까지 연간 4.5~6.4%로 다른 어느 곳보다 빠르게 성장할 것으로 예상된다는 점에서 큰 문제이다. 해충 해결책 제공업체인 앱티브 인바이론멘탈(Aptive Environmental)은 고령 근로자의 급증에 대비한 조직의 좋은 예이다.

앱티브 인바이론멘털의 예: 앱티브 인바이론멘털은 전국적으로 3,700개 이상의 도시에 지사를 두고 있다. 이 회사는 "사람이 위대한 회사를 만드는 것이지 그 반대가 아니다."라고 믿는다. 회사의 핵심 가치 중 하나는 친절과 충성을 통해 긍정적인 환경을 구축하는 것을 의미하는 'Elevate the Tribe'이다. 이는 고령 직원에게도 적용된다. 취업 사이트인 몬스터(Monster)의 평론가들은 "고령 근로자들에 대한 존경이 넘쳐난다."라고 말한다. 또 다른 직원은 "사무실에서 선배들에게 배울 수 있어서 정말 좋다. 그들은 다음 세대를 큐레이팅하는 데 정말로 신경을 쓰고 있다."라고 전했다. 앱티브 인바이론멘털은 고령 근로자를 돌보는 이니셔티브의 일환으로 좋은 결과를 내고 있다. 회사는 업계에서 가장 빠르게 성장하는 해충 해결책 제공업체이며, 앙트레프레뉴어(Entrepreneur)의 '2019년 미국 최고의 기업'에서 28위에 선정되었다.

말라리아 퇴치. 앱티브 인바이론멘털은 직원들에게 초점을 맞추는 것 외에도 모기로 인한 말라리아 확산을 막는 데에도 집중하고 있다. 회사는 수익의 일부를 질병 퇴치가 가장 필요한 국가에 지원하는 데 사용한다.

인종 · 민족 고정 관념. 맨해튼의 벨뷰 병원(Bellevue Hospital)에서 응급실 환자를 돌보는 동안 서튼 램지(Sutton–Ramsey) 박사가 겪었던 고정 관념에 대해 생각해 보자. 월스트리트 저널(Wall Street Journal)에 따르면, 아프리카계 미국인 의사가 환자의 병실에 들어갔을 때 환자의 어머니는 "의사를 불러오라고 요구"했다고 한다고 그는 말한다. 환자의 어머니는 램지 박사의 말을 믿지 않고 담당 의사를 만나자고 했다. 역시 흑인인 상사가 들어와서 어떻게 도와줄 수 있는지 물었지만 "환자는 결국 진료를 거부하고 응급실을 나왔다."

인종에 기반한 고정 관념에 대한 연구에 따르면, 유색 인종은 백인보다 차별을 더 많이 경험하고 심리적 지원을 덜 경험하는 것으로 나타났다. 지각된 인종 차별은 또한 부정적인 업무 태도, 신체 건강, 심리 건강, 조직시민행동과 더 관련이 있었다. 유색 인종은 경험하지 못할 수 있는 직장에서 백인이 당연하게 여기는 경험은 다음과 같다.

- 일관되게 다수의 인종을 유지한다.
- 같은 인종의 롤 모델이 많다.
- 자신을 적극적으로 표현할 필요 없이 회의에서 경청해도 된다.
- 다른 사람들이 그들을 위해 인종과 관련된 변명이나 실수를 하지 않는다.
- '진보'의 본보기로 받아들여지지 않고 성공한다.
- 문제에 대한 '백인 관점'을 제시하라는 요청을 받지 않는다.
- 인종이 커리어에 지장을 줄까 걱정할 필요가 없다.

인종에 기반한 고정 관념이 모두 부정적인 것으로 간주되는 것은 아니다. 예를 들어, 아시아계 미국인은 모범적인 소수자 고정 관념으로 고통받고 있다. 이 고정 관념은 아시아계 미국인이 "고된 노력, 사회적 제도에 대한 순종 및 학업 성취를 통해 미국 사회에 잘 동화되어 균일하게 높은 성취도를 보이는 소수 인종"이라고 주장한다. 그 결과, 윌리엄 T. 그랜트 재단(William T. Grant Foundation)의 수석 부사장인 비비안 청(Vivian Tseng)에 따르면, 많은 아시아계 미국인들의 고통은 "보이지 않고, 대부분 무시되고, 간과되고 있다."라고 한다.

조직은 다양성 교육을 통해 인종이나 민족 고정 관념을 완화하고 긍정적인 다양성 가치를 촉진하며 직장에서 고정 관념을 줄이려고 시도했다. 연구 결과는 가해자와 맞서라는 또 다른 해결책도 제시한다. 한 연구는 직장에서 편견에 맞선 소수자들이 이후에 가해자와 더 긍정적인 관계를 경험했다는 것을 보여 주었다.

암묵적 편향 다음 연구 결과의 원인에 대해 생각해 보자.

- 백인 지원자는 동일한 이력서를 가진 흑인 지원자보다 약 50% 더 많은 콜백을 받는다.
- 대학교수는 전형적인 아프리카계 미국인 이름인 라마(Lamar)보다 전형적인 백인 이름인 브래드(Brad)라는 학생의 이메일에 응답할 가능성이 26% 더 높다.

- 의사는 같은 부상을 치료할 때 백인보다 흑인 환자에게 더 적은 진통제를 권장한다.

이러한 결과가 명시적 또는 암묵적 편향의 결과라고 생각하는가? 명시적 편향(explicit bias)은 의식적인 방식으로 우리의 이해, 행동 및 결정에 영향을 미치는 태도 또는 신념을 나타낸다. "후드티를 입은 10대 흑인 남성이 내 가게에 들어오는 것을 허용하지 않는다. 그들은 나를 붙잡아 둘 수 있었기 때문이다."는 명시적 편견의 예이다. 오늘날 경영자는 백인 지원자가 흑인 지원자에 앞서 선택되어야 한다고 말하지 않을 것이며, 의사들 또한 흑인 환자가 백인 환자보다 고통을 덜 느낀다고 주장하지 않는다. 따라서 앞서 언급한 예시들은 명시적이기보다는 암묵적이다. 암묵적 편향(implicit bias)은 무의식적으로 우리의 이해, 행동 및 결정에 영향을 미치는 태도 또는 신념으로 정의된다. 미국인의 85% 이상이 편향을 가지고 있지 않다고 생각하지만, 연구자들은 대부분이 암묵적인 인종 편견을 어느 정도 가지고 있다고 결론지었다. 어떤 실험 결과에 따르면, 암묵적인 편향이 고용 결정, 법정 판결, 기술 사용에 영향을 미치는 것으로 나타났다.

고용 결정에서의 암묵적 편향. 암묵적 편향은 고용 관련 결정에 영향을 미치는 것으로 보인다. 최근 연구에 따르면, 인종 차별은 고용 및 성과 평가에서 차별적인 결정으로 이어졌다. 연령 차별 또한 차별적인 고용 결정에 영향을 미치는 것으로 나타났다. 다른 연구에 따르면, 관리자들은 모호하고 개방형 성과 평가 질문이 제공될 때 성별, 인종 및 기타 고정 관념에 더 많이 의존할 가능성이 있는 것으로 나타났다.

법정에서의 암묵적 편향. 사라소타 헤럴드-트리뷴(Sarasota Herald-Tribune)은 2017년에 여러 플로리다 데이터베이스에서 8천만 개의 전자 범죄 기록을 검토했다. 주 전역의 판사들이 흑인 피고인들에게 백인 피고인들보다 훨씬 더 많은 징역형을 선고한 것으로 나타났다. 이는 피고인들이 동일한 범죄를 저질렀고 유사한 전과가 있는 경우에도 마찬가지였다. 그 주의 일부 판사들은 믿을 수 없고 부끄러운 수준이었다.

Renee Jones Schneider/Alamy Stock Photo

사법적 편향. 판사들이 흑인 피고인들에게 편향을 보인다고 생각하는가? 그렇다면 이와 같은 편향은 어떻게 없앨 수 있을까?

암묵적 편향과 기술. 연구에 따르면, 사람들은 새로운 정보 기술에 대해 암묵적인 편향을 갖고 있다. 새로운 정보 기술에 대한 암묵적인 편향은 추상적이고 보이지 않는 특성에 초점을 맞추는 반면, 인간에 대한 편향은 구체적이고 가시적인 특성에 기반하는 경향이 있다. 종종 경영자는 새로운 기술이 신비롭고, 인간이 아니며, 복잡하다고 믿기 때문에 기존 방법보다 우수하다고 잘못 믿게 된다. 이것은 점점 더 기술에 의존하는 사회에 사는 우리가 인식해야 할 중요한 암묵적 편향이다. 이러한 편향을 줄이는 한 가지 방법은 1장에서 소개한 정보 기술 응용 역량을 숙달하는 것이다. 이를 통해, 새로운 정보 기술을 보다 효과적으로 평가할 수 있다(표 1.2 참조).

후광 효과 우리는 종종 얼굴을 성별, 인종, 나이를 나타내는 지표로 사용하지만, 얼굴과 신체 특성으로 인해 문화적 고정 관념에 빠질 수 있다. 예를 들어, 키는 번영(고소득) 및 직업적 성공에 대한 지각과 관련이 있다. 과도한 체중은 게으름, 무능함, 자기 절제 부족과 같은 부정적인 특성과 전형적으로 연관된다. 이러한 예는 우리가 단일 특성에 기초하여 개인의 인상을 형성하는 후광 효과(halo effect)를 보여 준다.

인생이 불공평하다는 추가적인 증거가 필요하듯이, 일반적으로 매력적인 사람이 매력 없는 사람보다 더 나은 대우를 받는다는 사실이 밝혀졌다. 연구에 따르면, 매력적인 직원은 그렇지 않은 직원보다 약 12% 더 많은 돈을 벌고, 외모가 출중한 부동산 중개인은 더 많은 집 계약에 성공하며, 매력적인 CEO는 회사에 더 나은 주식 수익을 가져다준다. 또한 매력적인 정치 후보는 더 많은 선거에서 승리한다. 그러나 경영자가 개인의 모든 특성을 살펴보지 않으면 해당 직원이 제대로 일하지 않는다고 해서 불평할 권리가 없다.

체중의 후광 효과

룰루 헌트 피터스(Lulu Hunt Peters)는 과체중 아동이었고, 성인이 되었을 초기에는 200~220파운드였다. 그녀는 캘리포니아 버클리 대학교에서 의학 학위를 받았고, 엄격한 저칼로리 식단을 채택하여 70파운드를 감량했다. 그녀의 책 '다이어트와 건강: 칼로리의 핵심에 대해'는 수백만 부가 판매되었으며, 베스트셀러 순위에 오른 최초의 체중 감량 책이 되었다.

그녀의 메시지는 과체중이 나쁜 것이며, 너무 많이 먹고 너무 적게 운동하는 개인의 선택에서 비롯된다는 것이다. 피터스는 비만을 수치스러운 것으로 보았고, 다이어트와 날씬한 상태를 유지하는 것이 자제력의 표시라고 믿었다. 그녀의 책은 음식의 유혹을 이기지 못하는 사람들은 다른 행동에서도 부도덕할 가능성이 높다고 제안했다. 이 책이 발간된 20세기 초 할리우드는 비슷한 이상을 받아들이기 시작했고, 오늘날까지 날씬함에 대한 서구의 선호는 여전하다.

체중과 능력

연구에 따르면, 조직의 의사 결정권자는 업무 동기, 행동 및 능력을 예측하는 인적 요인을 평가하는 대신 체중을 사용한다. 특히, 더 높은 체중을 게으름, 엉성함, 비전문성, 낮은 수준의 지능, 성실성, 자기 절제, 생산성, 능력과 동일시 한다. 요컨대, 조직은 과체중 지원자와 근로자를 능력이 떨어지고 바람직하지 않다고 여긴다.

체중에 대한 이러한 일반화는 조직 생활의 거의 모든 측면에서 근로자에게 영향을 미친다. 고용주의 약 절반이 비만 지원자를 고용할 의향이 없다고 말한다. 경영자는 과체중 근로자를 마른 근로자보다 더 부정적으로 평가하고 감독 및 리더십 역할에 적합하지 않다고 판단한다. 체중이 더 나가는 근로자는 일반적으로 초임 급여가 낮고 직장에서 따돌림과 괴롭힘을 겪을 가능성이 더 높다. 분명히 체중은 후광 효과를 활성화한다.

과체중에 대한 오해

과체중인 사람에 대한 차별은 주로 신체 크기가 항상 잘못된 개인 선택의 결과라는 오해에서 비롯된다. 사실, 사람의 유전학, 일반적인 건강 프로파일, 뼈 구조 그리고 다른 많은 요소에 대한 정보가 없는 상황에서 신체 크기만으로 개인에 대해 많이 알 수 없다.

당신의 생각은?

체중이 다른 사람의 능력과 특징에 대한 판단에 영향을 미치는가? 경영자는 이러한 편향을 어떻게 억제할 수 있을까?

최신 효과 최신 효과(recency effect)는 이전의 정보보다 최근의 정보를 더 잘 기억하는 경향인데, 아마도 기억을 활성화하면 이후의 기억이 여전히 작업 메모리에 존재하기 때문일 것이다. 투자자들(심지어 전문가들) 사이에서는 종종 이런 잘못된 인식이 작용하는데, 이들은 뉴스에서 주식 관련 내용을 보거나 하루 수익률이 높은 경우 주식을 매입할 가능성이 더 높다.

인과적 귀인 인과적 귀인(causal attribution)은 관찰된 행동의 원인을 추론하는 활동이다. 옳든 그르든, 우리는 우리 자신과 다른 사람들의 행동에 대한 인과 관계 설명을 끊임없이 만들어낸다. 다음과 같은 귀인 표현이 일반적이다. "아미르(Amir)는 의지가 없어서 술을 너무 많이 마신다. 하지만, 나는 스트레스를 많이 받아서 퇴근 후 약간의 술이 필요하다."

인과적 귀인은 이기적인 경향이 있고 종종 유효하지 않지만, 귀인은 조직 행동에 지대한 영향을 미치기 때문에 사람들이 귀인을 만들어 내는 방법을 이해하는 것이 중요하다. 예를 들어, 상사가 성과가 좋지 않은 직원을 평가한다고 가정해 보자. 상사는 성과가 좋지 않은 것이 노력 부족으로 인한 것이라고 생각하는 경우 직원을 질책할 수 있다. 또는, 상사가 낮은 성과를 능력 부족으로 돌리는 경우 교육이 필요한 것으로 간주될 수 있다.

경영자는 관찰된 행동에 대한 해석을 왜곡할 수 있는 두 가지 귀인 경향인 근본적인 귀인 편향과 자기위주 편향에 주의해야 한다.

- **근본적인 귀인 편향.** 근본적인 귀인 편향(fundamental attribution bias)은 사람들이 다른 사람의 행동을 상황 요인보다 인적 요인에 귀인하는 것을 의미한다. 예를 들어, 만약 누군가가 운전 중 당신 앞으로 갑자기 끼어든다면, 당신은 그들의 난폭 운전에 대한 근거를 고려하는 대신 그 운전자가 얼간이라고 결론지을 가능성이 더 높다. 그 운전자가 병원으로 급히 달려가는 것이었을 수도 있다.
- **자기위주 편향.** 자기위주 편향(self-serving bias)은 사람들이 실패보다 성공에 대한 개인적인 책임을 더 많이 지는 경향을 의미한다. 연구에 따르면, 직원들은 성과 결과가 공개될 때 이러한 편향에 의존하였다. 예를 들어, 당신은 시험에서 A를 받으면 공부를 열심히 했기 때문이라고

결론을 내린다. 당신이 낮은 점수를 받았다면, 아마 교수가 형편없는 시험을 냈거나 주제를 효과적으로 가르치지 않았다는 결론을 내릴 가능성이 더 높다.

피그말리온 효과

피그말리온 효과(pygmalion effect)라고도 알려진 자기충족적 예언(self–fulfilling prophecy)은 사람들이 자신이나 다른 사람들에 대한 기대가 그러한 기대를 현실로 만드는 방식으로 행동하도록 이끄는 현상을 설명한다.

예상이 중요하다. 예를 들어 옷을 잘 차려입지 않은 일부 고객들이 인색한 팁을 줄 것으로 예상하는 웨이터들은 형편없는 서비스를 제공하고 예상했던 결과, 즉 평소보다 훨씬 낮은 팁을 얻는다. 연구에 따르면, 다양한 작업을 수행하는 개인에 대한 경영자의 기대치를 높임으로써 더 높은 수준의 성취와 생산성을 달성할 수 있다.

경영자로서 배울 수 있는 교훈은 직원의 성과가 좋지 않을 것으로 예상하면 직원도 그럴 것이고, 좋은 성과를 기대하면 그렇게 되리라는 것이다. GB 샤(GB Shaw)의 연극 피그말리온에서 연설 코치는 하층민 소녀에게 억양과 태도를 바꾸게 해서 자신을 공작부인처럼 보이게 할 수 있다고 내기를 걸었다. 그녀는 6개월 만에 감수성과 취향을 가진 여성의 특성을 가장하여 상류사회를 성공적으로 '통과'하였다.

연구에 따르면, 자기충족적 예언의 효과는 상당히 강력할 수 있다. 즉, 경영진의 기대는 직원의 행동과 성과에 강력한 영향을 미친다. 긍정적인 성과 기대치를 만들기 위해 경영자가 할 수 있는 일들은 다음과 같다. 모든 사람이 성과를 높일 수 있는 잠재력이 있음을 인식한다. 뛰어난 잠재력을 가진 신입 사원을 소개한다. 직원들이 업무의 성공적인 실행을 시각화하도록 권장한다. 주요 스킬을 숙달하도록 도와준다.

내면의 힘

에릭 웨이헨메이어(Erik Weihenmayer)는 4살 때 청소년 망막염이라는 안과 질환 진단을 받았고 고등학교 1학년 때 완전히 실명했다. 그의 부모는 그가 기회를 피하는 대신, 또래들이 도전하는 모든 활동을 할 수 있도록 격려했다. 웨이헨메이어는 고등학교 레슬링 팀에 합류하여 전국 주니어 자유형 레슬링 선수권 대회에 코네티컷주 대표로 출전했다. 그는 또한 시력 상실로 인해 발달한 예리한 촉각이 자신을 암벽 등반에 특히 적합하게 만들었다는 것을 깨달았다. 이 취미는 결국 평생의 열정으로 꽃을 피웠다.

2001년 웨이헨메이어는 에베레스트산을 등정한 최초의 시각 장애인이 되었다. 히말라야 전문가들은 그가 실명했기 때문에 등반을 시도하지 말라고 강력히 권했지만, 그는 끈질기게 버텼다. 그는 "그들은 나에 대해 알고 있는 한 가지 사실을 근거로 나를 판단하고 있었다. 그것은 바로 내가 시각 장애인이라는 사실이었다. 그러나 그들은 좋은 등반가인지 아닌지에 기여하는 다른 특성이 열두 가지가 있다는 것을 깨닫지 못했다."라고 회상한다. 웨이헨메이어는 인생이 항상 쉽지는 않다는 점을 인정하지만 "사람들은 자신이 되고 싶은 것이 무엇이든 될 수 있는 내면의 자원이 있다. 도전은 내면의 자원을 활용하기 위한 수단이 될 뿐"이라고 말한다. 2008년까지 그는 7개 정상을 완주한 역사상 단 몇백 명 중 한 명이라는 영예를 얻었다. 이는 다시 말해, 7개 대륙에서 가장 높은 산의 정상에 올랐다는 의미이다.

에릭 웨이헨메이어

웨이헨메이어는 어려움을 겪고 있는 사람들이 풍부하고 의미 있는 삶을 살 수 있도록 돕는 것을 목표로 하는 노 베리어스(No Barriers)라는 조직의 공동 설립자이다. 그는 종종 우리를 제한하는 두려움이나 믿음에도 불구하고 우리를 불편하게 만드는 일을 하고 가장 특별한 삶을 살기 위해 우리 모두가 의식적인 결정을 내려야 한다고 믿는다. 그는 시각 장애인이나 다른 장애가 있는 아이들의 부모에게서 지도를 요청하는 편지를 많이 받는다. 그의 조언은? "핵심은 정말 엄청나게 높은 기대치를 가지고 아이들에게 자급자족하고 자신감을 갖는 방법을 가르치고 성공하는 데 필요한 스킬을 제공하는 것이다."

당신의 생각은?

당신이 하고 싶었지만 할 수 없다는 믿음 때문에 시도하기가 두려웠던 것은 무엇인가?

SECTION

04 직무 태도와 행동

태도는 행동에 영향을 미치기 때문에 중요하다. 경영자는 업무 몰입, 직무 만족, 조직 몰입과 같은 주요 직무 태도에 주의를 기울여야 한다. 그리고 친사회적 행동, 직무 성과 및 생산성, 결근 이직과 같은 행동에 주목해야 한다.

학습 목표

경영자가 직원 태도에 대처하는 방법을 파악한다.

우리는 종종 "직원을 행복하게 하라."는 말을 듣는다. 태도가 중요한 것은 사실이다. 그 이유는 태도가 행동에 영향을 미치기 때문이다. 하지만, 경영자들이 결과를 얻기 위해 알아야 할 것이 직원들을 행복하게 하는 것뿐일까? 다음 섹션에서는 동기 부여에 대해 학습한다. 이번 섹션에서는 직무 태도와 행동을 살펴본다.

경영자가 특히 관심을 갖아야 하는 태도는 (1) 업무 몰입, (2) 직무 만족, (3) 조직 몰입이다.

업무 몰입

업무 몰입(employee engagement)은 "직무 활동을 수행하는 사람이 직무에 완전히 몰입하고 직무에 대한 에너지와 열정이 충만한 정신 상태"를 의미한다. 고용주, 컨설턴트 및 학계는 개인, 집단, 조직의 성과를 향상시킬 수 있는 잠재력을 감안하여 업무 몰입의 원인과 결과를 적극적으로 연구했다. 앞서 배운 것에 대해 한번 생각해 보자.

업무에 몰입하는 직원의 비율 ADP 연구소는 2015년과 2018년에 전 세계 19,000명 이상의 직원을 대상으로 설문 조사를 통해 업무에 몰입하는 직원의 비율을 파악하였다. 결과는 그림 11.3과 같다.

그림 11.3의 결과는 2018년 인도의 경우 업무 몰입이 22%로 높았고, 중국은 6%로 낮았다. 미국은 직원의 약 17%가 완전한 참여를 보였다. 이 연구의 좋은 소식은 2015년과 2018년 사이에 대부분의 국가에서 업무 몰입이 증가했다는 것이다. 나쁜 소식은 전 세계 평균이 15.9%에 불과하다는 것이다. 이는 약 84%가 자신의 업무에 완전히 몰입하지 않았다는 것을 의미한다.

그림 11.3 전 세계적으로 직무에 완전히 몰입하는 직원의 비율

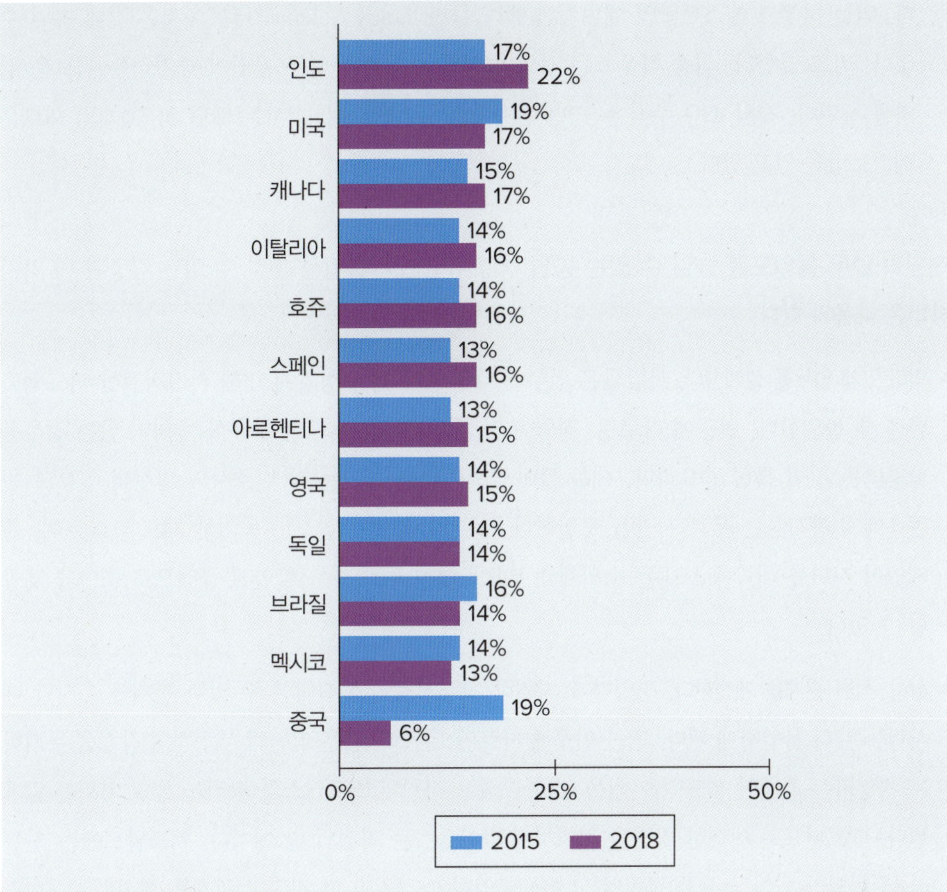

출처: M. Hayes, F. Chumney, C. Wright, and M. Buckingham, "The Global Study of Engagement Technical Report," ADP Research Institute, 2019.

업무 몰입의 결과 갤럽(Gallup), 휴잇 어소시에이츠(Hewitt Associates) 및 블레싱화이트(BlessingWhite)와 같은 컨설팅 회사는 업무 몰입의 실질적인 가치를 뒷받침하는 독점 데이터를 수집하는 데 앞장서 왔다. 예를 들어 갤럽은 직원의 업무 몰입도가 높은 조직은 10% 더 높은 고객 만족도 · 충성도, 20% 더 높은 생산성, 21% 더 높은 수익성을 달성할 수 있다고 추정한다. 최근의 다른 학술 연구에서도 업무 몰입, 성과, 신체 건강, 심리 건강과 기업 수준의 재무 성과, 고객 만족도 간에 긍정적인 관계가 있음을 보여 주었다. 예를 들어, 와플하우스(Waffle House)는 업무 몰입의 힘을 사용한다.

참여를 위한 축배. 테네시주 내슈빌에 위치한 와플 하우스 직원이 식사하고 있는 모습이다. 식당 직원들이 일에 몰입하고 있는가?

와플 하우스의 예: 24시간 운영되는 저렴한 식당인 와플 하우스는 25개 주에 매장이 있으며, 광고도 하지 않고 메뉴도 거의 변경하지 않으며 2006년까지 신용 카드 사용을 거부했다. 와플하우스가 유명한 것은 탄탄한 직원 지원 체계이다. 와플 하우스는 이직률을 낮게 유지하기 위해 관리자에게 보너스를 제공하고 직원들이 과로하지 않도록 한다. 레스토랑의 사업 모형은 단골 고객 육성에 기반을 두

고 있다. 이것은 회사가 미소를 지으며 쉽게 대화할 준비가 된 직원을 찾고 있음을 의미한다. 와플 하우스 레스토랑의 매니저인 랜디 콜먼(Randy Coleman)은 "이것은 절대 속일 수 없다."라고 말한다. 와플 하우스는 정책의 결과로 직원의 업무 몰입이 증가하는 이로운 결과를 누린다. 직원 소유 주식은 57년 연속으로 증가했으며, 회사는 매년 약 50개의 새로운 레스토랑을 열고 있다.

직원의 업무 몰입도를 높일 수 있는 방법 경영자가 업무 몰입을 높일 수 있는 검증된 네 가지 방법은 다음과 같다.

- **의미 있게 업무를 설계한다.** 사람들은 업무에 다양성이 있고 성과에 대해 시기적절한 피드백을 받을 때 몰입한다. 연구에 따르면, 직원이 자신의 스킬을 최대한 활용하는 의미 있는 업무를 할당받는 것이 특히 중요하다. 예를 들어, 몇몇 법률 회사는 각 변호사의 업무의 일부로 빈곤층에게 봉사하는 무료 시간을 포함한다. 일부 금융 중개업소는 동일한 제도를 따르며, 중개인이 자녀를 대학에 보내는 소외계층 부모들에게 무료 또는 할인된 금액으로 조언을 제공할 수 있다.

- **상사-직원 관계를 개선한다.** 경영자가 지원하고 긍정적이고 신뢰할 수 있는 관계를 유지할 때 사람들은 더 몰입하게 된다. 최근 연구에 따르면, 분노와 같은 직원의 부정적인 감정을 무시하는 경영자는 소중한 피드백을 얻을 기회 그리고 직원의 스트레스와 좌절을 줄일 기회를 잃게 된다. 맥도날드는 이러한 발견을 진지하게 받아들이는 기업의 한 예이다. 맥도날드에는 '잔류(stay)' 회의가 있어 상사가 직원의 고충을 파악하고 직원과 더 긴밀한 관계를 형성할 수 있다. 회사는 잔류 회의가 '퇴사 회의' 또는 퇴사 면접의 필요성을 줄여 준다는 것을 발견했다.

- **학습 및 개발 기회를 제공한다.** 유데미 포 비즈니스(Udemy for Business)의 연구에서는 업무 몰입과 학습 기회 사이에 강력한 연관성이 있음을 발견했다. 직원들이 기술 및 소프트 스킬을 더 많이 개발할수록 자신의 직무에 대한 자신감을 느꼈다. 연구에 따르면, 최적의 학습 수준은 연간 31시간에서 50시간 사이였으며, 그 이후에는 몰입이 감소했다. 이는 직원들이 일상 업무에 집중할 충분한 시간이 필요함을 반영한다. 1-800 GOT JUNK는 'A-플레이어 개발 프로그램(A-Player Development Program)'으로 유명한 캐나다 쓰레기 제거 프랜차이즈이다. 직원들은 프로그램의 일환으로 프랜차이즈 개발 및 전략 계획에 대한 수업을 들을 수 있다.

- **스트레스 요인을 줄인다.** 스트레스 요인(stressor)은 스트레스를 유발하는 환경적 특성이다. 연구에 따르면, 직원이 통제할 수 없다고 느끼는 스트레스 요인에 직면할 때 몰입은 낮아지고 소진은 더 높아진다. 예를 들어, 코로나바이러스 전염병에 감염된 환자가 넘쳐나면서 안면 마스크, 가운 및 손 소독제와 같은 중요한 물품을 구할 수 없었던 의사, 간호사, 기타 병원 직원을 생각해 보자. 이 직원들은 환자의 생명을 구해야 할 뿐만 아니라 적절한 장비 없이도 자신을 안전하게 지켜야 했다. 응급실에서 35년 경력의 베테랑인 스티븐 앤더슨(Stephen

Anderson) 박사는 "대부분의 의사는 커리어에서 이 정도의 불안과 염려를 느낀 적이 없었다."라고 말한다.

직무 만족

직무 만족(job satisfaction)은 직무의 다양한 측면에 대해 긍정적 또는 부정적으로 느끼는 정도이다. 대부분의 사람들은 자신의 직무의 모든 면을 좋아하지 않는다. 그들의 전반적인 만족도는 일, 급여, 승진, 동료 및 상사와 같은 여러 요소에 대해 어떻게 느끼는지에 따라 다르다. 직무 만족은 동기 부여, 성과, 업무 몰입, 조직 몰입, 삶의 만족도, 결근, 지각, 이직, 스트레스와 관련 있다.

CNBC/서베이 몽키(CNBC/Survey Monkey)의 최근 연구에 따르면, 미국 직원의 무려 85%가 직무에 다소 또는 매우 만족한다고 한다. 직무 만족도와 직무 성과는 어떤 관계일까? 높은 만족도는 높은 성과로 이어질까, 아니면 더 나은 성과가 더 많은 만족도를 유발하는 것일까? 이것은 경영학자들 사이에서 많은 논쟁의 주제이다. 한 포괄적인 연구에 따르면, (1) 직무 만족도와 성과는 중간 정도의 관련이 있다. 즉, 직원의 직무 만족도는 경영자가 성과를 높이려고 할 때 고려해야 하는 핵심 직무 태도이지만 (2) 만족도와 성과 사이의 관계는 복잡하고 두 변수는 개인 차이와 업무 환경 특성을 통해 서로 영향을 미친다.

조직 몰입

조직 몰입(organizational commitment)은 직원이 조직과 동일시하고 조직의 목표에 몰입하는 정도를 의미한다. 연구 결과는 다음 섹션에서 학습하는 조직 몰입, 직무 만족, 성과, 이직률, 조직시민행동 사이에 밀접한 관계가 있음을 보여 주기 때문에 조직 몰입은 매우 중요하다. 경영자가 직무 만족도를 높일 수 있다면 직원은 더 높은 수준의 몰입을 보일 수 있으며, 이는 결과적으로 더 높은 성과를 이끌어 내고 직원 이직률을 낮출 수 있게 된다.

직무 행동

개인 차이를 관리하는 방법을 이해하는 것이 왜 중요할까? 간단히 말해서 다른 사람의 행동에 영향을 줄 수 있기 때문이다. 학교와 직장 생활에서의 성공은 다른 사람의 행동에 영향을 미치는 능력에 부분적으로 달려 있다.

중요한 직무 행동 중 하나인 친사회적 행동(prosocial behavior)은 돕고, 기부하고, 공유하고, 위로하는 것과 같이 다른 사람에게 도움이 되는 자발적 행동을 의미한다. 그림 11.4는 친사회적 행동의 원인과 결과를 보여 준다.

그림 11.4는 친사회적 행동이 다른 사람의 웰빙을 증진하려는 욕구를 나타내는 친사회적 동기(prosocial motivation)가 원인이 됨을 보여 준다. 친사회적 동기는 마이크로소프트(Microsoft)의 설립자인 빌 게이츠(Bill Gates)가 빌–멀린다 게이츠 재단(Bill and Melinda Gates Foundation)을 통해 다른 사람들을 돕는 데 그토록 몰입하는 이유를 설명한다.

그림 11.4 **친사회적 행동의 원인과 결과**

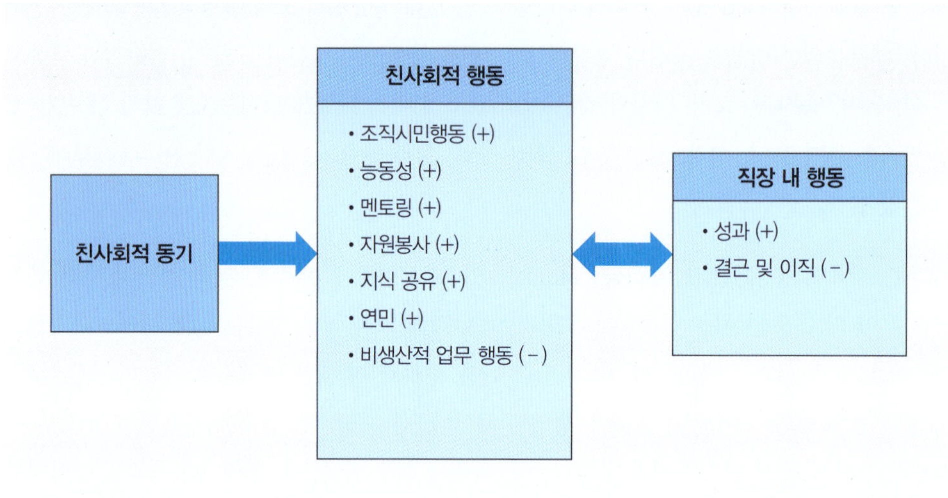

빌 게이츠의 예: 자선가 빌 게이츠와 그의 아내 멀린다 게이츠(Melinda Gates)는 2000년에 빌–멀린다 게이츠 재단(Bill and Melinda Gates Foundation)을 설립했다. 이 재단은 자산이 460억 달러 이상인 세계 최대의 민간 재단이다. 해당 재단은 지역 사회가 기아와 극심한 빈곤에서 벗어나 건강하고 생산적인 삶을 영위할 수 있도록 전 세계 사람들을 돕는다. 빌 게이츠는 마이크로소프트(Microsoft)의 공동 창립자, CEO 및 사장으로서 부를 축적했으며, 마이크로소프트에서 팔로워들에게 영감을 준 리더로 알려져 있다. 그는 마이크로소프트에서 엔지니어로 구성된 팀을 모아 이들이 어떻게 영감을 받는지 배웠기 때문에 변혁적 리더십이라는 '뛰어난 능력'을 갖게 되었다고 믿고 있다. 그는 이 뛰어난 능력을 사용하여 HIV 및 코로나바이러스와 같은 질병에 대한 백신을 연구하는 사람들에게 동기를 부여한다. 비즈니스 인사이더(Business Insider)에 따르면, 게이츠가 마이크로소프트와 재단에서 거둔 성공은 높은 수준의 성실성, 긍정성, 공감 능력 덕분이다.

대통령 훈장 수여. 2016년 버락 오바마(Barack Obama) 전 대통령(오른쪽)이 빌 게이츠(가운데)와 부인 멀린다 게이츠(왼쪽)에게 대통령 자유 훈장을 수여하고 있다. 이 메달은 미국 민간인에게 수여되는 최고 훈장이다.

연구에 따르면, 친사회적 동기는 직장 동료를 돕고, 어려운 시기에 회사에 계속 몰입하는 이유가 될 수 있다. 실제로 조직이 직원의 친사회적 동기를 향상함으로써 이익을 얻을 수 있다는 것은 놀라운 일이 아니다.

그림 11.4로 돌아가서, 연구자들은 친사회적 동기가 친사회적 행동을 증가시킨다는 것을 발견했다. 친사회적 행동은 다양한 형태를 취하지만, 그림 11.4는 오늘날의 조직과 특히 관련이 있는 것들을 보여 준다.

연구에 따르면, 친사회적 동기는 (곧 학습할) 조직시민행동, 능동성, 멘토링, 자원봉사, 지식 공유, 연민과 긍정적인 관련성이 있다.

직원들의 이러한 긍정적인 행동을 보고 싶지 않은 조직이 어디 있겠는가? 친사회적 동기는 또한 (곧 학습할) 비생산적인 업무 행동을 감소시킨다. 친사회적 행동은 생산성을 높이고 이직률을 낮추기 때문에 경영자에게 가장 중요하다(그림 11.4 참조).

친사회적 행동과 직장 내 행동 사이의 양방향 화살표에 주목해 보자. 이것은 친사회적 행동이 긍정적인 직장 내 행동으로 이어질 뿐만 아니라 긍정적인 직장 내 행동이 사람들이 친사회적 행동을 하게끔 독려한다는 사실을 보여 준다. 예를 들어, 연구에 따르면 높은 성과를 내는 업무 환경은 조직시민행동을 증가시킨다.

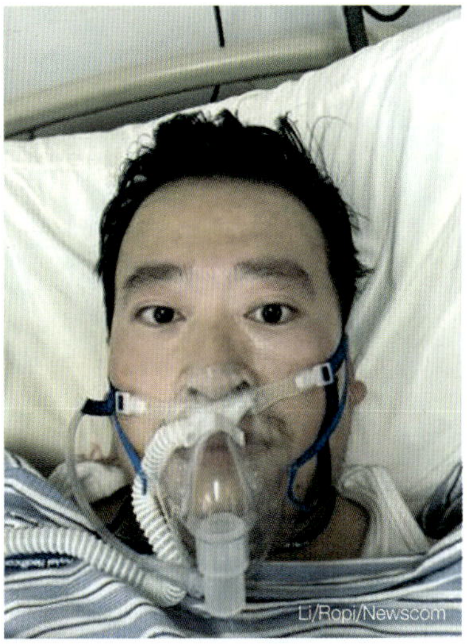

리원량

안타깝게도, 친사회적 동기는 때때로 너무 강해서 개인이 개인적인 희생을 치러야 친사회적 행동을 할 수 있다. 우한의 의사인 리원량(Li Wenliang) 박사는 위험에 직면하여 친사회적 행동을 보여 준 사람의 좋은 예이다.

> **리원량 박사의 예:** 리원량 박사는 정부가 승인하기 몇 주 전에 바이러스에 대해 다른 사람들에게 경고함으로써 중국 우한의 코로나바이러스 팬데믹 확산을 사전에 막으려 했다. 그의 메시지가 널리 퍼진 후 리원량 박사는 내부 고발로 우한 경찰에게 질책을 받았고, 계속 허위 사실을 퍼뜨릴 경우 징역형을 선고하겠다는 위협 또한 받았다. 다른 사람들을 구하겠다는 희망을 품고 자신의 안전을 위험에 빠뜨리는 경찰과 조우한 후 리원량 박사는 우한 중앙 병원으로 복귀했다. 하지만, 안타깝게도 그는 몇 주 후에 바이러스로 인해 사망했다.

지금부터는 가장 자주 연구되는 친사회적 행동의 두 가지 예인 조직시민행동과 비생산적 업무 행동을 살펴본다. 그리고 성과와 이직에 대해서도 알아본다.

조직시민행동 친사회적 동기 증가의 주요 결과 중 하나는 조직시민행동이 증가한다는 것이다. 조직시민행동(organizational citizenship behavior)은 직원의 직무 기술서에 직접적으로 포함되지 않는 직원 행동으로, 직무 역할 요구 사항을 초과하는 것을 나타낸다. 예를 들면, 성실성(열심히 일함), 스포츠맨십(어려운 시기에 긍정적인 태도를 보임), 봉사심(조직의 이익을 위해 일함), 예의(동료를 존중함), 이타심(남을 도움) 등이 있다. 연구에 따르면, 조직시민행동과 직무 만족, 생산성, 효율성, 고객 만족도 사이에는 유의미하고 중간 정도의 양의 상관관계가 있다. 그러나 연구에 따르면 직장에서 조직시민행동을 장려해야 하지만, 직원이 이러한 행동에 참여하도록 압박 받아서는 안 된다. 직원들에게 압박을 가하는 것은 사람들이 예상보다 더 많은 업무를 수행해야 한다고 믿게 만들고 업무에 몰입하기를 더 주저하게 만들기 때문에 좋지 않다. 따라서 직원들에게 다른 사람을 도울지 여부, 누구에게, 언제, 어떻게 도움을 줄 것인지 결정하는 자율성을 제공하는 것은 조직시민행동을 장려하는 방법이다.

비생산적인 업무 행동 친사회적 동기가 조직시민행동을 증가시키는 것과 마찬가지로, 친사회적 동기는 직원과 조직 전체에 해를 끼치는 행동 유형인 비생산적 업무 행동(counterproductive behavior)을 감소시킨다. 이러한 행동에는 결근 및 지각, 약물 및 알코올 남용, 징계 문제가 포함될 수 있지만, 사고, 방해 행위, 성희롱, 폭력, 절도 및 사무직 범죄와 같은 보다 심각한 행위로 확장될 수도 있다. 근로자의 약 98%는 직장에서 무례한 행동을 목격하거나 경험한 적이 있다고 말한다.

직원이 비생산적 업무 행동을 보이는 경우 조직은 수용 불가능한 행동과 수용 가능한 행동을 정의하여 신속하고 적절하게 대응해야 한다. 그러나 문제는 경영자와 동료들이 비생산적 업무 행동을 관찰할 적절한 기회가 없다는 것이다. 그렇기 때문에 비생산적 업무 행동은 예방 조치를 취하는 것이 더 바람직하다. 한 가지 방법은 채용 과정에서 이를 선별하는 것이다. 예를 들어, 인지 능력(지능) 테스트에서 높은 점수를 받은 지원자는 채용 후 폭력 및 재산 피해에 연루될 가능성이 낮은 것으로 밝혀졌다. 또한 직원들은 자율성을 제공하고, 공정하게 대우받고, 배척하거나 자신의 역할을 벗어나는 업무를 하도록 요청받지 않고, 너무 많은 사람들을 감독하지 않는 만족스러운 직무를 수행할 때 비생산적 업무 행동을 보일 가능성이 낮았다. 마지막으로, 리더의 특성은 직원의 행동에도 영향을 미친다. 예를 들어, 최근 연구는 리더의 자기애가 직원의 비생산적 업무 행동을 유발한다는 사실을 발견했다. 아래의 예는 비생산적 업무 행동의 불행한 결과인 해로운 직장을 설명한다.

해로운 직장

경영학 교수인 크리스틴 포라스(Christine Porath)는 "유해한 직원보다 조직 문화에 더 큰 비용을 초래하는 것은 없다."라고 말하며, "무례함은 감기와 같다. 전염성이 있고 빠르게 퍼지며 누구나 보균자가 될 수 있다."라고 첨언하였다. 트레버 포크(Trevor Foulk)도 여기에 동의한다. 그는 "누군가가 나에게 무례하게 대하면 다음 대화에서 누구와 대화하든 무례하게 될 것이다. 당신은 그들의 무례함에 자신의 무례함으로 대응한다."라고 말한다.

에너지 및 생산성 저하

경영학 교수인 그레첸 스프라이처(Gretchen Spreitzer)는 까다로운 동료가 자신의 기분을 상하게 하는 태도를 다른 사람들에게 퍼뜨리는 '활력을 잃게 하는 사람'이라고 믿는다. "그들은 당신을 고갈시키고, 피곤하게 하고, 당신에게 지친 느낌을 준다."라고 말한다. 한 연구는 이러한 결론을 뒷받침한다. 동료의 무례함을 경험한 사람들은 결국 자신의 충동을 제어할 수 있는 자원이 줄어들었다. 어떤 사람이 활력을 잃게 하는 사람과 더 많이 상호 작용할수록 그 사람은 다른 사람들을 무례하게 대할 가능성이 더 높아진다.

무례한 행동의 예로는 경솔한 말, 끼어들기, 눈동자 굴리기, 다른 직원의 질책 등이 있다. 유독한 상사는 "흥미를 잃어 대화를 중단하는 것, 회의실에서 나가지 않고 회의 중간에 전화에 응답하는 것, 다른 사람들 앞에서 결점이나 성격상의 단점을 지적함으로써 공개적으로 사람들을 조롱하는 것 그리고 이와 유사한 무례한 행동들을 통해 직원들의 사기를 저하시킨다."라고 포라스는 말한다.

무례한 사람

연구에 따르면, 여성은 남성보다 무례한 행동의 희생자가 될 가능성이 더 높다. 그렇다고 해서 남성이 일반적으로 선동자라는 뜻은 아니다. 실제로 최근 연구에 따르면, 여성에 대해 무례한 행동을 하는 가해자는 다른 여성들이었다. 또 다른 연구에 따르면, 경영자는 직장에서 무례한 행동의 피해자를 무례한 행동의 원인으로 간주하였다. 그들이 아무 잘못도 하지 않았는데 말이다. 설상가상으로 이러한 편향은 경영자가 피해자의 업무 성과를 평가하는 데 부정적인 영향을 미치기도 하였다. 따라서 피해자들은 더 적게 보상받고 더 적게 승진하였고 이는 피해에 대한 모욕을 더했다.

무례함의 대가

부정적이고 해로운 행동을 하는 사람들은 조직의 최종 결과에 부정적인 영향을 미칠 수 있다. 실제로 한 작가는 "유해한 직원을 피하는 것이 최고의 성과를 내는 것보다 두 배 이상 회사의 비용을 절약할 수 있다. 특히, 유독한 직원을 피하는 것은 이직 비용으로 약 12,500달러의 가치가 있다."라고 말한다.

한 연구는 무례함으로 인한 비용이 웰빙과 직무 만족도를 감소시킬 뿐만 아니라 직무 스트레스와 이직을 증가시키는 것으로 나타났다. 더욱이 다른 사람에게 고립감, 직무 불안, 심지어 건강 문제까지 야기하는 데는 무뚝뚝한 동료 한 명으로 충분하다. 나벡스 글로벌(NAVEX Global)의 최고 규정 준수 책임자인 캐리 펜먼(Carrie Penman)은 "실제로 무례하고 모욕적이며 괴롭히고 따돌리는 행위는 수십 년 동안 조직에 큰 피해를 손해를 끼쳤다."라고 말한다.

당신의 생각은?

해로운 직장에서 일하고 있다면 상황을 개선하기 위해 무엇을 하겠는가?

성과 및 생산성 모든 직무에는 특정한 기대치가 있지만, 일부 직무에서는 성과와 생산성을 다른 직업보다 정의하기가 더 쉽다. 텔레마케팅 영업 담당자는 하루에 몇 번이나 연락해야 할까? 얼마나 많은 매출을 올려야 할까? 종종 이러한 성격의 직무는 성과 행동을 정량화하는 것이 가능하도록 (이전 직무 보유자가 달성한 것에서) 성취 이력을 가질 것이다.

그러나 자동차 제조업체나 음료 제조업체와 같은 주요 고객을 다루는 광고 대행사 계정 임원은 이러한 종류의 큰 계정을 만들기까지 몇 달이 걸릴 수 있다. 또는 제약 회사의 연구원이 유망한 새로운 처방 약을 개발하는 데 몇 년이 걸릴 수도 있다.

요컨대, 성과 평가 방법은 수행 중인 직무와 일치해야 한다.

결근 및 이직률 결근하는 모든 경우를 의심해야 할까? 물론 질병, 가족 구성원의 사망 또는 배심원 의무와 같은 일부 결석은 합법적이다. 그러나 많은 노쇼(no-show) 행동은 직무 불만족과 관련이 있다. 약 6,000명의 직원을 대상으로 실시됐던 한 연구에 따르면, 40%가 그날 일하기 싫다는 이유로 병가를 요구하는 전화를 했다. 직원들이 가짜 병가를 내는 세 가지 이유는 개인적인 일, 쫓긴 잠을 자기, 휴식을 취하기 위해서였다.

결근은 이직의 전조일 수 있다. 9장에서 다루었듯이 이직은 직원이 직장을 그만두거나 사직하거나 퇴직하거나 해고되는 경우이다. 모든 조직은 어느 정도 이직을 경험하게 된다. 그러나 저숙련 산업을 제외하고는 신입 사원의 지속적인 이직은 교체 및 교육 비용이 높기 때문에 일반적으로 좋은 징조가 아니다. 인적 자원 관리 협회(Society for Human Resource Management)는 신입 사원을 고용하는 데 드는 평균 비용이 4,129달러이고 42일의 시간 투자가 필요하다고 추정했다. 이 금액은 심지어 보수적인 추정치일 수도 있다. 갤럽(Gallup)은 고도로 숙련된 직원을 교체하는 비용이 직원 연봉의 두 배에 이를 수 있다고 제안한다. 결과적으로, 자발적인 이직으로 인해 미국 기업은 연간 1조 달러의 비용을 지출한다. 이직 문제는 계약서에 고용 종료일이 결정된 임시 직원까지 확대된다. 실제로 비정규직은 대체하기 어려운 조직에 특화된 지식을 개발하는 경우가 많다는 연구 결과가 있다.

꾀병. 상당수의 직원이 일하기 싫어서 가짜 병가를 낸다. 직원이 정말로 아픈지 확인하기 위해 회사가 더 많은 조치를 취해야 한다고 생각하는가?

이직률을 줄이는 다섯 가지 방법은 다음과 같다. (1) 지원자의 가치가 조직의 가치와 일치하는 정도에 따라 채용 결정을 내린다. (2) 채용 후 온보딩을 제공한다. 9장에서 학습한 온보딩 프로그램은 직원이 직무 역할에 대한 기대와 책임을 명확히 함으로써 기업 정책, 절차, 문화, 정치에 익숙해지도록 하여 직원의 새로운 직무로의 통합과 전환을 돕는다. (3) 업무 몰입 및 소셜 네트워크 강화에 중점을 둔다. (4) 채용 과정에 현실적인 직무 소개(realistic job preview)를 사용한다. (5) 직원의 욕구와 가치를 충족하는 유연한 근무 시간과 같은 복리 후생을 제공한다.

친사회적 행동을 증가시키는 방법 경영자는 친사회적 동기를 촉진하여 조직의 친사회적 행동을 늘릴 수 있다(그림 11.4 참조). 이것은 친사회적 동기의 동인에 초점을 맞춰 수행할 수 있다. 연구자들은 성향과 특성(내적 성향)과 상황 요인(외적 요인)이라는 두 가지 광범위한 유형의 동인이 있다고 생각한다. 이 두 가지 유형을 살펴보고 경영자가 각 유형의 동인을 강화하는 방법의 예를 알아보자.

- 성향과 특성에는 성격, 가치, 자존감, 공감, 긍정적인 감정, 유능감, 겸손이 포함된다. 경영자로서 이 동인을 개선할 수 있는 한 가지 방법은 친사회적 동기와 관련된 특성을 가진 개인을 선발하는 것이다. 섹션 01에서 배운 성실성과 친화성을 생각해 보자. 연구에 따르면, 이러한 특성이 높을수록 친사회적 동기가 증가한다. 이 동인을 향상시킬 수 있는 또 다른 방법은 직원들이 직장 안팎에서 이러한 성향 중 일부를 배우고 개발할 기회를 제공하는 것이다.

이에 대해서는 9장에서 다루었다.

- 상황 요인 또한 친사회적 동기를 촉진할 수 있다. 예를 들어, 12장에서는 직원들이 의미 있는 일을 하고 있고 직무 결과에 대해 책임을 지도록 하는 방식으로 직무가 설계되거나 구조화될 수 있다는 것을 배우게 될 것이다. 이 두 가지 심리적 상태 모두 친사회적 동기를 고취시킬 수 있다. 다른 상황 요인으로는 조직 문화(8장), HR 제도(9장)의 절차적 공정성(12장), 규범(13장), 서번트 리더십(14장), 변혁적 리더십(14장) 등이 있다.

종합해 보면, 기업은 친사회적 동기를 육성하기 위해서 두 가지 접근법이 필요하다. 첫째, 조직은 친사회적 동기에 도움이 되는 특성과 성향을 지닌 직원을 채용하거나 개발할 수 있는 HR 제도를 마련해야 한다. 둘째, 기업은 친사회적 동기로 이어지는 일자리, 정책 및 전반적인 문화를 개발해야 한다. 결과적으로 조직은 친사회적 행동의 성과 관련 이점을 얻을 수 있을 뿐만 아니라 다른 사람을 진정으로 배려하는 직원을 갖게 될 것이다.

SECTION

05 인력의 다양성

오늘날 가장 중요한 경영상의 과제 중 하나는 연령, 성별, 인종, 종교, 민족, 성적 지향성, 능력, 사회경제적 배경 등 다양한 면에서 다양한 이해관계자들과 협력하는 것이다. 경영자는 또한 조직 내·외부의 다양성과 다양성 장벽 간의 차이를 인식해야 한다.

학습 목표

경영자가 알아야 하는 직장 다양성의 경향을 파악한다.

다음은 몇 가지 선입견에 대한 현실 확인이다.

- **가정: 불법 이민자는 미국 경제에 큰 영향을 미친다.** 아니다. 미국 이민 위원회는 서류 미비 이민자가 민간 노동력의 5% 미만을 차지한다고 말한다.
- **가정: 인종 간 임금 격차가 거의 사라졌다.** 안타깝게도, 백인 남성과 유색 인종 남성 180만 명의 급여를 조사한 연구는 아프리카계 미국인 남성이 백인 남성이 버는 1달러당 0.87달러를 벌고, 히스패닉이나 라틴계 노동자는 백인 남성이 버는 1달러당 0.91달러를 번다는 것을 발견하였다.
- **가정: 젊은 근로자는 이전보다 적게 벌고 있다.** 분명히 맞다. 연방준비위원회의 데이터에 따르면, 밀레니얼 세대는 1989년에 25~34세보다 20% 적게 벌고 있다. 또 다른 연구에서는 1940년대 이후로 자녀가 부모보다 더 많이 벌 수 있는 능력이 40% 이상 감소한 것으로 나타났다.

풍요로움을 가져오는 다양성. 회사의 다양한 구성원들은 사업 문화를 강화하는 아이디어, 경험 및 관점을 제공할 수 있다.

미국은 민족, 인종, 성별, 연령 구성에서 점점 더 다양해지고 있다. 향후 수십 년 동안 미국을 형성할 추세에는 (1) 처음으로 어린이보다 노인이 더 많아지고, (2) 현재 대다수의 백인이 소수자가 되고, (3) 더 이상 단일 민족이나 다수의 인종은 존재하지 않으며, (4) 밀레니얼 세대가 노동력의 75%를 차지하고, (5) 노동시장에 참가하는 여성이 증가하며(특히 고위직), (6) 중산층 가구의 비율이 감소하고, (7) 기성 종교를 가지고 있지 않다고 스스로 말하는 사람들의 수가 증가한다는 것이다.

이러한 다가오는 트렌드에 따라 경쟁력을 유지하기 위해 현재의 다양성 제도를 자세히 살펴볼 필요가 있다. "모건 스탠리(Morgan Stanley)에서 다양성은 고객, 직원 및 회사를 위한 기회이다. 다양한 관점을 중시함으로써 직원들이 전문적인 목표를 달성할 수 있도록 돕는 동시에 고객에게 더 나은 서비스를 제공할 수 있다."라고 회장 겸 CEO인 제임스 고맨

(James Gorman)은 말한다. 연구에 따르면, 효과적인 다양성 제도는 조직의 성공에 필수적이지만, 많은 기업이 이를 성공적으로 관리하지 못하고 있다. 이 문제에 대해 더 자세히 살펴보자.

다양성을 고려하는 방법

다양성(diversity)은 연령, 성별, 인종, 종교, 민족, 성적 지향성, 능력, 사회경제적 배경의 차이점과 유사점과 같이 사람들이 다르고 비슷한 모든 것을 나타낸다. 여기서 다양성은 차이점과 동의어가 아니라는 점에 유의해야 한다. 오히려 다양성은 차이점과 유사점을 모두 포함한다. 최근 연구에 따르면, 다양성은 복잡하고 시간이 지남에 따라 변한다는 점을 이해하면서 두 가지를 동시에 관리해야 한다.

사람들이 서로 다른 중요한 방식을 구별하는 데 도움이 되도록 다양성 전문가 리 가든스워츠(Lee Gardenswartz)와 아니타 로에(Anita Rowe)는 (1) 성격, (2) 내부 차원, (3) 외부 차원, (4) 조직 차원의 네 가지 다양성 층으로 구성된 '다양성 바퀴(diversity wheel)'를 제시했다(그림 11.5 참조).

다음 4개의 층을 살펴보자.

그림 11.5 다양성의 종류

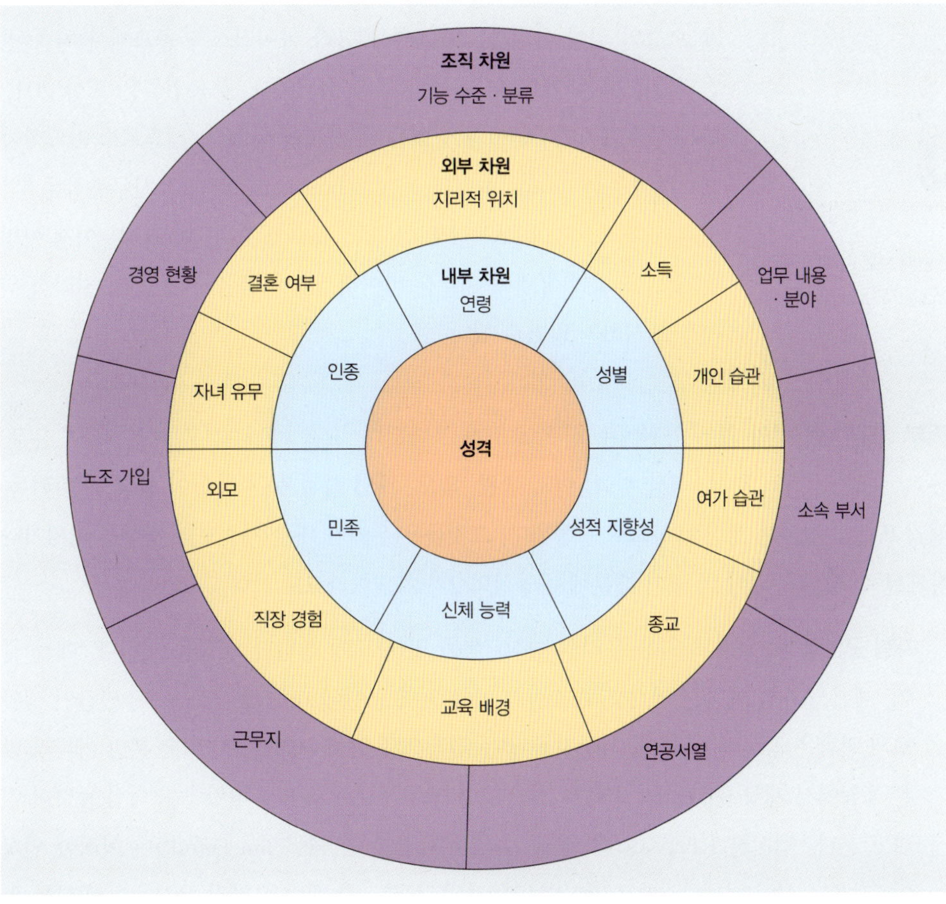

출처: Diverse Teams at Work by Lee Gardenswartz and Anita Rowe. Copyright 2003, Society for Human Resource Management, Alexandria, VA.

성격 다양성 바퀴의 중심에는 성격이 있다. 섹션 01에서 언급했듯이 성격은 개인의 정체성을 책임지는 안정적인 신체적 · 정신적 특성으로 정의되기 때문에 다양성 바퀴의 중심에 위치한다.

내부 차원 다양성의 내부 차원은 성별, 연령, 민족, 인종, 성적 지향성, 신체적 능력 등 우리 삶의 모든 단계에서 강력하고 지속적인 영향을 미치는 개인 차이이다. 이것들은 대부분 우리의 통제 범위에 있지 않기 때문에 다양성의 기본 차원이라고 한다. 그러나 다른 사람들에 대한 우리의 태도, 기대, 가정에 강한 영향을 미치며, 다시 우리 자신의 행동에도 영향을 미친다.

다양성의 내부 차원의 특징은 그것이 사람들에게서 눈에 띄고 두드러진다는 것이다. 그리고 바로 이러한 특징이 눈에 잘 띄기 때문에 특정 고정 관념과 관련이 있을 수 있다. 예를 들어, 특정 인종 집단이 바이러스를 가지고 있다는 것이다.

바이러스 발병의 예: 코로나바이러스 팬데믹은 동아시아 지역 사회에 대한 편견을 일으켰다. 바이러스의 첫 번째 보고된 사례는 중국 우한에서 발생했다. 홍콩 출신의 로즈 스콜라(Rhodes Scholar)인 브라이언 왕(Brian Wong)은 "기침을 하거나 증상을 보이지 않더라도 아시아인으로 보인다면, 사람들은 자연스럽게 당신 옆에서 멀어지게 된다."라고 말했다. 특정 인종에 대한 이러한 폄훼는 어제 오늘의 일이 아니다. 2014년 에볼라 바이러스가 콩고에서 처음 발견되었을 때는 아프리카인들이 표적이 되었다. 중동인들은 또한 2012년 중동호흡기증후군이 발생했을 때 차별을 받았다. 테드로스 아드하놈 게브레예수스(Tedros Adhanom Ghebreyesus) WHO 사무총장은 "낙인은 바이러스 자체보다 더 위험하다."라고 말했다. WHO는 이제 이러한 오명을 줄이기 위해 새로운 바이러스의 이름을 지정할 때 지리적 위치를 표시하지 않기로 했다.

인간 표적. 코로나바이러스 팬데믹의 첫 번째 보고 사례는 중국에서 발생하여 전 세계적으로 동아시아인에 대한 차별이 발생했다.

외부 차원 다양성의 외부 차원에는 선택 요소가 포함된다. 교육 배경, 결혼 여부, 자녀 유무, 종교, 수입, 지리적 위치, 직장 경험, 여가 습관, 외모, 개인 습관 등 사람들이 일생 동안 획득, 폐기 또는 수정하는 개인 특성으로 구성된다. 그것들은 우리가 내부 차원보다 영향을 미치거나 통제할 수 있는 능력이 더 크기 때문에 다양성의 2차 차원이라고도 한다.

재향 군인의 예: 외부 차원은 우리의 인식, 행동 및 태도에 상당한 영향을 미친다. 예를 들어, 매년 군대를 떠나는 약 245,000명의 미국 퇴역 군인에 대해 생각해 보자. 민간인 생활로의 전환은 정신적 · 육체적 사상자를 낳은 전쟁으로 인해 어려울 수 있다. 뿐만 아니라 많은 조직에서 재향 군인들이 군 복무 기간 동안 맹목적으로 명령을 따랐고 리더십 능력이 없다고 본다. 펩시콜라(PepsiCo)의 운영 수석 부사장인 짐 패럴(Jim Farrell)은 이러한 인식이 "전혀 사실이 아니다."라고 말한다. 전 미 육군 장교인 패럴은 참전 용사들이 임무를 완수하는 동안 스스로 생각하고 팀원의 요구 사항을 균형 있게 조정하는 방법을 알고 있다고

믿는다. 토비 존슨(Toby Johnson)은 재향 군인이 군 복무에서 미국 기업으로 전환하는 방법을 보여 주는 좋은 예이다. 존슨은 2000년 초 이라크 침공 당시 아파치 헬리콥터 조종사였으며 미국으로 돌아와 경영학을 공부하였다. 그녀는 펜실베이니아에 위치한 프리토 레이(Frito Lay) 공장에서 일자리를 얻었고, 지금은 회사의 영업 운영 부사장으로 일하고 있다.

조직 차원 조직 차원에는 경영 현황, 노조 가입, 근무지, 연공서열, 업무 내용, 소속 부서가 포함된다.

인력 다양성의 추세

21세기에 미국 노동 인력은 어떻게 더 다양해질 수 있을까? 연령, 성별, 인종 · 민족, 성적 지향성, 신체적 · 정신적 능력 등 내부 차원의 다섯 가지 범주와 교육 수준의 외부 차원의 한 가지 범주를 살펴보자.

연령 밀레니얼 세대는 베이비붐 세대를 대체하여 미국에서 가장 큰 성인 세대가 되었다. 하지만, 그들은 그들과 함께 일하는 고령 근로자들을 많이 볼 수 있을 것이다. 2019년에 65세 이상 성인의 20% 이상이 일을 하거나 구직 중이었는데, 1985년에는 이 비율이 10%였다. 고령 근로자들은 교육 수준 또한 더 높았는데, 1985년의 25%만 대학 학위를 가진 것과 비교해 2019년에는 53%가 학사 이상의 학위를 가지고 있었다.

경제학자들에 따르면, 고령 근로자가 더 오래 일할 수 있고 '은퇴하지 않는' 추세도 일반화되고 있다고 한다. 최근 설문 조사는 수명 연장, 숙련된 인재에 대한 고용주의 열망, 더 나은 건강 덕분에 향후 5년 이내에 퇴직이 임박한 근로자의 절반 이상이 직장으로 복귀할 것으로 예상한다. 수입이 이유가 되는 경우도 있지만, 하버드 대학 의과대학(Harvard Medical School)의 경제학자는 국가 연구 데이터에서 목적의식, 정신적 자극, 사회적 참여라는 세 가지 다른 동기를 발견했다.

많은 고령 근로자들이 직장에 남아 있거나 퇴직 후 복귀를 원하지만, 여전히 그들은 많은 어려움에 직면해 있다. 예를 들어, 50세 이상 근로자의 약 56%는 은퇴를 계획하기 전에 직장에서 쫓겨난다. 결과적으로 나이 든 노동자들은 나이를 숨기기 위해 많은 노력을 기울이게 될 것이다. 많은 사람들이 소셜 미디어와 대화에서 그들의 커리어를 줄이고, 다른 사람들은 손주들의 사진을 보여 주는 것을 포기하며, 심지어 그들은 성형 수술을 받기도 한다. 알프레드 슬론 재단(Alfred P. Sloan Foundation)의 장기 프로젝트 책임자인 캐슬린 크리스텐슨(Kathleen Christensen)은 "아직 성별, 인종, 성적 지향성과 같이 연령에 대한 의식

나이는 숫자에 불과하다. 엔지니어(왼쪽)가 수습생(오른쪽)에게 장비를 보여 주고 있다. 서로 다른 세대의 사람들이 함께 일하면 어떤 이점이 있을까?

이 크게 나아지지 않았다."라고 말했다. PwC 연구에 따르면, CEO의 8%만이 다양성과 포용 전략에 연령에 대한 논의가 포함되어 있다고 말했다. 이러한 결과는 연령 측면에서 포용적인 기업이 고령 근로자들의 웰빙, 업무 몰입, 성과를 유지하거나 개선한다는 것을 발견한 연구에 비추어 볼 때 경각심을 불러일으킨다.

성별 2020년 초 역사상 처음으로 여성이 인력의 과반수(50.04%)를 차지했다. 또한 남성보다 학사 학위를 더 많이 취득하였다(학사 57.3%, 석사 59.4%, 박사 학위 53.3%). 의대(50.5%)와 로스쿨(51.3%)에서도 여성이 남성보다 많았다. 그리고 여성들은 최고 경영진 단계에서도 어느 정도 입지를 확보하고 있다. 2020년에 여성은 스탠다드&푸어스(Standard & Poor's)의 500개 기업에서 28개의 CEO 직책을 맡았다.

고무적인 통계이지만 남성과 여성의 임금 격차는 여전히 존재한다. 특히, 여성은 2018년에 남성이 버는 1달러당 0.81센트를 벌었다. 이는 1974년과 2015년 사이에 미혼모가 가장이고 자녀가 있는 가족의 비율이 거의 두 배로 증가했다는 점을 고려할 때 특히 놀랍다. 이러한 격차가 지속되는 데 기여하는 요인에는 학력, 직장 내 경험 및 성차별 등이 있다. 퓨 리서치 센터(Pew Research Center)의 설문 조사에 따르면, 약 42%의 여성이 직장에서 성차별을 경험한 적이 있다고 답했다.

많은 국가에서 투명성 법률을 시행하여 성별 간 임금 격차를 해결하기 위한 조치를 취했다. 이 법은 고용주에게 연봉을 공개하도록 요구하고 있기 때문에 여성 근로자가 같은 일을 하는 남성 직원이 얼마나 버는지 확인할 수 있다. 최근 연구에 따르면, 급여 투명성 법은 특히 정보에 따라 신속하게 조치를 취할 수 있는 노조가 있는 직장에서 실제로 성별 급여 격차를 줄이는 효과를 가져왔다. 여성의 진전을 가로막는 장애물을 통틀어 유리 천장(glass ceiling)이라고 부른다. 이는 여성과 소수자가 최고 경영자로 승진하는 것을 가로막는 보이지 않는 장벽에 대한 은유이다. 여성은 31세가 될 때까지 대학 학위를 마칠 가능성이 남성보다 높은데, 여성의 승진을 가로막는 요인으로는 무엇이 있을까? 그중 세 가지를 알아보자.

- **과로.** 한 연구에 따르면, 과로가 만연한 압도적인 문화가 여성에게 과도하게 불이익을 안기는 것으로 나타났다. 이는 일과 가정의 요구가 상충할 때 여성들은 시간제 일자리나 가정 일로 전환하도록 장려되기 때문이다. 연구에 따르면, 회사는 출산 휴가 중인 산모가 자기 노트북을 보유하게 하는 등의 편의를 제공하며, 직원이 조직에 계속 잔류하는 방법을 찾는다. 이러한 유연성은 여성 직원의 업무 몰입도를 높이고 스트레스를 줄일 수 있다.

- **고정 관념.** 전문가들은 종종 기업 문화에 뿌리를 둔 무의식적 편향이 여성의 승진에 걸림돌이 된다고 말한다. 이러한 편향은 11장의 앞부분에서 학습한 것처럼 무의식적이기 때문에 암묵적이다. 조직 변화 컨설턴트인 캐롤라인 고슬링(Caroline Gosling)은 "행동을 바꾸고 싶다면 먼저 그 행동을 뒷받침하는 회사 문화의 신념과 가정을 이해할 필요가 있다."라고 말한다. 연구 결과들은 이러한 문화를 변화시키기 위한 세 가지 전략을 제안한다. 첫째, 기업은

고위 경영진이 성별 균형을 명시적으로 지원하도록 해야 한다. 둘째, 조직은 여성 리더에게 효과적인 멘토링을 제공할 수 있는 고성과자(스타)를 찾아야 한다. 마지막으로 채용 및 승진과 관련된 정책의 공정성과 투명성을 높여야 한다.

- **잘못된 사실.** 남녀가 자신감, 위험에 대한 욕구 그리고 협상 능력에 있어서 매우 유사하다는 연구 결과가 있음에도, 여성 다섯 명 중 한 명만이 고위 경영진에 오른다. 이는 남성이 여성보다 자화자찬하는 경향이 강하기 때문일 것이다. 예를 들어, 한 연구 결과는 남성이 여성보다 자신에 대해 더 강하고 긍정적인 언어를 사용할 가능성이 21% 더 높다는 것을 발견했다. 남성이 자신을 더 칭찬할 수 있지만, 연구는 이러한 칭찬을 지지하지는 않는다. 사실, 최근의 연구는 동료, 부하 직원 그리고 상사가 여성이 주도적인 행동, 관계 구축, 협동과 팀워크 그리고 진실성 및 정직성과 같은 핵심 리더십 능력에서 남성을 능가한다는 것을 발견했다. 다른 연구에 따르면, 여성 임원이 더 많은 회사들이 재무 성과, 의사 결정, 생산성이 더 낫다고 한다. 크레디트 스위스 연구소(Credit Suisse Research Institute)에서 수행한 한 연구는 "최고 경영진의 여성 비율이 높을수록 주주들에 대한 초과 수익은 더 커진다."라고 결론지었다. 14장에서는 리더십 위치에 있는 여성에 대해 더 자세히 학습하고, 15장에서는 여성의 의사소통에 대해 학습한다.

여성 리더십. 록히드 마틴사(Lockheed Martin Corporation)의 회장겸 CEO인 마릴린 휴슨(Marillyn Hewson)은 워싱턴의 이코노믹 클럽 행사에 참석했다. 휴슨은 590억 달러가 넘는 매출과 10만 명 이상의 직원을 거느린 회사를 경영한다.

인종 및 민족성 미국의 비히스패닉 백인 인구는 2060년까지 1,900만 명이 감소할 것으로 예상된다. 또한 백인은 2016년 76.9%에서 2060년 68%로 감소할 것으로 예상되며, 아프리카계 미국인은 13.3%에서 15%로, 아시아인은 5.7%에서 9.1%로, 히스패닉 또는 라틴계는 17.8%에서 27.5%로, 아메리칸 인디언 · 알래스카 원주민은 1.3%에서 1.4%로 증가할 것으로 예상된다. 지금까지 유색 인종은 유리 천장에 부딪쳤으며, 백인들은 관리직과 전문직을 더 많이 차지했다. 소수 민족과 관련된 두 가지 추가적인 추세는 다음과 같다.

첫째, 소수 민족은 백인보다 수입이 적다. 2018년 중위 가구 소득은 아프리카계 미국인의 경우 41,361달러, 히스패닉의 경우 51,450달러였다. 반면, 히스패닉이 아닌 백인의 경우에는 70,642달러였다(아시아인의 중위 소득이 87,194달러로 가장 높음). 최근 연구에 따르면, 아프리카계 미국인과 백인 사이에 왜 그런 소득 격차가 있을 수 있는지가 밝혀졌다. 이 연구는 고용주가 아프리카계 미국인 후보자와 더 높은 급여를 협상할 가능성이 낮기 때문에 백인 구직자보다 훨씬 낮은 급여를 받는 것으로 나타났다. 연구 결과는 소수 민족이 백인보다 차별, 인종차별 관련 스트레스, 심리적 지원을 덜 경험했다는 사실을 지지했다.

소수 민족의 가시성을 높이기 위해 토크니즘으로 눈을 돌린 조직도 있다. 토크니즘(tokenism)은 비판을 방지하고 사람들이 공평하게 대우받는 것처럼 보이기 위해 상징적인 무언가를 하는 제도이다. 예를 들어, 조직은 인력 내에서 평등한 것처럼 보이기 위해 대표성이 낮은 그룹에서

적은 수의 사람들을 고용할 수 있다. 연구에 따르면, 토크니즘은 성과에 부정적인 영향을 미치지만 때로는 피할 수 없는 경우도 있다. 이러한 경우, 경영자는 모든 팀원들이 존중받고 소속감을 느끼는지 확인해야 한다.

조직에서 인종 및 민족적 다양성을 효과적으로 관리하면 성공 가능성이 높아지므로 이러한 제도를 뒤집는 것이 중요하다. 예를 들어, 맥킨지(McKinsey)의 연구에 따르면 "임원의 인종 및 문화적 다양성에 있어 상위 25%에 속하는 회사는 업계 최고의 수익성을 가질 가능성이 33% 더 높았다." 또 다른 연구에서는 직장 내 팀이 그들의 고객과 비슷할 때 팀이 "최종 사용자를 위해 효과적으로 혁신할 가능성이 두 배 이상"인 것으로 나타났다.

성적 지향성 미국에서 자신을 LGBTQ(레즈비언, 게이, 양성애자, 트랜스젠더, 퀴어) 커뮤니티의 일부로 식별하는 사람들의 수를 정확하게 추정하는 것은 어렵다.

LGBTQ 인구를 추정하기 어려운 이유 중 하나는 해당 주제에 대한 설문 조사에서 용어에 대한 다른 정의를 사용하고 일관성 없는 질문을 하기 때문이다. 또 다른 이유는 비규범적인 성적 지향성에 대한 부정적인 태도가 사람들로 하여금 자신을 LGBTQ라고 밝히는 것을 꺼리게 만들기 때문이다. 실제로, 인권 캠페인 재단(Human Rights Campaign Foundation)의 보고서에 따르면 모든 LGBTQ 미국인의 약 절반이 직장에서 고립된 상태로 있었다. 최근 연구에 따르면, 직장에서 진정한 자아로 생활할 수 있는 것이 생산성, 직무 만족, 업무 몰입, 웰빙을 증가시킨다는 사실을 감안한다면 이것은 분명 우려스러운 통계이다.

트랜스젠더(transgender)는 타고난 성적 특징에 따라 기대되는 것과 다른 젠더 감각을 가진 사람들을 지칭하는 용어이다. 다시 말해, 이들은 자기 신체와 성별이 일치하지 않고 태어날 때 받은 성별 레이블이 맞지 않는다고 느끼며, 이들은 성인 130만 명으로 추산된다.

미국인들은 시간이 지남에 따라 게이와 레즈비언의 권리를 더욱 지지하게 되었으며, 2019년에는 73%가 사회가 동성애를 받아들여야 한다고 말했다. 이는 10년 전의 56%에서 증가한 수치이다. 2015년 6월에 미국 대법원이 결혼이 더 이상 남성과 여성의 법적 결합이 아니라는 점을 분명히 했기 때문에 상황은 더욱 변할 것으로 예상된다. "결혼할 권리는 개인의 자유에 내재된 기본적 권리이다." 오버게펠(Obergefell) 대 호지스(Hodges) 사건에서 판사는 주에서 동성 커플의 결혼을 거부할 수 없다는 다수의 판결을 지지하면서 다음과 같이 기술하였다. "수정헌법 14조의 적법 절차 및 평등 보호 조항에 따라 동성 커플은 그 권리와 자유를 박탈당할 수 없다."

한편 게이와 양성애자 남성의 임금 격차는 사라졌으며, 한 보고서에 따르면 현재 게이 남성은 비슷한 직장에 있는 이성애자 남성보다 평균 10% 더 많은 급여를 받는다고 한다. 그리고 레즈비언 여성은 이성애자 여성보다 더 높은 급여를 받았고 (물론 성적 지향성과 관계없이 남성보다는 아니었지만) 계속 그런 것으로 보인다. 이는 아마도 그들이 선택한 커리어와 여성이 전반적으로 더 낮은 급여를 받는다는 사실 때문일 것이다.

건강보험개혁법(Affordable Care Act)의 조항은 연방 자금 지원을 받는 의료 서비스 제공자가 LGBTQ 커뮤니티를 차별하는 것을 불법으로 규정했지만, 한 연구에서 트랜스젠더의 1/3은 의료 종사자와 적어도 한 번은 부정적인 상호 작용을 경험했다고 보고했다. 이는 치료 거부에서 신체적 폭행에 이르기까지 다양했다. 또 다른 연구에서는 LGBTQ 성인의 20%가 차별에 대한 두려움으로 의료 서비스를 받는 것을 기피한 것으로 나타났다. 그리고 변화하는 사회 및 법적 환경에도 불구하고 "LGBQ 근로자의 11~28%가 단순히 성적 지향성 때문에 승진하지 못한다고 보고했다." 더욱이, 약 28,000명의 미국 트랜스젠더 근로자를 대상으로 실시됐던 연구에서 67%가 작년에 해고, 강제 퇴사, 고용되지 않거나 승진을 거부당했다고 보고했다. 포춘 500대 기업의 한 게이 남성은 "여성이든 게이 남성이든, 여성으로 인식되면 커리어를 향상시키는 관계에서 배제된다."라고 말했다.

신체적 · 정신적 능력이 다른 사람들 미국 질병통제예방센터(Center for Disease Control: CDC)에 따르면, 미국 인구의 25%인 약 6,100만 명이 주요 생활 활동에 영향을 미치는 장애를 가지고 있다. 그러나 16세에서 64세 사이의 인구 중 장애인은 약 30%만이 고용되어 있으며, 장애인의 실업률은 비장애인의 2배이다.

1992년부터 미국 장애인법(Americans with Disabilities Act: ADA)은 장애인에 대한 차별을 금지하고 있으며, 단체들이 개인의 장애를 합리적으로 수용하도록 요구하고 있다. 연구에 따르면, ADA가 장애인 고용 격차를 줄이는 데 도움을 주었지만, 해야 할 일이 더 남아 있다는 것을 보여 준다. 비영리 단체인 케슬러 재단(Kessler Foundation)이 최근 3,000명 이상의 관리자를 대상으로 실시한 설문 조사에서 응답자의 28%만이 그들의 조직이 장애 채용 목표를 가지고 있다고 말했다. 관리자들이 보고한 한 가지 문제는 장애를 가진 직원들에게 교육과 편의를 제공하는 데 고위 경영진이 전념하지 않는다고 인식한다는 것이다. 하지만, 미국 장애인 협회의 회장인 헬레나 버거(Helena Berger)에 따르면, "장애가 있으면 더 나은 문제 해결자가 될 수 있다. 더 혁신적일 수 있다."

Disability Images/Blend Images LLC

장애. 누구나 휠체어가 장애가 있음을 나타내는 것으로 인식하지만 다른 장애는 쉽게 식별되지 않으며 이해되지 못할 수도 있다. 예를 들어, 정신 장애가 있는 사람을 고용해야 한다고 생각하는가? 정신 장애로 인해 일을 효과적으로 하는 데 방해가 될 것으로 생각하는가?

연구에 따르면, 조직은 장애인을 고용함으로써 혜택을 받을 수 있다. 이러한 이점에는 수익성, 혁신성, 전반적인 경쟁 우위 및 보다 포용적인 업무 문화가 있다. 조직은 다음과 같은 이점을 활용할 수 있다. (1) 장애인을 위해 일하는 조직과 파트너십을 구축하고, (2) 사람들이 할 수 없다고 생각하는 업무를 수행하는 장애인에 대한 이야기를 강조하며, (3) 대학의 장애인 서비스 기관과 협력함으로써 더 많은 수의 장애인을 고용할 수 있다.

교육 수준 교육과 직장 사이의 두 가지 중요한 불일치는 다음과 같다.

- **많은 대학 졸업자가 적합한 일을 얻지 못하고 있다.** 뉴욕연방준비은행(Federal Reserve Bank of New York)에 따르면, 전체 대학 졸업생의 약 3분의 1이 필요 이상의 자격을 갖춘 직업을 가지고 있다. 다시 말해, 많은 대학 졸업생들이 불완전하게 고용되어 그들이 받은 만큼의 교육이 필요하지 않은 직업에 종사하고 있다는 것이다.
- **고등학교 중퇴자 이하의 학력을 가진 사람들은 대부분 문맹이다.** 최근 연구에 따르면, 2017년에 16세에서 24세 사이의 미국 전체 인구 중 5.4%가 고등학교를 중퇴했다. 중퇴율은 남성이 여성보다 높았으며(6.4% 대 4.4%), 아메리칸 인디언 · 알래스카 원주민 청소년의 비율은 모든 인종 중에서 가장 높았다.

다양성에 대한 장애물

어떤 장애물은 다양성을 가진 사람들이 스스로 세운다. 그러나 기본적으로 대부분의 장애물은 조직 때문에 가로막히게 된다. 여기서 조직이란 조직을 더 다양하게 만드는 데 저항하는 조직의 사람들, 특히 한동안 차별받았던 사람들을 가리킨다.

10장에서 학습한 변화에 대한 저항은 모든 경영자가 때때로 직면하는 태도이며, 다양성에 대한 저항은 한 가지 유형이다. 다양성에 대한 저항은 다음 여섯 가지로 표현할 수 있다.

고정 관념과 편견 자민족 중심주의(ethnocentrism)는 자신의 모국, 문화, 언어, 능력 또는 행동이 다른 문화의 것보다 우월하다는 믿음이다. 다름이 약점으로 간주될 때 다양성이 역량과 우수함의 희생으로 이어질 것이라는 우려로 표현될 수 있다.

다수 집단 구성원에 대한 차별의 두려움 일부 직원은 조직에서 더 큰 다양성을 달성하려는 시도가 다수 집단에 대한 편견으로 이어질 것을 두려워한다. 예를 들어, 더 많은 자격을 갖춘 백인보다 더 많은 흑인이나 아시아계 직원이 소방 대장이나 경찰 간부로 승진하게 될 것을 우려하는 것이다. 구글(Google)은 최근에 (직원의 관점에서) 여성이 본질적으로 기술 분야의 직업에 적합하지 않은 이유에 대한 긴 메모를 작성한 엔지니어링 직원을 해고했다. 그가 작성한 메모는 곧 공개되었다. 해고된 직원은 구글이 보수적인 백인 남성을 차별한다고 주장하며 구글을 고소했다. 유튜브(YouTube)의 백인 채용 담당자에게 비슷한 사례가 발생했다. 그는 회사가 "유튜브가 흑인, 히스패닉 및 여성을 고용하기 위해 백인과 아시아 남성 지원자를 차별한다고 불평한 후 회사가 나에게 보복했다."라고 주장했다. 구글과 유튜브의 모회사인 알파벳(Alphabet)은 월스트리트저널과의 인터뷰에서 두 사건 모두에서 회사를 방어할 것이라고 밝혔다.

다양성 프로그램 우선순위에 대한 저항 SAP, P&G(Procter & Gamble), 리바이 스트라우스(Levi Strauss & Co)와 같은 일부 회사들은 다양성 수용을 가르치는 특별 수업과 잘 지내는 방법에 대한 세미나를 제공하는 등 다양성에 대한 공격적인 접근법을 취했다. 일부 직원은 다양성 프로그램을 조직의 '실제 업무'에서 방해하는 것으로 생각할 수 있다. 또한 조직의 성과 평가 및 보상 체계에서 특별한 기준을 통해 강화되는 다양성 증진 정책에 대해 불만을 가질 수 있다.

부정적인 다양성 분위기 다양성 분위기(diversity climate)는 조직이 다양성을 지원하는 정도에 대한 직원들의 지각을 나타낸다. 다양성 분위기는 직원들이 조직이 모든 종류의 직원에게 공평하다고 생각할 때 긍정적이며, 이는 직원 충성도와 전반적인 회사 성과를 촉진한다. 또한 심리적 안전성을 강화한다. 심리적 안전성(psychological safety)은 사람들이 부정적인 결과에 대한 두려움 없이 자신의 생각과 신념을 자유롭게 표현하는 정도를 의미한다. "심리적 안전성은 친절해지는 것에 관한 것이 아니다."라고 이 용어를 처음 만든 에이미 에드먼슨(Amy Edmondson)은 말한다. "솔직한 피드백을 주고, 실수를 공개적으로 인정하고, 서로에게서 배우는 것이다." 연구에 따르면, 심리적 안전성은 팀과 조직의 성과, 창의성, 조직 몰입을 향상시킨다.

친가족 지원 부족 2018년에는 미국 어린이 10명 중 거의 7명이 부모가 두 명인 가정에서 살았다. 이러한 가정의 63%는 부모가 맞벌이이며, 29.5%는 아빠만, 5%는 엄마만 일을 했다. 그러나 많은 가정에서 여전히 주로 아이들과 기타 가사를 돌보는 사람은 여성이다. 조직에서 시간과 직무에 대한 유연성을 제공하지 않을 때 여성들은 저녁과 주말에 일하거나 하룻밤 출장을 가는 데 어려움을 겪을 수 있다. 스타벅스(Starbucks), 맥도날드(McDonald's), IBM, AT&T, 월마트(Walmart)와 같은 몇몇 회사들은 기존 유급 가족 휴가 정책을 제공하거나 개선하기 시작했으며, 최근 퓨 센터(Pew Center) 설문 조사에서 응답자의 94%가 가족을 도울 것이라 답했다. 의회는 최근에 연방 직원에게 새로운 자녀의 출생, 입양 또는 위탁을 위해 최대 12주의 유급 가족 휴가를 부여하는 '연방 직원 유급 휴가법'을 통과시켰다.

다양한 직원들을 위한 적대적인 근무 환경 적대적인 근무 환경은 성적·인종적·연령적 괴롭힘을 통해 민권법 제7호 등 고용기회균등법에 저촉될 수 있다. 여성, 남성, 노인 또는 LGBTQ 사람들을 대상으로 행해지는 적대적인 환경은 품위를 떨어뜨리고, 비윤리적이며, 업무 환경을 오염시킨다. 최근의 예로는 칠리스(Chili's)와 마지아노스(Maggiano's) 레스토랑 체인을 소유한 브링커 레스토랑 코퍼레이션(Brinker Restaurant Corp)이 있다. 이 회사는 2019년 여성 직원들에게 부적절한 스킨십, 성적 제스처 및 언어폭력을 행사하고 이에 대해 항의한 여성 직원들을 보복한 혐의로 평등고용기회위원회의에 고발을 당했다. 회사는 2020년에 평등고용기회위원회와의 합의에 도달하여 해당 여성 직원들에게 150,000달러를 제공하고 적대적인 근무 환경으로 이어지는 고용 제도를 변화시키는 데 동의했다. 미국 평등고용기회위원회의 자료에 따르면, 2019년에 접수된 72,675건의 불만 사항 중 약 3분의 1이 성과 관련된 것이었다. 직장 환경이 적대적으로 지각되면 직원들은 최고의 성과를 달성하지 못할 것이다.

얼티밋 소프트웨어(Ultimate Software)는 이러한 여섯 가지 장벽을 극복하여 다양성을 효과적으로 관리하려고 시도한 회사의 좋은 예이다.

얼티밋 소프트웨어의 '사람 우선' 문화

얼티밋 소프트웨어(Ultimate Software)는 포춘의 일하기 좋은 직장 순위에서 2위를 차지했으며, 4년 연속으로 상위 10위 안에 포함되었다. 이 회사는 클라우드 기반 인력 관리 해결책을 전문으로 하며 모든 직원을 존중하는 포용적인 환경에서 '사람 우선' 문화를 구현하는 것을 자랑스럽게 생각한다. 회사의 CHRO인 비비안 마자(Vivian Maza)는 "얼티밋에서 함께 일하고 하나의 팀으로 번성하는 우리를 만드는 것은 개인의 강점, 독특한 경험, 다양한 관점 및 직원들의 창의적인 아이디어이다."라고 말한다. 다음은 얼티밋이 다양성 관리에서 뛰어난 성과를 낸 몇 가지 방법이다.

건강 및 가족 복리 후생

얼티밋은 값비싼 불임 치료에 대한 보장을 포함하여 직원의 의료 보험료(의료, 치과, 안과)에 대한 비용을 100% 지불한다. 이러한 복리 후생은 동성 부부를 포함한 가족까지 확대된다. 직원들은 유급 출산 · 육아 · 입양 휴가를 쓸 수 있고, 무제한 유급 휴가를 통해 개인 또는 가족의 욕구를 해결할 수 있다.

이익 공동체

회사는 5개의 이익공동체인 PRIDEUS(People Respecting Individual Differences Empower Ultimate Software: 개인 차이가 얼티밋 소프트웨어를 강화하는 것을 존중하는 사람들), Women in Leadership, UltiVETS, UltiHOPE, Women in Technology에 자부심을 갖고 있다. 이러한 비공식 그룹은 직원들에게 사회화, 전문 네트워킹 및 지역 사회 봉사의 기회를 제공하고 전문성 개발, 다양성 교육(예: 트랜스젠더 민감성) 및 리더십 직책의 소수자를 위한 동료 지원 그룹을 제공한다. 모든 이익공동체는 포용적이다. 다시 말해, 집단에서 대표되는 사람들의 '동맹'이라고 생각하는 사람이라면 누구나 가입할 수 있다.

회원들은 또한 비영리 단체와 동맹 공동체를 위해 자원봉사를 하고 기금을 모금한다. 예를 들어, 얼티밋의 PRIDEUS 그룹은 마이애미 히트(Miami Heat)와 제휴하여 LGBTQ+ 공동체의 삶과 다양성을 축하하는 행사인 사우스 플로리다(South Florida)에서 열리는 라우드 앤 프라우드 댄스 파티(Loud and Proud Dance Party)를 매년 후원했다. Women in Leadership 그룹은 '아테나 장학금(Athena Scholarship)'을 후원한다. 이 장학금은 기술 분야를 전공하면서 학교나 지역 사회에서 탁월한 리더십 스킬을 보이는 얼티밋 직원의 딸 2명에게 매년 20,000달러의 대학 장학금을 제공한다.

기술

얼티밋은 첨단 기술을 통해 다양성과 직장에서의 포용을 촉진한다. 수상 경력에 빛나는 클라우드 기반 주요 제품인 얼티프로(UltiPro)는 다른 회사도 동일한 작업을 수행할 수 있도록 지원하는 것을 목표로 한다. 얼티프로의 장점은 거의 모든 회사의 HR 요구 사항을 최첨단 데이터 기능을 사용하여 성과 관리를 단순화하고 향상시키는 하나의 매끄럽고 포괄적인 플랫폼에 통합하는 것이다. 경영자에게 고용 결정에 필요한 최신의 편파적이지 않은 정보를 제공하고, 필요한 교육 및 전문성 개발 기회를 추천하고 제공함으로써 직원들이 성과 및 커리어 목표를 향해 계속 추적할 수 있도록 한다. 이 플랫폼은 국가 또는 전 세계 여러 위치에 있는 여러 사용자의 고유한 문화, 재정, 언어, 법률·규정 준수 요구 사항을 지원한다.

얼티프로는 기업이 많은 일반적인 다양성 관리 장애물을 해결할 수 있도록 설계되었다. 비즈니스 인텔리전스 도구인 얼티프로는 조직이 전략적 다양성 목표를 달성하고 있는지를 평가하기 위해 여러 수준에서 풍부한 데이터를 수집할 수 있다. 직관적인 설계와 문화적 적응성은 모든 연령과 배경의 직원들에게 사용자 친화적이다. 정량화 가능한 지표에 대한 의존도는 의사 결정에 있어 암묵적 편향의 영향을 줄인다. 이 플랫폼은 또한 직원 간의 연결과 멘토링을 지원함으로써 다양한 직원을 구분하는 소셜 네트워킹 장애물을 극복한다. 마지막으로 얼티프로 퍼셉션(UltiPro Perception) 도구는 직원들이 접근 가능하고 익명으로 요구 사항, 우려 사항 및 의견을 고위 경영진에게 전달할 수 있도록 하여 조직의 주요 다양성 관리 문제를 완화하는 데 도움을 준다.

당신의 생각은?

얼티밋의 다양성 프로그램이 최고의 인재를 채용하는 데 어느 정도 도움이 될까?

SECTION

06 스트레스와 개인 행동 이해

스트레스는 사람들이 과도한 요구나 기회를 견딜 때 그리고 요구나 기회에 어떻게 대처해야 할지 모를 때 느끼는 것이다. 스트레스의 원인은 개인 차이, 업무, 역할, 그룹, 조직, 비업무 요구의 여섯 가지가 있다. 이번 섹션에서는 스트레스의 결과를 알아보고, 조직이 스트레스를 줄이기 위해 사용하는 세 가지 방법을 살펴본다.

학습 목표

직장 스트레스의 원인과 대처 방법을 이해한다.

스트레스(stress)는 사람들이 특별한 요구, 제약, 기회를 마주하거나 견뎌내고, 효과적으로 처리할 수 있는 능력에 대해 불확실할 때 느끼는 긴장감이다. 스트레스는 긴장과 압박감이다. 스트레스의 근원을 스트레스 요인이라 한다. 스트레스는 일반적으로 과로, 예측할 수 없는 일정 및 야간 근무, 불안전한 직장, 저임금, 동료 해고, 직장 내 갈등, 일하는 동안 아픈 친척을 돌봐야 하는 가족 걱정과 같은 상황에서 발생한다.

이번 섹션에서는 먼저 경영자가 알아야 할 직무 관련 스트레스의 원인과 피해에 대해 살펴본다. 그런 다음, 조직이 스트레스 요인을 줄이는 방법을 알아본다.

직장 내 스트레스로 인한 비용

스트레스와 그에 대한 반응은 지극히 개인적인 일이지만, 다음은 스트레스와 관련된 몇 가지 놀라운 통계이다.

- 미국 스트레스 연구소(American Institute of Stress)에 따르면, 일하는 미국 성인의 약 83%가 업무 관련 스트레스로 인해 최대 3,000억 달러의 사업 손실이 발생한다.
- 2019년 갤럽(Gallup)의 여론 조사에 따르면, 미국인은 '세계에서 가장 스트레스를 많이 받는 인구'에 속하며, 인구의 절반 이상이 낮에 스트레스를 경험한다.
- 미국 질병통제예방센터는 스트레스가 직장의 건강 문제의 주요 원인이라고 보고한다.
- 근로자의 약 62%는 자기 일이 인생에서 가장 큰 스트레스 요인이라고 보고한다.
- 스트레스 관련 요인으로 인해 매일 약 100만 명이 직장에 결근한다.

스트레스는 직장에서 갈등과 산만함을 유발할 수 있으며, 사람을 항상 피곤하게 만든다. 스트레스는 또한 심혈관 질환, 만성 요통, 불안 및 불면증과 같은 문제로 이어지기도 한다.

조직의 관점에서 직장 스트레스는 긍정적인 감정, 직무 만족도, 조직 몰입도 및 직무 성과를 감소시키고, 음주 및 불법 약물 사용, 직장 일탈, 이직률을 증가시킨다. 연구자들은 일반적으로 스트레스와 성과 사이에 역 U자형 관계가 있다고 말한다(그림 11.6 참조). 다시 말해, 낮은 수준의 스트레스는 낮은 성과로 이어지고, 높은 수준의 스트레스도 에너지를 소모하는 투쟁-도피 반응(fight-or-flight response)으로 인해 낮은 성과로 이어진다. 최적의 성과는 사람들이 적당한 수준의 스트레스를 경험할 때 발생한다.

그림 11.6 스트레스와 성과

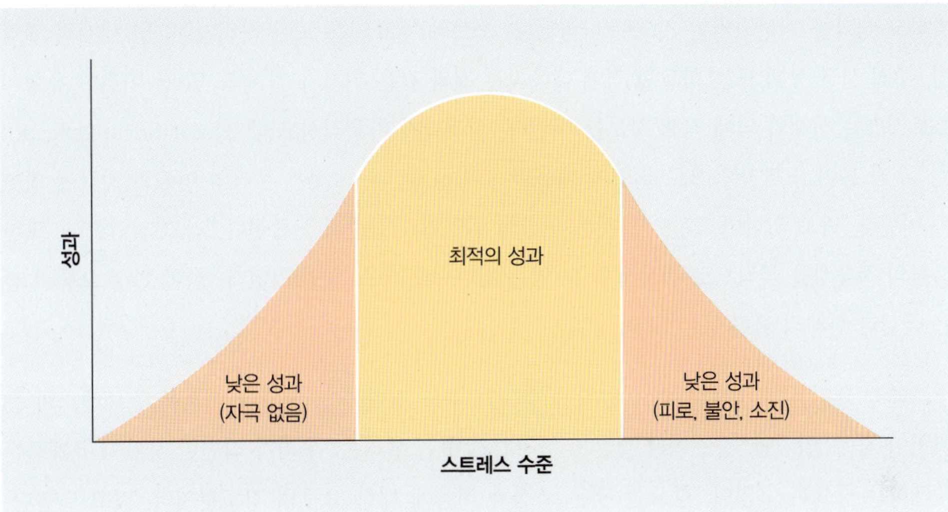

적당한 양의 스트레스가 건강과 행동에 어느 정도 도움이 될 수 있지만, 과도하거나 부정적인 스트레스는 세 가지 종류의 증상으로 나타난다.

- **생리적 징후:** 약한 생리적 징후는 땀에 젖은 손바닥, 안절부절못하거나, 요통, 두통, 배탈 및 메스꺼움 등이 있다. 심각한 징후는 고혈압과 심장마비 등이 있다.
- **심리적 징후:** 심리적 증상에는 건망증, 지루함, 짜증, 신경과민, 분노, 불안, 적대감 및 우울증이 있다. 연구에 따르면, 미국인의 40%가 근무 시간 동안 불안에 시달린다고 한다.
- **행동적 징후:** 행동 증상으로는 불면증, 식습관 변화, 흡연 · 음주 · 약물 남용 증가 등이 있다. 연구에 따르면, 리더가 잠을 자지 않을 때 참을성이 없어지고 직원을 학대할 가능성이 높아지며 카리스마 또한 덜한 것으로 나타났다.

스트레스가 극심하면 소진이 발생할 수 있다. 소진(burnout)은 무기력, 무관심 또는 좌절로 표현되는 감정적 · 정신적 · 육체적 피로 상태이다. 소진의 원인에는 상시 함께하는 직장 문화, 첨단 기술, 까다로운 상사, 까다로운 고객, 비효율적인 동료 등이 있다. 가장 큰 결과는 생산성 감소이다. 연구에 따르면, 과도한 스트레스를 받는 직원은 병에 걸리거나 부상이나 사고를 당하고 업무 성과가 떨어진다.

스트레스가 작용하는 과정

스트레스는 신체적인 요소와 정서적인 요소를 모두 가진다. 현대 스트레스 개념의 아버지로 여겨지는 캐나다 연구자 한 셀리(Han Selye)에 따르면, 스트레스는 신체적으로 "어떤 요구에 대한 신체의 비특이적 반응"이다. 정서적으로, 스트레스는 압도당하는 느낌, 즉 "사건이나 상황이 개인의 대처 능력을 넘어섰다는 인식"으로 정의되어 왔다.

스트레스 요인은 번거롭거나 물건을 잘못 놓거나 분실하는 것, 외모에 대한 걱정, 할 일이 너무 많은 것과 같은 단순한 자극제가 될 수 있다. 예를 들어, 답답한 아침 출근은 스트레스를 유발하고 성과를 저하시키는 것으로 나타났다. 스트레스 요인은 또한 허리케인, 전 세계적 전염병, 주식 시장 붕괴 또는 학교 총격에 대응하는 것과 같은 위기가 될 수도 있다. 이러한 유형의 스트레스는 신체와 뇌에 적색 경보를 내린다. 심리학자 마우리시오 델가도(Mauricio Delgado)는 "우리 몸이 도피 반응으로 위협에 대응할 준비를 할 때, 그것은 우리의 인지와 지각에 영향을 미친다."라고 말한다. 그는 "그것은 우리의 주의력과 집중력을 좁힌다."라고 첨언한다. 또한 사람의 적응성을 극적으로 긴장시킬 수 있는 강한 스트레스 요인도 있다. 심한 만성 요통과 같은 극심한 신체적 불편 등이 그 예이다.

스트레스 요인은 부정적일 수도 있고 긍정적일 수도 있다. 즉, 해고나 이혼은 스트레스의 큰 원인이 될 수 있지만, 승진이나 결혼도 마찬가지이다. 셀리는 "우리가 직면한 상황이 유쾌하든 불쾌하든 중요하지 않다. 중요한 것은 조정과 적응에 대한 요구의 강도뿐이다."라고 말한다. 또한 셀리는 (그가 '고난'이라고 부르는) 나쁜 스트레스(distress)와 좋은 스트레스(eustress)를 구분했다. 그러나 여기서는 스트레스가 사람들과 성과에 부정적인 영향을 미치는 방식을 살펴본다.

직무 관련 스트레스의 원천

직무 스트레스의 원인으로는 (1) 개인 차이, (2) 개인의 업무, (3) 개인의 역할, (4) 일과 삶의 갈등, (5) 집단, (6) 조직의 여섯 가지가 있다.

개인 차이로 인한 요구 사항 일부 사람들은 태어날 때부터 걱정쟁이로 태어난다. 예일(Yale) 연구원들은 이들이 부정적인 생각에 만성적으로 집착하는 사람들과 동일시하는 유전자 돌연변이를 가지고 있다고 밝혀냈다. 이런 사람들은 조급하고, 서두르며, 마감 시간에 쫓기고, A형 행동 패턴(type A behavior pattern)으로 알려진 성격 특성을 가진 경쟁적인 유형으로, 더 짧은 시간에 더 많은 것을 성취하기 위해 만성적이고 단호한 투쟁에 참여한다. A형 행동은 교수, 학생, 생명 보험 중개인의 업무 수행 능력 향상과 관련이 있다. 그러나 특히 분노, 적대감 및 공격성에 대한 강한 감정을 보인 개인의 경우 심장 질환뿐만 아니라 더 큰 심혈관 활동 및 고혈압으로 이어질 수 있다.

업무의 요구 사항 어떤 일은 다른 일보다 스트레스를 더 많이 유발한다. 예를 들어, 소매점 관리자가 되는 것은 어떤 사람들에게는 상당한 스트레스가 될 수 있다. 뉴스와 댓글을 작성하기 위해 개별적으로 돈을 받는 재택 블로거가 된다는 것은 피곤할 정도로 장시간 일을 한다는 것을 의미할 수도 있다. '감정노동'이 필요한 일, 즉 기분이 어떻든 항상 밝은 척하거나 웃는 척하는 일은 특히 힘들 수 있다.

낮은 수준의 일자리는 높은 수준의 일자리에 비해 스트레스를 더 많이 받을 수 있는데, 이는 직원들이 자신의 삶에 대한 통제력이 떨어져 직무 만족도가 떨어지기 때문이다. 바리스타, 탁아소 교사, 호텔 컨시어지(concierge) 또는 구매 에이전트와 같은 일반적으로 보수가 적은 직업은 상당한 스트레스를 유발할 수 있다.

역할의 요구 사항 역할(role)은 사람들이 어떤 직책을 가진 사람에게 기대하는 일련의 행동이다. 스트레스는 역할 과부하, 역할 갈등 및 역할 모호성으로 인해 발생할 수 있다.

- **역할 과부하(role overload):** 다른 사람의 기대치가 당신의 능력을 넘어설 때 발생한다. 예를 들어, 학생으로서 공부하면서 일하고 사회생활을 한다면 역할 과부하가 무엇인지, 스트레스가 무엇인지 알 수 있다.
- **역할 갈등(role conflict):** 인생에서 중요한 사람들의 여러 기대에 괴로워할 때 발생한다. 예를 들어, 상사는 회사가 중요한 마감일을 맞추려면 늦게까지 있어야 한다고 말하지만, 가족들은 자녀의 생일 파티를 위해 당신이 집에 있기를 기대할 때 역할 갈등이 발생한다.
- **역할 모호성(role ambiguity):** 다른 사람의 기대치를 알 수 없을 때 발생한다. 예를 들어, 어떤 사람은 자신의 직무 내용과 승진 기준이 모호하다고 생각하는데, 이는 조직에 새로 입사한 사람들이 종종 제기하는 불만이다.

업무와 역할 요구는 높지만 개인 통제 수준이 낮은 직무는 특히 골칫거리이다. 이러한 경우 사람들은 업무 활동을 완료하려는 노력이 차단되어 지속적인 스트레스, 불편함, 소진을 겪게 될 가능성이 높다. 문제는 개인이 업무를 수행하는 방식이나 완료 시점에 영향을 줄 수 있는 자원, 힘 또는 권한이 없다는 것이다. 통제 정도가 낮고 직무 요구가 높은 직업에서 일하는 사람들을 7년간 조사했던 연구 결과는 "낮은 직무 요구에 비해 사망 확률이 15.4% 증가했고, 통제 정도가 높은 직업에 종사하는 사람들의 경우 역할 요구가 높을수록 역할 요구가 낮은 직업에 비해 사망 확률이 34% 감소함을 발견했다."

이 사람처럼 느껴본 적 있는가? 많은 직업들이 스트레스를 유발한다. 스트레스를 관리하기 위해 어떤 스킬을 사용하는가? 스트레스를 무시하고 일상적인 활동을 열심히 해본 적이 있는가?

일-가족 갈등 일-가족 갈등(work-family conflict)은 일과 가족 영역의 요구나 압력이 서로 양립할 수 없을 때 발생한다. 일과 가족은 두 가지 방식으로 충돌할 수 있다. 직장에서의 책임이 가정 생활을 방해할 수 있고, 가족의 요구가 직장에서의 책임을 방해할 수 있다.

예를 들어, 연로하신 어머니를 돌보고 있는 직원이 어머니를 병원에 데려가기 위해 부서 회의에 참석하지 못할 수 있다(가족이 일을 방해함). 아마도 다른 날 그는 보고서를 제시간에 마감하기 위해 늦게까지 일하고 어머니와의 약속 일정을 다시 잡아야 할 수도 있다(일이 가족에 방해가 됨).

이러한 유형의 갈등은 가정과 직장에 모두 영향을 미쳐 건강 문제를 야기할 수 있기 때문에 중요하다. 한 조사에 따르면, 전체 직원의 절반 이상이 일과 가족 사이의 균형이 매우 중요하다고 생각한다. 경영자의 관점에서 조직은 스트레스 요인을 줄이고 업무 몰입을 늘리며 직원이 일과 가족 요구의 균형을 맞추도록 지원하는 건강 프로그램을 구현하기 위해 노력해야 한다. 건강 프로그램에 대해서는 다음 섹션에서 논의할 예정이다.

최근 연구에 따르면, 상사와 고위 임원들은 이러한 선호가 부정적인 결과를 초래할 수 있기 때문에 자신의 이념에만 초점을 맞춘 일과 삶의 결정에 신중해야 한다(예: 엄마는 신생아를 우선적으로 돌봐야 함). 예를 들어, 아메리칸 익스프레스(American Express), 룰루레몬(Lululemon), 푸루덴셜(Prudential), 넷플릭스(Netflix)와 같은 회사는 부모가 신생아와 관련된 책임의 균형을 맞추도록 돕기 위해 성 중립적인 육아휴직 정책을 실행하고 있다. 넷플릭스는 직원들이 아이를 낳은 후 1년 동안 유급 휴가를 사용할 수 있도록 조직 전체에 기준을 높였다.

집단의 요구 사항 사람들과 어울리지 못할 때, 큰 스트레스 요인이 될 수 있다. 스트레스를 통제하고 있다 하더라도 동료의 스트레스가 당신을 괴롭히고 생산성을 떨어뜨릴 수도 있다.

또한 경영자 역시 직원에게 스트레스를 줄 수 있다. 노골적인 자기 홍보, 경청하지 않는 태도, 무리한 요구, 거짓말, 불공정한 의사 결정 등을 지속적으로 행하는 상사는 스트레스의 원인이 될 수 있다.

조직의 요구 사항 가금류 가공, 석면 제거, 석탄 채굴, 소방, 경찰 업무, 구급차 운전 등과 같은 일부 직업의 물리적 환경은 스트레스의 큰 원인이다. 화이트칼라 업무도 조명이 약하고 소음이 너무 크며 가구 배치가 부적절하고 사생활이 보호되지 않으면 스트레스가 많이 발생할 수 있다.

직원들에게 높은 압박의 업무 요구를 가하는 조직 문화는 스트레스 반응을 부추긴다. 기업이 양날의 검으로 인식하기 시작한 스트레스 요인 중 하나는 커뮤니케이션 기술이다. 직원들이 24시간 근무를 위해 대기하고 밤, 주말, 심지어 휴가 중에도 이메일 및 기타 메시지에 응답할 수 있거나 응답하도록 장려된다. 업무에서 절대 벗어날 수 없는 스트레스를 방지하기 위해 PwC는 팝업 메모를 통해 직원들에게 주말에 수신한 업무용 이메일을 확인할 것을 상기시킨다. 건강 관리 컨설팅 회사인 비나믹(Vynamic)은 직원들이 밤 10시에서 아침 7시 사이에 이메일을 보내고 응답하는 것을 권장하지 않는다. CEO인 댄 칼리스타(Dan Calista)는 "스트레스는 우리 팀에게 도전 과제처럼 다가오고 있다."며 "우리가 실제로 개선하지 못한 영역이다."라고 말했다. “풍부한 이메일과 상시 접속에 대한 몇 가지 대화를 통해 우리는 이것이 휴가뿐만 아니라 정기적으로 연결을 끊을 수 있는 구조화된 방법을 만들 좋은 기회가 될 수 있음을 깨달았다.”라고 말했다.

유럽 기업들은 더 강력한 조치를 취했다. 폭스바겐(Volkswagen)은 직원들의 휴대 전화로 오는 업무 시간 외 이메일을 차단하고, 다임러(Daimler)는 휴가 중인 직원들에게 보내는 이메일을 삭제한다. 포르쉐(Porsche)는 업무 시간 외 이메일을 보낸 사람에게 회신하여 조치를 취하는 것을 고려하고 있다. 이러한 변화에 찬성하는 한 임원은 “저녁 시간에 상사의 이메일을 읽고 답장을 보내는 것은 무급 근무로 스트레스를 가중시키는 일이며 용납할 수 없다.”라고 말했다. 프랑스는 더 나아가 2014년 독일에서 이미 제정된 것과 유사한 새로운 ‘연결 해제 권리’법을 채택하여 직원이 50명 이상인 회사의 특정 퇴근 시간 동안 업무용 이메일을 사실상 금지시켰다.

조직 내 스트레스 요인 줄이기

스트레스 요인을 줄이고 직원 복지를 개선하기 위해 관리자가 할 수 있는 완충 장치(buffer)가 있다. 이번 섹션에서는 사람들이 회복 탄력성을 개발할 수 있도록 돕기 위한 시도부터 시작하여 여섯 가지 권장 사항을 알아본다.

- **회복 탄력성을 구축한다.** 회복 탄력성(resilience)은 역경에서 지속적으로 회복하고 도전에 직면했을 때 자신을 지탱할 수 있는 능력을 의미한다. 회복 탄력성은 고용주가 원하는 역량이고, 시간이 지남에 따라 개발된다. 발명가 제임스 다이슨(James Dyson)의 예를 생각해 보자.

Dyson/Shutterstock

다이슨 핫 팬 히터기와 제임스 다이슨

다이슨은 사이클론과 같은 원리로 작동하는 더 나은 진공청소기를 개발하기 위해 5,000개 이상의 버전을 5년 동안 테스트했다. 오늘날 그의 이름을 딴 그의 회사는 듀얼 사이클론(Dual Cyclone) 백리스 진공청소기와 약 육십 가지 종류의 제품을 판매하고 있다. 그의 순자산은 130억 달러가 넘는다.

회복 탄력성을 구축하기 위한 몇 가지 전략은 스트레스를 줄이는 데 도움이 되는 마음챙김을 연습하고, 들어오는 정보의 우선순위를 지정하여 더 효과적으로 처리하고 더 나은 결정을 내리는 방법을 배우고, 집중력을 회복하기 위해 직장에서 자주 짧은 휴식을 취하고, 문제에서 정신을 분리하여 감정적으로 반응하지 않는 것이다. 다른 권장 사항으로는 낙관적인 사람이 될 수 있도록 연습하고, 도전에 직면했을 때 인지 재구성을 사용하고, 역경에서 회복한 순간을 기억하고, 다른 사람을 지원하고, 적절한 양의 수면을 취하는 것 등이 있다.

- **직원 지원 프로그램을 시행한다.** 직원 지원 프로그램(employee assistance program: EAP)에는 직원이 스트레스, 소진, 약물 남용, 신체적 · 정신적 건강 관련 문제, 가족 및 결혼 문제,

직무 수행에 부정적인 영향을 미치는 모든 일반적인 문제에 대처할 수 있도록 돕는 다양한 프로그램이 포함된다. 이러한 지원 프로그램은 직원 정신 건강과 관련하여 특히 중요하다. 예를 들어, 매우 우수하거나 우수한 정신 건강을 보고하는 근로자의 비율은 세대에 따라 다르다.

- Z 세대: 45%
- 밀레니얼 세대: 56%
- X 세대: 51%
- 베이비붐 세대: 70%

이 수치들은 Z세대가 다른 세대에 비해 높은 수준의 정신 건강을 보고할 가능성이 가장 낮다는 것을 보여 준다. 2019년부터 취업을 시작한 Z세대가 현재 가장 인구가 많은 세대라는 점을 감안하면 이는 분명 우려되는 부분이다.

- **전체적인 건강 접근법을 권장한다.** 전체적인 웰빙 프로그램(holistic wellness program)은 자기 책임감, 영양 인식, 휴식 방법, 체력 및 환경 인식에 중점을 둔다. 이 접근법은 직원들이 건강증진 프로그램을 개발하고 준수하는 것을 개인적인 책임으로 받아들여 신체적 · 정신적 · 사회적 웰빙의 균형을 유지하도록 장려하고 스트레스를 감소시킨다. 구글(Google)의 웰빙 프로그램을 살펴보자.

구글의 웰빙 이니셔티브

구글의 성공적인 기업 웰빙 프로그램을 언급하지 않는 기사를 찾기는 어렵다. 회사의 접근법은 다른 회사가 이 분야에서 성공을 측정하는 기준이 되었다. 구글은 직원의 웰빙과 삶의 질에 대해 분명히 관심을 갖고 있다. 다음은 구글이 웰빙 이니셔티브를 통해 직원들에게 제공하는 것들에 대한 몇 가지 예이다.

우리는 직원이 기분 좋기를 원한다

구글은 의사, 물리 치료사, 척추 지압사 등 직원들이 컨디션이 좋지 않을 때 괜찮아질 수 있도록 다양한 현장 서비스를 제공한다. 일부 경영자는 직원에게 현장 안마사 중 한 명에게 마사지를 받을 수 있는 마사지 크레딧으로 보상을 제공하며, 회사는 추가적인 휴식이 필요한 사람들에게 낮잠 팟(pod)에서 잠을 자도록 권장하기도 한다.

구글은 건강을 추구하는 직원을 위한 건강 보험료 할인 및 근무 시간 동안 건강을 유지할 수 있는 다양한 기회와 같은 복리 후생을 통해 직원들이 건강에 대해 스스로 능동적으로 대처할 수 있도록 장려한다. 구글의 직원들은 무료 피트니스 센터, 운동 교실, 자전거를 이용할 수 있다.

우리는 직원이 잘 먹기를 원한다

구글에서 일한다는 것은 하루 세끼의 건강한 식사와 건강에 좋은 간식을 무료로 제공받는다는 것을 의미한다. 본사에는 다양한 요리, 주스, 스낵 옵션을 제공하는 30개 이상의 식당과 카페가 있다. 색상 코딩은 직원들이 좋은 선택을 하도록 유도한다. 녹색 또는 투명한 용기에는 야채와 같은 더 건강한 옵션이 들어 있고 빨간색 또는 불투명한 용기에는 크루통 및 쿠키와 같은 옵션이 들어 있다. 한 직원은 음식 옵션이 "시간과 돈을 절약하고 동료들과 관계를 구축하는 데 도움이 된다."라고 말한다. 무료 음식이 충분하지 않다면 회사는 직원들에게 무료 요리 교실 또한 제공한다.

우리는 직원이 재미있고 새로운 것을 배우기를 원한다

구글에서 직원들은 즐겁게 일할 수 있다. 직원들은 레고(LEGO) 스테이션, 탁구대, 볼링장, 아케이드 기계를 이용할 수 있으며, 엘리베이터나 계단 대신 슬라이드를 이용하여 층 사이를 이동할 수 있다.

우리는 직원이 스트레스를 덜 받길 원한다

구글은 직원들이 일상 생활의 스트레스를 관리할 수 있도록 최선을 다한다. 명상을 하고 싶은 사람들을 위한 마음챙김 명상 프로그램과 심부름을 해 주는 대행업체가 있어 직원들이 외부 업무에 대한 부담을 덜 수 있다. 또한 직원들은 회사에서 무료로 머리를 자를 수도 있다. 구글은 인생의 더 큰 걱정거리도 해결해 주고자 한다. 직원이 사망하면 배우자는 10년 동안 급여의 50%를 받고, 자녀는 19세가 될 때까지 인당 매월 1,000달러를 받는다. 직원들은 또한 미래 계획을 세우는 데 도움이 되는 재정 계획 서비스를 이용할 수 있다.

구내식당. 캘리포니아주의 마운틴 뷰에 있는 구글 본사의 직원들은 캠퍼스 안에 있는 15개의 다른 카페에서 무료 점심을 선택할 수 있다.

당신의 생각은?

구글의 복리 후생 중 가장 마음에 드는 것은 무엇인가? 기업을 선택할 때 기업의 복리 후생이 얼마나 중요한가?

- **지원하는 환경을 조성한다.** 스트레스는 직원들이 형편없는 상사 밑에서 일하고 자유가 부족하기 때문에 종종 발생한다. 가능하면 조직 환경을 덜 형식적이고 더 개인적이며 직원을 더 지원하는 방식으로 유지하는 것이 좋다. 멘토링은 또한 멘토와 멘티 모두에게 스트레스를 줄이는 데 도움이 될 수 있다. 일부 기업은 직원들에게 소액의 현금을 인센티브로 지급해 직원들의 비상금에 대한 경제적 부담을 덜어준다.

- **직무를 흥미롭게 만들자.** 업무가 일상적이고 지루할 때도 스트레스가 발생한다. 직원들에게 약간의 자유와 다양성을 허용하도록 직무를 구조화하는 것이 좋다.

- **커리어 상담을 받을 수 있도록 한다.** IBM과 같은 회사는 커리어 계획을 지원하여 직원들이 자신의 커리어 옵션이 무엇이며 어디로 향하고 있는지 모를 때 오는 스트레스를 줄여 준다.

SECTION

07 커리어 준비 실천

이번 섹션에서는 긍정성과 감성 지능을 향상시키는 방법을 살펴본다.

학습 목표

긍정성과 감성 지능을 향상시키는 방법을 설명한다.

11장은 커리어 준비 모형(그림 11.7 참조)과 관련된 최소 여섯 가지 역량을 개발하는 데 의미가 있다. 여섯 가지 역량은 자기 인식, 일반화된 자기 효능감, 사회적 지능, 감성 지능, 긍정성, 회복 탄력성이다. 이번 섹션에서는 긍정적인 태도를 개발하고 감성 지능을 향상시키는 방법을 알아본다.

그림 11.7 **커리어 준비 모형**

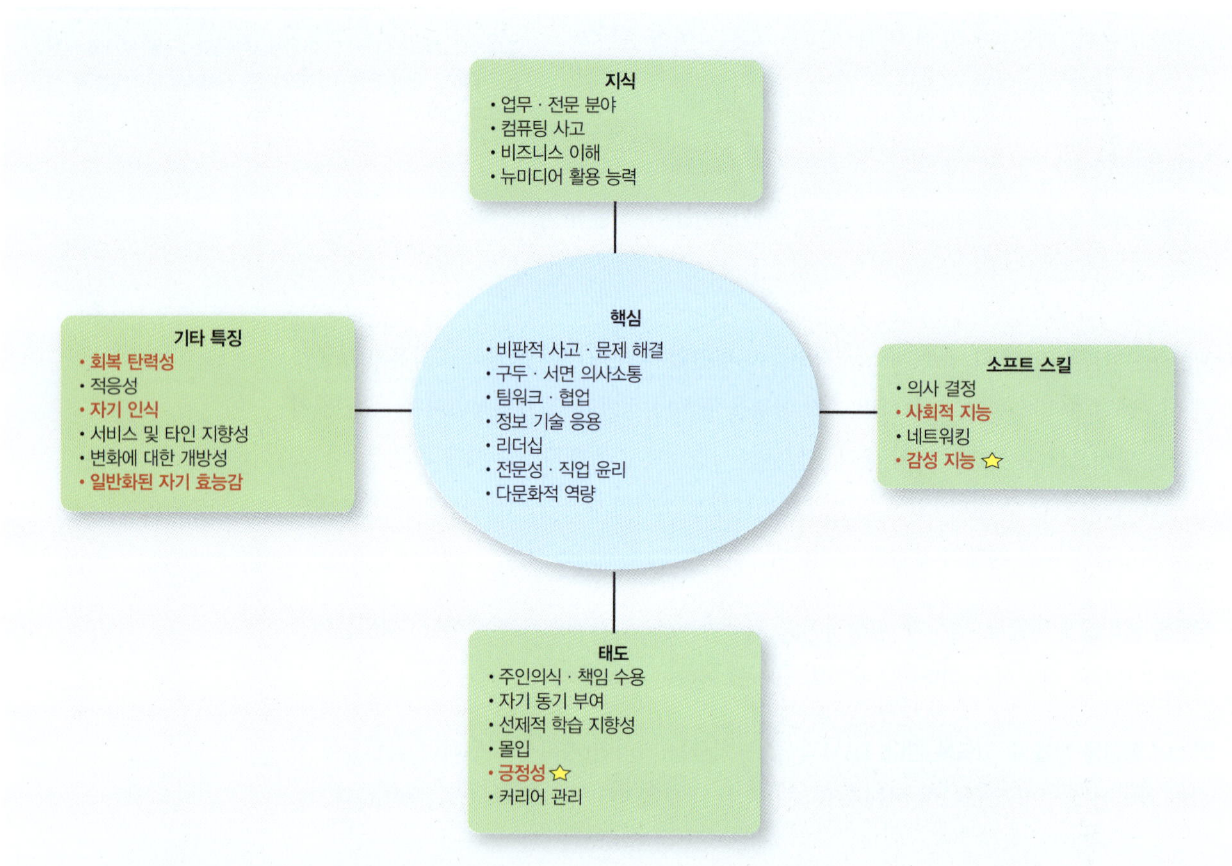

긍정적인 태도 함양

긍정적인 태도는 개발 지향적인 피드백을 기꺼이 받아들이고, 새로운 아이디어를 시도하고 제안하며, 직장에서 긍정적인 태도를 유지하려는 의지를 나타낸다. 바쁘고 분주한 삶과 직원에 대한 고용주의 높아진 기대를 고려할 때 긍정적인 태도를 유지하는 것은 어렵다. 긍정적인 태도를 개발하기 위한 2단계 접근법은 다음과 같다.

1단계: 잠재적으로 나쁜 태도 파악 우리 모두는 나쁜 날이나 스트레스를 받는 순간이 있다. 1단계의 목적은 나쁜 날이나 스트레스가 많은 순간에 나타나는 경향이 있는 부정적인 행동의 유형을 파악하는 것이다. 이러한 인식은 잠재적으로 부정적인 행동을 긍정적인 행동으로 바꾸는 데 도움이 될 수 있다. 다음 질문에 답해 보자.

- **당신은 고슴도치(porcupine)인가?** 고슴도치는 "나에게서 떨어져 있어."라는 언어적 · 비언어적 메시지를 보낸다.
- **당신은 얽매는 사람(entangle)인가?** 얽매는 사람들은 자신의 이익에 다른 사람들을 참여시키고 싶어한다. 그들은 자신의 걱정을 밀어붙이고 상대방이 자신의 이야기를 듣고, 주목하고, 경청하기를 원한다.
- **당신은 토론자인가?** 토론자는 토론할 문제가 없더라도 논쟁하기를 좋아한다.
- **당신은 불평하는 사람인가?** 불만을 제기하는 사람들은 상황의 문제를 지적하지만, 스스로 해결책을 제시하는 경우는 거의 없다.
- **당신은 비난자인가?** 비난하는 사람은 특정 사람들을 겨냥하여 그들의 부정적인 점을 지적한다.
- **당신은 악취 폭탄을 던지는 사람(stink bomb thrower)인가?** 악취 나는 폭탄을 던지는 사람은 냉소적이거나 부정적인 말을 하고, 혐오감이나 짜증을 내는 비언어적 제스처를 사용하고, 때로는 소리를 지르거나 물건을 쾅 하고 내려놓는 것을 좋아한다.

앞선 질문들에 대해 답해보면, 당신은 어떤 나쁜 행동을 보이는 경향이 있는가? 이제 이러한 행동이 다른 사람들에게 어떻게 지각될 수 있는지 생각해 보자. 긍정적이지는 않을 것이다. 이러한 부정적인 방식으로 행동하기 시작하는 자신을 어떻게 발견할 수 있는가? 마지막으로, 이러한 부정적인 행동을 긍정적인 행동으로 대체하기 위해 무엇을 할 수 있을까? 구체적으로 답변해 보자.

2단계: '좋은 태도'를 보여주는 행동 파악 이 단계는 '좋은 태도'의 개념을 구체적인 행동으로 세분화하는 데 도움을 준다. 행동을 파악한 후에는 직장에서 행동을 보여 주는 데 집중해야 한다. 권장 사항은 다음과 같다.

- 좋은 태도를 갖는다는 것이 무엇을 의미하는지 정의하는 것부터 시작하자. 당신이 아는 사람들 중 훌륭한 태도를 보이는 사람들을 떠올려보자. 다음으로 그들이 지닌 특징과 그들이 직장에서 보이는 긍정적인 행동들을 나열해 보자.
- 목록의 첫 번째 항목을 더 작은 행동 요소로 나누자. 그것을 묘사한 다음 조금 더 묘사해 보자. 예를 들어, '다른 사람들에게 친절함'이 좋은 태도의 예라면 이것이 어떻게 보이는지 묘사해 보자. 유쾌한 사람들은 모든 동료에게 인사를 건넨다.
- '좋은 태도' 목록에 있는 각 항목에 대해 위의 단계를 반복하자.
- 세부 행동 목록을 검토하고 주제를 파악하자. 반복되는 행동, 표정 또는 몸짓이 있는가?
- 앞으로 2주 동안 집중하고 싶은 행동 또는 특정 행동을 최소 3개 선택하자. 이러한 행동이 나타날 수 있는 상황을 고려해 보자.
- 목표 상황에서 목표 행동을 보이자. 당신이 이러한 긍정적인 행동을 보일 때 사람들이 어떻게 반응하는지 관찰하자. 반응이 긍정적이지 않다면 그 이유가 무엇일지 생각해 보자.
- 다른 행동에 대해서도 마지막 두 단계를 반복한다.

감정의 자기 관리

자기 관리는 감성 지능의 요소이고, 감정을 통제하고 신뢰할 수 있고 적응 가능한 방식으로 정직하고 성실하게 행동하는 능력을 의미한다. 자기 관리 능력을 향상시키기 위한 방법은 다음과 같다.

- **감정 유발 요인과 생리적 반응을 확인한다.** 어떤 단어, 말 또는 상황이 감정을 고조시키는가? 발표 전이나 낯선 사람을 만날 때 긴장하는가? 일기를 쓰는 것은 감정 유발 요인을 파악하는 좋은 방법이다.
- **감정을 조절하자.** 잠시 멈추고 돌아보는 것은 좋은 해결책이다. 감정이 고조되는 것을 느끼면 멈추고 심호흡을 몇 번 해 보자.
- **감정을 전달하자.** 화를 푸는 것은 괜찮다. 단지, 올바른 장소와 시간에 해야 함을 명심하자. 직장에서 누군가에게 소리를 지르는 것보다 믿을 수 있는 친구에게 화를 푸는 것이 좋다.

마음챙김은 삶과의 긴밀한 접촉을 장려하여 더 큰 자각, 이해, 감정 수용 및 불쾌한 기분을 수정할 수 있는 능력을 갖게 한다. 연구 결과에 따르면, 마음챙김은 웰빙, 성과, 시민 행동, 리더십 및 팀워크를 향상으로 이어진다. 또한 마음챙김은 스트레스를 줄여준다.

주요 용어

A형 행동 패턴
가치
감성 지능
고정 관념
근본적인 귀인 편향
다양성
다양성 분위기
다양성의 내부 차원
다양성의 외부 차원
명시적 편향
미국 장애인법
비생산적인 업무 행동
성격
성격 특성의 5대 차원
소진
스트레스
스트레스 요인
심리적 안전성
암묵적 편향
업무 몰입
역할
인과적 귀인
인지 부조화
일-가족 갈등
일반화된 자기 효능감
자기 위주 편향
자기 효능감
자기충족적 예언
자민족 중심주의
자존감
정서적 안정성
조직시민행동
조직 행동
조직 몰입
지각
직무 만족
직원 지원 프로그램
최신 효과
친사회적 동기
친사회적 행동
태도
태도의 인지적 요소
태도의 정서적 요소
태도의 행동적 요소
토크니즘
통제의 소재
학습된 무기력
핵심 자체 평가
후광 효과

핵심 정리

01 성격과 개인 행동

- 성격은 정체성을 부여하는 안정적인 심리적 · 행동적 속성으로 구성된다.
- 5대 성격 특성 차원은 (1) 외향성, (2) 친화성, (3) 성실성, (4) 정서적 안정성, (5) 경험에 대한 개방성이다.
- 핵심 자기 평가는 네 가지 긍정적인 개인 특성으로 구성된다. (1) 자기 효능감은 업무를 수행할 수 있는 개인의 능력에 대한 믿음이다. 낮은 자기 효능감은 학습된 무력감, 즉 환경을 통제하는 능력에 대한 믿음이 약해지는 결과를 초래할 수 있다. (2) 자존감은 사람들이 자신을 좋아하거나 싫어하는 정도이다. (3) 통제의 소재는 사람들이 자신의 노력을 통해 자신의 운명을 통제한다고 믿는 정도를 나타낸다. (4) 정서적 안정성은 사람들이 안정감을 느끼고 걱정이 없다고 느끼는 정도와 압박감 속에서 부정적인 감정을 경험할 가능성이 얼마나 높은지를 의미한다.
- 감성 지능은 자신과 다른 사람의 감정을 모니터링하고 이 정보를 생각과 행동에 반영하는 능력이다.

02 가치, 태도, 행동

- 가치는 태도나 행동과 구분되어야 한다. 가치는 모든 상황에 걸쳐 사람의 생각과 행동을 인도하는 추상적 이상이다.
- 태도는 주어진 대상에 대한 학습된 성향이다. 태도는 세 가지 요소로 구성된다. 정서적 구성 요소는 상황에 대해 갖는 느낌이나 감정이다. 인지적 구성 요소는 상황에 대한 신념과 지식이다. 행동적 구성 요소는 상황에 대해 행동하려는 의도나 기대이다.
- 태도와 현실이 충돌할 때는 인지 부조화, 즉 개인 자신의 태도와 양립할 수 없는 행동 사이에서 경험하는 심리적 불편함이 발생하게 된다.

03 지각과 개인 행동

- 지각은 자신의 환경을 해석하고 이해하는 과정이다. 지각은 (1) 고정 관념, (2) 암묵적 편향, (3) 후광 효과, (4) 최신 효과, (5) 인과적 귀인 때문에 왜곡된다.

- 피그말리온 효과라고도 알려진 자기충족적 예언은 사람들이 자신이나 다른 사람들에 대한 기대가 그러한 기대를 현실로 만드는 방식으로 행동하도록 이끄는 현상을 설명한다.

04 직무 태도와 행동

- 경영자는 (1) 업무 몰입, (2) 직무 만족, (3) 조직 몰입에 주의를 기울여야 한다.
- 친사회적 행동이란 돕고, 기부하고, 공유하고, 위로하는 것과 같이 다른 사람에게 도움이 되는 자발적 행동이다. 다른 사람의 웰빙을 증진하려는 욕구를 나타내는 친사회적 동기에 의해 나타난다. 친사회적 행동은 조직 성과, 생산성, 결근 및 이직에 영향을 미친다.

05 인력의 다양성

- 다양성은 연령, 성별, 인종, 종교, 민족, 성적 지향성, 능력, 사회경제적 배경의 차이점이나 유사점과 같이 사람들이 서로 다르고 비슷한 것을 나타낸다.
- 다양성에는 두 가지 차원이 있다. (1) 다양성의 내부 차원은 성별, 연령, 민족, 인종, 성적 지향성, 신체적 능력 등 우리 삶의 모든 단계에서 강력하고 지속적인 영향을 미치는 개인 차이이다. (2) 다양성의 외부 차원은 개인의 습관, 학력, 종교, 수입, 결혼 여부 등 사람들이 일생 동안 획득, 폐기 또는 수정하는 개인 특성으로 구성된다.
- LGBTQ 관련 문제는 상당히 많이 변화했다. 트랜스젠더는 타고난 성 특성에 따라 기대되는 것과 다른 젠더 감각을 가진 사람들을 포괄하는 용어이다.
- 직원과 경영자가 다양성에 대한 저항을 표현할 수 있는 여섯 가지 방법은 다음과 같다. (1) 일부는 자민족 중심주의, 즉 자신의 모국, 문화, 언어, 능력 또는 행동이 다른 문화의 것보다 우월하다는 믿음에 근거한 고정 관념과 편향을 표현한다. (2) 일부는 다수집단 구성원에 대한 차별을 두려워한다. (3) 일부 직원은 다양성 프로그램을 조직의 '실제 업무'에서 방해하는 것으로 생각할 수 있다. (4) 조직의 다양성과 관련된 형식적 구조의 특징과 비공식적인 가치, 사람들이 부정적인 결과에 대한 두려움 없이 자기 생각과 신념을 자유롭게 표현하는 정도를 나타내는 심리적 안전성에 대한 직원들의 총체적 인식으로 정의되는 부정적인 다양성 분위기가 있을 수 있다. (5) 조직은 직원이 가족의 요구에 대처하는 데 도움이 될 수 있는 탄력적 근무 시간 및 기타 문제를 지원하지 않을 수 있다. (6) 조직은 다양한 직원을 위한 커리어 구축 단계에 대한 지원이 부족할 수 있다.

06 스트레스와 개인 행동 이해

- 스트레스는 사람들이 특별한 요구, 제약, 기회를 마주하거나 견뎌내고, 효과적으로 처리할 수 있는 능력에 대해 불확실할 때 느끼는 긴장감이다.
- 직장에서 스트레스를 받는 원인은 여섯 가지가 있다. (1) 개인 차이로 인한 요구는 A형 행동 패턴에서 발생할 수 있는데, 이는 사람들이 더 짧은 시간에 더 많은 것을 성취하기 위해 만성적이고 단호한 투쟁에 참여하는 성격 특징이다. (2) 개인의 업무 요구는 직무 자체에 의해 발생하는 스트레스이다. (3) 개인의 역할 요구는 다른 사람들의 기대에서 비롯되는 스트레스이다. 역할은 사람들이 어떤 직책을 가진 사람에게 기대하는 일련의 행동이다. 스트레스는 역할 과부하, 역할 갈등 및 역할 모호성으로 인해 발생할 수 있다. 일–가족 갈등 또한 이 범주에 해당한다. (5) 집단의 요구는 동료와 경영자에 의해 형성되는 스트레스이다. (6) 비업무 요구는 금전 문제나 이혼과 같은 조직 외부의 요인으로 인해 발생하는 스트레스이다.
- 긍정적인 스트레스는 건설적일 수 있다. 부정적인 스트레스는 낮은 품질의 작업을 초래할 수 있다. 그러한 스트레스는 생리적 · 심리적 · 행동적 징후를 통해 드러난다.

07 커리어 준비 실천

- 직장에서 긍정적인 태도를 개발하기 위해 2단계 접근법이 사용된다. 1단계는 좋지 않거나 스트레스가 많은 날에 부정적인 행동의 유형을 파악하는 것이다. 2단계는 '좋은 태도' 행동을 파악하여 보여주는 것이다.
- 감정을 관리하는 능력을 개발하면 감성 지능을 높일 수 있다. (1) 감정 유발 요인과 생리적 반응을 확인하고, (2) 감정을 조절하고, (3) 감정을 전달하고, (4) 마음챙김을 연습하면 감정 관리 능력을 높일 수 있다.

핵심 질문

01 5대 성격 차원은 무엇인가?

02 경영자가 직장 내 행동을 이해하기 위해 알아야 할 네 가지 성격 특성은 무엇인가?

03 감성 지능은 어떻게 정의되는가?

04 가치와 태도 및 행동을 어떻게 구별하는가?

05 지각의 과정은 무엇인가?

06 지각 왜곡의 다섯 가지 유형은 무엇이며, 피그말리온 효과란 무엇인가?

07 경영자가 의식해야 하는 세 가지 직무 태도는 무엇인가?

08 경영자는 어떻게 친사회적 행동을 증가시킬 수 있을까?

09 다양성의 두 가지 차원을 설명해 보자.

10 직장에서 스트레스를 받는 여섯 가지 원인은 무엇인가?

사례로 본 경영학원론

어웨이의 감정적 수화물

수하물 디자이너이자 제조업체이자 소매업체인 어웨이(Away)는 2015년 스테파니 코리(Stephanie Korey)와 제니퍼 루비오(Jennifer Rubio)가 설립하였다. 이들의 목표는 중개자를 제거하고 소비자에게 직접 판매하여 기존 브랜드보다 비용이 적게 드는 세련된 가방을 만드는 것이었다. 그들이 선보인 첫 번째 제품은 머리 위 선반에 들어갈 수 있는 4륜 하드쉘 가방으로 열 가지 색상으로 출시되었으며 가격은 225달러였다.

제품은 성공했고 2019년 회사 가치는 14억 달러에 이르렀다. CEO로서 회사를 이끈 코리는 포브스의 '30세 이하 기업인 30명(30 under 30)'호 표지에 실렸고 독특한 판매 전략에 대한 공로를 인정받았다. 이 전략은 인스타그램(Instagram)에서 브랜드를 홍보하는 1,000명의 인플루언서를 활용하였다.

코리는 곧 그녀의 야망에 가득 찬 태도로 더욱 유명해졌지만, 좋은 방식으로는 아니었다. 전직 직원들의 일련의 보고서는 직원들이 정기적으로 '잔인한 비판'을 받는 '극악무도한 문화(cutthroat culture)'를 폭로하면서 직장 내 공포스러운 이야기를 전했다. 그 결과 온라인 수하물 유통업체인 어웨이는 부정적인 이미지를 가지게 되었고, 코리는 임시적으로 사임할 수밖에 없었다.

비인격적인 관리 제도

직원들은 포용과 즐거운 휴가의 라이프스타일을 약속하는 어웨이의 미션에 매료된다.

"사소한 제품이지만 브랜드는 단순한 수화물 그 이상이다. 그것은 여행에 관한 것이다."라고 회사를 내부 고발한 전직 직원 에버리(Avery)가 말했다(그녀의 성은 공개되지 않았다). 어웨이의 핵심 가치는 사려 깊고, 고객 중심적이고, 반복적이고, 권한이 부여되고, 접근 가능하고, 함께하는 것이다. 그러나 에버리와 다른 직원들은 회사의 글로벌 지향적인 미션과 가치가 직원들이 더 열심히 일하고 그에 따른 스트레스에 대처하도록 하는 연막에 불과하다고 말한다. 그들은 다음과 같이 주장한다.

- 권한을 부여한다는 것은 얼마나 많은 일을 했는지와 상관없이 휴가를 계획하지 말라는 것을 의미한다.
- 고객 중심은 고객의 행복을 훼손하더라도 고객을 행복하게 하기 위해 필요한 모든 조치를 취하는 것을 의미한다.
- 함께한다는 것은 직원들이 가깝다는 사실을 이용하는 것을 의미한다. 예를 들어 한 사람이 저녁, 주말, 공휴일에 강제로 일하게 되면 팀 전체가 함께 일하게 된다.

어웨이의 접근 가능한 핵심 가치 중 일부는 직장을 위해 설계된 인스턴트 메시징 플랫폼인 슬랙(Slack)을 사용하는 것이다. 슬랙 사용자들은 공개 또는 비공개 의사소통 채널을 활용하여 직장에서의 문제와 완료해야 할 업무에 대해 논의할 수 있다. 그러나 어웨이는 개인 정보 보호가 선택 사항이 아님을 분명히 했다. 회사는 직원들에게 개인적인 슬랙 메시지를 자제할 것을 요청할 뿐만 아니라 이메일을 사용하여 서로 의사소통하는 것을 금지하는 것으로 알려졌다. 회사는 이것을 투명성이라고 부르지만, 직원들은 그것을 감시라고 부른다. 또한 어웨이는 직원들의 의견을 잘 전달했다. 예를 들어, 코리는 자신이 시작한 비공개 LGBTQ 채널에서 회사의 다양성 제도에 대한 불만을 읽은 후 여러 직원을 해고했다.

직원들의 스트레스는 감시받는 느낌에서만 오는 것이 아니다. 전 직원들은 한 번에 몇 달 동안 시간을 제한하고, 지나치게 긴 시간을 일하도록 요구하는 회사를 떠올린다. 예를 들어, 어웨이가 새로운 수하물 맞춤화 옵션을 도입했을 때 일부 직원들이 16시간을 근무했음에도 불구하고 어웨이는 약 4,000건의 고객 문의에 답변하지 못했다. 블룸버그에 따르면, 이러한 상황은 "고위 경영진이 아이디어를 내는 것을 좋아하지만, 더 많은 사람을 고용할 때 이익 마진이 안 좋아지는 것을 싫어하기 때문에" 발생한다. 과로한 어웨이 직원은 늦은 밤이나 주말에도 즉시 메시지에 답장을 보내지 않으면 슬랙에서 공개 질책을 받으며, 이를 통해 그들의 정신 상태는 악화될 뿐이다.

약간 변화한 어웨이

어웨이는 비판적인 언론에 대해 대응하기로 했다. CEO 코리는 슬랙 메시지의 스크린샷을 본 후 사과문을 발표했다. "나는 사람들이 과거의 메시지를 읽었을 때 어떤 느낌을 받았는지 상상할 수 있다. 왜냐하면 내가 직접 읽고 소름이 돋았기 때문이다. 내가 무슨 말을 했고 어떻게 말했는지에 대해 진심으로 사과한다." 어웨이는 한 걸음 더 나아가 코리를 사임시키고 룰루레몬(Lululemon)의 COO 스튜어트 하셀든(Stuart Haselden)을 새로운 CEO로 임명했다. 며칠 후 회사는 방향성을 바꿨다. 어웨이는 비인격적인 문화에 대해 보도한 언론을 공격하고 코리가 하셀든과 공동 CEO로 남을 것이라고 발표했다. 코리는 전 직원의 비판을 최초로 공개한 언론사인 버지(Verge)에 대해서도 "법적 대안을 모색하고 있다."라고 말했다.

보도의 공정성

일부 전문가들은 어웨이의 반전에 동의했다. 사실 코리는 자신이 요구하지 않는 것을 남에게 요구하지 않았으며, 언론에 불만을 토로했던 전 직원들은 리더의 직업 윤리를 결코 부정하지 않았다. 코리는 항상 사무실에 있었고, 회사의 모든 운영을 관리했으며, 자정이 넘어서도 정기적으로 온라인에 접속해 있었다. 또한 그녀는 명확하고 직설적인 피드백을 제공함으로써 직원의 성장과 발전을 돕고 있다고 믿었다.

경영 전문가이자 모질라(Mozilla)의 임원이었던 멜리사 나이팅게일(Melissa Nightingale)은 대부분의 직원 불만이 어웨이의 고객 경험 팀에서 나왔다는 사실을 지적한다. 그녀는 고객 경험팀이 중요하다고 생각하지만, 코리와 같은 리더들에게 종종 무시당하고 그것을 받아들이라는 말을 듣는다.

코리의 직원 대우를 비판한 람다 스쿨(Lambda School)의 설립자인 오스틴 올레드(Austen Allred)는 기자가 찾는다면 모든 고성장 스타트업의 '약 99%'에서 동일한 문제가 드러날 수 있다고 말한다. 사실, 어웨이의 문화는 초고속 성장을 허용하여 유명인과 밀레니얼 세대와 같은 컬트 팔로워를 형성했다. 하지만, 전 직원들은 어웨이의 성장통은 다르다고 말한다. 그들은 회사가 여행 산업을 혼란에 빠뜨리겠다고 약속한 상품을 판매했지만, 대신 가족과의 저녁 식사와 휴가 여행 계획을 방해했다고 생각한다.

어웨이는 소비자가 좋아하는 브랜드가 되었고, 사람들이 두려워하는 문화를 선동했으며, 지쳐버린 전 직원을 배출한 것처럼 보인다. 리더는 이 사건에 문제가 있다고 생각하는가?

토론 문제

문제 해결 관점

1. 공동 CEO인 하셀든의 관점에서 볼 때 이 사례의 근본적인 문제는 무엇인가? 공동대표인 코리의 관점은 다르다고 생각하는가?
2. 어웨이가 직원의 스트레스와 소진을 줄이기 위해 무엇을 해야 한다고 생각하는가?

적용하기

1. 5대 성격 차원을 사용하여 공동 CEO인 코리를 설명해 보자.
2. 공동대표인 코리의 감성 지능은 어떤 특징을 갖고 있는가?
3. 쉬고 싶은 직원이나 바로 답장하지 않는 직원을 회사는 어떻게 보고 있는가? 귀인 경향을 사용하여 분석해 보자.
4. 어웨이의 조직 문화는 업무 몰입, 직무 만족, 조직 몰입에 어떤 영향을 미치는가?
5. 어웨이가 보여 주는 다양성의 장애물은 무엇인가?
6. 어웨이의 직무 스트레스 원인은 무엇인가? 이러한 문제를 어떻게 해결할 수 있을까?

법적 · 윤리적 과제

항공기 탑승객의 체구

과체중 및 키가 큰 사람들에게는 비행기 여행이 더 어려울 수 있다. 비행기 좌석의 평균 너비는 2000년대 초반 18.5인치에서 현재 17인치 정도로 줄었다. CAESAR(Civilian American and European Surface Anthropometry) 프로젝트는 과학 연구 기관과 엔지니어링 및 항공우주 회사 컨소시엄의 자금 지원을 받아 이 문제를 조사했다.

CAESAR 프로젝트는 미국과 유럽에서 온 4,000명 이상의 사람들을 측정했고 다음과 같은 사실을 밝혀냈다. "인구의 95번째 백분위 수에 속하는 남성의 엉덩이 너비는 17.6인치이다." 이것은 모든 남성의 95%가 표준 에어버스(Airbus) 좌석에 앉을 수 있음을 의미한다. 대조적으로, 여성은 다른 상황에 직면한다. 보고서에 따르면, "90번째 백분위 수에 속하는 여성의 엉덩이 너비는 19.2인치이고 95번째 백분위 수에 있는 여성의 엉덩이 너비는 22.4인치이다." 핵심 골격계는 남성과 여성의 차이의 원인이다. 여성은 단순히 남성보다 골반이 더 크다. 시트 등받이 사이의 간격인 시트 피치(seat pitch)도 줄어들고 있다. 이것은 모든 사람들의 다리 공간이 줄어들고 있다는 것을 의미한다. 이코노미 클래스의 일반적인 좌석 간격은 35인치에서 31인치로 좁아졌으며, 일부 항공사는 다리를 둘 수 있는 공간을 28인치만 제공하기도 한다.

항공사가 최소 좌석 크기와 레그룸 기준을 준수해야 한다고 생각하는가? 옹호 단체인 플라이어 라이츠(Flyers Rights)는 항공기에서 신속하게 대피시킬 수 없고 심부정맥 혈전증과 같은 건강 위험과 같은 우려를 인용하면서 연방 정부에서 규제하는 좌석 크기를 위해 캠페인을 벌였다. 어떤 사람들은 항공사가 더 큰 표준 좌석 크기를 설정하도록 강요하면 궁극적으로 요금이 인상된다고 믿는다. 추세는 명확하다. 일반적으로 항공사는 좌석 너비와 피치를 줄이면서 좌석을 추가한다. 이러한 변화는 분명히 키가 크고, 더 무거운 사람들에게 영향을 미치며 승객에게 건강 위험을 초래할 수도 있다. 사모아항공(Samoa Air)은 승객의 체중에 따라 수수료를 부과하여 이 문제를 해결하고 있다.

고려해야 할 문제는 좌석 너비와 피치가 법으로 규제되어야 하는지 아니면 시장의 힘에 따라 결정되어야 하는지이다.

문제 해결

1. 평균 승객을 기반으로 좌석에 대한 국가 표준을 만드는 것이 좋다. 승객의 평균 엉덩이 크기를 기준으로 좌석 너비를 표준화해야 한다. 또한 승객의 평균 신장을 수용할 수 있도록 좌석 피치를 표준화해야 한다. 이 작업이 완료되면 더 많은 공간에 대해 승객에게 특별 요금을 청구할 것이다.
2. 시장의 힘이 비행기와 요금의 디자인을 결정하도록 할 것이다. 정부는 이 문제에 관여해서는 안 된다.
3. 여성은 평균적으로 남성보다 엉덩이가 크기 때문에 좌석 크기로 요금을 책정하는 것은 공정하지 않다. 여성의 평균 체격을 기준으로 좌석 너비를 표준화할 것이다. 좌석 너비나 피치를 추가로 원하는 경우 추가 요금을 지불할 수 있다.
4. 다른 안이 있다면 설명해 보자.

CHAPTER 12

직원 동기 부여

학습 목표

1. 동기 부여가 목표 달성에 미치는 영향을 설명한다.
2. 동기 부여를 위한 직원의 욕구를 파악한다.
3. 동기 부여의 과정 이론들의 유사점과 차이점을 설명한다.
4. 다양한 직무 설계 방법을 비교한다.
5. 행동 수정의 네 가지 유형을 사용하는 방법을 설명한다.
6. 보상이 동기 부여에 미치는 영향을 이해한다.
7. 자기 동기 부여 역량을 높이는 방법을 설명한다.

미리보기

12장에서는 내용적 · 과정적 측면과 직무 설계 및 강화 과정에서 동기 부여의 다양한 이론들을 학습한다. 그리고 동기 부여에 대한 보상의 영향을 살펴보고, 자기 동기 부여 역량을 향상시키는 방법에 대해 알아본다.

성공 전략

자기를 동기 부여시키는 방법

지금 어떤 일을 미루고 있다면 이는 혹시 동기가 없기 때문일까? 자기 동기 부여는 업무 성과를 높이기 때문에 직장에서의 성공에 있어 매우 중요하다. 특히, 지속적인 감독 없이도 생산적으로 일하기 위해 좋은 업무 습관을 발휘하고 집중해야 하는 업무 상황에서 더욱 그렇다. 한 연구에 따르면, 직원들이 스스로 동기를 부여할 때 조직의 수익성이 21% 더 높다고 한다.

다음은 자기 동기 부여를 연마하기 위한 몇 가지 제안들이다.

1. **의미 있는 목표 수립.** 사람들은 종종 어떤 목표에 대해 자신만의 이유가 없기 때문에 목표를 달성하는 데 어려움을 겪을 수 있다. 다른 사람의 가치보다 자신의 가치 측면에서 목표를 재구성해 보자. "이 회사에서 일하고 싶다. 왜냐하면 이 회사에 나의 컴퓨팅 사고, 뉴미디어 활용 능력 및 서면 의사소통 스킬이 잘 맞는다고 생각하기 때문이다."
2. **현실적인 목표 수립.** 현실적인 목표가 반드시 쉬운 것은 아니다. 미국 심리학 협회(American Psychological Association)에 따르면 도전적인 목표를 설정할 때, 달성할 가능성이 90% 더 높아진다. 현실적인 목표는 구체적이다. "흥미진진한 분야에서 좋은 일자리를 얻고 싶다."는 것은 광범위하다. 대신 "마케팅 리서치 회사에 입사하고 싶다."는 것은 구체적이고 현실적이다.
3. **중간 목표 설정.** 동시에, 큰 목표를 한 번에 달성하려고 해서는 안 된다. 큰 목표를 날짜별 작은 목표로 나누고, 모두 같은 방향 속에서 작은 단계의 계획을 세우자. "이달 말까지 이력서 초안을 작성할 것이다.", "그 후 2주 동안 세 사람에게 비평과 교정을 요청하겠다."는 것이 마케팅 신입 사원 채용이라는 궁극적인 목표를 위한 좋은 중간 목표이다.
4. **목표 달성 보상.** 설정한 각 이정표에 도달한 것에 대해 스스로에게 박수를 보내자. 보상만큼 동기를 부여하는 것은 거의 없으며, 계획에서 달성하는 각 단계가 큰 목표에 더 가까이 다가가도록 하기 때문에 단계별 성취는 기념할 가치가 있다. 원하는 일을 하거나 재미있는 일을 하기 위해 시간을 내자. 충분히 그럴 자격이 있다.
5. **목표 달성 점검.** 성공을 기념하는 것도 중요한 일이지만, 실패에 대한 결과가 없다면 동기 부여가 질질 끌릴 수 있다. 당신을 격려하고 당신의 진행 상황을 확인하는 멘토는 당신의 앞으로 나아가는 추진력을 정기적으로 강화할 수 있다. 멘토가 없다면, 친구에게 당신의 목표를 알리고 당신이 계획을 진행하면서 그 사람에게 최근 정보를 알려 당신만의 멘토를 만들자. 도미니카 대학의 심리학 교수인 게일 매튜스(Gail Matthews) 교수는 최근 미국과 해외의 기업 및 기타 조직에서 다양한 연령대의 성인 149명을 대상으로 연구를 진행했다. 그녀는 매주 이메일을 사용하여 친구에게 목표 달성을 보고한 사람들 중 70% 이상이 목표를 완전히 달성했거나 절반 이상을 달성했다는 것을 발견했다. 누구와도 확인하지 않은 사람들 중 35%만이 그만큼을 달성한 것으로 나타났다.
6. **목표 달성 상상.** 좌절을 예상해야 하지만(그리고 이를 용서해야 함), 결승선을 앞에 두고 정기적으로 결승선을 통과하는 자신을 상상하는 것은 곧 긍정성을 강화하고 전문성과 직업 윤리를 구축하는 정신적 습관이 될 것이다.
7. **목표 달성 기록.** 성공을 메모하는 습관을 기르자. 이것은 성공한 과정을 회상하는 데 도움이 되고, 자신감을 불러일으킨다. 자신감은 스스로 동기를 부여하고 단기 및 장기 프로젝트를 완료하려는 욕구를 유발한다. 또한 취업 면접 중에 이야기할 수 있는 성과 및 커리어 준비 역량에 대한 행동 예시를 제공한다.

SECTION

01 동기 부여

동기 부여는 사람들의 목표 지향적인 행동을 유발하고 지시하는 심리적 과정이다. 직원을 동기 부여시키는 방법을 설명하는 네 가지 주요 관점에는 내용, 과정, 직무 설계, 강화가 있다.

학습 목표

동기 부여가 목표 달성에 미치는 영향을 설명한다.

최선을 다하기 위해 평소보다 30분 일찍 출근하는 이유가 무엇일까? 회사가 직원이 열심히 일하도록 동기 부여시켰기 때문일 수 있다. 예를 들어, 현재 40세 미만 근로자는 학자금 대출 미지급액 1조 5,000억 달러의 거의 65%를 떠안고 있으며, 최근 연구에 따르면 젊은 근로자의 86%가 회사가 대출 상환을 도와준다면 최소 5년 동안 회사에 남을 것이라고 밝혔다. 펭귄 랜덤 하우스(Penguin Random House)의 CEO인 매들린 매킨토시(Madeline McIntosh)는 학자금 대출 상환과 같은 독특한 복리 후생을 제공하기로 한 회사의 결정이 "신입 사원들의 충성심을 높이는 데 도움이 된다."라고 말했다. 현재 기업의 4~8%만이 이러한 복리 후생을 제공하지만, 피델리티 인베스트먼트(Fidelity Investments), 스테이플스(Staples), PwC, 애트나(Aetna)와 같은 대기업들이 이 같은 프로그램을 운영 중이다.

동기 부여의 의미와 중요성

사람들은 보통 자신의 욕구와 필요를 충족시킬 수 있을 때 어떤 일에 동기 부여가 된다.

많은 회사들이 젊은 직원들을 위한 인센티브 차원에서 학자금 대출의 일부를 상환해 주고 있다.

동기 부여란 무엇이며 어떻게 발생할까? 동기 부여는 목표 지향적인 행동을 유발하고 지시하는 심리적 과정으로 정의된다. 동기 부여는 실제로 볼 수 없기 때문에 이해하기 어려우며, 행동에서 추론해야 한다. 그럼에도 직원들이 조직의 목표를 달성하도록 안내하려면 경영자는 동기 부여 과정을 반드시 이해해야 한다.

동기 부여는 여러 인적 요인과 상황 요인의 결과이기 때문에 동기 부여가 일어나는 과정은 복잡하다(그림 12.1 참조).

그림 12.1 동기 부여의 통합 모형

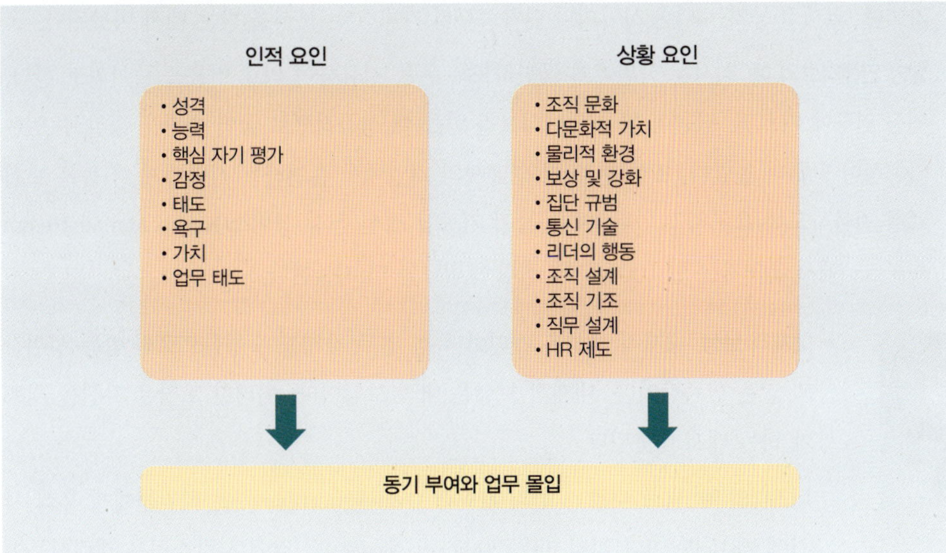

인적 요인은 성격에서 태도까지 다양하며, 대부분의 내용은 11장에서 학습하였다. 상황 요인에는 조직 문화, 조직 구조, 다문화적 가치, 물리적 환경 등이 있다. 두 가지 범주의 요인 모두 직원의 동기 부여와 업무 몰입에 영향을 미친다.

그러나 동기 부여는 그림 12.2에서 볼 수 있듯이 간단하게도 설명될 수 있는데, 사람들은 자신의 욕구를 충족시키는 보상을 받을 수 있는 행동에 대해 동기를 부여한다.

그림 12.2 동기 부여의 간단한 모형

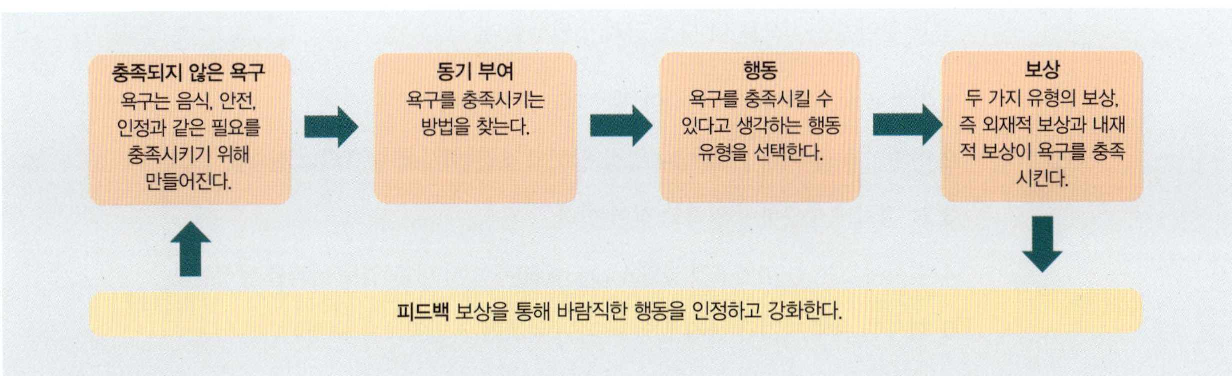

예를 들어, 시간제 근로자는 더 많은 돈을 원하고(욕구), 더 많은 돈을 벌기 위해(동기 부여), 더 많은 시간을 일하고(행동), 더 많은 돈(보상)을 받는다. 더 많은 시간을 일하면 더 많은 돈에 대한 욕구가 충족될 수 있다는 사실을 알 수 있다(피드백 루프).

동기와 보상에는 외재적(extrinsic) 유형과 내재적(intrinsic) 유형이 있다. 경영자는 두 가지 유형을 모두 사용하여 업무 성과를 높일 수 있다. 이들 각각에 대해 알아보고, 회사가 직원의 담배 사용을 줄이기 위해 외재적 동기와 내재적 동기를 모두 사용하는 방법을 살펴보자.

- **외재적 보상.** 외재적 보상은 특정 업무를 수행한 사람이 다른 사람에게서 받는 돈과 같은 대가이다. 외재적 동기는 다른 사람이나 단체로부터 가치 있는 보상을 받는 데서 비롯된다.

  웰빙 인센티브의 예: 회사는 직원에게 금연하도록 돈을 지불하여 의료 비용을 줄이려고 한다. 최근 연구에 따르면, 직원이 현금 인센티브를 받을 때 성공적으로 금연 습관을 들일 수 있는 가능성이 3배 더 높았다. 또한 현재 거의 20%의 기업에서 흡연하는 직원에게 더 높은 보험료를 지불하도록 요구하고 있다. 예를 들어 키트삽 정신 건강 서비스(Kitsap Mental Health Services)에서 흡연자는 월 100달러의 건강 보험료를 더 지불한다.

디즈니 직원, 특히 캐릭터를 연기하는 직원이 경험하는 내재적 보상 중 하나는 자신들을 동경하는 많은 어린이에게 긍정적인 롤 모델이 되는 데서 오는 자부심이다.

- **내재적 보상.** 내재적 보상은 개인이 특정 업무 자체를 수행함으로써 받는 성취감과 같은 만족감이다. 내재적 보상은 내적 보상이다. 이러한 보상은 자신을 기쁘게 하는 데서 비롯된다.

  디즈니의 예: 월트 디즈니 컴퍼니(Walt Disney Company)는 직원들에게 휴식 시간에 벨(Belle)이나 미키 마우스(Mickey Mouse)와 같이 사랑스러운 캐릭터들이 담배를 피우는 모습을 본다면 아이들이 어떤 기분일지 상상해 보라고 요구한다. 이러한 방식은 직원들에게 자신의 업무가 중요한 목적을 달성하고 있음을 보여주기 위한 것이다. 그래서, 디즈니 직원들은 금연할 때 스스로에 대한 자부심을 느끼고 아이들에게 긍정적인 본보기가 되어 더 큰 선에 기여하게 된다고 느끼게 된다.

동기 부여의 중요성 조직은 직원의 생산성을 높이고 싶어한다. 동기 부여는 업무 몰입, 협동, 서비스 품질과 같은 여러 중요한 결과에 긍정적인 영향을 미친다. 동기 부여가 높아질수록 다음과 같이 순차적으로 더 나은 결과가 발생한다.

1. 일하고 싶은 회사에 지원하여 채용되고 싶어 한다.
2. 상황이 좋을 때나 나쁠 때나 항상 일하고 싶은 회사에 남으려고 한다.
3. 늘 정시에 출근하여 일하고 싶어 한다.
4. 회사에 있는 동안 업무에 몰입(engagement)하여 더 나은 업무 성과를 달성한다.
5. 회사를 위해 자기가 하지 않아도 되는 일까지 자발적으로 수행한다.

동기 부여에 대한 네 가지 주요 관점

12장에서는 무엇이 사람들에게 동기를 부여하는지에 대한 네 가지 주요 관점을 살펴본다. 동기 부여에 대한 네 가지 관점은 (1) 내용적 관점, (2) 과정적 관점, (3) 직무 설계 관점, (4) 강화 관점이며 간략한 개요는 다음과 같다.

1. 내용적 관점은 동기 부여를 위한 욕구를 설명한다.

- 욕구 단계설은 순서대로 충족되어야 하는 다섯 가지 욕구를 알려준다.

- 성취 동기 이론은 성취, 관계, 권력의 세 가지 욕구를 알려준다.
- 자기 결정 이론은 사람들이 성장하기 위해 역량, 자율성, 관계성에 대한 타고난 욕구를 추구한다고 가정한다.
- 2요인 이론은 만족과 불만족에 개별적으로 영향을 미치는 동기 요인과 위생 요인을 알려준다.

2. 과정적 관점은 행동에 동기를 부여하는 생각과 인식을 설명한다.

- 공정성과 조직 공정성 이론은 사람들의 상호 작용과 관계에서 어떻게 공정성이 지각되는지 알려준다.
- 기대 이론은 기대감, 도구성, 유의성이 사람들을 동기 부여시키는 과정을 알려준다.
- 목표 설정 이론은 구체적이고 도전적이며 달성 가능한 목표가 사람을 동기 부여시킨다고 주장한다.

3. 직무 설계 이론은 직무 만족과 성과를 높이는 직무 설계 방법을 설명한다.

- 과학적 관리 이론은 직원이 목표를 달성하기 위해 수행해야 하는 업무의 수를 줄여서 사람을 직무에 맞추려고 한다.
- 직무 확대와 직무 강화는 보다 다양하고 도전적이며 책임감 있는 업무를 제공하여 사람들을 적합한 직무에 맞추려고 한다.
- 직무 특성 모형은 다섯 가지 직무 특성이 직원의 심리적 상태와 업무 성과에 영향을 미치는 과정을 설명한다.

4. 강화 이론은 충족되지 않은 욕구보다는 행동이 가져온 결과(예, 보상) 측면에서 동기 부여를 설명한다.

SECTION

02 동기 부여의 내용 이론

내용 이론은 사람들에게 동기를 부여하는 욕구를 설명한다. 욕구는 행동을 유발하는 생리적 또는 심리적 결핍이다. 내용 이론에는 매슬로우의 욕구 단계설, 맥클리랜드의 성취 동기 이론, 디시와 라이언의 자기 결정 이론, 허츠버그의 2요인 이론이 있다.

학습 목표

동기 부여를 위한 직원의 욕구를 파악한다.

사람의 욕구에 초점을 두는 내용 이론은 사람들에게 동기를 부여하는 다양한 욕구들을 규명하였다. 내용 이론가들은 "어떤 종류의 욕구가 직장에서 직원들에게 동기를 부여하는가?"라는 질문을 던진다. 욕구는 행동을 유발하는 생리적 또는 심리적 결핍으로 정의된다. 욕구는 강하거나 약할 수 있고 환경의 영향을 받기 때문에 시간과 장소에 따라 변할 수 있다.

맥그레거(McGregor)의 X이론 · Y이론(2장 참조) 외에도 내용적 관점에는 다음과 같은 네 가지 이론이 있다.

- 매슬로우의 욕구 단계설
- 맥클리랜드의 성취 동기 이론
- 디시와 라이언의 자기 결정 이론
- 허츠버그의 2요인 이론

매슬로우의 욕구 단계설

1943년 동기 부여를 연구한 최초의 연구자 중 한 명인 (앞서 2장에서 언급한) 에이브러햄 매슬로우(Abraham Maslow)는 사람들이 다섯 가지 수준의 욕구에 의해 동기가 부여된다고 제안하는 욕구 단계설을 제시했다. 다섯 가지 수준의 욕구는 (1) 생리적(physiological) 욕구, (2) 안전(safety) 욕구, (3) 애정(love) 욕구, (4) 존중(esteem) 욕구 및 (5) 자아실현(self-actualization) 욕구이다(그림 12.3 참조).

욕구의 5단계 매슬로우는 기본에서 최고 수준에 이르는 다섯 가지 욕구의 계층 구조를 제안하면서 욕구가 결코 완전히 충족되지 않는다고 주장하였다. 즉, 우리의 행동은 '궁핍한(deprived)' 욕구, 즉 어느 단계에서든 충족되지 않는 욕구를 충족시키는 것을 목표로 한다. 따라서 예를 들어, 두 번째로 가장 기본적인 욕구인 안전(안정)을 얻으면 세 번째로 가장 기본적인 욕구인 애정(소속)을 충족하고자 한다.

그림 12.3 매슬로우의 욕구 단계설

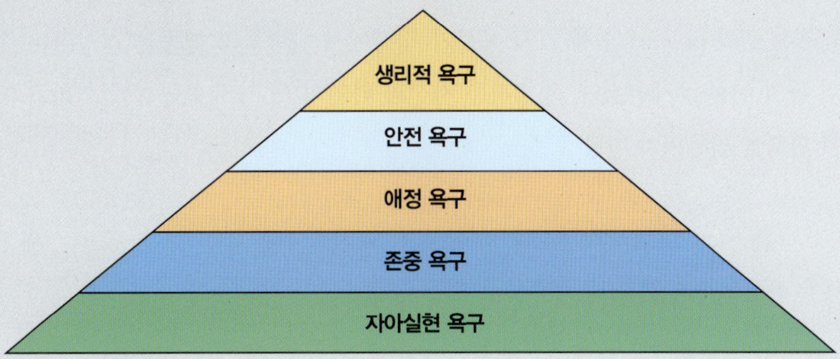

1. **생리적 욕구 – 인간의 가장 기본적인 신체적 욕구:** 음식, 의복, 피난처, 안락함, 자기 보존에 대한 욕구(직장에서의 예: 급여)
2. **안전 욕구:** 신체적 안전, 정서적 안정, 폭력 회피에 대한 욕구(직장에서의 예 : 건강 보험, 직업 안정성, 산업 안전 규칙, 연금 계획)
3. **애정 욕구:** 사랑, 우정, 애정에 대한 욕구(직장에서의 예: 사무실 파티, 각종 동호회)
4. **존중 욕구:** 자존심, 지위, 평판, 인정, 자신감에 대한 욕구(직장에서의 예: 상여금, 승진, 상)
5. **자아실현 욕구 – 가장 높은 수준의 욕구:** 능력을 키우고 최대한 활용(직장에서의 예: 개인적 성장을 위한 안식년 휴가)

HR 전문가인 안키타 포다(Ankita Poddar)는 오늘날의 조직이 경쟁 우위를 얻기 위해 매슬로우의 낮은 수준 욕구를 충족시키는 것 이상을 해야 한다고 말한다. 포다는 "재택근무, 무료 급식, 수면 캡슐과 같은 혜택이 필수적으로 간주되는 세대에서 조직은 미개척된 공간이 있음을 깨닫기 시작했다. 모든 기본 욕구가 충족되면 직원들은 선한 조직에 끌리게 된다."라고 말한다. 실제로 매슬로우의 욕구 단계설에 나타난 애정, 존중, 자아실현 욕구는 많은 선도적인 조직의 동기 부여 수단이 되고 있다. 예를 들어, 이케아(IKEA), 다논(Danone), 보쉬(Bosch), 나투라(Natura), 라바자(Lavazza)와 같은 회사의 직원들은 자신이 하는 일이 세상을 더 좋고 건강한 곳으로 만드는 더 큰 사회적 목적과 연결된다고 인식한다.

오늘날의 조직이 성공하려면 단순히 직원에게 급여를 주고 일을 제공하는 것만으로는 부족하다. 젊은 세대의 근로자들은 일과 삶의 균형, 대인 관계 및 사회 활동의 기회를 제공하는 회사에 점점 더 끌리고 있다.

욕구 단계설을 활용한 동기 부여 경영자가 직원들에게 동기를 부여하기 위해 욕구 단계설을 활용할 수 있는 방법은 다음과 같다.

1. 매슬로우의 이론은 직원이 단순히 급여를 받는 것 이상의 욕구가 있음을 보여 주었다.
2. 조직이 허용하는 한도 내에서 경영자는 직원의 1단계와 2단계 욕구를 먼저 충족시키려고 노력해야 한다. 한 HR 전문가는 "생활비를 감당할 수 없다면 생산적인 직원을 얻을 수 없다."라고 말한다. 그렇기 때문에 더 많은 기업이 법적으로 규정된 최저 임금보다 높은 '생활 가능 임금(livable wage)'을 지급하는 데 주력하고 있다.

맥클리랜드의 성취 동기 이론

저명한 심리학자 데이비드 맥클리랜드(David McClelland)는 성취(achievement), 관계(affiliation), 권력(power)의 세 가지 욕구가 직장에서 사람들의 행동을 결정하는 주요 동기라는 성취 동기 이론을 제안했다. 경영자는 자신과 타인의 세 가지 욕구를 인식하고 이에 대응하는 업무 환경을 만들어야 한다.

그림 12.4 **맥클리랜드의 세 가지 욕구**

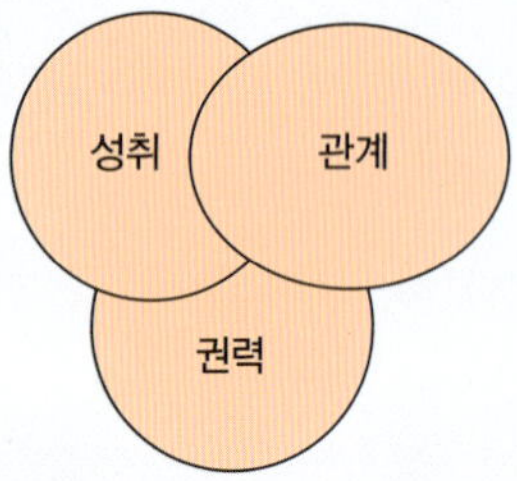

'균형이 잘 잡힌' 개인: 성취, 관계 및 권력 욕구의 크기가 동일하다.

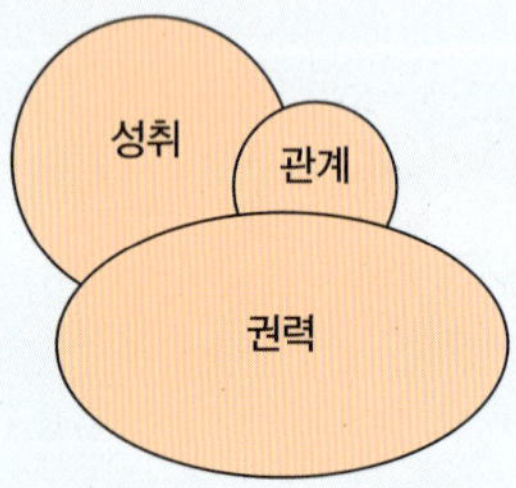

'만사를 자기 뜻대로 하려는' 개인: 성취 욕구는 정상이지만 관계 욕구는 작고 권력 욕구는 크다.

세 가지 욕구 맥클리랜드의 이론은 성취, 관계, 권력에 대한 욕구에 대해 두 가지 중요한 가정을 제시한다.

1. 학습된 욕구 – 성취 욕구 이론은 우리가 욕구를 갖고 태어나지 않는다고 제안한다. 오히려 문화와 초기 인생 경험을 통해 욕구를 학습하게 된다고 한다.

2. 한 가지 욕구가 지배적인 경우가 많다. 이론에 따르면, 우리 각자는 세 가지 욕구 중 하나가 지배적인 경향이 있지만, 일부 사람들은 보다 균형 잡힌 욕구를 갖고 있다. 예를 들어, 어떤 사람들은 관계나 성취보다 권력에 대한 욕구가 더 높다(그림 12.4 참조).

- **성취 욕구: "나는 일을 잘해야 한다."** 이것은 탁월해지고자 하는 욕망, 더 나은 일을 하거나 더 효율적으로 하려는 욕망, 문제를 해결하려는 욕망, 도전적인 일에서 탁월하려는 욕망이다.
- **관계 욕구: "나는 친밀한 관계가 필요하다."** 이것은 다른 사람들과의 우호적이고 따뜻한 관계에 대한 욕망이다.
- **권력 욕구: "나는 다른 사람들을 통제하고 싶다."** 이것은 다른 사람들에 대한 책임을 지고 그들의 행동에 영향을 미치거나 그들을 통제하려는 욕망이다.

맥클리랜드는 권력의 욕구를 개인과 제도의 두 가지 형태로 구분하였다.

1. **개인적 권력:** 다른 사람을 지배하려는 욕망이 개인적 권력에 대한 욕구이며, 자신의 만족을 위해 사람들을 조종하려는 부정적인 유형의 권력이다.
2. **제도적 권력:** 조직의 목표를 달성하기 위해 문제를 해결하고자 경영자와 리더가 사용하는 제도적 권력은 긍정적인 유형의 권력이다.

성취 욕구 이론을 활용한 동기 부여 경영자는 직원이 선호하는 욕구를 파악하여 직원을 동기 부여시킬 수 있다.

성취 욕구. 성취 욕구가 높은 직원을 동기 부여시킬 수 있는 방법은 다음과 같다.

- 도전적이지만 불가능하지는 않은 업적이나 프로젝트를 배정
- 좋은 성과가 운이 아닌 노력과 능력에 의해 결정되도록 업무 환경을 조성
- 노력에 대해 보상

- 공정하고 균형 잡힌 충분한 긍정적 · 부정적 피드백을 제공

권력 욕구. 권력 욕구가 높은 직원을 동기 부여시킬 수 있는 방법은 다음과 같다.

- 사람과 사건을 통제할 수 있는 책임을 인정
- 사람들에게 영향을 미치고 이러한 성과를 공개적으로 인정받을 수 있는 업무를 배정

관계 욕구. 사회적 인정과 만족스러운 대인 관계를 추구하는 직원을 동기 부여시킬 수 있는 방법은 다음과 같다.

- 다른 사람을 화나게 하는 결정을 내려야 할 수도 있는 직책자의 자리에 부적합할 수 있음
- 영업과 같이 개인적인 관계와 사회적 인정을 받을 수 있는 업무를 배정

디시와 라이언의 자기 결정 이론

로체스터 대학(University of Rochester)의 심리학자 에드워드 디시(Edward Deci)와 리처드 라이언(Richard Ryan)이 개발한 자기 결정 이론은 역량(competence), 자율(autonomy), 관계(relatedness)의 세 가지 타고난 욕구가 사람들의 동기 부여에 영향을 미친다고 주장한다.

내재적 동기 부여에 초점 자기 결정 이론은 외재적 동기와 보상(예: 돈이나 명성)보다는 내재적 동기와 보상(예: 독립성)에 주로 초점을 맞춘다. 내재적 동기는 다음과 같은 이유로 중요하다.

- 외재적 동기보다 오래 지속된다.
- 외재적 동기보다 업무 성과에 더 긍정적인 영향을 미친다.

세 가지 타고난 욕구 이 이론에 따르면, 사람들은 역량, 자율, 관계의 세 가지 타고난 욕구를 충족해야 심리적으로 성장했다고 느낀다.

1. **역량:** 사람들은 자격을 갖추고 지식을 얻고, 목표나 업무를 완료하여 다양한 스킬을 배우고 싶어 한다.
2. **자율:** 사람들은 자신이 하고 싶은 일과 추진 방식을 결정할 수 있는 자유와 재량을 갖고 싶어 한다.
3. **관계:** 사람들은 소속감과 타인에 대한 애착을 느끼고 싶어 한다.

자기 결정 이론을 활용한 동기 부여 경영자는 역량, 자율, 관계에 대한 욕구를 충족시켜 줄 수 있는 다음과 같은 조치를 취할 수 있다.

- **역량.** 경영자는 유형 자원, 시간, 인맥, 코칭을 제공하여 직원의 역량을 향상시키고 직원이 업무 수행에 필요한 지식과 정보를 갖추도록 도울 수 있다.

마스코마 은행의 예: 뉴햄프셔주 레바논에 본사를 두고 있는 마스코마 은행(Mascoma Bank)은 역량을 강화시키기 위해 지역 대학과 협력하여 직원들에게 회사가 제공할 수 있는 것 이상의 학습 기회를 제공한다. 은행은 개인 삶과 전문 분야를 모두 발전시킬 수 있는 교육에 투자하여 직원들이 업무에 투입한 시간과 에너지를 보상한다.

- **자율.** 자율성을 높이기 위해 경영자는 직원과의 신뢰를 쌓고 의미 있는 업무를 배정하여 직원에게 권한을 부여할 수 있다. ROWE(results-only work environment) 접근법은 업무가 언제 또는 어떻게 완료되는지보다 결과에 초점을 두기 때문에 직원에게 자율을 부여할 수 있다.

  애프리스의 예: 켄터키주 루이스빌에 위치한 소프트웨어 회사인 애프리스(Appriss)는 직원들을 위한 복리 후생 매뉴얼에서 "우리는 당신을 세세하게 관리하지 않고 당신이 스스로를 관리하기를 기대한다."라고 명시하였다. 회사의 ROWE 원칙에 따라 직원은 원격으로 일하고 무제한 휴가를 요청할 수 있으며, 매뉴얼에서는 "직원이 성과에 대한 책임을 질 것으로 신뢰하고, 다른 책임 및 이익과 일의 균형을 유지해야 하는 직원의 욕구를 존중한다."라고 명시하고 있다.

Courtesy of Veterans United Home Loans

VUHL의 직원들은 조직이 강조하는 공동체 의식과 관계에 끌린다. 직원들이 다른 사람과 연결되어 있다고 느끼는 데 도움이 되는 활동 유형 중 하나는 자원봉사이다. 한 직원이 마틴 루터 킹 주니어의 날에 비영리 단체를 위한 기부 품목을 정리하고 있다.

- **관계.** 재향 군인 연합 주택 대출(Veterans United Home Loans: VUHL)과 같은 많은 회사에서는 관계를 강화시키기 위해 동료애(camaraderie)를 사용한다.

  재향 군인 연합 주택 대출의 예: VUHL은 2020년 포춘이 선정한 가장 일하기 좋은 회사 17위에 올랐다. VUHL의 직원들을 대상으로 회사에서 일하는 것을 좋아하는 이유에 대해 설문 조사를 실시했을 때, 응답에서 가장 자주 반복되는 단어는 '사람', '가족', '공동체', '모두'였다. 경영자가 VUHL에서 동료애를 구축하는 한 가지 방법은 연중 모든 직원을 위해 개개인에 맞는 15분짜리 생일 축하 파티를 열어주는 것이다. 생일 파티는 직원들이 열정을 가진 것에 중점을 둔다. 예를 들어, 유머를 좋아하는 직원의 생일 파티를 위해 사무실의 모든 사람은 독창적인 농담을 생각해 온다.

허츠버그의 2요인 이론

프리드리히 허츠버그(Frederick Herzberg)는 203명의 회계사와 엔지니어를 인터뷰하여 직무 만족과 불만족에 영향을 미치는 요인을 규명하는 획기적인 연구를 실시하였다. 이 연구가 발견한 두 가지 주요 결과는 다음과 같다.

1. 직무 만족은 성취, 인정, 업무 특성, 책임, 발전과 밀접한 관련이 있다.
2. 직무 불만족은 근무 조건, 급여, 고용 안정성, 회사 정책, 상사, 대인 관계와 더 밀접한

관련이 있다.

이를 바탕으로 허츠버그의 2요인 이론은 직무 만족과 불만족은 각각 동기(motivating) 요인과 위생(hygiene) 요인에 의해 영향을 받는다고 제안하였다.

위생 요인과 동기 요인 허츠버그의 이론에서 위생 요인은 하위 수준의 욕구이며, 동기 요인은 상위 수준의 욕구이다. 두 영역은 직원이 만족하지도 불만족하지도 않은 영역을 기준으로 구분된다(그림 12.5 참조).

- **위생 요인: "무엇이 직원들을 불만족스럽게 하는가?"** 낮은 수준의 욕구인 위생 요인은 급여, 근무 조건, 대인 관계, 회사 정책과 같은 직무 불만족과 관련된 요인으로, 모두 사람들이 일하는 업무 상황에 영향을 미친다.

  이 이론에 따르면, 위생 요인은 사람들을 행복하게 하지는 않지만, 나아가 결근하도록 하거나 문제가 있을 때 상당한 불만을 유발할 수도 있다. 예를 들어, 사무실의 밝은 조명이 직원들이 더 열심히 일할 동기를 부여하지는 못할 수 있어도, 사무실의 어두운 조명은 직원들을 불만족스럽게 만들 수 있다.

그림 12.5 **허츠버그의 2요인 이론**

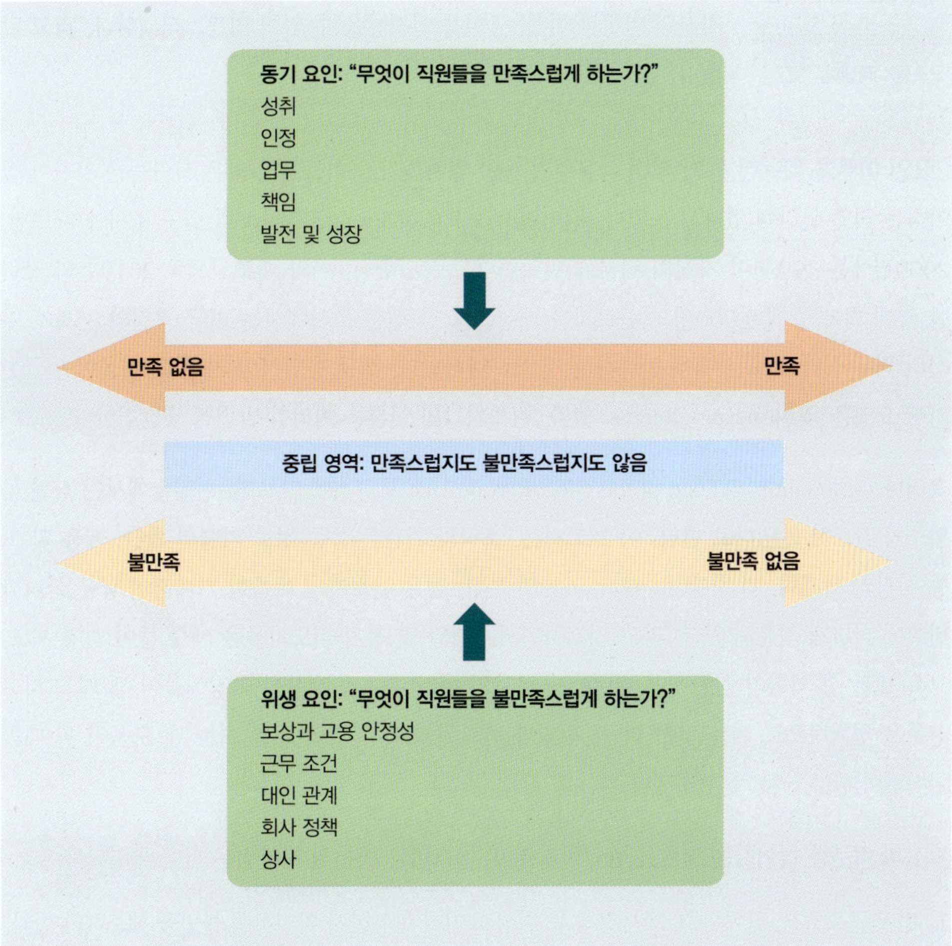

REI의 예: 포춘이 선정한 가장 일하기 좋은 회사 순위에 자주 오르는(2020년 60위) REI는 정규직 및 비정규직 직원 모두에게 유급 안식일, 유급 병가, 건강 보험을 제공한다. REI의 비정규직 직원 이직률은 약 37%로 업계 평균인 65%보다 훨씬 낮다.

- **동기 요인: "무엇이 직원들을 만족스럽게 하는가?"** 상위 수준의 욕구인 동기 요인은 성취, 인정, 책임, 발전과 같은 직무 만족과 관련된 요인이다. 허츠버그는 우수한 업무 성과를 촉진하기 위해 동기 요인인 도전, 기회, 인정이 꼭 필요하다고 강조했다.

사우스웨스트 항공의 예: 최근 사우스웨스트 항공의 비행기가 몇 시간 연착되자 게이트 담당 승무원들은 승객들끼리 종이비행기 콘테스트와 '최악의 운전면허증 사진' 콘테스트를 즉흥적으로 개최하였다. 승무원들은 우승자에게 25달러의 항공 상품권과 회사의 물품을 제공했다. 드디어 탑승이 시작되자 승객들은 직원들에게 박수를 보냈다. 사우스웨스트는 직원들이 비교 불가한 고객 서비스를 제공할 수 있도록 무엇이든 할 수 있는 권한을 부여하는 것으로 유명하며, 상당히 후한 연간 이익 배분제(profit sharing)로 직원들을 보상한다. CEO인 게리 캘리(Gary Kelly)는 "직원들은 우리의 가장 큰 자산이며, 우리의 지속적인 성공에 대한 모든 공로를 인정받을 자격이 있다."며 "대부분의 직원들은 자신의 일을 '소명(calling)'이라고 표현하며, 자신의 열정과 헌신, 공헌을 인정받을 수 있어 영광스러워한다."라고 말했다.

허츠버그의 2요인 이론에 따르면 업무 환경은 중요한 위생 요인, 즉 직무 불만족으로 이어질 수 있는 요소를 나타낸다.

2요인 이론을 활용한 동기 부여 금융위기 동안 일자리가 줄어들면서 많은 사람들은 자신이 싫어하는 직업에 갇혀 있다고 느꼈다. 컨퍼런스 보드(Conference Board)의 설문 조사에 따르면, 2009년에는 39%만이 자신의 직무에 만족한다고 응답했다. 이와 대조적으로 2019년의 강력한 경제 회복 중에 9,000명의 근로자를 대상으로 한 설문 조사에서는 미국 직원의 85%가 자신의 직무에 다소 또는 매우 만족하는 것으로 나타났다. 설문 응답자의 가장 큰 비율이 언급한 기여 요인은 '의미(meaningfulness)'였다. 허츠버그의 이론은 이러한 발견을 뒷받침한다.

그러나 갤럽(Gallup)의 State of the Global Workplace 보고서에 따르면, 선진국에서는 직원 몰입도가 감소하고 있다고 한다. 이 보고서는 "조직과 기관은 종종 정보 기술의 확산, 제품 및 노동 시장의 세계화, 긱 경제(gig economy)의 부상, 젊은 근로자의 독특한 기대감이 낳은 급격한 변화에 더디게 적응해 왔다."라고 지적하면서, "기업 및 정치 지도자들은 예를 들어 경영 제도, 교육 또는 성 역할의 전통적인 패턴이 근로자의 동기 부여와 생산성에 장애물이 될 때 그리고 전통을 선택적으로 깨는 것이 더 큰 번영과 변화된 회사 문화의 길을 여는 데 도움이 될 때를 인식해야 한다."라고 첨언하였다.

자신의 직무를 싫어하는 직원을 관리하기 위한 허츠버그 이론의 시사점은 다음과 같다.

1. 먼저 근로조건, 급여수준, 회사정책 등 위생 요인이 합당한지 확인하여 불만을 해소해야 한다.

2. 다음으로, 원하는 성취, 인정, 책임, 성장과 같은 동기 요인을 충족할 기회를 제공해야 한다.

긍정적인 위생 요인에는 직장에 애완동물을 데리고 올 수 있도록 허용, 비디오 게임 아케이드, 피트니스 수업 및 사내 스포츠(배구, 축구) 제공, 무료 영화, 사내 도서관 등이 있다. 동기 요인에는 직원 인정, 커리어 상담, 성장, 학습 및 개발 기회 등이 있다.

> **구글의 예:** 구글(Google)에서 근무하면 출산 · 육아 휴가, 사내 병원, 법률 자문 및 여행 지원을 받을 수 있으며, 사망할 경우 회사에서는 10년 동안 급여의 절반을 가족에게 지급한다. 이러한 위생 요인 외에도 자원봉사에 대한 유급 휴가와 새로운 스킬을 배우고 동료와 자신의 스킬을 공유할 수 있는 풍부한 기회를 제공받게 된다.

그림 12.6은 네 가지 욕구 이론을 비교한다. 성취 욕구 이론(맥클리랜드)과 자기 결정 이론(디시와 라이언)은 상위 수준의 욕구에만 초점을 두는 것을 확인할 수 있다.

그림 12.6 동기 부여의 내용 이론 비교

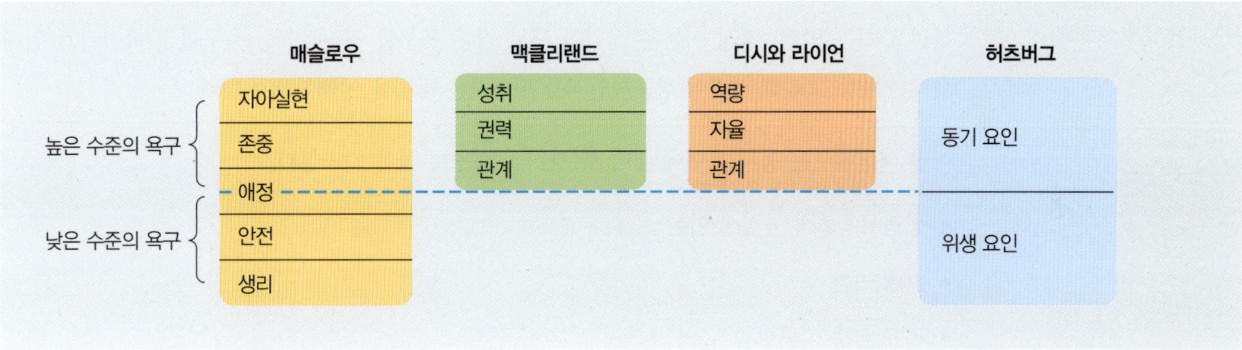

SECTION

03 동기 부여의 과정 이론

사람들이 행동을 결정하는 사고 과정을 설명하는 과정 이론에는 공정성 · 조직 공정성 이론, 기대 이론, 목표 설정 이론이 있다.

학습 목표

동기 부여의 과정 이론들의 유사점과 차이점을 설명한다.

과정 이론은 사람들이 어떻게 행동할지 결정하는 사고 과정, 즉 직원이 자신의 욕구를 충족시키기 위해 행동을 선택하는 방법을 설명한다. 욕구 기반의 내용 이론들은 직원의 욕구를 이해하려고 하는 반면, 과정 이론은 직원이 서로 다른 욕구를 갖는 이유, 욕구를 만족시키기 위해 선택한 행동 그리고 선택이 성공적인지를 평가하는 방법을 이해하고자 한다.

이번 섹션에서는 동기 부여에 대한 세 가지 과정 이론들을 알아본다.

- 공정성 · 조직 공정성 이론
- 기대 이론
- 목표 설정 이론

공정성 · 조직 공정성 이론

공정성(fairness) 또는 지각된 공정성은 조직에서 매우 중요하다. 예를 들어, 타겟(Target)의 영업 사원이 매출을 두 배로 늘려 10%의 보너스를 받았다면 이는 과연 충분할까? 타겟의 다른 영업 사원이 15%를 받았다면? 경쟁사는 이런 성과를 올리면 얼마큼 보상할까? 미국에서 가장 오래된 직원 채용 회사의 앤드류 챌린저(Andrew Challenger) 부사장은 "당신이 공정한 시장 가치를 받고 있다고 느끼느냐가 중요한 것"이라고 말했다. 챌린저는 "따라서 만약 당신이 두 개의 석사 학위를 소지한 프로그래머이고 노동 시장에서 가치가 매우 높아서 12만 달러를 받아야 한다고 생각될 때 10만 달러를 받고 있다면, 당신은 특별히 만족하지 못할 것이다."라고 덧붙였다.

공정성 이론은 사람들이 사회적 교류나 관계에서 공정성을 위해 어떻게 노력하는지를 설명한다. 심리학자 스테이시 아담스(J. Stacey Adams)가 개발한 공정성 이론은 직원들이 업무 수행에 대해 기대하는 보상을 공정하게 제공하여 동기를 부여하고 부당하다고 느끼는 감정을 없애야 한다고 주장한다. 이번 섹션에서는 아담스의 아이디어와 그 적용에 대해 학습하고, 공정성

이론이 확장된 조직 공정성 이론을 살펴본다.

공정성 이론은 인지 부조화(11장 참조), 즉 인지적 태도와 양립할 수 없는 행동 사이에서 사람들이 경험하는 심리적 불편함(discomfort)을 기반으로 한다.

- 불편함은 동기를 부여한다. 인지 부조화로 인한 불편함이 우리의 신념과 행동 사이의 일관성을 유지하기 위한 조치를 취하도록 동기를 부여한다. 한 전문가는 "사람들은 자신이 받는 급여와 주변 사람들이 받는 급여를 기준으로 결정을 내린다."며 "나보다 위에 있는 사람이 나보다 훨씬 많은 돈을 벌지만, 내가 더 열심히 해서 같은 급여를 받고 승진할 수 있다면 의욕이 생길 것"이라고 말했다.
- 우리는 여러 가지 방법 중 하나를 통해 불편함을 시정한다. 즉, 부당한 사회적 교환(social exchange)으로 인해 손해를 입었을 때("차 수리비가 너무 많이 나왔어!"), 태도나 행동을 약간 바꾸거나 ("나는 옐프에 그 가게에 대한 최악의 평가를 남길 것이다."), 아니면 방해 공작이나 직장 내 폭력과 같은 극단적인 초치를 취해서 우리의 인지 부조화가 해소되도록 노력한다.

공정성 이론의 핵심 내용은 현실에서 쉽게 발견된다. 예를 들어, 미국인들이 CEO의 연봉에 어떻게 반응하는지에 대한 예를 살펴보자.

CEO 보상의 예: 미국 CEO 평균 연봉은 약 1,210만 달러이며, 대부분의 미국인(86%)은 CEO가 일반 근로자에 비해 너무 많은 보수를 받고 있다고 생각한다. 그렇다면 직원들은 2019년 CEO의 평균 급여가 직원 평균 급여의 약 278배라는 사실을 알고 어떻게 반응했을까? 일부 전문가들은 이러한 불균형 때문에 부분적으로 직원의 불만족, 절도, 이직, 저조한 회사 성과 등의 부정적인 결과가 나타난다고 말한다.

자신의 투입과 산출을 다른 사람들과 비교 공정성 이론의 핵심은 투입(input), 산출(output: 보상), 비교이다(그림 12.7 참조).

투입: 사람들이 조직에 제공한다고 인식하는 투입은 다음과 같다.

시간	노력	교육	경험	학습
지능	창의력	연공서열	지위	사회적 자본

산출: 산출은 사람들이 조직에서 받는 보상이며 다음과 같다.

보수	복리 후생	칭찬과 인정
보너스	승진	특전

비교: 사람들은 자신의 투입과 산출의 비율을 다른 사람의 해당 비율과 비교한다.

- 직원들이 자신의 투입과 산출(보상)의 비율을 다른 사람들(조직 내의 동료이든, 심지어 조직 외부의 유사한 직무에 있는 다른 사람들이든)과 비교하여 공정한지 여부를 판단한다.

- 직원들은 공정성을 지각하면 만족하고 행동을 바꾸지 않는다.
- 직원들은 불공정성을 지각하면 분개하고 불평등을 변화시키기 위해 행동한다.

그림 12.7 **공정성 이론**

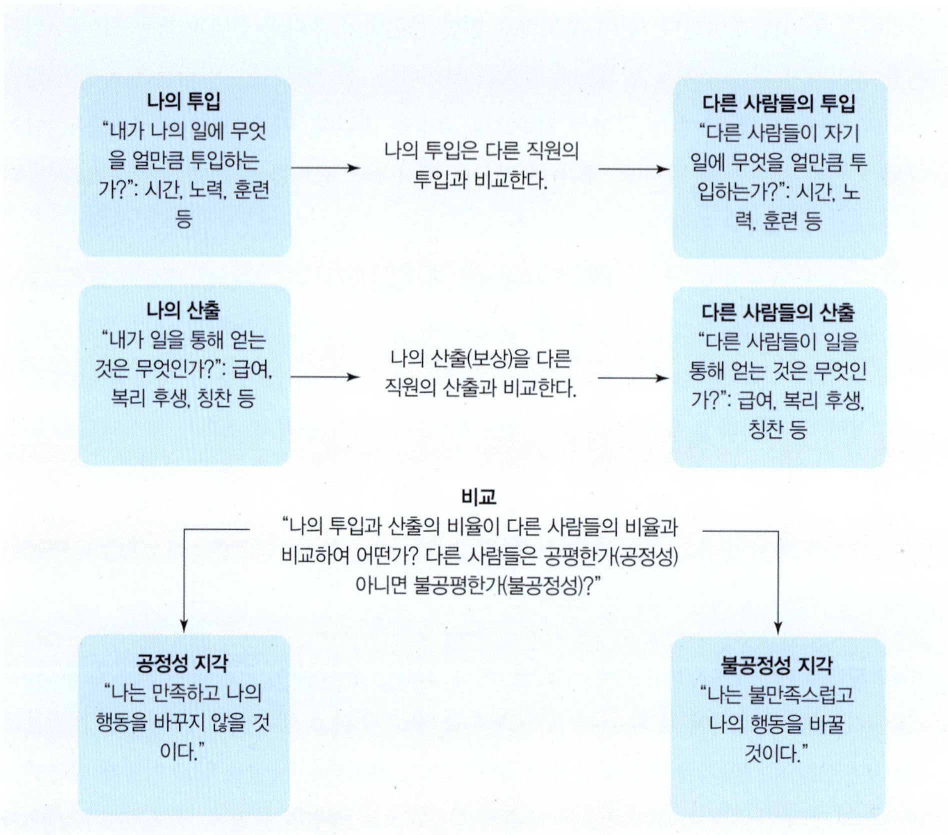

공정성 이론을 활용한 동기 부여 공정성 이론은 투입에 비해 자신이 적은 보상을 받고 있다고 느끼는 직원들이 다음과 같은 부정적인 행동을 보일 것으로 예측한다.

- 투입을 줄인다. ("최소한의 일만 할 것이다.")
- 보상을 바꾸려고 한다. ("회사가 충분히 돈을 주지 않는다면 회사에서 돈이 될만한 물건을 가져갈 것이다.")
- 불공정을 왜곡한다. ("회사는 한 번도 나의 가치에 합당한 보상을 지불한 적이 없다.")
- 상황을 벗어나려 한다. ("이 회사에서 나갈 것이다!")

반대로 자신이 공정하게 대우받는다고 지각하는 직원은 다음과 같이 행동한다.

- 조직 변화를 지원한다.
- 다른 사람들에게 협력한다.
- 잘못을 시정하기 위해 중재와 법원에 의존하지 않는 편이다.

조직 공정성 이론 1970년대 후반부터 공정성 이론의 연구자들은 사람들이 조직에서 공정하게 대우받는다고 느끼는 정도와 관련된 조직 공정성(organizational justice)으로 연구의 영역을 확장하기 시작했다. 조직 공정성의 세 가지 구성 요소는 분배, 절차, 상호 작용이다.

- **분배적 공정성:** 분배적 공정성(distributive justice)은 직원들에게 분배되거나 할당되는 자원과 보상의 공정성을 의미한다. 직원들은 조직이 자신에게 공정한 보상과 자원을 제공했다고 믿을 때 분배적 공정성을 지각한다.
- **절차적 공정성:** 절차적 공정성(procedural justice)은 보상 결정을 내리는 데 사용된 과정 및 절차에 대한 지각된 공정성을 의미한다. 직원들은 조직의 절차에 대해 자신의 의견을 말할 기회가 있을 때 그리고 그러한 절차가 정확하고 일관되게 적용될 때 절차적 공정성을 느낀다. 절차적 공정성은 조직 시민 행동(11장에서 학습)과 같은 조직의 친사회적 행동을 증가시킨다.
- **상호 작용적 공정성:** 상호 작용적 공정성은 조직의 대표가 절차를 실행하고 결정을 내리는 과정에서 직원을 대하는 방식과 관련이 있다. 상호 작용적 공정성(interactional justice)은 의사 결정이나 절차가 어떻게 지각되는지가 아니라, 결정이 실행될 때 사람들이 자신이 공정하게 대우받고 있다고 지각하는지에 관한 것이다. 낮은 수준의 상호 작용적 공정성을 지각하는 직원은 직무 성과와 만족 감소, 스트레스 및 파괴적 행동 증가와 같은 부정적인 결과를 경험하게 된다. 경영자는 진실되게 의사소통하고 예의와 존중으로 사람들을 대해서 상호 작용적 공정성 지각을 높여야 한다.

공정성 · 조직 공정성 이론을 활용한 동기 부여 공정성 · 지각 공정성 이론에 대한 이해는 다음과 같은 방식으로 조직의 효과성을 향상시킬 수 있다.

- 경영자는 직원의 우려 사항을 듣고 잘 이해해야 한다. 또한 직원에게 합리적인 기대치를 전달하고 보상에 대한 객관적인 조치를 잘 이해하고 있는지 확인해야 한다.
- 직원들이 서로 다른 직원의 상황을 개선할 기회를 명확하게 이해하고 전달하도록 장려한다.

공정성과 조직 공정성 이론의 다섯 가지 실용적인 교훈은 다음과 같다.

1. **직원들의 지각이 중요하다.** 아무리 경영진이 조직의 정책, 절차 및 보상 체계를 공정하게 생각한다고 해도 이러한 요소의 공정성에 대한 직원들의 지각이 중요하다.

   미아오울프의 예: 몰입형 설치 미술 업체인 미아오울프(Meow Wolf)의 전 직원 2명이 2019년 회사를 성차별로 고소했다. 두 여성은 소송에서 회사가 "여직원들에게 남성 동료들과 다른 보상과 조건, 취업 특권을 주는 패턴과 관행을 보여왔다."라고 주장했다. 두 여성 모두 자신이 상사에게 남성 직원에 비해 낮은 급여와 과도한 조사를 받는 것에 대해 감독관에게 사실대로 말했다는 이유로 해고되었다고 생각했다.

Mark Ralston/Getty Images

미아오울프는 방문자에게 다양하고 몰입감 있고 마음을 사로잡는 경험을 제공하는 것으로 유명하다. 안타깝게도 회사는 최근 성별과 관련된 부당한 대우를 지각한 직원들이 소송을 제기한 것으로 알려졌다.

회사는 "우리 문화에 완전히 어긋나는 근거 없는 주장에 대해 놀라움과 깊은 유감을 표하며 법적 절차를 통해 변호하겠다."라고 밝혔다.

2. **직원들은 자신에게 영향을 미치는 결정에 의견을 내고 싶어한다.** 경영자는 직원이 자신에게 중요한 영향을 미치는 결정을 내리는 데 참여할 수 있게 해야 한다. 일반적으로, 직원들이 의사결정 과정에서 의견을 낼 때 절차적 공정성에 대한 지각이 향상된다. 발언(voice)은 직원들이 경영자에게 업무 관련 우려, 아이디어 또는 건설적인 제안을 표현하는 것으로 정의된다.

   경영자는 직원에게 영향을 미칠 수 있는 조직 변화에 대해서는 직원의 의견을 구하는 것이 좋다. 3,915명의 미국 근로자를 대상으로 한 최근 연구 결과에 따르면, 대다수의 근로자는 업무 조건, 보상, 복리 후생, 안전, 담당 제품 및 서비스에 관한 결정에 대해 자신이 목소리를 내야 한다고 강하게 느끼고 있다. 그러나 이 연구에 따르면, 오늘날의 근로자들이 보상(59%가 거의 또는 전혀 발언하지 않는다고 응답)과 복리 후생(62%가 거의 또는 전혀 발언하지 않는다고 응답)에 대해 가장 적게 발언하는 것으로 나타났다.

   HSBC의 예: HSBC의 고위 경영진은 회사 문화가 지나치게 위계적이며, 결정이 최고위층에서 이루어지고 직원들에게 발언권이 주어지지 않는 환경이 조성되었음을 깨달았다. 직원의 발언을 독려하기 위해 회사는 익스체인지(Exchange), 즉 직원들이 더 일반적으로 부르는 '닥치고 듣기(shut up and listen)' 프로그램을 도입했다. 이 프로그램을 통해 경영자와 직원은 세 가지 규칙에 따라 정기적으로 만나 의사소통한다. (1) 경영자는 말하지 않고 경청한다. (2) 회의에는 의제가 없다. (3) 직원들은 자신들이 원하는 모든 것에 대해 이야기할 수 있다. 회사는 이전 회의에서 대부분의 주제가 급여, 동료 또는 업무 환경의 기타 문제와 관련되어 있음을 깨달았다. 그러나 직원들이 발언하는 데 익숙해지면서 회의의 초점은 직원이 고객에게 더 나은 서비스를 제공하고 제품을 개선하거나 커리어 개발 기회를 추구할 수 있는 방법과 같은 주제로 바뀌었다.

3. **직원에게 항의할 기회를 준다.** 직원들에게 자신의 웰빙에 영향을 미치는 결정에 항의할 기회를 제공하면 직원의 분배적 공정성과 절차적 공정성 지각이 향상된다.

   학생의 예: 대부분의 대학에는 학생들이 진정으로 부당한 대우를 받았다고 느낄 경우 과목 성적에 이의를 제기할 수 있는 절차가 있다. 예를 들어, 한 대학에서 학생은 강사가 (1) 성적 계산 또는 과제 제출 날짜 기록에 오류가 있거나, (2) 공평하고 공정한 방식으로 채점 절차를 적용하지 않거나, (3) 강의 계획서에 명시된 절차에 따라 성적을 산출하지 않았을 때 성적에 대해 이의를 제기할 수 있다.

4. **리더의 행동이 중요하다.** 직원의 공정성 지각은 경영자가 보여 주는 리더십 행동에 크게 영향을 받는다(리더십은 14장에서 학습). 따라서 경영자는 자신의 결정, 행동, 커뮤니케이션의 공정성과 관련된 영향을 고려해야 한다.

   존 맥키의 예: 홀푸즈(Whole Foods)의 CEO인 존 맥키(John Mackey)는 기업은 더 높은 목적이 있다고 믿는다. 맥키는 최근 인터뷰에서 "깨어있는 자본주의(conscious capitalism)에

참여하는 것은 단순히 돈을 버는 것을 넘어 사업의 목적을 이해하는 것이다."라고 말했다. 공정성에 대한 약속의 실천 중 하나로 맥키는 2007년부터 자신의 급여를 1달러로 제한했다. 이를 앞서 언급한 CEO들의 급여와 비교해 보자.

5. **공정성 분위기가 변화를 가져온다.** 경영자는 공정성을 추구하는 조직의 분위기에 주의를 기울여야 한다. 공정성 분위기는 전체 업무 집단이 느끼는 공평함과 관련이 있다. 한 연구 결과에 따르면, 공정성 분위기가 강한 조직의 직원들은 다음과 같은 모습을 보인다.

    - 직무 만족과 조직 몰입 향상
    - 협업 행동 증가
    - 직무 성과 향상

공정성과 조직 공정성 이론에 대한 이해는 커리어에도 중요한 의미를 갖는다. 예를 들어, 임금 인상이나 승진을 요구하거나(산출 증가) 적은 시간을 일하거나(투입 감소) 적게 노력함으로써써(투입 감소) 부정적인 불공정성을 해결하기 위해 일할 수 있다. 또한 급여나 복리 후생의 가치(산출) 또는 자신이나 동료가 실제로 수행한 일의 가치(투입)에 대한 지각을 조정함으로써 불공정성을 인지적으로 해결할 수도 있다.

직원들이 지각된 공정성 위반에 대해 목소리를 내는 방법에 대해 알아보기 위해 다음 예를 살펴보자.

직원 행동주의

우려의 목소리를 내는 것은 직원들을 위험 증가에 노출시키기 때문에 무서운 제안이 될 수 있다. 실제로 2019년 EEOC(Equal Employment Opportunity Commission)가 접수한 차별 혐의 중 53.8% 이상이 보복에 대한 것으로, 직장 내 공정한 대우를 받을 권리를 주장한 직원들을 징계할 때 발생하였다. 그러나 자료에 따르면 직원들은 위험을 무릅쓰고 직장에 대한 우려의 목소리를 높이고 있다. 실제로 직원들은 자신에게 직접적인 영향을 미치는 것뿐만 아니라, 회사 정책이 조직 외부의 다른 사람들에게 미치는 영향에 대해서도 목소리를 높이고 있는데, 이를 직원 행동주의(employee activism)라고 한다.

러쉬에서 고위 경영진은 정기적으로 직원들을 만나서 자신에게 가장 중요한 사회적 문제가 무엇이고, 회사 차원에서 추구해야 하는 사회적 문제가 무엇인지 알아보기 위한 대화를 나눈다.

젊은 직원

행동주의가 증가하고 있는 이유 중 하나는 젊은 직원들이 행복하지 않을 때 자유롭게 의견을 낸다는 것이다. 실제로 많은 사람들이 직원 행동주의의 증가를 세대 차이 때문이라고 보고 있으며,

밀레니얼 세대와 Z세대는 2030년까지 노동력의 50% 이상을 차지할 것이라는 사실이 이 문제를 조직에 특히 중요하게 만들고 있다.

위선에 대한 혐오감

HR 전문가인 피터 카펠리(Peter Cappelli)는 행동주의의 증가에 대해 사람들이 나이를 불문하고 위선(hypocrisy)을 좋아하지 않고, 위선을 보면 그것을 지적하는 경향이 있기 때문이라고 말한다. 카펠리는 "대부분의 기업들은 위선에 대한 혐오감이 그들의 사업이 사회적으로 책임감 있는 것처럼 보이는 데 도움이 된다는 사실을 알고 있다. 만약 자신의 좌우명이 '악해지지 말자'인데 불미스러운 고객들과 거래하거나 성적 학대 문제를 회피하는 것과 같은 높은 도덕적 가치로 청산하기 쉽지 않은 일을 하고 있다는 것이 밝혀진다면, 당신은 위선자처럼 보일 것이다."라고 말했다.

뉴스 속 행동주의

최근 몇 년 동안 기업들이 직원 행동주의에 어떻게 대응했는지 몇 가지 예를 살펴보자.

웨이페어: 전자 상거래 회사인 웨이페어(Wayfair)의 수백 명의 직원들은 2019년 6월 회사가 텍사스의 이주 아동 구금 시설에서 사용하기 위해 정부 계약자에게 약 20만 달러 상당의 가구를 판매했다는 사실을 알게 된 후 직장을 떠났다. 이에 대한 대응으로 회사 설립자는 기본적인 생필품이 필요한 사람들을 위해 적십자에 10만 달러를 기부했다.

구글: 2018년 11월, 20,000명 이상의 구글(Google) 직원들이 회사의 성희롱 문제 처리에 대한 불만을 표출하기 위한 파업에 참여했다. 무엇보다 직원들은 구글에 의무적인 중재 정책을 중단할 것을 요구했다. 1년이 지난 후에도 요구 사항은 대부분 충족되지 않았지만, 많은 사람들은 그 파업을 이듬해 구글과 다른 대형 기술 회사의 행동주의 물결을 일으킨 것으로 믿었다.

러쉬: 러쉬(Lush)는 현재 칼린 피커드(Carleen Pickard)가 맡고 있는 직위인 '사내 행동주의자(in-house activist)'를 통해 직원 행동주의를 의식적으로 추구한다. 피커드는 인터뷰에서 "우리는 정기적으로 직원을 불러 모아 어떤 문제를 해결해야 하는지 묻는다."라고 말했다. 피커드의 임무는 직원들의 이해를 모아 캠페인을 위한 아이디어를 짜며 회사가 추구하기로 선택한 길에 대해 직원들을 교육하는 것이다.

요약

이유를 불문하고 직원들은 그 어느 때보다 목소리를 높이고 있으며, 소셜 미디어는 행동주의를 보다 쉽고 널리 퍼뜨리고 있다. 일부에서는 직원 행동주의가 조직에 좋은 경종을 울릴 수 있다고 제안한다. 한 전문가는 "직원 발언은 가장 저렴한 화재경보기"라고 말했다. 조직의 행동이 가치와 일치하지 않을 때 직원이 시정을 요구할 수 있다.

당신의 생각은?

직원들의 적극적인 참여에 대해 어떻게 생각하는가? 당신은 회사에 대해 목소리를 높인 적이 있는가? 앞으로 그렇게 할 것인가?

기대 이론

빅토르 부룸(Victor Vroom)의 기대 이론(expectancy theory)은 특정 업무 상황에서 개인이 얼마나 많은 노력을 기울일지를 결정하는 과정을 설명한다. 이러한 결정은 노력에서 성과로 그리고 성과에서 결과로 이동하는 2단계 기대 순서를 기반으로 한다.

세 가지 요인: 기대감, 도구성, 유의성 기대 이론에 따르면, 동기는 노력, 성과, 성과에 대해 받는 결과(예: 급여 또는 인정)에 좌우된다. 다음 그림에 표시된 이러한 관계는 기대감(expectancy), 도구성(instrumentality), 유의성(valence)의 세 가지 지각에 의해 영향을 받는다(그림 12.8 참조).

그림 12.8 기대 이론

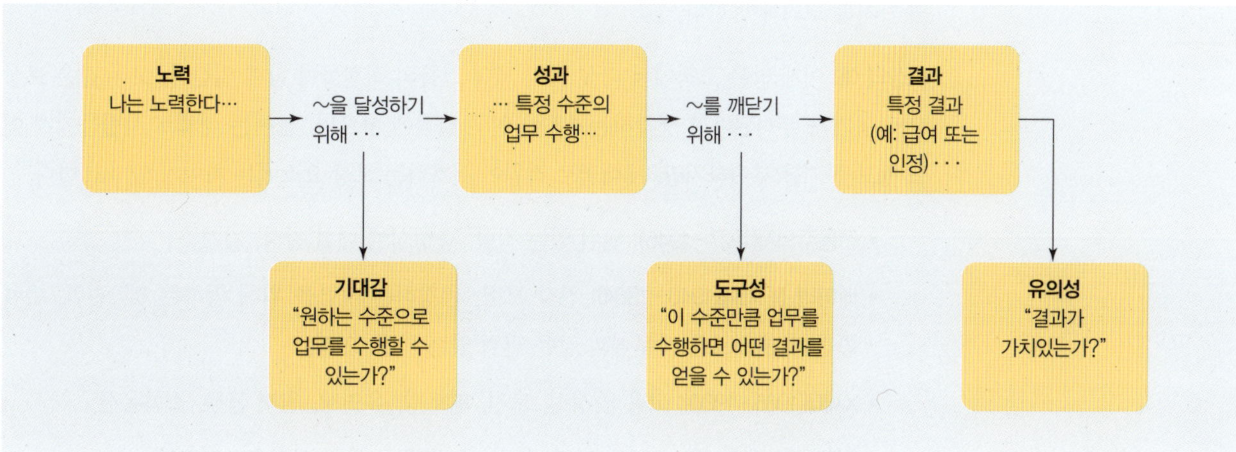

1. **기대감:** 기대감은 특정 수준의 노력이 특정 수준의 성과로 이어질 것이라는 믿음이다. 이를 성과 대비 노력의 기대라고도 한다.
   - **높은 기대:** "이 수업을 위해 공부하는 시간이 많을수록 성적이 올라간다." 이는 높은 기대를 반영한다. 즉, 노력이 결과를 낳는 데 중요하다고 생각한다는 것이다.
   - **낮은 기대:** "아무리 연습해도 키가 165cm이기 때문에 절대 덩크슛을 넣을 수는 없다." 이는 낮은 기대를 반영한다. 즉, 노력과 업무 성과 사이에 연결성이 보이지 않는다.
2. **도구성:** 도구성은 성공적인 업무 성과가 보상으로 이어질 것이라는 기대이다. 이를 성과 대비 보상 기대라고 한다.

   일부 조직은 경영진의 보상을 기업의 성공 척도와 연결하여 경영자에게 동기를 부여한다. 그러나 경영자는 자신의 업무와 회사의 전체 성과 간의 직접적인 연관성을 파악하기 어려울 수 있다. 즉, 경영진이 자신이 잘하고 있다고 느낄 때에도 기업의 광범위한 성과 자료에 표시되지 않아 보상을 받지 못할 수 있기 때문에 도구성이 낮을 수 있다. 또한 다른 사람이 창출한 이익에 대해 경영진이 종종 거액의 보상을 받는 경우가 많다는 점을 감안할 때 하위 직급의 직원들은 이러한 방식이 불공정하다고 생각할 수 있다. 일부 회사는 이러한 문제를 해결하기 위해 특정 조치를 취한다.

GE의 예: GE는 125년 동안 경영진의 연간 보너스를 회사의 전체 성과와 연결했다. 그러나 2018년에 회사는 도구성과 공정성에 대한 지각을 높이기 위해 보너스 제도를 개편했다. GE 경영진의 보너스는 이제 전체 회사 성과가 아니라 특정 사업 단위 성과에 연결된다.

3. **유의성:** 유의성은 직원이 받은 보상을 중요시하는 정도이다. 예를 들어, 내일 퀴즈가 있고 2점의 가치가 있다면(가능한 총 1,000점 중) 퀴즈가 100점의 가치가 있을 때만큼 공부에 노력을 기울이겠는가? 아마도 그렇지 않을 것이다. 100점에 대해 관심을 갖는 만큼 2점에 대해 거의 관심을 두지 않을 가능성이 높기 때문이다. 경영자는 특정 직원에게 제공하는 보상의 가치를 고려해야 한다.

   보상의 예: 이제 많은 조직에서 다섯 가지 세대 그룹의 직원들이 함께 일한다. 모두 같은 보상으로 동기가 부여된다고 생각하는가? 한 연구 결과에 따르면, 급여는 대체로 사람들에게 어느 정도 동기를 부여하지만, 세대별로 직원이 선호하는 보상 요소에는 차이가 있다고 한다.

   - **전통주의자(1927-1945):** 권위 있는 직함, 충성심에 대한 찬사, 감사.
   - **베이비 붐 세대(1946-1964):** 건강 보험, 존경하는 사람을 위해 일하는 것, 권위, 주차 공간 및 호화로운 사무실과 같은 권위 있는 특전, 인정.
   - **X세대(1965-1980):** 고용 안정성, 도전, 멘토링, 유연성, 원격 근무, 스톡옵션.
   - **밀레니얼 세대(1981-1996):** 도전, 열정, 스킬 훈련(특히 신기술), 피드백.
   - **Z세대(1997-):** 열정, 고용 안정성, 유연 근무, 즉각적인 피드백.

높은 동기 부여를 위해서는 기대감, 도구성, 유의성의 세 가지 요소 모두가 높아야 한다. 요소들이 낮으면 동기 부여가 떨어진다.

기대 이론을 활용한 동기 부여 기대 이론은 복잡하지만 기본 논리는 명쾌하며 많은 연구 결과가 지지하였다.

직원에게 동기를 부여하려고 할 때 경영자는 다음과 같은 질문을 해야 한다.

- **직원들이 중요하게 생각하는 보상은 무엇인가?** 경영자는 직원을 이해하며 급여 인상이나 인정과 같이 직원이 중요하게 여기는 보상(결과)을 제공해야 한다.
- **원하는 직무 목표와 성과 수준은 무엇인가?** 성과 목표를 명확하게 정의하고 원하는 성과 수준이나 행동을 결정하여 직원에게 보상을 얻기 위해 무엇을 해야 하는지 알려줘야 한다.
- **직원들은 올바른 성과에 대해 적절한 보상을 받을 것으로 믿고 있는가?** 경영자에 대한 신뢰에 달려 있다. 직원은 경영자가 요구하는 성과에 대해 약속한 보상을 그들에게 줄 수 있는 권력, 능력, 의지가 있다고 믿어야 한다.

목표 설정 이론

5장에서 처음으로 목표 설정 주제를 소개한 이후로 목표 설정의 중요성을 지금까지 고려하고 있다. 목표 설정 이론(goal setting theory)은 직원이 구체적이고 도전적이지만 달성 가능한 목표에 의해 동기 부여될 수 있다고 제안한다. 이론을 개발한 심리학자 에드윈 로크(Edwin Locke)와 게리 래텀(Gary Latham)에 따르면, 사람들이 목표를 설정하고 노력하는 것은 자연스러운 일이지만, 목표 설정 과정은 사람들이 목표를 이해하고 수용하며 몰입하는 경우에만 유용하다고 한다.

목표 설정 이론의 네 가지 동기 부여 메커니즘 목표 설정은 다음과 같은 이유로 동기를 부여하는 데 도움이 된다.

1. **직접적인 주의:** 목표 설정은 목표에 주의를 기울이게 하고 관련 없는 업무는 피하도록 한다.
2. **노력 조절:** 일반적으로 소비하는 노력은 목표의 난이도와 마감 시간에 비례한다.
3. **끈기 증가:** 목표 설정은 장애물을 실패의 원인이 아니라 극복해야 할 과제로 만든다.
4. **전략 및 실행 계획의 사용 촉진:** 전략 및 실행 계획을 사용하면 성공을 실현할 가능성이 높아진다.

목표 확장 획기적인 성장에 전념하는 회사는 때때로 실제로 달성할 것으로 기대하는 것 이상의 목표인 확장 목표(stretch goal)를 채택한다. 확장의 근거는 다음과 같다.

- 더 많은 것을 성취하기 위해 사람들을 평안한 영역(comfort zone)에서 벗어나게 한다.
- 성공했을 때 자신감을 심어준다.
- 미래의 차질에 대비하여 회사를 보호한다.
- 더 높은 성과 표준에 대한 도전을 수용한다.

구글(Google), 애플(Apple), 에어버스(Airbus), 3M과 같은 회사는 모두 '대담한 목표'로 성공해 왔다. 개인도 확장 목표를 설정하면 이로운 결과를 얻을 수 있다. 다음에 어려운 일을 할 수 없겠다는 생각이 들 때 아래 예에서 살펴볼 젊은 기업가를 떠올려 보자.

안네마리 이마피돈 박사의 스테메트

안네마리 이마피돈(Anne-Marie Imafidon)이 아홉 살이었을 때 선생님들에게 이 학생은 도전이었다. 그녀는 "나는 공포스러운 존재가 아니라 여기저기 돌아다니는 학급 광대였다. 가만히 앉아 있지 않았기 때문에 그들을 귀찮게 했다."라고 말했다. 그녀가 10살이 되었을 때 그녀의 학교는 그녀가 수학과 IT 분야의 GCSE(영국 대학 입학시험)에 응시해야 한다고 결정했다. 그녀는 시험에 합격하여 역대 최연소 합격자 중 한 명이 되었으며, 20살까지 옥스

포드 대학에서 수학 및 컴퓨터 공학 석사 학위를 받은 역사상 최연소 인물 중 한 명이 되었다(그녀는 반에 있는 70명의 학생 중 3명의 여학우 중 한 명).

스테메트

이마피돈 박사는 2013년에 스테메트(Stemettes)를 설립했다. 이 조직은 5세에서 22세 사이의 소녀들이 과학, 기술, 공학, 수학(science, technology, engineering, mathematics: STEM) 분야에서 커리어를 쌓을 수 있도록 장려한다. 2013년 이후로 거의 45,000명의 젊은 여성이 스테메트의 무료 워크숍 및 행사에 참석했다. 이제 30세가 된 이마피돈 박사는 스테메트에 대해 "이 조직은 언젠가는 더 이상 필요하지 않아서 존재하지 않을 것이다."라는 궁극적인 목표를 가지고 있다. 그녀는 이 목표를 달성하는 데 특히 중요한 몇 가지를 이야기했다.

스테마테 설립자 안네마리 이마피돈 박사는 많은 여성들이 STEM 커리어를 추구하여 결국 이 조직이 더 이상 필요하지 않게 되기를 바란다.

- **고정 관념 바꾸기.** 이마피돈 박사는 고정 관념(예: '기술직' 사람들이 빅뱅 이론의 등장인물처럼 괴팍한 백인 남성이라는 생각)에서 발생하는 사회적 기대가 젊은 여성이 STEM 분야에 진입하는 데 가장 큰 장벽 중 하나라고 생각한다. 스테마테는 이러한 고정 관념에 대항하고 젊은 여성들에게 STEM에 다른 사람들과 마찬가지로 자신의 자리가 있을 수 있음을 보여 주기 위해 노력한다.
- **실화를 이야기하다.** 이마피돈 박사는 대중문화에서 똑똑한 여성의 이야기가 도움이 된다는 것을 인정한다. 그녀는 실화를 특히 중요하게 생각한다. 그녀는 영화 히든 피겨스(Hidden Figures)를 예로 들며 여성 과학자들의 허구적 예를 보는 것도 좋지만, "당신 선생님의 할머니가 블레츨리(Bletchley)에서 암호 해독자가 되어 전쟁을 끝내는 데 도움이 되었다는 사실을 알게 되었을 때 이를 더 멋있게 생각할 것"이라고 말했다.

당신의 생각은?

엄청나게 어려운 것을 성취하려고 노력하는 것에 대해 생각해 본 적이 있는가? 목표를 추구했는가, 아니면 회피했는가?

그러나 어떤 경영자는 이러한 유형의 목표에는 단점이 있으므로 주의해서 사용해야 한다고 말한다.

- 직원들이 달성할 수 없는 것처럼 보이는 목표를 설정하기 때문에 직원들의 의욕을 꺾을 수 있다.
- 직원들이 가능한 모든 방법으로 목표를 달성하려고 할 때 비윤리적인 행동을 조장할 수 있다.
- 기업이 불필요한 위험을 감수하도록 할 수 있다.

많은 사람들은 확장 목표의 사용이 폭스바겐(Volkswagen)의 배기가스 스캔들을 유발했다고 생각한다. 한 최근 연구에 따르면, 확장 목표는 의도하지 않은 부정적인 결과를 초래할 수 있다고 한다. 이 연구의 한 저자에 따르면, "경영자가 목표 달성 과정보다 목표 달성 결과에 더 집착할 때 이러한 목표를 달성하기 위한 비윤리적 행동을 조장할 수 있다."라고 한다.

목표 지향성의 두 가지 유형 목표 지향성(goal orientation)의 개념은 지향성에 따라 목표를 달성하려고 하는 두 가지 이유 중 하나가 있을 수 있다고 제안한다. 학습 목표 지향성(learning goal orientation)은 목표를 새로운 스킬의 습득을 통해 능력을 개발하는 수단으로 본다. 목표 선호도에 대한 연구에 따르면, 학습 목표 지향성이 강한 사람들은 다음과 같은 모습을 보인다.

- 교육, 성과 피드백, 도전적인 업무 배정 등을 통해 스킬을 향상할 기회를 지각한다.
- 창의성, 새로운 아이디어를 수용하려는 의지 또는 새로운 환경에 대한 적응력, 성과 피드백의 효과적인 활용 그리고 능동적인 문제 해결 방식이 필요한 직무에 매우 적합하다.

성과 목표 지향성(performance goal orientation)은 목표를 다른 사람들의 승인을 구함으로써 이미 가지고 있는 능력을 입증하고 검증하는 수단으로 본다. 한 연구에 따르면, 성과 지향성이 강한 사람들은 실패에 대한 두려움 때문에 새로운 것에 덜 도전할 수 있고, 비판으로 인해 취약해지는 것을 피하기 위해 스스로를 위한 더 낮은 목표를 설정할 수 있다고 한다. 또 다른 연구는 성과 목표 지향성이 직무 성과와 관련이 없거나 부정적으로 관련된 것으로 발견하였다.

실패의 가능성은 항상 존재하지만, 강한 성과 지향성을 가진 사람들은 덜 성취하는 것에 안주할 수 있기 때문에 전문 분야에서 성공하는 데 방해가 될 수 있다. 실패에 대한 두려움과 실제로 실패의 현실에 직면하여 극복한 사람들은 다음과 같다.

- 9살에 음반 계약을 맺고 노래 경연 대회에서 탈락한 비욘세(Beyoncé).
- 수천 번의 실패는 단순히 무엇이 효과가 없는지를 발견했던 과정이라는 유명한 말을 남긴 토머스 에디슨(Thomas Edison).

마이클 조던(Michael Jordan)은 "내 커리어에서 9,000개가 넘는 슛을 놓쳤으며 약 300경기를 졌다. 26번이나 게임을 승리로 이끌 수 있는 슛을 쏠 것이라고 믿었지만 놓쳤다. 내 인생에서 계속해서 실패하고 또 실패했다. 그리고 그것이 내가 성공했던 이유이다." 실패를 두려워하는 사람들에게 시어도어 루스벨트(Theodore Roosevelt)는 이렇게 말했다. "중요한 것은 비평가가 아니라 행동가이다. 행동가는 결국 높은 성취의 승리를 알고, 설령 실패하는 최악의 경우라도 최소한 과감히 도전하다 실패했으므로 승리도 패배도 모르는 냉담하고 소심한 영혼들은 결코 그를 대신할 수 없다."

선제적 학습 지향성은 회사가 원하는 역량 중 하나이며, 학습 목표 지향성과 유사한 태도이다.

목표 설정 이론의 실제 결과 목표 설정 프로그램을 실행할 때 다음과 같은 권장 사항을 제안한다. 최근 연구에 따르면, 높은 동기 부여와 성과를 내기 위해서는 목표가 다음과 같은 여러 특징을 가져야 한다고 한다.

누구나 실패를 경험한다. 1993년 그룹 걸스 타임(Girls Tyme)과 함께 비욘세가 스타 서치(Star Search)에서 다른 그룹에 졌다는 것을 알고 있었는가? 그녀는 열정을 추구하는 것을 멈추지 않았으며 현재 그녀에게는 24개의 그래미 어워드(70개의 후보)라는 기록이 있다. 2020년 타임지는 지난 세기의 가장 영향력 있는 여성 100인 중 한 명으로 비욘세를 선정했다.

1. **목표는 구체적이어야 한다.** 구체적이고 어려운 목표는 "최선을 다하라." 또는 "성과를 향상시켜라."와 같은 일반적인 목표보다 더 높은 성과로 이어진다. 그렇기 때문에 구체적이고 도전적인 목표를 설정하는 것이 중요하다. "가능한 한 많은 차를 판매하라." 또는 "고객에게 더 친절하라."와 같은 목표는 너무 모호하다. 대신 목표는 구체적이어야 한다. 일반적으로 다음과 같이 양적인 의미를 담고 있어야 한다.
   - "수익을 25% 늘리자."
   - "결근을 10% 줄이자."

   대부분의 조직에서 구체적인 목표의 예를 찾을 수 있다. 퍼시픽 가스 앤드 일렉트릭(Pacific Gas & Electric: PG&E)의 예를 살펴보자.

   PG&E의 예: 새롭게 개정된 산불 예방, 안전 및 공공 안전 전원 차단 프로그램에서 2020년의 구체적인 목표를 "전력이 공급되지 않는 공동체의 수를 줄이기 위한 목적으로 배전선에 자동 분할 장치 592개 설치" 및 "일부 지역에서 전력을 리디렉션하고 변전소 및 송전선로를 유지할 수 있는 23개의 송전 스위치를 추가"하는 것으로 설정하였다.

2. **효과적으로 목표를 설정하려면 특정 조건이 필요하다.** 효과적인 목표 설정을 위해 사람들에게 필요한 것은 다음과 같다.
   - 목표를 달성하는 데 필요한 능력과 자원이 있다.
   - 목표에 전념해야 한다. 직원들이 목표를 설정하는 과정에 참여하게 하여 목표에 대한 몰입도를 높일 수 있다.

3. **목표는 실행 계획과 연결되어야 한다.** 실행 계획은 목표를 달성하기 위해 해야 하는 활동이나 업무를 요약하고 우리가 해야 할 일을 상기시킨다. 직원과 조직 모두 세부적인 실행 계획을 마련할 때 목표를 달성할 가능성이 더 높다.

   갈보리 공립 병원의 예: 호주 브루스에 있는 갈보리 공립 병원(Calvary Public Hospital)은 고통 완화 치료(palliative care)에 전략적 초점을 두고 있다. 가장 빠르게 성장하는 의료 전문 분야 중 하나인 이 의학 분야의 의료 종사자들은 말기 환자가 삶의 질을 높이고 스트레스를 덜 받으며 고통을 덜 수 있도록 돕는다. 병원의 전략 실행 계획에는 전략적 목표와 실행 계획이 모두 포함된다. 예를 들어, 한 가지 목표는 "완화 및 임종 치료의 선구자가 되어 해당 부문이 이에 대해 생각하고 접근하는 방식에 영향을 미치는 것"이다. 이 목표에 해당하는 실행 계획은 "완화 및 임종 치료 전략을 계속 추진한다. 임종 치료에 대한 갈보리의 방식을 공개적으로 홍보한다."이다.

4. **성과 피드백 및 목표 달성 방법 결정에 대한 참여는 목표 설정이 효과를 발휘하는 데 필요하지만 충분하지는 않다.** 피드백과 참여는 직원들이 구체적이고 어려운 목표를 설정하고 몰입하도록 이끌 때만 성과를 향상시킨다.

   존슨앤존슨의 예: 2018년, 존슨앤존슨(Johnson & Johnson: J&J)은 "2020년까지 100,000명 이상의 직원이 건강과 웰빙에 있어 최상의 상태를 유지할 수 있도록 지원한다."라는 목표를 설정했다. 회사는 건강 목표에 대한 직원의 몰입을 유도 및 유지하기 위해 다음과 같은 몇 가지 타겟 메커니즘을 사용한다.

   - **조직 문화.** J&J의 경영진과 경영자는 조직 문화에 건강과 웰빙을 불어넣기 위해 노력한다.
   - **연결.** J&J는 건강 및 웰빙에 대한 정보를 직원에게 제공하기 위해 고유한 기밀 플랫폼을 사용한다. 플랫폼은 무엇보다도 직원들이 추가적인 피트니스 수업과 같은 것들을 위해 현금화할 수 있는 신체 활동을 추적한다. 직원들은 플랫폼을 통해 웰니스 목표를 추구하기 위한 다양한 옵션들을 볼 수 있으며, 자신의 경험을 맞춤화할 수 있다.
   - **의사소통.** 회사는 건강한 식생활을 늘리기 위한 조치와 웰빙 목표를 향한 진행 상황에 대해 직원들과 정기적으로 소통한다. 직원들이 건강 이니셔티브에 대한 훈련 및 교육을 받을 기회도 계속 제공된다.

피드백과 참여를 사용하여 특정 목표에 집중하고 전념할 때 목표는 더 높은 성과로 이어진다. 5장에서 학습한 바와 같이, 목표는 SMART, 즉 구체적이고, 측정 가능하며, 달성 가능하고, 결과 지향적이고, 목표 날짜가 있어야 한다.

SECTION

04 동기 부여를 위한 직무 설계

전통적인 직무 설계 방식은 사람들을 직무에 맞춘다. 현대적인 방식은 앞부분에서 학습한 허츠버그의 2요인 이론을 기반으로 직무 충실화를 통해 사람들에게 직무를 맞추는 것이다. 직무 특성 모형은 업적 성과를 향상시킬 수 있는 다섯 가지 직무 특성을 제시한다.

학습 목표

다양한 직무 설계 방법을 비교한다.

한 뉴스 자료에 따르면 43~53%의 직원들이 자신의 일을 지루하게 느낀다고 한다. 직무 설계는 (1) 조직의 업무를 직원들에게 나누고 (2) 직무 성과와 만족을 높이기 위해 동기 부여 이론을 직무에 적용하는 것이다. 직무 설계에는 두 가지 방식이 있는데, 전통적인 방식은 사람들을 직무에 맞추는 것이고, 현대적인 방식은 직무를 사람들에게 맞추는 것이다.

사람을 직무에 맞추기

사람들을 직무에 맞추는 것은 사람들이 업무에 점차적으로 적응할 것이라고 가정한다. 생산 라인의 업무처럼 같은 일이 반복되는 직무에 주로 사용되는 접근법이다. 이때 경영자의 주요 과제는 "어떻게 직원을 업무와 가장 잘 어울리게 만들 수 있을까?"이다.

한 가지 기법은 직원 한 명이 수행하는 작업의 수를 줄이는 과학적 관리(scientific management)이다. 직무를 가장 단순하게 설계하면 직원이 동일한 업무를 더 많이 수행하는 데 집중할 수 있으므로 직원의 효율성과 생산성이 향상된다. 그러나 단순하고 반복적인 직무는 직무 불만족, 정신 건강 악화, 성취감 및 개인 성장 저하와 같은 부정적인 결과를 유발하기도 한다.

직무를 사람에 맞추기

사람들에게 직무를 맞추는 것은 사람들이 직장에서 충분히 활용되지 않고 있으며, 더 많은 다양성, 도전, 책임을 원한다는 가정에 기반한다. 허츠버그의 이론에서 파생된 이 접근법에서 경영자의 주요 과제는 "어떻게 직무를 직원에게 가장 잘 어울리게 설계하여 직무 성과와 직무 만족을 높일 수 있을까?"이다.

이러한 유형의 직무 설계를 위한 두 가지 기법은 (1) 직무 확대(job enlargement)와 (2) 직무 충실화(job enrichment)이다.

직무 확대 과학적 관리와 반대되는 직무 확대는 다양성과 동기 부여를 높이기 위해 업무의 수를 늘리는 것이다. 예를 들어, TV에 평면 스크린을 설치하는 직무는 회로 기판 설치도 함께하도록 확대될 수 있다. 직무 확대에 대한 세 가지 중요한 사항은 다음과 같다.

- 찬성론자들은 직무 확대가 직원 만족, 동기 부여, 품질을 향상시킬 수 있다고 주장한다.
- 연구 결과에 따르면, 직무 확대 자체가 직무 성과에 지속적으로 긍정적인 영향을 미치지는 않는다고 한다. 즉, 하나가 아닌 두 개의 지루한 업무를 하는 것이 도전적인 직무가 되는 것은 아니다.
- 직무 확대는 다양한 직무 설계 기법 중 하나일 뿐이다.

직무 충실화 직무 충실화는 직무 만족에 대한 허츠버그의 2요인(동기 요인, 위생 요인) 이론을 실제로 적용한 것이다. 구체적으로, 직무 충실화는 책임, 성취, 인정, 업무 자극, 승진과 같은 동기 요인을 직무에 반영하는 것이다.

그러나 단순히 직원들에게 유사한 난이도의 업무를 수평적으로 추가하는 직무 확대와는 달리, 직무 충실화는 직원에게 더 많은 책임을 부여한다(수직적 추가).

> **3M의 예:** 3M에서 경영자는 자신의 직무가 "좋은 사람을 고용하고 그들을 내버려 두는 것"이라는 것을 알고 있다. 회사는 학습이 과정의 일부인 경우 직원들에게 엉뚱한 아이디어를 좇고 실패할 수 있는 자유를 준다. 모든 직급의 직원에게 이러한 혁신 정신을 불어넣기 위해 회사는 성공적인 직원들이 커리어를 발전시키는 과정을 선택할 수 있는 '이중 사다리 시스템(dual ladder system)'을 도입했다. 이 시스템은 직원들이 의무적으로 관리직을 맡는 것을 막고, 대신 직원들에게 과학 · 제품 개발 트랙이나 관리 트랙에서 더 많은 책임을 추구할 수 있는 두 가지 옵션을 제공한다.

직무 특성 모형

리처드 해크먼(J. Richard Hackman)과 그레그 올드햄(Greg Oldham)이 개발한 직무 특성 모형(job characteristics model)은 직원을 동기 부여시킬 수 있는 직무 설계를 위한 다섯 가지 핵심 특성을 제안하였다.

그림 12.9 **직무 특성 모형**

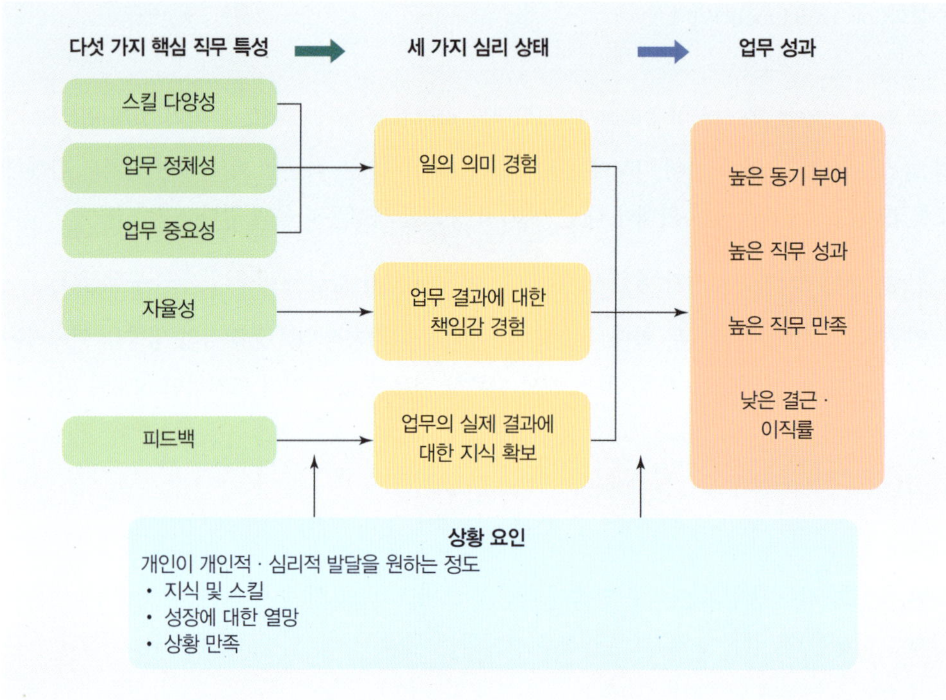

출처: J. Richard Hackman and Greg R. Oldham, Work Redesign, 1e ©1980.

효과적인 직무 설계를 통해 직원의 모든 몰입을 높일 수 있다.

다섯 가지 직무 특성 다섯 가지 핵심 직무 특성은 스킬 다양성(skill variety), 업무 정체성(task identity), 업무 중요성(task significance), 자율성(autonomy), 피드백(feedback)이다.

1. **스킬 다양성:** 스킬 다양성은 직무가 다양한 스킬과 능력을 사용하도록 요구하는 정도를 나타낸다.

예 수석 셰프에게 요구되는 스킬 다양성은 카페의 바리스타보다 높다.

2. **업무 정체성:** 업무 정체성은 직원이 업무를 처음부터 끝까지 완료하는 데 필요한 모든 작업의 범위를 나타낸다.

예 스테인드글라스 창을 만드는 장인의 업무 정체성은 자동차에 백업 카메라만 설치하는 조립 라인 작업자의 업무 정체성보다 높다.

3. **업무 중요성:** 업무 중요성은 직무가 조직 내부와 외부의 다른 사람들의 삶에 영향을 미치는 정도를 나타낸다.

예 코로나바이러스 팬데믹 동안 병원의 인공호흡기 장비를 계속 작동시키는 직원은 식료품 창고에서 시리얼 상자를 내리는 사람보다 업무 중요성이 더 높았다.

4. **자율성:** 자율성은 직원이 업무 처리 일정과 수행 방법을 스스로 결정할 수 있는 정도를 나타낸다.

예 대학 교재 영업사원은 어떤 캠퍼스와 교수에 연락을 취해야 할지를 스스로 결정할 수 있다. 그래서, 고속도로 통행료 징수자보다는 자율성이 높다.

5. **피드백**: 피드백은 직원이 업무를 얼마나 잘 수행하고 있는지에 대한 명확하고 직접적인 정보를 받는 정도를 나타낸다.

   예 프로 농구 선수는 얼마나 많은 슛이 골대에 들어가는지에 대한 즉각적인 피드백을 받는다. 새로운 고속도로 시스템에서 작업하는 엔지니어는 성능이 얼마나 효과적인지 알기까지 몇 년이 걸릴 수 있다.

직무 특성 이론의 핵심 사항 직무 특성 모형이 예측하는 바람직한 결과가 나타나는 과정은 다음과 같다.

- 다섯 가지 핵심 직무 특성은 세 가지 중요한 심리 상태에 영향을 미치고, 더 나아가서 직원을 동기 부여시킨다(그림 12.9 참조).

  1. 업무의 의미
  2. 결과에 대한 책임감
  3. 업무 결과에 대한 지식

- 결과적으로 이러한 긍정적인 심리 상태는 높은 동기 부여, 높은 직무 성과, 높은 직무 만족, 낮은 결근 · 이직률을 비롯한 중요한 결과를 유발한다.

연구 결과는 경험된 의미있음(meaningfulness)이 가장 중요한 심리 상태임을 밝혀냈다. 의미가 매우 중요하여 실제로 한 조사에 따르면 직원의 90%가 더 의미 있는 일을 할 수 있다면 급여의 일부를 기꺼이 포기할 수도 있을 것이라고 말했다.

그림 12.9의 하단에 표시된 또 다른 요소는 상황 요인들인데 개인이 성장을 원하는 정도를 나타내며, 다음과 같은 세 가지 요소가 있다.

1. 필요한 지식과 스킬
2. 성장에 대한 열망
3. 상황(예, 물리적인 업무 환경, 상사, 연봉)에 대한 만족

상황 요인은 직무 특성 모형이 제시하는 내용이 모든 사람들을 동기 부여시킬 수 있는 것은 아니라는 점을 나타낸다. 즉, 사람들이 필요한 지식과 스킬을 가지고 있을 때, 성장하고 싶을 때 그리고 자신의 업무 상황에 만족할 때 이러한 방식이 직원을 동기 부여시킬 수 있다는 것이다.

직무 특성 모형의 실제 적용 직무 특성 모형을 적용하기 위한 세 가지 단계는 다음과 같다.

- **업무 환경을 진단하여 문제가 있는지 확인하자.** 일반적으로 특정 직무가 직원의 동기 부여 수준과 직무 행동에 영향을 미칠 수 있는 잠재력인 동기 부여 잠재력 점수(motivating potential score: MPS)를 계산한다.

- **직무 재설계가 필요한지 판단하자.** MPS가 낮으면 원인이 되는 핵심 직무 특성을 파악한 뒤 직무 재설계가 필요한지 결정해야 한다. 직무 설계는 직원들이 필요한 지식과 스킬을 가지고 있는 참여적인 업무 환경에서 더욱더 효과적이다.
- **직무 재설계 방식을 고려하자.** 낮은 MPS의 원인이 되는 핵심 직무 특성을 어떻게 향상시킬지 고민한다.

의사의 예: 전자 건강 기록(electronic health record: EHR) 요건과 급증하는 의사 부족으로 인해 1차 진료(primary care) 의사는 환자 부담 증가와 함께 빠르게 증가하는 행정 업무를 처리해야 했다(때로는 11분마다 한 명의 환자를 진료하기도 함). 그 결과, 최근 연구에서 조사된 8,700명의 의사 중 50% 미만이 자신의 직무에 만족한다고 보고했다. 의사들의 첫 번째 불만 사항은 시간이 많이 소요되는 기록 보관 요구 사항으로, 응답자의 66%는 환자와 함께할 수 있는 시간이 낭비된다고 답했다.

'직접 1차 진료' 모형은 1차 진료 의사의 업무를 획기적으로 재설계하려는 시도이다. 환자 진료에 훨씬 더 많은 시간을 할애하고 서류 작성에 훨씬 더 적은 시간을 할애할 수 있다.

이러한 문제에 대응하여 일부 의사는 자신의 직무를 재설계했다. 특히, 많은 사람들이 '직접 1차 진료(direct primary care: DPC)' 모형을 채택하여 보험 회사를 배제하고 의사의 자율성과 업무 중요성을 가져올 수 있는 많은 서류 및 규정을 채택하고 있다. 직접 1차 진료 연합(Direct Primary Care Coalition) 웹 사이트에 따르면 "분명 효과가 있다. 2009년 이후로 거의 1,200개의 새로운 DPC 제도가 등장했으며, 고용주, 노동조합, 심지어 건강 보험도 이제 DPC 의사들을 통해 직원에게 더 나은 치료를 제공한다. 고용주는 의료 제공 비용이 20%까지 감소한다고 보고한다. 환자들의 만족도도 높아졌다. 의사들도 자신의 일에 집중할 수 있다."

SECTION

05 동기 부여를 위한 강화 이론

강화 이론은 행동이 긍정적인 결과를 가져오면 반복되고, 부정적인 결과를 가져오면 반복되지 않을 것이라고 제안한다. 이번 섹션에서는 직원의 행동을 수정하기 위해 긍정적인 강화, 부정적인 강화, 소거, 처벌의 네 가지 기법을 사용하는 방법에 대해 학습한다.

학습 목표

행동 수정의 네 가지 유형을 사용하는 방법을 설명한다.

20개 이상의 레스토랑을 소유한 셰프스테이블(ChefStable)은 2020년 3월 중순에 갑자기 문을 닫아야 해서 약 700명의 직원을 해고했다. 그러나 레스토랑이 새로운 배달 및 가두 테이크아웃 모형을 도입하면서 사업을 부분적으로 운영할 수 있었고 일부 직원을 재고용할 수 있었다. 문제는 많은 전직 직원들이 실업 수당과 주당 600달러의 연방 팬데믹 실업 수당으로 더 많은 돈을 벌고 있다는 것이었다. 정확히 말하면 주당 거의 400달러가 더 많았다. 셰프스테이블은 임시 실업 보너스와 일치하도록 현장 요리사들에게 25.40달러의 시급을 제공해야 했다. 이 이야기는 사람들의 행동을 결정하는 데 있어 결과(보상)의 힘을 강조한다.

에드워드 손다이크(Edward L. Thorndike)와 스키너(B. F. Skinner)가 개발한 강화 이론(reinforcement theory)은 결과가 행동에 미치는 영향을 설명한다. 강화 이론의 기초를 형성하는 두 가지 아이디어는 다음과 같다.

1. **스키너의 조작적 조건화 개념:** 조작적 조건화(operant conditioning)는 결과를 조작하여 행동을 통제하는 과정으로, 그 근원은 다음과 같다.
2. **손다이크의 효과의 법칙:** 효과의 법칙(law of effect)에 따르면, 유리한 결과를 가진 행동은 반복되는 경향이 있는 반면, 불리한 결과를 가져오는 행동은 사라지는 경향이 있다.

이러한 토대를 바탕으로 등장한 강화 이론은 인간의 행동을 변경하는 행동 수정(behavior modification)을 위한 방법을 제시한다.

행동 수정의 네 가지 유형

행동을 수정하는 방법에는 (1) 긍정적 강화, (2) 부정적 강화, (3) 소멸, (4) 처벌의 네 가지 유형이 있다(그림 12.10 참조).

그림 12.10 행동 수정의 네 가지 유형

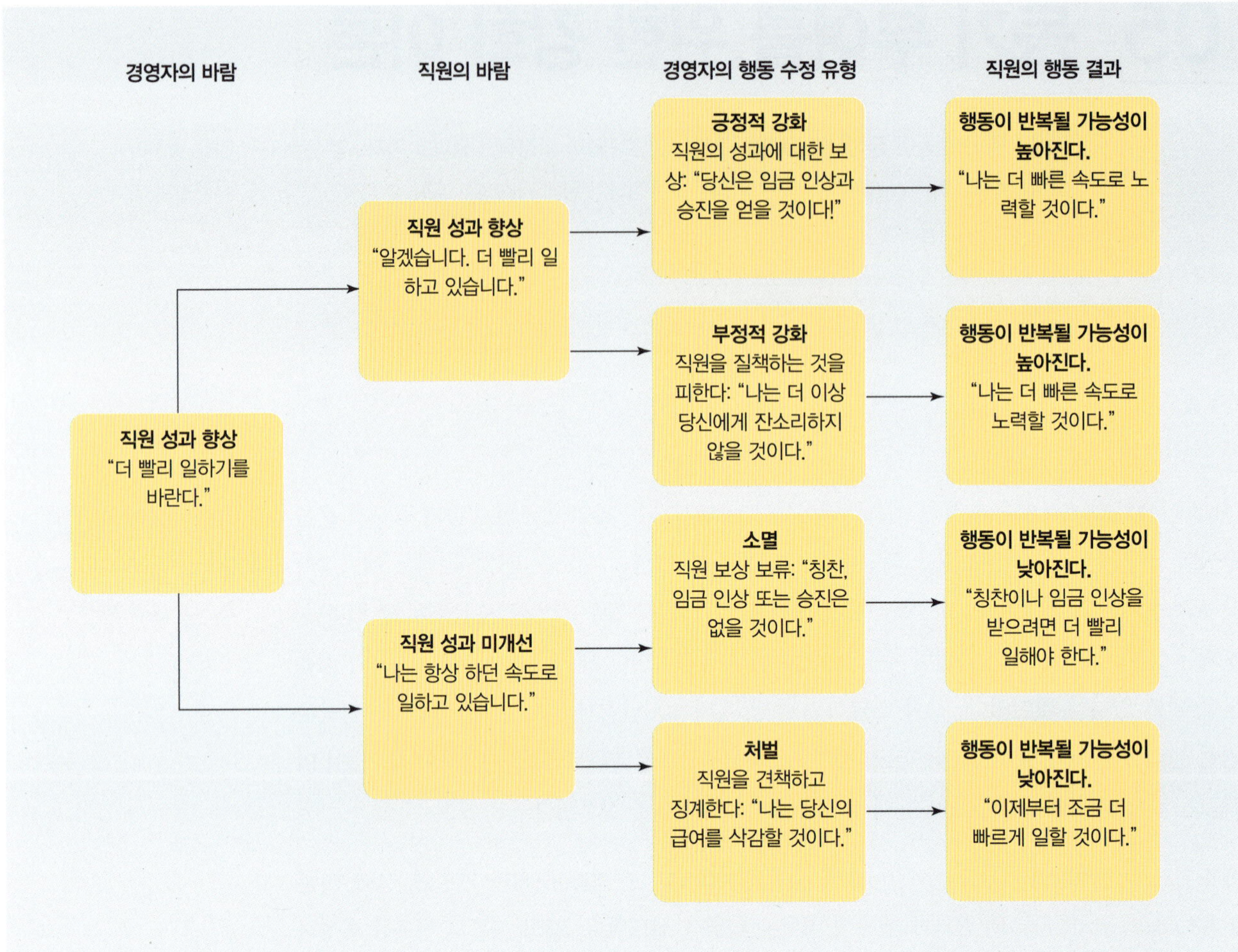

긍정적 강화 긍정적 강화는 특정 행동이 미래에 다시 발생할 가능성을 강화하기 위해 긍정적인 결과를 도입하는 것이다.

예 판매원에게 더 많은 보험 상품을 판매하도록 요청한 감독자는 성공적인 성과에 대해 다음과 같이 말함으로써 보상을 줄 수 있을 것이다. "판매 할당량을 초과한 것은 훌륭하며, 보너스를 받게 될 것이다. 다음에 더 많이 팔면 최고 판매원 100인에 선정되어 파리 여행도 갈 수 있을 것이다." 보상에 주목하자. 칭찬, 임금 인상, 인정은 긍정적인 행동을 강화하고 직원이 더 열심히 일하도록 동기 부여시킨다.

부정적 강화 부정적인 강화는 특정 행동이 미래에 다시 발생할 가능성을 강화하기 위해 부정적인 자극을 제거하는 것이다.

예 영업 사원들을 압박해 온 상사는 "할당량을 초과했으니, 이제 그만 괴롭히겠다."라고 말할 수도 있다. 상사의 부정적인 행동을 제거하기 위해 영업 사원은 계속해서 할당량을 채우려고 노력할 수 있다.

소멸 소멸은 특정 행동을 무시하거나 강화되지 않도록 함으로써 미래에 다시 발생할 가능성을 낮춘다.

예 텔레마케터가 전화를 더 하지 않길 원해서 텔레마케터의 전화를 받지 않았다. 전화를 무시함으로써 상대방이 연락하려는 시도를 포기하기를 바라는 것이다.

처벌 처벌은 부정적인 것을 제시하거나 긍정적인 것을 철회함으로써 미래에 행동이 다시 발생할 가능성을 낮춘다.

예 미국 교통부는 현재 활주로에 3시간 이상 방치된 비행기에 대해 승객 1인당 최대 27,500달러의 벌금을 항공사에 부과한다. 이 정책을 통해 큰 성과를 거두었다.

행동 수정을 활용한 동기 부여

긍정적 강화와 처벌을 사용하기 위한 몇 가지 지침은 다음과 같다.

긍정적 강화 긍정적 강화를 실행할 때 다음을 고려하자.

- **바람직한 행동에 대해서만 보상을 하자.** 직원이 바람직한 행동을 보일 때만 보상을 제공해야 한다. 예를 들어, 직원에게 제시간에 출근하는 것이 아니라 일찍 출근하는 것에 대해 칭찬해야 해야 한다.
- **가능한 한 빨리 보상을 하자.** 바람직한 행동이 나타난 후 가능한 한 빨리 보상을 주어야 한다. 일찍 도착한 직원에게 도착했을 때 바로 칭찬해야 한다.
- **원하는 행동이 무엇인지 명확히 하자.** 명확한 의사소통이 필요하다. 직원들에게 어떤 종류의 업무 행동이 바람직한지 정확히 알려야 하고, 보상받기 위해 무엇을 해야 하는지 모두에게 정확히 알려야 한다.
- **개인 차이를 고려하여 원하는 것을 보상하자.** 사람들이 각기 다른 종류의 보상을 원한다는 사실을 인식하고 그들에게 다른 보상을 제공해야 한다. 예를 들어, 한 사람에게는 말로써 칭찬하고, 다른 사람에게는 한두 줄의 문자나 이메일을 보내거나, 손으로 쓴 쪽지를 보낼 수도 있다.

처벌 직원의 바람직하지 않은 행동을 막기 위해 처벌을 사용해야 할 때가 있다. 때로는 처벌과 긍정적 강화를 결합하여 문제를 해결하는 것이 가장 좋을 수도 있다. 처벌 사용 시 고려해야 할 사항들은 다음과 같다.

- **바람직하지 않은 행동만 처벌하자.** 직원이 바람직하지 않은 행동을 자주 보일 때만 처벌해야 한다. 그렇지 않으면, 직원들이 당신을 억압하는 상사로 볼 수 있다. 예를 들어, 30분 늦게 출근한 직원은 꾸짖어야 한다.

Comstock Images/Alamy Stock Photo

'당근과 채찍' 은유는 보상과 처벌을 통한 동기 부여를 설명하는 데 사용된다. 보상의 약속(당근)과 처벌에 대한 두려움(채찍) 중 어느 쪽이 동기 부여를 위해 더 효과적일까?

- **가능한 한 빨리 처벌을 내리자.** 바람직하지 않은 행동이 발생한 후 가능한 한 빨리 처벌을 내려야 한다. 따라서 늦게 도착하는 직원에게 도착하자마자 질책해야 한다.
- **어떤 행동이 바람직하지 않은지 분명히 하자.** 직원들에게 어떤 종류의 업무 행동이 바람직하지 않은지 정확히 알리고, 징계 조치나 견책의 심각성이 행동의 심각성과 일치하는지 확인해야 한다.
- **개인적으로 처벌하자.** 상사가 부하들 앞에서 당신을 심하게 꾸짖는 것을 분명 싫어하는 것처럼 당신에게 보고하는 사람들 또한 공개적으로 질책해서는 안 된다. 이는 직원의 잘못된 행동과 무관할 수도 있는 분노로 이어질 것이다.
- **처벌과 긍정적 강화를 병행하자.** 직원을 질책하는 경우 직원이 무엇을 제대로 하고 있는지 그리고 그 직원이 어떤 보상을 받을 자격이 있는지 명시해야 한다. 예를 들어, 지각한 사람을 꾸짖으면서 앞으로 몇 개월 동안 출근 기록이 완벽하면 해당 직원은 임금 인상이나 승진을 얻을 수 있게 될 것이라고 말해야 한다.

SECTION

06 동기 부여를 위한 보상

성과의 주요 결과인 보상에는 성과급, 보너스, 스톡옵션 등 다양한 방식이 있다. 비금전적 보상에는 일과 삶의 균형, 긍정적인 업무 환경, 일의 의미 등이 있다.

학습 목표

보상이 동기 부여에 미치는 영향을 이해한다.

이번 섹션에서 오늘날 경영자들이 직원의 동기 부여를 위해 사용하는 방법에 대해 살펴본다. 최근까지 전통적으로 직원 보상 방식을 지배해 온 다양한 금전적 보상에 대해 먼저 살펴보고, 다음으로 직원들이 금전적 보상이 아닌 다른 이유로 직업을 선택하는 경우가 많다는 것을 감안하여 비금전적 보상에 대해서도 알아본다. 수많은 연구 조사는 다음과 같은 비금전적 보상 요소의 중요성을 발견하였다.

1. 일과 삶의 균형
2. 성장
3. 긍정적인 업무 환경
4. 의미 있는 일

Rawpixel.com/Shutterstock

모든 직원을 같은 방식으로 일하게 동기 부여시킬 수 있을까? 금전적 보상은 직원들이 추구하는 인센티브의 한 유형일 뿐이며, 많은 사람들에게 돈은 유연성, 의미, 성장 기회와 같은 것보다 부차적인 것에 불과하다.

돈이 최고의 동기 부여 요소인가?

많은 직원들은 금전적 혜택보다 배려하는 상사를 더 높게 평가한다. 맞벌이 부모에게는 급여보다 업무 일정과 장소의 유연성이 더 중요할 수 있다. 최근 갤럽(Gallup) 여론 조사에 따르면, 직원들은 동료와 긴밀한 관계를 가질 때 직장에서 50% 더 행복해진다고 한다. 그리고 2019년 잡바이트(Jobvite)가 미국인 1,500명을 대상으로 실시한 설문 조사에 따르면, 구직자에게는 금전적 보상, 퇴직 수당 또는 건강 관리보다 커리어 성장 기회가 더 중요하다는 사실이 밝혀졌다. 동기를 부여하는 데는 돈이 전부가 아님이 분명하다.

동기 부여와 보상

대부분의 사람들은 시급 또는 월급을 받는다. 그런데 임금이나 급여 자체는 직원에게 열심히 일할 동기를 거의 부여하지 않는다. 인센티브는 동기를 부여하려고 하지만, 모든 직원에게 효과적인 것은 아니다. 실제로 월스트리트 저널의 분석에 따르면, 2017년에 가장 큰 급여 인상을 받은 S&P 500 기업 CEO들은 평균적인 수준의 경영 성과를 보여 주었고 최고 수준의 성과를 달성한 기업의 CEO들은 평균적인 수준의 임금을 받는 것으로 나타났다. 급여와 성과는 어떤 관계일까?

인센티브의 효과성을 위한 요소 앞에서 설명한 대부분의 동기 부여 이론들에 따르면, 인센티브가 효과적이려면 다음과 같은 요소가 필요하다.

1. 보상은 성과와 연결되어야 하고 측정 가능해야 한다.
2. 보상은 개인의 욕구를 충족시켜야 한다.
3. 경영자와 직원이 보상에 대해 동의해야 한다.
4. 보상은 직원이 믿을 수 있고 달성 가능해야 한다.

주요 인센티브 유형 가장 널리 사용되는 인센티브에는 성과급, 보너스, 이익 공유제(profit sharing), 성과 배분제(gainsharing), 스톡옵션(stock option), 지식급(pay for knowledge)이 있다.

성과급. 성과급은 성과에 따라 지급된다. 즉, 직원들은 전반적인 업무 성과에 따라 급여 인상 및 기타 보상(예: 승진)을 다르게 받게 된다. 성과급의 예는 다음과 같다.

- **생산 단가.** 생산 단가(piece rate)에 따른 지급으로 과일이나 채소를 수확하는 농장 노동자에게 흔히 사용되는 것과 같이 직원이 생산한 생산량(개수)에 따라 급여가 지급되는 성과급이다.
- **판매 수수료.** 판매 수수료(sales commission)는 영업 직원이 판매한 회사 수입의 일정 비율을 받는 제도이며 많이 판매할수록 많이 받는다. 금융 서비스 회사인 애드워드 존스(Edward Jones)는 직원들에게 처음 4년 동안은 급여에 판매 수수료를 더한 금액을 지급하고, 시간이 지남에 따라 9%에서 40%로 증가하는 비율로 판매 수수료만 지급한다.

보너스. 보너스는 특정 성과 목표를 달성한 직원에게 주어지는 현금 포상이다. 사이닝(signing) 보너스는 특히 노동 시장이 협소한 상황에서 신규 직원을 유치하는 인기 있는 방법이기도 하다.

회사의 예: 노스웰 헬스(Northwell Health)에서는 3개월의 수습 기간을 성공적으로 마친 직원에게 10,000달러의 보너스를 제공했다. 하얏트(Hyatt)는 새로 고용된 정규직 객실 직원에게 1,000달러의 보너스를 지급했고, 90일 후에는 500달러를, 다시 3개월 후에는 500달러를 지급한다.

이익 공유제. 회사 이익의 일정 비율을 직원에게 분배하는 것이다.

퍼블릭스의 예: 슈퍼마켓 체인인 퍼블릭스(Publix)는 1930년에 설립되었다. 설립자 조지 젠킨스(George Jenkins)는 직원과 회사의 지분을 공유하고 이익 공유제도 운영한다. 현재 미국에서 가장 큰 직원 소유(employee-owned) 슈퍼마켓이다.

성과 배분제. 비용을 줄이고 측정 가능한 생산성을 높인 직원에게 절약한 비용을 분배하는 것이다. 제조업부터 비영리 조직까지 다양한 산업에서 활용되고 있으며, 포춘 1,000대 기업의 1/4 이상과 많은 중소기업이 도입하고 있다. 여러 유형 중 하나인 스캔런 플랜에서는 비용 절감의 일부(보통 75%)가 직원에게 분배된다.

프로그레시브의 예: 미국 최대 보험사 중 하나인 프로그레시브(Progressive)는 모든 정규직에게 성과 배분제를 적용했다. 급여 소득에 목표 비율(1%에서 150% 사이로 직급에 따라 다름)과 성과 요소를 곱하여 지불액을 계산한다.

스톡옵션. 스톡옵션은 직원에게 미래 특정 시점에 할인된 가격으로 주식을 살 수 있는 권리를 준다. 주식을 보유한 직원은 시세 차익을 충분히 올릴 수 있도록 주가를 상승시키기 위해 열심히 일하게 된다.

회사의 예: 현재 스톡옵션을 제공하는 미국 회사에는 노드스트롬(Nordstrom), 윌로우트리(WillowTree), 아프락(Aflac), 리얼셀프(Real Self), 버퍼(Buffer), 애플(Apple) 등이 있다.

지식급. 직원이 보유한 직무 관련 스킬이나 자격에 따라 추가로 보상을 지급한다.

예: 교직은 이러한 인센티브의 유서 깊은 사례로, 초등 및 중등 교사가 추가 대학 학점을 취득하여 급여를 인상하도록 권장한다. 페덱스(FedEx)도 지식급을 운영 중이다.

직원 동기 부여의 비금전적인 방안

자율적으로 행동하고 주도적으로 문제를 해결할 수 있는 직원은 (1) 일과 삶의 균형, (2) 성장, (3) 긍정적인 업무 환경, (4) 의미 있는 일과 같은 욕구가 충족되지 않을 때 이직하는 경향이 있다.

일과 삶의 균형 일과 삶의 균형에 관한 최근 한 뉴스 기사는 오늘날 근로자들에게 일과 삶의 균형이 얼마나 부족한지 잘 보여 주었다. "제이피모간체이스(JPMorgan Chase & Co.)의 한 임원은 부활절 일요일에 지나치게 요구하는 메시지를 포함하여 밤과 주말에 동료들의 뻔뻔한 메시지를 받는다. 침실을 사무실로 사용하는 한 웹 디자이너는 쉬지 않고 일하는 동안 식사를 챙겨 먹는 것을 상기시키도록 알람을 설정해야 한다. 인텔(Intel) 한 부사장은 4명의 자녀 육아와 일을 병행하면서 하루 13시간을 일한다." 실제로 미국 전문가의 거의 40%가 하루 11시간 근무한다. 수천 명의 직원들을 대상으로 한 연구에서 일과 삶의 균형을 가로막는 가장 큰 장애물은 상사와 (언제든지 일과 연결되게 하는) 기술인 것으로 나타났다.

일과 삶의 균형에 대한 욕구를 충족시키기 위해 회사가 사용하는 제도들은 일과 삶의 균형을 위한 복지제도, 유연 시간제, 휴가 · 안식기가 있다.

일과 삶의 균형을 위한 복리 후생. 일과 삶의 균형을 위한 복리 후생(work – life benefits)은 고용주가 직원이 직장과 사생활에서 종종 상충하는 요구 사항의 균형을 유지하도록 돕기 위해 실행하는 제도들을 의미한다. 부모가 아픈 자녀를 돌볼 수 있도록 휴가를 주는 것과 같이 사람들이 일과 개인 생활 사이의 균형을 유지하도록 돕는 제도들로 구체적으로 다음과 같다.

- 사내 보육시설 운영 또는 어린이집 비용 지원
- 정신 건강 관리 서비스 제공
- 피트니스 비용 지원
- 원격 근무를 위한 휴대폰 및 노트북과 같은 기술 제공

유연 시간제. 유연 시간제(flex–time)는 시간제 근무, 주중 단축 근무, 직무 공유, 재택근무를 포함한다. 2020년에 유연 시간제를 운영 중인 회사에는 엑스플레인(XPLANE), 스퀘어루트(Square Root), 마인드플래쉬(Mindflash) 등이 있다.

미국 경제조사국(National Bureau of Economic Research)이 실시한 9개월간의 유연 시간제 실험에서는 재택근무가 가능한 직원의 경우 업무 성과가 13% 향상된 것으로 나타났다. 또 다른 연구는 유연 근무 방식이 직원의 만성적인 스트레스를 줄이는 것을 발견했다.

휴가 및 안식 기간. 로쿠(Roku), 드랍박스(Dropbox), GE를 비롯한 많은 회사들은 이제 직원에게 무제한 유급 휴가를 제공한다. 직원들이 몇 년에 걸쳐 얻게 되는 장기간의 유급 휴가인 안식 기간은 인기 있는 제도이다. 직원들에게 안식 기간을 제공하는 회사에는 컨테이너 스토어(Container Store), 치즈케이크 팩토리(Cheesecake Factory), REI, 파타고니아(Patagonia) 등이 있다.

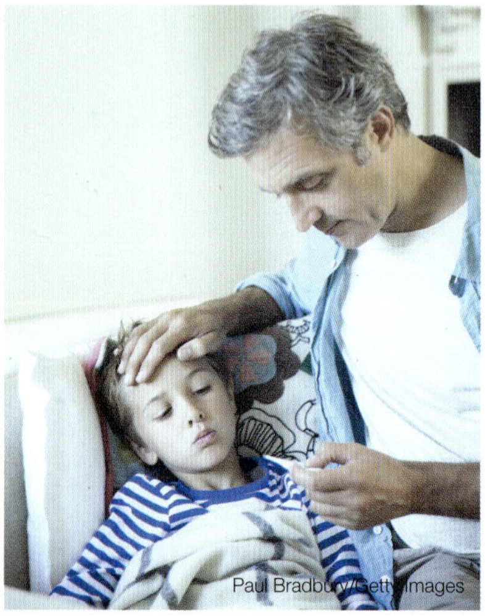

일과 삶의 균형. 전 세계의 많은 사람들은 회사가 직원의 일과 삶의 균형을 위해 업무 수행의 유연성을 보장해 주길 바란다.

성장 최근 한 설문 조사에 따르면, 직원의 94%가 학습과 발전의 기회가 있다면 회사에 더 오래 머물 것이라고 응답했다. 특히, 금융위기 동안 부모가 다녔던 회사의 정리해고와 구조조정을 지켜본 젊은 직원들은 직업을 미래에 적절한 생활을 할 수 있는 스킬을 습득하는 수단으로 보는 경향이 있다.

직장에는 다음과 같은 방식으로 학습이 이루어진다.

- **대인 간 학습.** 업무가 다른 직원을 '섀도잉(관찰 및 모방)'하거나 부서 간 태스크 포스에 참여하여 학습한다.
- **학습 비용 지원.** 대학 등록금의 일부 또는 전부를 상환해 준다.
- **교육 투자.** 트레이닝 매거진(Training Magazine)에 따르면, 미국 기업은 2019년 직원 학습 및 개발에 830억 달러를 지출했다고 한다. 강사 주도형

강의실 교육이 여전히 지배적이지만, 학습 시간의 29.6%를 비대면 강의실 및 웹캐스트를 포함한 온라인 또는 기타 컴퓨터 기반 방식이 차지하였다.

긍정적인 업무 환경 긍정적인 환경에서 일하고 싶은 마음은 웰빙에 대한 아이디어에서 시작된다. 저명한 심리학자 마틴 셀리그먼(Martin Seligman)에 따르면 웰빙은 긍정적인 감정, 몰입, 관계, 의미, 성취라는 다섯 가지 요소의 영향을 받는다. 번영(flourishing)은 웰빙의 정도를 나타낸다.

- 번영은 더 나은 업무 성과, 조직시민행동 증가, 이직 의도 감소, 긍정적인 정신 건강과 같은 바람직한 결과와 관련이 있다.
- 안타깝게도 많은 사람들이 번영하지 못하고 있다. 예를 들어, 미국 스트레스 연구소(American Institute of Stress)에 따르면, 직장 스트레스는 전염병 수준에 도달했으며, 카페인, 설탕, 항불안제에 대한 의존도가 증가하고 있다고 한다.

대조적으로, 긍정적인 감정은 삶의 도전을 극복하는 방법에 대한 관점을 넓혀준다. 예를 들어, 기쁨은 브레인스토밍 시 창의적인 아이디어를 구상하도록 이끌 가능성이 더 높다. 긍정적인 감정은 주변 사람들에게 전이되기도 한다.

회사가 할 수 있는 긍정적인 업무 환경을 조성하기 위한 방법은 다음과 같다.

- 경영자와 동료들이 감사를 표현하도록 장려하자(〈전문가의 조언 참조〉).
- 물리적인 업무 환경에 신경쓰자.
- 사려 깊은 상사가 되자.

전문가의 조언 **감사의 효과성을 높이는 방법**

심리학 교수이자 작가인 로버트 에몬스(Robert Emmons)는 감사(gratitude)가 "인간의 기본적인 욕구"라고 말한다. 사람들은 그들의 기여에 대해 인정과 감사를 받아야 한다. 우리는 깨어 있는 시간의 대부분을 직장에서 보내기 때문에 직장에서 감사를 장려하는 것이 중요하며, 연구 결과에 따르면 감사는 직무 만족, 업무 생산성, 신체와 자신의 건강을 높여 준다고 한다. 한 기자가 말했듯이 "감사는 다른 사람들과 함께 일하기 쉽게 만드는 기름"이다.

구체적인 감사. 다른 사람들에게 진심 어린 감사를 표시하는 가장 좋은 방법 중 하나는 당신 또는 조직이 목표를 달성하는 데 어떻게 도움이 되었는지 구체적으로 칭찬하는 것이다.

루시드 소프트웨어(Lucid Software)는 직원들에게 감사를 표시하기 위해 감사 순서도(flowchart)를 만들었다. 일반적인 칭찬과는 다르게 경영자가 작성한 각 직원에 대한 개인화된 감사 메시지가 다이어그램에 포함된다. 각 메모는 직원이 회사에 기여하기 위해 무엇을 하는지 구체적으로 표현하고 있으며, 모든 직원은 연말에 전체 순서도의 사본을 받게 된다.

관계를 구축하는 감사. 감사는 각 직원의 자신감을 강화할 뿐만 아니라 조직의 경계를 넘어 파트너십을 구축하는 데에도 도움이 된다.

블라인드 닷컴(Blinds.com)의 영업 및 서비스 팀은 눈에 띄는 영향을 미친 파트너 그룹에 매월 수여하는 '여행 부문 트로피'를 고안했다. 트로피에는 '감사 조찬'이 포함되어 있어 서로 교류하지 않을 수 있는 부서 간 네트워킹 및 관계 형성을 위한 기회를 제공한다.

공개적인 감사. 감사의 표현은 동료에게 표현할 때 특히 특별하다. 공개적인 칭찬은 우리의 사회적 욕구와 존중의 욕구를 충족시키며, 조직이 중요시하는 업무 행동에 대해 다른 사람들의 본보기가 된다. 연구 결과에 따르면, 칭찬받는 사람이 아니더라도 감사의 표현을 보는 것만으로도 감사의 긍정적인 이점을 얻을 수 있다고 한다.

사람들은 잘한 일에 대해 인정받는 것을 좋아한다. 특히, 경영자의 작은 감사는 직원들에게 큰 힘이 된다.

동료 간 감사. 동료들이 어떤 일을 잘하기 위해 필요한 것이 무엇인지 매우 잘 알고 있기 때문에 동료들의 칭찬이 더 중요할 수 있다.

구글(Google)의 HR 수석 부사장인 래즐로 복(Laszlo Bock)은 직원이 회사에 대한 기여에 대해 서로 감사하는 데 사용할 수 있는 지땡스(gThanks)라는 디지털 도구를 만들었다. 모든 직원은 다른 직원에게 감사를 표시할 수 있으며, 복은 종종 감사 메시지를 인쇄하여 사무실 밖에 걸어두기도 한다.

- **물리적인 업무 환경.** 한 연구 결과에 따르면, 칸막이가 있는 작은 방은 직원의 창의성과 사기를 저해하고, 최근 유행하는 개방형 사무 공간과 무채색은 업무 공간이 너무 시끄럽거나 너무 단조롭다는 직원의 불만으로 이어질 수도 있다고 한다. 휴렛팩커드(Hewlett-Packard)나 시스코(Cisco)와 같은 기업들은 사운드 스케이핑(sound scaping)을 통해 소음 수준을 적절하게 통제하면서 개방형 사무 공간을 운영하고 있다.
- **사려 깊은 상사.** "사람들은 직장을 떠나는 것이 아니라 경영자를 떠난다."는 말이 있다. 실제로 한 조사에서 미국 근로자의 75%가 상사를 "근무 중 가장 스트레스를 많이 유발하는 요소"라고 응답했다. 갤럽(Gallup)의 조사에 따르면, 설문에 응한 7,200명의 성인 중 약 50%가 "경영자에게서 벗어나기 위해" 직장을 떠났다고 한다.

의미 있는 일 이제 직원들은 자신이 중요하다고 느낄 수 있는 조직과 함께 있기를 원한다. 한 조사는 사람들이 의미 있는 직업을 얻을 수 있다면 미래 소득의 일부를 기꺼이 포기할 수도 있다는 사실을 발견했다. 포브스가 최근 선정한 '돈을 잘 버는 가장 의미 있는 직업 25개'에서 상위 5개 직업은 의료계였다.

목표를 추구하려는 목적의식과 동기를 심어주는 것은 삶의 의미를 찾기 위한 추진력이다. 케네디 대통령이 NASA에서 일하는 환경미화원에게 직업이 무엇인지 물었을 때, "나는 달에 사람을 보내는 것을 돕고 있다."라고 대답한 전설적인 이야기가 지금까지 전해진다.

의미있음은 개인이 자신보다 더 크다고 믿는 어떤 것의 일부가 된다는 느낌을 의미한다. 삶에 의미를 부여하기 위한 세 가지 방법은 다음과 같다.

1. **좋아하는 활동을 파악하자.** 앤드류 바비시(Andrew Babish)가 했던 것처럼 이러한 활동을 더 많이 하거나 업무에 포함시킬 수 있는 방법을 찾아보자.

   빙잉 위드 바비시의 예: 앤드류 레아(Andrew Rea), 일명 올리버 바비시(Oliver Babish)는 미국 영화 제작자이자 유튜버이다. 그의 요리 채널인 빙잉 위드 바비시(Binging with Babish)는 거의 700만 명의 구독자를 보유하고 있으며, 레아는 이 채널을 통해 심각한 우울증을 극복했다고 한다. 유튜브 프로젝트를 통해 레아는 영화 제작에 대한 사랑과 음식에 대한 사랑을 결합할 수 있었다.

빙잉 위드 바비시 유튜브 센세이 앤드류 레아는 그가 가장 사랑하는 두 가지 일인 요리와 영화를 할 수 있는 기회가 우울증을 이겨내는 데 도움이 되었다고 한다.

2. **개인 및 직장 생활에 타고난 강점을 구축하는 방법을 찾자.** 시간을 내어 자신의 가장 큰 장점과 단점, 매일 사용하는 장점을 파악하고, 학교, 직장, 여가 활동에 장점을 통합하기 위해 할 수 있는 일을 찾아보자.

   로이즈 뱅킹 그룹의 예: 런던에 기반을 둔 수십억 달러 규모의 로이즈 뱅킹 그룹(Lloyds Banking Group)에서 채용 결정은 부분적으로 구직자가 자신의 타고난 재능을 직무에 적용할 수 있는 정도에 달려 있다. 구체적으로, 회사는 가상 현실을 사용하여 지원자를 직무 상황에 배치한 다음 강점에 따라 성과를 평가한다. 이 회사의 대졸 신입 사원과 리더십 교육 책임자인 리사 델 아보카토(Lisa Dell'Avvocato)는 "채용 후보자들이 자신의 타고난 강점과 행동을 드러낼수록 그들이 성장할 수 있는 역할과 팀에 더 많이 배치시킬 수 있다."라고 말했다.

3. **다른 사람을 돕자.** 연구 결과에 따르면, 사람들은 다른 사람들을 도우면서 의미를 느끼고 긍정적인 감정을 높일 수 있다고 한다.

   제넨텍의 예: 제넨텍(Genentech)의 직원들은 매년 자원봉사에 전념할 수 있는 1주일(Genentech Gives Back Week)을 받는다. 회사는 직원들이 지역 비영리 단체에서 시간을 할애하거나 회사가 후원하는 자선 활동에 참여하도록 권장한다. 매년, 이 일주일은 유명 가수들의 콘서트로 마무리된다.

SECTION

07 커리어 준비 실천

이번 섹션에서는 자신을 동기부여 시키는 방법을 살펴본다.

학습 목표

자기 동기 부여 역량을 높이는 방법을 설명한다.

자기 동기 부여는 아래의 커리어 준비 모형에서 볼 수 있는 태도 중 하나이다(그림 12.11 참조). 자기 동기 부여는 지속적인 지시, 설명, 칭찬 없이도 생산적으로 일할 수 있는 능력을 의미한다. 또한 좋은 업무 습관을 확립하고 유지하는 능력, 조직 목표 및 개인 성장에 지속적으로 집중하는 능력도 여기에 포함된다. 자기 관리는 자기 동기 부여를 높이기 위한 방법 중 하나이다.

그림 12.11 커리어 준비 모형

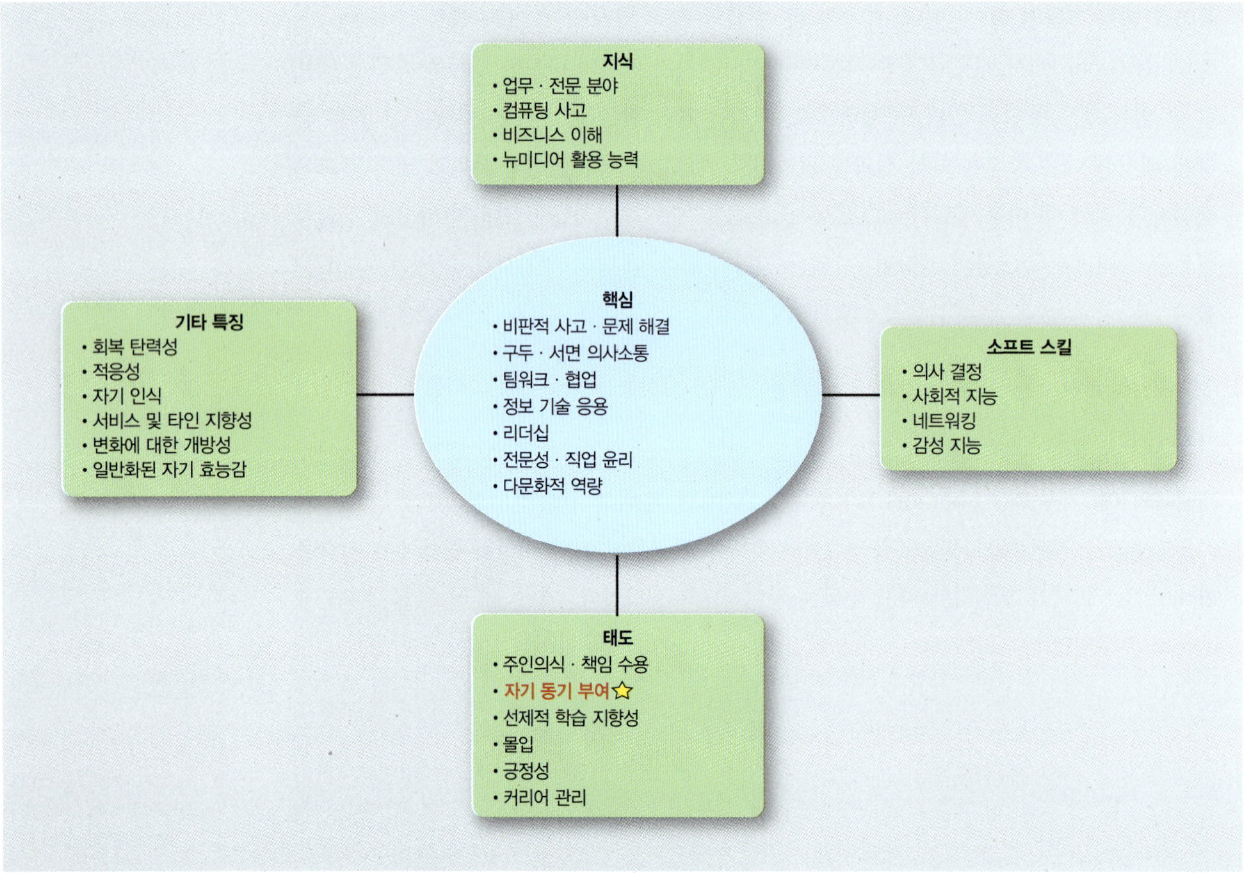

자기 관리는 감정을 통제하는 것 이상이다. 효과적인 자기 관리를 위해서는 선호나 습관을 지양하고 보다 생산적인 행동을 보이기 위한 의식적인 선택이 필요하다. 자기 관리의 본질은 자신이 누구인지, 인생에서 무엇을 원하는지, 평생 무엇을 성취하고 싶은지 이해하고 실행하는 것이다. 꿈이나 목표를 추구하는 것은 회사가 찾고 있는 자기 동기 부여의 원동력이다.

이번 섹션에서는 매일 자기 관리 원칙을 적용하는 데 도움이 되는 6단계 과정을 알아본다. 그런 다음 재충전을 위한 몇 가지 조언을 살펴본다.

자기 관리 과정

1. **'매우 중요한' 장기 목표 확인** 개인의 목표는 개인 비전 성명만큼 장기적일 수도 있고 졸업 후 개인의 욕구와 가치에 적합하고 적절한 급여를 받는 직업을 얻는 것과 같은 단기적일 수도 있다.
   - 매우 중요한 목표는 사람을 그 방향으로 안내한다.
   - 기록은 장 · 단기적으로 시간을 어떻게 보내야 하는지를 상기시켜 준다.
   - 5장에서 논의한 SMART 프레임워크의 관점에서 매우 중요한 목표에 대해 기술해 보자.

2. **매우 중요한 목표를 단기 목표로 세분화** 달성하기 쉬운 작은 목표로 세분화하면 매우 중요한 목표를 달성할 가능성이 더 높아진다. 예를 들어, 가장 중요한 장기 목표가 졸업 후 좋은 직업을 얻는 것이라면, 두 번째 단계에서는 이를 달성하기 위해 필요한 세부 목표를 파악해야 한다. 예를 들면, 다음과 같다.
   - 학점을 3.0 이상으로 유지한다.
   - 인턴십을 얻는다.
   - 동아리에서 리더가 된다.
   - 학비를 낼 자금을 마련한다.
   - 희망 분야의 전문가들과 인맥을 구축한다.

3. **단기 목표 달성을 위한 '해야 할 일' 목록 마련** '해야 할 일' 목록은 단기 목표를 달성하는 데 필요한 일일 활동을 포함한다. '해야 할 일' 목록이란 단기 목표를 달성하기 위한 세부 계획을 의미한다. 이를 위해 작업 관리 소프트웨어를 사용하여 작업을 만들고 구성할 수도 있다.

4. **할 일의 우선순위 결정** '해야 할 일' 목록은 정리하지 않으면 압도될 수 있다. 완료해야 하는 순서대로 할 일의 우선순위를 결정하여 정리하자.

- 우선순위를 정하여 정리하면 효율성을 높이고 서로 연결되는 일들을 원활하게 수행할 수 있도록 계획을 짤 수 있다.
- 이 단계에서 한 가지 오류를 피해야 한다. 할 일이 많아지면 사람들은 어려운 일보다 완료하기 쉬운 일을 수행하는 경향이 있다. 이 전략은 더 쉬운 작업이 일반적으로 더 어렵거나 시간이 오래 걸리는 일만큼 중요하지 않기 때문에 실제로 생산성을 떨어뜨린다.

5. **일정표 마련** 할 일 목록을 만든 후 각 일의 시작 날짜와 마감 날짜를 설정해야 한다. 캘린더를 통해 일정을 정리하고 진행 상황을 모니터링할 수 있다. 여기서도 할 일 관리 소프트웨어를 사용하는 것이 좋을 수 있다.

6. **계획 실행, 보상, 조정** 최상의 계획에도 보통 질병, 자동차 고장, 컴퓨터 고장과 같은 예상치 못한 방해 요소가 나타날 수 있다. 할 일 계획을 실행하는 동안 유연하게 대처하자. 그리고 다양한 이정표를 달성한 자신에게 상을 주어 과정에서 재미를 느낄 수 있도록 하자. 보상은 가치 있는 것이어야 한다.

재충전

자기 동기 부여는 중요한 목표를 달성하기 위해 일관된 집중력과 자기 방향을 유지하는 능력이 필요하다. 그래서, 자기 관리를 실행하면서 동시에 재충전할 시간도 필요하다. 안타깝게도, 미국 노동자들은 그들의 에너지의 대부분을 전자에 집중하는 경향이 있고, 후자에 대해서는 거의 집중하지 않는다. 갤럽(Gallup)의 한 여론 조사에 따르면, 약 25%의 근로자들이 '자주' 또는 '항상' 소진을 경험하며, 또 다른 44%는 때때로 소진을 경험했다고 한다. 재충전을 위한 몇 가지 조언은 다음과 같다.

1. **자신에게 적합한 재충전 방식 확인** 스마트폰이나 시계의 배터리가 부족하면 충전기에 올려놓고 기다려야 한다. 장치에 전원을 다시 공급할 수 있는 방법은 이것이 유일하다. 그러나 사람은 장치가 아니며 우리가 재충전하는 방식은 개인마다 다 다르다.

   자신을 재충전할 수 있는 방식을 파악해야 한다. 예를 들어, 외향적인 사람은 여러 친구들과 파티를 열거나, 농구를 하거나, 사교 모임에서 다른 사람들과 즐겁게 지낼 수 있다. 그리고 내성적인 사람에게 재충전은 가능한 한 대부분의 사람들과 멀리 떨어져 지내는 것을 의미할 수 있다. 그래서, 집에서 시간을 보내는 것을 선호할 수 있는데, 넷플릭스(Netflix)를 몰아서 본다거나, 직계 가족이나 한두 명의 친한 친구와 함께 집에서 저녁을 먹는 활동을 통해 재충전할 수 있다.

2. 몸과 마음의 휴식 재충전에는 정신적 · 육체적 요소가 모두 포함되어야 한다. 스트레스를 즉시 느끼지 않더라도 신체가 스트레스의 물리적 영향을 받을 수 있다. 마음과 몸을 모두 편안하게 하는 한 가지 방법은 마음챙김 명상을 사용하는 것이다.

3. 타인의 친절 수용 종종 우리는 모든 것을 스스로 해결할 수 있다는 것을 다른 사람들에게 증명해야 할 필요성을 느낀다. 불행히도 이것은 도움과 친절의 제안을 거절하는 결과를 초래할 수 있다. 캠핑 여행을 가기 위해 주말에 반려동물 돌보기를 부탁한 친구가 있을 수 있다. 또는, 마사지 학원에서 배운 기법을 연습할 기회를 찾고 있는 누군가를 알고 있을 수도 있다. 그것이 무엇이든 기쁨과 휴식을 가져다줄 수 있는 친절한 제안은 받아들이자.

주요 용어

2요인 이론	번영	의미
강화	보너스	이윤 공유제
강화 이론	부정적 강화	성과 배분제
생산 단가	분배적 공정성	자기 결정 이론
공정성 이론	상호 작용적 공정성	절차적 공정성
과정 이론	성과 목표 지향성	공정성 분위기
과학적 관리	성과급	지식급
긍정적 강화	성취 동기 이론	직무 충실화
기대	소멸	직무 설계
기대 이론	도구성	직무 특성 모형
내용 이론	스톡옵션	직무 확대
내재적 보상	외재적 보상	처벌
동기 부여	욕구	판매 수수료
동기 요인	욕구 단계설	학습 목표 지향성
발언	웰빙	효과의 법칙
목표 설정 이론	위생 요인	
목표 확장	유의성	

핵심 정리

01 동기 부여

- 동기 부여는 사람들의 목표 지향적인 행동을 유발하고 지시하는 심리적 과정으로 정의된다.
- 사람들은 자신의 욕구를 충족시키는 보상을 받을 수 있는 행동에 대해 동기를 부여한다.
- 보상에는 외재적인 유형과 내재적인 유형이 있다.
- 동기 부여에 대한 네 가지 관점은 (1) 내용적 관점, (2) 과정적 관점, (3) 직무 설계 관점, (4) 강화 관점이다.

02 동기 부여의 내용 이론

- 내용 이론은 사람들에게 동기를 부여하는 욕구를 설명한다.
- 2장에서 다룬 맥그레거의 X이론 · Y이론 외에도 (1) 욕구 단계설, (2) 성취 동기 이론, (3) 자기 결정 이론, (4) 2요인 이론이 내용 이론에 해당된다.
- 욕구 단계설은 사람들이 다섯 가지 수준의 욕구에 의해 순차적으로 동기가 부여된다고 제안한다.
- 성취 동기 이론은 성취, 권력, 관계에 대한 욕구가 직장에서 사람들을 동기 부여시킨다고 주장하였다.
- 자기 결정 이론은 사람들이 성장하고 성취감을 얻으려고 노력하며 역량, 자율, 관계에 대한 욕구가 행동을 결정한다고 주장한다.
- 2요인 이론은 직무 만족과 불만족이 각각 동기 요인과 위생 요인에 의해 영향을 받는다고 주장하였다.

03 동기 부여의 과정 이론

- 과정 이론은 사람들이 행동을 결정하는 사고 과정과 관련이 있고, (1) 공정성 이론, (2) 기대 이론, (3) 목표 설정 이론이 해당된다.
- 공정성 이론은 직원들이 다른 사람과 비교하여 자신이 얼마나 공정하게 대우받고 있다고 생각하는지에 대한 지각에 중점을 둔다. 공정성 이론의 핵심 요인은 투입, 산출(보상), 비교이다.
- 공정성 이론은 사람들이 직장에서 공정하게 대우받는다고 느끼는 정도와 관련된 조직 공정성이라는 영역으로 확장했다. 조직

공정성의 세 가지 요소는 (1) 분배적 공정성, (2) 절차적 공정성, (3) 상호 작용적 공정성이다.
- 기대 이론은 보상에 대한 기대감, 도구성, 유의성이라는 세 가지 지각에 기초한다.
- 목표 설정 이론은 직원이 구체적이고 도전적이지만 달성 가능한 목표에 의해 동기 부여될 수 있다고 제안한다.

04 동기 부여를 위한 직무 설계

- 직무 설계는 조직의 업무를 직원들에게 나누고, 직무 성과와 만족을 높이기 위해 동기 부여 이론을 직무에 적용한다.
- 직무 설계에 대한 두 가지 접근법은 사람들을 직무에 맞추는 것(전통적인 방식)과 직무를 사람에 맞추는 것(현대적인 방식)이다.
- 직무를 사람에게 맞추는 두 가지 기법으로는 (1) 직무 확대와 (2) 직무 충실화가 있다.
- 직무 특성 모형은 (1) 동기를 유발하는 다섯 가지 핵심 직무 특성과 (2) 이러한 특성이 영향을 미치는 세 가지 중요한 심리 상태 그리고 (3) 궁극적으로 나타나는 바람직한 결과들을 설명한다.
- 다섯 가지 핵심 직무 특성은 (1) 스킬 다양성, (2) 업무 정체성, (3) 업무 중요성, (4) 자율성 및 (5) 피드백이다.

05 동기 부여를 위한 강화 이론

- 강화 이론은 긍정적인 결과를 가져오는 행동은 반복되는 경향이 있는 반면 부정적인 결과를 가져오는 행동은 반복되지 않는 경향이 있다고 제안한다.
- 강화 이론을 사용하여 인간의 행동을 바꾸는 것을 행동 수정이라고 한다.
- 행동 수정 방법에는 (1) 긍정적 강화, (2) 부정적 강화, (3) 소멸, (4) 처벌의 네 가지 유형이 있다.

06 동기 부여를 위한 보상

- 보상은 동기 부여를 위한 수단 중 하나이다.
- (1) 성과급, (2) 보너스, (3) 이익 공유제, (4) 성과 배분제, (5) 스톡옵션, (6) 지식급은 인센티브의 대표적인 유형들이다.
- 일부 직원들은 일과 삶의 균형에 대한 욕구, 성장에 대한 욕구, 긍정적인 업무 환경에 대한 욕구, 일의 의미에 대한 욕구 때문에 이직을 결정한다.

07 커리어 준비 실천

- 자기 관리의 6단계는 다음과 같다. (1) 매우 중요한 장기 목표를 확인한다. (2) 매우 중요한 목표를 단기 목표로 나눈다. (3) 단기 목표 달성을 위한 해야 할 일 목록을 만든다. (4) 할 일의 우선순위를 결정한다. (5) 할 일을 완료하기 위한 일정표를 만든다. (6) 계획을 실행하고, 보상하고, 필요에 따라 조정한다.
- 자기 동기 부여에도 재충전이 필요하다.

핵심 질문

01 동기 부여란 무엇이고 어떻게 작동하는가?

02 동기 부여에 대한 네 가지 주요 관점은 무엇인가?

03 동기 부여의 네 가지 내용 이론에 대해 간략하게 설명해 보자.

04 동기 부여의 세 가지 과정 이론에 대해 간략하게 설명해 보자.

05 직무 설계의 정의는 무엇이고, 직무 설계의 두 가지 접근법은 무엇인가?

06 직무 특성 모형의 다섯 가지 핵심 직무 특성을 설명해 보자.

07 행동 수정 방법의 네 가지 유형은 무엇인가?

08 인센티브의 대표적인 유형들을 설명해 보자?

09 직원들에게 동기를 부여하는 비금전적 방법에 대해 설명해 보자.

팬데믹 상황에서 직원 동기 부여

직원을 동기 부여시키는 것은 쉬울 때도 있지만 어려운 경우도 많다. 코로나바이러스 팬데믹 동안 전 세계의 의료계 종사자들은 인류를 돌보기 위해 일반 사람들이 결코 완전히 이해할 수 없는 방식으로 나서서 자신을 희생했다. 그들은 자신과 가족을 바이러스에 노출시켰고, 적절한 개인 보호 장비 없이 일했으며, 하루하루 지독하게 긴 교대 시간 동안 바이러스와 맞서 싸웠다. 한 보고서에 따르면 의료계 종사자의 전염병 감염률은 10~20% 정도였다. 표면적으로는 왜 이 의료계 종사자들이 위기 기간 동안 계속해서 자신의 직무를 수행했는지에 대한 그럴듯한 설명이 없는 것처럼 보였다.

사태의 심각성

의료 서비스 직업들은 세계에서 가장 스트레스가 많은 직업 중 하나이다. 직업적 스트레스와 소진(burnout)에 대한 연구는 종종 의료계 종사자를 대상으로 수행된다. 이는 의료계 종사자들이 전문직 집단으로서 직업에서 지속적으로 극심한 스트레스 요인에 노출되기 때문이다. 실제로 코로나바이러스 이전에 병원 간호사의 63%가 이미 심각한 직무 소진을 경험하고 있었다. 팬데믹 기간 동안 상황은 훨씬 더 악화되었다. 일반적으로 교대당 4~5명의 환자를 돌보던 일부 응급실 간호사들은 갑자기 25명 이상의 환자를 담당하게 되었으며, 1/3 이상이 고도의 전문적인 관리와 주의가 필요한 인공호흡기를 한 환자들이었다.

의료계 종사자들은 그들이 바이러스에 노출될 위험이 높다는 것을 빨리 깨달았다. 한 간호사는 관리자들이 그와 그의 동료들에게 매주 두 개의 N95 마스크를 주었다고 보고했다. 위험한 병원체에 노출될 때마다 버려야 하는 마스크를 재사용했고, 교대 근무 사이도 마스크를 가방에 보관했다. 그는 "최소한의 보호 장비만 갖추고 응급실에서 일한다면 스트레스를 받을 수밖에 없다."라고 말했다

또 다른 간호사는 의료계 종사자의 직업을 둘러싼 높은 수준의 불안과 걱정을 언급했다. 그녀는 "100%의 긴장감이 감돌고 있다고 말하고 싶다."며 "간호사와 의료인들이 겁에 질려 일하기가 두렵고 이로 인해 정신적 · 육체적으로 고통받고 있다."라고 덧붙였다.

인센티브

의료 시설 과밀과 인력 부족이 명백해짐에 따라 주에서는 더 많은 의료계 종사자들을 유치하기 위한 인센티브를 발표하기 시작했다. 예를 들어, 아칸소 주지사 아사 허친슨(Asa Hutchinson)은 팬데믹 기간 동안 간호사가 월 1,000달러의 보너스를 받게 될 것이며, 만약 그들이 코로나바이러스가 확인된 사례가 있는 시설에서 일한 경우 2,000달러를 지급할 것이라고 발표했다. 뉴욕 병원은 간호사들에게 주당 4,000달러 이상을 제공했다.

피로와 질병

코로나바이러스 전염병이 의료계 종사자들에게 가한 신체적 · 정신적 피해는 아무리 많은 돈으로도 보상할 수 없을 것이다. 중환자실에서 근무하는 한 간호사는 매번 음성으로 나오는 코로나바이러스 검사와 함께 반복적으로 호흡기 증상을 경험했다. 그녀는 "이런 얘기를 나눈 이후 몇 주 동안 계속해서 내 핏줄을 타고 흐르는 정신적 불안이 육체적으로 나를 아프게 한다는 것을 깨달았다."라고 말했다.

다른 간호사는 코로나바이러스 관리 병동에서 16시간 동안 병원 교대를 한 후 길에서 기절한 것을 회상하며 "나는 1분 동안 눈을 감았지만 3시간 후에 일어났다. 그만큼 피곤했던 것 같다."라고 말했다.

의료 시설이 인구 전체를 보호하기 위해 취해야 하는 극도의 예방 조치 때문에 바이러스로 인해 중병에 걸린 대부분의 사람들은 가족이나 친구의 도움 없이 홀로 맞서야 했다. 이들에게 의사와 간호사는 유일한 연결고리였고, 많은 사람들에게는 그들이 본 마지막 사람들이었다. 한 직원은 "간호사로서 당신이 그 사람의 전부이고, 때때로 그들의 마지막 순간에 그곳에 있을 수 없는 사람들의 자리를 메우려고 하는 것은 정말 무거운 일이다."라고 말했다.

압박감

어찌된 일인지, 이 모든 역경 속에서도 수천 명의 의료 종사자들이 환자를 돕기 위해 할 수 있는 모든 일을 할 준비가 된 상태에서 계속해서 출근했다. 심장 전문 간호사인 제프 모로스키(Jeff Morawski)는 전염병 기간 동안 중환자실에 입원했던 시기에 대해 "무슨 일이 일어날지 몰랐고, 스스로 아프지 않고 걸

어갈 수 있을지 알 수 없었다."며 "매일 해야 할 일이 있었기 때문에 매일 출근하게 됐다."라고 말했다.

많은 의료직 종사자들은 스스로 동기를 부여 · 유지하고, 환자들의 기운을 북돋우며, 서로를 돌보는 방법에 집중하였다. 예를 들어, 간호사와 의사들은 목격하고 있는 모든 절망 속에 희망을 상기시키기 위해 인공호흡기를 떼고 성공적으로 회복한 코로나바이러스 환자들의 숫자를 화이트보드에 집계하였다. 중환자 의사이자 헨리 포드 건강 시스템(Henry Ford Health System)의 의료 경험 책임자인 라나 아우디시(Rana Awdish) 박사는 매일 직원들을 확인하기 위해 진료소에서 의식을 시작했다고 말했다. 그녀는 "환자를 돌보는 것이 아니라 간호사와 의사를 돌보고 오늘 가장 걱정되는 것이 무엇인지 물어보자. 자신을 돌보는 데 필요한 것이 있는가? 무엇에 대해 걱정하고 있는가? 팀에서 가장 힘든 시간을 보내는 사람은 누구인가? 어떻게 지원할 수 있는가?" 어떤 직원은 병실에 들어가기 전에 투명한 곡면 얼굴 보호막에 왕관, 바보 같은 얼굴 등을 그리며 환자를 격려하기 위해 시간을 보냈다. 그리고 방문 후에 보호막을 소독약으로 깨끗이 닦아야 했고, 매번 다음 환자를 위해 다른 무언가를 그렸다.

매일 밤 뉴욕과 같은 도시에서는 수많은 사람들이 의료계 종사자들을 응원하며 노래와 박수로 지지를 표시했다. 한 간호사는 팬데믹 기간보다 더 많이 감사나 지지를 받은 적이 없었던 것 같다고 말했ㄷ.

장기적인 영향

팬데믹 기간 속에서 의료 종사자들의 결속력, 긍정성, 인내에도 그들의 건강에 위기가 장기적으로 미칠 영향에 대한 실질적인 우려가 존재한다. 한 전문가는 "의료 서비스 분야에서 많은 사람들이 오랜 기간 소진으로 힘들어하고 있다."며 "그들이 긴장을 풀거나 몸을 가누고 자신을 돌볼 시간이 없다면, 화장실에 가고 좋은 식사를 하고 가족을 만나야 한다. 특히, 그들이 이미 그 정도의 소진 상태에 있다면, 내 걱정은 그 소진이 더 심해질 것이라는 것이다." 실제로 아우디시 박사는 혼란이 진정되기 시작하면 의료계 종사자들이 윤리적 딜레마와 가슴 아픈 상황을 처리할 시간을 갖게 되면서 외상 후 스트레스 장애가 급증하여 의료 노동자들에게 파급될 가능성이 높다고 예측한다.

토론 문제

문제 해결 관점

1. 병원 관리자 입장에서 이 사건의 근본적인 문제와 원인은 무엇인가?
2. 당신이 병원 관리자를 위한 경영 컨설턴트라면 이 문제를 해결하기 위해 어떤 제안을 하겠는가?

적용하기

1. 이 사례에서 외재적 동기 부여와 내재적 동기 부여는 어떤 역할을 했는가?
2. 동기 부여의 내용 이론 측면에서 의료직 종사자들을 동기 부여시키는 데 어떤 어려움이 있었는가?
3. 전염병 기간 동안 의료계 종사자들이 직면한 주요 공정성 문제는 무엇이었는가?
4. 직무 특성 모형을 활용하여 의료계 종사자들이 자신의 직무를 잘 수행하도록 동기를 부여받았는지 설명해 보자.
5. 이 사례에서 어떤 형태의 비금전적 보상이 크게 작용했다고 생각하는가?

직장 웰빙 프로그램과 동기 부여

직장 웰빙 프로그램은 직원들이 더 건강한 방식으로 살도록 동기를 부여하는 것을 목표로 한다. 회사는 (1) 프로그램에 참여하고 (2) 금연, 체중 감량, 혈당 및 혈압 감소 등 특정 건강 목표를 달성한 직원에게 보험료 할인, 현금 상품, 헬스클럽 멤버십 및 기타 보상을 제공하여 참여를 독려한다. 현재 미국 회사의 2/3 이상이 웰빙 프로그램을 제공하고 있다. 찬성론자들은 직원을 더 건강하게 만들어 궁극적으로 회사의 비용을 절약하고 직원이 값비싼 의료 보험금을 청구할 가능성을 낮춘다고 생각한다.

직장 웰빙 프로그램에 자발적으로 참여한 직원은 개인 의료 데이터를 제공하고 진행 상황을 추적하기 위해 정기적인 건강 검진을 받는다. 널리 사용되는 도구 중 하나는 건강 위험 평가로 개인의 병력, 생활 방식 선택, 생리학적 지표(체중, 키) 및 가족 질병 이력에 대한 정보를 설문 조사를 통해 수집한다. 이 모든 것은 직원이 자신의 건강 위험을 해결하기 위한 위험 프로파일링과 권장 계획을 만드는 데 사용된다. 일반적으로 사용되는 또 다른 도구인 생체 인식 검사는 체중, 체질량 지수, 혈압, 심혈관 건강, 콜레스테롤 및 혈당과 같은 직원 데이터를 벤치마킹하고 추적한다.

직장 웰빙 프로그램에 대한 한 가지 우려 사항은 직원의 개인 의료 데이터가 노출될 위험이 있다는 것이다. 회사는 일반적으로 의료 정보를 기반으로 고용 결정을 내리는 것이 금지된다. 미국 장애인법(Americans with Disabilities Act) 및 유전 정보 비차별법(Genetic Information Nondiscrimination Act)은 회사가 요청할 수 있는 개인 의료 데이터의 양을 규제하며, 건강정보 관련 법률(Health Insurance Portability and Accountability Act: HIPAA)는 개인 건강에 대한 데이터의 저장 및 접근에 대한 엄격한 기준을 설정한다. 그러나 건강 프로그램 공급업체는 상당수가 의료 제공자로 간주되지 않기 때문에 이러한 조항에서 면제되는 경우가 많다. 공급업체는 의료 데이터를 제3자에게 판매하여 직원들이 데이터를 불법적으로 공개하고 사용할 위험에 노출될 수도 있다.

또 다른 문제는 직장 웰빙 프로그램이 (1) 부정확하고 (2) 제어할 수 없는 지표와 직원 보상을 연결한다는 것이다. 예를 들어, 피트니스 추적기를 사용하여 직원의 일일 걸음 수와 운동 빈도를 모니터링한다. 그러나 연구 결과들은 피트니스 추적기가 매우 부정확하고 신뢰할 수 없는 데이터를 제공한다는 것을 밝혀냈다. 다른 인기 있는 인센티브로는 체중 감량 및 혈압 · 혈당 감소가 포함되지만, 이러한 측정 항목은 하루에도 급격하게 변동할 수 있으며, 측정에 사용된 특정 도구의 신뢰성에 따라 달라진다. 체질량 지수 감소와 관련된 보상은 이 측정이 근육량, 신체 구조 및 임신과 같은 요인을 고려하지 못하기 때문에 고도로 건강한 직원이 과체중 또는 비만으로 분류될 수도 있다.

직장 웰빙 프로그램에 사용된 지표는 참가자들이 통제할 수 없는 요소를 반영하지 못한다. 더 건강하게 먹고 더 많이 운동하는 것은 많은 사람들에게 건강상의 이점이 있는 긍정적인 선택이지만, 이러한 제도는 모든 참가자의 체중과 혈압 · 혈당을 줄이는 확실한 방법은 아니다. 어떤 의학적 상태들은 모범적인 생활 방식을 선택하더라도 이러한 목표를 달성하는 것을 극도로 어렵게 만든다.

문제 해결

1. 직원 보상을 건강 상태와 연결하는 것에 찬성하지 않는다. 직원들의 의료 정보를 수집하고 보호하는 것은 데이터 유출 가능성을 포함하여 상당한 위험을 수반한다. 직원은 개인 건강 정보, 위험 프로필 또는 건강 개선 사항에 관계없이 저렴한

비용으로 양질의 의료 서비스를 동등하게 이용할 수 있어야 한다. 직장 웰빙 프로그램은 자발적으로 유지하고 보상과 연결시키지 말아야 한다.

2. 직원의 건강 상태에 보상을 연결하고 직원이 직장 웰빙 프로그램에 참여할 때 건강 정보 공개에 동의하는 서명을 면제시키는 것이 좋다고 생각한다. 건강 상태를 개선할 수 있는 직원들은 회사의 건강 관리 비용을 줄이는 데 도움을 준 것에 대해 보상받아야 한다.

3. 신뢰성 있고 정확하게 측정할 수 있다면 직원 건강 상태는 보상과 연계하는 것이 좋다고 생각한다. 또한 사람들이 실제로 통제할 수 있는 목표를 달성한 경우에만 보상받는 것이 공정하다. 명상과 같은 스트레스 해소법을 늘리는 것은 혈압을 낮추는 것보다 고혈압이 있는 사람에게 더 현실적인 목표일 수 있다. 회사는 직원들과 협력하여 현실적이고 달성 가능하며 개인화된 목표를 제시해야 한다.

4. 다른 안이 있다면 설명해 보자.

CHAPTER 13

집단과 팀

학습 목표

1. 집단과 팀의 특성을 파악한다.
2. 집단과 팀의 개발 과정을 설명한다.
3. 효과적인 팀을 구축하는 방법을 이해한다.
4. 갈등을 성공적으로 관리하는 방법을 설명한다.
5. 팀워크 · 협업 역량을 개발하는 방법을 설명한다.

▶ 미리보기

13장에서는 집단과 팀을 구분하고 다양한 종류의 팀을 살펴본다. 그리고 집단이 어떻게 팀으로 발전하는지 알아보고 효과적인 팀을 구축하는 방법을 살펴본다. 마지막으로, 긍정적인 갈등과 부정적인 갈등에 대해 알아보고, 팀워크 · 협업 역량을 개발하는 방법을 학습한다.

성공 전략

효과적으로 갈등을 관리하는 방법

구성원들은 모두 다른 경험, 다른 아이디어, 다른 기대를 갖고 그룹 프로젝트 또는 과제에 참여한다. 이러한 차이가 모든 사람의 창의적인 면을 이끌어 내고 훌륭한 결론으로 이어지기 위해서는 갈등을 극복해야 한다. 갈등을 효과적으로 관리할 수 있는 방법은 다음과 같다.

갈등 인정

문제를 무시하면 단기적으로 갈등을 피하는 데 도움이 될 수 있지만, 분노가 누적되어 논쟁으로 이어질 수 있다. 다른 동료들의 입장에 동의하지 않는다는 것을 정중하게 알려서 갈등을 인정하자. 의견 불일치가 항상 유쾌한 것은 아니지만, 이를 공개하면 앞으로 더 큰 논쟁을 예방하는 데 도움이 된다.

원인 파악

집단 구성원 간의 갈등을 해결하려면 먼저 의견 차이가 무엇인지 정확하게 파악하고, 모든 사람이 이에 대해 어떻게 생각하는지 파악하고, 갈등 해결을 위한 제안을 최대한 많이 모아야 한다. 당신이 유일한 답을 가지고 있다고 단정 짓기 전에 팀원들에게 어떻게 생각하고 무엇을 성취하고 싶은지 개별적으로 물어보자. 갈등 상황에서 그들의 행동을 이끄는 것이 무엇인지 이해하려고 노력해야 한다.

행동 초점

동의하지 않는다는 이유로 공격받거나 비판받는 것을 좋아하는 사람은 없다. 어떤 동료의 성격에 대해 "당신은 너무 고집스러워서 모든 것을 지연시키고 있다."라고 공격적으로 말하는 대신 "만약 당신이 결정을 내리기 전에 모두의 말을 들어준다면, 우리는 더 많은 선택안을 제시할 수 있을 것이다."라고 말해 보자. 변경할 수 있는 행동에 초점을 두고 집단의 이익을 확인하자.

집단 규범 확립

규범은 수용되는 행동 방식을 확립한다. 현재 프로젝트나 과제가 공동의 목표를 달성하기 위해 함께 일하는 데 최선을 다하고 가장 협력적인 노력을 기울여야 함을 모든 사람에게 상기시키자. 맡은 일에 대해 책임을 지고, 일정을 지키고, 팀 회의에서 다른 사람을 방해하지 않는 행동들이 필요하다.

신중한 표현

갈등 상황에서는 내뱉는 말이 중요하다. "당신이 한 이 일은 가치가 없어요. 차라리 고등학생이랑 함께 일하는 편이 낫겠어요."라는 말은 방어와 갈등을 일으키기 쉽다. 이 같은 평가적 진술을 자제하고 구체적으로 설명해야 한다. "당신의 보고서에는 다섯 개의 계산 오류가 있고, 제출일에서 이틀 지났고 다섯 개의 오타도 있었다."라고 말하는 것처럼 평가보다 설명이 필요하다.

또한 '항상' 및 '언제나'와 같은 절대적인 표현을 피하자. "당신은 항상 팀 과제를 제시간에 끝내지 못하는군요." 또는 "당신은 언제나 회의에 늦는군요."와 같은 말은 거의 사실이 아니며 방어와 갈등만 조장할 뿐이다.

"당신은 보고서 전체를 다시 작성하고 싶겠지만, 나는 일정 안에 일이 완료되길 원한다."라고 말하는 것과 "당신은 보고서 전체를 다시 작성하고 싶고 나는 일정 안에 일을 완료하길 원한다."라고 말하는 것에는 큰 차이가 있다. 전자는 목표가 상호 호환적이지 않음을 나타내지만, 후자는 양측 모두 이점이 있고 타협할 수 있음을 나타낸다.

마지막으로, 팀원들에게 최후통첩을 주거나 엄격한 요구를 해서는 안 된다. "오늘 밤까지 프로젝트의 일부를 나에게 제출해야 한다. 그렇지 않으면 내가 직접 처리할 것이다."라고 말하는 것은 당신을 까다롭고 통제력 있고 함께 일하기 어려운 사람으로 만들 것이다. 주변 사람들에게 강요하는 대신 팀원들과 함께 업무를 나누고 일정을 수립하여 좋은 관계를 만들자.

생상적인 갈등

공공연한 의견 불일치가 불편해서 갈등을 피하고 싶을 수 있지만, 갈등이 항상 나쁜 것은 아니다. 의사 결정에 있어 의견 불일치 정도는 높지만 대인 관계가 좋은 팀이 더 많은 성공을 거둔다. 이를 염두에 두고 갈등의 원인과 해결책을 찾아보도록 하자. 갈등을 효과적으로 처리하면 집단에 창의력을 가져다주는 자산이 될 수도 있다.

SECTION

01 집단과 팀

팀워크는 오늘날 대부분의 조직이 원하는 직원의 역량이다. 이번 섹션에서는 집단과 팀의 차이를 알아보고 팀의 다양한 유형에 대해 살펴보자.

학습 목표

집단과 팀의 특성을 파악한다.

25년 전 경영 철학자 피터 드러커(Peter Drucker)는 미래의 조직이 더 수평적이고 정보에 기반할 뿐만 아니라 팀워크를 중심으로 운영될 것으로 예측했으며, 이는 확실히 실현되었다.

실제로 팀원으로서 일을 잘 할 수 있는 능력은 회사가 원하는 역량이며, 이는 개인의 취업 기회와 성공에 영향을 미친다. 입사 지원 시 Z세대 직원들은 급여와 복리 후생뿐만 아니라 함께 일할 사람들도 평가한다. 최근 글래스도어(Glassdoor)의 설문 조사에 따르면, Z세대는 일 자체보다 함께 일할 팀에 더 관심이 있는 것으로 나타났다. 조직은 이러한 의식 변화의 결과로 팀 빌딩(team building)이 중요한 채용 도구가 될 수 있음을 알게 되었다. 예를 들어, 소외된 사람들에게 금융 서비스를 제공하고 지원자들에게 팀 중심 환경을 광고하는 핀테크 회사 탈라(Tala)를 한번 생각해 보자. 탈라의 신용 담당 부사장인 가우라브 바르가바(Gaurav Bhargava)는 "우리는 다양한 의견과 경험을 바탕으로 우리의 혁신을 의미 있게 이끄는 각계각층의 팀원을 보유하고 있다."라고 말한다.

입사하면 보통 동료와 함께 일한다. 즉, 팀워크가 필요한 상황에서 다른 사람들과 함께 일하게 된다. 1,300개 기업을 대상으로 한 설문 조사에 따르면, 사람들은 50% 이상의 시간을 동료와 함께 일하면서 보낸다. 안타깝게도, 응답자의 43%는 팀이 최적의 성과를 내는 시간이 절반 미만이라고 생각했다. 팀워크가 조직의 성공에 필수적인 것은 분명하다. 회계 소프트웨어 제조업체인 제로(Xero)는 팀워크를 효과적으로 관리하는 회사 중 하나이다.

소외된 사람들을 돌본다. 탈라의 CEO 시바니 시로야(Shivani Siroya)와 그녀의 팀의 모습이다. 이 회사는 케냐, 필리핀, 멕시코, 인도에 지사를 두고 있다.

제로의 예: 제로는 '인사이드 아웃(inside-out)' 접근법에 따라 최고의 인재를 영입하고 모두가 의미 있는 일을 할 수 있는 문화를 만들기 위해 노력한다. 회사 웹 사이트에는 "사람 중심의 문화를 구축하면 궁극적으로 우리의 최우선 과제인 전 세계 백만 명이 넘는 고객과 파트너에게 기쁨을 주고 약속을 지킬 수 있게 된다."라고 나와 있다.

회사의 인사이드 아웃 접근법이 팀 수준에서 어떻게 반향을 일으킬까? 제로의 팀은 그들이 만드는 제품에 대해 자율성을 가지며, 자유롭게 적합한 과정과 지표를 선택할 수 있다. 소프트웨어 제작업체 제로는 모든 팀원들이 발언권을 갖고 다양한 관점을 높이 평가하며 의견 차이를 존중한다. 회사는 리더십과 커뮤니케이션을 교육시켜서 이러한 업무 방식을 지원한다.

집단과 팀의 차이

집단(group)과 팀(team)은 같은 것일까? 유사한 점도 있지만 다음과 같은 차이점들이 있다.

집단 집단은 (1) 규범을 공유하고, (2) 목표를 공유하고, (3) 공통의 정체성을 가진 (4) 두 명 이상의 자유롭게 상호 작용하는 개인으로 정의된다. 집단은 불구경하기 위해 모인 군중과 같이 상호 작용하지 않는 일시적인 집합체인 군중과는 다르다. 그리고 노동조합과 같이 구성원들의 상호 작용이 불가능할 정도로 규모가 큰 조직과도 다르다.

팀 맥킨지앤컴패니(McKinsey & Company)의 경영 컨설턴트인 존 카첸바흐(Jon R. Katzenbach)와 더글라스 스미스(Douglas K. Smith)는 집단과 팀이라는 용어를 같은 의미로 사용하는 것은 실수라고 말한다. 집단은 개별적인 책임을 지지만, 팀은 결과를 만들기 위해 개인과 상호 책임을 모두 요구한다. 따라서 팀은 공동의 목적, 성과 목표 및 상호 책임을 지고 함께 일하는 소규모 집단의 사람들로 정의된다. "팀은 구성원들의 공동 조합을 통해 공동 작업의 결과물을 만든다. 팀원 각자의 개인 최고 성과를 합한 것보다 더 높은 성과를 올린다."라고 카첸바흐는 말한다.

> **H2M의 예:** H2M은 디자인, 건축, 엔지니어링 회사이며 팀 중심의 문화로 유명하다. 회사는 온라인 채용 게시판 쿠누누(kununu)에서 팀워크 점수 4.9/5를 획득했으며, 팀워크를 핵심 가치에 포함하고 있다. H2M은 또한 신규 대졸자에게 팀 기반 가치를 홍보하는 것을 좋게 여긴다. 이를 위해, CEO인 리치 휴먼(Rich Humann)은 팀 빌딩에 중점을 둔 여름 인턴십 프로그램을 주최한다. 이 프로그램의 목적은 차세대 H2M 직원을 위한 팀워크와 협업 스킬을 개발하는 것이다.

보다시피, 팀워크는 회사가 원하는 소프트 스킬 중 하나이다. 팀워크(teamwork)는 다양한 사람들과 효과적으로 협업하고, 협업 관계를 구축하고, 대인 갈등을 관리하는 능력으로 정의된다.

공식 집단과 비공식 집단

공식 집단과 비공식 집단에 대해 알아보자.

- **공식 집단:** 특정 목표를 달성하기 위해 만들어진다. 공식 집단은 특정 목표를 달성하기 위해

조직 또는 해당 관리자가 할당한 집단이다. 공식 집단은 사업부, 부서, 업무 집단 또는 위원회가 될 수 있다. 나아가, 공식 집단은 영구적이거나 일시적일 수 있다. 일반적으로 사람들은 자신의 스킬과 조직의 요구 사항에 따라 각 공식 집단에 지정된다.

- **비공식 집단:** 친목을 위해 만들어진다. 비공식 집단은 친목이나 공동의 이익을 위해 모이는 것이 최우선 목적인 사람들이 만든 집단이다. 비공식 집단은 함께 커피를 마시는 사람들과 같이 서로 어울리는 친구들의 모임일 수 있다. 또한 아침 기도회, 볼링 동호회, 봉사 동아리, 회사 '동문회(예: 전 애플 직원)' 또는 자원봉사 단체 등이 예가 된다.

비공식 집단은 공식 집단의 계획을 진전시키거나 약화시킬 수 있다. 공식 집단은 공장 조립 라인의 속도를 높이거나 작업장 개혁을 실시하기 위해 노력할 수 있다. 그러나 공식 집단보다 자신의 집단을 존중하기 시작하는 비공식 집단의 구성원들이 이러한 노력을 방해할 수 있다. 이는 종종 이메일, 점심시간 또는 퇴근 후 맥주 한 잔과 같은 비공식 모임을 통해 발생한다.

비공식 집단의 영향. 직원 해피 아워는 직원들이 비공식적으로 모여 업무 및 비업무 사안들을 논의하는 좋은 기회이다. 이러한 논의 중 일부는 공식 업무에 영향을 미칠 수 있다.

그러나 흥미롭게도 비공식 집단도 매우 생산적일 수 있다. 소셜네트워크 실전(A Practical Guide to Social Networks)의 저자인 로브 크로스(Rob Cross)는 연구에 따르면 "조직 내에서 잘 관리되는 네트워크의 적절한 연결은 성과, 학습, 혁신에 상당한 영향을 미칠 수 있다."라고 말한다. 제약 산업의 비공식 집단에 관한 최근 연구는 이를 확인하였으며, 비공식 집단이 생산성과 동기 부여에 긍정적인 영향을 미친다는 사실 또한 발견했다. 나아가, 비공식 집단은 커뮤니케이션, 자율성, 과정 혁신(process innovation)에도 긍정적으로 기여했다.

팀의 유형

팀의 유형을 구분하는 기준은 다음과 같다.

1. 목적(purpose)
2. 기간(duration)
3. 구성원의 몰입(commitment)도 수준

업무 팀 회사의 감사팀과 프로스포츠팀에는 공통점이 몇 가지 있다. 모든 업무 팀(work team)이 그렇듯, 모든 팀원들은 명확한 목적을 공유하고 있다. 이러한 팀은 일반적으로 영구적이며 팀원은 팀이 성공하도록 팀의 목적에 완전히 몰입해야 한다.

프로젝트 팀 수업에서 팀 프로젝트를 경험한 적이 있다면 프로젝트 팀(project team)의 일원이 된 것이다. 회사 내의 프로젝트 팀은 특정 문제를 해결하거나 회사 제품 중 하나에 대한 새로운 마케팅 아이디어를 브레인스토밍하는 것과 같은 특정 업무를 완수하기 위해 모인다. 팀원들은 임무의 성격에 따라 한 번만 만나거나 여러 해 동안 함께 일할 수 있으며, 가상으로 만나거나 대면으로 만날 수도 있다. 팀원들은 부서나 다른 부서 또는 기능에서 차출될 수 있으며, 프로젝트 팀에서 일하는 동안 계속해서 주요 책임을 수행하게 된다.

교차 기능 팀 교차 기능 팀(cross-functional team)은 재무, 운영, 영업과 같은 조직 내 다양한 기능의 직원들로 구성된다. 교차 기능 팀은 다양한 목적을 수행할 수 있고, 업무 팀이나 프로젝트 팀이 될 수 있고, 이들의 임무는 장기 또는 단기적일 수 있다. 최근 연구 결과에 따르면, 교차 기능 팀은 조직의 생산성과 효율성을 개선하고 비용 절감에도 도움이 되는 것으로 나타났다. T-모바일(T-Mobile)은 고객에게 서비스를 제공하기 위해 교차 기능 팀을 효과적으로 사용한 좋은 예이다.

T-모바일의 전문가 팀

고객 서비스 종사자의 이직률은 연평균 27%로 재계 최고 수준이다. 퇴사하는 직원들은 직장을 그만둔 몇 가지 이유로 도전적인 업무 부족, 부족한 인정 그리고 너무 적은 유연성을 꼽았다. T-모바일은 교차 기능 고객 서비스 팀이라는 해결책을 마련했다. 이 회사는 TEX 팀이라 불리는 전문가들로 구성된 팀을 고객 전화 상담실에 포함시켰다. TEX 팀은 같은 장소에서 근무하지만, 일반적으로 수백 마일 떨어진 다른 지역에 서비스를 제공한다. 예를 들어, 찰스턴에 있는 팀은 필라델피아에 있는 약 120,000명의 고객에게 서비스를 제공한다.

직원이 운영하는 소규모 사업

40명으로 구성된 각 TEX 팀은 소규모 사업(mini-business)과 유사하며, 고객 서비스 담당자, 기술 전문가, 코치, 팀 리더, 일정 및 관리를 담당하는 자원 관리자로 구성된다. 팀은 자체적으로 손익계산서를 관리해야 하며, 팀 리더는 고위 경영자와 분기별 사업 검토에 참여해야 한다. "우리 팀 리더들은 처리 시간 및 일정 준수와 같은 항목을 살펴보곤 했다. 이제 그들은 손익을 계산하고 있다. (고객 사업을 유지하고 성장시키고 있는가? 계정당 통화 및 서비스 비용을 줄이고 있는가?) 그들은 사업을 운영하는 미니 CEO와도 같다."라고 회사의 고객 관리 담당 부사장인 캐리 필드(Callie Field)는 말한다.

학습과 개발도 교차 기능 팀의 중요한 부분이다. TEX 팀의 코치는 영업 사원의 개별 의사 결정이 비즈니스에 미치는 영향에 대해 조언한다. 예를 들어, 특정 고객에 대한 영업 사원의 결정이 고객의 충성도와 팀의 재무 성과에 긍정적인 영향을 미쳤는가? 또한 담당자들은 숙련된 기술 전문가들과 협력하여 기술력을 개발할 수 있다. 이러한 전문가를 통해 고객이 복잡한 하드웨어 또는 소프트웨어 문제를 해결했을 때 담당자가 전화를 끊지 않고 대기하게 하여 향후 같은 문제를 처리하는 방법을 배울 수 있도록 한다.

팀 기반 성과

연구 결과에 따르면, 서비스 조직은 담당자가 서로의 전문 지식을 활용하도록 권장할 때 50% 더 많은 성공을 달성하는 것으로 나타났다. T-모바일의 교차 기능 팀 모형도 예외는 아니다. 연간 이직률은 48% 감소했으며 직원의 몰입도는 사상 최고치를 기록했다. 회사는 가장 높은 직원 만족도를 자랑하며 고객 전화 상담실은 2019년에만 24개의 '일하기 좋은 직장' 상을 받았다.

T-모바일의 TEX 팀에 대해 기뻐하는 것은 직원들만이 아니다. 고객은 로봇이나 자동화된 전화 메뉴 대신 사람과 대화할 수 있어서 만족한다. 또한 전담 전문가 팀을 동시에 보유하고 있기 때문에 담당자에서 담당자로 넘어가거나 보류되는 것에 대해 걱정할 필요가 없다. 닐슨(Nielsen)은 T-모바일을 2년 연속 이동통신 업계에서 최고의 고객 서비스 기업으로 선정하였다. 2020년에는 JD파워(J.D. Power)의 고객 서비스 조사에서 업계 최고 점수를 획득했다.

자율 경영팀 자율 경영팀(self-managed team)은 팀원이 업무 영역에 대한 관리 권한을 부여받는 팀을 의미한다. 포춘 1,000대 기업의 약 80%와 제조업체의 81%가 자율 경영팀을 도입한 것으로 추산된다. 전문가들은 자율 경영팀이 회사의 생산성을 15~20% 증가시키고, 자율성이 혁신 증대로 이어질 수 있다고 말한다. 하지만, 직무 만족도와 조직 몰입도에는 유의미한 영향이 없었다.

연구 결과는 자율 경영팀을 만들기 위한 다음과 같은 세 가지 시사점을 제공한다.

- 팀원의 리더 선임 보장
- 적절한 팀원 선발
- 필요한 교육 제공

가상 팀 가상 팀(virtual team)은 시간과 거리에 관계없이 전자 미디어를 통해 협력하여 노력을 결합하고 공동의 목표를 달성한다. 최근에는 기술 발전으로 인해 가상 팀에 대한 인기가 높아지고 있다. 2005년과 2017년 사이에 원격 근무가 159% 증가했다. 또한 가장 최근에 원격 근무를 하는 미국 직원의 수는 2015년 390만 명에서 2020년 470만 명으로 증가하였다. 그렇다면, 과연 원격 근무가 기업에 이로울까? 100개 이상의 국가에서 15,000명 이상의 기업인을 대상으로 실시된 2019년 인터내셔널 워크플레이스 그룹(International Workplace Group)의 설문 조사는 다음과 같은 결과를 밝혀냈다.

- 기업의 85%는 원격 근무가 제공하는 유연성 덕분에 회사의 생산성이 향상되었다고 보고했다.
- 직원의 80%는 두 개의 유사한 고용 제안(job offer) 중 하나를 선택할 때 탄력적 근무 시간을 제공하는 고용 제안을 선택할 것이라고 말했다.

- 근로자의 50%가 주당 최소 2.5일 동안 본사 외부에서 근무하는 것으로 나타났다.
- 기업의 65%는 유연한 작업 공간이 자본 및 운영 비용을 모두 절감한다고 말했다.

찬성론자들은 가상 팀이 시간과 위치가 아니라 정보와 기술에 의해 주도되기 때문에 매우 유연하고 효율적이라고 말한다. 필요한 정보나 스킬을 가진 사람들은 실제로 작업을 수행하는 장소와 시간에 관계없이 팀원이 될 수 있다. 그럼에도 가상 팀에는 다른 모든 유형의 팀과 마찬가지로 장단점이 있다.

온라인 협업. 기술을 통해 사람들은 원하는 장소에서 원하는 시간에 원하는 사람과 의사소통할 수 있을 뿐만 아니라 사무실 없이 일할 수 있게 되었다.

가상 팀과 분산 근무자는 지역과 시간에 구애받지 않고 다양한 지식, 스킬, 경험을 활용할 수 있는 능력(모든 사무실에 SAP 전문가가 필요 없음), 다양한 시장에 대한 지식을 공유할 수 있는 능력, 통근과 출장 경비 절감 등의 많은 잠재적인 이점을 제공한다. 원격 근무자에게 사무실 공간은 제한적이거나 전혀 필요하지 않기 때문에 직원당 약 2,000달러의 부동산 비용 절감 효과도 있다. 또한 가상 팀이 제공하는 유연성은 직원의 일과 삶의 갈등을 줄일 수 있는데, 일부 회사들은 이를 통해 인재를 더 쉽게 유치하고 유지할 수 있다고 말한다.

하지만, 가상 팀은 대면 팀보다 팀 결속력, 업무 만족도, 신뢰, 협동 행동, 팀 목표에 대한 몰입을 확립하는 것이 더 어렵다. 따라서 가상 팀에는 언제나 주의가 필요하다. 구성원들이 지리적으로 분산되어 있을 때 팀 관계를 구축하는 것이 더 어렵다는 것은 놀라운 사실이 아니다. 가상 팀을 사용하는 회사의 거의 50%는 지리적 분산으로 인한 장애물과 시간대 차이가 심각한 문제라고 말했다. 가상 팀의 구성원들은 또한 다른 구성원들의 비언어적 신호를 관찰할 수 없고 동료애의 부족을 경험한다고 보고했다. 이러한 과제는 가상 팀에 더 일반적으로 적용되며 그러한 팀을 이끄는 어려움도 마찬가지이다. 가상 팀이 국경을 넘을 때 문화적 차이, 공휴일, 시간대, 현지 법률 및 관습도 문제를 일으킬 수 있다. 다음의 〈전문가의 조언〉은 가상 팀의 단점을 극복하기 위한 방법을 제공한다.

전문가의 조언 | 고성과 가상 팀

가상 팀의 구성원 또는 리더로서 팀의 업무 성과를 높일 수 있는 아홉 가지 방법은 다음과 같다.

1. **커뮤니케이션을 조정한다.** 이메일, 문자, 전화 통화에 대한 선호를 포함하여 다양한 원격 근무자가 어떻게 일하는지 알아보자. 그런 다음 이러한 선호도를 수용할 수 있는 커뮤니케이션 수단이 있는지 확인하자. 텔레프레즌스 로봇, 채팅 앱, 화상 회의(예: Skype)와 같은 기술을 사용하여 정기적으로 연락을 취하는 것이 좋다. 전략적으로 적절한 주제에 대해 적절한 시간에 적절한 사람들과 이야기하자.

2. **즐겁게 보내자.** 기술을 사용하여 분산된 근무자들의 연결 상태를 유지해야 한다. 생일을 기념하고 성과를 인정하는 것은 사무실에 정기적으로 대면하지 않는 사람들에게 특히 중요하다. 소프트웨어 개발업체인 클레버텍(Clevertech)은 원격 근무자들이 낮 동안 서로 비디오 게임을 하며 시간을 보낼 수 있도록 한다. CEO 쿠티 셰일브(Kuty Shalev)는 포트나이트(Fortnite)와 같은 게임들이 직원들이 뭉쳐서 문제를 해결하고 회사 내에서 대인관계 및 업무 관계를 구축하는 데 도움이 된다고 믿는다.

3. **신뢰를 구축하자.** 신뢰를 구축하려면 노력이 필요하다. 적어도 1년에 한 번은 대면 회의를 하고 서로를 알아가는 과정을 통해 신뢰는 쌓을 수 있다. 팀 빌딩을 연례 회의 의제에 포함시킬 수 있다. 개인 정보(취미, 가족 정보)를 공유하고 기술 또는 지리적 문제를 유연하게 처리하면 신뢰를 쌓을 수 있게 된다.

4. **좋은 파트너가 되자.** 가상 팀의 구성원은 회사가 직접 고용한 직원이 아닌 독립 계약자(independent contractor)인 경우가 많다. 그렇지만, 팀의 성공에 있어 이들의 역할이 중요하다. 그들을 고용된 직원처럼 대하지 말고, 진정한 파트너처럼 대하자.

5. **피드백을 장려하자.** 효과적인 가상 팀은 정보를 쌓아두지 않는다. 자원과 정보는 자유롭게 흐르고 일상적인 피드백이 제공되어야 하며 커뮤니케이션은 투명해야 한다. 구글 닥스(Google Docs), 드랍박스(Dropbox) 및 기타 플랫폼과 같은 클라우드 공유 파일 사이트는 모든 팀원들을 위한 정보 허브 역할을 할 수 있다.

6. **한 일을 문서화하자.** 팀원들이 각자 다른 시간대에서 일하는 경우 일부 프로젝트의 결과들은 한 시간대에서 다른 시간대로 전달될 수 있기 때문에 24시간 지속적으로 업무가 진행될 수 있다. 이를 효과적으로 수행하려면 발신자와 수신자 모두 자신이 완료한 업무의 내용과 각 전송에서 필요한 내용을 명확하게 지정해야 한다.

7. **가상 팀에 적합한 사람을 선발하자.** 스라이브 글로벌(Thrive Global)에 따르면 성공적인 원격 근무자는 계획적이고, 자신을 절제할 줄 알고, 내재적으로 동기 부여되고, 독립적인 경향이 있다. 정규직 고용 계약을 제안하기 전에 먼저 프리랜서로 고용하는 것을 고려해 보자. 이러한 방식은 동료들과의 관계를 발전시키고 비전통적인 업무 환경에서 성공을 거두는 데 도움이 된다.

8. **커뮤니케이션 스킬을 강화하자.** 많은 의사소통이 문서로 이루어지기 때문에 가상 팀의 구성원들은 이해하기 쉽고 핵심적인 언어로 내용을 작성해야 한다. 이메일 수신 여부를 알려주기 위해 "감사합니다"라고 답하는 것과 같이 간단히 응답하는 것도 신뢰를 유지하기 위해 필요하다.

9. **팀 헌장을 수립하자.** 여기에 언급된 많은 제도는 가상 팀이 팀워크를 관리하는 방법을 기술한 서면 팀 헌장(team charter)에 통합할 수 있다. 섹션 03에서 팀 헌장에 대해 자세히 학습한다.

연구자들과 컨설턴트들은 가상 팀이 대면 접촉을 대체할 수 없다는 데 동의한다. 대면 회의는 가상 팀 개발 초기에 특히 유용하고, 팀 리더는 핵심 구성원과 더 자주 만나야 한다. 대면 회의는 조직을 재구성하거나 전략을 조정할 때도 중요하다. 대면 상호 작용은 점심 식사, 가벼운 모임, 사교 행사 또는 정기 회의처럼 간단할 수 있다. 어떤 경우이든 그러한 상호 작용을 통해 사람들은 서로 친숙해지고 신용 · 신뢰 · 이해를 구축할 수 있다. 이는 오해를 줄이고 앞으로의 비대면 상호 작용을 보다 효율적이고 효과적으로 만든다. 또한 업무 성과를 높이고 갈등과 이직 의도를 줄인다.

대면 상호 작용을 통해 사람들은 실시간 피드백을 받고, 의미 있고 실용적인 관계를 형성하며, 다른 사람들이 실제로 생각하고 느끼는 것을 더 잘 이해할 수 있게 된다. 또한 가상 팀은 팀 몰입, 원활한 의사소통, 명확한 목표, 효과적인 리더십, 결과 중심 문화와 같은 몇 가지 전통적인 요소 없이는 성공할 수 없다. 연구 결과에 따르면, 이러한 요소들은 모든 유형의 효과적인 팀에 진정으로 필요한 요소 중 하나인 신뢰를 바탕으로 한다.

SECTION

02 집단과 팀의 개발 과정

집단은 형성기, 격동기, 규범기, 수행기 및 해산기의 다섯 가지 발전 단계를 거쳐 팀으로 발전할 수 있다. 집단은 위기에 대응하면서 변화하는 경우에도 발전할 수 있다. 이 두 과정을 모두 살펴보자.

학습 목표

집단과 팀의 개발 과정을 설명한다.

터크먼의 5단계 모형

경영자는 종종 제품과 조직이 탄생부터 성숙, 쇠퇴에 이르는 발전 단계를 거친가도 말한다. 집단과 팀도 같은 단계를 거친다. 터크먼(Tuckman)의 이론은 형성기, 격동기, 규범기, 수행기, 해산기의 다섯 가지 발달 단계를 제안한다(그림 13.1 참조).

이 단계들은 신규(new) 또는 신생(start-up) 팀이 작업을 완료하기 위해 진화하는 과정을 나타낸다. 이 단계를 공부할 때는 다음 두 가지를 염두에 두자.

- 이러한 단계는 지속 시간이나 강도가 같지 않을 수 있고, 항상 이 순서대로 발전하지 않는 경우도 많다.
- 졸업 후 첫 직장에서 이미 만들어진 기존 팀에 합류할 때, 팀은 수행기에서 운영될 가능성이 높다. 새로운 팀원이 합류하면 팀 개발의 초기 단계 중 일부를 재검토해야 한다.

집단 개발의 5단계를 살펴보자.

1단계: 형성기 첫 번째 단계인 형성기(forming)는 방향을 잡고 친해지는 과정이다. 이 단계는 구성원들이 서먹서먹한 분위기를 깨고 누가 책임자이고 집단의 목표가 무엇인지 파악하려고 하는 높은 불확실성이 특징이다. 이 단계에서 집단의 구성원은 "우리가 여기에 있는 이유는 무엇일까?"라는 질문에 답하려 한다.

이 단계에서는 상호 신뢰가 낮고 누가 어떻게 책임을 지는지 확인하기 위해 상당히 유보적이다. 형성기의 갈등은 실제로 도움이 될 수 있으며 창의력 증대로 이어질 수 있다. 물론 이 시점에서는 집단의 리더와 방향성이 필요하다. 구성원 중 일부는 공식적인 리더가 되기 위해 노력할 것이다. 형성기에서 리더는 사람들이 친해지고 친목을 다질 수 있는 시간을 주어야 한다. 앞서 언급한 것처럼 형성기를 마친 팀에 새 멤버가 합류하는 경우가 있다. 팀 리더 또는 지정된 멘토는 이 사람이 다른 팀원들과 팀 업무에 적응하도록 도와야 한다. 신규 팀원과 목표를 논의하고, 신뢰를 쌓고, 친목을 위해 잠시 형성기로 돌아가야 할 수도 있음을 의미한다. 이 중 대부분은 9장에서 학습한 온보딩(onboarding) 프로그램을 통해 수행할 수 있다.

그림 13.1 집단과 팀 개발의 5단계

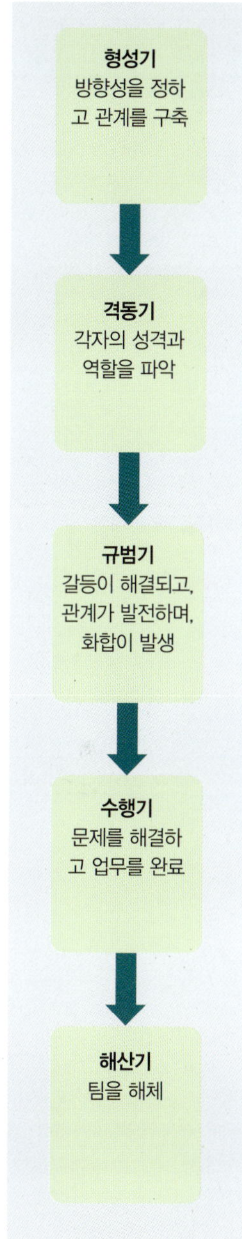

2단계: 격동기 두 번째 단계인 격동기(storming)는 개인의 성격과 역할, 집단 내 갈등의 출현을 특징으로 한다. 구성원들이 각자 "여기서 내 역할은 무엇인가?"라는 질문에 답하려 한다. 집단의 쟁점은 "누가 어떤 일을 맡고 어떤 책임을 지는지를 놓고 왜 우리가 다투는가?"이다. 이 단계는 목표의 명확성과 구성원의 몰입 및 성숙도에 따라 짧을 수도 있고 고통스러울 정도로 길 수도 있다.

이 시기는 시험의 연속이다. 구성원은 리더의 정책과 가정을 시험하면서 그들이 권력 구조에 어떻게 부합하는지 알아간다. 하위 집단이 형성되고 지연되는 것과 같은 미묘한 형태의 반항이 발생하기도 한다. 권력 정치(power politics)가 공개적인 반란으로 분출될 수 있기 때문에 많은 집단이 2단계에서 정체된다.

격동기에서 리더는 구성원들이 아이디어를 제안하고, 의견 불일치를 표명하고, 과제와 목표에 대한 갈등을 해결하도록 격려해야 한다.

3단계: 규범기 세 번째 단계인 규범기(norming)에서는 갈등이 해소되고 긴밀한 관계가 형성되며 단결과 화합이 나타난다. 구성원의 주요 쟁점은 "다른 사람들은 나에게 무엇을 기대하는가?"이다. 집단의 주요 쟁점은 "우리가 각자 역할을 수용하고 팀으로 일할 수 있는가?"이다. 동의하면, 집단은 이제 팀이 될 수 있다.

팀은 팀원들이 함께 무엇을 하고 어떻게 할 것인지와 관련된 지침을 정한다. 팀은 회의 참석, 지각, 회의 중 휴대 전화 및 노트북 사용, 누군가가 팀 과제를 놓쳤을 때 해야 할 일과 같은 문제를 고려한다.

일반적으로 리더가 아닌 존경받는 구성원이 무언가를 달성하기 위해 해당 집단의 권력 투쟁을 해결하도록 도전하면서 집단이 2단계를 통과한다. 권위에 대한 의문은 감정적이지 않고 사실에 입각한 집단 토론을 통해 해소된다. 구성원들이 자신의 역할을 찾았다고 믿기 때문에 팀 정신(team spirit)이 경험된다. 우리가 느끼는 집단 구성원들을 하나로 통합하는 집단 응집성(group cohesiveness) 3단계의 주요 부산물이다.

이 단계는 일반적으로 오래 지속되지 않는다. 여기서 리더는 단합을 강조하고 팀 목표와 가치를 파악하도록 도움을 주어야 한다.

4단계: 수행기 수행기(performing)에서 팀원들은 문제를 해결하고 맡은 일을 완료하는 데 집중한다. 팀원의 주요 사안은 "내 역할을 가장 잘 수행하는 방법은 무엇인가?"이다. 팀의 주요 사안은 "우리가 일을 제대로 할 수 있을까?"이다. 수행기에서 리더는 구성원이 업무를 수행하는 데 필요한 권한을 부여해야 한다.

5단계: 해산기 업무가 완료되면, 해산기(adjourning) 단계에 도달한다. 화합하고 무언가를 이루기 위해 열심히 일한 많은 팀원들은 강렬한 상실감을 느끼게 된다. 팀원은 이제 "다음은 무엇인가?"를 고민한다. 팀의 주요 사안은 "팀원들의 전환을 도울 수 있는가?"이다.

팀워크를 행동으로 바꾸기. 이 집단은 수행기에 있다. 모든 팀원들이 당면한 업무를 처리하는 데 동등하게 참여하는 것처럼 보이는가? 당신이 이 팀의 팀원이라면 모든 팀원이 업무를 완수하는 데 적극적으로 참여하도록 동기 부여하기 위해 무엇을 하겠는가?

리더는 '끝'과 '새로운 시작'을 기념하는 의식을 통해 전환을 용이하게 할 수 있다. 파티나 시상식은 중요한 팀워크의 종료 시점에 필요하다. 리더는 집단 역학(group dynamics)에서 배운 귀중한 교훈을 강조하여 모든 팀원들이 앞으로의 집단과 팀 활동을 준비할 수 있도록 도와야 한다.

터크먼의 모형은 정확한가? 연구 결과는 집단이 수행기 단계에서부터 비로소 업무를 수행해 나갈 수 있다는 개념을 지지하지는 않지만, 학계와 실무자 모두 집단에는 수명 주기가 있다는 데 동의한다. 연구 결과에 따르면, 집단 또는 팀 개발 과정을 성공적으로 거쳐 온 고성과 팀은 일을 완수할 수 있도록 생산적인 에너지를 표출한다고 한다.

단속 평형

집단이 항상 터크먼의 개발 단계를 따르는 것은 아니다. 단속 평형(punctuated equilibrium) 이론은 집단이 안정적으로 기능하다가 어떤 사건이 규범, 역할 또는 목표에 극적인 변화를 일으키면 새로운 기능 규범을 수립하고 이를 유지하여 다시 평형 상태로 돌아가는 집단의 개발 과정을 제시한다(그림 13.2 참조). 단속 평형은 종종 예기치 않은 변화의 결과로 발생한다. 브렉시트(Brexit)로 알려진 영국의 유럽연합(EU) 탈퇴는 단속 평형의 좋은 예이다.

EU를 떠나자! 브렉시트 찬성 시위대가 2016년 11월 23일 영국 런던 국회의사당 앞에서 시위를 벌이고 있다.

브렉시트의 예: 영국은 1973년에 EU에 가입하여 40년 넘게 평형 상태를 유지했다. 2016년 6월 28개 회원국의 동맹 탈퇴에 52% 대 48%의 찬성표를 던지면서 정치적 지진(급격한 변화 #1)이 촉발됐다. 영국과

EU는 투표 후 탈퇴 협상을 준비하는 데 대략 1년을 보냈다. 그 후 테레사 메이(Theresa May) 전 영국 총리는 2017년 3월 29일 EU의 회원국 탈퇴 공식 메커니즘인 '50조'를 발동했다(급격한 변화 #2). 영국과 EU는 2년 넘게 브렉시트 조건을 협상했다. 그 시간 동안 그들은 미래 무역 및 이민 정책을 포함하여 브렉시트 이후의 세계에 대해 논의했다. 양측은 2020년 1월 29일에 탈퇴 협정을 승인했으며, 영국은 2020년 1월 31일에 공식적으로 EU를 떠났다(급격한 변화 #3).

그림 13.2 **단속 평형**

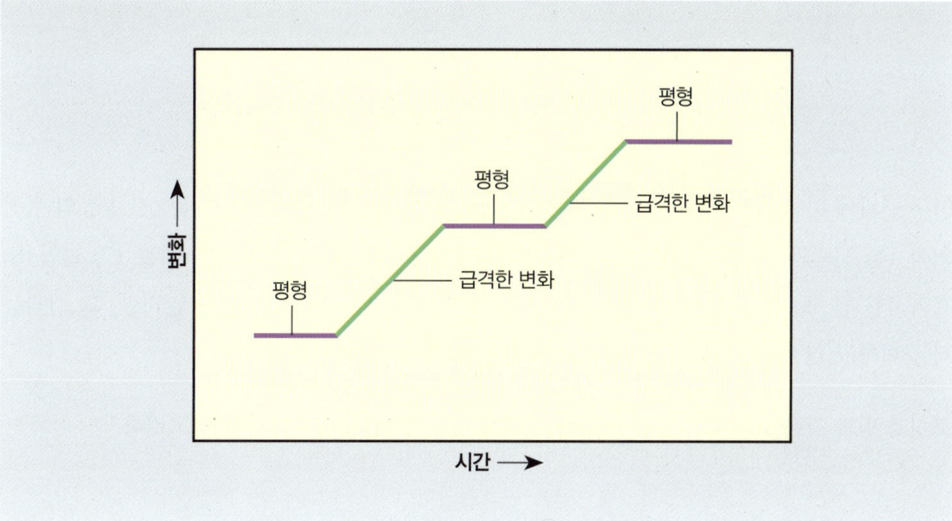

SECTION

03 효과적인 팀 구축

고성과 팀으로 만들기 위해 경영자는 협업, 신뢰, 성과 목표 및 피드백, 상호 책임과 상호 의존을 통한 동기 부여, 팀 구성 · 역할 · 규범 그리고 팀 프로세스를 고려해야 한다.

학습 목표

효과적인 팀을 구축하는 방법을 이해한다.

연구 결과에 따르면, 고성과 팀의 특징은 (1) 참여적인 리더십, (2) 책임 공유, (3) 공통의 목적 의식, (4) 신뢰와 개방적인 의사소통, (5) 명확한 역할 기대, (6) 갈등의 조기 해결, (7) 협업 (8) 효과적인 팀 프로세스의 여덟 가지가 있다. 고성과 팀을 만드는 것은 쉽지 않지만, 그 결과는 더 강력하고 더 나은 성과로 조직에 기여하는 팀을 확보할 수 있다.

고성과 팀과 같은 효과적인 팀을 구축하기 위해 다음의 여덟 가지 사항들을 고려하자.

1. 협업

협업(collaboration)은 정보를 공유하고 집단의 결과를 달성하기 위해 노력을 조정하는 행위이다. 예상할 수 있듯, 팀은 구성원끼리 협업할 할 때 더 효과적이다. 협업은 팀이 부분의 합보다 더 많은 것을 생산할 수 있도록 하는 비밀 소스이다. 안타깝게도, 많은 조직의 보상 제도는 팀원의 협업 동기를 저해한다. 예를 들어, 최근 하버드 비즈니스 리뷰 분석 서비스(Harvard Business Review Analytics Services)가 1,185명의 의료 산업 임원들을 대상으로 실시한 설문조사에서 응답자의 63%가 경쟁을 조장하는 개인 인센티브를 협업의 주요 장벽으로 꼽았다.

일부 조직에서는 직원 간의 협업을 촉진하기 위해 보상 제도와 관련된 문제를 해결한다. 27개국에서 판매되는 부스터 시트의 아일랜드 제조업체인 버블범(BubbleBum)은 개인의 성과보다 팀에 대한 보상에 집중함으로써 팀 중심 조직 구조에서 팀워크를 강화한다.

협업을 잘하는 팀의 공통점 구글(Google)은 수백 개의 업무 팀이 최고의 성과를 거두게 만드는 요소가 무엇인지를 파악하기 위해 자료를 분석했으며, 다음과 같은 두 가지 특징적인 행동을 공유한다는 것을 발견했다. (1) 팀의 모든 사람이 거의 같은 비율로 말했는데, 이는 아무도 발언을 독차지하거나 발언을 제지하지 않았음을 의미한다. (2) 팀원들은 목소리 톤과 비언어적 신호에 기반하여 다른 팀원의 감정을 아주 잘 해석하였다. 이러한 특징은 비정상적으로 높은 수준의 협업과 성공으로 이어졌다. 다른 영향 요인으로는 팀원의 신뢰성, 명확한 목표, 영향력과 의미 있는 일, 심리적 안전(psychological safety) 등이 있다.

협업 촉진 팀원들의 협업을 이끌어 내는 것은 쉬운 일이 아니다. 저자인 마이크 스티브(Mike Steib)는 "직원들은 모든 논쟁에서 이기려는 열망을 접어두고 팀이 올바른 답을 찾는 데 집중해야 한다."라고 말한다. 슬랙(Slack)의 학습 및 개발 책임자인 아리엘 훈스버거(Ariel Hunsberger)가 '반대와 몰입(disagree and commit)'이라고 부르는 방식이 도움될 수 있다. 이 전략을 통해 팀원들은 팀 업무에 서로 도우며 몰입하기 전에 각자의 고충에 대해 이해할 수 있다. 아마존(Amazon)도 웹 사이트에 리더가 "결정에 동의하지 않을 때 정중하게 이의를 제기할 의무가 있다. 사회적 결속을 위해 타협하지 않는다. 일단 결정이 내려지면, 전적으로 몰입한다."라고 명시하고 있다. 팀 리더와 경영자는 반대 의견을 조장하는 방식으로 팀 커뮤니케이션과 의사 결정을 구조화하여 이러한 행동을 강화할 수 있다. 이를 달성하기 위한 두 가지 방법은 7장에서 학습한 선의의 비판자와 변증법이다(그림 7.7 참조).

최근 한 연구는 직장에서 협업을 촉진하는 두 가지 추가적인 방법을 제안했다. 첫째, 팀원들은 말하는 것보다 경청하는 법을 배워야 한다. 우리는 종종 우리 자신의 성과에 대해 걱정하거나 우리의 아이디어가 다른 사람보다 낫다고 생각하거나 둘 다라 생각하여 다른 사람들을 경청하지 않는다. 결과적으로 우리는 피할 수 있는 갈등에 빠지게 되고 기회를 놓치며 다른 사람을 소외시키고 팀의 효과성을 떨어뜨린다. 대화를 지속시키는 한 가지 방법은 '무엇'과 '어떻게'로 시작하는 개방형 질문을 사용하는 것인데, 다른 사람들이 당면한 문제에 대해 더 많은 정보를 제공하는 데 도움이 된다. 둘째, 팀원들이 공감(empathy)을 실천하도록 격려해야 한다. 공감을 사용하려면 먼저 효과적인 경청을 통해 상대방의 말에 관심을 두고 있음을 보여 줘야 한다. 공감을 통해 상대방의 다른 관점과 이유를 이해할 수 있고 판단 대신 호기심과 건설적인 대화가 가능해진다.

협업. 인도의 하이데라바드(Hyderabad)에 있는 아마존 직원들이 프로젝트에 대해 논의하고 있다.

2. 신뢰

신뢰(trust)는 다른 사람의 의도와 행동에 대한 상호 신념(reciprocal faith)으로 정의된다. 상호라는 단어는 신뢰의 주고받는 측면을 강조한다. 즉, 신뢰는 신뢰를 낳고, 불신은 불신을 낳는다. 신뢰는 신뢰성(credibility)을 기반으로 한다. 이는 과거의 성실성과 약속 준수를 기반으로 얼마나 신뢰할 수 있는지를 의미한다. 기존 연구들은 팀원들의 신뢰와 팀 성과 간의 긍정적인 관계를 일관되게 지지한다. 또한 최근 연구 결과에 따르면, 팀장과 팀원 간의 상호 신뢰가 의사소통의 효과성과 조직 시민 행동을 증가시키는 것으로 나타났다.

관련 연구들은 신뢰의 세 가지 핵심 동인으로 진정성(authenticity), 논리(logic), 공감을 제시하였다. 신뢰가 무너지면 종종 이러한 동인 중 하나로 역추적해 볼 수 있다. 각 동인에 대해 살펴보자.

- **진정성.** 사람들은 상대방의 진정한 모습을 봤을 때 상대를 신뢰한다.
- **논리.** 사람들은 상대방의 판단과 능력을 믿게 될 때 상대를 신뢰하게 된다.
- **공감.** 사람들은 자신에게 정말로 관심 있어 하는 상대방을 신뢰한다.

아래 예는 리더가 다른 사람들과 신뢰를 구축하는 방법을 설명한다.

진정성, 논리, 공감을 보여 주는 리더

신뢰의 문화 구축은 팀 또는 업무 단위의 리더에서 시작된다. 회사 전체적으로 보았을 때 그 리더가 바로 CEO이다. 신뢰의 세 가지 동인에 대해 배웠듯이 진정성과 공감은 신뢰를 키우는 두 가지 요소이다. 세계 최대 호텔 기업 메리어트(Marriott)의 CEO인 아르네 소렌슨(Arne Sorenson)은 2020년 3월 직원들에게 공개한 비디오에서 코로나바이러스 팬데믹이 회사 운영에 미친 파괴적인 영향을 설명하면서 진정성 있고 공감하는 모습을 보여 주었다. 그 결과 메리어트는 수만 명의 직원을 해고해야 했다. "지금보다 더 힘든 순간은 없었다고 말할 수 있다. 회사의 핵심인 직원들에게 자신의 역할이 완전히 통제할 수 없는 사건의 영향을 받고 있다고 말하는 것보다 더 나쁜 일은 없었다."라고 소렌슨은 말한다.

메리어트 인터내셔널의 사장 겸 CEO인 아르네 소렌슨이 백악관 회의에 참석하여 코로나19 팬데믹에 대한 대응을 논의하고 있다.

실수에 대한 책임을 져야 한다

리더가 실수를 인정할 때, 그들은 진정성을 갖고 존경심을 얻고 팀을 강화하며 리더로서 성장하고 모범을 보일 기회를 만들 수 있다. 이것은 궁극적으로 신뢰의 문화를 구축한다. 콘텐츠 마케팅 솔루션 MRR 미디어(MRR Media)의 설립자이자 CEO인 칼 캉구르(Karl Kangur)는 자신의 오류를 인정하는 것을 두려워하지 않으며 심지어 이를 학습의 기회로 여긴다. "나는 내가 실수를 한 것에 대해 팀에게 솔직하다. 이것은 내가 같은 실수를 하지 않도록 도와주고 팀원들에게 우리 모두가 평등하다는 것을 보여 준다."라고 캉구르는 말한다. 링크 구축 회사 로가닉스(Loganix)의 소유자이자 운영자인 아담 스틸(Adam Steele)은 "실수를 용서하고 각각의 실수를 학습 경험으로 전환할 준비가 되어 있어야 한다."라며 캉구르의 말에 동의한다.

도움을 요청하자

일부 리더는 직원들에게 도움을 요청하는 것을 약점으로 생각하지만, 실제로는 신뢰의 논리 동인을 강화할 수 있다. 유능한 리더는 회사가 성공하기 위해 다른 사람의 도움이 필요할 때를 잘 파악한다. 사이프레스 리소스

(Cypress Resources)의 CEO인 캐리 롬(Carey Rome)은 "다른 사람들에게 도움을 요청하면 공동의 목표를 중심으로 결집할 수 있으며, 생산적인 협업에 도움이 되는 환경을 조성할 수 있다."라고 말한다. 리더는 또한 직원의 특정 전문 지식을 찾을 때 직원의 능력에 대한 신뢰를 보여 줄 수 있다. 그 신뢰는 훌륭한 동기 부여가 될 수 있고 직원들이 더 뛰어난 성과를 낼 수 있도록 한다. 연구 결과에 따르면, 도움을 요청하는 것은 옥시토신(oxytocin) 생산을 자극하기 때문에 팀의 신뢰와 협력도 증가시키는 것으로 나타났다. '신뢰 분자(trust molecule)'로 알려진 옥시토신은 누군가에 대해 정말로 기분이 좋을 때 느껴진다.

당신의 생각은?

도움을 청하는 것이 자신을 약해 보이게 만든다고 생각하는가? 취약함을 숨겨야 한다고 느낄 때가 있는가? 언제, 왜 그런가?

3. 성과 목표와 피드백

개인으로서 당신은 분명히 측정 가능한 목표를 갖고 자신의 성과에 대한 피드백(feedback)을 받는 것을 선호할 것이다. 팀도 마찬가지이다. 팀은 단순히 개인의 집합이 아니다. 공통의 목적을 달성하기 위해 조직된 개인들이다. 공통의 목적은 팀원들에게 자신이 얼마나 잘하고 있는지 알려주는 지속적인 피드백과 함께 구체적이고 측정 가능한 성과 목표(performance goal)로 정의되어야 한다.

자동차 경주를 생각해 보자. 운전자가 피트 스톱(pit stop)을 위해 경주용 차량을 트랙 밖으로 몰면, 한 팀의 사람들이 재빨리 잭으로 차량을 들어 올려 타이어를 교체하고, 탱크에 연료를 주입하고, 앞 유리를 청소한다. 이 모든 일들은 단 몇 초 만에 이루어진다. 성과 목표는 자동차를 가능한 한 빨리 트랙으로 돌려보내는 것이다. 경과 시간(초)과 다시 경주에 참가한 경쟁자들 사이에서 선수의 위치는 팀이 얼마나 잘하고 있는지를 알려준다.

Jerry Markland/Stringer/Getty Images

협력과 협업. 뉴욕 왓킨스 글렌에서 열린 NASCAR 2014 스프린트 컵 올스타 레이스(Sprint Cup All-Star Race)의 피트 스톱 동안 A. J. 알멘딩거(A. J. Allmendinger)가 운전하는 자동차 위로 크루들이 몰려들고 있다. 시리얼 제조업체인 제너럴 밀스(General Mills)는 NASCAR 피트 크루의 아이디어를 적용하여 직원들이 베티 크로커(Betty Crocker) 제품의 생산 라인을 변경하는 시간을 4.5시간에서 단 12분으로 단축할 수 있었다.

4. 상호 성과 책임과 상호 의존성을 통한 동기 부여

명확한 성과 목표가 있을 때, 그 일이 의미 있다고 생각할 때, 구성원들이 자신의 노력이 중요하다고 생각할 때, 다른 사람들에게 자신이 착취당한다고 느끼지 않을 때 팀원들의 팀워크가 높게 나타난다. 팀원들이 상호 성과 책임(mutual accountability)을 지게 되면 팀원들은 상호 신뢰와 몰입을 느끼게 되고, 팀 목표 달성에 대한 동기를 얻게 된다. 팀원들이 '업무에 대한 책임, 목표 달성 방법에 대한 권한, 자원 사용에 대한 재량, 업무와 관련된 정보와 지식'을 공유하게 하면 상호 책임이 촉진된다.

팀원의 상호 의존성(interdependence)은 팀 구성원이 자원, 정보, 목표, 보상과 같은 팀의 투입 요소에 의존하는 정도와 업무를 완료하는 데 필요한 대인 상호 작용의 양을 나타낸다. 7,000개 이상의 팀을 조사했던 연구에 따르면, 상호 의존성은 팀 기능에 영향을 미치고 이는 다시 팀 성과에도 영향을 미친다고 한다. 보험 영업 팀에 대한 또 다른 연구에서는 팀 상호 의존성이 영업 성과를 최적화한다는 사실을 발견했다. 이 연구들이 시사하는 바는 팀 리더가 팀원들 간의 상호 의존성을 모니터링해야 한다는 것이다.

5. 팀 구성

팀 구성(team composition)은 팀원들의 직무, 성격, 가치, 지식, 경험, 스킬의 집합을 의미한다. 팀 구성은 11장에서 학습한 직원의 다양성과 관련이 있다. 다양성은 사업에 도움될 수 있게 효과적으로 관리되어야 한다.

시스코(Cisco)에서 효과적인 팀의 특징을 조사한 연구에 따르면, 상위 세 가지 특징 중 하나는 자신의 가치가 공유된다는 구성원들의 확신이었다.

팀원을 구성하는 것은 팀의 책임에 맞아야 한다. 적합성(fit)은 효과성을 높이지만, 부적합성(misfit)은 효과성을 저해한다. 팀 구성에 대한 연구에서 도출된 네 가지 결론은 다음과 같다.

- 팀 개발의 초기 단계(형성기 및 격동기)에서 불확실성에 대해 더 높은 내성을 갖는 것을 고려해 보자. 부과된 방향성과 대면 소통이 상대적으로 부족하기 때문에 자율 경영팀과 가상팀에도 동일한 제안이 적용된다.
- 문제를 해결하는 방식에 다양성을 활용하자. 이렇게 하면 문제를 일관된 방식으로 해결하려는 팀보다 우위에 설 수 있다.
- 직원을 여러 팀에 배정하지 않도록 해야 한다. 이를 지키지 않는 조직은 전반적인 성과가 저하되는 경향을 보이게 된다. 조직이 복잡한 업무를 처리할 때는 성과가 더욱 악화된다.
- 구성원이 다양한 집단에서는 공개적인 피드백을 사용해야 집단의 결과가 긍정적으로 나타난다.

6. 역할

역할(role)은 팀원이 팀 내에서 각자 어떻게 행동해야 하는지에 대한 사회적으로 결정된 기대이다. 팀원의 역할은 팀이 목표를 달성하도록 돕는 것이다. 팀원들은 팀, 조직, 자신에 대한 기대에 따라 역할을 개발하여 수행해야 한다.

팀 역할은 크게 업무 역할(task role)과 유지 역할(maintenance role)로 구분된다(표 13.1 참조).

표 13.1 업무 역할과 유지 역할

업무 역할	설명
개시자(initiator)	새로운 목표나 아이디어 제안
정보 요구자/제공자(information seeker/giver)	주요 문제 명시
의견 요구자/제공자(opinion seeker/giver)	관련 가치 명시
퇴고자(elaborator)	사례 또는 영향의 탐색을 통해 더 큰 이해 촉진
조정자(coordinator)	아이디어와 제안 조정
지향자(orienter)	집단이 명시된 목표를 향하도록 유도
평가자(evaluator)	논리, 실용성 등 다양한 기준으로 집단의 성취도 시험
활력자(energizer)	집단이 계속 진행하거나 더 많은 것을 달성하도록 유도
절차 기술자(procedural technician)	일상적인 업무(재료 배부 또는 좌석 재배치) 추진
기록자(recorder)	토론 및 결과를 문서로 만들어 '집단 기억(group memory)'의 기능 수행
유지 역할	**설명**
격려자(encourager)	다양한 관점을 수용하고 칭찬함으로써 집단 결속력 강화
조화자(harmonizer)	화해나 유머를 통해 갈등 중재
타협자(compromiser)	중간 지점에서 양 당사자가 갈등을 해결할 수 있도록 지원
문지기(gatekeeper)	모든 집단 구성원이 참여하도록 권장
표준 설정자(standard setter)	집단 프로세스의 우수성 평가
추종자(commentator)	집단 프로세스와 역학에 대해 기록 및 의견 제시
팔로워(follower)	수동적인 청중의 역할 수행

업무 역할 업무 역할은 팀의 업무를 완료하는 데 집중하는 행동이다. 업무 역할은 팀의 현 위치를 파악하여 업무를 완료한다. 팀 회의에서 "여기서 진짜 문제가 무엇인가? 우리는 진전이 없는 것 같다."라고 말한다면 업무 역할을 하고 있는 것이다. 업 역할의 예로는 아이디어와 제안을 한데 모으는 조정자, 팀이 명시된 목표를 향해 나아가도록 유지하는 지향자, 새로운 목표나 아이디어를 제안하는 개시자, 사람들이 함께 움직이거나 더 많은 것을 성취하도록 촉진하는 활력자 등이 있다.

유지 역할 유지 역할은 팀원 간의 건설적인 관계를 촉진하는 행동이다. 유지 역할은 팀원 간의 긍정적인 업무 관계를 조성한다. 팀 회의에서 누군가가 "이 계획에 반대하는 사람들의 말을 들어보자."라고 말하면 유지 역할을 하고 있는 것이다.

다양한 관점을 칭찬함으로써 집단 결속을 촉진하는 격려자, 집단 프로세스의 우수성을 평가하는 표준 설정자, 화해 또는 유머를 통해 갈등을 중재하는 조화자, 중간 지점에서 양 당사자의 갈등을 해결하는 것을 돕는 타협자가 그 예이다.

7. 규범

규범(norm)은 역할보다 더 포괄적이다. 규범은 대부분의 집단이나 팀원이 따르는 일반적인 지침 또는 행동 규칙을 의미하다. 규범은 수용 가능한 행동과 수용 불가능한 행동의 경계를 나타낸다. 일부 규범은 명시적일 수 있지만, 일반적으로 규범은 문서화되지 않고 공개적으로 논의되는 경우가 거의 없다. 연구 결과에 따르면, 규범은 집단 및 조직 행동에 강력한 영향을 미친다.

규범이 시행되는 네 가지 이유 규범은 네 가지 이유로 집단이나 팀원들에 의해 시행된다.

- **그룹의 생존을 돕기 위해** 규범은 집단, 팀 또는 조직의 생존을 돕기 위해 시행된다. 예를 들어, 팀이나 집단의 리더는 당신이 팀에 적절한 응급 장비를 갖추었는지 확인했다는 점을 들어 당신을 칭찬할 수 있다.
- **역할 기대치를 명확히 하기 위해** 규범 역할 기대치를 명확히 하거나 단순화하기 위해 시행된다. 예를 들어, 연공 서열에 따라 위원회를 구성하는 제도를 폐지하려는 국회의원들은 "잘 지내기 위해 함께 나아가야 한다."(의회 커리어에 어울리기 위해 규칙을 따르라)는 권고를 받았다.
- **개인이 난처한 상황을 피할 수 있도록 돕기 위해** 규범은 집단이나 팀원들이 당황하지 않도록 하기 위해 시행된다. 예를 들어, 최고 경영진에게 보고하는 동안 발언을 독점했다는 이유로 다른 팀원들에서 조롱을 받을 수 있다. 또는 당신과 견해가 다를 수 있는 고객과 종교나 정치에 대해 이야기하지 말라는 말을 들을 수도 있다.
- **집단의 중요한 가치와 정체성을 강조하기 위해** 규범은 집단, 팀 또는 조직의 핵심 가치를 강조하거나 고유한 정체성을 강화하기 위해 시행된다. 예를 들어, 노드스트롬(Nordstrom)의 백화점은 특출난 고객 서비스를 제공하기 위해 필요한 엄청난 노력을 강조한다.

다음의 〈전문가의 조언〉은 규범을 수립하는 효과적인 방법을 알려준다.

전문가의 조언 **규범을 수립하는 방법**

성과가 좋은 팀은 팀 규범의 힘을 사용하여 과제와 장애물을 극복한다. 팀 규범을 통해 팀은 건전한 토론과 목적 및 역할의 명확성을 달성하고 이를 통해 집단 성과를 높일 수 있다. 팀이 효과적으로 규범을 구축하는 데 도움이 되는 제안은 다음과 같다.

과거를 돌아보며 무엇이 효과적이었는지 파악하자. 효과적인 규범은 팀을 효과적인 집단 역학 및 성과로 이끄는 반면, 비효과적인 규범은 걸림돌이 된다. 연구 결과에 따르면, 효과가 있었던 이전 팀 규범을 파악하는 것이 규범을 마련하는 좋은 방법이 된다. 당신이 속한 훌륭한 팀에 대해 생각하고 그들의 노력을 이끄는 다양한 규범을 고려해 보자. 무엇이 그 팀을 그렇게 훌륭하게 만들었을까? 당신이 일했던 비효과적인 팀에 대해서도 똑같이 해 보자. 이 연습을 통해 효과가 있었던 규범과 효과가 없었던 규범의 목록을 만들 수 있다. 그런 다음 당면한 현재 작업에 대한 중요성에 따라 순위를 지정할 수 있다. 예를 들어, 미주리(Missouri)주의 초등 및 중등교육부는 새로운 팀에 어떤 것을 사용할지 결정할 때 중요도에 따라 효과적인 과거 방법들의 순위를 매길 것을 권장한다.

규범을 행동으로 세분화한다. 규범 목록을 작성하고 나면, 그것들을 측정 가능한 행동으로 바꿔보자. 예를 들어, 회의에 평등하게 참여하도록 권장하는 규범은 팀 결정을 내릴 때 모든 사람의 의견을 구하는 행동을 낳는다. 이 규범의 일부는 먼저 말을 가장 적게 한 사람들의 의견을 구하는 것일 수 있다. 이렇게 하면 팀 회의에서 발언을 주도하는 팀원이 있더라도 모든 팀원들이 발언할 수 있게 된다.

성과책임이 핵심이다. 성과책임은 규범적 기대치를 설정하는 데 핵심적인 역할을 한다. 행동을 감시하는 체계를 만드는 것은 실제로 재미있을 수 있다! 회의 중 전화 사용을 제한한 팀에서 일한다고 상상해 보자. 어떻게 시행할 수 있을까? 하버드 비즈니스 리뷰(Harvard Business Review)가 관찰한 한 팀은 누군가가 휴대 전화로 주의를 산만하게 할 때마다 5달러의 벌금을 부과하였다. 5달러는 '규범 양동이(norm bucket)'에 넣어졌다. 팀은 수익금 중 일부를 연말에 술자리에 사용하고 나머지는 자선단체에 기부했다. 성과책임을 증진하는 한 가지 방법은 팀 규범을 공식화하는 것이다. 이는 곧 학습할 팀 헌장을 개발하여 실천할 수 있다.

8. 팀 프로세스

팀은 개인과 마찬가지로 투입을 원하는 산출로 전환하는 프로세스를 진행한다. 연구 결과에 따르면, 성과가 좋은 팀은 팀 프로세스(team process)가 효과적이다. 팀 프로세스는 집단의 목표를 달성하기 위해 업무를 조직화하여 투입을 산출려 변환하는 팀원들의 상호 의존적인 행동이다. 이러한 활동은 인지, 언어, 행동으로 나타난다. 방금 학습한 일곱 가지 외에도 팀이 팀 프로세스를 개선하기 위해 사용할 수 있는 세 가지 활동은 다음과 같다.

- **팀 헌장을 작성하자.** 팀 헌장(team charter)은 팀을 관리하는 방법을 설명한다. 팀 헌장은 "팀이 구속력 있는 결정을 내리고 사용자 · 고객의 요구를 시의적절하게 비용 효율적인 방식으로 충족시키는 고품질의 제품 · 서비스를 제공하기 위한 책임을 공유하는 데 있어 권한 있는 파트너십으로 일하는 방법에 대한 팀원 간의 합의를 나타낸다."
- **팀 성찰에 참여하자.** 팀 성찰(team reflexivity)은 팀원들이 팀의 목표, 전략, 방법, 프로세스를 성찰하고 그에 따라 적응하는 집합적인 과정이다. 연구 결과에 따르면, 팀 성찰은 팀 성과, 신뢰, 창의성을 향상시킨다. 또한 팀원에게 통제력과 지원감을 제공하기 때문에 팀원의 소진을 줄인다. 팀 성찰의 방법 중 하나는 7장에서 학습한 향후 개선 가능성을 파악하기 위해 최근 결정을 검토하는 사후 분석을 실시하는 것이다. 사후 분석은 팀 프로세스를 개선하고,

팀 헌장 작성. 팀 헌장은 팀의 규범 및 기타 운영 규칙에 관한 서면 문서이다.

팀 응집성을 높이고, 팀의 사기를 향상시키는 효과적인 방법이다. 또한 팀은 사후 처리 과정 및 결과를 문서화한 보고서를 작성할 수 있다. 이 문서는 미래의 팀 헌장과 규범의 기초가 될 수 있다.

- **팀원들에게 발언권을 주자.** 팀 발언(team voice)은 팀원이 업무 관련 문제에 대한 의견, 우려, 제안 또는 생각을 자유롭게 표현할 수 있는 정도를 의미한다. 전문가들은 대화 중에 다른 사람들에게 어떻게 생각하는지 묻거나 회의 중 각 구성원에게 전용 발언 시간을 제공하는 것과 같은 간단한 행동이 팀 발언을 높일 수 있다고 제안한다. 연구 결과에 따르면, 포용적 리더십(inclusive leadership)은 팀 발언을 높이고 혁신을 촉진하여 팀 성과를 향상시키는 것으로 나타났다. 여기서 주의할 점은 팀 발언은 골고루 주어져야 하고 선택된 소수가 토론을 지배해서는 안 된다는 것이다.

SECTION

04 갈등 관리

갈등은 한 당사자가 자신의 이익이 다른 당사자에 의해 반대되거나 부정적인 영향을 받고 있다고 인식하는 과정이다. 갈등은 부정적이거나 기능적일 수 있다. 실제로 갈등이 너무 많거나 너무 적으면 성과에 나쁜 영향을 줄 수 있다. 이번 섹션에서는 조직 내 갈등의 네 가지 원인을 알아보고 건설적인 갈등을 자극하는 네 가지 방법에 대해 살펴보자.

학습 목표

갈등을 성공적으로 관리하는 방법을 설명한다.

실수, 다가오는 마감일, 추가된 업무량, 더 높은 생산성에 대한 요구, 스트레스 등은 모두 직장 내 갈등을 유발하는 요인들이다. 갈등(conflict)은 한 당사자가 자신의 이익이 다른 당사자에 의해 반대되거나 부정적인 영향을 받고 있다고 지각하는 과정이다.

갈등은 일상생활과 직장 생활에서 늘 발생하는 자연스러운 현상이다. 갈등에 대한 학습을 시작하기 위해서 역기능적 갈등과 순기능적 갈등을 살펴보자.

갈등의 본질

갈등은 단순한 의견 불일치와 같은 지극히 정상적인 현상이다. 갈등은 개인 간, 개인과 집단 간, 집단 간, 집단 내, 조직과 환경 간에 나타날 수 있다.

사람들은 대체로 갈등 없이 살기를 원할 수도 있지만, 어떤 갈등은 실제로 유익할 수 있다는 사실을 알아야 한다. 즉, 역기능적 갈등과 순기능적 갈등을 구별할 수 있어야 한다.

- **역기능적 갈등.** 조직의 관점에서 볼 때 역기능적 갈등은 조직의 성과를 저해하거나 조직의 이익을 위협하는 갈등이다. 예를 들어, 비료 회사 아그로플라즈마(AgroPlasma)의 부사장인 한스 베르그룬드(Hans Berglund)는 아프리카계 미국인 우버(Uber) 운전자에 대한 인종 비방을 하였다가 조직에 역기능적 갈등을 일으켰다. 베르그룬드의 행동은 아그로플라즈마의 명성을 손상시켰고, 직원들이 그의 리더십 아래에서 일하고 싶어 하지 않게 만들었다. 경영자는 부정적인 갈등이라고 불리는 역기능적 갈등을 제거하기 위해 할 수 있는 일을 해야 한다. 베르그룬드의 경우 회사는 그를 해고하고 그의 가치와 윤리를 공유하지 않는다는 성명을 발표했다.

페이스북(Facebook)의 공동 설립자이자 CEO인 마크 저커버그가 2018년 미 상원 법사위원회와 미 상원 상무, 과학, 교통위원회의 합동회의에 앞서 증언하고 있다.

- **순기능적 갈등.** 좋은 종류의 갈등은 조직의 주요 목적에 도움이 되고 조직의 이익에 도움이 되는 순기능적 갈등이다. 이러한 유형의 갈등은 생산적 갈등이라고도 하며, "팀 구성원이 두려움, 불안 또는 지각된 위협 없이 의견 불일치와 다양한 관점을 공개적으로 논의할 때" 발생한다. 연구 결과에 따르면, 순기능적 갈등은 우수한 팀 문제 해결 및 의사 결정 그리고 더 큰 조직 효과성으로 이어질 수 있다. 예를 들어, 페이스북(Facebook)이 마케팅 및 정치 컨설팅 회사에서 8,700만 사용자의 개인 데이터에 부적절하게 접근했다는 사실을 인정함으로써 회사에 여러 가지 의문이 제기되었다. 대중의 분노와 불신으로 인해 창립자이자 CEO인 마크 저커버그(Mark Zuckerberg)는 그를 경계하는 의회에서 회사의 보안 절차와 투명성에 대해 증언했다. 그 결과 페이스북이 전 세계적으로 25억 명 이상의 사용자들에게 더 신뢰할 수 있는 플랫폼이 될 수 있도록 내부 정책과 새로운 정부 규정이 개정되었다.

갈등과 성과의 관계

갈등이 없는 업무 집단이 행복한 업무 집단이라고 생각하고 싶은 마음이 들 수 있으며 실제로 그럴 수도 있다. 그러나 과연 갈등이 없는 업무 집단이 생산적인 집단일까? 1970년대에 조직행동 연구자들은 조직이 너무 많은 갈등뿐만 아니라 너무 적은 갈등으로도 인해 어려움을 겪을 수 있다는 혁신적인 아이디어를 제시했다.

- **너무 적은 갈등.** 갈등이 너무 적은 업무 집단, 부서 또는 조직은 무관심, 창의성 부족, 우유부단함, 마감 시한 미준수 등으로 어려움을 겪을 수 있다. 그 결과 조직의 성과가 저하된다.
- **너무 많은 갈등.** 반면에 과도한 갈등은 정치적 내분, 불만, 팀워크 부족, 이직으로 인해 조직의 성과를 저하시킬 수 있다. 직장 내 공격성과 폭력은 과도한 갈등의 징후이다.

그림 13.3의 도표와 같이 적당한 수준의 갈등은 창의성과 이니셔티브를 유발하여 성과를 높일 수 있다.

그림 13.3 갈등의 강도와 성과 간의 관계

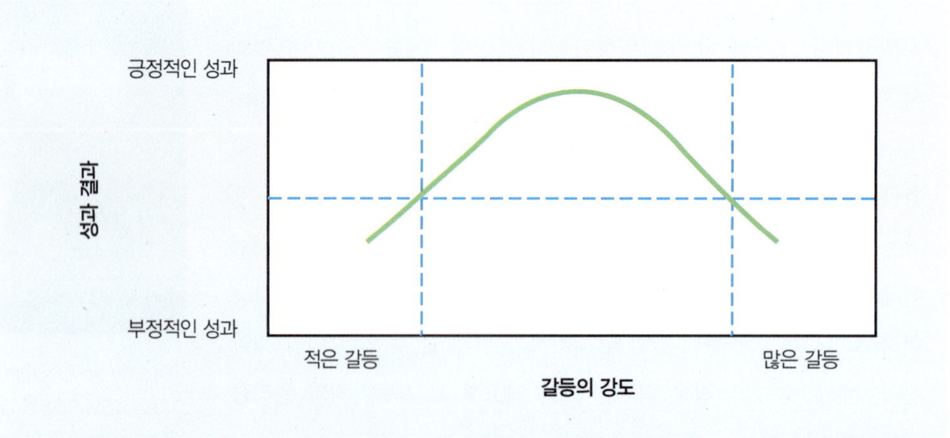

출처: L. D. Brown, Managing Conflict at Organizational Interfaces (Englewood Cliffs, NJ: Prentice-Hall, 1983).

갈등의 네 가지 종류

갈등의 원인, 이른바 갈등 유발 요인은 다양하다. 갈등의 네 가지 주요 원인은 (1) 성격(personality), (2) 부러움(envy), (3) 집단 간 역학(intergroup dynamics), (4) 문화적 차이(cultural difference)에 기반한다. 이 네 가지를 이해하면 갈등을 책임지고 관리하는 데 도움이 된다.

1. **성격 갈등** 우리는 다른 사람들과 의견이 다르거나 그들의 성격, 행동, 외모와 같은 특징들이 마음에 안 들어서 다른 사람들과 크고 작게 대립해 왔다. 성격 갈등은 개인적인 혐오나 불일치에 근거한 대인 관계의 대립으로 정의된다. 그러한 갈등은 종종 직장에서의 무례함(incivility) 또는 직원들의 서로에 대한 배려 부족으로 시작되며, 이러한 갈등이 감소되지 않는다면 직무 만족과 웰빙이 감소되고, 동시에 스트레스와 이직이 증가할 수 있다.

2. **부러움에 기반한 갈등** 부러움은 자신이 원하는 것을 소유한 사람이나 집단과 자신을 비교함으로써 생기는 불쾌한 열등감과 원망이다. 이는 자존심을 위협하고 불의의 태도를 조장하기 때문에 갈등의 원인이 된다. 또한 부러움은 사람들이 다른 사람들을 무너뜨리거나 자기 인식을 높임으로써 형평성을 회복하도록 동기를 부여하기도 한다. 연구 결과에 따르면, 높은 경쟁심은 직장 내 부러움과 양의 상관관계를 가진다. 엠파이어(Empire)라는 TV 쇼에 출연한 배우 주시 스몰렛(Jussie Smollett)의 예를 살펴보자.

   주시 스몰렛의 예: 아프리카계 미국인 게이 배우인 스몰렛은 2019년 1월 시카고 서브웨이 매장으로 가는 길에 인종 및 동성애 혐오성 비방을 외치는 백인 남성 2명에게 공격을 받았다고 주장했다. 그런데 테러범들은 경찰에게 스몰렛이 이 모든 일을 계획했다고 말했다. 그 이유는 무엇일까? 시카고 경찰은 스몰렛이 동료 배우들에 비해 "출연료에 만족하지 못했다."며 관심을 끌려고 했다고 주장했다. 스몰렛이 경찰에 허위 신고를 한 혐의로 체포된 직후 시카고 경찰국장 에디 존슨(Eddie Johnson)은 "그는 인종차별의 고통과 분노를 자신의 커리어 발전을 위해 악용했다."라고 주장했다.

   스몰렛의 예에서 볼 수 있듯이 부러움에 사로잡힌 직원은 낮은 수준의 조직 시민 행동과 높은 수준의 비생산적인 업무 행동을 보일 가능성이 높다. 이와는 대조적으로, 일부 연구에서는 직장에서의 부러움이 항상 독이 되는 것은 아님을 보여 준다. 예를 들어, 최근 연구에 따르면 직원 간의 적당한 부러움은 "성공을 위한 좋은 동인"이며, "건전한 경쟁"을 촉진하기도 한다. 경영자는 직원에 대한 특혜를 없애고, 일부 직원이 보상과 축하를 받는 이유를 설명하고, 멘토링 프로그램을 제공하여 부러움과 관련된 부정적인 요소를 제한할 수 있다.

3. **집단 간 갈등** 협업의 단점은 '우리 대 그들'로 받아들여질 수 있다는 것이다. 이로 인해, 조직 내 업무 집단, 팀, 부서 간에 갈등이 발생한다.

집단 간 갈등이 표출되는 몇 가지 방법은 다음과 같다.

- **일관성 없는 목표 또는 보상 체계.** 다른 기능(예, 재무, 마케팅, HR)에 속한 사람들이 서로 다른 목표를 추구하고 그에 따라 보상받는 것은 당연하지만, 이는 사실 갈등이 이런 체계 안에 포함되어 있음을 의미한다.
- **모호한 경계.** "그건 내 일이 아니며 내 책임도 아니다.", "그 자원은 내 직무에 필요하기 때문에 내가 가져야 한다." 불분명한 직무 책임은 종종 갈등으로 이어질 수 있다. 예를 들어, 2020년 4월에 두 명의 주 경찰관이 동네 주변을 운전하던 한 여성에게 위반 딱지를 발급한 일을 살펴보자. 경찰관들은 운전자가 불필요한 이유로 집을 나가면서 코로나바이러스 발생과 관련된 사회적 거리두기 명령을 위반하고 있다고 주장했다. 해당 주의 사회적 거리두기 명령은 사람들이 바이러스를 퍼뜨리지 못하도록 서로 거리를 유지하도록 되어 있었지만, 여성은 혼자 운전하고 있었다. 이런 사건이 발생한 이유는 경찰이 의학적으로 관련된 모호한 지침을 해석하는 데 있어 어려움을 겪었기 때문일 수 있다.
- **지위 차이.** 조직도상에서 지위가 낮은 사람이 상위 직위에 있는 사람에 비해 실제로 더 많은 권력을 가지고 있어서 갈등이 발생하기도 한다.

4. 문화 간 갈등 국경을 넘나드는 합병, 합작, 국제 동맹이 세계 경제의 공통적인 특징인 가운데 문화 간 충돌의 기회가 빈번하게 발생한다. 여러 문화에서 사업이 수행할 때 종종 성공 또는 실패는 생각하고 행동하는 방법에 대한 서로 다른 가정을 다루는 것에서 발생한다.

다문화적 인식(cross-cultural awareness)의 역량을 개발하고 열린 마음을 가지면 다문화 갈등을 최소화할 수 있다. 다문화적 인식은 4장에서 다양한 문화적 환경에서 작동하는 능력이라 정의하였다. 예를 들어, 문화가 개인이 성과 피드백에 반응하는 방식에 영향을 미친다는 것을 학습하였다. 이러한 반응은 문화적 인식과 다른 문화적 관점에 대한 열린 마음이 없다면 갈등의 원인이 될 수 있다. 연구 결과는 열린 마음을 가진 사람들이 그렇지 않은 사람들보다 다문화 상황에서 일할 준비가 더 잘 되어 있음을 보여 준다.

건설적인 갈등을 조장하는 방법

경영자는 단지 갈등을 관리하는 것뿐만 아니라 성과를 촉진하기 위해 건설적이고 적절한 갈등을 일으킬 필요도 있다. 건설적인 갈등은 업무 집단이 타성과 무관심으로 인해 낮은 성과를 보일 때, 새로운 아이디어와 변화에 대한 저항이 부족할 때, 집단 사고가 발생할 때, 직원의 이직률이 높을 때, 경영자가 업무 목표를 달성하는 것보다 평화, 협력, 타협, 합의, 자신의 인기에 과도하게 관심을 기울일 때와 같은 여러 상황에서 매우 유익할 수 있다.

건설적인 갈등을 자극하기 위해 다음의 네 가지 방법들이 사용될 수 있다.

1. **직원들 간의 경쟁 촉진** 물론 경쟁은 일종의 갈등이지만, 경쟁은 극단적인 시기로 이어지지 않는 한 사람들이 더 높은 결과를 낳도록 자극한다는 점에서 종종 건전하다. 따라서 회사는 최고 실적을 달성한 직원에게 카리브해 휴양지 여행을 지원하는 등의 성과에 대한 보너스와 포상을 제공함으로써 영업 사원을 서로 경쟁하게 만드는 경우가 많다.

2. **조직의 문화 및 절차 변경** 경쟁은 또한 조직 문화를 변화시키기 위한 의도적이고 널리 알려진 움직임을 통해 확립될 수 있다. 즉, 조직이 이제 더 혁신적이며 독창적인 사고와 아이디어를 보상할 것이라고 직원들에게 알림으로써 이를 가능하게 할 수 있다. 성과는 보너스, 인상, 승진 발표를 통해 가시적으로 강화될 수 있다.

3. **새로운 관점을 위한 외부인 영입** '새로운 피(new blood)'가 없으면 조직은 정체되고 변화에 저항하게 될 수 있다. 이것이 경영자가 종종 조직의 다른 부서에서 온 사람들, 경쟁 회사의 직원 또는 컨설턴트와 같은 외부인을 데려오는 이유이다. 서로 다른 배경, 태도 또는 경영 스타일로 인해 이러한 외부인들은 새로운 관점을 제시하고 상황을 뒤흔들 수 있다.

4. **계획된 갈등 사용** 계획된 갈등(programmed conflict)은 사람들의 개인적인 감정을 자극하지 않으면서 다양한 의견을 이끌어 내기 위해 고안되었다. 때때로 의사 결정 집단은 세부 사항과 절차에 너무 얽매여서 실질적으로 아무것도 수행하지 않을 때가 있다. 여기에서 아이디어는 역할극(role-playing)을 통해 사람들이 개인적인 감정과 선호도가 아닌 관련 사실을 기반으로 아이디어를 옹호하거나 비판하도록 하는 것이다.

   사람들이 이러한 아이디어 토론에 참여하도록 하는 방법은 훈련된 역할극을 하는 것이다. 7장에서 학습한 선의의 비판자와 변증법이 두 가지 방법이 된다.

   - **선의의 비판자.** 선의의 비판자(devil's advocacy)는 누군가를 비판자의 역할로 지정하는 과정이다.
     주기적으로 선의의 비판자 역할을 수행하는 것은 분석력 및 의사소통 스킬을 개발하기 위한 훌륭한 훈련이 된다. 하지만, 특정 직원에게 부정적인 평판이 만들어지지 않도록 그 역할을 돌아가면서 수행해야 한다. 다음의 〈전문가의 조언〉은 선의의 비판자 역할에 대한 몇 가지 조언을 제공한다.
   - **변증법.** 선의의 비판자보다 스킬 훈련이 조금 더 필요한 변증법(dialectic method)은 제안을 더 잘 이해하기 위해 토론에서 두 사람이나 집단이 반대 역할을 하는 과정이다. 구조화된 토론 후에 경영자는 더 현명한 결정을 내릴 수 있게 된다.

wavebreakmedia/ Shutterstock

최우수 직원. 회사는 종종 더 나은 성과를 내기 위해 직원들 사이의 건설적인 경쟁을 자극한다. 예를 들어, 최우수 영업 사원은 리조트 여행상품권을 보상으로 받을 수 있다.

전문가의 조언 **선의의 비판자 역할을 수행하는 방법**

연구 결과는 선의의 비판자를 효과적으로 활용하는 팀이 그렇지 않은 팀보다 더 나은 성과를 달성하는 것을 보여주었다. 동료를 화나게 하지 않고 어떻게 팀의 아이디어를 비판할 수 있을까? 이 중요한 역할을 성공적으로 수행하기 위한 네 가지 조언은 다음과 같다.

1. **경청하자.** 누군가의 아이디어에 반대하기 전에 적극적으로 경청해야 한다. 주의를 기울여서 아이디어를 제안한 사람이 당신이 듣고 있다는 것을 알 수 있게 하는 것이다. 예를 들어, 반대 의견을 제시하기 전에 방금 들은 생각을 자신의 말로 반복해 보자. 이것을 의역(paraphrasing)이라고 한다. 동료들은 당신이 진정으로 그들의 말을 듣고 있다고 믿을 때 피드백을 더 잘 수용한다.

2. **건설적인 갈등을 유발하자.** 선의의 비판자는 분개를 일으키지 않고 건설적인 갈등을 자극해야 한다. 선의의 비판자의 목표는 적이 되는 것이 아니라 불확실성을 줄이고 학습을 고무시키는 것이다. 다른 의견을 공표하는 것은 문제에 대한 해결책을 평가하기 위한 위협적이지 않은 대안적인 방법으로 나머지 팀원들이 받아들여야 한다. 선의의 비판자는 무시될 수 있는 문제를 제기하는 데 도움이 된다. 때때로 그것은 아이디어의 신용을 떨어뜨리는 결과를 가져오기도 하지만 이는 괜찮다.

3. **긍정적인 태도를 유지하자.** 연구 결과에 따르면, 반대 의견이 대립적인 것으로 여겨질 때 팀의 성과는 더 나빠진다고 한다. 다양한 의견이 개인적으로나 감정적으로 받아들여지지 않도록 건설적인 방식으로 제시되어야 한다. 예를 들어, 반대 관점을 소개하기 전에 아이디어에 대해 의미 있는 것을 찾고 그것에 대해 언급하도록 노력하자. 동료들은 당신이 열린 마음으로 그들의 말을 경청했다고 믿는다면 당신의 관점에 더 수용할 것이다.

4. **이기고 지는 것에 연연하지 말자.** 당신의 목표는 토론에서 이기는 것이 아니므로 일단 주장을 펼친 후에는 연연하지 말자. 팀이 처음 두 번 당신의 주장에 확신을 갖지 못한다면, 당신의 요점을 다시 반복해도 상황이 바뀌지는 않을 것이다. 의견을 계속 관철하는 것은 동료들의 좌절과 역기능적 갈등을 일으킬 수 있다.

갈등 관리를 위한 역량

어떤 조직에서 일하든 갈등을 관리하는 방법을 아는 것은 항상 도움이 될 것이다. 의견 불일치를 해결하고 통제 불가능한 성격 갈등으로 번지는 것을 방지할 수 있는 다섯 가지 역량으로는 팀워크 · 협업, 사회적 지능, 변화에 대한 개방성, 감성 지능, 구두 · 서면 커뮤니케이션이 있다(표 1.2 참조). 학생 프로젝트 팀의 맥락에서 이러한 역량들을 사용하는 방법에 대해 알아보자. 팀이 4명으로 구성되어 있고 최종 팀 프로젝트를 완료하는 것이 예정보다 늦어졌다고 가정해 보자.

1. **팀워크 · 협업** 공통점을 확립하거나 공동의 목표를 공유하는 것은 팀워크 · 협업을 증진시키는 좋은 방법이다. 프로젝트 일정보다 늦어진 경우, 팀원들에게 연락하여 정상 궤도에 오르

기 위해 해야 할 일이 무엇인지 논의해 보자. 그들에게 프로젝트 마감일을 상기시키고 마감일을 정하는 것과 그들 사이에 어떤 장애물이 있는지 확인해야 한다. 다시 협력할 수 있도록 각자의 의견과 요구를 열린 마음으로 경청하고 의견을 모아야 한다.

2. **사회적 지능** 사회적 지능(social intelligence)은 의미 있는 방식으로 다른 사람과 연결하고, 다른 사람의 감정과 생각을 인식 · 이해하고, 이 정보를 사용하여 긍정적인 관계와 유익한 상호 작용을 자극하는 능력이다. 사회적 지능을 발휘하는 가장 좋은 방법 중 하나는 다른 사람에게 공감을 나타내는 것이다. 앞서 언급했듯이 공감을 사용하려면 효과적인 경청이 필요하며, 이는 우리가 다른 사람의 말에 관심을 갖고 있음을 보여 준다. 프로젝트 팀의 누군가가 피드백을 수용하지 않는 경우 불만의 원인을 파악하자.

3. **변화에 대한 개방성** 변화에 대한 개방성(openness to change)은 변화에 직면했을 때 유연하게 대처하고, 변화를 도전으로 보고, 기꺼이 새로운 아이디어, 과정 또는 지침을 적용하는 것을 포함한다. 예를 들어, 다른 팀원들에게 효과적이지 않고 프로젝트 팀의 속도를 늦추는 커뮤니케이션 방법을 사용하고 있는가? 앞으로 변화를 주고 싶은 일에 대한 예를 제시해 보자.

4. **감성 지능** 감성 지능(emotional intelligence)은 자신과 다른 사람의 감정을 모니터링하고, 감정을 구별하며, 이 정보를 사용하여 생각과 행동을 이끄는 능력이다. 예를 들어, 마감일을 지키지 않는 프로젝트 팀의 누군가와 만나기 전에 자신의 성격을 파악해야 한다. 우리는 인간이고 때때로 불완전하고 비합리적일 수 있다. 스스로 생각해 볼 수도 있지만, 팀원이 아닌 친구나 학우와 이야기를 나누는 것도 나쁘지 않을 것이다. 한발 물러서서 자신을 돌이켜 보면 대화에 더 침착하게 참여할 수 있으며, 이는 추가적인 갈등의 가능성을 낮출 수도 있다.

5. **구두 · 서면 커뮤니케이션** 그 사람에게 그가 무엇을 말했는지, 어떻게 느꼈는지, 무엇을 했는지 말해서는 안 된다. "당신이 말했다." 대신 "나는 느꼈다."와 같은 언어를 사용하면 대화에서 비난이 제거되고 다른 사람의 의도에 대해 추측하지 않을 수 있다. 예를 들어, "당신은 팀의 다른 사람들이 당신이 한 일에 대해 불평하지 못하도록 말을 못 하게 했어요."라고 말하는 대신에 "대화가 끝났을 때 나는 우리 반 친구들이 우리가 지금까지 완료한 것에 대한 그들의 의견을 표현할 기회가 없었던 것 같아요. 이것은 우리에게 배움의 기회가 될 수 있었어요."라고 말해 보자.

갈등 처리의 다섯 가지 유형

당신이 경영자로서 최고의 자리에 있다 하더라도 사람들로 구성된 집단 및 팀과 함께 일하는 것은 때때로 당신을 의견 불일치, 때로는 파괴적인 갈등의 한가운데에 놓이게 할 것이다. 개인과의 의견 불일치를 처리하는 데 사용할 수 있는 다섯 가지 갈등 처리 유형 또는 기법으로는 회피, 호의, 지배, 타협 및 통합이 있다. 그림 13.4는 상대방(y축)과 자신(x축)에 대한 당사자의 상대적 관심에 따라 다섯 가지 유형으로 구분한다.

그림 13.4 갈등 처리의 다섯 가지 유형

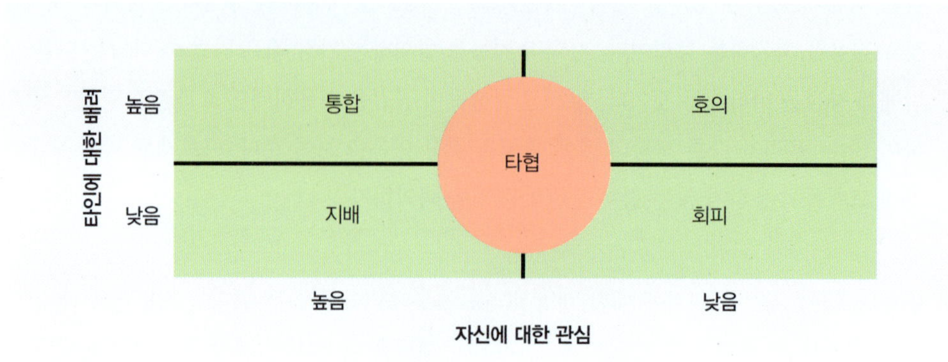

출처: M. A. Rahim, "A Strategy for Managing Conflict in Complex Organizations," Human Relations, 1985, p. 84.

회피 회피(avoiding)는 갈등을 무시하거나 억제하는 것이다. 문제가 사소하거나 감정이 고조되어 냉각기간이 필요할 때 적합하다.

호의 호의적이거나 수용적인 경영자는 상대방의 욕구를 우선시한다. 호의(obliging)는 반대 급부를 받을 수 있거나 문제가 중요하지 않을 때 적합할 수 있다.

지배 '강제(forcing)'라고도 하는 지배(dominating)는 경영자가 갈등을 해결하기 위해 공식적인 권위와 권한에 의존하여 단순히 결과를 명령하는 것이다. 지지를 얻지 못한 해결책을 실행해야 하고 다른 사람들이 당신의 관점에 동의하는 것이 중요하지 않을 때 적절하다.

타협 타협(compromising)에서 양 당사자는 무언가를 얻기 위해 무언가를 포기한다. 양쪽의 목표가 반대이거나 동등한 권한을 가지고 있을 때 적합하다.

통합 통합(integrating)에서 경영자는 문제에 직면하고 협력적으로 문제를 파악하고 대안을 생성 및 평가하고 해결책을 선택하기 위해 노력한다. 통합은 오해가 만연한 복잡한 문제에 적합하다.

SECTION

05 커리어 준비 실천

이번 섹션에서는 팀워크와 협업 역량을 강화시키는 방법을 살펴본다.

학습 목표

팀워크 · 협업 역량을 개발하는 방법을 설명한다.

그룹과 팀에서 효과적으로 작업하려면 아래에 표시된 커리어 준비 모형의 몇 가지 역량을 사용해야 한다(그림 13.5 참조). 구두 · 서면 의사소통, 팀워크 · 협업, 사회적 지능, 긍정성, 전문성 · 직업 윤리, 서비스 및 타인 지향성의 역량을 사용하여 팀워크 기술을 향상시킬 수 있다. 이들 중 팀워크 · 협업은 이 장에서 논의된 개념 및 모델과 가장 밀접하게 관련되어 있다. 이 역량과 관련된 기술을 개발할 수 있는 방법을 살펴본다.

그림 13.5 **커리어 준비 모형**

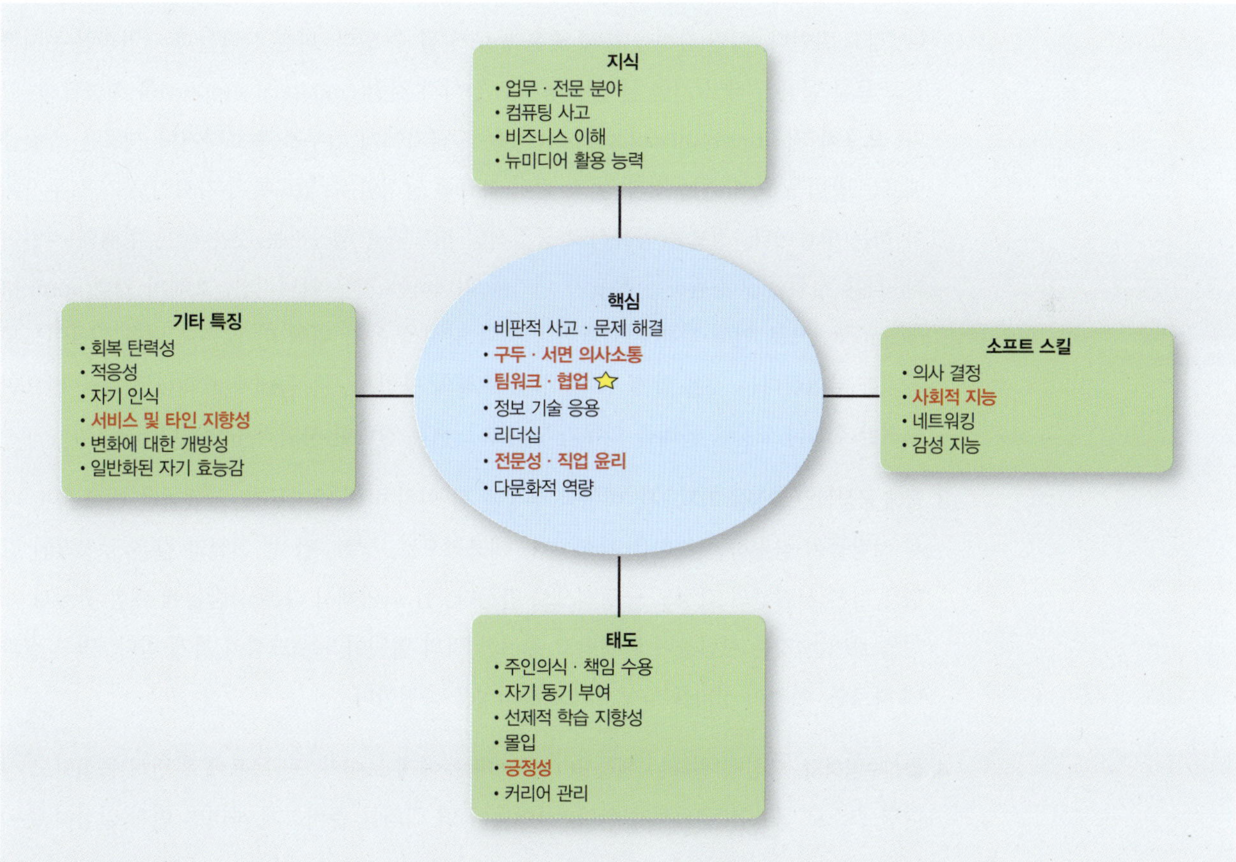

효과적인 팀원

팀워크는 공동의 목표를 달성하기 위해 노력을 통합하는 집단의 사람들이 필요하다. 다음은 더 나은 팀원이 되기 위해 취할 수 있는 네 가지 조치이다.

1. **팀에 몰입하자.** "최고의 팀은 함께 이기고, 함께 배우고, 함께 적응하고, 함께 지고, 함께 성장한다."라고 수석 코치인 숀 머피(Shawn Murphy)는 말한다. 프로 미식축구 역사상 최고의 코치 중 한 명으로 여겨지는 빈스 롬바르디(Vince Lombardi)는 이러한 철학으로 평생을 살았다. 그는 "팀에 대한 개인의 몰입은 팀을 움직이게 하고, 회사가 일하게 하고, 사회가 일하게 하고, 문명이 일하게 만드는 것이다."라고 말한다. 우리 모두는 한 선수가 팀에서 모든 역할을 할 수 없다는 것을 알고 있다. NBA 슈퍼스타 르브론 제임스(LeBron James)와 같은 위대한 선수들은 팀워크에 대한 접근법에 전략적이다. 그들은 팀원이 특정 목표를 달성하도록 영감을 주고 동기를 부여하는 동시에 플레이 수준을 높이는 것이 자신의 임무라는 것을 알고 있다. 학교에서도 직장에서도 마찬가지다. 학교 프로젝트 팀을 팀의 전체 성적 향상이라는 목표를 위해 최고의 재능을 발휘할 기회로 생각하자. 팀에 대한 몰입은 자신의 이익보다 다른 사람의 필요를 우선시하려는 의지에 달려 있다. 이 과정에서 개인의 인정을 어느 정도 희생할 수 있지만, 팀은 이로운 결과를 얻게 된다. 여기서 핵심적인 행동은 팀의 더 큰 이익에 집중하려는 의지이다.

2. **팀원들을 지원하자.** 배우 윌 스미스(Will Smith)는 "다른 사람의 삶을 더 좋게 만들지 않는다면 시간을 낭비하는 것이다. 당신의 삶은 다른 사람들의 삶을 더 좋게 함으로써 더 나아질 것이다."라고 말한다. 이런 감성을 통해 좋은 동료가 될 수 있다. 다른 사람들과 개인적인 문제를 듣고 토론 문제 위해 시간을 들이는 형태로 정서적 지원(emotional support)을 제공할 수 있다. 도구적 지원(instrumental support)에는 누군가에게 업무를 완료하거나 새로운 스킬을 배우는 방법을 보여 주는 것과 같고, 팀이 목표를 달성할 수 있도록 추가적인 시간을 투자해야 하는 활동이다. 정보를 공유하고 긍정적인 피드백을 제공하는 것은 다른 형태의 지원이다. 다른 사람들을 지원하는 목표가 대가를 기대하는 것은 아니지만, 호혜의 규범(norm of reciprocity)으로 인해 다른 사람들이 팀이나 당신을 돕기 위해 더 많은 노력을 기울이도록 동기를 부여한다는 것을 알게 될 것이다. 호혜의 규범은 사람들에게 호의나 도움을 받으면 그러한 호의나 도움을 돌려줄 의무가 있다고 느끼는 강력한 사회적 규범이다.

3. **팀에 긍정적인 감정을 가져오자.** 비판과 부정은 팀 회의 밖에 남겨두자. 그것들은 해로우며, 다른 사람들이 불평하는 경향을 강화한다. 대조적으로, 행복, 감사, 친절과 같은 긍정적인 감정은 다른 사람들의 감정도 긍정적으로 만든다. 팀 회의에서 다른 사람들에 대한 관심과 배려를 보이는 것은 사람들이 환영받고 진정한 팀의 일원이라는 느낌이 들게 한다. 연구 결과에 따르면, 이것이 성과를 향상시키고 창의성을 촉진한다.

4. **솔선수범하자.** 당신이 원하는 행동을 다른 사람들에게 보이자. 팀 목표에 완전히 몰입하고 싶다면 스스로 목표를 달성해야 한다. 사람들이 팀 회의를 준비하게 하려면 먼저 열심히 준비

하자. 팀이 목표를 달성하도록 돕기 위해 더 많은 노력을 기울일 의향이 있음을 동료들에게 보여 줘야 한다. 긍정적인 감정과 마찬가지로 모범을 보이는 리더십은 다른 사람들이 참여하고 성과를 높이도록 동기를 부여하는 긍정적인 전염(positive contagion)을 일으킨다.

효과적인 협력자

앞서 협업을 정보를 공유하고 집단의 결과를 달성하기 위한 노력을 조정하는 행위라 정의했었다. 협업은 팀워크에 필수적이지만 팀워크와 동일한 것은 아니다. 팀워크에는 팀 리더, 회의 의제, 조직과 같은 공식적인 구조가 필요하다. 협업은 보다 자발적이고 비공식적이며 덜 위계적이다. 효과적인 협력자가 될 수 있는 방법은 다음과 같다.

1. **경청하고 배우자.** 켄 블랜차드(Ken Blanchard)는 "우리 중 누구도 우리 모두만큼 똑똑하지 않다."라고 말한다. 사람들이 자신의 아이디어, 의견, 신념을 공유하도록 권장하지 않으면 사람들에게 최고의 것을 얻을 수 없다. 당신은 그들에 동의하지 않을 수도 있지만, 사람들의 이야기를 분명 경청해야 한다. 다양한 관점을 공유하는 것은 협업에 필수적이다. 경청하는 것은 말하는 것의 이면이다. 적극적인 경청에는 노력과 동기가 필요하다. 판단을 보류하고, 질문하고, 존중하고, 현재의 순간에 집중하고 주목하며, 조용히 있으면 경청하는 능력을 향상시킬 수 있다.

2. **열린 마음을 갖자.** 다른 사람의 아이디어에 열려 있지 않으면 협업하기 어렵다. 팀원의 의견을 고려하지 않으면 팀원의 경험과 지식을 활용할 수 없다. 열린 마음을 갖기 위해서는 가장 좋은 아이디어나 기발한 아이디어로 다른 사람들에게 깊은 인상을 주려는 시도를 그만두어야 한다. 당신이 할 수 있는 만큼만 기여하고 팀이 어떤 아이디어가 가장 효과적인지 결정하도록 하자.

주요 용어

가상 팀	비공식 집단	집단 응집성
갈등	선의의 비판자	팀
격동기	성격 갈등	팀 프로세스
계획된 갈등	수행기	팀 구성
공식 집단	신뢰	팀 발언
교차 기능 팀	역기능적 갈등	팀 성찰
규범	역할	팀 헌장
규범기	유지 역할	상호 의존성
순기능적 갈등	자율 경영 팀	해산기
단속 평형	업무 역할	협업
변증법	집단	형성기

핵심 정리

01 집단과 팀

- 집단은 집단 규범이 적용되고 집단 목표를 공유하며 공통의 정체성을 갖고 자유롭게 상호 작용하는 둘 이상의 개인으로 정의된다. 팀은 공동의 목적, 성과 목표 및 업무 방식에 몰입하여 상호 책임을 지는 둘 이상의 개인으로 정의된다.
- 집단은 조직을 위해 생산적인 일을 하고 리더가 이끄는 공식 집단과 공식적으로 임명된 리더 없이 친목을 도모하는 사람들이 모인 비공식 집단으로 구분된다.
- 업무 팀, 프로젝트 팀, 교차 기능 팀, 자율 경영 팀, 가상 팀과 같은 팀 유형이 있다.

02 집단과 팀의 개발 과정

- 집단은 5단계를 통해 팀으로 발전할 수 있다. (1) 형성기는 방향을 잡고 친해지는 과정이다. (2) 격동기에서는 개인의 성격과 역할, 집단 내 갈등이 나타난다. (3) 규범기에서는 갈등이 해소되고 긴밀한 관계가 형성되며 단결과 화합이 나타난다. (4) 수행기에서 구성원들은 문제를 해결하고 맡은 일을 완료하는 데 집중한다. (5) 해산기에서는 구성원들이 해체를 준비한다.
- 또한 집단은 안정적인 상태를 경험하다가 어떤 사건이 규범, 역할, 목표에 극적인 변화를 일으켜서 새로운 기능 규범을 수립하고 유지하여 다시 평형 상태로 돌아가는 과정을 반복하면서 개발될 수 있다.

03 효과적인 팀 구축

- 효과적인 팀을 구축하기 위한 여덟 가지 방법은 다음과 같다. (1) 팀원들이 협력하고 있는지 확인해야 한다. (2) 신뢰의 분위기를 조성해야 한다. (3) 측정 가능한 성과 목표를 설정하고 팀원의 성과에 대한 피드백을 제공해야 한다. (4) 팀원들이 상호 성과 책임을 지도록 하여 동기를 부여해야 한다. (5) 팀을 적합한 팀원들로 구성해야 한다. (6) 각 팀원이 수행해야 하는 역할을 고려해야 한다. (7) 팀 규범을 수립해야 한다. (8) 팀 프로세스를 효과적으로 만들어야 한다.

04 갈등 관리

- 갈등은 한 당사자가 자신의 이익이 다른 당사자에 의해 반대되거나 부정적인 영향을 받고 있다고 지각하는 과정이다. 갈등은 부정적일 수 있다. 그러나 건설적이거나 순기능적인 갈등은 조직의 주요 목적에 도움이 되고 조직의 이익에도 도움이 된다. 갈등이 너무 적으면 활력이 없고, 너무 많으면 전쟁으로 이어질 수 있다.
- 건설적인 갈등을 유발하는 네 가지 방법은 다음과 같다. (1) 직원들 간의 경쟁을 촉진한다. (2) 조직의 문화 및 절차를 변경한다. (3) 새로운 관점을 위한 외부인을 영입한다. (4) 계획된 갈등을 사용하여 사람들의 개인적인 감정을 자극하지 않으면서 다른 의견을 이끌어 낸다.

- 갈등의 네 가지 주요 원인은 (1) 성격, (2) 부러움, (3) 집단 간 역학, (4) 문화적 차이이다.
- 다섯 가지 갈등 처리 유형으로는 회피, 호의, 지배, 타협, 통합이 있다.

05 커리어 준비 실천

- 집단에서 일하려면 구두 의사소통, 팀워크 · 협업, 사회적 지능, 긍정적 접근법, 전문성 · 직업 윤리, 서비스 · 타인 지향성과 같은 다양한 역량이 필요하다.
- 팀에 몰입하고, 팀원을 지원하고, 팀에 긍정적인 감정을 가져오고, 모범을 보이면 더 나은 팀원이 될 수 있다.
- 경청하고, 배우고, 열린 마음을 가지면 보다 나은 협력자가 될 수 있다.

핵심 질문

01 집단과 팀은 어떻게 다른가?

02 공식 집단과 비공식 집단의 차이점은 무엇인가?

03 팀의 다섯 가지 유형을 설명해 보자.

04 집단과 팀 개발의 다섯 가지 단계는 무엇인가?

05 효과적인 팀을 구축하는 여덟 가지 고려 사항들을 설명해 보자.

06 순기능적 갈등과 역기능적 갈등은 어떻게 다른가?

07 건설적인 갈등을 자극하려면 어떻게 해야 하는가?

08 선의의 비판자와 변증법이란 무엇인가?

09 갈등을 처리하는 다섯 가지 유형은 무엇인가?

팬데믹 시기의 심야 TV쇼 제작

심야 프로그램은 수 세대 동안 네트워크 TV의 주축이 되어 왔다. 조니 카슨(Johnny Carson)은 1980년대와 1990년대에 데이비드 레터맨(David Letterman)과 제이 레노(Jay Leno)가 방송하기 전에 1960년대부터 수십 년 동안 청중을 즐겁게 했다. 현재 가장 주목받는 3명의 진행자인 스티븐 콜베어(Stephen Colbert), 지미 펄론(Jimmy Fallon), 지미 키멀(Jimmy Kimmel)은 각각 수천만 명의 시청자와 연간 4억 달러 이상의 광고 수익을 올리고 있다.

심야 TV 쇼는 호스트만 다를 뿐 대체로 방청객을 동반한 스튜디오 생방송 형태로 진행된다. 일반적으로 그날의 뉴스는 사전 제작되거나 생방송으로 사회자가 재미있게 멘트하면서 시작한다. 이어 연예인 인터뷰와 공연이 이어진다. 대부분의 쇼에는 진행자, 하우스 밴드, 수십 명의 무대 스태프, 작가, 프로듀서 등이 참여한다. 우수한 쇼를 제공하려면 고성과 팀이 필요하다. 그런데 팬데믹으로 인해 이런 기존 방식대로 쇼를 진행할 수 없게 되었다.

가내 제작

에미상(Emmy Award)을 수상한 심야 쇼 Full Frontal with Samantha Bee의 진행자인 사만다 비(Samantha Bee)는 쇼를 위한 한 코너를 촬영하던 중 이전에는 한 번도 다뤄본 적이 없는 문제에 부딪쳤다. 그녀는 "말 그대로 꽥꽥거리는 매가 하늘을 맴돌고 있었다."라고 회상했다. 사만다 비는 해외의 이국적인 장소에서 촬영하고 있었던 것이 아니라, 실제로 그녀의 집에 있었다. 새로운 임시 제작진인 남편과 세 자녀에게 매 소리로 인해 촬영을 잠시만 기다려달라고 요청했다. "자연이 제공하는 모든 것에 만족해야 한다. 이것은 우리 모두에게 정말 미지의 영역이다."라고 그녀는 말한다.

코로나바이러스 팬데믹 시기에 사회적 거리두기 및 자가 격리 지침으로 인해 호스트들은 제한된 자원으로 비대면 작업을 해야 했다. ABC의 지미 키멀 라이브의 공동 대표이자 프로듀서인 몰리 맥니어니(Molly McNearney)는 진행자 지미 키멀(Jimmy Kimmel)과의 6분짜리 독백을 촬영하는 데 3시간이 걸렸다고 말했다. 그리고 키멀과 다른 호스트는 아이폰과 화상회의 도구를 사용하여 일부 코너와 인터뷰를 녹화했다.

충격에 빠진 청중을 돕기 위한 협업

호스트들은 쇼의 얼굴일 수 있지만, 원활한 쇼가 진행될 수 있도록 수백 명까지는 아니더라도 수십 명의 사람들이 함께 일한다. 심야 쇼 콘텐츠는 일반적으로 사건과 사회적 관심사를 반영하며, 작가는 이를 쇼의 독백, 풍자 및 유명 게스트를 위한 질문에 빠르게 담아낸다. 이를 위해서는 효율적이고 협력적인 과정이 필요하다. 첫째, 프로듀서는 가장 흥미롭고 중요한 자료를 소싱한다. 소재가 개발된 후 작가는 웃음을 유발하는 대본을 작성한다. 그런 다음 비디오, 오디오 및 메이크업과 같은 다양한 분야의 스태프가 녹화 마감일을 맞추기 위해 협업한다. 이 모든 작업이 완료된 후 편집자는 제작된 내용이 방송 표준을 충족하는지 확인한다.

코로나바이러스 팬데믹으로 인해 호화로운 할리우드와 뉴욕 스튜디오가 폐쇄되면서 이러한 상호 연결된 방송 제작 체계가 중단되었다. 제작진은 집에서 출퇴근하며 마감 시간을 맞추기 위해 비대면으로 작업하려고 노력했다. 투나잇 쇼의 쇼러너 개빈 퍼셀(Gavin Purcell)은 집에 격리된 수백만 명의 사람들이 쇼를 계속 즐겁게 시청할 수 있도록 제작 과정을 변경해야 했다. 퍼셀은 모든 사람이 사용했던 동일한 현장 자원이 없다는 점을 이해하고 새로운 비대면 규범을 개발했다.

새로운 제작 시스템은 전염병으로 몸살을 앓고 있으며, 자기 전에 심야 TV쇼로 스트레스를 해소하는 사람들에게 매우 중요했다. 하지만, 비대면 기술에 대한 경험 부족과 새로운 역할의 필요성으로 인해 원시 시대로 퇴보한 팀을 안내해야 했다.

비대면 환경에서 작업하는 것은 작가들에게 특히 어려운 일이었다. 다른 스탭들과 그때그때 협업하면서 신속하게 창의적인 유머를 만들 수 있었는데, 이메일이나 문자로 협업하면서 더 오랜 시간이 걸리게 됐다. 비대면 쇼는 또한 스튜디오 관객이 없다는 것을 의미했기 때문에 작가는 농담이 실시간으로 어떻게 전달되었는지 가늠할 수 없었다. 심야 작가 알렉스 베이즈(Alex Baze)는 "비언어적 의사소통이 얼마나 중요한지 잊었다."라고 말했다. 작가는 일반적으로 스튜디오 청중의 웃음, 눈썹 올리기, 좌석 이동 등에서 성과 피드백을 얻을 수 있다. 청중이 없으면 피드백이 없어 다음 날 쇼를 준비하기가 더 어려워진다. "완료된 후에도 '글쎄, 잘한 건지 모르겠어'라고 말할 것이다."라고 베이즈는 말한다.

대체로 제작 팀은 수백만 명의 시청자를 위한 콘텐츠를 제작하는 새로운 방식에 적응할 수 있었다. 그러나 지미 펠론이 딸들을 창의적으로 활용하여 희극을 돕거나 사만다 비가 뒤뜰에서 나무를 베는 것은 매일 밤 신선한 콘텐츠가 필요한 쇼에서 계속 반복될 수는 없다. 시청자의 관심을 끌지 못하는 콘텐츠는 시청률 감소로 이어져 방송국의 광고 수익이 감소하게 된다. 이를 염두에 두고 심야 TV쇼 팀은 다시 이러한 상황에 처할 경우를 대비하여 더 잘 준비해야 한다. 그들은 과연 성공할 수 있을 것인가?

토론 문제

문제 해결 관점

1. 심야 TV 쇼 제작자 입장에서 이 사건의 근본적인 문제와 원인은 무엇인가?

적용하기

1. 심야 TV 쇼 제작자가 원격 팀에 사용할 수 있는 비대면 모범 사례에는 무엇이 있을까?
2. 터크먼의 5단계 모형(그림 13.1)을 활용하여 심야 TV 쇼 제작 팀의 변화를 설명해 보자.
3. 단속 평형의 개념(그림 13.2)을 사용하여 심야 TV 쇼 제작의 중단을 설명해 보자.
4. 코로나바이러스 팬데믹은 심야 TV 쇼 제작 팀의 효과적인 운영에 어떤 영향을 미쳤는가? 효과적인 팀의 여덟 가지 고려 사항을 활용하여 설명해 보자.
5. 제작 팀이 업무 수행 방식을 변화하면서 어떤 갈등이 발생했을까? 이 갈등을 어떻게 효과적으로 관리할 수 있을까?

오락용 마리화나

마리화나 사용의 합법성

2020년 기준으로 알래스카, 캘리포니아, 콜로라도, 일리노이, 메인, 매사추세츠, 미시간, 네바다, 오리건, 버몬트, 워싱턴 등 11개 주와 컬럼비아 특별구에서 오락용 마리화나 사용을 합법화했다. 다른 33개 주는 의료용 마리화나 사용만을 허용한다. 연방 정부는 오락용 및 의료용 마리화나 사용을 여전히 불법으로 간주한다. 그래서, 일부 회사는 허용되는 주에서도 직원의 마리화나 사용을 반대한다. 이는 연방 정부와 계약을 체결한 회사 및 상업용 운전자, 중장비 운전자와 같이 안전에 민감한 것으로 간주되는 특정 직종의 경우에 특히 해당된다.

사례

당신은 마리화나를 오락용으로 사용하는 것이 불법인 주에서 근무하고 있으며, 고용주는 마약 사용에 대해 무관용 정책을 시행하고 있다. 당신은 콜센터의 감독자이며 작업 팀 구성원 및 경영자와 매우 긍정적인 관계를 맺고 있다. 블레이크는 당신의 팀원이다.

블레이크가 당신을 자신의 집에서 열리는 생일 파티에 초대했고 당신은 기꺼이 참석하기로 동의했다. 파티를 하는 동안, 당신은 신선한 공기를 마시기 위해 뒷마당으로 걸어 나갔고, 블레이크와 당신 회사의 몇몇 다른 직원들이 마리화나를 피우고 있다는 것을 알게 되었다. 이들 중 누구도 의료용 마리화나 처방전을 가지고 있지 않다.

블레이크는 팀원이지만 다른 흡연자들은 그렇지 않다. 직장에서 이들이 문제를 일으키는 것을 본 적이 없기 때문에 이 사람들이 마약을 하는 것에 대해 경영진에게 말할 필요가 전혀 없다고 생각하지만, 동시에 회사가 약물 사용에 대해 강경한 입장을 취하기에 갈등을 느끼게 된다. 회사에서 당신이 이들의 흡연에 대해 알고 있었다는 사실을 알게 되면 당신의 커리어에 부정적인 영향을 미칠 수도 있다. 회사는 경영자가 정직하고 성실하게 행동하고 고위 경영진에게 솔직하기를 기대한다.

다음 주에 HR 담당 부사장에게서 블레이크를 감독직으로 승진시키기 위해 평가하라는 이메일을 받게 되었다. 블레이크는 3명의 후보 중 하나이다. 당신은 부사장과 좋은 관계를 유지하고 있지만, 그가 마약 사용에 대해 강경한 입장을 취한다는 것 또한 알고 있다. 동시에 당신은 블레이크가 좋은 직원이라고 생각하지만, 그가 마리화나를 피우는 것이 회사의 직책자로 고려되기에 결격 사유가 되는 것은 아닌지 우려스럽다. 당신은 부사장의 이메일을 닫으면서 어떻게 응답할지 고민하기 시작한다.

문제 해결

블레이크의 상사로서 어떻게 할 것인가?

1. 블레이크의 약물 사용에 대해 HR 담당 부사장에게 말하지 않을 것이다. 그는 일을 잘하고 있고 나는 어떤 피해도 본 적이 없다.
2. 블레이크가 마리화나를 피우는 것을 목격한 사건에 대해 HR 담당 부사장에게 말할 것이지만, 그가 좋은 성과를 내는 사람이라는 것 또한 말할 것이다. 내 생각은 마약 사용에 대한 회사의 무관용 정책을 존중해야 한다는 것이다.
3. 블레이크와 이야기를 나눠볼 것이다. 나는 내 곤경을 설명하고 약물 사용 빈도에 대해 물어볼 것이다. 블레이크가 마리화나를 피우지 않겠다고 약속한다면 그 일에 대해 HR 담당 부사장에게 말하지 않을 것이다.
4. 다른 안이 있다면 설명해 보자.

CHAPTER **14**

권력, 영향, 그리고 리더십

학습 목표

1. 권력과 영향을 이해한다.
2. 성공적인 리더의 특성을 이해한다.
3. 성공적인 리더의 행동을 파악한다.
4. 상황에 적합한 리더십 스타일을 이해한다.
5. 거래적 리더십과 변혁적 리더십을 구분한다.
6. 최근 리더십 이론을 이해한다.
7. 자기 인식 역량을 개발하는 방법을 설명한다.

▶ 미리보기

14장에서는 리더의 권력의 원천과 리더가 사람들에게 영향을 미치기 위해 설득을 사용하는 방법에 대해 학습한다. 그리고 성공적인 리더의 특성과 행동, 상황에 적합한 리더십 및 최근 리더십 이론에 대해 알아본다. 마지막으로, 자기 인식 역량을 개발하는 방법을 살펴보자.

성공 전략

리더십 스킬을 향상시키는 방법

잉크(Inc.)에 기고한 한 회사의 최고 연구 책임자에 따르면 "리더십은 실행의 기술이고, 일을 해내는 기술이다." 14장에서는 리더십에 대한 여러 이론을 살펴본다.
리더십의 역량을 향상시키기 위한 몇 가지 방법은 다음과 같다.

1. **자신의 리더십 스타일을 확인하자.** 사람은 자신의 특성에 따라 고유의 리더십 스타일을 갖는다. 그리고 직장에서 다양한 직무와 직책을 맡으면서 지속적으로 리더십 스타일을 발전시킨다. 이 과정을 단순하게는 시간이 지남에 따라 자신의 강점이 무엇인지 발견하고 다른 사람들이 목표를 달성하도록 돕는 데 사용할 수 있는 몇 가지 유연한 방법을 개발하는 것으로 생각할 수 있다.

2. **선제적 학습 지향성을 발휘하자.** 리더가 되는 것은 커리어를 쌓아가면서 자신과 전문 분야에 대해 계속 학습하는 과정이다. 온라인으로 수업이나 과목을 수강하고, 동료 및 멘토와 네트워크를 만들고, 질문을 하고, 열린 마음을 유지하고, 도전적인 기회를 찾자. 이러한 선제적 학습 지향성은 회사가 원하는 역량이다.

3. **상황에 맞게 리더십 스타일을 조정하자.** 동기 부여 연사이자 작가인 잭 캔필드(Jack Canfield)는 "진정한 리더는 상황에 맞게 대응할 수 있는 능력이 있다. 좋든 나쁘든 사건이 발생하면 리더는 이러한 상황을 중립적인 것으로 본다. 그리고 이러한 사건에 대한 자신의 대응이 중요하다고 생각한다."라고 말한다. 각 상황에 맞게 리더십 스타일을 조정해야 한다.

4. **팔로워를 소중히 여기자.** 당신이 이끄는 사람들에게 책임을 위임하고 윤리적인 행동을 보여줘서 존경을 얻자. 항상 마땅히 받아야 할 공로를 인정하고, 공개적으로 칭찬하고, 필요할 때 도움을 요청하자. 칭찬과 격려에 인색해서는 안 된다. 정직하고 진실되게 의사소통하고, 경청하고 긍정적으로 생각하며, 리더로서의 책임을 받아들여서 팔로워의 신뢰를 구축하자.

5. **마음챙김을 실행하자.** 현재에 대한 인식을 집중하고 감정과 생각을 받아들이는 마음챙김을 실행하여 스트레스와 걱정을 줄이고, 집중력을 높이며, 보다 사려 깊은 결정을 내리자. 명상을 통해 마음을 챙길 수 있다. 마음챙김은 차분하게 목표를 인식하고 긍정적인 의사소통을 가능하게 하여 힘든 시기와 위기를 헤쳐 나가도록 다른 사람들을 인도하는 데 도움이 된다(마음챙김 명상에 대한 자세한 내용은 7장을 참조).

SECTION

01 권력과 영향

리더십 스킬은 회사의 비전, 전략, 목표를 만들어서 전달하고 이러한 계획과 목표를 실행하는 데 필수적이다. 이번 섹션에서는 성공적인 경영자가 이러한 목적을 달성하기 위해 권력과 영향을 사용하는 방법을 살펴보고, 다른 사람들을 이끌기 위해 사용하는 여섯 가지 권력 원천과 아홉 가지 영향 전술을 알아본다.

학습 목표

권력과 영향을 이해한다.

리더십은 무엇인가? 누구나 개발할 수 있는 스킬인가? 리더십은 조직의 성공에 얼마나 중요한가?

리더십(leadership)은 직원들이 조직의 목표를 자발적으로 추구하도록 영향을 미치는 능력이다. '리더십'은 이 정의에서 알 수 있듯이 광범위한 용어이다. 리더십은 일반적으로 CEO 또는 CFO와 같은 직함을 수행하는 조직의 공식적인 직위를 설명할 수 있으며, 특정 영역에서 가치 있는 의견을 가진 전문가가 수행하는 것과 같은 비공식적인 역할을 설명할 수도 있다.

모든 사람이 좋은 리더가 되기에 적합한 것은 아니지만, 교육을 통해 더 효과적인 리더가 될 수 있다. 그래서, 많은 기업들이 리더십 개발 프로그램을 활용하여 리더 인력의 파이프라인을 구축한다. 또한 미래에 리더가 될 직원들에게 리더십 코칭을 제공한다. 리더십 코칭(leadership coaching)은 조직이 목표를 달성하도록 돕기 위해 리더에게 필요한 스킬과 능력을 향상시키는 과정이다. 2019년 미국 기업들은 코칭에 150억 달러 이상을 지출한 것으로 추정된다.

효과적인 리더십이 중요하다. 60년 동안 18,000개 이상의 기업들을 조사한 최근 연구에 따르면, CEO의 행동은 조직의 성과에 상당한 영향을 미쳤다. 이 연구를 효과적인 리더십이 최고 경영진에게만 중요하다는 의미로 받아들여서는 안 된다. 모든 직급에서 효과적인 리더십을 육성하는 것은 가치 있다.

리더와 관리자의 차이점

리더(leader)는 다른 사람들에게 영감을 주고 정서적 지원을 제공하며, 직원들이 공동의 목표를 중심으로 결집하도록 노력한다. 리더는 또한 조직의 비전과 전략 계획을 수립하는 데 중요한 역할을 한다.

관리자(manager)는 일반적으로 계획, 조사, 조직, 통제와 관련된 기능을 수행하는 반면, 리더는 다른 사람에게 영향을 미치는 데 중점을 둔다. 관리는 비전과 계획의 실행을 책임진다.

좋은 리더가 반드시 좋은 관리자는 아니며, 좋은 관리자가 반드시 좋은 리더는 아니다. 또한 효과적인 리더십은 어느 정도 수준의 효과적인 관리 스킬을 요구한다. 다음과 같은 대조적인 예를 살펴보자.

로랑 포드바의 예: 로랑 포드바(Laurent Potdevin)는 조직 문화와 HR 관련 문제 때문에 2018년 룰루레몬(Lululemon)의 CEO 자리에서 사임했다. 회사 내부자들에 따르면, 포드바는 자주 형편없는 행동을 보였고, 자격 미달의 직원들을 편애했으며, 인간관계에 따라 중요한 HR 결정을 내렸다. 회사 대변인은 포드바가 사임한 후 보도 자료에서 "우리의 행동 기준에 미치지 못했다."라고 말했다.

파멜라 니콜슨의 예: 파멜라 니콜슨(Pamela Nicholson)은 2013년부터 2019년까지 엔터프라이즈(Enterprise)의 CEO로 재직했다. CEO가 되기까지 32년 동안 회사에서 인상적인 커리어와 리더십 경험을 축적했다. 그녀는 13년 연속 포춘의 '가장 영향력 있는 여성 기업인' 중 한 명으로 선정되었으며, 글래스도어(Glassdoor)에서 가장 높은 평가를 받은 CEO 중 한 명으로 선정되었다. 앤드루 테일러(Andrew Taylor) 회장은 "그녀는 대학을 갓 졸업하고 우리 회사에 입사하여 영업점의 연수생부터 CEO로 성장했다."라고 말했다.

훌륭한 리더는 강력한 경영 스킬을 갖추고 있다. 파멜라 니콜슨은 CEO로서 회사를 이끌기 전에 엔터프라이즈에서 수십 년간 관리 스킬을 연마했다.

관리자는 계획, 조직, 지시, 통제를 수행한다. 리더는 큰 목표를 달성하기 위해 다른 사람들에게 영감을 주고 격려하고 결집한다. 관리자는 회사의 비전과 전략 계획을 실행한다. 리더는 그 비전과 계획을 만든다. 표 14.1은 관리자와 리더의 주요 특징을 요약한 것이다.

표 14.1 관리자와 리더의 특징

관리자	리더
계획, 조직, 리드, 통제	선견지명
계획을 실행하며 제품과 서비스 제공	비전 제시와 영감
자원 관리	사람 관리
성실한 업무 수행	영감을 주는 카리스마
책임감 있는 행동	결단력 있는 행동
고객 최우선	사람 최우선
사람을 핵심 자원으로 인식	올바른 방향과 목표 설정
복잡성에 대한 대처	변화에 대한 대처

출처: P. Lorenzi, "Managing for the Common Good: Prosocial Leadership," Organizational Dynamics, Vol. 33, No. 3 (2004), p. 286; J. P. Kotter, "What Leaders Really Do," Harvard Business Review, December 2001, pp. 85–96; the role of leadership within organizational change is discussed in J. P. Kotter, Leading Change (Boston: Harvard Business School Press, 1996); managing in the world of complexity is discussed in G. Sargut and R. G. McGrath, "Learning to Live with Complexity," Harvard Business Review, September 2011, pp. 68–76; M. J. Mauboussin, "Embracing Complexity," Harvard Business Review, September 2011, pp. 88–92.

관리적 리더십

관리적 리더십(managerial leadership)은 팔로워가 일련의 공유 목표를 내면화하고 몰입하도록 영향을 미치고 이러한 목표를 달성하는 데 필요한 집단과 개인의 업무를 촉진하는 것이다. 여기서 '영향을 주는(influencing)' 부분은 리더십이고, '촉진하는(facilitating)' 부분은 관리에 해당한다. 즉, 관리적 리더십은 관리자와 리더의 모습이 공전하는 것을 의미한다.

권력의 여섯 가지 원천

권력(power)은 사람, 정보, 기타 자원을 모아서 어떤 일을 해내는 능력이다. 권력은 다른 사람들에게 영향을 미치는 것과 관련이 있다. 영향이 클수록 권력도 올라간다.

대중문화에서 자주 묘사되는 악당과 슈퍼 히어로의 이분법은 권력에 대해 생각할 수 있는 한 가지 방법이다. 악당과 슈퍼 히어로 모두 다른 사람들에게 영향을 미치는 특별한 능력을 가진다. 악당은 이 힘을 사용하여 자신의 이기적인 대의(개인화된 힘)를 발전시키며, 그 과정에서 종종 다른 사람들에게 손해를 끼친다. 슈퍼 히어로는 이 힘을 사용하여 더 큰 선(사회화된 힘)을 증진하고 세상을 개선한다.

리더십을 제대로 이해하려면 권력과 권위의 차이를 이해해야 한다. 권위(authority)란 수행하거나 명령할 수 있는 권리를 의미하며 직무에 수반된다. 반면에 권력은 한 사람이 다른 사람들에게 영향을 주어 그들이 요청에 반응할 수 있는 정도를 나타낸다.

자신의 이기적인 목적을 달성하기 위해 개인화된 권력(personalized power), 즉 자기중심적인 권력을 추구하는 사람들은 권력이라는 단어를 부정적으로 만든다. 반면에, 사회화된 권력(socialized power)은 다른 사람을 돕기 위한 권력이다.

조직 내에는 일반적으로 리더가 활용할 수 있는 여섯 가지 권력의 원천이 있다.

1. **합법적 권력** 합법적 권력(legitimate power)은 조직 내 경영자의 공식적인 직위에서 비롯되는 권력이다. 모든 경영자는 영업 관리자, CEO 등 자신의 직위에 따라 직원에 대한 합법적 권력을 갖는다.

   경찰서의 예: 보다 엄격한 위계 구조를 가진 조직에서는 합법적 권력을 더 쉽게 발견할 수 있다. 예를 들어, 경찰서에는 정확히 어떤 직책이 다른 직책에 대해 합법적 권력을 가지는지를 나타내는 명확한 위계가 있다.

2. **보상 권력** 보상 권력(reward power)은 부하 직원에게 보상할 수 있는 경영자의 권한에서 비롯되는 권력이다. 보상은 칭찬에서 급여 인상, 인정에서 승진에 이르기까지 다양하다.

   톨그래스 화물 회사의 예: 톨그래스(Tallgrass) 화물 중개 회사는 최고 영업 직원과 동반자 한 명에게 클럽 200(Club 200) 기념행사를 위해 라스베가스 여행을 제공한다. 이 상을 받기 위해서 직원들은 1년에 최소 200,000달러의 총 이익을 창출해야 한다. COO인 데이비드 반스(David Barnes)는 "우리는 영업 직원에게 바람직한 성과에 대한 인센티브를 제공하고 싶다."라고 말한다.

3. **강압적 권력** 강압적 권력(coercive power)은 부하 직원들을 처벌할 수 있는 경영자의 권한에서 비롯된다. 처벌은 구두 또는 서면 견책에서 강등, 해고, 벌금, 정직 등 다양하다. 이사회도 강압적 권력을 가지고 있다. 이사회는 투표로 회사의 CEO를 해고할 수 있다.

태피스트리의 예: 태피스트리(Tapestry)는 코치(Coach), 케이트 스페이드(Kate Spade), 스튜어트 와이츠먼(Stuart Weitzman) 브랜드를 소유한 고급 패션 회사이다. 2019년 회사 이사회는 CEO였던 빅터 루이스(Victor Luis)를 해고하고, 지데 자이트린(Jide Zeitlin)을 이사회 의장으로 교체했다. 자이트린은 회사 직원들에게 보낸 이메일을 통해 이사회는 "잠재력을 충분히 발휘하지 못했기 때문에 최고경영진을 변화시켜야 할 때라고 판단했고, 나에게 CEO를 맡아달라고 요청했다."라고 전했다.

4. **전문적 권력** 전문적 권력(expert power)은 자신의 전문적인 정보나 전문성에서 나오는 권력이다. 부하 직원에게 업무를 할당하고 일정을 수립해 주는 것과 같이 평범한 전문성도 있고, 컴퓨터나 의학적 지식을 갖추고 있는 것과 같이 정교한 전문성도 있다. 예를 들어, 비서는 오랫동안 일을 해왔고 필요한 모든 연락처를 알고 있기 때문에 전문적 권력을 가지고 있을 수 있다. CEO는 다른 사람들과 공유되지 않는 지식을 가지고 있기 때문에 전문적 권력이 있을 수 있다.

안토니 파우치 박사의 예: 코로나바이러스 팬데믹 동안 안토니 파우치 박사(Anthony Fauci)는 미국에서 가장 신뢰할 수 있는 의료 전문가 중 한 명으로 부상했다. 파우치 박사는 코넬(Cornell) 의과대학을 수석으로 졸업했으며, 30년 이상 알레르기 및 전염병 국가 연구소(National Institute of Allergy and Infectious Diseases: NIAID) 소장을 역임했다. 비즈니스 인사이더(Business Insider) 설문 조사에 따르면, 파우치 박사는 팬데믹 기간 동안 미국에서 가장 신뢰받는 리더였다.

전문적 권력은 코로나바이러스 팬데믹 동안 안토니 파우치 박사가 보여준 것처럼 위기의 시기에 특히 중요하다. 위기의 시기 우리는 중요한 결정을 내리기 위해 고도로 전문화된 지식을 가진 사람들에게 의존해야 한다.

5. **준거적 권력** 준거적 권력(referent power)은 개인의 매력에서 나오는 권력이다. 14장의 뒷부분에서 학습할 변혁적 리더십과 같이 카리스마를 통해 팔로워를 설득할 수 있는 강하고 비전 있는 리더들은 준거적 권력을 가진다.

안젤라 아렌츠의 예: 전 애플(Apple)의 온라인 소매 및 오프라인 매장 책임자였던 안젤라 아렌츠(Angela Ahrendts)는 커리어가 인상적이다. 최근 몇 년 동안 그녀는 버버리(Burberry)의 CEO에서 애플의 최고 연봉 임원으로 승진했다. 아렌츠는 버버리를 파산 직전에 회생시킨 공로를 인정받았다. 애플은 그녀의 카리스마, 에너지, 사람들에게 동기를 부여하는 능력 때문에 아렌츠를 고용했다.

6. **정보적 권력** 정보적 권력(informational power)은 정보에 대한 접근에서 비롯되는 권력이다. 권력의 원천에 대한 최초의 연구에서는 정보적 권력이 포함되지 않았지만, 후속 연구에서는 포함되었다. 정보에 접근할 수 있는 사람들은 자신의 권력을 보여 주기 위해 정보를 감수하거나 선택적으로 공개할 수도 있다.

   브리지워터 어소시에이츠의 예: 세계 최대의 헤지펀드 회사인 브리지워터 어소시에이츠(Bridgewater Associates)에서 의사소통은 투명성을 중심으로 이루어진다. 회사는 모든 회의를 기록하며 경영자가 정보를 제공하지 않은 경우 처벌받게 된다. 그리고 면접 질문을 통해 지원자가 동료보다 유리하게 사용하기 위해 정보를 숨길 가능성이 있는 것으로 판단되면 채용하지 않는다.

영향 전술

하버드 비즈니스 리뷰(Harvard Business Review)의 한 저자는 최근 두 가지 질문을 게시했다. "사람들은 자신감 넘치는 허풍쟁이들을 왜 그렇게 자주 믿는가? 전문가들은 왜 그렇게 자주 무시되는가?" 많은 전문가는 다른 사람들에게 영향을 미치기 위해 특정 전술을 사용하는 능력에 답이 있다고 한다. 영향 전술(influence tactics)은 다른 사람의 행동에 영향을 미치고 변화시키려는 의식적인 노력이다. 영향 전술은 지역 사회 자원봉사 활동을 위한 시간에 동료를 설득하는 선한 행동부터 상사의 비윤리적 행동을 비밀로 유지하도록 부하 직원을 압박하는 악한 행동까지 다양할 수 있다.

앞서 리더십을 "직원들이 자발적으로 조직 목표를 추구하도록 영향을 미치는 능력"으로 정의했었다. 이러한 정의는 선한 영향 스킬을 개발하는 것의 중요성을 강조한다. 표 14.2는 보편적인 아홉 가지 영향 전술을 설명한다.

표 14.2 아홉 가지 영향 전술

영향 전술	설명	예
1. 합리적 설득 (rational persuasion)	이성, 논리 또는 사실로 상대방을 설득	ACORD의 CEO인 빌 피에로니(Bill Pieroni)는 보험 및 금융 서비스 회사들이 전략적 선택을 하고 경쟁자를 이길 수 있도록 돕는다. 그는 기업이 데이터를 사용하여 가장 성공적인 마케팅 캠페인을 개발할 것을 권장한다. "마케팅은 데이터, 그리드, 정보이다··· 사실로 시작하여 정당화하는 것이다."
2. 영감적 호소 (inspirational appeals)  Brian Ach/Getty Images	다른 사람의 감정, 이상 또는 가치에 호소하여 열정 유도	인디아 무어(Indya Moore)의 엘르(Elle) 잡지 표지 사진이 뉴욕 패션위크(New York Fashion Week)에서 올해의 표지상을 수상했을 때 그녀는 연설을 통해 사람들이 다른 사람들을 더 많이 포용하도록 영감을 주었다. 무어(왼쪽 사진)는 2019년 살해된 흑인 트랜스젠더 여성 16명을 상징하는 액자로 만든 귀걸이를 양쪽 귀에 각각 8개씩 하고 나왔다.
3. 협의(consultation)  Scott Taetsch/Getty Images	다른 사람들이 계획, 의사결정 및 변화에 참여하도록 허용	WNBA 위원이자 딜로이트의 전 CEO인 캐이시 엥겔버트(Cathy Engelbert)는 "일보다 사람을 우선시하라."라고 말했다(왼쪽 사진). 협업 스타일로 유명한 엥겔버트는 자신의 성공을 "도전 대신 해결책을 제공하는 팀을 만들고, 그들을 경청하고 그들과 협력하는 것"과 같은 요인 덕분이라고 말했다.

4. 영합(ingratiation)	요청하기 전에 상대방의 기분을 좋게 만듦	최근 기사들은 보잉(Boeing)을 "워싱턴 권력 게임에서 가장 큰 플레이어 중 하나"로 언급했다. 혹자는 "보잉은 수십 년 동안 워싱턴의 민주당원과 공화당원 모두에게 만족감을 주기 위해 노력해 왔다."라고 말했다. 보잉은 연방 항공 정책 및 국방 계약에 영향을 미치기 위한 로비 활동에 수백만 달러를 지출하는 것으로 유명하다. 한 전문가는 "오랫동안 많은 공무원들이 자랑스러워해 온 우량기업"이라고 표현했다.
5. 개인적 호소(personal appeals)	친구에게 요청하거나 부탁할 때 우정과 충성심을 표현	오퍼레이터 콜렉티브(Operator Collective)의 설립자이자 시스코(Cisco)의 전 부사장인 말룬 옌(Mallun Yen)은 직장에서 성공하기 위해 가까운 지인들에게 연락을 취해 볼 것을 권장한다. 그녀는 친구에게 "당신을 돕기 위해 내가 할 수 있는 두 가지 구체적인 일을 말해 달라."라고 요청하고 약속을 이행하여 상대방도 자신을 도울 수 있게 하라고 제안했다.
6. 교환(exchange)	명시적 또는 암묵적 약속과 호의 제공	교환은 직원 충성도를 구축하는 데 유용하다. 예를 들어, 코로나바이러스 팬데믹 동안 330만 명 이상의 미국인이 2020년 3월 21일까지 실업급여을 신청한 후 모건 스탠리(Morgan Stanley), 비자(Visa), 시티그룹(Citigroup) 등 일부 회사의 CEO들이 정리해고를 중단하겠다고 공개적으로 약속했다.
7. 연합(coalition)	누군가를 설득하려는 당신의 노력을 다른 사람들이 지원하게 함	많은 조직이 성공적인 캠페인을 구축하기 위해 유명인과 협력한다. 뮤지컬 해밀턴(Hamilton)의 마지막 순간에 엘리자베스 스카일러 해밀턴(Elizabeth Schuyler Hamilton)은 뉴욕시에 최초의 사립 고아원을 설립하는 데 있어 자신의 역할이 가장 자랑스럽다고 노래한다. 그레이엄 윈덤(Graham Windham)이라고 불리는 그 자선 단체는 여전히 운영되고 있으며, 매년 4,500명의 어린이에게 봉사하고 있다. 이 조직은 출연진의 지속적인 지지가 이 서비스에 대한 관심과 기부에 활력을 불어넣은 것으로 보고 있다.
8. 압박(pressure)	규정 준수를 요구하거나 협박 또는 위협을 사용	기업 지도자가 사회적 · 정치적 문제에 대해 공개적인 입장을 취하는 CEO 행동주의가 증가하고 있다. 세일즈포스(Salesforce)의 CEO인 마크 베니오프(Marc Benioff)는 "오늘날 CEO는 주주뿐 아니라 직원, 고객, 파트너, 지역 사회, 환경, 학교 등 모두를 지원해야 한다."라고 말했다. 2019년 베니오프는 세일즈포스가 소프트웨어를 사용한 반자동 무기를 판매하는 회사와의 사업을 중단할 것이라고 발표하며 압박했다.
9. 합법화(legitimating)	권위나 권리, 조직의 규칙이나 정책, 또는 상사의 명시적 · 암묵적 지원을 기반으로 요청	퀸즐랜드 대학교(University of Queensland)의 연구자들은 최근 노동자의 안전에 영향을 미치는 문제에 대해 조직 지도자들을 설득할 때 가장 효과적으로 사용할 수 있는 영향 전술을 결정하기 위해 385명의 직업 건강 및 안전 전문가들을 연구했다. 이 연구는 해당 전문가들이 법과 정책을 제안하여 그들의 요구를 정당화하기 위해 합법적인 전술을 사용할 때 리더들이 특히 저항한다는 것을 발견했다.

표 14.2를 통해 자신이 평소 선호하는 영향 전술을 파악해 보자. 그리고 그러한 영향 전술이 어떤 상황에서 적합하고 어떤 상황에서는 적합하지 않은지 생각해 보자.

영향 전술 사용 방법

연구 결과와 실제 사례는 영향 전술의 효과적인 사용에 대한 몇 가지 유용한 교훈을 제공한다.

- **핵심에 의존하자.** 핵심 영향 전술인 합리적 설득, 협의, 영감적 호소는 몰입을 유도하는 데 가장 효과적이다.
- **진정성 있게 행동하자.** 다른 사람처럼 행동해서는 안 된다. 자신의 가치와 신념에 충실하자.
- **합법화보다는 협의에 주목하자.** 경영자가 협의를 사용할 때 직원들이 변화를 더 잘 수용하고 경영자가 합법화를 사용할 때 직원들이 변화에 저항할 가능성이 더 높다.
- **영합은 장기적으로 좋지 않다.** 영업 직원을 조사한 연구 결과에 따르면, 영합은 단기적으로 판매 실적을 향상시켰지만 장기적으로는 감소시켰다.
- **영향을 주는 법을 배우자.** 슈퍼마켓 체인의 경영자를 조사했던 연구 결과에 따르면, 영향 전술은 가르치고 배울 수 있다. 영향 전술과 관련하여 두 차례에 걸쳐 360도 피드백을 받은 경영자는 핵심 영향 전술의 사용이 증가한 것으로 나타났다.

SECTION

02 리더십의 특성 이론

특성 이론은 효과적인 리더들의 고유의 특징을 설명한다. 이번 섹션에서는 과업 지향성과 나르시시즘, 마키아벨리즘, 사이코패스 그리고 성별 리더십의 차이점을 살펴본다.

학습 목표

성공적인 리더의 특성을 이해한다.

포춘이 선정한 '가장 영향력 있는 여성 기업가' 중 한 명을 살펴보자. 그녀는 전직 CIA 작전관이자 펜실베이니아 대학교의 와튼 스쿨 졸업생이고, 백악관 관리예산실 및 국방부의 전직 관료였으며, 2013년부터 세계 최대 방산업체 중 한 곳을 이끌고 있다. 그녀는 "성과가 말해준다."며 "실적이 없으면 할 말이 없다… 결과는 결국 정말 중요하다."라고 말한다. 제너럴 다이내믹스(General Dynamics)의 CEO인 피비 노바코비치(Phebe Novakovic)는 (1) 지배력, (2) 지능, (3) 자신감, (4) 에너지, (5) 업무 지식의 다섯 가지 특성을 갖추고 있는데, 1948년 연구원 랄프 스토그딜(Ralph Stogdill)이 성공적인 리더의 전형이라고 결론지은 다섯 가지 특성이다. 스토그딜은 리더의 효과성을 설명하는 독특한 특징을 식별하려고 시도하는, 리더십에 대한 특징 접근법에 대한 많은 기여자 중 한 명이다. 제너럴 다이내믹스의 주식은 2013년 노바코비치가 CEO로 취임한 이후 연평균 16%의 수익률을 기록하고 있다.

제너럴 다이내믹스의 CEO인 피비 노바코비치는 지배력, 지능, 자신감, 높은 에너지, 업무 관련 지식을 갖추고 있다. 연구자들이 제안하는 다섯 가지 특성은 매우 성공적인 리더들에게 공통적이다.

과업 지향적 특성과 대인 관계 속성

특성(trait)은 우리가 리더를 지각하는 방식에 중심적인 역할을 하며, 궁극적으로 리더십 효과성에 영향을 미친다. 그렇기 때문에 연구자들은 리더와 팔로워를 구분하는 다양한 특성들을 규명하였다. 표 14.3은 리더에게서 흔히 볼 수 있는 긍정적이고 부정적인 대인 관계 속성을 보여준다. 11장에서 학습한 5대 성격 특성(big five personality traits)이 긍정적 속성에 포함된다.

표 14.3 과업 지향 특성과 대인 관계 속성

긍정적인 과업 지향적 특성	긍정적인 대인 관계 속성	부정적 대인 관계 속성
• 지능	• 외향성	• 나르시시즘
• 성실성	• 친화성	• 마키아벨리즘
• 경험에 대한 개방성	• 감성 지능	• 사이코패스
• 정서적 안정성		
• 긍정적 감정		

앞서 긍정적인 대인 관계 속성에 대해 학습했지만, 일부 리더의 부정적인 특성 또는 '어두운 면'도 알아야 한다. 합쳐서 '어둠의 3요소(dark triad)'로 알려진 이러한 특성은 나르시시즘, 마키아벨리즘 및 사이코패스이다. 이러한 부정적인 특성을 보이는 리더는 직원의 직무 만족, 웰빙, 정신 건강에 매우 부정적인 영향을 미친다.

- **나르시시즘.** 나르시시즘(narcissism)은 "자기중심적 관점, 우월감, 개인의 권력과 영광에 대한 욕구"로 정의된다. 나르시시스트들은 자신에 대한 견해를 부풀리고, 다른 사람들의 존경을 받으려고 하며, 모든 것을 통제할 수 있다고 상상한다. 열정적이고 카리스마가 있지만, 자아도취에 빠진 리더는 다른 사람들에게 강한 분노와 저항과 같은 비생산적인 업무 행동을 유발할 수 있다. 또한 누군가가 자신을 부당하게 대우했다는 것을 인지할 때 더욱더 자기애적으로 행동하는 경향이 있다.
- **마키아벨리즘.** 이탈리아 르네상스의 철학자이자 작가인 니콜로 마키아벨리(Niccolò Machiavelli)의 비관적인 믿음에서 영감을 받은 마키아벨리즘(Machiavellianism)은 원칙보다 결과를 우선시하면서 인간 본성에 대한 냉소적인 견해와 기회주의적이고 비윤리적인 방법으로 사람들을 조종하려는 성향을 의미한다. 이러한 성향은 "모든 사람은 원하는 것을 얻기 위해 거짓말을 한다.", "앞으로 나아가기 위해서는 속임수를 써야 한다."와 같은 표현으로 나타난다.
- **사이코패스.** 사이코패스(psychopathy)는 다른 사람에 대한 관심 부족, 충동적인 행동 그리고 자신의 행동이 다른 사람에게 해를 입힐 때 후회하지 않는 것이 특징이다. 사이코패스 성향을 가진 사람은 조직에 매우 해로운 영향을 미칠 수 있다.

여성과 남성의 리더십

여성 인력이 증가하면서 여성 리더와 남성 리더의 유사점과 차이점에 대한 관심도 증가하였다.

여성 리더의 비율 여성은 미국 노동력의 절반 이상을 차지하고 대학생의 절반 이상을 차지하지만, 여전히 기업의 리더에서는 낮은 비율을 차지한다. 2020년 포춘이 선정한 500대 기업의 CEO 중 여성은 38명으로 적었지만 그 어느 때보다 많기는 했다.

리사 수의 예: 2014년 리사 수(Lisa su)가 CEO로 취임했을 당시 어드벤스 마이크로 디바이스(Advanced Micro Devices: AMD) 주식은 사상 최저 수준이었다. 리사 수가 취임한 이후로 회사 주가는 1,300% 이상 상승했으며, AMD는 기록적인 시장 점유율을 기록했다. 수는 근면, 인내, 지속적인 학습을 포함하여 그녀가 커리어를 쌓는 데 중요한 교훈을 심어주신 부모님을 높이 평가한다. 수는 "나의 특성은 결단력"이라며 "정말 마음먹으면 풀지 못할 문제가 없다는 뜻"이라고 덧붙였다.

남성과 여성의 리더십 차이 연구자들은 여성과 남성의 리더가 될 가능성, 리더십 행동, 리더로서의 효과성을 조사해왔다. 일반적으로 결과는 남성과 여성 사이의 큰 차이를 발견하지는 못했다. 다시 말해, 효과적으로 리더십을 발휘할 수 있는 능력은 성별에 달려 있지 않다는 것이다.

- **리더가 될 가능성**
  - 여성은 남성보다 조직의 리더로 부상할 가능성이 여전히 낮다. 조직의 리더십 파이프라인에 더 많은 여성을 포함시키기 위한 멘토링, 리더십 개발 프로그램 등이 많이 필요하다.
- **리더의 행동**
  - 여성 리더는 남성 리더보다 변혁적 리더십 행동을 더 많이 사용했다.
  - 나중에 학습할 파괴적 리더십 중 하나인 비인격적 감독 행동은 남성 리더가 여성 리더보다 더 많이 보이는 것으로 나타났다.
- **리더십 스타일**
  - 여성은 남성보다 민주적이거나 참여적인 스타일을 더 많이 보였고, 남성은 독재적이고 지시적인 유형을 더 많이 보였다.
- **리더의 효과성**
  - 성별에 따른 리더십 효과성에는 차이가 없다.
  - 조직에 여성보다 남성이 더 많고 업무 환경이 더 남성적일 때 남성은 리더십 효과성에서 여성보다 약간 높게 평가되는 경향이 있다.
  - 리더의 성별이 기업 성과에 영향을 미치는지 여부에 대한 연구 결과는 명확하지 않다. 언론은 여성이 CEO와 최고 경영진의 구성원일 때 기업의 재무 성과가 훨씬 높다는 뉴스를 종종 보도한다. 그러나 최고 경영진의 성별 다양성과 기업 성과에 대한 연구 결과는 엇갈린다.

위기 상황에서의 여성 리더십

2020년 세계에서 여성이 이끄는 국가는 7% 미만이었다. 하지만, 연초 코로나바이러스가 확산되자 그들만의 독특한 점이 있음이 분명해졌다. 여성 리더가 많은 나라는 남성 리더가 많은 나라보다 팬데믹에 훨씬 더 잘 대처하는 것 같았다. 이렇게 작은 표본에서 확실한 결론을 도출하는 것은 불가능하지만, 학자들과 다른 전문가들은 재빨리 그 추세에 주목했다.

실버리아 제이콥스 총리. 실버리아 제이콥스(Silveria Jacobs) 총리는 카리브해에 있는 섬인 세인트마틴(Saint Martin)의 네덜란드령 신트마르턴(Sint Maarten) 주민들과의 '단도직입적인 메시지 전달'과 직접적이고 간단명료한 의사소통으로 찬사를 받았다. 입소문을 타게 된 동영상에서 제이콥스는 신트마르턴 사람들에게 "단순히 움직이는 것을 멈춰라."라며 "집에 좋아하는 빵이 전혀 없으면 크래커를 먹어라. 빵이 없으면 시리얼을 먹고 오트밀과 정어리를 먹어라."라고 말했다. 총리는 별도의 연설에서 "우리는 함께할 수 있다… 우리 각자 모두가 이를 할 수 있다. 이러한 규정은 당신의 믿음을 시험하거나 당신을 한계까지 몰아붙이기 위해 제정된 것이 아니다. 우리 모두가 번영할 수 있도록 적절히 경제를 발전시키고 회복하기 위해 당신의 생명을 보호하고 우리의 생계를 안전하게 보호하는 문제이다."라고 언급하였다.

저신다 아던 총리. 2020년 5월 중순, 세계 대부분이 여전히 락다운 상태였을 때 뉴질랜드의 저신다 아던(Jacinda Ardern) 총리는 새로운 양성 진단 확진자 없이 며칠을 보낸 후 바이러스를 "거의 제거"했다고 선언했다. 뉴질랜드는 여행에 대한 확실한 제한과 식료품, 주유소, 병원, 약국을 제외한 모든 업종의 중단 등을 통해 팬데믹 초기에 전국적인 락다운을 시행했다. 한 매체는 "뉴질랜드 총리가 대국민 상황에 대해 명확하고 간결한 성명을 발표했고, 갑작스러운 긴축에 대한 혼란이나 공포를 막기 위해 과학자와 보건 전문가 팀의 지원을 받았다."라고 전했다. 5월까지 480만 명 중 바이러스로 인한 사망자는 21명에 불과했다.

차이잉원 총통. 존스 홉킨스 대학 데이터에 따르면, 인구 2,300만 명의 대만에서 2020년 5월 중순까지 코로나바이러스로 인한 사망자는 7명에 불과했다. 차이잉원(Tsai Ing-wen) 총통은 '조용하고 꾸준하며 유능한' 대응으로 공로를 인정받았다. 한 기자는 "차이 총통은 코로나바이러스 팬데믹에 대한 대만의 대응을 주도하는 데 투지를 보여줬다. 그녀는 바이러스의 최악의 영향에서 대만을 보호하기 위해 과학, 대중과의 명확하고 일관된 의사소통, 강력한 의료 시스템을 활용했다."라고 전했다.

카트린 야콥스도티르 총리. 카트린 야콥스도티르(Katrin Jakobsdottir) 총리가 이끄는 아이슬란드 정부는 디코드(deCODE) 생명공학 회사와 협력하여 증상 유무와 관계없이 모든 시민에게 무료 코로나바이러스 검사를 제공했다. 또한 엄격한 접촉 추적 프로그램을 사용하여 전염 가능성이 있는 사람들을 찾아 격리했다. 이러한 초기의 광범위한 노력 덕분에 아이슬란드는 다른 국가에서 시행한 엄격한 락다운 조치와 기업 폐쇄를 피할 수 있었다.

전문가들은 여성 리더가 이끈 국가가 팬데믹 속에서 더 나은 모습을 보였던 이유를 추측했다. 여성 리더들은 "리더가 어떻게 행동해야 하는지"에 대한 기대에 제약을 덜 받았다고 느꼈을 수 있다. 그리고 여성 리더들이 아마도 협업과 외부 전문 지식에 더 개방적이었을 수 있다. 에든버러 대학교 의과대학의 글로벌 보건 학장인 데비 스리다르(Devi Sridhar) 박사는 "'집단 사고'와 사각지대를 피하는 유일한 방법은 주요 결정을 내릴 때 다양한 배경과 전문

지식을 가진 대표자들을 참여시키는 것이다."라고 말했다. 마지막으로, 리더의 성별 때문이라기보다는 여성 리더를 선출한 국가의 더 큰 사회적 규범과 태도를 반영했기 때문일 수 있다. 어떤 여성 학자는 "여성의 참여가 많을수록 위기에 대한 더 넓은 시각이 생겨서 더 풍부하고 완전한 해결책이 마련될 수 있다."라고 말했다.

당신의 생각은?

최고 경영진에 여성을 더 많이 포함시키면 조직에 어떤 이점이 있을 수 있을까?

여성 리더들을 반대하는 사회적 세력 리더가 되는 여성의 비율은 증가하고 있지만, 여전히 적다. 앞에서 살펴봤듯이 여성은 남성보다 조직의 리더로 성장할 가능성이 낮은데, 기업이 리더십 파이프라인에 여성을 포함시키지 못하는 경우가 많기 때문이다. 여성 경영자는 또한 모두가 탐내는 업무나 해외 근무 경험을 얻을 가능성이 낮다. 이러한 기회의 차이가 지속되는 이유는 무엇일까?

- **성차별에 대한 인식의 차이.** 최근 퓨 리서치(Pew Research)의 연구에 따르면, 여성과 남성이 리더십에서 성차별의 존재를 인식하는 정도의 격차가 드러났다. 예를 들어:
  - 여성의 약 70%는 최고 경영자 및 정치 지도자 직책에 여성이 너무 적다고 생각했다. 남성의 약 50%만이 여기에 동의했다.
  - 여성의 약 70%는 여성이 구조적 장벽과 높아진 기대치로 인해 리더십 직책에 합당하다는 것을 증명하기 위해 더 열심히 일해야 한다고 믿었다. 남성의 약 50%만이 여기에 동의했다.
  - 여성의 약 60%는 성차별이 여성 리더십에 대한 주요 장벽이라고 믿었다. 남성의 약 44%만이 여기에 동의했다.
- **일생 동안 지속되는 여성에 대한 성차별적 태도.** 젠더 규범(gender norm)은 아주 어린 나이에 내면화되고, 젠더에 대한 태도는 쉽게 바뀌지 않는다.
- **여성이 리더의 지위에 오르면 증가하는 장애물.** 주요 장애물은 여성이 남성보다 리더십 역할에서 더 정밀한 조사를 받는 경향이 있다는 것이다.
  - 최근 연구에 따르면, 리더가 여성일 때 사람들은 윤리적 스캔들에 더 부정적으로 반응했다.
  - 다른 연구에 따르면, 방관자들은 종종 이를 자신감 부족으로 오인하지만, 이러한 정밀 조사 증가로 인해 여성이 회의에서 발언할 가능성이 줄어들었다.

- 행동주의 투자자(activist investor)에 대한 18년간의 자료를 분석한 연구 결과에 따르면, "여성 CEO는 남성 CEO보다 행동주의 투자자에게 위협받을 가능성이 더 높으며, 동시에 여러 행동주의 투자자에게 위협받을 가능성 또한 더 높다."라고 한다. 행동주의 투자자는 회사의 의결권이 있는 주식의 5% 이상을 소유한 경영 제도를 바꿀 수 있는 주주를 의미한다.

리더에게 필요한 스킬

표 14.4는 리더에게 필요한 네 가지 기본 스킬을 설명한다.

표 14.4 리더의 네 가지 기본 스킬

기본 스킬	필요성
신속하게 변화하는 상황에서 문제와 원인을 파악하는 인지 능력(cognitive ability)	리더는 때때로 제한된 정보로 짧은 시간에 효과적인 해결책을 고안해야 하며, 이를 위해서는 강력한 인지 능력이 필요하다. 구글(Google)의 CEO 순다르 피차이(Sundar Pichai)를 가르쳤던 교수들은 그를 "수줍음 많고 조용하지만 매우 지적인" 학생으로 기억한다. 피차이는 스탠퍼드(Stanford) 대학에서 공학 석사를, 펜실베이니아 대학(University of Pennsylvania)의 와튼 경영 대학원(Wharton School of Business)에서 MBA를 취득했다.
다른 사람에게 영향을 미치고 설득하는 대인 관계 스킬(interpersonal skill)	리더는 다양한 사람들과 잘 협력해야 한다. 줌(Zoom)은 행복에 중점을 둔 기업 문화로 유명하며, 많은 사람들이 CEO 에릭 유안(Eric Yuan)이 이러한 긍정적인 생각을 구축하고 유지하는 역할을 한다며 그를 칭찬했다. 한 기자는 유안이 "아마 밸리에서 만날 사람 중 가장 호감이 가는 사람 중 한 명일 것이다. 요즘 줌(Zoom)의 문화가 그렇게 높은 평가를 받는 것은 놀라운 일이 아니다."라고 말했다.
조직 자산의 활용을 극대화하는 비즈니스 스킬(business skill)	리더는 승진하면서 점점 더 많은 비즈니스 스킬을 갖춰야 한다. 대부분의 사람들이 약간의 노력으로 개발할 수 있는 가치가 있지만 자주 간과되는 스킬 중 하나는 호기심이다. 울트라(Ulta)의 CEO인 메리 딜런(Mary Dillon)은 질문을 하고 집중해서 들음으로써 호기심을 보이는 것으로 유명하다. 딜런은 동료들에게서 배우기 위해 자주 매장을 방문하며, 경영진부터 매장 직원까지 모든 사람들에게 소통 방식에 대해 칭찬받았다. 테라 사이먼(Tara Simon) 상무는 "나는 메리가 처음 왔을 때부터 회사에 있었다… 그리고 그녀가 문에 들어서는 순간부터 그녀는 호기심이 매우 많아서 기분을 상쾌하게 해 주는 사람 같았다."라고 말했다.
조직의 미션, 비전, 전략, 실행 계획을 수립하는 개념적 스킬(conceptual skill)	개념 스킬은 조직의 최상위 계층에 있는 개인에게 가장 중요하다. 기업가는 정기적으로 개념적 스킬을 테스트할 수 있다. 현재 억만장자 CEO인 사라 블레이클리(Sara Blakely)의 아버지는 정기적으로 그녀에게 "이번 주에 실패한 것은 무엇인가?"라고 물었다. 거듭된 좌절을 겪은 후, 그녀는 마침내 스팽스(Spanx)라고 불리는 슬림하고 편안한 의류 라인을 고안해냈다.

리더십 특성 이론의 결론

특성 이론은 다음과 같은 네 가지 결론을 제시한다.

1. **리더십 특성의 시사성을 무시할 수 없다.** 특성은 우리가 리더를 지각하는 방식에서 중심적인 역할을 하며, 궁극적으로 리더십 효과성에 영향을 미친다. 예를 들어, 현직 비즈니스 리더를 대상으로 한 설문 조사에서 집중력, 자신감, 투명성, 성실성, 인내, 개방성, 관대함은 가장 높게 나타난 특성들이었다.

   BNSF 철도의 예: BNSF 철도는 회사 홈페이지에 "여러 철도가 모여 BNSF를 이루었지만, 각 철도에서 일하는 사람들은 공통점이 많다. BNSF는 미래 지향적인 몽상가와 결과 지향적인 리더의 실용주의가 결합하여 만들어졌다."라고 기술하였다.

2. **리더의 특성은 리더의 행동에 영향을 미친다.** 연구자들은 나르시시스트 리더가 종종 획기적인 아이디어를 가지지만 성공적으로 실행하지 못한다고 한다. 이러한 실행은 팀 전체의 협력이 필요한데, 작은 세부 사항까지도 통제하려는 나르시시스트의 욕구가 팔로워를 비참하게 만들고 목표를 달성하기 위해 함께 일하는 것을 꺼리게 만든다.

   트래비스 칼라닉의 예: 내부자들은 우버(Uber)의 전 CEO였던 트래비스 칼라닉(Travis Kalanick)을 마이크로 매니저(직원들을 사사건건 간섭함)이자 통제광이라고 묘사했다. 그는 또한 전투적이며 이사회에서 다른 사람의 의견을 경청하지 않는 것으로 알려져 있다. 칼라닉은 일련의 스캔들 이후 결국 쫓겨났다.

3. **조직은 채용 및 평가 과정에 성격과 특성을 고려한다.** 시티그룹(Citigroup), 엑슨 모빌(ExxonMobil), 포드 모터 회사(Ford Motor Company), P&G(Procter & Gamble), 휴렛 패커드(Hewlett-Packard, HP), 제이피모간체이스(JPMorgan Chase) 등 많은 회사들이 심리측정 테스트를 사용한다.

   페트라 코치의 예: 테네시에 기반을 둔 중역 코칭 회사인 페트라 코치(Petra Coach)는 기업이 팀워크를 촉진하기 위해 성격 평가를 사용할 것을 권장한다. CEO인 앤디 베일리(Andy Bailey)는 "팀원 각자가 선호하는 의사소통 방식을 이해하는 것은 사업에서 큰 자산이며, 개인이 모든 도전이나 개인적인 갈등을 극복하는 데 도움이 될 수 있다."라고 말했다.

4. **다문화적 역량은 중요한 과업 지향적인 특성이다.** 다문화적 역량(cross-cultural competency)은 해외로 진출하는 많은 기업들이 중요시하는 역량 중 하나이다. 글로벌 마인드셋(global mindset)은 국제적 맥락에서 다른 사람들에게 영향을 미칠 수 있는 능력에 대한 믿음이다.

   코카콜라의 예: 코카콜라(Coca-Cola)는 '미래의 리더'를 육성하는 프로그램의 모든 참가자들을 대상으로 다문화 지능 테스트를 실시한다.

SECTION

03 리더십의 행동 이론

행동 이론은 효과적인 리더가 보여 주는 행동을 설명한다. 리더의 행동은 (1) 과업 지향적인 행동과 (2) 관계 지향적인 행동의 두 가지 범주로 나눌 수 있다.

학습 목표

성공적인 리더의 행동을 파악한다.

리더의 특성, 성별, 스킬은 리더의 행동에 직접적인 영향을 미친다. 리더십의 행동 이론은 효과적인 리더가 주로 보여 주는 행동을 설명한다. 이러한 접근법은 리더의 행동을 다음과 같은 두 가지 범주가 구분한다.

- 과업 지향적(task-oriented) 행동
- 관계 지향적(relationship-oriented) 행동

오하이오 대학(Ohio State University)과 미시간 대학(University of Michigan)에서 수행된 연구는 리더의 행동이 주로 과업과 관계에 초점을 두는 경향이 있음을 발견했다.

	오하이오 대학	미시간 대학
과업 지향적인 리더의 행동	주도	생산 중심
관계 지향적인 리더의 행동	고려 사항	직원 중심

과업 지향적인 리더의 행동

과업 지향적 리더십 행동의 주요 목적은 집단이나 조직의 목표를 달성하기 위해 다양한 자원을 효과적으로 할당하는 것이다. 과업 지향적 행동의 예에는 계획, 명확화, 모니터링, 문제 해결이 있다. 14장의 서두에서 언급한 바와 같이 과업 지향적 리더십 행동은 주도 또는 생산 중심적 행동이다.

과업 지향적인 리더십의 초점

과업 지향(initiating structure)은 성과를 극대화하기 위해 직원들이 무엇을 해야 하는지를 조직화하고 정의하는 리더의 행동이다. 생산 중심적인 리더의 행동은 직원의 역할을 설명하고 과업 관련 측면을 강조한다.

소니아 신걸의 예: 갭(Gap, Inc.)의 새로운 CEO인 소니아 신걸(Sonia Syngal)은 과업 지향적인 리더십을 발휘하고 있다. 이사회 의장이자 임시 CEO인 밥 피셔(Bob Fisher)는 "소니아는 앞으로의 업무에 대해 효과적으로 실행하는 데 필요한 모든 특징과 경험을 가지고 있다. 그녀는 혁신과 결단력 있는 행동을 이끄는 훌륭한 경영자이다."라고 말했다.

연구 결과에 따르면, 과업 지향적인 리더의 행동은 리더십 효과성과 긍정적인 관련이 있다.

관계 지향적인 리더의 행동

관계 지향적인 리더십은 주로 리더와 부하 직원 간의 상호 작용에 초점을 둔다. 직원들의 스킬을 향상시키고 긍정적인 업무 관계를 만드는 데 중점을 둔다. 이런 리더는 종종 멘토 역할을 하며, 커리어 조언을 제공하고, 직원들에게 스킬을 확장할 수 있는 과제를 부여하고, 스스로 결정을 내릴 수 있도록 권한을 부여한다. 관계 지향적인 리더십을 보여줄 수 있는 가장 간단하면서 좋은 방법 중 하나는 열린 질문을 하고 주의 깊게 경청하는 것이다.

관계 지향적인 리더십의 초점

배려(consideration)는 집단 구성원의 욕구와 필요에 관심을 갖고 상호 존중이나 신뢰를 만드는 리더의 행동이다. 직원 중심적인 리더의 행동은 부하 직원과의 관계와 개별 요구 사항에 대한 관심을 강조한다. 이러한 행동은 리더와의 사회적 상호 작용 및 동일시를 촉진하기 때문에 과업 지향적 리더십과 함께 사용해야 하는 중요한 행동이다.

TIAA의 CEO인 로저 퍼거슨은 업무 지식뿐만 아니라 팔로워의 인간성을 볼 수 있는 능력을 갖춘 리더를 높이 평가했다.

로저 퍼거슨 주니어의 예: TIAA의 CEO인 로저 퍼거슨 주니어(Roger Ferguson, Jr)는 관계 지향적인 리더십을 믿는다. 퍼거슨은 최근 연설에서 "큰 영향력을 미치고 싶은 리더는 공감 능력을 갖춰야 한다."며 "팔로워에게 인간의 욕구가 있다는 사실을 이해하지 못한 채 그들을 이 여정에 끌어들이려 한다면, 그들에게 영감을 줄 수 없다."라고 말했다.

연구 결과에 따르면, 관계 지향적인 리더의 행동은 리더십 효과성과 긍정적인 관련성이 있다. 가장 효과적인 리더는 다른 사람들과 상호 작용할 때 과업 지향적인 행동과 관계 지향적인 행동을 다양하게 혼합하여 사용한다.

리더십 행동 이론의 결론

행동 이론에서 얻을 수 있는 두 가지 주요 결론은 다음과 같다.

1. **리더의 특성보다 행동이 더 중요하다.** 다양한 형태의 과업 및 관계 지향적인 행동들에 대해 경영자를 교육시키는 것이 중요하다.
2. **모든 상황에 가장 적합한 리더 행동은 없다.** 효과적인 리더는 자신의 행동을 당면한 상황에 맞추는 방법을 안다.

SECTION

04 리더십의 상황 이론

피들러의 리더십 상황 이론과 하우스의 경로–목표 리더십 이론은 상황에 적합한 효과적인 리더십 스타일을 설명한다.

모든 상황에서 효과적인 단 하나의 리더십 스타일은 없다. 리더십 상황 이론을 지지하는 연구자들은 리더십의 효과성이 상황에 따라 달라진다고 주장한다.

(1) 피들러(Fiedler)의 리더십 상황(contingency) 이론과 (2) 하우스(House)의 경로–목표 리더십 이론을 살펴보자.

학습 목표

상황에 적합한 리더십 스타일을 이해한다.

1. 리더십의 상황 이론

1954년에 프레드 피들러(Fred Fiedler)와 그의 동료들이 착수했던 리더십 상황 이론은 리더의 행동이 (1) 과업 지향적인지 (2) 관계 지향적인지에 따라 해당 행동이 적합한 상황을 제시하였다.

리더십 스타일 피들러의 리더십 상황 이론은 리더의 과업 지향적인 행동과 관계 지향적인 행동에 초점을 두었다.

- 피들러의 이론에는 두 가지 리더십 스타일이 있다. 이 두 가지 리더십 스타일은 (1) 과업 지향적인 리더십과 (2) 관계 지향적인 리더십이다.
- 리더십 스타일은 LPC(the least preferred coworker) 점수에 따라 결정된다. 리더십 스타일을 알아보기 위해 가장 선호하지 않는 동료에 관한 설문지를 작성하게 된다. 함께 일하기 가장 꺼려지는 동료를 떠올리고, 16쌍의 반대되는 특성(우호적/비우호적, 예민한/여유로운, 효율적/비효율적)의 8점 척도에 따라 그 동료를 평가한다. 점수가 높을수록 관계 지향적이고, 점수가 낮을수록 과업 지향적이다.

상황적 리더십의 핵심은 "때에 따라 다르다(It Depends)"이다. 보다 구체적으로, 이 접근법은 최상의 리더십 유형이 상황에 달려 있다는 것이다. 어떤 상황에서 통하는 것이 다른 상황에서도 반드시 통하는 것은 아니다.

상황 통제의 세 가지 차원 리더가 자신의 리더십 스타일을 확인한 후에는 상황 통제 수준을 결정하기 위해 상황을 평가해야 한다.

상황 통제에는 리더-구성원 관계, 과업 구조, 지위 권력의 세 가지 차원이 있다.

- **리더-구성원 관계.** 상황 통제의 가장 중요한 구성 요소인 리더-구성원 관계(leader-member relation)는 리더가 업무 집단에서 지지, 충성, 신뢰를 받고 있는지 여부를 반영한다.
- **업무 구조.** 업무 구조(task structure)는 업무가 일상적이고 명확하며 쉽게 이해할 수 있는 정도를 나타낸다. 업무가 구조화될수록 리더가 갖는 영향력이 커진다.
- **지위 권력.** 지위 권력(position power)은 리더가 업무를 할당하고 보상하고 처벌할 수 있는 권한이 얼마나 있는지를 나타낸다. 더 많은 권력은 더 많은 통제와 영향력을 의미한다.

각 차원마다 통제의 정도가 높은 경우 리더의 결정이 업무 결과에 영향을 줄 수 있기 때문에 예측 가능한 결과를 생성한다. 반면, 리더가 그런 종류의 예측 가능성이나 영향력이 없는 경우 통제의 정도는 낮다. 이러한 세 가지 차원의 높고 낮음을 결합하면 여덟 가지 리더십 상황이 나타난다. 그림 14.1을 살펴보자.

그림 14.1 피들러의 리더십 상황 이론

상황 통제	높은 통제 상황			중간 통제 상황				낮은 통제 상황
리더-구성원 관계	좋음	좋음	좋음	좋음	나쁨	나쁨	나쁨	나쁨
업무 구조	높음	높음	낮음	낮음	높음	높음	낮음	낮음
지위 권력	강함	약함	강함	약함	강함	약함	강함	약함
상황	I	II	III	IV	V	VI	VII	VIII
최적의 리더십 스타일	과업 지향적인 리더십			관계 지향적인 리더십				과업 지향적인 리더십

출처: F. E. Fiedler, "Situational Control and a Dynamic Theory of Leadership," in B. King, S. Streufert, and F. E. Fiedler (eds.), Managerial Control and Organizational Democracy (New York: John Wiley & Sons, 1978), p. 114.

효과적인 리더십 스타일 과업 지향적인 스타일과 관계 지향적인 스타일이 적합한 상황은 다르다.

- **과업 지향적인 리더십 스타일이 적합한 상황.** 과업 지향적인 스타일은 통제가 높거나 통제가 낮은 상황에서 가장 효과적이다.

  높은 통제 상황: 리더의 결정은 업무 결과에 영향을 미칠 수 있기 때문에 예측 가능한 결과를 만든다.

낮은 통제 상황: 리더의 결정은 결과에 실제로 영향을 미칠 수 없기 때문에 예측 가능한 결과를 만들 수 없다.

- **관계 지향적 리더십 스타일이 적합한 상황.** 관계 지향적인 스타일은 적당히 통제되는 상황에서 가장 효과적이다.

리더십 스타일이 상황에 맞지 않는다면 어떻게 해야 할까? 피들러의 이론에 따르면, 상황에 더 잘 맞도록 리더십 스타일을 변경하려고 하기보다는 상황에 적합한 리더십 스타일을 갖춘 경영자를 배치하는 것이 좋다. 피들러는 사람들이 기본적으로 가지고 있는 리더십 스타일을 바꿀 수 있다고 생각하지 않았다.

2. 경로–목표 리더십 이론

1970년대부터 로버트 하우스(Robert House)가 발전시킨 경로–목표(path–goal) 리더십 이론은 효과적인 리더가 직장에서 바람직한 보상을 제공하고 목표를 달성하고 지원을 제공하는 데 도움이 되는 경로 또는 행동을 명확히 함으로써 직원들을 동기 부여시킨다고 주장한다. 따라서 성공적인 리더는 "경로를 분명히"하고 의미 있는 보상을 목표 달성에 연결하고, 장애물을 줄이며, 지원을 제공하여 부하 직원들을 돕는다. 이를 위해, "부하 직원이 업무 목표를 달성하면 받게 될 보수의 수와 종류"를 늘릴 수도 있다.

하우스의 경로–목표 이론을 검증했던 수많은 연구들은 엇갈리는 결과를 발견했다. 그래서, 그림 14.2와 같은 수정된 모형을 제안했다.

그림 14.2 하우스의 수정된 경로–목표 이론

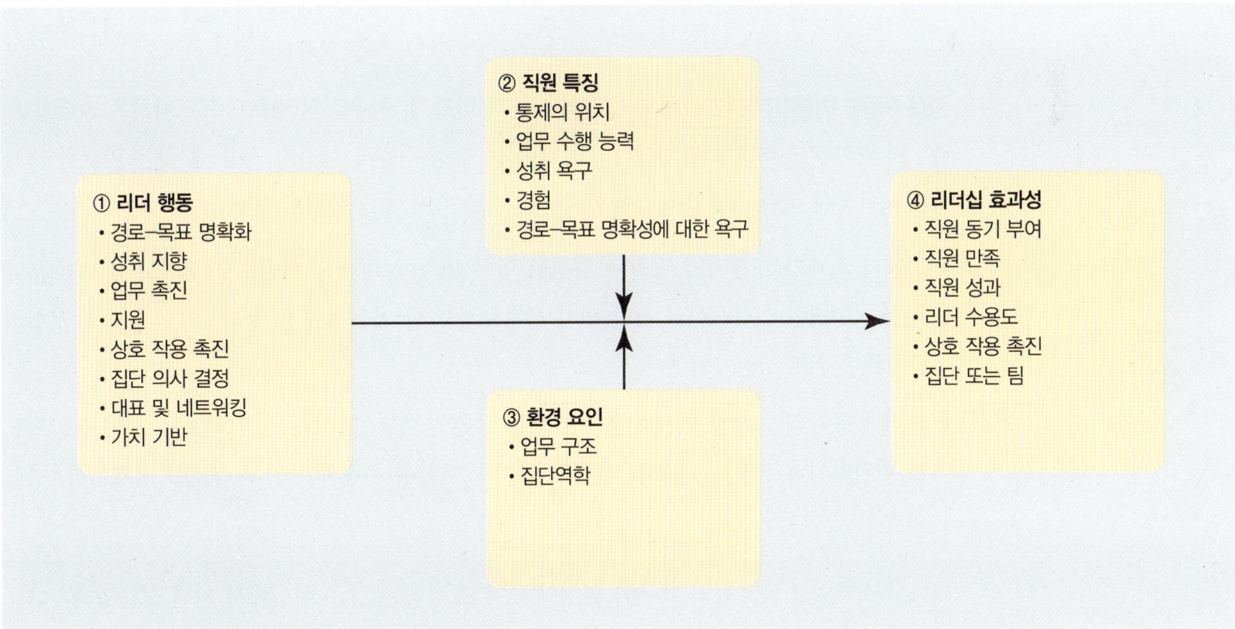

리더십 효과성을 결정하는 요소 직원 특징과 환경 요인이라는 두 가지 상황 요인 리더십 행동의 효과성을 결정한다.

- 직원 특징: 다섯 가지 직원 특성은 통제의 위치(11장에서 학습), 업무 수행 능력, 성취 욕구, 경험, 경로–목표 명확성에 대한 욕구이다.
- 환경 요인: 두 가지 환경 요인은 업무 구조(독립적 vs. 상호의존적 업무)와 집단역학이다.

기존 이론에서 하우스는 네 가지 리더 행동 또는 리더십 스타일이 있다고 제안했다. 수정된 이론은 리더 행동의 수를 4개에서 8개로 확장했다(표 14.5 참조).

표 14.5 수정된 경로–목표 이론의 여덟 가지 리더십 유형

리더의 행동 유형	직원을 대하는 행동
1. 경로–목표 명확화	성과 목표를 명확히 한다. 직원이 업무를 완료할 수 있는 방법에 대한 지침을 제공한다. 성과 기준과 기대치를 명확히 한다. 성과에 따라 긍정적이고 부정적인 보상을 사용한다.
2. 성취 지향	도전적인 목표를 설정한다. 우수성을 강조한다. 직원의 능력에 대한 확신을 보여 준다.
3. 업무 촉진	업무를 계획하고, 일정을 수립하고 조정한다. 직원의 스킬 개발을 돕기 위해 멘토링, 코칭, 상담, 피드백을 제공한다. 장애물을 제거하고 자원을 제공한다. 직원이 조치를 취하고 결정을 내리도록 권한을 부여한다.
4. 지원	다른 사람들을 동등하게 대한다. 다른 사람들의 웰빙과 욕구 충족에 대한 관심을 갖는다. 상냥하고 친근하게 다가간다.
5. 상호 작용 촉진	협업과 팀워크를 강조한다. 긴밀한 직원 관계와 소수 의견의 공유를 장려한다. 의사소통을 촉진한다. 분쟁을 해결한다.
6. 집단 의사 결정	업무 집단에 대한 해결책보다 문제를 제기한다. 구성원들이 의사 결정에 참여하도록 격려한다. 분석을 위해 집단에 필요한 정보를 제공한다. 의사 결정에 지식이 풍부한 직원을 참여시킨다.
7. 대표 및 네트워킹	다른 사람들에게 긍정적인 시각으로 업무 집단을 설명한다. 영향력 있는 사람들과 긍정적인 관계를 유지한다. 조직 전체의 사교 행사에 참여한다. 다른 사람들을 위해 무조건적인 호의를 베푼다.
8. 가치 지향	비전을 수립하며 열정을 보여 주고 성취를 지원한다. 높은 성과 기대치와 목표 달성을 가능하게 할 다른 사람들의 능력에 대한 확신을 전달한다. 자주 긍정적인 피드백을 제공한다. 자신감을 보여 준다.

경로–목표 이론의 실제 적용 피들러의 이론과 다르게, 하우스의 경로–목표 이론은 리더십 스타일이 변화 가능하다고 가정한다. 즉, 리더는 특정 직원과 환경에 가장 잘 맞는 리더십 스타일을 파악하여 해당 스타일을 사용할 수 있다. 두 가지 예를 살펴보자.

- 통제의 소재가 내재적인 직원은 자신이 업무 환경에 대한 통제권을 가졌다고 믿기 때문에 성취 지향적인 리더십이나 집단 의사 결정을 선호할 가능성이 더 높다. 업무 능력과 경험이 풍부한 직원도 마찬가지이다.
- 그러나 통제의 소재가 외재적인 직원은 환경을 통제할 수 없는 것으로 보는 경향이 있으므로 지원적이거나 경로–목표를 명확히 하는 리더십이 제공하는 업무 구조를 선호한다. 경험이 없는 직원들도 마찬가지일 것이다.

리더십 스타일을 팔로워의 욕구와 환경에 맞게 조정하는 것은 현실에서 어떤 모습일까? 다음 예를 고려해 보자.

앤드루 쿠오모의 예: 뉴욕 주지사인 앤드루 쿠오모(Andrew Cuomo)는 공격적이고 전투적인 리더십 스타일로 유명하다. 쿠오모는 한때 자신의 리더십을 다음과 같이 설명했다. "강한 의지 없이는 성공할 수 없다." 그러나 코로나바이러스 팬데믹 속에서 쿠오모는 그의 트레이드마크인 강인함 때문이 아니라 그가 비범하게 부드럽고 공감하는 면을 보여 주었기 때문에 국가적 명성을 얻었다. 전직 선거운동원인 리스 스미스(Lis Smith)는 "쿠오모는 사람들이 지금 무엇을 원하고 들어야 하는지를 정말로 잘 이해하고 있다. 그는 이 위기에 매우 인간적인 요소가 있다는 것을 이해하고 있다."며 "앤드루는 많은 사람들이 지금 당장 필요한 그의 또 다른 면모를 보여 주고 있다."라고 말했다.

특히, 고무적인 언론 브리핑에서 쿠오모는 "뉴욕은 여러분 모두를 사랑한다. 흑인도, 백인도, 히스패닉도, 아시안도, 키가 작거나 크거나, 게이이거나 아니거나 상관없이 뉴욕은 모두를 사랑한다. 그래서, 나는 뉴욕을 좋아한다. 항상 그래왔고 앞으로도 그럴 것이다. 그리고 하루가 끝나면 친구들이여, 오늘은 길고 긴 하루일지라도 사랑이 이길 것이다. 그리고 이 바이러스를 극복하여 다시 승리할 것이다."

허튼소리를 하지 않고 종종 거친 지도자로 알려진 앤드루 쿠오모 주지사는 코로나바이러스 팬데믹 동안 여러 차례의 이례적으로 섬세한 연설과 행동으로 상황에 맞게 자신의 리더십 스타일을 적용하였다.

리더십 상황 이론의 결론

리더십의 상황 이론을 적용하는 것은 쉽지 않다. 어떤 리더십 역할이든 다양한 상황에 직면하게 되며, 모든 상황을 관리하는 데 가장 적합한 유형은 없다. 또한 우리 모두가 직면한 상황은 우리가 변하길 원하지만, 우리는 과거에 효과가 있었던 행동을 반복하는 경향이 있다. 우리는 우리가 잘하는 일을 하고 있다고 추론함으로써 우리의 행동을 정당화하지만, 사실 우리는 효과가 있다고 생각하는 것과 그렇지 않은 것에 대한 우리 자신의 편향에 취약하다.

하우스의 경로–목표 이론은 경영자에게 다음과 같은 몇 가지 중요한 시사점을 제공한다.

- **하나 이상의 리더십 스타일을 사용하자.** 효과적인 리더는 한 가지 이상의 리더십 스타일을 갖추고 사용한다. 따라서 상황이 요구할 때 새로운 리더 행동을 시도할 수 있도록 경로–목표 이론에서 제공되는 여덟 가지 유형을 개발하는 것이 좋다.
- **직원들이 목표를 달성하도록 돕는다.** 리더는 경로를 명확히 하고 목표를 달성하는 데 방해되는 장애물을 제거함으로써 직원들이 목표를 달성하도록 지도하고 코칭해야 한다. 효과적인 코칭은 직원의 성과를 높이는 것으로 나타났다.
- **각 상황에 따라 리더십 행동을 바꾸자.** 직원의 작은 특징과 환경 요인에 맞게 리더십 스타일을 수정해야 한다. 감성 지능과 사회적 지능은 그렇게 하는 데 유용한 도구이다.
- **구성원들과 팀이 성공하는 데 필요한 것을 제공하자.** 리더의 역할을 다른 사람들이 목표를 달성

하는 데 필요한 모든 것을 제공하는 것으로 생각하자. 이는 누군가에게는 격려가 될 수 있고, 누군가에게는 지시와 코칭이 될 수 있다.

전문가의 조언 상황 이론 적용

여러 연구 결과에서 경영자가 다양한 상황에서 상황 이론의 내용을 적용하는 데 사용할 수 있는 방법을 제안했다. 스포츠 팀의 수석 코치와 영업 관리자의 예를 통해 다음의 5단계를 알아보자.

- **1단계: 중요한 결과를 파악한다.** 경영자는 먼저 달성하려는 목표를 파악해야 한다. 예를 들어, 수석 코치는 일정 수의 게임에서 승리하거나 핵심 선수의 부상을 방지하는 것이 목표일 수 있지만, 영업 관리자의 목표는 매출을 10% 늘리거나 고객 불만을 절반으로 줄이는 것일 수 있다.
- **2단계: 적합한 리더십 행동을 파악한다.** 다음으로, 경영자는 당면한 상황에 적절할 수 있는 특정 유형의 행동을 파악해야 한다. 표 14.5의 목록은 이를 위한 좋은 참고가 된다. 예를 들어, 챔피언십 게임의 수석 코치는 성취 지향적이고 업무 촉진 행동에 집중할 수 있다. 대조적으로, 영업 관리자는 영업 팀과 더 관련이 있는 경로-목표 명확화, 업무 촉진 및 지원 행동을 보여줄 수 있다. 가능한 리더십 행동을 모두 사용하려고 해서는 안 된다. 그보다는 가장 도움이 되는 것으로 보이는 1~2가지를 선택하자.
- **3단계: 상황적 조건을 파악한다.** 피들러와 하우스 모두 고려해야 할 잠재적인 상황 요인들을 규명했지만, 다른 실질적인 고려 사항이 존재할 수 있다. 예를 들어, 축구팀의 스타 쿼터백이 부상을 당할 수 있으며, 이로 인해 팀은 게임에서 승리하기 위해 다른 전략을 채택해야 할 수도 있다. 마찬가지로, 전 세계의 구성원과 함께 비대면 영업팀을 관리해야 하는 필요성은 이러한 맥락에서 가장 효과적인 리더십 행동에 영향을 미친다.
- **4단계: 리더십을 당면한 상황에 맞추자.** 구체적인 조언을 제공하기에는 가능한 상황적 조건이 너무 많다. 즉, 경영진과 직원 행동에 대한 지식을 사용하여 당면한 상황에 가장 적합한 리더십 스타일 및 행동을 찾아야 한다. 스타 쿼터백이 부상당한 팀의 코치는 팀이 다른 쿼터백과 함께 이길 수 있다는 자신감을 심어주기 위해 지원적인 가치 기반 행동을 사용할 수 있다. 영업 관리자는 업무 촉진 행동과 관련된 권한 부여 리더십을 사용하고, 지시적 리더십을 피하는 것이 유용할 수도 있다.
- **5단계: 일치시키는 방법을 결정한다.** 경영자는 상황 이론이나 경로-목표 이론의 지침을 사용할 수 있다. 즉, 리더십 역할에 있는 사람을 바꾸거나 그들의 행동을 바꿀 수 있다. 챔피언십 경기에서 감독을 교체하는 것은 불가능하다. 다시 말해, 수석 코치는 특정 문제를 해결하기 위해 자신의 스타일이나 행동을 변경해야 한다. 대조적으로, 영업 관리자를 고용하는 조직은 해당 영업 관리자가 너무 지시적이며 다른 사람에게 권한을 부여하는 것을 좋아하지 않는다면 그를 다른 직책으로 이동시킬 수 있다. 또는, 가능하다면 영업 관리자가 자신의 행동을 변경하게 할 수도 있다.

SECTION

05 거래적 리더십과 변혁적 리더십

이번 섹션에서는 거래적 리더십과 변혁적 리더십에 대해 알아본다.

학습 목표

거래적 리더십과 변혁적 리더십을 구분한다.

앞서 리더십을 이해하기 위한 전통적인 접근법인 특성 이론, 행동 이론, 상황 이론들을 살펴보았다.

이번 섹션에서는 버나드 바스(Bernard Bass)와 브루스 아볼리오(Bruce Avolio)가 제안한 최근 접근법 중 좋은 리더가 되기 위해 필요한 거래적 리더십과 변혁적 리더십을 살펴본다.

거래적 리더십과 변혁적 리더십

거래적 리더십 경영자는 권력을 활용하여 부하 직원이 일을 하도록 보상이나 벌을 제공할 수 있다. 이렇게 하면 직원의 역할과 업무 요구 사항을 명확히 하고 성과에 따라 보상과 처벌을 제공하는 데 중점을 둔 거래적 리더십(transactional leadership)을 발휘할 수 있게 된다. 과업 지향적인 리더십과 마찬가지로 거래적 리더십도 목표 설정과 진행 상황 모니터링을 포함한다. 멜라니 퍼킨스(Melanie Perkins)는 이러한 리더십을 보여 준다.

멜라니 퍼킨스의 예: 멜라니 퍼킨스는 온라인 그래픽 디자인 플랫폼 캔바(Canva)의 공동 창립자이자 CEO이다. 퍼킨스는 거래적 행동이 효과적인 리더십을 위한 필수 기반임을 이해하고 있다. 최근 인터뷰에서 그녀는 "가장 중요한 것 중 하나는 팀에 영감을 주고 동기를 부여하는 큰 목표를 세울 수 있는 것이다. 위대한 사람들은 위대한 도전을 좋아하기 때문에 엄청난 것을 성취하기 시작했을 때 위대한 사람들을 끌어들이기가 더 쉽다고 생각한다. 회사의 명확한 방향을 설정하고 미래에 대해 자주 이야기하는 것도 중요하다. 당신이 어디로 가고 있는지 모두가 안다면 중요하지 않은 작은 일들에 대한 논쟁이 줄어들 것이라고 생각한다."라고 전했다.

캔바의 CEO인 멜라니 퍼킨스는 조직의 더 큰 목표를 달성하기 위해 명확한 목표를 설정하고 진행 상황에 세심한 주의를 기울이는 등 거래적 리더십의 가치를 잘 알고 있다.

거래적 리더십은 리더의 효과성 및 집단 성과와 긍정적인 관계를 갖는다.

변혁적 리더십 변혁적 리더십(transformational leadership)은 직원들이 자기 이익보다 조직 목표를 추구하게끔 변화시킨다. 변혁적 리더십은 "신뢰를 창출하고, 다른 사람의 리더십을 개발하고, 자기 자신을 드러내며, 업무 그룹의 보다 즉각적인 요구를 초월하는 목표에 자신과 팔로워를 집중시키는 도덕적 대리인(moral agent) 역할을 한다." 거래적 리더십은 사람들이 필요한 일을 하게 만드는 반면, 변혁적 리더십은 훨씬 높은 수준의 내재적 동기 부여, 신뢰, 몰입, 충성도 등과 같은 조직의 상당한 변화와 결과를 가져올 수 있는 예외적인(exceptional) 것들을 만든다. 마이클 다울링(Michael Dowling)은 변혁적 리더의 좋은 예이다.

마이클 다울링의 예: 노스 헬스(Northwell Health)의 CEO인 마이클 다울링은 최근 글래스도어(Glassdoor)의 직원 평가에서 미국에서 가장 사랑받는 CEO 중 한 명으로 선정되었다. 다울링은 직원들이 더 큰 일을 하도록 영감을 주는 방식으로 변혁적 리더십을 보여 준다. 다울링은 회사에 합류한 첫날부터 팔로워들과 개인적인 관계를 발전시키기 시작한다. 한 직원은 신입 사원 오리엔테이션 경험에 대해 "나는 즉시 조직과 연결되었다는 느낌을 받았다. 그는 각각의 모든 단일 업무가 조직의 전반적인 성공에 중요한 역할을 하는 과정을 설명했다. 이것은 정말 놀라운 일이었다."라고 말했다. 다울링은 자신의 리더십 접근법에 대해 "사람들은 무언가에 속하기를 원하고 무언가와 동일시하기를 원하며 리더가 믿는 것을 믿고 싶어한다… 그들은 리더를 믿고 리더가 알리고자 하는 목적을 믿어야 한다… 이는 개인적인 접촉으로만 가능하다. 그래서, 항상 직원들을 만났다. 나에게 그것은 절대적으로 중요하다."라고 말했다.

변혁적 리더십은 두 가지 요인의 영향을 받는다.

1. **개인의 특징:** 변혁적 리더는 외향적이고, 호의적이며, 주도적이고, 변화에 개방적인 경향이 있다. 여성 리더는 남성 리더보다 변혁적 리더십을 더 많이 사용하는 경향이 있다.
2. **조직 문화:** 적응적이고 유연한 조직 문화는 경직되고 관료적인 문화보다 변혁적 리더십을 육성할 가능성이 더 높다.

거래적이면서 변혁적인 리더가 최고

거래적 리더십은 효과적인 리더십의 필수 전제 조건이며, 최고의 리더는 거래적 리더십과 변혁적 리더십 유형을 모두 어느 정도 보여 준다. 실제로 연구에 따르면 변혁적 리더십은 거래적 리더십을 '증진'하거나 추가할 때 우수한 성과로 이어진다. 거래적 리더십과 변혁적 리더십을 모두 보여 주는 리더에 대해 알아보기 위해 다음 예를 참고하자.

거래적이면서 변혁적인 리더의 탁월한 성과

앤 마리 캠벨(Ann-Marie Campbell)은 포춘이 선정한 2019년 가장 영향력 있는 여성 순위에서 20위에 올랐다. 그녀는 30년 전 계산원으로 홈디포(Home Depot)에서 커리어를 시작했으며, 현재 홈디포 미국 매장의 부사장으로 2,000개 이상의 매장과 400,000명 이상의 직원을 관리하고 있다. 그녀는 회사에서 연간 매출을 880억 달러에서 1,000억 달러로 늘리려는 목표를 달성하는 데 중요한 역할을 했다.

캠벨이 거래적 리더십과 변혁적 리더십을 함께 사용하는 방법에 대해 살펴보자.

거래적 리더십. 캠벨은 매장 관리자 및 지역 부사장을 포함하여 홈디포에서 다양한 역할을 수행한 다년간의 경험을 통해 직원과 회사가 성공하기 위해 무엇이 필요한지에 대한 통찰력을 얻을 수 있었다. 그녀는 거래적 리더십을 사용하여 직원 생산성과 몰입을 극대화하고 전반적인 회사 성과를 주도한다. 예를 들어, 그녀는 업계 표준에 반하여 상근 매장 직원을 유연 근무 일정에서 보다 바람직한 고정 일정으로 전환했다. 그녀는 또한 직원을 위한 새로운 주문 관리 소프트웨어와 매장의 온라인 픽업 사물함을 포함한 이니셔티브에 중점을 두고 직원과 고객 모두의 경험을 개선하기 위한 110억 달러 투자 계획을 주도했다.

그녀는 직원들이 자신의 역할을 수행하도록 하는 방법에 대해 "사람들은 성공하기를 원하기 때문에 성공이 무엇인지 명확하게 전달하는 것이 중요하다."라고 말했다.

변혁적 리더십. 캠벨의 리더십은 거래적 스타일 이상을 보여 준다. 한 홈디포 지역 관리자는 "그녀는 용기 있는 리더십, 명확한 방향을 제시하는 능력, 메시지 단순화를 통해 사람들에게 영감을 주고 기회를 포착하며(다른 사람들을 도우며) 도달할 수 없다고 생각한 목표를 달성할 수 있는 방법을 찾는다."라고 말한다. 경영진 자리에 올라가는 과정에 대해 캠벨은 "조직과 함께 성장하면서 그것은 더 이상 당신에 관한 것이 아니게 된다. 다른 사람들이 최선을 다하도록 영감을 주고 동기를 부여하는 방법과 최고의 팀을 만들기 위해 팀의 집합적 가치를 활용하는 방법에 관한 것이다."라며 "다른 역할을 수행하면서 배운 것은 개인의 성과뿐만 아니라 더 큰 조직, 조직의 더 넓은 목적, 달성하려는 더 넓은 범위에 대해 생각하고 그것에 집중하는 것"이라고 덧붙였다.

당신의 생각은?

캠벨은 어떤 독특한 특징을 갖고 있는가? 그녀가 보여 준 리더 행동은 무엇인가?

변혁적 리더의 네 가지 행동

거래적 리더십 행동은 중요하지만 냉정하게 느껴질 수 있는 반면, 변혁적 리더십 행동은 열정을 불러일으키고 사람들이 자신의 이익을 넘어 조직의 이익을 바라보도록 고무시키고 권한을 부여한다. 변혁적 리더들은 목표, 가치, 욕구, 신념, 열망을 변화시키기 위해 팔로워의 자아 개념(가치 및 개인 정체성)에 호소한다.

변혁적 리더는 팔로워에게 영향을 미치는 다음의 네 가지 행동을 보여 준다.

마틴 루서 킹 주니어(Martin Luther King Jr). 민권 운동가 마틴 루서 킹은 수백만 명의 사람들에게 영감을 주었다. 사진에서 그는 링컨 기념관에서 워싱턴 행진 동안 사람들에게 연설하고 있다. 이곳에서 그는 "나는 꿈이 있습니다."라는 유명한 연설을 했다.

1. **영감을 주는 동기** 변혁적 리더십은 팔로워에게 영감을 주어 동기를 부여한다. 이러한 영감을 얻으려면 리더가 다음을 수행해야 한다.

   수용과 지지를 불러일으키는 대인 관계 매력의 한 형태인 카리스마(carisma)를 가져야 한다. 한때는 다른 특성 이론의 특징들과 마찬가지로 특정 리더의 개인적 영감과 동기 부여 특징으로 간주하였던 카리스마적 리더십은 하나의 개별적인 범주로 간주하였지만, 이제는 변혁적 리더십의 일부로 간주한다. 카리스마가 있는 사람은 카리스마가 없는 사람보다 사람들을 더 잘 설득하고 더 편안하게 만들 수 있다.

   비전을 소통해야 한다. 변혁적 리더는 의제, 원대한 계획, 궁극적인 목표를 제공하여 동기를 부여한다. 간단히 말해, 리더십 전문가인 버트 나누스(Burt Nanus)가 말한 것처럼 조직의 "현실적이고 신뢰할 수 있고 매력적인 미래"인 비전을 소통해야 한다. 스탠퍼드 대학의 전 총장이자 현재 구글(Google)의 모회사인 알파벳(Alphabet)의 회장인 존 헤네시(John Hennessy)는 영감을 주는 동기가 효과적인 리더십을 위한 중요한 스킬이라고 믿는다. 그는 "적절하고 설득력 있고 영감을 주는 이야기를 전달하는 능력은 필수적이다. 일을 동료들과 공유하는 여정으로 설명하면 직원들이 공동의 목적을 위해 함께 모이는 데 도움이 된다."라고 말한다.

   예: 민권 운동가인 마틴 루서 킹 주니어는 인종 평등에 대한 비전, 즉 그가 표현한 대로 '꿈'을 가졌다. 음주 운전에 반대하는 어머니 모임(Mothers Against Drunk Driving: MADD)의 창립자인 캔디 라이트너(Candy Lightner)는 알코올 관련 교통사고를 없애겠다는 비전을 가지고 있었다. 애플 컴퓨터(Apple Computer)의 스티브 잡스(Steve Jobs)는 "미친듯이 위대한" 데스크톱 컴퓨터를 개발하는 비전을 가지고 있었다. 당시 펩시(Pepsi)의 CEO였던 존 스컬리(John Scully)를 영입하기 위해 잡스는 "평생 설탕물을 팔고 싶은가, 아니면 세상을 바꿀 기회를 원하는가?"라고 물었다.

버지니아 대학 남자 농구팀의 코치인 토니 베넷은 정직하게 행동하고 선수와 기관의 이익을 위해 개인적으로 기꺼이 희생하는 것으로 유명하다.

2. **이상적인 영향** 변혁적 리더십은 팔로워에게서 신뢰를 얻는다. 변혁적 리더는 다음과 같다.

   - 일관되고, 한결같고, 끈기 있게 목표를 추구함으로써 진실성을 표현한다.
   - 높은 윤리적 기준을 제시하고 바람직한 가치의 모범이 된다.
   - 더 큰 선을 위해 희생한다.

   토니 베넷 코치의 예: 버지니아 대학(University of Virginia)은 남자 농구 감독 토니 베넷(Tony Bennett)이 2019년 전국 선수권 대회에서 우승하자 그에게 상당한 연봉 인상을 제안했다. 그러나 베넷은 제안을 거절하고 그 돈을 그의 직원들에게 나눠줄 것을 요청했다. 또한 베넷과 그의 아내 로렐(Laurel)은 팀의 현재 및 전 멤버들을 위한 커리어 개발 프로그램에 500,000달러를 기부했다.

3. **개인화된 배려** 변혁적 리더는 부하 직원들의 웰빙에만 관심을 표명하지 않는다. 그들은 도전적인 일, 더 많은 책임, 권한 부여, 일대일 멘토링을 제공하여 그들이 성장하고 탁월해질 수 있도록 적극적으로 격려한다.

스티브 보챔프의 예: 페이로시티(Paylocity)의 CEO인 스티브 보챔프(Steve Beauchamp)는 직원들에게 개인화된 배려를 하는 것으로 유명하다. 한 직원은 "리더에게 다가가기 쉽고 존중받아 마땅하다… 숫자로 표현되는 것이 아니라 사람처럼 느껴지게 한다. 어느 날, CEO가 자신을 위해 일해 주신 모든 분들께 감사의 인사를 전하며 돌아다녔다."라고 전했다. 다른 직원은 "CEO는 항상 친근하고 회사와 직원의 이익을 최우선으로 생각하는 것 같다."라고 말했다.

4. **지적 자극** 변혁적 리더는 조직의 강점, 약점, 기회, 위협을 전달하여 부하 직원들이 새로운 목적의식을 기를 수 있도록 하는 데 재능이 있다. 직원들이 문제를 극복할 수 없거나 "내 부서가 아니다."라고 생각하는 경향이 줄어든다. 대신 그들은 그것을 극복해야 할 개인적인 도전으로 보고, 현상 유지에 의문을 제기하고, 창의적인 해결책을 찾는 법을 배운다.

레쉬마 사우자니의 예: 레쉬마 사우자니(Reshma Saujani)는 기술 부문에서 지속되는 성별 격차를 줄이는 임무를 수행한다. 하버드 대학교와 예일 대학교 졸업생이자 전직 기업 변호사인 그녀는 젊은 여성들에게 코딩 기술을 가르칠 뿐만 아니라 성공하기 위해서는 완벽할 필요가 있다는 그들의 믿음을 근본적으로 바꾸기 위해 걸스 후 코드(Girls Who Code)를 설립했다. 그녀의 친구 트리나 다스구파(Trina DasGupta)는 "샤우자니가 운동을 시작했다고 해도 과언이 아니다."라고 말한다.

Will Glaser/The New York Times

걸스 후 코드의 설립자인 레시마 샤우자니는 수천 명의 젊은 여성들에게 컴퓨터 공학 분야에 여성이 뛰어들 수 있음을 보여 주었다.

변혁적 리더십에 대한 결론

연구 결과에 따르면, 변혁적 리더십은 조직, 팀, 개인의 성과 향상, 직무 만족, 직원 몰입, 내재적 동기와 같은 많은 긍정적인 결과와 관련이 있다.

변혁적 리더십의 세 가지 실제 적용은 다음과 같다.

1. **모든 직급의 직원 교육에 사용할 수 있다.** 최고 경영자뿐 아니라 모든 직급의 직원이 변혁적일 수 있도록 훈련받을 수 있다. 이 교육을 개발 지향 코칭 및 직무 도전(job challenge)과

결합하는 것이 가장 좋다.

2. **변혁적이 되도록 준비하고 연습할 수 있다.** 가장 간단한 실천 방법은 다음 번에 학교나 직장에서 팀 회의에 참석할 때 변혁적 리더십의 네 가지 핵심 행동(영감을 주는 동기, 이상적인 영향, 개인화된 배려, 지적 자극)을 보여 주기 위한 아이디어를 적어 두는 것이다.

   - 좋은 성과를 내는 것의 이점을 강조하고, 과제를 완료할 수 있는 능력에 대한 팀의 자신감을 키우고, 팀원들에게 당신이 그들을 믿는다고 말함으로써 팀원들에게 영감을 줄 수 있다.
   - 과제 작업에 대한 자신의 역할이나 몰입을 설명하고 고성과 행동을 모델링하여 이상적인 영향을 행사할 수 있다.
   - 팀이 이용할 수 있는 자원과 지원을 설명하고, 모든 사람에게 지원적인 태도를 보여 주며, 성취에 대해 사람들을 인정함으로써 개인화된 배려를 보여 준다.
   - 팀의 과제를 설명하고, 모든 사람이 달성해야 하는 작업이나 목표를 설명하고, 과제를 성공적으로 완료하는 것이 팀에 도움이 되는 이유를 강조하여 지적 자극을 촉진한다.

3. **윤리적인 이유로 사용해야 한다.** 윤리적인 변혁적 리더는 직원이 자아 개념을 향상시킬 수 있도록 하는 반면 비윤리적인 리더는 순종적이고 의존적이며 순응하는 팔로워를 선택하거나 양산한다. 정직과 신뢰가 없으면 변혁적 리더조차도 직원뿐만 아니라 투자자, 고객, 대중에게서 신뢰를 잃게 된다.

SECTION

06 리더십의 최근 이론

리더십의 최근 이론은 리더와 팔로워 간의 관계를 연구하고 리더의 역할에 대한 관점의 변화를 고려한다. 이번 섹션에서는 리더십의 최근 관점들인 리더-구성원 교환 이론과 서번트 리더십, 겸손한 리더십, 임파워먼트 리더십, 윤리적 리더십, 팔로워의 역할, 비인격적 감독에 대해 살펴본다.

학습 목표

최근 리더십 이론을 이해한다.

리더-구성원 교환 이론

조지 그레인(George Graen)과 프레드 댄스로(Fred Dansereau)가 제안한 리더-구성원 교환(Leader-Member Exchange: LMX) 이론은 리더가 부하 직원별로 서로 다른 종류의 관계를 맺는다는 점을 강조한다. LMX가 다른 리더십 이론과 다른 두 가지 측면은 다음과 같다.

1. 리더나 팔로워의 행동이나 특성에 초점을 맞춘 다른 이론과 달리 LMX 이론은 경영자와 부하 직원 간의 관계의 질을 살펴본다.
2. 리더와 팔로워 간의 안정적인 관계를 전제로 하는 다른 이론과 달리 LMX 이론은 관리자-직원 간 관계마다 관계의 질이 다르다고 가정한다.

LMX 이론은 가장 많이 연구된 리더십 이론 중 하나이며, 경영자와 직원에게 중요한 실용적인 의미를 갖는다.

내집단 교환과 외집단 교환 업무 역할을 위임하고 할당하려는 리더의 시도에서 비롯된 독특한 관계는 두 가지 유형의 리더-구성원 교환 상호 작용을 만든다.

- **내집단 교환.** 내집단 교환(in-group exchange)에서 리더와 팔로워 사이의 관계는 상호 신뢰, 존경과 호감, 공동 운명에 대한 감각을 특징으로 하는 동반자 관계가 된다. 부하 직원은 특별한 임무와 특권을 받을 수 있다.
- **외집단 교환.** 외집단 교환(out-group exchange)에서 리더는 상호 신뢰, 존중 또는 공동 운명에 대한 감각을 형성하지 못한다. 부하 직원은 내집단 교환 관계에 있는 직원보다 경영자의 지원과 관심을 덜 받게 된다.

LMX 이론의 유용성 다음 사항을 고려해 보자.

- 높은 질의 LMX 관계는 긍정적인 결과를 낳는다. 높은 LMX는 업무 성과, 이직률, 조직시민 행동, 비생산적 행동과 같은 개인 수준의 행동 결과와 조직 몰입, 직무 만족, 공정성과 같은 태도 결과와 긍정적인 관련이 있다.
- 다른 유형의 리더십은 높은 LMX 관계를 장려한다. 한 최근 연구는 과업 지향적인 리더십, 관계 지향적인 리더십, 변형적 리더십은 모두 LMX의 질에 직접적인 영향을 미치고 더 나아가서 직원들에게 긍정적인 영향을 미치는 것을 발견하였다. 특정 리더십 행동의 효과는 리더와의 관계에 대한 팔로워의 인식에 영향을 미칠 가능성이 높기 때문에 리더와 관계과 좋은 팔로워가 그렇지 않은 팔로워와 비교하여 주어진 리더십 행동에 대해 성과 측면에서 더 긍정적으로 반응할 가능성이 높았다.

서번트 리더십

1970년 로버트 그린리프(Robert Greenleaf)가 만든 서번트 리더십(servant leadership)이라는 용어는 AT&T의 경영 연구원으로 일한 그의 배경뿐 아니라 평생 철학자이자 독실한 퀘이커 교도로서의 그의 견해를 반영한다. 서번트 리더십은 자신보다 다른 사람들에게 더 많은 서비스를 제공하는 데 초점을 맞춘다. 실비아 메타이어(Sylvia Metayer)가 서번트 리더십의 좋은 예이다.

실비아 메타이어의 예: 메타이어는 직원이 470,000명 이상인 글로벌 기업 소덱소(Sodexo)의 최고 성장 책임자이다. 회사는 음식 및 리셉션, 청소, 에너지 관리, 부지 유지 관리, 건물 유지 관리 및 보안을 포함한 광범위한 통합 서비스를 제공한다. 메타이어는 리더의 목적이 다른 사람들에게 봉사하는 것이라고 굳게 믿는다. 한 인터뷰에서 그녀는 "CEO가 되는 것은 봉사자가 되는 것임을 배우고 있다. 나의 주요 업무는 직원을 지원하고 고객과 소비자를 지원하는 것이다."라고 말하며 "가장 중요한 것은… 사람들의 일을 더 쉽게 만드는 것"이라고 전했다. 이어 "세상이 빠르게 변화하고 있기 때문에 커리어를 개척해야 하고, 변화에 대비할 수 있도록 인재 양성을 지원해야 한다."라고 덧붙였다.

서번트 리더는 리더십을 봉사로 본다. 따라서 서번트 리더십은 다른 사람들(팔로워와 조직 모두)이 목표를 달성하도록 돕는 데 초점을 둔다.

서번트 리더십은 삶과 일에 대한 장기적인 접근법이다. 리더는 표 14.6에 나타난 서번트 리더의 열 가지 특징과 행동을 취하도록 노력해야 한다.

표 14.6 서번트 리더의 10가지 특징

1. 경청
2. 타인의 감정에 공감
3. 고통 치유에 집중
4. 강점과 약점에 대한 자기 인식
5. 권위보다 설득
6. 광범위한 개념적 사고
7. 미래의 결과 예측
8. 직원과 자원의 간사(steward)
9. 직원 육성
10. 조직 내외부의 커뮤니티 구축을 위한 추진력

출처: L. C. Spears, "Introduction: Servant-Leadership and the Greenleaf Legacy," in L. C. Spears (ed.), Reflections on Leadership: How Robert K. Greenleaf's Theory of Servant-Leadership Influenced Today's Top Management (New York: John Wiley & Sons, 1995), pp. 1 – 14.

서번트 리더십은 직원을 더 행복하고, 더 생산적이며, 더 창의적으로 만든다.

겸손

겸손(humility)은 "자신보다 더 대단한 것이 존재한다."는 믿음에 근거한 비교적 안정적인 특성이다. 비록 어떤 사람들은 그것이 나약하거나 낮은 자존감의 표시라고 생각하지만 사실은 그렇지 않다.

사티아 나델라(Satya Nadella). 마이크로소프트의 CEO인 사티아 나델라는 하버드 비즈니스 리뷰가 선정한 2019년 최고 경영자 10명 중 한 명이다. 한 기자가 나델라의 친구들에게 그를 한 단어로 묘사해 달라고 요청했을 때, 응답에는 '겸손함', '감동', '듣는 사람', '힘을 주는 사람'이 포함되었다. 나델라는 최고 경영진을 구성할 때, 공감할 수 있고, 직급에 상관없이 모든 직원을 존중하며, 다른 사람들에게서 기꺼이 배우려는 사람들을 특별히 찾았다.

겸손한 리더들은 직원들이 중요하게 여기는 다섯 가지 주요 자질을 보여 주는 경향이 있다.

1. 높은 자기 인식
2. 피드백에 대한 개방성
3. 타인에 대한 감사
4. 낮은 자기 초점
5. 더 큰 선의 인식

겸손의 필수 요소는 배우려는 의지이다. 겸손한 리더는 자신의 성장을 도울 수 있는 사람들로 둘러싸여 있다. 다음의 예를 살펴보자.

카라 골딘의 예: 1억 달러 규모의 음료 회사 힌트(Hint)의 창립자이자 CEO인 카라 골딘(Kara Goldin)은 지적 겸손이 성공적인 조직을 이끄는 핵심이라고 생각한다. 골딘은 "나는 항상 내가 모르는 것에 대해 겸손하려고 노력했고, 나보다 지식이 풍부한 사람들로 나를 둘

러싸기 위해 노력했다."라고 말했다. 그녀는 또한 겸손이 새로운 팀원을 고용할 때 찾는 특성 중 하나라고 생각한다. 골딘은 "나는 '이 방에서 가장 똑똑한 사람'으로 비춰지는 지원자를 절대 고용하지 않는다."며 "자신보다 똑똑한 사람들과 함께 시간을 보내는 데 관심이 없는 사람은 자신(또는 팀)이 자신의 일을 더 잘하게 만드는 데 도움이 되지 않기 때문"이라고 덧붙였다.

겸손에 대한 연구는 비교적 최근에 시작됐는데, 연구에 따르면 겸손은 다음과 같은 많은 긍정적인 결과와 관련이 있다.

- 팔로워의 겸손
- 팔로워의 자기 효능감
- 팔로워의 성과
- 팀 창의성

겸손 관련 연구 결과가 경영자에게 주는 시사점은 다음과 같다.

1. **초점을 바꾸자.** 성취의 초점을 '나'에서 '우리'로 바꾸어 겸손해지도록 노력하자. 다른 사람과 공을 나누되 반드시 진실해야 한다. 겸손한 척하면 안 된다.
2. **말하지 말고 질문을 하자.** 질문하는 데 더 많은 시간을 할애하고, 자신에 대해 이야기하거나 사람들에게 무엇을 해야 하는지 알려주는 시간을 줄여야 한다.
3. **조직 문화를 활용하자.** 조직 문화는 겸손을 증진할 수 있다. 연구 결과에 따르면, 겸손을 고양시키는 조직 문화는 직원 개발, 투명성, 실수에 대한 관용에 중점을 둔다.

임파워링 리더십

임파워링 리더십(empowering leadership)은 리더가 다른 사람들에게 심리적 임파워먼트에 대한 지각을 생성하는 정도를 나타낸다. 심리적 임파워먼트(psychological empowerment)는 직원들이 자신의 업무를 통제할 수 있다는 믿음이다. 임파워링 리더십은 개인과 팀의 성과, 조직시민행동, 창의성에 긍정적인 영향을 미치는 것으로 나타났다.

직원의 심리적 임파워먼트를 높이려면 (1) 의미 부여, (2) 자기 결정, (3) 역량, (4) 발전을 이끄는 네 가지 행동이 필요하다. 2013년부터 2019년에 세상을 떠날 때까지 카이저 퍼머넌트(Kaiser Permanente)의 CEO였던 고 버나드 타이슨(Bernard Tyson)이 이러한 행동을 어떻게 보여 주었는지 살펴보자.

- **의미 부여를 위한 리드.** 경영자는 직원에게 영감을 주고 원하는 행동을 모델링하여 의미를 이끌어 낸다. 예를 들어, 리더는 직원들이 정서적으로 연결될 수 있는 흥미진진한 조직 비전을 만들어서 직원들이 직장에서 자신의 열정을 표출하게 만들 수 있다. 타이슨의 한 친구는

"목사와 주부의 아들인 버나드는 자신이 어디에서 왔는지 잊지 않고 항상 자신의 가치에 충실했다."며 "그는 변화를 주도하는 사람이 될 기회를 받아들였고 놀라운 업적의 유산을 남겼다."

- **자기 결정을 위한 리드.** 경영자는 의미 있는 일을 직원에게 위임하여 직원의 자기 결정을 이끌 수 있다. 위임은 경영자가 진정으로 포기할 수 있을 때 가장 효과적이다. 타이슨은 인터뷰에서 "과거에는 정보에 접근할 수 있는 소수의 사람들에게 권력이 집중되었다."며 "이제 정보는 어디에서나 사용할 수 있으므로 리더의 중요한 질문은 '모든 직원의 지능을 극대화할 수 있도록 조직을 어떻게 선동하는가?'이다."라고 밝혔다.

카이저 퍼머넌트의 전 CEO인 버나드 타이슨은 2019년 11월 9일 연례 아프로테크(Afrotech) 컨퍼런스에서 노숙자 근절을 위한 회사의 노력에 대해 연설하였다. 타이슨은 불과 몇 시간만에 예기치 않게 세상을 떠났고, 그의 리더십에 영감받은 사람들의 마음에 커다란 공허함을 남겼다. 타이슨은 임파워링 리더십 유형으로 유명하다.

- **역량을 위한 리드.** 직원이 업무를 수행하는 데 필요한 지식이 있어야 한다는 것은 두말할 필요도 없다. 이를 위해서 경영자는 직원을 지원하고 코칭해야 한다. 타이슨은 전미 보건 서비스 경영자 협회(National Association of Health Services Executives)의 회원 자격으로 전도 유망한 의료 업계 고위 관계자들에게 멘토링을 제공했다. 타이슨의 행동을 관찰한 한 작가는 "버나드는 지원을 제공하기 전에 해당 임원을 신중하게 검토하여 유망한 의료 리더를 위한 귀중한 직접 학습 경험을 제공했다. 교육과 멘토링, 조기 커리어 개발 지원, 실제 경험 제공을 통해 버나드는 차세대 리더를 지원하였고 의료계의 미래를 만드는 데 도움을 주었다."라고 전했다.

- **발전을 위한 리드.** 경영자는 다른 사람들을 모니터링하고 보상함으로써 발전을 이끈다. 이를 실행하는 방법에 대해서는 12장에서 학습했다. 카이저 퍼머넌트를 운영하는 그의 방식에 대해 질문받았을 때 타이슨은 "위계적인 리더가 모든 것을 알고, 모든 것을 이해하고, 모든 것을 다하는 시대는 오늘날의 환경에서 말이 되지 않는다. 스킬, 재능, 지능을 갖춘 사람들로 구성된 조직을 갖추고 있다."며 "더 이상 사람들에게 무엇을 하라고 지시하는 것이 과제가 아니다. 방향과 성과 기대치를 설정한 다음 사람들에게 영감을 주고 동기를 부여하는 것이 오늘날의 과제가 되었다. 카이저 퍼머넌트와 같은 복잡한 조직에서는 미션, 가치 제안, 최종 단계에 대해 명확하게 조직화된 혼돈을 관리한다··· 모든 인센티브와 자원이 이에 맞춰 조정되어야 한다."라고 덧붙였다.

윤리적 리더십

윤리적 리더십(ethical leadership)은 도덕적 롤 모델이 되는 데 중점을 둔 규범적으로 적절한 행동을 나타낸다. 대중은 지난 20년 동안 CEO의 행동에 대해 점점 냉소적으로 변했다. 엔론(Enron), 어서 앤더슨(Arthur Andersen), 월드컴(Worldcom), 미투 운동(#MeToo)에 이르기까지 기업 스캔들이 있을 때마다 윤리적 실패로 인해 해고되는 CEO의 수가 증가했다. PwC 컨설팅 회사의 최근 연구에 따르면, 2018년에 처음으로 윤리적 실수가 전 세계 2,500개 대기업에서 CEO를 해고하는 첫 번째 이유가 되었고, 승계의 39%가 이러한 이유로 발생했다. 윤리적 리더십에는 윤리적 가치를 다른 사람들에게 전달하고, 윤리적 행동에 보상하며, 관심으로 팔로워를 대하는 행동들이 포함된다.

에이미 풀러의 예: 글로벌 경영 컨설팅 회사인 액센츄어(Accenture)의 최고 마케팅 및 커뮤니케이션 책임자인 에이미 풀러(Amy Fuller)는 이전 통신 산업 클라이언트에 대한 이야기에서 윤리적 리더십의 중요성을 설명했다. 풀러는 "그 회사는 시장이 아날로그에서 디지털 시스템으로 이동함에 따라 수익이 급감하면서 어려운 시기를 매달 겪었다."라고 말했다. 그녀는 회사를 살리기 위해 "사업주가 이와 같은 문제를 비밀로 하려고 했고, 계속 고용하기 위해 할 수 있는 모든 개인 자산에 대해 대출을 받았다."라고 말했다. 풀러는 클라이언트에게 직원들에게 정직할 것을 요구했다. 풀러는 "그들은 울고, 껴안고, 그의 도전에 동참했고, 모두 급여 삭감에 동의했다."면서 "폭풍을 이기고 회사를 되돌리기 위해 모두 함께 뭉쳤다."라고 전했다.

윤리적 리더십에 대한 연구 결과는 다음과 같다.

- 윤리적 리더십은 신념 및 가치와 같은 개인적인 요인이 주도한다.
- 또한 조직의 문화 및 분위기와 관계가 있다. 즉, 윤리적 문화와 분위기는 윤리적 리더십을 촉진하고, 윤리적 리더십은 차례로 윤리적 문화와 분위기를 조성한다.
- 윤리적 리더십은 직원의 직무 만족, 조직 몰입, 조직시민행동, 동기 부여, 직무 성과와 긍정적인 관련이 있다.
- 나아가, 직무 스트레스, 비생산적인 업무 행동, 이직 의도와는 부정적인 관련이 있다.

임파워링 리더십과 윤리적 리더십을 모두 사용하는 리더에 대한 다음의 예를 살펴보자.

FEED의 로렌 부시 로렌

로렌 부시 로렌(Lauren Bush Lauren: LBL)은 유엔 세계식량계획(UN World Food Programme)의 학부생 대변인으로 활동하는 동안 극심한 빈곤을 목격했고, 이후 세계의 기아를 종식시키는 것을 평생의 일로 삼기로 결정했다. 그녀는 FEED를 공동 설립하여 전 세계적으로 음식이 부족한 학령기 어린이들에게 초점을 맞췄다. 이 회사는 가방, 티셔츠, 수건을 판매하며, 각 품목에는 얼마나 많은 식량을 제공하는지 나타내는 스텐실 번호가 있다. 예를 들어, 소비자가 FEED의 독창적이고 가장 인기 있는 제품인 삼베 FEED 1 가방을 구매하면 1년 동안 어린이 한 명에게 식량을 제공할 수 있게 된다.

다음은 LBL이 FEED의 미션을 달성할 수 있도록 다른 사람들에게 임파워링하는 방법이다.

1. **동료들을 임파워링한다.** LBL은 FEED의 성공을 팀원들 덕분이라고 생각한다. 그녀는 사업하는 가장 좋은 방법은 재능 있는 사람들을 찾아 그들을 방해하지 않는 것이라 믿는다. 그녀는 "창업할 때 할 수 있는 가장 중요한 일은 특정 영역에서 당신보다 더 많이 알고 있는 똑똑한 사람들로 주변을 둘러싸는 것이다."라고 말한다. FEED 초기에 LBL은 회사가 운송비로 인해 파산 직전에 있음을 깨닫게 되었다. 그녀는 UPS에서 회계사를 만났고 그녀가 공급망 관리에 대한 전문가라는 것을 빠르게 깨달았다. 이후 그녀는 그 회계사를 고용하여 FEED의 공급망 관리를 맡겼다.

2. **소비자들을 임파워링한다.** LBL은 세계 기아를 끝내기 위해서는 대규모 참여가 필요하다는 것을 알고 있다. FEED는 소비자가 구매하는 각 제품에 기부가 보이도록 부착하여 해결책의 일부가 될 수 있도록 임파워링한다. LBL은 "FEED가 하는 일은 개인이 재미있고 창의적이며 접근하기 쉽고 쉬운 방식으로 매우 크고 압도적인 세계 문제에 참여할 수 있는 방법을 제공하는 것"이라며 의미 있는 노력에 참여하려는 밀레니얼 세대의 열망에 호소하도록 FEED를 설계했다.

3. **도움이 필요한 사람들을 임파워링한다.** FEED의 사업 모형은 제조업체를 포함하여 공급망의 모든 사람에게 임파워링하기 위해 노력한다. 회사는 공정한 노동 조건에서 모든 제품을 만들고 식량이 부족한 국가의 장인들과 파트너 관계를 맺어 도움이 필요한 사람들이 FEED의 품목을 제조하여 생계를 유지할 수 있도록 한다. FEED는 또한 서비스를 제공하는 어린이들에게 임파워링하는 것을 목표로 한다. LBL은 FEED를 통해 매일 무료 급식을 받고 있던, 르완다에서 만난 어린 소녀에 대해 설명한다. 소녀는 LBL에게 르완다 최초의 여성 대통령이 되고 싶다고 말했다. 회사 웹 사이트에는 "어린이에게 영양가 있는 무료 급식을 제공하면 태어난 순간부터 경험하게 되는 빈곤의 악순환을 끊고 자신의 삶을 변화시킬 수 있는 힘을 얻을 수 있다."라고 명시되어 있다.

LBL은 사회적으로 초점을 맞춘 기업에서 성공하는 가장 좋은 방법은 열정과 정말로 관심 있는 대의명분을 결합하는 것이라고 믿는다. 그녀는 패션과 디자인에 대한 사랑과 세계 기아를 끝내려는 열정을 결합하여 FEED를 설립하였다. 또한 조직의 가치를 공유하는 파트너를 선택하는 것의 중요성을 언급했고, 가치가 자신과 일치하지 않는 매장에서 FEED의 제품을 판매할 기회를 모두 거절했다.

FEED는 지금까지 1억 명을 먹일 수 있는 식량을 기부했다. LBL은 "FEED를 시작하고 성장시킨 지난 10년 동안 리더가 되는 것에 대해 많은 것을 배웠다. 나는 그 과정에서 많은 실수를 저질렀지만, 각각은 놀라운 배움의 기회였다. 그리고 FEED의 미션과 설립 의도가 나의 원동력이자 이상인 곳에서 매일매일 이끌어 나가려고 노력하고 있다."라고 전했다.

로렌 부시 로렌, FEED 설립자.

당신의 생각은?

LBL의 리더십 유형은 무엇인가?

팔로워

리더십은 호혜적 관계이다. 즉, 리더십의 질은 리더가 이끄는 팔로워의 자질에 달려 있다. 리더와 팔로워는 서로 필요하며, 관계의 질은 팔로워가 어떻게 반응하고 행동하는지를 결정한다.

팔로워가 리더에게 원하는 것 연구 결과에 따르면, 팔로워는 다음과 같은 감정을 불러일으키는 리더를 찾고 존경한다.

- **중요성.** 부하 직원들이 직장에서 하는 일이 중요하고 의미 있다고 느끼게 만드는 리더
- **공동체.** 팔로워들이 다른 사람들을 존중하고 조직 목표를 추구하기 위해 함께 일하도록 격려하는 일체감을 조성하는 리더
- **신명남.** 사람들이 일에 활력을 느끼고 몰입하게 만드는 리더

리더가 팔로워에게 원하는 것 팔로워의 리더에 대한 순응의 정도가 다양한데, 리더에 대한 존경을 표시하는 협조형(가장 순응적인), 리더와 거리를 두는 독립형(낮은 순응도), 리더와 차이를 보이는 반항형(가장 낮은 순응도)이 있다.

전문가의 조언 | 좋은 팔로워가 되는 방법

변화하는 경영 환경과 증가하는 기술의 힘은 리더와 팔로워 간의 관계를 변화시켰다. 오늘날 좋은 팔로워는 단순히 리더를 팔로우하지 않는다. 그들은 일이 잘못된 방향으로 가고 있을 때 리더에게 알릴 권한을 갖고 있다.

똑똑한 팔로워가 되는 방법은 다음과 같다.

1. 리더는 팀원들이 무엇을 하고 있는지 알고 있으며, 조직이 중요한 목표를 달성하는 데 도움이 되도록 다양한 요소가 어떻게 결합되어 있는지 확인한다. 동료, 고객, 상사가 무엇을 하는지, 무엇을 원하는지, 무엇이 그들로 하여금 최선을 다하게 만드는지 알아보자. 주변 사람들을 더 잘 이해할수록 현재 목표를 달성하기 위해 그들과 더 잘 협력할 수 있고 미래에도 더 잘 이끌 수 있을 것이다.
2. 항상 이길 수는 없지만 시간과 에너지를 어디에 투자할지 선택할 수는 있다. 나와 비슷한 동료, 부하 직원, 상사와도 잘 지내고 다른 사람과도 잘 지내는 법을 배우도록 하자.
3. 상사가 틀렸다고 생각할 때 무안하지 않게 말하고 현명한 대안을 제시하는 것을 두려워하지 말자. 유용한 피드백은 항상 중요하다. 또한 일이 잘 풀릴 때 힘이 되는 것을 기억하자.
4. 좋은 팀 플레이어가 되고, 목표를 달성하고, 적절할 때 팀이 인정받게 하는 것은 당신이 팔로워일 때 상사를 포함하여 다른 사람들의 최고 성과를 이끌어 내는 데 큰 도움이 될 수 있다. 또한 상사에게 정보를 제공하자.
5. 올바른 질문을 하고, 지적인 도전을 제기하고, 자신의 역량과 동기를 유지하는 능력을 개발하자.

리더는 협조형 팔로워(그리고 어느 정도는 독립형 팔로워)에게서 분명히 이로운 결과를 얻는다. 리더는 생산적이고, 신뢰할 수 있고, 정직하고, 협조적이고, 능동적이며, 유연한 팔로워를 원한다. 리더는 프로젝트를 주도하기를 꺼려하고, 아이디어를 생성하지 못하고, 협력하기를 꺼리거나, 정보를 숨기거나, 부정확한 피드백을 제공하거나, 진실을 숨기는 팔로워를 원하지 않는다. 〈전문가의 조언〉에서는 더 나은 팔로워가 되기 위한 몇 가지 조언을 제공한다.

비인격적 감독

앞서 논의한 겸손, 임파워먼트, 윤리적 리더십의 개념은 리더십의 긍정적인 측면이다. 반면에, 비인격적 감독(abusive supervision)은 상사가 부하 직원에게 반복적으로 언어적 · 비언어적 적대감을 나타낼 때 발생한다. 비인격적 감독에는 감독자와 부하 직원 간의 신체적 접촉은 포함되지 않는다. 대신 공개적으로 망신주기, 모욕, 고함, 부하 직원 무시와 같은 행동이 포함된다.

비인격적 감독이 발생하는 이유 연구 결과에 따르면, 비인격적 감독을 유발하는 몇 가지 요인은 다음과 같다.

- 조직 문화: 감독자의 환경 요인으로 인해 비인격적 감독이 발생할 가능성이 높다. 이러한 요인에는 공격적인 조직 규범과 비인격적인 역할 모형이 포함된다.
- 개인 차이: 연구자들은 상사의 개인 차이와 부하 직원에 대한 비인격적 성향 사이에 상당한 상관관계가 있음을 발견했다. 이러한 요인에는 심리적 자격(자신이 다른 사람보다 더 가치가 있다는 일반적인 믿음)과 마키아벨리즘이 포함된다.
- 어린 시절 경험: 감독자의 어린 시절 경험은 부하 직원을 비인격적으로 대할 가능성에 영향을 미친다. 연구 결과에 따르면, 부모의 공격성을 목격한 감독자와 부모의 공격성의 대상이 된 감독자는 비인격적 감독 행동을 보여 줄 가능성이 더 높다고 한다.

비인격적 감독이 직원에게 미치는 영향 연구자들은 20년 넘게 비인격적 감독의 부정적인 결과를 연구해 왔다. 200개 이상의 연구에서 얻은 주요 결과는 다음과 같다.

- 비인격적 감독자의 부하 직원은 직장에서 일탈 및 비생산적인 행동을 할 가능성이 더 높고 우울증과 정서적 피로를 경험할 가능성이 더 높다.
- 비인격적 감독자의 부하 직원은 직무 만족과 직무 성과가 감소하고 조직시민행동을 보여 줄 가능성이 낮다.

비인격적 감독을 방지하기 위한 방법 비인격적 감독은 용납될 수 없고 부적절하지만, 일반적으로 그 자체로는 불법으로 간주되지 않는다. 그러나 이러한 행동은 분명히 직원과 조직에 피해를 끼친다. 기업은 비인격적 감독의 발생과 영향을 줄이기 위해 다음과 같은 조치를 취할 필요가 있다.

부하 직원을 적대적으로 대하는 상사를 경험하거나 목격한 적이 있는가? 정기적으로 직원에게 소리를 지르거나 조롱하거나 무시하는 상사는 어떠한가? 리더로서 하지 말아야 할 행동에 대한 예로 비인격적 행동에 대해 생각해 보자.

- 조직에서 허용되는 행동 유형과 허용되지 않는 행동 유형을 포함하여 감독 행동에 대한 강력하고 명확한 정책을 실행한다.
- 적절한 행동과 비인격적 감독 행동을 지각하는 방법에 대해 감독자와 직원을 교육한다.
- 안전한 보고 창구 및 보고한 직원에 대한 보복 보호를 포함하여 비인격적 감독에 대한 불만을 처리하기 위한 공정한 과정을 수립한다.
- 정기적인 직원 태도 설문 조사를 사용하여 보고되지 않은 비인격적 감독 사례와 잠재적 학대 패턴을 파악한다.

SECTION

07 커리어 준비 실천

이번 섹션에서는 자기 인식을 높이는 방법을 살펴본다.

학습 목표

자기 인식 역량을 개발하는 방법을 설명한다.

14장은 리더십이 매우 광범위하고 깊이 있는 개념임을 설명하였다. 나아가, 리더십이 조직 효과성의 모든 측면에 영향을 미치므로 아래 표시된 모형에서 비즈니스 이해, 비판적 사고 · 문제해결, 구두 · 서면 커뮤니케이션, 리더십, 사회적 지능, 네트워킹, 감성 지능, 자기 동기 부여, 전문성 · 직업 윤리, 적응성, 자기 인식, 서비스 · 타인 지향성, 변화에 대한 개방성, 일반화된 자기 효능감이라는 14가지 역량의 결합적인 사용이 필요하다는 것 또한 배웠다(그림 14.3 참조).

그림 14.3 **커리어 준비 모형**

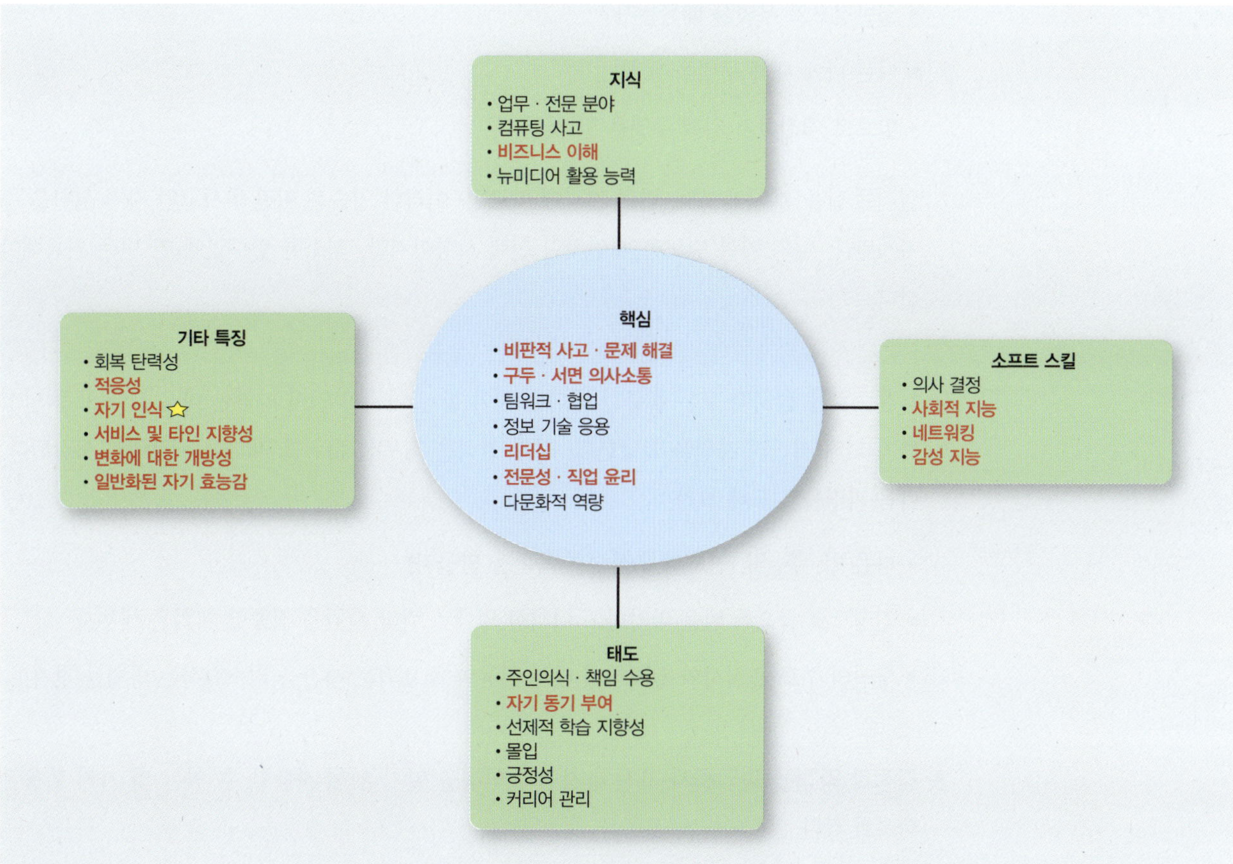

여기에서 이러한 모든 역량을 개발하는 방법에 대해 논의할 수는 없고, 자기 인식(self-awareness) 역량을 강화시킬 수 있는 방법을 살펴보자.

자기 인식을 높이는 방법

한 경영 전문가는 최근 기사에서 "자기 인식이 최근 경영 화두가 된 것 같다. 그럴만한 이유가 있다."라고 전했다. 연구 결과에 따르면, 자기 인식은 창의성, 의사 결정의 질, 리더십 효과성, 직무 만족을 증가시킨다. 자기 인식을 개발하는 것은 지적인 훈련이 아니다. 그것은 당신이 누구이고 당신이 무엇을 지지하는지 이해하는 것이다. 삶의 비전, 가치, 성격, 욕구, 행동 경향, 사회적 스킬에 대해 생각하는 것이 필요하다. 다음과 같은 조치를 취하면 자기 인식을 더 잘 할 수 있다.

1. **성찰할 시간을 갖자** 우리는 대부분 일상 활동이나 단기 목표를 달성하기 위해 너무 바빠서 성찰하고 배울 시간이 없다. 일은 끝냈지만 더 어려운 과제나 승진에 필요한 새로운 스킬을 배우지는 못하게 된다. 다음 질문을 정기적으로 고려함으로써 삶에 대한 의도적인 성찰을 실시할 수 있다.

   - 무슨 일이 있었는가?
   - 일반적으로 무엇을 배웠는가?
   - 나는 나에 대해 무엇을 배웠는가?
   - 앞으로 개선하기 위해 무엇을 할 것인가?

   일지에 답을 기록해 보자. 연구 결과에 따르면, 이러한 연습은 비판적 사고와 자기 성찰을 증가시킨다. 일지 기록 빈도은 개인적인 선택 사항이지만, 최소한 일주일에 한 번은 기록해야 한다.

2. **우선순위를 정하자** 모든 훌륭한 리더는 해야 할 일이 무엇인지 파악한 다음 그 목표를 달성하기 위해 시간과 자원을 할당한다. 자기 인식은 최우선 순위를 파악하는 것에서 시작된다. 다음 과정을 시도해 보자.

   - 다음 일, 주, 월, 연도의 우선순위 목록을 만들자.
   - 진정으로 중요한 일을 파악하고 이러한 일에 노력과 자원을 집중할 계획을 세우자.
   - 당신의 주요 관심사와 일치하지 않는 활동에 소요되는 시간을 최소화하는 방법을 찾자.

3. **강점과 약점을 파악하자** 자신의 강점과 약점을 알기 위해 사용할 수 있는 몇 가지 활동은 다음과 같다.

- 가족, 친구, 동료, 멘토에게 피드백을 요청하자. 그들은 정기적으로 당신을 관찰하며 특히 당신이 정말로 정직한 피드백을 받는 것이 안전하다고 그들에게 알릴 때 좋은 정보 출처가 될 수 있을 것이다.
- 정말로 바꾸고 싶은 행동이 있다면 그런 행동이 나타날 때마다 믿을 수 있는 사람에게 알려달라고 요청하자.

4. **더닝 크루거 효과를 피하자** 다음에 대해 생각해 보자. "만약 내가 단지 똑똑하다면, 나는 괜찮을 것이다. 하지만, 나는 매우 똑똑해서 대부분의 사람들이 나를 매우 위협적이라고 생각한다(배우 샤론 스톤; Sharon Stone).", "전 세계 사람들은 나를 위대한 정신적 지도자로 인정한다(스티븐 시걸; Steven Seagal)." 대부분의 지나치게 재능 있는 사람들은 이렇게 자랑하고 다니지 않는다. 예를 들어, 알버트 아인슈타인(Albert Einstein)은 사람들에게 자신이 "지독하게 똑똑하다."라고 말한 적이 없다.

심리학 교수인 데이비드 더닝(David Dunning)과 저스틴 크루거(Justin Kruger)가 개발한 더닝 크루거(Dunning-Kruger) 효과는 무능한 사람들이 자신의 무능함을 인식하지 못하는 인지적 편향을 의미한다. 이들은 자신의 무능함을 인식하지 못할 뿐만 아니라 자신이 실제로 유능하다는 확신을 가질 가능성이 높다. 10,000명의 사람들에게 건설적인 비판에 어떻게 반응하는지 묻는 온라인 퀴즈의 결과를 통해 이 효과를 생각해 보자. 39%만이 피드백의 원인을 고려하여 건설적인 비판에 대처한다고 말했다. 나머지 61%는 더닝-크루거 효과에 휘말렸을 가능성이 있다.

요점은 이러한 편향이 자신의 약점을 인식하는 능력을 떨어뜨리고, 그로 인해 이를 바로잡는 것을 방해한다는 것이다. 더닝-크루거 효과를 극복하는 두 가지 방법은 정기적인 피드백을 구하는 것과 선제적 학습 지향성에 집중하는 것이다.

주요 용어

강압적 권력
개인화된 권력
거래적 리더십
경로-목표 리더십 이론
과업 지향적인 리더십 행동
관계 지향적인 리더십
관리적 리더십
권력
글로벌 마인드셋
나르시시즘
더닝 크루거 효과
리더-구성원 교환 리더십 이론
리더십
리더십의 행동 이론
리더십 상황 이론
리더십 코칭
리더십의 특성 이론
마키아벨리즘
배려
변혁적 리더십
보상적 권력
사이코패스
사회화된 권력
상황적 접근
생산 중심적인 리더 행동
서번트 리더십
심리적 임파워먼트
영향 전술
윤리적 리더십
임파워링 리더십
전문적 권력
정보적 권력
주도
준거적 권력
직원 중심적인 리더 행동
카리스마
카리스마적 리더십
합법적 권력

핵심 정리

01 권력과 영향

- 리더십은 직원들이 조직의 목표를 자발적으로 추구하도록 영향을 미치는 능력이다. 권력은 사람, 정보, 기타 자원을 모아서 어떤 일을 해내는 능력이다.
- 조직 내에서 일반적으로 리더가 활용할 수 있는 여섯 가지 권력의 원천은 (1) 합법적 권력, (2) 보상적 권력, (3) 강압적 권력, (4) 전문적 권력, (5) 준거적 권력, (6) 정보적 권력이다.
- 영향 전술의 아홉 가지 유형은. 합리적 설득, 영감적 호소, 협의, 영합, 개인적 호소, 교환, 연합, 압박, 합법화이다.

02 리더십의 특성 이론

- 특성 이론은 리더의 효과성을 설명하는 특징을 설명한다.
- 다섯 가지 긍정적인 과업 지향적 특성은 (1) 지능, (2) 성실성, (3) 경험에 대한 개방성, (4) 정서적 안정성, (5) 긍정적인 영향이다. 긍정적인 속성으로는 외향성, 친화성, 감성 지능이 있으며, 부정적인 속성으로는 나르시시즘, 마키아벨리즘, 사이코패스가 있다.
- CEO와 리더가 되는 여성이 점점 늘고 있지만, 여전히 매우 적다.
- 리더를 위한 네 가지 기본 스킬은 (1) 인지 능력, (2) 대인 관계 스킬, (3) 비즈니스 스킬 및 (4) 개념적 스킬이다.

03 리더십의 행동 이론

- 행동 이론은 효과적인 리더가 보여 주는 행동을 설명한다.
- 과업 지향적인 행동은 집단이나 조직의 목표를 달성하기 위해 효율적이고 효과적으로 자원을 할당하는 행동이다.
- 관계 지향적인 행동은 주로 리더와 부하 직원 간의 상호 작용에 초점을 둔다.

04 리더십의 상황 이론

- 리더십에 대한 상황 이론 지지자들은 효과적인 리더십 행동은 상황에 따라 다르다고 주장한다.
- 피들러의 리더십 상황 이론은 리더의 과업 지향적인 행동과 관계 지향적인 행동이 적합한 상황을 규명했다.
- 하우스의 수정된 경로-목표 리더십 이론은 효과적인 리더가 부하 직원이 목표를 달성할 수 있는 경로를 명확히 하고 지원을 제공한다고 주장한다. 직원 특징과 환경 요인에 따라 효과적인 리더십 스타일은 달라진다.

05 거래적 리더십과 변혁적 리더십

- 변혁적 리더십은 직원들이 자기 이익보다 조직 목표를 추구하게끔 변화시키며 리더의 개인 특징과 조직 문화에 영향을 받는다.
- 직원들에게 영향을 미치는 변혁적 리더의 네 가지 행동은 영감을 주는 동기, 이상적인 영향, 개인화된 배려, 지적 자극이다.

06 리더십의 최근 이론

- 리더-구성원 교환 이론은 리더가 부하 직원별로 서로 다른 종류의 관계를 맺는다는 점을 설명한다.
- 서번트 리더십은 자신보다 다른 사람들에게 더 많은 서비스를 제공하는 데 초점을 맞춘다.
- 겸손한 리더는 직원들이 높이 평가하는 다섯 가지 핵심 자질, 즉 높은 자기 인식, 피드백에 대한 개방성, 다른 사람에 대한 감사, 낮은 자기 초점, 더 큰 선의 인식을 나타내는 경향이 있다.
- 임파워링 리더십은 리더가 다른 사람들에게 심리적 임파워먼트에 대한 지각을 생성하는 정도를 나타낸다.
- 윤리적 리더십은 도덕적 롤 모델이 되는 데 중점을 둔 규범적으로 적절한 행동을 나타낸다.
- 리더는 생산적이고, 신뢰할 수 있고, 정직하고, 협조적이며, 능동적이며 유연한 팔로워를 원한다.
- 비인격적 감독은 상사가 부하 직원에게 보이는 반복적인 언어적 · 비언어적 적대감을 나타낸다.

07 커리어 준비 실천

- 효과적인 리더가 되려면 14가지 커리어 준비 역량을 갖춰야 한다.
- (1) 성찰할 시간을 갖고, (2) 우선순위를 정하고, (3) 강점과 약점을 파악하고, (4) 더닝 크루거 효과를 피하면 자기 인식을 더 잘 할 수 있다.

핵심 질문

01 리더와 관리자의 차이점은 무엇인가?

02 권력의 여섯 가지 원천은 무엇인가?

03 리더십과 관련된 과업 지향적인 특성과 대인 관계 속성을 설명해 보자?

04 과업 지향적인 리더 행동과 관계 지향적인 리더 행동의 차이점을 설명해 보자.

05 두 가지 리더십 상황 이론에 대해 간략하게 설명해 보자.

06 변혁적 리더십을 설명해 보자.

07 리더-구성원 교환 이론과 서번트 리더십 이론을 설명해 보자.

08 리더십의 최근 이론과 개념들을 간략하게 설명해 보자.

위워크의 흥망성쇠

2001년, 22살의 아담 노이만(Adam Neumann)은 이스라엘에서 미국으로 이주했다. 그는 뉴욕시에 있는 바룩 칼리지(Baruch College)에 다녔지만, 졸업까지 4학점을 남겨두고 자퇴했고, 대신 기업가로서의 길을 걸었다. 두 번의 벤처 실패 후 노이만과 친구 미겔 맥켈비(Miguel McKelvey)는 자신의 사무실에 투자할 준비가 되지 않은 사람들과 회사들을 위해 공동 작업 공간에 있는 책상을 빌려주는 그린 데스크(Green Desk)라는 사업을 시작했다. 그리고 2010년 그들의 회사인 위워크(WeWork)가 탄생했다.

위워크는 유연한 업무 공간에 대한 수요가 높은 뉴욕시와 샌프란시스코와 같은 대도시 지역에서 사무실 공간을 임대한 다음 64제곱피트의 작은 구역으로 분할했다. 그런 다음 레스토랑과 같은 편의 시설, 복사기와 같은 사무 장비 등을 제공하면서 전문가들에게 해당 구역을 임대하였다. 노이만은 위워크를 기술 및 라이프스타일 회사로 포지셔닝하여 자신의 사업 모형에 투자자를 유치했지만, 비평가들은 위워크가 미화된 재임대 회사에 지나지 않는다고 말한다. 그렇다면 어떻게 2019년까지 위워크가 전 세계적으로 520개 이상의 지점을 갖게 되었고 가치가 거의 500억 달러에 달할 수 있었을까?

영감을 주는 리더십

한 기자는 한때 위워크를 미국에서 가장 가치 있는 스타트업으로 만든 것은 노이만의 "기업가적 비전, 카리스마, 과감한 위험 감수의 조합"이었다고 덧붙였다. 노이만은 화성에 공유 오피스 공간을 만든다거나 위워크에서 전 세계 1억 5천만 명의 고아들에게 가족을 제공하자는 등의 엉뚱한 목표를 얘기했다고 한다.

노이만은 불가능한 일을 해낼 수 있는 비범한 능력이 있다고 믿는 것 같았다. 예를 들어, 그는 영원히 살고 싶었기 때문에 수명 연장 스타트업 회사인 라이프 바이오사이언스에 투자했다. 회사 측 한 관계자는 노이만을 "자신이 예수 같은 인물이라고 생각하는 강렬한 사람"이라고 묘사하면서도 "그는 자신이 하는 일에 매우 능숙하다."라고 표현하였다. 노이만의 동기 부여 능력은 그를 매우 싫어했던 전직 임원에게도 인정받았다.

노이만의 문제

하지만 노이만과 충분한 시간을 보낸 사람들은 결국 그의 환상적이고 카리스마 넘치는 겉모습에서 구멍을 발견했다. 위워크를 담당했던 한 부동산 회사의 임원은 "그는 분명히 매우 똑똑하고 야망이 있지만, 그는 도시의 토지 이용 과정의 보다 밀접한 측면에 대해 이야기하기 시작했고, 그는 자신이 무슨 말을 하는지 전혀 알지 못했다."라고 말했다.

결정적으로 기업이 기업 공개 공모를 계획할 때 사용하는 등록 양식인 위워크의 S-1 파일링은 투자자들에게 회사와 CEO의 문제를 드러냈다. 예를 들어, 별도의 비공개 회사인 '위 홀딩스(We Holdings, LLC)'의 경영진으로서 노이만은 '위(We)'라는 단어에 대한 상표권을 등록했다. 그런 다음 그는 위워크를 '더 위 컴퍼니(The We Company)'라는 이름으로 재편성하고 자신의 회사에 590만 달러를 청구했다. 노이만은 또한 위워크에서 거의 무이자 대출을 받아 사무실 건물을 구입하는 데 사용하고 그 공간을 위워크에 다시 임대했다.

전 트위터 CEO인 딕 코스톨로(Dick Costolo)는 노이만에 대해 "이것은 모든 사람이 행동하는 방식이 아니다"라고 말했다. 코스톨로는 위워크 내부의 "자기 거래의 정도가 심각한 수준"으로 규정했다. 그러나 전직 직원들은 아무리 말도 안 되는 소리라고 해도 노이만을 억누르는 것은 거의 불가능하다고 말했다.

위워크의 몰락

투자자들은 위워크의 기업 공개 공모를 거절하고 회사 가치를 75%나 낮췄다. 위워크는 노이만을 해고했으며, 2019년 말에 새로운 공동 작업 공간을 계속해서 여는 동안 직원을 20% 줄였다.

토론 문제

문제 해결 관점

1. 투자자 입장에서 이 사례의 근본적인 문제와 원인은 무엇인가?
2. 이 문제를 해결하기 위해 투자자에게 어떤 제안을 하겠는가?

적용하기

1. 노이만의 권력의 원천은 무엇인가? 임직원들과 투자자들의 지지를 얻기 위해 어떤 영향 전술을 사용했는가?
2. 특성 이론의 관점에서 노이만을 평가해 보자. 그는 어떤 특성을 가지고 있었고 어떤 특성이 부족했는가?
3. 행동 이론의 관점에서 노이만을 평가해 보자. 그는 어떤 행동을 보였고 어떤 행동이 부족했는가?
4. 리더십의 최근 이론을 활용하여 노이만을 평가해 보자.

법적 · 윤리적 과제

스타벅스의 매장 운영 정책

스타벅스는 2014년 '스타벅스에서 만나(Meet Me at Starbucks)'라는 수백만 달러 규모의 글로벌 브랜드 캠페인을 시작했다. 광고는 커피가 아니라 스타벅스 매장이 친구를 만나거나 사업을 하거나 그룹 회의를 하기에 좋은 장소라는 아이디어에 초점을 맞췄다. 그러나 일부 스타벅스 매장에서는 제품을 구매할 때만 담소를 나눌 수 있었다.

2018년 중반까지 스타벅스는 어슬렁거리는 것에 대한 기업 정책이 없었다. 대신, 스타벅스의 개별 매장이 사람들이 안에 앉을 수 있는지 또는 무료로 화장실을 사용할 수 있는지에 대한 자체 규칙을 설정해야 했다. 어떤 매장은 이를 허용했지만, 다른 매장은 이를 거부하였다. 2명의 흑인 남성이 무단 침입과 소동으로 체포된 필라델피아 스타벅스 사건이 바로 후자의 경우이다. 사업 파트너인 돈트 로빈슨(Donte Robinson)과 래숀 넬슨(Rashon Nelson)은 동료를 기다리는 중 한 명이 화장실을 사용할 수 있냐고 요청하기 위해 직원에게 물었다. 그들은 아무것도 사지 않았고 떠나기를 거부하자 매장 관리자는 그들을 경찰에 신고했다. 로빈슨과 넬슨에게 수갑을 채우고 있는 모습이 담긴 비디오가 퍼졌고, 대중의 분노와 인종 차별에 대한 비난이 촉발되었다.

스타벅스의 CEO인 케빈 존슨(Kevin Johnson)은 이번 사건에 대해 공개적으로 사과하고, 로빈슨과 넬슨을 직접 만나기 위해 필라델피아로 날아갔다. 남자들은 공개되지 않은 금액과 애리조나 주립 대학과의 파트너십을 통해 무료 대학 교육을 제공하겠다고 제안한 스타벅스와 합의했다. 그들은 또한 필라델피아시에서 상징정인 1달러의 배상금을 각각 받고, 대신 필라델피아시는 시내 공립 고등학생을 위한 기업가 정신 프로그램에 20만 달러를 지원하기로 합의했다.

스타벅스는 결국 어슬렁거리는 것에 대한 기업 정책을 변경한다고 발표했다. 회사 측은 성명을 통해 "구매 여부와 관계없이 테라스, 카페, 화장실 등 스타벅스의 공간에 들어오는 모든 사람을 고객으로 본다."라고 밝혔다. 일부는 회사의 결정을 칭찬했지만, 다른 일부는 그 결정이 사업적으로 타당한지에 대해 의문을 제기했다.

문제 해결

스타벅스의 CEO라면 어떻게 하겠는가?

1. 어슬렁거리는 것에 대한 기업 정책을 제정하지 않았을 것이다. 고객을 관리하는 방법과 경찰이 언제 개입해야 하는지에 대한 결정은 기업 경영진이 아니라 매장의 책임자가 내려야 한다. 일부 지점은 다른 지점보다 더 바쁘고 돈을 지불하지 않는 고객이 돈을 지불한 고객의 공간을 차지해도 되는지 여부를 결정할 수 있어야 한다.
2. 어슬렁거리는 것에 대한 새로운 기업 정책은 좋은 생각이라고 생각한다. 기업 정책은 돈을 지불하지 않는 고객에 대응하는 방법에 대해 매장 담당자들에게 보다 명확한 지침을 제공하고, 매장 담당자의 잘못된 결정으로 인한 책임에서 회사를 보호할 수 있다.
3. 특정 매장에 과도한 손실을 주지 않는 한 어슬렁거리는 것에 대한 기업의 정책은 좋은 생각일 수 있다고 생각한다. 예를 들어, 좋은 정책은 좌석을 기다리는 유료 고객이 없는 한 어슬렁거림을 환영한다고 명시할 수 있다. 유료 고객이 앉을 자리가 없다면 돈을 지불하지 않은 고객은 자리를 비워야 한다.
4. 다른 안이 있다면 설명해 보자.

CHAPTER 15

의사소통

학습 목표

1. 의사소통 과정을 설명한다.
2. 의사소통 경로와 사용 방법을 이해한다.
3. 의사소통의 장애물과 극복 방법을 파악한다.
4. 소셜 미디어를 활용한 의사소통 방법을 설명한다.
5. 경청, 서면 · 구두 의사소통 스킬을 향상시킬 수 있는 방법을 이해한다.
6. 네트워킹 역량을 향상시키기 위한 방법을 이해한다.

▶ 미리보기

15장에서는 개인과 집단 간에 정보를 전달하고 이해하는 과정을 학습한다. 이 과정에서 공식 및 비공식 의사소통의 다양한 경로와 패턴을 알아본다. 그리고 신체적, 인적, 다문화적, 비언어적, 성별 차이와 같은 의사소통의 장애물에 대해 살펴보고, 경영자가 소셜 미디어를 사용하여 효과적으로 의사소통하는 방법을 알아본다. 또한 효과적으로 쓰고, 말하고, 듣는 방법을 알아본 뒤, 네트워킹 역량을 향상시키는 방법을 살펴본다.

공감 능력을 개발하는 방법

왜 공감에 관심을 기울여야 할까? 이는 졸업 후 의미 있는 직업을 찾고 유지할 때 차별화 요소가 될 수 있기 때문이다. 링트인(LinkedIn)의 인재 해결 담당 부사장인 마크 로보스코(Mark Lobosco)는 "2020년대에 들어서면서 공감은 회사가 인재를 고용하고 유지하는 방식을 바꿀 것"이라고 결론지었다. 그는 "주주 가치를 모든 것보다 우선시하는 대신 … 이제 회사의 목적은 직원에 대한 투자를 포함하고 있다. 회사가 직원들에게 진 빚에 대한 기대치가 높아지는 가운데 기업은 지원자를 유치할 뿐만 아니라 인력을 유지하기 위해 더 많이 공감하고 있다."

로보스코는 다른 사람의 감정과 생각을 느끼고 이해하고 그에 따라 행동하는 능력을 의미하는 공감이 개인과 조직 모두에게 효과적인 의사소통의 핵심 요소라고 말한다. 이것은 감성 지능의 일부이고, 모든 사람이 가진 타고난 인간 능력을 나타내기도 하며, 학습하며 개발할 수도 있다.

공감은 직장에서 다른 사람들과 의사소통할 때 실제로 일어나는 일, 즉 그들이 필요하고 느끼고 말하는 것, 심지어 그들이 말하지 않는 것까지 더 많이 더 정확하게 이해하는 데 도움이 된다. 공감은 답변을 만들고, 더 강력한 업무 및 대인 관계를 통해 더 나은 의사소통자가 될 수 있도록 돕는다. 연구 결과는 공감이 (12장에서 학습한 바와 같이) 조직 공정성에 대한 더 긍정적인 인식, 더 나은 직무 성과, 더 나은 의사소통 능력 및 (11장에서 학습했던) 더 많은 조직시민행동과 관련이 있다는 것을 밝혀냈다.

또한 리더십 스킬과 갈등을 완화하는 능력을 향상시킨다. 다른 사람에 대해 공감하는 사람일수록 타인에게 존경받기 쉽고, 따라서 그들을 더 잘 이끌고 리드할 수 있다. 그리고 갈등을 해결하는 능력은 궁극적으로 모든 당사자에게 무엇이 중요한지 그리고 각 당사자가 무엇을 성취하기를 원하는지를 인식하는 능력에 달려 있다.

공감은 또한 면접관이 신입 사원에게 무엇을 필요한지 이해하도록 도와줌으로써 지원자가 더 나은 면접 성과를 낼 수 있도록 한다.

공감 능력을 개발하고 감성 지능을 강화하기 위한 몇 가지 조언은 다음과 같다.

경청 스킬 연습

다른 사람의 말을 끊거나 실제로 말하는 내용을 듣는 대신 어떻게 대응할지 생각하는 것은 타인과 그들의 메시지에 집중하는 것을 방해한다. 대면 대화 중에 휴대 전화를 확인하는 것도 상대방이 말하는 내용에 집중하는 능력을 제한한다.

마음챙김 수행

마음챙김 없이는 공감할 수 없다. 마음챙김은 머릿속에 떠오른 다른 사람의 말에 경청하지 못하게 하는 부정적인 생각, 불안한 생각, 관련 없는 생각을 모두 무시할 수 있도록 돕는다. 타인이 느끼고 생각하는 것을 어떻게 정확하게 인식할 수 있을까? 마음챙김은 공감이 끼치는 영향보다 더 개인의 성공을 촉진할 수 있다. 쉬 벤쳐스(She Ventures)의 최고 비전 책임자인 조지나 미란다(Georgina Miranda)는 마음챙김이 그녀가 에베레스트산을 두 번 등정하는 데 도움이 되었다고 말한다. 그녀는 "마음을 길들이는 법을 배울 수 있다면 현재를 온전히 사는 법을 배울 수 있다. 그러면 가장 성공적인 삶을 살게 될 것이다."라고 말했다.

비언어적 신호 관찰

화자의 몸짓, 표정, 목소리 톤에 주의를 기울이자. 자신의 비언어적 행동 또한 관찰해야 한다. 예를 들어, 듣고 말하는 동안 편안한 눈 맞춤을 유지해 보자. 찡그린 표정이나 팔짱을 끼는 것과 같은 몸짓이 관심 부족이나 좌절감을 전달할 수 있음을 인지하는 것도 중요하다.

관점 수용 연습

관점 수용은 다른 사람과 의사소통할 때 다른 사람의 관점을 수용하는 것이다. 예를 들어, 누군가가 길을 가다가 당신에게 가장 가까운 식당으로 가는 길을 묻는다면 당신은 그 사람을 바라보고 있는 당신의 관점에서 길을 알려 줄 것인가, 아니면 당신을 바라보는 그 사람의 관점에서 말하겠는가? 이때는 당연히 질문을 건넨 상대의 관점을 취해야 한다. 그 사람이 현지

인이 아닌 다른 지역에서 왔다면 더 자세한 방법을 알려주겠는가? 질문을 건넨 사람의 관점을 취했다면 대답은 '예'일 것이다. 누군가가 어디에서 왔는지 이해하는 데 문제가 있다면 상황을 반대로 생각하여 당신이 그 사람의 입장이 된다면 어떻게 할 것인지 자문해 보자. 이러한 상상의 교환은 다른 사람이 보고, 듣고, 느끼는 것을 지각하고 느낄 수 있게 해 주기 때문에 공감의 본질이 된다. 연구 결과에 따르면, 관점 수용은 다른 사람의 내재적 생각과 감정을 이해하는 능력을 향상시킨다.

청중 이해

그룹을 상대로 발표를 하든 1:1 연설을 하든, 청중이 현재 말하고 있는 주제에 대해 얼마나 알고 있는지 이해해야 한다. 그 지식을 사용하여 사람들에게 설명이 과하거나 부족하지 않도록 하자.

관심과 호기심 표출

어떠한 상황에서 자신이나 원하는 것에만 관심이 있다면 공감하기 어렵다. 다른 사람의 행복을 위하는 것은 공감 능력을 향상시키는 데 큰 도움이 된다. 누군가의 생각 및 감정과 연결하는 것도 호기심을 통해 촉진된다. 예를 들어, 기말고사가 있는 주에 같은 반 친구가 당신에게 다가와 "나 지쳤어."라고 말하면 당신은 "나도 마찬가지야. 기말고사는 힘들다. 나는 네가 어떻게 느끼는지 알고 있다."라고 말할 수 있다. 그러나 더 강력한 응답에는 호기심이 포함된다. 그 대답은 당신이 같은 반 학생을 지치게 만드는 것이 무엇인지 정말로 모른다는 것을 지각하는 것에서 시작된다. 그는 집세를 내기 위해 두 가지 일을 하며 아픈 부모님을 돌보고 있을 수도 있다. 또는, 단순히 그 학생이 5과목의 기말고사를 위해 공부하고 있다는 사실 때문일 수 있다. 공감을 시도하기 전에 호기심을 가지고 질문하고, 듣고, 배우자.

SECTION

01 의사소통의 의미와 과정

의사소통은 한 사람이 다른 사람에게 정보를 전달하고 이해시키는 것이다. 이 과정에는 발신자, 메시지 및 수신자, 암호화 및 해독, 매체, 피드백 및 '소음' 또는 간섭이 포함된다. 상황에 적합한 매체를 통해 의사소통을 실행해야 한다

15장의 목표는 효과적인 의사소통자가 되는 방법을 이해하는 것이다. 효과적인 의사소통은 좋은 구두 · 서면 스킬 이상을 포함하며, 이것은 회사가 원하는 중요한 역량이다. 이를 위해 한 전문가는 "효과적인 전문 의사소통을 개발하려면 시간이 걸리고 연습이 필요하다."라고 말한다. 15장에서는 의사소통의 정의와 과정을 학습하며 의사소통 역량 개발을 시작한다. 그런 다음 적절한 의사소통 매체를 선택하기 위한 상황론적 접근법에 대해 살펴볼 것이다.

학습 목표

의사소통 과정을 설명한다.

의사소통의 정의

연구자들은 수신자가 메시지를 인지적으로 처리하여 메시지를 해석하는 사회적 정보 처리의 한 형태로서 의사소통을 연구해 왔다. 이러한 연구는 수신자가 자신의 마음속에서 의미를 창조하는 과정을 설명하는 지각적 의사소통 모형의 개발로 이어졌다.

한 사람이 다른 사람에게 정보를 전달하고 이해시키는 의사소통(communication)은 경영자로서 많이 경험하게 될 활동이다. 항상 의사소통하기 때문에 의사소통을 잘할 것이라고 여기는 사람들이 많다. 200명의 미국 고용주와 4,200명의 졸업생을 대상으로 한 설문 조사에 따르면, 설문 조사에 참여한 대학생의 거의 80%가 자신이 구두 및 서면 의사소통에 능하다고 생각했지만, 고용주의 42%만이 학생들의 구술 능력이 정확하며, 56%만이 학생들의 쓰기 능력이 뛰어나다고 생각하는 것으로 밝혀졌다.

최소한의 시간 안에 메시지를 정확하게 전달할 수 있을 때 효율적인 의사소통자가 된다. 또한 의도한 메시지가 상대방에게 정확하게 이해될 때 효과적인 의사소통자가 된다. 효율성과 효과성은 동등하게 중요할까? 이번 섹션을 학습하면 명확한 답을 얻을 수 있게 될 것이다. 여기서는 의사소통 과정의 기본 사항을 살펴보고 의사소통의 효과성 측면에 초점을 둘 것이다.

Comstock Images/ Alamy Stock Photo

의사소통을 위해 소리 지를 필요는 없다.

의사소통 과정

의사소통은 "메시지를 보내는 발신자가 매체를 통해 메시지를 응답하는 수신자에게 보내는 것"으로 구성된다. 의사소통 과정의 다이어그램은 아래와 같다(그림 15.1 참조). 다른 부분에 대해서도 한번 살펴보자.

발신자, 메시지, 수신자 다음과 같이 발신자(sender)는 메시지라고 하는 정보를 공유하려는 사람이며, 수신자(receiver)는 발신자가 메시지를 보내려고 의도한 사람이다.

그림 15.1 **의사소통 과정**

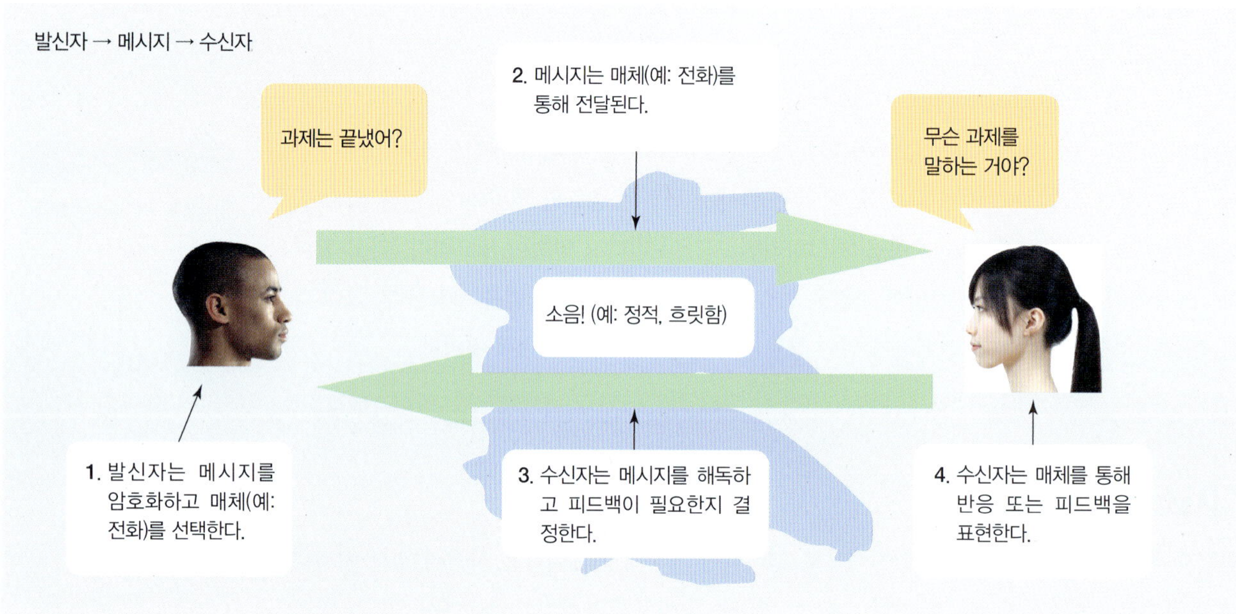

암호화 및 해독 물론 이 과정은 발신자 · 메시지 · 수신자처럼 간단하지 않다. 모스 부호를 사용하여 전신선을 통해 메시지를 보내는 구식 전신 교환원이라면 먼저 메시지를 암호화해야 하고 수신자는 이를 해독해야 한다. 하지만, 같은 방에 있는 다른 사람에게 음성으로 메시지를 보내면서 어떤 언어로 말하고 어떤 용어를 사용할지 결정할 때 그리고 친구에게 문자를 보내면서 단어, 약어, 이모티콘을 선택할 때도 마찬가지다.

암호화(encoding)는 메시지를 이해할 수 있는 기호나 언어로 번역하는 것이다. 해독(decoding)은 메시지를 해석하고 이해하려고 하는 것이다. 따라서 의사소통은 다음과 같은 형태가 된다.

발신자 **[암호화]** → 메시지 → **[해독]** 수신자

매체 문자나 이메일을 쓰거나, 손으로 메모를 작성하거나, 직접 음성으로 또는 전화나 화상 회의를 통해 의사소통하는 등 의사 전달자로서 메시지를 보낼 때 사용하는 수단은 매우 중요하다. 여기서 수단은 매체(medium)를 나타내며 이는 메시지가 전달되는 경로이다.

발신자 [암호화] → 메시지 **[매체]** 메시지 → [해독] 수신자

피드백 "123편, 들리는가?" 영화에서 문제가 있는 항공편의 조종사에게 이전 메시지를 수신했는지(들었는지)를 확인하기 위해 무선 조종 시 비행 관제사가 종종 하는 대사이다. 그리고 조종사는 라디오를 통해 "로저, 휴스턴, 들립니다."라고 응답할 수 있다. 이와 같은 확인은 피드백(feedback)의 한 예로서 수신자는 발신자의 메시지에 대한 자신의 반응을 표현한다.

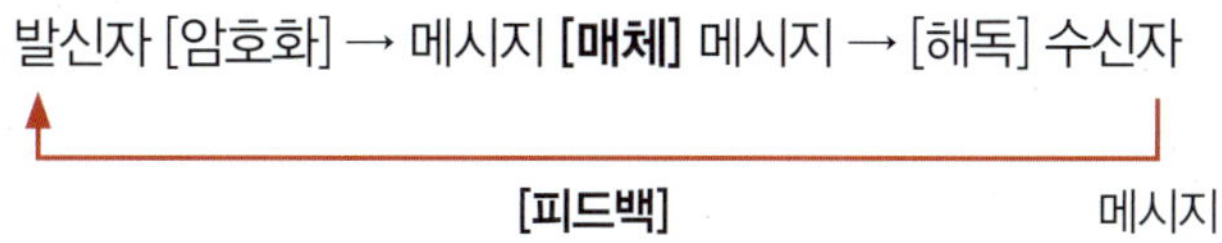

피드백은 메시지를 보내는 발신자의 의도대로 수신자가 이해했는지, 수신자가 그것에 동의하는지 평가할 수 있도록 하기 때문에 효과적인 의사소통에 필수적이다. 이것은 의사소통의 정확성을 위한 필수 구성요소이며, 의역을 통해 촉진될 수 있다. 의역(paraphrasing)은 사람들이 듣거나 읽은 것의 핵심을 자신의 말로 다시 말하는 것이다. 또한 이는 메시지를 정확하게 이해했음을 보여 준다. 누군가가 당신이 말한 것을 이해했는지 확인하고 싶다면 그 사람에게 당신의 메시지를 의역해 다시 말해 달라고 요청해 보자.

소음 안타깝게도 의사소통 과정의 효율성과 효과성은 모두 (메시지 전송 또는 이해를 방해하는 장애물인) 소음(noise)으로 인해 방해받을 수 있다. 예를 들어, 건설 업계의 직원 517명을 대상으로 한 최근 연구에 따르면, 응답자의 65%가 소음으로 인해 성과 저하를 경험한 것으로 나타났다. 생산성 손실 측면에서 비용을 상상해 보자. 소음의 네 가지 주요 원인은 물리적, 심리적, 의미론적, 생리적 요인이다.

- **물리적 소음.** 물리적(physical) 소음은 이름 그대로이다. 여기에는 회의나 사교 모임 중에 여러 사람이 동시에 이야기하는 것이 예가 된다. 또한 의사소통하는 장소의 환경에서 발생하는 주의를 산만하게 하는 소리도 포함된다. 또 다른 예로는 조명의 윙윙거리는 소리, 시끄러운 환기 시스템, 청소원의 청소하는 소리, 거리에서 착암기를 작동하는 건설 노동자의 소리, 정리되지 않은 파워포인트 슬라이드, 울리는 전화, 사무실의 칸막이 또는 전화기에서 말하는 사람들이 포함된다. 개방형 사무실 환경에서 일한 적이 있다면 무슨 말인지 이해될 것이다. 개방형 사무실에서는 사람들이 별도의 공간에서 일하는 전통적인 사무실 환경보다 더 많은 소음을 경험하게 된다.
- **심리적 소음.** 심리적(psychological) 소음은 성격, 태도, 감정, 신념 또는 생각과 같은 개인 차이와 관련 있어서 메시지를 암호화하고 해독하는 능력에 영향을 미친다. 예를 들어, 내향적인 사람들은 외향적인 사람들보다 소음에 더 부정적인 영향을 받는다. 두려움, 슬픔 또는 환희와 같은 강한 감정도 정보 처리 능력을 방해할 수 있다. 우리의 신념은 또 다른 흥미로운 소음원이다. 화자가 우리가 동의하지 않는 것을 지지할 때 우리는 '조심'하는 경향이 있다.

강의 노트를 종이에 작성하는 것과 노트북에 녹음하는 것에 대한 신념을 비교해 보자. 이러한 신념 때문에 실수로 학습 경험에 소음을 더하게 되는가? 두 가지 방법은 모두 장단점이 있지만, 노트에 메모를 작성하는 것이 더 낫다는 데 많은 이들이 동의한다.

- **의미론적 소음.** 의미론적(semantic) 소음은 의사소통할 때 사용되는 단어에서 발생한다. 예를 들어, 다른 문화권의 사람들이 상대방의 언어로 더듬거리며 말할 때 암호화 또는 해독하는 동안 잡음이 발생할 수 있다. 15장의 뒷부분에서는 의사소통에 대한 문화 간 장벽에 대해 살펴볼 것이다. 사우스다코타주의 수폴스(Sioux Falls)에 있는 스미스필드 푸드(Smithfield Foods)의 육류 공장에서 발생한 코로나바이러스 사례는 훌륭하지만 슬픈 의미론적 소음의 예이다.

  스미스필드 푸드의 예: 스미스필드 푸드의 돼지고기 가공 공장은 미국에서 9번째로 큰 돼지 가공 공장이다. 주로 미얀마, 에티오피아, 네팔, 콩고, 엘살바도르에서 온 이민자들과 난민들로 이루어진 약 3,700명의 직원들이 일한다. 공장에서는 대략 40개의 다른 언어를 사용한다. 직원들이 사용하는 상위 10개 언어에는 영어가 포함되지만, 나머지는 스페인어, 쿠나마어, 스와힐리어, 네팔어, 티그리냐어, 암하라어, 프랑스어, 오로모어, 베트남어이다. 언어 장벽은 783명의 근로자 사이에서 코로나바이러스가 확산하여 2명의 사망자를 초래한 주요 요인이었다. 연방 수사관들은 "증상을 보인 근로자들은 영어로만 쓰인 정보 패킷과 함께 집으로 보내졌다."라고 지적했다. 직원의 딸 줄리아(Julia)는 기자에게 "부모님은 영어를 못한다. 그들은 자신을 보호할 수 없었다."라고 전했다.

전문(jargon) 용어는 의미론적 소음의 또 다른 소음원이다. 전문 용어는 특정 직업이나 집단에서만 사용되는 용어이다. 버즈워즈(Buzzwords)는 정보를 제공하기보다는 감동을 주는 말이다. (예: "우리 팀이 입소문이 난 광고 캠페인에 힘입어 상사와 다시 협력할 수 있을까?") 소음은 우리의 신체적 움직임과 말이 다른 메시지를 보낼 때 (15장의 뒷부분에서 설명할) 비언어적 의사소통에서도 발생한다.

이 학생은 생리적 소음으로 인해 수업 시간에 주의를 기울이지 못하고 있다.

- **생리적 소음.** 심한 감기와 두통이 있을 때 강의를 들어 본 적이 있는가? 그렇다면 생리적(physiological) 소음의 영향을 이해하고 있는 것이다. 이러한 형태의 소음은 신체장애뿐만 아니라 특정 시점에서의 신체 증상을 반영한다. 예를 들어, 아프면 집중을 유지하고 상대방의 의견을 적극적으로 경청하기가 매우 어렵다.

효과적인 의사소통을 위한 적절한 수단 선택

경영자는 일대일 대면 대화에서 대중 매체 사용에 이르기까지 모든 종류의 의사소통 도구를 사용할 수 있다. 그러나 경영자는 상황(예: 이메일을 사용해야 할 때 또는 대면해야 할 때)에 적합한 도구를 언제, 어떻게 사용해야 하는지 알아야 한다. 메시지와 상관없이 잘못된 매체를 선택하면 의사소통에 큰 손실이 발생할 수 있다. 브렛 크로지어(Brett Crozier) 대위의 예를 생각해 보자.

브렛 크로지어 대위의 예: 크로지어 대위는 USS 시어도어 루스벨트(USS Theodore Roosevelt)에서 코로나바이러스 팬데믹이 발생했을 당시에 그 배의 사령관이었다. 크로지어 대위는 팬데믹 발병과 해군이 어떻게 대처하고 있는지에 대한 불만에 대해 군 관리들에게 4쪽 분량의 편지를 썼다. 그는 "우리는 전쟁 중인 것이 아니다. 선원들이 죽을 필요가 없다. 지금 행동하지 않으면 우리가 가장 신뢰하는 자산인 선원들을 제대로 돌보지 못하는 것이다."라는 내용을 전했다. 그의 편지는 결국 주류 언론에 유출되었다.

당시 해군 장관이었던 토마스 모들리(Thomas Modly)는 크로지어를 직위 해제하였다. 모들리는 기자들과 만나 "크로저 대위의 편지에서 일부 요지의 타당성에 대해 이의를 제기했지만, 그가 이를 제기한 것은 전적으로 옳았다. 그런데 문제는 그가 이를 수행한 방식이었다. 그것은 나에게 용납될 수 없는 일이었다."라고 전했다. 모들리와 다른 사람들은 크로지어의 행동을 명령 계통을 위반한 것으로 보았다. 많은 사람이 크로지어가 그의 선원들을 보호하기 위해 옳은 일을 했다고 믿고 있지만, 그의 행동은 분명히 군대 내 통신 규범을 위반했다.

선박 갑판에서 선원들에게 말하고 있는 크로지어 선장

모든 매체에는 고유한 장단점이 있으며, 올바른 매체를 선택할 때 고려해야 할 몇 가지 기준이 있다. 예를 들어, 문자와 트윗은 작성자가 간결하고 정확하게 내용을 작성해야 하며, (일반적으로 간략한) 이메일과 마찬가지로 대면 및 전화 통화에서는 제공하지 않는 의사소통 기록을 제공하기도 한다. 또한 시차와 상관없이 보낼 수도 있다. 그러나 음성, 화상 통화 및 대면 메시지와 달리 서면 의사소통은 목소리 톤과 몸짓 언어를 통해 의미의 뉘앙스를 전달하지 못하는 경우가 많아 오해받기 쉽다. 간단한 전화 통화가 잘못 해석된 여러 이메일보다 나을 수 있다.

일반적으로 매체의 풍부함 측면에서 의사소통 매체를 구분할 수 있다.

매체의 풍부함 매체의 풍부함(media richness)은 특정 매체가 정보를 얼마나 잘 전달하고 학습을 촉진하는지를 나타낸다. 다시 말해, '풍부한' 매체일수록 정보를 더 잘 전달한다. 매체의 풍부함이라는 용어는 존경받는 조직 이론가인 리처드 데프트(Richard Daft)와 로버트 렝겔(Robert Lengel)이 매체 선택에 대한 상황 이론의 일부로 제안했다.

매체의 유형은 그림 15.2와 같이 매체의 풍부함이 높은 것부터 낮은 것까지 배열할 수 있다.

그림 15.2 매체 선택의 상황 이론

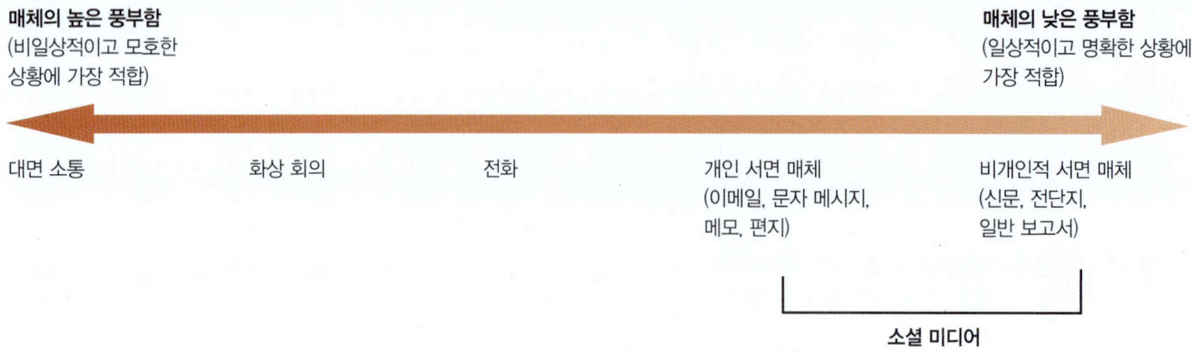

대면 의사소통은 가장 개인적인 의사소통 형태이기도 하며 가장 풍부하다. 메시지를 받는 수신자가 신체 언어나 목소리 톤과 같은 여러 신호를 관찰할 수 있다. 이를 통해, 발신자는 즉각적인 피드백을 받아 수신자가 메시지를 얼마나 잘 이해했는지 확인할 수 있다. 매체의 풍부함 척도의 다른 쪽 끝에 있는 비개인적인 서면 매체는 그 반대를 뜻한다. 단 하나의 신호만 있고 피드백이 없기 때문에 풍부함이 낮다.

사람들은 각자 선호하는 매체가 있고, 동일한 매체의 풍부함에 대해 서로 다르게 지각한다. 외향적이고 호감 가는 성격의 남성과 사람들은 풍부한 매체를 사용하는 경향이 있다. 고정 관념과 달리 연령은 매체의 풍부함 선호도에 영향을 미치지 않는다.

상황에 적합한 매체를 사용하는 방법 일반적으로 다음의 지침이 도움이 된다.

풍부함이 높은 매체. 풍부함이 높은 매체는 일상적이지 않은 상황에서 더 효과적이다. 예를 들어, 상사가 신입 사원들의 복리 후생 제도 도입과 같은 비일상적인 변화 사항을 어떤 방식으로 알려 주기를 원하는가? 게시판에 붙인 메모(풍부함이 낮은 매체) 또는 대면 회의나 전화 통화(풍부함이 높은 매체) 중 어느 것을 원하는가?

일상적인 문제(예: 월별 판매 보고서)에 풍부함이 높은 매체를 사용하면 정보 과부하(필요 이상으로 많은 정보 전달)를 초래할 수 있다.

풍부함이 낮은 매체. 풍부함이 낮은 매체는 일상적인 상황에서 더 효과적이다. 예를 들어, 영업 관리자는 50명의 영업 담당자에게 일상적인 월간 영업 보고서를 어떤 방식으로 받고 싶어 할까? 시간이 오래 걸리는 전화 통화(풍부함이 높은 매체)를 선호할 것인가 아니면 이메일이나 문자 메시지(풍부함이 낮은 매체)를 선호할 것인가? 예를 들어, 조직 개편 발표와 같은 비일상적인 문제에 풍부함이 낮은 매체를 사용하면 정보를 지나치게 단순화하여 수신자가 필요하고 원하는 정보를 충분히 제공하지 못할 수 있다.

페이스북(Facebook), 링트인(LinkedIn), 트위터(Twitter)와 같은 소셜 미디어와 이메일은 매체의 풍부함이 다양하다. 많은 청중을 개인적이지 않게 대하고 익명(또는 닉네임)이면 매체의 풍부함은 더 낮아지며, 빠른 대화식 피드백을 제공하는 개인적인 내용과 비디오 정보를 혼합하면 매체의 풍부함은 더 높아진다. 섹션 04에서 소셜 미디어에 대해 학습한다.

다음은 코로나바이러스 팬데믹 동안 이해관계자들과 의사소통했던 두 병원의 사례를 보여준다.

코로나바이러스 팬데믹 동안 병원의 의사소통

워싱턴주 렌튼(Renton)에 있는 프로비던스 세인트 조셉 헬스 시스템(Providence St. Joseph Health System)의 수석 부사장이자 최고 의사소통 책임자인 오레스트 홀벡(Orest Holubec)과 루이지애나주 배턴루지(Baton Rouge)에 있는 프란치스코회 성모 헬스 시스템(Franciscan Missionaries of Our Lady Health System)의 최고 마케팅 책임자인 캐서린 해럴(Catherine Harrell)은 기자와 팬데믹 기간에 각 병원이 의사소통한 방법에 대한 이야기를 나눴다.

홀벡: 프로비던스 세인트 조셉 헬스 시스템은 다양한 이해관계자와 의사소통할 때 여러 매체를 사용했다. 먼저, 케이블 뉴스를 통해 외부 이해관계자와 소통했다. 코로나바이러스 팬데믹의 미국 최초 사례를 확인했고, 신뢰할 수 있는 정보로 가능한 한 많은 청중에게 신속하게 전달되기를 원했기 때문에 이 같은 방법을 사용했다. 또한 팔로워 수가 많은 점을 고려하여 대중과 소통하기 위해 소셜 미디어를 사용했다.

프로비던스 세인트 조셉 헬스 시스템은 외부 이해관계자와 의사소통하는 데 추가적인 노력을 기울였다. CEO가 CNN 및 기타 뉴스 채널에 출연하고 정기 팟캐스트 방송 등도 활용했다.

또한 병원은 직원들과는 다른 의사소통 전략을 사용했다. 이는 비즈니스의 임상, 의사소통 및 운영 측면의 내부 직원들을 포함하는 일일 운영 회의로 시작되었다. 또한 병원을 운영하는 7개 주에 걸쳐 약 300명의 직원에게 매일 오전 7시 30분에 전화를 걸어 각 병원에서 무슨 일이 일어나고 있는지에 대한 신뢰할 수 있는 정보를 얻었다. 그다음에는 의사소통 팀인 50~60명의 구성원과 함께 매일 모여 회의를 진행한 후 이 회의에서 배운 내용을 조직에 고용된 120,000명의 간병인에게 언제 어떻게 전달할지 결정했다.

나아가, 이메일, 셰어포인트(SharePoint) 및 직원들의 스마트폰에 설치된 앱을 통해 직원들에게 적절한 시기에 관련 있는 정보를 제공했다. 많은 직원이 팔로우하고 있었기 때문에 소셜 미디어도 활용했다.

해럴: 프란치스코회 성모 헬스 시스템의 선교사들은 의사소통에 매우 적극적이고 개방적인 방식을 취했다. 팬데믹 초기에 외부 이해관계자와의 의사소통은 지역 언론 매체를 활용했다. 예를 들어, 의사들은 시청자가 문의한 질문에 답하기 위해 매일 TV 방송국에 출연했다. 블로그와 인포그래픽을 포함한 소셜 미디어도 대중이 가장 많이 묻는 질문에 답하는 데 사용되었다.

직원들과의 내부 의사소통은 적극적이고 투명했다. 해럴은 의사소통의 목표가 "조직에 물어보기 전에 정보를 제공하고, 빠르게 변화하는 환경에서 정보를 업데이트하는 것"이라고 말했다. 최고 의료 책임자는 "자원과 회복력에 중점을 두어 루이지애나와 미시시피의 최신 감염자 수, 개인 보호 장비 보존 노력, 공급망 업데이트, 임무 및 HR과 같은 절차 변경 사항"을 포함한 관련 정보가 포함된 이메일을 매일 업데이트하여 배포했다. 인트라넷은 병원 자원을 홍보하고 직원의 질문에 답변하는 데 사용되었다. 매일 진행된 '타운 홀' 미팅은 직원들이 경영진과 소통할 수 있는 실시간 전화 통화 기회를 제공하는 데 사용되었다.

마지막으로, CEO는 경영진과의 일일 운영 회의를 실시했고, 모든 리더와 매주 전화 통화하면서 의사소통을 풍부하게 했다. 그는 또한 모든 직원에게 다가가기 위해 팟캐스트를 진행했다.

당신의 생각은?

두 의료 기관은 의사소통 매체를 당면한 상황에 적합하게 선택하여 활용했는가?

SECTION

02 의사소통의 경로

공식적인 의사소통 경로는 수직적, 수평적, 외부적 유형으로 구성된다. 비공식적인 의사소통 경로는 조직의 공식적인 구조의 외부에서 개발되며, 한 가지 예는 비밀 정보망이다. 또 다른 비공식적인 의사소통 경로인 대면 의사소통은 신뢰를 구축하고 효과적인 경청 스킬에 좌우된다.

고위 경영진에게 제안하고 싶은 사항이 있다면 공식적인 직급 체계를 따라서 직속 상사를 통해 전달해야 하는데 이는 공식적인 의사소통에 해당한다. 그러나 엘리베이터에서, 화장실에서, 또는 식당에서 우연히 임원을 만나서 제안사항을 말했다면 이것은 비공식적인 의사소통에 해당된다.

학습 목표

의사소통 경로와 사용 방법을 이해한다.

공식적인 의사소통 경로

공식적인 의사소통 경로(formal communication channel)는 공식적으로 인정된다. 8장에서 설명한 조직도는 공식적인 의사소통(메모, 서신, 보고서, 구두 보고)이 전달되는 방식을 보여 준다.

공식적인 의사소통 경로는 (1) 수직적, (2) 수평적, (3) 외부적 유형이 있다.

수직적 의사소통 수직적(vertical) 의사소통은 조직 내 위계 구조의 위와 아래 사이에서 메시지가 전달되는 것이다. 상사는 부하 직원과 소통하고 부하 직원은 상사와 소통한다. 메시지가 전달되는 직급의 간격이 클수록 메시지가 왜곡되기 쉽다.

- **하향식 의사소통.** 하향식(downward) 의사소통은 상위 직급에서 하위 직급으로 흐른다. 소규모 조직에서는 하향식 의사소통이 면대면으로 실행될 수 있다. 대규모 조직에서는 회의, 이메일, 공식 메모, 회사 간행물 및 타운 홀 회의를 통해 실행된다. 코로나바이러스 팬데믹 기간에 사무실 폐쇄와 팬데믹과 관련된 두려움으로 인해 하향식 의사소통은 상당히 어려워졌다. 슐래플리(Schlafly) 맥주를 생산하는 세인트 루이스 양조장(Saint Louis Brewery)의 CEO인 프란 카라도나(Fran Caradonna)는 "별일 없이 지내자(Be Well)"라는 제목의 회사 전체 이메일을 통해 사업 현황에 대해 소통하고 연민을 표시했다. 시스코 시스템(Cisco Systems)의 CEO인 척 로빈스(Chuck Robbins)도 매주 화상 회의를 통해 회사 전체 직원들을 위로했다.

상향식 전달. 조직의 위계에서 자신보다 2~3단계 높은 경영자와 어떻게 의사소통할 것인가? 경로를 통해 메모를 보낼 수 있다. 또는 경영자가 커피를 마시러 갈 때 이 같은 비공식적인 기회를 이용할 수 있다.

- **상향식 의사소통.** 상향식(upward) 의사소통은 하위 직급에서 상위 직급으로 흐른다. 이러한 유형의 의사소통은 부하 직원에서부터 직속 상사에게 이루어지며, 해당 상사는 필요할 경우 이를 차상위자에게 전달한다. 비대면으로 일하는 경우 이메일, 전화 또는 화상 회의를 통해 상사와 업데이트를 공유하는 것이 매우 중요하다. 그리고 상사가 선호하는 의사소통 매체를 파악하는 것이 좋다. 일부 경영자는 이메일을 받는 것보다 직접 만나는 것을 선호한다. 효과적인 상향식 의사소통은 신뢰의 분위기와 심리적 안전성에 달려 있다. 직원들은 상사를 신뢰하지 않을 때 안 좋은 소식을 전할 가능성이 낮다.

하향식 및 상향식 의사소통의 유형은 다음과 같다(표 15.1 참조).

표 15.1 하향식 의사소통과 상향식 의사소통

하향식 의사소통

- 특정 직무와 관련된 지침. 예(경영자가 부하 직원에게): "매장은 재고로 인해 월요일에 문을 닫는다."
- 둘 이상의 직무 간의 관계에 대한 설명. 예: 다른 부서에서 중요한 업무를 시작하기 전에 산출이 필요하기 때문에 경영자는 직원들에게 일정보다 먼저 업무를 완료하도록 요청할 수 있다.
- 조직의 정책 · 제도 · 절차에 대한 설명. 예: "HR 부서에서 새로운 휴가 제도에 대해 이메일을 보낸다."
- 부하 직원의 성과에 대한 경영자의 피드백. 예: "프로젝트 마감일을 이틀이나 놓쳐서 고객의 요구 사항을 충족하는 팀의 능력에 영향을 미쳤다. 그 이유에 대해 논의해 보자."
- 조직의 목표에 대한 사명감과 몰입을 격려하기 위한 노력. 예: "경영자가 팀 회의를 소집하여 팀이 회사의 전략적 목표에 어떻게 기여하고 있는지 논의한다."

상향식 의사소통

- 현재 프로젝트에 대한 진행 상황 보고. 예: "재고 조사가 3시간이나 지연됐다. 제시간에 수행하려면 어떻게 해야 하는가?"
- 조직의 상위 계층 사람들의 도움이 필요한 해결되지 않은 문제에 대한 보고. 예: "다른 부서의 투입이 없어서 업무를 완료할 수 없다."
- 작업 단위에 영향을 미치는 새로운 사건. 예: "두 명의 직원이 같은 주에 휴가를 가고 싶어 한다. 이것을 어떻게 처리하겠는가?"
- 개선을 위한 제안. 예: "이 스프레드시트의 결과를 해석하는 데 도움을 줄 수 있는가?"
- 직원 태도 및 효율성에 대한 보고. 예: "지난 1년 동안 고객 만족도 점수가 하락했다. 개선 계획을 마련하기 위해 부서 회의 일정을 잡아보자."

출처: D. Katz and R. Kahn, The Social Psychology of Organizations (New York: Wiley, 1966); and E. Planty and W. Machaver, "Upward Communications: A Project in Executive Development," Personnel Vol. 28 (1952), pp. 304-318.

수평적 의사소통 업무 부서 내 그리고 업무 부서 간의 수평적(horizontal) 의사소통 흐름의 주요 목적은 조정(coordination)이다. 경영자는 조직 내에서 비슷한 직급의 동료와 의사소통하는 데 자기 시간의 3분의 1을 할애한다고 한다. 이러한 종류의 수평적 의사소통에서 정보를 공유하고, 업무를 조정하고, 문제를 해결하고, 갈등을 해결하고, 동료의 지원을 받게 된다. 회의, 위원회, 대책 위원회, 매트릭스 구조를 사용하여 수평적 의사소통을 장려할 수 있다.

이러한 형태의 의사소통은 혁신에 필수적이기 때문에 특히 중요하다. 안타깝게도 수평적 의사소통은 다음 네 가지 원인으로 인해 방해받게 된다.

1. 협업보다는 자신의 업무에만 집중하게 하는 전문화
2. 정보 공유를 방해하는 직원이나 부서 간 경쟁
3. 협업, 협력 또는 혁신을 장려하지 않는 조직 문화
4. 정보나 자원의 공유를 방해하는 개인 중심의 보상 제도

외부적 의사소통 외부적(external) 의사소통은 조직 내부와 외부의 사람들 사이에서 이루어 진다. 조직은 전략적 목표를 달성하기 위해 고객, 공급업체, 주주와 같은 여러 이해관계자들과 의사소통하기 때문에 이러한 형태의 의사소통은 점점 더 중요해지고 있다. 특히, 소기업 CEO는 사업을 성장시키기 위해 외부적 의사소통에 의존한다. 이 같은 의사소통은 렌트 더 런웨이(Rent the Runway)의 CEO이자 공동 설립자인 제니퍼 하이먼(Jennifer Hyman)에게 특히 중요했다.

렌트 더 런웨이의 예: 뉴욕에 위치한 렌트 더 런웨이는 디자이너 드레스와 액세서리를 대여할 수 있는 온라인 서비스이다. 이 회사는 약 1,150명의 직원을 고용하고 있으며, 4,400만 달러의 매출을 올리고 있다. 하이먼은 코로나바이러스 팬데믹 기간에 고객 및 기타 외부 이해관계자들과 소통하기 위해 특별한 노력을 기울였다. 팬데믹 기간에 다른 사람이 착용한 옷이라는 점 때문에 고객들이 드레스 대여를 꺼리는 모습을 예상할 수 있었을 것이다. 분명히 이 위기는 회사에 치명적일 수 있다. 하이먼은 문제를 인식하고 의류를 세탁하는 절차가 안전하다는 것을 알려서 고객들을 안심시키기로 했다. 그녀는 사용 중인 세탁 과정이 질병예방센터에서 실시한 과학적 연구를 기반으로 한다는 메시지를 고객에게 알리기 위해 소셜 미디어를 활용했다.

George Etheredge/The New York Times/ Redux Pictures

렌트 더 런웨이 창고에서 업무를 지켜보는 제니퍼 하이먼.

비공식적인 의사소통 경로

비공식적인 의사소통 경로(informal communication channel)는 공식적인 구조 외부에서 만들어지며 체계를 따르지 않는다. 즉, 보다 자발적이고 직급을 건너뛸 수 있으며 권한의 경계 또한 넘을 수 있다.

비공식적인 경로의 두 가지 유형은 (1) 비밀 정보망과 (2) 대면 의사소통이다.

비밀 정보망 비밀 정보망(grapevine)은 비공식적인 조직의 비공식적인 의사소통 시스템이며, 대면 및 온라인 소문과 가십의 네트워크이다. 직장 내 가십(workplace gossip)은 긍정적일 수도 있고 부정적일 수도 있으며 중요한 역할을 한다. 예를 들어, 연구 결과에 따르면 전체 조직 의사소통의 70%가 비밀 정보망을 통해 전달되는 것으로 나타났고, 공식적인 의사소통이 부족

할 때 가십은 더 활발해진다. 다양한 산업 분야의 직원 800명을 대상으로 한 최근 일련의 인터뷰에서 47%가 회사 리더의 말이 비밀 정보망과 상충될 때 비밀 정보망을 믿을 가능성이 더 높다고 응답했다. 인터뷰 대상자의 51%가 소문보다 뉴스레터를 더 신뢰한다고 응답하며, 이메일 및 뉴스레터와 같은 서면 또는 온라인 회사 의사소통은 비밀 정보망의 영향력을 앞섰지만 그 차이는 미미했다.

비밀 정보망의 부정적인 영향을 줄일 수 있는 방법은 다음과 같다.

1. **개방 정책적인 의사소통 정책 수립 및 실행.** 직원들은 경영진에게 쉽게 다가가서 직접 대화할 수 있을 때 험담을 줄이게 된다.

2. **신속하고 투명한 정보 제공.** 코로나바이러스 대처 또는 조직 변화와 같은 위기 상황에서 중요하다.

3. **가십에 신속한 대응.** 가십은 들불과 같다. 치료하지 않고 방치하면 빠르고 넓게 퍼진다. 경영자는 잘못된 가십을 바로잡기 위해 풍부함이 높은 매체와 낮은 매체를 모두 사용하는 것이 좋다.

4. **솔선수범.** 스스로 험담하는 모습을 보이지 말고, 타인과 적극적으로 소통하면서 청렴함을 보여 주는 것이 중요하다.

대면 의사소통 우리 삶에서 빠르고 효율적인 전자 의사소통이 널리 사용되지만, 대부분의 사람들은 여전히 직장에서 대면 대화를 가장 많이 한다. 직원은 상사와의 진정한 인간 관계를 중요하게 여기고, 상사가 자신을 걱정하는 것을 좋아한다. 대면 대화 시간은 관계와 신뢰를 구축하고 직원 개개인에 대한 존중을 나타내므로 동기를 부여한다. 넷플릭스(Netflix)의 CEO인 리드 헤이스팅스(Reed Hastings)는 사무실이 전혀 존재하지 않는다. "그냥 그럴 필요가 없다."라고 말하며 "건물 곳곳에서 사람들을 만나는 것이 나에게 더 좋다."라고 첨언하였다.

대면 의사소통의 기본 원칙은 다음과 같다.

1. **시간을 정하자.** 무작위로 사람들을 만나기보다는 개별 직원들과 시간을 정하고 상호 작용에 소요되는 주어진 몇 분 동안 두 사람 모두 (휴대 전화를 포함한) 방해 요소에서 벗어나도록 해야 한다. 멀티태스킹을 할 때가 아니다.

2. **많이 듣고 적게 말하자.** 상대방이 하는 말뿐 아니라 그 말 뒤에 담긴 감정적인 내용도 들어보자. 눈을 마주치고 몸짓 언어를 관찰해 보자. 이것은 15장의 마지막 섹션에서 학습하는 공감에 많은 도움이 된다. 말할 차례가 되면 간단하게 말하자. 메시지가 구체적이거나 사실적이라면 미리 사실을 준비하고 생각을 요약해야 한다. 질문을 예상하고 답변을 준비 해놓자.

3. **주의를 기울이고 관심을 보이자.** 앞서 마음챙김과 순간에 집중하는 것이 얼마나 중요한지 여러 번 언급했다. 이것은 관심을 나타내는 동시에 경청 능력을 향상시키기 때문에 대면 대화에서 매우 중요하다. 질문을 하고 고개를 끄덕이는 것과 같은 비언어적 신호를 사용하는 것은 주의

를 기울이고 관심을 보이는 좋은 방법이다.

4. 직원 타운 홀 회의를 개최하자. 월별 또는 분기별로 개최되는 '타운 홀' 회의는 일반적으로 경영자의 프레젠테이션과 공개 질의응답 세션으로 구성된다. 타운홀 회의도 비대면으로 개최하는 것이 가능하다. 예를 들어, 애플(Apple)의 CEO인 팀 쿡(Tim Cook)은 2020년 비대면 타운홀 회의를 개최해 직원들이 팬데믹이 회사에 미치는 영향에 대해 질문할 수 있도록 했다. 쿡은 참가자들에게 "우리가 최선을 다하는 일에 계속 집중하고, 계속 투자하고, 사업을 현명하게 관리하며, 협력적으로 결정을 내리고, 팀을 돌보고, 우리 팀이 그들의 일을 돌본다면 나는 낙관적일 수밖에 없다."라고 말했다.

회의는 공식적으로나 비공식적으로 사람들과 의사소통하는 데 가장 자주 사용되는 수단일 것일 것이다. 회의는 비대면 또는 대면으로 열릴 수 있으며, 아마 회의에 참석해 본 적이 있을 것이다.

전문가들은 2019년에 잘못된 회의로 인한 비용이 미국에서 3,990억 달러, 영국에서 580억 달러라고 추정했다. 다음의 〈전문가의 조언〉을 통해 효과적으로 회의를 관리하는 방법을 알아보자.

전문가의 조언 | 효과적인 회의 관리 방법

좋은 회의의 조건은 무엇일까? 한 전문가는 효과적인 회의는 "커피를 마시며 대화를 나누는 다섯 명의 친구처럼 느껴져야" 한다고 제안했다. 이 설명만으로는 확실하지 않다. 또 다른 이들은 "높은 참여, 좋은 에너지, 건설적인 협업, 의미 있는 대화"를 통해 성과를 내야 한다고 제안했다. 이를 위해 필요한 일들은 다음과 같다.

회의 리더가 해야 할 일

1. **모든 것은 목적에서 시작된다.** 회의를 소집하기 전에 회의에서 어떤 특정 업무를 수행하고 싶은지 자문해 보자. 참석자들의 의견과 토론을 위한 짧은 시간을 남겨두고, 각 요점에 대한 시간제한이 있는 의제 형식으로 이를 기록한다. 의제를 만드는 것은 일정을 계속 유지하는 것 이상의 역할을 한다. 의제를 통해서는 다른 사람들이 회의를 위해 무엇을 준비해야 하는지 알 수 있도록 하여 귀중한 시간을 절약할 수 있다.

2. **적합한 사람들을 초대하자.** 참석자는 당면한 업무에 적합해야 한다. 회의 참석자들은 명확한 목적을 위해 참석해야 하며, 참석에 필요한 지식이나 전문성을 보유해야 한다. 모든 사람들을 다 초대해서는 안 된다.

3. **회의하기 좋은 날짜와 시간을 정하자.** 설문 조사에 따르면, 월요일과 금요일은 회의를 진행하기 가장 적합하지 않은 날이고, 화요일과 수요일은 가장 선호하는 요일들이다. 설문 조사 결과는 또한 사람들이 아침이나 점심 직전에 만나는 것을 선호한다고 제안한다. 저녁 회의를 좋아하는 사람은 거의 없다. 이러한 결과가 당신의 상황에 적합하다고 가정해서는 안 된다. 요점은 참가자들에게 선호도를 물어보고 가장 좋은 날짜와 시간을 선택하는 것이다.

4. **회의를 효과적으로 시작하자.** 이는 다음을 통해 수행할 수 있다.
   - 간단한 개회 환영사를 제공한다.
   - 회의의 목적을 설명한다.
   - 회의 참석자들에게 회의에 초대한 이유를 설명하여 참여를 유도해야 한다.
   - 모두가 서로를 모르는 경우 시간을 내서 소개하는 시간을 가지자.
   - 새로운 집단인 경우 기본 규칙이나 규범을 도입한다.
   - 의제를 검토한다.
5. **정시에 시작하고 끝내자.** 다른 사람들의 시간 약속을 존중하자. 회의실에 가장 먼저 도착하고 회의를 시작하겠다고 말한 시간에 회의를 시작해야 한다. 각 의제 항목에 대해 허용한 시간제한을 준수하고 시계를 계속 주시하자. 비생산적인 토론을 부드럽게 그러나 단호하게 차단하는 방법을 배워야 한다.
6. **목적에 부합하는 의제에 집중하자.** 회의는 종종 회의의 목적을 넘어서는 중요한 문제에 대한 대화로 이어진다. 회의 중에 이러한 문제들로 인해 산만해지지 말고 따로 화이트 보드, 플립 차트 또는 디지털 기기에 메모해 두었다가 회의가 끝나면 이런 사안들에 대한 다음 단계를 논의하는 것이 좋다.
7. **후속 조치를 취하자.** 회의 후 24시간 이내에 참석자에게 내린 결정, 수행할 업무, 누가 언제 수행할 것인지에 대한 요약을 보내 결과와 기대치를 명확히 해야 한다.

회의 참석자가 해야 할 일

1. **유연하게 준비하자.** 회의 초대에 대해서 신속하게 응답해야 한다. 의제를 읽고 (미리 받지 못한 경우 요청하고) 회의에서 제시해야 할 사실이나 자료를 준비하자. 회의가 항상 계획대로 진행되는 것은 아니므로 유연하게 준비해야 한다. 예를 들어, 발표 시간이 15분인 경우 시간이 제한적일 경우에 대비하여 전체 발표와 발표의 단축본을 모두 준비하자.
2. **시간을 지키자.** 회의에 늦게 나타나는 것은 무례하고 방해가 되며 제시간에 회의가 끝나지 못하게 할 수 있다.
3. **현명하게 참여하자.** 자신의 기여가 간단하고 전문적이며 요점과 관련 있는지 확인해야 한다. "왜"가 아니라 "어떻게"와 "무엇을"로 시작하는 질문을 하자. 이러한 유형의 질문은 사람들을 방어적으로 만들거나 사실 찾기에 몰두하지 않게 한다. 대신 동료들이 마음을 열고 넓게 생각하게 한다.
4. **후속 조치를 취하자.** 회의가 끝난 후 해야 할 일들이 생겼다면 회의 목표를 달성할 수 있도록 적시에 조치를 취해야 한다.

SECTION

03 의사소통의 장애물

이번 섹션에서는 의사소통의 몇 가지 장애물을 알아본다. 물리적 장애물에는 소리, 시간, 공간이 포함된다. 인적 장애물에는 의사소통 능력의 차이, 정보 처리 및 해석 방식의 차이, 신뢰와 신용의 차이, 주의력의 차이, 세대 차이가 있다. 다국적 기업의 경우, 다문화적 장애물은 더 큰 어려움이 된다. 비언어적인 의사소통은 음성 메시지와 충돌하는 경우 장애물이 될 수 있다. 마지막으로, 성별 차이는 장애물이 될 수 있지만 극복이 가능하다.

시끄러운 식당에서 종업원이 당신의 목소리를 듣지 못해서 잘못된 음료를 제공 받았다면 의사소통의 장애물을 경험한 것이다. 의사소통 장애물은 메시지가 전송 또는 이해되는 방식을 방해하는 (섹션 01에서 설명한) 소음을 생성하며, 장애물은 표 15.2에 표시된 대로 의사소통 과정의 모든 단계에서 발생할 수 있다.

학습 목표

의사소통의 장애물과 극복 방법을 파악한다.

표 15.2 의사소통 과정의 다양한 단계에서 발생하는 장애물

의사소통 과정에서 한 단계만 방해받아도 의사소통은 실패하게 된다. 다음을 살펴보자.
• 발신자 장애물 – 메시지가 전송되지 않는다. 예: 경영자가 아이디어가 있지만 비판을 두려워하여 목소리를 내는 것을 두려워한다면 메시지가 전송되지 않는다.
• 암호화 장애물 – 메시지가 올바르게 표현되지 않는다. 예: 사람들의 모국어가 다른 경우 단어의 의미가 잘못 해석될 수 있다.
• 매체 장애물 – 의사소통 경로가 차단된다. 예: 컴퓨터 네트워크가 다운된 경우 네트워크는 차단된 매체의 예가 된다.
• 해독 장애물 – 수신자가 메시지를 이해하지 못한다. 예: 주말여행의 피로 때문에 수업 시간에 집중이 잘 안된다.
• 수신자 장애물 – 메시지가 수신되지 않는다. 예: 수업 시간에 문자 메시지를 보내느라 교수님이 내일 마감 예정인 과제를 설명할 때 듣지 못했다.
• 피드백 장애물 – 수신자가 충분히 응답하지 않는다. 예: 당신이 누군가에게 주행 방향을 알려줬는데 그들이 고개만 끄덕이고 당신에게 다시 방향을 알려주지 않기 때문에 당신의 말을 이해했는지 정말로 알 수 없다.

(섹션 04에서 자세히 학습하는) 가짜 뉴스(fake news)의 개념 및 이와 관련된 편향이 의사소통 과정의 여러 단계에서 어떻게 나타날 수 있는지를 생각해 보자.

- 암호화 – 발신자가 전달하는 정보를 의도적으로 왜곡한다.
- 매체 – 뉴스 매체가 중요한 정보를 보고하지 않는다.
- 수신자 – 다양한 집단이 정보가 사실인지 여부를 평가하기보다는 개인의 편향에 따라 정보를 해석한다.
- 피드백 – 수신자는 당신이 다른 관점을 가지고 있다는 것을 알고 있기 때문에 문제에 대해 언급하지 않는다.

이 사진 속 사람들처럼 기분 좋게 소통하려고 노력한 적이 있는가? 그렇다면 당신은 혼자가 아니다. 일반적인 의사소통 장애물은 가장 간단한 교환조차도 어렵게 만들 수 있다.

이번 섹션에서는 물리적, 인적, 다문화적, 비언어적, 성별 차이와 같은 여러 유형의 의사소통 장애물에 대해 알아본다.

물리적 장애물

콘서트의 군중 속에서 누군가에게 소리를 지르면 의사소통의 물리적 장애물이 무엇인지 느낄 수 있다. 의사소통 물리적 장애물은 효과적인 의사소통을 방해하는 물리적 환경의 요소로 구성된다. 여기에는 다음이 포함된다.

- 노트북 고장 또는 전화 수신 문제와 같은 기술적 문제
- 다른 사람이 당신에게 말하는 소리나 공사 소리와 같은 소음
- 의사소통하는 사람들과의 물리적 거리

  물리적 거리가 너무 멀면 의사소통 장애물이 될 수 있다. 예를 들어, 사무실에서 일하고 동료와 대면 시간을 보내는 것을 선호하는 사람들의 경우 집에서 일하고 줌(Zoom) 또는 기타 회의 플랫폼을 통해 의사소통하는 것은 의사소통을 어렵게 만들 수 있다.

  물리적 거리가 충분하지 않으면 의사소통 장애가 발생할 수 있다. 예를 들어, 집중하는 데 문제가 있는 사람들의 경우 개방형 사무실(open plan office)이 힘들 수 있다. 개방형 사무실은 조명이 밝고 통풍이 잘되는 업무 공간을 제공할 수 있고 건설 비용이 저렴하며 즉석 회의 및 토론에 다른 사람들을 더 쉽게 포함시킬 수 있다. 그러나 이 같은 디자인은 시끄럽고 주의를 산만하게 할 수도 있으며, 사생활 보호가 어렵기 때문에 하루 종일 '켜져 있는(on)' 상태에서 벗어날 수 없다고 느낄 수 있다.

Rawpixel.com/Shutterstock; Cathy Yeulet/123RF

이러한 각 환경에서 일하는 자신을 상상해 보자. 재택근무에 수반되는 물리적 장애물이 동료와 의사소통하는 능력에 어떤 영향을 미칠 것이라고 생각하는가? 개방형 사무실에서 발생하는 물리적 장애물은 어떠한가? 다음 중 어떤 업무 환경이 개인적으로 더 많은 물리적 장애물을 준다고 생각하는가?

인적 장애물

당신이 말한 것에 대해 누군가가 놀라운 반응을 보였을 때 어떻게 잘못된 의사소통이 일어났는지 궁금해 본 적이 있는가? 잘못된 의사소통을 유발하는 다섯 가지 인적 장애물을 살펴보자.

의사소통 능력의 차이 메리엄-웹스터(Merriam-Webster)는 최근 약어 "TL;DR"을 사전에 추가했다. 이 약어는 "너무 길어서 읽지 않았어. (too long; didn't read)"의 줄임말이다. 이 약어

의 인기는 효율적인 의사소통에 대한 사람들의 욕구 증가를 보여 준다. 효과적이고 효율적으로 의사소통하는 데 뛰어난 사람들과 그렇지 못한 사람들 모두 경험해 봤을 것이다. 다양한 의사소통 스킬에 대한 두 가지 중요한 사항은 다음과 같다.

- **의사소통 역량을 타고난 사람이 있다.** 그들은 어휘, 쓰기 능력, 말하기 능력, 표정, 눈맞춤, 자신을 우월하게 표현할 수 있는 사회적 능력을 갖추고 있다. 일부 경영자는 세 문장으로 된 이메일로 프로젝트 업데이트를 전달할 수 있지만, 다른 경영자는 세 단락으로 이를 작성할 수 있다.
- **의사소통 역량은 학습을 통해 개발될 수 있다.** 15장의 마지막 섹션에서는 의사소통의 효과성을 높일 수 있는 다양한 방법을 설명한다.

정보 처리 및 해석 방식의 차이 의사소통은 사람들이 주변 세계를 해석하기 위해 다양한 기준과 경험을 사용하는 지각 과정이기 때문에 어떤 것이 의미가 있고 어떤 것이 그렇지 않은지를 선택하게 된다. 이러한 준거의 틀은 연령, 정치 성향, 종교, 가치, 신념, 교육과 같은 개인 차이와 관련이 있다. 또한 이러한 차이는 우리가 어떤 정보에 주의를 기울이고 어떻게 해석하며, 무엇을 듣게 되며, 어떻게 반응하는지에 영향을 미친다. 심리학자 칼 로저스(Carl Rogers)에 따르면, 핵심은 우리 모두에게 (특히 문제에 대해 강한 감정이 있는 경우) 다른 사람의 진술을 우리 자신의 관점에서 판단하는 자연스러운 경향이 있다는 것이다.

정보 처리의 왜곡을 줄이기 위해 무엇을 할 수 있는지 생각해 보자.

- **발신자는 명확하게 의사소통함으로써 잘못된 해석을 피할 수 있다.** HR 및 경영 컨설턴트인 수잔 히스필드(Susan Heathfield)에 따르면, 효과적인 의시소통지는 의도한 메시지를 수신자가 정확히 해석하게 만드는 것은 대부분 발신자에게 달려 있다는 점을 이해한다고 한다. 그녀는 "발신자는 메시지를 명확하고 충분히 자세하게 전달하여 수신자가 의사소통 중 그리고 의사소통 후에 발신자와 의미를 공유할 수 있도록 해야 한다."라고 말한다.
- **수신자는 의역을 통해 잘못된 해석을 피할 수 있다.** 수신자가 메시지를 잘못 해독하면 의사소통에 장애가 발생할 수 있다. 수신자가 이것을 피할 수 있는 한 가지 방법은 섹션 01에서 학습한 바와 같이 의역을 통해 발신자의 메시지를 간결하게 다시 말하여 메시지의 의미를 적절하게 해석했는지 확인하는 것이다.

신뢰와 신용의 차이 상대방에 대한 신뢰가 없으면 의사소통에 결함이 생기기 쉽다. 의사소통 대신에 두 사람 모두 교환되는 메시지의 의미가 아닌 자기방어에 집중하게 될 것이다. 이러한 문제가 직원과 조직에 미치는 영향과 신뢰를 사용하여 의사소통을 개선할 수 있는 방법을 살펴보자.

- **낮은 신뢰는 의사소통을 손상시킨다.** 이는 차례로 직무 만족, 변화에 대한 개방성, 업무 몰입, 조직시민행동, 성과와 같은 결과를 감소시킨다.

- **신뢰 기반을 구축하자.** 리더십 개발 전문가인 조지프 포크먼(Joseph Folkman)은 먼저 신뢰를 구축하는 것이 해결책이라고 말한다. 그는 "신뢰는 효과적인 의사소통에 있어 중요한 요소이다. 종종 리더는 중요한 발표를 해야 할 때 전달에 많은 시간과 노력을 들이고 적절한 내용을 담았는지를 확인한다."라고 말하며 "… 연구에 따르면 그들은 또한 그들이 높은 수준의 신뢰를 가지고 있는지 확인하는 데 시간을 할애해야 한다."라고 덧붙였다.

주의력의 차이 하루 종일 마음이 방황하고 있는가? 사람들을 만난 직후 그들의 이름을 까먹어 버렸는가? 이는 모두 당신이 정신이 없다는 징후이다. 무의식(mindlessness)은 주의력이 감소된 상태이다. 무의식은 경직되거나 생각이 없는 것처럼 보이는 행동으로 나타난다.

우리 중 많은 사람들은 지속적인 인지 과부하(cognitive overload) 상태에 있다. 삶의 역동성은 사람들을 이따금 마음이 없는 공허한 상태로 만든다. 임상 심리학자 빈센트 그린우드(Vincent Greenwood)에 따르면, 우리의 뇌는 우리가 받는 모든 자극을 따라갈 수 없다. 그는 "생산성, 창의성, 문제 해결을 위한 도구가 더 많아졌지만, 경고, 메시지, 새로운 기술 혁신을 숙달하라는 요구로 인해 인지적으로 과부하된 상태에 놓이게 되었다."라고 말했다. 그는 우리의 지속적인 인지 과부하 상태가 "아래로 움직이는 에스컬레이터를 걸어 올라가려고 하는 느낌과 비슷하며, 이로 인해 좌절감과 무력감, 지친 느낌을 받게 된다."라고 말했다.

JGI/Tom Grill/Getty Images

이 사진이 낯익은가? 많은 사람들에게 한 번에 여러 기기를 이용하여 일하고 여러 일을 동시에 수행하는 것은 이제 표준이 되었다. 한 번에 한 가지만 염두에 두고 일한 것이 마지막으로 언제였는가?

주의력 문제가 의사소통에 미치는 영향을 줄이기 위해 다음 두 가지를 실행할 수 있다.

- **한 번에 한 가지에 집중하자.** 대부분의 사람들은 오늘날 동시에 여러 가지 일을 한다. 그러나 신경 과학자인 마이클 레비틴(Michael J. Levitin) 박사는 그렇게 하면 우리가 완료하는 각 업무의 질이 저하된다고 경고한다. 우리의 두뇌는 한 번에 여러 업무에 세심한 주의를 기울이도록 연결되어 있지 않으며, 더 많은 업무를 수행하려고 하면 할수록 더 정신이 없다.

- **(디지털) 휴식을 취하자.** 아이러니하게도 경청의 또 다른 장애물은 휴대 전화이다. 늘 휴대 전화 화면만 보고 있다면 바로 앞에 있는 사람들의 말을 제대로 들을 수 있을까? 인지 자원과 의사소통에 있어 마음챙김 능력을 보호할 수 있는 한 가지 방법은 끝없는 업무에서뿐만 아니라 다른 사람과 직접 의사소통하지 않을 때에도 휴대 전화에서 주기적으로 휴식을 취하는 것이다. 414명을 대상으로 한 최근 연구에 따르면, 휴식 시간에 휴대 전화를 계속 사용한 사람들은 다른 유형의 휴식을 취한 사람들보다 휴식 후 업무를 더 잘 수행하지 못하는 것으로 나타났다. "휴대 전화를 활용한 휴식은 전혀 휴식을 취하지 않은 것과 동일한 수준의 인지 고갈(cognitive depletion)을 초래했다."

세대 차이 나이 많은 친척 어른들에게 인스타 스토리(Instagram Stories)를 통해 문자를 보내거나 사용하는 방법을 가르치려 시도했다면, 나이 든 세대가 새로운 기술에 적응하는 것이 얼마나 어려운지 알 수 있을 것이다. 반면 79세의 버니 샌더스(Bernie Sanders) 상원의원은 900만 명이 넘는 팔로워를 보유한 활발한 트위터 피드를 운영하고 있다. 다음은 현대 직장에서의 세대 간 의사소통 차이에 대한 몇 가지 핵심 사항이다.

- **젊은 세대는 이메일을 덜 사용한다.** 사무실 규범이 대개 비공식적이고 젊은 세대의 근로자들이 더 많이 직장에 고용됨에 따라 기존 이메일보다 슬랙(Slack) 및 마이크로소프트 팀즈(Microsoft Teams)와 같은 플랫폼에 대한 선호도가 높아졌다. 이전 세대의 많은 구성원들은 여전히 이메일 사용을 선호한다.

- **가장 나이가 많은 직원과 가장 어린 직원이 신기술 수용에 가장 개방적이다.** 7개국의 3,000명 이상의 근로자를 대상으로 한 최근 설문 조사에 따르면, 예상대로 18~24세 근로자가 직장에서 새로운 기술을 가장 잘 받아들이는 반면, 55~74세 근로자가 이러한 '디지털 능력(digital dexterity)' 측면에서 2위를 차지했다. 흥미롭게도 중년 근로자들이 새로운 기술 사용에 가장 덜 개방적이었다.

- **조직은 교육과 지원을 제공해야 한다.** 새로운 기술을 상대하든 기존 기술을 배워야 하는 신입 직원을 상대하든, 조직은 근로자가 이러한 의사소통 도구를 사용하여 최신 상태를 유지할 수 있도록 충분한 지원과 교육을 제공해야 한다.

다문화적 장애물

2장에서 설명했듯이 문화는 사회와 같은 집단을 결속하고 구성원의 삶과 상호 작용에서 질서와 안정감을 조성하는 공유된 제도, 가치, 아이디어 및 대상을 의미한다.

문화의 규범과 신념이 구성원들의 생각과 행동에 깊이 뿌리내리고 있기 때문에 같은 문화를 공유하는 사람들과 그렇지 않은 사람들 사이에 의사소통하는 방식에서 차이를 유발한다. 언어와 스타일의 차이는 문화가 의사소통의 장애물이 될 수 있는 두 가지 요인이다.

- **언어의 차이.** 문화가 장애물이 되는 한 가지 분명한 이유는 언어의 의미가 다르기 때문이다. 예를 들어, 농담과 유머는 문화와 밀접한 관련이 있다. 많은 요소를 공유하는 문화를 가진 미국과 영국조차도 종종 "공통 언어로 분할된 두 국가"라고 불린다. 예를 들어, 영국인 상사가 미국인 부하의 일이 "아주 좋다."라고 말한다면, 이는 기껏해야 평균적인 수준이라는 의미이다.

- **스타일의 차이.** 의사소통 스타일은 문화에 따라 크게 다를 수 있으며, 무엇을 기대해야 하는지 아는 것은 근로자에게 큰 이점이 된다. 다음 예에서 알 수 있듯이 준비가 핵심이다.

  네덜란드 교육의 예: 커피 회사의 한 미국 경영자는 영어가 널리 통용되는 네덜란드이지만 그곳에서 최근 50시간의 언어 교육을 받았다. 이 경영자는 "나는 직접적이고 매우 정직하게

의사소통하는 [네덜란드의] 문화적 규범을 개인적으로 받아들이지 않는다."라고 말하며 "따라서 나는 다른 사람들이 불쾌하거나 대립적이라고 생각할 수 있는 질문이나 의사소통에 과민 반응하지 않는다. 이것은 내가 의사소통의 내용에 대해 긍정적인 의도를 가정하고 의사소통 스타일에 따라 결코 편향되지 않기 때문에 매우 긍정적인 관계를 구축하는 데 도움이 되었다."라고 덧붙였다.

문화 간 의사소통을 개선하는 방법에 대한 정보는 다음의 〈전문가의 조언〉을 참고하자.

전문가의 조언 다문화적 의사소통에 능숙해지는 방법

노트르담 대학교(University of Notre Dame)의 문화간 의사소통 및 글로벌 리더십 교수인 엘리자베스 툴레자(Elizabeth Tuleja) 박사는 "당신은 글로벌 비즈니스의 모든 기능적 측면을 알 수 있다. 그러나 규범과 행동 그리고 그들이 당신에게 기대하는 바에 따라 관계를 발전시키고 이해하는 방법을 모른다면 당신은 결코 성공하지 못할 것이다."라고 말했다. 미국의 노동 시장은 그 어느 때보다 문화적으로 다양하기 때문에 그녀의 교훈은 외국에서 일하든 국내에서 일하든 가치가 있다.

문화적 차이가 우리를 처음에 다소 불편하게 만드는 것은 자연스러운 일이다. 그러나 툴레자 박사는 "이러한 차이를 혼돈과 수고로움의 힘이 아닌 배움과 풍요의 기회로 인정하고 포용할 수 있어야 한다."며 이를 "우리 자신과 조직 모두가 성장할 기회로 보아야 한다."라고 제안한다.

다문화적 의사소통 능력을 향상시키기 위한 제안 사항은 다음과 같다.

미리 준비하자. 다문화적 의사소통을 더 잘하는 데 도움이 되는 자원은 많다. 예를 들어, 이 주제에 대한 팟캐스트, 기사, 책과 온라인 학습 프로그램을 찾아볼 수 있다. 또한 다문화적 의사소통 경험이 있는 친구 및 가족과 이야기를 나눌 수도 있다. 먼저, 스스로 할 수 있는 모든 것을 배우도록 하자.

관찰하자. 무언가를 배우는 가장 좋은 방법 중 하나는 단순히 다른 사람을 관찰하는 것이다. 특정 문화권의 사람과 의사소통하는 방법을 알고 싶다면 해당 문화권의 두 명 이상의 사람들이 서로 의사소통할 때 그들을 관찰하자. 그들의 몸짓 언어를 관찰하고 의사소통하는 동안 서로 거리를 어떻게 두는지 확인해야 한다. 나아가, 어조, 구체적인 단어, 대화의 속도와 같은 것들을 들어보도록 하자.

진정으로 호기심을 가지자. 실수하고 기분을 상하게 하는 것이 두려워 다른 문화권의 사람과 교류하는 것을 피한 적이 있는가? 이는 자연스러운 일이지만 안타깝게도 우리 중 많은 사람들이 이해, 생산적인 업무 관계, 친목의 기회를 놓치게 된다. 타인의 문화에 대해 진정한 호기심과 더 많이 배우고자 하는 진정한 열망을 가지고 질문한다면 대부분의 사람들은 기꺼이 당신이 그들의 문화를 더 잘 이해할 수 있도록 도와줄 것임을 기억해야 한다. 의사소통 기술 전문가인 펠레그리노 리카르디(Pellegrino Riccardi)는 "누군가가 당신에 대해 진심으로 궁금해한다면 인간적인 유대감, 인간관계를 형성할 수 있다."라고 말했다. 그는 "사람들이 충분히 용감하고 정직하며 서로에게 맞추지 않고서는 신뢰를 구축할 수 없다. 문화적 능숙함은 다른 이야기를 가진 다른 사람들에게 진정한 관심을 보이는 것이며, 이것이 최선이다."라고 덧붙였다.

실수를 예상하자. 우리가 의사소통하는 방식은 이미 뿌리 깊이 정해져 있으며, 당신이 참여하는 문화적 의사소통 훈련이나 전문성에 상관없이 계속해서 실수하게 될 것임을 예상해야 한다.

비언어적 의사소통

비언어적 의사소통(nonverbal communication)은 서면 또는 구두 이외의 메시지로 구성된다. 우리는 주로 (1) 눈맞춤, (2) 표정, (3) 몸짓과 제스처, (4) 접촉을 통해 비언어적 의사소통을 실행한다. 일부 연구에 따르면, 우리가 의사소통하는 것의 약 절반이 비언어적 표현이라고 한다.

눈맞춤 서양인은 대화의 시작과 끝을 알리고 호기심과 관심을 반영하고 정직과 존중을 전달하기 위해 눈맞춤(eye contact)을 사용한다. 서양 문화권의 대부분의 사람들은 나쁜 소식이나 부정적인 피드백을 전달할 때 눈맞춤을 피하는 경향이 있다. 그러나 동양의 많은 문화권에서 눈을 낮추는 것은 존경의 표시이다. 이러한 비언어적 의사소통을 회피 행동으로 잘못 해석하면 의도치 않은 오해가 발생할 수 있다.

표정 미국인을 알아볼 수 있는 방법에 대해 레딧(Reddit) 포럼을 검색하면 한 가지 답변이 계속해서 나올 것이다. 그들은 언제나 웃고 있다. 미소는 따뜻함, 행복 또는 우정을 나타내는 반면 인상을 찡그린 것은 불만이나 분노를 나타낸다고 생각하는 데 익숙할 것이다. 그러나 일부 문화권의 사람들은 미국 사람들보다 표정(facial expression)을 확실하게 보이지 않기도 한다. 한 연구에서는 44개국 수천 명의 사람들에게 표정 사진을 보여 주었다. 연구 결과 중 불확실성 회피가 낮은 문화(4장 참조)에서 사람들은 웃는 얼굴을 신뢰할 수 없고 지능이 더 낮음을 나타내는 것으로 판단했다. 한 미국 소설가는 뉴욕 타임즈에 홍콩을 방문했을 때 너무 많이 웃고 있자 그녀와 대화하던 여성이 놀라서 자리를 떴다고 전했다.

Max Bukovski/Shutterstock

보통 다른 사람에게 미소를 짓는 것이 예의 바른 의사소통의 일부라고 생각한다. 하지만, 전 세계의 많은 곳에서 사람들은 웃는 것을 이상하고, 주의를 산만하게 하고, 심지어 의심스러운 행위로 생각하기도 한다.

러시아의 예: 러시아에서는 이유 없이 웃는 것이 일반적이지 않다. 러시아 영화감독 율리아 멜라메드(Yulia Melamed)는 자신이 걸어 다니면서 웃다가 경찰이 제지한 적이 있다고 말했다. 이어 "사람들이 길을 걷고 웃는 게 이상하다. 오히려 낯설고 의심스러워 보인다."라고 덧붙였다. 그렇기 때문에 FIFA, 러시아 철도, 모스크바 지하철 등 러

시아 기관들은 2018년 월드컵을 앞두고 직원들을 대상으로 미소 교육을 실시하여 외국인 방문객들에게 더 친근하게 다가갈 수 있도록 했다.

몸짓과 제스처 몸을 약간 뒤로 기울이는 것과 같은 열린 자세는 개방성, 따뜻함, 친밀감 및 의사소통 가능성을 나타낸다. 팔짱을 끼거나 다리를 꼬는 것과 같은 닫힌 몸 자세는 방어를 나타낼 수 있다. 몸을 다른 사람에게서 멀어지게 하면 일반적으로 관심이 없어 보인다.

접촉 접촉(touch)에 대한 규범은 문화마다 크게 다르다. 예를 들어, 뺨에 뽀뽀하고, 어깨를 두드리고, 껴안는 것이 어떤 사람들에게는 비즈니스에서 적절해 보일 수 있지만, 다른 사람들은 이러한 행동이 직업적인 맥락에서 불쾌감을 주기도 한다. 행동 심리학자 데니스 더들리(Denise Dudley)는 "나는 직장에서 포옹을 금지하는 세상에서 살고 싶지 않다. 하지만, 우리 모두가 편안함을 느끼는 세상도 필요하다."라고 말한다. 삶의 다른 영역에서 신체 접촉과 마찬가지로 직장에서도 애정에 대한 상호 동의가 항상 있어야 한다. 이 중요한 규칙 외에 몇 가지 일반적인 지침은 다음과 같다.

- **다른 사람들이 어떻게 행동하는지 관찰하자.** 직장에서 규범을 배우는 시간을 가져야 한다.
- **권력의 역학을 고려하자.** 직원들에 대한 권한이 있고 그들에게 포옹하거나 뺨에 뽀뽀하는 것을 허락해 달라고 요청한다면, 직원들은 불편하더라도 의무적으로 이를 받아들여야 한다는 압박감을 느낄 수 있다. 좋은 규칙은 같은 수준의 동료에게 이러한 애정을 제한하는 것이다.
- **자신의 경계를 설정하고 다른 사람의 경계를 존중하자.** 신체적 애정으로 편안함 수준을 전달하는 방법을 연습해 보자. 예를 들어, "당신을 만나서 정말 반가워요. 저는 포옹하는 사람이 아니예요." 또는 "고마워요. 하지만 뺨에 뽀뽀하는 것보다 팔꿈치를 부딪치는 게 낫겠어요."는 잘 통한다. 다른 사람들이 스스로 설정한 물리적 경계도 존중해야 한다.

성별 차이

연구 결과에 따르면, 성별 의사소통의 차이에 대한 두 가지 일반적인 결론은 다음과 같다. (1) 성별에 따른 관찰 가능한 의사소통의 차이가 존재하며 (2) 이러한 차이의 대부분은 생물학적이 아닌 사회화의 결과일 가능성이 높다. 다시 말해, 성별이 다른 사람들은 의사소통 스타일이 다르고 다른 의사소통 방법을 선택하는 경향이 있으며, 그렇게 하도록 교육받았기 때문에 그렇게 하는 것이다.

의견 교환? 남자와 여자는 의사소통 스타일이 다르다. 당신은 이성과의 의사소통에 있어 얼마나 효과적이라고 생각하는가?

이것은 경영자에게 무엇을 의미할까? 대략적으로, 경영자는 의사소통 방법 선택이 성별 규범을 반영할 수 있음을 인식해야 하며, 이러한 이해를 사용하여 직장에서 의사소통을 향상하고 개선해야 한다. 표 15.3은 의사소통에 있어서 남성적인 규범과 여성적인 규범을 비교한 것이다. 이는 미국에서 만연한 성별 의사소통에 대한 사회적 기대를 나타낸다.

표 15.3 성별과 의사소통

의사소통 특징	남성적인 규범	여성적인 규범
공로 인정	"나"라는 표현 사용(예: "내가 했다."); 성과 자랑	"우리"라는 표현 사용(예: "우리가 했다."); 성취에 대한 개인적인 자랑 절제
자신감 표출	문제에 대한 자신감 부족 숨김	문제에 대한 자신감 부족을 드러냄
말하는 패턴	다른 사람의 말을 가로채고 말함	다른 사람들이 말을 마칠 때까지 기다림
경청	경청하고 있음을 보여 주기 위해 "동의한다" 또는 "맞다"와 같은 말 없이 조용히 청취	다른 사람이 말하는 동안 경청을 보여 주기 위해 "동의한다" 또는 "맞다"와 같은 표현을 사용
대화의 초점	전문성 입증과 보고	관계 구축과 공유
요청	"이 일은 오늘 중으로 완료해야 한다."와 같은 지시적인 요청	"오늘 하루가 끝날 때까지 이것을 할 수 있을까요?"와 같은 질문하는 요청

조지타운 대학교(Georgetown University)의 언어학 교수인 데보라 타넨(Deborah Tannen)은 다양한 언어 유형이 우리의 인식과 판단에 미치는 영향을 모든 사람이 인식할 것을 권장한다. 언어 유형(linguistic style)은 속도, 멈춤, 직접성, 단어 선택 및 질문, 농담, 이야기, 사과 및 유사한 장치의 사용과 같은 사람의 특징적인 말하기 패턴이다. 예를 들어, 회의에서 성별에 관계없이 "집단에서 편안하게 말하는 사람, 형식에 얽매이지 않고 자유롭게 말하는 사람, 인식될 때까지 기다리지 않고 쉽게 말하는 사람이 더 많은 주목을 받는다."라고 말한다. 또한 "이전 발표자가 끝날 때까지 말을 삼가고, 인정받기를 기다리며, 자신의 의견을 다른 사람의 의견과 연결하려는 경향이 있는 사람은 다른 모든 사람이 같은 규칙을 따르는 회의에서 곧잘 따라갈 것이지만, 첫 번째 패턴에 더 가까운 유형을 가진 사람과의 회의에서는 잘 인식되지 않을 것이다."라고 덧붙였다.

SECTION

04 소셜 미디어 관리

이번 섹션에서는 직원과 경영자의 소셜 미디어 사용에 대해 알아보자. 그리고 소셜 미디어가 채용, 생산성, 판매, 혁신, 평판 관리, 조직의 효과성에 미치는 영향을 살펴본다. 또한 사이버로핑과 같은 소셜 미디어 사용의 부작용과 보안, 개인 정보 보호, 허위 정보에 대한 우려와 같은 문제점들도 살펴본다. 마지막으로, 효과적인 소셜 미디어 정책 수립의 중요성을 알아본다.

학습 목표

소셜 미디어를 활용한 의사소통 방법을 설명한다.

웹 기반 및 모바일 기술을 사용하여 네트워크 구성원들과 상호 작용적인 대화를 생성하는 소셜 미디어는 우리 삶의 많은 측면에 내재되어 있다. 이번 섹션에서는 소셜 미디어에 대해 알아보고, 소셜 미디어가 경영과 조직의 효과성에 미치는 영향, 소셜 미디어의 단점, 문자 메시지가 경영 및 조직 행동에 미치는 주요 영향을 살펴본 뒤, 효과적인 소셜 미디어 정책 수립의 중요성을 알아본다.

소셜 미디어의 확산과 영향

소셜 미디어의 광범위한 사용은 우리의 개인 생활, 사업 운영 방식의 본질, 경영 원칙을 변화시키고 있다. 다음의 세 가지 통계를 고려해 보자.

- 2020년에는 세계 인구의 절반 이상인 거의 38억 명이 소셜 미디어를 사용하였다. 이는 2019년보다 9.2% 증가한 수치이다.
- 소기업 소유자 529명을 대상으로 실시됐던 설문 조사에서 2019년에 4명 중 3명이 소셜 미디어 광고에 투자한 것으로 나타났다. 전체적으로 기업들은 2019년에 소셜 미디어 광고에 890억 달러 이상을 지출했다.
- 새로운 브랜드의 50% 이상이 공개 소셜 미디어 피드를 통해 발견된다.

이러한 수치는 오늘날의 디지털 세계에서 소셜 미디어의 힘을 보여 준다. 최근 한 연구는 회사의 효과적인 소셜 미디어 사용이 브랜드 인지도, 브랜드 충성도, 판매 증가와 관련이 있다는 사실을 발견하였다. 나이키(Nike)는 소셜 미디어를 수용한 조직의 한 예이다.

나이키의 예: 오리건주에 본사를 둔 나이키는 세계에서 가장 잘 알려진 스포츠 의류 및 장비 제조업체 중 하나이다. 73,000명의 직원을 고용한 나이키는 최근 몇 년 동안 소셜 미디어를 통해 주목받는 방법을 보여 주었다. 예를 들어, 나이키는 2시간 이내에 마라톤을

완주하여 세계 기록을 깰 수 있는 3명의 엘리트 러너로 구성된 팀을 구성했다. #브레이킹 투(#Breaking2)라는 이름의 전체 경기는 페이스북(Facebook)과 트위터(Twitter)에서 생중계되어 나이키의 브랜드와 줌 수퍼플라이 엘리트(Zoom Superfly Elite) 신발을 전 세계 팬들 앞에 선보였다. 아무도 2시간 완주의 기록을 깰 수는 없었다. 하지만, 이컨설턴시(Econsultancy)의 편집장인 벤 데이비스(Ben Davis)에 따르면, "[나이키] 브랜드를 스포츠에서 성취가 의미하는 바의 핵심으로 되돌려 놓았다. 돈을 많이 받는 운동선수나 인스타그램, 패션에 관한 것이 아니라 신체를 한계까지 밀어붙이는 것이 핵심이다."

소셜 미디어는 사업에 활용되는 것 이외에도 셀 수 없이 많은 다른 방식으로 우리의 삶에 영향을 미친다. 예를 들어, 2019년부터 시작된 중국의 반자치 지역 간섭에 대한 홍콩 시위를 떠올려 보자. 경찰과 민주화 운동가 간의 충돌은 점점 더 폭력적으로 변질되었고, 경찰의 잔혹성을 취재하는 언론의 기능이 제한되기도 하였다. 대신, 많은 홍콩 대학생들이 경찰의 최루탄과 물대포 사용에 대해 용감히 트윗하고, 생중계하고, 시위의 최전선에서 상황을 알려주었다. 소셜 미디어는 지지자들을 투쟁에 규합시키고 경찰이 시위대를 대하는 방식에 대해 책임을 지게 하는 중요한 도구가 되었다.

또한 특정 상황에서 물리적 상호 작용이 위험할 수도 있지만, 소셜 미디어는 사람들이 가까이 있을 때뿐만 아니라 대륙과 시간대에 관계없이 사람들을 연결시켜 줄 수 있다. 일례는 코로나바이러스 팬데믹 기간 동안 많은 주에서 사회적 행사를 10명 이하로 제한했을 때이다. 디지털 메모리얼(Digital Memorial)은 사람들과 연락을 유지하기 위해 소셜 미디어의 힘을 사용한 조직의 한 예이다.

디지털 메모리얼의 예: 디지털 메모리얼은 켄터키주와 인디애나주에서 14개의 장례식장을 운영하고 있다. 이 회사는 가족과 친구들이 사랑하는 사람의 죽음을 가상으로 애도할 수 있도록 아이패드(iPad)를 사용하여 페이스북 생중계로 장례식을 방송한다. 이 서비스는 코로나바이러스 팬데믹이 켄터키주를 강타하여 사교 모임에 대한 제한이 시행되면서 점점 더 중요해졌다. (대부분 가까이 있었던) 조문객들은 디지털 메모리얼의 서비스를 이용하여 사회적 거리두기 규칙을 준수하면서 장례식을 실시간으로 볼 수 있었다. 디지털 메모리얼의 켄트 존슨(Kent Johnson)은 "모일 수 있는 인원이 제한되어 있기 때문에 장례에 참여하고 사랑하는 사람에게 경의를 표하는 방법을 제공할 뿐이다."라고 말했다.

그림 15.3은 연령대별로 다양한 소셜 네트워크의 사용을 보여 준다. 18세에서 29세 사이의 사람들은 다른 어떤 집단보다 소셜 미디어를 더 많이 사용하며, 64세 이상은 소셜 미디어 사용이 가장 적다. 그러나 모든 연령대가 이러한 플랫폼을 사용하는 것으로 보이며, 이는 기업이 모든 연령대의 이해관계자와 소통하기 위해 소셜 미디어 도구를 사용해야 할 필요성을 강조한다. 따라서 소셜 미디어를 통한 의사소통 기능이 계속해서 성장하고 확장되고 경영자가 증가하는 이러한 잠재력을 따라잡아야 하는 것은 결코 놀라운 일이 아니다.

그림 15.3 **소셜 네트워크 사용자의 연령별 분포**

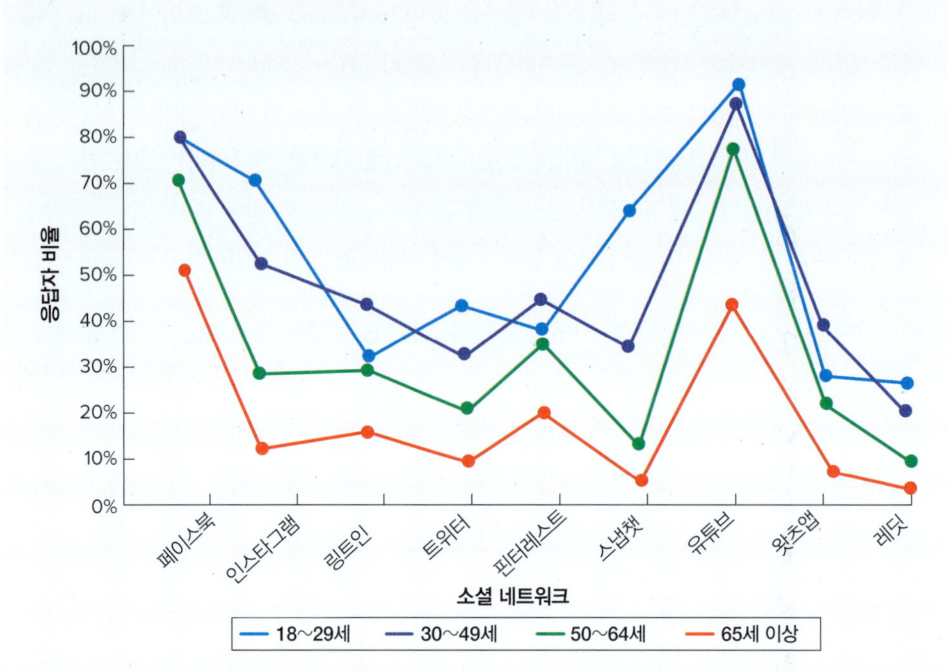

출처: "Social Media Fact Sheet," Pew Research Center, Internet and Technology, https://www.pewresearch .org/internet/fact-sheet/social-media/ (accessed May 18, 2020).

또한 글로벌 비즈니스는 소셜 미디어 플랫폼을 사용하여 전 세계 개발 도상국의 청중들에게 다가가고 있다. 페이스북(Facebook)과 트위터(Twitter)만 완벽하게 사용할 줄 아는 것이 전부가 아니다. 중국을 비롯한 일부 정부가 이러한 서구 플랫폼에 대한 시민들의 접근을 적극적으로 차단하기 때문이다. 따라서 글로벌 기업들은 여러 국가에서 가장 인기 있는 소셜 네트워크를 파악하고 이에 적응해야 한다. 다음은 전 세계적으로 인기 있는 소셜 미디어 플랫폼의 예이다.

- 위챗(WeChat)은 월간 활성 사용자가 10억 명이 넘는 중국 최대 소셜 미디어 플랫폼이다.
- 페이스북(Facebook)과 유사한 VR은 월간 활성 사용자가 약 1억 명에 달하는 러시아에서 가장 인기 있는 사이트이다.
- 멕시코, 브라질, 아르헨티나를 포함한 33개국의 라틴 아메리카는 약 4억 1,500만 명의 사용자가 있는 왓츠앱(WhatsApp)을 선호한다.

소셜 미디어와 조직의 효과성

사용의 용이성, 속도, 엄청난 가입자를 끌어들일 수 있는 잠재력으로 인해 소셜 미디어는 조직의 효과성을 위해 많은 곳에서 활용될 수 있다. 이번 섹션에서는 직원 모집, 직원 및 조직의 생산성, 혁신, 판매, 기업 평판에서 소셜 미디어가 사용되는 방법을 살펴본다.

직원 모집 소셜 미디어는 구직자 모집에 널리 사용된다. 관련해서 다음의 네 가지 사항들을 생각해 보자.

- **채용 담당자의 모집:** 오늘날 회사의 90% 이상이 모집, 특히 '수동적인(passive)' 구직자 모집, 즉 적극적으로 새 일자리를 찾지 않는 사람들을 모집하기 위해 소셜 미디어를 사용한다. 페이스북(Facebook)과 링트인(Linkedin)은 각각 26억과 6억 7,500만 명의 사용자를 보유하고 있지만, 채용 담당자들은 링트인을 더 선호한다. 채용 담당자들을 대상으로 한 미국 전국 설문 조사에 따르면, 91%는 링트인을 사용하고 74%가 페이스북을 사용하는 것으로 나타났다. 많은 회사가 링트인을 선호하는 한 가지 이유는, 플랫폼을 통해 지원자가 가질 수 있는 특정 스킬을 필터링할 수 있기 때문이다. 또한 지원자와 채용 담당자는 모두 채용 목적으로 문자 메시지를 사용하는 것을 좋아한다.
- **구직자의 기업 조사:** 기업 조사는 졸업 후 취업을 위한 준비의 일부이다. 소셜 미디어 네트워크는 활용해야 하는 정보의 핵심 자원 중 하나이다. 예를 들어, 일화적인 증거에 따르면 대다수의 구직자들은 소셜 미디어를 사용하여 관심 있는 회사에 대한 조사를 수행하고 온라인 네트워크를 통해 소식을 듣게 되면 새로운 구직 기회를 고려한다. 많은 지원자들은 또한 산업별 행사 및 소셜 네트워킹 플랫폼을 확인한다. 여기에는 다음과 같은 예시들이 포함된다.
  - **깃허브(GitHub):** 깃허브는 5천만 명 이상의 소프트웨어 개발자가 있는 온라인 커뮤니티이다. 마이크로소프트(Microsoft)는 2018년에 깃허브(GitHub)를 75억 달러에 인수했다. 이는 산업별 소셜 미디어 플랫폼의 중요성이 커지고 있음을 시사한다.
  - **드리블(Dribbble):** 수천만 명의 웹 디자이너가 드리블을 방문하여 프로젝트를 선보이고 포트폴리오를 강화하며 디자인을 공유한다.
  - **미디어비스트로(Mediabistro):** 미디어 및 콘텐츠 전문가들이 일자리와 네트워크를 찾을 수 있을 뿐만 아니라 새로운 스킬을 배우고 전문 지식을 개발할 수 있는 플랫폼을 제공한다.
- **채용 담당자의 지원자 심사:** 많은 회사에서는 소셜 미디어를 단순히 신입 사원을 스카우트하는 것 이상으로 활용한다. 연구에 따르면, 점점 더 많은 채용 관리자가 소셜 미디어를 통해 지원자를 선별하고 지원자가 제공한 정보가 맞는지를 확인하고 있다. 1,000명의 채용 관리자를 대상으로 한 커리어빌더(CareerBuilder) 설문 조사에 따르면, 기업의 70%가 페이스북과 링트인에서 가끔 잠재적 채용 후보자들의 비공개 프로필을 포함하여 그들의 소셜 미디어 페이지를 확인했다. 지원자의 소셜 미디어 페이지를 확인한 기업의 57%는 그들이 본 것을 근거로 지원자를 고용하지 않기로 결정했다고 밝혔다. 실제로, 소셜 미디어 프로필은 꿈의 직업을 얻을 수 있는 능력을 만들거나 깨뜨릴 수도 있다. 다음의 〈전문가의 조언〉은 잘못된 채용 결과로 이어지지 않도록 온라인 인지도를 관리하기 위한 몇 가지 조언을 확인하자.
- **법적 영향:** 소셜 미디어는 9장에서 학습한 고용 차별로 이어질 수 있다는 점

소셜 미디어 페이지에 게시하는 내용은 전 세계에 공개될 수 있다. 입사할 회사에 보여 주고 싶지 않은 것이 있는가?

에 유의해야 한다. 예를 들어, 소셜 미디어에는 채용 요건으로 고려되어서는 안 되는 지원자의 종교, 나이, 가족 구성 또는 성적 취향이 드러나 있을 수 있다. Employment Screening Resources의 CEO인 레스 로젠(Les Rosen)은 "소셜 미디어를 검색하여 회사는 후보자의 머릿속을 들여다보고 어떤 사람인지 알 수 있다."라고 말하며 "하지만 잘못 사용하면 사생활과 차별 문제가 발생할 수 있는 세상이다."라고 덧붙였다.

전문가의 조언 | 개인 소셜 미디어 브랜드 구축

앞서 다룬 내용처럼 고용주들은 새로운 인재를 고용하기 위해 소셜 미디어에 점점 더 의존하고 있다. 수많은 사람들 속에서 어떠한 좋은 방법을 통해 눈에 띌 수 있을까? 효과적인 소셜 미디어 전략 개발에 대해 학습한 6장의 ManageU를 참고하여 시작할 수 있다. 다음은 온라인 브랜드 관리를 위한 몇 가지 추가적인 조언이다.

1. **프로필의 '외관'을 최적화하자.** 링트인(LinkedIn) 또는 기타 산업별 네트워킹 사이트에서 현재 및 최근 직무에 대해 적시에 정확한 정보를 나열해야 한다. 또한 직무 설명에서 경험 수준이 증가하거나 스킬 범위를 넓힌 것을 입증하는 것이 중요하다. 프로필의 모든 섹션을 해당 업계의 채용 담당자에게 중요한 키워드로 채우고 당신을 특별하게 만드는 이유를 간략하게 설명하는 독특한 헤드라인을 제공하는 것을 잊지 말자. 마지막으로, 가능한 한 모두가 이해할 수 있는 용어를 사용해야 한다.

2. **업계 관련 대화방 및 게시판에 참여한다.** 이를 통해, 당신의 프로필 조회 순위를 높이고 새로운 인맥에 당신의 이름을 소개할 수 있기 때문에 지속적인 온라인 대화에 긍정적으로 기여하려는 노력은 가치가 있다. 당신이 정말로 전문가라면 산업별 블로그를 시작하는 것을 고려할 수도 있다. 아직 초보자라도 겁먹지 말자. 재치 있는 질문들은 아직 요령을 배우는 단계에 있더라도 네트워킹 노력에 도움이 될 수 있다.

3. **온라인에서 긍정적인 모습을 유지하자.** 페이스북(Facebook), 인스타그램(Instagram), 트위터(Twitter), 링트인(LinkedIn) 및 기타 사이트에서 당신의 존재 전반이 당신의 전문적인 이미지를 해치지 않아야 한다. 링트인의 커리어 전문가인 블레어 데켐브렐레(Blair Decembrele)는 "첫인상은 눈 깜짝할 사이에 결정되며 많은 첫인상은 면접에 발을 들여놓기도 전에 소셜 미디어에서 결정되고 있다."라고 말한다. 이를 염두에 두고 부끄러운 오래된 사진, 트윗 또는 기타 게시물을 삭제하도록 하자. 무엇을 유지하고 무엇을 삭제할지 결정할 때 항상 "이것이 저녁 뉴스에서 보도되어도 괜찮을까?"라고 생각해 보자.

4. **진정성 있고 개성이 있어야 한다.** 때때로 긍정적인 생각에 지나치게 집착하는 것은 당신을 가짜처럼 보이게 만들 수 있다. 기업은 완벽함을 추구하지 않는다. 그들은 진정한 당신의 모습, 즉 노력과 성공을 알고 싶어한다. 잠재적 고용주들을 포함한 온라인 커뮤니티가 당신과 당신의 브랜드에 애착을 가질 수 있도록 프로필을 특색있게 개인화 해 보자. 예를 들어, 커리어 배경이 엔지니어링이라면 복잡한 기계적 문제를 해결하는 방법을 보여 주는 '비하인드 스토리' 비디오를 인스타그램(Instagram)에 게시해 보는 것을 고려할 수 있다.

직원의 생산성 소셜 미디어의 남용과 중독은 심각한 문제로 이어질 수 있지만, 직장에서 소셜 미디어 도구를 적절하게 사용하면 직원들 간의 의사소통이 보다 생산적으로 이루어질 수 있다는 점에는 의심의 여지가 없다. 실제로, 최근 연구에 따르면 소셜 미디어를 포함하여 직장에서 사용하는 모든 형태의 기술의 원동력이 바로 생산성이다. 직원, 경영자, 회사의 핵심은 소셜 미디어의 속도와 도달 범위를 활용하여 개인의 성과를 향상시키는 것이다.

연구에 따르면, 소셜 미디어는 더 높은 성과, 직무 만족, 더 큰 창의성과 협업으로 이어질 수 있다. 비대면으로 일하는 직원들은 특히 소셜 미디어 기능의 이점을 누릴 수 있다. 다음은 비대면으로 일하는 직원들이 경험할 수 있는 두 가지 구체적인 이점이다.

- **원거리에서 생산성 향상:** 맞춤형 일정, 조직화, 네트워킹, 문서 공유, 메시징 및 기타 디지털 의사소통 옵션은 비대면으로 일하는 직원이 출퇴근, 일상적 회의 참석, 동료 때문에 주의가 산만해지는 것을 방지하는 것을 가능케 한다.
- **비대면으로 정리 정돈:** 이메일을 관리하고, 링크와 연락처를 정리하고, 업무의 우선순위를 지정하고, 문서를 편집하는 디지털 생산성 도구는 비대면으로 일하는 직원이 마감일을 맞추고 일과 삶의 균형을 즐길 수 있도록 집중하고 정리하는 데 도움이 될 수 있다.

동시에 경영자는 직원과 언제든지 연결되어야 할 필요가 없다는 것을 잊지 말아야 한다. 매일 저녁, 주말, 휴가 및 휴일이 아니더라도 모든 사람들은 정기적으로 이메일과 소셜 미디어에서 해방되어야 한다는 증거는 충분히 많이 존재한다. 영국의 신용 카드 비교 웹 사이트인 카드스위처(Cardswitcher)는 직원들이 해방될 수 있도록 노력하는 조직의 좋은 예이다.

카드스위처의 예: 카드스위처의 CEO인 스테판 하트(Stephen Hart)는 근무 시간 이후에 직원이 기술을 오래 사용하면 지치고 일과 삶의 균형이 무너진다는 점을 우려했다. 이를 염두에 두고 카드스위처는 2018년 직원들이 근무 시간 이후에 이메일을 보내지 못하도록 하기로 결정했다. 이 같은 제한을 시행한 지 1년 후 하트는 "우리는 직장에서 생산성, 출근률, 웰빙이 현저하게 개선되었음을 확인했다."라고 말했다.

회사의 생산성 규모나 산업과 상관없이 회사는 직원의 몰입과 만족을 높여서 생산성을 높일 수 있는데, 여기서 소셜 미디어의 이점을 활용할 수 있다. 예를 들어, 스위스의 거대 제약회사인 노바티스(Novartis)는 소셜 미디어 게임을 사용하여 직원들에게 자사 제품에 대해 교육했으며, 이를 통해 전 세계적으로 600명의 직원에게 다가간 결과 직원 만족도가 12% 증가하였다. 프랑스의 로레알(L'Oréal)은 소셜 미디어의 힘을 활용하는 회사의 또 다른 예이다.

로레알의 예: 로레알은 모집 문제가 있었다. 세계 최대의 화장품 회사인 로레알은 소셜 미디어상에서 공유된 직원의 증언을 통해 새로운 인재를 유치하려고 시도했지만, 브랜드에 대한 신뢰가 떨어지기 시작하면서 전략에 큰 효과를 보지 못했다. 사람들은 낯선 사람들에게서 로레알이 얼마나 위대한지 듣고 싶지 않았다. 회사가 발견한 것은 소셜 미디어를 사용하

여 일하기 좋은 곳을 찾는 사람들이 친구와 가족의 추천을 신뢰할 수 있다는 것이다. 이를 염두에 두고 회사는 두 개의 인스타그램(Instagram) 해시태그를 만들었다. 첫 번째로, #라이프앳로레알(#LifeatLoreal)은 현재 로레알에서 일하고 있는 직원들과 예비 직원들 모두 조직 전체에서 무슨 일이 일어나고 있는지 알 수 있도록 하는 기업 의사소통을 위한 것이었다. 여기에는 재미있는 이벤트와 회사 문화 소개가 포함되었다. 두 번째 해시태그는 #로레알커뮤니티(#LorealCommunity)이다. 이 해시태그는 직원들이 직장 안팎에서 동료와 어떻게 상호 작용하는지 공유하는 데 초점을 맞췄다. 두 해시태그를 통해 로레알은 자사가 얼마나 일하기 좋은 곳인지 자랑할 수 있었고, 이 해시태그를 가족 및 친구들과 공유한 200,000명의 인스타그램 사용자들의 관심을 끌기도 하였다.

소셜 미디어의 본질은 연결성이다. 효과적으로 사용할 경우 소셜 미디어를 통해 기업은 다음을 수행할 수 있다.

- **주요 이해관계자들과 연결된다.** 소셜 미디어를 사용하면 비대면으로 많은 고객, 공급업체, 직원, 잠재적 인재 및 기타 주요 이해관계자와 실시간으로 연결될 수 있다.
- **조직 내부의 다양한 전문가와 연결된다.** 앞서, 기존의 조직 경계를 재정의하고 조직 전체의 다양한 재능, 지식 및 경험을 가진 직원을 활용하는 가상 팀의 예를 통해 소셜 미디어의 연결성을 확인하였다.
- **조직 외부의 다양한 전문가와 연결된다.** 소셜 미디어는 조직의 경계를 넘어 외부인과 연결되어 문제 해결에 도움을 줄 수 있다. 아래에서 다룰 크라우드소싱(crowdsourcing)이 그 예이다. 또 다른 형태는 온라인 자원을 통해 돈을 모으는 크라우드 펀딩(crowd funding)이다.

반면에 효과적으로 관리하지 않으면 소셜 미디어는 많은 법적, 재정적, 인적 자원의 위험을 초래할 수 있다. 예를 들어, 판타지 축구게임 이용자의 거의 97%는 근무 시간에 판타지 축구게임을 하며 일주일에 7시간을 소비한다. 이는 근무일 하루 전체를 잃는 것과 거의 같다! 실제로, 2019년에 판타지 축구게임으로 인해 손실된 생산성의 대가는 90억 달러에 달하였다.

크라우드소싱 문제에 대한 혁신적인 해결책을 찾고 있다면 문제에 대해 생각하는 사람이 많을수록 잠재적인 아이디어가 더 많이 생성된다는 결론을 내릴 수 있다. 이것이 바로 인터넷과 소셜 미디어를 사용하여 문제 해결을 위해 조직 외부의 집단을 참여시키는 크라우드소싱의 이면에 있는 아이디어이다. 이 전략은 특히 킥스타터(Kickstarter)와 같은 사이트에서 모금(크라우드 펀딩)에 사용하여 많은 주목을 받았지만 성공 여부는 엇갈렸다.

일부 크라우드소싱 노력은 경쟁을 통해 이루어지며, 개인이 특정 기한까지 문제를 해결하기 위해 자원하여 보상받는다. 레고 아이디어스(LEGO Ideas) 플랫폼이 이에 대한 좋은 예이다.

레고의 예: 레고는 맞물리는 장난감 플라스틱 브릭으로는 유명하지만, 이 덴마크 회사가 크라우드소싱 분야의 선구자라는 사실을 알고 있었는가? 장난감 제조업체인 레고는 사용자

가 레고 세트에 대한 새로운 아이디어를 제시할 수 있는 방법으로 2008년 레고 아이디어스(LEGO Ideas) 플랫폼을 도입했다. 소비자가 혁신적인 레고 세트의 사진을 찍어 보내게 되면 다른 레고 사용자들에게 10,000개 이상의 투표를 받은 아이디어는 레고에서 검토 과정을 거친다. 레고가 아이디어를 수용하면 사용자는 회사와 협력하여 아이디어를 현실화하고 모델 판매 수익의 1%도 받게 된다. 2020년에는 소비자가 제출한 레고 아이디어가 그 어느 때보다 많아 10,000표를 넘었고, 회사는 26개 모형에 대한 심사 과정을 거쳤다. 레고 아이디어스 플랫폼에는 새로운 아이디어의 생성을 넘어서는 더 많은 것이 존재하는 데, 이는 회사가 대량 생산을 진행하기 전에 아이디어에 대한 수요를 검증할 기회를 제공한다.

연구자들은 크라우드소싱을 조사하여 제품 품질을 높이고 과정의 속도를 높이며 창의성을 높일 수 있음을 발견했지만, 크라우드소싱은 모든 상황에 적합하지는 않았다. 그중 하나는 회사가 대중에게 공개되어서는 안 되는 독점적 또는 기밀 프로젝트를 진행하는 경우이다. 효과적인 크라우드소싱 프로그램을 개발하기 위한 몇 가지 추가 사항들은 다음과 같다.

- 참가자들에게 동기를 부여하기 위해 크라우드소싱에 대한 노력을 보상과 연결한다. (레고 모형 판매에 대한 로열티를 우승자에게 제공하겠다는 레고의 제안을 떠올려 보자.)
- 먼저 자신들의 아이디어를 홍보한 후 대중의 의견을 수렴한다. 이를 통해, 대화를 시작할 수 있으며, 잠재적인 공동 작업자들에게 조직과 조직의 욕구를 이해하는 데 필요한 통찰력을 제공한다.
- 기여자들의 아이디어가 검증될 수 있도록 공개적으로 응답한다. 이것은 또한 다른 사람들이 자신의 생각이 받아들여질 것이라고 확신하기 때문에 적극적으로 나서도록 격려한다.

판매 및 브랜드 인지도 '효과적인' 소셜 미디어는 고객 및 브랜드 인지도 향상으로 이어진다.

1. 소셜 미디어는 제품 · 서비스의 인지도를 높이고 고객 문의를 유발할 수 있다.
2. 소셜 미디어는 고객과의 관계를 강화할 수 있다.
3. 소셜 미디어는 전 세계적인 고객에게 다가갈 수 있는 능력을 향상시킬 수 있다.
4. 소규모 또는 지역 기업의 경우 소셜 미디어는 지역 기업의 공동 홍보와 지역 내 중소기업으로서의 이미지를 촉진할 수 있다.
5. 소셜 미디어는 브랜드에 대한 소비자의 대화를 촉진할 수 있다.

도브(Dove)의 '프로젝트 #쇼어스(Project #ShowUs)'는 효과적인 소비자 주도 소셜 미디어 캠페인의 좋은 예이다.

도브의 예: 개인 위생용품 회사인 도브는 미용에 대한 고정 관념을 깨뜨려 브랜드 인지도를 높이고자 하였다. 회사의 2019 #쇼어스(#ShowUs) 캠페인에는 39개국 이상의 여성과 논바이너리(nonbinary) 개인(남성 또는 여성으로만 식별되지 않는 사람들)이 만든 5,000개 이상의 이미지가 포함되었다. 사진에는 가짜 이미지, 거식증 모델, 에어브러쉬를 한 유명인에

진정한 당신. 유명인의 온라인 사진으로 인해 자신감을 잃은 적이 있는가? 이러한 사진은 종종 보정되거나 수정된다. 도브의 #쇼어스 캠페인은 존재 자체의 아름다움을 강조했다. 캠페인은 또한 회사의 이름을 눈에 띄게 하였다.

대한 대중의 반발에 따라, 어떠한 보정이나 수정도 포함되지 않았다. 여성들은 #쇼어스 해시태그를 통해 자신의 이미지를 공유함으로써 컬렉션의 일부가 될 수 있었고, 도브 로고는 눈에 띄게 배치되어 소비자의 마음을 사로잡았다.

소셜 미디어의 사용이 단순히 자동적으로 더 많은 판매와 브랜드 인지도를 가져온다고 가정해서는 안 된다. 연구에 따르면, 두 가지 조건이 충족되지 않는 한 소셜 미디어는 긍정적인 결과로 이어지지 않는다. 첫째, 회사는 소셜 미디어 스킬 및 기술에 대한 역량과 자원을 모두 보유해야 한다. 둘째, 성공적인 소셜 미디어 전략에는 소셜 미디어 스킬을 갖춘 소비자 또는 고객이 필요하다. 포브스(Forbes)에 기고한 한 PR 전문가는 기업이 메시지가 적절하고 시기에 맞으며 놀라운지 확인해야 하고, 마케팅 담당자는 결과를 추적하여 효과가 있는 것이 무엇인지 파악해야 한다고 제안한다. 고프로(GoPro)는 강력한 소셜 미디어 전략을 가진 조직의 한 예이다.

고프로의 예: 고프로는 세계에서 가장 다재다능한 카메라를 제조하며, 그들의 소셜 미디어 전략 또한 이와 비슷하게 다양한 환경에 적응할 수 있다. 회사는 1,070만 팔로워을 보유한 페이스북(Facebook), 1,620만 팔로워를 보유한 인스타그램(Instagram), 223만 팔로워를 보유한 트위터(Twitter)에 계정을 갖고 있지만, 이러한 소셜 미디어 계정에 동일한 콘텐츠를 게시하지 않는다. 대신 카메라 제조업체인 고프로는 각 플랫폼에 가장 효과적인 것을 파악하고, 각 플랫폼에서 존재감을 강화할 수 있도록 전략을 조정했다. 페이스북은 고프로의 브랜드를 홍보하고 신규 고객과 연결하며 기존 고객의 관계를 강화하는 데 사용된다. 회사는 사용자 생성 게시물을 홍보하고 공모전을 개최하여 인스타그램을 통해 카메라의 품질을 선보인다. 반면, 트위터는 주로 제품 발표에 사용한다. 고프로의 다양한 소셜 미디어 전략은 가치를 창출하고 제품을 홍보하며 고객과 소통하는 것을 가능하게 한다.

기업 평판 일부 회사는 소셜 미디어를 사용하여 온라인상에서의 평판을 구축하고 보호하는 데 매우 성공적이다. 이것 또한 매우 효과적인 전략이다. 예를 들어, 최근 연구에 따르면 소셜 미디어의 효과적인 사용은 브랜드 인지도를 높이는 데 도움이 될 뿐만 아니라 위기 이후 회사의 명성을 회복하는 데에도 중요하게 작용했다. 2018년에 포틀랜드의 한 힐튼(Hilton) 호텔에 묵고 있던 아프리카계 미국인 손님이 그 예이다. 해당 손님은 호텔 보안을 뚫고 무단 침입한 혐의를 받고 숙소에서 쫓겨났다. 그 손님은 사건 전체의 내용을 온라인에 올렸고, 이는 빠르게 입소문을 타 호텔 측의 인종 차별에 대한 소란을 일으켰다. 힐튼은 트위터를 통해 손님에게 사과하고 그와 관련된 직원이 해고되었음을 전 세계에 알렸다.

힐튼의 사례에서 알 수 있듯이 경영자가 직면하는 가장 큰 위험 중 하나는 불만을 품은 고객이나 직원이 게시한 조직에 대한 부정적인 댓글이다. 이를 완화하고 발생할 수 있는 피해를 제한하기 위한 몇 가지 조언은 다음과 같다.

1. **직원을 위한 소셜 미디어 정책을 만들고 시행한다.** 소셜 미디어 정책에 대해서는 추후 더 자세히 살펴볼 것이다. 정책은 최소한 직원이 조직의 웹 페이지상에서 말할 수 있는 내용을 제한하고 게시된 모든 콘텐츠가 최고의 윤리 기준을 충족할 수 있도록 해야 한다.

2. **경험이 풍부한 경영자를 임명하여 소셜 미디어를 모니터링하고 부정적인 게시물에 신속하고 적절하게 대응한다.** 온라인에서는 짧은 시간에 큰 피해가 발생할 수 있으며, 모든 것이 대중의 눈에 띈다. 돌체앤가바나(Dolce & Gabbana)가 출시했던 가을 스니커즈를 생각해 보자. 이탈리아 럭셔리 패션 브랜드인 돌체앤가바나의 첫 번째 실수는 인스타그램에 "나는 날씬하고 멋져요."라는 글과 함께 새 신발을 올린 것이었다. 인스타그램 사용자들은 해당 게시물이 이상적인 몸매를 갖지 못한 사람들을 부끄럽게 만들었다고 불만을 토로했다. 공동 창업자인 스테파노 가바나(Stefano Gabbano)는 불만을 제기한 고객들에게 "뚱뚱하고 못생겼다"라고 부르며 문제를 해결하기로 했다. 예상했겠지만 경험이 풍부한 소셜 미디어 경영자가 상황을 처리하지 않았던 회사의 결정은 상황을 훨씬 더 악화시켰다.

3. **문제가 있음을 인정한다.** 누군가가 조직, 제품, 서비스 또는 해당 게시물에 진정한 문제가 있다는 것을 품위 있게 받아들이는 것은 문제가 그 사람의 오해일지라도 나쁜 감정을 가라앉히는 데 큰 도움이 될 수 있다. 조직에 오류가 있는 경우 해당 경영자는 오류가 있음을 인정하고 사과해야 한다.

4. **(예외적인 상황을 제외하고는) 댓글을 삭제해서는 안 된다.** 부정적인 게시물을 삭제해도 문제가 해결되지 않는다. 오히려, 이는 상황을 악화시킬 수 있다. 기존 게시글을 남긴 사람이나 글을 본 다른 사람들이 해당 게시물을 지운 것을 알게 되면 더 화를 내며 다시 댓글을 달고 게시물을 삭제한 것에 대해 이야기할 수 있다. 또한 댓글을 삭제하면 부주의하거나 잘못이 있는 것처럼 보일 수도 있다. 위협적이거나 모욕적인 언어가 포함된 게시물 또는 웹 페이지를 괴롭히거나 스팸을 보내는 경우는 예외가 될 수 있다.

5. **필요한 경우 대화를 오프라인으로 전환한다.** 고객이 만족하기를 거부하는 경우 전화나 이메일과 같은 사적인 영역으로 대화를 진행하자. 이렇게 하면 대중의 눈에 띄지 않고 브랜드에 대한 추가 손상을 방지할 수 있을 뿐만 아니라 개인화된 관심이 고객의 화를 줄일 수도 있다.

회사의 평판은 재직 중인 직원이나 기존 직원이 작성한 게시물에 영향을 받는다. 예를 들어, 글래스도어 닷컴(Glassdoor.com)과 같은 사이트를 통해 사람들은 급여, 복리 후생, 일과 삶의 균형, 승진 가능성, 채용 인터뷰의 질과 같은 기준에 따라 회사를 공개적으로 (혹은 익명으로) 평가할 수 있다. 행복한 직원들을 보유하고 있다고 확신하는 회사는 회사 웹 사이트, 소셜 미디어, 블로그에 사무실에서의 파티, 야유회, 인센티브 및 보상에 대한 소문을 퍼뜨리도록 장려하여 일하기 좋은 회사 이미지를 구축할 수 있다. 이는 15개국의 2,300명의 직원을 대상으로 실시됐던 연구 결과를 통해 효과가 입증되었다. 설문에 응한 직원의 3분의 1 이상이 소셜 미디어에서 회사에 대한 칭찬이나 긍정적인 의견을 공유하고 있다고 밝혔다.

소셜 미디어의 문제점

디지털 시대와 소셜 미디어의 부상으로 사람들의 삶에는 이를 통한 효율성만큼이나 많은 어려움이 생겨났다. 이러한 문제 중 일부는 사이버로핑, 미묘한 차별, 보안 침해, 개인 정보 보호 문제, 잘못된 정보와 관련되어 있다.

사이버로핑 직장에서 개인적인 용도로 인터넷을 사용하는 사이버로핑(cyberloafing)으로 인한 생산성 손실은 회사가 소셜 미디어를 수용하는 데 있어 주요 관심사이다. 연구 결과에 따르면, 직원들은 지루함, 습관 또는 중독, 사회적 규범을 비롯한 여러 가지 이유로 사이버로핑을 하고 있다. 다음은 사이버로핑에 대한 몇 가지 놀라운 사실이다.

- 전문가들은 사이버로핑으로 인해 기업이 연간 최대 850억 달러의 생산성 손실을 입을 수 있다고 말한다.
- 1,000명 이상의 미국 직장인을 대상으로 한 최근 연구에 따르면, 약 60%가 소셜 미디어를 확인하지 않고는 하루를 버틸 수 없다고 밝혔다.
- 약 200명의 전문가를 대상으로 한 설문 조사에서 남성의 97%와 여성의 85%가 직장에서 사이버로핑이 용인되는 것처럼 느껴진다고 답했다.

실제로 사이버로핑은 기업에 끔찍한 결과를 초래할 수 있다. 많은 기업이 이 문제를 해결하기 위해 소셜 미디어 정책을 수립했으며, 이에 대해서는 다음 섹션에서 학습한다. 기업이 사이버로핑을 줄일 수 있었던 몇 가지 다른 방법은 다음과 같다.

- **집단 소셜 미디어 휴식 시간:** 소셜 미디어 휴식 시간을 마련할 수 있다. NFL 애리조나 카디널스의 코치인 클리프 킹스버리(Kliff Kingsbury)는 이러한 휴식을 굳게 믿는다. 그는 약 30분마다 휴대 전화 메시지와 소셜 미디어를 확인하는 시간을 팀에 제공하였다. 그후 킹스버리는 팀과 함께 기분을 전환하고 회의와 훈련에 집중할 수 있었다.
- **모니터링 소프트웨어:** 일부 회사에서는 직원의 온라인 접근을 제한하거나 직원이 하는 일을 모니터링하는 프로그램을 설치한다. 한 예로 직원의 모든 키 입력을 기록하고 방문한 모든 웹 사이트와 보낸 이메일을 기록할 수 있는 키로거(Keylogger)가 있다. 연구에 따르면, 모니터링 소프트웨어는 일반적으로 사이버로핑을 통제하는 데 효과적이지만, 직원 충성도의 감소를 초래할 수도 있다.
- **의미 있는 업무:** 사이버로핑은 직원이 업무에 몰입되어 있지 않음을 보여 준다. 11장에서 의미 있는 업무가 직원의 몰입도와 생산성을 높인다는 것을 학습하였다. 이를 염두에 두고 경영자는 사이버로핑에서 업무 자체로 직원들의 주의를 환기시켜야 할 수도 있다. 컨설

팅 회사인 프랙티컬 패러다임스(Practical Paradigms)의 설립자인 캐럴린 고어너(Carolyn Goerner)는 "자기 일이 매력적이라 생각하는 사람들이 더 부지런하고 생산적이다."라고 말하며 "따라서 사이버로핑을 퇴치하는 가장 좋은 방법은 직원의 업무에 동기를 부여하는 것이다."라고 덧붙였다.

퍼빙과 포모 미묘한 차별(microaggressions) 또는 무의식적인 편향 행위에는 다른 사람을 방해하거나, 다른 사람의 이름을 잘못 발음하거나 잘못 말하고, 눈을 마주치지 않는 것과 같이 겉보기에는 사소하지만 반복되는 여러 행동이 포함된다. 미묘한 차별의 한 가지 유형은 폰 스너빙(phone snubbing) 혹은 휴대 전화에 주의를 기울이기 위해 상대방이 옆에 있는 것을 무시하는 퍼빙(Phubbing)이다. 베일러 대학(Baylor University) 교수진의 연구에 따르면, 경영자에게 비난을 받은 직원은 더 이상 그 경영자가 약속을 지키거나 공정하게 대우할 것을 신뢰할 수 없다고 느꼈다고 한다. 이는 직무에 대한 심리적 준비, 직무 만족, 직무 성과에도 부정적인 영향을 미쳤다. 베일러 대학의 연구는 퍼빙이 직장에서 얼마나 해로운지를 보여 준다. 다시 말해, 퍼빙을 유발하는 원인을 이해하는 것이 중요하다. 다음은 이 연구가 발견한 결과이다.

- 낮은 수준의 자존감과 삶에 대한 만족도는 퍼빙으로 이어질 수 있다.
- 퍼빙은 휴대 전화에 더 밀접하게 연결된 젊은 사람들과 방해받는 것을 여성보다 덜 귀찮게 여기는 남성들 사이에서 더 흔한 편이다.
- 사용하지 않더라도 테이블 위에 놓인 휴대 전화는 함께 있는 사람과의 유대감을 덜 느끼게 만들 수 있다.

퍼빙을 당한 사람은 자신의 감정을 침착하게 설명해야 하고, 퍼빙을 한 사람은 공감을 사용하여 자신의 미묘한 차별이 의사소통과 관계에 미치는 피해를 이해해야 한다.

연구원들은 다른 사람들을 퍼빙하고 싶은 충동이 고립 공포감인 포모(fear of missing out: FOMO)에서 비롯되거나 소셜 네트워크에서 일어나는 일을 알지 못하는 것에 대한 공포감에서 비롯된다는 것을 발견했다. 포모는 수면을 취해야 하는 시간에 휴대 전화에 주의를 기울이는 것과 같은 습관으로 인해 악화된다. 예를 들어, 한 조사에 따르면 학생의 40%가 밤에 전화를 받기 위해 깨어 있고, 47%는 문자 메시지를 받기 위해 깨어 있다고 응답했다. 심리학자들은 "모든 세대의 사람들이 그 현상에 굴복된 것 같다"라고 설명했다.

포모로 인해 발생하는 많은 결과 중에는 피로, 스트레스, 불안이 있다. 휴대 전화를 빼앗긴 대학생에 대한 연구는 포모가 불러일으키는 불안에 대한 좋은 예이다.

포모의 예: 연구원들은 163명의 대학생들이 한 시간 동안 휴대 전화를 사용 못하면서 나타나는 불안 수준을 조사했다. 가볍게 휴대 전화를 사용해 온 사람은 불안감이 증가하지 않는 반면, 보통 정도의 사용자는 25분 경과 후에 불안감이 증가하였다. 이러한 불안 수준은 1시간에 걸친 연구의 나머지 시간 동안 일정하게 유지되었다. 반면 휴대 전화 사용의 빈도수가 가

장 높은 사람의 경우, 휴대 전화를 사용하지 못한지 10분이 경과한 후부터 불안감 증가했으며 시간이 지남에 따라 불안감이 더욱 높아졌다.

심리학자 아담 알터(Adam Alter)는 포모로 고통받는 사람들에게 몇 가지 조언을 제공한다. 그는 "묘책은 없으며 갑자기 마약을 끊는 것은 거의 불가능하다. 이는 앞으로의 지속적인 사용에 관한 것이다. 우리가 할 수 있는 최선은 우리 삶의 일부를 기술에서 분리하여 신성하고 기술이 없는 상태로 유지하는 것이다."라고 말한다. 예를 들어, 밤에 침실 밖에 휴대 전화를 두거나 다른 사람과 식사할 때 전원을 끄도록 해 보자.

보안 보안(security)은 손상 또는 손실을 초래하는 재해, 시스템 장애 및 무단 접근으로부터 정보 기술을 보호하기 위한 보호 시스템으로 정의된다. 보안은 컴퓨터와 휴대 전화 사용자가 사람들을 속여 비밀번호와 개인 정보를 제공하도록 하는 악성 소프트웨어(malware)부터 데이터를 파괴하거나 손상시킬 수 있는 바이러스에 이르기까지 다양한 위협에 끊임없이 대처해야 하는 지속적인 도전 과제이다. 다음은 사이버 위협에 대한 몇 가지 주요 통계 수치이다.

- 사이버 범죄자들은 연간 약 1조 5천억 달러에 이르는 금액을 훔친다.
- 해커는 39초마다 누군가를 목표로 삼으며 60세 이상의 노인을 선호한다.
- 도난당한 개인 정보의 45~50%는 소셜 미디어 해킹으로 추적될 수 있다.
- 소비자 5명 중 4명 이상이 사이버 범죄는 실제로 범죄이며 기소되어야 한다고 생각한다. 그러나 42%는 특정 상황에서 도덕적으로 의심스러운 온라인 행동을 저지르는 것이 허용된다고 생각한다. 이는 직원들이 종종 보안 위협에 대한 회사 방어의 가장 약한 고리라고 불리는 이유에 대한 설명을 뒷받침한다.

하버드 비즈니스 리뷰(Harvard Business Review)는 이퀴닉스(Equifax), 버라어존(Verizon), 타겟(Target)과 같은 주요 회사에 대한 사이버 공격을 인용하면서 "사이버 공격자는 1과 0의 벽을 허물거나 정교한 하드웨어를 파괴하지 않아도 된다. 대신 예측할 수 있는 열악한 사용자 행동을 이용하기만 하면 된다."라고 전했다. 신중하지 못한 암호 설정은 그러한 행동의 한 예이다. 실제로, 예를 들어, 밀레니얼 세대의 4분의 3 이상이 50개 이상의 다른 장소에서 동일한 비밀번호를 사용한다. '사회적 증거(social proof)'라고 불리는 동기 부여 전략은 다른 사람들이 동일한 상황에서 어떻게 행동하는지 보여 주거나 알려주고 이를 따르는 데 필요한 도구와 교육을 제공함으로써 직원들이 직장에서 보다 안전한 온라인 행동을 하도록 유도하는 데 도움이 될 수 있다.

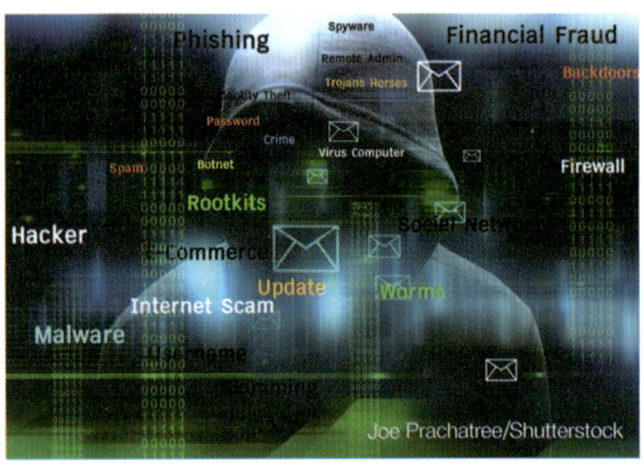

피싱(phishing), 맬웨어(malware) 및 스미싱(smishing)은 해커가 데이터에 접근할 수 있는 몇 가지 방법이다. 사이버 범죄자가 당신의 정보를 도용하려고 시도한 적이 있는가?

사기, 해커, 신원 도용 및 기타 위협에서 디지털 통신 시스템을 보호하는 핵심은 예방이다. 표 15.4는 자신을 보호할 수 있는 몇 가지 방법을 제시한다.

표 15.4 인터넷 보안 및 개인 정보 보호

- 쉽게 추측할 수 있는 암호를 사용하지 말자. 문자, 숫자 및 구두점의 특이한 조합을 사용하고 !, #, %와 같은 특수 문자와 함께 대문자와 소문자를 혼합한다.
- 여러 사이트에 동일한 비밀번호를 사용하지 않는다. 해커나 사기꾼이 하나의 계정을 얻으면 잠재적으로 온라인상에서의 생활 전체를 잃게 되므로 다른 사이트에서 동일한 암호를 사용해서는 안 된다.
- 소셜 네트워킹 사이트에서 민감한 정보를 공개해서는 안 된다. 페이스북(Facebook)의 가장 엄격한 개인 정보 보호 설정으로 프로필을 설정한 사람들도 웹 전체에서 민감한 정보가 유출된 적이 있다.
- 민감한 정보를 클라우드 서버로 옮기는 것을 고려하자. 구글(Google)이나 마이크로소프트(Microsoft)와 같은 주요 클라우드 제공업체가 다양한 위험에서 정보를 보호하는 데 당신보다 뛰어날 가능성이 매우 높다.
- 반드시 암호화하자. 암호화는 정보를 해독할 키가 있는 사람만 읽을 수 있도록 메시지나 파일을 바꾸는 과정이다. 레스트패스(LastPass) 및 베라크립트(VeraCrypt)를 포함하여 이를 수행하는 많은 무료 도구가 있다. 일부 윈도우(Windows) 및 맥(Mac) 운영 체제에는 암호화 기능이 내장되어 있다.
- 바이러스 백신 소프트웨어를 최신 상태로 유지하자. 컴퓨터 바이러스 백신 소프트웨어는 사용자를 영원히 보호할 수 없다. 바이러스 백신 소프트웨어 제조업체의 웹 사이트를 방문하여 자동 업데이트 기능을 활성화하도록 하자.

개인 정보 보호 개인 정보 보호(privacy)는 사람들이 자신에 대한 정보를 공개하지 않을 권리이다. 개인 정보에 대한 위협은 회사가 고객 목록을 다른 회사에 판매할 때와 같은 명단 이전에서부터 온라인 스누핑(online snooping), 정부의 훔쳐보기 및 스파잉에 이르기까지 다양하다. 2019년 퓨(Pew)의 설문 조사 결과는 이 문제가 얼마나 중요한지를 보여 준다. 설문 조사에 따르면, 미국인의 80% 이상이 데이터에 대한 통제력이 거의 없다고 느끼는 것으로 나타났다. 또한 그들은 개인 정보 침해가 재앙이 될 수 있으므로 이에 대해 걱정할 모든 권리를 가지고 있다. 예를 들어, 도둑이 당신의 이름과 신분을 도용하고 좋은 신용 등급을 사용하여 현금을 얻거나 물건을 사는 잠재적인 사생활 침해인 신분 도용(identity theft)을 떠올려 보자. 캐피탈 원 뱅크(Capital One Bank)의 데이터 유출은 이 문제가 얼마나 파괴적인지 보여 주는 좋은 예이다.

> **캐피탈 원 뱅크의 예:** 캐피탈 원 뱅크는 3,730억 달러 이상의 자산을 보유한 상위 10대 미국 금융 기관 중 하나이다. 이 은행은 2019년 최악의 해킹의 희생자였는데, 침입자가 미국과 캐나다에 있는 1억 명 이상의 계좌 소유자의 개인 정보를 훔쳤다. 해커들은 고객의 주민등록번호, 생년월일, 계좌번호, 기타 개인정보 등 신분 도용에 필요한 모든 정보를 확보할 수 있었다. FBI는 범인을 검거할 수 있었지만, 은행의 신용도는 이미 훼손된 상태였다. 데이터베이스 관리 회사인 델픽스(Delphix)의 수석 해결책 설계자인 파와 힘스(Pawar Hims)는 "한 때 금융 서비스 혁신을 위한 디지털 혁신의 '대표기업'이었던 캐피탈 원은 고객의 신뢰를 회복하기 위해 긴 여정을 시작해야 한다. 이 모든 것은 대부분 확실히 피할 수 있었던 침해 때문이다."라고 말했다.

사용자의 역할, 직장에서의 개인 정보 보호 및 웹 사이트의 책임이라는 세 가지 문제를 인식하여 개인 정보를 강화할 수 있다.

- **사용자의 역할:** 최근 페이스북 사용자의 개인 데이터 오용은 온라인에 게시된 어떤 것도 진정으로 사적인 것이 아님을 보여 준다. 어떤 경우에는 인터넷 사용자가 잠재적 고용주가 사용할 수 있는 소셜 네트워킹 사이트에 자신에 대한 남부끄러운 사진과 정보를 게시하여 자신의 가장 큰 적이 되기도 한다. 앞서 언급한 고객에 대한 비판적 발언이 입소문을 탄 돌체 앤 가바나의 공동 설립자처럼 게시물을 올리기 전에 생각하지 못하는 사람들도 있다. 신문 1면이나 저녁 뉴스에 보고 싶지 않은 내용이 있으면 게시하지 말라는 말은 이에 대한 현명한 해결책이다. 표 15.4에서 설명한 많은 주의 사항이 여기에도 적용된다.
- **직장에서의 개인 정보 보호:** 직장에서의 개인 정보 보호와 관련하여 개인 정보 보호 변호사인 멜리사 벤트론(Melissa Ventrone)는 "일반적으로 직장에서는 개인 정보 보호에 대한 권리가 없다."라고 한다. 전자 통신의 모니터링은 널리 퍼져 있다. 대부분의 경우 고용주들은 직원의 이메일을 모니터링(즉, 읽기)하고 인터넷 사용을 추적할 수 있으며 최근 가트너(Gartner) 설문 조사에서도 대다수의 고용주가 그렇게 했다고 말했다. 직원의 부적절한 인터넷 사용은 치명적일 수 있다. 예를 들어, 최근 커리어빌더(CareerBuilder)가 1,000명 이상의 HR 전문가를 대상으로 실시한 설문 조사에 따르면, 고용주의 3분의 1이 "직원을 질책하거나 해고하게 만든 내용의 콘텐츠를 온라인에서 발견"했다고 한다.
- **웹 사이트의 책임:** 소셜 미디어 사이트는 개인 정보를 보호하는 역할을 한다. 뉴욕타임즈는 최근 페이스북, 구글 등 유명 웹 사이트의 개인정보 보호정책 150개를 분석한 결과, '이해할 수 없는 재앙(incomprehensible disaster)'으로 판명되었다고 전했다. 전문가들은 이러한 사이트들이 개인 정보 보호 정책을 명확하고 직접적인 방식으로 사용자에게 전달해야 한다고 생각한다. 연구에 따르면, 사이트에서 간단한 개인 정보 보호 정책을 개발할 때 사용자가 데이터를 신뢰하는 경향이 더 높다는 사실이 밝혀졌다.

거짓 정보 소셜 미디어의 광범위한 사용으로 개인과 기업에 대한 잘못된 정보가 확산되고 있다. 오보(misinformation)와 허위 정보(disinformation)라는 두 가지 유형의 잘못된 정보를 살펴보자. 오보는 "거짓이지만 피해를 줄 의도로 생성되지 않은" 정보이다. 이것은 뉴스 기사의 숫자를 잘못 입력하고 나중에 올바른 정보로 수정하는 것과 같은 정직한 실수일 수 있다. 반면에 허위 정보는 거짓이고 의도적으로 오도하는 정보이다. 중요한 유형의 허위 정보는 가짜 뉴스 또는 진정한 뉴스인 것처럼 위장하여 의도적으로 게시된 허위 정보를 가리킨다. 가짜 뉴스의 역사와 영향 그리고 대처 방법을 알아보자.

가짜 뉴스의 역사. 대중의 믿음과 달리 가짜 뉴스(fake news)는 도널드 트럼프가 만든 새로운 용어가 아니다. 그것은 실제로 16세기로 거슬러 올라간다. 당시에는 거짓 뉴스(false news)라고 하며, 진실을 인쇄하지 않는 신문을 묘사했다. 이 용어는 가짜 뉴스로 발전했고 19세기에 더 일반적으로 사용되었다. 2016년 대통령 선거에서 도널드 트럼프가 자신의 선거 운동에 불리한 거짓 뉴스 보도라고 말한 것을 설명하기 위해 이 용어를 사용하면서 가짜 뉴스가 주목받게 되었다.

가짜 뉴스의 영향. 오늘날 많은 사람들이 가짜 뉴스를 민주주의, 자유 토론, 전체 서구 질서에 대한 위협으로 보고 있다. 이는 주로 소셜 미디어에 의해 가속화되기 때문이다. 실제로 803명의 소셜 미디어 사용자를 대상으로 한 최근 설문 조사에서는 86%가 소셜 미디어 뉴스 피드에서 가짜 뉴스를 본 것으로 나타났다. 아들이 살해당한 아버지는 가짜 뉴스의 파괴적인 영향을 보여 주는 가슴 아픈 예이다.

데이브 휠러의 예: 데이브 휠러(Davice Wheeler)는 2012년 샌드 훅(Sandy Hook) 대학살로 6세 아들을 잃었다. 그 이후로 많은 음모론자들은 휠러가 정치 캠페인의 일환으로 자녀 살인을 조작했다고 잘못 비난했다. 그는 아들을 잃은 슬픔을 이겨내야 했을 뿐만 아니라 소셜 미디어에 자신에 대한 거짓 정보가 퍼지면서 살해 위협을 받기도 했다.

가짜 뉴스는 정치뿐만 아니라 상업적인 영역으로 침투하여 기업을 위기에 빠뜨리기도 한다. 예를 들어, 13개국의 588개 대기업을 대상으로 한 설문 조사에 따르면 84%가 소셜 미디어에서 시작된 허위 소문에 위협을 느낀 것으로 밝혀졌다. 메트로 뱅크(Metro Bank)는 가짜 뉴스의 파괴적인 영향을 보여 주는 좋은 예이다.

메트로 뱅크의 예: 메트로 뱅크는 영국에 70개 이상의 지점과 약 2,700명의 직원을 두고 있다. 이 은행은 2019년 트위터와 왓츠앱에 은행이 파산 직전이라는 뉴스가 퍼지면서 거짓 소문의 희생자가 되었다. 실제로 메트로 뱅크의 상태는 나쁘지 않았으며, 고객의 재정 상태를 안심시키기 위해 소셜 미디어를 사용하지 않을 수 없었다. 그러나 피해는 이미 발생한 후였다. 많은 은행 고객들이 계좌를 비우기 시작했고 은행의 주식은 11% 하락했다.

또 다른 최근 연구는 상업적 목적의 가짜 뉴스가 얼마나 빨리 퍼질 수 있는지 보여 준다. 이 연구는 300만 명이 트윗한 126,000개의 트위터 스토리를 조사했다. 거짓 뉴스가 진실보다 더 많은 사람들에게 도달했으며 6배나 더 빨리 도달했다. 연구자들은 소문의 창의성과 수신자의 감정적 반응이 결과와 많은 관련이 있다고 생각했다. 홍보 회사 레퓨테이션 닥터(Reputation Doctor)의 사장인 마이크 폴(Mike Paul)은 "오늘날의 가짜 뉴스는 의사소통, 평판 및 브랜딩의 세계에서 현대 기술 자살 폭탄 테러범과 같다. 많은 사람이나 조직에 손해를 끼치려면 잘 계획된 성공 하나만 있으면 된다."라고 말했다.

Georgejmclittle/Shutterstock

가짜 뉴스! 디지털 세계에서 사실과 허구를 어떻게 구별할 수 있을까?

가짜 뉴스에 대해 할 수 있는 일. 많은 기술 회사들은 특히 이 위기의 시기에 가짜 뉴스에 맞서기 위해 힘을 합쳤다. 페이스북, 트위터, 구글은 모두 코로나바이러스 팬데믹 동안 가짜 뉴스와 싸운 조직의 예이다.

코로나바이러스 시기의 가짜 뉴스의 예: 2020년 코로나바이러스 팬데믹이 닥쳤을 때 가짜 뉴스는 이 팬데믹보다 더 빠르게 확산되었다. 예를 들어, 일부 사이트에서는 바이러스에 대한 가짜 치료법을 광고하는 반면 다른 사이트에서는 사망자 수에 대한 잘못된 정보를 게시했다. 페이스북, 트위터, 구글과 같은 회사들은 이러한 가짜 뉴스들에 대응하기 위해 함께 뭉쳤고, 각자의 플랫폼에서 미신, 허위, 사기를 표적으로 삼았다. 해당 회사들은 공동 성명을 통해 "우리는 수백만 명의 사람들이 연결된 상태를 유지하는 동시에 바이러스에 대한 사기 및 잘못된 정보를 공동으로 퇴치하고, 플랫폼에서 권위 있는 콘텐츠를 높이고, 전 세계 정부 의료 기관과 협력하여 중요한 업데이트를 공유하도록 돕고 있다."라고 전했다.

다음의 〈전문가의 조언〉을 통해 허구를 분별해내는 방법을 알아보자.

전문가의 조언 가짜 뉴스에 대한 대처

앞서 학습한 것처럼 가짜 뉴스는 사람과 조직 모두에게 치명적일 수 있다. 정치적인 이유뿐만 아니라 모든 것에 대해 올바른 결정을 내릴 수 있도록 허위 정보를 피해야 한다. 여기에 도움이 되는 여섯 가지 조언은 다음과 같다.

1. **알고리즘에 속지 말자:** 트위터, 페이스북, 레딧 및 기타 소셜 미디어 회사들은 알고리즘을 사용하여 사용자를 위한 맞춤형 광고를 게시한다. 이들 중 상당수는 실제로 편향된 정보를 제공하여 사용자의 관심을 끌기 위한 가짜 뉴스이다. 이러한 광고를 클릭하기로 결정했다면 다른 잘 알려진 출처를 확인하여 제공된 자료를 확인하자.

2. **신뢰할 수 있는 출처를 방문하지만 여전히 재확인하자:** 신뢰할 수 있는 뉴스 앱과 웹 사이트를 직접 방문하는 것이 중요하지만, 오늘날 신뢰할 수 있는 것은 과연 무엇일까? 신뢰할 수 있는 사이트라고 생각하는 것이 때때로 편향될 수 있음을 명심해야 한다. 예를 들어, 폭스 뉴스(Fox News)에서 뉴스를 접하는 사람은 MSNBC를 선호하는 사람이 편향된 뉴스를 소비한다고 믿을 수 있으며, 그 반대의 경우도 마찬가지이다. 특정 뉴스를 구독한 사람의 눈에는 신뢰할 수 있는 출처가 될 수 있지만, 선호하는 뉴스 매체에서 보고하는 내용을 확인하기 위해 여러 출처를 찾는 것이 좋다.

3. **비정치적 편향에 주의하자:** 모든 가짜 뉴스가 정치적 편향을 이용하는 것은 아니다. 일부는 7장에서 학습한 의사 결정 편향에 초점을 맞추기도 한다. 예를 들어, 가짜 뉴스 사이트는 우리의 관점을 뒷받침하는 정보를 찾으면서도 자신의 관점과 반대되는 확인하지 않는 정보를 무시하는 확증 편향을 이용하는 것으로 알려졌다. 연구에 따르면, 이러한 사이트는 증거가 없는 짧고 간단한 진술을 사용하지만, 일부 사용자의 생각에 신빙성을 부여한다. 가짜 뉴스 사이트는 또한 우리의 두뇌가 반복을 신뢰와 동일시하는 환상적 진실 효과(illusory truth effect)를 이용한다. 예를 들어, 많은 정치인들은 친숙하게 들리는 것을 사실처럼 보이게 하기 위해 슬로건을 반복한다. 이 전술은 새로운 것이 아니다. 이것은 1925년 아돌프 히틀러가 그의 정치 선언문 나의 투쟁(Mein Kampf)에서 "슬로건은 가장 마지막 사람이 그 아이디어를 이해하게 될 때까지 끈질기게 반복해야 한다."는 말에서 사용되었다.

4. **숫자를 확인하자:** 신뢰할 수 없는 웹 사이트는 종종 잘못된 통계를 사용하여 허위 주장을 하기도 한다. 예를 들어, 특정 소수 민족이 미국에서 수천 건의 살인에 책임이 있다고 말하는 웹 사이트를 한번 떠올려 보자. FBI 데이터베이스와 같은 신뢰할 수 있는 정부 사이트를 통한 간단한 확인은 살인율이 일치하는지 그리고 그것이 의미가

있는지 확인하는 데 도움이 될 것이다. 익숙하지 않은 사람들이 제시한 수치를 확인하려면 신뢰할 수 있는 사이트를 사용하는 것이 좋다.

5. **주변인들을 활용하자:** 확실하지 않은 정보를 인터넷에서 접하는 경우 해당 주제에 대해 더 잘 알고 있는 사람에게 확인하자. 여기에는 의학적 조언, 법적 질문 및 기타 여러 문제가 포함될 수 있다. 소셜 미디어는 많은 것에 대한 조언과 트릭을 찾을 수 있는 좋은 장소이지만, 중요한 결정을 내려야 하는 경우 전문가와 상의하도록 해야 한다.

6. **의견과 사실의 차이를 알자:** 당신은 당신의 의견에 대해 매우 열정적일 수 있지만, 그것이 당신의 의견이 사실임을 의미하지는 않는다. 사실은 연구와 같은 객관적인 증거에 의해 입증되거나 반증될 수 있다. 반면에 누군가가 자신의 신념이나 가치를 표현하는 것은 의견이다. 때때로 둘 사이를 구별하는 데 어려움이 있다면 그것은 혼자만의 문제가 아니다. 최근 퓨 리서치 센터(Pew Research Center)가 미국 성인 5,035명을 대상으로 실시한 설문조사에서 응답자에게 5개의 사실과 5개의 의견 기반 진술을 포함하여 10개의 진술을 제공했다. 설문 조사 결과 응답자의 40%는 사실과 의견을 정확히 구분하지 못하는 것으로 나타났다. 이를 염두에 두고 앞에 놓인 정보를 검증하고 객관적으로 검증되었는지 확인해야 한다.

소셜 미디어 정책 수립 시 고려사항

직장에서의 소셜 미디어 정책의 목적은 직원의 개인 이메일과 문자, 심지어 쇼핑 웹 사이트에 대한 접근을 완벽히 차단하는 것이 아니다. 많은 직원이 직장에서 개인 메시지를 처리해야 하는 경우 이미 죄책감을 느끼지만, 근무 시간에 최소한 사적인 일의 일부를 수행할 수 있는 능력이 제한되면 직장을 그만둘 것이라고 말한다. 또한 근무 시간 중 소셜 미디어 사용의 절반 정도가 업무 외 이유로 발생하지만, 연구에 따르면 많은 직원이 건설적인 업무 목적으로 소셜 미디어를 사용하기도 한다. 여기에는 전문적인 인맥을 만들고 육성하며 조직 내부와 외부의 문제에 대한 해결책을 찾는 것이 포함된다.

소셜 미디어 정책 소셜 미디어 정책(social media policy)은 누가, 어떻게, 언제, 어떤 목적으로 소셜 미디어를 사용하는지 그리고 이를 준수하지 않을 경우의 결과를 설명한다. 연구에 따르면, 소셜 미디어 정책은 기대치를 명확히 하고 죄책감을 덜어줄 뿐만 아니라 조직이나 개인의 평판을 손상시킬 수 있는 충동적이거나 욕설 게시물과 메시지를 방지할 수 있다. 표 15.5에는 효과적인 소셜 미디어 정책의 필수 요소가 요약되어 있다.

표 15.5 효과적인 소셜 미디어 정책의 아홉 가지 요소

모든 게시물과 플랫폼에 동일한 표준을 적용해야 한다. 직원은 링트인(LinkedIn)과 같은 전문 네트워크뿐만 아니라 트위터(Twitter) 및 인스타그램(Instagram)과 같이 개인적 표현에 더 일반적으로 사용되는 사이트에 게시물을 게시할 때마다 그것이 회사를 대표할 수 있다는 점을 이해해야 한다. 따라서 모든 곳에서 동일한 표준을 적용해야 한다.

직원이 직장에서 사용할 수 있는 사이트를 파악한다. 회사의 목표에 따라 근무 시간 동안 직원의 소셜 미디어 사용을 특정 사이트로만 제한할 수 있다.

직원에게 사용할 플랫폼의 사용 약관 및 조건을 알린다. 조건을 위반하면 직원의 향후 사이트 접근이 제한될 수 있다.

회사를 대변할 수 있는 사람과 목적을 파악한다. 예를 들어, 회사가 기업의 페이스북 페이지나 트위터 피드를 유지 관리하는 경우 지정된 직원만 해당 소셜 미디어에 게시할 수 있는 권한을 부여해야 한다.

개인 게시물과 업무 관련 게시물의 구분을 명확히 한다. 직원들에게 개인 게시물이 직장 생활에 영향을 미칠 수 있음을 상기시켜야 한다.

온라인에서 전문적인 행동을 필요로 한다. 경영자와 직원 모두 온라인상의 괴롭힘과 온라인에서 찾을 수 있는 다른 사람에 대한 정보의 불공정하거나 차별적인 사용에 대해 주의를 기울여야 한다.

기밀을 유지한다. 내부 불만 및 갈등은 파트너, 고객, 경쟁업체가 접근할 수 있는 온라인상에서 노출되어서는 안 된다. 독점적인 정보는 인터넷을 포함한 어떠한 장소에서도 공개되어서는 안 된다. 게시물이 기밀성을 위반하는지 여부가 의심되는 직원은 게시하기 전에 회사의 소셜 미디어 팀에 문의해야 한다.

익명의 게시물을 금지한다. 게시물이나 메시지의 내용이 가장 높은 수준의 전문성과 타인에 대한 존중을 충족하는 경우 익명일 필요는 없다. 동시에 직원들이 회사를 대신하여 말할 때와 그렇지 않을 때를 명확히 하도록 장려해야 한다.

위반의 결과를 알린다. 직원은 회사의 소셜 미디어 정책을 위반할 경우 징계받거나 교육받거나 심지어 해고될 수도 있음을 이해해야 한다.

출처: D. Ku, "5 Terrific Examples of Company Social Media Policies for Employees," Post Beyond, January 2, 2020, https://www.postbeyond.com/blog/5-terrific-examples-of-company-social-media-policies-for-employees/; J. Bouman, "Need Social Media Policy Examples? Here Are 7 Terrific Social Policies to Inspire Yours," Everyone Social, March 15, 2019, https://everyonesocial.com/blog/need-sample-social-media-policies-here-are-7-to-inspire-yours/; K. Keeler, "10 Must-Haves for an Effective Government Social Media Policy," Government Social Media Organization, May 8, 2017, https://gsmo.org/10-must-haves-for-an-effective-government-social-media-policy/.

다음의 예는 여러 회사의 소셜 미디어 정책을 보여 준다.

다양한 소셜 미디어 정책

IBM에서 직원들은 자신이 회사를 위해 일한다고 자신의 게시물을 통해 말할 수 있지만, 게시물의 내용은 조직이 아니라 자기 자신을 대변한다는 점을 분명히 해야 한다. 또한 회사에서 승인하지 않는 한 IBM 로고 또는 상표를 사용할 수 없다. 나아가, IBM은 소셜 미디어 정책 위반의 결과로 어떤 징계 조치를 받을 수 있는지 명시하지 않는다.

전자 소매점인 베스트바이(Best Buy)의 정책은 "브랜드를 보호하며 자신을 보호하라."이고, 회사의 지침은 '해야 할 일'과 '절대 공개하지 말아야 할 사항'의 두 가지로 나뉜다. 베스트바이는 또한 직원의 조직에 대한 책임이 교대 근무가 끝났다고 끝나는 것이 아님을 강조한다. 이러한 이유로 회사의 정책은 "베스트바이와 관련하여 회사 후원 소셜 미디어 및 개인 사용 모두에 적용된다." 베스트바이의 소셜 미디어 정책을 위반할 경우 해고될 수도 있다.

인텔(Intel)은 직원들이 회사와 경쟁업체 모두를 존중해야 한다고 믿는다. "행동 처신을 바르게 해야 한다. 게시하는 모든 내용은 사실이어야 하고, 오해의 소지가 없어야 하며, 모든 주장은 입증되고 승인되어야 한다."

월마트(Walmart)는 직원들에게 "직무별 문제에 대해 회사가 지정한 경로를 사용하는 것을 고려"할 것을 요청한다. 세계 최대의 민간 회사인 월마트는 팀원들에게 페이스북이나 인스타그램에 글을 게시하는 대신 회사의 '오픈 도어 프로세스(Open Door Process)' 또는 월마트원 닷컴(WalmartOne.com)을 활용하도록 권장한다. 월마트는 또한 직원들에게 명시적 승인 없이 소셜 미디어에서 회사를 향한 고객 문의나 의견에 응답하지 말 것을 요청한다.

워싱턴 포스트(Washington Post)는 직원들이 "워싱턴 포스트 기자는 항상 워싱턴 포스트 기자"라는 사실을 기억하기를 바란다. 회사는 직원들이 "정치적, 인종적, 성차별적, 종교적 또는 기타 편향이나 편애를 반영하는 것으로 인식될 수 있는 사진이나 비디오를 포함하여 그 어떤 것도 작성, 트윗 또는 게시"하지 않도록 조언한다. 워싱턴 포스트는 2017년 소셜 미디어 정책을 확장하여 직원이 "회사의 광고주, 구독자, 경쟁업체, 사업 파트너 또는 공급업체의 제품 및 서비스를 폄하"하는 것을 금지했다. 단, 편집위원들은 독립성을 보호하기 위해 이러한 금지에서 제외된다.

의류 소매업체 GAP은 심각한 개인 정보 보호 문제에 대해 스스럼없이 말한다. "재무 정보, 판매 동향, 전략, 예측, 법적 문제, 향후 판촉 활동, 고객이나 직원에 대한 개인 정보 제공, 기밀 또는 비공개 정보 게시에 대해서는 생각조차도 하지 말 것… 그 게임에는 승자가 없다."

당신의 생각은?

베스트바이, 워싱턴포스트 및 기타 조직에서는 직원이 개인 소셜 미디어 계정에 게시하는 내용이 징계 조치로 이어질 수 있다고 생각한다. 이 입장에 동의하는가? 그 이유는 무엇인가?

SECTION

05 의사소통의 효과성

이번 섹션에서는 비방어적인 의사소통, 공감, 적극적인 경청을 알아본다. 또한 보다 효과적인 필자가 될 수 있는 조언을 살펴보고, 효과적인 화자가 될 수 있는 방법도 알아본다.

학습 목표

경청, 서면 · 구두 의사소통 스킬을 향상시킬 수 있는 방법을 이해한다.

최근 연구에 따르면, 경영자는 거의 모든 시간을 의사소통에 사용하며 의사소통이 원활하지 않으면 조직에서 연간 300억 달러 이상의 비용을 지출할 수도 있게 된다. 따라서 서면 및 구두 의사소통 스킬이 회사가 원하는 역량 중 하나라는 사실은 결코 놀라운 일이 아니다.

본인의 의사소통 능력을 어떻게 평가하는가? 자신이 다른 사람보다 낫다고 생각하는가? 면접 중 말을 그만해야 할 때가 언제인지 아는가? 수도 사업 기업인 아쿠아 아메리카(Aqua America)의 부사장직에 지원한 지원자는 그렇지 않았으며, CEO의 첫 번째 인터뷰 질문에 25분 동안이나 답변하였다. CEO는 월스트리트저널과의 인터뷰에서 "필리버스터를 받는 기분이었다. 말을 토하듯 쏟아내는 것은 필요 없다."라고 전했다. 해당 지원자는 채용되지 않았다고 한다.

필수적인 의사소통 스킬을 더 효과적으로 사용할 수 있는 방법을 살펴보자.

비방어적인 의사소통

"당신의 업무 결과는 최악이다." 또는 "당신은 항상 회의에 늦는다."와 같은 평가적이거나 판단적인 말을 사용하는 것은 방어적인 태도를 자극하며, 방어적인 태도가 대화에 포함되면 건설적인 의사소통은 중단된다. 방어적인 의사소통(defensive communication)에는 공격적, 비난적, 화가 난 의사소통 또는 수동적이거나 뒤로 물러나는 의사소통이 포함된다. 14장에서 학습한 비인격적 감독은 직원들 사이에서 방어적인 행동을 키울 가능성이 있다. 대안은 비방어적인 의사소통(nondefensive communication), 즉 단호하고 직접적이며 강력한 의사소통이다. 방어적인 의사소통을 피하고 비방어적인 의사소통을 촉진할 수 있는 세 가지 방법에 대해 알아보자.

- **방어적인 태도를 자극할 수 있는 것을 피하자.** 방어적인 태도는 종종 상호 작용 중 잘못된 단어 선택이나 비언어적 자세에 의해 유발된다는 사실을 알면 놀랄 수도 있을 것이다. 행동 수정의 언어에서 이러한 자극은 방어적인 태도의 선행 조건이다. 예를 들어, '항상' 또는 '절대'와

같은 절대적인 단어 표현을 사용하는 것은 방어적인 반응을 일으킬 가능성이 매우 높다. 절대적인 표현들은 대부분 사실이 아니기 때문에 사용해서는 안 된다. 대신 표 15.6에 나와 있는 방어적인 선행 요인을 피하고 비방어적인 의사소통의 긍정적인 선행 요인을 사용하여 의사소통 능력을 높일 수 있다.

표 15.6 방어적인 의사소통과 비방어적인 의사소통의 선행 요인

방어적인 의사소통의 선행 요인		비방어적인 의사소통의 선행 요인	
유형	예시	유형	예시
평가	"당신의 일 처리는 엉성하다."	기술	"당신의 일 처리는 늦었다."
통제	"당신은 ~을 해야 한다."	문제 해결	"기한을 놓친 원인이 무엇이라고 생각하는가?"
전략 수립	"어떠한 어려움도 극복할 수 있도록 회의 중 동의해 주었으면 좋겠다."	직설	"회의에서 양심적으로 투표해야 한다. 나의 제안에 동의할 수도 있고 동의하지 않을 수도 있다."
중립	"기한을 놓친 것에 대해 걱정하지 않아도 된다. 큰 문제는 아니다."	감정	"기한을 놓친 것에 대해 실망한 것 같다. 다시 일정을 맞출 수 있는 방법을 알아보자."
우수	"여기에서 20년 동안 일한 나의 조언을 따라라."	동등함	"기한을 놓친 원인을 함께 알아보자."
확실	"우리는 이미 이 아이디어를 시도해 보았으나 되지 않았다."	정직과 개방	"당신이 고객과 대화하는 방식이 우리 부서의 방침과 달라서 화가 났다."

출처: J. R. Gibb, "Defensive Communication," Journal of Communication, 1961, pp. 141–148; and "Reach Out: Effective Communication," Sunday Business Post, April 14, 2013.

- **감정을 가라앉히자.** 비방어적인 의사소통은 감정을 억제하는 것으로 시작된다. 감정적일 때는 중요한 대화를 나누어서는 안 된다.
- **의도를 관리하자.** 또 다른 조치로는 수신자의 관점을 인정하는 용어로 메시지를 구성하고, 편견과 편향에서 벗어나고, 좋은 질문을 하고, 응답을 적극적으로 경청하고, 의도에 대해 정직해지는 것이 포함된다. 타인을 도우려는 의도로 의사소통할 때 의사소통이 더 효과적이고 비방어적일 수 있다.

공감

연구자들은 여러 유형의 공감(empathy)을 제안하지만 15장의 시작 부분에서 학습한 것처럼 공감은 다른 사람의 감정과 생각을 인식하고 이해하는 능력이라는 데는 모두 일반적으로 동의한다. 열린 의사소통을 촉진하는 것은 공감이다. 공감은 직장 생활뿐만 아니라 우리의 삶 전반에 걸쳐 유익하게 작용한다.

예: 덴마크 학교에서 학생들은 공감 학습에 중점을 둔 '클래슨 티드(Klassens tid)'에서 급우들과 함께 일주일에 한 시간을 보낸다. 이 시간 동안 학생들은 모여서 인생에서 직면한 문제에 대해 토론하고 다른 학생들과 교사는 주의 깊게 경청하여 다른 사람의 관점을 이해하며 사려 깊은 해결책을 모색한다. 수업의 초점은 다른 학생들보다 뛰어나다는 것을 보여 주는 것이 아니라, 학생들이 서로를 도울 수 있는 방법을 알도록 돕는 것이다.

공감 개발 프로그램에 참여한 워싱턴 D.C.의 모리(Maury) 초등학교 학생들의 모습이다. 한 학년 동안 학생들은 아기의 성장과 발달을 관찰하고 아기의 감정을 인식하고 파악하는 법을 배움으로써 공감 능력을 키운다.

공감은 다른 사람의 말과 행동을 무비판적으로 받아들이는 것과는 다르다. 오히려 공감은 우리 자신의 말과 행동이 다른 사람에게 미치는 정서적 영향을 이해하려는 의식적인 노력에 의존한다.

심리학자 폴 에크만(Paul Ekman)의 연구에 따르면, 공감 능력은 인지적 공감, 정서적 공감, 동정적 공감이라는 세 가지 유형의 공감을 사용하는 것과 관련이 있다.

- **인지적 공감.** 인지적(cognitive) 공감을 한다는 것은 "다른 사람이 어떻게 느끼는지 파악하고 그들이 생각하는 바를 고려할 수 있다."는 것을 의미한다.
- **정서적 공감.** 정서적(emotional) 공감은 "다른 사람이 느끼는 것을 물리적으로 느끼는" 능력이다.
- **동정적 공감.** 동정적(compassionate) 공감을 통해 우리는 "타인의 곤경을 파악하고 그들의 감정을 느낄 뿐만 아니라 어떤 식으로든 도움이 되고자 감동 받게 된다." 동정적 공감은 먼저 인지적 공감 및 정서적 공감에 숙달해야 얻을 수 있다.

연구에 따르면, 판단하지 않고 순간에 머무는 능력인 마음챙김은 공감과 긍정적인 관련성이 있다. 공감에 더 능숙하고 싶다면 다른 사람들과 의사소통할 때 주의를 기울이도록 노력하자. 예를 들어, 의대생들은 공감하도록 훈련받고 있다. 미국의 의대생들은 환자와 이야기할 때 공감을 사용하도록 점점 더 훈련받고 있으며, 의대 입학 시험에는 이제 지원자의 심리학 및 인간 행동에 대한 이해를 테스트하기 위한 질문이 포함될 예정이다. 제퍼슨 의학대학(Jefferson Medical College)의 정신의학 연구 교수인 모하마드레자 호자트(Mohammadreza Hojat)에 따르면, "공감은 인지적 속성"이 아니라 특성이다. 이것은 공감이 학습을 통해 강화될 수 있다는 것을 의미한다.

효과적인 청자 되기

"가장 큰 의사소통의 비결은 청취이다. 베스트셀러 작가인 장 긴츠부르크(Jean Ginzburg)는 리드하기 위해서는 먼저 들어야 한다."라고 말한다. 버진 그룹(Virgin Group)의 창업자인 리처드 브랜슨(Richard Branson)도 이에 동의한다. 그가 아버지에게서 배운 교훈은 다음과 같다. "말하는 것보다 더 들어라. 자신이 한 말에서는 아무것도 배울 수 없다."

적극적으로 청취하는 것, 진정으로 청취하는 것은 단지 물리적인 요소인 청력 이상의 것을 요구한다. 적극적인 청취(active listening)는 언어 메시지를 능동적으로 해독하고 해석하는 과정이다. 적극적인 청취는 완전한 주의 집중과 정보 처리가 필요하지만, 청력은 그렇지 않다. 적극적인 청취에 대해 주목할 만한 가치는 다음의 세 가지가 있다.

- **청취는 중요한 의사소통 스킬이다.** 청취가 의사소통 능력의 초석이라는 데에는 일반적인 합의가 존재한다. 이 같은 결론을 뒷받침하는 연구에서 적극적인 청취는 수신자가 더 이해받고 있다고 느끼게 하였다. 그것은 또한 사람들로 하여금 그들의 대화가 더 도움이 되고, 지원적이라는 결론을 내리게 했다. 적극적인 청취는 긍정적인 결과를 낳는 것이 분명하다.
- **사람들은 대부분 생각만큼 청취에 능숙하지 않다.** 안타깝게도 우리는 스스로를 좋은 청자라고 생각하지만, 증거는 정반대의 것을 제시한다. 코넬(Cornell) 대학교의 주디 브라우넬(Judi Brownell) 교수는 "대부분의 경영자는 자신이 생각하는 것보다 더 효과적으로 청취한다고 생각한다."라고 말했다. 적극적으로 청취하려면 노력이 필요하고, 청취하려는 동기가 없으면 더 나은 청취자가 될 수 없다.
- **더 나은 청취는 배움을 통해 가능하다.** 희소식은 그렇게 하려는 동기가 있다면 더 잘 청취하는 사람이 될 수 있다는 것이다. 작가 케이트 머피(Kate Murphy)는 "스포츠나 악기 연주처럼 청취도 하면 할수록 더 잘하게 된다"라고 말했다.

더 나은 청자가 되기 위한 권장 사항을 위해 다른 사람들의 이야기를 듣고 그들과 대화하는 직업인 라디오 저널리스트와 팟캐스터의 조언을 연구한 결과는 다음과 같다. "눈을 마주치고, 고개를 끄덕이고, 웃어라."라는 오래된 조언과는 다르다. 1,800만 회 이상의 조회수를 기록한 TED 강연 '더 나은 대화를 나누는 열 가지 방법'의 저널리스트 셀레스트 헤드리(Celeste Headlee)는 "당신이 실제로 주의를 기울이고 있다면, 주의를 기울이고 있다는 것을 보여 주는 방법을 배울 이유가 없다."라고 말한다. 이 책은 대신 사고방식을 바꾸고 대화 스킬을 사용하여 실제로 대화를 더 흥미롭게 만들어 듣고 싶어할 가능성을 높이는 데 중점을 둔다. 다음은 청취 능력을 향상시키기 위한 다섯 가지 권장 사항이다.

상대방에게 집중하자 다른 사람의 말을 진정으로 청취하고 그들이 청취받은 느낌이 들도록 하려면 자신보다 그들에게 집중해야 한다. 우리는 듣고자 하는 의도가 아니라 말하려는 의도로 상대의 이야기를 듣는 경우가 많기 때문에 말은 쉽지만 실제 행하기는 훨씬 더 어렵다. 우리는 또한 다른 사람들의 이야기를 우리 자신의 이야기와 연관시키고 싶어 하는 경향이 있다(예: "나에게도 그런 일이 일어났기 때문에 당신이 어떻게 느끼는지 정확히 알고 있다."라고 말한 다음 계속해서 자신의 이야기를 하는 것).

에미상을 수상한 저널리스트인 페이스 샐리(Faith Salie)는 "우리는 공유의 다리를 만들고 있다고 생각한다… 하지만 대부분의 경우, 우리는 정말로 다른 사람의 이야기 위에 발판을 올려놓고 그 위를 기어 올라간다."라고 말한다. 코로나바이러스 팬데믹 기간 동안 샐리는 자녀의 줌(Zoom) 수업을 보면서 배운 가장 중요한 것 중 하나가 "의심스러우면 조용히 있어야 한다."는 것이다.

개방형 질문을 하자 대화의 질은 종종 하는 질문의 질에 좌우된다. 나아가, 질문하는 것이 정

좋은 청자가 되기 위한 중요한 요소는 풍부하고 흥미롭고 유용한 응답을 만드는 질문을 하는 것이다. 페퍼스 피자리아는 고객이 자신의 식사 경험에 대해 공개적이고 정직하게 이야기할 수 있는 종류의 질문을 하도록 종업원들을 교육하였기 때문에 계속해서 번창하고 발전하고 있다.

확히 청취하는 것은 아니지만, 좋은 질문을 하면 대화에 훨씬 더 많이 참여하게 되므로 진지하게 청취하는 경향이 훨씬 더 커진다. 기자는 신문에 글을 쓰든 마이크에 대고 말을 하든 "누가", "무엇을", "언제", "어디서", "왜" 또는 "어떻게"로 질문을 시작한다.

페퍼스 피자리아의 예: LA의 티보도(Thibodaux)에 있는 페퍼스 피자리아(Peppers Pizzeria)의 소유주 그래디 베렛(Grady Verrett)은 개방형 질문을 사용하도록 직원을 교육한다. 특히, 종업원은 고객이 식사가 끝나 계산하려고 할 때 "모든 것이 괜찮았습니까?"라고 묻는 것이 허용되지 않는다. 베렛에 따르면, 이것은 사업 개선을 위한 가치 있는 정보를 제공하지 않는 한 마디의 공손한 대답을 하게 할 것이다. 대신 종업원들은 레스토랑에 대한 유용한 피드백을 생성하고 고객들에게 그들의 의견이 중요하다는 것을 보여 주기 위해 "당신의 식사가 더 좋아질 수 있었던 점 한 가지" 또는 "피자의 페퍼로니 양에 대해 어떻게 생각했는지 말해 주세요."와 같은 것들을 질문하도록 훈련받는다.

이러한 유형의 질문은 "예" 또는 "아니요" 이상의 정보를 이끌어 내고 이야기에 포함된 가장 중요한 정보를 얻는 데 도움이 된다. 다음은 폐쇄형 및 개방형 질문의 예이다.

- **폐쇄형 질문:** "이 업무를 해결하는 데 문제가 있는가?", "당신이 직원들을 더 친절하게 대할 수 있다고 내가 믿을 수 있는가?"
- **개방형 질문:** "이 업무에서 스킬을 향상시키는 가장 좋은 방법은 무엇이라고 생각하는가?", "직원들이 가장 답답할 때는 언제인가?"

호기심을 가지고 대화에 접근하자 워싱턴 포스트(Washington Post)와 애틀랜틱(Atlantic)의 노련한 저널리스트인 아만다 리플리(Amanda Ripley)에 따르면, 우리가 믿는 것을 다른 사람들이 믿게 만들려는 의도가 아니라, 진정한 호기심을 가지고 대화에 접근하는 것이 다른 사람들로 하여금 진정으로 청취한다고 느끼게 만든다. 이는 차례로 더 풍부하고 의미 있고 신뢰할 수 있는 대화로 이어진다. 리플리는 "청취는 사람들이 공존할 수 있게 해준다. 사람들은 자신의 목소리가 들린다고 느끼면 많은 차이를 감수할 것이다."라고 말하며, "사람들은 다양한 아이디어와 의견에 마음을 열 것이다… 사람들은 귀를 기울이고 있다고 느낄 필요가 있다. 그렇지 않으면 모든 것이 어떤 식으로든 지옥으로 갈 것이다. 이는 사람들이 극단에 도달하기 때문이다. 그들은 듣기를 멈추고, 서로를 악마로 여기고, 공유된 인간성을 볼 수 없게 된다."라고 덧붙였다.

다음은 호기심을 보이지 않는 질문과 호기심을 보이는 질문의 예이다.

- **호기심을 보이지 않는 질문:** "잘못된 일의 우선순위를 정해서 프로젝트 마감일을 놓쳤는가?", "우리가 사용하는 것이 확실히 작동하지 않는다. 당신이 팀원과 의사소통할 때 선호하는 방법은 무엇인가?"

- **호기심을 보이는 질문:** "이 프로젝트에서 절대적으로 가장 큰 장애물과 그것이 당신에게 게임 체인저가 된 이유에 대해 설명할 수 있는가?", "완벽한 팀 의사소통 도구를 구축할 수 있다면 어떤 모습일까?"

판단하려는 경향을 피하자 청취가 어려운 한 가지 이유는 다른 사람이 말할 때, 특히 우리가 열정적으로 느끼는 것에 대해 말할 때, 그 주제에 대한 우리 자신의 강한 견해에 감정적으로 몰두하게 되고 타인이 말하는 것을 '옳음' 또는 '그르다'로 구분하고 싶어 하기 때문이다. 추수 감사절 저녁 식탁에서 매번 부딪히는 친척과 대화를 나눈 적이 있다면 이것을 직접 경험했을 것이다. 더 솔직하게 청취하고 덜 비판적이 될 수 있도록 자신을 도울 수 있는 한 가지 방법은 비판단적인 질문을 하는 것이다. '호기심', '의견', '생각', '감정'과 같은 비판단적 질문의 언어는 다른 사람의 관점을 더 잘 이해하는 동시에 자신이 믿는 것을 보호해야 할 필요성을 피하는 데 도움이 된다. 반대로, '좋은', '나쁜', '옳은', '그른'과 같은 판단적인 질문은 당신을 방어적으로 만들고, 따라서 청취하는 것을 방해한다. 다음은 판단적 질문과 비판단적 질문의 예이다.

- **판단적 질문:** "참여적 경영에 대해 당신은 무엇을 가지고 있습니까?" "제시간에 맞춰달라고 하는 것이 왜 그렇게 나쁜 걸까요?"
- **비판단적 질문:** "다른 사람들과 일해오면서 경영 스타일이 어떻게 바뀌고 발전했는가?"와 "우리가 여기에서 얼마나 시간 지향적이라 생각하는가?"

주의 깊게 온전히 청취하자 이 조언은 당연해 보일 수 있지만, 현대 직장 생활의 속도와 다중 작업 경향을 고려할 때 매우 중요하다. 작업 중인 것들에 주의가 산만해질수록 청취하는 능력은 감소한다. 15장의 앞부분에서 설명했듯이 의사소통에는 신뢰와 경청하는 자세가 필요하며, 누군가와 대화하는 동안 휴대 전화를 보거나 이메일을 작성하면 이 두 가지 모두를 수행할 수 없게 된다.

다른 사람에게 집중하고, 개방형 질문을 하고, 호기심을 갖고, 판단을 피하고, 다른 사람과 대화할 때 주의를 기울이자.

효과적인 필자가 되기

글쓰기는 필수적인 스킬이며, 메시징 플랫폼이 비즈니스 의사소통의 많은 부분에서 전화를 대체했다는 점에서 더욱 필수적으로 되었다. 비즈니스 글쓰기 수업을 듣는 것은 분명 큰 이점이 될 수 있다. (실제로 경영자는 작문 교육이 필요한 직원을 식별해야 할 수도 있다.) 다음은 비즈니스 서류를 보다 효과적으로 작성하기 위한 몇 가지 조언이다.

목적을 가지고 시작하자 만약 일상적이거나 긍정적인 뉴스를 전달한다면 요점을 정리하는 것보다 목적을 말하고 독자에게 기대하는 바를 설명하는 것으로 시작해야 한다. 같은 맥락에서 이메일을 보낼 때 제목에 해당 이메일을 쓰는 이유를 명확하게 표현해야 한다. 예를 들어, "목요일 오후에 누가 가능한가?"는 "데이비스(Davis) 프로젝트 회의가 목요일 오후 3시로 변경되었다."만큼 이메일을 받는 사람에게 주제를 드러내지 않는다.

간단하고 간결하게 직접적으로 글을 쓰자 간략하고 요령 있는 것이 핵심이다. 단어를 단순하게 유지하고 짧은 단어, 문장 및 문구를 사용하자. 모호하지 않고 직접적으로 말하며, 수동태보다는 능동태를 사용해야 한다. (직접적이고 능동태를 사용: "수요일에 회의를 소집하자." 모호하고 수동태를 사용: "수요일에 회의가 소집되는 것이 좋을 것 같다.")

청중을 알자 메시지에 포함된 정보가 필요한 사람에게 메시지를 보내야 하지만 그 사람들에게만 보내야 한다. 모든 사람을 포함하려는 충동을 억누르고 메시지에 응답할 때 특히 주의하여 '전체 응답'을 클릭하기 전에 생각하자. 글을 쓸 때 감정이 북받친다면 '보내기'를 클릭하지 말고 대신 초안을 저장하고 몇 시간 정도 휴식을 취한 다음 나중에 다시 시작하자. 그 사이 감정이 바뀌었을 수도 있으며, 이를 통해 의사소통과 타인과의 관계가 더 좋아질 것이다.

기본에 대한 무지를 나타내지 말자 문자 메시지는 많은 사람들을 철자와 문법 규칙에 덜 신경 쓰게 만들었다. 이것은 친구들 사이에서는 괜찮지만, 직장 생활에서는 그렇지 않다. 맞춤법 및 문법 검사기를 사용하는 것 외에도 글을 보내기 전에 교정하자. 특히, 사람들의 이름과 직위를 확인하고, 자동 수정 기능이 실제로 표현하려고 했던 내용에 대해 잘못된 가정을 할 수 있다는 점에 특히 유의해야 한다.

효과적인 화자가 되기

사람들로 가득 찬 방에서 대화할 수 있는 능력(구술 프레젠테이션을 하는 능력)은 당신이 가질 수 있는 가장 훌륭한 스킬 중 하나이다. 의사소통 전문가인 카르미네 갈로(Carmine Gallo)에 따르면, "대중 연설은 누구나 구축할 수 있는 스킬"이라고 말하며 "나는 프레젠테이션을 보다 효과적으로 전달할 수 있는 능력 때문에 동료보다 훨씬 빨리 승진한 20~30대 젊은 비즈니스 전문가를 인터뷰한 적이 있다."라고 덧붙였다.

Daniel Villeneuve/123RF; sararoom/123RF

공개 연설을 하겠는가, 아니면 좀비에게 쫓기겠는가? 당신이 최근 설문 조사에 응답한 많은 사람들과 같다면 아마도 좀비가 공개 연설을 하는 것보다 더 편할 것이다. 대중 앞에서 연설하는 것은 매우 두려운 일이다.

하지만, 대중 앞에서 연설하는 것에 대한 두려움은 분명 존재할 수 있다. 2019년 채프먼 대학의 미국인 두려움 조사에 따르면, 미국인의 31% 이상이 대중 연설을 '두려워'하거나 '매우 두려워'한다고 한다. (비교를 위해 이 두려움은 살해당하는 것, 대학 부채를 갚지 못하는 것, 뱀, 거미, 좀비, 광대보다 더 높은 순위를 차지했다.) 그러나 최근 설문 조사에서 2,000명 이상의 미국 전문가 중 70%는 능숙한 프레젠테이션을 하는 능력이 커리어에 '필수적'이라는 데 동의하며, 더 많은 사람들은 이를 더 잘하고 싶다는 말을 덧붙였다.

대중 연설에 대해 어떻게 느끼거나 생각하든, 커리어를 쌓는 동안 프레젠테이션 스킬을 발휘해야 한다는 데는 의심의 여지가 없다. 다음은 말하는 능력을 향상시키기 위한 네 가지 방법이다.

1. **TED 방식을 이해하자.** 온라인에서 제공되는 많은 TED 강연에서 좋은 방식을 찾을 수 있다. 이 자원은 달성하고자 하는 결과를 기반으로 프레젠테이션을 개념화하고 구성하는 방법에 대한 아이디어를 제공한다.

2. **스스로 준비하는 데 도움이 되는 질문을 하자.** 무엇을 어떻게 준비해야 하는지 알면 대중 연설에 대한 많은 걱정을 없앨 수 있다. 예를 들어, 다음과 같은 질문들을 자신에게 먼저 해 보자.

   - 청중은 누구인가?
   - 얼마나 많은 시간이 허용되는가?
   - 시청각 자료를 포함하는 데 사용할 수 있는 기술은 무엇일까?
   - 또 다른 연설자는 누구인가?
   - 이후 질의응답 시간이 있는가?

3. **일찍 도착하여 약속한 장비가 제자리에 있고 작동하는지 확인하자.**

4. **프레젠테이션 구성에 대한 데일 카네기(Dale Carnegie)의 고전적인 조언을 따르자.** (1) 무슨 말을 할 것인지 그들에게 말하라. (2) 말하라. (3) 당신이 말한 것을 그들에게 말하라.

   - **발표 내용의 개요를 전달하자.** 서론은 발표 시간의 5~15%를 차지해야 하며, 청중에게 나머지 프레젠테이션을 기대하게 해야 한다. 농담이나 "오늘 이 자리에 함께 하게 되어 영광입니다."와 같은 지루한 표현은 피하도록 하자. 연설의 모든 내용은 관련성이 있어야 하므로, 대담하고 청중의 관심을 끄는 개인적인 이야기와 같은 '흥미진진한 이야기'를 통해 청중들이 주의를 기울이고 당신을 따라갈 수 있도록 준비시킬 수 있는 요점으로 바로 이동하자. 스토리텔링의 기술은 청중과의 연결을 강화하는 진정한 방법이기 때문에 현대 리더들의 핵심 스킬로 인식된다. 먼저 이야기를 공유함으로써 청중에게 당신이 인간임을 알리고 신뢰와 호혜 관계를 구축할 수 있다. 예를 들면 다음과 같다.

"안녕하세요. 당신은 신분 도용에 대해 별로 생각하지 않았을 수 있으며, 나 역시도 두 번이나 신분이 도용될 때까지 이에 대해 생각하지 않았습니다. 오늘 저는 우리의 개인 신용, 건강, 고용 및 기타 기록이 도난에 취약한 점과 자신을 보호할 방법에 관해 설명하겠습니다."

   - **발표하자.** 연설의 본문은 시간의 75~95%를 차지한다. 깨달아야 할 가장 중요한 것은 청중이 어쨌든 몇 가지 요점 이상을 기억하지 않을 것이라는 점이다. 따라서 핵심 요점들을 신중하게 선택하고 가능한 한 간결하게 해야 한다. 다음은 두 가지 제안 사항이다.

성공에 대한 예측. 대중 연설에 능숙해지는 것은 성공과 지위의 향상을 예측하는 중요한 요인이다.

- 숙제를 하자. 자신이 가장 잘 아는 것에 대해 말하고, 청중의 관점과 선입견을 이해하고, 사실을 확인하고 다시 확인하자. 이러한 준비 단계는 자신감을 높이고 청중들부터 신뢰를 얻을 수 있도록 한다.
- 전환에 주의하자. 프레젠테이션 중 이 부분을 연습할 때 연설의 본문 중 전환에 특히 주의해야 한다. 듣기는 듣는 사람이 당신의 의미를 이해할 기회는 단 한 번뿐이라는 점에서 읽기와 구분된다. 따라서 청중이 어디로 가고 있는지 알 수 있도록 지침과 전환 문구를 지속적으로 제공해야 한다. 예를 들면 다음과 같다.

"개인 파일로 추정되는 파일의 보안이 손상될 수 있는 다섯 가지 방법이 있습니다. 첫 번째 방법은 … 입니다. 두 번째 방법은 …"

- **발표 내용을 정리하고 핵심을 전달하자.** 프레젠테이션을 마무리하는 데는 5~10%의 시간이 소요될 수 있다. 많은 전문 연사들이 서론만큼 결론을 중요하게 생각하므로, 여기에 공을 덜 들여서는 안 된다. 견고하고 강력하며 설득력 있는 마무리가 필요하다. 청중에게 당신이 마무리를 향하고 있다는 신호를 보내는 문구를 사용하자. 예를 들면, 다음과 같다.

"핵심 사항들을 다시 한번 검토해봅시다."

"결론적으로 개인 파일의 무단 침입으로부터 보호하기 위해 무엇을 할 수 있습니까? 저는 다섯 가지 주요 단계를 강조합니다. 하나 …"

마지막으로, 할 말을 생각해 보자. 그것은 강하게 낙관적이어야 하고, 행동에 대한 요구와 그 날의 생각, 작은 이야기, 인용이 되어야 한다. 예를 들면 다음과 같다.

"마지막으로, 한 가지 생각을 남기고 싶습니다."

"마지막으로, 나에게 일어난 일을 공유하며 마무리하겠습니다."

그런 다음 "고마워요."라고 말하고 마무리해야 한다.

SECTION

06 커리어 준비 실천

이번 섹션에서는 효과적으로 인맥을 구축하고 관리하는 방법을 살펴본다.

학습 목표

네트워킹 역량을 향상시키기 위한 방법을 이해한다.

의사소통은 아래의 커리어 준비 모형에서 뉴미디어 활용 능력, 구두 · 서면 의사소통, 팀워크 · 협업, 리더십, 사회적 지능, 네트워킹, 감성 지능, 자기 동기 부여, 긍정성, 커리어 관리, 자기 인식, 일반화된 자기 효능감의 열두 가지 역량을 적용해야 하는 커리어 준비 역량이다(그림 15.4 참조).

그림 15.4 **커리어 준비 모형**

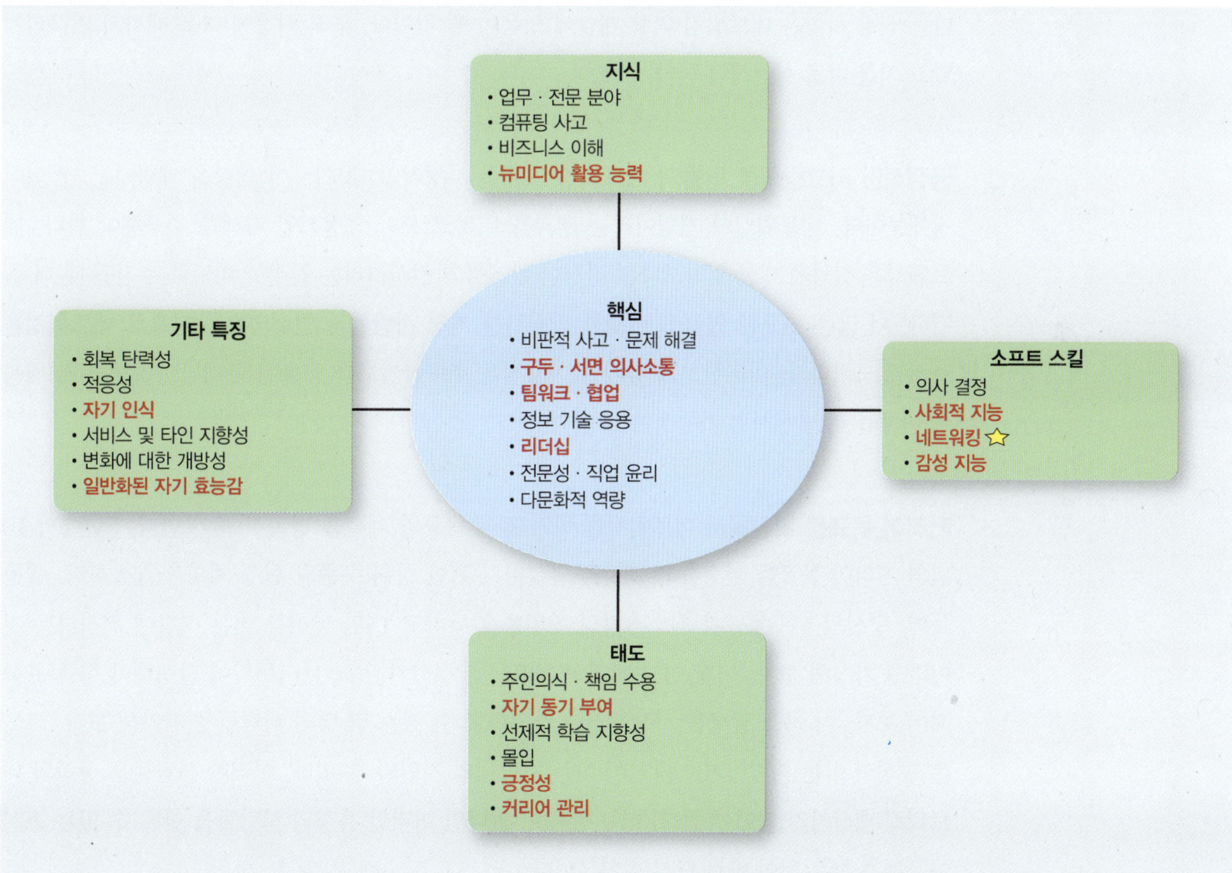

네트워킹 역량은 졸업 후 취업 시 중요한 역할을 하고 원활한 의사소통 스킬을 요구하기 때문에 개발할 필요가 있다.

대면 네트워킹 스킬을 향상시키는 방법

"당신이 무엇을 알고 있느냐가 아니라 당신이 어떤 사람을 아느냐가 더 중요하다."라는 말을 들어봤을 것이다. 1,535명의 미국 성인을 대상으로 한 최근 설문 조사는 이 결론을 부분적으로 뒷받침한다. 결과에 따르면, 인맥을 통해 일자리를 얻는 사람이 31%로 온라인 구인 게시판(11%)이나 직접 지원(23%)보다 많았다. 안타깝게도 월스트리트 저널에 따르면 우리 중 많은 사람들이 네트워킹을 싫어하고 심지어 "성실하지 못하고 조작적이며 약간이라도 비윤리적"이라고 생각한다. 네트워킹은 조작을 위한 것이 아니며, 당신에 대한 전부도 아니다. 헬프 가이드(HelpGuide)의 저자 2명이 이를 다음과 같이 멋지게 요약했다.

> 네트워킹은 다른 사람들을 돕는 것과도 관련이 있다. 인간으로서 우리는 다른 사람들과 연결되어야 한다. 이러한 연결이 없으면 고립되어 외로움과 우울증을 경험하게 된다. 따라서 네트워킹의 진정한 목표는 기존 관계를 다시 활성화시키고 새로운 관계를 발전시키는 것이다.

다음 권장 사항은 네트워킹 역량 개발에 도움이 될 것이다. 구직 시장에 나올 때까지 기다리지 말고 지금 바로 실천해야 한다.

긍정적인 사고방식을 만들자 네트워킹에 대한 부정적인 태도는 이 역량을 개발하는 데 있어 장애물이다. 네트워킹이 게임이라는 생각을 버리고 보다 긍정적인 자세를 추구해야 한다. 네트워킹은 취업에 대한 열망보다는 진정한 관계를 발전시키려는 진정한 의도로 추진될 때 더 즐겁다. 더 많은 친구를 만들고 비슷한 관심사를 가진 사람들과 연결되는 수단으로 네트워킹을 보려고 노력하자. 이러한 사고방식은 이기심을 추구하기보다 공유된 유대감을 형성하기 때문에 관계를 더 발전시킬 가능성이 더 높다.

커리어 목표를 확인하자 네트워킹을 하기 전에 목표와 계획을 명확히 해야 한다. 5년에서 10년의 커리어 목표를 설정하고 그것을 달성하기 위한 상위 수준의 실행 계획을 개발하자. 예를 들어, 당신의 5년 목표가 최소 5명의 직원을 감독하고 15만 달러를 버는 직장에 취직하는 것이라고 가정해 보자. 이제 이 전반적인 목표를 달성하기 위해 1~4년차에 달성해야 할 목표를 적어 보자. 이 목표 달성을 시작하거나 가속화할 수 있는 몇 명의 사람들을 파악해 보자. 그들은 당신이 아는 사람이거나 당신이 아는 사람들의 지인일 수 있다. 이러한 사람들은 당신의 네트워킹 대상자가 되어야 한다. 아는 사람이 없다면 이러한 유형의 사람들을 만날 수 있는 소셜 아웃렛을 찾는 것이 바로 당신의 임무이다.

목적을 가지고 네트워킹하자 네트워킹 행사에 참석하는 목적을 가지고 있어야 한다. 친구, 지인들과 다시 만나고 싶은가, 아니면 새로운 사람들을 만나고 싶은가? 어떤 유형의 사람들을 만나고 싶은가? 당신을 도울 수 있는 공통의 관심사를 가진 사람들과 당신이 도울 수 있는 사람들을 찾아야 한다. 연구에 따르면, 네트워킹을 하는 사람들은 이미 알고 있는 사람들과 대부분의 시간을 보내는 경향이 있기 때문에, 낯선 사람을 만나야 한다는 압박감을 피하는 것이 좋다. 이러한 결론을 뒷받침하기 위해 월스트리트 저널은 "많은 연구 결과에 따르면, 사업상 아는 사람들 또는 '약한 유대관계'가 가까운 사람이나 전혀 모르는 사람보다 더 많은 정보, 기회 및 잠재적 소개를 공유할 수 있다."라고 전했다.

개인적인 인맥을 구축하자 핵심은 사람들을 의미 있는 대화로 끌어들이는 것이다. 대화가 의미 있고 대화에 어느 정도의 감정도 포함된다면 사람들은 당신에 대해 더 많이 기억할 것이다. 예를 들어, 다음과 같이 리드하면 아마 사람들이 당신을 기억하지 못할 것이다. "그래서 어디에서 일하는가?", "어디서 왔는가?", "근처에 살고 있는가?" 통찰력이 있거나 흥미로운 질문을 하면 더 긍정적인 답변을 얻을 수 있다. 한 컨설턴트는 "최근에 흥미로운 일을 한 적이 있는가?" 또는 "이번 여름에 어떤 흥미로운 계획이 있는가?"와 같은 질문을 사용하도록 제안했다. 대화에서 감정을 이끌어 내기 위해 "오늘의 하이라이트는 무엇인가?" 또는 "무엇이 당신을 밤새 깨어있게 하는가?"라고 질문할 수 있다. 좋은 질문을 함으로써 당신은 긍정적인 첫인상을 줄 뿐만 아니라 상대방이 성장하는 데 도움이 되는 무언가를 배우게 할 수 있다.

마음챙김 다른 사람과 의사소통할 때는 주의할 필요가 있다. 예를 들어, 전화받기 위해 누군가와의 대화를 중단해야 겠다고 생각할 수 있지만, 다른 사람들은 다르게 생각할 수 있다. 퍼빙과 포모를 피하기 위해 최선을 다해야 한다. 대화하고 있는 사람들과 계속 눈을 마주치고 당신이 만나고 싶은 다음 사람을 위해 방을 방황하는 눈으로 살펴보는 것을 피해야 한다. 그것은 당신 앞에 있는 사람이 중요하지 않다는 메시지를 보내는 쉬운 방법이다.

후속 조치를 취하자 특히, 흥미롭거나 다시 보고 싶은 사람들에게 연락을 취하자. 관련성이 있다고 생각되는 의사소통 매체를 사용해야 한다. 문자 메시지와 이메일은 빠르지만 감사의 편지를 손으로 쓰면 매우 긍정적인 경험을 제공할 수 있다.

주요 용어

개인 정보 보호	사이버로핑	의역
공감	상향식 의사소통	적극적인 경청
공식적인 의사소통 경로	소셜 미디어	전문 용어
매체	소셜 미디어 정책	크라우드소싱
매체의 풍부함	소음	퍼빙
미묘한 차별	수신자	포모
발신자	수평적 의사소통	피드백
방어적 의사소통	신용 도용	하향식 의사소통
보안	암호화	해독
비공식적인 의사소통 경로	언어 유형	허위 정보
비밀 정보망	오보	환상적 진실 효과
비방어적인 의사소통	외부적 의사소통	
비언어적인 의사소통	의사소통	

핵심 정리

01 의사소통의 의미와 과정

- 의사소통은 한 사람이 다른 사람에게 정보를 전달하고 이해시키는 것이다. 이 과정에는 발신자, 메시지 및 수신자, 암호화 및 해독, 매체, 피드백 및 소음이 포함된다.
- 발신자는 (메시지라고 하는) 정보를 공유하려는 사람이며, 수신자는 발신자가 메시지를 보내려고 의도한 사람이다. 암호화는 메시지를 이해할 수 있는 기호나 언어로 번역하는 것이다. 해독은 메시지를 해석하고 이해하려고 하는 것이다. 매체는 메시지가 전달되는 경로이다. 피드백은 수신자가 발신자의 메시지에 대한 자신의 반응을 표현하는 과정이다.
- 전체 의사소통 과정은 메시지의 전송 또는 이해를 방해하는 소음으로 인해 언제라도 중단될 수 있다. 소음의 네 가지 주요 원인은 물리적, 심리적, 의미론적, 생리적 요인이다.
- 효과적인 의사소통을 위해 경영자는 상황에 적합하게 올바른 매체를 선택해야 한다.

02 의사소통의 경로

- 의사소통 경로는 공식적이거나 비공식적일 수 있다.
- 공식적인 의사소통 경로는 명령 체계를 따르며 공식적인 것으로 인식된다. 공식적인 의사소통은 (1) 수직적 (2) 수평적 (3) 외부적 유형이 있다.
- 비공식적인 의사소통 경로는 공식적인 구조 외부에서 만들어지며 명령 체계를 따르지 않는다. 비공식인 경로의 두 가지 유형은 (1) 비밀 정보망과 (2) 대면 의사소통이다.

03 의사소통의 장애물

- 의사소통의 장애물은 (1) 물리적 장애물, (2) 인적 장애물, (3) 다문화적 장애물, (4) 비언어적 장애물, (5) 성별 차이의 다섯 가지가 있다.
- 다섯 가지 인적 장애물은 (1) 의사소통 능력의 차이, (2) 정보 처리 및 해석의 차이, (3) 신뢰와 신용의 차이, (4) 주의력의 차이, (5) 세대 차이이다.
- 다문화적, 비언어적, 성별 장벽도 의사소통에 영향을 미친다.

04 소셜 미디어와 관리

- 소셜 미디어는 직원과 회사의 생산성에 기여한다. 소셜 미디어는 직원 모집에 널리 사용되며, (크라우드소싱을 통한) 조직 혁신, 영업 및 평판 관리에 활용된다.
- 소셜 미디어는 부작용도 있다. 여기에는 사이버로핑, 퍼빙 및 포모, 보안 위협, 개인 정보 문제, 허위 정보 확산이 포함된다.

- 허위 정보의 한 유형인 가짜 뉴스는 진정한 뉴스인 것처럼 위장하여 의도적으로 게시된 허위 정보를 일컫는다.
- 경영자는 공정하고 효과적인 소셜 미디어 정책을 만들 수 있도록 직원을 참여시키고 소셜 미디어를 건설적인 업무 목적에 일관되게 사용하게 해야 한다.

05 의사소통의 효과성

- 효과적인 의사소통을 위해서는 비방어적인 의사소통이 필수적이다.
- 세 가지 유형의 공감은 인지적 공감, 정서적 공감, 동정적 공감이다.
- (1) 상대방에게 집중하고, (2) 개방형 질문을 하고, (3) 호기심을 가지고 대화에 접근하고, (4) 판단하려는 경향을 피하고, (5) 온전히 청취함으로써 경청할 수 있다.
- 효과적인 필자가 되려면 목적부터 시작하자. 간단하고 간결하고 직접적으로 작성하도록 해야 한다. 독자를 알고 적절하게 공식적인 의사소통을 위해 기본 철자와 문법 규칙을 따르도록 하자.
- 효과적인 화자가 되려면 성공적인 본보기를 연구하고 주제를 알고 미리 준비하고 연습해야 한다. 프레젠테이션의 경우 사람들에게 발표할 내용의 개요를 알려주고, 발표하고, 발표한 내용을 정리해 주자.

06 커리어 준비 실천

- 뉴미디어 활용 능력, 구두 · 서면 의사소통, 팀워크 · 협업, 리더십, 사회적 지능, 네트워킹, 감성 지능, 자기 동기 부여, 긍정성, 커리어 관리, 자기 인식, 일반화된 자기 효능감의 열두 가지 역량은 효과적인 의사소통자가 되기 위해 필요하다.
- 다음 여섯 가지 권장 사항을 따르면 네트워킹 역량을 개발할 수 있다. (1) 긍정적인 사고방식을 만들자. (2) 커리어 목표를 확인하자. (3) 목적을 가지고 네트워킹하자. (4) 개인적인 인맥을 구축하자. (5) 마음을 챙기자. (6) 후속 조치를 취하자.

핵심 질문

01 의사소통의 과정을 설명해 보자.

02 의사소통에서 흔히 발생하는 소음의 원인은 무엇인가?

03 공식적인 의사소통 경로와 비공식적인 의사소통 경로의 차이점을 설명해 보자.

04 의사소통의 다섯 가지 장애물과 각각의 예는 무엇인가?

05 소셜 미디어가 직원의 생산성에 어떻게 기여할 수 있는지 설명해 보자.

06 소셜 미디어는 회사의 생산에 어떻게 기여할 수 있는지 설명해 보자?

07 소셜 미디어의 부작용을 설명해 보자?

08 효과적인 소셜 미디어 정책을 수립하는 방법을 설명해 보자?

09 효과적인 청자가 될 수 있는 방법을 설명해 보자?

피레와 퓨리

"상상과 가능성 사이의 스위트 스폿을 건드리는 초현실적인 경험과 영감을 받은 호기심의 세계… 열대 태양이 하루 종일 비추고 우리의 축하 행사가 밤을 밝히는 곳"을 한번 상상해 보자. 20대 소셜리스트이자 기업가인 빌리 맥팔랜드(Billy McFarland)와 래퍼(rapper) 자 룰(Ja Rule)이 2016년 10월 아름다운 바하마(Bahama)의 엑수마 제도(Exuma Islands)를 발견하면서 개념화한 럭셔리 콘서트 이벤트 '피레 페스트(Fyre Fest)' 마케팅 캠페인에서 발췌한 글이다. 맥팔랜드는 라이브 음악 페스티벌을 제작한 경험은 없었지만, 많은 인맥을 가지고 있었고, 돈을 모으는 방법을 알았으며, 메시징의 힘을 이해했다.

피레 페스티벌은 두 달도 채 되지 않아 켄달 제너(Kendall Jenner), 벨라 하디드(Bella Hadid), 에밀리 라타스코프스키(Emily Ratajkowski) 그리고 다른 영향력 있는 사람들이 동시에 행사의 첫 광고를 인스타그램에 올리면서 소셜 미디어에서 시작되었다. 그 비디오에는 수정같이 맑은 바다, 요트, 슈퍼모델들이 해변에서 장난치며 춤추는 모습이 특징이었다. 티켓 패키지는 1,500달러에서 40만 달러 사이였으며, 한때 고(故) 마약왕 파블로 에스코바르(Pablo Escobar)가 소유했던 피레 케이(Fyre Cay)의 개인 엑서마(Exuma) 섬에서의 호화로운 해변 빌라, 보물찾기, 고객 맞춤형 서비스, 유명 레스토랑 경영자 스티븐 스타(Stephen Starr)의 최고급 미식가 음식과 음료가 포함되어 있다. 소셜 미디어 캠페인은 대성공을 거두었고 수천 명의 모험적인 콘서트 팬들은 그 호화로운 축제의 일부가 될 기회를 재빨리 이용했다. 하지만, 그들은 아무것도 얻지 못했다.

파멸한 피레 페스티벌

2017년 4월 27일 목요일, 흥겨운 축제를 찾는 인파가 엑서마 섬에 도착하기 시작했다. 주최측은 공항과 축제 사이의 일등석 교통편과 참석자의 수하물을 예약된 호화 빌라로 직접 배달하는 맞춤형 서비스를 마련했었다. 그런데 참석자들은 만원 통학 버스를 타고 비상구호 텐트로 가득찬 미완성 자갈로 덮인 개발 부지로 이동했다. 별장, 컨시어지, 샤워 또는 미식가 식사가 거의 없었다. 맥팔랜드와 그의 팀은 재난을 목전에 두고 비밀리에 유명인사에게 오지 말라고 알려줘서 유명한 음악가를 볼 수 없었다. 맥팔랜드는 꿈을 깨지 않기 위해 도착한 나머지 참석자들에게 그런 메시지를 보내지 않았다.

행사 관계자는 참석자들에게 "각자 일은 각자가 하는 것"이라고 말하였고, 참석자들은 무료 텐트를 치기 위해 서둘렀다. 맥팔랜드가 탁자 위에 서서 미친 듯이 군중들에게 지시를 외쳤던 것을 기억하는 한 참석자는 "그들은 누구와도 소통할 방법이 없었다."라고 말했다. 또 다른 사람은 "[전화] 충전기나 전기 콘센트가 없었다… 그리고 서비스 또한 거의 없었다."라고 회상한다. 섬에서 호텔 방을 구하거나 공항으로 돌아가는 교통편을 찾을 만큼 운이 좋지 않은 참석자들은 젖은 매트리스에서 잠을 자고 얇게 썬 빵과 치즈로 식사를 했다. 그들은 거대한 선적 컨테이너 안에 쌓여있는 수하물을 발견하고, 휴대 전화 불빛으로 어둠 속에서 가방을 찾았다. 행사는 그야말로 완전한 재앙이었다. 수천 명의 티켓 소지자들은 결국 굶주림, 피로, 당혹감, 분노를 보이며 대규모 탈출을 통해 섬을 떠났다. 그들이 주최측에서 받은 유일한 직접적인 연락은 "우리가 구상한 고품질의 경험을 만들 수 있는지 여부와 시기를 추가로 평가할 수 있을 때까지 페스티벌이 연기된다."라는 이메일 하나였다. 필레 주최측은 그후 소셜 미디어를 통해 날씨와 엑서마 섬의 열악한 인프라를 실패의 원인으로 지목했다. 실제로 맥팔랜드는 개발되지 않은 건설 부지에서 유례없는 이벤트를 계획하려고 했다. 그는 그의 팀, 공급업체, 참석자 그리고 바하마 사람들을 실망시켰다.

어디서부터 시작된 문제인가?

큰 이벤트는 주제, 청중, 경험을 위한 개념이라는 큰 아이디어에서 시작된다. 그런 다음 상당히 표준적인 과정을 사용하여 이벤트가 계획된다. 주최자는 먼저 재정 자원에 대한 현실적인 생각을 계산하여 이후의 모든 결정을 이 예산과 일치시킨다. 두 번째는 장소 검색, 장소가 안전하고 적합한 기반 시설을 제공하는지, 추가적으로 필수적인 것, 업그레이드 및 허가 확보 여부, 공급업체(요리사, 서비스 직원, 보안, 위생 회사)와의 계약 그리고 연예인(음악가, 공연자) 섭외 등을 포함하는 실행 계획이다. 셋째, 실행 계획이 갖춰진 후에야 주최 측이 마케팅 자료를 개발 · 배포하고 이를 이용해 입장권을 판매하게 된다. 이 과정에는 경험과 전문성 그리고 다양한 이해관계자 간의 지속적인 소통이 필요하다. 하지만, 맥팔랜드는 자기 방식대로 일을 처리했다. 그는 모델들과 인플루언서들에게 환상을 광고하기 위해 수십만 달러를 지불하는 것으로 시작했고, 환상의 티켓을 판매했으며, 그것을 해낼 시간, 돈, 또는 전문 지식이 없다는 것을 나타내는 정보를 반복적으로 무시했다.

필레 케이 섬은 존재하지 않았고, 사람들이 축제 웹 사이트를 통해 예약한 호화 빌라도 존재하지 않았으며, 맥팔랜드는 자신의 조건을 만족시켜 행사를 진행할 제작사를 계속 찾지 못했다. 한 임원은 익숙한 장면을 회상한다. 그는 "[제작사]는 '이걸 무대에 올리려면 500만 달러가 들 것이다'라고 말하고, 필레 직원은 '아니다, 30만 달러만 들 것이다'라고 말했다. 현실과의 완전한 간극이 있었다."라고 말한다. 전직 피레의 탤런트 프로듀서인 클로이 고든(Chloe Gordon)에 따르면, 행사 6주 전 "아무것도 하지 않았다. 축제 티켓 판매처는 자리에 있지 않았고, 무대도 대여하지 않았으며, 교통편도 마련되지 않았다." 기획자는 맥팔랜드와 그의 팀에게 그들이 광고한 이벤트에 투자할 돈이 없으며 대신 티켓을 2018 이벤트로 이월하고 즉시 계획을 시작해야 한다고 경고했다. 고든은 필레 경영진이 "그냥 하고 전설이 되어 보자."라고 대답한 것을 회상한다. 그녀는 일주일 후에 그만뒀다.

축제가 열리기 몇 주 전부터 엔터테인먼트 업계 전문가들 사이에 소문이 돌기 시작했고, 4월 2일 월스트리트 저널은 이 행사에 대한 우려가 커지고 있다고 보도했다. 공급업체, 계약업체 및 아티스트는 대금을 받지 못했을 시점에 회사와 관계를 끊고 있었고, 티켓 소지자는 행사에 대해 여전히 암울했다. 맨해튼의 인테리어 디자이너이자 티켓 소지자인 마우데 엣킨(Maude Etkin)은 필레가 몇 주 동안 이메일에 응답하지 않았다고 말한다. 이 모든 과정을 통해 맥팔랜드는 웹 사이트와 소셜 미디어 플랫폼을 통해 필레 페스티벌을 최고의 경험으로 계속 홍보했으며 끝끝내 환상에 매달렸다.

피레의 재판

맥팔랜드와 피레를 상대로 한 집단 소송은 빠르게 표면화되었고, 판매업자, 직원, 참석자들은 사기, 계약 위반 그리고 부주의한 허위 진술을 인용했다. 2018년 3월, 맥팔랜드는 두 건의 유선 사기 혐의를 인정하고, 2,700만 달러를 몰수하는 유죄 판결을 받았다. 그는 연방 교도소에서 6년 형을 선고받았고, 그후 미지급 대출자와 경미한 축제 참석자를 보상하기 위해 수백만 달러를 지불하라는 명령을 받았다. 한편 피레 미디어는 행사에 참석하지 못한 공연자들과 그 단체가 소셜 미디어를 통해 티켓 소유자들에게 오해의 소지가 있는 정보를 제공했다고 주장하는 인플루언서들을 상대로 적어도 14건의 자체 소송을 통해 손해배상을 요구하고 있다. 2020년 5월, 앞서 언급한 인플루언서들 중 한 명인 켄달 제너(Kendall Jenner)가 9만 달러를 지불하기로 합의하면서, 팔로워들은 카니예 웨스트(Kanye West)가 페스티벌에서 공연했다고 믿게 되었다.

토론 문제

문제 해결 관점

1. 이벤트 계획의 관점에서 이 사례의 근본적인 문제와 원인은 무엇인가?
2. 미래에 유사한 아이디어를 실행하려는 사람에게 어떤 제안을 하겠는가?

적용하기

1. 맥팔랜드는 페스티벌을 기획하면서 어떤 수직적 · 수평적 의사소통의 오류를 범했는가?
2. 이 사례에서 소통의 가장 큰 장애물은 무엇이라고 생각하는가?
3. 맥팔랜드의 배경과 경험 부족은 그가 페스티벌을 계획하는 동안 받은 메시지를 처리하는 방식에 어떤 영향을 미쳤는가?
4. 맥팔랜드가 소셜 미디어를 사용하는 데 효과적이었는지 설명해 보자.
5. 맥팔랜드가 더 나은 의사소통자였다면 이 이벤트를 성공적으로 실행할 수 있었을까? 구체적으로 무엇을 바꿔야 했을까?

법적 · 윤리적 과제

내부 고발자의 결과

코로나바이러스 팬데믹은 미국 의료 시스템에 엄청난 과부하를 일으켰다. 뉴욕, 시카고, 뉴올리언스와 같은 미국의 대도시 중 일부가 가장 큰 타격을 받았으며 물자와 인력 부족에 직면했다. 케니아 발카이(Kenia Barkai)는 디트로이트 의료 센터의 시나이 그레이스(Sinai-Grace) 병원에서 간호사로 일했다. 그녀는 2020년 2월 병원 경영진에게 인력 수급과 보호 장비가 부족하여 직원과 환자를 위험에 빠뜨린다고 처음 언급했다. 또한 그녀의 상사에게 자신이 코로나바이러스 및 비코로나바이러스 환자 모두를 치료하는 임무를 맡고 있다고 말했다. 이것은 그녀가 무심결에 바이러스를 퍼뜨렸을 수도 있다는 것을 의미했다. 그러나 발카이의 발언은 묵살되었다.

2020년 3월 시나이 그레이스 병원은 코로나바이러스 환자가 급증하면서 상태는 악화되었다. 발카이는 계속해서 불만 사항을 제기했고, 이번에는 경영진에게 그녀의 근무 조건을 주 규제 기관에 보고할 것이라고 말했다. 며칠 후, 11년차 베테랑 발카이는 그녀의 페이스북에 7초짜리 동영상을 올렸다. 영상에서 그녀는 코로나바이러스 환자를 치료하기 전 장비를 착용하고 “내 장갑, 내 머리덮개, 내 마스크, 내 가운이 있고 나는 나아갈 준비가 되었다. 나는 들어가겠다.”라고 말하였다. 발카이의 게시물은 지역 디트로이트 뉴스 및 방송에 의해 수면 위로 올랐다. 병원은 소셜 미디어 정책 위반을 이유로 며칠 후 그녀를 해고했다.

발카이의 해고는 시나이 그레이스 병원의 간호사들로 하여금 연좌 농성을 조직하도록 이끌었고, 다른 사람들이 목소리를 높이도록 동기를 부여했다. 의사와 간호사들은 뉴스 매체에 ‘전쟁 지역의 제3세계 국가’처럼 보이는 병원에 대한 끔찍한 이야기를 전했다. 한 의사는 “환자의 맥박이 뛰지 않는다는 것을 간호사가 너무 늦게 발견했기 때문에 복도 침대에서 사망하게 했다.”라고 말했다. “환자가 너무 많아서 간호사가 다음 환자를 확인하러 올 때쯤이면 환자의 맥박이 더 이상 뛰지 않을 수도 있다.” 2명의 응급실 직원은 다른 환자의 호흡관이 인공호흡기와 분리되었고 병원 직원이 너무 바빠서 누군가가 다시 연결하기도 전에 환자가 사망했다고 말했다.

정당했던 발카이는 시나이 그레이스 병원이 자신의 발언에 대해 보복했다고 주장하는 내부 고발자 소송을 제기했다. 발카이의 변호사인 짐 레조(Jim Rasor)는 “[병원]은 환자 치료를 위태롭게 하는 부적절한 행동에 대해 당국에 조언하는 것이 유일한 목표인 간호사에 대해 보복할 수 없다.”라고 말했다. 한편, 병원의 SNS 정책은 업무를 방해하거나 환자, 직원 등 ‘타인에게 손해를 끼칠 수 있는’ 게시물을 금지하고 있다. 기밀 정보를 공개하는 게시물 또한 금지한다.

문제 해결

발카이의 영상이 공개되었을 때 당신이 시나이 그레이스 병원의 경영진이었다고 가정해 보자. 그녀를 해고하였겠는가?

1. 아니다. 발카이는 자신의 영상에서 기밀 정보를 공개하지 않았으며, 자신의 개인 페이스북 피드에 병원의 근무 조건에 대한 의견을 밝혔다. 그녀는 복직되어야 하고 부당한 해고에 대한 보상을 받아야 한다.
2. 맞다. 발카이의 비디오는 치명적인 팬데믹의 한가운데에 병원에 추가적인 손해를 끼쳤다. 그녀는 공개하는 대신 규제 기관에 불만을 제기하여 프로토콜을 따랐어야 했다.
3. 다른 안이 있다면 설명해 보자.

PART 06

통제

16 | 통제와 품질 경영

CHAPTER 16

통제와 품질 경영

학습 목표

1. 경영 기능 중 하나인 통제를 설명한다.
2. 통제 과정의 단계와 유형을 설명한다.
3. 조직을 통제할 수 있는 방법을 설명한다.
4. 전사적 품질 관리 과정을 설명한다.
5. 오늘날의 통제 관련 문제를 이해한다.
6. 커리어 준비 과정을 이해하고 커리어 관리를 위한 여섯 가지 조언을 숙지한다.

▶ 미리보기

경영의 마지막 기능인 통제는 성과를 모니터링하여 목표와 비교하고 필요에 따라 시정 조치를 취하는 것을 의미한다. 16장에서는 경영 통제가 필요한 여섯 가지 이유를 학습하고 통제 과정의 단계와 경영자가 사용하는 세 가지 유형의 통제를 살펴본다. 그리고 균형 성과 기록표를 사용하여 경영자가 어떻게 조직을 통제할 수 있는지 알아본다. 또한 전사적 품질 관리를 살펴본 뒤, 오늘날의 두 가지 통제 방식을 학습한다.

성공 전략

멘토링을 통해 커리어를 개발하는 방법

멘토링은 다양한 (커리어 및 심리사회적 지원을 제공하는) 멘토와 멘티 사이에 집중적이고 지속적인 개발 관계를 형성하고 유지하는 과정이다. 멘토는 커리어 전반에 걸쳐 멘티를 지도할 경험이 있고 지식이 풍부하며 신뢰할 수 있는 사람들이다. 멘토는 일반적으로 해당 분야 또는 업계에서 왕성하게 활동하는 전문가로서 직면한 문제에 대해 잘 알고 있는 사람들이다.

멘토는 개인만의 독특한 커리어 개발 기회이자 경험이 많은 전문가를 벤치마킹할 기회도 제공한다. 조직은 종종 벤치마킹을 통해 전략을 수정하고 직원을 개발한다.

조직이나 업계의 지위 때문에 멘토는 바쁜 사람들이다. 멘토와 정기적으로 만남을 갖거나 또는 몇 번밖에 못 만날 수도 있지만, 만남의 기회를 최대한 활용해야 한다. 다음은 효과적인 멘토링을 위한 몇 가지 전략이다.

목표 설정

멘토링 회의 또는 대화에서 달성하고자 하는 구체적인 목표를 확인하고 멘토에게 해당 목표가 무엇인지 알려주어 함께 달성하기 위해 노력하자. 앞서 목표가 동기를 부여하고, 진행 상황을 측정하여 필요에 따라 과정을 수정하는 방법을 제공할 수 있다는 것을 배웠다. 멘토링에 적극적으로 참여하고, 자신의 학습은 자신이 책임져야 한다.

회의 준비

멘토와 만나기 전에 사전 준비를 통해 안건을 가지고 회의에 참가하자. 이렇게 하면 멘토링 면담 시간을 효율적으로 관리할 수 있다. 예를 들어, 보고서 작성에 대한 조언이 필요하면 미리 초안을 보내고 논의할 준비를 하자. 멘토가 조치를 권고하는 경우 결과적으로 어떤 일이 일어났는지 논의하기 전에 해당 조치를 수행하자. 질문을 많이 하되 스스로 답하거나 연구할 수 없는지 그리고 멘토의 지식 및 경험과 관련 있는지 확인하자.

열린 마음

멘토의 의견에 동의하지 않는 것은 자유이지만, 확실한 정보와 좋은 아이디어를 토론에 가져오고 멘토의 의견을 정중하게 평가해야 한다. 때로는 비판적일지라도 멘토의 피드백을 받아들일 준비를 하자. 이러한 개별적인 조언은 성장에 필요한 정보를 제공하기 때문에 멘티의 멘토링 경험에서 가장 가치 있는 부분이 될 수 있다.

멘토링 종료

멘토가 적절한 도움을 줄 수 없거나 시간이 부족하여 멘토링 관계가 제대로 작동하지 않는 경우가 있다. 그리고 멘토링을 성공시키기 위해 할 수 있는 모든 일을 했다고 확신한다면, 이제 멘토에게 당신이 스스로 나아갈 준비가 되었음을 정중하게 알리자. 멘토가 당신에게 제공한 모든 것에 대해 감사를 표시하는 것을 잊지 말자. 나중에 멘토가 정말로 필요하다고 생각한 부분이 무엇인지 분석하고, 이에 더 적합한 멘토를 찾아보자.

SECTION

01 통제

통제는 성과를 모니터링하고 목표와 비교하고 시정 조치를 취하는 것이다. 이번 섹션에서는 통제가 필요한 여섯 가지 이유에 대해 설명한다.

학습 목표

경영 기능 중 하나인 통제를 설명한다.

통제는 계획된 대로 어떤 일이 일어나도록 하는 것이다. 통제(controlling)는 성과를 모니터링하고 목표와 비교하고 필요에 따라 시정 조치를 취하는 것으로 정의된다. 통제는 계획(planning), 조직(organizing), 리드(leading)와 함께 네 번째 경영 기능이며 그 목적은 분명하다. 바로, 성과가 목표를 충족하는지 확인하는 것이다.

- **계획**은 목표를 설정하고 달성 방법을 결정하는 것이다.
- **조직**은 업무를 수행하기 위해 일에 사람과 기타 자원을 할당하는 것이다.
- **리드**는 조직의 목표를 달성하기 위해 사람들이 열심히 일하도록 동기 부여하는 것이다.
- **통제**는 적절한 일이 적절한 시기에 적절한 방식으로 실시되는지 확인하는 것이다.

이러한 모든 기능은 서로에게 영향을 미치며 차례로 조직의 성과와 생산성에 영향을 미친다(그림 16.1 참조).

그림 16.1 **경영의 기능과 과정**

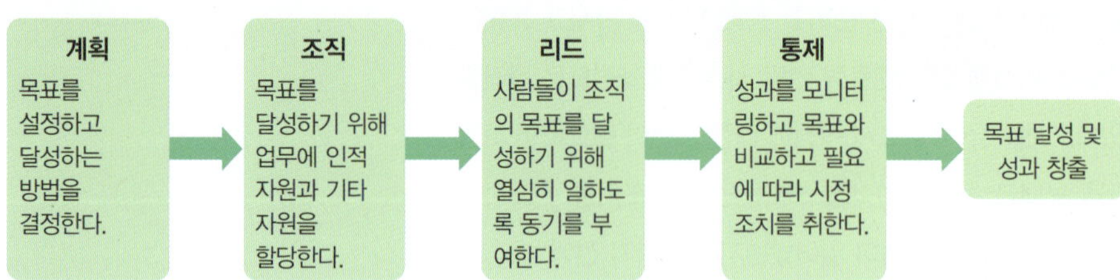

통제 장치의 부족은 특히 이미 어려운 시기에 경영자와 회사 모두에 문제를 일으킬 수 있다. 예를 들어, 코로나바이러스 팬데믹의 여파로 기업은 수익을 잃고 수백만 개의 일자리가 없어지기 시작했다. 이는 연방준비제도 이사회 의장이 역사상 최악의 경제라고 부르는 것으로 이어졌다. 더 중요한 것은 이 바이러스가 전 세계적으로 수십만 명의 사람들을 죽음으로 내몰았다는 것이다. 더 강력한 통제가 코로나바이러스로 인한 결과를 피하거나 줄이는 데 도움이 되었을까? 당연히 통제는 생명을 구할 수 있다.

통제가 필요한 여섯 가지 이유를 코로나바이러스 팬데믹을 예로 들어 살펴보자.

1. **변화와 불확실성에 적응.** 시장과 소비자의 취향은 변화한다. 새로운 경쟁자가 등장하고 기술은 재탄생하며 새로운 재료가 발명된다. 정부 규제도 바뀐다. 모든 조직은 이러한 환경 변화와 불확실성에 대처해야 한다. 통제 시스템은 경영자가 이러한 변화를 예측하고 모니터링하고 대응하는 데 도움이 될 수 있다.

   고등 교육의 예: 코로나바이러스 팬데믹이 미국을 강타하기 전인 2020년 초에 대학생의 약 1/3이 온라인 수업을 등록했다. 몇 주만에 거의 모든 대학 캠퍼스가 비대면으로 전환되며, 역사상 최대 규모의 대규모 온라인 교육이 이루어졌다. 많은 대학이 여러 해 동안 점차적으로 온라인 프로그램을 구축해 왔으며, 대부분은 빠르게 적응할 수 있었다. 전문가들에 따르면, 대부분의 대학들은 화재나 기타 자연 재해가 발생할 경우를 대비해 교육을 유지하는 방법으로 온라인 교육을 계획해 왔었다. 온라인 교육 기업 투유(2U Inc.)의 칩 포첵(Chip Paucek) 대표는 "[코로나바이러스]는 온라인 교육의 시대를 열었다."라고 말한다.

비대면 학습. 전 세계 많은 사람들이 온라인으로 학습하고 있다. 온라인 수업과 대면 수업의 차이점은 무엇인가?

2. **변칙과 오류 발견.** 작은 문제가 큰 문제로 발전할 수 있다. 비용 초과, 제조 결함, 직원 이직, 회계 오류, 고객 불만족은 모두 단기적으로는 견딜 수 있는 문제들이다. 그러나 장기적으로 보면 이러한 문제들은 조직의 몰락을 초래할 수 있다.

   사망자 수의 예: 펜실베이니아주가 코로나바이러스 관련 사망률에 '예상 사망자'를 집계에 추가하기 시작면서 이틀 동안 거의 두 배로 늘었다. 사망자는 코로나바이러스로 인한 것으로 추정됐지만, 실제적인 검사로 확인되지는 않았다. 며칠 후 주정부는 정보가 충분하지 않아 수백 명의 사망자를 공식 집계에서 제외하면서 갑자기 방향을 바꿨다. 주의 집계 방법론의 이러한 오류는 검시관들 사이에서 대규모 혼란을 야기했다. 펜실베이니아 검시관 협회 회장인 찰스 키이슬링(Charles Kiessling Jr.)은 "숫자 간 불일치가 있다… 정확성은 중요하다."라고 말했다. 정확한 수치를 측정하지 못하면 주정부는 사망자 수를 잘못 계산하고, 바이러스가 어떻게 퍼지고 있는지에 대한 오해를 일으키며, 병원 직원에게 과중한 부담을 줄 위험이 있다.

3. **비용 절감, 생산성 향상, 가치 추가.** 통제 시스템은 인건비를 줄이고 낭비를 없애고 생산량을 늘리고 제품 배송 주기를 늘리는 결과로 이어질 수 있다. 나아가, 통제는 제품에 가치를 더하여 고객이 경쟁 제품보다 더 많이 선택하도록 할 수 있다.

   포드와 GE의 예: 포드(Ford) 자동차는 제2차 세계 대전 중이던 1941년에 B-24 폭격기를 제

문제 해결. 포드 자동차의 직원이 미시간주에 위치한 로손빌(Rawsonville) 공장에서 인공호흡기를 조립하고 있는 모습이다. 병원에 이러한 인명 구조 장치가 부족해지면서 인근 공장은 인공호흡기를 만들기 시작했다.

작했으며, 2020년에는 코로나바이러스와의 전쟁을 선포했다. 포드는 GE와 손을 잡고 코로나바이러스 환자들의 생명을 유지하기 위해 필요한 인공호흡기 생산을 확대했다. GE의 전문성과 포드의 자동차 생산라인을 인공호흡기 생산에 개방하면서 100일 만에 인공호흡기 5만대를 생산할 수 있었다. GE 헬스케어 사장 겸 CEO인 키어런 머피(Kieran Murphy)는 "포드의 공급망과 생산 전문성을 갖춘 의료 산업에 대한 우리의 깊은 이해는 의료 장비에 대한 전례 없는 수요를 충족시키는 데 도움이 될 것"이라고 말했다.

4. **기회 감지 및 혁신 증가.** 통제를 통해 눈에 띄지 않았을 수 있는 혁신적인 기회를 파악할 수 있다.

아마존의 예: 코로나바이러스 팬데믹은 아마존(Amazon)과 같은 조직이 제조 현장에서 로봇을 더 많이 사용할 기회를 제공했다. 온라인 소매업체인 아마존은 20만 대 이상의 모바일 로봇을 사용하여 선적할 물품을 포장하는 작업자에게 배달했다. 로봇은 아마존 직원이 제품을 찾기 위해 진열대 사이를 걸어 다닐 필요성을 없애주었고, 사회적 거리두기가 중요한 시기에 안전을 유지할 수 있도록 하였다.

5. **성과 피드백 제공.** 회사가 커지거나 다른 회사와 합병할 때, 서로 충돌하는 여러 제품 라인, 자재 구매 정책, 고객 기반, 작업자 요구 사항을 확인하게 된다. 통제는 경영자가 피드백을 제공하여 이러한 다양한 요소를 조정하는 데 도움이 된다. 연구에 따르면, 피드백에는 개인과 팀에 대한 통제 기능도 포함되며, 이 피드백의 질은 직원의 태도와 성과에 영향을 미친다.

성과 피드백의 예: 자가격리 정책으로 인해 재택근무를 하는 직원이 늘어남에 따라 기업은 성과 피드백을 효과적으로 제공할 수 있는 방법을 모색해야 했다. 예를 들어, 1,000명 규모의 기술 회사의 CEO는 의사소통 라인을 유지하기 위해 하루에 한 번 이상 부하 직원에게 메시지를 보내거나 전화를 걸었다. CEO는 업무 수행을 위해 직원이 필요한 것을 묻고 확인했다. 다른 경영자는 15분 동안 아침에 체크인하여 전날 개발한 내용을 정리하고 하루를 계획했다. 최근 연구에 따르면, 이러한 행동으로 인해 직원들은 더 잘 연결되고 몰입할 수 있다고 느꼈다.

6. **의사 결정 분권화와 팀워크 촉진.** 통제를 통해 최고 경영진은 조직 내 하위 수준에서 의사 결정을 분산시키고 직원들이 팀으로 함께 일하도록 장려할 수 있다. 연구에 따르면, 효과적으로 통제한 조직은 창의성과 대응 및 성과가 좋았다.

건강 관리의 예: 코로나바이러스 팬데믹은 병원에서 팀 기반 치료를 제공해야 하는 전례 없는 글로벌 건강 위기를 촉발시켰다. 프레스 게니(Press Ganey)의 최고 임상 책임자인 제시카 더들리(Jessica Dudley) 박사는 "이것은 의료계에서 누구도 경험하지 못한 일이다… 지금 이 순간에는 혁신하고 문제를 해결하며 앞으로 나아갈 수 있는 팀워크가 그 어느 때보다 중요하다."라고 말했다. 의사, 간호사, 고급 진료 제공자 등은 비대면 웹 채팅 또는 줌(Zoom) 통

화와 같은 기술을 사용하여 사일로를 무너뜨리고 비판적 사고 세션을 신속하게 개최하고 환자를 진단했다. 또한 의료 정보 교환을 활용하여 환자가 어디에서 왔는지에 관계없이 의사가 환자의 의료 기록에 안전하고 효율적으로 접근할 수 있도록 했다.

통제가 필요한 여섯 가지 이유는 아래와 같다(그림 16.2 참조).

그림 16.2 **통제가 필요한 여섯 가지 이유**

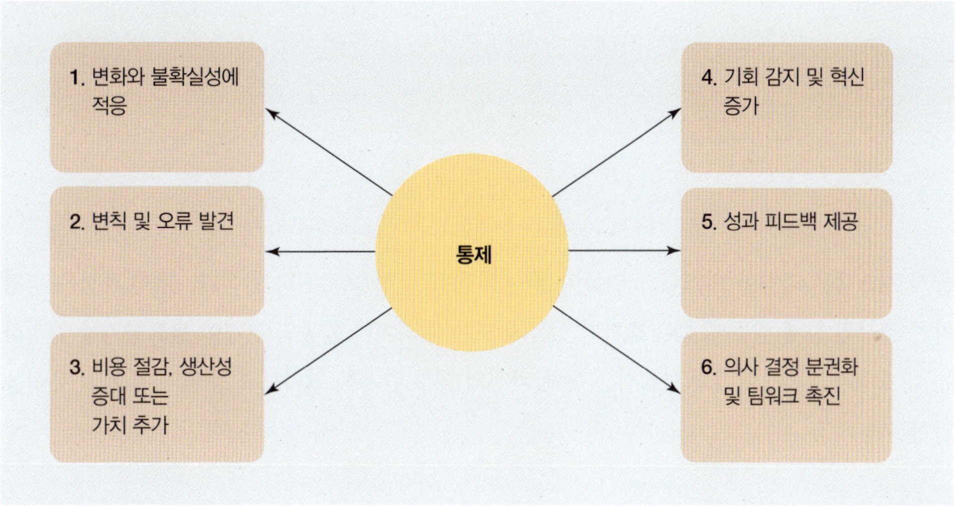

SECTION

02 통제 과정과 유형

이번 섹션에서는 통제 과정의 4단계와 통제의 세 가지 유형을 알아본다.

학습 목표

통제 과정의 단계와 유형을 설명한다.

통제 시스템은 다양한 비즈니스 활동이 회사의 목표 달성을 촉진하게 한다. 통제 과정은 경영자가 조직의 현재 행동 방침이 효과가 있는지 또는 계획이나 활동의 변경이 필요한지를 결정하는 데 도움이 된다. 이번 섹션에서는 통제 과정의 세부 단계를 살펴보고 통제의 세 가지 유형을 알아본다.

통제 과정

통제 시스템은 특정 상황에 맞게 변경될 수 있지만, 일반적으로 동일한 단계를 따른다. 통제 과정의 4단계는 (1) 기준 설정, (2) 성과 측정, (3) 성과와 기준 비교, (4) 필요한 경우 시정 조치이다(그림 16.3 참조).

그림 16.3 **통제 과정**

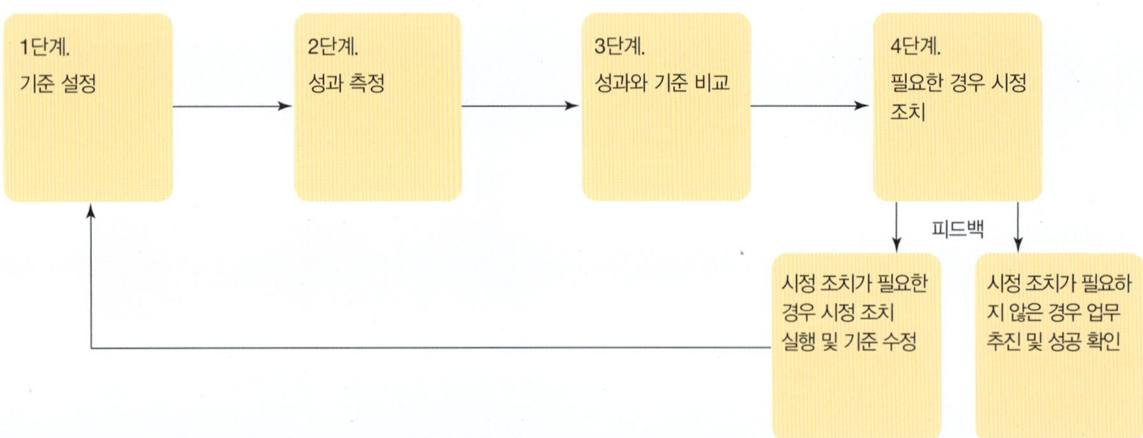

기준 설정 통제 기준(control standard) 또는 성과 기준은 주어진 목표에 대해 원하는 성과 수준이다. 기준은 좁거나 넓을 수 있으며, 계량화할 수 있을 때 가장 잘 측정된다.

비영리 기관에는 자선 기부 수준, 유지되는 학생 또는 자원봉사자 수 또는 법규 준수 정도에 대한 기준이 있을 수 있다. 영리 조직에는 재무 성과, 직원 고용, 제조 결함, 시장 점유율 증가 비율, 비용 감소율, 고객 불만 수, 투자 수익에 대한 기준이 있을 수 있다. 서비스 조직은 서비스를 받는 고객, 고객 또는 환자의 수, 고객 또는 환자의 만족 수준을 기준으로 볼 수 있다. 직원 만족도와 같은 보다 주관적인 기준도 기준으로 설정할 수 있다. 그러나 결근 및 병가 감소, 구직 지원 증가 등의 측면에서 보다 정량적으로 표현해야 할 필요가 있다.

기준을 설정하는 한 가지 기법은 16장의 뒷부분에서 학습하는 균형 성과 기록표를 사용하는 것이다.

성과 측정 통제 과정의 두 번째 단계는 판매된 제품 수, 생산된 단위, 완료 시간, 이윤 또는 판매된 품목당 비용과 같은 성과를 측정하는 것이다.

성과를 측정하는 것은 생각보다 어렵다. 마라톤의 길이를 측정하는 것을 생각해 보자. 킴벌리 니켈(Kimberly Nickel)은 PNC 밀워키 마라톤(PNC Milwaukee Marathon)에서 개인 최고 기록인 4시간 37분을 기록했다고 생각했다. 그녀는 자신이 받은 메달을 보여 주는 셀카를 페이스북에 자랑스럽게 올렸다. 그러나 그날 늦게 그녀는 "26.2 마일 코스가 잘못 배치되어 약 0.8 마일 짧고 공식 또는 공인 마라톤 대회의 자격이 없다."는 내용의 메모를 주최측에서 받게 되었다. 니켈은 게재된 사진을 안타깝게 삭제했다.

성과 데이터는 일반적으로 (1) 직원의 행동과 업무 결과, (2) 동료의 관찰과 평가, (3) 고객의 피드백, (4) 경영자의 평가, (5) 생산 과정의 결과와 같은 다섯 가지 출처에서 얻을 수 있다.

성과와 기준 비교 통제 과정의 세 번째 단계는 측정된 성과를 설정된 기준과 비교하는 것이다. 대부분의 경영자는 기준을 초과하는 성과에 기뻐하며, 이는 보너스와 승진을 결정하는 계기가 된다. 기준보다 성과가 낮은 경우 성과 차이가 큰지 확인해야 한다. 원하는 성과와 실제 성과의 차이가 클수록 더 많은 조치가 필요하다.

어느 정도의 편차가 허용되는가? 이는 통제 과정의 1단계에서 기준에 구축된 변동 범위에 따라 다르다. 예를 들어, "모든 표는 중요하다."라는 말이 있듯이, 정치 후보자에게 투표할 때는 변동 범위가 없어야 한다. 그러나 정치 여론 조사에서는 3~4%의 오차 범위가 허용 가능한 변동 범위로 간주된다. 식품도 변동 범위에서 자유롭지 않다. 영양 정보 라벨에 200칼로리를 광고하는 당신이 가장 좋아하는 스낵바를 떠올려 보자. 실제로 240칼로리를 함유하고 있다는 사실을 알면 놀라겠는가? 그럴 수도 있다. 실제로 식품의약국은 식품이 라벨에 인쇄된 것과 최대 20% 차이가 나는 것을 허용하고 있다.

Nutrition Facts
8 servings per container
Serving size 2/3 cup (55g)

Amount per serving
Calories 230

	% Daily Value*
Total Fat 8g	**10%**
Saturated Fat 1g	**5%**
Trans Fat 0g	
Cholesterol 0mg	**0%**
Sodium 160mg	**7%**
Total Carbohydrate 37g	**13%**
Dietary Fiber 4g	**14%**
Total Sugars 12g	
Includes 10g Added Sugars	**20%**
Protein 3g	
Vitamin D 2mcg	10%
Calcium 260mg	20%
Iron 8mg	45%
Potassium 235mg	6%

* The % Daily Value (DV) tells you how much a nutrient in a serving of food contributes to a daily diet. 2,000 calories a day is used for general nutrition advice.

Food and Drug Administration

먹는 음식에 무엇이 들어 있을까? 일반적인 영양 정보 라벨에는 칼로리, 지방 및 기타 정보와 같은 1회 분량 및 영양 함량이 포함된다.

직원과 경영자는 관리도(control chart)를 사용하여 작업 과정의 변동 정도를 모니터링한다. 관리도는 품질 관리 목적으로 사용되는 시각적 통계 도구이다. 이는 경영자가 과정에 대한 상한 및 하한 품질 제한을 설정한 다음 성과를 모니터링(통제)하여 통제 제한 내로 유지하고 결과가 시간이 지남에 따라 상한보다 높거나 하한보다 낮은 경우에는 과정을 수정하도록 돕는다. 관리도를 개발하고 사용하는 단계를 고려해 보자.

1. 경영자는 측정하려는 과정에 대한 과거 자료를 먼저 살펴보고 관리도를 구성한다. 예를 들어, 회계 법인이 일주일에 완료한 세금 신고 건수, 제조업체가 하루에 생산한 철강 톤 수, 한 달간의 기금 모금 기간 동안 비영리 단체가 모금한 자선 기부 금액이 있을 수 있다.

2. 그런 다음 과거 정보를 사용하여 정상 또는 원하는 성과와 허용 가능한 상한 및 하한을 설정한다(그림 16.4 참조). 이러한 각 흐름은 관리도에 별도의 수평선이 있으며, 타임라인으로 표시된다. 일부 경영자는 여러 자료의 흐름을 서로 다른 관리도 대신 하나의 관리도로 그룹화할 수도 있다. 이를 그룹 관리도라고 부른다.

3. 과정이 '통제 불능' 상태가 되면(즉, 상한 또는 하한을 초과할 때) 경영진은 이를 기록하고 조사한다. 연말연시 쇼핑 시즌 이전에 장난감 주문량이 증가하거나 자연 재해 이후 자선 기부가 증가하는 것과 같은 일부 변동은 일상적이거나 예상될 수 있다. 그러나 기계 고장이나 많은 직원들의 질병으로 인한 생산량의 급격한 감소와 같은 다른 변형은 관리도에 편차로 표시되고 주의가 필요한 '통제 불능' 상황을 나타낸다.

- **공부에 관리도 적용하기:** 기말고사 전에 모든 과목에 할당된 자료 읽기를 완료하려면 앞으로 2주 동안 밤마다 55쪽씩 읽어야 한다고 가정해 보자. 밤마다 55쪽씩 읽는 것이 당신이 원하는 성과이며, 손실된 시간을 얼마나 효율적으로 만회할 수 있는지에 따라 35쪽을 허용 가능한 하한으로, 75쪽을 상한으로 설정할 수 있다. 상단에 상한선, 하단에 하한선, 중간에 원하는 55쪽 분량의 가로선을 그려 만든 관리도는 그림 16.4와 같다. 2주 동안의 타임라인은 관리도 하단에 표시된다. 관리도를 사용하려면 매일 밤 읽은 쪽 수를 관리도 위에 한 점으로 표시한 다음 점들끼리 연결하면 된다. 그림 16.4를 보면 첫 주의 월요일부터 목요일까지 학생이 만족할만한 성과를 보인 것을 알 수 있다. 금요일의 읽기는 허용 한도 미만이었고 학생은 토요일과 일요일에 하루에 75쪽의 상한을 초과하여 부족한 양을 보충했다. 월요일에는 표준 이하의 성과를 보였고 나머지 주에는 허용 가능한 한도 내에서 읽기 수준을 유지했다.

변동 범위는 종종 예외에 의한 관리(management by exception)를 지원하기 위해 컴퓨터 시스템에 통합되는데, 이는 자료가 기준에서 상당한 편차를 나타내는 경우에만 경영자에게 상황을 알려야 한다는 통제 원칙을 기반으로 한다.

그림 16.4 관리도의 예

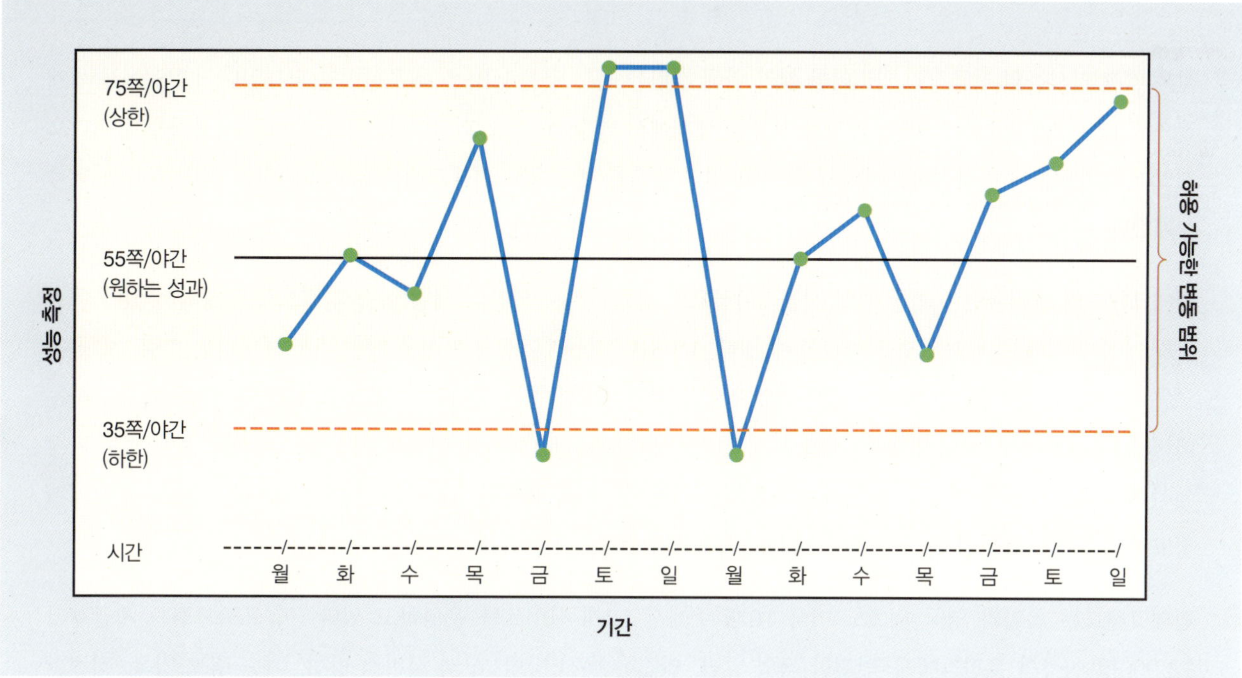

필요한 경우 시정 조치. "원하는 결과를 얻으려면 어떠한 변화를 주어야 하는가?" 네 번째 단계는 피드백에 관한 것이다. 이 단계에서는 필요한 경우 결과나 효과에 따라 통제 과정을 수정한다. 이것은 시스템을 사용할 때마다 다른 효과를 생성하는 동적 프로세스일 수 있다. 세 가지 가능성은 다음과 같다. (1) 변화를 가하지 않는다. (2) 긍정적인 성과를 인정하고 강화한다. (3) 부정적인 성과를 시정하는 조치를 취한다.

통제 및 우주 비행. 주노(Juno) 우주 탐사선은 록히드 마틴(Lockheed Martin)에서 제작했으며 나사(NASA)에서 운영하고 있다.

성과가 설정된 기준을 충족하거나 초과할 때 경영자는 "일을 잘했다."라는 말로 인정하는 것부터 좋은 행동을 강화하는 인상, 보너스, 승진과 같은 보다 실질적인 보상에 이르기까지 다양한 결과를 제공해야 한다.

성과가 기준에 현저히 미달한 경우 경영자는 그 이유를 주의 깊게 검토하고 적절한 조치를 취해야 한다. 때때로 기준 자체가 변화하는 상황에 비해 비현실적이었을 수 있는데, 이 경우 기준을 변경해야 한다. 그리고 직원들이 기준을 달성하기 위한 자원을 제공받지 못한 경우, 직원들은 직무를 수행하는 데 충분한 자원이 필요하다는 신호를 보내서 경영진의 지원을 받아야 할 수도 있다. 다음의 예는 UPS가 통제하는 방법을 설명한다.

UPS의 통제 과정

젊은 배송 기사들의 성공적인 커리어를 쌓기 위해 훈련을 돕는 것은 UPS의 최우선적인 과제였다. UPS는 전 세계적으로 129,000명 이상의 배송 기사를 보유한 세계에서 가장 큰 운송 회사이다. 이 운송업체는 사람들이 비디오 게임과 스마트폰에서 학습하는 방식을 조사한 연구 결과를 바탕으로 인테그레드(Integrad)라는 첨단 교육 센터를 설계했다.

인테그레드의 커리큘럼은 가상 현실 시뮬레이션으로 강화된 5~9일간의 체험 학습 과정으로 구성되어 있어 운전자가 가상 현실에서 배송 방법을 연습할 수 있다. UPS는 "시뮬레이션의 목적은 배송 기사들이 다른 차량, 보행자, 교통 표지판 및 신호를 시각화하여 잠재적인 위험을 파악하도록 돕는 것이다. 이는 운전자가 방어적으로 운전하는 데 필요한 기초이다."라고 밝혔다. 또한 '미국 클라크빌(Clarkville)'이라는 이름의 외부 코스에서는 실제 업무 환경에서 배송하는 방법을 연습할 수 있다. 이 코스는 "작은 집, 거리 표지판, 심지어 강아지가 있다는 것을 운전자에게 경고하는 강아지 그릇이 늘어서 있는" 작은 마을을 모방했다.

인테그레드는 독일과 영국 외에도 미국 10개 주에서 12개 사이트를 운영하고 있다. 이 프로그램은 지금까지 12,000명 이상의 운전자에게 "안전한 작업 방법, 안전한 운전 방법, 고객 서비스 방법, 배송 정보 기록, 적절한 포장 상자 선택, 배송 정보 기록을 위한 휴대용 컴퓨터(배송 정보 수집 장치, Delivery Information Acquisition Device: DIAD) 사용 및 UPS의 역사"를 교육했다.

UPS는 배송 기사들이 인테그레드 프로그램을 완료한 후 통제 과정을 활용하여 프로그램의 학습 목표가 계속 충족되도록 한다. 회사는 시간당 픽업 및 배송 횟수와 같은 일상적인 작업에 대한 기준을 설정한다. 그런 다음 배송 기사들의 성과를 측정하고 기준과 비교하여 필요한 경우 시정 조치를 취한다. 켄터키주 루이빌의 운영 예를 살펴보자.

표준 설정

UPS는 주행 거리, 배달 및 픽업을 예상하는 배송 기사에 대한 기준을 설정한다. UPS 배송 직원은 120개 이상의 배송을 위해 60마일을 운전하는 것이 기준이 된다.

성과 측정

UPS의 경영자는 DIAD 장치와 두 개의 온보드 컴퓨터 시스템을 통해 배송 기사들의 성과에 대한 지속적인 피드백을 받는다. 온로드 통합 최적화 및 내비게이션(On-Road Integrated Optimization and Navigation: ORION)은 운전자의 경로를 최적화하고, 원격 계측기는 운전자가 후진하는 빈도와 안전벨트 착용 여부에 대한 정보를 전달한다. 루이빌에 있는 회사의 사업 관리자는 "운전자가 하는 모든 것이 측정되고 있다."라고 말한다.

기준과 성과 비교

UPS의 경영자는 운전자의 성과(주행 거리, 픽업 및 배송 횟수)를 특정 경로에 대해 설정된 기준과 비교한다. 겨울이나 여름 운전 또는 생산성을 저하시키는 교통 상황과 같은 문제를 고려하여 다양한 변동 범위가 허용될 수 있다.

시정 조치

배송 기사가 설정된 기준에 따라 성과를 내지 못하면 UPS는 멘토링 및 개발에서 해고에 이르는 시정 조치를 취할 수 있다.

통제 유형

통제에는 피드포워드(feedforward) 통제, 동시(concurrent) 통제, 피드백(feedback) 통제의 세 가지 유형이 있다. 각각의 주요 차이점은 타이밍이다. 각 유형의 작동 방식 및 통제 과정 단계와의 연관성을 살펴보자.

피드포워드 통제 피드포워드 통제는 미래의 문제를 예방하는 데 중점을 둔다. 새로운 기준을 설정하기 위해 과거 성과에 대한 정보를 먼저 수집하여 이를 수행한다. 그런 다음 작업이나 프로젝트를 시작하기 전에 함정이나 장애물을 피하기 위한 계획을 세운다. 이 제도는 본질적으로 사람들이 실수에서 배우고 더 나은 결정을 내리는 데 도움이 된다. 최근 연구에서는 효과적인 피드포워드 통제의 이점을 확인하였으며, 이를 통해 조직의 성과를 개선하고 이익을 극대화할 수 있는 것으로 나타났다. 사우스웨스트 항공(Southwest Airlines)은 피드포워드 통제의 힘을 믿는 회사의 한 예이다. 항공사의 HR 최고 책임자 2명은 라디오 진행자에게 고객을 대신해 실수를 한 회사 직원은 처벌받는 대신 코칭받거나 재교육받는다고 말했다.

동시 통제 동시 통제는 실시간으로 성과 정보를 수집하는 것이다. 이를 통해, 경영자는 성과를 측정하고 직원 행동 및 업무 과정이 규정 및 기준을 준수하는지 판단할 수 있다. 나아가, 성과가 기대에 미치지 못할 때 즉시 시정 조치를 취할 수 있다. 예를 들어, 트럭 운송 회사들은 GPS 추적을 사용하여 차량의 위치와 속도를 추적하고 안전 경고를 수신한다. 수집된 실시간 정보는 향후 경로를 최적화하고 연료 소비를 줄이는 데 사용될 수 있다.

트럭 위치 추적. GPS 기술을 통해 조직은 차량 상태에 대한 세부 정보를 실시간으로 받을 수 있다.

기술은 일반적으로 동시 통제에 사용된다. 워드 프로세싱 소프트웨어가 이에 대한 좋은 예이다. 이 소프트웨어는 단어의 철자가 틀리거나 잘못된 문법을 사용하면 즉시 알려준다. 이메일과 인터넷 사용에 대한 기업의 온라인 모니터링은 동시 통제의 또 다른 예이다.

피드백 통제 피드백 통제는 감독자와 경영자에 의해 광범위하게 사용된다. 피드백 통제는 작업이나 프로젝트가 완료된 후 성과 정보를 수집하는 것과 같다. 그런 다음 이 정보는 향후 성과를 수정하거나 개선하는 데 사용된다. 전형적인 예는 시험을 본 후 일주일 후 시험 점수 받기, 제품 구매 후 고객 피드백 받기, 수업 후 몇 주 후에 강의에 대한 학생 평가받기, 영화 관람 후 작품 평가하기, 직장에서 성과 검토에 참여하기 등이 있다.

피드백 통제의 문제는 종종 너무 늦게 발생한다는 것이다. 예를 들어, 강사가 제대로 된 수업을 하지 못하고 있다면 여기에는 즉각적인 변화가 필요하다. 수업 10주 후에 자신의 성과가 비효율적이라는 것을 알게 되는 것은 현재 학생들에게 도움이 되지 않는다. 고객 만족과 품질에 관해서도 마찬가지이다. 긍정적인 점은 많은 사람들이 피드백을 원하고 늦는 것이 전혀 없는 것보다는 낫다는 것이다.

건강 보험 회사인 시그나(Cigna)는 연례 성과 검토에서 피드백을 제공하는 것의 한계를 인식했다. 이제 일년 중 언제든지 수행할 수 있는 "자주, 간단하고, 시간이 덜 걸리는" 성과 검토에 중점을 둔다. 또한 새로운 시스템은 팀장뿐만 아니라 전체 팀원의 피드백을 허용한다.

SECTION

03 통제 방법

경영자는 재무 성과, 고객 관점, 내부 사업 과정, 혁신 및 학습과 관련된 직원 성과라는 조직 효과성 및 성과와 관련된 네 가지 측면을 통제해야 한다. 조직 성과의 이러한 측면은 균형 성과 기록표에 변경된다. 전략 지도는 조직 성과의 네 가지 주요 구성 요소 간의 관계를 시각적으로 표현한 것이다.

학습 목표

조직을 통제할 수 있는 방법을 설명한다.

경영자는 조직의 효과성 또는 성과와 관련된 결과를 제공할 책임이 있다. 경영자는 지속적으로 추구하는 다양한 활동, 프로젝트, 목표 중 어떤 결과에 집중해야 하는지 결정해야 한다. 이는 쉬운 결정이 아니며, 잘못된 결정은 큰 손실을 초래할 수 있다. 월마트(Walmart)와 유나이티드 항공(United Airlines)과 관련된 다음 예를 고려해 보자.

월마트와 유나이티드 항공의 예: 월마트의 가장 큰 비용은 인건비로 2018년 월마트가 이익을 늘리려고 할 때 경영자는 삭감이라는 목표를 쉽게 세울 수 있었다. 이러한 결정은 시장 상황을 고려할 때 합리적으로 보였지만, 이 결정의 결과는 예상과 다르게 이어졌다. 최근 한 의회의 연구에 따르면, 월마트가 비용 절감에만 집중하는 것은 실직하거나 근무 시간이 단축된 월마트 직원들에게 보조금을 지급하기 위해 정부가 지원하는 저소득 지원 프로그램에 더 많은 비용을 지불해야 하는 납세자들에게 매우 부정적인 영향을 미치는 것으로 나타났다. 안타깝게도 그 결정은 장기적으로 월마트의 회복력을 감소시켜 주주 가치를 손상시켰다. 유나이티드 항공은 코로나바이러스 팬데믹으로 인해 수천 편의 항공편을 취소해야 했지만, 취소된 항공편으로 영향을 받은 승객에게 환불하는 등의 우수한 고객 서비스를 제공하지는 못했다. 유나이티드 관계자들이 회사를 파산에 이르게 했을 것이라고 주장한 수십억 달러의 항공료를 환불하는 대신 항공사는 향후 여행을 위해 '전자 여행 증명서' 또는 상품권을 발급했다. 이로 인해 유나이티드 승객들은 큰 불만을 제기했고, 교통부는 항공사를 규제 조치로 위협했다.

이 같은 예는 이번 섹션에서 다룬 주요 질문으로 돌아가게 한다. 경영자는 무엇을 통제해야 하는가? 이 질문에 답하려면 계획, 전략적 사고, 효과적인 통제 메커니즘이 필요하다. 또한 3장과 〈학습 모듈 1〉에서 학습한 조직의 이해관계자에 대한 신중한 고려가 필요하다. 이번 섹션에서는 균형 성과 기록표라는 틀(framework)을 살펴보고 "경영자가 통제해야 하는 것"을 알아본다.

균형 성과 기록표는 조직의 리더가 주주, 고객, 사회 · 환경, 직원의 이익 사이에서 균형을 유지하게 하는 조직 효과성에 대한 접근법이다. 균형 성과 기록표의 논리와 구조 그리고 그 적용이 전략 지도로 나타나는 방법을 살펴보자.

균형 성과 기록표

월마트와 유나이티드 항공의 예에서 배운 것처럼 판매 수치 및 인건비와 같은 재무 성과 또는 고객 만족도와 같은 운영 문제를 측정하고 통제하는 것만으로는 충분하지 않다. 성공적인 기업은 이러한 전통적인 측정을 넘어 다음 네 가지 질문에 답하는 통합적인 통제 접근법을 추구한다.

1. 성공은 주주들에게 어떻게 보여질까?

2. 고객들에게 회사는 어떠한 모습인가?

3. 우리가 가장 잘해야 할 것은 무엇인가?

4. 지속적인 가치와 개선을 위한 준비가 되어 있는가?

하버드(Harvard) 대학의 교수인 로버트 카플란(Robert Kaplan)과 데이비드 노턴(David Norton)은 균형 성과 기록표(balanced scorecard)를 개발하여 이러한 질문에 답하려고 했다. 카플란과 노턴의 균형 성과 기록표는 최고 경영자에게 (1) 재무 지표, (2) 고객 지표, (3) 내부 사업 과정 지표, (4) 혁신 및 학습과 관련된 네 가지 지표를 통해 조직에 대한 신속하고 포괄적인 관점을 제공한다.

카플란과 노턴은 "균형 성과 기록표를 비행기 조종석의 다이얼과 표시기로 생각해 보자." 조종사에게 "하나의 기기에 의존하는 것은 치명적일 수 있다. 마찬가지로, 오늘날 조직 경영의 복잡성으로 인해 경영자는 여러 영역에서 동시에 성과를 볼 수 있어야 한다." 카플랜과 노턴은 판매 수치 및 투자 수익과 같은 재무 성과를 단순히 측정하는 것만으로는 충분하지 않다고 말한다. 고객 만족과 같은 운영 문제도 마찬가지로 중요하다.

균형 성과 기록표는 재무, 고객, 내부 사업 과정, 혁신 및 학습의 네 가지 '관점' 또는 영역에 따라 목표를 설정하고 성과를 측정한다(그림 16.5 참조).

그림 16.5 균형 성과 기록표

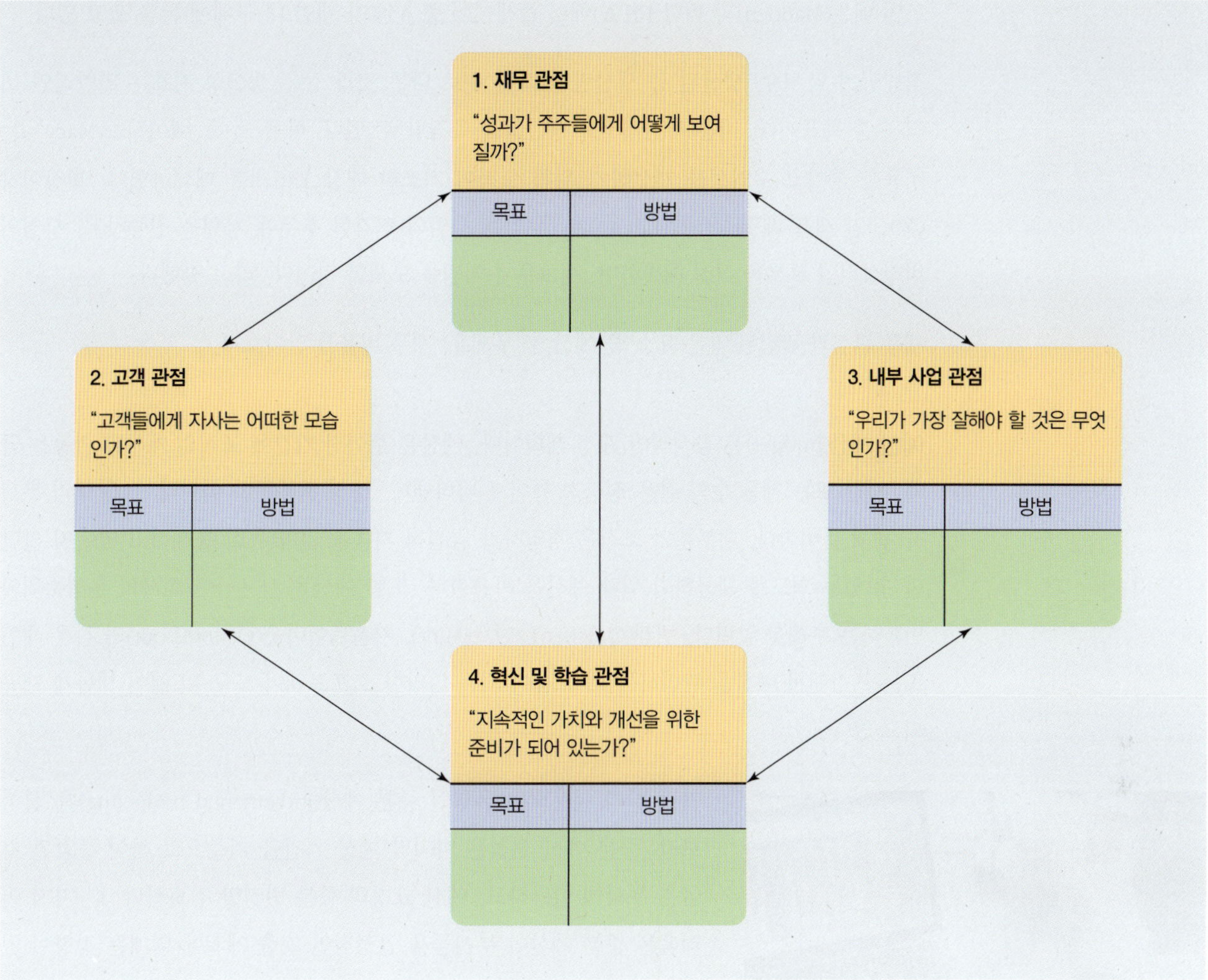

출처: R. S. Kaplan and D. P. Norton, "The Balanced Scorecard—Measures That Drive Performance," Harvard Business Review, January–February 1992, pp. 71–79.

균형 성과 기록표는 "측정한 대로 얻는 것"이라는 말에 뿌리를 둔다. 따라서 캐플란과 노턴은 기업이 조직의 비전과 전략을 지원하는 각 관점에 대해 정량화 가능한 목표를 설정하고, 측정하고, 통제해야 한다고 제안했다. 연구 결과는 균형 성과 기록표를 활용하는 기업이 더 혁신적이고 경쟁 우위를 확보하고 더 나은 성과를 달성할 가능성이 높다는 것을 발견하였다. 이제 균형 성과 기록표의 네 가지 관점을 살펴보자.

재무 관점

기업의 재무 전략과 목표는 일반적으로 수익 성장과 생산성 성장이라는 두 가지로 구분된다. 수익 성장 목표는 신규 고객과 기존 고객 모두의 수익 증대에 초점을 맞춘다. 예를 들어, 게임 공급자인 일렉트로닉 아츠(Electronic Arts: EA)는 비디오 게임의 일회성 판매에 의존했다. 회사는 이제 게임 플레이어들의 성능을 향상시키고 게임 플레이를 개인화하는 게임 내 아이템 구매를 제공함으로써 추가적인 수익원을 만들었다. 오늘날 EA의 가장 가치 있는 두 프랜차이즈인 매든(Madden)과 피파(FIFA)에서 플레이어 중 35%가 게임 내 구매에 돈을 쓰고 있다.

직원당 수익 또는 생산된 총 생산량을 직원 수로 나눈 것과 같은 생산성 지표는 일반적인 조직 수준 목표이다. 비용 측면에서도 생산성을 측정할 수 있다. 예를 들어, 메이시스(Macy's)는 비용을 줄이고 수익성을 개선하기 위해 실적이 저조한 매장 125개를 폐쇄하였다. 회장이자 COO인 제프 제넷(Jeff Gennette)은 "우리는 사업의 건강한 부분에 자원을 집중하고, 사업의 비정상적인 부분을 직접 해결하며, 새로운 수익원을 모색할 것이다."라고 말했다.

재무 관점과 관련된 많은 요소 중 예산, 재무제표, 재무 비율을 알아보자.

예산 예산(budget)은 공식적인 재정 계획이다. 예산은 주어진 기간에 조직의 계획된 활동을 금액, 시간 또는 제품 수와 같은 정량적 용어로 나타낸다. 조직 전체뿐만 아니라 조직 내의 부서를 위해 준비한다. 대부분의 조직은 경영자가 금전적 지출을 얼마나 잘 통제하고 있는지 판단할 수 있는 척도를 제공하기 위해 예산을 사용한다. 또한 예산을 사용하여 회사의 우선순위와 변화하는 추세를 알린다. 퀴켄(Quicken), 민트(Mint), 카운트어바웃(CountAbout)과 같은 개인 또는 프리랜서 예산을 관리하는 데 도움이 되는 다양한 소프트웨어 도구 및 앱이 새롭게 제공되고 있다.

소프트웨어를 활용한 예산 관리. 전문가들은 예산 책정 활동을 수행하기 위해 마이크로소프트 엑셀(Microsoft Excel)과 같은 소프트웨어를 사용하는 경우가 많다.

가장 널리 사용되는 유형인 증분 예산(incremental budgeting)을 살펴보자. 증분 예산 편성은 마지막 예산 기간을 기준으로 하여 증감된 자금을 부서에 할당하고, 예산 요청의 증분 변경만 검토한다. 한 가지 어려움은 증분 예산이 부서들을 안정적인 지출 계획에 얽매는 경향이 있다는 것이다. 즉, 환경 요구를 충족시키는 데 유연하지 않다. 또 다른 어려움은 한 부서가 다른 부서보다 더 중요한 여러 활동을 수행할 수 있지만, 경영자가 다양한 활동을 얼마나 잘 수행했는지 파악하는 것이 쉽지 않다는 것이다. 따라서 부서 활동과 연간 예산 증가는 자생력을 앗아간다.

일반적으로 증분 예산은 고정 예산과 변동 예산으로 구분된다.

- **고정 예산:** 정적 예산(static budget)이라고도 하는 고정 예산(fixed budget)은 단일 추정 비용을 기반으로 자원을 할당한다. 즉, 고정된 비용만 존재하며, 예산은 시간이 지남에 따라 조정을 허용하지 않는다. 예를 들어, 그 금액을 초과하는 장비가 얼마나 필요한지 상관없이 특정 연도에 장비를 구입하는 데 5만 달러의 예산을 보유할 수 있다.
- **변동 예산:** 가변 예산(flexible budget)이라고도 하는 변동 예산(variable budget)을 사용하면 다양한 활동 수준에 따라 자원을 할당할 수 있다. 즉, 예산은 환경의 적절한 변화를 수용하기 위해 시간이 지남에 따라 조정될 수 있다. 예를 들어, 생산량이 특정 수준을 초과할 경우

임시 직원을 고용하거나 임시 장비를 임대할 수 있는 예산이 있을 수 있다. 프리랜서의 노트북용 보조 모니터를 구입하는 것과 같이 예상치 못한 일을 허용하도록 예산을 설정할 수 있다.

재무제표 재무제표(financial statement)는 조직의 재무 상태의 일부 측면을 요약한 것이다. 연구에 따르면 재무제표에 포함된 정보는 경영자가 조직에 대한 재무적 통제를 유지하는 데 필수적이다.

재무제표에는 대차 대조표, 손익 계산서, 현금 흐름표의 세 가지 기본 유형이 있다.

- **대차 대조표:** 대차 대조표(balance sheet)는 특정 시점에서 조직의 전반적인 재정적 가치, 즉 자산과 부채를 요약한다. 자산(asset)은 조직이 통제하는 자원이며, 유동 자산과 고정 자산으로 구성된다. 유동 자산은 현금 및 1년 이내에 현금으로 쉽게 전환할 수 있는 기타 자산을 나타낸다. 예를 들면 재고, 지불되지 않은 판매(수취 계정), 미국 재무부 어음 또는 단기금융투자신탁이 있다. 고정 자산은 내용 연수가 1년을 초과하고 일반적으로 현금으로 전환하기 어려운 자산, 건물, 장비 등을 나타낸다. 부채(liability)는 회사 자산에 대해 조직의 공급자, 대출 기관 및 기타 비소유자가 제기하는 청구 또는 빚이다. 엑손모빌(ExxonMobil)은 자산과 부채를 면밀히 주시하는 조직의 좋은 예이다.

  엑손모빌의 예: 거대 석유회사 엑손모빌은 재난에 대비하여 건강한 대차 대조표를 확보하는 데 수십 년을 보냈다. 그 재앙은 2020년에 코로나바이러스와 공급 과잉으로 인해 유가가 폭락했을 때 왔다. 회사는 불확실한 시기에 자산과 부채의 균형을 맞추는 데 초점을 맞추어서 전략적인 프로젝트에 대한 투자와 주주들에게 지불을 계속할 수 있게 했다. 대런 우즈(Darren Woods) CEO는 "엑손은 배당금 지급에 있어 대형 소매 투자자 기반의 요구를 충족시키기 위해 노력하고 있으며, 단기적으로 필요하다면 대차대조표를 이용해 현금을 마련하는 것을 주저하지 않을 것"이라고 말했다.

- **손익 계산서:** 대차 대조표는 특정 시점에서 조직의 전반적인 재무 가치를 나타낸다. 반면에, 손익 계산서(income statement)는 분기 또는 1년과 같은 특정 기간 동안 조직의 재무 결과(수익 및 비용)를 요약한다. 자영업을 하거나 사업을 시작하는 경우 손익 계산서를 이해해야 할 필요가 있다. 소유주와 직원 1명으로 구성된 2인 운영에 대한 손익 계산서 예는 표 16.1과 같다. 회사는 총 이익에서 총 비용을 빼서 계산한 $196,776.21의 순이익으로 꽤 좋은 성과를 거두고 있으며, 해당 손익 계산서를 통해 모든 중소기업이 직면하는 비용 유형을 확인할 수 있다. 여기에는 보험, 급여 및 급여 세금, 회계, 자동차, 임대료, 소모품 및 기타 비용이 포함된다.

표 16.1 손익 계산서의 예

LACI, 컴퓨터 수리업체의 손익 2021년 1월 1일부터 12월 31일까지		
소득:		
매출		520,615.00
서비스 소득		32,320.00
총 소득:		552,935.00
부품 및 재료	54,218.00	
총 이익		498,717.00
비용:		
은행 수수료		180.00
자선 기부		2,300.00
회비 및 구독		1,750.35
보험:		
일반 책임 보험	2,035.00	
근로자 재해보상 보험	1,018.00	
총 보험 비용		3,053.00
급여 세금:		
급여 941	14,826.22	
연방 실업세	215.00	
주 실업세	312.00	
총 급여세		15,353.22
급여:		
임원 급여	190,000.00	
급여 및 임금	52,329.21	
총 급여:		242,329.21
회계 및 법률		1,803.50
자동차 비용:		
유지	323.00	
가스	1,318.49	
면허	782.20	
총 자동차 비용:		2,423.69
사무실 임대		24,000.00
사무용품		2,016.48
수리 및 유지 보수		218.60
전화 및 인터넷		2,472.18
전기, 가스, 수도 요금		3,040.56
총 비용		300,940.79
순이익		197,776.21

- **현금 흐름표:** 현금 흐름표(cash flows statement)는 특정 기간 동안 생성 및 사용된 현금을 보고한다. 일반적으로 이 기간은 회사의 손익 계산서와 일치한다.

  "현금이 왕이다."라는 말을 들어본 적이 있는가? 이해관계자들은 종종 조직이 얼마나 많은 현금을 제공하는지 보여 주기 때문에 조직이 창출하는 실제 자금에 관심을 갖는다. 이것이 현금 흐름표를 손익 계산서와 구별하는 것이다. 후자는 종종 오해의 소지가 있는 비현금 수익 또는 비용을 포함한다. 예를 들어, 상당한 수익이 있지만 실제로 비용을 지불해야 할 때 제대로 지불하지 못하는 회사는 문제에 직면하게 된다. 회사는 다양한 방식으로 현금을 생성하고 사용하기 때문에 현금 흐름표는 세 부분으로 구분된다. 현금 흐름표의 세 부분은 운영 활동(투자 및 차입과 반대되는 회사의 핵심 사업에서 발생하는 현금), 투자 활동(투자에서 발생하는 현금), 재무 활동(소유자 또는 채무자에게서 발생하는 현금)이다. J. CREW는 회사에 현금이 바닥났을 때 어떤 일이 일어나는지 보여 주는 좋은 예이다.

J. CREW의 예: 백화점들은 2020년 코로나바이러스 팬데믹이 발생하기 전에 이미 현금 부족과 매출 감소로 인해 부채를 떠안고 있었다. 1990년대 미국 쇼핑몰에 프레피 스타일(preppy style)을 도입한 J. CREW 또한 예외는 아니었다. 코로나바이러스 팬데믹으로 인해 쇼핑몰이 폐쇄됨에 따라 2020년 3월에 약 500개의 매장을 폐쇄했다. 이것은 이미 자금난에 처한 이 회사가 대출금, 임대료, 직원 급여를 지불할 자금이 없다는 것을 의미했고, 2020년 5월에 회사를 파산으로 몰아넣었다. 무디스(Moody's)의 라야 소콜리안스카(Raya Sokolyanska) 부사장은 소매업자들이 현금을 마련하기 위해 미판매 재고를 풀어야 하기 때문에 코로나바이러스로 인한 소매 부문 붕괴가 특히 힘들었다고 생각한다. 소콜리안스카는 "J. CREW의 파산은 소매업자들 사이에서 채무 불이행 물결의 첫 번째가 될 것"이라고 말했다.

메릴랜드주의 어룬델 밀스 아울렛 몰(Arundel Mills Outlet Mall)에 있는 J. CREW 공장 직영 매장의 모습이다.

재무 비율 재무제표는 회사에 대한 자료를 제공하지만, 종종 경영자는 내부 목표, 경쟁자 또는 전체 산업에 대한 진행 상황을 측정하는 방법이 필요하다. 이것은 회사의 재무 정보에서 결정되고 비교 목적으로 사용되는 지표인 재무 비율(financial ratios)로 수행이 가능하다. 가장 일반적인 비율 중 일부는 회사의 유동성, 회전율 및 수익성을 측정하는 것이다. 표 16.2는 이러한 각 유형에 대한 비율의 예, 비율이 측정하는 항목, 계산 방법을 나열한다.

표 16.2 재무 비율

비율	유형	측정되는 것	공식
유동 비율(current ratio)	유동성	1년 이내에 만기가 되는 단기 채무를 지불할 수 있는 회사의 능력	유동 자산/유동 부채
자산 회전율(asset turnover ratio)	회전율	회사가 자산을 사용하여 수익을 창출하는 효율성	매출/평균 총자산
투자 수익률(return on investment ratio)	수익성	비용 대비 특정 투자에 대한 수익률	순이익/투자 비용

출처: W. Kenton, "Current Ratio," Investopedia, April 28, 2020, https://www.investopedia.com/terms/c/currentratio.asp; A. Hayes, "Asset Turnover Ratio," Investopedia, April 28, 2020, https://www.investopedia.com/terms/a/assetturnover.asp; J. Chen, "Return on Investment (ROI)," Investopedia, April 27, 2020, https://www.investopedia.com/terms/r/returnoninvestment.asp.

고객 관점

많은 기업이 고객을 가장 중요한 이해관계자 중 하나로 당연하게 여긴다. 고객은 재무 성과를 달성하는 데 필요한 수익원이다. 고객이 없는 회사는 수입이 없다. 균형 성과표는 이러한 민음을 고객 만족도, 충성도, 유지율과 같은 척도로 변환한다. 각각에 대해 조금 더 자세히 살펴보자.

고객 만족도 고객이 만족하지 않으면 회사는 존재할 수 없다. 고객 만족도(customer satisfaction)는 기업이 제공하는 제품이나 서비스가 고객의 기대를 충족시키는지에 대한 척도이다. 예상할 수 있듯이, 회사에 불만족스러움을 나타낸 고객을 잃는다는 것은 수익을 잃는 것을 의미하지만, 그 고객을 대체하는 것이 훨씬 더 큰 과제라는 사실을 알고 있는가? 실제로 연구에 따르면, 현재 고객을 유지하는 것보다 새로운 고객을 확보하는 것에 6~7배 더 많은 비용이 든다. 고객을 만족시킬 수 있는 방법 중 하나는 창의성이다. 항공사 고객 서비스 상담원에 대한 연구에 따르면, 승객 문제를 해결하기 위해 열정적이고 창의적으로 노력하는 직원은 승객이 원하는 해결책이 아닐 때에도 고객 만족도를 높였다.

알래스카 항공(Alaska Airlines)은 창의적인 문제 해결을 장려하는 항공사의 좋은 예이다. 항공사는 고객 서비스 에이전트에게 환불, 보상, 심지어 현금까지 제공할 수 있도록 권한을 부여하여 문제를 경영진에게 확대시키는 대신 고객을 위해 올바른 일을 할 수 있도록 한다.

고객 유지 고객 만족도는 고객의 기분을 측정하지만, 고객 유지(customer retention)는 고객 이탈을 줄이기 위해 기업이 취하는 조치를 나타낸다. 다시 말해, 충성도가 높은 고객은 재구매 의사가 있고 회사의 제품과 서비스에 대해 다른 사람들에게 좋은 점을 알려 주기 때문에 고객 유지 프로그램의 목표는 고객 충성도를 유지하는 것이다. 효과적인 고객 유지 프로그램은 세 가지에 중점을 둔다. 리츠 칼튼(Ritz-Carlton) 호텔 체인의 예를 살펴보자.

- **고객 기대치 설정:** 조직은 고객 기대치를 실제로 제공할 수 있는 것보다 일찍 그리고 약간 낮게 설정해야 한다. 이렇게 하면 예상 서비스 수준에 대한 불확실성이 제거되고 매번 약속을 지킬 수 있게 된다.

  예: 리츠 칼튼은 웹 사이트에 '골드 스탠다드(Gold Standards)'를 나열하여 손님들이 "항상 따뜻하고 편안하면서도 세련된 분위기를 즐길 수 있는 최고의 개인 서비스와 시설을 제공할 것"이라는 약속을 고객들에게 인지시킨다.

완벽한 서비스. 뉴욕의 리츠칼튼 호텔 안내원이 고객을 위해 문을 열어주고 있다.

- **한 걸음 더 나아가기:** 고객의 기대 이상으로 나아가는 것은 기업이 강력한 관계와 장기적인 충성도를 구축하는 데 도움이 된다. 실제로, 고객의 60%는 더 나은 경험을 위해 더 많은 비용을 지불할 의향이 있으며, 이는 기업이 고객 경험을 위해 더 많은 노력을 기울일 가치가 있음을 보여 준다.

  예: 시설 관리에서 경영에 이르기까지 리츠 칼튼의 직원들은 상사에게 승인을 구하지 않고 문제를 해결하기 위해 하루에 투숙객당 최대 2,000달러를 지출할 수 있다.

- **개인화:** 개인화된 서비스는 고객 경험을 개선하고 고객과 조직의 유대를 강화한다. 예를 들어, 액세스 디벨롭먼트(Access Development)의 설문 조사에 따르면, 2018년에 70%의 기업이 고객 유지를 개선하기 위해 보다 개인화된 경험을 만들었다고 한다.

  예: 리츠 칼튼의 직원들은 투숙객들의 이름을 부르며 따뜻하고 진지하게 인사하고 필요한 것을 충족시키고, 다시 한번 손님의 이름을 부르며 즐겁게 작별 인사를 한다.

내부 사업 관점

고객 관점은 재무 공식의 수익 측면을 나타내지만, 내부 사업 관점은 비용 측면을 나타낸다. 이 관점은 조직이 재무적 목표와 고객의 기대를 효과적으로 충족시키는 동시에 사회와 공동체를 위한 가치를 창출할 수 있게 하는 중요한 조직 활동을 포착한다. 균형 성과 기록표는 생산성, 효율성, 품질, 안전과 같은 지표를 살펴봄으로써 이러한 활동을 측정한다.

생산성 지정된 기간 동안의 산출을 투입으로 나누면 생산성을 측정할 수 있다. 산출물은 생산된 모든 재화와 서비스이다. 투입물은 노동뿐만 아니라 자본, 재료, 에너지이다. 요약하면 공식은 다음과 같다.

생산성 = 산출/투입 또는 (재화+서비스)/(노동+자본+재료+에너지)

경영자가 생산성에 대한 기준 또는 목표를 설정하는 데 사용할 수 있는 두 가지 도구는 다음과 같다.

- **벤치마킹:** 6장에서 학습한 바와 같이 벤치마킹은 회사의 성과를 다른 회사와 비교하는 과정이다. 회사는 내부 벤치마킹을 사용하여 성과 기준을 설정하고, 경쟁적 벤치마킹을 사용하여 경쟁업체와 자신을 평가하며, 업계 밖을 내다볼 준비가 되면 전략적 벤치마킹을 활용한다. J.D. 파워스 컴퍼니(J.D. Powers Company)는 자동차 산업과 고객의 벤치마킹을 지원하는 회사의 좋은 예이다. 회사는 다양한 자동차가 초기 품질, 신뢰성, 전반적인 성능 및 매력, 판매 및 서비스를 비롯한 여러 영역에서 구매자를 얼마나 잘 만족시키는지에 대한 데이터를 제공한다.

- **모범 사례:** 모범 사례(best practice)는 "최적의 결과를 산출하는 것으로 나타난 일련의 지침, 윤리 또는 아이디어"를 말한다. 기업은 직장에서 경영자와 직원의 긍정적인 경험을 통해 내부적으로 모범 사례를 개발하는 경우가 많으며, 때로는 다른 기업이 유사한 상황에서 성공시킨 전략을 채택하기도 한다. 예를 들어, 팀은 업무 과정 또는 모범 사례를 논의하기 위해 정기적으로 회의할 때 더 높은 성과 수준을 보였다.

효율성 1장에서 학습한 바와 같이 효율성이란 인력, 돈, 원자재 등의 자원을 현명하고 비용 효율적으로 사용하는 것을 의미한다. 훌륭한 경영자는 효율성에만 관심을 갖는 것이 아니라, 효과적인지도 확인해야 한다. 이것은 경영자가 올바른 결정을 내리고 이를 성공적으로 수행함으로써 결과를 달성한다는 것을 의미한다. 국립 조혈모세포 협회는 효율성과 효과성을 모두 개선하는 데 중점을 둔 조직의 좋은 예이다.

국립 조혈모세포 협회의 예: 생명을 구하는 골수 또는 제대혈 이식이 필요한 미국 인구 10명 중 7명은 가족 중에 적절한 기증자가 없다. 이것이 바로 1,600만 명이 넘는 잠재적인 기증자가 등록되어 있는 국립 조혈모세포 협회(National Marrow Donor Program: NMDP)가 운영하는 비영리 단체인 'Be Match Registry'가 필요한 이유이다. 협회는 최근 연간 이식 비율을 두 배로 늘리기로 했을 때 경영자는 조직에 새로운 전략 계획이 필요하다는 것을 깨달았다. 이를 바탕으로, 다른 비영리 단체 및 의료 기관과 협의한 후 강력한 품질 관리 전략을 통합하고 내부 과정을 개선할 수 있는 능력을 위해 균형 성과 기록표 접근법을 선택했다. 국립 조혈모세포 협회에서 이미 개선된 사항에는 일치 항목을 찾는 시간 단축, 글로벌 브랜드 인지도 및 기증자 모집 증가, 의사의 조기 추천, 환자 및 가족의 의료 비용 절감 등이 포함된다.

품질 고품질 제품과 서비스는 조직의 성공에 매우 중요하다. 이는 기술과 같이 복잡한 산업 분야의 시장에서 특히 그렇다. 예를 들어, 품질은 애플(Apple)이 업계의 다른 모바일 기기보다 아이폰(iPhone)의 가격을 높게 책정할 수 있는 한 가지 이유이다. 이는 바로, 애플이 시장을 선도하는 제품을 공급해온 역사가 있기 때문이다. 실제로 2,000명 이상의 스마트폰 고객을 대상으로 한 2019년 설문 조사에 따르면, 아이폰 사용자의 90% 이상이 업그레이드 시기가 되면 애플의 다른 제품을 구매할 의사가 있는 것으로 나타났다.

섹션 04에서는 조직이 제품 및 서비스의 품질을 효과적으로 관리하고 있는지 확인하기 위해 사용하는 전사적 품질 관리 기법을 학습한다. 현재로서는 품질이 고객 충성도를 높이고 강력한 평판을 구축하며 비용을 관리하는 데 기여한다는 사실을 아는 것이 중요하다.

안전 〈학습 모듈 1〉에서 학습한 바와 같이 조직은 자신이 속한 지역사회의 안전에 대한 책임이 있다. 이 책임의 일부는 지역사회 안전의 직접적인 척도로 작용하여 지역사회에 해를 끼치지 않는 것과 관련이 있다(즉, 공장이 마을의 식수가 되는 물에 유해 물질을 방류하지 않도록 하는 것). 다른 경우에는 (대부분 해당 지역 출신인 직원이 안전한지 확인하는 것과 같이) 간접적인 영향을 가지고 있기도 하다. 피닉스 신터드 메탈스(Phoenix Sintered Metals)는 직원의 안전을 위해 최선을 다하는 조직의 좋은 예이다.

피닉스 신터드 메탈스의 예: 가족 소유의 피닉스 신터드 메탈스는 펜실베이니아주에 있는 금속 부품 제조업체이다. 회사는 산업 보건 및 안전 정책 및 절차에서 "지속적인 개선을 위해 최선을 다하고 있다." 이를 위해 피닉스의 안전 코디네이터인 테리 푸스틴(Terry Fustine)은 펜실베이니아주의 직업 안전 및 건강 관리국(Occupational Safety and Health

Administration: OSHA)에서 제공하는 프로그램을 활용했다. 이 프로그램은 시설 안내를 포함하여 무료 산업 안전 및 건강 상담 서비스를 제공한다. 펜실베이니아주 OSHA의 컨설턴트는 초기 실사 과정에서 하우스키핑, 라벨 부착, 기계 보호, 전기, 안전 방향 및 기타 위험과 관련된 문제를 파악했다. 회사는 이러한 문제를 시정하고, 직원들에게 안전 문제에 대해 설명했으며, 안전 교육 및 부서 감사를 강화했다. 또한 서면 안전보건 프로그램 정책 매뉴얼을 개선했다. 안전에 대한 회사의 몰입은 66%의 기록 가능한 부상 감소에 기여했으며, 이는 피닉스 신터드 메탈스를 안전한 작업장의 모범 사례에 선정되어 펜실베이니아주 '안전 및 건강 성취 표창 프로그램'에 채택되는 결과를 가져왔다.

안전 제일. 펜실베이니아주의 브로크웨이에 있는 회사 본사에서 열린 피닉스 신터드 메탈스 안전 위원회의 모습이다.

혁신과 학습의 관점

직원의 학습 및 개발은 균형 성과 기록표의 다른 모든 목표를 위한 기초이다. 여기서 전제는 업무를 완수하는 데 필요한 자원과 동기를 가진 유능하고 의욕적인 직원이 보다 효율적인 방식으로 고품질 제품과 서비스를 제공한다는 것이다. 이를 실현하려면 (9장에서 학습한) 진보적인 HR 제도와 기술에 투자하겠다는 다짐이 필요하다. 이 관점에서 일반적인 지표는 직원 태도(11장), 이직률(11장), 조직 문화(8장) 및 자원이다.

직원 태도 11장에서 학습한 것처럼 직원의 태도는 매우 중요하며, 직원의 행동에 영향을 미친다. 성공적인 경영자는 단순히 '행복한' 직원에 만족하지 않고, 직원의 업무 몰입, 직무 만족 및 조직 몰입도를 높이기 위해 노력한다. 이러한 태도가 이직률과 결근율을 줄이는 동시에 성과와 고객 만족도를 향상시킬 수 있다는 것을 입증한 연구가 많이 있다.

직원 이직 최근 연구에 따르면, 직무 만족도와 조직 몰입도가 이직을 가장 잘 예측할 수 있다고 한다. 그러나 순기능적 이직과 역기능적 이직 사이에는 차이가 있다. 차이점에 대해 조금 더 자세히 알아보자.

- **순기능적 이직:** 순기능적 이직(functional turnover)은 실적이 저조한 직원들이 퇴사할 때 발생하는 이직이다. 순기능적 이직은 '승진 또는 퇴사' 철학을 사용하는 대규모 회계, 컨설팅 및 법률 회사에서 일반적이다. 승진할 수 없는 사람들은 사실상 해고된다.
- **역기능적 이직:** 역기능적 이직(dysfunctional turnover)은 회사의 최고 성과자가 퇴사할 때 발생한다. 다양한 이유가 역기능적 이직의 원인이 될 수 있지만, 일반적인 원인은 낮은 발전 가능성이다. 예를 들어, 회사가 내부의 성과가 좋은 후보자를 보지 않고 외부 후보자로 경영진을 채우는 선례가 많다면 직원들은 다른 회사로 승진 기회를 모색할 가능성이 높다.

성공적인 기업은 전체 이직률만 측정하지 않는다. 이직하는 직원이 고성과자인지 저성과자인지 파악해야 한다. 이것은 이직이 순기능적인지 역기능적인지를 결정한다. 아바(Ava)라는 직원이 방금 영업 관리자 직책에서 사임했다고 가정해 보자. HR 팀은 아바의 HR 파일을 살펴보고 그녀의 마지막 성과 평가를 검토한다. 아바가 높은 점수를 받았다면 이직이 역기능적일 가능성이 높다. 순기능적인지 역기능적인지를 결정하는 또 다른 방법은 아바의 상사에게 그녀를 다시 고용할 것인지 묻는 것이다. 상사의 대답이 예라면 역기능적 이직이라는 의미이다.

퇴사 인터뷰는 이직의 이유를 더 잘 이해하는 데 도움이 될 수 있다. 이것은 퇴사하는 직원과 HR 팀 또는 다른 관리자 사이에서 발생하는 공식적인 대화로 퇴사 이유를 판단한다. 아바의 예를 다시 한번 살펴보자. HR 팀은 퇴사 인터뷰를 통해 그녀가 불만족스러워 떠났는지, 아니면 배우자가 다른 지역에서 일자리를 얻었고 이사를 해야 했기 때문에 떠났는지 알 수 있다.

자원 경영자는 직원이 성공하는 데 필요한 자원을 확보하고 있는지 확인해야 한다. 여기에는 직원 학습 및 개발과 조직의 목표 달성을 지원하는 기술에 대한 투자가 포함된다. 코로나바이러스 팬데믹 동안 낙농 회사에서 슬랙(Slack)을 사용하여 직원을 연결하고 안전하게 근무시킨 방법을 살펴보자.

위크스트롬 데리스의 예: 캘리포니아주에 본사를 둔 위크스트롬 데리스(Wickstrom Dairies)에는 28명의 직원과 하루 20만 파운드의 사료가 필요한 2,500마리의 젖소가 있다. 위크스트롬의 직원들은 일반적으로 자신의 업무가 무엇인지, 아픈 젖소에게 밤새 무슨 일이 있었는지, 수리가 필요한 장비의 상태를 파악하기 위해 교대 근무 전 직접 회의를 한다. 이 모든 것은 코로나바이러스가 발생했을 때 바뀌었다. 젖소는 걱정하지 않았지만 위크스트롬의 직원들은 연결 상태를 유지해야 했다. 회사는 온라인 업무 의사소통 도구인 슬랙(Slack)에 투자하여 이를 촉진했다. 직원들은 슬랙을 활용하여 농장 주변에서 해야 할 일에 대해 서로에게 알리고 동물과 장비에 대한 정보도 업데이트했다. 낙농 회사의 공동 소유주인 애론 위크스트롬(Aaron Wickstrom)은 "슬랙은 모든 사람의 작업을 더 쉽고 안전하게 만들었다. 젖소는 우리에게 매우 중요하지만 사람들이 더 중요하다."라고 말했다.

조직 문화 8장에서 조직 문화에 대해 학습했지만, 16장에서는 사람 중심 문화의 중요성을 구체적으로 반복하고자 한다. 2장에서 다루었듯이 사람 중심 조직은 사람이 본질적으로 훌륭하고 신뢰할 수 있으며 생산적이며 다양성과 웰빙의 가치를 존중하는 분위기에서 독립적으로 행동할 수 있는 권한이 부여될 때 번성한다는 Y 이론의 관점을 따른다. 미국 최대 중고차 유통업체인 카맥스(CarMax)는 사람 중심의 문화를 형성하고 있는 기업의 좋은 예다.

카맥스의 예: 카맥스는 41개 주에서 200개 이상의 매장을 운영하고 있다. 회사는 직원에 대한 존중과 지원뿐만 아니라 협업을 강화하는 데 중점을 둔다. 회사의 CHRO인 다이앤 카프리츠(Diane Cafritz)는 "고객뿐만 아니라 서로를 지원하려는 직원들의 몰입과 추진력이

카맥스를 일하기 좋은 곳으로 만드는 이유이다."라고 말했다. 직원들은 자신의 스킬과 능력을 향상시키기 위해 두 가지 이상의 업무에 익숙해지도록 교육받고, 부서 밖에서 교차 교육 기회를 탐색하도록 권장된다. 또한 자신의 웰빙을 증진시키기 위해 지역 사회에서 자원봉사에 시간, 재능, 자원을 공유하도록 권장된다. 회사는 15년 동안 포춘의 '일하기 좋은 100대 기업' 중 하나로 선정된 것을 포함하여 사람 중심 접근법으로 최고의 찬사를 받았다.

텍사스주 플래노 지점의 카맥스 직원이 중고 트럭의 가치에 대해 고객과 이야기하는 모습이다.

전략 지도

비전과 전략 계획을 효과적으로 전달하지 못한 회사에서 일한 적이 있는가? 그렇다면, 당신의 일이 조직의 효과성에 어떻게 기여하는지 모르기 때문에 이직하는 것이 어떤 느낌인지 알 것이다. 카플란과 노턴은 이 일반적인 문제를 인식하고 전략 지도라는 도구를 개발했다.

전략 지도(strategy map)는 "회사의 중요한 목표와 조직 성과를 주도하는 요소 간의 중요한 관계를 시각적으로 표현한 것"이다. 전략 지도는 회사의 전략적 목표 간의 관계를 보여 준다. 이것은 직원들이 자신의 일이 회사의 전반적인 성공에 어떻게 기여하는지 이해하는 데 도움이 된다. 또한 조직이 주요 구성 요소를 위해 가치를 창출하는 방법에 대한 이해를 제공한다. 예를 들어, 전략 지도는 혁신과 내적 역량을 구축하기 위해(내부 사업 관점) 고객에게 가치를 제공(고객 관점)하고 주주들의 가치를 창출(재무적 관점)하기 위해 직원들이 보유해야 하는 지식, 스킬 및 시스템(혁신 및 학습 관점)에 대해 알려준다. 연구 결과는 전략 지도의 효과적인 사용이 균형 성과 기록표의 실행 성공을 크게 향상시킨다는 것을 발견하였다. 또한 전략 수립, 성과 측정 시스템 개발, 전략 평가 및 의사소통을 용이하게 하는 것으로 밝혀졌다.

그림 16.6은 전략 지도의 예이다. 학습과 성장을 시작으로 다이어그램의 화살표는 목표를 내부 과정, 고객, 재무 목표 및 마지막으로 주주 가치 제공이라는 장기 목표와 연결하는 논리를 보여 준다. 예를 들어, 조직 문화가 혁신, 운영 개선 및 우수한 기업 시민 의식과 관련된 내부 과정 목표에 영향을 미친다는 것을 전략 지도를 통해 알 수 있다. 이러한 인과적 구조는 회사가 조직의 효과성을 달성하기 위해 어떻게 계획하는지에 대한 전략적 로드맵을 제공한다.

또한 각 관점의 목표 수를 계산하여 네 가지 관점 중 어느 것이 가장 중요한지 파악할 수 있다. 이 전략 지도의 예에는 재무, 고객, 내부 과정, 학습 및 성장 관점에 대해 각각 4개, 5개, 8개 및 4개의 목표가 있다. 또한 내부 과정의 목표에서 오는 화살표의 수를 계산하여 내부 과정의 목표가 8개의 다른 목표에 영향을 미친다는 것을 알 수 있다. 요컨대 전략 지도의 장점은 리더가 직원들에게 전략적 로드맵을 시각적으로 제시할 수 있다는 것이다. 또한 조직의 효과성을 평가하는 데 사용되는 기준에 대한 명확한 설명을 제공하기도 한다.

전략 지도의 마지막 이점은 목표 관리제를 실행하는 조직의 출발점 역할을 한다.

그림 16.6 큐리그 닥터 페퍼(Keurig Dr. Pepper)의 전략 지도 예

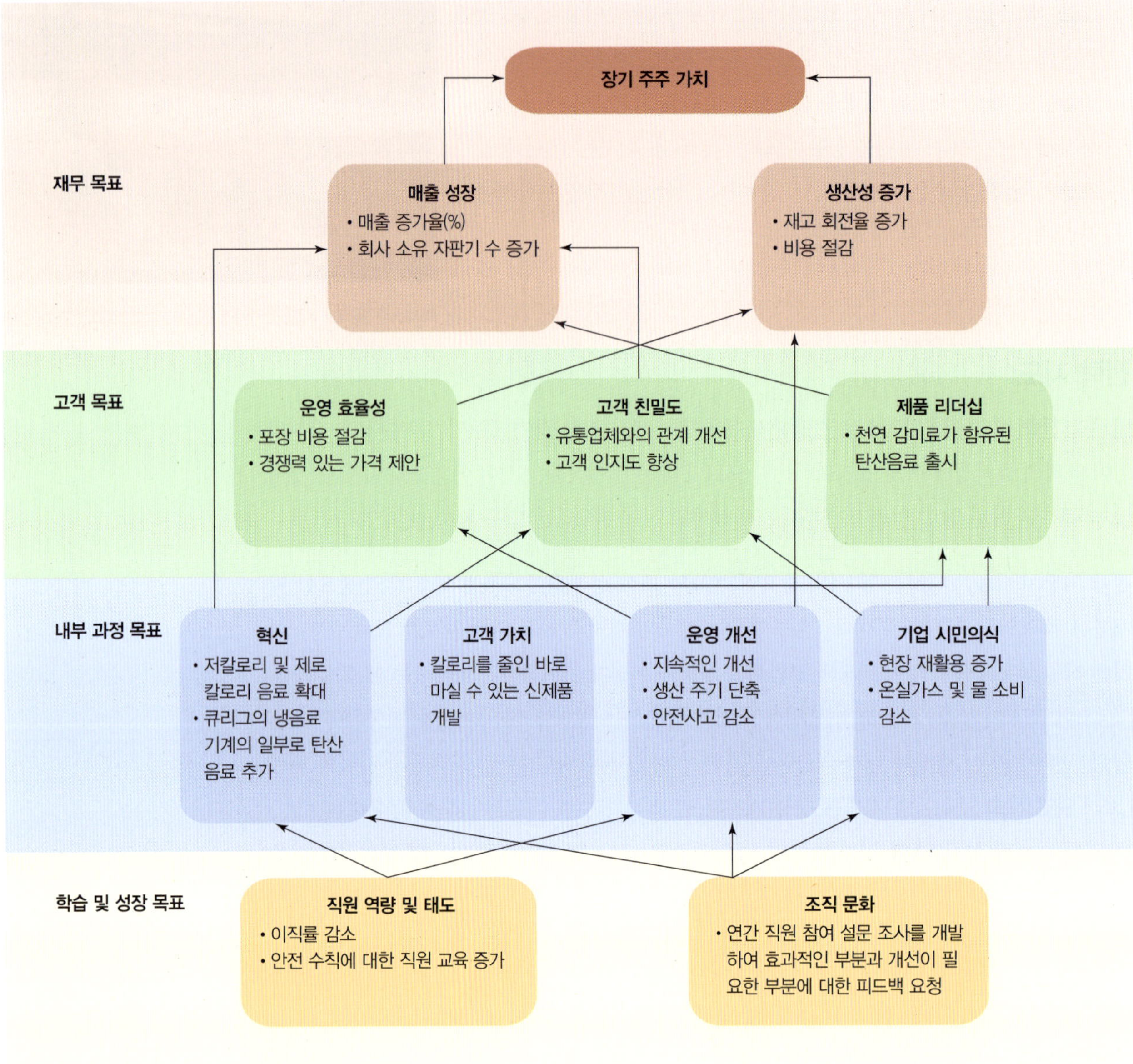

출처: "Corporate Social Responsibility," Dr. Pepper Snapple Group, https://www.drpeppersnapplegroup.com/ company/environmental-sustainability (accessed May 21, 2020); J. Natsu, "Keurig Dr Pepper Plans to 'Drink Well, Do Good' with Major New Commitments," Environmental Leader, June 6, 2019, https://www.environmentalleader.com/2019/06/180124/; "Corporate Responsibility Report 2018, Keurig Dr Pepper, 2018, https://www.keurigdrpepper.com/content/dam/keurig-brand-sites/kdp/files/KDP-CR-Report-2018.pdf; "Keurig Dr Pepper Reports Strong 4th Quarter and Full Year 2018 Results," Keurig Dr Pepper, February, 28, 2019, https://investors.keurigdrpepper.com/2019-02-28-Keurig-Dr-Pepper-Reports-Strong-4th-Quarter-and-Full-Year-2018-Results.

SECTION

04 전사적 품질 관리

전사적 품질 관리는 지속적인 품질 개선, 교육 및 고객 만족에 전념한다. 두 가지 핵심 원칙은 사람 지향과 개선 지향이다. 품질 개선을 위한 몇 가지 기법에는 직원 참여, 벤치마킹, 아웃소싱, 주기 시간 단축 및 통계적 과정 통제가 있다.

학습 목표

전사적 품질 경영 과정을 설명한다.

로스앤젤레스에 있는 353개의 병상을 갖춘 비영리 신앙 기반 교육 병원인 애드벤티스트 헬스 화이트 메모리얼(Adventist Health White Memorial: AHWM)은 2019년에 영예로운 말콤 볼드리지 국가 품질상(Malcolm Baldrige National Quality Award)을 수상한 여섯 곳 중 하나이다. 이 상은 7개 분야에서 우수하다고 평가되는 기업과 교육, 의료, 비영리 단체에 대해 미국 대통령이 수여한다. 7개 분야는 리더십, 전략, 고객, 측정 · 분석 · 지식 관리, 노동력, 운영, 결과이다.

AHWM은 신뢰성을 핵심 목표로 삼고 있으며 그 이상을 달성한다. 이 병원은 2013년부터 심장마비 환자 치료에 있어 거의 또는 완벽한 성과를 유지하고 있다. 또한 2014년 이후 외래 수술 후 응급실 복귀가 0건으로 전국 10분위 안에 들었다. AHWM은 뛰어난 성과에 안주하지 않고 변화하는 시장을 지속적으로 연구하여 환자에게 미래에 필요한 것이 무엇인지 결정한다. 이를 위해 설문 조사, 주요 이해관계자의 포커스 그룹, 인터뷰 등을 활용하여 가치를 제공하고 경쟁자와 차별화된 서비스를 파악한다.

AHWM의 또 다른 자부심은 과정의 효율성과 효과성이다. 예를 들어, 응급실 입원 시간을 2015년 250분 이상에서 2018년 약 150분으로 단축했다. 이는 미국 상위 4분위에 매우 가까운 수준이다. AHWM은 응급실에 입원한 환자의 각 단계를 모니터링하는 실시간 전자 대시보드를 사용하여 이를 수행할 수 있었다. 이를 통해, 간병인은 적시에 환자 중심의 치료를 제공할 수 있게 되었다.

조직이 AHWM처럼 될 수 있는 방법은 무엇일까? 이것이 바로 이번 섹션에서 학습할 내용이다. 전사적 품질 관리와 핵심 원칙에 대해 알아보기 전에 품질의 의미를 개략적으로 살펴보자. 이후, 조직이 높은 수준의 품질을 유지하기 위해 사용할 수 있는 도구, 기법 및 기준을 알아본다.

품질 통제와 품질 보증

품질(quality)은 제품 및 서비스에 가치를 추가하여 경쟁 제품과 차별화시키는 가장 중요한 방법 중 하나로 간주된다. 품질을 보장하기 위한 두 가지 전통적인 전략은 품질 통제와 품질 보증이다.

품질 통제 품질 통제(quality control)는 생산의 각 단계를 관리하여 오류를 최소화하기 위한 전략을 의미한다. 품질 통제 기법은 1930년대 벨 텔레폰 랩스(Bell Telephone Labs)에서 월터 슈와트(Walter Shewhart)가 개발하였다. 그는 통계적 샘플링을 사용하여 특정 생산 실행에서 항목의 (전체가 아닌) 일부만 테스트하여 오류를 찾았다.

품질 보증 1960년대에 개발된 품질 보증(quality assurance)은 직원의 성과에 중점을 두고 직원이 '무결점'을 위해 노력할 것을 촉구한다. 품질 보증은 종종 직원들이 작업 과정의 설계를 통제할 수 없기 때문에 덜 성공적이었다.

데밍의 품질 관리 원칙

이제 품질에 대해 더 잘 이해했으므로 오늘날의 표준에 도달한 방법을 살펴보자. 20세기 초, 프레드릭 테일러(Frederick Taylor)의 과학적 관리 철학은 작업자의 생산성을 극대화하기 위해 고안되었다. 그러나 1950년대까지 과학적 관리는 직원과 고객 모두에게 경직된 조직으로 이어지는 결과를 낳았다. 데밍(Deming)의 관리 원칙으로 알려진 에드워드 데밍(W. Edwards Deming)의 도전 과제는 조직을 보다 신속하고 민주적이고 덜 낭비적으로 만들기 위한 아이디어를 제안했다. 여기에는 다음과 같은 원칙이 포함된다.

품질은 소비자의 욕구에 맞춰야 한다 "소비자는 생산 라인에서 가장 중요한 부분이다."라고 데밍은 언급했다. 따라서 제품이나 서비스를 제공하는 개별 작업자의 노력은 최종 사용자의 욕구와 기대를 충족시키는 방향으로 향해야 한다.

회사는 근로자를 탓하지 말고 시스템 개선을 목표로 해야 한다 데밍은 미국 경영자들이 조직의 구조, 문화, 기술, 작업 규칙 및 관리, 즉 '시스템'보다는 개별 근로자의 문제를 비난하는 데 더 관심이 있다고 지적했다. 직원을 잘 대하고 직원의 견해와 제안을 경청함으로써 경영자가 제품과 서비스를 개선할 수 있다고 보았다.

품질 향상은 시장 점유율, 회사의 발전 가능성, 고용을 높여 준다 기업이 제품과 서비스의 품질을 개선하기 위해 노력할 때 낭비를 줄이고 지연을 방지하며 더 효율적으로 된다. 낮은 가격과 우수한 품질은 시장 점유율을 높이고, 결과적으로 사업의 발전 가능성을 향상시키고 나아가 고용을 증가시킨다.

PDCA 주기를 사용하여 하드 데이터를 기반으로 품질을 향상시킬 수 있다 데밍은 하드 데이터를 기반으로 행동함으로써 품질을 향상시킬 수 있다고 제안했다. 이를 수행하는 과정은 지속적인 운영 개선을 위해 관찰된 데이터를 사용하는 계획(Plan)-실행(Do)-평가(Check)-개선(Act) 주기인 PDCA 주기로 알려지게 되었다.

(그림 16.7 참조) 그림 16.3의 통제 과정과 마찬가지로 세 번째 단계(평가)는 성과를 목표와 비교하는 피드백 단계이다. 피드백은 통제를 위한 수단이다.

그림 16.7 PDCA 주기

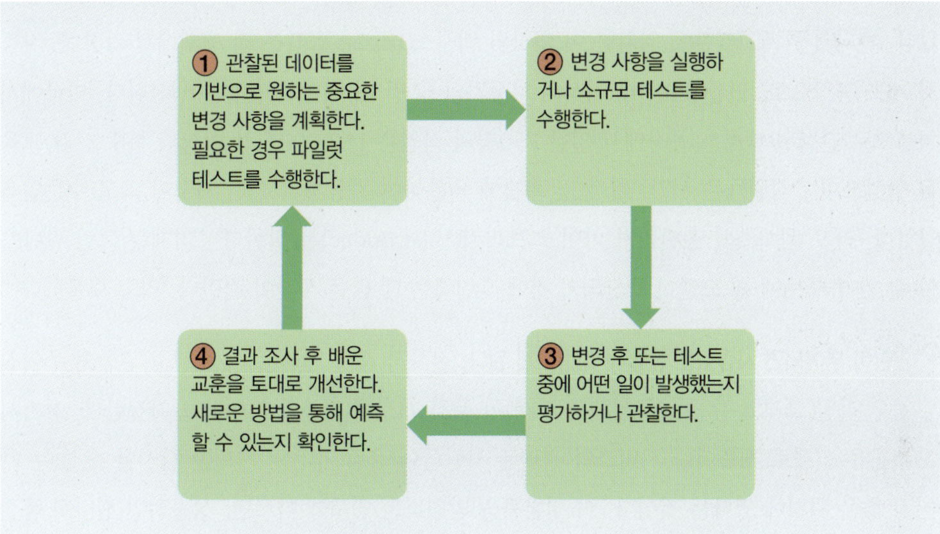

출처: W. Edwards Deming, Out of the Crisis, Plan Do Study Act Cycle, Massachusetts Institute of Technology, 2000, p. 88.

전사적 품질 관리의 원칙

전사적 품질 관리(Total Quality Management: TQM)는 최고 경영진이 주도하고 조직 전체에서 지원하는 포괄적인 접근법으로 정의되며, 지속적인 품질 개선, 교육 및 고객 만족에 전념한다. TQM의 네 가지 구성 요소는 다음과 같다.

1. 지속적인 개선을 우선시한다.
2. 모든 직원을 참여시킨다.
3. 고객과 직원의 말을 듣고 이를 토대로 학습한다.
4. 정확한 기준을 사용하여 문제를 파악하고 제거한다.

이는 TQM의 두 가지 핵심 원칙, 즉 (1) 사람 지향 – 조직과 관련된 모든 사람이 고객에게 가치를 제공하는 데 집중해야 하고, (2) 개선 지향 – 모두가 작업 과정을 지속적으로 개선하기 위해 노력해야 한다는 두 가지 핵심 원칙으로 요약될 수 있다. 더 자세히 살펴보자.

켄터키주 조지타운에 있는 도요타 제조 공장

사람 지향 전사적 품질 관리를 도입한 조직은 제품이나 서비스를 만드는 사람과 이를 구매하는 사람 모두를 가장 중요한 자원으로 생각한다. 따라서 직원에게 더 많은 의사 결정 권한이 부여될 뿐만 아니라 공급업체와 고객에게도 마찬가지이다. 이러한 사람 지향은 다음과 같은 가정 하에 운영된다.

- **고객의 가치를 제공하는 것이 가장 중요하다.** 전사적 품질 관리의 목적은 고객을 위한 가치를 창출하는 제품 또는 서비스를 제공하기 위해 사람, 자원 및 작업 과정에 집중하는 것이다. 도요타(Toyota)는 전사적 품질 관리를 오랫동안 사용해 왔다. 켄터키주 조지타운에 위치한 이 회사의 렉서스(Lexus) 공장은 전 세계에서 가장 큰 자동차 제조 공장으로, 연간 50만 대 이상의 자동차와 60만 대 이상의 엔진을 생산한다. 미국에서 처음으로 건설된 렉서스 공장에서 일한 750명의 직원은 150,000시간 이상의 특수 감각 교육을 받았으며, "직원들은 시각, 청각 및 촉각에 의존하여 자동차의 장인 기술이 최고 수준임을 알았다."라고 렉서스의 총관리자 마이크 브리지(Mike Bridge)는 말한다. "기계는 그런 판단을 할 수 없기 때문에 새 모델이 생산되기 전에 훈련하는 데 많은 시간이 걸린다."라고 덧붙였다.

- **권한이 부여되면 사람들은 품질에 집중하게 된다.** 전사적 품질 관리는 의사 결정 권한이 주어진 경우 직원(그리고 종종 공급업체와 고객)이 품질 개선에 집중할 것이라고 가정한다. 여기서 추론은 실제로 제품이나 서비스와 관련된 사람들이 품질 개선의 기회를 감지할 수 있는 가장 좋은 위치에 있다는 것이다. 이 결론을 뒷받침하는 연구에 따르면, 성공적인 전사적 품질 관리 실행의 가장 큰 장애물은 직원의 참여 부족이다.

- **전사적 품질 관리에는 교육, 팀워크 및 부서 간 노력이 필요하다.** 직원과 공급업체는 잘 훈련받아야 하며 팀으로 작업해야 한다. 많은 품질 문제가 다양한 기능 영역에 걸쳐 퍼져 있기 때문에 팀워크는 매우 중요하다. 예를 들어, 휴대 전화 디자인 전문가가 마케팅 전문가와 의논한 경우, 나이 든 사람들이 휴대 전화를 사용하기 위해 11개의 작은 버튼을 눌러 전화를 걸 수 있다는 사실을 알게 될 것이다. 아래의 예에서는 현대(Hyundai)가 고급차 시장에서 경쟁하기 위해 전사적 품질 관리를 어떻게 활용하고 있는지 설명한다.

현대자동차의 고급차 시장 공략을 위한 제네시스

경제적인 자동차로 잘 알려진 현대자동차가 2016년 제네시스 브랜드를 내놓으면서 고급차 시장을 휩쓸었다. 한국의 럭셔리 자동차 라인인 제네시스는 아우디, BMW, 렉서스, 벤츠를 대체했으며, 컨슈머리포트(Consumer Reports)의 2020년 연간 자동차 브랜드 순위에서 1위를 차지했다. 군더더기 없는 소형차를 생산하는 회사가 어떻게 독일과 일본의 럭셔리 브랜드를 능가할 수 있었을까? 그 해답은 차주에게서 높은 평가를 받는 고품질 차량을 만드는 현대자동차의 능력에 있다.

초기에는 모든 일이 항상 순조로운 것은 아니었다. 제네시스는 2008년 현대 브랜드로 처음 시장에 출시되었다. 하지만, 품질이 좋지 않다는 이유로 2년 후 판매는 264,000대에서 90,000대로 급락하였다. 이러한 결과는 현대그룹 정몽구 회장의 눈길을 끌었다. 정몽구 회장은 직원들에게 확고한 복종을 요구하는 것으로 유명하다. 포춘에 따르면, "그의 명령과 계획은 신속하고 세심하며 의심의 여지없이 수행된다." 정몽구 회장은 공장장들에게 더 이상 저품질은 용납하지 않겠다는 메모를 보내고, 직접 공장을 방문해 품질 관리 문제를 찾아 이 지침을 강화했다. 예를 들어, 그는 공장 직원에게 엔진 후드를 열도록 요청했고, 내부의 모든 볼트가 다른 색상이라는 것을 발견했다. 공장장이 공개적으로 질책을 당한 후 볼트는 모두 검은색으로 적절하게 도색되었다.

정몽구 회장은 현대차의 품질관리팀 규모도 100명에서 1,000명으로 늘렸다. 그는 이 확장된 팀에 볼트부터 모든 차량에 이르기까지 철저히 검사하도록 요청했다. 지시는 이뿐만이 아니었다. 품질 관리 엔지니어는 품질 개선 방법에 대한 직원의 피드백을 요청해야 했다. 모든 사람에게 복종을 요구한 리더는 중요한 예외를 두었다. 바로, 품질 문제는 조직의 모든 사람이 질문할 수 있고 또 질문해야 한다는 점이었다.

현대차의 품질관리 프로토콜 변화가 성과를 내고 있는 것으로 보인다. 제네시스는 2020 J.D. 파워(J.D. Power)의 차량 신뢰성 연구에서 가장 신뢰할 수 있는 브랜드로 평가되었다. 이 연구는 약 37,000명의 구매자의 응답을 기반으로 했으며, 2019년 자동차의 원래 소유자가 발견한 문제 수에 따라 브랜드 순위를 매겼다. 제네시스는 차량 100대당 89건의 문제 발생으로 업계 평균인 134건과 비교하여 가장 적은 문제를 지적받았으며, 렉서스(Lexus)는 100건으로 2위를 기록하였다.

당신의 생각은?

제네시스와 한국 자동차 회사 기아(Kia)는 같은 제조 그룹에 속하지만, 기아는 J.D. 파워 초기 품질 조사에서 제네시스에 이어 2위를 차지했다. 따라잡기 위해 기아가 할 수 있는 일은 무엇일까? 한국의 완성차 업체들이 품질 랭킹 1위를 차지한 것은 과연 우연의 일치일까?

개선 지향 품질에 있어서 성공으로 가는 길은 지속적인 작은 개선이다. 지속적인 개선(continuous improvement)은 조직의 모든 부분(모든 제품, 서비스, 기능 영역 및 작업 과정)에서의 지속적이고 작은 점진적인 개선으로 정의된다. 약 20년 동안 미국에서 자동차를 판매해 온 한국의 완성차 기업인 기아자동차는 품질에 대한 명성을 쌓기 위해 부단히 노력해왔다. 글로벌 지휘통제센터(Global Command and Control Center)는 한국의 모든 조립 공장에서 라이브 피드를 실시간으로 모니터링하며, 높은 품질을 유지하기 위해 연간 700만대로 생산을 제한한다. 한 업계 분석가는 기아차의 모기업인 현대차에 대해 "현대에서 만나는 모든 사람들은 항상 품질을 향상시키기 위해 노력한다.

개선 지향은 운영 성과 향상에 중점을 두고 있으며, 다음과 같은 가정을 전제로 한다.

- **처음에 제대로 하는 것이 비용이 적게 든다.** 전사적 품질 관리는 비용이 많이 드는 재작업을 하

는 것보다 처음부터 제대로 하는 것이 더 낫다고 가정한다. 예를 들어, 고품질 제품과 서비스를 만들기 위해 교육, 장비 및 도구에 많은 비용을 투자해야 한다. 그러나 부족한 품질과 그로 인한 열악해진 고객 관계를 처리하는 것에 비해서는 비용이 덜 든다.

- **매번 작은 개선을 하는 것이 좋다.** 지속적인 개선이 일상적인 문제여야 하고, 어떠한 개선도 사소하지 않으며, 항상 조금씩 상황을 좋게 만들기 위한 지속적인 노력이 있어야 한다는 가정이다. 예를 들어, BMW는 리드 타임을 줄이고 비용을 절감하기 위해 데이터 기반 개선에 의존한다. 자동차 제조업체인 BMW는 생산 및 물류에서 발생하는 대량의 센서 및 과정 데이터를 연결하여 아주 작은 변경이라도 빠르고 쉽게 수행한다. BMW의 생산 시스템 혁신 및 디지털화 책임자인 크리스천 패트론(Christian Patron)은 "스마트 데이터 분석은 우리 생산 시스템의 새로운 표준을 설정하고 있고 지속적인 개선을 가속화하고 있다."라고 말했다.
- **작은 편차를 없애기 위해 정확한 기준을 따라야 한다.** 전사적 품질 관리는 작업 과정의 모든 단계에서 정확한 데이터 수집을 강조한다. 또한 진행 상황을 평가하고 많은 품질 결함의 원인이 되는 작은 편차를 제거하기 위해 정확한 기준(예: 벤치마킹)의 사용을 강조한다.

슬로바키아의 현대식 기아자동차 공장 생산 라인

- **최고 경영진의 강력한 의지가 있어야 한다.** 리츠칼튼(Ritz-Carlton), 아마존(Amazon), 에이스 하드웨어(Ace Hardware)의 최고 경영자처럼 경영자가 고품질의 업무를 지원하기 위해 립 서비스 수준을 넘어서야만 직원과 공급업체는 소규모의 점진적인 개선에 집중할 것이다.

카이젠(Kaizen)은 기회를 파악하고 해결책을 실행 및 테스트하는 과정에서 조직의 모든 직급에 있는 사람들을 참여시키려는 일본의 소규모의 지속적인 개선 철학이다. 다음 예에서 볼 수 있듯이, 카이젠은 업종과 상관없이 대기업과 중소기업 모두에게 이로운 결과를 제공한다.

카이젠의 효과

미쓰비시 중공업 그룹(Mitsubishi Heavy Industries Group)은 화학 공장에서 사용할 수 있도록 장비의 각 부분을 맞춤 제작했다. 오늘날 이 회사는 카이젠 방법을 사용하여 모든 고객의 욕구를 충족하는 표준화된 제품을 개발했다. 이 표준화된 제품은 엔지니어링 및 설계 비용 절감, 설계 오류 감소, 고객 비용 5~10% 절감을 의미한다.

와가마마(Wagamama)는 미국에 지점이 있는 트렌디한 영국 레스토랑 체인으로, 카이젠 원칙으로 확인된 개선 사항을 바탕으로 조기에 기술을 도입했다. 이 회사는 고객 중심의 디지털 해결책 구축에서 경쟁업체보다 몇 년 앞서 있었다. 예를 들어 '식당을 위한 우버(Uber)'로 표현되는 와가마마고(Wagamamago) 앱을 사용하면 고객이 간편하게 식당에 들어가서 주문하고 먹고 갈 수 있다. 이 앱은 손님이 매 끼니 평균 12분을 절약하는 것으로 추정되며 업계 최초로 도입되었다.

보잉(Boeing)은 워싱턴주 시애틀 근처의 렌톤 생산 시설에서 737 항공기를 제작할 때 카이젠 원칙을 활용한다. 회사는 반복되는 카이젠 회의에서 효율성을 개선하는 방법에 대해 조립 작업자의 피드백을 요청한다. 이 회의는 항공기 생산 중 온실가스 감소와 같은 환경적인 고려 사항을 다룬다. 카이젠 원칙은 보잉의 항공기 생산 속도를 크게 향상시켰으며, 이는 경쟁사인 에어버스(Airbus)와 치열하게 경쟁한다는 점을 고려할 때 매우 중요하다.

당신의 생각은?

카이젠 방법을 실행하기 위해 권장되는 몇 가지 조언에는 틀에 얽매이지 않는 아이디어를 적극적으로 찾고, 할 수 없는 이유 대신에 어떻게 해야 하는지 생각하고, 변명과 완벽을 모두 피하는 것이 포함된다. 이것이 미쓰비시, 와가마마, 보잉에 좋은 조언이라고 생각하는가?

서비스에 전사적 품질 관리 적용

제조업은 유형의 제품을 제공하고(이유식 병을 떠올려 보자), 서비스 산업은 무형의 제품을 제공한다(보육 서비스를 떠올려 보자). 제조된 제품을 보관할 수 있지만(예: 창고를 가득 채운 치실 제품들), 서비스는 일반적으로 즉시 소비되어야 한다(예: 치과 위생 서비스). (일부 서비스는 자동판매기 및 ATM과 같은 기계로 제공될 수 있지만) 대부분의 서비스는 많은 인력을 필요로 한다. 나아가, 서비스는 일반적으로 고객에게 편리한 위치와 시간에 제공된다. 다시 말해, 고객은 제조된 제품을 제공하는 것보다 서비스를 제공하는 데 훨씬 더 많이 관여한다.

우수한 서비스를 제공하는 한 가지 분명한 전제 조건은 효과적인 교육이다. 예를 들어, 슈퍼마켓 업계의 선두주자인 퍼블릭스(Publix)는 전문가 또는 경영자의 현장 실습, 매장 내 컴퓨터, 현장 동료 주도 워크숍을 통해 교육을 제공한다. 퍼블릭스의 교육 프로그램은 고기를 자르기 위해 특정 칼을 사용하는 방법, 식품 안전 및 응급 처치 방법, '리더십 스타일 탐구' 과목과 같은 보다 추상적인 스킬과 같은 기본 사항을 다룬다. 다음의 예는 노드스트롬(Nordstrom)과 트레이더 조(Trader Joe's)가 서비스 우수성을 위해 어떻게 노력하고 있는지 보여 준다.

서비스 우수성

2019년에 실시된 고객 경험 연구에 따르면, 소비자의 72%는 단 한 번의 나쁜 경험 때문에 제품 또는 서비스를 구매하는 회사를 바꿀 의향이 있다고 한다. 그렇다면 기업은 충성도가 높은 고객을 어떻게 유지할 수 있을까? 훌륭한 고객 서비스를 제공하는 것으로 알려진 노드스트롬과 트레이더 조에서 사용하는 방식을 알아보자.

노드스트롬

노드스트롬은 미국과 캐나다에서 100개 이상의 매장을 운영하고 있다. 노드스트롬의 "우수한 고객 서비스는 쇼핑몰과 온라인과의 경쟁에 대해 더 방어적으로 포지셔닝하는 요소"라고 야후 파이낸스(Yahoo Finance)는 말한다.

노드스트롬의 경쟁 우위는 직원 임파워먼트를 사용하여 직원의 창의성을 이끌어 내는 것에서부터 시작된다. 백화점의 직원 안내서 전체가 5×8 카드 한 장에 들어가며, "모든 상황에서 최선의 판단을 하라."는 하나의 규칙을 따른다. 이 아이디어는 임파워먼트가 노드스트롬에서 일하는 것의 이점일 뿐 아니라 직원들의 직무의 핵심 속성이라는 것을 분명히 보여 준다. 이를 염두에 두고 회사는 직원들에게 미리 정해진 일련의 정책으로 완전히 처리할 수 없는 문제에 대한 창의적인 해결책을 제시하도록 요청한다. 예를 들어, 노드스트롬의 직원은 고객이 코네티컷 매장의 주차장에 수하물과 비행 일정표를 두고 온 것을 발견했다. 직원은 자신의 차를 타고 JFK 공항으로 고객의 짐을 싣고 비행기를 타기 전에 도착했다. 이러한 종류의 문제를 예측할 수 있는 규칙은 없다.

또한 새롭게 강화된 공급망 관리를 사용하여 양질의 고객 경험을 제공한다. 회사의 개편된 공급망은 고객을 중심에 두고 필요할 때 정확히 필요한 것을 얻을 수 있도록 한다. 이를 달성하기 위해 회사는 시장 내 매장과 시설 전반에 걸쳐 재고를 연결하여 고객이 더 많은 제품에 쉽게 접근할 수 있도록 했다. 또한 로봇 공학과 자동화를 사용하여 좁은 공간의 각 통로에 제품들을 보관하며 신속한 검색이 가능해지도록 한다. 회사는 새로운 기술을 통해 "고객에게 올바른 제품을 적시에 적절한 장소에 제공하고 재고 부족, 주문 처리 연장 및 배송 지연을 줄일 수 있기"를 희망한다.

트레이더 조

트레이더 조는 전국적으로 500개 이상의 식료품점을 운영하고 있으며, 야생 연어 육포와 2달러 와인과 같은 힙스터-여피(hipster-yuppie) 간식을 판매하여 명성을 얻었다. 이 식료품점 체인은 2019년 미국 고객 만족도 지수(American Customer Satisfaction Index: ACSI) 소매 보고서의 슈퍼마켓 카테고리에서 1위를 차지했으며, 고객의 욕구에 신속하게 대응하여 경쟁력을 유지하고 있다. 경영자는 캡틴이라 불리며(직원들은 크루로 불림) 대부분의 시간을 소매점에서 보내고 하와이안 셔츠를 입고 고객과 소통한다. 고객이 제품에 대해 물으면 캡틴이나 크루들은 즉시 제품을 가져와 개봉하고 고객과 함께 시식하여 마음에 드는지 확인한다. 또한 고객이 만족하지 못한 제품은 개봉한 경우에도 제품 구매액을 환불해 준다.

Dorothy Alexander/Alamy Stock Photo

트레이더 조의 계산원이 고객을 돕고 있는 모습이다.

캡틴이 매장에서 시간을 보내면서, 피드백을 콜센터로 보내도록 고객들에게 요청하는 대신 고객의 요구 사항을 파악하고 신속하게 대응한다. 예를 들어, 네바다(Nevada)주의 트레이더 조는 고객이 가장 좋아하는 콩 아이스크림 쿠키를 구입하기로 결정했다. 피닉스의 또 다른 지점은 주민들이 편리한 시간에 쇼핑할 수 있도록 회사 표준 시간인 오전 9시보다 일찍 문을 열기로 했다.

당신의 생각은?

노드스트롬과 트레이더 조의 고객 서비스 접근법이 온라인 쇼핑과 경쟁이 된다고 생각하는가?

전사적 품질 관리의 도구 · 기법 · 표준

품질 향상을 위해 여러 도구와 기술을 사용할 수 있다. 10장에서는 그중 벤치마킹에 대해 설명했으며, 여기에서는 아웃소싱, 주기 시간 단축, 통계적 과정 통제, 식스 시그마, 품질 표준 ISO 9000 및 ISO 14000에 대해 살펴본다.

아웃소싱 (4장에서 학습한) 아웃소싱(outsourcing)은 서비스 및 운영을 외부 공급업체에 하도급하는 것이다. 일반적으로 비용을 줄이거나 생산성을 높이기 위해 수행된다. 예를 들어, 소위 긱 경제라고 불리는 프리랜서나 계약직 근로자에게 단기 및 프로젝트 작업을 아웃소싱하면 회사는 직원 관련 비용을 많이 절약할 수 있다. 아웃소싱에 대한 몇 가지 주요 연구 결과는 다음과 같다.

- 아웃소싱은 일반적으로 기업의 성과를 향상시킨다.
- 대부분의 아웃소싱은 IT 관련 기능이다.
- 아웃소싱된 작업의 수는 조직이 수행하려는 작업에 따라 다르다. 전문 지식에 대한 접근을 원하는 회사는 일반적으로 제한된 수의 작업을 아웃소싱하는 반면, 운영 효율성을 추구하는 회사일수록 더 많은 작업을 아웃소싱한다.

아웃소싱은 민영화라는 기치 아래 소방, 교정 서비스 및 의료 서비스와 같은 전통적인 정부 서비스에서도 많이 활용되고 있다. 매년 약 30만 개의 미국 일자리가 아웃소싱된다.

주기 시간 단축 또 다른 전사적 품질 관리 기법은 조직의 운영 및 과정 수행 속도를 높이는 데 중점을 둔다. 이를 주기 시간 단축 또는 공급업체에 계약을 승인하는 데 필요한 승인 단계 감소 등과 같이 작업 단계의 감소(reduced cycle time)라고 한다. 핵심은 낭비적인 움직임, 부서 간 장벽, 불필요한 절차 단계 등을 제거하여 조직의 성과를 향상시키는 것이다.

> **마이크로소프트의 예:** 마이크로소프트(Microsoft)의 재무 그룹은 다양한 보고서, 도구 및 콘텐츠를 자동화된 역할 기반 개인화된 보고서로 통합하고 단순화할 수 있었다. 또한 재무 운영, 신용 및 수금, 관리 보고, 세금에서도 봇을 사용할 수 있었다. 이러한 조치의 결과로 데이터를 번역하고 유효성을 검사하는 데 소요되는 시간을 20% 단축하여 분기당 150,000시간 이상의 작업 시간을 절약했다.

통계적 과정 통제 이 책의 페이지를 인쇄할 때 농도계와 색도계라는 도구가 사용되었으며, 잉크 농도와 색상의 진도를 측정하고 인쇄된 페이지의 샘플을 일정한 간격으로 채취하였다. 이것이 바로 품질 관리를 위한 지속적인 점검이다.

햄버거 고기, 아침 식사용 시리얼, 손전등 배터리, 와인 등 모든 종류의 제품은 제조 과정에서 정기적인 검사가 필요하다. 이를 위해 자주 사용되는 도구는 통계적 과정 통제(statistical process control)로 품질이 표준 허용 범위 내에서 유지되고 있는지 확인하기 위해 생산 공정에서 주기적으로 무작위 샘플을 채취한다. 품질에 문제가 있으면 시정 조치를 위해 생산이 중단된다.

통계적 과정 통제는 맥도날드가 사용하는 기법으로, 햄버거의 품질이 전 세계 어디에서나 항상 동일하게 유지되도록 한다. 인텔(Intel) 및 모토로라와 같은 회사는 통계적 과정 통제를 사용하여 제품의 신뢰성과 품질을 보장한다. 모든 조직이 통계적 과정 통제를 사용하는 것은 아니다. 최근 연구에 따르면, 약 30%의 조직이 자원이 부족하거나 또는 단순히 이해하지 못하기 때문에 이 기법을 사용하지 않는 것으로 나타났다.

식스 시그마 및 린 식스 시그마 시그마(Sigma)는 통계학자가 표준 편차를 정의하는 데 사용하는 그리스 문자이다. 식스 시그마(Six Sigma)로 알려진 품질 개선 과정에서는 시그마가 높을수록 표준 편차가 적어진다. 다시 말해, 결함이 더 적어진다. 1985년 모터로라(Motorola)에서 개발한 식스 시그마는 이후 시티뱅크(Citibank), 미 육군, 다우 케미컬(Dow Chemical) 등 많은 조직에서 도입되었다. 식스 시그마와 린 식스 시그마(Lean Six Sigma)는 다음과 같다.

- **식스 시그마:** 식스 시그마는 제조 및 서비스 관련 프로세스의 결함을 줄이는 엄격한 통계 분석 과정이다. 이 기법을 사용하는 기업은 수천 개의 변수를 테스트하고 추측을 제거함으로써 품질을 개선하고 오류가 거의 사라질 정도로 낭비를 줄이려고 시도한다. 제품 설계에서 제조, 청구에 이르기까지 모든 분야에서 식스 시그마 달성은 제품 또는 절차 백만 개당 결함이 3.4개 이하임을 의미한다. 또한 회사 비즈니스의 변동을 줄이고 고객 중심의 데이터 기반 의사 결정을 내리기 위한 철학으로도 생각할 수 있다. 이 방법은 정의(define), 측정(measure), 분석(analyze), 개선(improve), 통제(control)의 DMAIC의 사용을 권장한다. 팀 리더는 DMAIC를 적용한 식스 시그마 '블랙 벨트(black belt)'를 얻을 수 있다.

- **린 식스 시그마:** 최근에는 린 식스 시그마로 알려진 접근법이 사용되고 있다. 이 접근법은 잘 정의된 프로젝트의 문제 해결 및 성과 개선(빠른 속도)에 중점을 둔다. 데이터 공유 회사인 컨버전시(Convergency)는 린 식스 시그마의 힘을 활용하는 조직의 좋은 예이다.

  컨버전시의 예: 컨버전시는 제약 회사를 위한 클라우드 기반 시스템 제공업체이다. 회사의 기업 정보 수집 포털은 코로나바이러스 팬데믹에 대한 임상 시험의 즉각적인 데이터 공유에 사용되었다. 컨버전시가 제공하는 것 중 일부는 실험실 및 기타 의료 운영에서 데이터 처리를 최대 70%까지 가속화하여 시간과 비용을 절약할 수 있도록 지원하는 린 식스 시그마 전

문가 팀이다. 예를 들어, 이 회사의 한 일본 고객은 비용을 50% 이상 절감했다고 한다.

식스 시그마와 린 식스 시그마는 인적 오류를 보상하거나 회사 외부에서 발생하는 사건을 제어할 수 없기 때문에 완벽하지 않을 수 있다. 그러나 이 기법들은 경영자가 문제 해결에 접근하는 데이터 지향적이고 실질적인 방법이 존재한다는 가정하에 문제에 접근할 수 있도록 한다.

ISO 9000 및 ISO 14000 당신이 만약 미국 화학 회사인 듀퐁(Du Pont)의 영업 담당자라면, 해외 고객이 당신의 제품이 기대하는 품질을 가지고 있다는 것을 어떻게 알 수 있도록 할 것인가? 만약 오하이오주에 있는 타이어 회사의 구매 대리인이라고 가정한다면, 해외에서 구매하는 합성 고무가 적절한지 어떻게 알 수 있을까?

한때, 구매자와 판매자는 공급업체의 과거 평판이나 개인적인 보증에만 의존해야 했다. 1987년 스위스 제네바에 기반을 둔 국제 표준화 기구(International Organization for Standardization: ISO)는 일련의 품질 중심 절차 및 표준을 만들었다. ISO 9000과 ISO 14000을 살펴보자.

- **ISO 9000:** ISO 9000 시리즈는 구매에서 제조, 재고, 배송에 이르기까지 기업이 설치해야 하는 품질 관리 절차로 구성되어 있으며, 이는 독립적인 품질 관리 전문가 또는 '등록 기관'에서 감사를 받을 수 있다. 목표는 여덟 가지 품질 관리 원칙을 채택하여 제조상의 결함을 줄이고 생산성을 개선하는 것이다.

  고객 중심

  리더십

  사람들의 참여

  과정 접근법

  경영에 대한 시스템적 접근법

  지속적인 개선

  의사 결정에 대한 사실적 접근

  상호 유익한 공급업체 관계

  회사는 ISO 9000 절차를 문서화하고 직원이 이를 사용하도록 교육해야 한다. ISO 9000 시리즈 표준은 ISO 9001:2015를 포함하도록 확장되었다. "ISO 9001은 ISO 9000 제품군 내에서 조직이 인증받을 수 있는 유일한 표준이다. 이것이 바로 품질 경영 시스템을 갖추기 위한 요구 사항을 정의하는 표준이다." 170개국의 회원 조직이 ISO 표준 개발에 기여하고 있다.

- **ISO 14000:** ISO 14000 시리즈는 기존 개념을 확장하여 환경 성과에 대한 표준을 식별한다. ISO 14000은 기업의 오염 관리, 원자재의 효율적인 사용, 기업이 환경에 미치는 영향 감소를 문서화하는 표준을 규정한다. 조직은 ISO 14001:2015 인증을 획득할 수 있으며, 이는

해당 조직이 엄격한 ISO 표준을 충족하는 환경 관리 시스템을 보유하고 있음을 의미한다.

전사적 품질 관리에 관한 연구 결과의 핵심 내용

전사적 품질 관리 원칙은 수년 동안 수천 개의 조직에서 사용되었다. 기업이 전문가가 제안한 대로 도구, 기법 및 과정을 항상 사용하는 것은 아니지만, 전사적 품질 관리를 도입한 기업 대부분이 전사적 품질 관리의 일반적인 원칙을 따라서 운영 성과가 향상됐다는 결론을 내렸다. 연구원들은 또한 전사적 품질 관리를 성공적으로 실행하는 데 방해가 되는 네 가지 주요 저해 요소를 확인했다. 이는 (1) 이전 개선 활동을 뒷받침하는 증거 제공 실패, (2) 실행을 리드할 책임이 있는 주도자의 부재, (3) 프로그램의 결과 측정 및 추적 불가능, (4) 양질의 문화 또는 지속적인 학습 개발의 실패이다.

경영자는 전사적 품질 관리가 의도한 이로운 결과를 얻기 위해 이러한 장애물을 극복해야 한다.

SECTION

05 현대의 통제 방법

이번 섹션에서는 인공 지능과 직원 추적 및 모니터링이라는 두 가지 현대의 통제 방법을 살펴본다.

학습 목표

오늘날의 통제 방법을 이해한다.

경영학원론을 학습하면서 경영의 모든 기능이 기술의 영향을 받았다는 것을 알게 되었다. 따라서 통제 기능도 기술의 영향을 받는다는 사실에 아마 놀라지 않을 것이다.

이번 섹션에서는 경영자가 조직을 통제하는 방식에 영향을 미친 두 가지 중요한 기술 발전에 대해 살펴본다. 우선, 인공 지능이 가장 큰 영향을 미치는 세 가지 영역을 분석하여 통제 기능의 일부로 부상한 인공 지능부터 알아본다. 그런 다음 기술이 조직에서 직원을 추적하고 모니터링하는 데 어떻게 도움이 되는지 살펴본다.

인공 지능을 이용한 통제

앞서 7장에서는 인공 지능이 조직에 도움이 될 수 있는 다양한 방법을 알아보았다. 인공 지능을 통한 이점 중 하나는 통제 기능을 향상시킬 수 있다는 것이다. 이를 염두에 두고 7장에서 학습했던 인공 지능에 대한 딜로이트 인사이트(Deloitte Insights) 설문 조사로 한번 돌아가 보자. 1,100개 기업을 대상으로 한 해당 설문 조사에 따르면, 기업의 44%가 제품 향상을 위해 인공 지능을 사용하는 것으로, 42%는 내부 프로세스 자동화에 사용하는 것으로, 24%는 인건비 절감을 위해 사용하는 것으로 나타났다(그림 7.5 참조). 섹션 03의 균형 성과 기록표에 대한 학습에서 이러한 결과와 성과 기록표의 내부 사업 관점 사이에 연결 고리가 있음을 기억할 것이다. 설문 조사에 따르면 기업은 내부 사업 통제와 관련된 세 가지 인공 지능 기반 활동(오류 및 결함 감소, 생산성 향상, 공급망 관리 강화)을 실시하고 있다. 좀 더 자세히 살펴보자.

오류와 결함 감소 알리안츠(Allianz)의 연구에 따르면, 폭발하는 전화기에서부터 결함이 있는 자동차 에어백, 관절염 약물 리콜에 이르기까지 2000년대 초반부터 20년 동안의 제품 리콜 비용은 500억 달러가 넘었다. 설상가상으로 많은 생산 오류가 치명적인 결과로 이어진다는 것이 입증되었다. 예를 들어, 2020년 4월 미국 질병통제예방센터의 '부진한 실험실 관행'이 오염을 일으켜 미국 최초의 코로나바이러스 검사를 무용지물로 만들었다는 사실을 공식적으로 인정한 예를 한번 살펴보자. FDA 대변인은 "질병통제예방센터가 자체 프로토콜과 일치하는 테스트를 제조하지 않았다."라고 말했다.

인공 지능은 이러한 종류의 사고를 최소화하는 데 사용될 수 있다. GE, 인텔(Intel), 보쉬(Bosch), 마이크로소프트(Microsoft)와 같은 회사들은 제품 결함을 줄이고 계획에 없던 가동 중지 시간을 단축하며 제조 전환 시간을 개선할 수 있는 소위 '스마트 제조'에 집중하고 있다. 독일 대기업 지멘스(Siemens)는 스마트 제조를 사용하는 조직의 좋은 예이다.

지멘스의 예: 산업 제조업체인 지멘스는 전 세계적으로 약 38만 5,000명의 직원을 보유하고 있으며, 60억 달러 이상의 수익을 올렸던 2019년과 동일하게 계속해서 수익을 창출하려면 효과적인 통제 제도가 필요하다. 이를 위해, 설계에서 납품에 이르기까지 제조의 모든 측면을 모니터링, 기록 및 분석하여 존재 여부조차 몰랐던 문제와 해결책을 찾는 것을 목표로 하고 있다. 독일 정부는 이러한 집단적 제도를 '인더스트리 4.0'이라고 명명했다. 가스 터빈 배출을 개선하는 지멘스의 능력은 인더스트리 4.0 제도의 좋은 예이다. 회사의 최신 가스 터빈에는 온도, 압력, 스트레스 및 기타 변수를 지속적으로 모니터링하는 500개 이상의 센서가 있다. 이 모든 정보는 연료 밸브를 지속적으로 조정하여 최적의 연소 조건을 만드는 방법을 학습하는 인공 지능 시스템에 입력된다(연소가 많을수록 원치 않는 배출이 줄어들게 됨). 지멘스 기업 기술(Siemens Corporate Technology)의 디지털화 및 자동화 연구 책임자인 노버트 가우스(Norbert Gaus) 박사는 "전문가들이 터빈의 아산화질소 배출량을 최적화하기 위해 최선을 다한 후에도 우리의 인공 지능 시스템은 배출량을 추가로 10~15% 줄일 수 있었다."라고 말했다.

지멘스 직원이 회사 공장에서 터빈 작업을 하는 모습이다.

생산성 향상 앞서 생산성이 조직의 내부 사업 과정의 중요한 척도임에 대해 언급했다. 오늘날 인공 지능 시스템은 다양한 산업에서 생산성 지표를 향상시키고 있다. 예를 들어, 최근 PwC에서 500명의 경영진을 대상으로 실시한 설문 조사에서는 54%가 자신의 사업에 활용한 인공 지능 해결책이 이미 생산성을 높인 것으로 믿고 있다고 밝혔다. 액센츄어(Accenture)는 인공 지능이 2035년까지 생산성을 40% 이상 증가시킬 것으로 예상하며, 인공 지능이 우리에게 훨씬 더 많은 것을 제공할 것이라고 믿고 있다. 전문가들은 인공 지능이 두 가지 방법으로 생산성을 향상시킬 수 있다고 말한다. 연간 약 1억 4,000만 달러를 절약한 이탈리아 열차 운영업체 트레니탈리아(Trenitalia)의 혁신적인 유지 관리 방식을 예로 들어 살펴보자.

- **더 빠르고 자신 있게 의사 결정:** 인공 지능은 일상적인 의사 결정 과정을 자동화하고 우선순위를 지정하여 더 효율적이고 효과적인 결정을 내릴 수 있도록 돕는다. 트레니탈리아는 생산성을 저하시키고 유지 관리 비용에 자원을 낭비하는 수리에 대한 불필요한 가동 중지 시간을 최소화하기를 원했다. 회사의 CFO인 엔리코 그리글리아티(Enrico Grigliatti)는 "매년 부품과 지속적으로 마모되는 부품 수리에 3억 3,000만 유로(3억 6,200만 달러)를 지출한다."라고 전했다. 트레니탈리아는 인공 지능을 활용하여 필요한 모든 예방적 유지보수 개입을

정확히 적시에 수행하여 최적의 자산 활용과 계획되지 않은 가동 중지 시간을 최소화했다.

- **데이터를 통해 실시간으로 실행 가능한 통찰력에 대한 접근:** 인공 지능은 인간이 할 수 없는 빅데이터의 패턴을 이해할 수 있다. 이를 통해, 미래의 기회를 예측하고 이러한 기회를 활용하는 조치를 권장할 수 있다. 트레니탈리아는 약 2,000대의 전기 기차, 2,000대의 기관차, 30,000대의 객차와 화물 기차를 소유 및 운영하고 있다. 회사 차량의 유지 관리 요구 사항 중 약 40%가 수정이라는 점은 문제를 예측할 수 없음을 의미했다. 이로 인해 경영진과 승객 모두를 화나게 하는 지출과 지연이 발생할 수 있다. 트레니탈리아는 운행 성과에 대한 정보를 수집하기 위해 열차에 600만 개의 센서를 설치하여 이와 같은 문제를 해결했다. 열차 운영자는 예측 인공 지능을 사용하여 많은 양의 데이터를 추정하고 분석하여 효율성을 극대화하고 안전성을 높이기 위한 운영 및 유지 관리 결정을 내리게 된다.

공급망 관리 강화 공급망(supply chain)은 원자재에서 생산, 최종 구매자에 이르기까지 제품을 만들고 제공하는 데 기여하는 공급업체의 순서이다. 공급망은 대부분의 기업에서 주요 비용 센터이며, 기업이 제품의 유통을 구성하는 방식은 막대한 재정적 영향을 미치기도 한다. 따라서 제품과 필요한 재료 및 구성 부품의 조달, 배송 및 창고 보관에 더욱 주의를 기울이고 있다. 인공 지능은 공급망 전체에서 효율성을 크게 높일 수 있는 능력을 갖고 있다. 맥킨지(McKinsey)는 기업이 공급망과 제조에서 인공 지능을 사용하여 연간 1조 3천억 ~ 2조 달러를 절약할 수 있을 것으로 추정한다. 인공 지능이 공급망의 여러 영역을 최적화할 수 있는 방법에 관한 두 가지 예를 살펴보자.

리니지 로지스틱스의 예: 리니지 로지스틱스(Lineage Logistics)는 식료품점과 레스토랑을 위해 200~300억 파운드의 식품을 운송 및 냉장 보관한다. 이 회사의 고객으로는 월마트(Walmart), 타이슨(Tyson), 맥도날드(McDonald's) 등이 있다. 리니지는 화물 운반대 운송 제도를 최적화하기 위해 인공 지능 알고리즘을 개발했다. 이 알고리즘은 주문이 언제 도착하고 창고에서 나올지 예측하여 직원이 올바른 위치에 올바른 화물 운반대를 놓을 수 있도록 한다. 직원들은 창고에 오래 보관되어 있는 물건은 뒤쪽에, 빨리 움직이는 물건은 앞쪽에 둔다. 인공 지능은 테트리스 게임처럼 화물 운반대를 이리저리 옮기는 대신 항목을 배치하는 위치에 대해 더 똑똑한 방법을 보여 준다. 그 결과 리니지의 효율성은 20%나 증가했다.

인피네라의 예: 통신 제조업체인 인피네라(Infinera)는 머신러닝을 사용하여 생산 시간을 분석하고 보다 정확한 배송 날짜를 제공함으로써 영업 사원들을 지원한다. 회사의 인공 지능 시스템은 기존의 제조 및 배송 일정만 보고 제품이 언제 도착할지 예측하지 않는다. 대신, 고객 피드백, 날씨 보고서 및 물류와 이력 배송 정보를 통합한다. 이를 통해 제품이 생산 라인에서 시작되는 순간부터 고객의 문 앞까지 배송될 때까지 전체 생산 과정을 정확하게 예측할 수 있게 된다.

공급망 해빙. 영국 헤이우드에 위치한 리니지 물류 시설에 보관된 냉동식품

직원 추적과 모니터링

경영자가 조직을 통제하는 데 기술을 활용하는 또 다른 방법은 직원을 추적하고 모니터링하는 것이다. 감시를 통해 직원 성과를 측정하는 것은 새로운 일이 아니다. 예를 들어, 2017년부터 미국 회사는 전자 기록 장치(electronic logging device: ELD)로 장거리 운전자를 모니터링하도록 법으로 규정해 왔다. 이 ELD는 트럭 운전자의 위치와 속도를 평가하여 그들이 어떻게 운전하고 수면을 취하는지 추적한다.

화물 운송 회사들은 직원을 모니터링하는 업계의 유일한 회사들이 아니다. 가트너(Gartner)는 239개의 대기업을 대상으로 설문 조사를 실시한 결과 절반 정도의 회사들이 직원을 감시하기 위해 특정 유형의 모니터링 기술을 사용한다는 사실을 발견했다. 여기에는 전자 메일 및 소셜 미디어 메시지의 텍스트 분석과 생체 데이터 수집이 포함된다. 또한 2021년까지 기업의 80% 이상이 일종의 직원 모니터링 기술을 사용할 것으로 예상하고 있다. 그러나 이러한 기술 중 일부는 기업이 논란의 여지가 있는 방식으로 근로자를 모니터링하는 데 도움을 주고 있다. 직원 추적 및 모니터링의 장단점을 살펴보자.

직원 추적 및 모니터링의 장점 직원을 모니터링하고 추적하면 많은 이점이 있다. 모니터링은 괴롭힘이나 직원 절도와 같은 문제를 발견하는 데 도움이 된다. 또한 직원이 업무 처리하는 시간을 낭비하는 사고를 줄이며, 작업 과정에서 예상보다 많은 시간을 보내는 병목 현상을 규명할 수 있다. 나아가, 직원 모니터링 및 추적을 통해서 안전 제도가 준수되고 있는지 확인할 수 있다. 이는 트럭 운송 회사가 앞서 살펴본 ELD를 사용하는 이유 중 하나이다. 다음의 예는 직장에서 추적 기술을 효과적으로 사용하는 회사들에 대한 소개이다.

직원들에게 심어진 마이크로칩

위스콘신주에 기반을 둔 쓰리 스퀘어 마켓(Three Square Market)은 병원, 호텔, 회사 휴게실에 셀프서비스 미니 마켓을 제공한다. 이러한 미니 마켓은 직원들이 셀프 계산 키오스크(kiosk)를 사용하여 개방형 선반, 냉장고, 냉동고에서 제품을 구매할 수 있는 무인 소매 환경이다. 쓰리 스퀘어 마켓은 휴게실에 마켓을 설치하는 고용주가 직원 만족도, 생산성 및 유지율을 높일 수 있다고 자랑한다.

체내 신분증

쓰리 스퀘어 마켓의 셀프 서비스 미니 마켓도 흥미롭지만, 직원들에게 마이크로칩을 심는 제도는 이보다 훨씬 더 흥미로울 수 있다. 당시 회사 직원 80명 중 50명은 2017년 자원해서 쌀 한 알 크기의 칩을 손에 주입했다. 이 칩을 통해 직원들은 간단한 손짓으로 회사 사무실과 컴퓨터에 접근할 수 있을 뿐만 아니라 돈을 지불하지 않고도 회사 구내 식당에서 음식과 음료를 구입할 수 있다. 또한 암호화된 칩은 직장에서 긴급 상황이 발생할 경우를 대비하여 개인 및 건강 정보를 저장하고 있다. 일부 회사 직원은 실제로 하루에 10~15번 칩을 사용하여 최소 20분을 절약한다.

직원 편의 이상의 이점

쓰리 스퀘어 마켓의 직원들은 이 칩이 제공하는 편리함을 누릴 수 있지만, 회사에서도 실용적으로 사용된다. 예를 들어, 경영자는 누군가가 신분증을 잃어버릴 염려 없이 사무실의 보안 구역에 접근할 수 있는 사람을 추적할 수 있다. 회사는 고용주와 직원 모두에게 제공되는 모든 혜택으로 인해 칩을 삽입하기 위해 300달러의 비용을 지불한다. 직원들은 물론 쓰리 스퀘어마켓에서 퇴사할 때 그들 손에 심어진 칩을 제거할 수 있다. 추가로 30명의 직원이 이 칩을 심었으며, 이는 약 250명의 직원 중 80명이 이 기술을 활용하고 있음을 의미한다. "익숙해지면 쉽다."라고 회사 사장인 패트릭 맥멀런(Patrick McMullan)은 말한다.

몸 속의 칩. 쓰리 스퀘어 마켓의 CEO 토드 웨스트비(Todd Westby)가 칩이 내장된 손을 이용해 사무실에 들어가고 있다. 회사가 직원의 신체에 칩을 심는 것에 동의하는가?

당신의 생각은?

쓰리 스퀘어 마켓은 직원을 모니터링하는 데 칩을 사용하지 않는다고 주장하지만, 직원이 근무하지 않을 때도 항상 직원을 추적할 수 있기 때문에 개인 정보 보호 문제가 야기되지 않을까?

직원 추적 및 모니터링의 단점 상상할 수 있듯이 직원 추적 및 모니터링 프로그램은 직원 개인 정보 보호에 대한 우려를 불러일으켰다. 일부 고용주는 이러한 유형의 프로그램이 신뢰를 저하시키는 환경을 조성하기 때문에 직원을 유지하기 어렵게 만들 수 있다고 생각한다. 또한 추적 및 모니터링 장치에서 생성된 추가 데이터는 잘못된 사람의 손에 들어가는 경우 더 많은 정보가 오용될 수 있다.

직원 추적 및 모니터링이라는 개념 자체가 부정적인 의미를 가질 수 있지만, 이러한 프로그램을 직원들이 수용할 수 있고 적절하게 실행되면 분명 긍정적인 결과를 가져온다. 다음은 추적 및 모니터링 프로그램이 모든 사람에게 유리하게 작동하게 하기 위한 두 가지 권장 사항이다.

- **직원에게 기대치 전달:** 자율성은 직장에서 가치 있는 요소이지만, 그렇다고 해서 경영자가 직원의 기술과 시간에 대해 허용 가능한 사용을 설정하고 시행할 수 없다는 의미는 아니다. 이러한 기대는 명확하고 일관되게 전달되어야 한다.
- **적절한 추적 및 모니터링 적용:** 프로그램은 직원을 감독하는 것이 아니라 지원하고 보호하는 기술로 지정되어야 한다. 예를 들어, 수백 명의 직원이 수천 건의 전화를 받는 대규모 콜 센터에서 사용자 활동 모니터링은 직원이 필요한 자원을 갖고 있고 부담감을 느끼지 않도록 하는 데 도움이 될 수 있다. 이를 염두에 두고 기업은 인력 모니터링 소프트웨어가 가시적이고 투명하여 직원들의 이익을 위한 것임을 이해시킬 수 있도록 해야 한다.

가트너(Gartner) 설문 조사 결과에는 직장 추적 및 모니터링 프로그램의 사용을 고려하는 고용주에게 좋은 소식이 있다. 설문 조사 결과는 2015년 10%와 비교하여, 2018년에는 고용주가 자신의 이메일을 모니터링하는 데 있어 직원의 30%가 만족한다고 응답했다. 더욱 중요한 것은 고용주가 모니터링에 대한 이유를 설명했을 때 고용주의 이메일 열람이 편안하다고 보고한 비율이 50%에 달했다는 점이다. PwC는 코로나바이러스 팬데믹 이후에 직원이 직장에 복귀할 때 편안함을 줄 수 있는 방식으로 직장 추적 및 모니터링을 사용하려는 조직의 예이다.

행적 추적. 많은 기업이 코로나바이러스를 제어하기 위해 접촉자 역학 조사를 실시했다. 지난주에 접촉한 모든 사람을 기억할 수 있을까?

PwC의 예: 회계 및 컨설팅 회사인 PwC는 스마트폰의 블루투스 및 와이파이 신호를 모니터링하여 직원들이 서로 얼마나 가까이 있는지 추적하는 앱을 개발했다. 이 앱을 통해 회사는 코로나바이러스에 노출되었을 수 있는 사람을 식별하는 과정인 접촉자를 추적할 수 있다. 예를 들어, 직원이 코로나바이러스에 대해 양성 반응을 보이면 HR 팀은 이전 몇 주 동안 감염된 사람의 휴대 전화를 기준으로 가까이에 있었던 직원을 찾을 수 있다. 그런 다음 바이러스에 노출되었을 수 있는 사람들에게 연락하여 집에서 격리하도록 요청한다. 앱을 개발한 PwC의 사장인 데이비드 사핀(David Sapin)은 사옥에 있을 때만 사람들을 모니터링하므로 개인 정보가 걱정되는 사람들도 안심할 수 있다고 말했다.

SECTION

06 커리어 준비 실천

이번 섹션에서는 성공적으로 커리어를 관리할 수 있는 방법을 살펴본다.

계획한 커리어 경로를 따르지 않고도 성공한 사람들이 있지만 그들은 예외적이다. 대부분의 성공한 사람들은 가만히 앉아서 자신을 드러낼 기회를 기다리지 않는다. 그들은 커리어 관리에 대한 적극적인 접근법을 추구할 가능성이 더 높다.

학습 목표

커리어 준비 과정을 이해하고 커리어 관리를 위한 여섯 가지 조언을 숙지한다.

그림 16.8 **커리어 준비 모형**

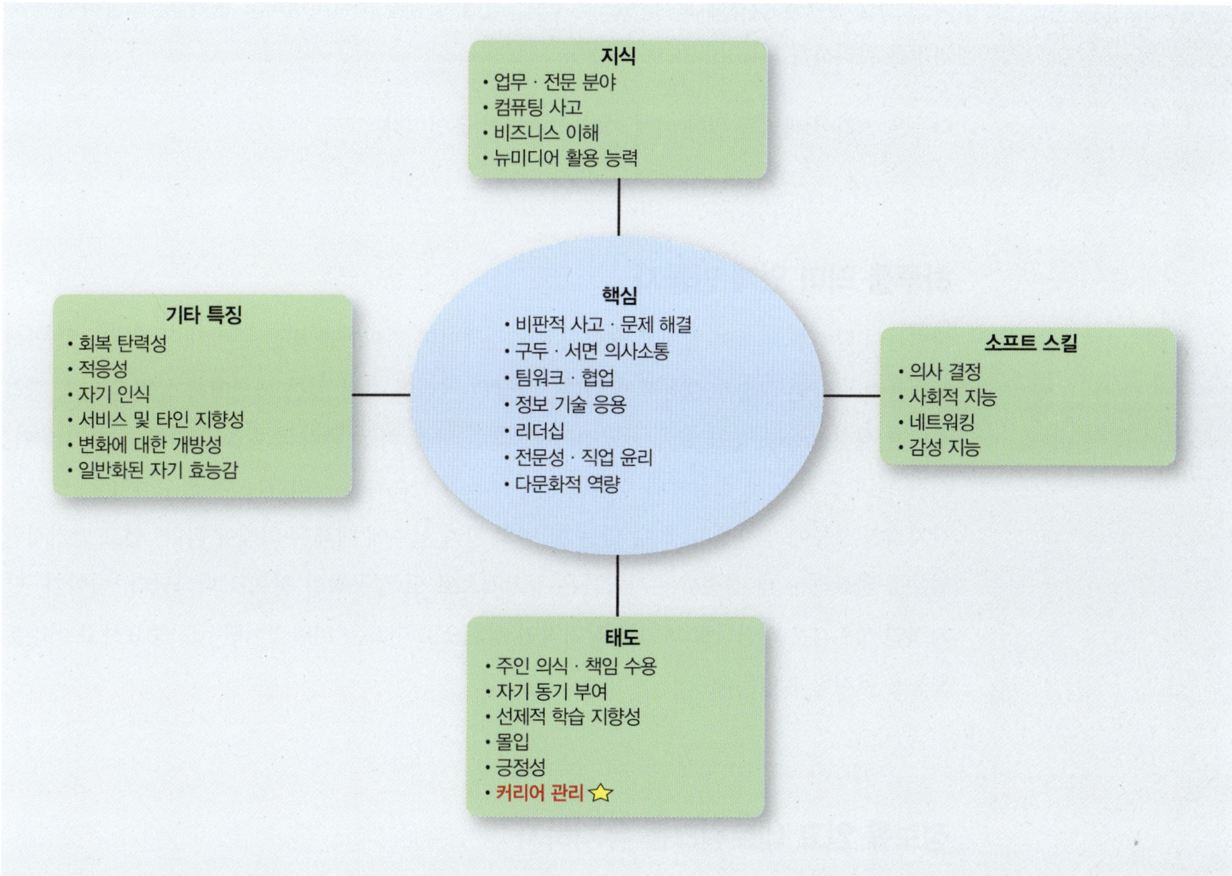

통제는 커리어 준비 역량에서 중요한 역할을 하며, 이는 커리어 관리와 전문성 개발 기회의 추구를 나타낸다. 이번 섹션에서는 이 관계를 살펴보기 위해 그림 16.8을 설명한다. 커리어 관리에는 이전 커리어 준비 실천 섹션에서 살펴봤던 많은 아이디어를 사용해야 한다는 것을 깨닫게 될 것이다.

통제 과정과 커리어 준비 관리 과정은 모두 달성하고자 하는 것을 확인하는 것부터 시작된다. 이 과정에서 직업과 커리어는 같은 것이 아님을 인식해야 한다. 직업은 우리가 돈을 벌기 위해 갖는 것이고 일시적인 경향이 있으며, 누군가는 다른 것을 위해 봉사하는 것이다. 어떤 사람들은 자신의 직업에 완벽하게 만족한다. 반대로, 커리어는 당신의 것이며 평생 지속된다. 당신은 그것을 소유하고, 관리하고, 육성하고, 가치와 필요에 맞게 창조한다. 커리어는 다른 사람이 아닌 자신의 욕구와 성취를 추구하기 위해 하는 일이다. 이러한 차별점은 주인 의식/책임 수용, 자기 동기 부여, 자기 인식 및 변화에 대한 개방성과 같은 커리어 준비 역량을 사용하여 커리어를 관리하는 것의 중요성을 강조한다.

그림 16.8에 표시된 과정을 사용하여 표 1.2와 책 전체에서 살펴봤던 핵심, 지식, 소프트 스킬, 태도 및 기타 특성 범주에서 작은 일련의 커리어 준비 역량을 파악하는 것부터 시작해 보자. 이를 통해 개발 계획의 작성을 시작할 수 있다. 이 책의 커리어 준비 실천 섹션을 참조하여 작은 개발 실험을 설계해 보자. 마지막으로, 진행 상황을 모니터링하고 평가 및 보상하여 통제 과정을 관리하자.

다음은 커리어 관리를 위한 여섯 가지 일반적인 조언이다.

하루를 의미 있게 만들자

사람들이 당신을 의욕이 넘치고 숙련되고 열정적이며 커리어를 쌓을 준비가 된 직원으로 인식하기를 바란다면 그렇게 행동해야 한다. 12장의 커리어 준비 실천 섹션에서 살펴본 자기 관리 능력을 향상시키는 것이 좋은 출발점이다. 그런 다음 시간 관리 스킬을 연마하는 것이 좋다. 시간 관리 스킬은 첫 직장에서 경험할 업무량과 우선순위를 처리하는 데 필수적이다. 당신의 장기적인 성공에 영향을 미칠 수 있는 한 번의 관리 실수에 대해 주의해야 한다. 쉽고 단기적인 업무를 완료하는 데 집중하는 사람들은 장기적으로 덜 성공적인 것으로 나타났다. 나아가, 단기적인 성취감은 사람들로 하여금 장기적인 성공으로 이끄는 비판적이면서도 중요하고 어려운 활동을 무시하게 만든다.

정보를 얻고 네트워크를 유지하자

자신의 분야와 산업의 변화에 뒤처지지 않는 것이 정말 중요하다. 새로운 트렌드, 변화하는 규정, 모범 사례 및 신기술 응용 프로그램을 찾아보도록 하자. 다음을 통해 수행할 수 있다.

- 전문 조직에서 활동하기
- 워크샵 또는 교육 프로그램에 참석하기
- 온라인 또는 대면 대학 수업을 등록하기

15장의 커리어 준비 실천 섹션에 제시된 제안을 사용하여 네트워크를 구축하자.

자신을 홍보하자

홍보의 목표는 다른 사람들에게 자신의 가치와 조직의 목표에 대한 자신의 잠재적인 영향력을 알리는 것이다. 당신의 위대함에 대해 노골적으로 자랑하는 것과 혼동해서는 안 된다. 겸손하도록 하자. 또한 자신의 일이 항상 인정받고 잘 알려질 것이라고 생각해서는 안 된다. 그렇지 않으면 분명 실망하게 될 것이다. 효과적인 자기 홍보를 위한 몇 가지 제안은 다음과 같다.

- 성취하고자 하는 것을 이루기 위해 취한 구체적인 행동에 대해 설명하자. 이기적이다라는 지각을 피하기 위해 성격보다 사실과 수치에 집중하자.
- 자신의 행동이 팀과 부서에 미친 이로운 결과를 설명하자. 이기적이다라는 인상을 최소화하는 '큰 그림'의 관점을 취하자.
- 다른 사람들이 성과에 어떻게 기여했는지 설명하자. '나' 대신 '우리'를 사용하는 것은 각광받는 좋은 방법이다. 또 다른 커리어 준비 역량인 팀 플레이어적인 모습도 강화한다.

변화와 혼란에 적응하자

2019년 노동통계국(Bureau of Labor Statistics) 조사에 따르면, 사람들은 평균적으로 커리어 기간 동안 직업을 12번 변경한다. 이러한 변화는 더 나은 기회를 얻기 위해 이직하는 것과 같이 자발적이거나 해고처럼 비자발적이다. 자발적으로 이직하였다면 축하받을 일이다. 자신을 재발견할 기회를 얻은 것이다. 만약 이러한 출발이 본인의 선택이 아닌 경우 실망하거나 화를 내거나 굴욕감을 느끼게 될 것이다. 연구에 따르면, 실직은 우리가 경험하는 많은 사건 중에서 가장 스트레스가 높기 때문에 스스로 회복할 시간을 가져야 한다. 현재 상황을 통해 배우고 괴로움을 뒤로하는 것이 중요하다.

면접에 최선을 다하자

최고의 이력서와 커리어를 가진 지원자라도 채용 과정 중에 발생하는 면접 중 실수는 용납되지 않는다. 커리어 빌더(CareerBuilder)가 2,600명의 채용 담당자를 대상으로 실시한 전국 설문 조사에서 다음과 같은 입사 방해 요인이 확인되었다.

- 거짓말을 해서는 안 된다. 채용 담당자의 3분의 2가 거짓말을 발견하면 채용 기회 자격 자체를 박탈했다.
- 팀 플레이어가 되어 오만하지 말고 자신감 있게 면접에 임해야 한다. 채용 담당자의 약 60%가 오만함을 부정적인 시각으로 바라보았다.
- 당신이 일하게 될 환경에 대해서 알고 전문적인 복장을 갖춰 입어야 한다. 면접에 너무 캐주얼한 복장을 하고 가는 것에 대해 채용 담당자의 약 절반이 부정적인 시각을 가졌다.

자신을 발전시키는 방향으로 기술을 사용하자

오늘날 기술은 개인 생활에 중요한 역할을 하지만, 나쁜 습관으로 이어질 수도 있다. 예를 들어, 휴대 전화를 보고 있는 시간을 생각해 보자. 2019년 미국 성인의 스마트폰 사용 시간은 하루 약 3.5시간으로 전년 대비 20분이 증가했다. 기술 사용이 문제가 되는 것은 아니다. 기술을 자기 계발에 긍정적인 영향을 미치고 좋은 습관을 만드는 데 사용하자. 다음은 이를 위한 몇 가지 방법이다.

- **팟캐스트 듣기:** 자기 계발에 대한 조언을 구하지만 독서를 즐기지 않거나 시간이 없는 사람들이 훌륭한 조언을 얻을 수 있는 방법이다. 팟캐스트는 언제 어디서나 기기를 통해 들을 수 있고 대부분이 무료이기 때문에 최근 큰 각광을 받고 있다.
- **생산성 앱 활용하기:** 시간 추적 앱은 업무 습관과 패턴을 찾아 개선할 수 있도록 도와준다. 토글(Toggl), 아워스(Hours), 큐서브(Qbserve)와 같은 앱에는 작업 관리 도구들이 포함되어 있다. 이를 통해 해야 할 일의 목록을 만들고, 다른 사람들과 작업을 공유하고, 주의를 산만하게 하는 사이트를 멀리할 수 있다.
- **새로운 스킬 숙달하기:** 인터넷은 개인 개발을 위한 많은 기회를 제공한다. 스킬셰어(Skillshare)라는 웹 사이트는 새로운 스킬을 습득할 수 있는 다양한 수업을 제공한다. 새로운 언어를 배우거나 올바른 재정 투자 방법 또는 사진 찍기 기술 등 스킬셰어에서는 수천 명의 사용자가 사용할 수 있는 무료 수업들이 있다.
- **운동하기:** 신체 건강을 유지하는 것은 자기 계발의 중요한 부분이다. 운동은 기억력, 집중력, 자존감을 향상시키고 긍정적인 태도를 유지하는 데 도움이 된다. 일정이 빡빡하고 운동할 시간이 제한적인 사람들을 위해 설계된 수백 개의 피트니스 앱이 있으며 대부분은 무료이다. 한 가지 예로는 '존슨앤존슨 공식 7분 운동(Johnson & Johnson Official 7-Minute Workout)'이다. 이 앱은 어디서든 할 수 있는 7분 동안의 운동 동작을 보여 준다.

맺는 말: 미래의 성공과 행복을 위한 제언

이 책을 마치면서 이번 섹션에서는 명심해야 할 몇 가지 삶의 교훈을 알아본다.

이제 책의 마지막 부분이자 앞으로 몇 년 동안 여러분에게 도움이 되기를 바라는 몇 가지 제안을 할 수 있는 마지막 기회에 다다르게 되었다. 다양한 출처에서 가져온 몇 가지 삶의 교훈은 다음과 같다.

- **평생 학습하자.** 일반적으로 삶은 덜 복잡해지지 않을 것이다. 가족, 직장 환경, 지역 사회 및 사회 전반에 적극적이고 긍정적인 기여를 하고 싶다면 우리 모두가 계속해서 성장하고 발전해야 한다. 계속 도전하고 평범함을 받아들이지 말자.
- **열정을 갖자.** 로라 그린(Laura Green)은 빠르게 성장하는 회사의 마케팅 관리자로 일한 후 아버지의 회사인 렌딩 원(Lending One)에서 근무하였다. 그린은 결국 자신이 한 일 중 어느 것도 자신을 행복하게 하지 못했다는 결론을 내렸다. 그녀의 아버지는 그녀에게 성취감을 느끼기 위해서는 그녀의 열정을 따라야 한다고 말했다. "글쎄요, 저는 항상 개를 사랑했습니다."라고 그녀가 대답했다. "동물들과 함께 하고 싶다."라는 말과 함께 그린은 결국 이후 개 제품 시장인 하운드 앤드(Hound & Co.)를 설립하였다.
- **자신을 파악하자.** 남들보다 앞서기 위해서는 자신을 이해하고, 적극적인 마음을 갖고, 기꺼이 변화해야 한다. 전설적인 디자이너 다이앤 본 퍼스텐버그(Diane von Furstenberg)는 자신의 사업에 대한 통제력과 브랜드를 약화시킨 초기 실수에서 배운 교훈을 회상한다. "당신의 최악의 순간은 최고의 기념품이다."
- **상황에 맞게 유연하게 행동하자.** 원칙이나 이론은 모든 상황에 적용되지 않는다. 작동하지 않는 것을 기꺼이 바꾸거나 새로운 것을 시도하는 것은 나약함의 표시가 아니다. 예를 들어, 코로나바이러스 팬데믹은 우리에게 새로운 것을 시도하는 것에 대해 많은 것을 가르쳐주었다.
- **커리어를 준비하자.** 오늘날 우리는 팀으로 일한다. 친구와 동료에게서 대인 관계 스킬에 대한 피드백을 받고 개선하자. 비언어적 의사소통도 스킬이다. 업킵 메인테넨스 매니지먼트(UpKeep Maintenance Management)의 CEO인 라이언 찬(Ryan Chan)은 "군중들 사이에서

눈에 띄기 위해 더 많은 노력을 기울일 의향이 있는 투철하고 수완이 있는 사람들을 고용하려고 노력한다."라고 말한다.

- **리더십을 개발하자.** 미래 리더의 자질을 향상시키기 위해서는 모든 회사가 경영자의 리더십 개발에 투자해야 한다. 그러나 자신의 리더십 스킬을 개발하기 위해 스스로 노력할 수도 있다. 예를 들어, 다른 사람을 돕겠다고 제안하고, 행동이 필요할 때 주도권을 잡고 (때로는 스스로 시작하는 사람이 되고), 자신의 능력을 입증하기 위해 더 많은 책임을 묻는 것을 두려워해서는 안 된다. 또 다른 인생 교훈은 기준을 높게 설정하면 도달하지 못하더라도 꽤 좋은 위치에 도달하게 된다는 것이다.

- **다른 사람을 존중하자.** 직원, 동료, 고객을 존엄하게 대하면 그들도 당신의 대우에 걸맞게 반응할 것이다. 브라이언 미첼(Brian Mitchell)은 14년 동안 내셔널 풋볼 리그에서 뛰었다. 그는 미식축구장에서는 극도로 공격적이었지만, 텔레비전과 라디오 진행자로서 커리어에서는 완전 다른 사람의 면모를 보였다. "항상 황금률을 기억하고 당신이 대우받고 싶은 대로 사람들을 대우해야 한다."라고 미첼은 말한다.

- **직원과 동료를 참여시키자.** 기존의 하향식 명령 및 통제 모형은 점차 수동적인 구조로 바뀌고 있다. 권력은 고객과 가장 가까운 일선 직원과 새로운 아이디어를 추구할 여유가 있는 소규모의 자율 경영 팀으로 양도되었다. 일을 수행하기 가장 좋은 방법이 무엇이라고 생각하는지 직원들과 동료들에게 물어보도록 하자.

- **냉정함을 유지하자.** 어려운 상황에서 흔들리지 않는 모습을 보일수록 상사와 동료들에게 더 존경받을 것이다. 유머 감각이 있으면 도움이 된다. 저명한 영국 물리학자이자 작가인 스티븐 호킹(Stephen Hawking)은 "우주는 어디에서 왔는가?" 그리고 "어떻게 끝날까?"와 같은 꿰뚫을 수 없는 질문에 대한 답을 찾기 위해 자신의 커리어를 보냈다. 그러나 그는 재치 있는 것으로 유명했고 우주에 대한 복잡한 이론보다 그를 더 유명하게 만든 심슨 가족(The Simpsons), 스타트렉: 넥스트 제너레이션(Star Trek: The Next Generation), 빅뱅 이론(The Big Bang Theory)과 같은 인기 TV 쇼에 출연하는 기회를 즐겼다.

- **긍정적인 태도를 유지하자.** 인생에는 밀물과 썰물이 존재한다. 당신에게는 좋은 시간과 나쁜 시간이 있을 것이다. 이 여정 동안 부정적인 사건과 생각에 너무 집중해서는 안 된다. 부정적인 생각은 긍정적인 에너지와 최선을 다하는 능력을 앗아간다. 반대로, 삶에 대한 긍정적인 접근은 당신이 번영하는 데 도움이 될 것이다.

행운을 빈다. 당신의 꿈을 따라 여행을 즐겨라!

주요 용어

ISO 14000 시리즈	린 식스 시그마	증분 예산 책정
ISO 9000 시리즈	모범 사례	지속적인 개선
PDCA 주기	손익 계산서	카이젠
고객 만족도	식스 시그마	통계적 과정 통제
고객 유지	아웃소싱	통제
고정 예산	예산	통제 기준
공급망	예외에 의한 관리	품질
관리도	재무 비율	품질 보증
균형 성과 기록표	재무제표	품질 통제
대차 대조표	전략 지도	피드백 통제
데밍의 관리 원칙	전사적 품질 관리	피드포워드 통제
동시 통제	주기 시간 단축	현금 흐름표

핵심 정리

01 통제

- 통제는 성과를 모니터링하고 목표와 비교하고 시정 조치를 취하는 것으로 정의된다.
- 통제가 필요한 여섯 가지 이유는 (1) 변화와 불확실성에 적응하기 위해, (2) 변칙 및 오류를 발견하기 위해, (3) 비용을 줄이고 생산성을 높이거나 가치를 추가하기 위해, (4) 기회를 감지하고 혁신을 증가시키기 위해, (5) 성과 피드백을 제공하기 위해, (6) 의사 결정을 분권화시키고 팀워크를 촉진하기 위해서이다.

02 통제 과정과 유형

- 통제 과정의 4단계는 다음과 같다. (1) 첫 번째 단계는 기준을 설정하는 것이다. 통제 기준은 주어진 목표에 대해 원하는 성과 수준이다. (2) 두 번째 단계는 서면 보고서, 구두 보고서 및 개인 관찰을 기반으로 성과를 측정하는 것이다. (3) 세 번째 단계는 측정된 성과를 기존에 설정된 기준과 비교하는 것이다. (4) 네 번째 단계는 부정적인 성과에 대해 필요시 시정 조치를 취하는 것이다.
- 통제에는 피드포워드 통제, 동시 통제, 피드백 통제의 세 가지 유형이 있다.

03 통제 방법

- 카플란과 노턴의 균형 성과 기록표는 최고 경영자에게 (1) 재무 관점, (2) 고객 관점, (3) 내부 사업 과정 관점, (4) 혁신 및 학습 관점이라는 네 가지 측면에서 조직에 대한 신속하고 포괄적인 이해를 제공한다.
- 재무 관점에는 예산, 재무제표 및 재무 비율이 포함된다.
- 고객 관점에는 고객 만족도와 유지가 포함된다.
- 내부 사업 관점은 생산성, 효율성, 품질 및 안전을 고려한다.
- 혁신 및 학습 관점은 직원 태도, 이직률, 자원 능력 및 조직 문화를 살펴본다.
- 균형 성과 기록표의 네 가지 관점을 시각적으로 표현한 전략 지도를 통해 경영자는 직원에게 회사의 목표를 전달하고 회사의 모든 사람이 자신의 직무가 조직의 전체 목표와 어떻게 연결되는지 이해할 수 있게 한다.

04 전사적 품질 관리

- 품질은 고객의 요구를 충족시키는 제품이나 서비스의 총체적인 능력을 의미한다.
- 데밍의 관리 원칙에는 다음이 포함된다. (1) 품질은 소비자의 욕구에 맞춰야 한다. (2) 회사는 근로자를 탓하지 말고 시스템 개선을 목표로 해야 한다. (3) 품질 향상은 시장 점유율, 회사의 발전

가능성, 고용을 높인다. (4) 계획(Plan)–실행(Do)–평가(Check)–개선(Act)의 PDCA 주기를 사용하여 하드 데이터를 기반으로 품질을 향상시킬 수 있다.

- 전사적 품질 관리는 최고 경영진이 주도하고 조직 전체에서 지원하는 포괄적인 접근법으로 정의되며, 지속적인 품질 개선(예: 카이젠)을 통해 교육 및 고객 만족에 전념한다. 전사적 품질 관리의 두 가지 핵심 원칙은 사람 지향과 개선 지향이다.
- 사람 지향에서 조직과 관련된 모든 사람은 품질에 중점을 두고 고객에게 가치를 제공하는 데 집중해야 한다. 전사적 품질 관리에는 교육, 팀워크 및 부서 간 노력이 필요하다.
- 품질 향상을 위해서는 여러 기법이 사용된다. (1) 아웃소싱은 서비스 및 운영을 외부 공급업체에 하도급하는 것이다. (2) 주기 시간 단축은 작업 과정의 단계 수를 줄이는 것이다. (3) 통계적 과정 통제는 품질이 표준 허용 범위 내에서 유지되고 있는지 확인하기 위해 생산 과정에서 주기적으로 무작위 샘플을 분석하는 통계 기법이다. (4) 식스 시그마는 제조 및 서비스 관련 과정의 결함을 줄이는 엄격한 통계 분석 과정이다. (5) ISO 9000 시리즈는 구매에서 제조, 재고, 배송에 이르기까지 기업이 실시해야 하는 품질 관리 절차로 구성되며, 이는 독립적인 품질 관리 전문가 또는 '등록 기관'이 감사할 수 있다. ISO 14000 시리즈는 기존 개념을 확장하여 환경 성과에 대한 표준을 식별한다.

05 현대의 통제 문제

- 오늘날 기업은 인공 지능과 직원 추적 및 모니터링을 통해 통제한다.
- 인공 지능을 활용하면 오류 및 결함을 줄이고 생산성을 높이며 공급망 관리를 강화할 수 있다.
- 직원 추적 및 모니터링에는 장점과 단점이 존재한다. 장점으로는 문제 발견, 직원의 시간 낭비 사례 감소, 병목 현상 규명, 안전 제도 시행이 있으며, 단점으로는 개인 정보 보호 문제, 직원 유지 문제 및 데이터 보안의 취약성이 있다.

06 커리어 준비 실천

- 커리어를 준비하기 위해서는 주인 의식 · 책임 수용, 자기 동기 부여, 자기 인식, 변화에 대한 개방성을 개발해야 한다.
- 커리어 관리에 도움이 되는 여섯 가지 일반적인 조언은 다음과 같다. (1) 하루를 의미 있게 만들자. (2) 항상 정보를 얻고 관계를 구축하자. (3) 자신을 홍보하자. (4) 변화와 혼란에 적응하자. (5) 면접에 최선을 다하자. (6) 자신을 발전시키는 방향으로 기술을 사용하자.

핵심 질문

01 통제란 무엇이며 통제가 필요한 여섯 가지 이유는 무엇인가?

02 통제 과정의 4단계를 설명해 보자.

03 통제의 세 가지 유형을 설명해 보자.

04 균형 성과 기록표의 네 가지 관점에 대해 설명해 보자.

05 전략 지도란 무엇인가?

06 전사적 품질 관리와 두 가지 핵심 원칙을 설명해 보자.

07 전사적 품질 관리 도구 및 기법인 아웃소싱, 주기 시간 단축, ISO 9000 시리즈, ISO 14000 시리즈, 통계적 과정 통제, 식스 시그마 및 린 식스 시그마에 대해 설명해 보자.

08 인공 지능은 통제 과정을 어떻게 향상시킬 수 있을까?

09 직원 추적 및 모니터링의 장점과 단점은 무엇인가?

미국의 셰일붐… 그리고 폭발

세계 석유의 대부분은 어느 나라에서 생산할까? 당신의 첫 번째 추측 아마 중동 어딘가 일지도 모른다. 실제로, 지구상에서 해당 지역은 오랫동안 세계 석유 시장의 중심이었고, 원유 수출을 통해 많은 수익을 올렸다. 따라서 사우디아라비아, 이라크 또는 이란을 이야기했다면 분명 좋은 추측이었지만, 틀린 답이다. 미국은 이제 사우디아라비아, 러시아 및 기타 국가를 제치고 세계 최대의 원유 생산국이 되었다. 2014년 이후 미국의 셰일(shale) 원유 생산량이 급증했다. 셰일은 미국 일일 원유 생산량을 2014년 880만 배럴에서 2019년 1220만 배럴로 끌어올렸으며 미국은 이제 그 '검은 황금'의 왕이 되었다.

그러나 미국의 상황은 썩 좋지 않았다. 2020년에 코로나바이러스 팬데믹으로 항공 여행이 중단되고 차량 사용량이 감소하여 전 세계적인 경기 침체로 이어지면서 연료 수요는 30%, 즉 하루 3천만 배럴 급감하였다. 그 결과 텍사스에서 노스다코타에 이르는 유전들이 시추를 중단해야 했고, 수만 명의 미국 석유 노동자들이 일자리를 잃었다. 전문가들이 2021년 말까지 1,000건 이상의 파산을 예상하는 가운데 미국 석유 산업의 미래는 암울해 보인다. 미국 셰일은 2020년의 거대한 석유 위기에서 살아남을 수 있을까?

셰일 원유

셰일 암석층 사이에 있는 원유인 셰일 원유에 대해 먼저 알아보자. 셰일 원유는 셰일 암석에 구멍을 뚫고 물, 모래 및 화학 물질을 펌핑하여 생성된다. 이 과정을 '수압 파쇄법(fracking)'이라고 부른다. 석유는 암석 깊숙이 수천 피트에 위치하므로 도달하는 데 상당히 노동 집약적이며 비용이 많이 든다. 실제로 일부 전문가들은 전체 공정 비용을 배럴당 약 60달러로 추정하고 있다. 이는 유가가 60달러 아래로 떨어졌을 때 많은 셰일 원유 회사가 적자를 보게 됨을 의미한다.

반면에 재래식 원유는 지표면에 더 가깝고 복잡한 파쇄 기술이 필요하지 않기 때문에 생산 비용이 상당히 저렴한다. 이것이 세계의 다른 최고 생산자들이 석유를 얻는 주요 방법이다. 예를 들어, 사우디아라비아는 배럴당 10달러 미만으로 재래식 원유를 생산할 수 있어 가격 하락 시 더 탄력적이다.

파쇄된 통제 시스템

미국 셰일 산업의 성공 공식은 간단했다. 첫째, 유가가 높게 유지되는 한 셰일 탐사와 생산을 계속할 수 있을 만큼의 이윤이 존재하였다. 이는 유가가 배럴당 평균 90달러였던 2011년과 2014년 사이의 모습이었다. 둘째, 소규모 셰일 기업이 살아남기 위해서는 저리 은행 자금 조달이 필요하였는데, 은행들은 2014년에만 거의 2,500억 달러에 달하는 자금을 소규모 셰일 기업들에게 조달하였다.

2016년 세계 시장에 석유가 과잉 공급되면서 상황이 바뀌기 시작했고, 석유 가격이 배럴당 약 26달러로 떨어졌다. 연방준비은행은 또한 같은 해에 금리를 인상했는데, 이는 은행들이 같은 낮은 금리로 셰일 기업에 대출해 주려하지 않는다는 것을 의미했다. 연이은 악재로 인해 셰일 회사들은 부채로 가득 찬 손익 계산서와 대차 대조표를 갖게 되었다. 수십 개의 기업이 2016년 파산을 선언했지만, 이러한 폭풍우를 견뎌낸 기업들은 2017년과 2019년 사이에 유가가 다시 반등했을 때 터널 끝에서 빛을 보게 되었다.

2016년 위기에서 얻은 교훈은 셰일 기업이 살아남기 위해 시장 수요와 공급에만 의존할 수 없다는 것이었다. 그들은 경쟁력을 유지하기 위해 손익 분기점을 줄이는 방법을 찾아야 했다. 옥시덴털석유(Occidental Petroleum Corp.) 및 크라운 퀘스트 오퍼레이팅(CrownQuest Operating)과 같은 회사들은 비용을 배럴당 약 30달러로 줄일 수 있었지만, 이로 인해 주주들에게 지불할 현금이 부족하게 되었다. 그리고 코로나바이러스 팬데믹이 닥쳤을 때 배럴당 30달러도 충분하지 않게 되었다. 팬데믹으로 인해 시장에 원자재가 너무 많이 공급되어 생산자들이 저장할 여유가 없어져 유가가 배럴당 0달러 미만으로 떨어졌다. 미국 셰일은 벽에 부딪힌 것처럼 보였다. 변동하는 유가로 인해 사업 운영에 혼란을 겪으며 결국 비용을 더 이상 줄일 수 없는 상황까지 오게 되었다.

데이터 드릴링

기술의 발전은 생명 유지에 관한 산업에 희망을 주었다. 석유 회사는 일반적으로 기술을 멀리 하지 않았다는 것을 명심해야 한다. 예를 들어, 프랑스와 이탈리아의 석유 회사인 토탈(Total)과 에니(Eni)는 "2019년 가장 강력한 슈퍼컴퓨터 500대" 중 일부를 소유하고 있다. 문제는 업계 데이터의 대부분이 한 번도 사용되지 않았다는 점이다. 베이커 휴스(Baker Hughes)의 제품 관리 책임자인 비누 매튜(Binu Mathew)는 "많은 데이터가 수집되지만 상당수는 매우 고립되어 있다."며 "실제로 분석되고 있는 것은 극히 일부에 불과하다."라고 전했다.

석유 회사가 운영을 실시간으로 더 잘 통제할 수 있을 때, 특히 어려운 시기에 경쟁 우위를 확보할 수 있게 된다. 여기에 인공 지능과 데이터 분석이 등장한다. 맨해튼 연구소(Manhattan Institute)의 선임 연구원인 마크 밀스(Mark Mills)에 따르면, "셰일 지질학, 지구 물리학, 자극 및 운영의 복잡성에 대한 분석을 도입하여 생산 공정을 최적화하면 잠재적으로 유효 단계 수가 두 배로 증가하여 유정당 생산량이 두 배가 되고 기름값을 반으로 줄일 수 있게 된다." 석유 회사는 인공 지능과 데이터 분석을 사용하여 최고의 드릴링 위치를 찾고, 드릴 비트를 조정하는 방법과 위치를 최적화하며, 셰일을 파괴하는 최상의 방법을 찾고, 효율적인 트럭 및 철도 물류를 보장할 수 있다.

셸(Shell)은 인공 지능과 데이터 분석을 유리하게 사용하는 회사의 좋은 예이다. 이 회사는 휴렛패커드(Hewlett-Packard)와 협력하여 지상 전체에 센서를 제공하는 광섬유 케이블을 개발했다. 이후 회사 센서의 데이터는 인공 지능이 추출 및 분석할 수 있도록 아마존 웹 서비스(Amazon Web Services)의 클라우드 기반 서버로 전송된다. 인공 지능이 분석한 결과는 엔지니어들에게 땅 아래에 무엇이 있는지에 대해 보다 정확한 아이디어를 제공한다. 잘못된 위치에 드릴링하면 회사에 1억 달러 이상의 비용이 들 수 있기 때문에 이는 매우 중요한 과정이다. 또 다른 석유 대기업인 셰브론(Chevron)은 인공 지능과 데이터 분석의 힘을 토대로 2022년 카자흐스탄에 런칭할 새로운 유전에 약 100만 개의 센서를 설치할 예정이다. 전문가들은 셸과 셰브론의 디지털 방식이 석유 생산 비용을 6~8% 감소시켰다고 생각한다.

기계는 성공의 또 다른 중요한 요소이다. 드릴링은 연속 공정이며 기계는 가혹한 온도와 조건에서 장시간 작업해야 한다. 인공 지능은 이러한 기계가 효율적으로 작동하는지 확인하는 데 도움이 될 수 있다. 예를 들어, 일부 회사는 성능 데이터를 수집하는 센서를 기계에 장착한다. 그런 다음 인공 지능은 데이터를 집계된 데이터와 비교하여 부품이 적시에 교체되고 계획되지 않은 중단이 최소화되도록 한다.

액센츄어(Accenture)와 마이크로소프트(Microsoft)가 석유 회사를 대상으로 실시한 설문 조사에 따르면, 86~90%가 "분석 능력의 향상은 석유 회사의 사업 가치를 높일 것이다." 설문에 응한 기업들은 또한 향후 몇 년 동안 인공 지능과 데이터 분석에 대한 투자를 평균 8.5% 증가시킬 것으로 예상했다. 기술 기반 통제 방식은 미국 셰일에 아직 희망이 있을 수 있음을 보여준다.

토론 문제

문제 해결 관점

1. 미국 셰일 기업 입장에서 이 사례의 근본적인 문제와 원인은 무엇인가?
2. 효과적인 통제 제도가 문제 해결에 어떻게 도움이 될 수 있을까?

적용하기

1. 왜 미국 셰일 기업에 대한 통제가 필요한가? 설명해 보자.
2. 통제 과정의 단계를 활용하여 셰일 기업이 목표를 달성했는지 확인할 수 있는 방법을 설명해 보자.
3. 분석 및 클라우드 기반 통제 메커니즘을 실행하면 피드포워드, 동시 또는 피드백 통제가 가능할까?
4. 미국 셰일을 위한 균형 성과 기록표를 만들어 보자.
5. 어떻게 전사적 품질 관리의 두 가지 핵심 원칙을 활용하여 미국 셰일을 설명해 보자.
6. 미국 셰일의 인공 지능 활용에 따른 단점은 무엇일까?

법적 · 윤리적 과제

GPS를 활용한 직원 추적

많은 회사들이 생산성 및 안전 관련 이유로 직원의 위치를 추적하기 위해 GPS 앱을 사용하고 있다. 1,585명의 직원을 대상으로 한 2019년 조사에 따르면, 직원 중 약 3분의 1이 회사가 GPS를 통해 위치를 추적한 것으로 나타났다.

직원 추적은 공공 부문에서도 늘어나고 있다. 예를 들어, 미주리(Missouri)주의 파크 힐스(Park Hills) 시에서는 2018년 일부 경찰 순찰차를 포함하여 시 소유 차량에 GPS 장치를 설치했다. 시 행정부는 추적 장치가 "운전 시간 개선, 시 직원 안전 개선, 업무 성과 향상, 지역사회에 제공되는 서비스 개선"으로 이어질 것이라고 믿었다. 이 시스템은 그렇게 비싸지 않다. GPS 장치는 2년 계약을 체결하고 월 200달러의 가입비를 지불하는 식으로 파크 힐스 시에서 무료로 제공되었다.

직원의 교대 근무가 끝난 후 GPS 추적을 적용할 수 있다. 직원이 야간이나 주말에 회사 소유의 차량을 집으로 가져갈 경우 계속해서 GPS 장치를 통해 현재 위치를 전송할 수 있게 된다. 휴대 전화의 추적 장치는 쉬는 시간에도 직원의 위치를 계속 전송할 수 있다. 직원 10명 중 1명은 퀵북스(QuickBooks) 설문 조사를 통해 실제로 하루 24시간 추적되고 있어 이러한 상황을 우려했다.

현장 직원만 추적되는 것은 아닐 수도 있다. 아마존(Amazon)은 2018년에 창고 추적 팔찌 디자인에 대한 특허를 받았다. 아마존은 손목 밴드가 직원의 손을 스캐너에서, 눈을 컴퓨터 화면에서 자유롭게 하여 주문 처리 속도를 높일 것이라고 믿고 있다.

모든 웨어러블 기기는 의도하지 않은 경우에도 직원에 대한 개인 정보를 수집할 수 있다. 노스캐롤라이나의 고객 콜센터인 컨버저시(Convergys)는 직원들에게 "화장실을 너무 자주 사용하는 것은 회사에서 물건을 훔치는 것과 같다."라고 직원들에게 교육한 것으로 알려졌다. 회사는 직원의 화장실 방문을 기록하고 이 정보를 상사에게 전송한다.

미국 국립 노동 권리 연구소(National Workrights Institute)의 회장인 르 몰트비(Lew Maltby)는 직원 추적과 관련된 법적 환경이 "매우 모호하다."라고 말한다. 연방 개인정보 보호법은 기업이 직원을 추적하기 위해 GPS를 사용하는 것을 명시적으로 금지하지 않고 있다.

문제 해결

당신이 회사의 CEO라면 직원 GPS 추적 시스템을 어떻게 하겠는가?

1. 회사는 직원의 생산성과 안전을 위해 모든 수단을 동원할 필요가 있다. 직원은 하루 중 언제든지 회사 차량 또는 전자 장치를 사용할 때 추적에 대한 동의를 고용 조건으로 제공해야 한다. 직원이 회사 재산을 사용하면 회사는 직원이 무엇을 하고 있는지 알 권리가 있다. 추적 시스템을 실행한다.
2. 사생활 침해이기 때문에 회사는 24시간 내내 직원을 추적해서는 안 된다. 생산성과 안전을 보장하는 다른 방법을 찾아보겠다.
3. 직원의 생산성과 안전은 중요하지만, 개인 정보 보호 문제와 균형을 이루어야 한다. 직원은 근무 시간 동안 추적되는 데 동의해야 하지만, 근무 시간이 끝나면 추적 시스템을 비활성화해야 한다. 제한된 추적 시스템을 실행한다.
4. 다른 안이 있다면 설명해 보자.

INDEX